CHRONOLOGIE DER WELTGESCHICHTE

John B. Teeple

Dorling Kindersley

LONDON, NEW YORK, MELBOURNE, MÜNCHEN UND DELHI

Lektorat Debra Clapson
Bildbetreuung Karen Gregory
Redaktionelle Beiträge Ailsa Heritage, Elizabeth Wyse, Thomas Cussans, Ferdie McDonald, Catherine Day
Gestaltung Heather Dunleavy

Cheflektorat Andrew Heritage
Projektleitung David Roberts
Leitung Bildlektorat Philip Lord

Bildrecherche Franziska Marking
Bildarchiv Jonathan Brooks, Mark Dennis, Sarah Mills, Hayley Smith
Digitale Kartographie Rob Stokes
Kartographische Projektbetreuung Iowerth Watkins
EDV-Betreuung Philip Rowles
Herstellung Wendy Penn, Louise Daly
Umschlaggestaltung Chris Drew

DORLING KINDERSLEY INDIEN
Projektbetreuung Dipali Singh
Redaktion Glenda Fernandes
Layout-Konzeption Romi Chakraborty
Gestaltung Elizabeth Thomas
DTP-Design Narender Kumar
DTP-Koordination Pankaj Sharma
Cheflektorat Ira Pande
Bildlektorat Shuka Jain

Bibliografische Information Der Deutschen Bibliothek
Die Deutsche Bibliothek verzeichnet diese Publikation in der Deutschen Nationalbibliografie; detaillierte bibliografische Daten sind im Internet über http://dnb.ddb.de abrufbar.

Titel der englischen Originalausgabe:
Timelines of World History

Lokalisierung Opeker Multimedia, Freiburg
(Übersetzung: Karin Opeker, Christel Opeker, Dr. Margarete Brüll, Silvia Wiedmann, Dr. Roland Platz, Dr. Dorothea Wenninger, Susanne Dahmann, Dietrich Roeschmann, Jürgen Reuß, Birgit Wiesenhütter, Hanna Becker)
Lektorat (chronologischer Teil) Michael Holtmann, Bayreuth
Lektorat (Lexikonteil) Helmut Lotz, Berlin

ISBN 3-8310-0519-2

Colour reproduction by GRB, Italy
Printed and bound in Italy by Graphicom

Besuchen Sie uns im Internet
www.dk.com

Vorwort

Als ein Astronaut die erste Fotografie der Erde vom Weltraum aus aufnahm, stellte ich mir vor, wie mein Großonkel Floyd O. Pease fünfzig Jahre zuvor an seiner Weltgeschichte gearbeitet hatte. Damals war ich gerade acht Jahre alt und konnte kaum über den Tisch sehen, auf dem er mit der Hand Informationen in Spalten schrieb; jede Spalte stand für ein Land, an der Seite standen die entsprechenden Jahreszahlen. Mein Großonkel hatte als Ingenieur beim Bau des Panamakanals mitgearbeitet und Eisenbahnstrecken in Brasilien und Persien gebaut. Nach seiner Pensionierung widmete er sich der Weltgeschichte. Nach meiner Pensionierung erinnerte ich mich an das von ihm genutzte Spaltenformat, das mir für eine wahre Weltgeschichte, die tatsächlich »eine Welt« darstellte, sehr geeignet erschien.

Die Arbeit am vorliegenden Buch begann vor etwa 15 Jahren. Sie sollte mir dabei helfen, die Welt etwas besser zu verstehen, bevor ich sie wieder verlassen musste. Freunde und Wissenschaftlerkollegen lieferten hilfreiche Kommentare und unterstützten mich. Lincoln Bloomfield vom MIT gebührt Dank dafür, den Autor stets motiviert zu haben. Das Werk versucht die reinen Geschichtsdaten von den Geschichtsinterpretationen getrennt darzustellen. Beide Darstellungsweisen ergänzen sich, und ich hoffe, dass die Leser und Leserinnen genauso viel Freude am Nachschlagen in diesem Buch haben werden wie ich bei der Zusammenstellung des Manuskripts.

Ich sehe immer noch den achtjährigen Jungen vor mir, der gerade über den Arbeitstisch seines Onkels schauen konnte. Dieses Buch verdankt dem Werk meines Onkels Floyd Pease sehr viel. Und natürlich muss ich hier auch all den anderen Autoren, deren Arbeiten in dieses Buch eingeflossen sind, besonders danken, genauso wie all jenen, die, ohne im Einzelnen genannt werden zu können, ihren Beitrag dazu leisteten.

Das vorliegende Buch verfolgt zwei Ziele. Zum einen soll die Darstellung der Weltgeschichte so erfolgen, als ob jemand von außen auf die ganze Welt blickt. Die Außenperspektive statt der Binnenperspektive einzelner Staaten verfolgt einen möglichst neutralen Blick, der kein Land und keine Kultur in den Mittelpunkt rückt. Das zweite Ziel besteht in der Trennung der Fakten von der Interpretation. Geschriebene Geschichte beginnt mit den schriftlichen Chroniken früher »Journalisten«, die in der Regel die Siege der Herrscher und Kriegsführer dokumentierten. Der eigene Kriegsführer ist in diesen Dokumenten stets ehrenhaft, der Feind ein Barbar und das Heimatland des Schreibers Zentrum und Höhepunkt der Zivilisation. In den Regalen unserer heutigen Bibliotheken wird man immer noch mehrheitlich Geschichtswerke finden, die dieser Tradition ethnozentristischer Geschichtsschreibung nahestehen. Die meisten Bücher handeln eher von unseren Kriegen und unserer Kultur als von der Geschichte anderer Völker. Selbst unsere Werke zur »Weltgeschichte« kümmern sich kaum um das Geschehen jenseits von Ural und Mittelmeer. Wir betrachten uns immer noch als die am höchsten stehende Zivilisation und unsere Feinde als Barbaren.

Buchaufbau und Darstellungsweise sollen der üblichen Verknüpfung von Geschichte und Patriotismus vorbeugen. Chronologische Daten zeigen möglichst sachlich die Fragen nach dem »wer«, »was«, »wo«, »wann«, und »warum«. Soweit aufgrund meiner Quellenlage möglich, wird eine Zeit für alle Kontinente parallel abgehandelt. Neben einem Schwerpunkt auf Herrschern und Kriegsführern werden auch Entwicklungen in Kunst und Kultur aufgezeigt.

John B. Teeple

Anmerkung des Verlags

John B. Teeple verstarb im Frühjahr 2002. Er war leider nicht mehr in der Lage, die Veröffentlichung seiner Arbeit zu erleben. Das von Paul Fargis von Stonesong Press (New York) bearbeitete Manuskript wurde uns im Herbst 2000 überreicht. Es war der Traum eines Verlegers, ein neue Horizonte öffnendes, mit Liebe zusammengestelltes Werk. Auf dem Weg zum Buch mussten wir oft schwere Redaktions- und Layoutentscheidungen treffen. Der gewaltige Umfang zwang uns zu Kürzungen, Prüfungen und Neuentwürfen. Bei dieser Aufgabe stand uns ein Team beratender Lektoren zur Seite, das Hand in Hand mit Grafikern, Bildredakteuren und Kartographen arbeitete.

Leider konnten wir das Ergebnis nicht mehr mit dem Autor diskutieren. Wir hoffen jedoch, dass wir sein Werk in seinem Sinn bearbeitet und veröffentlicht haben.

Inhalt

Der Aufbau des Buches

Diese Chronologie der Weltgeschichte setzt ein mit dem Beginn des Lebens auf der Erde und endet mit dem Beginn des 3. Jahrtausends unserer Zeitrechnung. Jedes Kapitel des Buches enthält eine Reihe von Zeitleisten, Illustrationen aus der betreffenden Zeit, detaillierte Einführungen zur jeweiligen Epoche und ausführliche Karten. Wichtige Ereignisse sind chronologisch und nach geographischen Großregionen geordnet in Spalten dargestellt. Damit wird anschaulich gezeigt, was zur gleichen Zeit in verschiedenen Weltregionen geschah: Einfluss historisch bedeutender Persönlichkeiten, militärische und politische Umwälzungen, Aufstieg und Fall von Reichen, Völkerwanderung, Ideen und Technologien.

Zeitleiste

Die Zeitleisten decken zu Beginn sehr große Zeitspannen ab, um immer kleinteiliger zu werden. Zwischen 10000 und 5000 v. Chr. finden Sie größere, nach archäologischen Informationen geordnete Zeitabschnitte, zwischen 500 v. Chr. bis 300 n. Chr. umfasst die ausgewählte Zeitspanne 50 Jahre, zwischen 300 bis 1000 25 Jahre, zwischen 1000 bis 1800 10 Jahre und schließlich von 1800 bis 2005 nur noch fünf Jahre.

In den Textkästen an der Seite finden Sie zusätzliche Informationen in Form von Chronologien und kleinen Abschnitten zu wichtigen Personen und Ereignissen.

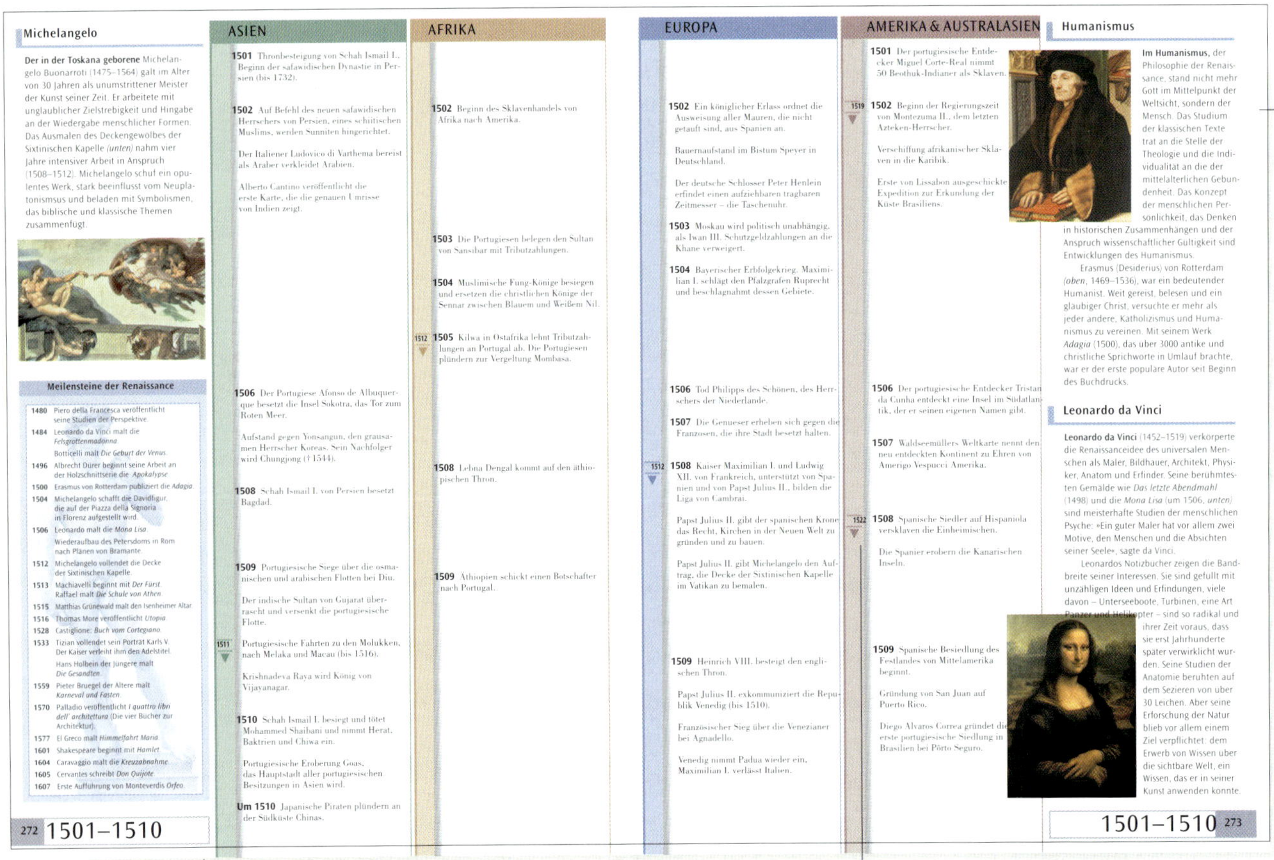

Michelangelo

Der in der Toskana geborene Michelangelo Buonarroti (1475–1564) galt im Alter von 30 Jahren als unumstrittener Meister der Kunst seiner Zeit. Er arbeitete mit unglaublicher Zielstrebigkeit und Hingabe an der Wiedergabe menschlicher Formen. Das Ausmalen des Deckengewölbes der Sixtinischen Kapelle *(unten)* nahm vier Jahre intensiver Arbeit in Anspruch (1508–1512). Michelangelo schuf ein opulentes Werk, stark beeinflusst vom Neuplatonismsus und beladen mit Symbolismen, das biblische und klassische Themen zusammenfügt.

Meilensteine der Renaissance

1480 Piero della Francesca veröffentlicht seine Studien der Perspektive.
1484 Leonardo da Vinci malt die *Felsgrottenmadonna*.
Botticelli malt *Die Geburt der Venus*.
1496 Albrecht Dürer beginnt seine Arbeit an der Holzschnittserie die *Apokalypse*.
1500 Erasmus von Rotterdam publiziert die *Adagia*.
1504 Michelangelo schafft die Davidfigur, die auf der Piazza della Signoria in Florenz aufgestellt wird.
1506 Leonardo malt die *Mona Lisa*.
Wiederaufbau des Petersdoms in Rom nach Plänen von Bramante.
1512 Michelangelo vollendet die Decke der Sixtinischen Kapelle.
1513 Machiavelli beginnt mit *Der Fürst*. Raffael malt *Die Schule von Athen*.
1515 Matthias Grünewald malt den Isenheimer Altar.
1516 Thomas More veröffentlicht *Utopia*.
1528 Castiglione: *Buch vom Cortegiano*.
1533 Tizian vollendet sein Porträt Karls V. Der Kaiser verleiht ihm den Adelstitel.
Hans Holbein der Jüngere malt *Die Gesandten*.
1559 Pieter Bruegel der Ältere malt *Karneval und Fasten*.
1570 Palladio veröffentlicht *I quattro libri dell' architettura* (Die vier Bücher zur Architektur).
1577 El Greco malt *Himmelfahrt Maria*.
1601 Shakespeare beginnt mit *Hamlet*.
1604 Caravaggio malt die *Kreuzabnahme*.
1605 Cervantes schreibt *Don Quijote*.
1607 Erste Aufführung von Monteverdis *Orfeo*.

272 1501–1510

Asien

1501 Thronbesteigung von Schah Ismail I., Beginn der safawidischen Dynastie in Persien (bis 1732).

1502 Auf Befehl des neuen safawidischen Herrschers von Persien, eines schiitischen Muslims, werden Sunniten hingerichtet.

Der Italiener Ludovico di Varthema bereist als Araber verkleidet Arabien.

Alberto Cantino veröffentlicht die erste Karte, die die genauen Umrisse von Indien zeigt.

1506 Der Portugiese Afonso de Albuquerque besetzt die Insel Sokotra, das Tor zum Roten Meer.

Aufstand gegen Yonsangun, den grausamen Herrscher Koreas. Sein Nachfolger wird Chungjong († 1544).

1508 Schah Ismail I. von Persien besetzt Bagdad.

1509 Portugiesische Siege über die osmanischen und arabischen Flotten bei Diu.

Der indische Sultan von Gujarat überrascht und versenkt die portugiesische Flotte.

1511 Portugiesische Fahrten zu den Molukken, nach Melaka und Macau (bis 1516).

Krishnadeva Raya wird König von Vijayanagar.

1510 Schah Ismail I. besiegt und tötet Mohammed Shaibani und nimmt Herat, Baktrien und Chiwa ein.

Portugiesische Eroberung Goas, das Hauptstadt aller portugiesischen Besitzungen in Asien wird.

Um 1510 Japanische Piraten plündern an der Südküste Chinas.

Afrika

1502 Beginn des Sklavenhandels von Afrika nach Amerika.

1503 Die Portugiesen belegen den Sultan von Sansibar mit Tributzahlungen.

1504 Muslimische Fung-Könige besiegen und ersetzen die christlichen Könige der Sennar zwischen Blauem und Weißem Nil.

1512 **1505** Kilwa in Ostafrika lehnt Tributzahlungen an Portugal ab. Die Portugiesen plündern zur Vergeltung Mombasa.

1508 Lebna Dengal kommt auf den äthiopischen Thron.

1509 Äthiopien schickt einen Botschafter nach Portugal.

Europa

1502 Ein königlicher Erlass ordnet die Ausweisung aller Mauren, die nicht getauft sind, aus Spanien an.

Bauernaufstand im Bistum Speyer in Deutschland.

Der deutsche Schlosser Peter Henlein erfindet einen aufziehbaren tragbaren Zeitmesser – die Taschenuhr.

1503 Moskau wird politisch unabhängig, als Iwan III. Schutzgeldzahlungen an die Khane verweigert.

1504 Bayerischer Erbfolgekrieg. Maximilian I. schlägt den Pfalzgrafen Ruprecht und beschlagnahmt dessen Gebiete.

1506 Tod Philipps des Schönen, des Herrschers der Niederlande.

1507 Die Genueser erheben sich gegen die Franzosen, die ihre Stadt besetzt halten.

1512 **1508** Kaiser Maximilian I. und Ludwig XII. von Frankreich, unterstützt von Spanien und von Papst Julius II., bilden die Liga von Cambrai.

Papst Julius II. gibt der spanischen Krone das Recht, Kirchen in der Neuen Welt zu gründen und zu bauen.

Papst Julius II. gibt Michelangelo den Auftrag, die Decke der Sixtinischen Kapelle im Vatikan zu bemalen.

1509 Heinrich VIII. besteigt den englischen Thron.

Papst Julius II. exkommuniziert die Republik Venedig (bis 1510).

Französischer Sieg über die Venezianer bei Agnadello.

Venedig nimmt Padua wieder ein, Maximilian I. verlässt Italien.

Amerika & Australasien

1501 Der portugiesische Entdecker Miguel Corte-Real nimmt 50 Beothuk-Indianer als Sklaven.

1519 **1502** Beginn der Regierungszeit von Montezuma II., dem letzten Azteken-Herrscher.

Verschiffung afrikanischer Sklaven in die Karibik.

Erste von Lissabon ausgeschickte Expedition zur Erkundung der Küste Brasiliens.

1506 Der portugiesische Entdecker Tristan da Cunha entdeckt eine Insel im Südatlantik, der er seinen eigenen Namen gibt.

1507 Waldseemüllers Weltkarte nennt den neu entdeckten Kontinent zu Ehren von Amerigo Vespucci Amerika.

1522 **1508** Spanische Siedler auf Hispaniola versklaven die Einheimischen.

Die Spanier erobern die Kanarischen Inseln.

1509 Spanische Besiedlung des Festlandes von Mittelamerika beginnt.

Gründung von San Juan auf Puerto Rico.

Diego Alvaros Correa gründet die erste portugiesische Siedlung in Brasilien bei Pôrto Seguro.

Humanismus

Im Humanismus, der Philosophie der Renaissance, stand nicht mehr Gott im Mittelpunkt der Weltsicht, sondern der Mensch. Das Studium der klassischen Texte trat an die Stelle der Theologie und die Individualität an die der mittelalterlichen Gebundenheit. Das Konzept der menschlichen Persönlichkeit, das Denken in historischen Zusammenhängen und der Anspruch wissenschaftlicher Gültigkeit sind Entwicklungen des Humanismus.

Erasmus (Desiderius) von Rotterdam *(oben*, 1469–1536), war ein bedeutender Humanist. Weit gereist, belesen und ein gläubiger Christ, versuchte er mehr als jeder andere, Katholizismus und Humanismus zu vereinen. Mit seinem Werk *Adagia* (1500), das über 3000 antike und christliche Sprichworte in Umlauf brachte, war er der erste populäre Autor seit Beginn des Buchdrucks.

Leonardo da Vinci

Leonardo da Vinci (1452–1519) verkörperte die Renaissanceidee des universalen Menschen als Maler, Bildhauer, Architekt, Physiker, Anatom und Erfinder. Seine berühmtesten Gemälde wie *Das letzte Abendmahl* (1498) und die *Mona Lisa* (um 1506, *unten*) sind meisterhafte Studien der menschlichen Psyche: »Ein guter Maler hat vor allem zwei Motive, den Menschen und die Absichten seiner Seele«, sagte da Vinci.

Leonardos Notizbücher zeigen die Bandbreite seiner Interessen. Sie sind gefüllt mit unzähligen Ideen und Erfindungen, viele davon – Unterseeboote, Turbinen, eine Art Panzer und Helikopter – sind so radikal und ihrer Zeit voraus, dass sie erst Jahrhunderte später verwirklicht wurden. Seine Studien der Anatomie beruhten auf dem Sezieren von über 30 Leichen. Aber seine Erforschung der Natur blieb vor allem einem Ziel verpflichtet: dem Erwerb von Wissen über die sichtbare Welt, ein Wissen, das er in seiner Kunst anwenden konnte.

1501–1510 273

Die Einträge in den Zeitspalten verdeutlichen, welche kulturellen und politischen Entwicklungen in einer bestimmten Epoche in welchem Teil der Welt relevant sind.

Viele Ereignisse verweisen auf andere wichtige Daten. Damit kann man innerhalb des Buches durch die Zeit navigieren.

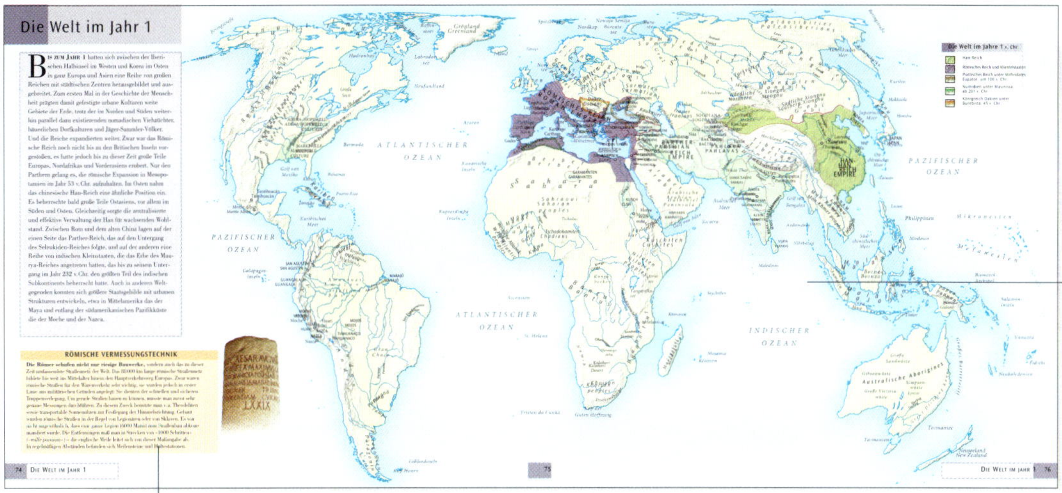

13 farbige Weltkarten zeigen anschaulich, wie sich die politische Geographie der Erde im Lauf der Geschichte wandelt.

Die Weltkarten sind durch Karten oder Informationen aus der betreffenden Zeit ergänzt.

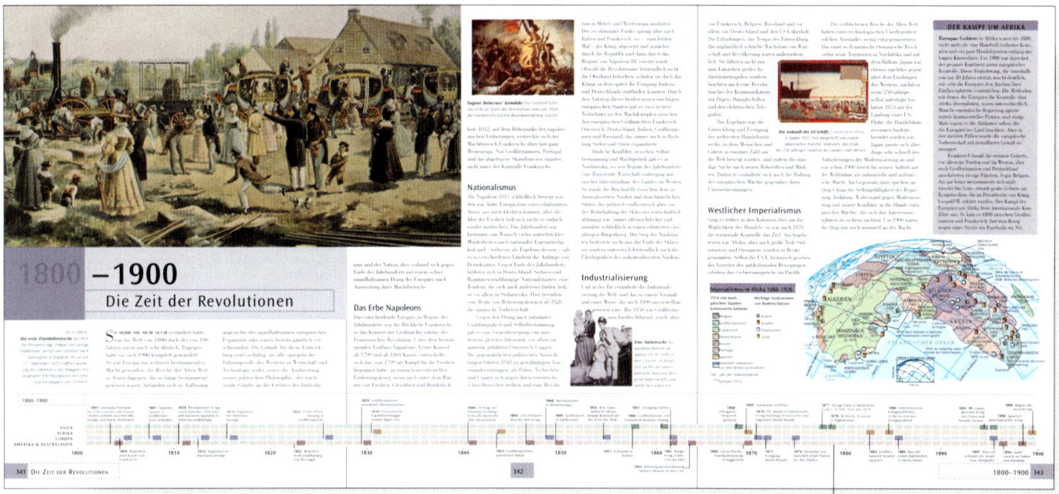

Zeitleisten mit Kurzeinträgen zeigen weltweit wichtige Ereignisse auf einen Blick.

Weltgeschichtlicher Überblick und Weltkarten

Jeder Zeitleiste ist ein Einleitungskapitel vorangestellt, das einen kurzen, zusammenhängenden Überblick zur Weltgeschichte bietet. Eine detaillierte Weltkarte nach jeder Zeitleiste fasst die Geschehnisse der Epoche zusammen. Diese Karten zeigen anschaulich, wie sich die Welt und ihre Kulturen von der Frühzeit bis heute entwickelt haben. Die Karten werden wiederum durch kurze Zusammenfassungen regionaler Entwicklungen ergänzt.

Lexikon

Der letzte Teil des Buches besteht aus einem ergänzenden Lexikon der Weltgeschichte. Hier finden Sie noch einmal wichtige Ereignisse, Personen, Dynastien und Herrscher in alphabetischer Reihenfolge, ergänzt von ausführlichen Ländermonographien der heutigen Staaten. Der Lexikonteil dient gleichzeitig als Glossar und als Register.

Die prähistorische Welt

Die Erde besteht seit über 4,6 Milliarden Jahren. Sie entstand, als winzige Materieteilchen im Weltraum aufeinander trafen und eine enorme Menge Energie freisetzten. Während der darauf folgenden, 100 Millionen Jahre dauernden Abkühlung, erhielt die Erde ihre gegenwärtige Form. Vor 4 Milliarden Jahren bildeten sich die erste Atmosphäre und das erste Wasser. Zu diesem Zeitpunkt erschienen auch die ersten mikroskopisch kleinen Lebewesen. Sie waren an extreme Temperaturen und an die Atmosphäre ohne Sauerstoff angepasst. Als die Kontinente entstanden und sich die chemische Zusammensetzung der Ozeane stabilisierte, entwickelten sich komplexere Lebensformen. Vor 360 Millionen Jahren krochen die ersten Amphibien an Land. Trotz sich dramatisch verändernder Umweltbedingungen und periodischen Massensterbens breiteten sich an Land lebende Lebensformen aus. Mit dem Aussterben der Dinosaurier vor 65 Millionen Jahren begann die Entwicklung der heutigen Tierwelt.

KONTINENTALDRIFT

Die Oberfläche der Erde ist in ständiger Bewegung – ein komplexes Puzzle ineinander hakender tektonischer Platten. Unter der Erdkruste liegt eine teilweise geschmolzene Schicht – der Erdmantel. Besonders heiße Stellen innerhalb des Erdmantels sorgen für große Strömungen im Mantel. Die obere Kruste besteht aus einer Reihe starrer Platten, in die die Kontinente eingebettet sind, die sich entsprechend den Strömen im Mantel bewegen. Wo sich zwei Platten aufeinander zu bewegen, wird die eine unter die andere in den Mantel geschoben oder gedrückt. An diesen Plattengrenzen gibt es die meiste geologische Aktivität – Vulkane und Erdbeben. Die Kontinente haben sich während geologischer Zeiträume über die Erde bewegt und bewegen sich immer noch. Unsere heutige Weltkarte ist nur eine Momentaufname eines langen Zeitraums.

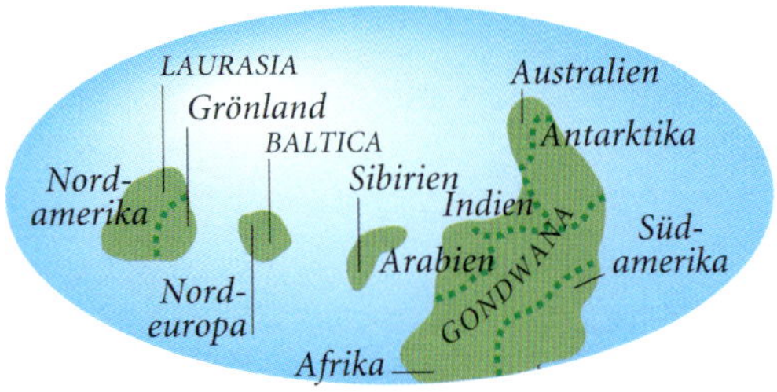

1: KAMBRIUM (vor 570–510 Millionen Jahren)
Die meisten Kontinente liegen um den Äquator. Der Großkontinent Gondwana erstreckt sich bis zum Südpol.

2: DEVON (vor 408–362 Millionen Jahren)
Die Kontinente Gondwana und Laurasia driften nordwärts.

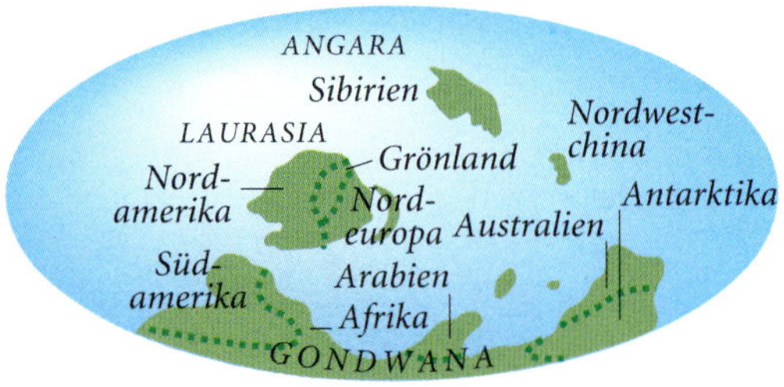

3: KARBON (vor 362–290 Millionen Jahren)
Drei große Kontinente beherrschen die Erde: Laurasia, Angara und Gondwana.

4: JURA (vor 208–145 Millionen Jahren)
Der Superkontinent Pangäa beginnt auseinanderzubrechen, was einen generellen Anstieg des Meeresspiegels verursacht.

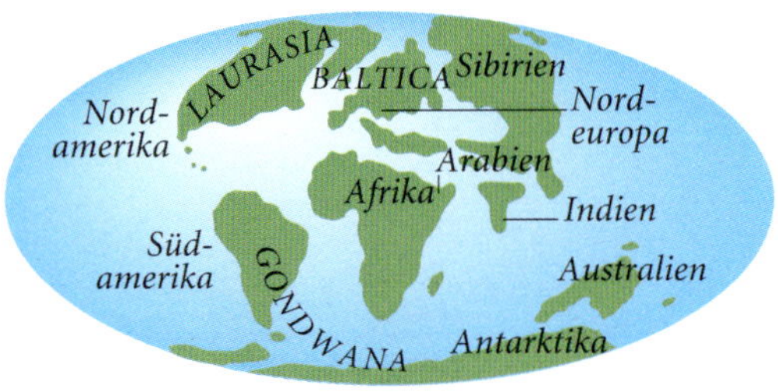

5: TERTIÄR (vor 65–2 Millionen Jahren)
Obwohl die Karte der Erde schon vertraut wirkt, ereignen sich in dieser Periode noch einige wichtige Ereignisse wie z. B. die Auffaltung des Himalaja.

Fossilien als Zeugen

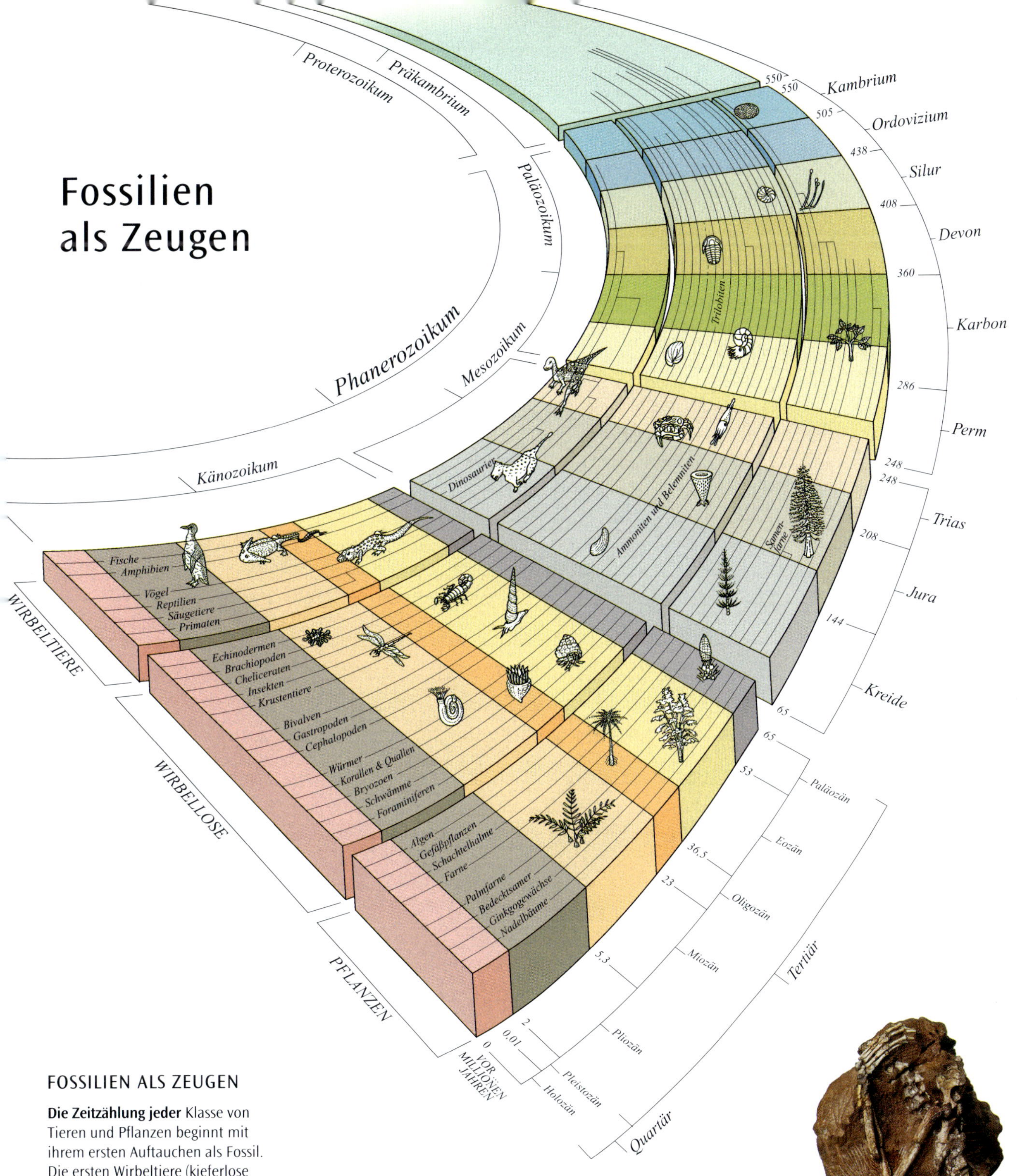

FOSSILIEN ALS ZEUGEN

Die Zeitzählung jeder Klasse von Tieren und Pflanzen beginnt mit ihrem ersten Auftauchen als Fossil. Die ersten Wirbeltiere (kieferlose Fische) erscheinen im späten Kambrium, die ersten primitiven Säugetiere in der Trias, und Primaten – die Ordnung der Säugetiere, zu denen auch der Mensch gehört – erscheinen im Oligozän vor etwa 30 Millionen Jahren.

Der spitzmausähnliche *Megazostrodon* aus Südafrika aus der späten Trias und dem frühen Jura *(rechts)* war eines der ersten echten Säugetiere. Sein Körper war lang, mit flexiblem Rückgrat und langen Gliedern. Diese wurden in einer primitiven Hockstellung nach außen gedreht, eine Haltung, die auch heute noch von einigen kleinen Säugetieren eingenommen wird.

Die ersten Menschen

DER ENTSCHEIDENDE SCHRITT in der Evolutionsentwicklung, durch den sich die ersten Hominiden von ihren Vorfahren unterscheiden, war der aufrechte Gang. Sein frühester Nachweis gelang mit dem Fund eines etwa 4,2 Millionen Jahre alten *Australopithecinen* am Turkanasee in Ostafrika. Die *Australopithecinen* weisen menschenaffenartige wie auch menschliche Merkmale auf. Möglicherweise waren sie die Vorfahren der ersten Exemplare der Spezies *Homo* (Mensch), die vor etwa 2,5 Millionen Jahren lebten. *Homo habilis* hatte ein relativ großes Gehirn und besaß die Fertigkeit, Werkzeug herzustellen. Diese neuen Fähigkeiten markieren den Beginn der Kulturentwicklung und ermöglichten es den frühen Hominiden, ein größeres Spektrum an Nahrung und Ressourcen zu nutzen. Die Hominiden begannen vor etwa 1,7 Millionen Jahren sich von Afrika aus auszubreiten und besiedelten Asien, Europa und Vorderasien. Vor etwa 100000 Jahren entwickelten sich im südlichen Afrika die ersten modernen Menschen *(Homo sapiens sapiens)*. Ihre überragende Werkzeugtechnologie ermöglichte es ihnen, auch kühlere Klimazonen zu besiedeln.

Steinwerkzeuge

Die ersten Steinwerkzeuge wurden vor etwa 2,5 Millionen Jahren hergestellt und läuteten die kulturelle Entwicklung der frühen Menschen ein. Die frühesten Steingeräte wurden mit einem Stein so beschlagen, dass eine Reihe scharfer, unregelmäßiger Kanten entstand. Mit diesen Werkzeugen konnte man Fleisch zerteilen, Häute bearbeiten, Feuerholz schneiden, Unterkünfte bauen und pflanzliche Nahrung zubereiten. Mit zunehmender Verfeinerung der Werkzeugtechnik wurden die Menschen immer effizientere Großwildjäger und konnten ihren Siedlungsraum ausdehnen. Diese Faustkeile (oben) aus Hoxne, Ostengland, sind mindestens 10000 Jahre alt.

Die Neandertaler

Die Neandertaler tauchten vor etwa 120000 Jahren in Europa und Vorderasien auf. Sie bilden einen eigenen Zweig der Homo-sapiens-Gruppe. Ihr Gehirn war genau so groß wie das des modernen Menschen. Im Unterschied zu ihm hatten sie jedoch einen kräftigen, gedrungenen Körperbau, vorspringende Backenknochen, eine ausgeprägte Nase und den Überaugenwulst. Die Neandertaler sind die ersten Menschen, von denen man weiß, dass sie ihre Toten bestatteten (links). Es gibt sogar Belege für Zeremonien. Sie stellten Abschlagswerkzeuge her, die für die Jagd, die Zerteilung von Fleisch, die Nahrungszubereitung und die Holzbearbeitung verwendet wurden, und sie konnten sich an unterschiedlichste Umweltbedingungen anpassen: vom gemäßigten Klima der Mittelmeerküste bis zu dem im hohen Norden Europas.

Die Urahnen der Menschen

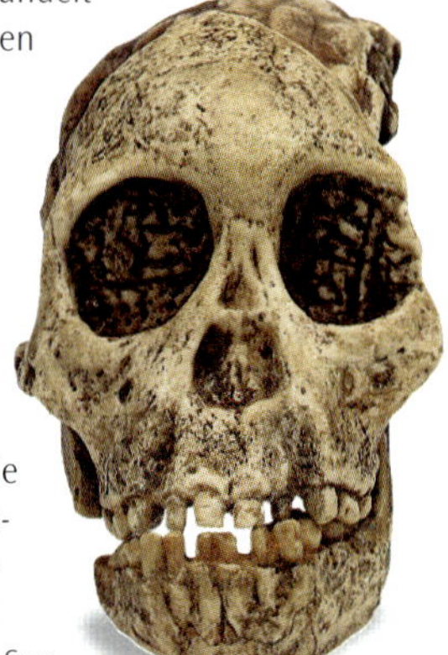

Der erste Fossilfund der *Australopithecinen* stammt aus der Taung-Höhle in Südafrika. Es handelt sich um einen etwa 2,5 Millionen Jahre alten Kinderschädel (rechts). Seither sind mindestens sieben Spezies von *Australopithecus* entdeckt worden. Es wurden auch ältere Funde gemacht, die bis zu 4,2 Millionen Jahre alt sind. Die meisten Wissenschaftler sind sich darüber einig, dass die früheste Spezies, *Australopithecus afarensis*, die Schnittstelle zwischen Menschenaffen und Menschen darstellt. Zu dieser Spezies gehört auch das 3,4 Millionen Jahre alte Skelett der berühmten »Lucy«. Obwohl – wie bei den Menschenaffen – das Gehirn klein, die Arme lang und die Beine kurz waren, war der Gang aufrecht. Das belegen die mindestens 4 Millionen Jahre alten versteinerten Fußabdrücke in Laetoli, Tansania.

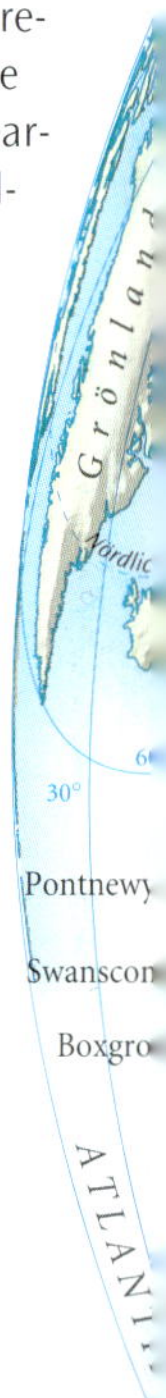

Die Entwicklung des Menschen

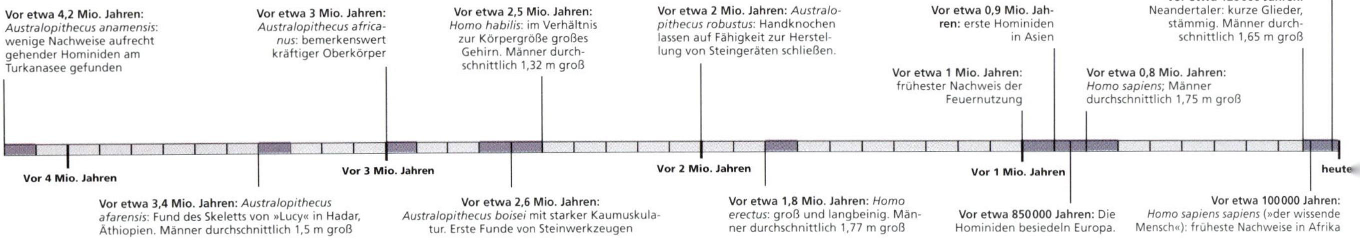

Japanisches Meer
Nördlicher Wendekreis
PAZIFIK
Südchinesisches Meer
AUSTRALIEN
NORDPOLARMEER
Nördlicher Polarkreis
Lena
Baikal-see
Gobi
Hwangho
Jangtsekiang
Zhoukoudian
Xujiayao
Dingcun
Langtandong
Yunxian
Maba
Lantian
Changyang
Changwu
Tongzi
Tham Khuyen
China
Mekong
Borneo
Yuanmou
Frühester Nachweis von Hominiden in Ostasien, ca. 1,7 Mio. Jahre alt
Mongolischer Altai
Sibirien
Jenissei
ASIEN
Irawadi
Malaiische Halbinsel
Kedungbrubus
Trinil
Sangiran
Java
Sumatra
Hochland von Tibet
Ganges
Tienschan
Balchaschsee
Ob
Golf von Bengalen
Frühester Nachweis von Hominiden im insularen Südostasien, ca. 1,3 Mio. Jahre alt
Äquator
Barents-see
Ural
Himalaja
Narmada
Syrdarja
Amudarja
Indien
Aral-see
Teshik Tash
Wüste Thar
Indus
Maßstab mit Perspektive variabel
13 340 km
20 040 km
Skandinavien
Wolga
Kaspisches Meer
Hochland von Iran
Arabisches Meer
EUROPA
Dzhruchula
Frühe Humanoide wanderten vermutlich vor 850 000 Jahren aus Afrika ein.
Kaukasus
Kiik-Koba
Staroselye
Shanidar
Zagrosgebirge
Persischer Golf
INDISCHER OZEAN
Bilzingsleben
Schwarzes Meer
Tigris
Šipka
Neandertal
Kälna
Mauer
Euphrat
Steinheim
Anatolien
Donau
Biache
Spy
Kebana
Amud
Zuttiyen
Qafzeh
Tabun
Es-Skhul
Petralona
Arabische Halbinsel
La Chapelle-aux-Saints
Hortus
Saccopastore
St. Césaire
La Ferrassie
Circeo
Fontéchevade
Arago
Montmaurin
Atapuerca
Cova Negra
Mittelmeer
Hajj Creiem
Haua Fteah
Rotes Meer
Nil
Funde früher Menschenarten
Australopithecus
Homo habilis
Homo erectus
früher Homo sapiens
Neandertaler
Homo sapiens (über 50 000 Jahre alt)
Forbes' Quarry
El Guettar
Taforalt
Bir Tarfawi
Bir Sahara
Nazlet Khatir
Tana-see
Dire Dawa
Äthiopisches Hochland
Singa
Ileret
Mugharet el-'Aliya
Dar es-Soltan
Sidi Abderrahman
Thomas Quarry
Jebel Irhoud
Sahara
Tibesti
Omo
Koobi Fora
Turkanasee
Nariokotome
Lothagam
Reste des ersten Hominiden (Australopithecus anamensis), ca. 4,2 Mio. Jahre alt
Olduvai
Laetolil
Madagaskar
Straße von Mosambik
Ahaggar
AFRIKA
Chesowanja
Victoria-see
Malema
Matupi
Zentralafrikanischer Graben
Malawi-see
Nördlicher Wendekreis
Tschad-see
Tanganjika-see
Sambesi
Niger
Kongo-becken
Kromdraai
Makapansgat
Cave of Hearths
Border Cave
Sterkfontein
Howieson's Poort
Swartkrans
Klasies River Mouth
Taung
Florisbad
Nachweise der frühesten anatomisch modernen Menschen, ca. 100 000 Jahre alt
Kongo
Oranje
Die Kelders
ATLANTIK
Langebaan
Südlicher Wendekreis
Äquator

Die Welt um 10 000 v. Chr.

VOR ETWA **100 000 JAHREN** entwickelten sich in Afrika die modernen Menschen. Das große Gehirn, verfeinerte Werkzeugtechnik und die Fähigkeit soziale Gruppen zu bilden ermöglichten es *Homo sapiens sapiens*, den gesamten Globus zu besiedeln. In der Zeit vor 10 000 bis 20 000 Jahren erreichte die letzte Eiszeit ihr Maximum. Die rauen Klimabedingungen forderten den menschlichen Einfallsreichtum heraus. Der Fortschritt in der Steingeräteherstellung, der Bau von Unterkünften und der Gebrauch von Kleidung sind die Resultate. In diesen Zeitraum fällt auch die Entwicklung komplexer Sozialstrukturen. Das zeigen Funde von Gemeinschaftsgräbern und dauerhaften Siedlungen. Die Entwicklung von Kunst und Religion zeigt sich in Höhlenmalerei, Ornamenten und geschnitzten Statuetten, die über weite Entfernungen gehandelt wurden. Gegen Ende der Eiszeit stiegen die Temperaturen, und Pflanzen und Tiere breiteten sich weiter aus. Als das Bevölkerungswachstum eine zuverlässige Nahrungsversorgung erforderte, begann man Pflanzen anzubauen und Tiere zu domestizieren.

DIE MENSCHEN DES MESOLITHIKUMS UND IHRE UMWELT

Die Jäger der Eiszeit und ihre Nachkommen passten sich mit den Geräten und Waffen, die sie verwendeten, an die unterschiedlichsten Umweltbedingungen an. Sie benutzten Speerschleudern, Pfeil und Bogen, Harpunen und Bumerangs. Entweder folgten sie den Tieren auf ihren Wanderungen, oder sie lebten in saisonalen Lagern auf den Wanderrouten der Tiere. Etwa 9000 v. Chr. waren die großen Säugetiere wie Mastodon und Mammut durch die intensive Bejagung nahezu ausgestorben. Genaue Kenntnis über die Umgebung gehörte zur Überlebensstrategie. Die Orte der kostbaren Wasser- und Nahrungsquellen wurden möglicherweise zu Zentren von Ritualen und Zeremonien. Darauf lässt etwa diese Felszeichnung (rechts) aus Kalhotia, Zentralindien, auf der Wasserfälle dargestellt sind, schließen.

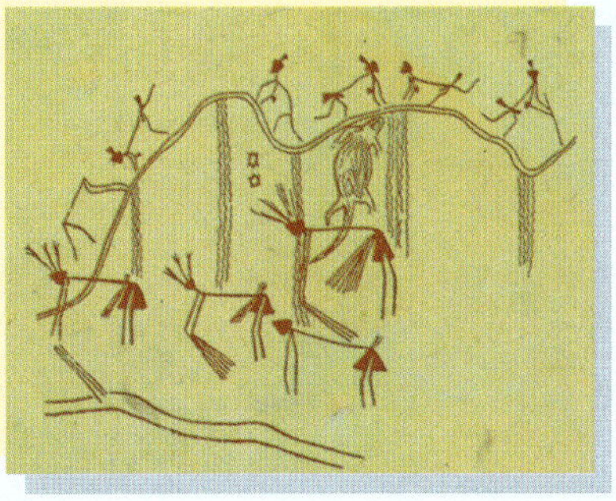

Die ersten Bauern

Der Domestizierung von Tieren zur Gewinnung von Nahrung und Kleidung und als Transportmittel folgte die Kultivierung von Getreide. Diese entscheidende Entwicklung in der Geschichte der Menschheit leitete zunächst die Weidewirtschaft und dann die sesshafte bäuerliche Lebensweise ein. In den verschiedenen Weltgegenden traten diese Neuerungen zu unterschiedlicher Zeit auf. Der Ablauf dieser Entwicklung war in der Regel abhängig von der Bevölkerungszahl, der Häufigkeit von jagdbarem Wild und dem Vorhandensein von Wildgemüsen und Früchten.

Die Ausbreitung der Landwirtschaft

9000	Vorderasien, Mesopotamien, Anatolien
7000	Gebiet des Hwangho, Nordchina
7000	Südosteuropa
6000	Zentralasien (Usbekistan, Afghanistan)
6000	Anden
6000	Westpakistanisches Hochland
5500	Nördliche Mittelmeerküste
5000	Niltal
5000	Mitteleuropa
4750	Mittelamerika
4500	Schwemmebene des Ganges, Ostindien
4000	Südostasiatisches Festland
4000	Nordwesteuropa
4000	Afrika südlich der Sahara
3500	Ukraine, europäischer Teil Russlands
2500	Küstengebiete Südostasiens
2000	Nordamerika (Mississippigebiet)
2000	Amazonasgebiet
1500	Melanesien
1000	Karibik
1000	Südliches Afrika
500	Japan

***Für Archäologen** gilt als erster Nachweis einer sesshaften Lebensform das Auftauchen von Geräten, die eigens für die Nahrungsverarbeitung angefertigt wurden, wie dieser Mahlstein mit Mahlfläche aus der Zeit von etwa 6000 v. Chr.*

ASIEN

Um 10000 Die frühesten Keramikgefäße der Welt stammen von Honshu, Japan.

Um 9000 In Nordsyrien wird Einkorn gezogen: Erster Nachweis der Pflanzenkultivierung.

Die Kalksteinhöhlen Zentralchinas lassen auf eine Lebensweise mit Jagd, Fischfang und Nahrungssammlung schließen.

Belege für domestizierte Ziegen, Nordmesopotamien.

Um 8500 Erste chinesische Keramik.

5000 ▼ **7000** Erste chinesische bäuerliche Siedlungen im Gebiet des Gelben Flusses (Hwangho).

Um 7000 Borstenhirse und Sorghum in der Nordchinesischen Ebene kultiviert.

Gründung von Çatal Hüyük, Anatolien, größte neolithische Siedlung Vorderasiens.

Die Ziege ist das wichtigste domestizierte Tier in Südwestasien.

Domestizierung von Schweinen, Anatolien.

Um 6500 Kleine Kupferschmelzen in Çatal Hüyük.

Die Jômon-Keramik verbreitet sich im Süden Japans.

Erste Keramik in Vorderasien.

5000 ▼ **Um 6000** Bemalte Keramik sowie Kupfer- und Bleischmelzen in Tell Hassuna in Nordmesopotamien.

Grabbeigaben aus Keramik in Mehrgarh, Zentralasien, legen Handel mit Indien nahe; erste Keramik auf dem südostasiatischen Festland.

Landwirtschaft in Belutschistan (Westpakistan); Hauptanbaupflanze ist die Gerste.

Um 5500 Frühestes bekanntes Bewässerungssystem in Choga Mami, Mesopotamien.

AFRIKA

Um 8500 Die Felskunst der Sahara stellt Elefanten, Giraffen, Nilpferde und Nashörner dar – Tiere, die es in dieser Region mittlerweile nicht mehr gibt.

In der Sahara werden fein gearbeitete steinerne Speerspitzen, Pfeilspitzen und Schneidewerkzeuge benutzt.

Um 7500 In der südlichen Sahara wird die Wellenmusterkeramik hergestellt. Die Wellenmuster werden mit Hilfe eines Fischstachels in den feuchten Ton geritzt.

Um 6500 In der Sahara werden Rinder domestiziert.

Um 6000 Landwirtschaft und Weidewirtschaft, vor allem entlang des Nils.

4100 ▼ In der Sahel-Region wird einheimische Hirse domestiziert und angebaut.

EUROPA

Um 10 000 Rückgang der Gletscher; Laubwälder breiten sich nordwärts aus. Land und Meer sind reich an Ressourcen.

Großsäuger wie Woll-Nashorn, Riesenhirsch und Mammut werden immer seltener.

Um 8300 Die abschmelzenden Eismassen überfluten tief liegende Ebenen. Menschen haben Zugang zu neuen Nahrungsquellen.

Um 8000 Jäger und Sammler erreichen Skandinavien, darunter die Vorfahren der Samen aus Lappland.

Um 7000 Die Landwirtschaft breitet sich von Anatolien bis nach Südosteuropa aus.

Um 6500 Der ansteigende Meeresspiegel trennt die Britischen Inseln vom Rest des europäischen Kontinents.

Um 6200 Landwirtschaft verbreitet sich im Mittelmeerraum bis nach Süditalien.

5000 ▼ **Um 6000** Landwirtschaft verbreitet sich entlang der Westküste des Mittelmeers.

Um 5500 Bäuerliche Siedlungsgruppen in Zentraleuropa stellen Bandkeramiken her.

Um 5400 Das Auftauchen bäuerlicher Siedlungen in Zentraleuropa kündigt den Beginn des europäischen Neolithikums und den Beginn der Waldrodungen an.

AMERIKA & AUSTRALASIEN

Um 10 000 Die schmelzenden Eisschilde Nordamerikas verändern die Landschaft. Der Rückgang der Eisbedeckung eröffnet den Menschen neue Siedlungsräume.

Clovis-Spitzen (mit Schäftungsrinnen); Nachweise gemeinschaftlicher Großwildjagd in Nordamerika.

Jäger und Sammler in Nord- und Mittelamerika ernähren sich von Großwild, Pflanzen, Fisch und Schalentieren.

Menschliche Figuren in australischer Felskunst.

Die Landbrücke zwischen Australien und Tasmanien beginnt zu verschwinden.

Um 9500 Siedler erreichen Patagonien und weitere Regionen in Südamerika.

Um 8500 Nachweis der Nutzung von Weideland und des Anbaus von Kürbis, Bohnen, Chili und Kartoffeln in den Anden.

4500 ▼ **Um 8000** Gerätschaften zur Nahrungszubereitung wie z. B. Mahlsteine belegen die zunehmende Nutzung von Pflanzenressourcen in Nord- und Mittelamerika.

Der steigende Meeresspiegel bedeckt die Landbrücke Neuguineas (bis 6000).

Um 7500 Die Begräbnisstätte von Sloan ist der älteste bekannte Friedhof Nordamerikas.

Nachweis von Entwässerungssystemen und Anbau im Hochland von Neuguinea.

Im Amazonasbecken wird Maniok angepflanzt.

Um 6000 In Ecuador wird Mais kultiviert.

4500 ▼ Einwanderungen von Südostasien aus begründen die austronesische Kultur.

Um 5500 Kürbisse, Chilis und Avocados gehören zur Nahrungsgrundlage der Menschen in Zentralamerika.

4750 ▼ **Um 5400** In den Anden werden Lamas und Alpakas gehalten.

Großwildjäger in Nordamerika

In Nordamerika wurden schon sehr früh ausgefeilte Jagdmethoden entwickelt. Aus sorgfältig zubereiteten Rohlingen fertigte man die extrem scharfen, flachen Speerspitzen, ferner Pfeilspitzen sowie Schneidewerkzeuge der Clovis-Kultur, die Clovis-Spitzen *(links)*. In der Nähe von Casper, Wyoming, gibt es von etwa 8000 v. Chr. Nachweise großer organisierter Jagden. Dort trieben etwa 20 Jäger 75 Bisons in eine Falle. Das Fleisch wurde vermutlich durch Trocknen als Pemmikan konserviert. Dabei werden luftgetrocknete Fleischstreifen zerklopft, mit Beeren vermischt und mit heißem Fett übergossen zu Kuchen geformt.

Die Entwicklung der Töpferei

Die Verwendung feuergebrannter Keramik entwickelte sich weltweit zu unterschiedlicher Zeit. Die Auswirkungen dieser Erfindung waren jedoch gleich. Die Möglichkeit Nahrung in dichten, abwaschbaren Gefäßen aufzubewahren, zu kochen, zu konservieren und zu transportieren hat maßgeblich zur Entwicklung der Landwirtschaft beigetragen. Sesshaftigkeit und Handel über weite Entfernungen wurden erleichtert. Verzierung und Form der Gefäße unterlagen dem künstlerischen Wandel. Deswegen lassen sich Keramikfunde relativ leicht zeitlich und räumlich einordnen.

***Die älteste bekannte** Keramik mit ihrer bemerkenswert schlichten Form stammt aus Japan. Die später entstandene Jômon-Keramik hat ein Schnur-Abdruckmuster.*

Die Erfindung der Töpferei

11 000	Jômon, Japan
8500	Xianrendong, China
7500	Niltal, Sahara, Afrika
6500	Tell Sotto, Vorderasien
6500	Mehrgarh, Südasien
5500	Bandkeramik, Mitteleuropa
2200	Ecuador, Südamerika
1500	Chiapa de Corzo, Mittelamerika

Die Welt 5000 v. Chr.

LANDWIRTSCHAFT in ortsfesten Siedlungen gab es um 5000 v. Chr. in vier Regionen der Welt als vorherrschende Lebensweise: in Ägypten, in Vorderasien, im Industal und in den Tälern von Jangtsekiang und Hwangho in China. Die Zunahme der Nahrungsmittelproduktion durch die Kultivierung von Weizen, Gerste, Hirse, Mais und Reis führte zu einem beschleunigten Bevölkerungswachstum und trug maßgeblich zur Gründung der ersten dauerhaften menschlichen Siedlungen bei. Der Grundstein zur Entwicklung der ersten Städte und Zivilisationen war gelegt. Zur selben Zeit begann sich die Landwirtschaft vom Mittelmeerraum aus in Europa auszubreiten. Hier dominierte jedoch noch, wie in vielen Teilen der Welt, die Lebensweise der Jäger und Sammler. In Japan und Korea, in großen Teilen Südostasiens und im Gangestal lebten ebenfalls Jäger-Sammler-Gemeinschaften. Auch in der Neuen Welt gab es stabile Jäger-Sammler-Gesellschaften – in den Anden, in Mittelamerika, im heutigen Alaska, ferner in weiten Gebieten Afrikas und an bestimmten Küsten Australiens.

Die Welt um 5000 v. Chr.
Intensives Jagen und Sammeln
Zentren der Entwicklung des Ackerbaus
Gebiete mit späteren Ackerbausiedlungen
Ausbreitung des Ackerbaus
Frühe Ackerbausiedlungen, Vorläufer von Städten 6000–5000 v.Chr.
Siedlungen von Jägern u. Sammlern
Nowaja Semlja
Nordkap
Barents-see
Kara-see
Beringstraße
Lena
Jenissei
Ob
Ural
Wolga
Sibirien
Ochotskisches Meer
Kamtschatka
Amur
Baikalsee
Irtysch
EUROPA
Don
Donau
Pontische Steppe: Pferdejagd
Lepenski Vir
Karanovo
Schw. Meer
Warna
Kaspisches Meer
Aralsee
Balchaschsee
Mongolischer Altai
ASIEN
Gobi
Nordchina: Hirseanbau, Nachweis domestizierter Schweine und Hunde
Kurilen
Mandschurei
Hokkaido
Honshu
Japan
Nitaro Cave
Korea
Hwangho
Cishan
Banpo
Beishouling
Peiligang
Fukui
Kami–Kuroiwa
Kyushu
Japan und Korea: Jagen und Sammeln, ergänzt durch Fischerei
Çayönü
Hallan Çemi
Tell Halaf
Ninive
Çatal Hüyük
Tepe Gawra
Tell Brak
Hassuna
Frankhthi
Abu Hureyra
Jarmo
Choga Mami
Yarim Tepe
Samarra
Nippur
Ali Kosh
Jericho
Eridu
Warka
Ur
Faiyum
Beidha
Nil
Tien-schan
Takla-Makan
Hochland von Tibet
Mehrgarh
Indus
Himalaja
Jangtsekiang-Delta und Hwangho: Beginn des Nassreisanbaus
Jangtsekiang
Songze
Majiabang
Hemudu
Bengdoushan
Anatolien: Ackerbausiedlungen handeln mit Feuerstein, Obsidian, Holz, Muscheln und Kupfer
Südliches Mesopotamien: Bevölkerung arider Ebenen von Bewässerungssystemen abhängig
Naher Osten: Um 9000 v. Chr. Kultivierung von Wildweizen und -gerste
Naqada
Niltal: Anbau von Weizen und Gerste
Nabta
Rotes Meer
Arabische Halbinsel
Ganges
Chopani-Mando
Padah-lin
Nam Tun
Hoa Binh
TAIWAN
PAZIFISCHER OZEAN
Industal: Anbau von Weizen und Gerste, Haltung von Rindern, Schafen und Ziegen
Gangestal: Intensives Jagen und Sammeln im Urwald
Spirit Cave
Mekong
Musang
Luzon
Philippinen
Esh Shaheinab
Khartoum
Tschadsee
Gobedra
Golf von Aden
Socotra
Ban Kao Caves
Andamanen
Mandheera
Nikobaren
Süd-chinesisches Meer
Mindanao
AFRIKA
Melka Kunture
Malediven
Gua Cha
Niah
Kontinentales Südostasien: Intensives Jagen und Sammeln
Insulares Südostasien: Jäger und Sammler nutzen das reiche Nahrungsangebot des Meeres.
Ishango
Kongo
Kongobecken
Victoriasee
Sumatra
Borneo
Tanganjikasee
Zentralafrikan. Graben
Kalambo Falls
Seychellen
Gua Lawa
Java
Neuguinea
Timor
Komoren
Malawisee
Makwe
Neuguinea: Entwässerung des Hochlands fördert Wachstum von Wildtaro.
Okawango
Sambesi
Ingaladdi Shelter
Namib
Okawangodelta
Amadzimba
Kalahari
Madagaskar
Mauritius
Réunion
INDISCHER OZEAN
Millstream
Australien: Jäger und Sammler siedeln sich an großen Flüssen an.
Kenniff Cave
AUSTRALIEN
Eyresee
Great Dividing Range
Darling
Oranje
Orchestra Shell Cave
Nelson Bay Cave
Kap der Guten Hoffnung
Mount Burr
Currarong
Wilson's Promontory
Tasmansee
Tasmanien
Neuseeland

5000 – 2500 v. Chr.

Beginn der Landwirtschaft

BILD OBEN:
***Ur war gegen Ende** des 3. Jahrtausends die Hauptstadt eines südmesopotamischen Reiches. Die »Standarte von Ur« aus den Königsgräbern zeigt den sumerischen Herrscher im Krieg und zu Friedenszeiten. Die Intarsien sind mit Lapislazuli und Muscheln gearbeitet.*

Der Übergang vom Jagen und Sammeln zur Landwirtschaft, der in Vorderasien etwa um 9000 v. Chr. stattfand, veränderte das Gesicht der Erde. Zunehmende Ernteerträge führten zu einem Nahrungsüberschuss und ermöglichten es den Menschen, in großen sesshaften Gemeinschaften zu leben. Der Nahrungsüberschuss bedeutete auch, dass – zum ersten Mal – eine immer größere Zahl an Menschen sich nicht um die Nahrungsbeschaffung kümmern musste. Sie konnten sich anderen Aufgaben widmen: Keramikherstellung, Erzverhüttung und Handel. Handelskontakte, Gemeinschaftsarbeiten wie Bewässerung und Konstruk-

5000–2500 v. Chr.

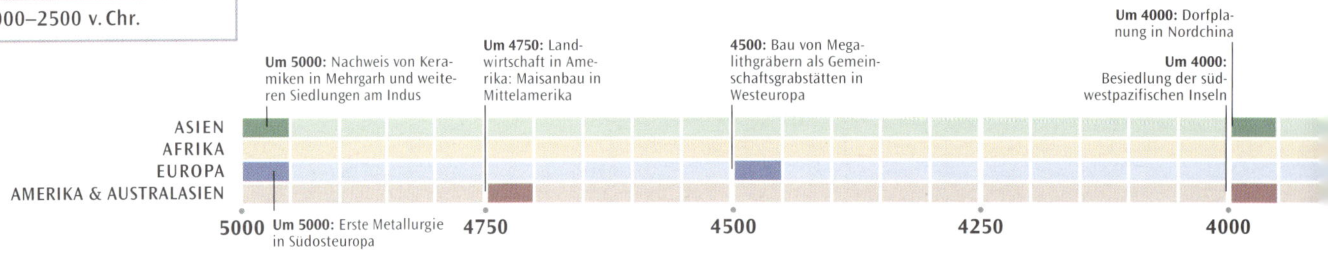

tion und die Herausbildung einer Elite von Spezialisten, das alles waren Entwicklungen, die den Weg zur Entstehung der ersten Städte ebneten.

Die Landwirtschaft entwickelte sich unabhängig in verschiedenen Gegenden des subtropischen Gürtels, der sich von Mittelamerika bis nach China zieht, und breitete sich rasch in benachbarte Gebiete aus. In Mittel- und Südamerika erfolgte der Übergang zur Landwirtschaft nur langsam, und bäuerliche Siedlungen wurden nur nach und nach gegründet. In vielen Gegenden blieb das Jagen und Sammeln der Hauptzweig der Nahrungsversorgung.

Fruchtbares Land

Im feuchten Klima der letzten Eiszeit gediehen die Wildgräser. In Vorderasien begannen die Menschen, sie zu sammeln, zu verpflanzen und durch gezielte Auswahl und Vermehrung Getreide zu kultivieren. Auf diese Weise züchteten sie voll kultiviertes Getreide mit großen Körnern und bruchfesten Halmen. Um 7000 v. Chr. wurden Weizen und Gerste von Anatolien bis nach Pakistan angebaut. Parallel dazu hatte die Domestizierung von Tieren, hauptsächlich Ziegen und Schafe, begonnen.

Sowohl der Tigris als auch der Euphrat treten im Winter über die Ufer. Ein ausgeklügeltes System von Bewässerungskanälen sorgte dafür, dass das Wasser zu den trockenen Ebenen gelangte, wo Weizen und Gerste angebaut wurden. In Ägypten und Pakistan war die Landwirtschaft abhängig von den jährlichen Überflutungen oder Überschwemmungen von Nil und Indus. Das zurückgehende Wasser hinterließ eine äußerst fruchtbare Schlammdecke. Bewässerungskanäle verteilten das Wasser auf die Felder, während Dämme und Deiche die Überflutungen eindämmten.

Die ersten Städte

Mit der zunehmend anspruchsvolleren Landbewirtschaftung wurde auch die Arbeitsteilung komplexer. Es entwickelten sich soziale Hierarchien. Die sich herausbildende herrschende Klasse war verantwortlich für den Handel über weite Entfernungen – Grundlage für die Versorgung der zunehmenden Zahl spezialisierter Handwerker mit Rohstoffen.

Im 5. Jahrtausend bildeten sich in Mesopotamien die ersten Städte. Jede Stadt wurde durch eine Priester-Elite von einem zentralen Tempelkomplex aus regiert. Die Stadt war das Zentrum des landwirtschaftlichen Umlandes, das vom Stadttempel aus kontrolliert und verwaltet wurde. Die Überschüsse der landwirtschaftlichen Produktion wurden in Lagerhäusern im Tempel aufbewahrt. Es war wichtig, dass über die Vorräte genau Buch geführt wurde. Anfangs wurden die Güter durch Tonmarken dargestellt. Diese wurden vermutlich in eine Tonkugel gebettet. Siegel auf den Tongefäßen bezeichneten die Marken im Inneren – sie waren die ersten Schriftzeichen.

In Ägypten war zu dieser Zeit eine Handvoll kleiner Städte zur Blüte gelangt. Um 3100 v. Chr. eroberte König Narmer, ein Herrscher vom südlichen Nil, das Nildelta, begründete ein vereintes Ägypten und wurde zum ersten Pharao. Ägypten war ein theokratischer Staat, der von einem Gottkönig regiert wurde. Der Glaube an ein Leben nach dem Tod war ein fundamentales Dogma. Dafür stehen auch die zwischen 2550 und 2470 v. Chr. erbauten Pyramiden, die als königliche Begräbnisstätten dienten.

Errichtung von Denkmälern

Im 7. Jahrtausend v. Chr. breitete sich die Landwirtschaft nach Südosteuropa aus. Als sie sich nach und nach als vorherrschende Wirtschaftsweise etablierte, wuchsen die Siedlungen, und es wurden Handelsbeziehungen aufgenommen.

Die Reste großer Megalithgräber in Westeuropa zeugen von den Baukünsten der damaligen Europäer. Diese riesigen Gemeinschaftsgräber hatten Kammern, Durchgänge und sogar durch Kragsteine gestützte Dächer. Von etwa 3200 v. Chr. an begannen die Menschen in England und Westfrankreich Steinkreise zu errichten. Es ist allerdings noch offen, ob diese Anlagen, die als religiöse Zentren dienten, auch zu astronomischen Beobachtungen benutzt wurden.

TRANSPORTWESEN

Die meisten Handelskontakte zwischen Mesopotamien, Ägypten und dem Niltal erfolgten über das Wasser. Flache Boote aus Schilf oder Holz verkehrten auf den Flüssen und in den küstennahen Bereichen im Persischen Golf und im Arabischen Meer. Das Aussehen der ägyptischen Holzboote kennt man von Totenbarken und von Grabreliefs, auf denen sie mit Ladungen von Granit- und Alabastersäulen dargestellt sind. Etwa 3500 v. Chr. führte die Erfindung des Rades in Mesopotamien zu einer Revolution des Transportwesens: Von Ochsen oder Onagern (Persischer Halbesel) gezogene Karren und Wagen konnten sperrige Güter über Land befördern. Diese Entwicklung förderte die Handelskontakte zu weit entlegenen Regionen und führte zur Ausbreitung der städtischen Zivilisationen: Lasttiere konnten zum Warentransport genutzt werden; die Domestizierung des Kamels (in Arabien und Zentralasien) und des Esels (in Ägypten) vergrößerten den Handelsraum der frühen Zivilisationen enorm.

__Einige der ersten Schiffe__ mit Segeln wurden in Ägypten gebaut, wo sich der Nil als beinahe idealer Transportweg anbot.

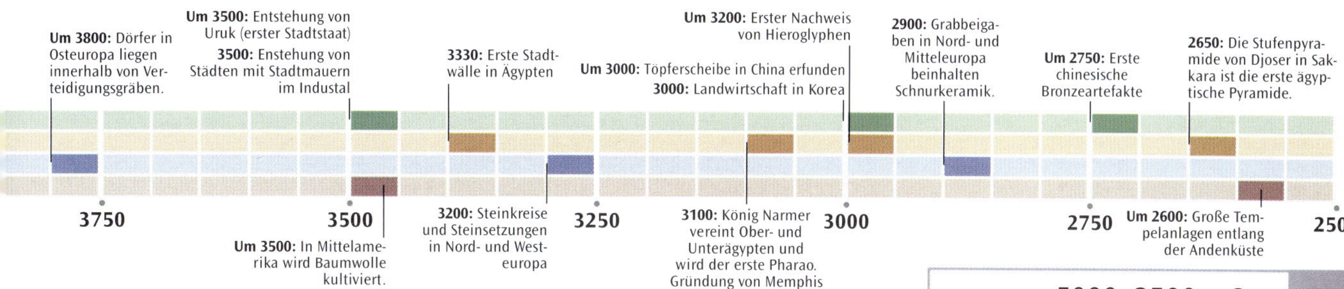

Tonstatuetten mit großem Bauch *wurden in Çatal Hüyük gefunden. Sie werden als Symbol der »Großen Mutter« interpretiert. Plastische Darstellungen von Stierköpfen in Kulträumen zahlreicher Häuser stehen mit einem Fruchtbarkeitskult in Verbindung.*

Çatal Hüyük

Obwohl erst ein Teil dieser Siedlung im fruchtbaren südanatolischen Hochland ausgegraben wurde, ist bereits klar, dass es sich um eine blühende bäuerliche Gemeinschaft handelte. Sie unterhielt weit reichende Handelsbeziehungen und war auf die Herstellung von Klingen und Waffen, Textilien, Statuetten und Keramiken spezialisiert; auch besaß man erste Kupferschmelzen. Wandgemälde zeigen die Stadt in der Nachbarschaft eines Vulkans, zudem finden sich Motive aus Jagd und Landwirtschaft. Kulträume mit Stierdarstellungen und -plastiken deuten auf einen Fruchtbarkeitskult hin.

Çatal Hüyük *wurde aus sonnengetrockneten Lehmziegeln errichtet. Die Häuser waren mit Wandmalereien und Plastiken verziert und ohne trennende Straßen direkt aneinander gebaut. Der Zugang erfolgte mit Holzleitern über die flachen Dächer.*

ASIEN

Um 5000 Jade aus Zentralasien wird in der nördlichen Mandschurei eingeführt.

Nachweis von Keramikgefäßen in Mehrgarh und weiteren Siedlungen im Industal.

Erste Verwendung von Kupfer in Mesopotamien.

3500 ▼ Bewässerung ermöglicht die Versorgung einer großen Zahl von Menschen in Mesopotamien.

Nassreisanbau nahe der Ostküste Chinas.

Jäger-Fischer-Dörfer im Jangtsekiangdelta beginnen, Reis anzubauen.

Hirse, Hunde und Schweine in großen Teilen der Hwanghoebene domestiziert.

Yangshao-Kultur in der Hwanghoebene (bis 3000).

3500 ▼ **Um 4500** Die Einführung von Bewässerungstechniken im Industal führt zu größeren und blühenden bäuerlichen Siedlungen.

Erste Segelboote in Mesopotamien.

Reisanbau in Indien südlich des Ganges; Herstellung von Keramiken mit Schnurabdruckverzierungen.

Domestizierung von Pferden, Zentralasien.

2600 ▼ **Um 4000** Erste Pflüge in Mesopotamien.

3500 ▼ Dorfplanung in Nordchina: getrennte Wohn-, Arbeits- und Bestattungsplätze.

AFRIKA

Um 4100 Im Sudan werden Sorghum und Reis angebaut.

Um 4000 Landwirtschaft bei Taruga in Westafrika.

Pflanzenkultivierung in Regionen südlich der Sahara.

Verwendung von Segeln in Ägypten.

Beginnende Desertifikation (Wüstenbildung) in der Sahara (bis 3000). Nordafrikanische Bevölkerung breitet sich nach Osten und Süden aus.

EUROPA

Um 5000 Bäuerliche Siedlungen breiten sich in Westeuropa aus.

Die Landwirtschaft hat sich in Südfrankreich und den Niederlanden etabliert.

Gold- und Kupferartefakte in Südosteuropa, erste europäische Metallurgie.

Um 4500 Große Friedhöfe, beispielsweise an der Westküste des Schwarzen Meeres, bergen reiche Grabbeigaben mit kunstvoll gearbeitetem Goldschmuck.

3200 ▼ In Westeuropa werden Megalithgräber (riesige Grabkammern aus Stein) als Grabstätten für ganze Siedlungen gebaut.

3500 ▼ Nachweis der Nutzung von Zugtieren in Osteuropa.

Um 4000 In der südlichen Ukraine entstehen bäuerliche Siedlungen der Cucuteni-Tripolje-Kultur.

3000 ▼ In Bulgarien und Jugoslawien werden Kupferminen ausgebeutet.

Intensiver Abbau von Feuerstein in Nord- und Westeuropa.

Um 3800 In Mitteleuropa lassen Gräben um Siedlungen wehrhafte Dörfer entstehen.

AMERIKA & AUSTRALASIEN

Um 5000 Im Tehuacántal, Mittelamerika, beginnt die Züchtung von Mais.

Anbau von Flaschenkürbis im Mississippibecken.

3500 ▼ **Um 4750** Frühester Nachweis der Domestizierung von Tieren in Mittelamerika.

Um 4500 Maisanbau im östlichen Nordamerika.

3000 ▼ Nachweis von Landwirtschaft in der südlichen Zentralandenregion.

Um 4000 Austronesier erreichen die südwestpazifischen Inseln.

Entstehung der ersten Städte

Die Entstehung der ersten Städte steht im Zusammenhang mit der Entwicklung der Pflanzenkultivierung und der sesshaften Lebensweise. Mit dem Aufkommen der ersten Städte entwickelten sich auch das Handwerk, besonders Keramik- und Metallherstellung, sowie eine organisierte Religion und der Fernhandel. Die Entwicklung zu Städten fand weltweit zu sehr unterschiedlichen Zeiten statt.

Palästina	Jericho	9. Jt. v. Chr.
Anatolien	Çatal Hüyük	um 7000 v. Chr.
	Troja	um 3000 v. Chr.
Ostasien	Chengziyai	2500 v. Chr.
Südasien	Kot-Diji	3000 v. Chr.
Südosteuropa	Karanowo	6000 v. Chr.
Mitteleuropa	Magdalen	2000 v. Chr.
Südwesteuropa	Cortes de Navarra	800 v. Chr.
Nordeuropa	Haithabu	750 n. Chr.
Afrika	Jenne-jeno	um 600 v. Chr.
Mittelamerika	San José Mogote	1200 v. Chr.
Südamerika	Caral	2600 v. Chr.
Nordamerika	Cahokia	um 900 n. Chr.

Australasien/Ozeanien Es gibt keine eindeutigen Nachweise von Städten in dieser Region vor der Ansiedlung der Europäer im 18. Jh. n. Chr.

Metallurgie (9500–3750 v. Chr.)

Kupfer und Zinn, die später zu Bronze verarbeitet wurden, waren als Erze gut zugänglich und deshalb die ersten Metalle, die von Metallschmieden verarbeitet wurden. Bald folgten Gold und Eisen. Die Kupferherstellung wurde in zahlreichen Gebieten Eurasiens unabhängig voneinander entwickelt. Der Gebrauch von Bronze, einer härteren und dauerhafteren Legierung, folgte meist kurz darauf.

In Südwestasien wurde bereits um 2000 v. Chr. Eisen geschmolzen. In Ostasien entstand unabhängig davon das Gusseisen. Für die Regionen südlich der Sahara gibt es keinen Nachweis von Metallarbeiten vor dem 1. Jahrtausend v. Chr. In ganz Amerika war vor dem ersten Kontakt zu Europäern im 15. Jh. lediglich die Goldverarbeitung weit verbreitet.

***Diese beiden aus Goldblech** gearbeiteten, gehörnten Stiere stammen aus den reichen Grabbeigaben eines Gräberfeldes in Warna, Südosteuropa. Sie werden zeitlich in das späte 5. Jahrtausend v. Chr. eingeordnet.*

***Die 62 m hohe Stufenpyramide** von Djoser markiert einen beispiellosen Schritt in der Geschichte der Weltarchitektur.*

Ägyptische Pyramiden

Der Prototyp der Pyramide war die *Mastaba,* eine niedrige, rechteckige Konstruktion aus Lehmziegeln mit flachem Dach und einem Schacht zur weit unten gelegenen Grabkammer. Etwa um 2650 v. Chr. beauftragte König Djoser, ein Herrscher der 3. Dynastie, den Architekten und Hohepriester Imhotep, eine *Mastaba* ganz aus Stein zu bauen. Innerhalb eines Jahrhunderts wurden dann die ersten richtigen Pyramiden gebaut – sie sind gleichzeitig auch die größten. Für die 147 m hohe Cheops-Pyramide in Giseh wurden während der 4. Dynastie etwa 2,5 Mio. Steinblöcke mit einem Durchschnittsgewicht von ca. 2,5 t verbaut.

Die Arbeiten an den Pyramiden von Giseh wurden vermutlich im Sommer durchgeführt. Im Sommer führt der Nil Hochwasser, sodass die Landarbeiter abkömmlich waren. Der hohe Wasserstand erleichterte auch den Transport der Granitblöcke auf Booten. Die Steine wurden dann auf Erdrampen nach oben transportiert, die mit zunehmender Höhe des Bauwerks höher und steiler wurden. Nach Fertigstellung der Pyramide wurden die Rampen wieder entfernt.

***Die Sphinx,** um 2500 v. Chr. erbaut, bewacht die Pyramiden von Giseh. Mit zu diesem Komplex gehören die Pyramiden der Königinnen und weitere Tempel und Grabstätten.*

ASIEN

3650 Nachweise von Wagenbestattungen in Russland; Haltung von Zugtieren.

2500 ▼ **Um 3500** Entstehung der ersten Stadtstaaten in Südmesopotamien. Uruk war vermutlich die erste Stadt der Welt.

2500 ▼ Bäuerliche Siedlungen in der Ebene des Industales; erste ummauerte Städte.

Im Zentrum mesopotamischer Städte werden Zeremonialkomplexe gebaut.

Erste Städte in China, umgeben von Wällen mit Plattformen aus gestampfter Erde.

Nachweis von Handel mit Luxusgütern in China; zunehmende soziale Schichtung.

Um 3400 Sumerer benutzen erste Schriftzeichen und Tonmarken zum Zählen.

Um 3250 Tontäfelchen mit Bildzeichen aus Tell Brak, Nordmesopotamien, werden für die Tempelverwaltung benutzt.

Um 3200 Nachweis von Beförderungsmitteln mit Rädern in Sumer.

In den Herrschergräbern von Ur und Kish finden sich Radfahrzeuge.

3100 Sumerischer Handelsposten in Habuba Kabira, Syrien. Die sumerischen Händler haben in der persischen Stadt Godintepe eigene Viertel.

Entwicklung der Keilschrift in Mesopotamien. Erste Versuche mit der Bronzeherstellung und -verarbeitung.

Um 3000 Erster Nachweis von Landwirtschaft (Hirseanbau) in Korea.

Longshan-Kultur in Nordostchina (bis 2000); erste Jadebearbeitung.

Erste bäuerliche Siedlungen in Südostasien.

Erfindung der Töpferscheibe zu Beginn der Longshan-Kultur in Ostchina.

Domestizierung von Schaf und Rind in Nordchina; Wasserbüffel in Südchina; Gebrauch der Pflugschar.

Um 2750 Erste chinesische Bronzen.

Um 2700 Seidenweberei in China.

2600 Nachweis der Nutzung des Pfluges im Industal.

AFRIKA

Um 3300 Erste umfriedete Städte in Ägypten: Hierakonpolis und Nagada.

2500 ▼ **Um 3200** Erste Hieroglyphenschrift in Ägypten.

Um 3100 König Narmer vereinigt Ober- und Unterägypten und wird erster Pharao.

Im Nildelta entwickeln sich frühe Stadtgebilde. Memphis wird als Hauptstadt des neuen, vereinigten ägyptischen Staates gegründet.

Hieroglyphen tauchen auf ägyptischen Steindenkmälern auf.

Um 3000 Die 1. bis 3. Dynastie regiert den ägyptischen Staat.

Um 2650 Beginn des Zeitalters des Pyramidenbaus in Ägypten; Errichtung der Stufenpyramide von Djoser in Sakkara.

2150 ▼ **Um 2575** In Ägypten regiert die 4. bis 6. Dynastie in der Zeit des Alten Reiches.

Um 2540 Errichtung der Cheops-Pyramide, der größten ägyptischen Pyramide, in Giseh.

Um 3500 Neuerung: Tierhaltung zur Woll- und Milchgewinnung und als Zugtiere.

In ganz Nordwesteuropa tauchen Steinkreise, Steinsetzungen und Menhire auf.

Erste Radfahrzeuge in Mitteleuropa.

Um 3200 In Nord- und Westeuropa werden Steinkreise und Steinreihen errichtet.

2500 **Um 3000** Beginn der Kupferverarbeitung in Südfrankreich.

Bau von befestigten Zitadellen für die mächtigen Eliten des Mittelmeerraums.

2900 In Nordeuropa tauchen als Grabbeigaben Schnurkeramik und steinerne Kriegsäxte auf.

Um 3500 Baumwollanbau für Fischernetze und Bekleidung in Mittelamerika.

Haltung von Lamas, vor allem als Lasttiere, in Peru.

Um 3400 Gründung bäuerlicher Siedlungen im Tehuacántal, Mittelamerika.

Um 3000 Baumwollanbau in der Zentralandenregion: erste größere Dörfer.

Um 2600 In Küstendörfern entlang der Anden werden große Tempelanlagen erbaut.

Schrift

Die Entwicklung der Schrift verlief auf unterschiedlichste Weise. Die meisten frühen Schriften waren Bilderschriften, Hieroglyphen oder, wie hier *(links)* zu sehen, Keilschriften, wobei Griffel mit dreieckigem Querschnitt in den feuchten Ton gedrückt wurden. Das lateinische Alphabet geht auf eine Schrift zurück, die 2000 v. Chr. in der Levante benutzt wurde und über die Griechen und Phöniker nach Europa kam.

Die frühen mesopotamischen *Keilschrifttafeln zeigen Handels- und Verwaltungsaufzeichnungen. Später wurden auch Rollsiegel verwendet.*

Die Entwicklung der Schrift

3400	Mesopotamien: Keilschrift/ Bilderschrift/Silbenschrift
3200	Ägpten: Hieroglyphen/Symbolschrift
3000	Ostchina: Bilderschrift/Symbolschrift
2500	Industal: Bilderschrift
2000	Kreta: Hieroglyphen
1750	Kreta: Linear A (Bilderschrift)
1600	Kreta: Linear B (Silbenschrift)
600	Mittelamerika: Bilderschrift
100	Ägypten: Koptische Schrift
250 n. Chr.	Nordwesteuropa: Runenschrift

Megalithbauten in Europa

Mit der Ausbreitung der bäuerlichen Lebensweise in Europa entstanden zahlreiche Megalithbauten. In der Zeit von 3500–1500 v. Chr. wurden aufrecht stehende Steine ringförmig angeordnet (z. B. in Carnac in Nordwestfrankreich, *unten*, oder in Stonehenge, Südwestengland). Es wurden auch, wie in Seahenge an der Ostküste Englands, hölzerne Monolithe errichtet. Es handelt sich vermutlich um Kultplätze, oft auch mit Grabkammern (z. B. in West Kennet, Südwestengland) und Hügelgräbern. Der Abbau der Steine und der auch logistisch schwierige Transport des schweren Materials über weite Strecken weisen auf eine Differenzierung von Rollen in der Gesellschaft hin.

Die Welt 2500 v. Chr.

Die zunehmende Produktivität der Landwirtschaft führte bis 2500 v. Chr. zum Entstehen der ersten Städte und Zivilisationen der Welt: in Ägypten, in Mesopotamien und im Industal. Bald erstreckte sich ein Band hoch entwickelter, auf Stadtkultur basierender Zivilisationen, die durch komplexe Handels- und Kulturbeziehungen miteinander verbunden waren, über einen Großteil der Alten Welt. Diese Entwicklung veränderte das Gesicht der Welt für die nächsten 4000 Jahre grundlegend. Am Rande dieser pulsierenden Zentren vollzog sich der Wandel von den Jäger-Sammler-Gesellschaften hin zu dauerhaften bäuerlichen Siedlungen: in ganz Europa und Nordafrika und in großen Teilen Nordindiens und Südostasiens. Die Landwirtschaft entwickelte sich auch in anderen Teilen der Welt, auch wenn sie das Jagen und Sammeln nicht vollständig ersetzte. In Nordamerika, in Afrika südlich der Sahara, in Südindien und Südostasien etablierten sich bäuerliche Lebensgemeinschaften. In anderen Regionen lebten die Menschen jedoch nach wie vor als Jäger und Sammler.

STONEHENGE

Ein Zeugnis der zunehmenden technologischen und sozialen Weiterentwicklung Nordeuropas in der frühen Bronzezeit sind Steinkreise wie der von Stonehenge in Südengland. Obgleich anderswo ältere Steinkreise existieren, ist Stonehenge, dessen Bauzeit von etwa 2000 v. Chr. bis 1500 v. Chr. dauerte, der berühmteste – vor allem wegen seiner Größe und der Schwierigkeit, die Art der Errichtung wie auch den Zweck der Anlage zu interpretieren. Die Ausrichtung nach der aufgehenden Sonne zur Sommersonnenwende ist wahrscheinlich mit einem rituellen Zweck verbunden, vielleicht auch mit einer Art Opfergabe.

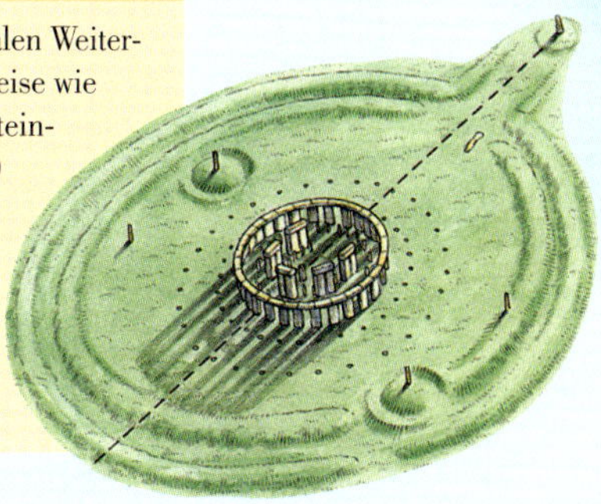

2500 – 1000 v. Chr.

Die ersten Städte

BILD OBEN:
Das Wiegen des Herzens *bestimmt das Schicksal des Toten; aus dem ägyptischen* Totenbuch *(Neues Reich, 1550–1075 v. Chr.). Wohlhabende Ägypter ließen sich mit diesem Buch bestatten, um Unsterblichkeit zu erlangen.*

Um 2500 v. Chr. erstreckte sich die städtische Zivilisation in einem großen Bogen vom östlichen Mittelmeerraum bis zum Industal. Doch die Städte nahmen nur wenig Raum ein, die meisten Menschen lebten nach wie vor als Jäger und Sammler oder als Subsistenzbauern. Ganz Polynesien war noch unbewohnt, die Besiedlung des Pazifiks, die über 2000 Jahre andauern sollte, begann erst um 1500 v. Chr. In La Venta in Mexiko und El Aspero in Peru deutet der Bau großer Zeremonialstätten, der die Zusammenarbeit mehrerer Gemeinschaften erforderte, auf den Beginn von Staatenbildung hin.

2500–1000 v. Chr.

ASIEN · AFRIKA · EUROPA · AMERIKA & AUSTRALASIEN

Um 2500: Erste domestizierte Tiere und Töpferei in Inselsüdostasien

2500: Stadtstaaten in ganz Mesopotamien und der Levante

2300: Stadtstaaten Südmesopotamiens zeitweilig vereint unter Sargon von Akkad

Um 2300: Bronzetechnologie in Europa

2040: Wiedervereinigung Ägyptens unter den Pharaonen des Mittleren Reiches

Um 2000: Befestigte Siedlungen, Mittel- und Osteuropa

Um 2000: Minoische Kultur auf der Insel Kreta

Um 2000: Großflächiger Anbau in Peru

Um 1900: Erste Stadtgründung in China am Hwangho

2500 · 2250 · 2000

Städtische Zivilisationen der Alten Welt

In Vorderasien schuf die Nachfrage nach Rohstoffen ein ausgedehntes Netz von Handelsbeziehungen und diplomatischen Verbindungen zwischen zahlreichen Stadtstaaten. Dennoch gab es einen andauernden Wettstreit und Konflikte um die politische und wirtschaftliche Vorherrschaft. In Syrien entstand in der zweiten Hälfte des 3. Jahrtausends eine Reihe von Stadtstaaten wie Mari und Ebla, deren Zentren religiöse Bauten und Paläste waren. Hier wurden große Archive mit Tontafeln angelegt, die wirtschaftliche Vorgänge, Steuern und Tributzahlungen festhielten. Im 18. Jahrhundert v. Chr. gewann Babylon kurzzeitig die Kontrolle über die Region. Die Babylonier waren berühmt für ihre Kenntnisse in Astronomie, Astrologie und Mathematik. Gesetzbücher und die erste geschriebene Literatur zeigen die fortschreitende Komplexität und Verfeinerung der städtischen Gesellschaften.

Um 2000 v. Chr. erhob sich in Westanatolien der mächtige Hethiter-Staat mit der Zitadelle von Hattusa als Zentrum. Das Streben der Hethiter, die Kontrolle über die Küstenstädte der Levante zu erlangen, und ihr erfolgreicher Handel führten zum offenen Konflikt mit dem ägyptischen Neuen Reich. 1560 v. Chr. hatte Ägypten den Zenit seiner Macht erreicht und kontrollierte ein Reich, das sich von Syrien bis nach Nubien mit seinen reichen Goldvorkommen erstreckte. Aus dieser Zeit datieren die Gräber im Tal der Könige, die einen enormen Reichtum offenbaren – selbst ein unbedeutenderer König wie Tut-ench-Amun wurde mit wertvollen Grabbeigaben ausgestattet. Die Oberschicht des Neuen Reiches tauschte ausländische Luxusgüter gegen ägyptisches Kunsthandwerk wie Schmuck, Elfenbeinschnitzereien, Glaswaren, Keramik und Stoffe.

Etwa 2500 v. Chr. erreichte die Industal-Kultur um die Städte Mohenjo Daro und Harappa ihren Höhepunkt. Wie Ägypten war die Industal-Kultur von der jährlichen Überflutung des Flusses abhängig, die dem ausgedörrten Land Fruchtbarkeit brachte. Die Bevölkerung lebte in planmäßig angelegten Städten mit Kanälen, Wasserleitungen und Bädern. Die Schrift der Industal-Kultur wurde nie entziffert, aber aus Siegelfunden ist eine Verbindung zu Mesopotamien ersichtlich. Der Niedergang der Industal-Kultur begann um 2000 v. Chr., vermutlich verursacht durch den veränderten Verlauf des Indus.

In Ostasien entwickelte sich um 1800 v. Chr. unabhängig von anderen urbanen Kulturen der Alten Welt die eigenständige städtische Kultur der Shang. Viele Merkmale der chinesischen Kultur wie eine hierarchische Gesellschaft, beherrscht von einer mächtigen königlichen Dynastie, und der Ahnenkult treten hier schon auf. Es gab ein komplexes Schriftsystem, mit dem Weissagungen festgehalten wurden; und viele der traditionellen Handwerkskünste wie Bronzebearbeitung, Jadeschnitzerei und Lackarbeiten entwickelten sich ebenfalls in dieser Zeit.

METALLVERARBEITUNG

Die Entdeckung, dass Metalle aus Gestein gewonnen, gehämmert, geschmolzen und gegossen werden können, wurde in verschiedenen Teilen der Welt unabhängig voneinander gemacht. Schon vor 9000 Jahren verwendete man in Zentralasien gehämmertes Kupfer, aber erst seit 7000 v. Chr. wurde Metall geschmolzen und gegossen. Die Bronzeherstellung aus Kupfer und Zinn wurde um 4000 v. Chr. in Westasien entdeckt und verbreitete sich zwischen 3000 und 2000 v. Chr. in der Alten Welt. Wohl unabhängig davon entdeckte man diese Technik auch in Ostasien. Aus dieser Zeit stammt eine Vielzahl feiner Bronzearbeiten. Um 1500 v. Chr. wurde die Eisenverarbeitung in Westasien erfunden. In den nächsten 1000 Jahren stellte man in der gesamten Alten Welt Werkzeuge und Waffen aus Eisen her; Bronze blieb ornamentalen Gegenständen vorbehalten.

***Bronzemodell eines Pferdes** mit Rädern, das eine vergoldete Scheibe zieht; Fund aus Trundholm in Dänemark (um 1650 v. Chr.). Die Scheibe stellt vermutlich die von den skandinavischen Völkern verehrte Sonne dar.*

Die Bronzezeit in Europa

Der erste um einen Palast organisierte Staat in Europa entstand um 2000 v. Chr. in Knossos auf Kreta. Die kretischen Paläste dienten als königliche Haushalte, Wirtschaftszentren und religöse und rituelle Mittelpunkte, die von verschiedenen kleineren Städten unterstützt wurden. Handwerker stellten feine Keramik und Metallarbeiten her. Die damalige kretische Kultur wurde durch einen Vulkanausbruch um 1450 v. Chr. schlagartig zerstört, und die mehr kriegerische Kultur der Mykener gewann an Einfluss in Griechenland. Die Mykener waren unternehmungslustige Händler, Seefahrer und Krieger. Ihr Reich setzte sich aus mehreren kleinen Königreichen zusammen, jedes mit einem befestigten Palast oder einer Zitadelle versehen. Sie fertigten Waffen und Rüstungen aus Bronze an. Auch Streitwagen waren in Gebrauch. Ständige interne Konflikte führten jedoch bis 1250 v. Chr. zur Plünderung und Aufgabe aller mykenischen Städte.

In anderen Gebieten Europas zeigte sich eine zunehmende soziale Schichtung. Wertvolle Grabbeigaben demonstrierten Reichtum und Status. Im Verlauf der Entwicklung verursachten steigende Bevölkerungszahlen ein Konkurrieren um Land. In der Folge wurden Grenzen festgelegt und bäuerliche Siedlungen befestigt.

Um 1800: Aufstieg der Shang-Dynastie am mittleren Hwangho

1760: Babylonischer Stadtstaat erlangt Vorherrschaft in Nordmesopotamien.

1775: Bau des Palastes von Zimrilim in Mari. Im Palastarchiv befinden sich 17 500 Tontafeln.

1750

Um 1650: Aufstieg des hethitischen Königreiches

1633: Ägypten wird von den asiatischen Hyksos beherrscht.

Um 1600: Phöniker verwenden die kanaanäische Schrift.

1550: Aufstieg des Neuen Reiches mit Hauptstadt Theben

1550: Mykener beherrschen das griechische Festland.

1500

1500: Krieg zwischen den Hethitern, Ägyptern und Mitanni aus Nordmesopotamien

Um 1500: Arier verbreiten sich in Nordwest- u. Nordindien.

Um 1500: Vermutlich erste Metallverarbeitung in Peru

Um 1400: Erste Inschriften auf Orakelknochen in China

1417: Reichtum, Macht und Ansehen Ägyptens unter Amenophis II. auf dem Höhepunkt

1250

1200: Zusammenbruch des Hethiter-Reichs

Um 1200: Die Juden aus Ägypten besiedeln Palästina.

Um 1200: Chavín-Kultur erscheint in den Anden.

1150: Ende des mykenischen Griechenlands

1070: Ende der 20. Dynastie und des ägyptischen Neuen Reiches

1000

***Stempelsiegel** der Industal-Kultur, die als Warensiegel dienten, wurden in Mesopotamien entdeckt. Sie zeigen die Weitläufigkeit der Handelsbeziehungen im 3. Jahrtausend v. Chr.*

Mohenjo-Daro

Zusammen mit Harappa und den kürzlich entdeckten Überresten einer unbekannten Stadt im Golf von Khambhat war Mohenjo-Daro eines der bedeutendsten Zentren der Harappa- oder Industal-Kultur. Die Städte entstanden in der Zeit um 2500 v. Chr. Mohenjo-Daro nahm eine Fläche von über 60 ha ein und hatte vermutlich bis zu 55 000 Einwohner. Die Stadt war um eine »Zitadelle« herum *(unten)* nach einem strikten Plan mit gepflasterten Straßen und einem unterirdischen Abwässersystem angelegt. Das untere Wohngebiet war in neun Distrikte unterteilt, mit Ziegelhäusern, die von luxuriösen Einzelhäusern bis zu Reihenhäusern reichten. Die Industal-Kultur verschwand um 2000 v. Chr. aus bisher noch ungeklärten Gründen. Möglicherweise hing ihr Niedergang mit dem veränderten Lauf des Indus zusammen.

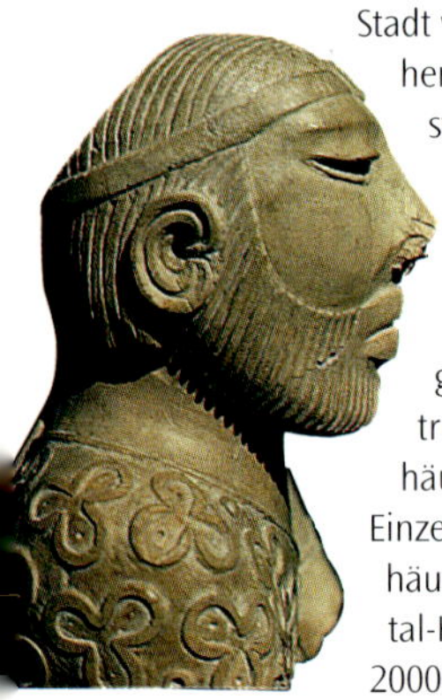

***Die Büste** eines bärtigen Mannes aus Mohenjo-Daro (um 2100 v. Chr) vereint naturalistische und stilisierte Züge und stellt vermutlich einen Priesterkönig dar.*

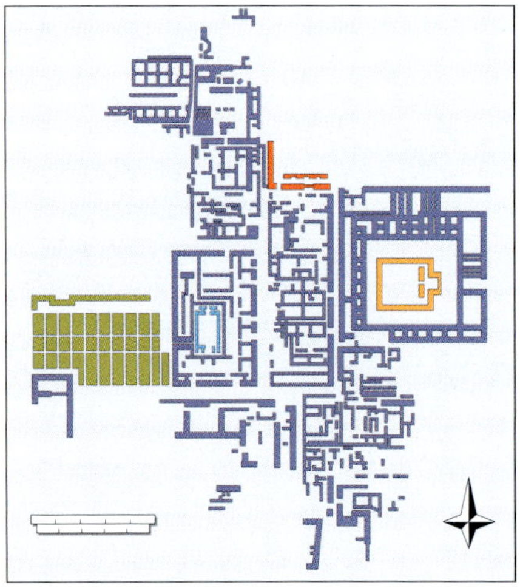

***Der Grundriss** der »Zitadelle« von Mohenjo-Daro, an der 1922 mit Ausgrabungen begonnen wurde, liegt auf einer Anhöhe und zeigt ein regelmäßiges Straßenmuster sowie durchdacht angeordnete städtische Gebäude für öffentliche und religiöse Zwecke.*

ASIEN

Um 2500 Reiche Grabbeigaben in den Königsgräbern von Ur zeigen ausgedehnte Handelsbeziehungen.

Erste domestizierte Tiere sowie Keramik auf den Inseln Südostasiens.

1900 Bemalte Keramikurnen der Banshan-Kultur in Westchina.

Erste Silbenschrift, in der sumerischen Literatur.

Entstehung von Städten in der Levante und im Norden von Mesopotamien um Palastkomplexe herum.

Ur im Süden Mesopotamiens ist ein wichtiges Handels- und Handwerkszentrum.

Ebla im Westen Mesopotamiens beginnt mit den Völkern am Mittelmeer Handel zu treiben.

Vierrädrige Wagen in Mesopotamien.

2000 Entstehung von Städten im Industal. Mohenjo-Daro und Harappa hatten möglicherweise bis zu 55 000 Bewohner.

Industal-Kultur stellt Siegel mit Inschriften her.

Die Handelskolonie der Industal-Kultur in Shortugai, 1000 km von Harappa entfernt, liefert Zinn und Lapislazuli.

Bronzezeitliche Harappa-Kultur im Industal, bis etwa 2000 v. Chr.

Erstes gewebtes Kleidungsstück, gefunden in Mohenjo-Daro.

Bronzemetallurgie in Südostasien.

Um 2400 Gründung der akkadischen Dynastie in Südmesopotamien.

Um 2340 Sargon I. gründet und beherrscht die Stadt Akkad.

Um 2300 Stadtstaaten von Südmesopotamien zeitweise unter Sargon von Akkad zum einem ersten Weltreich vereint.

1763 **2150** Die Gutäer erobern Sumer und beherrschen es bis 2050.

Um 2100 Bau des Zikkurats von Ur in Sumer.

AFRIKA

Um 2500 Der ägyptische Kalender teilt zum ersten Mal den Tag in 24 Einheiten ein.

Um 2150 Eine Reihe von Flutkatastrophen löst Hungersnöte und Unruhen in Ägypten aus.

Zusammenbruch des Alten Reiches in Ägypten.

Um 2134 Erste Zwischenzeit in Ägypten.

1783 **Um 2040** Ägypten nach einer Periode der Herrschaft von Gaufürsten unter den Pharaonen des Mittleren Reiches wiedervereint. Gründung der neuen Hauptstadt el-Lischt.

EUROPA

Um 2500 Kupferverarbeitung erreicht die Britischen Insel. Glockenbecher-Keramik in Grabstätten Westeuropas.

Um 2300 Beginn der europäischen Bronzezeit. Bronzegegenstände werden Gräbern beigelegt.

2000

Um 2200 Bau von befestigten Verteidigungsanlagen in Südengland wegen kriegerischer Auseinandersetzungen um Land und Nahrung.

AMERIKA & AUSTRALASIEN

Um 2500 Nachweise für Fernhandel in Südamerika, hauptsächlich mit wertvollen Gütern.

1750

Gemauerte Gebäude und Tempel in Südamerika, etwa in Aspero und Kotosh.

Der Dingo wird von Südostasien aus in Australien eingeführt.

Ernteerträge in Südamerika steigen aufgrund von Selektion und Kreuzungen; große Dauersiedlungen entstehen.

Webstuhl, Getreidemahlen, Polieren von Stein und Bewässerung in Südamerika.

Um 2200 Früheste Keramik in Südamerika.

Bronzezeit in Europa: 2300–1500

Die Bronzezeit in Europa war eine Periode umwälzender technischer und kultureller Neuerungen. Von den Palastzentren der Minoer auf Kreta und dem mykenischen Griechenland aus verbreitete sich die Bronzeverarbeitung. Gleichzeitig bildeten sich, zunächst in Flusstälern wie dem der Donau und des Rheins, sesshafte Ackerbaukulturen. Dörfer entstanden, und durch Handel wuchsen und blühten die Siedlungen. Die Zinnvorkommen des östlichen Europas, unabdingbar für die Bronzeherstellung, wurden über Fernhandel gegen andere begehrte Güter wie Bernstein, Metallerz und Salz getauscht. Grabhügel reicher Oberhäupter enthielten oft eine große Anzahl wertvoller Gegenstände. Um die Ernährung einer wachsenden Bevölkerungszahl zu gewährleisten, wurde auch landwirtschaftlich weniger ergiebiges Land bearbeitet. Höherer Bedarf an Waren und Rohstoffen führte zu Streit und Rivalitäten. Verteidigungsanlagen auf Hügeln ab etwa 2200 v. Chr. belegen verstärkte soziale Konflikte und Auseinandersetzungen.

Bronzeschwerter *aus dem ausgehenden 2. Jahrtausend v. Chr. zeigen zwar eine außerordentliche Kunstfertigkeit des Stils und der Verzierung, belegen aber auch die wachsende Militarisierung und aggressive Stimmung der Zeit.*

Mesopotamien – die Wiege der Kultur

Mesopotamien ist das fruchtbare Tal zwischen Euphrat und Tigris – der östliche Bogen des Fruchtbaren Halbmonds. Schon um 6000 gab es hier geplanten Anbau, um 5500 entstand in Choga Mami das erste bekannte Bewässerungssystem der Welt, ab 4500 wurden Segel benutzt. Sumer entwickelte sich etwa 3500 zum ersten Stadtstaat.

3500	Sumer wird der erste Staat (bis 2500).
3250	Erste Bilderschrift in Gebrauch.
3100	Nachweise früher Keilschriften.
2500	Erste Silbenschrift in sumerischer Literatur.
	Palaststädte entstehen in Zentralmesopotamien.
	Vierrädige Streitwagen sind in Gebrauch.
2300	Das Sumerer-Reich unter Sargon von Akkad reicht vom Persischen Golf bis zum östlichen Mittelmeer (bis 2230).
2112	Dritte Dynastie von Ur, Renaissance des Sumerischen Reiches (bis 2004).
1800	Schamschi-Adad gründet ersten assyrischen Staat.
1795	Hammurapi gründet erste babylonische Dynastie (bis 1750).
1650	Entstehung des Hethiter-Reichs in Zentralanatolien mit der Hauptsstadt Hattusa.
1595	Babylon wird von den Hethitern aus Zentralanatolien geplündert.
1500	Die Mitanni beherrschen Nordmesopotamien und dringen in den Mittelmeerraum vor.
1200	Zusammenbruch des Hethiter-Reichs.
950	Gründung des Assyrischen Reiches.

Der Codex Hammurapi (etwa 1750 v. Chr.)

Der babylonische Herrscher Hammurapi war einer der ersten, die einen Gesetzeskodex veröffentlichten. Auf der Dioritstele unten erhält er von einem Gott Stab und Ring, die Zeichen der gerechten Herrschaft. Unter dem Bild sind die Gesetzestexte eingraviert, das früheste Beispiel für den Gebrauch von Schrift in offizieller Kunst.

ASIEN

Um 2000 Die ersten Städte entstehen in in Anatolien.

Zusammenbruch der Industal-Kultur.

Um 1950 Gründung assyrischer Handelsposten in Anatolien, z. B. Kanesh.

Um 1900 Die erste bekannte Stadt der Shang (Erlitou) am Hwangho in China.

Um 1850 Leichte Pferdewagen in den westlichen Steppen.

Um 1800 Zweirädrige Streitwagen und Rammböcke in Vorderasien.

Anfänge des Shang-Staates in China.

Um 1775 Bau des Palastes von Zimrilim in Mari. Im Palastarchiv befinden sich 17 500 Tontafeln.

Um 1750 Hammurapi schreibt seinen Gesetzeskodex, den ersten der Geschichte.

Um 1763 Hammurapi von Babylon erobert ganz Sumer und gründet die erste babylonische Dynastie (1795).

1400 ▼

Um 1700 Erste Bronzegefässe werden im Shang-China gegossen.

Um 1650 Die anatolischen Stadtstaaten vereinen sich zum Hethitischen Reich mit Hattusa als Hauptstadt.

1550 ▼

Ankunft der Indo-Arier in Indien.

Um 1600 Die Phöniker beginnen die erste Buchstabenschrift, das Kanaanäische, zu verwenden.

Die Kassiten erobern fast ganz Mesopotamien.

1500 ▼

1595 Die Hethiter plündern Babylon.

1500 ▼

Um 1550 Die Arier verdrängen die Industal-Kultur und besiedeln Nordindien.

AFRIKA

Um 1990 El-Lischt wird neue ägyptische Hauptstadt.

Um 1965 Ägypten erobert Nubien; die Grenze verläuft am Zweiten Katarakt.

Um 1800 Pferde in Ägypten.

1783 Niedergang des Mittleren Reiches in Ägypten.

Um 1640 Zweite Zwischenzeit in Ägypten.

1633 Fast ganz Ägypten wird von den asiatischen Hyksos beherrscht.

Um 1570 Ägyptische Herrscher werden in Felsgräbern im Tal der Könige bestattet.

1350 ▼

1550 Aufstieg des Neuen Reiches mit der Hauptstadt Theben, die zum Mittelpunkt des Ägyptischen Reiches wird.

Die 18.–20. Dynastie herrschen im Neuen Reich (bis 1085).

Um 1550 Deir el-Medina in Ägypten gegründet, eine Siedlung für die Handwerker der Königsgräber.

EUROPA

1100 **Um 2000** Befestigte Siedlungen entstehen in Ost- und Mitteleuropa, ein Zeichen für steigenden sozialen und ökonomischen Druck.

Minoische Kultur auf der Insel Kreta; Bau des Palastes von Knossos.

Auf Kreta taucht die ägyptisch beeinflusste Hieroglyphenschrift auf.

Stonehenge wird errichtet.

Gebrauch von Segeln in der Ägäis.

Um 1900 Töpferscheibe auf Kreta.

Um 1800 Holzpflüge, die in skandinavischen Mooren gefunden wurden. Kunstgegenstände aus Bronze weisen auf Sonnenverehrung hin.

Um 1750 Linear A-Schrift wird auf Kreta verwendet.

1600 Linear B-Schrift wird auf Kreta verwendet.

Um 1600 Mykene wird Mittelpunkt der ägäischen Kultur.

1450 **Um 1550** Mykener beherrschen das griechische Festland.

AMERIKA & AUSTRALASIEN

Um 2000 Großflächiger Maisanbau in Peru.

Austronesier besiedeln Neukaledonien.

Frühe Inuit-Kultur – Kleingerätetradition von Sibirien bis Grönland.

Melanesien wird von Einwanderern aus Indonesien besiedelt.

Um 1800 Anbau von Sonnenblumen und Kürbis in Nordamerika. Fernhandelsnetze werden ausgebaut.

Das Zeremonialzentrum La Florida in Peru wird erbaut.

Um 1750 Monumentale Zeremonialbauten in Sechín Alto, Peru.

Der Norden Grönlands wird besiedelt.

1600 Früheste datierte Lapita-Keramik auf dem Bismarck-Archipel.

Die minoische Kultur um 2000–1450

Um 2000 entwickelte sich auf Kreta mit der minoischen Kultur die erste europäische Hochkultur. Dieses farbenprächtige Fresko eines Priesterkönigs schmückte eine Wand in Knossos, eines der ausgedehnten Palastzentren, die charakteristisch für diese Kultur waren. Nach der Zerstörung durch einen Vulkanausbruch auf der Nachbarinsel Thera um 1450 wurde Knossos wieder aufgebaut, allerdings unter mykenischer Herrschaft. Die mykenische Kultur beherrschte nun den östlichen Mittelmeerraum.

***Die Keramikgefäße** der Lapita-Kultur wurden vor dem Brennen mithilfe eines spitzen Gegenstandes verziert.*

Die Lapita-Kultur

Die Ausbreitung von Austronesiern aus dem insularen Südostasien nach Melanesien (Ankunft etwa 2000 v. Chr.), Mikronesien (etwa 1500–1000 v. Chr.) und Polynesien (Samoa um 1000, Marquesas-Inseln um 200 v. Chr.) verlangte hervorragende navigatorische Fähigkeiten. Sie ist die bemerkenswerteste vorneuzeitliche demographische Bewegung und kann durch die Verbreitung der charakteristischen Lapita-Keramik nachgewiesen werden.

***Der enorme Reichtum** aus ausländischen Tributzahlungen wurde im Neuen Reich in große Bauten in und um Theben gesteckt. Karnak, der größte Tempelkomplex der Welt, wurde größtenteils während der 18. Dynastie fertiggestellt und unter der Herrschaft von Ramses II. erweitert. Seine Kolossalstatue (oben) steht im Tempel des Amun und ist diesem König der Götter gewidmet.*

Monumentalarchitektur

In Ägypten spiegelte sich politische und königliche Macht in prächtigen architektonischen Anlagen, wie in den erhalten gebliebenen Gräbern des Neuen Reiches der 18. Dynastie im Tal der Könige in Theben. Die hoch entwickelte Architektur mit monumentalen Bauten (wie das Grab der Königin Hatschepsut) zeigt das Bestreben in der ägyptischen Baukunst, Macht und Status zum Ausdruck zu bringen. In der Monumentalarchitketur zeigt sich auch die hierarchische und hoch organisierte Struktur der Gesellschaft des alten Ägypten, die es erst ermöglichte, die logistischen Probleme zu bewältigen, die bei der Schaffung solcher gigantischer Bauwerke entstanden.

ASIEN

Um 1500 Krieg zwischen Hethitern, Ägyptern und dem Mitanni-Reich von Nordmesopotamien um die Kontrolle der levantinischen Stadtstaaten.

Vedische Arier breiten sich über große Teile des Nordwestens und Nordens des indischen Subkontinents aus.

Beginn der Abfassung der Hymnen des Rigveda in Indien (fertiggestellt um 900).

Nachweis von Bronzebearbeitung in Nordostthailand und Vietnam.

Um 1400 Anyang löst Zhengzhou als Hauptstadt des Shang-Reiches ab.

Erste Inschriften auf Shang-Orakelknochen, die in China zur Weissagung verwendet wurden.

1000 ▼ Hirtennomadismus in den Steppen: Vieh wird vom Pferd aus gehütet.

Entwicklung der ersten Alphabete auf Sinai und in der Levante.

Um 1285 Hethiter treffen in der Schlacht in Kadesch auf Ägypter.

1200 Zusammenbruch des Hethiter-Reichs.

Um 1200 Auszug der Israeliten aus Ägypten und Ansiedlung in Palästina.

Bronzeverarbeitung etabliert sich in den zentralen Steppengebieten.

Lehren des Zarathustra.

Levantinische Staaten brechen wegen ständiger Überfälle zusammen.

Streitwagen verbreiten sich von Zentralasien aus nach China.

Um 1100 Syrien und Palästina werden von Nomadenstämmen besiedelt.

1000 ▼ **Um 1030** Die Arier dehnen sich in Indien im Gangestal aus.

1027 Die Zhou-Dynastie löst die Shang-Dynastie in China ab.

Um 1020 Saul wird erster König der Israeliten.

Um 1006 David folgt dem Saul als König der Israeliten.

AFRIKA

Um 1500 Kupferverarbeitung im Saharagebiet.

1417 Ägyptens Reichtum, Macht und Ansehen erreichen unter Amenophis III. ihren Höhepunkt.

1350 Pharao Echnaton führt den Sonnenkult in Ägypten ein.

Um 1350 Amarna kurzzeitig neue Hauptstadt von Ägypten.

Um 1285 Schlacht von Kadesch: Ägypter gegen Hethiter.

Um 1245 Ramses II. verlegt ägyptische Hauptstadt in die neue Stadt Pi-Ramesse.

Um 1200 Felsgravuren mit Wagendarstellungen in der Sahara.

1166 Tod von Ramses III., Ägyptens letztem großen Pharao.

945 ▼ **1070** Ende der 20. Dynastie und des ägyptischen Neuen Reiches.

EUROPA

Um 1450 Das mykenische Griechenland blüht auf und unterhält Handelsbeziehungen von der Levante bis nach Sizilien.

Zerstörung der minoischen Paläste auf Kreta; die Mykener kontrollieren ab jetzt die Insel.

Um 1250 Verteidigungsanlagen mykenischer Paläste werden in Erwartung unruhiger Zeiten verstärkt.

Um 1200 Die Urnenfelderkultur entsteht im Donaugebiet, benannt nach der Tradition der Bestattung der Asche Verstorbener in Urnen auf großen Friedhöfen.

Um 1150 Ende des mykenischen Reiches.

Um 1100 Mykenische Paläste und Städte werden geplündert und aufgegeben.

1000 Die Phöniker breiten sich im Mittelmeerraum aus (bis 700).

Früheste befestigte Burganlagen in Westeuropa.

AMERIKA & AUSTRALASIEN

Um 1500 Nachweis frühester Metallverarbeitung in Peru.

1000 Lapita-Kolonisten besiedeln den Pazifischen Ozean und erreichen etwa 1000 v. Chr. Tonga und Samoa.

Frühester Nachweis der Besiedlung Fidschis durch Hersteller von Lapita-Keramik.

Erste Keramik in Mittelmerika.

Um 1300 Früheste Fundstelle in den Zentralanden in Cerro Sechín.

1000 Besiedlung von Tonga.

850 **Um 1200** Die Chavín-Kultur entsteht in den Anden.

Beginn der olmekischen Kultur.

Um 1100 Gründung von Poverty Point im heutigen Louisiana, einer frühen nicht-agrarischen Siedlung.

Die Olmeken 1200–800 v. Chr.

Die erste bedeutende präkolumbische Kultur Mesoamerikas entstand um 1200 im Küstentiefland südwestlich von Yucatán. Die Olmeken bauten eine Reihe von Zeremonialstätten, vor allem in San Lorenzo und La Venta und unterhielten ein weites Handelsnetz für Waren wie Obsidian, Jade und Basalt.

Ihr kultureller Einfluss reichte im Nordwesten bis ins Hochtal von Mexiko und im Süden bis Costa Rica. Spätere einheimische mesoamerikanische Religionen und Kunststile können bis zu ihren olmekischen Ursprüngen zurückverfolgt werden.

In San Lorenzo schufen die Olmeken beeindruckende Steinskultpturen, darunter Monumentalköpfe mit charakteristischen flachen Gesichtern, dicken Lippen und helmähnlicher Kopfbedeckung. Dieser Kopf *(oben)*, der über 2 m hoch ist und mehrere Tonnen wiegt, wurde aus Basalt gehauen, der aus den Tuxtla-Bergen stammt und teils über den Landweg wie auch mit Flößen nach San Lorenzo transportiert wurde.

Die Welt 1000 v. Chr.

Um 1000 v. Chr. befanden sich die städtischen Zivilisationen der Antike – Ägypten, Mesopotamien und China – in unterschiedlichen Zuständen der Instabilität. Obwohl immer noch sehr mächtig, gab es in Ägypten nach dem Zusammenbruch des Neuen Reiches 1085 v. Chr. einige Jahrhunderte des Bürgerkriegs. Ein ähnliches Machtvakuum entstand mit dem Ende der Hethiter-Herrschaft 1200 v. Chr., was barbarische Stämme wie Meder, Chaldäer, Phryger, Hebräer und Phöniker auszunutzen versuchten. Es gab zwar einen kurzlebigen israelitischen Staat in Palästina um 1000 v. Chr, aber die wirkliche Macht in der Region erlangte das Assyrische Reich um 950 v. Chr. Die Phöniker hatten unterdessen von der Levante aus damit begonnen, ein weit reichendes Handelsnetz aufzubauen, die Grundlage für ihre späteren Kolonien überall im Mittelmeerraum. Daneben traten zwei weitere wichtige Mächte am Mittelmeer in Erscheinung: die Griechen, die nach dem Niedergang Mykenes wieder erstarkten, und die Etrusker in Italien. In China war die Shang-Dynastie durch die Zhou abgesetzt worden, doch das hatte größtenteils keine Auswirkungen auf die Kontinuität der chinesischen Zivilisation. Auch in anderen Teilen der Welt entwickelten sich sesshafte Ackerbaukulturen, aber keine in Form eines organisierten Staates wie die oben beschriebenen. In Indien beispielsweise waren die herrschenden Kulturen des Industals um 1500 v.Chr. von arischen Eindringlingen überlagert worden, die aber erst um 1000 v.Chr. eine sesshafte Lebensweise annahmen.

DIE ÄGYPTISCHE SICHT DES HIMMELS

Die Decken der königlichen Gräber und Tempel Ägyptens, wie das Osireion von Sethos I. in Abydos, waren oft mit astronomischen Bildern ausgestaltet. Im Alten Reich glaubte man, dass die Himmelsgöttin Nut ihren mit Sternen übersäten Körper über die Erde, die Behausungen der Götter auf der Erde und die Mumien ausgebreitet habe und dass Menschen als Polarsterne wiedergeboren werden könnten. Zur Beobachtung des Orion und des Großen Bären verwandte man eine Art Astrolabium; auf diese Weise konnte man Tempelbauten sehr genau ausrichten. Im Mittleren Reich gab es einen Kalender, der aus drei Zehnerwochen (Dekaden) bestand, denen jeweils 36 Sterngruppen (Dekane) zugeordnet waren, die für jeweils zehn Tage im Jahr im Morgengrauen am Horizont erschienen. Im Neuen Reich wurden viele Gräber mit Rastern ausgemalt, an denen die Position bestimmter Sterne abzulesen war.

1000–500 v. Chr.

Frühe Hochkulturen

BILD OBEN:
Polychrom glasierter Ziegelfries, *der Bogenschützen der Leibwache am Hof des achaimenidischen Königs Dareios in Susa zeigt (522–486 v. Chr.). Der prächtige Palast wurde von Handwerkern aus Ägypten, Babylonien, Griechenland und Kleinasien erbaut.*

Als die Städte eine nie dagewesene Größe erreicht hatten, Handel und Handwerk florierten, begann die Zeit der großen Reiche. Ab 1000 v. Chr. war Eisen allgemein gebräuchlich in Eurasien. Man stellte effektive landwirtschaftliche Geräte daraus her, die die Erträge steigerten und damit zu einem Anwachsen der Bevölkerung führten. Aber auch Waffen wurden gebaut, Anzeichen für die militärische Ausrichtung der frühen Zivilisationen. Die Bedrohung der Reiche der Alten Welt durch bewegliche Reitervölker wie die Skythen, die durch Zentralasien, Südrussland und Sibirien fegten, wurde immer konkreter.

1000–500 v. Chr.

ASIEN · AFRIKA · EUROPA · AMERIKA & AUSTRALASIEN

1000

Um 1000: Kolonisten aus Griechenland besiedeln W-Kleinasien und Ägäische Inseln.

Um 1000: König David eint Israel und Judäa, Hauptstadt Jerusalem.

Um 1000: Nomadische Arier in Indien werden sesshafte Ackerbauern.

Um 1000: Lapita-Kultur erreicht Samoa u. Tonga.

Um 1000: Adena-Kultur im östlichen Nordamerika

950

Um 950: Gründung des Assyrischen Reiches

945: Bürgerkrieg in Ägypten führt zur Aufteilung in kleine Staaten.

900

Um 900: Gründung des nubischen Königreichs Kusch

900: Königreich Urartu in Armenien widersetzt sich assyrischer Expansion.

900: Ende der »dunklen Jahrhunderte« in Griechenland

Um 900: Olmekische Stadt San Lorenzo wird zerstört, La Venta übernimmt Führungsposition.

Um 900 Chorrera-Keramikgefässe im gesamten Norden Südamerikas

Die Welt um 1000 v. Chr.
Organisierte Staaten und fortgeschrittene Kulturen
Paläosibirier
Lena
Beringstraße
Ochotskisches Meer
Kamtschatka
Baikalsee
Amur
Altaiische Völker
Mongolischer Altai
Balchaschsee
Gobi
Kurilen
Ainu
Hokkaido
Japanisches Meer
Koreaner
Honshu
Hwangho
Tienschan
Takla-Makan
Zhengzhou
ZHOU
Hochland von Tibet
Tibetobirmanen
Himalaja
Indus
Kyushu
Jangtsekiang
Ost-chines. Meer
PAZIFISCHER OZEAN
Sinide
Wüste Thar
Ganges
Arier
Taiwan
Mon-Khmer
Golf von Bengalen
Draviden
Mekong
Luzon
Philippinen
Mikronesien
Andamanen
Süd-chinesisches Meer
Mindanao
Nikobaren
Melanesien
Malediven
Borneo
Malaien
Bismarck-archipel
Celebes
Molukken
Papua
Neu-guinea
Salomon-inseln
Java
Timor
Melanesier
INDISCHER OZEAN
Vanuatu
Großes Barriereriff
Große Sandwüste
Fidschi
Gibsonwüste
Australische Aborigines
Neukaledonien
Simpson-wüste
Große Victoria-wüste
Eyresee
Darling
Great Dividing Range
Tasmansee
Tasmanien
Neuseeland

Baffin Island
Baffinmeer
Grönland
Spitzbergen
Nowaja Semlja
Kara-
see
Nordkap
Barents-
see
Jenissei
Island
Färöer
Labrador-
see
Finno-Ugrier
Ural
Samojeden
Ob
Nord-
see
Germanen
Balten
Irtysch
Si
Neufundland
Kelten
Slawen
Don
Wolga
Kimmerier
Aralsee
Ligurer
Italiker
Etrusker
Illyrer
Thraker
Schw. Meer
Kaukasier
Kasp.
Meer
Azoren
Iberer
Mittelmeer
Phryger
HETHITISCHE
FÜRSTENTÜMER
ARAM ZOBAH
Aramäer
URARTU
Assur
ATLANTISCHER
OZEAN
PHÖNIKISCHE STÄDTE
ISRAEL
Babylon
AMMON
MOAB
Chaldäer
ELAM
Iraner
Tanis
Memphis
EDOM
JUDÄA
ARAM
DAMASKUS
Kanarische
Inseln
Berber
ÄGYPTEN
Nil
Theben
Pers. Golf
Sahara
Semiten
Rotes Meer
KUSCH
Napata
Ara
Niger
Nilosaharanische Stämme
Kapverdische
Inseln
Tschadsee
Tschadohamiten
Golf von Aden
Socotra
Niger-Kongo-Stämme
Nil
Kuschiten
Victoria-
see
Amazonas
Kongo
Kongo-
becken
Zentralafrikanischer Graben
Seychel
Ascension
São Francisco
ATLANTISCHER
OZEAN
Khoisan
Malawi-
see
Komoren
Sambesi
St. Helena
Okawango
Okawango-
delta
Gran
Chaco
Namib
Madagaskar
Maurit
Réunion
Kalahari
Paraná
Drakensberge
Pampa
Kap der
Guten Hoffnung
Tristan da Cunha
Patagonien
Falklandinseln
Kap Hoorn

Reiche im Nahen Osten

Die Assyrer bewohnten den Norden des Tigristals. Im 9. Jahrhundert v. Chr. begannen ihre Armeen einen unaufhaltsamen Vorstoß gegen die instabilen Staaten des Mittleren Ostens. Sie eroberten Syrien, Phönikien, Israel und Judäa. Selbst das einst so mächtige Ägypten war vor Angriffen nicht sicher. Die unterworfenen Nationen wurden zu Tributzahlungen verpflichtet, und es war nicht ratsam, diese zu verweigern. Die militärische Überlegenheit der Assyrer hing mit einigen Neuerungen zusammen: Panzerrüstungen, gepanzerte Wagenlenker und geschickt geführte Belagerungskriege.
Aber am Ende des 7. Jahrhunderts schlossen sich die Feinde Assyriens zusammen. Sie unterwarfen das Reich und zerstörten 612 die assyrischen Städte Ninive und Nimrud. In nur einem Jahrhundert erschien eine neue Macht: 550 v. Chr. hatte Kyros der Große, König von Persien, die Meder und Perser zusammengebracht, um das Achaimenidische Reich zu gründen. Es war das größte, das die Welt je gesehen hatte und erstreckte sich vom Nil zum Indus mit einer Reihe von beeindruckenden Palastkomplexen wie Persepolis, Pasargadai und Susa. Bemerkenswert an Persien waren auch die stabile Währung, die Verwaltung durch regionale Statthalter (Satrapen), gerechte Steuern und religiöse Toleranz.

Geschnitzte olmekische *Zeremonialaxt aus La Venta aus Jade, ein von den Olmeken sehr geschätztes Material.*

Eisenzeitliches Europa

In den zerklüfteten Bergen von Griechenland formierten sich abgelegene Gemeinschaften zu Stadtstaaten. Da sie weder Land noch Ressourcen hatten, sandte jeder Stadtstaat *(Polis)* Kolonisten aus, die Siedlungen an der Mittelmeerküste von Spanien bis zum Schwarzen Meer gründeten.
Viele der Städte im zentralen Griechenland waren als kleine Siedlungen entstanden, die sich unter einem leicht zu verteidigenden Fels oder *Akropolis* befanden. Mit steigendem Wohlstand errichteten die Stadtbewohner schöne Gebäude als Ausdruck ihres Selbstbewusstseins. Mit ihren Tempeln, Amphitheatern und *Agoras* (Marktplätzen) spiegelten die Städte die für das griechische Leben zentralen Belange wider: starke Führung, Religion, körperliches Wohlbefinden, Handel und Theater. Jede *Polis* prägte ihre eigenen Münzen im Bewusstsein ihrer einzigartigen Identität. In Italien gründeten die Völker der Toskana ab 800 v. Chr. Städte wie Cerveteri und Tarquinia. Mittelitalien war reich an Kupfer und Zinn, und die Etrusker trieben Handel bis nach Nordafrika, an die Donau und den Rhein. Sie waren berühmt für ihre Metallverarbeitung, ihre Malerei und Keramik.
Im Norden Europas hatte sich die Eisenverarbeitung etabliert. Reichhaltige keltische Grabstätten in Hallstatt, Österreich, zeigen den Aufstieg einer neuen Oberschicht von Kriegern im 8. Jahrhundert. Um 600 kam das Europa westlich und nördlich der Alpen in Kontakt mit den griechischen Kolonien am Mittelmeer. Die Rhône-Saône-Senke war zum wichtigen Handelsweg geworden.

Weingefäss, *hergestellt in Griechenland, gefunden im Grab einer keltischen Prinzessin aus dem 6. Jh. in Frankreich.*

Reiche der Neuen Welt

Die Heimat der Olmeken von Mexiko lag in den sumpfigen Tiefländern von Veracruz und Tabasco. Sie waren berühmt für ihre monumentalen Steinskulpturen, die furchterregende übernatürliche Wesen darstellten, ferner Adler, Schlangen und Haie.
In ihrer Hauptstadt La Venta bauten sie eine 34 m hohe Pyramide und öffentliche Plätze, die in Form einer Jaguarmaske ausgelegt waren. Katzen spielten eine große Rolle in der Ikonographie der Neuen Welt. In Peru entwickelte sich mit der Chavín-Kultur um 1200 v. Chr. die früheste Hochkultur der Anden. Benannt nach dem Zeremonialzentrum Chavín de Huántar mit seinen Tempeln, Steinplattformen und Monumentalstatuen, blühte sie auf zwischen 850 und 200 v. Chr. Der Chavín-Stil – Darstellungen mythischer und realer Tiere, vermischt mit Menschendarstellungen, oft mit verzerrten Mündern, gebogenen Fangzähnen und Schlangenhaar, verbreitete sich über die gesamte Region.

Um 850: Religion der Chavín, basierend auf Verehrung göttlicher Mensch-/Tierwesen, erreicht Höhepunkt in Peru.

850

Um 850: Erste Dörfer auf dem römischen Palatin

814: Gründung der phönikischen Kolonie Karthago

Um 800: Aufstieg der etruskischen Stadtstaaten in Italien

Um 800: 1. Phase der keltischen Eisenzeit

800

776: Erste pan-hellenische Athletenwettkämpfe im Zeusheiligtum in Olympia

771: Ende der Zhou und zentralisierter Macht in China

Um 750: Königreich Kusch dehnt die Macht nach Norden aus.

750

Um 750: Erster Nachweis des griechischen Alphabets

747: Nubier beherrschen Ägypten.

Um 700: Skythen aus Zentralasien besiedeln Osteuropa und Schwarzes Meer.

Um 700: Nomadische Skythen gründen dauerhafte Siedlungen auf westlichen Steppen.

700

Um 700: Anwachsen ständiger Gartenbausiedlungen im SO Nordamerikas

Frühe Kulturen Asiens

In China führten die Westlichen Zhou zunächst die Traditionen der Shang-Dynastie fort. Mit der Verlegung der Hauptstadt nach Luoyang kamen die Östlichen Zhou an die Macht. Es begann eine Zeit der inneren Unruhen mit ständigen Machtkämpfen zwischen vielen kleinen Staaten, aber auch eine der Erneuerung und der Entwicklung der Eisenverarbeitung, die die Produktivität des Landes erhöhte. Die Städte wuchsen, Verwaltung und Armee expandierten, wodurch die Vorherrschaft des Landadels schwand und sich für die Bürgerlichen ungeahnte Möglichkeiten eröffneten.

In Indien wurde die Gangesebene zwischen 1000 und 600 v. Chr. von den Ariern besiedelt, einem nomadischen Krieger- und Reitervolk, das allmählich sesshaft wurde. Um 600 v. Chr. waren 16 kleine Staaten in Nordindien entstanden, deren Organisation vom Stammesverband bis zur absolutistischen Monarchie reichte. Vor diesem Hintergrund steht die Geburt Buddhas etwa 563 v. Chr. Von adliger Herkunft, entschloss er sich im Alter von 29 zu einem asketischen Leben. Mit einer vorbildlichen Lebensführung suchte er nach spiritueller Erleuchtung und begründete eine religiöse Lehre.

DAS VERMÄCHTNIS DER BABYLONIER

***Ein babylonischer** mathematischer Text mit Ziffern in Keilschrift, 500 v. Chr.*

Das Wissen um die Bewegung von Sonne, Mond und Sternen geht zurück auf die Zeit der Babylonier – die frühesten Aufzeichnungen astronomischer Beobachtungen fand man auf babylonischen Tafeln von 2000 v. Chr. Die Babylonier konnten eine Sonnenfinsternis voraussagen, die Bahn der Sonne und einiger Planeten bestimmen und die Länge eines Jahres bemessen. Sie zeichneten die Konstellationen auf, die auf der Bahn der Sonne lagen (die Tierkreise), und teilten sie in zwölf Teile oder Zeichen. Ihr Kalender beruhte auf zwölf Mondmonaten mit einem Schaltmonat in jedem sechsten Jahr. Die Babylonier waren innovative Mathematiker, sie entwickelten ein Zählsystem, das auf der 60 basiert. Zahlen bis 60 wurden durch zwei verschiedene Zeichen dargestellt, die Zehner und Einer repräsentierten. Dieses Sexagesimalsystem findet sich nach wie vor in unserer Aufteilung der Stunden und Minuten.

***Bronzemodell des Sonnensystems,** gefunden am Sewansee in Armenien, datiert auf das 10.–9. Jh. v. Chr.*

Assyrisches und Babylonisches Reich 950–539 v. Chr.

- Assyrisches Reich (934–912)
- Größte Ausdehnung des Assyrischen Reichs 663
- Neubabylonisches Reich (625–539)
- Sieg der Assyrer
- Sieg der Babylonier
- Heutiger Küsten-/Flussverlauf
- Königssitz

***Ein erstes assyrisches Reich,** das im 14. Jh. v. Chr. aufgblüht war, brach unter den Angriffen seiner Nachbarn aus Mesopotamien zusammen. Ein zweites Reich wurde im 10. Jh. v. Chr. gegründet und erreichte seinen Höhepunkt unter den Königen Sargon II. und Assurbanipal im 7. Jh., als seine Macht bis nach Ägypten reichte. Sein Niedergang 612 erfolgte rasch und vollständig. Es wurde zunächst von den Babyloniern, dann von den Persern abgelöst.*

663: Assyrisches Reich hat seine größte Ausdehnung.

663: Ägypten wird unabhängig unter der 26. Dynastie.

671: Assyrer nehmen die ägyptische Stadt Memphis ein.

650

612: Zusammenbruch des Assyrer-Reiches

Um 600: 16 arische Königreiche in Nordindien

Um 600: Meroë wird nubische Hauptstadt.

Um 600: Bau von Burganlagen auf Hügeln in Deutschland und Frankreich

600

Um 600: Ballfelder für rituelle Ballspiele in olmekischen Zeremonialzentren

Um 563: Geburt von Buddha

550: Kyros der Große von Persien schlägt die Meder und gründet das Achaimenidische Reich.

550

525: Ägypten wird Teil des Persischen Reiches.

525: Ägypten wird Teil des Persischen Reiches.

510: Die Römer vertreiben die Etrusker und gründen eine Republik.

505: Einführung der Demokratie in Athen

500

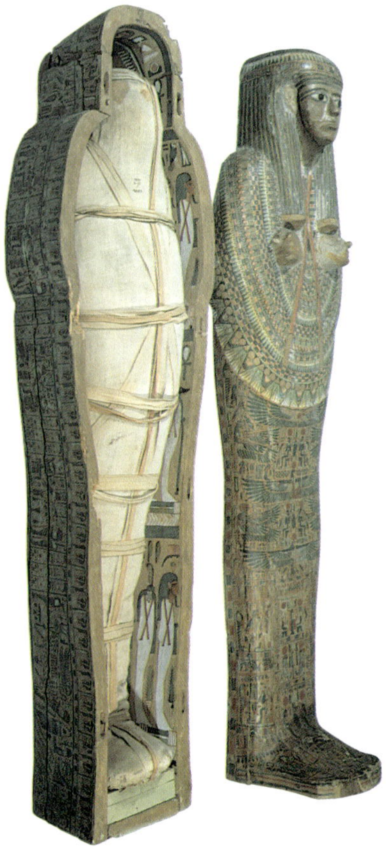

***Mumiensärge** wurden aus schmalen, verzapften Planken gefertigt, für eine glatte Oberfläche verputzt und gestrichen. Dieser Sarg ist mit Hieroglyphen verziert, Zaubersprüchen zum Schutz des Verstorbenenen auf seiner Reise ins Jenseits.*

Mumifizierung in Ägypten

Die alten Ägypter nahmen das Leben nach dem Tod ziemlich wörtlich und versorgten die Verstorbenen bei der Bestattung mit Nahrung sowie mit Dingen des täglichen Lebens und Luxusgütern. Unverzichtbar war die Konservierung des Körpers nach dem Tod. Die Ägypter entwickelten eine geniale Methode der Mumifizierung ihrer Reichen und Mächtigen, die, noch gefördert durch das Wüstenklima, Archäologen heute wertvolle Erkenntnisse über das Leben im alten Ägypten liefert. Eine der ältesten erhaltenen Mumien ist die des Adligen Ranefer (etwa 2500) aus Medum in Unterägypten; seine inneren Organe waren in Leinen eingewickelt und in einer Wandnische untergebracht. Die Körperhöhle war mit harzgetränktem Stoff ausgefüllt, der gesamte Körper mit harzgetränkten Bandagen umwickelt, das Gesicht modelliert und bemalt. Diese Technik entwickelte sich gleichzeitig mit der Verwendung reich verzierter Särge und wurde bis zur Ptolemäerzeit (304–30 v. Chr.) beibehalten, verschwand aber wärend der römischen Herrschaft (30 v. Chr.–395 n. Chr.).

ASIEN

Um 1000 Der chinesische Bronzeguss erreicht ein in dieser Periode mit anderen Teilen der Welt unvergleichliches Niveau.

König David vereint Israel und Judäa, Hauptstadt ist Jerusalem.

Die Phöniker steigen zur bedeutendsten Seemacht der Levante auf. Sie entwickeln eine alphabetische Schrift (die Grundlage aller modernen europäischen Schriften).

Nomadenwirtschaft auf der Grundlage von Pferdezucht, Schafen und Rindern etabliert sich in den Steppengebieten.

800 ▼

Die Arier gehen vom Hirtentum zur bäuerlichen Lebensform über und gründen mehrere kleine Staaten in Indien.

Eisenverarbeitung verbreitet sich in fast ganz Indien.

Die Zhou-Dynastie fördert die Erforschung und Erfassung der Geographie Chinas.

Nassreisanbau wird von China nach Korea eingeführt.

Bronzeverarbeitung erreicht Korea über Nordchina.

Um 965 Machtübernahme Salomons als König von Israel.

951 Megiddo wird zur wichtigen königlichen Festung und zum Verwaltungszentrum Israels.

Um 950 Gründung des Assyrischen Reiches.

Um 926 Tod von König Salomon; die Nation spaltet sich in Israel und Judäa.

900 Festigung des Königreichs Urartu in Armenien, das der assyrischen Expansion entgegentritt und bis zur Zerstörung durch die Assyrer 714 bestehen bleibt.

Um 900 Beginn der Abfassung der späteren Vedas (Brahmanas und Upanishaden) in Indien.

744 ▼

880 Nimrud wird Hauptstadt von Assyrien.

AFRIKA

945 Bürgerkrieg in Ägypten. Bis Mitte des 8. Jahrhunderts ist Ägypten in mehrere kleine Staaten aufgeteilt.

750 ▼

Um 900 Gründung des nubischen Königreichs Kusch.

Um 1000 Kolonisten wandern von Griechenland nach Kleinasien und in die östliche Ägäis.

Die Eisenverarbeitung erreicht Mitteleuropa von Vorderasien aus.

Die Phöniker bringen das Alphabet nach Malta, Sardinien und Spanien (bis 700).

800 Die Etrusker erreichen Italien.

800 **900** Ende der »dunklen Jahrhunderte« in Griechenland.

Um 900 Die Phöniker segeln auf der Suche nach Metall westwärts und gründen Kolonien in der Nähe reicher Metallvorkommen.

Um 1000 Die Adena-Kultur entsteht am mittleren Ohio im östlichen Nordamerika.

Entwicklung komplexer Gesellschaften in den südlichen Anden.

Fernhandel mit Rohstoffen in Australien.

Lapita-Kultur fest etabliert auf Tonga und Samoa.

Polynesische Kultur beginnt sich in Fidschi, Tonga und Samoa zu entwickeln.

Um 900 San Lorenzo in Mittelamerika wird zerstört. Dessen führende Rolle übernimmt La Venta.

Chorrera-Keramikgefäße sind im nördlichen Südamerika weit verbreitet.

Judaismus

Die hebräischen Texte des Alten Testaments sind zwar archäologisch kaum belegt, fest steht jedoch, dass sich eine Gruppe semitischer Stämme zusammenschloss und um 1000 v. Chr. in Palästina ein Königreich mit dem Namen Judäa unter König David (reg. etwa 1006–965 v. Chr.) bildete. David schlug die »Philister« und verlegte die Hauptstadt von Hebron nach Jerusalem (Zion, die »Stadt Davids«). Hierher brachte er die Bundeslade, welche die Zehn Gebote enthalten haben soll.

Das Königreich gelangte unter Davids zweitem Sohn Salomon (reg. 965–926 v. Chr.) zur Blüte und erreichte unter ihm auch seine größte Ausdehnung – eine Zeit bedeutender Tempel- und Palastbauten. Nach Salomons Tod spaltete sich das Königreich in Israel und Judäa und geriet in Verfall, überrundet von seinen Nachbarn in Ägypten und Assyrien.

Der jüdische Kerzenleuchter (Menora) *symbolisiert das ewige Licht* (Ner tamid), *das im ersten Tempel Salomons brannte.*

Die Shang: Meister der Bronze

Die Shang-Dynastie war feudal und kriegerisch organisiert. Die Überreste ihrer Städte und Gräber enthalten viele besonders schöne Exemplare ausgezeichneter Bronzegüsse, etwa Gefäße, die vor allem bei Ritualen und Zeremonien im Zusammenhang mit der Ahnenverehrung verwendet wurden, sowie Orakelknochen mit der frühesten chinesischen Schrift

Shang-Gefäße *waren häufig mit stilisierten Tierköpfen verziert.*

Das Assyrische Reich

Um 950 v. Chr. befand sich Assyrien mit den beiden Zentren Nimrud (ab 880) und Ninive (ab 705) auf dem Weg zur bedeutendsten Macht in Mesopotamien. Unter Salmanassar III. (858–824) expandierte das Reich, aber eine Vormachtstellung erlangte Assyrien erst mit der Einnahme von Urartu (714) unter der Regierung von Sargon II., und von Babylon (689) unter Sanherib.

Nach der Eroberung Ägyptens (669) reichte das Assyrische Reich unter Assurbanipal (668–626) vom Niltal bis nach Oman. Die assyrischen Könige steckten die Gewinne aus ihren militärischen Eroberungen in den Bau von großen Tempeln und Palästen in Nimrud und Ninive. Beutestücke wie diese Sphinx aus Elfenbein *(oben)* zierten die Paläste. 612 wurde Assyrien von vereinten Truppen der Babylonier und der Meder bei Karkemisch besiegt.

Die Chavín-Kultur

Die in den Anden gelegene Stadt Chavín de Huántar entwickelte sich zwischen 850 und 200 v. Chr. zum politisch und kulturell bedeutendsten Zentrum in Peru. Die Chavín sind bekannt für ihre kunstvolle Architektur, für ihre Monumentalskulpturen und für technische Errungenschaften wie den Kanalbau sowie für ihre meisterhaften Textilien, Keramiken und Goldarbeiten.

Tierdarstellungen *waren bei den Chavín ebenso wie bei anderen Kulturen Mittel- und Südamerikas sehr beliebt.*

ASIEN

Um 840 Aufstieg von Urartu.

817 Vermutliches Geburtsjahr von Parshva, dem frühen Lehrer des Jainismus.

Um 800 Aufstieg der Stadtkulturen im Gangestal.

Die Arier breiten sich in den Süden Indiens aus.

771 Zusammenbruch der zentralen Verwaltung der Zhou in China.

Östliche Zhou gründen neue Hauptstadt in Luoyang. Beginn der Periode der Östlichen Zhou.

Die Ära der Westlichen Zhou in China endet nach dem Zusammenbruch der zentralisierten Macht.

Um 750 Amos, israelitischer Prophet.

744 Thronbesteigung von Tiglatpileser III. von Assyrien.

722 Thronbesteigung von Sargon II. Israel wird von den Assyrern erobert und zur assyrischen Provinz (bis 21).

650 ▼ Beginn der Periode »Frühling und Herbst« (bis 481); lockere Konföderation in China unter der nominellen Kontrolle der Östlichen Zhou.

710 Khorsabad löst Nimrud als Hauptstadt von Assyrien ab.

612 ▼ **705** Hauptstadt von Assyrien nach Ninive verlegt.

701 Die Assyrer marschieren in Judäa ein.

AFRIKA

814 Gründung der phönikischen Kolonie Karthago.

670 ▼ **Um 800** Erste Eisenverarbeitung südlich der Sahara in Afrika.

Um 750 Das Königreich Kusch dehnt seinen Einflussbereich nach Norden aus.

663 ▼ **747** Die Nubier beherrschen Ägypten.

Um 850 Früheste Siedlung auf dem römischen Palatin.

Um 800 Erste Phase der Eisenzeit (Hallstattzeit), benannt nach dem Friedhof von Hallstatt in Österreich.

700 ▼
Aufstieg der etruskischen Stadtstaaten in Mittelitalien.

Die Griechen übernehmen das phönikische Alphabet.

776 Erste pan-hellenische Athletenwettkämpfe im Zeusheiligtum in Olympia.

616 ▼
753 Angebliches Datum der Gründung Roms durch Romulus.

750 Erster Nachweis des griechischen Alphabets.

Um 750 Erste Niederschrift von Homers *Ilias* und der Dichtung Hesiods.

733 Korinth gründet die Kolonie Syrakus. Beginn der griechischen Kolonisierung des Mittelmeerraums.

Um 850 Religion der Chavín, die auf der Verehrung von tierisch-menschlichen Mischwesen beruht, erreicht ihren Höhepunkt in Peru.

Blütezeit von Chavín de Huántar, der Chavín-Stil ist weit verbreitet.

Um 800 Nachweisliche Ausbreitung der Maya nach Norden bis zur Halbinsel Yucatán.

Erste Nachweise von Schrift in Amerika (Zapoteken).

Mais wird im Schwemmgebiet des Amazonas angebaut.

Griechische Kunst

Das antike Griechenland hatte nicht nur hervorragende Architekten und Bildhauer, es brachte auch außergewöhnliche Keramik hervor, die neuartig war, was die Form und auch das Dekor angeht. Keramiken sind in großer Anzahl erhalten geblieben und bilden deshalb eine bedeutende Quelle für Historiker und Archäologen. Frühe bemalte griechische Tonwaren aus der Mitte des 8. Jahrhundert v. Chr. wie die über 2 m hohe Dipylon-Vase *(oben)* zeugen von großer Kunstfertigkeit; hier beginnt die figurative Erzähltradition, die später dann die griechische Keramik dominierte.

Die Etrusker

Die etruskische Kultur erblühte zwischen 800 und 300 v. Chr. in den befestigten Bergstädten der Toskana. Ihr Reichtum beruhte auf Landwirtschaft und auf Kupfer- und Eisenvorkommen. Grabmalereien *(oben)* geben uns Auskunft über die Etrusker: Ausdrucksvolle Szenen zeigen Feste, Jagden, Tänze und Ringkämpfe. Grabbeigaben zeugen von ihrem Können in der Bronzebearbeitung und der Plastik. Die etruskische Bilderwelt hatte starken Einfluss auf die spätere römische Kunst und Pastoraldichtung, wie die *Eclogae* von Vergil.

Das frühe Rom

Gegründet um 800 v. Chr., war Rom im 7. Jahrhundert eine kleine Stadt unter etruskischer Herrschaft. Die wichtigsten Überreste sind Friedhöfe und »Hausurnen« (*unten*), die einen Einblick geben in die charakteristische Architektur dieser Gemeinschaft. Diese Artefakte gibt es nur in Rom. Sie markieren den Beginn der Entstehung Roms aus der etruskischen Kultur.

ASIEN

Um 700 Nomadische Skythen gründen feste Siedlungen in den westlichen Steppengebieten.

689 Babylon wird durch den assyrischen König Sanherib zerstört.

669 Der assyrische König Asarhaddon erobert Nordägypten.

Um 663 Mit der Plünderung von Theben in Ägypten erreicht das Assyrische Reich seine größte Ausdehung.

Um 660 Jimmu, legendärer erster Kaiser in Japan.

650 Erste Münzen in Lydien, Kleinasien.

Um 650 Einführung der Eisenverarbeitung nach China. Seidenmalerei, Lackarbeiten und Keramik sind hoch entwickelt.

612 Zerstörung Ninives und Nimruds durch die Babylonier und die Meder; Zusammenbruch des Assyrer-Reiches.

597 ▼ **605** Nebukadnezar II. besteigt den Thron von Babylon.

Geburt von Laozi, nach der Überlieferung Begründer des Taoismus (†520).

604 Nebukadnezar II. baut Babylon auf.

AFRIKA

671 Der assyrische König Asarhaddon nimmt Ägyptens Hauptstadt Memphis ein.

600 ▼ **Um 670** Einführung der Eisenverarbeitung in Ägypten.

525 ▼ **663** Ägypten erlangt Unabhängigkeit unter der 26. Dynastie, die von Sais im Nildelta aus herrscht (bis 525).

EUROPA

Um 700 Skythen aus Zentralasien siedeln in Osteuropa und am Schwarzen Meer.

Beginn der archaischen Zeit in Griechenland, Aufstieg der Stadtstaaten.

Erste griechische Säulengang-Tempel.

530 Beginn der etruskischen Expansion in den Süden von Italien.

Um 690 Etruskische Schrift entwickelt sich aus dem Griechischen.

Um 650 Aufstieg der »Tyrannen« in vielen griechischen Städten.

510 **616** Überliefertes Datum des Regierungsantritts von Tarquinius I., etruskischer König von Rom.

AMERIKA & AUSTRALASIEN

Um 700 Anfänge der Adena-Kultur am oberen Ohio.

Anwachsen ortsfester Dörfer mit Gartenbau im südöstlichen Nordamerika.

***Römische Bronzekopie** des Diskobol des Myron (5. Jh. v. Chr.); sie zeigt die Bewundeung der Griechen für die Schönheit des menschlichen Körpers und der Bewegungsformen.*

Die Olympischen Spiele

Das lebendigste Erbe des alten Griechenlands, die Spiele zu Ehren des höchsten Gottes Zeus, fanden der Überlieferung nach seit 776 v. Chr. alle vier Jahre statt, bis sie im 4. Jh. n. Chr. vom römischen Herrscher Theodosius wegen zu starker Professionalisierung abgeschafft wurden. Die Spiele wurden 1896 n. Chr. zur Verbesserung internationaler Beziehungen wiederbelebt.

Die Adena-Kultur

Um Grabhügel und große Erdhügel angelegte Siedlungen am oberen Ohio, datiert auf etwa 700 v. Chr, beweisen die Existenz einer der ersten Kulturgruppen Nordamerikas. Unser Wissen über die Adena beruht hauptsächlich auf ihren Grabbeigaben, die aus Schmuck – oft aus eingeführtem Kupfer –, gravierten Tafeln, dekorierten Schädeln *(links)*, und röhrenförmigen Pfeifen – Nachweis für frühen Tabakgenuss – bestanden.

Die ersten chinesischen Münzen (um 500 v.Chr.) stellten Miniaturhacken oder -spaten dar (unten), Kopien der Werkzeuge, die man bis dahin im Tauschhandel erworben hatte.

Die ersten Münzen

Mit der Ausweitung von Handelsbeziehungen war der Tauschhandel, der auf persönlichen Treffen beruhte, unzulänglich geworden. Die Notwendigkeit eines Zahlungsmittels, mit dem Steuern gezahlt werden konnten, führte zur Erfindung der Metallprägung: Metallbarren, deren Wert von den lokalen Autoritäten durch Stempelung garantiert wurde.

Die ersten zum geschäftlichen Gebrauch bestimmten Münzen wurden in China im 6. Jh. v. Chr. geprägt und hatten oft die Form von Werkzeugen wie Äxten oder Klingen. Unabhängig davon wurden die ersten europäischen Münzen von den Lydern Westanatoliens im 7. Jh. v. Chr. hergestellt. Allgemein verbreitet war Münzgeld in Handelsbeziehungen aber erst im 5. Jh. v. Chr. Das Auftauchen einer Währung steht oft im Zusammenhang mit der Entwicklung von genauen Maß- und Gewichtssystemen und exakter kalendarischer Zeitmessung.

***Die frühen griechischen Münzen** tragen oft Prägemuster mit Motiven aus der Tierwelt.*

ASIEN

Um 600 16 arische Königreiche verteilen sich über Nordindien.

Elefanten zur Kriegsführung in Indien.

Magadha erlangt die Vorherrschaft und wird zum einflussreichsten Staat in Indien.

Aufkommen des Hinduismus im späten 6. bis zum frühen 5. Jh.

Ujjain und Kausambi erste Städte in der Nach-Harappa-Zeit in Indien.

597 Nebukadnezar erobert Jerusalem.

587 Jerusalem und sein Tempel durch Nebukadnezar zerstört; Juden müssen ins babylonische Exil.

483 **Um 563** Geburt Buddhas, der ein Leben als Adliger aufgibt, um durch Askese die Erleuchtung zu finden.

550 Aufstieg der Staaten am Roten Meer und am Golf von Aden; Export von Weihrauch und Myrrhe aus Südarabien ins östliche Mittelmeergebiet.

551 Zoroastrismus wird offizielle Religion in Persien.

Geburt von Konfuzius († 479); seine Gesprächssammlungen sind die philosophische Grundlage der chinesischen Lebensweise.

Um 550 Kyros der Große schlägt die Meder, gründet das Achaimenidische Reich.

Herstellung von Gusseisen in China.

Um 540 Deutero-Jesaja, hebräischer Prophet, wirkt im babylonischen Exil.

Geburt Mahaviras, Begründer des Jainismus († 468).

539 Kyros der Große erobert Babylon und Babylonisches Reich ohne Blutvergießen.

538 Juden kehren aus dem Exil zurück.

525 Kambyses II. von Persien erobert Babylon, Vorstoß nach Nubien und Ägypten.

486 **521** Persien erreicht seine größte Ausdehnung unter Dareios I., dem Großen.

Um 520 Dareios I. stellt den Verbindungskanal zwischen Nil und Rotem Meer fertig.

AFRIKA

Um 600 Meroë wird nubische Hauptstadt.

500 Erste Eisenverarbeitung im Nok-Gebiet.

525 Ägypten wird Teil des Persischen Reiches.

EUROPA

600 Gründung der griechischen Kolonie Massalia (Marseille). Handel zwischen Griechen und Kelten.

Rom wird städtischer Mittelpunkt.

Um 600 In ganz Süddeutschland und Ostfrankreich werden Burganlagen gebaut.

Nordeuropäisches Tiefland wird besiedelt.

Erste griechische Münzen.

480
586 Anfänge der rationalistischen griechischen Philosophie.

Um 530 Ausgedehntester Einflussbereich der Etrusker; reicht im Süden bis nach Neapolis (Neapel).

Wirken von Pythagoras, griechischer Mathematiker und Mystiker.

510 Römer vertreiben etruskische Herrscher und gründen eine Republik.

Tempel des Iuppiter Optimus Maximus, Rom.

505 Einführung der Demokratie in Athen.

AMERIKA & AUSTRALASIEN

Um 600 Olmekische Jade-Kleinkunst, oft als Opfergaben in rituellen »Verstecken« benutzt, wird bis ins südliche Mittelamerika gehandelt.

In olmekischen Städten gibt es Spielfelder für die rituellen Ballspiele der zentralamerikanischen Kulturen.

Anfänge der Paracas-Kultur in Südperu, berühmt für ihre farbigen Webtextilien mit Mustern im Chavín-Stil.

***Reichtum und Macht** des Achaimenidenreiches spiegeln sich in der Darstellung tributpflichtiger Völker im Wandrelief des Palasts von Persepolis, der königlichen Residenz.*

Das Achaimenidenreich

Durch die Vereinigung der Meder und der Perser unter Kyros dem Großen entstand das persische Achaimenidenreich, das zum größten Staat heranwuchs, den die Welt bis dahin gesehen hatte. Ostanatolien und Babylon wurden rasch erobert. Unter den beiden erfolgreichsten Nachfolgern des Kyros, Dareios I. und Xerxes I., dehnte sich das Reich weiter aus und war in 20 Provinzen bzw. Satrapien unterteilt. Mit Steuereinnahmen wurden ehrgeizige Bauvorhaben verwirklicht, unter anderem eine 2400 km lange Straße von Susa im heutigen Iran nach Ephesos in der Türkei.

Allerdings gelang keinem der beiden Herrscher die Eroberung Griechenlands, und von außen geschwächt durch Überfälle, von innen durch ehrgeizige Statthalter, wurde das Reich nach der entscheidenden Niederlage bei Issos 333 v. Chr. vom makedonischen Heerführer Alexander dem Großen erobert.

Die Zapoteken

Monte Albán oberhalb des Oaxaca-Tals war die Hauptstadt der zapotekischen Kultur im Süden von Mexiko. Die Stadt beherrschte die Region mehr als 1000 Jahre lang. Die Inschriften mit hieroglyphischen Schriftzeichen, die in der Nähe der Stadt gefunden wurden und Kalenderdaten wiedergeben, sind die ältesten uns bekannten Schriftdokumente Amerikas. Geschnitzte Stelen aus Monte Albán zeigen menschliche Figuren mit verrenkten Gliedern (*links*), bekannt als *Los Danzantes* (die Tänzer); möglicherweise stellen sie die besiegten Feinde der Zapoteken dar.

Die Nok-Kultur

Die frühesten Nachweise der Eisenverarbeitung südlich der Sahara wurden in Nok gefunden, dem Zentrum einer Kultur am Zusammenfluss von Niger und Benue. Die Technik der Eisenverarbeitung kam vermutlich aus dem Norden der Sahara, die sich zu dieser Zeit vom Grasland zur Wüste wandelte. Die Nok schufen außerdem einzigartige Skulpturköpfe aus Terrakotta mit kunstvollen Frisuren und Gesichtsschmuck, die in höchst individueller Weise gestaltet waren. Von Nok verbreitete sich die Eisenverarbeitung nach Süden entlang der Atlantikküste und in östliche Richtung zum Zentralafrikanischen Graben.

ASIEN

Um 500 Die Hebräer führen die Sieben-Tage-Woche ein.

Bau des persischen Straßennetzes.

Reisanbau breitet sich von China nach Japan aus.

Skylax erreicht im 6. Jh. den Indus und kehrt über das Rote Meer zurück.

Kodex religiöser Gesetze *(Dharmashastra)* in Indien verfasst (bis 300).

Kastensystem in Indien eingeführt.

Große Mengen an Werkzeugen und Waffen werden in China im Eisengussverfahren hergestellt.

Bronzemünzen in China eingeführt.

Arische Singhalesen erreichen Ceylon.

Einführung von Eisen in Südostasien.

Dongson-Trommeln werden in Nordvietnam hergestellt.

490 Der persische Vorstoß nach Griechenland wird von den Athenern bei Marathon zurückgeschlagen.

Um 483 Tod Buddhas.

486 Auf Dareios I. von Persien folgt sein Sohn Xerxes, der 480 Griechenland mit einer Armee überfällt, aber bei Salamis, Platäa und Mykale geschlagen wird.

479 Tod von Konfuzius, der ein umfassendes ethisches System entwickelte.

Um 460 Pergament ersetzt die Tontafeln der achaimenidischen Verwaltung.

403 ▼

458 Teilung des Qin-Gebiets in China (bis 424).

AFRIKA

Um 500 Eisenbearbeitung im Gebiet der ostafrikanischen Seen.

Gründung des Königreichs Daamat, des ersten Staates im äthiopischen Hochland.

Periode der Nok-Kultur in Nordnigeria (bis 200 n. Chr.).

Eisenverarbeitende Bantu breiten sich vom Niger zu den ostafrikanischen Seen und zur Westküste Afrikas aus.

EUROPA

Um 500 Reiche Gräber in Vix, Frankreich, mit griechischen und etruskischen Waren.

496 Die Römer schlagen die Latiner am See Regillus.

490 Die Griechen schlagen die Perser bei Marathon.

480 Große persische Armee unter Xerxes wird in Griechenland bei Salamis, Platäa und Mykale geschlagen.

Um 480 Klassische Zeit in Griechenland.

450 ▼

478 Gründung des Attisch-Delischen Seebundes, das spätere Athenische Reich.

AMERIKA & AUSTRALASIEN

Um 500 Der Einfluss der Chavín-Kultur schwächt sich im westlichen Südamerika ab.

Frühe Hieroglyphen aus dem zapotekischen Monte Albán.

Auf Samoa wird die Lapita-Keramik von Gefäßen ohne Verzierung abgelöst.

Die Paracas-Kultur

Die Paracas-Kultur hatte ihre Blütezeit um 600–350 v. Chr. im südlichen Peru. Gräberfelder bargen Tausende von mumifizierten Körpern, die in reich bestickte und farbenprächtige Wollstoffe gehüllt waren *(oben)*. Das Motiv einer Gottheit mit großen Augen, das »Augenwesen«, taucht häufig auf und zeigt eine ikonographische und stilistische Nähe zur höchsten Gottheit der Chavín-Kultur, dem »Lächelnden Gott«. Das Kultzentrum Chavín de Huántar, etwa 800 km nördlich der Paracas-Region gelegen, blieb das einflussreichste Zentrum der Anden im letzten Jahrtausend v. Chr.

Der Parthenon

Athen, der führende Stadtstaat auf dem Peloponnes, erreichte im 5. Jh. v. Chr. seinen kulturellen und politischen Zenit. Nach der Plünderung der Stadt durch die Perser (480 v. Chr.) und dem darauffolgenden Sieg über sie wurde ein umfangreiches öffentliches Bauprogramm gestartet. Der Haupttempel der Stadt, der Parthenon, erhielt einen kunstvoll gestalteten Fries *(unten)* mit der Darstellung der Panathenäen zu Ehren der Athene, der Schutzherrin der Stadt. Der Fries wurde 1816 von dem Engländer Lord Elgin erworben und nach London gebracht. Er befindet sich heute im British Museum in London. Das Kunstwerk ist ein herausragendes Beispiel für den heroischen Naturalismus in der griechischen Kunst.

Perikles

Der athenische General Perikles (etwa 495–429 v. Chr.) stieg während des nach ihm benannten »Perikleischen Zeitalters« (etwa 443–430 v. Chr.) zum ungekrönten König Athens auf. Er etablierte die Demokratie in Athen und gründete den Delischen Bund, der den Beginn des athenischen Staats markiert. Seine Gegnerschaft zu Sparta war wichtigster Auslöser für die Peloponnesischen Kriege.

ASIEN

Um 450 Gräber in Pazyryk und Noin Ula in Sibirien geben Einblick in das Leben der Steppennomaden.

Um 410 Xenophon führt eine Armee von 10000 griechischen Söldnern von Babylon zum Schwarzen Meer.

367 **403** »Zeit der Streitenden Reiche« in China (bis 221).

AFRIKA

Um 450 Frühester Nachweis von Metallverarbeitung südlich der Sahara.

Um 450 In West- und Mitteleuropa entwickelt sich die keltische La-Tène-Kultur. Die Gräber enthalten Streitwagen und Waffen.

Athen, Zentrum des mächtigsten griechischen Stadtstaats, erreicht seinen Zenit.

400 Die Kelten breiten sich zu den Britischen Inseln und nach Osten und Süden aus.

448 Baubeginn des Parthenons in Athen.

443 Athen blüht auf unter der Herrschaft von Perikles (†429).

432 Fertigstellung des Parthenons.

431 Peloponnesischer Krieg zwischen Athen und Sparta (bis 404).

Um 400 Aufstieg der Moche-Kultur in Peru.

Steppennomaden

Nördlich der Staaten, die sich vom Mittelmeer bis China erstreckten, lag das Gebiet der Hirtennomaden, die klassische Autoren oft als Skythen bezeichnen. Reichhaltige Grabbeigaben bezeugen eine hoch entwickelte mobile Kultur. Gräber im Altaigebirge enthielten Lederwaren, geschnitzte Kunstgegenstände aus Holz, Pelze, Textilien und tätowierte Körper. Häuptlinge haben möglicherweise als Mittelsmänner im Handel zwischen China und dem Westen fungiert. Diese Nomaden stellten eine permanente Bedrohung der sesshaften Kulturen Eurasiens dar, so fielen sie etwa regelmäßig in China und Persien ein.

***In dieser Holzschnitzerei** der Altai-Völker wird ein Hirsch von einem Greif gepackt. Mythische Kämpfe waren ein häufiges Thema dieser Kunst.*

Sparta

Die imperialistischen Ambitionen Athens und seiner Verbündeten im Delischen Bund riefen unter den übrigen griechischen Stadtstaaten Unmut hervor. Sparta formte eine Allianz gegen Athen, die zum Peloponnesischen Krieg führte. Die militaristische Gesellschaft Spartas – verkörpert in diesem Bronzesoldaten – wurde von Königen beherrscht, mit einer Unterklasse von Leibeigenen. Nach einer Reihe erfolgreicher Überfälle schloss Sparta 421 v. Chr. einen Waffenstillstand mit Athen, aber ein athenischer Vorstoß nach Sizilien (415–413 v. Chr.) endete mit einem Sieg Spartas in Syrakus und der Übernahme der athenischen Flotte. Danach zerfiel der athenische Staat.

Das Mahabharata

Vermutlich um etwa 400 v. Chr. begann die Arbeit an den beiden wichtigsten Epen des Sanskrit, dem *Mahabharata* (»Das große Epos vom Kampf der Nachkommen des Bharata«) und dem *Ramayana* (»Ramas Lebenslauf«). Das *Mahabharata* ist eine Sammlung mythologischer und didaktischer Dichtung, die dem Weisen Vyasa zugeschrieben wird. Es ist eine wertvolle Informationsquelle zur Entwicklung des Hinduismus in Indien zwischen 400 v. Chr. und 200 n. Chr. Im Zentrum stehen die Thronstreitigkeiten der verwandten Familien Kaurava und Pandava, die in der großen Schlacht von Kurukshetra, nördlich des heutigen Delhi, gipfeln *(Bild oben)*.

ASIEN

400 Eisenverabeitung in Korea eingeführt.

Um 400 Ausbreitung der Hindus nach Südindien und Sri Lanka.

Vermutlicher Beginn der Zusammenstellung und Schriftfassung der bis dahin mündlich überlieferten Epen *Mahabharata* und *Ramayana* in Indien.

Der indische Gelehrte Panini erstellt eine Grammatik des Sanskrit, in der er 4000 grammatikalische Regeln formuliert.

Um 377 Mausolos ist Satrap (Statthalter) in Karien, Südwestanatolien. Bekannt wird er durch sein monumentales Grabmal, das Mausoleum, eines der Sieben Weltwunder der Antike.

370 Die Satrapen des Persischen Reiches befinden sich im Aufstand.

Um 360 Kriegsführung in China wird dominiert durch die Armbrust, eine tödliche Waffe mit einem druckempfindlichen Abzug zum Abfeuern von Pfeilen.

338 ▼ **358** In Persien folgt Artaxerxes III. auf Artaxerxes II. und beendet den Aufstand der Satrapen. Aus Furcht vor Rivalen lässt er seine ganze Familie ermorden.

325 ▼ **356** Shang Yang, Herrscher des chinesischen Weststaats Qin, führt weit reichende Reformen durch. Er stärkt die Macht der Zentralregierung und verfasst strenge Strafgesetze.

AFRIKA

Um 400 Anfänge der Eisenverarbeitung im Äthiopischen Hochland.

310 ▼ Das westliche Mittelmeergebiet wird von Karthago dominiert. Bau neuer Verteidigungsanlagen.

Um 380 Anbau und Eisenverabeitung breiten sich durch Bantu-sprechende Völker bis ins westliche Sambesigebiet aus.

Um 370 Eisen verarbeitende Kulturen dringen in das Waldgebiet im Hinterland der westafrikanischen Küste vor.

342 ▼ **359** Nektanebos II. besteigt den ägyptischen Thron und muss umgehend einen Aufstand bekämpfen.

Um 400 Keltische Besiedlung Norditaliens.

399 Der athenische Philosoph Sokrates wird von seinen Mitbürgern zum Tode verurteilt. Er war angeklagt, die Jugend der Stadt zu verderben.

396 Etruskische Stadt Veji fällt an Rom.

390 Die Kelten überfallen Rom.

386 Sparta und Persien unterzeichnen einen Vertrag, der persische Rechte an Städten in Asien und auf Zypern, athenische an den Inseln Skyros, Imbros und Lemnos anerkennt.

385 Platon kehrt in seine Geburtsstadt Athen zurück, eröffnet eigene Akademie.

384 Platon schreibt seinen philosopischen Dialog *Symposion (Das Gelage)*.

380 Bau der mächtigen Servianischen Mauer verbessert die Verteidigung Roms.

378 Thebanische Demokraten im Exil führen einen Aufstand, sie ermorden Mitlieder der pro-spartanischen herrschenden Partei. Die Spartaner verlassen Theben.

370 Neue Gesetze in Rom erlassen, die die Wahl von Plebejern zu Konsuln erlauben.

Um 370 Eudoxos von Knidos entwickelt Theorien zur Erklärung der Bewegung der Planeten und schätzt die Länge eines Jahres auf 365 und einen viertel Tag ein.

339 ▼ **367** Ende der Regierung von Dionysios, Tyrann von Syrakus, der die Sklaven befreite, Frieden mit Karthago schloss und Syrakus zur bedeutendsten Stadt Süditaliens machte.

362 Die Schlacht von Mantinea bedeutet den endgültigen Machtverlust Spartas. Der Peloponnes erlangt Autonomie, Theben erreicht die Vorherrschaft in Griechenland.

359 Philipp II. kommt an die Macht, vergrößert das makedonische Territorium, wird König von Makedonien.

357 Chios, Rhodos und Kos verlassen das Bündnis mit Athen.

356 Geburt Alexanders, Sohn von Philipp II.

339 ▼ Philipp von Makedonien unterzeichnet einen Vertrag mit dem Chalkidischen Bund, in dem Athen als der gemeinsame Feind bezeichnet wird.

Um 400 Große Tempelanlage mit Kultobjekten in Chavín de Huántar (Peru).

Frühe Zapoteken-Kultur blüht um die Stadt Monte Albán.

Das olmekische La Venta wird zerstört. Letzte Phase der olmekischen Kultur.

***Das Mosaik aus der römischen Stadt** Pompeji zeigt Platon im Gespräch mit seinen Schülern. Für ihn war wahre Philosphie ein lebendiger und wechselseitiger Austausch von Ideen.*

Griechische Philosophie

Die Anfänge der griechischen Philosophie liegen in der Kosmologie, in dem Versuch, das Universum zu erklären und verständlich zu machen. Zur Zeit des Sokrates, im Athen des 5. Jh., hatte sich eine neue Tradition etabliert, die die Philosophie als einen Weg zum eigenen Selbstverständnis und zur Aufklärung sah.

Auch Platon (etwa 427–347) widmete wie Sokrates sein Leben der Philosophie. Er lehnte Prosa und Versdichtung zur Vermittlung seiner Ideen ab und bevorzugte den Dialog als angemessenes Mittel für einen anregenden philosophischen Meinungsaustausch. Er gründete die Akademie in Athen, ein lebendiger Ort metaphysischer und ethischer Lehren. Aristoteles (384–322) gründete eine eigene philosophische Schule, das Lykaion. Anders als Platon hielt Aristoteles das Studium und die systematische Erklärung der physischen Welt für die Aufgabe der Philosophie.

***Sein Interesse** an der greifbaren Welt des Alltags brachte Aristoteles zur theoretischen Physik und empirischen Biologie.*

Pella, die Hauptstadt von Makedonien, *ist die Geburtsstadt Alexanders. Das Löwenjagd-Mosaik aus dem Palast von Pella stellt möglicherweise Hephaistion dar, Alexanders engsten Vertrauten.*

Alexander der Große

Alexander bestieg den makedonischen Thron, nachdem sein Vater Philipp 336 v. Chr. ermordet worden war. Innerhalb von zehn Jahren führte dieser unbarmherzige und charismatische Befehlshaber dann seine griechischen Armeen nach Mesopotamien, Ägypten, Afghanistan und Indien; er zwang das achaimenidische Persien, das zu dieser Zeit mächtigste Reich der Welt, sich seiner Herrschaft zu unterwerfen.
334 v. Chr. überquerte Alexander den Hellespont und befreite die alten griechischen Städte in Kleinasien. Nach kurzem Aufenthalt in Ägypten, wo er die Stadt Alexandria gründete, fiel er in Persien ein. Er stellte die mächtige persische Armee, eroberte Babylon, Susa und Persepolis und verfolgte den fliehenden persischen Herrscher Dareios (Darius) III. bis zum Kaspischen Tor. Sein Vordringen zum Hindukusch, nach Sind und Punjab wurde nur dadurch gestoppt, dass seine Armee sich weigerte weiterzumarschieren. Alexander starb nur 32-jährig in Babylon. Seine Feldzüge hatten eine kosmopolitische Kultur geschaffen, die griechischen Ideale waren weit nach Osten vorgedrungen. In vielen Teilen Westasiens blieb Griechisch bis ins 9. Jh. n. Chr. die Verkehrssprache.

Alexander *war außergewöhnlich stark und einfallsreich, er zeigte großen Mut und enorme Vitalität.*

ASIEN

338 Artaxerxes III. wird von seinem Lieblingseunuchen vergiftet.

333 Der persische König Dareios III. unterliegt bei Issos Alexander dem Großen.

331 Entscheidender Sieg Alexanders über die Perser in der Schlacht von Gaugamela. Dieser Sieg bedeutet das Ende des Achaimenidischen persischen Reiches.

330 Alexanders Armee plündert die Residenz Persepolis. Der persische König Dareios wird von Aufständischen ermordet.

327 Alexander sichert die Eroberung von Baktrien und Sogdiana.

326 Alexander erreicht Taxila, seine Armee weigert sich weiterzuziehen.

325 Der Prinz von Qin nimmt den Titel Wang (König) an, die Legitimation für die Herrschaft über ganz China.

Nearchos, Flottenbefehlshaber Alexanders, segelt vom Indus zum Persischen Golf.

324 Alexander arrangiert für 90 seiner griechisch-makedonischen Freunde Ehen mit den Töchtern persischer Adliger.

321 Chandragupta Maurya gründet das Maurya-Reich mit der Hauptstadt Pataliputra.

320 Chandragupta Maurya kontrolliert das Königreich Magadha und dringt zum Indus und nach Zentralindien vor.

286 ▼
318 Qin fällt in Sichuan ein.

Um 315 Das *Hohe Lied* (auch *Lied der Lieder)*, eine Sammlung von Liebesgedichten im Alten Testament, erscheint in Palästina.

278 ▼
312 Seleukos kontrolliert Persien, Syrien und fast ganz Kleinasien, erobert Babylon und gründet die Seleukidische Dynastie.

297 ▼
302 Chandragupta Maurya unterzeichnet Friedensvertrag mit Seleukos von Babylon.

301 Antigonos wird von Seleukos und Lysimachos in Ipsos besiegt und getötet.

AFRIKA

342 Nach 60 Jahren Widerstand wird Ägypten besetzt und steht wieder unter persischer Herrschaft.

332 Alexander der Große von Makedonien erobert Ägypten, Beginn der griechischen Herrschaft.

285 ▼
331 Alexander gründet in Nordägypten die Stadt Alexandria.

310 Als Reaktion auf die Plünderung von Syrakus durch Karthago landen Truppen aus Sizilien in Karthago und handeln einen Friedensvertrag aus.

300 ▼
308 Letztes Begräbnis eines Kusch-Königs (Natasen) in Napata. Zukünftige Begräbnisse finden in Meroë statt.

285 ▼
304 Ptolemaios I. erklärt sich selbst zum König von Ägypten. Die Ptolemäer übernehmen den Pharaotitel und verehren die ägyptischen Götter.

EUROPA

348 Philipp von Makedonien gewinnt Kontrolle über Chalkidische Halbinsel.

346 Krieg in Mittelgriechenland endet mit Frieden zwischen Philipp und Athen.

342 Philipp beherrscht Thrakien, eine der eroberten Städte wird in Philippopolis umbenannt.

339 Karthago entzieht den griechischen Tyrannen in Sizilien die Unterstützung.

Beginn des Vierten Heiligen Krieges zwischen Athen und Makedonien. Ein Bündnis zwischen Athen und Theben rettet Athen vor einem Desaster.

338 Schlacht von Chaironeia; Philipp von Makedonien schlägt die Griechen und gewinnt Kontrolle über Griechenland.

Rom löst den Latinischen Bund auf, vereinigt Latium und vereinnahmt Kampanien für den römischen Staat.

336 Philipp wird ermordet, sein Nachfolger wird sein Sohn Alexander.

Alexander nimmt die Eroberung Persiens in Angriff. Am Ende wird er die Kontrolle über ein Reich haben, das sich vom Mittelmeer bis zum Himalaja erstreckt.

332 Zenon von Zypern gründet die Philosophenschule der Stoa in Athen.

298 ▼

328 Zweiter Samnitischer Krieg gegen die Samniten im Apennin in Italien; Rom wird besiegt (bis 304).

323 Tod Alexanders. Nach seinem Tod löst sich sein Reich auf und wird unter verschiedenen gegnerischen Parteien aufgeteilt.

321 Athen wird auf See und an Land vom makedonischen Herrscher Antipater geschlagen. Der Friedensvertrag bringt das Ende der Demokratie in Athen.

315 Olympias, Mutter von Alexander, wird umgebracht.

281 ▼

311 Alexanders Nachfolger einigen sich auf die Aufteilung des Reiches: Antigonos (Asien), Kassander (Makedonien, Griechenland), Lysimachos (Thrakien), Seleukos (Syrien), Ptolemaios (Ägypten).

310 Alexander I., Sohn Alexanders des Großen und Letzter der Dynastie, stirbt.

281 ▼

307 Der Unabhängigkeitskampf Athens schlägt fehl, es fällt unter makedonische Herrschaft.

306 Ptolemaios I. von Ägypten wird aus Salamis auf Zypern vertrieben von den Griechen unter dem Kommando von Demetrios.

AMERIKA & AUSTRALASIEN

Um 350 Anfänge der Nazca-Kultur in Südperu.

Um 300 Die Hopewell-Kultur etabliert sich in den östlichen Waldgebieten Nordamerikas. Häuptlingstum und Fernhandel entwickeln sich.

Die Feldzüge Alexanders des Großen

356 Geburt Alexanders des Großen.

334 Alexander überquert den Hellespont nach Asien.

333 Alexander durchquert die Zentraltürkei; Schlacht von Issos.

332 Belagerung von Tyros und Gaza. Alexander geht nach Ägypten.

331 Gründung von Alexandria. Alexander durchquert Syrien und den Nordirak und nimmt Babylon und Susa ein.

330 Persienfeldzug; Fall von Persepolis. Alexander erreicht Afghanistan.

329 Alexander dringt nach Kabul vor, überquert den Hindukusch nach Balkh, überschreitet den Fluss Oxus und erreicht Samarkand.

328 Feldzüge nach Sogdiana und Baktrien.

327 Alexander heiratet Roxane, Tochter des Oxyartes von Sogdiana. Nach sechs Monaten im Kabultal marschiert er das Kunartal aufwärts nach Swath.

326 Belagerung von Aornos (Pir Sar). Alexander erreicht Taxila nach Überschreiten des Indus; nach Kämpfen im Punjab verweigert die Armee den Weitermarsch.

325 Er erreicht das Indusdelta und durchquert die Makranwüste, um Hormus zu erreichen.

324 Alexander marschiert in Persien ein. Sein enger Freund Hephaistion stirbt nach einem Trinkgelage in Hamadan.

323 Alexander erreicht Babylon, erkrankt und stirbt.

Römische Straßen

Die Via Appia *(oben)* wurde 312 v. Chr. eröffnet. Sie verlief 212 km durch felsiges Küstengebiet und verband Rom mit der südlich gelegenen Stadt Capua. Sie garantierte einen sicheren Weg nach Süden, wenig bedroht durch Überfälle der samnitischen Stämme Süditaliens. Römische Straßen gehören zu den dauerhaftesten Bauwerken des Reiches. Sie wurden sorgfältig geplant und ausgeführt. Wann immer es möglich war, erfolgte die Streckenführung direkt und gerade. Die Straßen waren regelmäßig mit Meilensteinen markiert. Oft wurden sie zu militärischen Zwecken oder zur Verbesserung der Kommunikation gebaut; so wurden sie vom *cursus publicus*, dem Kurierdienst des Reiches, benutzt. Schnell entwickelten sie sich zu wichtigen Handelswegen für große Warenmengen.

Ashoka baute insgesamt acht Stupas *auf dem Hügel von Sanchi einschließlich des Großen Stupa. Weitere Stupas und andere religiöse Bauten wurden im Laufe der Jahrhunderte hinzugefügt.*

Kaiser Ashoka

Ashoka, der dritte König der indischen Maurya-Dynastie (reg. 273–232 v. Chr.) wurde zum ersten buddhistischen Monarch der Welt. Im achten Jahr seiner Regierung eroberte Ashoka Kalinga (heute Orissa). Schockiert von den Schrecken des Krieges, in dem Hunderttausende abgeschlachtet wurden, wandte sich Ashoka von bewaffneten Eroberungen ab und bekehrte sich zum Buddhismus. Er beschloss nach den buddhistischen Lehren zu leben und einen Wohlfahrtsstaat aufzubauen. Überall in seinem Reich, das fast ganz Indien und Afghanistan umfasste, ließ er Inschriften auf Felsen und Säulen anbringen, die seine Bekehrung zum Buddhismus bekanntgaben und zusicherten, dass dieses Reich nach den Prinzipien der »Güte, Toleranz, Wahrheit und Reinheit« regiert werde. Eines der berühmtesten von Ashoka errichteten buddhistischen Bauwerke ist der *Große Stupa* in Sanchi *(oben)*. *Stupas* sind dem Grabhügel nachempfunden, der sich über Buddhas Grab erhob.

ASIEN

300 Seleukos I. gründet Antiochia.

Um 300 Mengzi geht in seiner Interpretation der konfuzianischen Lehre vom an sich Guten in jedem Menschen aus (†289).

297 Chandragupta I., der den indischen Sukontinent vereinte, dankt zugunsten seines Sohnes Bindusara ab.

287 Die nördlichen Staaten Chinas bauen die ersten Abschnitte der Großen Mauer, um sich gegen Überfälle der Barbaren zu schützen.

286 Beginn der Qin-Expansion in China.

281 Lysimachos wird von Seleukos bei Kurupedion geschlagen.

276 Ptolemäisches Reich reicht während des Krieges gegen die Seleukiden bis Syrien (bis 272).

Pergamon in Kleinasien wird vor einem keltischen Angriff gerettet.

278 Das hellenistische Seleukiden-Reich hat sich in Babylonien und Syrien etabliert.

274 Erster Syrischer Krieg zwischen Ptolemaios II. und Antiochos I. (bis 271).

273 Regierung Ashokas (†232) in Indien; nach der Thronbesteigung beginnt er mit weiteren Eroberungsfeldzügen.

270 Keltische Volksgruppen (Galater) lassen sich nach ihrem Überfall auf das griechische Delphi in Kleinasien im Herrschaftsbereich von Seleukos II. nieder.

263 Eumenes, Herrscher von Pergamon, macht Pergamon zur unabhängigen Macht und beginnt ein ehrgeiziges Bauprogramm.

246 ▼
262 Ashoka konvertiert zum Buddhismus und erklärt ihn zur Staatsreligion.

257 Das frühe vietnamesische Reich Au Lac im Becken des Roten Flusses wird gegründet.

256 Qin nimmt Luoyang-Gebiet (China) ein.

247 ▼
Qin beendet die Zhou-Dynastie.

254 Ein sechsjähriger Krieg zwischen den Seleukiden und Ptolemäern um Besitzungen in Syrien wird durch Heiratsallianzen beendet.

AFRIKA

Um 300 Entstehung der vorrömischen Berberstaaten in Nordafrika.

Die Hauptstadt von Napata wird nach Meroë verlegt; das Königreich wächst.

Um 290 Der alexandrinische Mathematiker Euklid behandelt die Regeln der Geometrie in *Die Elemente*.

285 Ptolemaios I. von Ägypten dankt zugunsten seines Sohnes ab.

200 ▼
Um 260 Theokrit, ein in Alexandria lebender griechischer Dichter und Verfasser von Hirtendichtung, preist das ländliche Leben in seinen *Eidyllia*.

238 ▼
255 Römische Invasion in Gebiete der Karthager in Nordafrika endet in einer Niederlage.

Um 300 Auftreten keltischer Münzen und Entstehung der ersten keltischen Staaten in Europa.

298 Beginn des 3. Samnitenkriegs (bis 290). Nach dem römischen Sieg über Gallier und Samniten erstreckt sich das römische Territorium von der Bucht von Neapel bis zur Adria.

294 Demetrios Poliorketes besteigt den Thron von Makedonien.

292 Menander, bedeutender griechischer Komödienschreiber, stirbt 50-jährig.

283 Die Römer töten oder vertreiben das keltische Volk der Senonen.

281 Der Achaiische Bund mit seiner gewählten Ratsversammlung beherrscht den gesamten Peleponnes.

Seleukos Nikator, der letzte noch lebende von Alexander ernannte General, Herrscher über Syrien, stirbt in Makedonien.

280 Pyrrhos, König von Epiros, schickt den griechischen Städten in Süditalien Truppen zur Hilfe gegen Rom, wird aber geschlagen (†272).

180 ▼ **279** Keltische Völker greifen Makedonien und Nordgriechenland an und werden abgewehrt.

250 ▼ **272** Tarent, bedeutende griechische Stadt in Süditalien, fällt an die Römer.

Die Kelten plündern Delphi.

264 Zwei römische Legionen erreichen den von Karthago gehaltenen Seehafen Messina auf Sizilien, stoßen jedoch auf erbitterten Widerstand. Ausbruch des 1. Punischen Krieges.

Erster Gladiatorenkampf in Rom.

262 Die Römer nehmen Agrigentum auf Sizilien ein.

229 ▼ Nach langer Belagerung fällt Athen an den makedonischen Herrscher Antigonos Gonatas, der seinen Machtbereich auf fast ganz Griechenland ausdehnt.

260 Römischer Seesieg über die Karthager bei Mylae.

256 Die Römer gewinnen die große Seeschlacht gegen die Karthager bei Eknomos.

241 ▼ **255** Den Römern misslingt die Invasion in Nordafrika.

Der Leuchtturm von Pharos

Der Leuchtturm von Pharos, eines der Sieben Weltwunder, wurde um 280 v. Chr. von Sostratos von Knidos wahrscheinlich für Ptolemaios I. von Ägypten erbaut, jedoch erst während der Regierungszeit von dessen Sohn Ptolemaios II. fertiggestellt. Auf der Insel Pharos vor Alexandria angelegt, soll er über 100 m hoch gewesen sei. Der Leuchtturm bestand aus drei Teilen: einer quadratischen Basis, einem mittleren achteckigen Teil und einer zylindrischen Spitze, auf der die ganze Nacht ein Feuer unterhalten wurde. Einige Quellen berichten von einer großen Statue, die den Turm krönte, und die entweder Alexander den Großen oder Ptolemaios in Gestalt des Sonnengottes Helios darstellte.

Innerhalb eines Jahrhunderts nach ihrer Gründung war Alexandria zur bedeutendsten Stadt der Welt geworden, berühmt für Wissenschaft und Literatur. Die hochgelobte Bibliothek soll eine halbe Million Bücherrollen besessen haben, weitere 42 000 befanden sich in einer zweiten Bibliothek, dem Serapeion. Gelehrte wie Archimedes, der Philosoph Plotin, die Geographen Ptolemäus und Eratosthenes studierten am Museion, der bedeutenden, von den Ptolemäern gegründeten Schule.

Das erste chinesische Reich

Die Herrschaft über China war während der Zeit der Streitenden Reiche unter drei Königreichen geteilt. 221 v. Chr. hatte der Qin-König seine Rivalen besiegt und wurde erster chinesischer Kaiser mit dem Titel Qin Shi Huangdi. Er versuchte China zu einigen, indem er eine starke Armee schuf, strenge Gesetze erließ und Gewichte, Maße, Schreibweise und Währung vereinheitlichte. Er starb nach zehnjähriger Regierungszeit und wurde seinen Verdiensten entsprechend in einem großen künstlichen Hügel nahe der Hauptstadt Xianyang bestattet. Noch im Tod wurde er bewacht von einer ganzen Armee mit mehr als 7000 uniformierten, wunderbar bemalten Kriegerstatuen aus Terrakotta *(oben)*.

ASIEN

Um 250 Das baktrische Königreich wird unabhängig von den Seleukiden.

Arsakes I. gründet die parthische Dynastie der Arsakiden.

König Zheng (später Shi Huangdi) wird Herrscher des Gebietes der Qin.

Um 246 König Devanampiya Tissa von Sri Lanka tritt zum Buddhismus über.

Um 240 Der Staat der Parther spaltet sich vom seleukidischen Reich ab.

232 Tod von Ashoka. Beginn des Zerfalls des Maurya-Reiches.

230 Feldzüge von Shi Huangdi.

223 Antiochos III. besteigt den seleukidischen Thron.

177 **221** Die Chinesische Mauer entsteht zum Schutz gegen Nomaden aus dem Norden.

Der erste Kaiser (Shi Huangdi) einigt China unter der Qin-Dynastie (bis 206).

Aufteilung des Qin-Reiches in 36 Gaue.

Allgemeine Entwaffnung, Vereinheitlichung von Gewichten, Maßen und Achsenweiten erleichtern den Handel in China.

217 Ägyptische Hopliten, angeführt von Ptolemaios IV. Philopator, vernichten die seleukidische Armee unter Antiochos III. bei Raphia, Palästina.

213 China: Verbot nicht-wissenschaftlicher Bücher. Vereinheitlichung und Vereinfachung der chinesischen Schrift.

212 Erfolgloser Versuch von Antiochos III., im Osten Baktrien und das Parther-Reich zu erobern.

210 Auf den Tod von Shi Huangdi folgen Aufstände im ganzen Qin-Reich. Er wird mit einer großen Armee von Terrakotta-Soldaten bestattet.

206 Ende der Qin-Dynastie.

200 Liu Pang erklärt sich selbst zum Kaiser der neuen Dynastie der Han.

188 **202** Nachdem er mit Philipp V. von Makedonien einen Vertrag unterzeichnet hat, nimmt der seleukidische König Antiochos III. Syrien von den Ägyptern ein.

AFRIKA

Um 240 Kallimachos, afrikanischer Gelehrter und Dichter, der über 800 Bände mit Versen schrieb, stirbt in Alexandria.

238 Aufstand der karthagischen Kaufleute, angeführt von Matho und Spendius.

237 Hamilkar, der karthagische General, den die Römer in Sizilien besiegt hatten, bricht nach Spanien auf.

202 Hannibal in Zama besiegt. Karthago steht nun im Schatten Roms.

167 **201** Massinissa vereint die Königreiche Massyli und Masaesyli, von den Römern Numidien genannt.

Um 200 Alexandria ist die Hauptstadt der Wissenschaft der griechischen Welt, berühmt für ihr Museum, ihre Universität und Bibliothek.

Viehzüchter breiten sich bis an die Südspitze Afrikas aus.

EUROPA

250 Die Römer beherrschen ganz Italien.

243 Arat von Sikyon befreit den Peloponnes von makedonischer Herrschaft.

241 Nach einem Sieg vor den Ägadischen Inseln steigt Rom nach 23 Jahren Krieg mit Karthago zur führenden Seemacht auf. Rom kontrolliert nun Sizilien.

238 Die Römer besetzen Korsika und Sardinien.

236 Spanien wird Teil des Karthagischen Reiches.

229 Thessalier, Athener und Achaier rebellieren gegen die makedonische Herrschaft.

226 Übereinkunft, den Fluss Iberus (Ebro) als Grenze der Expansion Karthagos auf der Iberischen Halbinsel zu nehmen.

225 Sparta greift ein in den Konflikt zwischen Makedonien und den griechischen Städten.

Eine mächtige Armee der gallischen Stämme wird von römischen Legionären bei Telamon in Norditalien besiegt.

224 Ein Plan soll das friedliche Zusammenleben zwischen Makedonien und dem Achaiischen Bund garantieren.

222 Antigonos III. Doson, der makedonische König, und der Achaiische Bund besiegen Sparta.

221 Philipp V. besteigt den Thron in Makedonien.

218 Belagerung Saguntums löst den 2. Punischen Krieg aus (bis 201). Karthago, angeführt von Hannibal, überfällt Italien.

200 ▼

212 Rom wird in Griechenland in den 1. Makedonischen Krieg verwickelt, als Philipp V. sich mit Karthago verbündet.

211 Die Römer nehmen die mit Karthago verbündete Stadt Syrakus auf Sizilien ein.

209 Die Römer erobern Tarentum, Süditalien.

207 Hasdrubals Versuch der Unterstützung Hannibals in Italien endet in Niederlage.

206 Scipio Africanus schließt Feldzug in Iberien erfolgreich ab.

205 Friede zwischen Rom und Makedonien. Sie wollen sich das Protektorat von Illyrien teilen.

202 Entscheidender römischer Sieg bei Zama.

201 Karthago anerkennt römischen Sieg und akzeptiert die Kapitulationsbedingungen.

AMERIKA & AUSTRALASIEN

Um 250 Viele kleine Kulturen wie die der Guangala blühen an der Küste im Gebiet des heutigen Ecuador auf.

Um 200 El Mirador, die größte Stadt der Maya, steht in Blüte. Orte wie Río Bec werden befestigt.

Hannibal (247–183 v. Chr.)

Hannibal, der Sohn des berühmten karthagischen Generals Hamilkar Barkas, war ein außergewöhnlicher militärischer Führer. Er griff mit den Karthagern Saguntum in Spanien an, wodurch der 2. Punische Krieg ausgelöst wurde. 218 zog er mit 20000 Infanteristen, 6000 Kavalleristen und 38 Elefanten über die Pyrenäen, durch Südgallien, über die Alpen und ins römische Italien. Zwischen 218 und 216 brachte Hannibal den Römern eine Reihe vernichtender Verluste bei, die in der Schlacht von Cannae gipfelten. Aber Rom gelang es allmählich, Hannibals ausgelaugte und schlecht versorgte Armee zu zermürben. Der Krieg wurde schließlich nach Afrika getragen. Hannibal wurde aus Italien abberufen, verlor dann aber die Schlacht bei Zama (202). Danach ging er ins Exil und setzte 183 seinem Leben ein Ende, statt sich den Römern zu ergeben.

Die Punischen Kriege

Der Vorstoß der Römer nach Süditalien brachte sie in Konflikt mit den Karthagern, der anderen großen Macht im Mittelmeerraum. Die Karthager konnten den römischen Zugriff auf die italienische Halbinsel nicht aufhalten, und Rom entwickelte sich zur Supermacht der ganzen Region.

264	Italienische Kaufleute in Messina erbitten römische Hilfe gegen die Karthager. Beginn des 1. Punischen Krieges (bis 241).
262	Römische Siege bei Agrigentum und Seesieg bei Mylae.
255	Römische Expedition nach Afrika endet in einer Katastrophe.
249	Karthager schlagen Rom auf See bei Drepanum.
247	Hamilkar Barkas startet Offensive der Karthager auf Sizilien.
241	Römischer Sieg in der Schlacht vor den Ägadischen Inseln beendet den Krieg.
218	Der karthagische General Hannibal zieht über die Alpen, um Italien zu überfallen. Beginn des 2. Punischen Krieges (bis 201).
217	Hannibal schlägt die Römer am Trasimenischen See.
216	Hannibal schlägt die Römer bei Cannae.
215	Die Römer führen Gegenangriff in Spanien.
212	Die Römer belagern Syrakus, das mit Karthago verbündet ist.
211	Hannibal marschiert auf Rom; Capua und Syrakus fallen. Scipio Africanus schlägt Hasdrubal in Spanien.
204	Scipio fällt in Afrika ein.
203	Hannibal wird aus Italien zurückgerufen zur Verteidigung Karthagos.
202	Scipio schlägt Hannibal in der Schlacht bei Zama. Rom stellt Karthago in den Schatten.
149	3. Punischer Krieg (bis 146).

Der Stein von Rosette

Dieses schwarze Basaltstück wurde in der Nähe der Stadt Rosette nordöstlich von Alexandria in Ägypten gefunden. Inschriften der Priester von Memphis berichten von den Wohltätigkeiten von Ptolemaios V. Epiphanes (205–180 v. Chr.). Die Inschriften sind in Griechisch und Ägyptisch, in drei Schriftsystemen: Hieroglypisch, Demotisch (eine Kursivschrift der ägyptischen Hieroglyphen) und Griechisch. Der Stein trug entscheidend zur Entzifferung der Hieroglyphen durch den Ägyptologen Jean-François Champollion im frühen 19. Jh. bei.

Pergamon

Pergamon, die Hauptstadt der Attalischen Dynastie im Nordwesten Kleinasiens, entwickelte sich zum bedeutenden Zentrum griechisch-hellenistischer Kultur. Die Bibliothek stand nur der von Alexandria nach. Berühmt ist Pergamon für eine neue Schule spektakulärer Architektur, deren grandiosestes Beispiel aus dem 2. Jh. v. Chr. der Pergamonaltar *(oben)* ist. Der Figurenfries ist eine kühne, detaillierte Darstellung des Kampfes zwischen Göttern und Riesen.

ASIEN

200 Chinesischer Kaiser Liu Bang macht Chang'an (Xi'an) zur Hauptstadt.

Um 200 Baktrische Griechen gründen kleine Königreiche in Ostanatolien.

191 In China werden die strengsten der Quin-Gesetze abgeschafft.

190 Seleukiden geben ihren Anspruch auf Thrakien auf und ziehen sich aus Kleinasien bis zum Taurusgebirge zurück.

Um 190 Gründung mehrerer griechischer Königreiche im nordwestlichen Südasien. Annahme des Buddhismus in indo-griechischen Königreichen, Blüte der Gandhara-Kunst.

188 Der seleukidische Herrscher Antiochos III. schließt in Apameia einen Friedensvertrag mit den Römern, der den Einfluss der Seleukiden im Mittelmeerraum nachhaltig beendet.

Um 181 Ende der Maurya- und Beginn der Sunga-Dynastie in Nordindien.

177 Vorstoß von Xiongnu-Nomaden in die Henan-Region in Nordchina.

146 ▼
171 Mithridates I. wird König von Persien.

167 Antiochos IV., seleukidischer König von Syrien, widmet den jüdischen Tempel von Jerusalem dem olympischen Zeus.

142 ▼
165 Judas Makkabäus, Anführer des Widerstands gegen die Hellenisierung Judäas, reinigt den Tempel und führt das Judentum wieder ein.

Anwärter auf den Staatsdienst müssen in China eine öffentliche Prüfung ablegen.

160 Die Stadt Pergamon, regiert von König Eumenes II., macht Athen mit großartiger Architektur Konkurrenz und gilt als angesehenes kulturelles Zentrum.

145 ▼
150 Demetrios, König von Syrien, fällt in der Schlacht gegen Alexander Balas, den Anwärter auf den seleukidischen Thron.

AFRIKA

Um 200 Jenne im Binnendelta des Nigers wird dauerhaft besiedelt.

Die 25-jährige Herrschaft von König Arkamani in Meroë endet. In seiner Regierungszeit unterhielt er freundschaftliche Beziehungen zu den ptolemäischen Pharaos von Ägypten.

Um 180 Unter Ptolemaios VI. Philometor leidet Ägypten unter internen Streitigkeiten und finanzpolitischen und militärischen Krisen.

167 Massinissa, König von Numidien, übernimmt von den Römern das Handelszentrum Syrtis an der Nordküste Afrikas.

146 ▼
151 Massinissa überfällt Karthago, das sich noch von den Folgen des Punischen Krieges erholt, und erringt einen Sieg.

EUROPA

200 Zweiter Makedonischer Krieg (bis 197).

197 Philipp V. von Makedonien wird in der Schlacht bei Kynoskephalai von den Römern geschlagen und verliert seine Besitzungen in Griechenland und Kleinasien.

196 Rom erklärt am Isthmus von Korinth die Freiheit der griechischen Staaten.

146 ▼ **194** Die letzten römischen Soldaten in Griechenland nehmen Kunstwerke mit.

146 ▼ **192** Krieg mit Seleukidenkönig Antiochos III. († 187); römische Siege in Thermopylai und Magnesia.

184 Der römische Zensor Marcus Porcius Cato (der Ältere) kritisiert den Verfall der Sitten in Rom.

105 ▼ **Um 180** Die Römer unterwerfen die Kelten zwischen Apennin und Alpen.

179 Perseus folgt seinem Vater, Philipp V., als König von Makedonien. Er verbündet sich mit pro-makedonischen Parteien in den griechischen Städten, um Rom anzugreifen.

148 ▼ **171** Dritter Makedonischer Krieg (bis 168).

168 Römische Expansion ins östliche Mittelmeergebiet. Die Römer schlagen die Makedonier bei Pydna.

167 Die Römer erklären Delos zum Freihafen. Die kleine ägäische Insel entwickelt sich zum Drehpunkt des Ost-West-Handels.

155 Athen schickt Vertreter der drei großen philosischen Schulen - der Akademie, der Stoa Poikile und des Lyzeums – nach Rom.

Die Römer fallen in Dalmatien an der östlichen Adriaküste ein und zerstören die Hauptstadt Delminium.

AMERIKA & AUSTRALASIEN

200 Auftauchen verschiedener Regionalkulturen in den Zentralanden.

Um 200 In den Boden der südperuanischen Wüste werden die so genannten Nazca-Linien gescharrt.

50 ▼ Kleine Gemeinden im mexikanischen Teotihuacántal schließen sich zusammen. Die Leute verehren Tlaloc, den Gott des Regens und des Wassers.

Die Marquesas-Inseln werden von Angehörigen der Lapita-Kultur besiedelt.

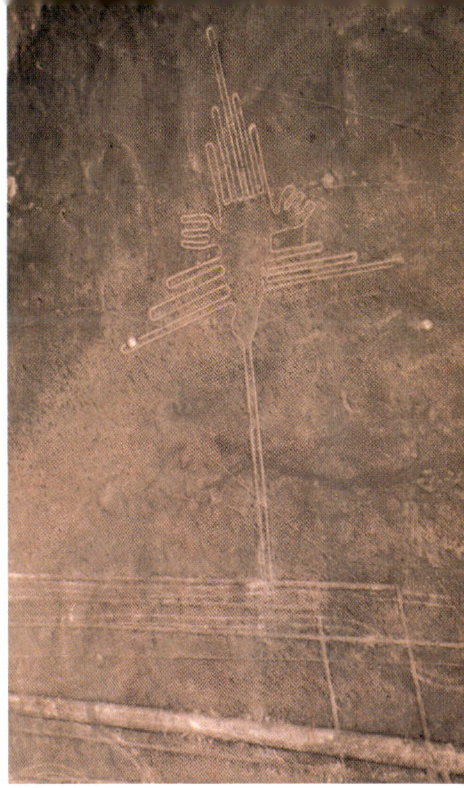

***Die Vogelperspektive zeigt die Linien** der Scharrbilder Nazca, hier den Umriss eines Kolibris. Einige dieser Piktogramme hatten einen Durchmesser von über 100 m.*

Nazca-Kultur

Die Nazca-Indianer lebten an der Südküste Perus und führten die hoch entwickelte Tradition der Textilweberei der Paracas-Kultur fort. Über einen Zeitraum von 750 Jahren (350 v. Chr – 400 n. Chr.) entstand eine künstlerisch hochwertige Keramik. Mit bis zu 14 verschiedenen Farben aus geschlämmtem Ton wurde die ungebrannte Keramik bemalt, um die polychromen Muster zu erhalten. Die Nazca haben nur wenige Bauwerke hinterlassen. Die rätselhaften Nazca-Linien sind ihr berümtestes Vermächtnis. Diese riesigen geometrischen oder figurativen Muster wurden in den Boden der peruanischen Wüste gescharrt und sind vielleicht Berg- und Himmelsgöttern gewidmet.

***Nazca-Gefäss:** ein Bauer, der Pflanzen in den Händen hält*

Das Parther-Reich

Die Parther waren iranische Nomaden im Osten des Kaspischen Meeres, die sich seit etwa 240 v. Chr. westlich nach Mesopotamien ausbreiteten. Unter König Mithridates II. beherrschten sie um 123 v. Chr. das gesamte Gebiet. Ihre Hauptstadt gründeten sie in Ktesiphon am Tigris. Die parthischen Eroberer setzten lokale Verwalter und Stellvertreter ein und betrachteten ihren eigenen Herrscher als »König der Könige«, da er Gebieter über viele kleine Königreiche war. Die alte Religion Mesopotamiens wurde abgelöst durch orientalische und iranische Religionen. Parthische Kunst und Architektur ist expressionistisch und formal; eine häufig wiederkehrende Darstellung ist das »Pferd im gestreckten Galopp«, das die Bedeutung der bewaffneten Kavallerie und der Bogenschützen für die Kriegsführung zeigt. Es waren diese militärischen Neuerungen, die die Siege der Parther über die Römer im 1. Jh. v. Chr. ermöglichten.

***Elfenbein-Rhyton** (Trinkhorn) aus Nisa, der frühen Hauptstadt der Parther, vor der Verlegung der Hauptstadt nach Ktesiphon 90 v. Chr.*

ASIEN

146 Mithridates I. legt die Grundlagen für das parthische Reich, nachdem er die Macht über Medien, Babylon, Elam und Teile von Baktrien erlangt hat.

Um 146 Eudoxos von Kyzikos segelt vom Schwarzen Meer nach Westafrika.

Skythische Krieger fallen in Baktrien (Afghanistan) ein.

145 Demetrios II. tötet Alexander Balas, den seleukidischen Thronfolger, und wird König.

142 Die Juden befreien Jerusalem und machen die Stadt zu ihrer Hauptstadt.

141 Die Parther beherrschen nach der Eroberung der alten seleukidischen Hauptstadt Seleukeia am Tigris Mesopotamien.

Han-Kaiser Wudi dehnt die Macht der Han nach Zentralasien aus.

138 Zhang Qian geht als Botschafter nach Xiongnu und Zentralasien (bis 126).

136 Der Konfuzianismus wird Staatsreligion in China.

131 Die römische Armee wird nach Pergamon geschickt, um einen Sklavenaufstand zu unterdrücken, der vom Thronfolger Aristonikos angeführt wird.

90 ▼
130 Das griechisch-baktrische Königreich fällt an Kusch.

129 Die Römer kontrollieren Pergamon und schaffen die Provinz Asia.

90 ▼
Um 125 Der skythische Stamm der Shaka fällt in den Punjab ein.

88 ▼
123 Amtsantritt von Mithridates II. (der Große). Das parthische Reich erlangt seine größte Ausdehnung.

120 Eudoxos erreicht als erster Grieche Indien von Ägypten aus.

Um 110 Eröffnung der Seidenstraße, die durch Zentralasien führt.

111 Annam fällt an das Han-Reich.

Chinesisches Han-Reich erobert Nordvietnam.

108 Die Han erlangen militärische Kontrolle über Korea und besetzen Nordkorea.

101 Die chinesische Eroberung des Tarim- und des Ferganabeckens bringt China die Vorherrschaft in Zentralasien.

AFRIKA

149 Rom interveniert im Streit zwischen Numidien und Karthago: 3. Punischer Krieg (bis 146).

146 Rom erobert Karthago.

Zerstörung Karthogos, Rom bildet aus den ehemaligen karthagischen Besitzungen die Provinz Africa.

118 Jugurtha ermordet den Thronfolger, seinen Cousin, um König von Numidien zu werden.

116 Kleopatra III. regiert Ägypten gemeinsam mit ihrem Sohn Ptolemaios IX.

112 Die Römer befinden sich im Krieg mit Jugurtha, dem König Numidiens.

107 Alexander, Statthalter auf Zypern, stößt seinen Bruder Ptolemaios IX. vom ägyptischen Thron.

105 Jugurtha wird vom römischen General Gaius Marius besiegt.

Um 100 Die Hirtenkultur der Khoisan hat sich bis zur Südküste Afrikas ausgebreitet.

EUROPA

148 Römischer Sieg im 4. Makedonischen Krieg.

146 Die römische Armee zerstört die eroberte Stadt Korinth. Griechenland gerät unter römische Herrschaft und Nordafrika wird zur römischen Provinz.

140 Der römische General Fabius wird in Spanien von aufständischen Kräften unter Führung von Viriathus geschlagen.

139 Niederlage der Lusitaner.

133 Pergamon fällt an Rom.

Die Römer nehmen die iberische Stadt Numantia ein.

Die liberalen Sozialreformen des Tribuns Tiberius Gracchus führen zu seiner Ermordung.

132 Der Sklavenaufstand auf Sizilien endet mit Massenkreuzigungen.

125 Fregellae, eine latinische Kolonie in Zentralitalien, erhebt sich gegen Rom. Der Aufstand wird brutal unterdrückt.

123 Die Römer schlagen einen Angriff der keltisch-ligurischen Salluvier auf die römische Provinz Gallia Transalpina (Provence) zurück.

107 Die reformierte römische Armee bietet Angehörigen der Arbeiterklasse eine militärische Ausbildung an.

105 Die Kimbern und Teutonen, germanische Stämme aus Ostgallien, siegen bei Arausio (Orange) über die Römer.

102 Die Römer schlagen in Aquae Sextiae (Aix-en-Provence) endgültig die Kimbern und Teutonen.

73 ▼

101 Ein zweiter Sklavenaufstand auf Sizilien wird niedergeschlagen.

91 ▼

100 Unruhen unter dem römischen Adel angesichts neuer Sozialgesetze und der Senkung der Getreidepreise für die Ärmsten.

Um 100 Entstehung der keltischen Oppida (befestigte Zentralorte) in Westeuropa.

AMERIKA & AUSTRALASIEN

Um 150 Bau des 405 m langen Klapperschlangen-Hügels der Hopewell-Kultur in Ohio, Nordamerika.

Die Kelten

Als Kelten bezeichneten die Griechen und Römer alle europäischen Völker nördlich der Alpen. Den ältesten archäologischen Nachweis (etwa 800 v. Chr.) der keltischen Kultur fand man in Hallstatt bei Salzburg in Österreich. Häuptlingsgräber enthielten Schwerter, die mithilfe der neuen Eisentechnologie angefertigt worden waren, sowie Keramik und Bronzegegenstände. Die wohlhabende Oberschicht der Krieger kontrollierte die Handelswege entlang der Rhône, der Seine und des Rheins bis nach Griechenland. Im 5. Jh. v. Chr. verlagerte sich das Zentrum der keltischen Macht nach Norden. Diese Bewegung hängt mit der La-Tène-Kultur zusammen, deren unverwechselbarer Kunststil von abstrakten Mustern und stilisierten Vögeln geprägt ist *(links)*. Ab 400 v. Chr. drangen kriegerische keltische Gruppen nach Griechenland und Italien vor und plünderten etruskische Städte und sogar Rom, bis sie im 1. Jh. v. Chr. unterworfen wurden.

Aufstände gegen Rom

136	Sklavenaufstände auf Sizilien (bis 132).
133	Keltisch-iberischer Stützpunkt Numantia in Nordspanien nach 70 Jahren immer wieder kehrendem Krieg zerstört.
131	Aufstand des Thronfolgers von Pergamon in Kleinasien niedergeschlagen.
126	Aufstände auf Sardinien (bis 122).
123	Angriffe der keltisch-ligurischen Salluvier auf Massalia abgewehrt.
115	Aufstände auf Sardinien (bis 111).
114	Skordisker schlagen die römische Armee und fallen in Makedonien ein.
105	Bewegungen der Teutonen und Kimbern in ganz Südgallien. Entscheidender Sieg über die Römer bei Orange.
104	Sklavenaufstände auf Sizilien (bis 101).
102	Römer schlagen die Teutonen bei Aix-en-Provence.
101	Die Kimbern werden bei Vercelli besiegt.
73	Aufstand des Gladiators Spartacus.

Petra

Im 1. Jahrtausend v. Chr. wurde das Rote Meer zum wichtigen Handelskorridor. Das Königreich Nabatäa mit seiner Hauptstadt Petra kontrollierte den Karawanenhandel zwischen dem südlichen Arabien und dem Römischen Reich. Gehandelt wurde hauptsächlich mit Weihrauch, Myrrhe und aromatischen Gummiharzen, nach denen im Nahen Osten große Nachfrage herrschte. Die Wüstenstadt Petra *(oben)*, aus dem Sandstein der Berge nordöstlich des Roten Meeres herausgearbeitet, kam zwischen 100 v. Chr. und 150 n. Chr. zu größtem Wohlstand. Der hellenistische Einfluß aufgrund enger Handelsbeziehungen spiegelt sich im Stil der Fassaden.

200 Jahre römische Eroberungen

Im Laufe von nur einem Jahrhundert wurde Rom zur beherrschenden militärischen und politischen Macht im östlichen Mittelmeerraum. Seine Feldzüge in Europa gipfelten nach sieben Jahren erbitterter Kämpfe 51 v. Chr. in der Einnahme Galliens.

241	Sicilia.
238	Corsica und Sardinia.
197	Hispania Ulterior, Hispania Citerior.
146	Macedonia, Achaea, Africa.
140	Epirus.
133	Asia.
121	Gallia Narbonensis, Baleares Insulae.
101	Cilicia.
74	Bithynia, Lycia, Cyrene.
67	Creta.
64	Syria.
58	Cyprus.
51	Gallia.

ASIEN

Um 100 Indischer Einfluss dehnt sich über Seehandelswege nach Südostasien aus.

Niederschrift der 700 Verse der *Bhagavadgita* (Teil des *Mahabharata*), einer vedisch-religiösen Dichtung, in Indien.

99 Aufstände im östlichen Teil des chinesischen Han-Reichs.

98 Staatsmonopol auf Alkohol in China.

90 Das baktrische Königreich fällt an die Skythen (Shakas).

Ktesiphon wird Hauptstadt des Parther-Reichs.

88 Mithridates, König von Pontos, greift Bithynia und die römische Provinz Asia an.

Mithridates II., König der Parther, wird von westwärts drängenden Skythen getötet.

83 Ausbruch des 2. Mithridatischen Krieges (bis 81).

74 Bithynia wird als römische Provinz eingerichtet. Mithridates von Pontos greift erneut an.

73 Nach der römischen Besetzung von Pontos flieht Mithridates nach Armenien.

70 Angriffe von Tigranes, König von Armenien, auf die Parther.

66 Der Römer Pompeius bezwingt Mithridates und Tigranes, der Kappadokien und Syrien annektieren wollte.

Um 64 Geburt Strabos, Autor der berühmten *Geographica*, in Amaseia, Kleinasien.

63 Pompeius nimmt Jerusalem ein und annektiert Judäa.

60 Älteste Wassermühlen der Welt in Kleinasien.

55 Stammeskonföderation der Xiongnu bricht auseinander, die südlichen Gruppen werden dem chinesischen Han-Reich tributpflichtig.

53 Ein römisches Expeditionskorps unter Crassus wird von der parthischen Kavallerie in Karrhai in der mesopotamischen Wüste vernichtet.

AFRIKA

100 Aufstieg der Stadt Aksum.

Um 100 Das Kamel wird von den Römern in der Sahara eingeführt.

98 Ptolemaios Apion, Herrscher von Cyrenaika, überlässt seine Gebiete Rom.

96 Begleitet von ihren Verbündeten, dem Berbervolk der Garamanten, machen die Römer eine Expedition in die Sahara.

74 Cyrenaika wird römische Provinz.

59 Ptolemaios XII., König von Ägypten, wird zwar »Freund und Verbündeter« vom römischen Volk genannt, aber dennoch von den Alexandrinern aus Ägypten verbannt.

55 Ptolemaios XII. erhält nach Zahlung von Bestechungsgeldern an den römischen Konsul Aulus Gabinius den ägyptischen Thron zurück.

Um 100 Sprache und Kultur der Etrusker befinden sich im endgültigen Niedergang.

91 Der Tribun Marcus Livius Drusus, ein liberaler Reformer, wird in Rom ermordet. Im Bundesgenossenkrieg (bis 89) schlägt Rom die aufständischen italischen Verbündeten, macht jedoch Zugeständnisse.

89 Alle Einwohner Italiens erhalten das römische Bürgerrecht.

88 Sulla wird Konsul und verfolgt seine politischen Widersacher, die von Marius angeführt werden.

87 Sulla kontrolliert fast ganz Griechenland und belagert Athen und Piräus (bis 86).

86 Marius verbündet sich mit dem neugewählten Konsul Cinna gegen Sulla. Es folgen grausame Massaker in Rom.

82 Sulla kehrt nach Rom zurück und errichtet eine Schreckensherrschaft.

77 Nachdem der Senat die liberalen Reformvorschläge des Marcus Aemilius Lepidus abgelehnt hat, marschiert dieser mit einer etruskischen Armee auf Rom. Er wird von Pompeius aufgehalten.

73 Der Aufstand des Gladiators Spartacus verwüstet Süditalien (bis 71).

67 Der römische General Pompeius führt einen erfolgreichen Feldzug gegen die Piraten im östlichen Mittelmeer.

63 Der Staatsmann und Redner Cicero wird zum Konsul gewählt und klagt Catilina, den früheren Gouverneur von Afrika, der Verschwörung an.

62 Catilina fällt in der Schlacht von Pistoria, Italien.

49 ▼ **61** Julius Caesar bildet ein Triumvirat mit Pompeius und Crassus.

58 Julius Caesar erobert Gallien (bis 50).

55 Caesar fällt in Britannien ein, muss sich jedoch zurückziehen. Er unternimmt ein Jahr später einen weiteren Versuch.

54 Aufstand der keltischen Eburonen und der belgischen Nervier gegen Caesar misslingt.

43 ▼ **52** Vercingetorix führt einen Aufstand gegen Caesar in Gallien an, wird jedoch geschlagen.

50 In Rom wird ein neues Forum gebaut.

Um 100 Höhepunkt der Adena-Kultur in Nordamerika.

***Die Siege in Spanien** und dem Nahen Osten sicherten Pompeius eine treue Gefolgschaft unter den Soldaten und beim Volk. Gegen Julius Caesar verlor er jedoch den Kampf um die Macht.*

Sulla und Pompeius

Der römische General Lucius Cornelius Sulla zeichnete sich im Bundesgenossenkrieg von 91–89 v. Chr. gegen Roms frühere Verbündete in Italien aus. Als er 82 v. Chr. aus den Kriegen zurückkehrte, rächte er sich an seinen politischen Feinden zu Hause und errichtete eine Schreckensherrschaft über die römische Welt. Er stattete sich als Diktator mit uneingeschränkter Macht aus.

79 v. Chr. trat er ab und starb kurz darauf. Einer seiner Schützlinge, Gnaeus Pompeius Magnus, hatte sich als Führer dreier Legionen einen Namen gemacht, die erfolgreich in Sizilien und Afrika gekämpft hatten. Im Alter von 36 Jahren wurde Pompeius 70 v. Chr. zu einem der beiden Konsuln gewählt, das wichtigste Amt in Rom. 64 v. Chr. erzielte er eine Einigung über den Nahen Osten und schuf die Provinz Syrien. Im Bürgerkrieg gegen Julius Caesar ab 49 v. Chr. wurde Pompeius 48 v. Chr. bei Pharsalos in Griechenland besiegt. Caesar verfolgte ihn bis nach Ägypten, wo Pompeius auf Geheiß des ägyptischen Königs heimtückisch ermordet wurde.

***Die militärischen Erfolge** Sullas im Bundesgenossenkrieg 91–89 v.Chr und sein Sieg über König Mithridates wurden durch die blutige Verfolgung seiner Feinde in Rom überschattet.*

***Die Portlandvase** aus dem 1. Jh. v. Chr. ist das schönste erhaltene Beispiel eines römischen Kameenglases. Sehr ausdrucksstark sind die reliefgeschnitzten farbigen Figuren und Darstellungen auf kontrastierendem Hintergrund.*

Luxusleben in Rom

Zur Zeit des ersten römischen Kaisers Augustus lebten die reichen römischen Bürger in unvergleichlichem Luxus. Ihre Häuser waren mit Mosaiken, Skulpturen und Wandmalereien dekoriert. Diese Neureichen wollten Kultiviertheit demonstrieren, indem sie Reproduktionen alter griechischer Meister an die Wände hängten. Die Möbel waren verziert mit reich geschnitzten Ornamenten und Reliefs aus Bronze, Marmor und Holz. Während die Mahlzeiten des einfachen Volkes eher einfach waren, wurden in den Häusern der Reichen üppige Festmahle serviert – eine große Auswahl an Wildvögeln, Fleisch und Meeresfrüchten in reichhaltigen Soßen. Die Tafeln waren mit bestem Silber und feinstem Geschirr gedeckt, verziert mit Reliefs, welche Pflanzen und mythologische Szenen darstellten.

Diese Verschwendungssucht wurde stark kritisiert und für den Verfall der Sitten verantwortlich gemacht. Augustus versuchte sogar, dem ausufernden Luxus gesetzlich Grenzen zu setzen, allerdings wenig erfolgreich. Die Eroberungen brachten den Römern enormen Reichtum. Auch konnten sie aus den neuen Gebieten die schönsten Kunstgegenstände, Skulpturen und Malereien herbeischaffen.

ASIEN

Um 50 Der Aufstieg der mächtigen Satavahana-Dynastie im Dekhan dauert bis 250 n. Chr. an.

47 Bei Zela besiegt Caesar den Pharnakes, Sohn des Mithridates, König von Pontus, der in Bithynia eingefallen war.

40 Herodes der Große wird König von Judäa, einem loyalen, von Rom abhängigen Königreich.

Parthische Truppen fallen in Syrien ein und erobern Jerusalem.

39 Marcus Antonius bringt den Parthern in Kilikien zwei vernichtende Niederlagen bei.

37 Die Römer vertreiben die Parther aus Jerusalem; Herodes wird König.

Antonius heiratet Kleopatra, die Königin von Ägypten, in Antiochia.

36 Von den Parthern geschlagen, zieht sich Antonius nach Armenien zurück.

Um 30 Die Skythen überrennen die Königreiche im Industal.

25 Aelius Gallus erforscht Westarabien (bis 24).

Um 25 Erste Niederschrift des buddhistischen Kanons in Sinhala (Ceylon/Sri Lanka)

20 Übereinkunft mit den Parthern, die die erbeuteten römischen Standarten zurückgeben.

19 Herodes baut den Tempel in Jerusalem wieder auf.

14 Bauernaufstand im Han-China.

4 Allgemein anerkanntes Geburtsdatum von Jesus in Bethlehem.

Tod von Herodes, das Königreich wird unter seinen drei Söhnen aufgeteilt.

Um 1 Die Seidenstraße in Zentralasien verbindet China mit Südwestasien.

AFRIKA

48 Nach seiner Niederlage bei Pharsalos flieht Pompeius nach Ägypten, wo er auf Befehl des ägyptischen Königs Ptolemaios XIII. ermordet wird.

47 Caesar wird in Alexandria von einer ägyptischen Armee geschlagen, Truppen aus Asien kommen ihm zu Hilfe.

46 Gründung der römischen Kolonie Karthago.

Gefolgsleute von Pompeius, die Zuflucht bei König Jupa von Numidien suchten, werden in einer Schlacht gegen Caesars Truppen in Thapsus getötet.

Nach dem Selbstmord König Jubas kommt das Königreich Numidien zur römischen Provinz Africa.

44 Kleopatra ermordet Ptolemaios XIV., den Mitherrscher über Ägypten.

33 König Bocchus II. von Mauretanien überlässt sein Königreich den Römern.

31 Octavian schlägt Antonius in der Schlacht von Actium.

30 Antonius und Kleopatra begehen Selbstmord, Rom annektiert Ägypten.

25 Grenze zwischen Ägypten und Äthiopien wird gesichert.

23 Die Römer überfallen das Meroë-Reich Kusch und plündern die Hauptstadt Napata.

Ausdrucksvolle Porträtgefäße wie dieses fein gearbeitete Steigbügelgefäß sind typisch für die hoch entwickelte Kunst der Moche in Südamerika.

…he-Kultur

…, ein in den ersten 600 Jahren …ordperu ansässiges Volk, sind …nd ihrer monumentalen Tempel- …kannt. Zentrales Element ist die …amide (Huaca del Sol). Sie misst …m x 136 m und ist 41 m hoch. … Eroberungen verhalfen den …Herrschaft über einen 250 km …enstreifen. Sie bauten Straßen, …nd ausgefeilte Bewässerungs- …e Herrscher bestatteten sie … Grabbeigaben, darunter Gold- …xtilien und eine Fülle von auf- …beiteter und verzierter Keramik.

ASIEN

Um 1 Die Kushana dringen in Nordwestindien ein.

Funan, der Vorläufer des Reiches Kambodscha (Zhenla), ist der erste hinduistische Staat Südostasiens im 1. Jh. n. Chr.

65 Der Buddhismus breitet sich im 1. Jh. entlang der Küstengebiete des südostasiatischen Festlands aus.

2 Erste chinesische Volkszählung.

6 Judäa gerät unter römische Herrschaft.

12 Artabanus II. wird nach dem Sieg über die Pahlawa, ein zu den Skythen gehörendes Reitervolk, König von Parthien.

14 Der Grieche Hippalos segelt durch das Rote Meer bis zum Indus (bis 37).

17 Kappadokien und Antiochia in Kleinasien werden römische Provinzen.

Der römische Schriftsteller Ovid stirbt nach seiner Verbannung durch Kaiser Augustus im Exil.

18 Artaxias (Zeno) wird König von Armenien.

19 Germanicus, der Sieger über die germanischen Armeen, stirbt in Syrien. In seinen Tod soll Tiberius verwickelt sein.

23 Aufstände prägen China. Xin-Dynastie unter Kaiser Wang Mang.

25 In Gandhara zeigen erstmals Plastiken den Buddha in Menschengestalt.

73 In China etabliert sich mit den Östlichen Han eine neue Dynastie. Luoyang wird erneut zur Hauptstadt.

Um 29 Kreuzigung Christi.

35 Artabanus III. wird in Persien mit Hilfe Roms von seinem Cousin gestürzt.

53 **36** Artabanus III. gelangt erneut auf den Thron, akzeptiert das armenische Protektorat und wird als parthischer König anerkannt.

43 China schlägt in Vietnam einen von den beiden Schwestern Trung Trac and Trung Nhu geführten Aufstand nieder.

66 **44** Judäa wird römische Provinz.

52 **47** Reisen des Apostels Paulus (bis 57).

48 Kaiser Guangwudi (Östliche Han) erringt die erneute Vorherrschaft Chinas über die Völker der Inneren Mongolei.

AFRIKA

Um 1 Die Khoisan treiben in Südafrika Schafzucht.

9 Nakatamani, der Herrscher von Kusch (Nubien), restauriert die Städte und lässt Tempel und Paläste bauen.

17 König Tacfarinas führt den Numider-Aufstand gegen Rom an (bis 24).

40 Der mauretanische König Ptolemaios (Nordwestafrika) wird während seines Besuchs in Rom von Caligula ermordet. Daraufhin erheben sich die Mauren gegen die römische Herrschaft.

41 In Alexandria kommt es zu Konflikten zwischen der griechischen und der jüdischen Bevölkerung.

42 Die Römer schlagen den Maurenaufstand nieder und befrieden Mauretanien. Mauretanien wird in zwei römische Provinzen geteilt.

150

250 **Um 50** Beginn des Aufstiegs des ostafrikanischen Königreichs Aksum.

EUROPA

49 Caesar überschreitet den Rubikon. Pompeius, sein früherer Verbündeter, geht nach Griechenland.

48 Caesar schlägt Pompeius in der Schlacht bei Pharsalos in Griechenland.

47 Caesar zieht gegen die Republikaner in Asien, Afrika und Spanien.

46 Einführung des Julianischen Kalenders.

Julius Caesar wird zum Diktator ernannt.

44 Caesar wird von einer Gruppe Verschwörer ermordet. Marcus Antonius beherrscht Rom.

43 Octavian übernimmt das Konsulamt. Das zweite Triumvirat (Antonius, Octavian und Lepidus) wird durch die Heirat von Antonius mit Octavians Schwester gefestigt.

In Gallien wird die römische Kolonie Lugdunum (Lyon) gegründet. Römische Soldaten lassen sich in Gallien nieder.

42 Niederlage der Republikaner in der Schlacht von Philippi; Brutus und Cassius begehen Selbstmord.

40 Friedensvertrag von Brundisium (Brindisi) teilt die römische Welt zwischen Octavian und Antonius auf.

36 Feldzüge in Sizilien gegen Sextus Pompeius, den Sohn des Pompeius.

32 Endgültiger Bruch zwischen Antonius und Octavian.

31 Octavian schlägt Antonius und Kleopatra in der Seeschlacht von Actium und festigt seine Kontrolle über den östlichen Mittelmeerraum.

29 Die Veröffentlichung der *Georgica* bestätigt Vergils Ruf als herausragender Dichter seiner Zeit.

27 Octavian nimmt den Namen Augustus an und wird erster römischer Kaiser († 14).

Agrippa erobert Nordwestspanien (bis 19).

15 Die römische Eroberung von Noricum und Rätien ist abgeschlossen.

12 Augustus wird Pontifex Maximus, seine Verehrung als Gott setzt sich im ganzen Römischen Reich durch.

Die Römer erobern Germanien bis zur Elbe (bis 9).

AMERIKA & AUSTRALASIEN

100 **Um 50** Teotihuacán im Tal von Mexiko ist mit 40 000 Einwohnern die größte Stadt Amerikas.

Julius Caesar

Caesar, der aufsteigende Stern am politischen Himmel der römischen Welt, wurde 59 v. Chr. zum Statthalter von Oberitalien, Dalmatien und Südfrankreich ernannt. Er startete einen sechsjährigen Feldzug zur Eroberung Galliens. Ab 53 v. Chr. strebte der siegreiche Caesar dann die höchste Macht in Rom selbst an. Als Befehlshaber einer mächtigen Armee konnte er zwischen 49 und 45 v. Chr. alle seine Feinde beseitigen und ließ sich selbst 46 v. Chr. zum Diktator auf Lebenszeit erklären. Zwei Jahre später jedoch, an den Iden des März (15. März), wurde er von etwa 60 Männern im Sitzungssaal des Pompeiustheaters ermordet.

***Julius Caesar** war ein hervorragender Soldat, Schriftsteller, Redner und Politiker, und zudem ehrgeizig und skrupellos. Während seiner letzten Jahre herrschte er mit unumschränkter Macht.*

Die Welt im Jahr 1

Bis zum Jahr 1 hatten sich zwischen der Iberischen Halbinsel im Westen und Korea im Osten in ganz Europa und Asien eine Reihe von großen Reichen mit städtischen Zentren herausgebildet und ausgebreitet. Zum ersten Mal in der Geschichte der Menschheit prägten damit gefestigte urbane Kulturen weite Gebiete der Erde, trotz der im Norden und Süden weiterhin parallel dazu existierenden nomadischen Viehzüchter, bäuerlichen Dorfkulturen und Jäger-Sammler-Völker. Und die Reiche expandierten weiter. Zwar war das Römische Reich noch nicht bis zu den Britischen Inseln vorgestoßen, es hatte jedoch bis zu dieser Zeit große Teile Europas, Nordafrikas und Vorderasiens erobert. Nur den Parthern gelang es, die römische Expansion in Mesopotamien im Jahr 53 v. Chr. aufzuhalten. Im Osten nahm das chinesische Han-Reich eine ähnliche Position ein. Es beherrschte bald große Teile Ostasiens, vor allem im Süden und Osten. Gleichzeitig sorgte die zentralisierte und effektive Verwaltung der Han für wachsenden Wohlstand. Zwischen Rom und dem alten China lagen auf der einen Seite das Parther-Reich, das auf den Untergang des Seleukiden-Reiches folgte, und auf der anderen eine Reihe von indischen Kleinstaaten, die das Erbe des Maurya-Reiches angetreten hatten, das bis zu seinem Untergang im Jahr 232 v. Chr. den größten Teil des indischen Subkontinents beherrscht hatte. Auch in anderen Weltgegenden konnten sich größere Staatsgebilde mit urbanen Strukturen entwickeln, etwa in Mittelamerika das der Maya und entlang der südamerikanischen Pazifikküste die der Moche und der Nazca.

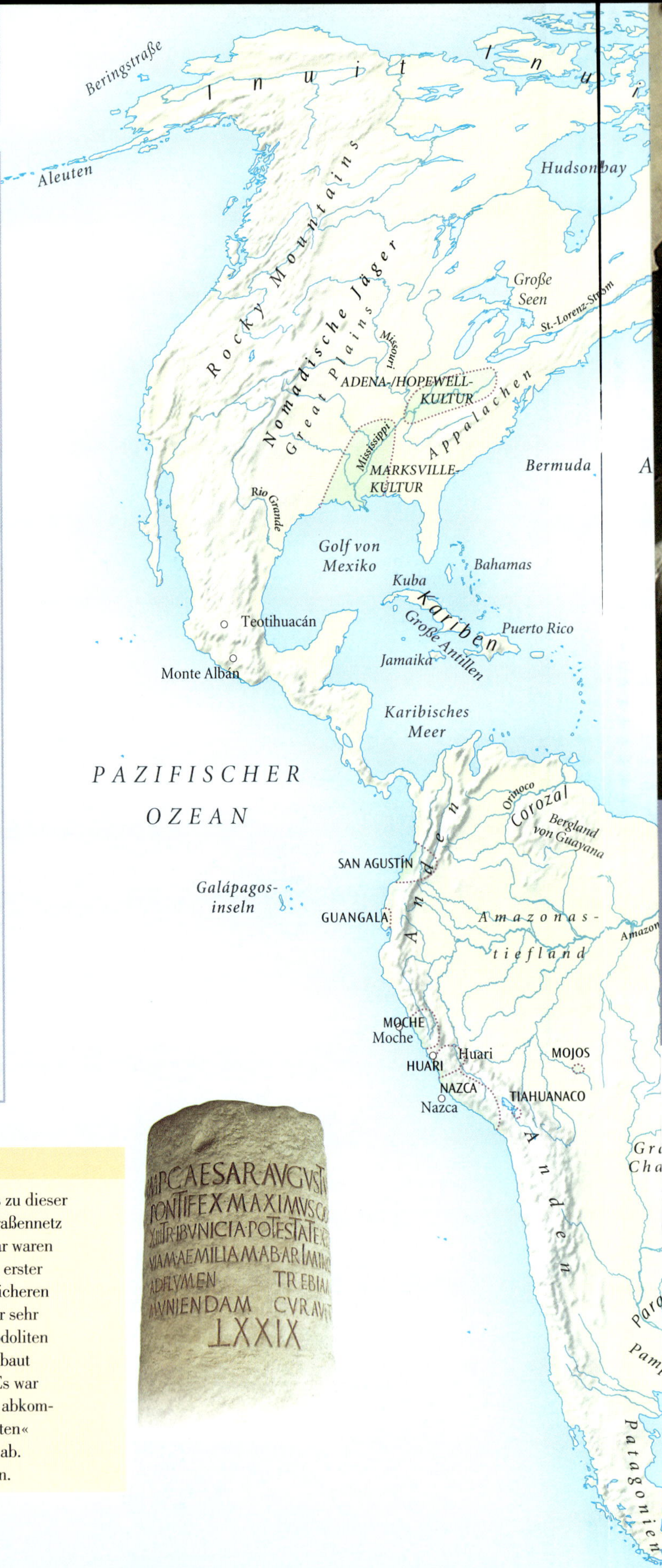

RÖMISCHE VERMESSUNGSTECHNIK

Die Römer schufen nicht nur riesige Bauwerke, sondern auch das zu dieser Zeit umfassendste Straßennetz der Welt. Das 88000 km lange römische Straßennetz bildete bis weit ins Mittelalter hinein den Hauptverkehrsweg Europas. Zwar waren römische Straßen für den Warenverkehr sehr wichtig, sie wurden jedoch in erster Linie aus militärischen Gründen angelegt: Sie dienten der schnellen und sicheren Truppenverlegung. Um gerade Straßen bauen zu können, musste man zuvor sehr genaue Messungen durchführen. Zu diesem Zweck benutzte man v. a. Theodoliten sowie transportable Sonnenuhren zur Festlegung der Himmelsrichtung. Gebaut wurden römische Straßen in der Regel von Legionären oder von Sklaven. Es war nicht ungewöhnlich, dass eine ganze Legion (6000 Mann) zum Straßenbau abkommandiert wurde. Die Entfernungen maß man in Strecken von »1000 Schritten« (*»mille passuum«*) – die englische Meile leitet sich von dieser Maßangabe ab. In regelmäßigen Abständen befanden sich Meilensteine und Haltestationen.

1–500

Die Spätantike

BILD OBEN:
***Die Stärke des** Römischen Reiches beruhte auf der Stärke und der Loyalität seiner Armee. Dieses Relief aus dem 2. Jh. zeigt Offiziere und Soldaten der Prätorianergarde – der Leibwache des Kaisers und der einzigen ständig in Rom stationierten militärischen Einheit.*

Zwei grosse Kulturen prägten die Welt im Jahr 1 nach Christi Geburt: das von Europa aus herrschende Römische Reich und das chinesische Reich der Han in Asien. Bis zum Jahr 500 war das Han-Reich jedoch von vielen kleinen, miteinander um die Vormacht rivalisierenden Staaten ersetzt worden, während das Römische

Reic
sein
best
Indi
bega
eine
Wäh
eine

in Europa und
500 nur noch d
Reich als Groß
Gleichzeiti
keit zu, mit de
nen bezeichne
Religionen ers
sich das Chris
auf dem indis
duismus, und
China der Bu
Zwar wur
Römischen R
religion mit e
Auswirkunge
der Weltrelig
scheidend N

1–500

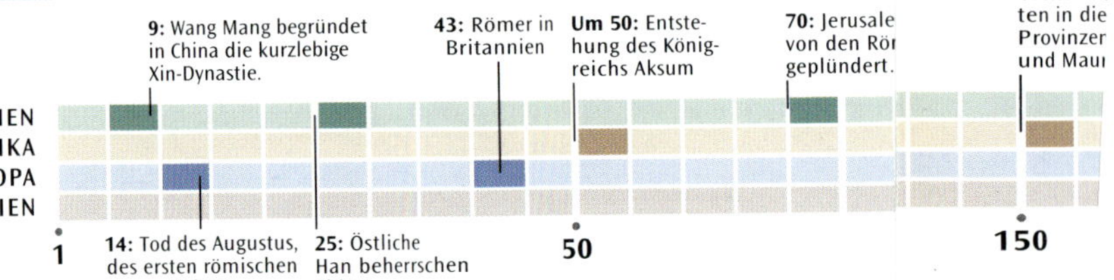

Die Mo

Die Moch
n. Chr. in
v. a. aufg
anlagen b
Sonnenpy
am Fuß 2
Militärisc
Moche zu
langen Kü
Festungen
anlagen. I
mit reiche
arbeiten, T
wändig ge

4 Tiberius, Adoptivsohn des Kaisers Augustus, wird Tribun und adoptiert seinen Neffen Germanicus.

6 Die geplante Eroberung Mitteleuropas wird nach Aufständen auf dem Balkan aufgegeben (bis 9).

9 Die Germanen besiegen drei römische Legionen. Die römische Grenze wird bis zum Rhein zurückverlagert.

Die neue Provinz Pannonien sichert die Donaugrenze.

14 Kaiser Augustus stirbt. Ihm folgt sein Stiefsohn Tiberius († 37).

17 Germanicus, Adoptivsohn des Tiberius, erringt bedeutende Siege gegen die Germanen.

21 Die Aufstände der gallischen Treverer und Äduer werden niedergeschlagen.

26 Tiberius zieht sich in den Ruhestand nach Capri zurück. Der mächtigste Mann in Rom ist nun Sejanus, ein korrupter Präfekt der Prätorianergarde, der im Jahr 31 ermordet wird.

37 Herrschaft des Gaius Caligula († 41), des Großneffen des Tiberius – ein Despot und Tyrann, der auch einige seiner Verwandten ermorden lässt.

41 Caligula wird ermordet. Caligulas Onkel, Claudius, gelangt an die Macht († 54).

43 Römische Invasion Britanniens unter Aulus Plautius.

51 ▼

46 Das Königreich Thrakien wird römische Provinz.

48 Gallische Adlige werden in den Senat aufgenommen.

290 ▼

Um 1 Aufstieg der Moche-Kultur. Die Moche, v. a. wegen ihrer monumentalen Bauwerke, ihrer ausgefeilten Bewässerungssysteme sowie ihrer Gold- und Keramikarbeiten bekannt, beherrschen den Norden Perus.

In Mittelamerika entstehen erste Maya-Zentren, etwa in El Mirador.

Im Maya-Gebiet des südöstlichen Mexiko entwickelt sich die Hieroglyphenschrift. Hier wird auch ein »immerwährender« Kalender erfunden.

Basketmaker-II-Periode im Südwesten Nordamerikas. Die Siedlungen bestehen aus bis zu elf Rundhütten.

Um 40 Die Arawak besiedeln vom Orinoco aus viele karibische Inseln.

Ara Pacis Augustae

Augustus behauptete, dass Rom zu Beginn seiner Herrschaft eine Ziegelstadt gewesen sei und von ihm zur Marmorstadt gemacht wurde. Seine ambitionierten Bauten zeugen von der Bedeutung des wiedererstarkten Rom. Der Friedensaltar des Kaisers Augustus (*oben*, 13 v. Chr.) ist ein Propagandainstrument. Die politische Bildersprache zeigt den Augustus als Garanten für Ernsthaftigkeit, familiäre Werte, Menschlichkeit und Frieden.

Kaiser Augustus (27 v. Chr.–14)

Augustus beanspruchte, die römische Republik erneuert zu haben. Tatsächlich herrschte er innerhalb der republikanischen Staatsform mit absoluter Macht. Er verwandelte die Hauptstadt mithilfe von Bauten und Denkmälern in eine eines großen Reiches würdige Kapitale. Monumentalbildnisse zeigen ihn als selbst- und machtbewussten Herrscher.

***Augustus** wird in Uniform dargestellt.*

Pompeji

Frauenbildnis aus Pompeji (Mosaik). Mosaikverzierungen und Wandmalereien prägen das Innere der aufwändig verzierten pompejischen Stadtvillen der Reichen.

Die römische Stadt Pompeji lag in Süditalien, im Schatten des Vesuv, umgeben von einem fruchtbaren Hinterland. Hier lebten reiche Bürger in luxuriösen Stadtvillen, deren Räume mit aufwändiger Wandmalerei geschmückt waren, ein Zeugnis des Wohlstands ihrer Bewohner. Die Häuser waren um einen Innenhof (Atrium) und einen mit Säulengängen umgebenen Garten gebaut. In direkter Nachbarschaft zu diesen Villen befanden sich auch die großen Mietshäuser mit den engen Wohnungen für die Armen und den kleinen Geschäften *(tabernae)* im Erdgeschoss.

Am 24. August 79 brach der Vesuv aus. Pompeji wurde bei dieser Katastrophe von einer etwa 3 m dicken Ascheschicht bedeckt. Tödlich für viele der Bewohner, die nicht rechtzeitig fliehen konnten, war jedoch nicht der Ascheregen, sondern die giftigen Gase, die bei diesem Ausbruch zutage traten. Der Augenzeuge Plinius berichtet: »Auf der anderen Seite eine schaurige Wolke … dichter Qualm, der uns, sich über dem Erdboden ausbreitend, wie ein Gießbach folgte …« Nach nur zwölf Stunden gab es hier keine Überlebenden mehr. Die Vulkanasche konservierte die Stadt und ihre Bewohner bis heute.

***Die u. a. in Kellern und Schlafzimmern** gefundenen Überreste der Opfer des Vesuvausbruchs hinterließen Abdrücke in der Ascheschicht, die man durch eine Gipsfüllung konservieren konnte. Ihre Haltung zeigt, dass sie sich zu schützen versuchten.*

ASIEN

53 Der parthische König Vologeses fordert die Römer heraus, indem er seinen Bruder Tiridates auf den armenischen Thron setzt.

57 Ein Gesandter des Reiches Nu (eines der kleinen japanischen Reiche) erreicht Luoyang, die Hauptstadt Chinas, und wird vom Han-Kaiser empfangen.

58 Armenien wird römisches Protektorat.

60 Gründung des Kushana-Reiches in Indien.

Um 60 Markus, einer der Apostel Christi, beginnt sein Evangelium zu schreiben.

Die Kushana vereinigen unter Kujula Kadphises die Yuezhi (Tocharer) und dringen weiter nach Nordindien vor.

63 Frieden von Rhandeia. Tiridates kehrt auf den armenischen Thron zurück.

65 Der Buddhismus gelangt nach China.

66 Erster jüdischer Aufstand gegen die römische Herrschaft (bis 70).

67 Der römische Kaiser Vespasian dringt in Judäa ein und besetzt erneut Galiläa.

70 Die Römer schlagen den jüdischen Aufstand nieder und zerstören den Tempel in Jerusalem. Judäa wird römische Provinz.

73 Die Han-Dynastie ist auf dem Gipfel ihres militärischen Erfolgs. Die Chinesen kontrollieren nun die westlichen Oasenstaaten.

73 Die Römer nehmen Masada ein.

132 ▼
75 Ein Aufstand im Tarimbecken wird von der Han-Armee niedergeschlagen.

78 Der nordindische Kushana-König Vima Kadphises schickt Gesandte nach Rom, um einen Überraschungsangriff gegen die Parther zu planen.

Um 80 Der Apostel Lukas beginnt mit der Niederschrift seines Evangeliums.

87 Gesandte der Kushana-Dynastie erreichen Luoyang.

88 Das chinesische Staatsmonopol auf Eisen und Salz wird abgeschafft.

Um 90 Die Saken dringen in Südasien ein.

125 ▼
91 Die Han besiegen in China die Xiongnu und zwingen sie zum Abzug nach Westen.

150 ▼
99 Indische Gesandte am Hof des römischen Kaisers Trajan.

Der Kushana-Herrscher Kanishka führt im 1. Jh. den Buddhismus in weiten Teilen Zentralasiens ein.

AFRIKA

60 Nero schickt eine Expedition nach Meroë (Sudan).

69 Die Römer besiegen das mächtige Garamanten-Reich (Berber) in der Sahara, nehmen es jedoch nicht ins Römische Reich auf.

Um 70 Die für die frühen Eisenproduzenten typische Keramik wird mittlerweile auch in der Gegend von Maputo, Mosambik, gefertigt (südlichstes Vorkommen).

100 In Thamugadi (Timgad) und Lambaesis (Lambese), Numidien, Nordafrika, werden römische Kolonien gegründet. Kaiser Trajan stationiert die einzige afrikanische Legion in Thamugadi.

150 ▼
Um 100 Alexandria, einer der frühesten Bischofssitze, wird zum Zentrum christlicher Gelehrsamkeit.

EUROPA

51 Die Römer nehmen Caractacus, den Anführer des britischen Widerstands gegen die römische Besatzung, gefangen.

52 Paulus von Tarsus erreicht Korinth und beginnt Missionierung Griechenlands.

54 Auf Kaiser Claudius folgt nach dessen Ermordung durch seine Ehefrau Agrippina sein Stiefsohn Nero.

59 Agrippina wird auf Befehl ihres Sohnes ermordet.

60 In Britannien wird 61 der Aufstand der Icener unter Königin Boudicca niedergeschlagen.

Um 62–68 Mutmaßliche Hinrichtung des Paulus durch Nero (37–68).

Rom wird durch ein Feuer zerstört, die Christen zu Sündenböcken gemacht.

65 Eine Verschwörung gegen Nero wird aufgedeckt. Die Verschwörer, darunter die Schriftsteller Seneca und Petronius, werden dazu verurteilt, Selbstmord zu begehen.

67 Nero ordnet den Bau eines Kanals durch den Isthmus von Korinth an.

68 Aufstände gegen Nero in Spanien und Gallien. Nero, der die Gunst des Senats verloren hat, begeht Selbstmord.

69 Das Vierkaiserjahr. Die Donauarmee zieht nach Italien, um ihren Kandidaten Vespasian zu unterstützen, der zum Kaiser ausgerufen wird († 79).

74 Vespasian verleiht allen städtischen Siedlern das volle römische Bürgerrecht.

79 Ausbruch des Vesuvs. Pompeji und Herculaneum werden zerstört.

85 Martial veröffentlicht eine Sammlung von prägnanten satirischen Epigrammen.

Die römischen Streitkräfte besiegen unter Agricola die Kaledonier und umsegeln die Britischen Inseln.

Kaiser Domitian schlägt eine dakische Invasion in Mösien zurück.

101 ▼
89 Domitian wird von Dakien (Rumänien) und dessen Verbündeten geschlagen. Unterzeichnung eines Friedensvertrags mit Dakien.

Domitian verbannt die Philosophen aus Rom.

96 Domitian, der in Rom eine Terrorherrschaft ausübte, wird ermordet.

117 ▼
98 Trajan, ein in Spanien geborener Statthalter von Niedergermanien, wird Kaiser. Er führt liberale Reformen durch.

AMERIKA & AUSTRALASIEN

100 Im Südwesten Nordamerikas entwickeln sich die Kulturen der Anasazi, der Hohokam und der Mogollon.

200 ▼
Um 100 Die Stadt Teotihuacán wächst; 90 % der lokalen Bevölkerung ziehen in die Stadt.

Im mexikanischen Teotihuacán wird mit dem Bau der Sonnenpyramide und der Mondpyramide begonnen.

Masada

Die über den Westufern des Toten Meers in Israel gelegene uneinnehmbare Felsenfestung Masada wurde von König Herodes dem Großen ausgebaut. Sie umfasste u. a. Bäder, Vorratskammern und eine Synagoge. Zu Beginn des jüdischen Aufstands gegen die Römer (66–70) übernahm die radikal römerfeindliche Sekte der Zeloten die Festung. Diese wurde im Jahr 70 von römischen Streitkräften belagert. Ein Zugang war nur über den steilen Schlangenpfad möglich. Zum Transport der Belagerungsgeräte erbauten die Römer eine gewaltige Rampe. Die Belagerung endete 73 mit der gemeinsamen Selbsttötung der Zeloten, darunter auch Frauen und Kinder.

Römische Literatur

Die beindruckende Literatur des Römischen Reiches umfasst Gedichte, Naturgeschichte, Enzyklopädien, Satiren, Abhandlungen und politische Polemik.

100–44 v. Chr.	Julius Caesar: *Gallischer Krieg, Bürgerkrieg.*
99–55 v. Chr.	Lukrez: *Über die Natur der Dinge.*
86–35 v. Chr.	Sallust: *Der Jugurthinische Krieg, Die Verschwörung des Catilina.*
85–54 v. Chr.	Catull: Gedichte und Epigramme.
70–19 v. Chr.	Vergil: *Landleben (Georgica), Hirtengedichte (Bucolica/Eklogen), Aeneis.*
65–8 v. Chr.	Horaz: *Oden, Lied der Jahrhundertfeier.*
64 v. Chr.–21	Strabo: *Geographie.*
43 v. Chr.–18	Ovid: *Liebeskunst, Metamorphosen.*
39–65	Lukan: *Das Pharsalia-Epos.*
34–um 98	Josephus: *Über den Jüdischen Krieg, Jüdische Altertumskunde.*
23–79	Plinius der Ältere: *Naturgeschichte.*
40–104	Martial: *Epigramme.*
Um 55–117	Tacitus: *Jahrbücher, Geschichtsbücher, Agricola, Germanen.*
61–119	Plinius der Jüngere: *Panegyricus,* Briefe.
Um 45–125	Plutarch: *Parallelbiographien.*
60–um 130	Juvenal: *Satiren.*

Ein Arbeiter hebt ein Sieb hoch, das mit einer Pulpeschicht bedeckt ist, die nach dem Trocknen zu Papier wird.

Die Erfindung des Papiers

105 v.Chr. erfand Cai Lun, Eunuch am kaiserlichen Hof in China, das Papier. Er weichte Rinde, Lumpen, Hanf und alte Fischnetze ein und klopfte sie flach. Feste Tinte wurde verrieben, mit Wasser vermischt und mit einem Pinsel auf das Papier gebracht. Diese Erfindung machte die Verwendung von teuren Bambusblöcken und Seide überflüssig und verhalf den Chinesen zu einem billigen und leicht zu transportierenden Schriftmedium.

Eroberungen Roms (50 v.Chr.–117 n.Chr.)

Nach seinem Machtantritt sicherte Augustus die Grenzen des Reiches durch Eroberungen in den Alpen und auf dem Balkan. Seine Nachfolger festigten diese bedeutenden Zugewinne weiter.

(Daten: römische Eroberungen oder Annexionen)

46 v.Chr.	Numidia
33 v.Chr.	Dalmatia
30 v.Chr.	Aegyptus
29 v.Chr.	Moesia Superior
25 v.Chr.	Galatia
15 v.Chr.	Raetia
15 v.Chr.	Noricum
9 v.Chr.	Pannonia Superior, Pannonia Inferior
6 n.Chr.	Judaea
17 n.Chr.	Cappadocia
43 n.Chr.	Britannia (Süden)
44 n.Chr.	Mauretania
46 n.Chr.	Thracia
74 n.Chr.	Lycia, Rhodus
78 n.Chr.	Britannia (Norden)
83 n.Chr.	Germania Inferior, Germania Superior
106 n.Chr.	Arabia
105 n.Chr.	Dacia
114 n.Chr.	Armenia (bis 117), Assyria (bis 117)
115 n.Chr.	Mesopotamia (bis 117)

ASIEN

Um 102 Tod des größten Kushana-Herrschers Kanishka.

105 Erfindung des Papiers in China.

106 Das Königreich Nabatäa mit der Hauptstadt Petra wird von den Römern überfallen und annektiert und zur römischen Provinz Arabia gemacht.

Um 110 Auf einer großen buddhistischen Versammlung in Kaschmir wird der Buddhismus in zwei Schulen aufgeteilt: die der Mahayana und der Hinayana.

114 Kaiser Trajan besetzt Armenien, nimmt Seleukien ein und erreicht den Persischen Golf (bis 117).

117 Trajan stirbt, und Rom gibt die eroberten Gebiete in Mesopotamien auf.

Trajans Nachfolger Hadrian gibt ganz Mesopotamien und Assyrien auf.

120 Ein Botschafter des birmesischen Shan-Reiches bietet dem Hof der Han-Herrscher in China oströmische Tänzer und Akrobaten an.

125 Gautamiputra Satakarni, König der Andhra-Dynastie in Ost-Dekhan, zerstört das Saken-Königreich in Maharashtra.

132 Zweiter Jüdischer Aufstand (bis 135), angeführt von Bar Kochba, löst die Judenvertreibung aus. Jerusalem wird als das römische Aelia Capitolina neu erbaut.

154 ▼

134 Die Alanen, Hirtennomaden aus Südost-Russland, greifen Kappadokien an und werden zurückgeschlagen.

135 Hadrian setzt den Bau von Aelia Capitolina auf den Ruinen von Jerusalem fort.

Die Chinesen wehren einen Versuch der Kushanen ab, das Tarimbecken zu erobern.

Um 150 Die Kushanen werden persische Vasallen.

Die Han haben ihre Macht über Zentralasien wiederhergestellt.

AFRIKA

132 ▼

115 Aufstand der jüdischen Gemeinde von Cyrenaica (Nordostlibyen) gegen die römische Verwaltung.

128 Hadrian besichtigt die in der Provinz von Nordafrika stationierten Truppen.

130 In Ägypten gründet Hadrian zum Gedenken an seinen Geliebten Antinoos die Stadt Antinoopolis.

Um 150 Das Christentum verbreitet sich westwärts in die römischen Provinzen Numidien und Mauretanien.

Ptolemäus von Alexandria schreibt seine *Anleitung zur Erdbeschreibung* und veröffentlicht den ersten Weltatlas.

In Nigeria erreicht die eisenzeitliche Kultur der Nok ihren Höhepunkt und bringt außerordentliche Terrakotta-Skulpturen hervor.

EUROPA

101 Trajan überfällt Dakien (Rumänien) und zwingt König Decebalus in eine Allianz (bis 102).

105 Nach der Belagerung der römischen Garnisonen durch Decebalus nimmt Trajan die Hauptstadt wieder ein und Dakien wird römische Provinz (bis 106).

113 Fertigstellung des neuen Trajanforums in Rom.

117 Das Römische Reich erreicht im Todesjahr von Trajan seine größte Ausdehnung.

118 Hadrian unterdrückt in Mösien einen Aufstand der Roxolanen, eines sarmatischen Stammes.

165 ▼
122 Der Hadrianswall wird in Nordbritannien zur Grenzbefestigung gebaut (bis 128).

Um 125 Tod von Plutarch, Schriftsteller, Philosoph und Politiker. Sein berühmtestes Werk, *Parallelbiographien*, enthält Biographien bedeutender historischer Personen.

127 Hadrian kehrt nach sieben Jahren Aufenthalt in den Provinzen nach Rom zurück.

Um 130 Hadrian läßt sich in Tivoli eine Prachtvilla errichten.

138 Titus Antoninus Pius, von Hadrian adoptiert, tritt dessen Nachfolge an.

142 Revolte der Briganten in Britannien gegen die Römer (bis 143).

161 ▼
147 Antoninus feiert den 900. Jahrestag der Gründung Roms.

AMERIKA & AUSTRALASIEN

Die Trajanssäule

Die 113 erbaute Trajanssäule auf dem Trajansforum in Rom zeigt die Eroberungsfeldzüge Trajans nach Dakien (101–102 und 105–106) auf einem umlaufenden spiralförmigen Relief von insgesamt 200 m Länge. Das Relief ist eine lebendige und genaue Darstellung der römischen Armee auf dem Marsch, beim Planen und Bauen und beim Gebet. Szenen, die die Römer beim Überfall auf ein Lager oder eine Festung zeigen, ermöglichten späteren Historikern wertvolle Einsichten in die römische Kriegsführung. Trajan selbst wird als bescheidener, kameradschaftlicher Soldat dargestellt, der seine Truppen inspiziert, Botschaften empfängt oder sich in nachdenklicher Stimmung befindet.

Gandhara-Buddha

Der Gandhara-Stil in der buddhistischen Kunst entwickelte sich im heutigen nordwestlichen Pakistan und östlichen Afghanistan zwischen dem 1. Jahrhundert v. Chr. und dem 7. Jahrhundert n. Chr. Als Teil des Kushana-Reiches hielt Gandhara engen Kontakt zu Rom und übernahm viele römische Motive wie Spiralen, Putten und Zentauren in die buddhistische Kunst, obwohl die Ikonographie indisch blieb. In der Gandhara-Kunst wird zum ersten Mal Buddha bildlich dargestellt, in der Gestalt einer jugendlichen Apoll-Figur.

Buddha-Skulptur *im Gandhara-Stil, der eindeutig von der griechisch-römischen Kunst beeinflusst ist.*

Frühes Christentum

Das 2. Jahrhundert war die Zeit der Christenverfolgung im Römischen Reich. Viele starben als Märtyrer oder waren gezwungen, ihren Glauben zu leugnen. Trotz der Furcht vor ihren Verfolgern benutzten die Christen Zeichen, an denen sie sich erkennen konnten. Das Kreuz erinnerte an die Kreuzigung Christi, der Fisch wurde zum Symbol für Christus – die Buchstaben des griechischen Wortes *ichthys (Fisch)* stehen für: *Iesos Christos Theou Hyios Soter* (Jesus Christus, Sohn Gottes, Erretter).

***Ägyptische Steintafel** mit graviertem Fisch und Kreuz.*

Han-China

Die Han-Dynastie beherrschte China über 400 Jahre lang mit einem autoritären und zentralisierten Regime. Sie dehnte die chinesische Macht nach Zentralasien aus und kontrollierte das bis dahin größte Herrschaftsgebiet der Welt. Ihre Militärkommandos waren über das ganze Reich verteilt und schützten die großen Handelsrouten durch Asien, die ökonomische Stabilität garantierten. Im 2. Jahrhundert n. Chr. ergab ein Zensus eine chinesische Bevölkerung von über 57 Millionen Menschen, die hauptsächlich im Norden des Territoriums lebten.

***Dieses Bronzemodell** einer berittenen Wache befand sich unter den Grabbeigaben eines hochrangigen Offiziers der Han-Zeit.*

ASIEN

154 Die Königreiche an Bosporus und Schwarzem Meer bitten Rom um Schutz vor den Alanen aus dem Kaukasus.

155 Ein unsicherer Frieden folgt dem Versuch der Parther, Armenien zu erobern.

159 Durch Familienfehden im Han-Reich gelangt die tatsächliche Macht in die Hände der Hofeunuchen.

162 Die Parther setzen einen König auf den armenischen Thron und überfallen Syrien.

163 Vertreibung der Parther aus Armenien, Wagarschapat wird neue Hauptstadt.

165 Avidius Cassius, Statthalter von Syrien, überfällt Seleukia und Ktesiphon.

166 Der römische Kaiser Verus schließt Frieden mit den Parthern.

Eine Abordnung syrischer Kaufleute erreicht China.

168 Nach dem Tod von Kaiser Huandi festigen die Palasteunuchen ihre Macht. Das Han-Reich ist im Niedergang.

184 Aufstand der daoistischen »Gelbturbane« in China.

220 ▼

189 General Dong Zhuo beendet die Herrschaft der Eunuchen und übernimmt die Macht in China.

Um 192 Bildung des hinduistischen Champa-Staates in Südostasien.

193 Die römische Armee im Osten erklärt Pescennius Niger, den Statthalter von Syrien, zum Kaiser.

194 Pescennius Niger wird besiegt und hingerichtet, Syrien in zwei Provinzen aufgeteilt.

195 Xiongnu-Nomaden werden in Nordchina sesshaft und stellen eine ständige Bedrohung dar.

216 ▼

197 Septimius Severus segelt den Euphrat hinunter, um das Parther-Reich anzugreifen.

198 Nordmesopotamien wird römische Provinz.

Um 200 Erste Städtebildung in der Dekhan-Hochebene in Indien.

Indiens Handel mit der klassischen westlichen Welt und China blüht.

Ende der chinesischen Besetzung von Korea, Entwicklung der koreanischen Reiche Koguryo, Paekche und Silla.

AFRIKA

160 Die römischen Steuerforderungen zerstören die ägyptische Wirtschaft.

297 ▼

173 Avidius Cassius wird Statthalter des oströmischen Reiches und zerschlägt die Aufstände von räuberischen Schäfern *(boukoloi)* in Ägypten.

Um 190 Eisen verarbeitende Kulturen haben sich bis in das Limpopotal in Simbabwe und Botsuana verbreitet.

Um 200 Erste Siedlungen auf der Insel Madagaskar.

Ghana, ein Reich im Savannengebiet, gewinnt an Reichtum und Macht durch Beziehungen zu Händlern der Berber.

160 Der Limes (befestigter Grenzwall) am Rhein wird bis zum Neckartal ausgedehnt.

161 Mark Aurel wird römischer Kaiser.

Mark Aurel ernennt seinen Adoptivbruder Lucius Verus zum Mitherrscher, zum ersten Mal teilen sich zwei Kaiser den Thron.

165 In Britannien geben die Römer den Antoninuswall auf (erbaut 143) und ziehen sich zum Hadrianswall zurück.

166 Germanische Stämme überschreiten die Donau und fallen in Norditalien ein.

167 Rom wird von der Pest heimgesucht.

175 Mark Aurel befriedet die sarmatischen Jazygen im Donaugebiet.

177 Auf dem Balkan erklären die Quaden und Markomannen Rom den Krieg.

238 ▼

179 Entscheidender Sieg über die germanischen Markomannen in Vindobona (Wien) an der Donau.

Um 180 Germanische Goten aus Südskandinavien besiedeln die Ufer des Schwarzen Meeres.

187 Die Chatten, ein germanischer Stamm, der den Schwarzwald bedroht, werden unterworfen.

192 Die Ermordung von Commodus, Sohn von Mark Aurel, löst einen Bürgerkrieg aus, da nun vier Kaiser um die Macht streiten.

193 Septimius Severus, ein angesehener Soldat, wird von der Armee in Illyricum zum Kaiser erklärt und trifft auf keinen Widerstand beim Einzug in Rom.

196 Clodius Albinus, Statthalter von Britannien, wird von seinen Truppen zum Kaiser erklärt und setzt nach Gallien über.

211 ▼

197 In der Schlacht von Lugdunum (Lyon) schlägt Septimius Severus den Clodius Albinus und vereint das Römische Reich.

Britannien wird in zwei Provinzen aufgeteilt.

Um 200 Teotihuacán in Mexiko ist nun die größte Stadt in Amerika.

In Nordamerika erblüht die Hügelgrabkultur der Hopewell-Indianer.

290 ▼

Die Maya-Stadt Tikal in Zentralamerika gewinnt an Bedeutung.

***Durchbrochen gearbeitete Elfenbeintafel** aus Indien, einer der Schätze von Begram.*

Die Seidenstraße

Chinesische Seide tauchte im 6. Jahrhundert v. Chr. zum ersten Mal im Mittelmeerraum auf – der Beginn eines 1500 Jahre lang anhaltenden Handels quer durch Asien. Ein großer Teil des Handels führte entlang der Seidenstraße, die China mit Westasien und Europa verband – eigentlich Karawanenrouten, die isolierte, über die unfruchtbaren Wüsten Zentralasiens verstreute Oasenstädte verbanden.

Die Nachfrage nach chinesischer Seide war in Rom groß; so beklagte Plinius der Ältere den verschwenderischen Gebrauch des neuen Materials. Weitere chinesische Exporte waren Gewürze, Lack- und Bronzearbeiten. Der Westen exportierte vermutlich Münzen, Elfenbein, Edelsteine und Glasgefäße nach Asien. In Begram, nördlich von Kabul in Afghanistan, fanden Archäologen ein Lager mit verschiedenen Gegenständen aus China, Indien und dem Mittelmeerraum, die die Bandbreite des Handels auf der Seidenstraße im 1. und 2. Jahrhundert n. Chr. belegen.

Die Hopewell-Kultur

Die Hopewell-Kultur des nordamerikanischen Waldlandes in Ohio erblühte zwischen 300 v. Chr. und 500 n. Chr. Die wichtigsten archäologischen Überreste sind ausgedehnte Erdhügel, die Gräber enthalten und durch Wälle miteinander verbunden waren. In den Gräbern wurde eine große Anzahl von Grabbeigaben gefunden, darunter Speerschleudern, Messer und polierte Äxte aus Feuerstein und Obsidian. Schön gestaltete Pfeifen wie diese in Form eines Frosches zeigen die zeremonielle Bedeutung des Tabakrauchens für die Völker Nordamerikas.

Römischer Einfluss

Als die Römer 30 v. Chr. Ägypten übernahmen, blühte die griechische Gemeinde weiterhin und Griechisch blieb offizielle Sprache. Die Römer setzten die ägyptische Tradition der Mumifizierung fort. Statt einer Maske über dem Gesicht des Toten verwendeten die Römer eine Porträttafel. Diese naturalistischen Porträts wurden auf geschmolzenes Wachs nach lebenden Personen gemalt und erinnern an Porträtmalereien aus Pompeji und Herculaneum. Viele Darstellungen zeigen jedoch auch ägyptisches Beiwerk, einschließlich Schmuck und Kleidung.

ASIEN

279 ▼ **216** Die Römer überfallen Parthien und greifen Arbela an.

219 Eine hebräische Ausgabe der *Mischna*, eine Sammlung von Sprichwörtern und Lehren aus der Thora, wird veröffentlicht.

Um 220 Zusammenbruch der Han-Dynastie; sie wird ersetzt durch die drei Königreiche Shu, Wu und Wei.

224 Parthien fällt an die Sassaniden unter Ardaschir I., der eine neue Dynastie begründet.

229 Drei Kaiser regieren in China.

230 Ardaschir überfällt Syrien.

253 ▼ **232** Die Römer vertreiben Ardaschir aus Mesopotamien und Kappadokien.

238 Karrhai und Nisibis fallen an den persischen König Ardaschir.

242 Die Kushanen stellen sich den Sassaniden in Baktrien entgegen.

247 Königin Himiko von Yamatai in Japan führt Krieg gegen den König des benachbarten Kunukoku; es folgt ein Bürgerkrieg.

265 ▼ **249** Nach einer Palastrevolte existiert die Wei-Dynastie in China nur noch dem Namen nach.

Um 250 Gebrauch des Magnetkompasses in China.

AFRIKA

238 Gordian, Statthalter von Afrika, wird von Aufständischen zum Kaiser erklärt. Er stirbt, geschlagen von den Numidiern, nach einer nur 22 Tage dauernden Regierungszeit.

300 ▼ **Um 250** Aksum entwickelt sich unter König Aphilas zu einem mächtigen Königreich.

EUROPA

202 Gegen das Christentum im Römischen Reich wird eine Anordnung erlassen.

210 Die Römer schließen Frieden mit den Schotten.

211 Septimius Severus stirbt eines natürlichen Todes in Eburacum (York).

212 Caracalla ermordet seinen Mitnachfolger Geta und entfesselt eine blutige Unterdrückungswelle in Rom. Er garantiert so gut wie allen freien Einwohnern des Reiches das römische Bürgerrecht.

222 Während eines christenfeindlichen Volksaufstandes in Rom wird Papst Calixtus getötet.

235 Eine 50-jährige Periode der Militäranarchie beginnt (bis 285). Es gibt fast 20 römische Kaiser.

253 ▼ **Um 235** Überfälle der germanischen Alemannen im Grenzland von Oberrhein und Schwarzwald.

267 ▼ **238** Goten und Karpen überschreiten die Donau und fallen in die Provinz Mösien ein. Rom zahlt ihnen Tribut.

242 Der Kimmerische Bosporus (Südrussland) fällt unter die Herrschaft der Ostgoten.

Um 250 Periode der Bürgerkriege und galoppierender Inflation im Römischen Reich.

AMERIKA & AUSTRALASIEN

Um 250 Tiahuanaco entwickelt sich zu einer großen Stadt und zum wirtschaftlichen und zeremoniellen Zentrum.

Anfänge der klassischen Maya-Zivilisation.

Die römischen Kaiser

(Einige kurze Regierungen sind ausgelassen, Mit-Kaiser durch überlappende Daten angezeigt)

27 v. Chr.–14	Augustus
14–37	Tiberius
37–41	Caligula
41–54	Claudius
54–68	Nero
68–69	Galba
69	Otho
69	Vitellius
69–79	Vespasian
79–81	Titus
81–96	Domitian
96–98	Nerva
98–117	Trajan
117–138	Hadrian
138–161	Antoninus Pius
161–180	Mark Aurel
180–192	Commodus
193	Pertinax
193	Didius Julianus
193–211	Septimius Severus
211(198)–217	Caracalla
209–211	Geta
217–218	Macrinus
218–222	Heliogabal
222–235	Alexander Severus
235–238	Maximinus Thrax
237–238	Gordian I.
238–244	Gordian III.
244–249	Philippus Arabs
249–251	Decius
251–253	Trebonianus Gallus
253–259	Valerian
259(255)–268	Gallienus
268–270	Claudius II.
270–275	Aurelian
276–282	Probus
281–283	Carus
284–305	Diokletian und die Tetrarchie
303–313	Konstantin und die Spätere Tetrachie
313–324	Konstantin und Licinius
324–337	Konstantin

Kaiser Septimius Severus *kämpfte im Krieg in Britannien und im Osten. Seine Herrschaft ging jedoch mit wirtschaftlichem Niedergang in Italien einher.*

***Diese Plakette aus Baktrien** besteht aus Eisen und ist mit Gold und Schildpatt belegt. Sie zeigt einen Reiter und ist typisch für die komplexe, aber leicht zu tragende Kunst der Steppenvölker.*

Steppenkrieger

Die Steppenvölker Zentralasiens und der Mongolei bildeten hierarchische Gesellschaften mit Kriegsführern und Stammesmitgliedern. Krieg war ein ständiger Begleiter ihres Lebens. Die Krieger waren hervorragende, höchst bewegliche Reiter, geübt im Umgang mit Reflexbogen, Schwert und Lanze. Zwischen dem 3. und 6. Jahrhundert begannen sie sich zu militärischen Verbünden zu organisieren und überfielen die sesshaften Kulturen im Süden, wo sie große Zerstörungen verursachten.

Frühes Christentum

Um 29 Kreuzigung Jesu Christi.
47 Paulus beginnt mit seiner Missionierung.
51 Paulusmission in Europa.
58 Paulus' *Brief an die Korinther.*
64 Rom in Flammen; Kaiser Nero beginnt mit der Christenverfolgung.
60 Markusevangelium.
Um 62 Märtyrertod des Paulus.
64 Hinrichtung des Petrus.
70 Jerusalem wird zerstört.
85 Johannes- und Matthäusevangelium.
112 Märtyrertod des Ignatius, Bischof von Antiochia.
156 Märtyrertod des Polykarp, Bischof von Smyrna.
165 Märtyrertod des Justin, Philosoph und christlicher Konvertit.
Um 200 Der Bischof von Rom erhält Vormachtstellung als Papst.
300 Armenien bekennt sich zum Christentum und akzeptiert es als erster Staat als Staatsreligion.
304 Erlass von Diokletian führt zu Verhaftung von »Kirchenführern«, zu Kirchenzerstörung und Bücherbeschlagnahmung.
310 Der Eremit Antonius von Ägypten begründet die Tradition der Einsiedelei in der Wüste.
313 Erlass von Mailand, Konstantin sichert den Christen Religionsfreiheit zu.
318 Arianische Lehre besagt, der Sohn Gottes sei dem Vater wesensfremd und unähnlich.
321 Der Sonntag wird als Ruhetag eingeführt.
325 Das Konzil von Nicäa verkündet die Wesenseinheit Christi mit dem Vater.
329 Bau der Basilika St. Peter in Rom.
341 Übersetzung der Bibel ins Gotische.

ASIEN

253 Die Sassaniden schlagen die Römer und nehmen Antiochia ein.

260 In Edessa schlagen die Sassaniden unter Schapur I. die Römer und nehmen Kaiser Valerian gefangen.

265 Westliche Jin übernehmen das Wei-Reich in China.

267 Odaenathus, Stadtfürst von Palmyra und treuer Verbündeter Roms, wird ermordet, wahrscheinlich auf Anordnung des Kaisers.

269 ▼

270 Zenobia, die Witwe von Odaenathus von Palmyra, kontrolliert große Gebiete in Kleinasien.

271 Zenobia erklärt sich selbst zur Gegenkaiserin und bricht mit dem Römischen Reich.

272 Aurelian besetzt Anatolien und nimmt Zenobia gefangen.

273 Ein Aufstand in Palmyra, Syrien, wird von Aurelian niedergeschlagen.

275 Aufgrund eines Militärkomplotts wird Aurelian in Byzanz ermordet.

277 Die Sassaniden kreuzigen Mani, den persischen Begründer des Manichäismus, einer dem Christentum nahe stehenden religiösen Sekte.

279 Jüdische Gelehrte aus Tiberias veröffentlichen eine Sammlung jüdischer Gesetze, Lehren und Legenden, *Talmud* genannt.

280 Westliche Jin erobern Südchina.

Sima Yan, Führer der Jin-Dynastie, eint China.

304 ▼

291 Steppenvölker von jenseits der Großen Mauer dürfen sich im chinesischen Reich niederlassen.

296 Die Sassaniden besetzen Armenien und besiegen den römischen Kaiser Galerius.

298 Vertrag von Nisibis bestätigt die römische Vormachtstellung in Armenien und sichert den Frieden für die nächsten 40 Jahre.

300 Armenien wird zum Christentum bekehrt und macht es als erster Staat zur Staatsreligion.

Um 300 Der indische Brahmane Vatsyayana schreibt das *Kamasutra* (Sanskrit: »Leitfaden der Erotik«).

Reisanbau in Japan erreicht Nordhonshu.

Aufstieg des Yamato-Staates in Japan.

AFRIKA

258 Bischof Cyprianus von Karthago stirbt den Märtyrertod.

269 Zenobia von Palmyra erobert Ägypten.

271 Entsendung römischer Truppen nach Ägypten. Aurelian verliert seinen General Probus in der Schlacht um Ägypten.

310 ▼

Um 280 Pappus von Alexandria veröffentlicht seine *Mathematische Sammlung* und beschreibt die damals gebräuchlichen technischen Hilfsmittel: Zahnrad, Flaschenzug, Hebel, Schraube und Keil.

297 Kaiser Diokletian schlägt einen weiteren Aufstand in Ägypten nieder und beginnt mit der Neuorganisation der örtlichen Regierung in Nordafrika.

320 ▼

Um 300 Getreideanbau treibende Bantu in Südostafrika beginnen mit Herdentierhaltung.

Aksum prägt sein eigenes Münzgeld.

253 Franken und Alemannen überfallen Gallien.

304 ▼

257 Ein römischer Erlass verbietet christliche Gottesdienste.

258 Alemannen und Sweben erobern Norditalien, werden aber bei Mailand geschlagen.

260 Postumus gründet das Gallische Reich.

267 Die Goten plündern Thrakien, Makedonien und Griechenland.

271 Die Römer verlassen Dakien.

Kaiser Aurelian ordnet die Befestigung Roms mit neuen Wällen an.

273 Wiedervereiniung des Römischen Reiches durch Aurelian; Ende des Gallischen Reiches.

274 Mithras wird in das Pantheon der Römer aufgenommen.

275 Franken und Alemannen plündern Gallien.

277 Endgültige Befriedung Galliens.

306 ▼

284 Diokletian teilt das Reich in eine östliche und eine westliche Hälfte.

287 Carausius, Admiral der Kanalflotte, nimmt Britannien und Nordgallien ein.

293 Diokletian schafft die Tetrarchie und bildet zwölf Diözesen.

296 Die Provinz Britannien wird von Kaiser Constantius Chlorus wiedererobert.

Um 290 Die Oberschicht der Moche wird in reich ausgestatteten Gräbern in Sipán bestattet, begleitet von Bediensteten und mit Gold- und Silberschmuck geschmückt.

292 Auf Stele 29, gefunden in Tikal, befindet sich das älteste bekannte Datum des Maya-Kalenders, nach unserer Chronologie der 6. Juli 292.

Um 300 Besiedlung von Rapa Nui (Osterinsel).

Yayoi-Kultur in Japan

Die Yayoi-Völker im Zentrum und Westen von Honshu, der Hauptinsel Japans, betrieben in erster Linie Landwirtschaft mit Nassreisanbau. Unter koreanischem Einfluss entwickelten sie die Bronzeverarbeitung und stellten Waffen und zeremonielle Dotaku-Glocken her *(links)*. Diese Gegenstände, die nicht zum täglichen Gebrauch bestimmt waren, zeigen die zunehmende Hierarchisierung der Gesellschaft. Befestigte Siedlungen auf Hügeln in den ersten nachchristlichen Jahrhunderten zeigen die damals bestehende Gefahr von Konflikten und Kriegen. Zwischen 300 und 700 erlangte der Yamato-Staat vom Kinai-Gebiet aus die Vorherrschaft über große Teile von Japan.

Das Persien der Sassaniden

Etwa um 224 wurde der letzte Partherkönig durch Ardaschir, ein führendes Mitglied der sassanidischen Dynastie aus Fars in Persien, entmachtet. Ardaschir gründete eine neue Dynastie, die mehr als 400 Jahre über Persien herrschte. Sein Sohn Schapur I. (240 bis 272) dehnte die Grenzen des Reiches bis in den heutigen Iran, Irak, nach Afghanistan, Pakistan und Zentralasien aus. Die Sassaniden waren eine Gefahr für die römischen Interessen in Asien, und die beiden Mächte standen in ständigem Konflikt. Im 4. Jahrhundert bedrohten Aufstände nomadischer Völker im Norden und Osten das Reich. Im Jahr 637 fiel die sassanidische Hauptstadt Ktesiphon an eine islamische arabische Armee, und die Dynastie brach zusammen.

***Diese Kamee zeigt** die Gefangennahme von Kaiser Valerian durch Schapur I. nach dem großen Sieg der Perser über die Römer bei Edessa im Jahr 260.*

Die Maya

Die Maya waren die einzige präkolumbische Zivilisation Amerikas, die eine Schrift besaß. Ab 250 bauten sie große Städte in Guatemala, Belize, Honduras, Yucatán und im Osten von Mexiko. Diese Städte wie etwa Tikal, Palenque und Copán umfassten in der Regel mehrstöckige Paläste, Tempelpyramiden und astronomische Observatorien, die um einen zentralen Platz gelegen waren. Die Herrschaft der verschiedenen Dynastien und die Konflikte zwischen diesen eigenständigen Königreichen sind auf Wandmalereien und Reliefs dargestellt. Die zahlreiche Bevölkerung der Städte baute Mais, Bohnen und Kürbis sowie Maniok als Grundnahrungsmittel an und handelte mit Obsidian, Jade, Kakao und Opal.

***Maya-Vasen zeigen** häufig das Leben der Könige, hier eine Opferung.*

Die Maya-Zivilisation

600 v. Chr.	Mittlere vorklassische Periode: Im Tiefland von Guatemala bauen frühe Siedler Plattformen.
300 v. Chr.	Tempelplattformen an den frühen Maya-Stätten Uaxactún, Tikal, El Mirador.
250 n. Chr.	Klassische Periode (bis 900). Die glanzvollste Kultur der Neuen Welt erblüht in den bewaldeten Tiefländern von Nordguatemala und in Yucatán.
292	Stele 29 in Tikal, sie trägt eine der ersten Datumsinschriften.
375	Erster Bericht einer königlichen Thronnachfolge in einer Maya-Stadt. »Schnute« wird König von Tikal.
426	K'inich Yax K'uk' Mo' begründet die Copán-Dynastie (bis 437).
Um 600	Errichtung der Stadt Palenque in Chiapas, Mexiko. Jadeverzierte Grabbeigaben des Priesterkönigs.
Um 780	Wandmalereien in Bonampak, Mexiko, danach wird die Stadt verlassen.
Um 790	Zeit des kulturellen Stillstandes. Viele Orte werden verlassen.
889	Das Datum auf einem der letzten Monumente des zentralen Maya-Gebietes.
Um 900	Nachklassische Maya (bis 1500). Periode des Niedergangs, die natürlichen Lebensgrundlagen reichen nicht mehr aus.
1200	Die Stadt Chichén Itzá wird aufgegeben.
1328	Die neue Stadt Mayapán in Yucatán wird Maya-Hauptstadt. Sie wird dann durch Bürgerkriege zerstört.

ASIEN

304 Die Xiongnu fallen in China ein, der Beginn eines hundertjährigen Bürgerkriegs im Norden.

Periode der »Sechzehn Königreiche« in China (bis 439).

337 ▼ **309** Thronbesteigung von Schapur II. Persiens Grenzen werden von Nomaden bedroht.

311 Luoyang wird von Xiongnu-Söldnern geplündert.

317 In China bricht das Reich der Westlichen Jin zusammen, nachdem Xi'an von den Xiongnu eingenommen worden ist.

317 Beginn der Dynastie der Östlichen Jin.

335 ▼ **320** Expansion des Gupta-Geschlechts von Magadha kündigt das Entstehen der Gupta-Dynastie an; Indiens »Goldenes Zeitalter« beginnt.

AFRIKA

310 In Alexandria veröffentlicht der griechische Mathematiker Diophantos seine *Arithmetika*, in denen das Konzept der Algebra eingeführt wird.

311 Ein tiefer Riss geht durch die afrikanischen Kirchen, hervorgerufen durch den Donatismus, der denjenigen, die den römischen Göttern geopfert haben, den Zugang zur Kirche verweigern will.

336 ▼ **318** Arius, Priester aus Alexandria, vertritt die Doktrin, die Natur Christi sei nicht vollständig göttlich.

350 ▼ **320** Thronbesteigung des aksumitischen Königs Ezana († 350).

323 Ägyptische Mönchstradition beginnt mit der Gründung des Klosters Tabennisi in der Wüste.

304 Christenverfolgung durch den römischen Kaiser Diokletian (284 bis 305).

305 Abdankung Diokletians.

306 Zeit der Krise, da verschiedene Anwärter um die Herrschaft konkurrieren.

Maxentius wird von den Prätorianern und vom römischen Volk zum Kaiser ausgerufen. Er kontrolliert Italien, Spanien und Afrika.

308 Maxentius wird zum öffentlichen Feind erklärt und Licinius zum rechtmäßigen Kaiser des Westreichs ernannt.

312 In der Schlacht an der Milvischen Brücke nördlich von Rom besiegt Konstantin seinen Rivalen Maxentius. Das römische Westreich wird kurzzeitig unter Konstantin vereint.

331 ▼

313 Erlass von Mailand unter Konstantin garantiert Religionsfreiheit.

Licinius eint das gesamte Ostreich unter seiner Herrschaft.

337 ▼

324 Nachdem er Licinius vernichtende Niederlagen beigebracht hat, wird Konstantin Alleinherrscher.

Konstantin gründet eine neue Reichshauptstadt in Byzanz und nennt sie »Konstantinopel«.

325 Konstantin beruft das Konzil von Nicäa ein.

Das kaiserliche Rom

Die Kaiser von Rom wollten ihre Spuren in der Stadt hinterlassen und errichteten prächtige Gebäude und Monumente – Foren, Arenen, Tempel und Paläste. Rom war ein riesiger Ballungsraum mit mehr als einer Million Menschen, und die heruntergekommenen Slums kontrastierten mit den reichen öffentlichen Gebäuden. Mit Konstantins Bekehrung entwickelte sich Rom zum Zentrum der Christenheit.

Rom um 300 n. Chr.

- Tempel
- Stadion oder Theater
- Bäder
- Andere wichtige Gebäude
- Bebauung innerhalb Stadtmauer
- Stadttor
- Aquädukt
- Republikanische Mauer 4. Jh. v. Chr.
- Aurelianische Mauer 271 n. Chr.

Konstantin

Konstantin (Regierungszeit 306–337) war ein erfolgreicher Militärführer, der einige Verwaltungsreformen durchführte, aber vor allem durch seine Bekehrung zum Christentum, das er zur Staatsreligion erhob, in Erinnerung geblieben ist. Als er Konstantinopel zur neuen Reichshauptstadt machte, war das ein weiterer Schlag gegen die Vormachtstellung von Rom.

***Die großartige buddhistische Höhlenanlage** mit Tempeln und Klöstern in der Nähe des Dorfes Ajanta im Westen Indiens ist berühmt für ihre farbenprächtigen Wandmalereien, von denen viele aus der Gupta-Zeit stammen.*

Die Gupta-Dynastie (300–550)

Im Laufe des 4. Jahrhunderts festigte die Gupta-Dynastie von Magadha aus mit der Hauptstadt Pataliputra ihre Kontrolle über ganz Nordindien. Durch Heiratsallianzen und Militärbündnisse gewann sie Einfluss über eine große Anzahl von untergebenen Staaten. Es war das »Goldene Zeitalter« der indischen Zivilisation, eine Ära des Friedens und der Stabilität, in der die indische Literatur, Architektur, Bildhauerei, Malerei und Wissenschaft aufblühten. Aber die Herrschaft der Gupta endete im 5. und 6. Jahrhundert durch den Einfall von Nomaden aus Zentralasien, den »Weißen Hunnen« oder »Hephthaliten« .

ASIEN

375 ▼
335 Einweihung der Grabeskirche in Jerusalem, die zum wichtigsten Heiligtum der Christenheit wird.

Um 335 In Indien tritt Samudragupta die Nachfolge von Chandragupta I. an; er plant die Errichtung eines Reiches in der Gangesebene.

359 ▼
337 Schapur II. beginnt einen neuen Krieg gegen die Römer.

341 Tausende Christen werden in Seleukien verfolgt und hingerichtet.

348 Die Schlacht von Singara zwischen Römern und Persern geht unentschieden aus.

350 Die Weißen Hunnen (Hephthaliten) überfallen Persien und Indien.

Um 350 Die Schwarzen Hunnen überfallen Persien und Indien.

Erfindung des Steigbügels in China.

AFRIKA

333 Ezana von Aksum tritt zum Christentum über.

356 ▼
336 Athanasios, Patriarch von Alexandria, wird vom Konzil in Tyros wegen seiner unbeugsamen Haltung gegenüber dem Arianismus und dem Meletianismus verurteilt und verbannt.

346 Eine Einigung zwischen Ost- und Westkirchen wird erzielt und Athanasios erhält seinen Bischofssitz zurück.

350 Meroë, die Hauptstadt des Kusch-Reiches, wird von äthiopischen Truppen unter dem aksumitischen König Ezana zerstört.

329 Die Peterskirche in Rom wird vollendet.

331 Konstantin beschlagnahmt die Schätze aus den heidnischen Tempeln, um die Verbreitung des Christentums voranzutreiben.

336 Tod des Priesters Arius aus Alexandria in Konstantinopel. Der Arianismus vertritt die Auffassung der nur halbgöttlichen Wesenheit von Jesus Christus.

360 ▼

337 Konstantin stirbt, seine drei Söhne übernehmen die Macht im Römischen Reich.

340 Constans besiegt seinen Bruder bei Aquileia in Norditalien und vereint das weströmische Reich unter seiner Herrschaft.

364 ▼

343 Auf dem Konzil von Serdica (Sofia) in Thrakien scheitert der Versuch, den Bruch zwischen Ost- und Westreich zu überwinden.

350 Der Offizier Magnentius läßt Constans ermorden und übernimmt die Macht im Westreich.

Um 350 Wulfila, der erste gotische Bischof, übersetzt die Bibel in die Sprache seines Volkes.

Römische Bauwerke

600 v. Chr.	Das Forum wird zum öffentlichen Platz.
510 v. Chr.	Jupitertempel; Kapitol.
378 v. Chr.	Servianische Mauer um Rom.
312 v. Chr.	Via Appia, Aqua Appia.
174 v. Chr.	Wiederaufbau des Circus Maximus.
55 v. Chr.	Pompeiustheater.
46 v. Chr.	Caesarforum.
28 v. Chr.	Augustusmausoleum.
9 v. Chr.	*Ara Pacis Augustae.*
14 n. Chr.	Pont du Gard: Aquädukt bei Nîmes.
64	Neros *Domus Aurea* (»Goldenes Haus«).
80	Kolosseum; Titusbogen.
113	Trajansforum und Trajanssäule.
125	Hadrianswall in Nordengland.
130	Hadriansvilla bei Tivoli.
138	Aquädukt von Zaghouan, Karthago.
216	Caracallathermen.
271	Aurelianische Mauer um Rom.
324	Kaiserpalast in Konstantinopel (bis 337).
329	Peterskirche in Rom.
360	Erster Bau der Hagia Sophia von Konstantinopel.
415	Theodosianische Mauer, Konstantinopel.

Teotihuacán

Um 400 war Teotihuacán, in Zentralmexiko nördlich des heutigen Mexiko-Stadt gelegen, mit etwa 250 000 Einwohnern die sechstgrößte Stadt der Welt. Seit dem 1. Jahrhundert wurde die Landbevölkerung veranlasst, sich in der Stadt niederzulassen, wo Wohnhäuser, Werkstätten, Paläste und Tempel nach einem rechteckigen Gittermuster angeordnet waren.

Die Ikonographie der Stadt mit ihren Symbolen für Wasser, Sonne und Wetter verbreitete sich im ganzen südlichen Zentralandengebiet. Der Sonnentempel *(unten)*, eines der größten von Menschenhand geschaffenen Bauwerke des präkolumbischen Amerika, soll am Geburtsplatz von Sonne und Mond stehen. Diese bedeutende Zeremonialstätte wurde zum Wallfahrtsort für die Völker Mesoamerikas.

Die Hunnen

Die Hunnen, ein nomadisches Volk aus der Mongolei, waren schon seit dem 3. Jh. v. Chr. zu einer eindrucksvollen Macht angewachsen, die ihrem kriegerischen Ruf gerecht wurde. Diese ausgezeichneten Reiter lebten und kämpften im Sattel und überwanden große Entfernungen in den einsamen Steppen Zentralasiens. Ihre typischen Bronzekessel *(unten)*, die sie zum Kochen benutzten, wurden in ganz Asien gefunden. Sie kämpften hauptsächlich mit dem Reflexbogen, mit dem sie aus dem Sattel auch bei großer Geschwindigkeit präzise treffen konnten.

Die ständigen Überfälle der Hunnen veranlassten die Chinesen zum Bau der Großen Mauer, eines 6400 km langen Schutzwalls gegen Einfälle, der aber regelmäßig von den Hunnen überwunden wurde. Ab 350 n. Chr. stießen die Hunnen nach Westen vor, überfielen den Süden von Russland, Indien und das Sassaniden-Reich.

Wie andere Barbarenvölker vor ihnen wurden die Hunnen von erfolgreicheren Gegnern nach Westen gedrängt. Ihr Vorstoß in den Westen im späten 4. Jh. löste dort eine große Krise aus. Sie überrannten ostgotisches Territorium, schlugen die Alanen, um dann die Westgoten anzugreifen. Alle diese Barbarenvölker wandten sich an Rom mit der Bitte um Schutz und schlossen sich dem Römischen Reich als *foederati* (Verbündete) an. Sie kämpften unter dem Befehl ihrer jeweiligen Anführer gegen andere Barbaren. Der letzte große Angriff der Hunnen auf den Westen im Jahr 440 versetzte dem Römischen Reich den Todesstoß. Dessen Zusammenbruch war von da an nur noch eine Frage der Zeit.

ASIEN

351 Gründung des chinesischen Jin-Königreichs in Chang'an (Xi'an).

359 Der sassanidische König Schapur II. überfällt Syrien und nimmt die römische Stadt Amida ein.

Das Konzil der Ostkirchen in Seleukia akzeptiert ein pro-arianisches Glaubensbekenntnis.

360 Die Perser erobern Singara und Bezabde in Mesopotamien von den Römern.

361 Wang Xizhi, ein berühmter chinesischer Meister der Kalligraphie, stirbt.

362 Der römische Kaiser Julian plant die Wiedereinführung heidnischer Kulte im Ostreich.

363 Kaiser Julian überfällt Persien und stirbt in Ktesiphon. Die Wiedereinführung heidnischer Kulte endet damit.

In Friedensverhandlungen überlässt Kaiser Jovian den Persern verschiedene Gebiete.

390 ▼

369 Schapur II. besetzt das pro-römische Königreich Armenien.

Ein japanisches Expeditionskorps gründet ein Kolonie in Mimana, Südkorea.

376 ▼

373 Fu Jian, Kaiser der Frühen Jin-Dynastie in Nordchina, besetzt Sichuan, Yunnan und Teile von Guizhou.

375 Samudragupta stirbt und hinterlässt ein Reich, das sich über Nord- und Zentralindien erstreckt.

AFRIKA

356 Athanasios, der frühere Patriarch von Alexandria, zieht sich in die ägyptische Wüste zurück, nachdem er vom pro-arianischen Kaiser Constantius II. aus der Stadt verbannt worden ist.

353 Constantius II. wird alleiniger Kaiser.

355 Die Alemannen, ein germanischer Stamm, richten schwere Verwüstungen in Gallien an.

357 Julian, von seinem Vetter Constantius II. zum Kaiser ernannt, schlägt die Alemannen bei Straßburg und drängt sie über den Rhein zurück.

360 In Konstantinopel ratifiziert ein Konzil pro-arianische Änderungen der Beschlüsse von Nicäa.

381 ▼
361 Julian wird alleiniger Kaiser.

364 Teilung des Ost- und Westreichs zwischen Valentinian und Valens bei gleichzeitiger Teilung der Armeen und Ressourcen.

368 Eine lange Reihe von Feldzügen gegen die Alemannen an der Rheingrenze endet mit dem römischen Sieg.

378 ▼
369 Westgoten müssen einen nachteiligen Vertrag zur Rheingrenze akzeptieren.

420 ▼
Um 370 Beginn der Invasion der Hunnen in Osteuropa.

372 Martin, Bischof von Tours, gründet eine der ersten Einsiedeleien im Westen.

Um 375 In der Ukraine schlagen nomadische Hunnen, von Zentralasien kommend, die Ostgoten.

378 »Schnute« wird König der Maya-Stadt Tikal.

Der Steigbügel

Der Steigbügel war eine enorm wichtige Erfindung für die berittene Kriegsführung, denn er ermöglichte es dem Reiter, im Sattel zu bleiben, während er schwierige Manöver wie das Bogenschießen ausführte. Die nomadischen Skythen haben schon 400 v. Chr. Steigbügel aus Leder benutzt, allerdings vermutlich nur als Aufstiegshilfe. Es gibt Nachweise, dass einfache Schleifen aus Seil im späten 2. Jh. v. Chr. in Indien in Gebrauch waren. Die ersten festen Steigbügel aus Metall finden sich in China um 350 n. Chr. – metallummantelte hölzerne Exemplare wurden an der Fundstelle Wanbaoting in Nordostchina entdeckt. Von hier verbreitete sich diese Erfindung rasch über ganz Asien bis nach Europa. In Silla, Korea, fand man Steigbügel in Gräbern aus dem 4. Jh. Die byzantinische Kavallerie übernahm den Steigbügel im 7. Jh. Steigbügel wurden auch in Frankengräbern aus der Mitte des 8. Jh. gefunden: Belege für das erste Auftreten des bewaffneten und berittenen mittelalterlichen Ritters.

***Dieses chinesische Keramikfigürchen** zeigt einen von einem Löwen angegriffenen Jäger, der sich mithilfe des Steigbügels umdrehen kann.*

Aksum (100 v. Chr.–600 n. Chr.)

Die frühen Einwohner Äthiopiens waren sehr erfolgreich in Landwirtschaft und Handel. Aus der von ihnen gesprochenen Sprache, dem Geez, entstand das moderne Amharisch. Auch eine eigene Schrift besaßen die frühen Äthiopier. Um das 1. Jh. n. Chr. errichteten sie im Landesinneren in Aksum einen eigenen Staat. Mit der Umleitung großer Teile des Handels aus dem Königreich Meroë wurde der Hafen von Adulis am Roten Meer zum wichtigsten Elfenbeinumschlagplatz im nordwestlichen Afrika. Die großen Steinstelen von Aksum, die die Gräber der Herrscher markierten, entstanden im 4. Jh. *(oben)*. Um diese Zeit wurde Aksum durch den Einfluss von Gelehrten aus Alexandria christlich. Es entstand eine eigenständige aksumitische Kirche.

ASIEN

495 ▼

375 Beginn der Herrschaft von Chandragupta II. (bis 415), die Gupta-Herrschaft erreicht ihren größten Einflussbereich.

376 Fu Jian, Kaiser der Frühen Jin-Dynastie, dehnt seine Kontrolle bis nach Zentralasien aus und vereint ganz Nordchina.

383 Fu Jian wird endgültig in der Schlacht am Fluss Fei in Zentralanhui geschlagen.

384 Der Buddhismus erreicht Korea.

386 Die Toba vereinen Nordchina, vermischen sich mit den Chinesen und übernehmen die chinesische Kultur.

420 ▼

387 Gründung der Toba-Wei-Dynastie durch mongolische Toba. Die Hauptstadt ist in Pingchen (Datong). Beginn der Nord-Süd-Teilung Chinas.

Um 390 Theodosius und Schapur einigen sich auf einen Vertrag zur Aufteilung Armeniens zwischen dem Persischen und dem Römischen Reich.

393 Japanische Eindringlinge aus Yamato überrennen Silla und Paekche in Korea.

395 Römisches Ostreich geht an Arkadius, endgültige Teilung des Römischen Reiches.

422 ▼

399 Jesdegerd folgt auf den persischen Thron. Er ist dem Christentum gegenüber tolerant und knüpft gute Beziehungen zu den Römern.

Der chinesische Mönch und Pilger Faxian tritt eine abenteuerliche Reise nach Indien zum Studium des Buddhismus an und durchquert dabei Zentralasien (bis 415).

AFRIKA

385 In Kansanshi, an der Grenze zwischen dem Kongo und Sambia, beginnen Kupferabbau und -schmelze.

Um 397 Der Berberfürst Gildo beginnt einen Aufstand gegen den römischen Kaiser Honorius.

EUROPA

376 Goten bitten Kaiser Valens, sich im Römischen Reich ansiedeln zu dürfen.

378 Westgoten unter Alarich schlagen die römischen Truppen unter Kaiser Valens in der Schlacht von Adrianopolis.

379 Theodosius wird neuer Kaiser des oströmischen Reiches und führt den Krieg gegen die Goten fort.

381 Bei einem ökumenischen Konzil in Konstantinopel wird der Arianismus endgültig verurteilt.

402 ▼

382 Das römische kaiserliche Gericht wird nach Mailand verlegt.

383 Theodosius unterzeichnet einen Friedensvertrag mit den Westgoten; sie erhalten Land und Autonomie im Austausch für militärische Dienste.

387 Maximus, der von Truppen in Britannien zum Kaiser erklärt wurde, fällt in Italien ein, wird geschlagen und in Aquileia hingerichtet († 388).

390 Theodosius tut öffentlich Buße für sein Massaker an Tausenden aufständischer Bürger Thessalonikis.

391 Theodosius erhebt das Christentum zur offiziellen Religion des Römischen Reiches und verbietet alle heidnischen Kulte.

392 Valentinian II., Augustus von Italien und Illyrien, wird von seinem fränkischen Militärbefehlshaber ermordet, der Eugenius zum Kaiser erklärt.

394 Theodosius schlägt und tötet den Eugenius; er wird alleiniger neuer Kaiser.

395 Theodosius stirbt, endgültige Spaltung des Reiches in Ost und West, das weströmische Reich wird dem Kindkaiser Honorius überlassen.

401 ▼

Alarich, der Anführer der Westgoten, bittet um Aufnahme in das Römische Reich.

AMERIKA & AUSTRALASIEN

Um 378 Die Maya-Stadt Tikal erobert ihre Rivalin Uaxactún und kommt zu großem Reichtum.

Um 400 Intensive Bautätigkeit in Teotihuacán, Mexiko.

Frühes Christentum

Am Ende des 4. Jh. konzentrierten sich die christlichen Kirchen auf den Mittelmeerraum. Die Kirchen orientierten sich an der Struktur des Reiches, die Diözesen entsprachen den Verwaltungsgebieten von Diokletian. Die Bischöfe von Rom mit ihrem Bischofssitz St. Peter teilten sich Rang und Macht mit denen von Antiochia und Alexandria.

Rom selbst war zu einer bedeutenden christlichen Stadt geworden, mit der von Konstantin errichteten Basilika St. Peter als Zentrum. Die Katakomben, ein verzweigtes Netzwerk unterirdischer Gänge, bergen viele Fundstücke der frühen Christen. Hier versammelten sich Christen zu Beerdigungen oder Gedenkfeiern, und sie bauten Altäre zur Heiligen- und Märtyrerverehrung. Christliche Sarkophage wurden mit Bildgeschichten ausgestaltet, etwa Szenen aus dem Alten Testament oder aus dem Leben Jesu. Der Sarkophag *(oben)* aus Syrakus in Sizilien, einem weiteren bedeutenden Ort für das frühe Christentum, ist mit einem Relief verziert, das die Geschichte von Adam und Eva erzählt.

Kunsthandwerk der Sassaniden

Sassanidische Stuck-, Elfenbein- und Silberarbeiten spiegeln das Wiederaufleben künstlerischer Traditionen im Nahen Osten in den ersten Jahrhunderten n. Chr. wider. Einige der sassanidischen Motive wie Weinranken, Pfauen, Palmen und geflügelte Kronen fanden ihren Weg in die byzantinische Kunst, umgekehrt übernahmen die sassanidischen Kunsthandwerker klassische Elemente der griechisch-römischen Kultur.

Münze des Kaisers Honorius

Honorius herrschte von 395 bis 423 über das weströmische Reich, sein Bruder Arkadius über den oströmischen Teil. Honorius trat noch als Kind die Nachfolge seines Vaters Theodosius I. an. Seine Regierung hatte allerdings nur mäßigen Erfolg. Böse Zungen behaupteten, er kenne »Roma« nur als den Namen eines Huhns, das er als Haustier hielt. Honorius wurde gestützt durch die »Schutzherrschaft« von General Stilicho. Stilicho, von wandalischer Herkunft, hatte den Angriffen Alarichs des Westgoten dann aber nichts entgegenzusetzen. Dieser belagerte und plünderte Rom 410.

ASIEN

411 Tod von Gu Kaizhi, des ersten berühmten Malers in der Geschichte Chinas.

420 Veröffentlichung eines Meisterwerks indischer Literatur, *Der Ring der Sakuntala* von Kalidasa, in dem das fromme und ritterliche Ideal der Brahmanen dargestellt wird. Kalidasa war einer der größten indischen Dichter und Dramatiker.

477 ▼

Die Östliche Jin-Dynastie wird unterworfen von General Liu Yu, dem ersten Kaiser der Song-Dynastie; Beginn der Periode der Südlichen Dynastien.

Nanking (Nanjing) wird Hauptstadt von Nordchina.

502 ▼

422 Friedensvertrag zwischen Kaiser Theodosius II. und dem persischen König Varahran mit dem Ziel, für die nächsten 100 Jahre die Feindseligkeiten zwischen Persern und Christen zu beenden.

AFRIKA

415 Die griechische Mathematikerin und Philosophin Hypatia wird in Alexandria von einer Menge christlicher Fanatiker gelyncht.

EUROPA

401 Westgoten vom Balkan unter Führung Alarichs fallen in Norditalien ein.

402 Westgoten werden nach ihrer Niederlage gegen die römische Armee unter Heerführer Stilicho aus Italien verdrängt.

Das römische kaiserliche Gericht wird nach Ravenna verlegt.

404 Der Patriarch Chrysostomos wird aus Alexandria verbannt, nachdem er die Kaiserin in öffentlicher Rede angegriffen hatte.

Vulgata (lateinische Bibel) vollendet.

406 Am 31. Dezember überqueren Wandalen, Alanen und Sweben den zugefrorenen Rhein und gelangen ins Römische Reich.

407 Der Ursurpator Constantius III., von der Armee zum Kaiser ausgerufen, verlässt Britannien in Richtung Gallien, das von Überfällen der Barbaren verwüstet ist.

408 Constantius dehnt seine Macht nach Spanien aus.

409 Wandalen, Sweben und Alanen überqueren die Pyrenäen.

410 Die Westgoten nehmen Rom ein.

411 Constantius wird in Arelate (Arles) von den Truppen des Kaisers Honorius geschlagen und gefangen genommen.

Um 411 Die Sweben gründen ein Königreich im Nordwesten der Iberischen Halbinsel.

436 ▼

413 Die Burgunder schließen einen Friedensvertrag mit Rom, der ihnen die Besiedlung von ehemaligem Reichsland am Rhein erlaubt.

414 Athaulf, neuer König der Westgoten, gründet ein Reich in Narbo (Narbonne), das später bis zur Iberischen Halbinsel reicht.

418 Die Westgoten siedeln sich in Aquitanien an.

420 Die Hunnen bauen eine Hauptstadt am Fluss Tisza (Theiß) in Ungarn.

434 ▼

422 Theodosius II., Kaiser des oströmischen Reiches, erkauft den Frieden mit den Hunnen mit jährlichen Tributzahlungen.

AMERIKA & AUSTRALASIEN

Um 420 Die Moche-Kultur des Chicama- und des Moche-Tals in Peru erstreckt sich von den Anden bis zum Pazifik. Bau der Sonnenpyramide im Moche-Tal, die aus 50 Millionen Ziegelsteinen besteht.

Eine Seite der ***Lichfield-Bibel*** *(720–730 n. Chr.) in der Vulgata-Version. Die Vulgata des Hieronymus war Grundlage für viele Bibelübersetzungen in andere Sprachen.*

Die lateinische Bibel

Im 5. Jh. hatte sich die Kirche darauf geeinigt, welche Bücher des Alten Testaments und der Schriften aus dem Leben Jesu in die Bibel aufgenommen werden sollten. Latein ersetzte immer häufiger Griechisch als westliche Kirchensprache. Die Bibel war in mehreren altlateinischen Versionen vorhanden, die allerdings nicht übereinstimmten.

Hieronymus, einer der gelehrtesten Männer seiner Zeit, wurde um 342 n. Chr. in Stridon, Dalmatien (heutiges Kroatien), geboren. Er studierte in Rom bei dem bedeutenden Grammatiker Donatus und verbrachte danach einige Zeit als Einsiedler in der Syrischen Wüste. Dort lernte er bei einem jüdischen Rabbi Hebräisch und studierte anschließend bei dem berühmten Kirchenlehrer Gregor von Nazianz in Kappadokien (Türkei) Theologie. Hieronymus, der fließend Griechisch, Hebräisch und Aramäisch sprach, erhielt den Auftrag, eine einheitliche lateinische Bibelfassung zu erstellen. Seine sogenannte *Vulgata* (d. h. in allgemein gebräuchlichem Latein) war um 404 vollendet. Hieronymus hatte altlateinische und griechische Versionen der Schrift überarbeitet und eigenständige Übersetzungen aus dem Hebräischen hinzugefügt. Allein für die Abfassung des Alten Testaments benötigte er 15 Jahre.

Die Völkerwanderung

Im 5. Jh. machten sich germanische Stämme, von Hunger, Bevölkerungsdruck, Landknappheit und der Aussicht auf ein besseres Leben angetrieben, auf den Weg ins Römische Reich. Ihr Ziel war nicht dessen Zerstörung, sondern die Teilhabe an dessen Wohlstand. Allein die Hunnen legten es auf Zerstörung und Plünderung an.

Zunächst waren die Römer in der Lage, die Neuankömmlinge aufzunehmen, indem sie sie unter dem Befehl eigener Anführer und unter eigenen Gesetzen in die ausgelaugten römischen Armeen eingliederten. Aber als die Römer die Ansiedlung größerer Gruppen ablehnten und keine Entschädigungen für den langen Weg zu zahlen bereit waren, den diese zurückgelegt hatten, führte das zu Übergriffen und schließlich zum endgültigen Zusammenbruch des Reiches.

350	Weiße Hunnen (Hephthaliten) fallen in Persien und Indien ein.
Um 370	Erstes Erscheinen der Hunnen in Osteuropa. Hunnen überwältigen die Alanen.
376	Goten bitten Kaiser Valens um Erlaubnis, sich im Römischen Reich anzusiedeln.
378	Die Goten schlagen Valens in der Schlacht von Adrianopolis.
395	Alarich, Führer der Westgoten, sucht Siedlungsgebiete im Römischen Reich.
409	Wandalen, Alanen und Sweben überqueren die Pyrenäen.
410	Westgoten unter Alarich plündern Rom.
	Tod Alarichs; Westgoten geben den Plan auf, in Afrika einzufallen.
Um 410	Die Römer verlassen Britannien.
Um 411	Sweben gründen ein Königreich in Iberien.
414	Der neue Gotenkönig Athaulf heiratet Galla Placidia, Tochter des verstorbenen Kaisers Theodosius. Sie wurde bei der Plünderung Roms gefangengenommen.
	Athaulf errichtet einen Staat bei Narbonne, der bis zur Iberischen Halbinsel reicht.
418	Westgoten siedeln sich in Aquitanien an.
420	Hunnen bauen eine Hauptstadt an der Theiß.
429	Wandalen überqueren Straße von Gibraltar.
439	Wandalen erreichen Karthago.
Um 444	Attila wird König der Hunnen.
451	Attila überfällt Gallien, wird jedoch auf den Katalaunischen Feldern geschlagen.
452	Attila verlässt das Römische Reich.
453	Die Ostgoten begeben sich auf blutige Feldzüge gegen das oströmische Reich.
	Nach dem Tod Attilas bricht das Reich der Hunnen zusammen.
455	Wandalenkönig Geiserich plündert Rom.
457	Jüten, Angeln und Sachsen ziehen auf die Britischen Inseln.
474	Rom erkennt das wandalische Königreich an.
476	Letzter Kaiser Westroms wird abgesetzt. Odoaker wird Herrscher von Italien.
492	Ostgotischer König Theoderich schlägt Odoaker in Ravenna, wird König von Italien.
507	Die Franken schlagen die Westgoten und vertreiben sie aus Aquitanien.
533	Beginn der Rückeroberung Italiens durch das oströmische Reich.

ASIEN

439 Nördliche (Toba-) Wei dominieren Nordchina (bis 543). Die nördlichen und südlichen Höfe haben ständige Zwistigkeiten. Beginn der Periode der Nördlichen und Südlichen Dynastien.

440 Ein bedeutendes Zentrum für buddhistische Studien wird in der Gangesebene bei Nalanda gegründet.

477 ▼

444 Daoismus wird nach dem Übertritt des Kaisers zur offiziellen Religion des Nördlichen Wei-Reichs erklärt.

446 Aufstand des Buddhistenklosters in Chang'an (Xi'an) gegen daoistische Reformen. Der Wei-Kaiser ordnet die Hinrichtung aller Mönche im Reich an, aber Amtspersonen verzögern die Hinrichtungen, sodass viele Mönche fliehen können.

450 Tod des berühmten Ministers Cui Hao, verantwortlich für die Verwaltungsreformen des Nördlichen Wei-Reiches.

467 ▼

Um 450 Hephthaliten greifen nordöstliche Grenzen des Sassaniden-Reiches an.

477 ▼

Der Buddhismus erreicht Java und andere Inseln in Südostasien.

In Indien: Dichtung der frühen *Puranas* und Vollendung der fast endgültigen Fassung des *Mahabharata*, des längsten epischen Gedichtes der Welt.

Entwicklung der indischen Steinarchitektur.

AFRIKA

Um 426 Berberchristen halten an der Ablehnung der Autorität Roms fest und weigern sich, die offizielle römische Kirche anzuerkennen.

429 Nomadische Wandalen fallen über Spanien in Afrika ein.

430 St. Augustinus, Bischof von Hippo, stirbt während der Belagerung seiner Stadt durch die Wandalen.

439 Fall Karthagos. Wandalen errichten ein nordafrikanisches Königreich.

474 ▼

442 Der Wandalenkönig Geiserich unterzeichnet einen Friedensvertrag mit Kaiser Valentinian III. und erhält die vollen Rechte als Herrscher über den Großteil der römischen Provinzen in Afrika.

EUROPA

480 **428** Nestorius, Patriarch von Konstantinopel, verkündet eine neue Lehre, nach der zwischen der göttlichen und menschlichen Abkunft Christi unterschieden wird. Der Papst erklärt den Nestorianismus unverzüglich zur Irrlehre.

429 **429** Die Wandalen überqueren die Straße von Gibraltar.

Angeln, Sachsen und Jüten vertreiben die Skoten und Pikten aus Südengland.

431 Papst Cölestin entsendet seinen Diakon Palladius als ersten Bischof nach Irland.

434 Die Hunnen schlagen die Armeen von Theodosius II. in Thrakien.

435 Gründung der Universität von Konstantinopel.

480 **436** Die Burgunder werden von den Hunnen, die als Söldner für das Römische Reich kämpfen, geschlagen.

Römische Truppen verlassen Britannien.

438 Der *Theodosianische Kodex*, die erste Kodifizierung des römischen Rechts, wird veröffentlicht.

453 **Um 444** Attila wird König der Hunnen.

446 Die Burgunder erhalten römische Gebiete bei Genf und werden Verbündete Roms.

447 Unter Führung Attilas überqueren die Hunnen die Donau, um in Thrakien einzufallen, und zwingen dadurch die Römer zu höheren Tributzahlungen.

484 **449** Die Doktrin des Monophysitismus, d.h. von der Einheit der menschlichen und göttlichen Natur Christi, wird auf dem Konzil von Ephesos anerkannt.

AMERIKA & AUSTRALASIEN

500 **450** Der Einfluss der Teotihuacán-Kultur erstreckt sich bis in das 100 km entfernte Maya-Gebiet. Die Siedlungen und Städte der Maya wie Kaminaljuyú werden im Teotihuacán-Stil errichtet.

Um 450 Blüte der Nazca-Kultur, berühmt für ihre riesigen Scharrbilder in der Wüste.

Gründungsväter

Der hl. Augustinus *(oben)* (354–430) versah das Bischofsamt von Hippo in Nordafrika für 34 Jahre. Nachfolgende Generationen hielten ihn für einen beispielhaften Mann, der sich als Hirte seiner Kirche und der ihm anvertrauten Herde sah. Er lebte enthaltsam und widmete sich der Lektüre und dem Schreiben. Zudem war er ein brillanter Theologe, dessen Werk *De civitate Dei (Über den Gottesstaat)* bis heute die Geschichte von Philosophie und Theologie beeinflusst. Seine autobiographischen *Confessiones (Bekenntnisse)* geben ausführlich Auskunft über das Leben des Augustinus.

In einer anderen Gegend Europas lebte der hl. Patrick (geboren um 385). Er brachte das Christentum nach Irland. Der in England geborene Patrick begann seine christliche Mission im abgelegenen Irland im Jahr 432. Er bereiste ein wildes und gefährliches Land, verkündete die Bibel und taufte Bekehrte. 444 hatte er einen Bischofssitz in Armagh errichtet und fast im Alleingang die eigenständige mönchische Organisation der irischen Kirche geschaffen.

Höhlentempel von Yungang

Die großartigen buddhistischen Höhlentempel von Yungang nahe der Stadt Datong in Nordchina stammen aus dem späten 5. Jahrhundert. Sie gehören zu den frühesten Zeugnissen der blühenden buddhistischen Kunst Chinas. Einige der Höhlen, die in den weichen Sandstein gemeißelt sind, sind bloße Nischen, die bis zu 14 m hohe kolossale Buddhastatuen *(oben)* enthalten, während sich in anderen Höhlen Kapellen befinden. Die frühesten Höhlen wurden von den Herrschern der Nördlichen Wei-Dynastie, die den Buddhismus in der Zeit von 446 bis 452 verfolgt hatten, als Versöhnungsgeste errichtet. Der vorherrschende Stil ist stark von der buddhistischen Kunst Indiens geprägt. Ein eigenständiger chinesischer Stil entstand erst später mit dem Bau der Höhlentempel von Longmen.

ASIEN

495 ▼ **467** Nach dem Tod Skandaguptas (455–467) beginnt das Gupta-Reich unter dem Ansturm der Hephthaliten-Hunnen, die große Teile Westindiens erobert haben, zusammenzubrechen.

475 Fertigstellung des Schlüssellochgrabs von Kaiser Nintoku († 421), des größten Grabes dieser Art in Japan.

AFRIKA

536 ▼ **Um 451** Das äthiopische Königreich Aksum erreicht seinen Zenit.

454 Das Königreich Aksum unterstützt den koptischen Patriarchen von Alexandria, der der monophysitischen Lehre anhängt.

EUROPA

451 Attila überfällt Gallien. In der Schlacht auf den Katalaunischen Feldern unterliegt Attila den Römern und Goten.

Konzil von Chalkedon: Die orthodoxen Kirchen prangern die monophysitische Lehre der Kopten und Nestorianer an.

452 Nach ihrem Einfall in Italien greifen die Hunnen eine Reihe von Städten an, darunter Padua und Verona. Papst Leo überzeugt sie, sich zurückzuziehen.

Venedig wird von Menschen gegründet, die vor Attilas Hunnen fliehen.

492 ▼

453 Die Ostgoten beginnen blutige Feldzüge gegen das oströmische Reich.

Tod Attilas; die Hunnen treten den Rückzug an.

454 Die germanischen Vasallen der Hunnen erheben sich unter der Führung von Ardarich, König der Gepiden. Das Reich der Hunnen beginnt zu zerfallen.

455 Plünderung Roms durch die Wandalen unter König Geiserich.

Avitus wird Kaiser des weströmischen Reiches.

456 Kaiser Avitus wird in der Schlacht bei Piacenza, Norditalien geschlagen. Der aufständische General Ricimer, ein Swebe, zwingt ihn abzudanken, da er selbst mit Hilfe des Marionettenkaisers Majorian herrschen möchte (bis 461).

476 ▼

Die Westgoten besiegen und töten den mächtigen Swebenkönig Rechiarus und gewinnen an Macht in Spanien.

461 Ricimer setzt Majorian ab und lässt ihn hinrichten. Er ernennt Libius Severus zum Kaiser, ebenfalls nur eine Marionette (bis 465).

468 Die Wandalen besiegen die weströmischen Truppen und erobern die Insel Sizilien.

473 Julius Nepos, vom byzantinischen Kaiser Leo I. gedeckt, marschiert nach Rom und erklärt sich zum Kaiser des weströmischen Reiches.

474 Rom erkennt das wandalische Königreich an.

475 Der weströmische Kaiser Julius Nepos garantiert Eurich, dem König der Westgoten, legale Besitztitel. Die Westgoten kontrollieren Südwestgallien und fast ganz Spanien.

AMERIKA & AUSTRALASIEN

Das Nintoku-Grab

Um 300 bildete die Ebene von Osaka im südöstlichen Japan das politische Zentrum des Yamato-Staates, der bis ins Jahr 700 große Teile des Landes kontrollierte. Unter einer Anzahl frühgeschichtlicher Grabhügel in diesem Gebiet findet sich auch das schlüssellochförmige Hügelgrab, das dem 15. Yamato-Kaiser Nintoku zugeschrieben wird und um 475 fertiggestellt wurde. Es ist 485 m lang und bedeckt eine Fläche von 32 ha. Es ist umgeben von drei Wassergräben und mehreren Nebengräbern, zum Teil ebenfalls in Schlüssellochform.

Ein adliger Wandale

Um die Weihnachtszeit 406 überquerte eine große Gruppe von Wandalen, Sweben und Alanen den zugefrorenen Rhein und zog ins Römische Reich. Sie marschierten durch Gallien und Spanien; die Wandalen setzten sogar nach Afrika über, wo sie 439 Karthago plünderten. In Gallien bestand eine Übereinkunft zwischen Römern und Barbaren, nach der die römischen Landbesitzer das Land mit den »Gästen« teilten.

In Spanien und Afrika war die Ankunft der Barbaren mit weit mehr Gewalt und Zerstörung verbunden. Die wandalische Besiedlung Nordafrikas führte zu weitreichenden Landenteignungen bei den römischen Landbesitzern. Die Wandalen selbst wussten das angenehme Leben der Römer zu schätzen, wie dieses Mosaik eines wandalischen Landbesitzers zeigt, der seine Villa zu Pferd verlässt.

Classe

Ab 476 herrschten die Ostgoten von der Stadt Ravenna aus, die 404 unter Kaiser Honorius Hauptstadt des weströmischen Reiches geworden war, über Italien. In flachem Sumpfgebiet gelegen, verband die Stadt nur ein höher gelegener Damm mit dem Festland. Ravenna war so gut wie uneinnehmbar. Vom Hafen in Classe *(oben)* aus bestanden direkte Seeverbindungen nach Konstantinopel. Das kulturelle und soziale Leben von Ravenna ist in einer Reihe von Mosaiken aus dem 5. Jahrhundert festgehalten.

Die Kopten

Die frühen Christen in Ägypten hingen dem Monophysitismus an, der auf der göttlichen Natur Christi bestand und einen menschlichen Anteil ablehnte. 451 prangerte die römische Kirche diese Lehre als Häresie (Irrlehre) an, und die Monophysiten wurden exkommuniziert. Dennoch folgte der Großteil der ägyptischen Bevölkerung weiterhin dem Monophysitismus und ersetzte das Griechisch der offiziellen Kirche durch ihre eigene koptische Sprache.

Die Kopten stellten feine Webarbeiten her, *die mit Kreuzen und anderen christlichen Symbolen verziert waren.*

ASIEN

477 Die Song-Dynastie bricht zusammen, als General Xiao Daocheng den Kaiser Liu töten lässt und sich selbst zum Regenten macht.

538 ▼ Buddhismus wird in China Staatsreligion.

Um 477 Kassapa, der Elternmörder, baut seinen Palast in Sigiriya, Sri Lanka.

478 Bau des ersten Shinto-Schreins in Japan.

502 ▼ **479** Die Qi-Dynastie übernimmt die Herrschaft in Südchina.

480 Hephthaliten von jenseits des Flusses Oxus greifen das Gupta-Reich an.

Um 480 Der Nestorianismus, die christliche Lehre von der Unterscheidung der göttlichen und menschlichen Natur Christi, erreicht Indien.

484 Die Hephthaliten besiegen und töten den sassanidischen Herrscher, aber das Reich bleibt bestehen.

489 Nestorianische Christen werden aus Ägypten verbannt und siedeln sich in Persien an.

Die Herrscher der Nördlichen Wei, die sich zum Buddhismus bekehrt haben, bauen zu Ehren ihrer Religion große Höhlentempel in Yungang im Norden der Shanxi-Provinz.

491 Die armenische Kirche sagt sich von Byzanz und Rom los.

493 Verlegung der Hauptstadt der Nördlichen Wei nach Luoyang.

495 Der Bau der buddhistischen Höhlentempel in Longmen in der Nähe von Luoyang beginnt.

Tod von Kassapa, des selbst ernannten Gottkönigs von Sigiriya in Sri Lanka.

Um 500 Entstehung der tantrischen buddhistischen Literatur.

AFRIKA

534 ▼ **477** Hunerich tritt die Nachfolge seines Vaters Geiserich als Wandalenkönig von Nordafrika an. Der arianische Christ beginnt eine blutige Verfolgung der Katholiken.

550 ▼ **Um 500** Ankunft der Bantu-Völker in Südafrika, die das Eisen und domestizierte Rinder mitbringen.

Eine Dynastie von Hagha-Königen entsteht in Ghana, Westafrika. Ihre Kamelkarawanen bringen wertvolles Gold und Salz durch die Sahara bis nach Nordafrika.

EUROPA

476 Odoaker, »König von Italien«, setzt den Kindkaiser Romulus Augustulus, den letzten weströmischen Kaiser, ab und wird Herrscher von Italien. Ende des weströmischen Reiches.

507 Eurich, der König der Westgoten, erobert Südgallien vollständig und erreicht die Grenze zu Italien.

480 Gundobad wird König der Burgunder. Sein Königreich erstreckt sich über ganz Ostgallien und hat zwei Hauptstädte, Lyon und Genf.

511 **Um 481** Thronbesteigung des Frankenkönigs Chlodwig I.

484 Wegen des Konfliktes zwischen chalkedonischen Monophysiten und Katholiken spaltet ein Schisma die Kirchen.

486 Chlodwig erobert große Teile Nordgalliens.

526 **492** Der ostgotische König Theoderich erobert Italien und schlägt Odoaker in Ravenna, um König von Italien zu werden.

Um 500 Chlodwig tritt zum Christentum über und wird der einzige strenggläubige katholische Souverän, denn die Könige der Westgoten, der Wandalen, der Burgunder und der Ostgoten sind alle Arianer.

568 Die Lombarden besetzen das Gebiet nördlich der Donau.

AMERIKA & AUSTRALASIEN

Um 500 Phase III der »Basketmaker« (= Korbmacher, Anasazi) beginnt im südwestlichen Südamerika. Um große Dörfer mit bis zu 50 Häusern herum wird Landwirtschaft betrieben.

700 Teotihuacán in Zentralmexiko ist mit 200 000 Einwohnern die sechstgrößte Stadt der Welt.

Gräberfelder der Paracas-Kultur an der Südküste Perus bergen mumifizierte Leichen.

600 Die Tiahuanaco-Zivilisation mit Zentrum am Titicacasee in Bolivien steigt durch die Kontrolle der Handelswege zu einer starken regionalen Macht auf. Ihr Einfluss reicht bis nach Argentinien und Chile und zeigt sich an der Keramik und Architektur auch weniger bedeutender Zentren.

600 Die Huari-Kultur des Ayacucho-Tals in den Zentralanden breitet sich durch Eroberungen in den Norden und Süden Perus aus.

Kassapa

Kassapa (447–495), der sich für einen Gottkönig hielt, riss um etwa 477 die Macht in Sri Lanka an sich. Er baute in Sigiriya eine uneinnehmbare Palastfestung, 350 m über dem Meeresspiegel auf einem schroffen Fels gelegen. Der Gipfel war nur über Fußpfade, die sich an die Felswand schmiegten, zu erreichen. Überhängende Felsblöcke wurden mit Wandgemälden verziert, wie diesem Bild eines »Wolkenmädchens« *(oben)*. Der letzte Teil des Anstiegs zum Palastbereich führte durch das offene Maul und den Rachen *(giriya)* eines riesigen Löwen *(sinha)* – daher der Name Sigiriya.

Die Welt im Jahr 500

IM JAHR **500** existierten das Han-Reich und das Römische Reich nicht mehr. Die Han-Dynastie ging schon 220 unter. Grund dafür waren die immer häufigeren Einfälle von kriegerischen Steppenvölkern, darunter v.a. das Turkvolk Toba Wei (oder Nördliche Wei). Die Toba Wei griffen auf der Suche nach Land zusammen mit anderen Turkvölkern wie den Xiongnu immer wieder die sesshaften Völker im Süden an. Die Folge war ein Dominoeffekt von Wanderungsbewegungen, die man in ganz Europa und Asien zu spüren bekam. Diese Wanderungsbewegungen, ausgelöst von den kriegerischen Steppennomaden, trugen allenthalben zur Destabilisierung bei, so auch zur Teilung des Römischen Reiches in eine östliche und eine westliche Hälfte. Ostrom überlebte, Westrom jedoch wurde bald ein Opfer der vielen germanischen Völker, die im 5. Jahrhundert, ebenfalls auf der Suche nach Land, über die Grenzen eindrangen, unter ihnen Wandalen, Franken, Ostgoten und Westgoten. Bis 500 hatten all diese Völker neue Staaten innerhalb der Grenzen des ehemaligen Römischen Reiches gebildet. Im selben Jahr fiel das indische Gupta-Reich unter dem Angriff der Hephthaliten (Weißen Hunnen). Nur das persische Sassaniden-Reich überlebte alle Angriffe. Während in der Alten Welt die Reiche untergingen, kam es in in Mittelamerika zu einer Blüte urban geprägter Staatsgebilde, darunter Teotihuacán, die Stadtstaaten der Maya und das Reich der Zapoteken. In Ostasien konnte parallel dazu im 4. Jahrhundert das Yamato-Reich seine Macht auf ganz Südjapan ausweiten.

MOSAIKKARTE VON JERUSALEM

Mit der Bekehrung des römischen Kaisers Konstantin im Jahr 312 beschleunigte sich die Ausbreitung des Christentums. Innerhalb von 80 Jahren wurde es zur wichtigsten Religion im Römischen Reich. Das Christentum besaß eine hierarchische Struktur, die eng mit dem römischen Staat verbunden war. Bis 500 waren dann auch viele der germanischen Völker, die in das weströmische Reich eingedrungen waren, zum Christentum konvertiert. Damit wurden die in der Bibel beschrieben Orte, an denen Jesus gelebt und gewirkt hatte, zu wichtigen Pilgerzielen. Dies galt vor allem für Jerusalem, wo sich die Passionsgeschichte zugetragen hat. Auf diesem im jordanischen Madaba entdeckten Mosaik (rechts) aus dem 6. Jahrhundert werden aus der Vogelperspektive die wichtigsten Stationen der Leiden Christi und die zentralen Pilgerziele detailliert dargestellt.

500–1000

Die Erben der Antike

BILD OBEN:
Der Felsendom *in Jerusalem (688–691) ist das älteste Gebetshaus des Islam. Der besondere Stil des Bauwerks (Kuppel, Arkaden und Mosaiken) zeigt den Einfluss von Byzanz, das die Stadt Jerusalem bis 638, als die Araber kamen, beherrschte.*

In ganz Europa entstanden nach dem Zusammenbruch des weströmischen Reiches im Jahr 476 neue Staaten: in Italien das Ostgotenreich, auf der Iberischen Halbinsel das Wandalenreich, das Swebenreich und das Westgotenreich, in Frankreich und Westdeutschland das Fränkische und das Burgundische Reich. Die politischen Verhältnisse blieben jedoch instabil. Aus dem Osten kamen Langobarden, Awaren, Slawen, Magyaren und Bulgaren. Ihnen folgten ab dem 8. Jahrhundert vom Norden her die skandinavischen Wikinger, die auf ihren Raubzügen bis zum Mittelmeer und zum Schwarzen Meer vordringen konnten. Die neuen Staaten versuchten zwar römische

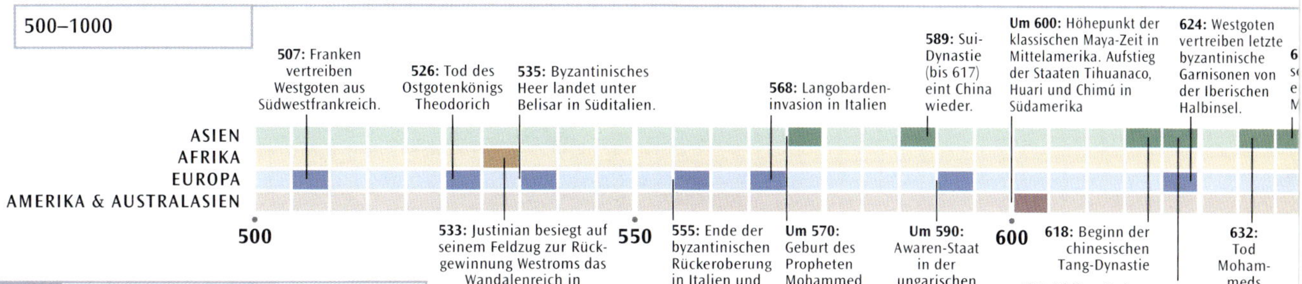

Japanische Grabfiguren

Zu den Grabbeigaben, die in und bei den schlüssellochförmigen Hügelgräbern der japanischen Elite gefunden wurden, gehören u.a. kleine unglasierte Tonfigürchen *(haniwa*, ca. 250–500). Die ursprüngliche Form einfacher Tonzylinder *(haniwa* heißt »Tonringe«) wich im 4. Jh. vielfältigeren figürlichen Formen. Der Grabhügel von Nintoku war etwa von rund 23 000 *haniwa*-Kriegern umgeben. Die kleinen Figuren von Menschen waren durchschnittlich 90 cm hoch und mit roter, weißer und blauer Farbe versehen. Augen, Nase und Mund waren durch Löcher angedeutet: Spezialisierte Werkstätten stellten diese Grabbeigaben im 6. Jh. als Serienware her. Das Aufkommen des Buddhismus jedoch und die damit verbundene Feuerbestattung beendete diesen Bestattungsbrauch.

ASIEN

Um 501 Aufstieg des indisch beeinflussten Mon-Reiches von Dvaravati (Thailand).

Wandmalereien in den buddhistischen Felsentempeln von Ajanta, Nordindien.

548 ▼ **502** Xiao Yan marschiert nach Nanjing, zwingt die Qi-Dynastie zur Machtaufgabe und begründet die Liang-Dynastie.

Die Perser erklären Ostrom den Krieg und plündern die Stadt Amida in Nordmesopotamien.

506 Ein römischer Gegenangriff stellt den Frieden zwischen Persien und Ostrom wieder her.

554 ▼ **512** Vier Provinzen in Südwestkorea, Mimana genannt, werden dem Königreich Paekche unterstellt.

518 Sung Yun wird von Kaiserin Wu aus der Wei-Dynastie als Gesandter nach Indien geschickt.

524 Das Reich der Wei wird von Ruanruan und von Turkvölkern überfallen.

525 An der Nordgrenze von Wei kommt es zu Aufständen von Soldaten und Nomaden.

AFRIKA

525 Die Äthiopier gewinnen von Dhu Nuwas, einem jüdischen Prinzen, den Jemen zurück und führen das Christentum wieder ein. Sie schaffen einige Kirchenbauten.

543 ▼ **Um 525** Monophysitische christliche Missionare führen ihren speziellen Glauben und ihre klösterliche Tradition in Nubien ein.

502 Die turktatarischen Proto-Bulgaren verheeren das nordgriechische Thrakien, ohne Widerstand seitens Ostroms.

506 Der westgotische König Alarich II. veröffentlicht seinen Gesetzeskodex, das *Breviarium Alaricianum*.

541 ▼ **507** Die Westgoten werden in der Schlacht von Vouillé von den Franken geschlagen und aus Aquitanien vertrieben.

508 Die Ostgoten besetzen die Provence.

Der Frankenkönig Clovis wird als Herrscher Galliens anerkannt.

537 ▼ **510** Der ostgotische König Theoderich beherrscht ein Reich, das von Gallien bis Illyricum (Jugoslawien) reicht.

511 Tod des Clovis; sein Reich wird zwischen den vier Söhnen geteilt.

534 ▼ **516** Das Königreich Burgund nimmt den katholischen Glauben an.

518 Thronbesteigung des neuen byzantinischen Kaisers Justin I. Er erneuert die Orthodoxie und die Beziehungen zu Westrom, womit das 35 Jahre währende Schisma zwischen Ostkirche und Westkirche aufgehoben wird.

524 Der römische Gelehrte und Senator Boethius wird des hochverräterischen Kontakts mit dem oströmischen Kaiser angeklagt, inhaftiert und hingerichtet. Während seiner Haft schreibt er das Werk *De consolatione philosophiae*.

Lydenburg-Skulpturen

Ab der Mitte des 1. Jahrtausends v. Chr. verbreitete sich die Technik der Eisenbearbeitung allmählich über den ganzen afrikanischen Kontinent. Dies geschah aufgrund der Wanderung der Vorfahren der heutigen Bantu, Ackerbau treibender bäuerlicher Gesellschaften. Im Jahr 500 war die Technik auch in Simbabwe bekannt und gelangte von dort nach Ostbotsuana und zur Hochebene des Transvaal in Südafrika. Im Osten des Transvaal, in Lydenburg, fanden Archäologen auch die charakteristischen hohlen Keramikskulpturen, die aus der Zeit um 500 datieren und vermutlich bei religiösen Zeremonien benutzt wurden. Die sehr feine handwerkliche Arbeit weist auf ein hohes Entwicklungsniveau dieser sesshaften Gesellschaft hin.

Byzanz (bis 800)

Parallel zum Untergang Westroms wird Byzanz zur zweiten christlichen Macht. Hauptstadt ist Konstantinopel. Kaiser Justinian versucht kurzzeitig, das gesamte Römische Reich in den alten Grenzen wieder zu einen, seine Nachfolger müssen die von Byzanz beherrschten Teile Westroms jedoch wieder abtreten. Der byzantinische Kaiser ist Stellvertreter Gottes. Im Vordergrund stehen der Kampf gegen die Irrlehre und die Bekehrung der Heiden.

330	Konstantin macht Byzanz zur Hauptstadt.
527	Herrschaft Justinians (bis 565).
529	Unterdrückung der Platonischen Akademie in Athen.
532	Nika-Aufstand in Konstantinopel.
534	Justinian erlässt das *Corpus iuris civilis*.
537	Fertigstellung der Hagia Sophia in Konstantinopel.
717	Konstantinopel von Arabern eingenommen.
726	Bilderstreit (bis 843).

Die Hagia Sophia

Die Hagia Sophia (gr. »Heilige Weisheit«), eine Kathedrale auf dem zentralen Hügel von Konstantinopel, wurde 537 fertiggestellt. Erbaut wurde sie innerhalb von nur sechs Jahren unter Kaiser Justinian I. Ihre Architekten waren Anthemius von Tralleis und Isidoros von Milet. Die Kirche ist der Archetypus der oströmischen dreischiffigen Basilika. Durch die Kuppel, die sich 55 m über dem Boden erhebt, fließt Licht ins Innere. Die Kirchenfenster zeigen Darstellungen aus dem Leben der 40 Märtyrer. Teils erhaltene Mosaiken und Marmorinkrustationen schmücken Wände und Böden.

ASIEN

529 In Korea wird der südliche Zwergstaat Mimana durch Silla, ein aufstrebendes Reich im Südosten Koreas, unterworfen.

530 Nach einem fünfjährigen Krieg schlagen die Byzantiner die Perser in der Schlacht von Dara.

531 Beginn der Herrschaft des Sassaniden Chosrau I. Anuschirwan.

628 ▼
532 Nach einem siebenjährigen Krieg unterzeichnet der persische König Chosrau I. Anuschirwan zusammen mit Justinian den »Ewigen Frieden«.

535 Die Dynastie der Nördlichen Wei zerfällt in einen östlichen und einen westlichen Teil.

645 ▼
538 Der Buddhismus erreicht Japan über Korea.

560 ▼
540 Chosrau kämpft erneut gegen Byzanz, dringt in Syrien ein und plündert Antiochia.

544 Vietnam: Gründung des Königreiches Nam Viet.

548 General Hou Jing führt in Südchina den Aufstand gegen die Liang-Dynastie an und leitet seine Truppen nach Nanjing; Plünderung der Stadt (bis 549).

Um 550 Türkische Stämme (Awaren) beginnen nach Westen zu wandern.

Das Khmer-Reich Chenla löst die Herrschaft des Vorgängerstaates Funan ab.

AFRIKA

572 ▼
531 Der byzantinische Kaiser Justinian versucht Aksum für den Kampf gegen die Perser zu gewinnen.

534 Byzantinische Truppen unter Belisarius besiegen das Wandalenreich. Ein großer Teil Nordafrikas wird nun von Byzanz kontrolliert.

536 Von Rom betriebene Verfolgung der koptischen Kirche verschlechtert die Beziehungen zwischen Aksum und Rom.

540 Das südlich von Ägypten gelegene Kusch teilt sich in drei nubische Reiche: Nobatia, Alodia und Makuria (Dongola).

Um 540 Äthiopische Mönche beginnen mit der Übersetzung der Bibel in ihre Sprache.

543 Koptische Missionare bringen das Christentum in das nubische Königreich Nobatia.

547 Byzanz schlägt den Berberaufstand in Nordafrika nieder.

569 ▼
550 Das nubische Königreich Alodia bekennt sich zum koptischen Christentum.

Um 550 Drakensberge (Südafrika): Bäuerliche Gemeinschaften stellen aufwändige Keramik und Terrakotta-Köpfe her.

EUROPA

526 Theoderich stirbt; Thronfolger sind seine Tochter Amalasuntha und deren Sohn.

Der skythische Mönch Dionysius Exiguus führt den alexandrinischen Zyklus zur Festlegung des Osterdatums ein. Außerdem führt er die kalendarische Anno-Domini-Zählung ein.

527 Justinian I., Neffe Justins I., wird byzantinischer Kaiser.

529 Benedikt von Nursia führt verbindliche Ordensregeln ein und gründet in Monte Cassino eine Benediktinerabtei.

558 ▼ **531** Burgund wird Teil des Frankenreichs.

Thüringen wird von den Franken erobert.

532 Volksaufstand gegen Justinian; kaiserliche Truppen verüben ein Massaker an 30000 Rebellen (Nika-Aufstand).

554 ▼ **533** Das oströmische Reich versucht das weströmische Italien zu erobern.

Ostrom besiegt das Wandalenreich.

534 Das Burgundische Reich wird von den Franken annektiert.

Mit der Überarbeitung von Justinians *Corpus iuris civilis* existiert erstmals ein einheitliches römisches Recht.

535 Invasion des byzantinischen Generals Belisarius in Süditalien.

536 Belisarius nimmt Rom ein.

537 Der Ostgotenkönig Witigis belagert Rom (bis 538).

540 Die Byzantiner nehmen Ravenna ein.

Eine bulgarische Horde verwüstet Thrakien und Makedonien und gelangt bis vor die Mauern von Konstantinopel.

541 Die Franken greifen in Nordspanien das Westgotenreich an. Bei Saragossa werden sie zurückgeschlagen.

542 Die Beulenpest tötet in Konstantinopel Tausende von Menschen. Sie verbreitet sich bis nach Italien.

552 ▼ **546** Der Ostgotenkönig Totila erobert nach einem Jahr Belagerung Rom. Wenig später nimmt Belisarius die Stadt wieder ein.

547 Der Tod von Maelgwyn, des Königs von Gwynedd (Wales), führt zu erneuten germanischen Vorstößen im Westen der Britischen Inseln.

550 Belisarius wird aus Italien abberufen; Totila nimmt erneut Rom ein.

AMERIKA & AUSTRALASIEN

Theoderich der Große

Der Ostgotenkönig Theoderich der Große (493–526) gelangte im Alter von sieben Jahren als Geisel nach Konstantinopel an den Hof des Kaisers Zeno. Mit Einverständnis Zenos gelang es dem erwachsenen Theoderich mit einem Gefolge von etwa 100000 Anhängern, Odoaker aus Italien zu vertreiben und dort die Herrschaft von Byzanz erneut zu installieren. Er erwies sich als geschickter Militärführer und Politiker. Hauptstadt des Ostgotenreichs in Italien wurde Ravenna, Theoderich wurde nach seinem Tod 526 gemäß römischem Brauch in einem beeindruckenden Mausoleum beigesetzt *(oben)*.

Kaiser Justinian

Justinian I. war von 527 bis 565 byzantinischer Kaiser. Auf dem Mosaik in der Kirche San Vitale in Ravenna wird er eingerahmt von Erzbischof Maximian und byzantinischen Priestern und Leibwächtern. Das Mosaik wurde fertig gestellt, kurz nachdem Justinian Ravenna 540 zurückerobert hatte. Das Bild feiert Justinians Erfolg bei der Wiederherstellung der kaiserlichen Macht im Westen. Seine wichtigste Hinterlassenschaft war jedoch das *Corpus iuris civilis* (534), das erste allgemein gültige römische Recht, das das Recht vieler Staaten der westlichen Welt beeinflussen sollte.

Die Westgoten

Im 4. Jh. drangen die Westgoten von Rumänien aus ins Römische Reich vor. Nachdem sie plündernd durch Griechenland und Italien gezogen waren, ließen sie sich im frühen 5. Jh. in Spanien und Frankreich nieder und gründeten dort Königreiche. 475 rief sich ihr Führer Eurich zum unabhängigen König aus. Erhalten sind einige seiner in Latein verfassten Gesetzestexte. Das Westgotenreich reichte unter seiner Herrschaft von der Loire bis jenseits der Pyrenäen und umfasste einen Großteil Spaniens.

***Dieses westgotische Kreuz** stammt aus dem 6. Jh. Die Westgoten waren arianische Christen, d. h. sie verleugneten die Dreifaltigkeit. 589 konvertierten sie jedoch unter König Rekkared I. (586–601) zum römischen Katholizismus ihrer spanisch-römischen Untertanen.*

Die Langobarden

568–569 drangen die Langobarden, ein germanischer Stamm aus Pannonien (dem heutigen Ungarn), in Italien ein. Zwar waren sie schon teilweise romanisiert, es fehlte ihnen jedoch die politische Einheit der Ostgoten. Ihr König Alboin (ca. 560–572) wurde ermordet, genauso wie sein Nachfolger Kleph (572–574). Dem folgte zehnjähriges Interregnum. Angesichts der fränkischen Invasion 584 erneuerten die Langobarden jedoch ihr Königtum mit der Wahl von Authari (583–590) zum König. Unter seiner Herrschaft stabilisierte sich die Situation innen- und außenpolitisch. Dazu trug auch die Ehe des Königs mit der Tochter des bayrischen Herzogs Garibald, Theudelinde, bei.

***Trinkhörner waren** wichtige Objekte der germanischen Kriegerkultur. Kriegsherren verschenkten sie auf Festen an ihre Anhänger.*

ASIEN

551 Beim Erdbeben von Beirut sterben etwa 250 000 Menschen.

552 Nördliche Qi-Dynastie (bis 577).

Der aufständische General Hou Jing wird aus Nanjing vertrieben. Gao Yang begründet auf den Trümmern des Östlichen Wei die Dynastie der Nördlichen Qi und erringt damit die Kontrolle über einen Großteil Nordchinas.

554 Yamato unterstützt Paekche gegen Silla (Korea).

557 Yu Wenjue entthrohnt den letzten Kaiser der Westlichen Wei und begründet die Nördliche Zhou-Dynastie (bis 581).

560 Der persische König Chosrau verbündet sich mit den Westtürken, um die Hephthaliten (Weiße Hunnen) zu besiegen.

589 ▼

Um 560 Türken gründen zwei Staaten: einen in der Mongolei (Osttürken) und einen in der Dsungarei (Westtürken).

570 Das koreanische Königreich Koguryo entsendet seinen ersten Botschafter nach Japan.

610 ▼

Um 570 Geburt des Propheten Mohammed in Mekka.

572 Die Perser vertreiben die Aksumiten aus dem Jemen zurück nach Äthiopien.

574 Die Nördlichen Zhou ergreifen Maßnahmen gegen den buddhistischen Klerus.

AFRIKA

552 In Alexandria (Ägypten) wird der Katholizismus wieder eingeführt, die Kopten wehren sich jedoch.

569 Das nubische Königreich Makuria (Dongola) tritt zum Christentum über.

Um 570 Sef ibn Dhi Yazan gründet das Reich Kanem-Bornu (Sefawa-Dynastie).

EUROPA

552 Ein riesiges byzantinisches Heer besiegt und tötet in der Schlacht von Busta Gallorum den Ostgotenkönig Totila.

553 Mönche schmuggeln die Seidenraupe von China nach Konstantinopel; Beginn der byzantinischen Seidenindustrie.

554 Fränkische Invasion zurückgeschlagen; Italien unter byzantinischer Kontrolle.

Justinians Truppen besetzen Südspanien; ihre Hauptstadt ist Córdoba.

555 Byzanz vollendet die Rückeroberung Italiens und der Südküste des westgotischen Iberia.

557 Ein Erdbeben beschädigt die Hagia Sophia in Konstantinopel.

558 Chlothar I. ist König der Franken.

561 Tod Chlothars I.; das Reich wird zwischen seinen vier Söhnen aufgeteilt.

563 Der irische Missionar Columban beginnt das Christentum in Schottland zu verbreiten.

565 Justinian stirbt nach 38 Jahren Herrschaft. Das dem Neffen des Justinian hinterlassene Reich hat seine größte Ausdehnung erreicht.

567 Die Westgoten vertreiben die Byzantiner aus Westspanien.

Langobarden und Awaren vereinigen sich zum Kampf gegen die Gepiden in Ungarn.

590 ▼ 568 Langobardeninvasion in Italien.

572 Nach drei Jahren Belagerung fällt Pavia an die Langobarden, die Norditalien völlig überrannt haben.

613 ▼ 573 Beginn der großen Bürgerkriege im Frankenreich.

585 ▼ Westgoten erobern Córdoba in Spanien von den Byzantinern zurück.

AMERIKA & AUSTRALASIEN

Sankt Columban

Der um 521 in Irland geborene Columban ist der Abt und Missionar, der mit der Christianisierung Schottlands beauftragt war. Er wurde etwa 551 zum Priester geweiht. Nach der Gründung der beiden Klöster in Derry und Durrow in Irland reiste er mit zwölf Schülern nach Schottland. Auf der Insel Iona errichteten sie eine Kirche und ein Kloster (um 563). Das Kloster von Iona war der Ausgangspunkt der Missionierung Schottlands.

Seine letzten Lebensjahre verbrachte Columban im Kloster von Iona. Er starb 597. Columban wird in der katholischen Kirche als Heiliger verehrt. Columban, seine Anhänger und deren Nachfolger taten mehr für die Verbreitung des Christentums in Großbritannien als die meisten anderen Missionen ihrer Zeit.

Der Maya-Kalender

Die Maya, meisterhafte Astronomen, entwickelten ein numerisches System, das auf 20 Einheiten basiert, die sogar schon die Zahl Null enthielten. Die Zahlen werden als Reihen von Strichen und Punkten geschrieben, die Zahl Null ist durch eine stilisierte Muschel gekennzeichnet. Darauf basierte auch ihr komplexes Kalendersystem, bei dem mehrere Kalender nebeneinanderher liefen. Das Sonnenjahr bestand aus 365 Tagen und 18 Monaten mit je 20 Tagen und fünf Extratagen zum Jahresende, der Ritualkalender aus 270 Tagen, das Mondhalbjahr aus 177 Tagen und das Venusjahr aus 584 Tagen. Der Beginn der Zählung wurde von den Maya auf das Datum 8. September 3114 v. Chr. festgesetzt.

Monte Albán

In Monte Albán, Mexiko, war das Zentrum der mesoamerikanischen Kultur der Zapoteken. Der Beginn der Bauarbeiten datiert auf das 8. Jh. v. Chr. Zur Anlage gehören u. a. Pyramiden, große Plätze und 170 Grabkammern. Vier Tempelplattformen flankieren den auf dem höchsten Hügel befindlichen großen Platz *(oben)*. Voraussetzung für den Bau dieser gewaltigen Anlage war das Vorhandensein einer Elite, die in der Lage war, die Menge an Arbeitskräften, die dafür nötig war, zu mobilisieren. Um 600 war Monte Albán auf dem Gipfel seiner Macht, dann setzte – wohl auch aufgrund von Änderungen im Fernhandel und des Eindringens der Mixteken – der Niedergang ein.

ASIEN

616 ▼

581 Letzter Kaiser der Nördlichen Zhou wird von seinem General Yang Jian (Wendi) entmachtet, Gründer der Sui-Dynastie.

585 Beginn des Baues der Großen Mauer in Nordchina.

589 Die in der Dsungarei ansässigen Westtürken kontrollieren die Seidenstraße.

Chosrau II. von Persien wird bei einem Militäraufstand entthront und flieht nach Konstantinopel.

General Yang Jian greift die Chen-Hauptstadt an, nimmt den Süden ein und eint China unter der Herrschaft der Sui.

605 ▼

591 Der byzantinische Kaiser bringt Chosrau II. im Tausch gegen territoriale Zugeständnisse wieder auf den persischen Thron.

592 Der in Japan stattfindende Kampf zwischen dem Adelsgeschlecht der Soga, die zum Buddhismus übertraten, und dem der Mononobe, die die Shinto-Priester von Izumo und Yamato stellen, sowie der Otomo führt zur Exekution des Kaisers und zum Sieg der Soga mit Herausbildung der Yamato-Kaiser.

595 Erster Nachweis des von indischen Mathematikern benutzten Dezimalsystems.

Um 600 Blüte der Architektur und Bildhauerei in Indien.

Buchdruck in China.

Prinz Shotoku-taishi aus dem Yamato-Geschlecht legt die konfuzianisch-buddhistisch beeinflussten Fundamente des japanischen Tenno-Staates.

AFRIKA

Um 600 Der transsaharische Fernhandel wird von Berbervölkern, den westsaharischen Sanhaja (Zenag) und den Tuareg, dominiert.

Das Reich Ghana, der erste bekannte westafrikanische Staat, wird gegründet.

In ganz Südafrika gibt es Viehzucht und Eisenbearbeitung.

EUROPA

Um 580 Die Awaren, Steppennomaden, gründen in der Großen Ungarischen Tiefebene einen Staat.

582 Der byzantinische Kaiser Tiberius II. muss Sirmium an die Awaren abtreten und zahlt einen Tribut an diese, um den restlichen Balkan zu retten.

629 **585** Die Westgoten besiegen in Nordwestspanien die Sweben.

589 Nach dem Tod des arianischen Westgotenkönigs Leowigild macht das Konzil von Toledo Spanien wieder zu einem katholischen Land.

590 Die Slawen beginnen sich auf dem Balkan anzusiedeln. Sie anerkennen die Herrschaft der Awaren.

Papst Gregor der Große verhandelt mit den Langobarden, um Rom zu retten (bis 604).

Die Langobarden überstehen in Italien die gemeinsamen Angriffe der byzantinischen und der fränkischen Truppen.

617 **592** Der byzantinische Kaiser Maurikios beginnt einen Krieg gegen die Awaren und die Slawen, die nach der Plünderung des Balkans auch Konstantinopel bedrohen.

597 Missionierung der Angelsachsen durch Bischof Augustinus. Er bringt u.a. den König von Kent dazu, zum Christentum zu konvertieren.

603 **598** Byzanz stimmt einem Vertrag zu, der Norditalien den Langobarden überlässt.

AMERIKA & AUSTRALASIEN

Um 600 Auftauchen der Hohokam-Kultur im Südwesten Nordamerikas (mexikanischer Einfluss).

800 In Peru besetzen die Huari ein Gebiet von einer Länge von 900 km entlang der Andenküste. Die Expansion der Huari führt zum Untergang des Moche-Reiches.

700 Das mexikanische Zeremonialzentrum Monte Albán erreicht seinen Zenit.

Das in Bolivien gelegene religiöse Zentrum Tiahuanaco ist die höchst gelegene präkolumbische Stadt der Anden. Zeitweise leben hier bis zu 35000 Menschen.

657 Zenit der Maya-Kultur in Mittelamerika.

***El Ponce, die Steinfigur aus dem Innern** der Kalasasaya, der Tempelplattform mit versenktem Innenhof in Tiahuanaco. Die Gravur ist typisch für diese Kultur.*

Tiahuanaco

Tiahuanaco, eine präkolumbische Ruinenstätte in Bolivien, war einst ein wichtiges Heiligtum, das von bis zu 35000 Menschen bewohnt wurde. Das Kultzentrum bestand aus monumentalen Toren, Steintempeln, versenkten Innenhöfen und Steinstatuen von bis zu 7,6m Höhe. Statuen und Reliefs zeigen die Frontalansicht einer menschenähnlichen Figur mit einem Stab in der Hand, die möglicherweise Viracocha, den Schöpfergott späterer andiner Kulturen, darstellt. Um 500 war Tiahuanaco Zentrum eines großen Staates, mit Regionalverwaltungen und einem Arbeitsdienst als Steuersystem für die Untertanen.

***Farbig bemalte Gefäße** in Form eines Jaguars sind typisch für viele alte Kulturen Südamerikas. Dieses diente wahrscheinlich der Aufbewahrung von Öl für religiöse Zeremonien.*

Sutton Hoo

Um 624 wurde in Sutton Hoo in Ostengland ein angelsächsischer Herrscher in einem Schiff bestattet. Die Holzplanken sind zwar verrottet, aber man kann noch erkennen, dass es sich um ein mastloses, über 24 m langes Plankenschiff handelte. Das Schiffsgrab enthielt eine Reihe von Grabbeigaben, viele davon schwedischen Ursprungs. Neben 41 Objekten aus Gold fand man auch importierte Silberobjekte, darunter byzantinisches Geschirr, ferner Bronzeobjekte wie Schalen und Tassen sowie Löffel aus Vorderasien. Diese Grabbeigaben belegen die Reichweite des Fernhandels dieses Königreichs. Beeindruckende Grabbeigaben sind auch Schwert, Schild und ein Visierhelm im Wikingerstil *(oben)*.

Bronze-Buddha, Thailand

Indische Kaufleute reisten schon sehr früh nach Suvarnabhumi, in das »Land der Götter«, wie Südostasien von seinen Nachbarn seit dem frühen 1. Jahrtausend v. Chr. genannt wurde, um dort die in Rom begehrten asiatischen Waren einzukaufen. Diese gelangten dann auf unterschiedlichen Handelsrouten bis ins Römische Reich. Als Folge der Handelskontakte entwickelten sich einige kleine Handelsniederlassungen in Südostasien zu hindu-buddhistischen Königreichen. Es kam zu Heiraten zwischen Indern und Einheimischen. Diese frühe thailändische Buddha-Darstellung zeigt den starken indischen Einfluss auf die Künstler Südostasiens.

ASIEN

605 Die Perser nehmen unter Chosrau II. den Krieg gegen Byzanz wieder auf.

Der Sui-Kaiser Yangdi reformiert das konfuzianische System der Beamtenprüfungen.

606 Harshavardhana, König von Thaneshar und Kanauj, beherrscht Nordindien (stirbt 647).

607 Erster Beleg für japanische Gesandtschaftsreise nach China.

Tibet vereint (bis 842).

608 Die persische Armee marschiert nach der Besetzung Armeniens nach Vorderasien.

Pulakesin II. aus der Chalukya-Dynastie herrscht im Dekhan (bis 642).

610 Mohammed (Abu-i-kasim), ein Angehöriger der Quraysh, beginnt im arabischen Mekka zu predigen. Er verkündet eine monotheistische Lehre (Allah).

Kaiser Yangdi vollendet den Kaiserkanal, der Yangzhou mit Chang'an (Xi'an) verbindet.

611 Araber dringen in Mesopotamien ein.

614 Persische Armee besetzt Jerusalem und fällt in Vorderasien ein (bis 626).

616 In China bricht ein Aufstand gegen Yangdi aus, der zum Zusammenbruch der Sui-Dynastie führt (bis 617).

618 Gaozu (Li Yuan) gründet die chinesische Tang-Dynastie (bis 906).

619 Die Tang führen ein dreigliedriges Steuersystem mit Steuern auf Getreide und Textilien sowie einem individuellen Arbeitsdienst ein.

632 ▼

622 Beginn der islamischen Ära, gekennzeichnet durch die Hidjra (Mohammeds Auswanderung von Mekka nach Medina).

AFRIKA

615 Islamische Flüchtlinge aus Arabien erhalten in Aksum (Äthiopien) Asyl.

619 Persien erobert endgültig Ägypten.

620 An der ostafrikanischen Küste tauchen chinesische Münzen auf.

625 Erste islamisch-arabische Invasion in Makuria.

602 Nach einem Aufstand der byzantinischen Truppen auf dem Balkan wird der Zenturio Phokas Kaiser.

603 Die Langobarden von Italien bekennen sich zum römischen Katholizismus.

Northumbria, das nördlichste angelsächsische Königreich, schlägt die Schotten in Degsastan.

610 Konstantinopel wird von Herakleios, dem Sohn des Gouverneurs von Nordafrika, angegriffen. Phokas wird gefangengenommen und exekutiert. Byzanz ist kurz vor dem Zusammenbruch.

613 Chlothar II. wird gallischer König (bis 629); Ende des Bürgerkriegs.

614 Chlothar II. erlässt das Edikt von Paris, einen Versuch, die Korruption einzudämmen. Er setzt für die Teilreiche Austrien und Frankoburgund eigene Hausmeier ein, Neustrien bleibt unter seiner direkten Herrschaft.

627 ▼

616 Northumbria besiegt in Chester die Briten (Britonen).

640 ▼

617 Die Slawen gelangen auf ihrer Wanderung nach Süden vor die Tore Konstantinopels.

628 ▼

622 Kaiser Herakleios führt einen Gegenangriff gegen die Perser durch.

624 Die Westgoten vertreiben die Byzantiner endgültig aus Südiberia. Letzte byzantinische Garnisonen aufgegeben.

Um 624 In Sutton Hoo, Suffolk, wird einem angelsächsischen König in sein Schiffsgrab ein Goldschatz mitgegeben.

Grabfiguren der Tang

Unter der Tang-Dynastie wird China im Jahr 618 zu einem Riesenreich von etwa 60 Millionen Einwohnern vereinigt, das bis nach Zentralasien reicht. Die Tang-Kultur hinterließ unzählige Malereien, Skulpturen, Keramiken, Textilien und Schriftstücke. Die inflationäre Massenproduktion von Grabfiguren *(oben)* erforderte Gesetze zur Begrenzung von Anzahl und Größe dieser Grabbeigaben. Sie wurden meist in Gussformen angefertigt und bestanden aus bemalter oder glasierter Keramik. Die oben abgebildete Figur ist Teil eines Paares.

Ausbreitung des Islam (622–850)

Bis 750 hatte sich der um 622 von Mohammed begründete Islam durch Kriege und Handel von der Arabischen Halbinsel bis nach Persien, Vorderasien, Zentralasien und Nordafrika ausgebreitet. Islam bedeutet »Ergebung«. Zur Pflicht der Gläubigen gehört die bedingungslose Unterwerfung unter den Willen Gottes (Allah) und die Befolgung der fünf Pflichten (fünf Säulen): Aufsagen des Shahada (Glaubensbekenntnis), fünf tägliche Gebete, Almosen geben, Fasten während des Ramadan und der Hadjdj (Pilgerreise nach Mekka).

622	Beginn des islamischen Kalenders mit der Hidjra (Auswanderung) Mohammeds.
632	Tod Mohammeds; Nachfolger ist Abu Bakr (bis 634).
633	Heiliger Krieg in Syrien, Palästina und im Irak (bis 640).
634	Kalifat von Omar (bis 644).
637	Krieg in Mesopotamien.
642	Krieg in Ägypten.
644	Kalifat von Uthman (bis 646).
656	Imamat von Ali (bis 661).
651	Heiliger Krieg in Westpersien.
661	Omaijaden-Kalifat (bis 750).
664	Krieg von Kabul.
692	Bau des islamischen Felsendoms in Jerusalem.
711	Invasion der Iberischen Halbinsel.
718	Christen stoppen arabische Ausbreitung in der Schlacht von Covadonga, Spanien.
732	Arabische Armeen bei Poitiers gestoppt.
750	Abbasiden-Kalifat begründet.
751	Arabische Armee besiegt die Chinesen am Talas.
756	Unabhängiges Omaijaden-Kalifat in Córdoba begründet (bis 1031).
762	Bagdad wird Hauptstadt der Abbasiden.
800	Herrschaft der Aghlabiden in Tunesien, Algerien und auf Sizilien (bis 909).
819	Herrschaft der Samaniden in Khorasan und Transoxanien (bis 1005).
836	Samarra wird neue Hauptstadt der Abbasiden.

Mohammed beim Besuch der Kaaba in Mekka. *Nach islamischer Vorstellung wurde der Tempel, der das spirituelle Zentrum der islamischen Welt bildet, von Abraham und seinem Sohn Ismael gebaut. Dies ist eine der seltenen, im Islam in der Regel nicht erlaubten Abbildungen des Propheten.*

ASIEN

626 Gaozus Sohn Taizu ermordet seine Brüder und zwingt den Vater abzudanken. Chinas kaiserlicher Hof wird buddhistisch.

627 Der byzantinische Kaiser Herakleios schlägt im Bündnis mit den mongolischen Khazar die persische Armee bei Ninive.

628 Herakleios besiegt die Sassaniden, die daraufhin ein Friedensangebot und territoriale Zugeständnisse machen.

Mohammed und seine Anhänger pilgern von Medina nach Mekka.

629 Der chinesische Mönch Xuanzang bringt die buddhistischen heiligen Schriften von Indien nach China.

630 Nach der Einnahme Mekkas übernimmt Mohammed dort die Regierung.

Tang-Dynastie besiegt die Osttürken. Erste japanische Gesandtschaft am Tang-Hof.

632 Tod Mohammeds; Nachfolger: Abu Bakr (bis 634). Beginn der arabischen Expansion.

633 Muslime beginnen in Syrien und Mesopotamien einen Heiligen Krieg.

634 Omar wird Kalif (bis 644).

659 ▼ **636** Byzantinische Armee wird von Muslimen am Jarmuk in die Flucht geschlagen.

637 Arabischer Krieg in Mesopotamien. Die Sassaniden-Hauptstadt Ktesiphon wird eingenommen.

Die Araber besiegen die Perser bei Al Qadisiya; Jerusalem wird erobert.

640 Tang-Truppen in Turfan (Zentralasien).

641 Nestorianische Christen erreichen aus Persien kommend China.

642 Araber schlagen Sassaniden bei Nehavend; Untergang des Sassaniden-Reiches.

656 ▼ **644** Tod von Omar; Uthman wird Kalif.

668 ▼ Tang-Offensive gegen Koguryo in Korea.

645 Kontrolle des japanischen Thrones durch Soga-Familie endet mit Ermordung von Soga Iruka bei einem Staatsstreich.

685 ▼ Buddhismus erreicht Tibet.

646 In Japan reformiert Prinz Shotokutaishi mit der »Siebzehn-Artikel-Verfassung« den Staat (Beamtenschaft, Buddhismus, konfuzianistische Bildung).

647 Tod des Harshavardhana.

Um 650 Auf Sumatra, Indonesien, wird ein hinduistisches Königreich gegründet.

AFRIKA

634 Arabische Muslime nehmen die aksumitische Stadt Massawa (Äthiopien) vom Roten Meer aus ein.

641 Beginn des Arabischen Krieges in Unterägypten.

652 ▼ **642** Ägypten ergibt sich den Arabern, die nach Süden Richtung Nubien vorrücken. Gründung der neuen islamischen Hauptstadt Kairo.

Araber nehmen Alexandria ein, den letzten byzantinischen Außenposten in Ägypten.

643 Arabische Streitkräfte erreichen die Cyrenaika und Tripolitanien.

646 Gregor, Gouverneur von Karthago, lehnt sich gegen Kaiser Constans II. auf.

670 ▼ **647** Die Araber plündern die byzantinische Afrikaprovinz, entthronen den Gegenkaiser Gregor und beenden damit den afrikanischen Aufstand.

EUROPA

626 Konstantinopel wird von einer vereinten Streitmacht von Persern und Awaren angegriffen. Awarische Flotte wird zerstört, die Stadt gerettet.

627 König Edwin von Northumbria tritt zum christlichen Glauben über.

629 Der gallische König Chlothar II. stirbt; Nachfolger ist sein Sohn Dagobert I.

Die Westgoten befreien Spanien von der byzantinischen Herrschaft.

635 Kaiser Herakleios verbündet sich mit dem bulgarischen Khan Kuvrat, um Konstantinopel vor den Awaren zu schützen.

667 ▼ **639** Tod Dagoberts; das Königreich wird zwischen den beiden Söhnen geteilt.

Um 640 Die Slawen gründen unter Führung des fränkischen Kaufmanns Samo in Böhmen das so genannte Samo-Reich.

655 ▼ **642** Oswald, der christliche König von Northumbria, wird bei Maserfelth von Penda, dem heidnischen König von Mercia, ermordet.

652 ▼ **643** *Edikt von Rothari:* erste schriftliche Gesetzessammlung der Langobarden.

655 ▼ **649** Die Araber erobern Zypern.

675 ▼ **Um 650** Die Khazar besiegen Großbulgarien in Südrussland.

AMERIKA & AUSTRALASIEN

650 Bau der mesoamerikanischen Städte Xochicalco and Cacaxtla.

Um 650 Bewohner der Osterinsel beginnen mit dem Bau der immensen sakralen Steinplattformen *(Ahu)*.

Der Thron des Dagobert

Die fränkische Merowinger-Dynastie wurde von Clovis (reg. etwa 481–511) begründet. Bis zur Mitte des 6. Jh. erlangten die Merowinger die Macht über nahezu das gesamte römische Gallien, und es gelang ihnen, einen großen Teil Mitteleuropas zu erobern. Da die Franken das Reich üblicherweise zwischen den Erben teilten, herrschte kaum ein König über das ganze Fränkische Reich. Dagobert I., der von 629 bis 639 König war, ist die Ausnahme. Sein Thron ist ein beeindruckendes Symbol der fränkischen Macht.

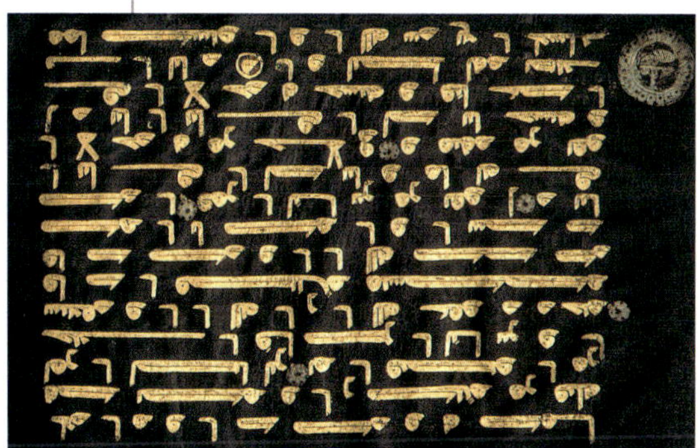

Der Koran

Der Koran enthält nach islamischer Vorstellung das Wort Gottes, so wie es dem Mohammed durch den Engel Gabriel verkündet wurde. Die Anhänger des Propheten schrieben den Text in der vorliegenden Form um 650 nieder. Darin findet man neben religiösen Regeln auch Vorschriften zur Führung eines gottesfürchtigen Lebens, darunter Gesetze zu Hygiene, Erbschaft, Mitgift und Heirat, sowie Streitgespräche zu den Themen Handel, Gesetz sowie Krieg und Frieden. Das Buch ist in Arabisch verfasst. Für islamische Geistliche führt jede Übersetzung des Korans zu einer Minderung von dessen göttlicher Autorität. Mit Sorgfalt wurden Abschriften des Korans gefertigt wie diese kufische Handschrift aus Kairouan, Tunesien, geschrieben in Gold auf Schwarz.

Das hinduistische Kambodscha

Diese aus Kambodscha stammende Statue der hinduistischen Göttin Uma (auch als Parvati bekannt) datiert auf das 7. Jh. Mit den Handelskontakten mit Indien kamen viele Elemente indischer Kultur nach Südostasien, darunter der Hinduismus, ferner indische Konzepte von Königtum und Gesetzgebung, indische Kunst- und Architekturstile. Die lokalen Herrscher nutzten die indischen Vorstellungen vom Königtum zur Stärkung ihrer Macht innerhalb der sich schnell entwickelnden südostasiatischen Gesellschaften.

ASIEN

655 Jazdegerd III., der letzte Sassaniden-König, der nach seiner Niederlage gegen die Perser floh, wird ermordet. Die Araber nehmen Kabul und Kandahar ein.

656 Kalif Uthman wird in Medina ermordet; erster Bürgerkrieg. Ali, der Schwiegersohn Mohammeds, erringt das Kalifat (bis 661).

651 Die Araber fallen in Persien ein.

657 Der indische Mathematiker Brahmagupta veröffentlicht eine mathematische Studie, die auch als wichtiges astronomisches Grundwerk gilt. Er verwendet hier die seit etwa 500 in Indien bekannte Zahl Null sowie ein Dezimalsystem.

Tang-China und die Uiguren fügen den Westtürken eine ernste Niederlage bei.

659 Byzanz und der arabische Heerführer vereinbaren einen Waffenstillstand in Syrien.

660 Die Streitkkräfte der Tang unterstützen Silla (Korea) im Kampf gegen Paekche.

Um 660 Tang-Truppen in Indien und Zentralasien.

678 ▼ **661** Beginn des Omaijaden-Kalifats (bis 750) mit Damaskus als Zentrum.

Kalif Ali wird in Kufa, Mesopotamien, ermordet.

Chinesische Verwaltung in Kaschmir, Zentralasien, und an den Grenzen Ostpersiens.

698 ▼ **668** Tang-Truppen zerstören Koguryo (Korea); Flüchtlinge fliehen in die Mandschurei.

Der König von Silla erobert Koguryo und Paekche mit Unterstützung von China zurück und erringt die Macht über die Halbinsel Korea, die nun unter der Herrschaft der Silla-Dynastie geeint ist. Die Mandschurei und Korea sind damit unter chinesischer Kontrolle.

670 Das osttürkische Khanat von Orkhon wird nach der Zerstörung durch China wieder aufgebaut.

692 ▼ Die Tibeter kontrollieren das Tarimbecken.

AFRIKA

651 Arabische Muslime fallen erneut in Nubien ein.

652 In Ägypten vereinbaren christliche Nubier mit den Arabern, dass Assuan am Nil die Grenze für die arabische Invasion bildet.

670 Die Araber vollenden die Eroberung Nordafrikas. Sie herrschen nun von Ägypten bis Ostalgerien.

Gründung der Stadt Kairouan in Tunesien.

652 Der Nachfolger des langobardischen Königs Rothari, Airpert, wird in Pavia getauft.

653 Der langobardische König Rekkeswind erlässt die *Lex Visigothorum*, die auf römischem Recht basiert. Sie gilt für alle Bewohner des Reiches.

654 Die Araber überfallen Rhodos und plündern die Insel.

655 Byzanz wird in einer großen Seeschlacht vor der kleinasiatischen Küste von den Arabern geschlagen. Die arabische Flotte beherrscht nun das östliche Mittelmeer.

679 ▼ Northumbria besiegt Mercia bei Winwaed.

663 Der byzantinische Kaiser Constans II. fällt in Italien ein und plündert Rom.

687 ▼ **664** Synode von Whitby. »Römisches« Christentum statt des »keltischen« als gültige Religion festgelegt.

Pestepidemie auf den Britischen Inseln.

687 ▼ **667** Der Tod von Childerich II. führt zu anarchischen Zuständen im Fränkischen Reich.

668 Kaiser Constans II. wird während eines Aufstands in Syrakus (Sizilien) ermordet.

674 Die Araber belagern Konstantinopel, können es aber nicht einnehmen (bis 678).

675 Die Bulgaren siedeln in Gebieten südlich der Donau und gründen das erste bulgarische Königreich (Ostbulgarien).

700 ▼ **657** Pacal wird König von Palenque. Das religiöse Zentrum der Maya ist auf dem Höhepunkt seiner Macht.

Die Krone des Rekkeswind

Die kostbare, aus Weihgold bestehende Krone des westgotischen Herrschers über Spanien, König Rekkeswind (reg. 649–672), spiegelt die engen Beziehungen zwischen diesem germanischen Herrscher und der römischen Kirche wider.

Die Westgoten gehörten zu den ersten germanischen Völkern, die das (als ketzerisch betrachtete) arianische Christentum zugunsten der römischen Variante ablehnten. Sie setzten ihrem Glauben in einer Vielzahl von Basiliken ein Denkmal und auch durch zahlreiche charakteristische westgotische Kunstobjekte: kompliziert gearbeitete und geschmückte Broschen in Kreuzform.

Im 20. Jh. fanden Archäologen in den Grabstätten von Silla zahlreiche Goldobjekte wie diese kompliziert gearbeiteten Ohrringe.

Königreich Silla

Zwischen 57 v. Chr. und 668 war Korea in drei Königreiche aufgeteilt: Koguryo im Norden, Paekche im Südwesten und Silla im Südosten. Nach erfolgreichen Kriegszügen gegen die beiden anderen Reiche gelang es Silla schließlich, ganz Korea zu beherrschen (bis zum 9. Jh.). Alle drei Gesellschaften waren hierarchisch strukturiert und wurden von einer Erbaristokratie beherrscht. Die Elite wurde in monumentalen Grabstätten mit reichen Grabbeigaben bestattet. Die Grabkammern waren aus Holz (später auch Ton) und enthielten einen mit Steinen beschwerten Sarg.

Die Architekten von Palenque verschönerten die Außenwände mit einem Gipsverputz. Die Innenwände wurden mit Basreliefs aus Stuck verziert.

Palenque

In der spätklassischen Zeit (600–900), nach einer vorangegangenen Krise, breitete sich die Maya-Kultur weiter aus. Neben den alten Zentren entstanden nun neue. Städte wurden wieder aufgebaut oder entstanden ganz neu. Dazu gehört etwa auch das im Flusstal des Usumacinta gelegene Palenque. Dächer im Mansardenstil schmückten Pyramiden und Paläste. Sie waren mit Terrakottabildern und Stuckreliefs verziert, die Herrscher, Göttern und Zeremonien zeigten. Zu den am besten erhaltenen Gebäuden gehört der »Tempel der Inschriften«, in dessen Inneren sich drei riesige, mit Hieroglyphen bedeckte Steinplatten befanden. Unter dem Tempel fand man 1952 eine Grabkammer, im Sarkophag die Überreste eines sehr großen Mannes, den man als Pacal, Herrscher von Palenque, identifizierte.

***Aus Jade gefertigte** Totenmaske des Pacal, der im 7. Jh. in Palenque herrschte und dort begraben wurde. Sein Grab enthielt den wertvollsten je in einem Maya-Grab gefundenen Jadeschatz.*

ASIEN

678 Der Gouverneur von Damaskus, Jazid, Sohn des ersten Omaijaden-Herrschers, wird zum Kalifen gewählt.

680 Husain, Sohn des Ali (Mohammeds Schwiegersohn), erhebt sich gegen die Omaijaden und wird in der Schlacht von Kerbela, Mesopotamien, getötet. Spaltung zwischen islamischen Schiiten (Schia Ali) und Sunniten. Für Schiiten kann nur ein legitimer Nachfahre des Propheten geistiger Führer sein. Husain wird zum schiitischen Märtyrer.

Häufige Einfälle Tibets in Nordwestchina und Zentralasien.

682 Abdullah ibn Zubair wird zum Kalifen von Arabien, Mesopotamien und Ägypten ernannt. Mekka und Medina unterstützen sein Kalifat.

683 Der türkische Khan Kutlugh plündert die chinesische Region Zhan Yu.

705 ▼ Tod des chinesischen Kaisers Gaozu. Seine Konkubine Wu Zhao ergreift die Macht und begründet die Zhou-Dynastie.

684 Omaijaden besiegen bei Marj Rahit, Syrien, die Qays, die ibn Zubairs Anspruch auf das Kalifat unterstützen.

685 Abd al-Malik ibn Marwan wird Omaijaden-Kalif. Neue Verwaltungsstruktur, weitere Islamisierung und Arabisierung des Reiches.

710 ▼ Der Buddhismus wird japanische Staatsreligion.

690 Kalif Abd al-Malik besiegt an den Ufern des Tigris den mesopotamischen Gouverneur Musab, einen Bruder des Rebellen ibn Zubair.

Das malayische Königreich Srivijaya besiegt Malayu, gründet in Palembang (Sumatra) eine Hauptstadt und nimmt den Buddhismus an.

692 Die Kuppel des muslimischen Jerusalemer Felsendoms wird vollendet.

China erobert das Tarimbecken von Tibet zurück.

693 Armenien fällt an die Araber.

705 ▼ Die Omaijaden schlagen den Aufstand ibn Zubairs nieder und nehmen Mekka ein. Abd al-Malik wird Herrscher des Omaijaden-Reichs.

695 Erste arabische Münzprägung.

696 Arabisch wird Verkehrssprache des Omaijaden-Reichs.

698 Flüchtlinge aus Koguryo gründen in der Mandschurei das Reich Pohai.

Um 700 In Nara, Japan, werden Holztempel gebaut.

AFRIKA

678 Arabische Truppen erreichen unter der Führung von Okba Ibn Nafi die nordafrikanische Atlantikküste.

Um 690 Am Oberlauf des Niger in Westafrika wird das Reich Gao gegründet.

698 Die Araber besetzen Karthago und beenden damit die byzantinische Herrschaft in Nordafrika. Sie gründen Tunis.

Die Araber unterdrücken einen Berberaufstand im ostalgerischen Aurèsgebirge.

742 ▼ **Um 700** Das westafrikanische Königreich Ghana wird mächtiger. Es kontrolliert die transsaharischen Handelsrouten, vor allem den Goldhandel.

750 ▼ Madagaskar wird von Malaien aus Südostasien besiedelt.

EUROPA

678 Byzanz verteidigt Konstantinopel gegen arabische Angriffe mithilfe von »griechischem Feuer« – einer explosiven Mischung, vermutlich aus Schwefel, Steinsalz, Harz und Erdöl. Araber und Byzantiner unterzeichnen einen Friedensvertrag.

679 Mercia erobert von Northumbria die Stadt Lindsey.

680 Herzog Erwich besiegt den Westgotenkönig Wamba und macht Zugeständnisse an den aufrührerischen Adel.

681 Nach dem Sieg über Byzanz gründen die Bulgaren im Donaudelta einen Staat.

682 Wilfrid bekehrt die Sachsen von Sussex (Südengland) zum Christentum.

685 Der letzte bedeutende König Northumbrias wird von den Pikten bei Nechtansmere getötet.

687 Die Isle of Wight wird als letztes englisches Gebiet zum Christentum bekehrt.

715 ▼ Der austrasische Hausmeier Pippin II. siegt in der Schlacht von Tertry über seinen neustrischen Rivalen. Das Fränkische Reich ist unter einem König geeint.

690 Der northumbrische Mönch Willibrord predigt den heidnischen Friesen.

In Makedonien und Thrakien ansässige Slawen werden von Byzanz unter der Führung von Justinian II. besiegt.

692 Das ökumenische Konzil von Konstantinopel beschließt, dass der Patriarch von Konstantinopel dem Papst der Westkirche gleichgestellt ist. Das reformfreudige Konzil geht so weit, dass es Priestern die Heirat erlauben will – gegen den Willen des Papstes.

693 Byzanz bricht den Friedensvertrag mit den Arabern, verliert dann aber die Schlacht von Sebaste (Samaria).

711 ▼ **694** Das Konzil von Toledo von 694 beschließt eine Verschärfung der Judenverfolgung. Jüdischer Besitz wird konfisziert, Juden verlieren ihre Rechte.

705 ▼ **695** Justinian II. wird von Leontius gestürzt. Er flüchtet ins Asyl zu den Krimbulgaren.

697 Venedig ist mittlerweile eines der weltweit bedeutendsten Handelszentren. Unter der Regentschaft der Dogen wird die Republik ausgerufen.

700 Im oströmischen Reich ist Griechisch statt Latein die Amtssprache.

Um 700 In Nordengland wird das angelsächsische *Lindisfarne-Evangeliar (Book of Kells)* geschrieben.

AMERIKA & AUSTRALASIEN

Um 700 In Nordamerika werden neuartige Werkzeuge und Waffen hergestellt, wie etwa Pfeil und Bogen und Hacken. Sie verändern die indianische Gesellschaft.

Der Südwesten Nordamerikas wird durch die Kulturen der Hohokam, Mogollon und Anasazi dominiert. Sie stellen hochwertige Keramik her.

Die mexikanische Stadt Teotihuacán wird durch eine Feuersbrunst zerstört und von ihren Bewohnern verlassen.

Das mexikanische Zeremonialzentrum Monte Albán wird aufgegeben.

850 ▼ Die Maya-Kultur hat ihren Höhepunkt erreicht. In Palenque, einem bedeutenden religiösen Zentrum, befinden sich der »Tempel der Inschriften« und der »Tempel des Kreuzes« im Bau. Die Maya-Stadt Tikal wird wiederaufgebaut.

Nordperu wird vom Chimú-Reich beherrscht. Hauptstadt ist Chan Chan.

850 ▼ Die polynesischen Vorfahren der Maori erreichen Aotearoa, die Nordinsel Neuseelands.

Mittelalterliche Buchmalerei

In Northumbria erblühte zu dieser Zeit die Buchmalerei. Mit der Gründung der Klöster Lindisfarne, Wearmouth und Jarrow gewann Bildung und damit auch das Schreiben und die Buchmalerei eine immer größere Bedeutung. In den in irischer Tradition stehenden Klöstern lehrten irische Mönche ihre englischen Brüder die typisch keltische spiralförmige und verschlungene Ornamentik.

Das Evangeliar von Lindisfarne *(oben) zeigt die Verschmelzung irischer, klassischer und byzantinischer Buchmalerei.*

Europäisches Christentum (400–850)

Die 410 erfolgte Plünderung Roms schockierte die damalige römische Welt. Das Auftauchen der so genannten Barbaren bedeutete jedoch nicht das Ende des Christentums. Es gelangte durch Missionierung bis in die entferntesten Ecken Europas.

404	Lateinische Bibelübersetzung (Vulgata) durch Hieronymus.
410	Die Goten plündern Rom.
432	St. Patrick erreicht Irland.
Um 500	Der Frankenkönig Clovis wird getauft.
526	Dionysius Exiguus entwickelt die Jahreszählung nach *Anno Domini*.
529	Benedikt gründet ein Kloster in Monte Cassino und legt die Ordensregeln fest.
563	St. Columban gründet ein Kloster auf Iona.
590	Gregor der Große wird Papst.
597	Augustinus, Apostel der Angelsachsen, beginnt die Bekehrung angelsächsischer Könige.
604	Erste Kirche von St. Paul in London erbaut.
637	Jerusalem wird von Muslimen eingenommen.
653	Bekehrung der Langobarden zum Christentum.
664	Synode von Whitby: »Römisches« Christentum in England angenommen.
Um 725	Willibrord: erste Mission Skandinaviens.
722	Bonifatius wird deutscher Bischof.
793	Die Wikinger plündern Kloster Lindisfarne.

Feldzüge der Araber

Die Araber drangen ostwärts bis nach Sind vor (711). Im Westen gelang es Ihnen, das westgotische Spanien einzunehmen. Die meisten Christen und die Juden blieben in Al-Andalus (maurisches Spanien). Einige flüchteten nach Nordspanien, wo sie sich Grenzkämpfe mit den Mauren lieferten.

***Die persische Miniaturmalerei** zeigt arabische Kavallerie auf Dromedaren. Mit diesen Reittieren konnten sehr schnell große Strecken ohne Futter- und Tränkpause zurückgelegt werden.*

Kosmopolitische Tang

Zu Zeiten ihrer größten Ausdehnung reichte die Macht der Tang bis nach Zentralasien. Das China der Tang-Zeit war eine sehr kosmopolitische Gesellschaft. Unter den beachtlichen nichtchinesischen Gemeinden befanden sich u. a. Türken, Perser, Araber, Sogden und Japaner. Glasierte Keramikfiguren von Lastkamelen *(unten)* spiegeln die ausgedehnten Handelsbeziehungen zwischen Zentralasien und dem Mittelmeerraum wider, etwa über die Seidenstraße.

ASIEN

701 In Japan wird der umfassende Taiho-Kodex erlassen, der u. a. den Tenno (Kaiser) zum absoluten Herrscher macht.

705 Walid I. folgt seinem Vater Abd al-Malik auf den Omaijaden-Thron. Beginn des Baues der Großen Moschee in Damaskus.

Die chinesische Kaiserin Wu wird bei einem Staatsstreich abgesetzt.

741 ▼ **710** Nara-Zeit in Japan (bis 794). Nara wird Hauptstadt und Zentrum des japanischen Buddhismus und des Kaiserhofes.

750 ▼ **711** Die Araber dringen unter Mohammed ibn al-Kassim in Indien ein und erobern Sind und Teile des Punjab.

751 ▼ **712** Die Araber besetzen Samarkand. Die Stadt wird zum Zentrum arabischer Bildung.

Mit der Inthronisierung des Tang-Kaisers Xuanzong endet die instabile Periode des chinesischen Reiches.

725 In China halten staatliche Pferdezuchtbetriebe 420 000 Pferde für die Regierung zur Verfügung.

Um 725 Die chinesische Hauptstadt Chang'an (Xi'an) ist die größte Stadt der Welt.

AFRIKA

705 Beginn des Wiederaufbaus der christlichen, aus dem 5. Jh. stammenden Kathedrale in Faras, Nubien.

Um 725 In ganz Ost- und Südafrika entstehen Felskunstwerke.

EUROPA

705 Konstantinopel wird von dem bulgarischen Khan Terwel angegriffen, der den im Exil befindlichen Kaiser Justinian II. wieder auf den byzantinischen Thron bringt.

710 Der Rebellenführer Roderich wird zum König der Westgoten gewählt. Das Königreich ist jedoch weiterhin von instabilen Verhältnissen geprägt.

711 Die repressive Regierung Justinians II. führt zum von den türkischen Khazaren unterstützen Krim-Aufstand. Die Aufständischen ziehen nach Konstantinopel und töten in einer Schlacht den byzantinischen Kaiser.

Islamische Truppen überqueren, geführt von Tarik, die Straße von Gibraltar und erobern das westgotische Spanien.

Spanische Juden erhalten unter der maurischen Herrschaft größere Rechte.

728 ▼ **712** Liutprand wird langobardischer König und versucht Italien zu einen.

715 Beim Tod Pippins II. wird dessen illegitimer Sohn Karl Martell Hausmeier des austrasischen Hofes und damit die entscheidende Macht hinter dem fränkischen Thron.

716 Aethelbald erkämpft sich den Thron von Mercia; das Königreich beherrscht ganz England südlich des Humber.

730 ▼ Karl Martell besiegt seine neustrischen Rivalen in der Schlacht von Amblève.

Die Araber erobern Lissabon.

717 Konstantinopel von einer arabischen Armee (80 000 Soldaten) belagert.

718 Siegeszug der Muslime in Spanien in der Schlacht von Covadonga gestoppt.

Der byzantinische Kaiser Leo III. kann die Belagerung von Konstantinopel abwehren; die arabische Expansion wird vorerst gestoppt.

719 Der Papst entsendet den westsächsischen Mönch Winfrid (den späteren Bonifatius) als Missionar nach Deutschland.

732 ▼ **721** Die arabischen Mauren greifen die Franken an, werden aber bei Toulouse von Fürst Eudo besiegt.

722 Bonifatius wird deutscher Bischof.

731 ▼ **725** Der northumbrische Mönch Beda Venerabilis setzt mit seinem Werk *De temporum ratione* (»Über die Zeitrechnung«) in ganz Europa einen neuen Standard der Zeitrechnung nach Christi Geburt.

AMERIKA & AUSTRALASIEN

Christliche Fresken in Faras

Im 5. und 6. Jh. zogen monophysitische christliche Missionare von Ägypten nach Nubien. Im Königreich Nobatia, zwischen dem ersten und dem dritten Katarakt des Nils, befand sich die monophysitische Residenz Faras. Dort wurde im 8. Jh. auf aus dem 5. Jh. stammenden Grundmauern die berühmte der Heiligen Anna gewidmete Kathedrale erbaut. Ihre Wände waren reich mit Fresken bedeckt, die Könige, religiöse Szenen und Heilige darstellten. Die christliche nubische Kultur hielt dem Vordringen des Islam im 7. Jh. sehr lange stand.

Große Moschee, Damaskus

Die Große Moschee von Damaskus gehört zu den großen religiösen Bauwerken, die unter der Omaijaden-Herrschaft entstanden. Sie wurde zwischen 705 und 715 auf den Grundmauern einer früheren christlichen Kirche erbaut. Der Bau mit mehrschiffigem Betsaal und Arkadenhof war Vorbild für alle weiteren omaijadischen Moscheen.

Keltischer Abendmahlskelch *aus Ardagh, County Limerick, ein beeindruckendes, wunderbar gearbeitetes Beispiel der irischen Klosterkultur.*

Nordeuropäische Christen

Der in ganz Europa berühmte englische Mönch und Gelehrte Beda war maßgeblich an der kulturellen Blüte Nordeuropas beteiligt. Seine englische Kirchengeschichte *Historia ecclesiastica gentis Anglorum* (731 beendet), ein informatives, gut recherchiertes und gut lesbares Werk, machte ihn zum »Vater der englischen Geschichtswissenschaft«. Seine wegen ihrer Klarheit beliebten Bibelkommentare wurden in ganz Europa von Kloster zu Kloster weitergereicht. Der hinter den Klostermauern von Jarrow lebende Beda beeinflusste Bildung und Literatur seiner Zeit.

Viele britische Mönche reisten dagegen lieber als Missionare in Europa herum, um Heiden zu bekehren und Klöster zu gründen. Bonifatius etwa, ein Zeitgenosse Bedas, war wohl einer der erfolgreichsten Missionare der weströmischen Kirchengeschichte. Er wurde etwa 675 in Devon, England, geboren. Mit der Missionierung der Heiden in Deutschland wurde er vom Papst beauftragt, der ihn schließlich zum Erzbischof weihte. In dieser Funktion konnte er neben der Missionierung in Hessen, Thüringen und Bayern auch Bischofssitze gründen. Er starb als Erzbischof von Mainz bei seiner letzten Friesenmission, erschlagen von Räubern.

Handschrift von *Bedas* Lebensbeschreibung des hl. Cuthbert *aus dem 12. Jh. Seine Schriften wurden im Mittelalter sehr oft kopiert und mit Illustrationen versehen.*

ASIEN

733 Die Zahl der Staatsbeamten steigt in China auf 17 680.

739 Die in Kleinasien eingedrungenen Araber werden von byzantinischen Streitkräften in der Schlacht von Akroinon besiegt.

741 Im Schiitenaufstand von Kufa, Mesopotamien, wird Zaid, der Enkel des schiitischen Märtyrers Husain (al-Husayn), getötet.

Die japanische Regierung beschließt den Bau buddhistischer Tempel in ganz Japan.

756 ▼

742 Der chinesische Kaiser Xuanzong fördert den Daoismus. Buddhismus wird verfolgt.

780 ▼

745 Gründung des Uiguren-Reiches (bis 840).

751 ▼

Chin. Gegenoffensive gegen die Araber in Transoxanien und südlich vom Balchaschsee.

747 Im persischen Khorasan führt Abu Moslem einen Abbasiden-Aufstand gegen die Omaijaden an. Die Abbasiden führen ihre Abkunft auf Mohammeds Onkel Abbas (al-Abbas) zurück.

754 ▼

749 Kalif Marwan wird als letzter Omaijaden-Herrscher von den Abbasiden in der Schlacht am Sab, Syrien, geschlagen. Die Abbasiden gewinnen damit die geistliche und politische Macht über den größten Teil der islamischen Welt.

Um 750 Muslimische Kaufleute bringen den Islam nach Kerala, Südwestindien.

Pala, letztes großes buddhistisches Königreich Südasiens, auf seinem Höhepunkt.

AFRIKA

737 Christen dringen von Süden aus in Ägypten ein, um den Patriarchen von Alexandria zu retten, der von Marwan II. aus der Marwaniden-Dynastie gefangen genommen wurde.

740 Muslimische Kaufleute aus Arabien und Persien treiben an der ostafrikanischen Küste Handel.

742 Die Araber schlagen den Aufstand der Charidjiten (Schiiten, zweite islamische Sondergemeinschaft) und der Berber in Nordafrika nieder.

745 Nubier und Äthiopier dringen in Ägypten ein und besetzen zeitweise Kairo. Der Kalif kapituliert.

Um 750 Nordafrikanische Kaufleute beginnen mit dem transsaharischen Goldhandel mit westafrikanischen Königreichen.

726 Ikonoklasmus (Bildersturm); der byzantinische Kaiser Leo III. verbietet die Verehrung von Heiligenbildern (bis 843). Es kommt zu gewalttätigen Aufständen.

727 Der Papst stellt sich gegen den Ikonoklasmus. In der Folge trennt sich Ostrom endgültig von Westrom.

728 Der langobardische König Liutprand besetzt das gesamte Reichsgebiet von Italien, mit Ausnahme von Ravenna.

730 Karl Martell, der Herrscher der Franken, überquert den Rhein und kämpft gegen die Sachsen.

731 Der Mönch und Gelehrte Beda beendet seine englische Kirchengeschichte in der nordenglischen Abtei von Jarrow.

Papst Gregor III. exkommuniziert die Unterstützer des Ikonoklasmus.

732 Der fränkische Herrscher Karl Martell besiegt in der Schlacht von Poitiers die arabischen Truppen.

733 Kaiser Leo III. entzieht den gesamten Balkan und die süditalienischen Regionen Sizilien und Kalabrien dem Rechtsprechungsprimat Roms. Sie stehen nun unter direkter Kontrolle des byzantinischen Patriarchen.

739 Der asturische König der nordspanischen Christen, Alfonso, überfällt regelmäßig maurisches Territorium.

741 Nach dem Tod des fränkischen Herrschers Karl Martell wird die Herrschaft zwischen seinen Söhnen Pippin III. und Karlmann aufgeteilt.

751 ▼
742 Der langobardische König Liutprand unterwirft die unabhängigen italienischen Fürstentümer.

Ikonoklastische Wirren prägen Konstantinopel, Gegner des Ikonoklasmus besetzen die Stadt. Kaiser Konstantin V. erstürmt die Stadt und gewinnt die Macht zurück. Verstärkte Verfolgung der Verehrer von Heiligenbildern.

Um 745 Die Beulenpest breitet sich erneut von Konstantinopel über ganz Europa aus.

746 Die Griechen besiegen die Araber und gewinnen die Macht über Zypern zurück.

751 ▼
747 Nach Karlmanns Abdankung ist Pippin III. alleiniger Herrscher des Fränkischen Reiches.

Um 750 In der Heiligen Cenote, einem riesigen Brunnen in Chichén Itzá, Yucatán, werden dem Regengott junge Frauen und Männer geopfert. Die Cenote dient die nächsten 1000 Jahre als Opferplatz.

Erste echte Stadtgründungen im Tal des Mississippi.

***Karl Martells Sieg in der Schlacht** von Poitiers wird von vielen als Sieg des Christentums gegen den Islam in Westeuropa und als Weichenstellung für die Zukunft des Kontinents betrachtet.*

Karl Martell

Der fränkische Herrscher Karl Martell (»der Hammer«) trug nie den Königstitel. Offiziell war er nur der Hausmeier des austrasischen Hofes. Er verfolgte eine strikte Expansionspolitik. Er erweiterte seine Macht in Mitteleuropa, unterwarf Burgund und die Provence und besiegte in einer Reihe von Feldzügen zwischen 724 und 738 die Friesen, die Bayern und die Sachsen. In der Schlacht von Poitiers (732) stoppte er den maurisch-arabischen Vormarsch nördlich der Pyrenäen. Aufgrund seiner guten Verbindungen zum Papst sorgte er auch für die Sicherheit des englischen Missionars Bonifatius, als der das Evangelium in Süddeutschland verkündete. Karl Martell folgten nach seinem Tod seine Söhne Pippin III. (der Kurze) und Karlmann auf den Thron.

Polynesische Stabkarte

Im Laufe des 1. Jahrtausends hatten Polynesier, Melanesier und Mikronesier die Besiedlung der pazifischen Inseln abgeschlossen. Um hier zu siedeln und den Kontakt zwischen den Inseln aufrecht zu erhalten, mussten diese Völker hervorragende Seefahrer sein. Auf Auslegerbooten oder großen Doppelbooten führten sie Hausrat, Vieh, Kulturpflanzen und Pflanzensamen mit sich.

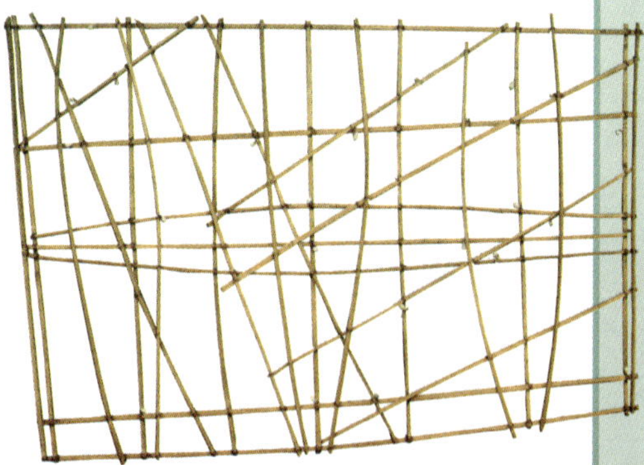

***Die pazifischen Völker navigierten** durch die Beobachtung der Sterne und der Meeresströmungen. Auf ihren Seekarten, den Stabkarten, zeigen Muscheln die Inseln an, die Stäbe die Strömungen und Dünungen.*

Das Langobarden-Reich

Das frühmittelalterliche Langobarden-Reich in Italien mit der Hauptstadt Pavia verdankt seine Verfassung den Königen des 6. und 7. Jh. Aigulf führte im 6. Jh. mithilfe römischer Verwalter eine Zentralregierung ein. König Rothari (636–642) erließ in seinem Edikt von 643 eine Gesetzessammlung, die die Grundlage des lombardischen Rechts bildete. Liutprand (712–744) reformierte Rotharis Werk und fügte Elemente des römischen Rechts ein. Unter Liutprand wurden auch die Fürstentümer Spoleto und Benevento Teile des Langobarden-Reichs, und die Langobarden entwickelten sich zur stärksten militärischen Macht Italiens.

***Diese möglicherweise als Armreif** oder Weihekrone dienende lombardische Eisenkrone besteht aus sechs miteinander verbundenen, mit Juwelen und Emailarbeiten verzierten Goldplättchen, die durch einen innen liegenden Eisenring verstärkt sind. Die Arbeit zeigt byzantinischen Einfluss.*

ASIEN

751 Schlacht von Samarkand; China verliert die Vorherrschaft in Zentralasien an die Araber.

Sieg des arabischen Heeres über die chinesischen Streitkräfte in der Schlacht am Fluss Talas. Islamischer Einfluss breitet sich in Zentralasien aus.

752 Die Araber lernen von den Chinesen die Kunst der Papierherstellung und bauen die erste Papiermühle der arabischen Welt.

754 Auf den ersten Abbasiden-Kalifen folgt dessen Bruder Al-Mansur.

755 Aufstand gegen die Omaijaden-Herrschaft im persischen Khorasan.

Von Rebellengenerälen wie z. B. Lushan angeführte Aufstände erschüttern das China der Tang-Zeit, können jedoch niedergeschlagen werden.

756 Beim Tod der kaiserlichen Konkubine dankt Kaiser Xuanzong ab. Ihm folgt Suzong auf den Thron. Rebellenführer Lushan nimmt Chang'an (Xi'an) ein und ruft sich selbst zum Kaiser aus.

757 Lushan wird ermordet. Ende des Aufstands.

760 Die Abbasiden-Dynastie übernimmt das indische Ziffernsystem.

Bau des Hindu-Tempels Kailasanatha in Elura, Indien.

786 ▼

762 Bagdad wird Hauptstadt des Abbasiden-Reiches.

Schiitenaufstand gegen die Abbasiden-Herrschaft in Mesopotamien.

787 ▼

763 Tibeter dringen in China ein.

840 ▼

Zentralasiatische Uiguren plündern die chinesische Stadt Luoyang und ermorden deren Bewohner.

775 Das Königreich Srivijaya erobert die gesamte Malaiische Halbinsel.

AFRIKA

761 Ibn Rustam begründet in Tahert, Algerien, die Rustamiden-Dynastie.

EUROPA

751 Der fränkische Hausmeier Pippin III. nimmt den Königstitel an und begründet damit die Dynastie der Karolinger.

Der langobardische König Aistulf erobert Ravenna und beendet damit die Herrschaft von Byzanz in Norditalien.

753 Pippin fällt in Italien ein (bis 756).

754 Der Langobarden-König Aistulf bedroht Rom. Papst Stephan II. erhält vom Frankenkönig Pippin Hilfe.

755 Kaiser Konstantin V. zieht gegen die Bulgaren in den Krieg.

784 ▼
756 Nach dem Sturz der Omaijaden durch die Abbasiden errichtet der Omaijaden-Prinz Abd al-Rahman (bis 1031) in Spanien das Emirat Córdoba (ab 928 Kalifat Córdoba).

Pippin und seine Söhne sichern der römischen Kirche die Macht in weiten Teilen Nord- und Mittelitaliens zu (so genannte »Pippinsche Schenkung«). Beginn des Kirchenstaats.

796 ▼
757 König Aethelbald von Mercia wird von seinem Leibwächter ermordet. Ihm folgt Offa auf den Thron, der mächtigste der Könige von Mercia.

759 Die Franken erobern Narbonne, Südfrankreich, von den Arabern zurück.

777 ▼
764 Die Bulgaren müssen einen Friedensvertrag mit dem byzantinischen Kaiser schließen.

768 Die Karolinger sichern unter Pippin III. dauerhaft die Herrschaft in Aquitanien. Nach dem Tod Pippins geht das Reich an Karl den Großen und Karlmann über.

769 Vorher zugelassene Laien werden nun bei der Papstwahl ausgeschlossen.

771 Nach dem Tod seines Bruders Karlmann wird Karl der Große alleiniger Herrscher des Fränkischen Reiches.

772 Karl der Große beginnt seinen Krieg gegen die Sachsen. Nach seinem Sieg werden die Sachsen zur Annahme des Christentums gezwungen (bis 802).

Papst Hadrian bittet Karl den Großen um Hilfe gegen die Langobarden.

800 ▼
774 Die Langobarden werden von Karl dem Großen besiegt; das norditalienische Langobarden-Reich wird Teil des Fränkischen Reiches.

AMERIKA & AUSTRALASIEN

Die dreistöckige Holzpagode Yakushiji *wurde zwischen 717 und 729 in der Präfektur Nara erbaut. Sie ist dem Heilenden Buddha geweiht.*

Das buddhistische Japan

Der in Indien entstandene Buddhismus erreichte Japan über China und Korea. Die neue Religion wurde im 6. Jh. vom japanischen Kaiserhaus als Staatsreligion angenommen. Im Laufe der folgenden Jahrhunderte konnten sich verschiedene einflussreiche buddhistische Schulen ausbreiten. Ein kaiserlicher Erlass (741) förderte den Bau von buddhistischen Frauen- und Männerklöstern in jeder Provinz. Im Mittelpunkt des zentralisierten Staates der Nara-Zeit (710–794) steht die Hauptstadt Nara, die nach dem chinesischen Tang-Vorbild Chang'an (Xi'an) erbaut wurde. Nara soll über 200 000 Einwohner gehabt haben, die meisten davon Höflinge. Hier war der östliche Endpunkt der Seidenstraße, über die die Einflüsse des Festlands nach Japan gelangten. In diesem Zentrum der buddhistischen Lehre entstanden außerdem außergewöhnlich schöne buddhistische Skulpturen und beeindruckende Tempelbauten.

***Auf den oberen Terrassen des Borobudur** befinden sich kleine, Buddhafiguren enthaltende glockenförmige Stupas.*

Borobudur

Die mächtigen südostasiatischen Königreiche begannen im frühen 9. Jh. monumentale Tempelanlagen zu bauen. Der Borobudur auf Java, ein immenser buddhistischer Stupa, wurde zwischen etwa 778 und 850 erbaut. Die Anlage in der Form eines dreidimensionalen Mandalas mit fünf ansteigenden Terrassen stellt den buddhistischen Kosmos dar, in der Mitte der Weltenberg Meru. Der Stupa symbolisiert den Grabhügel, in dem der Buddha beigesetzt wurde. Eine Reihe von mit Reliefs verzierten Paneelen erzählen vom Leben des Buddha auf seinem Weg zur Erleuchtung bzw. zum *Nirvana*.

ASIEN

778 Das arabische Heer wird in der Schlacht von Germanikeia, Kleinasien, von den Byzantinern geschlagen.

780 Der uigurische Kaiser Alp Kutlug macht den Manichäismus, eine dualistisch-gnostische Glaubensvorstellung, zur Staatsreligion.

Um 780 Der Sufismus, eine asketisch-mystische Richtung des Islam, breitet sich aus.

781 Das Christentum gelangt an den chinesischen Hof.

Der chinesische Kaiser Dezong schafft es nicht, rebellische Kriegsherren unter seine Kontrolle zu bringen. Er muss ihren Autonomiewünschen nachgeben.

809 ▼ **786** Harun ar-Rashid wird Kalif. Unter seiner Herrschaft wird Bagdad ein Zentrum arabischer Kunst und Bildung.

821 ▼ **787** Tibets Herrscher und die Tang-Dynastie brechen ihren Friedensvertrag. Die Tang-Dynastie bildet Allianzen mit Uiguren und Nanzhao gegen die Tibeter.

790 Die Tang haben alle Gebiete westlich von Kansu verloren.

794 Heian-Zeit in Japan (bis 1185); Übergang zu einer vom Kriegsadel beherrschten Gesellschaft, allmähliche Entmachtung des Tenno.

Kaiser Kammu verlegt seinen Hof von Nara nach Kyoto.

797 In Lhasa kommt es zu tief gehenden religiösen Meinungsverschiedenheiten zwischen chinesischen und indischen Mönchen.

800 Harun ar-Rashid schickt eine Gesandtschaft an den Hof Karls des Großen.

Die Rajputen, eine Adels- und Kriegerkaste, gründen in Indien ihr Reich, das von Bihar bis zum Fluss Sutlej reicht.

Um 800 Arabische Schiffe erreichen wahrscheinlich erstmals die chinesische Küste.

820 ▼ Der indische Philosoph Shankara schreibt im frühen 9. Jh. *Advaita Vedanta*, eine systematische Darstellung der Vedanta-Philosophie, und gründet fünf große Klöster.

Kamban schreibt im 9. Jh. die südindische Version des *Ramayana* nieder.

Mit der Ausbreitung des Islam in Afghanistan verschwindet dort der Buddhismus (9.–10. Jh.).

AFRIKA

Um 788 Der arabische Anführer Idris I. aus dem Geschlecht der Aliden wird Herrscher von Marokko. Er lässt die Hauptstadt Fès erbauen.

789 Die Idrisiden werden die neue politische Macht in Nordwestfrika.

828 ▼ **791** Idris wird ermordet. Möglicherweise ist ein durch den Kalif von Bagdad, Harun ar-Rashid, übersandtes Geschenk in Form eines vergifteten Zahnstochers die Mordwaffe.

817 ▼ **800** In Tunesien, Algerien und auf Sizilien herrscht die Aghlabiden-Dynastie. Die Macht des Kalifen von Bagdad reicht im Westen nur noch bis Ägypten.

825 ▼ **Um 800** An der afrikanischen Ostküste entstehen arabische Handelsniederlassungen wie etwa Manda und Kilwa.

810 **777** Der bulgarische Khan Telerig tritt zum Christentum über und verbündet sich mit Ostrom.

778 Das Heer Karls des Großen dringt in das spanische Omaijaden-Reich ein, stößt jedoch bei Saragossa auf heftigen Widerstand.

Roland, der Paladin Karls des Großen, wird in den Pyrenäen in einem Hinterhalt getötet.

782 Karl der Große macht Sachsen zu einer fränkischen Provinz. Die Sachsen werden zwangsgetauft.

Alkuin von York (735–804) ist für die Bildung im Karolingerreich zuständig.

784 Beginn des Baues der Großen Moschee von Córdoba.

832 **787** Beim Zweiten Konzil von Nizäa wird der Ikonoklasmus verworfen. In der Ostkirche dürfen wieder Heiligenbilder verehrt werden.

788 Karl der Große annektiert Bayern.

Um 789 Erster belegter Wikingereinfall in England; 795 wird auch von Wikingerüberfällen in Irland und Schottland berichtet.

Karl der Große erlässt die *Admonitio Generalis*. Diese karolingische Kirchenreform bildet eine Grundlage der »karolingischen Renaissance«. Er fördert Kloster-, Dom- und Pfalzschulen.

Um 790 Beginn der Wikingereinfälle in Westeuropa.

793 Die Wikinger plündern das Inselkloster Lindisfarne an der Nordostküste Englands.

802 **795** Erster belegter Wikingerüberfall auf die Insel Iona.

Karl der Große bildet eine Grenzprovinz (oder Mark) zwischen dem Fränkischen Reich und den arabischen Reichen.

796 Der angelsächsische König Offa stirbt nach der Vollendung eines massiven, 240 km langen Schutzwalls an der Grenze zwischen seinem Reich und walisischem Gebiet.

800 Papst Leo III. krönt Karl den Großen im Petersdom zum Kaiser des Römischen Reiches.

Um 800 Auftauchen römischer Elemente in fränkischer Architektur.

800 Beginn der Mimbres-Kultur mit ihrer besonderen Keramik; lokale Variante der Mogollon-Kultur.

Die Andenstadt Huari wird aufgegeben.

Um 800 Erster Gebrauch von Pfeil und Bogen im nordamerikanischen Mississippital. Die Großwildjagd wird damit effizienter.

Dorset-Kultur der Inuit in Nordostgrönland und Kanada. Die Inuit leben v. a. von der Eisjagd.

Karl der Große (ca. 742–814)

Karl der Große wurde am 1. Weihnachtsfeiertag des Jahres 800 von Papst Leo III. im Petersdom von Rom zum Kaiser des Römischen Reichs gekrönt *(links)*. Ihm war es gelungen, die Legitimität der Karolingerherrschaft zu sichern und die Herrschaft in Gallien zu festigen. Seine Macht reichte von der Elbe bis zum Ebro und von der Nordsee bis nach Rom. Die Förderung von Bildung und Künsten führte zur karolingischen Renaissance. Es kam zu einer Erneuerung der klassischen, lateinischen Bildung und zur Einführung einer neuen Schrift, der karolingischen Minuskel (Vorlage für die Kleinbuchstaben im Renaissance-Buchdruck).

Harun ar-Rashid

Der Luxus am Hof des Abbasiden-Kalifen Harun ar-Rashid (786–809) war legendär und ist auch Thema der *Geschichten aus 1001 Nacht*, einer anonymen Sammlung von 1001 in einer späteren Zeit in arabischer Sprache verfassten Geschichten. Seit der Gründung Bagdads im Jahr 762 war unsagbar viel Reichtum in die Stadt geflossen. Harun herrschte von einem weitläufigen Palast aus, den auch Eunuchen, Konkubinen, Unterhalter und Diener bewohnten. Das Geschirr war aus mit Juwelen verziertem Gold und Silber. Harun, Liebhaber von Musik und Dichtkunst, umgab sich mit außergewöhnlichen Künstlern.

***Darstellung des** Kalifen Harun ar-Rashid mit einem Barbier in einem Hamam (Bad) in einer Darstellung aus* 1001 Nacht.

***Ein Kriegergrab** in Oseberg enthielt einen hölzernen Karren mit einem geschnitzen Griff in Form eines Fabelwesens. Reich ausgestattete Gräber deuten auf hohen Status und Reichtum.*

Die Wikinger

Kurz vor dem Tod Karls des Großen und dem Zerfall des Reiches kamen die Wikinger ins Land, womit der lange herrschende Frieden in Europa endete. Zu den vielfältigen Gründen für die Plünderungszüge der noch nicht christianisierten Wikinger gehörten u.a. der Bevölkerungsdruck und die Suche nach kolonisierbarem Land sowie das Streben nach leicht zu erbeutendem Reichtum. Die hochseefähigen, schnellen und gleichzeitig flachen Wikingerschiffe ermöglichten überraschende Landungen auch an flachen Küsten. Sie plünderten Häfen, Küstensiedlungen und Klöster und wurden zum Schrecken ganz Europas. Die erste Angriffswelle brachte vor allem Plünderer; spätere Eindringlinge legten den Schwerpunkt auf Eroberung und Kolonisierung. Ab etwa 900 beherrschten die Wikinger schließlich Teile Englands und Irlands sowie die Normandie. Sie wurden Christen. Ihr Handelsnetz reichte von Nordeuropa und Mittelasien über Russland und Südeuropa bis nach Byzanz und Nordafrika.

***Dieses besonders schön** gearbeitete Schiff wurde im Grab einer Wikingerkönigin in Oseberg entdeckt. Es datiert um etwa 800 und ist wahrscheinlich eine reine Grabbeigabe.*

ASIEN

802 Jayavarman II. gründet das Reich von Angkor und lässt sich als Devaraja (Gottkönig) zum König krönen. Hauptstadt ist zunächst Indrapura und schließlich Roluos, in der Nähe des 889 gegründeten Angkor.

807 Der Kalif Harun ar-Rashid schließt einen Friedensvertrag mit den Franken unter Karl dem Großen und garantiert den Schutz der den Christen heiligen Stätten in Jerusalem.

809 Tod des Kalifen Harun ar-Rashid; Beginn des abbasidischen Bürgerkriegs.

832 ▼
813 Der Sohn Harun ar-Rashids, ar-Amin, wird bei der Belagerung von Bagdad getötet. Im Kampf um die Kalifatsnachfolge siegt sein Bruder ar-Ma'mun.

819 Herrschaft der Samaniden-Dynastie in Khorasan und Transoxanien.

820 Tod des hinduistischen Philosophen Shankara.

Um 820 Der persische Mathematiker al-Charismi Mohammed Ibn Musa verfasst auf der Grundlage indischer Mathematik sein Hauptwerk über die Algebra.

821 Ratifizierung eines chinesisch-tibetischen Vertrags, der die Unabhängigkeit Tibets anerkennt.

Um 825 In Südindien und Sri Lanka herrscht die Rastrakuta-Dynastie.

AFRIKA

827 ▼
817 Ziyadat Allah wird dritter Aghlabiden-König in Ifriqiyah (Tunesien).

Um 825 Überseehandel zwischen Handelsstädten an der ostafrikanischen Küste (Nordkenia, Sansibar und Komoren) und Arabern und Persern.

EUROPA

802 Die erste byzantinische Kaiserin, Irene, wird von Finanzminister Nikephoros, der sich selbst auf den Thron setzt, ins Exil getrieben.

Die Wikinger beherrschen Irland.

805 Das fränkische Heer besiegt unter dem Sohn Karls des Großen, Pippin, in Pannonien (Ungarn) die mongolischen Awaren.

839 ▼ **806** Räuberische Wikinger plündern zum dritten Mal das schottische Kloster Iona, Schottland.

810 Karl der Große beauftragt seinen Sohn Pippin, das Byzanz gewogene Venedig anzugreifen, allerdings ohne großen Erfolg.

Der Bulgaren-Khan Krum besiegt und tötet Kaiser Nikephoros I.

811 Nach dem Tod seiner beiden Brüder ist Ludwig der einzige überlebende Erbe Karls des Großen.

812 Der byzantinische Kaiser Michael I. Rhangabe anerkennt Karl den Großen als Kaiser des Westreiches. Die Franken überlassen den Byzantinern im Gegenzug Venedig und Dalmatien.

840 ▼ **814** Nach dem Tod von Karl dem Großen gelangt dessen Sohn Ludwig der Fromme (Ludwig I.) auf den Kaiserthron.

Omurtag, Khan des Bulgarenreichs, schließt mit Byzanz einen Vertrag, der ihm territoriale Gewinne auf dem Balkan sichert.

816 Nach weiteren Kämpfen schließt Byzanz Frieden mit den Bulgaren.

820 In Byzanz wird Leon V. (der Armenier) in der Hagia Sophia von Unterstützern des Militärkommandanten Michael ermordet, der sich zum Kaiser Michael II. krönen lässt.

839 ▼ **825** König Egbert von Wessex erringt in der Schlacht von Ellendun einen entscheidenden Sieg über König Beornred.

Um 825 Erste Wikingersiedlungen auf den Färöerinseln.

Wahrscheinliche Entdeckung Islands durch irische Mönche.

AMERIKA & AUSTRALASIEN

Münzschatz der Wikinger

Der aus Hon, Norwegen, stammende Gräberfund aus dem 9. Jahrhundert enthält byzantinische, karolingische, arabische und angelsächsische Münzen. Der zunehmende Wohlstand Europas und Vorderasiens wurde zu einem Auslöser der Raubzüge der Wikinger, die nach einer ersten Plünderungswelle auch begannen Handel zu treiben. Sie konnten ihrerseits Walrosselfenbein, Felle und Bernstein bieten.

Wikingerüberfälle

Wikingerüberfälle machten die gesamte westeuropäische, nordafrikanische und die Mittelmeerküste unsicher. Wikinger segelten sogar die schiffbaren russischen Ströme hinunter, um von dieser Seite Konstantinopel anzugreifen. Sie erforschten und besiedelten aber auch Island und Grönland und waren die ersten Europäer in Nordamerika.

Um 570	Dänische Überfälle auf Friesland.
Um 600	Entstehung von Königreichen in Dänemark, Norwegen und Schweden.
Um 700	Schiffsgrab der Wikinger in Vendel.
793	Wikinger plündern das Kloster Lindisfarne in Northumbria.
795	Erste schriftliche Dokumente von Wikingerüberfällen auf Irland und Schottland.
799	Wikinger plündern Aquitanien.
800	Karl der Große organisiert die Verteidigung gegen die Wikinger.
Um 825	Irische Mönche werden von den Wikingern von den Färöerinseln vertrieben.
826	Taufe des Dänenkönigs Harald Klak in Mainz.
	Erste Dänenmisson durch den Mönch Ansgar.
832	Armagh in Nordirland wird in einem Monat dreimal überfallen.
839	Schwedische Händler in Konstantinopel.
841	Wikingersiedlung in Dublin.
843	Friesland unter Wikingerherrschaft (bis 885).
844	Erste Wikingerüberfälle in Spanien.
845	Erste Plünderung von Paris und Hamburg. Franken zahlen *danegeld* (Tributzahlung).
850	Wikinger überwintern erstmals in England.

Die Große Moschee von Samarra

Die Große Moschee oder Freitagsmoschee, die Kalif Abi l-Fadl Djafar al-Mutawakkil (847–861) in Samarra zwischen 848 und 852 erbauen ließ, war für Jahrzehnte die größte Moschee der Welt. Mit der Ausbreitung des Islam in Europa und Asien entstanden auch ambitionierte Bauwerke, darunter neue Städte, Festungen, Universitäten, Bibliotheken und Moscheen.

Die Umfassungsmauer maß 240 m auf 150 m. Sie bestand aus hohen Ziegelwänden, die von halbrunden Strebepfeilern verstärkt wurden. Die äußere Mauer umfasste eine Fläche von 17 ha. Das ebenfalls aus Ziegelsteinen erbaute Minarett, eines der wenigen erhaltenen Bauwerke der Stadt, erhebt sich 50 m über dem Tigrisufer. Es ist vor allem wegen seiner spektakulären Spiralform berühmt, die möglicherweise auf die Zikkurate der Mesopotamier zurückgeht, genauso wie auch die Ziegelbauweise. 16 Torwege führten ins Innere der Moschee, wo sich eine Halle aus Hunderten von eckigen Ziegelsteinsäulen befand, auf denen ein flaches Holzdach ruhte (Hypostylon). Das Moscheeinnere war mit Marmor und Glasmosaiken verziert.

ASIEN

832 Kalif Abd Allah al-Mamun von Bagdad gründet das »Haus der Weisheit«, um wissenschaftliche Texte vom Griechischen ins Arabische übersetzen zu lassen.

Um 833 Handelsbeziehungen der Abbasiden mit Indien, China, Afrika und Europa.

862 ▼ **836** Bagdad wird von türkischen Söldnertruppen terrorisiert; der Abbasiden-Kalif al-Mutassim baut in Samarra eine neue Hauptstadt.

863 ▼ **838** Die Araber beherrschen Amorium, eine wichtige Stadt des Byzantinischen Reiches in Kleinasien.

Babak, Anführer einer religiös und sozial motivierten Aufstandsbewegung in Nordwestpersien, wird in Samarra hingerichtet.

840 Angriffe kirgisischer Türken führen zum Zusammenbruch des zentralasiatischen Uiguren-Reiches.

845 In China werden fremde Religionen, darunter der Buddhismus, verboten. Buddhistenverfolgung, Klöster werden enteignet.

847 Kalif al-Mutawakkil versucht, unterstützt von den orthodoxen Sunniten, die abbasidische Zentralherrschaft wiederherzustellen.

848 Beginn der Bauarbeiten an der Großen Moschee in Samarra, der bis dahin größten Moschee des Islam.

Um 850 Beginn der Übersetzung zentraler naturwissenschaftlicher und philosophischer Texte vom Griechischen ins Arabische.

Die arabischen Seefahrer Wahab und Abu Said erreichen Südchina und bringen Tee, Reis, Porzellan und Reiswein mit.

Arabische Seefahrer verbessern das Astrolabium.

Der arabische Ziegenhirte Kaldi entdeckt den Kaffee.

Niedergang des Buddhismus in Nordindien, parallel zur Ausbreitung des Jainismus und Hinduismus.

Die Chola-Dynastie unter König Vijayalaya gewinnt in Tamil Nadu, Indien, an Macht.

Niedergang der Macht Tibets.

Die weltliche und religiöse Malerei des japanischen Künstlers Kose no Kaneoka ist von chinesischer Kunst beeinflusst.

AFRIKA

827 Die Aghlabiden in Tunesien unternehmen einen Feldzug, um dem Byzantinischen Reich Sizilien zu entreißen.

828 König Idris II. von Marokko stirbt; sein Reich wird unter seinen Söhnen aufgeteilt.

835 Kanems erster König begründet im Gebiet des heutigen Tschad, Westafrika, die Saifawa-Dynastie von Kanem-Bornu. Er stirbt in seiner Hauptstadt Njimi.

Um 850 Bau der Zitadelle von Groß-Simbawe in Südostafrika.

In Igbo-Ukwu, Nigeria, wird ein Häuptling mit großen Reichtümern bestattet; Zeichen eines komplexen Bestattungsrituals.

EUROPA

827 Kreta und Sizilien von Sarazenen (arabischen Piraten) besetzt.

831 Der fränkische Missionar in Dänemark, Ansgar, wird zum Bischof von Hamburg geweiht.

832 Grausame Verfolgungen im unter dem byzantinischen Kaiser Theophilos inszenierten »Bildersturm« (Ikonoklasmus).

833 Der karolingische Kaiser Ludwig der Fromme wird von seinem Heer verlassen und von seinem Sohn Lothar I. inhaftiert.

834 Ludwig der Fromme, durch seine Leute befreit, wird wieder als König eingesetzt.

839 Schwedische Händler reisen durch Russland nach Konstantinopel.

König Egbert von Wessex stirbt; er hinterlässt in Südengland ein mächtiges Reich.

855 ▼
840 Tod des karolingischen Kaisers Ludwig des Frommen; Lothar I. folgt ihm auf den Thron. Erbstreitigkeiten halten an.

Wikingerüberfall auf das englische Southampton wird abgewehrt.

841 Wikinger gründen Siedlung in Dublin.

Karl der Kahle und Ludwig der Deutsche, Söhne Ludwigs des Frommen, besiegen den älteren Bruder Lothar I. bei Fontenay.

842 Nach dem Tod des Kaisers Theophilos führt dessen Witwe Theodora in Byzanz die Bilderverehrung wieder ein.

Nach der Plünderung des Klosters von Noirmoutier überwintern die Wikinger erstmals in besetztem Gebiet.

843 Vertrag von Verdun teilt Karolingerreich in drei Teile. Ost- und Westteil stimmen in etwa mit dem heutigen Frankreich und Deutschland überein.

Kenneth Mac Alpin († um 858) eint Reich der Skoten mit dem der Pikten zum Königreich Schottland und wird dessen König.

844 Die Wikinger gelangen bis nach Toulouse.

845 Die Wikinger plündern Paris; erste Tributzahlungen der Franken *(danegeld)*.

846 Tod des mährischen Fürsten Mojmír I., dem es erstmals gelang, Slawen in Böhmen, Mähren, der Slowakei und Pannonien zum Großmährischen Reich zu einen.

Um 850 Shetlandinseln werden von den Wikingern besetzt.

Unter jüdischen Siedlern in Mitteleuropa entwickelt sich aus deutschen Mundarten die jiddische Sprache.

AMERIKA & AUSTRALASIEN

850 Cacaxtla wird aufgegeben.

Um 850 In Nordperu entwickelt sich die Sican-Kultur, Zentrum ist Batán Grande.

Die Besiedlung Neuseelands durch Vorfahren der Maori, polynesischer Kolonisten, ist vollendet.

Zusammenbruch der klassischen Maya-Kultur in Mittelamerika.

Lothar I.

Das Fränkische Reich Karls des Großen blieb nach dessen Tod nicht lange in der alten Form bestehen. Nach fränkischer Sitte musste das Reich zu gleichen Teilen unter den männlichen Erben aufgeteilt werden, was bald zu Erbstreitigkeiten und zum Zerfall des Reiches führen sollte. Lothar I. (795–855) war ein Enkel Karls des Großen. 817 erließ sein Vater Ludwig der Fromme eine neue Erbfolgeregelung und ernannte seinen jüngsten Sohn Lothar zum Nachfolger. In den folgenden Streitigkeiten um die Herrschaft im Reich bekriegten sich zwischen 830 und 840 Vater und Söhne und die Söhne untereinander.

Mit dem Friedensvertrag von Verdun im Jahr 843 wurde Lothar I. Kaiser eines Fränkischen Reiches, das nur noch aus dem Mittelteil – zwischen Italien und Friesland – bestand. Der Ostteil des ehemaligen Frankenreichs wurde von Ludwig dem Deutschen regiert, der Westteil von Karl dem Kahlen.

Der Buchdruck in China

Das älteste gedruckte Buch der Welt ist das auf 868 datierte *Diamanten-Sutra (unten)* aus der Manuskripthöhle in Dunhuang in Nordwestchina. Dunhuang gehörte zwar zum chinesichen Reich, lag aber sehr weit entfernt vom Einflussbereich des kaiserlichen Tang-China. Der Ort verband aufgrund seiner Lage am Ostende der Seidenstraße Ostasien mit Westasien und Europa. Das Buch wurde zusammen mit einer großen Menge weiterer Schriftstücke aus der Zeit zwischen dem 3. und dem 11. Jh. zufällig durch den daoistischen Mönch Wang Yuanlu entdeckt.

Dieses älteste Papierarchiv der Welt lag innerhalb einer riesigen buddhistischen Höhlentempelanlage. Man fand hier u. a. Regierungsdokumente, Verträge, Nachlässe, offizielle Briefe, lokalgeschichtliche Texte und Erstlesefibeln. Es handelt sich um Überreste einer hoch differenzierten und bürokratischen Gesellschaft. Die ersten Drucke dienten wohl vor allem dazu, die Texte schneller zu kopieren, als dies mit einer Abschrift von Hand der Fall war. Die Papierblätter wurden mittels geschnitzter Holzblöcke (Blockdruck) bedruckt und dann zusammengeklebt und zu einem Buch gefaltet.

Ab dem 11. Jh. druckte man in China dann schon mit beweglichen Lettern und produzierte gebundene Bücher.

Das Diamanten-Sutra *besteht aus sieben miteinander verklebten und in Buchform gefalteten Papierrollen.*

ASIEN

Um 855 Bau des Ko-Fuang-Tempels in Shaanxi, ältestes noch stehendes Holzgebäude Chinas.

856 Tod des Theologen Ahmed ibn Mohammed ibn Hanbal, des Begründers der islamischen Rechtsschule.

858 Aufstieg des Fujiwara-Klans in Japan (bis 1160).

860 Saiditen-Imame erlangen die Macht im Jemen und herrschen mit Unterbrechungen bis 1281.

Um 860 Die Kiewer Rus (in Russland lebende Wikinger) belagern Konstantinopel (Byzanz).

Gründung der Stadt Angkor Thom, Kambodscha.

862 Das Mausoleum Qubba al-Sulaybiya in Samarra ist das erste große islamische Grabmal.

863 Das christliche Byzanz führt erfolgreiche Feldzüge in Anatolien und Ägypten, um den Vormarsch des Islam zu stoppen.

890 ▼

Um 866 Der Fujiwara-Klan erringt in Japan die Macht.

867 Begründung der Saffariden-Dynastie in Ostpersien (bis 1495).

868 Druck des buddhistischen *Diamanten-Sutra*, des ältesten Druckwerks der Weltgeschichte, in China.

Tod von al-Gahiz (al-Jahiz), einem islamischen Schriftsteller, der um die 200 historische, erotische und literarische Werke hinterließ.

Um 868 Erste gedruckte Zeitung, China.

869 Aufstand schwarzer Sklaven im Südirak.

870 Bauernaufstände im Tang-China.

Um 873 Einführung der Null in die Mathematik durch arabische Mathematiker.

874 Die Samaniden-Dynastie gelangt in Transoxanien an die Macht (bis 1005).

Um 875 Hungersnöte und Unruhen erschüttern das China der Tang-Zeit.

AFRIKA

876 ▼

868 Ahmed Ibn Tulun begründet die Tuluniden-Dynastie in Ägypten (bis 905), die ihr Herrschaftsgebiet auf Syrien ausweiten kann. Die Tuluniden-Dynastie beherrscht Ägypten, die Levante und Syrien. Hauptstadt ist Fustat (im Süden des heutigen Kairo).

851 Starkes Erdbeben in Rom.

Dänische Truppen dringen in die Mündung der Themse ein und marschieren auf Canterbury zu.

855 Tod des fränkischen Herrschers Lothar I.; das Reich wird unter seinen drei Söhnen aufgeteilt. Ludwig II. wird König von Italien und Römischer Kaiser (†875).

860 Beginn der Wikingerüberfälle auf die Iberische Halbinsel.

Tod von Kenneth Mac Alpin, des ersten Herrschers des vereinten schottischen Königreichs.

Um 860 Die Wikinger erreichen Island; Gardar Svavarsson umrundet erstmals die Insel.

Die Brüder Ingolf und Hjerleif erkunden in den Jahren kurz vor 870 die Ostfjorde.

882 ▼ **862** Gründung des Fürstentums Nowgorod, Zentralrussland, unter dem warägischen Heerführer Rurik, Beginn der Kiewer Rus.

Angriff der Magyaren (Ungarn) auf das Heer des fränkischen Kaisers Ludwig II.

863 Die Slawenaposteln Kyrillos und Methodios werden als christliche Missionare nach Mähren entsandt.

Einführung des kyrillischen Alphabets in Osteuropa.

866 Wikinger erobern das englische York.

900 ▼ Boris I. von Bulgarien tritt zum Christentum über.

867 Basileios I. begründet die makedonische Dynastie (†886).

869 Die mährischen Slawen werden Christen.

870 Die Dänen töten Edmund, den letzten angelsächsischen König.

Vertrag von Mersen: Die Erben teilen Lothringen zwischen Ost- und Westfranken.

Um 870 Otfrid von Weißenburg, erster namentlich genannter deutscher Dichter.

878 ▼ **871** Thronbesteigung Alfreds des Großen, König von Wessex; Tributzahlungen an die Dänen. Alfred sammelt eine Armee, um den dänischen Vormarsch in England zu stoppen.

877 ▼ **874** Die Wikinger begründen das Königreich von York.

Die Dänen erringen die Macht über Mercia (nördliches Mittelengland) zurück.

875 Karl der Kahle (†877) wird von Papst Johannes VIII. zum Römischen Kaiser gekrönt.

St. Kyrillos und St. Methodios

Die Invasionen der Germanen im 5. Jh. und der Aufstieg des Islam im 7. Jh. zwangen die europäischen Christen in die Defensive. Neu gegründete Klöster wurden zu Zentren christlichen Lehrens und Denkens, von diesen Klöstern gingen auch im 7. Jh. die ersten Missionsbewegungen aus.

Das Schisma zwischen den römischen Katholiken im ehemaligen Westrom und den Orthodoxen in Byzanz führte zu einer Konkurrenz unter den Missionaren der beiden Glaubensrichtungen. Kyrilllos (825–69) und Methodios (827–84), *oben*, waren orthodoxe Missionare, die 863–864 vom byzantinischen Kaiser Michael III. in das Königreich Chasar, nordöstlich des Schwarzen Meeres, entsandt wurden. Sie übersetzten die Heilige Schrift in eine als Altbulgarisch bzw. Kirchenslawisch bekannte Sprache. Dabei entwickelten sie die kyrillische Schrift, die bis heute u. a. in Russland und Bulgarien in Gebrauch ist.

Wichtige christliche Missionare

563	Columban d. Ä. (Irland): Iona
Um 590	Columban d. J. (Irland): Burgund und Italien
596	Augustinus (Rom): Canterbury
635	Aidan (Iona): Lindisfarne
678	Wilfrith (Northumbria): Benelux-Länder
690	Willibrord (Northumbria): Rheinland
716	Bonifatius (London): Benelux-Länder
739	Bonifatius (Rom): Bayern
788	Bonifatius (Benelux-Länder): Thüringen
788	Willehad (Benelux-Länder): Bremen
863	Kyrillos/Methodios (Konstantinopel): Serbien
864	Kyrillos/Methodios (Konstantinopel): Ungarn
875	Kyrillos/Methodios (Konstantinopel): Kiew

Ibn-Tulun-Moschee in Kairo

Erbaut von Ahmed Ibn Tulun, dem abassidischen Statthalter in Ägypten (876–879), brachte dieser Bau die mesopotamische Architektur nach Nordafrika. In einem großen, von Säulengängen umgebenen Hof liegen Minarett (wiederaufgebaut im 13. Jh.) und Moschee. Diese ist aus massiven Bogenpfeilern erbaut, die ein Holzdach tragen. Der Brunnenpavillon *(oben)* in der Mitte des Hofes stammt aus dem 13. Jh.

Abbasidische Kalifen

750–754	Abu l-Abbas
754–775	Al-Mansur
775–785	Al-Mahdi
785–786	Al-Hadi
786–809	Harun ar-Raschid
809–813	Al-Amin
813–833	Al-Mamun
833–842	Al-Mutassim
842–847	Al-Wathik
847–861	Al-Mutawakkil
861–862	Al-Muntassir
862–866	Al-Mustain
866–869	Al-Mutass
869–870	Al-Muhtadi
870–892	Al-Mutamid
892–902	Al-Mutadid
902–908	Al-Muktafi
908–932	Al-Muktadir
932–934	Al-Kahir
934–940	Al-Radhi
940–944	Al Muttaki
944–946	Al-Mustakfi
946–974	Al-Muti
974–991	Al-Tai
991–1031	Al-Kadir
1031–1075	Al-Kaim
1075–1094	Al-Muktadi
1094–1118	Al-Mustasshir
1118–1135	Al-Mustarshid
1135–1136	Al-Raschid
1136–1160	Al-Muktafi
1160–1170	Al-Mustanjid
1170–1180	Al-Mustadi
1180–1225	An-Nasir
1226–1242	Al-Mustansir
1242–1258	Al-Mustassim

ASIEN

878 Beginn von Himmelsbeobachtungen durch den arabischen Astronomen al-Battani (†929).

879 Nepal wird unabhängig von Tibet.

885 Gründung des armenischen Staates.

886 Chola-Dynastie beherrscht Südindien.

889 Indravarman I., König der Khmer, beginnt mit dem Bau von Angkor, Kambodscha.

905 **Um 890** Renaissance der japanischen Künste, vor allem der Poesie und Landschaftsmalerei, bedeutender chinesischer (daoistischer/buddhistischer) Einfluss.

Taketori Monogatari, frühestes Stück der japanischen Erzählliteratur.

892 Die Hauptstadt des abbasidischen Kalifats wird von Samarra nach Bagdad zurückverlegt.

894 Schiitische Karmaten errichten Machtzentrum in Zentralarabien.

Polititische und kulturelle Beziehungen zwischen Japan und China gehen zurück.

899 Abbasidischer Feldzug gegen Ägypten (bis 905).

Um 900 Beginn des goldenen Zeitalters des hinduistischen Tempelbaus. Verehrung des Gottkönigs und Pilgerfahrt werden zentrale Bestandteile hinduistischer Glaubensausübung.

Dynastie der Gurjara-Pratihara beherrscht Nordindien.

Erste Karten von Japan mit den einzelnen Provinzen.

Japanische Sprache und Kultur werden wiederbelebt, um chinesischem Einfluss entgegenzuwirken.

AFRIKA

905 **876** Bau der Moschee von Ibn Tulun in Kairo, nach dem Vorbild der Großen Moschee von Samarra.

Um 880 Falascha-Juden siedeln sich in Äthiopien an.

890 Das Königreich Songhai erobert den Handelsstaat Gao.

908 **Um 900** Arabische *Dhau* (Segelschiffe) beginnen entlang der Ostküste Afrikas bis in den Süden nach Sofala zu fahren.

Arabische Kaufleute treiben Handel von Kilwa und Manda an der Ostküste Zentralafrikas aus.

EUROPA

877 Die Dänen kolonisieren das südliche Northumbria (England).

878 Alfred von England schlägt die Dänen.

880 Gründung des Benedektinerklosters in Montserrat, Katalonien.

882 Kiew wird anstelle von Nowgorod Hauptstadt des russischen Wikingerstaates.

885 Der sächsische Herrscher Alfred der Große erobert London von den Wikingern zurück.

Die Wikinger segeln die Seine hinauf und belagern Paris.

889 Zersplitterung des fränkischen Reiches in Westeuropa durch dynastische Streitigkeiten.

891 Arnulf, König der Franken, schlägt die Wikinger.

Beginn des *Anglo Saxon Chronicle*, der bedeutenden Quelle zur britischen Geschichte (bis 1154).

910 ▼ **895** Alfred der Große stellt eine Flotte gegen die Dänen zusammen, Ursprung der englischen Royal Navy.

911 ▼ **896** Die Dänen belagern Paris.

906 ▼ Die Magyaren besiedeln das Donaubecken und gründen den Staat Ungarn.

898 Die Magyaren fallen in Italien ein und plündern Pavia (bis 899).

Um 899 Die Waräger bauen eine Handelsroute vom Baltikum zum Schwarzen Meer entlang der Flüsse auf.

Um 900 Bulgarien wird Teil der orthodoxen Kirche.

Norweger siedeln in Schottland und Nordwestengland.

Harald Fairhair eint Norwegen.

Die Wikinger segeln nach Grönland.

Medizinschule in Salerno, Italien.

Erfindung des Pferdegeschirrs (Europa) erleichtert das Pflügen und den Transport von Lasten.

Erste bekannte Niederschrift eines Musikstücks.

916 ▼ Sizilien wird von den aghlabidischen Arabern vollständig besetzt.

AMERIKA & AUSTRALASIEN

900 Aufgabe der toltekischen Stadt Xochicalco.

Aufstieg der Tolteken, nachdem die klassischen Maya-Zeremonialstätten aufgegeben wurden.

Um 900 Thule-Kultur der Inuit Alaskas.

Topiltzin, Herrscher der Tolteken, gründet die Hauptstadt Tula.

Die sesshaften Ackerbauern der Hohokam-Kultur im nordamerikanischen Südwesten arbeiten mit künstlicher Bewässerung.

Bäuerliche Anasazi bauen Pueblos im nordamerikanischen Südwesten.

Chichén Itzá wird zum Mittelpunkt der Maya-Kultur.

Die klassische Maya-Kultur

Edzná, das Zeremonialzentrum der Maya in der Region Puuc auf der Halbinsel Yucatán in Mexiko erlebte seinen Höhepunkt im 9. Jh., wurde aber nach 900 aufgegeben. Edzná ist ein ausgezeichnetes Beispiel für die klassische Maya-Architektur im Puuc-Stil. Die zentrale Pyramide besteht aus fünf Stockwerken mit Fenstern und einer Zeremonialtreppe an der Vorderseite. Der Puuc-Stil der nördlichen Maya zeigt oft reiche Verzierungen bei der Architektur und in der Bildhauerei, aber es wurde auch ein einfacher, puristischer Stil in der Architektur befolgt, der Architekten des 20. Jh. wie Frank Lloyd Wright beeinflusste.

Das Alfred-Jewel

Als Meisterwerk angelsächsischen Kunsthandwerks zeigt dieses goldgefasste Medaillon aus der Regierungszeit Alfreds des Großen (871–899) den Reichtum des Landes, der wohl auch ein mögliches Motiv für die ständigen Überfälle der Dänen im 9. Jh. war und letztendlich zur Eroberung durch die Normannen 150 Jahre später führte. Das Schmuckstück hat seinen Namen von der altenglischen Inschrift auf der Goldfassung: »Alfred ließ mich anfertigen«.

Tempel von Prambanan, Java

Die Ausbreitung des Hinduismus und des Buddhismus auf der südostasiatischen Inselwelt während der letzten Jahrhunderte des ersten nachchristlichen Jahrtausends wird deutlich an der Architektur des Tempelkomplexes von Prambanan auf Java und an der eines früheren Tempels im nahegelegenen Borobodur.

Nach der Periode der Vorrangstellung des Buddhismus auf Zentraljava von 780 bis 830, während der keine hinduistischen Bauwerke von Bedeutung errichtet wurden, lebte der Hinduismus auf. Ein Beispiel dafür ist der dem Gott Shiva gewidmete Tempelkomplex Loro Jonggrang in Prambanan. Die Anlage besitzt acht Tempel, die Haupttempel sind den hinduistischen Gottheiten Shiva, Vishnu und Brahma geweiht. Der Tempel des Shiva *(oben)* erreicht eine Höhe von 40 m. Die Anlage wurde schon nach 100 Jahren aufgegeben, vielleicht als Folge einer Naturkatastrophe wie einem Erdbeben. Das Zentrum des Königreichs wurde dann nach Ostjava verlegt.

ASIEN

938 **Um 905** *Kokinshu*, erste bekannte japanische Gedichtsammlung.

906 Fall der chinesischen Tang-Dynastie.

907 Beginn der Zeit der »Fünf Dynastien« in China (bis 960).

916 Gründung des Reiches der sibirischen Kitan in der Mongolei.

926 **918** Gründung des Königreichs Koryo (Korea).

AFRIKA

901 Aufstand der Berber gegen die Aghlabiden (bis 911).

905 Unterdrückung der Tuluniden-Dynastie in Ägypten und Rückkehr der abbasidischen Statthalter.

908 Dauerhafte arabische Handelsniederlassungen in Somalia.

935 **909** Schiitische Fatimiden vertreiben die Aghlabiden aus Tunis, dehnen ihre Macht nach Ägypten und Syrien aus und rufen das Fatimiden-Kalifat aus (bis 1171).

925 Araber aus der Golfregion besiedeln Sansibar.

933 ▼ **906** Die Magyaren zerstören Mähren und beginnen mit der systematischen Eroberung Deutschlands.

930 ▼ **910** Gründung der Benediktinerabtei in Cluny, Frankreich.

937 ▼ Eduard von Wessex schlägt die Dänen bei Tettenhall.

911 Die Wikinger gründen das Herzogtum der Normandie.

Oleg von Kiew geht Geschäftsbeziehungen mit Konstantinopel ein.

Rollo der Wikinger erhält die Normandie als Herzogtum, Grundlage der normannischen Macht.

912 Höhepunkt des omaijadischen Kalifats von Córdoba (bis 961).

916 Erneuter dänischer Angriff auf Irland.

Die Araber werden aus Mittelitalien vertrieben.

919 Heinrich von Sachsen wird zum König Ostfrankens gewählt.

Ende des fränkischen Karolingergeschlechts in Frankreich.

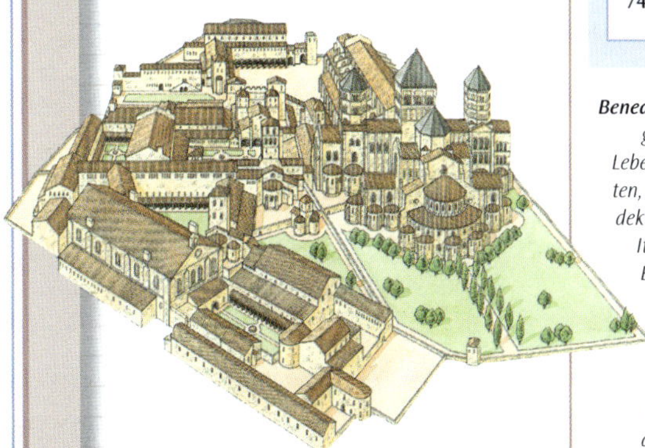

Klostergründungen vor 900

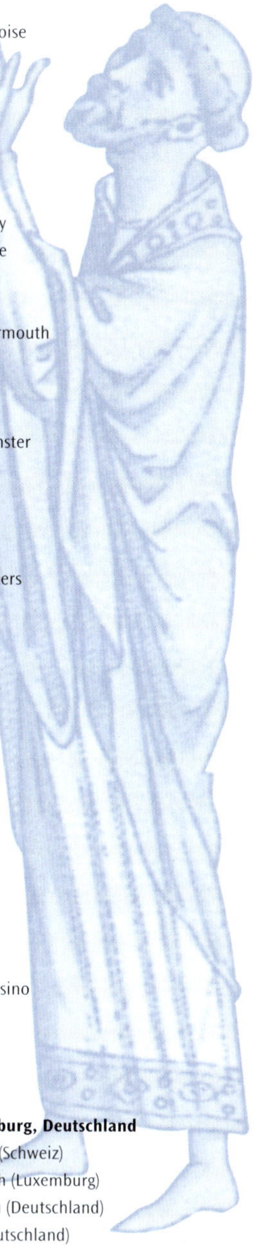

Irland

546 Derry
549 Clonard
553 Durrow
554 Clonmacnoise
555 Bangor
558 Clonfert

Schottland

563 Iona
650 Melrose

England

596 Canterbury
635 Lindisfarne
657 Whitby
670 Hexham
674 Monkwearmouth
682 Jarrow

Frankreich

363 Ligugé
371 Maursmünster
410 Marseille
410 Lérins
552 Poitiers
590 Luxeuil
627 Faremoutiers
630 Jouarre
631 Jumièges
635 Rebais
649 Wandrille
651 Fleury
656 Chelles
657 Corbie
658 Fécamp
662 Pavilly

Italien

360 Vercelli
380 Mailand
394 Nola
480 Nursia
529 Monte Cassino
529 Subiaco
539 Vivarium
570 Rom
615 Bobbio

Schweiz, Luxemburg, Deutschland

673 St. Gallen (Schweiz)
698 Echternach (Luxemburg)
724 Reichenau (Deutschland)
744 Fulda (Deutschland)

Benedikt von Nursia (etwa 480–547) *verfasste die Ordensregeln, die bestimmend werden sollten für das klösterliche Leben. Die Regeln teilen den Tag in acht liturgische Andachten, in körperliche Arbeit und geistige Lektüre ein. Der benediktinische Einfluss reichte weit über seinen Entstehungsort Italien hinaus. Bis zum 10. Jh. wurden überall in Europa Benediktinerklöster gegründet, auch Cluny in Frankreich (links). Klosteranlagen waren ganze Dörfer mit Krankenstationen, Werkstätten, Lagerräumen, Molkereien, Brauereien, Schulen und Gästehäusern. Das wichtigste Gebäude war die Kirche, in der sich die Mönche zur Andacht versammelten. Klöster waren Orte des geregelten Lebens in einer ansonsten unruhigen Zeit.*

Das Pueblo Bonito

Unterschiedliche Kulturen besiedelten den nordamerikanischen Südwesten im 1. Jahrtausend nach Christus. Die Hohokam, Mogollon und Anasazi errichteten mehrstöckige Pueblos – Vorrats- und Wohnhäuser aus Stein oder Adobe, manchmal mit Ballfeldern und niedrigen Hügelanlagen.

Eines der größten und komplexesten Pueblos, das Pueblo Bonito im Chaco Canyon *(unten)*, wurde zwischen 900 und 1150 möglicherweise als Verwaltungs- und Religionszentrum erbaut. 1200 Menschen lebten hier in 800 Räumen mit D-förmigen Außenwänden, einige bis 12 m hoch. Die Menschen der eng beieinander lebenden Agrargemeinschaft beobachteten Wetterveränderungen sehr genau. Feld- und Hausarbeiten wurden auf den Terrassen des Pueblos verrichtet. Man vollzog Rituale in den *Kivas* oder Zeremonialräumen – die Menschen baten dabei die Götter um Regen, der die Ernte und das Wohlergehen sichern sollte. Die Siedlung lag am Knotenpunkt eines Straßennetzes, das durch den Canyon führte. Sie war vermutlich ein Handelszentrum für Nahrung und exotische Waren.

ASIEN

926 Die Mandschurei und Nordkorea werden dem Kitan-Reich einverleibt.

932 Schiitische Buwaihiden (Bujiden) bauen ihre Macht in Persien aus und herrschen im Namen des abbasidischen Kalifats (bis 1082).

935 Endgültige Textfassung des Korans.

Um 935 Wirkzeit von Tsurayuki, des japanischen Reisenden und Tagebuchverfassers (bis 946).

936 Das Kalifat von Bagdad verliert die tatsächliche Macht und kommt unter die Kontrolle türkischer Truppen.

Abbasidisches Kalifat gibt die Verwaltungshoheit auf, die Buwaihiden übernehmen die Kontrolle.

938 Die mongolischen Kitan fallen in Nordchina ein und gründen eine neue Hauptstadt, Yanqing (das spätere Peking/Beijing).

939 Vietnam befreit sich von chinesischer Herrschaft.

968 ▼ Die Annamesen gewinnen die Unabhängigkeit von China und gründen das Königreich Dai Viet.

967 ▼ **940** Der Taira-Aufstand gegen die Kaiserherrschaft ist der Beginn lang andauernder Bürgerkriege in Japan (bis 1185).

941 Die Kiewer Rus werden bei Konstantinopel besiegt.

945 Persische Buwaihiden nehmen Bagdad ein, Niedergang der politischen Macht der Abbasiden, die aber nominell weiter regieren.

Hamdanidische Hochburg in Syrien und Libanon (bis 1004).

947 Kitan überfallen Nordchina und gründen die Liao-Dynastie in Peking.

950 Tod des islamischen Philosophen Alfarabi.

Um 950 Erfindung des Schießpulvers in China.

AFRIKA

931 Das Kalifat von Córdoba entreißt Marokko den Fatimiden.

935 Fatimidische Armeen werden in Ägypten von Muhammad ibn Tughj besiegt.

969 ▼ **943** Der Kalif von Bagdad bestätigt die Herrschaft von Muhammad ibn Tughj über Ägypten, die 30 Jahre dauern wird.

945 Malaiisch-indonesischer Überfall auf Sofala an der Ostküste Afrikas von Madagaskar aus.

972 ▼ **947** Gründung der siridischen Dynastie in Algerien.

Um 950 Bildung des kleinen Königtums Igbo-Ukwu nahe dem Nigerdelta.

928 Abd-ar Rahman III. erhebt Córdoba zum Kalifat.

Um 930 Wikingerbesiedlung Islands abgeschlossen.

Kluniazensische Reform des Mönchtums wird von Odo von Cluny in Frankreich und Lothringen verbreitet.

955 ▼ **933** König Heinrich I. schlägt die Magyaren bei Riade.

936 Otto I. tritt die Nachfolge seines Vaters Heinrich I. im Heiligen Römischen Reich an. Böhmischer Aufstand (wird 950 zum Tributstaat).

Bauginn der Palaststadt Medina Azahara in Córdoba.

954 ▼ **937** Schlacht von Brunanburh; Aethelstan von Wessex besiegt ein Bündnis aus Dänen, Schotten und Strathclyde-Bretonen.

945 Die Schotten annektieren Cumberland und Westmoreland (den Lake District) von England.

Um 950 Die Lappen kommen nach Norwegen.

940 Plünderung der zapotekischen Hauptstadt Monte Albán in Mesoamerika.

Um 950 Die Pueblo-Kultur im amerikanischen Südwesten blüht auf.

Wikingerüberfälle auf Irland

Nur wenige Gebiete des christlichen Westens waren im 9. und 10. Jh. sicher vor den Angriffen der Wikinger. Diese überfielen und besiedelten die Shetland- und Orkneyinseln, den Norden Schottlands und die Hebriden und stießen von dort auf der Irischen See vor. Dann besiedelten sie die Region um Dublin (941), den Südosten Irlands, Wexford und Kilkenny. Irische Klöster besaßen häufig einen charakteristischen runden Turm wie diesen in Glendalough als Wach- und Fluchtturm.

Vishnu-Bronze, Indien

Trotz des Niedergangs der Gupta-Dynastie im 6. Jh., nachdem ihre nördlichen Gebiete von den Hunnen (Hephthaliten) überrannt worden waren, lebte die von ihr eingeführte hinduistische Kultur in Süd- und Südostasien weiter. Reliefskulpturen wie diese aus Bronze *(links)* zeigen die Lebendigkeit, welche die Hindu-Kultur trotz der politischen Unbeständigkeit im frühmittelalterlichen Indien hatte.

Song Taizu

Zhao Kuangyin, ein chinesischer General, wurde von seinen eigenen Truppen zum Kaiser (Taizu) erklärt. Er gründete die Dynastie der Song und regierte von 960 bis 976. Er einte das chinesische Reich einschließlich des Südens, schuf eine starke Berufsarmee und unterstellte die besten Einheiten seiner direkten Kontrolle im Palast. Regionale Truppen, deren Offiziere ständig wechselten, um ein Erstarken lokaler Macht zu vermeiden, standen unter ziviler Kontrolle.

Der Jelling-Stein

Steintafeln mit Bild- und Runeninschriften, häufig zum Gedenken an bestimmte Personen, findet man in den Grabstätten der Wikinger. Der Jelling-Stein (links abgebildet eine moderne Replik) wurde von Harald Blauzahn, König von Dänemark, an der Grabstätte seiner Eltern, König Gorm und dessen Gemahlin Tyra, in Jelling in Jütland zu deren Gedenken errichtet.

Der Stein hat die Form einer dreiseitigen Pyramide, zwei Seiten tragen Bilder, die dritte eine ausführliche Inschrift. Die eingravierten Bilder beinhalten ornamentale Tierformen, fein verwobene lineare Muster und ein christliches Motiv, die Kreuzigung. Harald war um 960 zum Christentum übergetreten.

ASIEN

956 Al-Masudis Hauptwerk der Geschichte und Geographie, *Buch der Goldwäschen.*

960 Nördliche Dynastie der Song in Nordchina gegründet. Hauptstadt ist Kaifeng.

Neun Gesandtschaften aus Srivijaya besuchen den chinesischen Hof (bis 988).

Um 960 Samaniden aus Buchara überfallen Afghanistan.

Periode künstlerischer Glanzleistungen in China: Aquarellmalerei, Poesie, das Hi-Khio, chinesisches Theater, in dem der Hauptdarsteller singt (bis 1119).

1005 ▼
Um 963 Al Sufis *Buch der Fixsterne* enthält die erste Beschreibung eines Sternennebels.

1010 ▼
967 Das Fujiwara-Geschlecht beginnt mit der Einigung Japans.

968 Dinh Bo Linh gründet das Dinh-Reich in Dai Viet (Nordvietnam).

969 Die Byzantiner gewinnen Antiochien von den Arabern.

Mit Schießpulver abgefeuerte Raketen zum ersten Mal im Kampf benutzt (China).

970 Die Fatimiden beherrschen Damaskus.

Chinesische Regierung führt Papiergeld ein.

979 ▼
974 Song-Dynastie eint China, Hauptstadt in Luoyang.

975 Südliche Tang unterwerfen sich den Nördlichen Song, China ist vereint, Ende der Periode der »Fünf Dynastien«.

AFRIKA

957 Das Sultanat Kilwa wird an der Küste Ostafrikas gegründet.

969 Die Fatimiden erlangen die Macht über Ägypten, Gründung der Hauptstadt Kairo.

972 Die siridische Dynastie berberischer Herkunft mit Sitz in Kairouan beherrscht Tunesien und Ostalgerien (bis 1148).

973 Die Fatimiden aus Ägypten setzen die Sanhaja-Berber-Dynastie der Siriden in Ifriqiyah (Tunesien) als Statthalter ein.

Direkter Handel zwischen dem fatimidischen Ägypten und Italien.

975 Das christliche Königreich Aksum wird überrannt.

1008 **954** Vertreibung von Erik Blutaxt, dem letzten dänischen König von York.

955 Otto I., König des Heiligen Römischen Reiches, schlägt die Magyaren endgültig auf dem Lechfeld und bringt die Expansion Ungarns zum Stehen.

959 Edgar vereint England.

960 Mieszko I. gründet Polen.

Um 960 Der König von Dänemark tritt zum Christentum über und verbietet heidnische Religionen.

Gründung des Augsburger Domes.

961 Die Byzantiner erlangen Kreta von den Arabern zurück.

962 Otto I. wird von Johannes XII. zum Kaiser gekrönt und verbringt seine späteren Jahre in Italien.

963 Erste Klostergründungen auf dem Berg Athos, der zum Mittelpunkt des orthodoxen Mönchtums wird.

965 Die Byzantiner erlangen Zypern von den Arabern zurück.

1002 **968** Gründung der Universität von Córdoba.

972 Gründung des ungarischen Staates unter Großfürst Géza.

Um 973 Christianisierung Böhmens, Gründung des Bischofamts von Prag.

975 Arithmetische Notation wird von der arabischen Welt übernommen.

Die Azhar-Moschee, *das erste bedeutende Gebäude der Fatimiden in Kairo, war für Jahrhunderte die führende schiitische Universität. Kuppel und Minarett wurden 1469 angebaut.*

Die Fatimiden

Die Fatimiden stiegen zu Beginn des 10. Jh. zur wichtigen Macht in Nordafrika auf und bedrohten die Autorität der Abbasiden. 969 eroberte der fatimidische General Djauhar mit einer Armee von 10000 Soldaten Ägypten und errrichtete nördlich der antiken Siedlung Fustat eine neue Siedlung. Diese war von einem befestigten Wall umgeben und besaß Paläste, große Moscheen und öffentliche Plätze. Die Fatimiden nannten ihre neue Stadt el-Kahira, »die Siegreiche«. Der Name wurde später von den Europäern zu »Kairo« verballhornt.

Unter dem Kalifen Asis (975–996), wurde Ägypten zum reichsten und stabilsten Gebiet in der islamischen Welt und ließ den eurasischen Handel wieder aufleben. Ihren Höhepunkt erreichte die fatimidische Macht unter dem Kalifat von al-Mustansir (1036–1094), obwohl hohe Steuern und regionale Unruhen allmählich den Niedergang einleiteten.

Otto II.

Diese Darstellung *(oben)* zeigt Otto II. (973–983), Kaiser des Heiligen Römischen Reiches, der Huldigungen der Reichsprovinzen entgegen nimmt. Die Kaiser des Heiligen Römischen Reiches wurden als Vertreter Gottes auf Erden angesehen, was manchmal zu Konflikten mit dem Papsttum führte. Die Ottonische Dynastie sorgte für die Gründung christlicher Staaten in Polen, Böhmen und Ungarn.

Wladimir I.

Wladimir I., Prinz von Nowgorod und Großfürst von Kiew (956–1015) trat 988 zum Christentum über und wird als der Vater der orthodoxen russischen Kirche angesehen. Vor seiner Taufe ein rücksichtsloser Mann, wurde er danach für seine Güte und Barmherzigkeit verehrt. Er heiratete Anna, die Schwester des byzantinischen Kaisers und festigte die Beziehung zwischen den beiden Reichen. Er wurde heilig gesprochen.

ASIEN

1000 ▼

977 Gründung der ghasnavidischen Dynastie; sie übernimmt die Macht in Afghanistan.

Byzantinische Truppen bedrohen Jerusalem.

In China wird mit dem Verfassen einer 1000-bändigen Enzyklopädie begonnen (vollendet etwa 984). Das Original wurde während der Boxeraufstände zerstört (1900–1901).

979 Die Song-Dynastie kommt an die Macht und eint Zentral- und Südchina (bis 1279).

983 Erfindung des Schlosses während des Baues des Großen Kanals in China.

986 Die Kitan (Liao-Dynastie) bauen Peking wieder auf.

992 Gründung der karachanidischen Dynastie in Transoxanien (bis 1211).

993 Die Kitan zwingen Koryo, sie als Oberherrscher von Korea anzuerkennen.

999 Frühe Yamato-e-Malerei im japanischen Stil, frei von chinesischen Einflüssen.

1000 Tibetische Tanguten gründen den Staat Xixia.

Um 1000 Die seldschukischen Türken überfallen Transoxanien.

Erste muslimische Einfälle nach Nordindien durch Sultan Mahmud von Ghazni, Herrscher der Ghasnaviden; er erobert Nordwestindien.

Die Chola besetzen Ceylon.

Entstehung der Landschaftsmalerei der Song in China.

Spinnrad in Südasien, Chinesen entwickeln Spulgeräte für Seidengewinnung.

Die Chola erringen die Herrschaft über Dekhan in Indien.

Le-Dynastie kommt in Dai Viet an die Macht.

AFRIKA

Um 988 Gründung der Azhar-Universität in Kairo.

990 Bau der Al-Hakim-Moschee in Kairo.

992 Das Reich Ghana erobert die Berberstadt Awdaghost und gewinnt damit die Kontrolle über die südliche transsaharische Handelsroute.

Um 1000 Arabische Kaufleute gründen Handelsstaaten im äthiopischen Hochland.

Der Islam verbreitet sich durch Überland- und Küstenhandel in Afrika südlich der Sahara.

Eisenverarbeitung in Simbabwe.

EUROPA

976 Der Dogenpalast in Venedig wird durch ein Feuer zerstört und in den nächsten 500 Jahren wieder aufgebaut.

Niedergang arabischer Macht in Iberien.

980 Dänische Überfälle auf England.

Ende der Wikingerdynastie in Dublin.

Otto II., Kaiser des Heiligen Römischen Reiches, geht gegen die Araber in Italien vor (bis 983).

982 Die Araber schlagen Otto II. in Italien.

983 Großer Aufstand der Slawen gegen deutsche Siedler im Osten.

986 Beginn der bulgarischen Expansion nach Südosteuropa.

Erik der Rote, norwegischer Seefahrer und Forscher, beginnt mit der Besiedlung Grönlands.

Nordische Händler gründen drei Siedlungen auf Grönland.

987 Gründung der französischen Dynastie der Kapetinger.

988 Übertritt von Wladimir von Kiew zum Christentum, orthodoxe Kirche fasst Fuß in Russland.

990 Ottonischer Feldzug gegen Böhmen.

994 London wird von Dänen und Norwegern belagert.

996 Beginn des Krieges zwischen den Byzantinern (unter Kaiser Basil II.) und Bulgarien.

1000 Ungarn wird offiziell zum christlichen Staat.

Polen tritt der katholischen Kirche bei.

Die Wikinger überfallen die Normandie.

Um 1000 Grabbeigaben in Lappland enthalten Metallgegenstände aus Nordwestengland und aus Russland.

AMERIKA & AUSTRALASIEN

987 Toltekische Hohepriester und ihre Anhänger werden aus Tula durch eine rivalisierende religiöse Gruppe, die Menschenopfer praktiziert, vertrieben.

Um 990 Vertriebene Tolteken nehmen die Maya-Stadt Chichén Itzá ein.

999 Topiltzin gründet das neue Maya-Reich Chichén Itzá.

1000 Anfänge der Mississippikulturen in Nordamerika.

Fast alle pazifischen Inseln sind besiedelt.

Um 1000 Fahrten von Grönland nach Neufundland und zur nordamerikanischen Küste.

Leif Eriksson, Sohn von Erik dem Roten, segelt von Grönland nach Nordamerika.

Die Cree und andere Gruppen in Nordamerika tauschen Pelze gegen Getreide mit südlichen Völkern.

Irokesen-Völker im Nordosten Nordamerikas leben in Dörfern und bauen Bohnen und Mais an.

Entstehung der südöstlichen Mississippikulturen um das Grand Village.

Inuit aus Thule ziehen in die östliche Arktis.

Die Sicán-Kultur blüht auf in der Gegend um El Purgatorio in Nordperu.

Zusammenbruch der Andenstaaten Tiahuanaco und Huari.

Die Inka gründen Cuzco in Südperu.

Die Maya-Kultur auf der Halbinsel Yucatán erreicht ihre Blütezeit mit charakteristischer Kunst und Architektur und einem auf astronomischen Beobachtungen basierenden Kalender.

Die Tolteken dringen ins Maya-Gebiet ein.

Blüte der Tairona-Kultur in Kolumbien.

Gebrauch von Formen in der Töpferei in Mittelamerika.

Erste Schnitzereien und Statuen aus Stein auf der Osterinsel.

Verschwinden der Coclé-Kultur in Panama, die 500 Jahre zuvor aufgetreten war.

Die Große Moschee von Córdoba

Von dem omaijadischen Herrscher Abd ar-Rahman I. in Auftrag gegeben, wurde diese großartige Moschee 784 begonnen, 988 fertiggestellt und in den darauffolgenden 200 Jahren zu einem der größten sakralen Bauwerke der islamischen Welt erweitert.

Auf einer ehemaligen westgotischen Kirche errichtet, besteht sie aus einem mächtigen rechteckigen Gebetsraum mit 19 Seitenschiffen. Das Satteldach wird von marmornen Säulenreihen getragen *(oben)*. Ein Innenhof mit Orangenbäumen vervollständigt das Gebäude. Im 13. Jh. wurde die Moschee nach der Reconquista zu einem christlichen Gebetsort. 1526 baute man in die Mitte des Gebetsraums eine Kathedrale und schuf damit einen einzigartigen religiösen und architektonischen Komplex.

CHINAS **S**TELLUNG als die bedeutendste Macht der Welt wurde 979 mit dem Aufstieg des Song-Reiches noch gestärkt, da die Wirren nach dem Zusammenbruch des Tang-Reiches 907 zu Ende gingen. Chinas Einfluss reichte bis nach Korea und Japan, beides zentralistische buddhistische Staaten. Die islamische Welt, Chinas einzige Rivalin um die Weltmachtstellung, brach nach dem Tod von Harun ar-Rashid 809 auseinander. Neue Dynastien bildeten sich und bedrohten das Kalifat in Bagdad: die Fatimiden in Ägypten, die Samaniden in Transoxanien und die Ghasnawiden in Afghanistan. 946 fiel Bagdad selbst an die persischen Buwaihiden. Die Nachfrage in Arabien nach Gold kam den westafrikanischen Königreichen südlich der Sahara zugute. Kanem-Bornu, Ghana und Tekrur blühten auf. Auch in Südostasien entstanden neue Staaten. Ab 700 dominierte Srivijaya den indonesischen Archipel, auf dem Festland war Kambodscha, der Staat der Khmer, die führende Macht. Indien wurde von zahlreichen regionalen Mächten beherrscht, im Süden des Subkontinents waren dies die beiden bedeutenden Staaten der Calukya im Südwesten und der tamilischen Chola im Südosten. Mit dem Niedergang der Maya in Mittelamerika nach 850 wurden die Tolteken die einflussreichste Macht der Region. In Griechenland und der Türkei erstarkte die byzantinische Herrschaft wieder durch Siege über arabische Truppen und durch die Rückeroberung Antiochias. Obwohl sich auch in Europa, das durch das Christentum religiös geeint war, neue Staaten bildeten, blieb es doch politisch zersplittert und Schauplatz endloser regionaler Rivalitäten.

ARABISCHE STERNKARTEN

Im 9. Jahrhundert gehörte die arabische Wissenschaft zu den welweit führenden. Aufbauend auf griechisch-römischen, persischen und indischen Grundlagen, machte man auf vielen Gebieten Fortschritte. So errichtete Kalif al Ma'mun (813–833) in Bagdad die erste Sternwarte der Welt. Er versammelte hier Gelehrte, unter ihnen auch eine Gruppe von Astronomen, und begründete damit eine Tradition der angewandten Astronomie. Die Araber trugen nicht nur erheblich zur Lösung des Problems der Positionsbestimmung bei – durch das Astrolabium, durch die genaue Vermessung der Erdgröße und durch eine Weltkarte – sie erfassten und benannten auch Sterne und Sternkonstellationen. Aldebaran, Rigel und Ras Algethi sind Sterne, die heute noch unter ihren arabischen Namen bekannt sind. Die Abbildung (rechts) zeigt die Andromedakonstellation und stammt aus dem *Buch der Fixsterne* von Abd ar-Rahman as-Sufi, einer Sammlung aller bekannten Sternnamen aus dem 10. Jahrhundert.

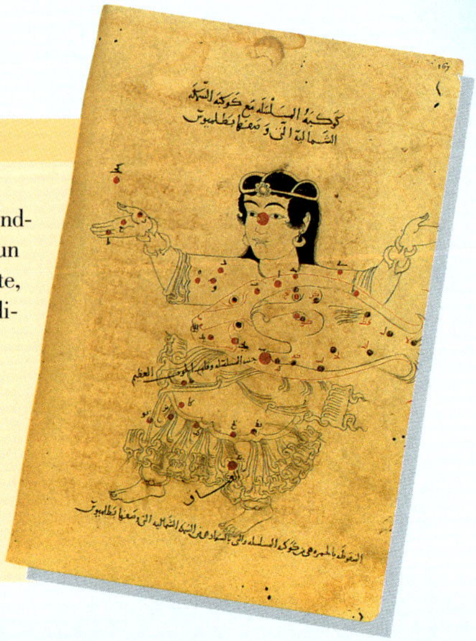

1000 – 1200

Das frühe Mittelalter

BILD OBEN:
***Mönche segnen** Kreuzritter bei deren Auszug. Die Kreuzzüge wurden zwar im Namen des Christentums ausgefochten, aber die Eroberung islamischen Gebietes im Heiligen Land diente vor allem der europäischen Machterweiterung.*

Die beiden bedeutendsten Mächte der Welt im Jahr 1000 waren das Song-China und die islamische Welt. Sie herrschten nicht nur über große Gebiete, sondern waren anderen Zivilisationen in den Bereichen Handel, Bildung, Technologie und vor allem in kultureller Einheit weit voraus.

Dennoch hatten sowohl China als auch die islamische Welt in der Vergangenheit mit Bedrohungen ihrer Gesellschaft zu kämpfen gehabt, was auch die nächsten 200 Jahre andauern sollte. Es spricht für die grundsätzliche Stabilität beider Kulturen, dass sie um 1200 noch stärker und gefestigter aus diesen Problemen hervorgingen.

1000–1200

ASIEN
AFRIKA
EUROPA
AMERIKA & AUSTRALASIEN

Um 1000: Erster muslimischer Überfall auf N-Indien durch Sultan Mohammed von Ghur

Um 1000: Leif Eriksson erreicht Nordamerika von Grönland aus. Beginn der Mississippikultur

1005: Königreich Liao nimmt den Norden des Song-Reiches ein, Hauptstadt ist Peking.

1016: England, Dänemark und Norwegen unter Knut vereint

1031: Beginn der christlichen Rückeroberung Spaniens

Um 1045: Erfindung beweglicher Drucklettern in China

1048: Fatimiden verlieren Ifriqiya (Libyen).

1054: Endgültiger Bruch zwischen römischen und orthodoxen Kirchen

1000 1020 1040

***Die Tolteken** errichteten in Chichén Itzá Ritualbauten wie diese typische Stufenpyramide, die dem Gott Quetzalcoatl geweiht war.*

Die Tolteken

Nach dem Fall von Teotihuácan und dem Niedergang der klassischen Maya-Kultur stiegen die Tolteken, ein kriegerisches Volk aus dem Nordwesten, zur bestimmenden Macht in Zentralmexiko auf. Um 1000 fanden sich Einflüsse der Tolteken in ganz Mesoamerika. Die Hauptstadt Tula, im heutigen mexikanischen Bundesstaat Hidalgo gelegen, erreichte eine Bevölkerungszahl von 66000 Menschen, und noch einmal so viele lebten im direkten Hinterland der Stadt. Die Tolteken waren Händler, deren Kontakte im Süden bis nach Costa Rica und im Norden bis in die Wüste reichten. In ihrer Architektur und Kunst spiegelt sich die militärische Ausrichtung der Gesellschaft wider. Ihre Religion kannte auch Menschenopfer zur Besänftigung der Götter.

***Mit Perlmutt** eingelegte Figur eines Koyote-Kriegers. Die toltekische Gesellschaft wurde stark beeinflusst von den Kriegerorden der Jaguare, Adler und Koyoten.*

ASIEN

Um 1001 Murasaki Shikibu, japanische Hofdame, schreibt den ersten Roman der Welt: *Die Geschichte vom Prinzen Genji.*

1005 As-Sufis *Geographie* (jetzt in St. Petersburg), wahrscheinlich die älteste existierende arabische illustrierte Handschrift.

Song-China wird im Gebiet um Peking besetzt durch die mongolisch-tungusische Liao-Dynastie aus dem Norden.

1008 Firdausi beginnt *Schah-Name*, die in Doppelversen geschriebene epische Geschichte Persiens (bis 1020).

1009 Zerstörung der Grabeskirche in Jerusalem durch Muslime.

Um 1010 Chinesen der Oberschicht beginnen mit der Einbindung von Frauenfüßen.

Auftreten der japanischen Kriegerkaste *(Bushi)* in den Provinzen.

AFRIKA

EUROPA

1001 Krönung Stephans I., der Ungarn eint.

1013 ▼ **1002** Massaker am 13. November: Dänische Siedler in England werden auf Befehl von Aethelred II. ermordet.

Das omaijadische Kalifat in Spanien trennt sich in zwei rivalisierende Reiche.

1016 ▼ **1003** Die Dänen unter Sven Gabelbard überfallen England.

1004 Baubeginn des Doms in Bamberg.

1008 Aethelred II. baut eine Flotte, um dänische Angriffe anzuwehren.

1009 Baubeginn des Doms in Mainz.

Um 1010 Schachspiel von Asien nach Europa eingeführt.

AMERIKA & AUSTRALASIEN

Murasaki Shikibu

Der Roman *Genji monogatari – Die Geschichte vom Prinzen Genji* gilt als Meisterwerk der japanischen Literatur. Er wurde um 1001 von Murasaki Shikibu (gest. um 1014) verfasst. Über das Leben der Schriftstellerin ist wenig bekannt. Sie entstammte dem Geschlecht der Fujiwara und trat nach dem Tod ihres Mannes in den Dienst von Shoshi, einer Kurtisane Kaiser Ichijos, an dessen Hof sich auch andere talentierte Dichter aufhielten. Der Roman erzählt die Geschichte eines Prinzen und schildert mit großer Detailgenauigkeit das Ideal des höfischen Lebens der Heian-Zeit.

Porzellan der Song-Zeit

China blühte auf unter der Dynastie der Song (960–1279), und zwar in wissenschaftlicher wie in technologischer Hinsicht. Es gab eine kleine industrielle Revolution mit den ersten mechanisierten Arbeitsprozessen der Welt. Im Kunsthandwerk zeichnete sich die Song-Zeit durch eine hochentwickelte Keramik aus. Feines Porzellan und Steingut wurden in vielen regionalen Zentren hergestellt. Hier wandte man bereits Methoden der Massenproduktion an, um der steigenden internationalen Nachfrage nachkommen zu können. Song-Porzellan ist besonders einfallsreich und verfeinert in der Formgebung, zurückhaltend dagegen in Farbe und Dekor.

***Die Kunsthandwerker der Chola** schufen wunderbare Statuen von Hindu-Gottheiten, so auch diese bemerkenswerte Bronze einer geöffneten Lotusblüte.*

Die Chola-Dynastie

Die tamilischen Chola kamen ab dem 9. Jh. unter Rajaraja (985–1014) und seinem Sohn Rajendra I. (1014–1044) an die Macht. Ausgehend von ihrer Hauptstadt Thanjavur (Tanjore) eroberten die Chola große Teile Südindiens und Ceylons (Sri Lanka). Sie errichteten ein Seehandelsreich, das über Südostasien bis zur Malaiischen Halbinsel reichte. Während ihrer Regierungszeit erblühte die Hindu-Kultur. Im ganzen Gebiet wurden reich verzierte Tempelkomplexe gebaut. Im 13. Jh. begann der Niedergang des Königreichs. Die Herrschaft der Chola-Dynastie endete 1279.

***Der Brihadeshwara-Tempel** in Thanjavur (Tanjore), der Hauptstadt des Chola-Reiches, ist eines der mächtigen drawidischen Bauwerke der Stadt (11. Jh.).*

ASIEN

1021 ▼ **1014** Rajendra I. wird Herrscher der Chola in Südostindien.

1015 Eine ghasnawidische Armee fällt in Kaschmir ein, wird jedoch zum Rückzug gezwungen.

1018 Die Ghasnawiden plündern Kanauj in Nordindien, zersprengen die hinduistischen Pratihara-Staaten und besetzen große Teile von Nordindien.

Rajendra I. erobert Ceylon.

1023 ▼ **1019** Mahmud von Ghasna baut die Große Moschee in Ghasna, der Hauptstadt seines Reiches.

1020 Tod von Ibn Sina (Avicenna), dem führenden persischen Philosphen.

AFRIKA

1015 Hammadiden, Nachkommen der Siriden, herrschen in Ostalgerien (bis 1152).

1013 Erneute dänische Invasion in England.

1014 Heinrich II. wird Kaiser des Heiligen Römischen Reiches († 1024).

1016 Knut vereinigt England, Dänemark und Norwegen.

1017 Die erste russische Kirche aus Stein wird erbaut.

1025 ▼

1018 Der byzantinische Kaiser Basileios II. (der Bulgarentöter) erobert Bulgarien, blendet 15 000 Gefangene und schlägt Bulgarien Byzanz zu.

Malcolm II. von Schottland schlägt die Engländer bei Carham.

Das Konzil von Pavia beschließt den Zölibat für die Geistlichkeit.

1019 Die Araber greifen Narbonne in Südfrankreich an.

Um 1020 Kiewer Rus (Russland) auf der Höhe ihrer Macht (bis 1054).

Um 1020 Das Maya-Zeremonialzentrum Uxmal wird aufgegeben.

König Knut

Norwegen und Schweden kamen unter Sven I. (Sven Gabelbart, gestorben 1014), der auch König von England wurde, unter dänische Herrschaft. Svens Sohn Knut der Große (etwa 995–1035, reg. etwa 1016–35) herrschte also über ein großes anglo-skandinavisches Reich, das nur kurze Zeit bestand, da es schon nach seinem Tod wieder auseinanderfiel. Anfänglich teilte er das Königreich England mit Edmund II., erhielt jedoch bei dessen Tod 1016 die gesamte Macht; 1019 erbte er den dänischen Thron und überfiel 1027 Schottland. Als Eduard der Bekenner 1065 starb, war der skandinavische Anspruch auf den englischen Thron Teil seiner Nachfolge. Knut der Große profilierte sich als der Herrscher, der dem Land inneren Frieden und Wohlstand brachte. Er förderte das Christentum und unterstützte die Kirche auch finanziell großzügig. Seine Reise nach Rom entsprang nicht nur diplomatischen, sondern auch religiösen Motiven.

Heinrich II.

973 in Bayern geboren, wurde Heinrich II. 1002 zum König und 1014 zum Kaiser gekrönt. Er festigte die Macht der Monarchie und reformierte die Kirche. Heinrich und seine Frau Kunigunde förderten die Benediktinerklöster. Er machte Bamberg zu einem Bischofssitz, und die Stadt entwickelte sich zu einem geistlichen und wissenschaftlichen Zentrum. Gerüchte über Heinrichs zölibatäre Ehe wurden wahrscheinlich erst nach seinem Tod von seinen Anhängern in Umlauf gebracht; nichtsdestotrotz sprach man das Paar 1146 bzw. 1200 heilig.

Shinto

Der Shintoismus ist die älteste Religion Japans, der »Weg der Gottheiten«. Ihr Kern sind Rituale, Gebräuche und Pilgerreisen zu Schreinen. Im Shintoismus wird eine Reihe von Gottheiten *(kami)* verehrt, die über jegliche Erscheinungen der Natur herrschen, ob sie belebt oder unbelebt sind.

Die Religion wurde im 8. Jahrhundert n. Chr. in Texten schriftlich niedergelegt, etwa in den *Kojiki* (712 n. Chr.) und den *Nihongi* (720 n. Chr.). Im 8. und 9. Jahrhundert mischten sich in den Shintoismus Elemente des nach Japan vordringenden Buddhismus, und es entstand eine synkretistische Religion.

Die Shinto-Schreine *(jinja)* werden, wie der oben abgebildete von Hakata in Kyushu, oft in landschaftlich reizvoller Umgebung wie Felsen, küstennahen Inseln oder Wasserfällen errichtet. Das Tor *torii* eines Schreines markiert den Übergang in den sakralen Bereich, das aus Reisstroh gedrehte Seil *shimenawa* hängt über Eingängen innerhalb des Schreines, um sakrale und profane Bereiche voneinander abzutrennen.

ASIEN

1021 Die Chola fallen in Bengalen ein.

1023 Die Ghasnawiden fallen in Transoxanien ein.

1024 Die Ghasnawiden plündern das hinduistische Heiligtum von Somnathpur.

1025 Die Chola überfallen Pegu (Birma) und Srivijaya (Indonesien).

Um 1025 Eroberung des Punjab durch die Ghasnawiden.

Die tamilische Chola-Dynastie steht in ihrem Zenit.

Buch der Heilung von Ibn Sina (Avicenna).

Um 1027 Geburt von Omar-e Chajjam, persischer Mathematiker und Dichter, Autor des *Rubaijat* († etwa 1123).

1040 ▼

1030 Bau der »Türme des Sieges« durch Mahmud von Ghasna, den muslimischen Eroberer Nordindiens. Bei seinem Tod reichte das Ghasnawidische Reich vom Gangestal bis nach Persien.

AFRIKA

1021 Veitstanz-Epidemie.

1025 Tod des byzantinischen Kaisers Basileios II. (der Bulgarentöter).

Das Byzantinische Reich erreicht unter Konstantin VIII. seine größte Ausdehnung.

1027 Normannische Truppen in Süditalien.

Konrad II. wird Kaiser des Heiligen Römischen Reiches.

1037 ▼

1028 Sancho III., König von Navarra, erobert Kastilien.

Parsvanatha-Tempel, Khajuraho

Die hinduistischen Tempel von Khajuraho wurden von den Chandella errichtet, die Zentralindien vom 9.–11. Jahrhundert beherrschten. Unter den vielen Schmuckornamenten der steil emporragenden berggleichen Konstruktion befinden sich Reliefs, die Paare oder Dreiergruppen in erotischen Positionen zeigen. Sie stellen vielleicht tantrische Praktiken oder idealisierte höfische Liebe dar. Obwohl ihre Bedeutung unklar ist, strahlen diese Skulpturen Lebendigkeit und Eindringlichkeit aus und spiegeln den Höhepunkt der klassischen hinduistischen Kunst und Architektur wider.

Basileios II., der Bulgarentöter

Der byzantinische Kaiser Basileios II. (reg. 976–1025) erwarb sich seinen Beinamen, nachdem sein 15 Jahre andauernder Krieg gegen Bulgarien 1015 in einem Sieg in den Belasicabergen gegipfelt war. Er ließ 15 000 Gefangene blenden und schickte sie in Gruppen zu Hundert, angeführt von einem Einäugigen, nach Hause. Der bulgarische Zar Samuel starb am Schock, und Bulgarien wurde 1018 Byzanz einverleibt.

***Die Bulgaren** kauern vor Basileios II.*

***Der Dom St. Kilian in Würzburg** ist die viertgrößte romanische Kathedrale in Deutschland. Ihr Bau wurde 1045 begonnen; sie war das architektonische Juwel der Hauptstadt Frankens.*

Der Würzburger Dom

Die großartige romanische Kirche dominiert die Altstadt von Würzburg am Main im Nordwesten von Bayern. Bei Baubeginn 1045 hatte die Stadt schon eine lange Geschichte als wichtiger religiöser Mittelpunkt. Die ältesten erhaltenen Aufzeichnungen sprechen davon, dass der heilige Bonifatius hier bereits 741 einen Bischofssitz einrichtete.

Würzburg war damals die Hauptstadt des mittelalterlichen Frankens, das ab dem 6. Jahrhundert von den Franken besiedelt worden war. Zur Zeit der Vollendung des Domes, 1188, reichte die bischöfliche Herrschaft über ganz Ostfranken. Einige wichtige Konzile wurden in Würzburg abgehalten, einschließlich des Konzils von 1180, als das Herzogtum Franken Heinrich dem Löwen aberkannt und Otto von Wittelsbach zugesprochen wurde. Die Wittelsbacher blieben bis 1918 eines der wichtigsten Herrschergeschlechter Deutschlands. Der Würzburger Dom ist nach dem heiligen Kilian benannt, einem irischen Mönch, der 686 die Stadt besuchte und hier als Märtyrer starb.

ASIEN

1035 Gründung des Xixia-Reiches in Westchina.

1038 Die Seldschuken erobern Khorasan und gründen die erste türkisch-muslimische Dynastie und das erste türkisch-muslimische Reich (bis 1194).

1055 ▼

Um 1040 Seldschukische Türken schlagen die Ghasnawiden und halten deren Expansion nach Westen auf; sie erobern Afghanistan und Ostpersien.

AFRIKA

1034 Genua und Pisa übernehmen die Kontrolle über den Hafen von Bône, Tunesien.

1031 Beginn der christlichen Rückeroberung Spaniens (Reconquista).

Ende des Kalifats von Córdoba.

1035 Knut der Große teilt das Nordreich zwischen seinen drei Söhnen auf.

1043 ▼

Magnus stellt die norwegische Unabhängigkeit wieder her.

Wilhelm I. wird Herzog der Normandie.

1037 Ferdinand I. von Kastilien annektiert León und sichert sich die Führung der christlichen Königreiche in Spanien.

1040 Macbeth wird König von Schottland († 1057), nachdem er Duncan ermordet hat.

Um 1040 Tod des Musiktheoretikers und Lehrers Guido von Arezzo.

Um 1040 Der Stil der Tiahuanaco-Töpferei breitet sich nach Ayacucho in Peru aus.

***Das Kunsthandwerk der Coclé** zeigte oft gefährliche oder abstoßende Tiere, hier Fledermäuse als Goldanhänger.*

Coclé-Kultur in Panama

Die ersten bekannten Bewohner Panamas waren die Coclé und die Cueva. Benannt nach einem archäologischen Fundort in Südwestpanama, trat die Coclé-Kultur Anfang des 6. Jahrhunderts in Erscheinung und blieb für 500 Jahre bestehen. Wertvolle Grabbeigaben zeigen die ausgezeichnete Qualität und Verfeinerung ihrer Keramik- und Goldarbeiten. Über ein ausgedehntes Fernhandelsnetz gelangten Coclé-Gegenstände in den Norden bis nach Yucatán.

Das Kiewer Höhlenkloster

Das Christentum wurde in Kiew 988 eingeführt. Im folgenden Jahrhundert entwickelte sich Kiew mit einer Bevölkerung von 50 000 Menschen zu einer der bedeutendsten Städte der christlichen Welt. Sein berühmtes Kloster, Petscherskaja Lawra *(unten)*, benannt nach nahe gelegenen Höhlen *(pechera* auf Ukrainisch), in denen Mönche lebten, starben und bestattet wurden, entstand ab 1051. Es war ein Wallfahrtsort und im 12. Jahrhundert das Zentrum des orthodoxen Christentums in Europa.

Bewegliche Lettern

Die Druckkunst entstand im 11. Jahrhundert in China mit der Erfindung beweglicher Lettern. Der Druck auf Papier mithilfe von Holzblöcken war schon seit dem 6. Jahrhundert bekannt, und das erste Buch der Welt wurde 868 in China gedruckt. Aber erst zwischen 1041 und 1048 erfand Pi Sheng, ein chinesischer Alchemist, die beweglichen Lettern.

Er stellte eine Mischung aus Tonerde und Bindemittel her, formte sie zu Blöcken und schnitzte jeden zu einem Element eines Schriftzeichens. Die Blöcke oder »Typen« wurden dann gebrannt, um sie zu härten. Für den Satz eines Textes wurden die Typen nebeneinander auf einer Eisenplatte, die mit Harz, Wachs, Terpentin und Asche bestrichen war, platziert und mit einem Eisenband fixiert. Dann wurde die Eisenplatte vorsichtig erwärmt und die Mischung zum Schmelzen gebracht. Nach dem Erhärten blieben die Typen an ihrem Platz und der Text konnte gedruckt werden. Die Typen konnten leicht wieder entfernt werden, indem die Platte erneut erhitzt wurde, und so immer wieder verwendet werden. Die Komplexität der chinesischen Schrift erforderte für jedes Zeichen mehrere Typen, manchmal bis zu 20. Pi Sheng verwendete nun Ton statt Holz für seine Typen, da sie dadurch unempfindlicher gegen Feuchtigkeit sowie die Wärme waren, die bei der Erhitzung der Platte entstand.

Um 1313 gab der Magistratsbeamte Wang Chen seinen Handwerkern den Auftrag, 60 000 Schriftzeichen auf beweglichen Holzblöcken zu schnitzen, um eine Geschichte der Technologie zu drucken. Die Zeichen waren nach einem Reimschema geordnet und wurden in Drehbehältern aufbewahrt.

***Diese moderne Replik** chinesischer beweglicher Lettern veranschaulicht die Methode von Wang Chen, bei der jeder Holzblock mit einem Schriftzeichen versehen ist.*

ASIEN

1044 Anoratha gründet das erste birmanische Reich. Zentrum ist Pegu.

Um 1045 Erfindung der beweglichen Drucklettern in China.

1048 Tod von Al-Biruni, arabischer Arzt, Astronom, Chemiker, Physiker, Historiker und Geograph.

Um 1050 Bau des jainistischen Tempelkomplexes am Berg Abu, Indien.

Die Birmanen unterwerfen die Mon-Stämme am Irawadidelta.

Sima Guang schreibt die Geschichte Chinas von etwa 500 v. Chr.–1000 n. Chr.

Ein typisch japanischer Stil der Plastik entwickelt sich.

AFRIKA

1041 Die Siriden von Ifrikija erlangen die Unabhängigkeit.

1055 ▼

1042 Die Berber-Dynastie der Almoraviden, fundamentalistische Muslime, fällt in Marokko ein.

1048 Die Fatimiden verlieren die Kontrolle über Ifrikija (Libyen).

1050 Der König von Tekrur tritt zum Islam über.

Um 1050 Militärische Auseinandersetzungen in Ägypten; die Fatimiden übernehmen die Herrschaft (bis 1121).

Florierendes Handelsnetzwerk auf dem Indischen Ozean reicht bis Mapungubwe, Südafrika.

EUROPA

1042 Ende der dänischen Herrschaft in England.

Eduard der Bekenner besteigt den englischen Thron († 1066).

1043 Magnus von Norwegen schlägt die Slawen.

Besiedlung des heutigen Kopenhagen.

1053 ▼

1047 Die Normannen erobern Süditalien und Sizilien (bis 1090).

Um 1050 Gebrauch des Astrolabiums, das von den Arabern kommt.

Gründung der norwegischen Hauptstadt Christiania (Oslo).

AMERIKA & AUSTRALASIEN

1050 Cahokia ist das Zentrum der Mississippikultur in Nordamerika mit einer Bevölkerung von etwa 10 000 Menschen.

Pueblobauten der Anasazi in Nordamerika entstehen zu Verteidigungszwecken.

Um 1050 Siedlungen der Hügelbauer im Mississippital in Nordamerika wachsen zu richtigen Städten an. Eine städtische Kultur mit großen Zeremonialstätten entsteht im Mississippibecken (bis etwa 1250).

Die Hügel von Cahokia

Eine große Anzahl künstlicher Hügel erstreckt sich über das Gebiet der Siedlung Cahokia in Nordamerika, die in einem fruchtbaren Tal nahe dem Zusammenfluss von Mississippi, Missouri und Illinois liegt. Die Bauten dienten als Tempelplattformen oder Grabhügel, die ersten wurden um 1050 errichtet und weitere folgten in den nächsten 300 Jahren. Um 1230 befanden sich 120 Hügel auf einer Fläche von 1500 ha. Damit war Cahokia die größte Siedlung nördlich von Mexiko. Die Bevölkerungszahl in Cahokia und Umgebung, dem Zentralen Tiefland, lag im 12. und 13. Jahrhundert bei schätzungsweise 38 000 Menschen.

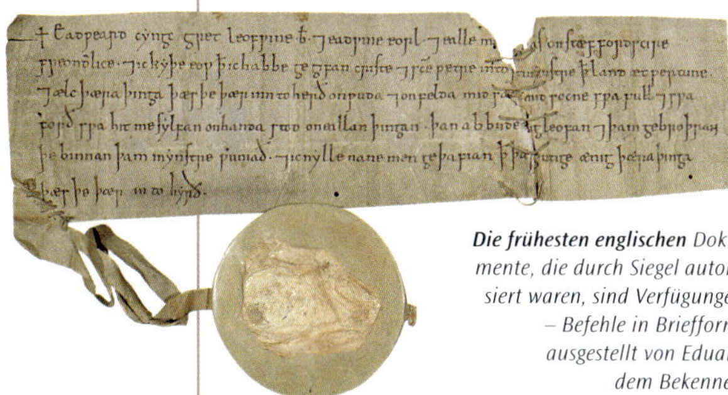

***Die frühesten englischen** Dokumente, die durch Siegel autorisiert waren, sind Verfügungen – Befehle in Briefform, ausgestellt von Eduard dem Bekenner.*

Eduard der Bekenner

Eduard (Regierungszeit 1042–1066) war der Sohn von Aethelred II., dem Unberatenen, und dessen Frau Emma. Diese stammte aus der Normandie, wohin Eduard nach Aethelreds Tod und der Besetzung Englands durch die Dänen 1016 floh. Eduard kehrte auf Einladung seines Halbbruders Hardknut 1041 zurück und bestieg den englischen Thron 1042. Er war als König unbeliebt und wenig erfolgreich, errichtete aber die Westminster Abbey und wurde 1161 für seine Frömmigkeit heilig gesprochen.

Pagan, Birma

In der großen Ebene des Flusses Irawadi in Zentralbirma (Myanmar) liegt die Stadt Pagan, eines der berühmtesten religiösen Zentren der Welt und Hauptstadt des ersten birmanischen Königs Anawrahta (1044–1077). Er führte den Theravada-Buddhismus ein und förderte den Bau von Pagoden und Tempeln. Im 13. Jahrhundert gab es einige Tausend davon auf einer Fläche von 40 km², von denen 2000 erhalten geblieben sind – vergleichbar nur mit dem Tempelbezirk von Angkor Vat in Kambodscha, das zur selben Zeit in Blüte stand.

Landleben in Byzanz

Der wirtschaftliche Niedergang der griechischen und römischen Welt im 5. und 6. Jahrhundert führte zu einem Bevölkerungsrückgang. Städte starben aus oder schrumpften zu kleinen Dörfern. Dem aber folgte eine Blüte der Landwirtschaft, und im 10. Jahrhundert ermöglichte die Überschussproduktion die Wiederbelebung der städtischen Kultur, vor allem südlich des Schwarzen Meeres. Die Klöster stellten eine starke Wirtschaftsmacht dar, sie unterhielten große Besitzungen mit Tausenden von abhängigen Bauern. Im 12. Jahrhundert produzierte das Pantokratorkloster von Konstantinopel 20 000 t Getreide pro Jahr.

Byzantinische Buchmalerei aus dem 10. Jh., *die Bauern als die Schweinehirten aus dem biblischen Gleichnis vom verlorenen Sohn zeigt.*

ASIEN

1051 Der Minamoto-Klan gewinnt die Kontrolle über Nord- und Osthonshu in Japan (bis 1087).

1052 Seldschukische Türken nehmen Isfahan ein.

1054 Chinesen beobachten vom Taurusgebirge aus eine Supernova.

1062 ▼

1055 Seldschukische Türken überfallen Bagdad und nehmen es ein.

AFRIKA

1054 Nach dem Bruch mit Konstantinopel entwickeln sich rasch geschäftliche Beziehungen zwischen Ägypten und Italien.

1055 Awdaghost im zentralen Westafrika wird von den Almoraviden überrannt.

1062 ▼

1056 Die Almoraviden erobern Nordafrika.

EUROPA

1052 Errichtung der Westminster Abbey, London.

1061 ▼

1053 Papst Leo IX. stellt eine Armee auf, um die Normannen aus Süditalien zu vertreiben. Die päpstlichen Truppen werden in Civitate geschlagen. Gründung des normannischen Reiches in Süditalien (bis 1090).

1054 Endgültiger Bruch zwischen römischer Kirche und den orthodoxen Kirchen.

Prinz Jaroslaw von Kiew stirbt; Beginn des Niedergangs der Kiewer Rus.

1056 Die Almoraviden kontrollieren den Süden der Iberischen Halbinsel (bis 1147).

1057 Macbeth von Schottland wird von Malcolm ermordet, der den schottischen Thron besteigt († 1093).

AMERIKA & AUSTRALASIEN

Das Schisma von 1054

Byzantinische Miniatur, *11. Jh.; sie zeigt den Patriarchen von Konstantinopel mit Vertretern der griechischen und römischen Geistlichkeit.*

Streitigkeiten innerhalb der christlichen Kirche führten 1054 zur endgültigen Spaltung zwischen der östlichen griechischsprachigen (orthodoxen) Kirche mit Konstantinopel als Zentrum und der westlichen lateinischsprachigen in Rom. Der Bruch ging zurück auf die Teilung des Römischen Reiches 330 in ein Ost- und ein Westreich. Hauptsächlicher Streitpunkt war die Weigerung der östlichen Kirchen, die westliche Doktrin von der Abkunft des Heiligen Geistes von Vater *und* Sohn anzuerkennen. Zudem bestand der Westen auf dem Zölibat, den der Osten ablehnte, dazu kamen Gebietsstreitigkeiten zwischen Missionaren. 1054 exkommunizierten sich Patriarch Michael Kerullarios und Papst Leo XI. gegenseitig. Trotz großer Bemühungen, etwa 1274 und 1438, wurde die Spaltung nie aufgehoben.

Die Kapelle des Odda

Diese kleine angelsächsische Kapelle in Deerhurst, Gloucestershire, hat die Jahrhunderte bemerkenswert gut überstanden, obwohl sie in ein mittelalterliches Fachwerkbauernhaus integriert ist. Sie wurde von Odda, Earl von Hwicce, erbaut, einem Verwandten Eduards des Bekenners. Odda widmete die Kapelle seinem 1053 verstorbenen Halbbruder Elfric. Sie wurde als Privatkapelle in einer Zeit errichtet, als eine Vielzahl von Kirchen gebaut wurde: Die Angelsachsen entwickelten im 10. Jahrhundert das Konzept der Gemeindekirchen. Vorher waren die Priester von den großen Münstern aus in die Dörfer gereist.

Der Halleysche Komet

Die früheste Darstellung des Halleyschen Kometen ist auf dem Teppich von Bayeux zu sehen, der um 1092 fertiggestellt wurde. Die 70 m lange Stickerei erzählt die Geschichte der Schlacht von Hastings im Jahr 1066. Obwohl diese am 25. September stattfand, der Komet aber am 24. April erschien, wurde er in das Bild aufgenommen, denn man sah ihn als Omen für den normannischen Sieg über Harold II. von England an.

Der englische Astronom Edmund Halley (1656–1742) war der Erste, der die Wiederkehr eines Kometen voraussagte. Aus dem Studium der Umlaufbahnen schloss er, dass der helle Komet von 1682 derselbe sein müsse wie der von 1607 und 1531. Er trägt nun Halleys Namen; der 76-jährige Zyklus, in dem er erscheint, beweist, dass es der Komet aus dem Jahr 1066 ist.

Der Dom von Pisa

Der Dom von Pisa, entworfen von Giovanni Giudice di Buscheto und 1064 bis 1180 erbaut, ist eines der schönsten romanischen Gebäude Italiens. Die Fassade in weißem und rotem Marmor, mit Glas, Majolika-Mosaiken und Marmor verziert, zeigt den Reichtum des mittelalterlichen Pisa. Die Farben deuten auf die Handelsverbindungen des Stadtstaates mit der arabischen Welt. Pisa besaß damals einen großen Hafen; eine starke Flotte sicherte die Vorherrschaft im westlichen Mittelmeerraum.

ASIEN

1062 Seldschukische Türken fallen in Syrien und Ostanatolien ein.

1063 Alp Arslan wird Herrscher der seldschukischen Türken († 1071).

1064 Seldschukische Türken überfallen das christliche Armenien.

Wang Jians *Insel der Unsterblichen* entsteht, frühe chinesische Seidenmalerei.

1065 Nisamija-Akademie in Bagdad gegründet.

1067 Wang Anshi kämpft gegen die Korruption in der chinesischen Armee und in der Regierung; die Landreform ist wenig erfolgreich.

1068 Verstaatlichung der landwirtschaftlichen Produktion und Verteilung in China.

1071 ▼

1069 Seldschuken nehmen Iconium (Konya) ein.

AFRIKA

1076 ▼

1062 Die Berber-Dynastie der Almoraviden gründet ihre Hauptstadt Marrakesch, Marokko.

Um 1070 Der Islam ist in Westafrika südlich der Sahara gefestigt.

1071 **1061** Die Normannen fallen in Sizilien ein.

1063 Baubeginn der Markuskirche, Venedig.

1064 Ferdinand von Kastilien nimmt Coimbra in Portugal ein.

1072 **1065** Ferdinand von Kastilien stirbt.

Erstes bekanntes farbiges Glas Europas im Augsburger Dom, Deutschland.

1066 Schlacht von Hastings; die Normannen erobern England.

1072 **1068** Wilhelm I. von England zerschlägt den Aufstand von Edwin und Morcar.

1070 Die Engländer bestechen die dänische Armee, damit diese sich zurückzieht. Zusammenbruch des von Hereward angeführten Widerstands gegen die Invasion.

Die normannische Eroberung

England hatte Mitte des 11. Jahrhunderts durch königliche Heiraten Verbindungen zur Normandie, und Eduard der Bekenner überschüttete die Normannen mit Gefälligkeiten. Doch nach seinem Tod entschieden sich die Engländer, Harold, den zweiten Sohn Godwins, Earl von Wessex, zum König zu ernennen. Godwin führte einen Aufstand gegen den normannischen Einfluss an, aber die Normannen erlangten schließlich die Oberherrschaft, als Wilhelm, Herzog der Normandie, Harold 1066 bei Hastings besiegte. Obwohl viele Angehörige der herrschenden Klasse Englands in Schlachten oder Aufständen zu Tode kamen und der normannische Feudalismus und das normannische Französisch eingeführt wurden, blieb das englische Rechts- und Verwaltungssystem größtenteils erhalten.

Die normannische Eroberung

1066	
5. Jan.	Tod von Eduard dem Bekenner, König von England; Harold folgt auf dem Thron.
April	Harolds Flotte vertreibt Tostig; bewacht den englischen Kanal bis September.
	Überfälle an der Südküste Englands von Harolds verbanntem Bruder Tostig.
Aug.–Sept.	Wilhelm, Herzog der Normandie, sammelt Flotte und Armee in Dives-sur-Mer.
25. Sept.	Harold schlägt seinen Bruder Tostig und Harald Hardrade von Norwegen bei Stamford Bridge.
28. Sept.	Wilhelm landet in Pevensey.
14. Okt.	Schlacht von Hastings, Harold wird besiegt und getötet.
25. Dez.	Krönung Wilhelms in London.
1067	Errichtung des Towers von London als normannischer Stützpunkt; Beginn der Fertigung des Teppichs von Bayeux, der den Sieg der Normannen in England feiert.

***Eine der 58 Szenen** des Teppichs von Bayeux, der vermutlich durch Odo, Bischof von Bayeux und Halbbruder von Wilhelm dem Eroberer, in Auftrag gegeben wurde.*

Der Gang nach Canossa

Heinrich IV., deutscher König und Kaiser des Heiligen Römischen Reiches, besiegte die Sachsen 1075 bei Homburg a.d. Unstrut. Seine spätere Rache an ihnen löste eine langwierige Auseinandersetzung mit Papst Gregor VII. aus. Ein Streitpunkt war die Ernennung von Bischöfen. Heinrich IV. setzte den Papst ab, musste aber 1077 im italienischen Canossa in Sackkleidern um Absolution bitten, um die Gunst seiner Vasallen wieder zu erlangen.

Die Seldschuken

Um 1038 begannen die Seldschuken, aus Zentralasien kommend, Vorderasien zu erobern. 1055 nahmen sie Bagdad ein und machten sich daran, Armenien zu erobern. Die fortschreitende Bedrohung veranlasste die Byzantiner unter Kaiser Romanus Diogenes, nach Osten zu marschieren, wo sie 1071 bei Mantzikert vernichtend geschlagen wurden. So wurden die Byzantiner aus Kleinasien vertrieben; das führte letztlich zu den Kreuzzügen.

ASIEN

1071 Die Seldschuken schlagen unter ihrem Führer Alp Arslan die Byzantiner bei Mantzikert.

Wiedererstarken des Islam.

1076 Die Seldschuken erobern Damaskus und Jerusalem.

1077 In Anatolien entsteht eine Provinz der Seldschuken; zunächst ist Nizäa die Hauptstadt, später Iconium (Konya); die Dynastie wird als Sultanat der Rum-Seldschuken bekannt (arab. *rum* »Rom«).

1084 Seldschuken-Herrscher am unteren Oxus gründen den Staat Charism (bis 1231).

Händler senden unter der Herrschaft der Chola in Indien Gesandte nach China.

AFRIKA

1076 Ghana fällt an die Almoraviden.

Der König von Ghana konvertiert zum Islam.

1084 ▼

1071 Die Normannen erobern letzte byzantinische Städte Italiens: Bari und Brindisi.

1072 Alfons VI. wird König von León und Kastilien.

Wilhelm I. marschiert in Schottland ein.

Um 1072 Die Normannen ergreifen in Palermo und Amalfi die Macht und erlangen die Kontrolle über die Handelsrouten im Mittelmeer.

1073 Gregor VII. wird Papst; Beginn des Konflikts zwischen Papsttum und Heiligem Römischen Reich.

1075 Papst Gregor VII. erklärt das Papsttum zur unumschränkten Autorität.

Um 1075 Mit der Besiedlung Islands durch die Wikinger entwickelt sich die altnordische Saga.

1077 Deutscher König Heinrich IV. muss Papst Gregor VII. um Absolution bitten.

1078 Errichtung der Kathedrale von Santiago de Compostela in Nordspanien, die ein bedeutender christlicher Wallfahrtsort wird.

1079 In Nordengland wird als Stützpunkt der Normannen Newcastle gegründet.

Geburt von Abaelardus, Philosoph und Theologe († 1142).

***Die Basilika von St. Markus in Venedig** verdankt ihre Pracht byzantinischem Einfluss. Architektur und Dekor orientierten sich an der Apostelkirche in Konstantinopel.*

Byzantinische Kunst

Byzantinische Handwerker versahen ihre Arbeiten, ob Holzschnitzereien, Schmuck, Kleidung oder Architektur, mit verschwenderischem Dekor und, wo immer möglich, mit einer Goldverzierung. Die bemerkenswertesten Leistungen erbrachten sie in der Architektur und bei den Mosaiken. Sie erkannten, dass gewölbte oder facettierte Oberflächen die Sonnenstrahlen den ganzen Tag über reflektieren; also krönten sie ein vieleckiges Gebäude mit einer Kuppel. Sie führten die Mosaikkunst zu neuen Höhen, stellten Mosaiksteinchen aus Glas und Gold her und schmückten damit vor allem Wände und Decken. Sie entwickelten auch die Ikonenmalerei und machten sie zum Charakteristikum orthodoxer Kirchen.

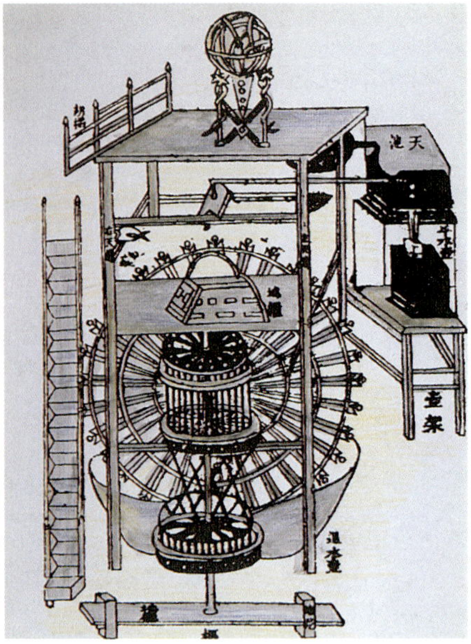

Technologie der Song

Su Sung und seine Kollegen konstruierten 1090, zur Zeit der Song-Dynastie, eine bemerkenswerte mechanische Uhr. Ihr kompliziertes, 7 m hohes Werk war mit einer wasserbetriebenen Hemmung versehen. Die Uhr enthielt eine Armillarsphäre mit rotierendem Sternenglobus und fünf Türen, durch die der Betrachter Statuen beobachten konnte, welche Glocken läuteten, Gongs schlugen oder Tafeln mit der Uhrzeit hielten.

Architektur der Seldschuken

Die Seldschuken, die von der Mitte des 11. bis zur Mitte des 13. Jh. in Mesopotamien, Persien und Kleinasien herrschten, waren große Baumeister. Ihre Architektur und ihre abstrakten Muster, wie diese aus dem 11. Jh. stammenden Kacheln in der Kuppel der Freitagsmoschee von Isfahan, hatten großen Einfluss auf die islamische Kunst. Im Vordergrund stehen besonders Keramiken mit Lasur, lackierter Farbglasur und Blattgold.

ASIEN

Um 1082 Erste Belege japanischer Rollbilder mit Darstellungen von Erzählungen, Taten berühmter Menschen, Legenden und religiösen Szenen.

1083 In China werden gedruckte mathematische Bücher und Tafeln benutzt.

Um 1083 Toba, ein japanischer Künstler, porträtiert Priester und Beamte als Vögel und Tiere.

1094 ▼

1084 Antiochia fällt an die Seldschuken.

1086 Der Minamoto-Clan unterdrückt unter Yoshitsune die rivalisierenden Klans und herrscht über ganz Japan.

1090 Schiitische Ismailiten werden stärkste Kraft in Nordpersien (bis 1256).

Hasan Ibn Sabbah gründet den Geheimbund der Assassinen.

Für den Hof der Song in China wird eine mit Wasserkraft betriebene Uhr gebaut.

AFRIKA

1087 Pisa und Genua erhalten in Nordafrika Handelsprivilegien; sie bauen ein dominierendes Handelsnetz im westlichen Mittelmeerraum aus.

EUROPA

1081 Venedig schließt Handelsabkommen mit Konstantinopel.

1083 Kaiser Heinrich IV. belagert Rom (bis 1084).

1094 **1084** Rom unterwirft sich Heinrich IV.; der ernennt Klemens III. zum Gegenpapst.

1091 Die Normannen greifen Rom an; starke Zerstörungen, Heinrich IV. räumt Rom.

1085 Bürgerkrieg in Irland.

1094 Christliche Streitkräfte unter Alfons VI. von León nehmen Toledo ein, die bisher größte Stadt, die während der Reconquista zurückerobert werden konnte.

1086 Die Normannen zeichnen detailliert die Einkünfte aus englischem Landbesitz und Umfang und Wert des Lehnsbesitzes im Domesday Book (Reichsgrundbuch) auf.

Bruno von Köln gründet den Kartäuser-Orden.

Almoraviden erobern Spanien.

1087 St.-Pauls-Kathedrale, London, niedergebrannt; Wiederaufbau (1284 fertig gestellt).

1090 Türkische Horden dringen in Europa ein und lassen sich zwischen Balkangebirge und Donau nieder.

AMERIKA & AUSTRALASIEN

Um 1085 Die Kultur der Eskimos hat die Beringstraße überschritten und breitet sich in Nordsibirien, dem arktischen Nordamerika und Grönland aus.

Das Domesday Book

Wilhelm der Eroberer ließ detaillierte Untersuchungen über Umfang und Wert des Landbesitzes durchführen, die 1085–1086 im Domesday Book zusammengefasst wurden. Mit seiner Hilfe konnten die Steuern, besonders für Militärzwecke, mit neuer Genauigkeit festgelegt werden. Es handelte sich um die bisher vollständigste und effizienteste Erhebung. In lediglich zwei Jahren, in denen königliche Beamte jedes Dorf jeder Grundherrschaft in jeder Grafschaft zweimal aufsuchten, konnte es fertig gestellt werden. Um auch weiterhin Genauigkeit und Vergleichbarkeit zu gewährleisten, wurden die Beamten mit Standardfragen ausgestattet. Die Antworten jeder Grafschaft wurden unter den Namen des Königs und seiner Hauptpächter zusammengefasst und reflektierten so die Feudalstruktur, die die Normannen in England eingeführt hatten.

Alle Informationen wurden dann durch Sekretäre des Königs zusammengefasst. Das Schlussdokument umfasste das ganze Land bis auf den äußersten Norden. Die Aufzeichnungen von London und Winchester existieren nicht mehr. Es listet die Namen aller Grundbesitzer von 1066, dem Jahr der normannischen Eroberung, und von 1086 auf. Es werden die Größe des Besitzes, die Anzahl der Arbeiter, Mühlen, Fischteiche und anderer Güter sowie der Geldwert aufgeführt.

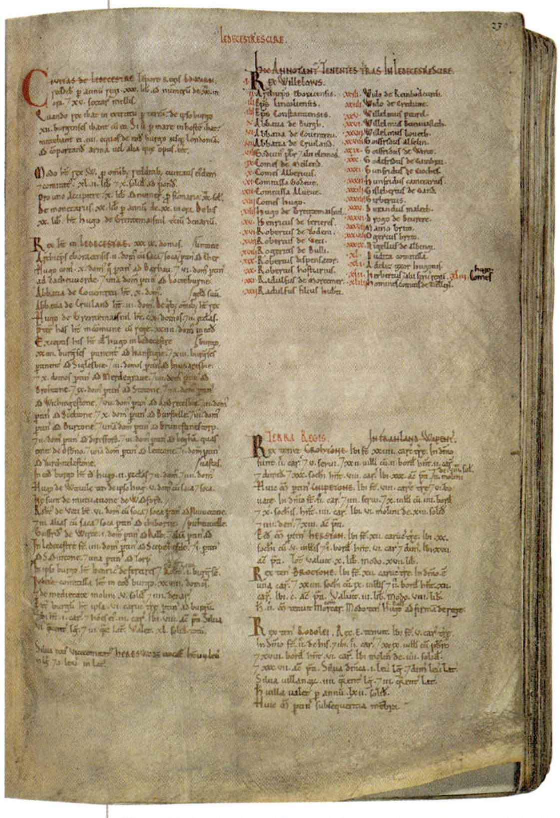

Mesa Verde

Die Anasazi waren das größte der drei prähistorischen Völker, die das südwestliche Nordamerika besiedelten – das Gebiet des heutigen Utah und Colorado. Die Blütezeit ihrer Kultur liegt zwischen 900 und 1100. Im 11. Jh. verließen sie die Flusstäler und offenen Hochebenen, wo sie bis dahin gesiedelt hatten, und begannen geschützte Großsiedlungen wie die bei Mesa Verde zu bauen (span. *mesa* = Tafel oder Tafelberg). Hier bauten sie beispielsweise Wohnanlagen, Vorratshäuser und Wachtürme in Felsüberhänge hoch am Steilhang.

El Cid

Rodrigo Díaz de Vivar (1043–1099), Adliger am Hofe Ferdinands I. von Kastilien, wurde nach einem Streit verbannt und kämpfte dann in der Folgezeit für die Mauren. Von ihnen erhielt er den Namen El Cid (arab. *sayyid* = Herr); später wechselte er wieder die Seiten und eroberte für die Christen Valencia. Seine Verdienste für die Reconquista sind in einem 1180 geschriebenen Epos verewigt.

ASIEN

1092 Nisam al-Mulk, Wesir der Seldschuken-Sultane, wird von Assassinen ermordet.

1094 Gründung der syrischen Seldschuken-Dynastie mit der Hauptstadt Aleppo.

1096 Erster Kreuzzug; Gründung lateinischer Königreiche in der Levante. Kreuzfahrer und ihre Unterstützer greifen jüdische Gemeinden an.

1097 Kreuzfahrer schlagen die Türken bei Dorylaion.

1104 ▼

1098 Kreuzritter nehmen Antiochia ein.

Byzantiner erobern Smyrna, Ephesos und Sardes von den Seldschuken zurück.

1099 Kreuzfahrer erobern Jerusalem.

Die Fatimiden erobern Jerusalem von den Seldschuken zurück.

Kreuzfahrer schlagen die Fatimiden von Ägypten bei Ashgelon.

Kreuzfahrer bauen die Grabeskirche in Jerusalem wieder auf.

1100 Errichtung des fränkischen Königreichs Jerusalem unter Gottfried von Bouillon, dem nach dessen Tod Balduin I. auf den Thron folgt.

Die Araber werden aus Tiflis vertrieben.

AFRIKA

Um 1100 Der Aufstieg von Simbabwe gründet sich auf die aus Stein gebaute Stadt Groß-Simbabwe (bis ca. 1600).

EUROPA

1091 Die Normannen erobern ganz Sizilien; der normannische König, Roger von Sizilien, übernimmt die Herrschaft und gründet einen kultivierten, mächtigen Hof.

1101 **Um 1091** Walcher von Malvern zeichnet Daten einer Mondfinsternis in Italien auf.

1092 Bau der Kathedrale von Durham (1133 fertiggestellt).

1094 Der christliche Heerführer El Cid erobert Valencia von den Almoraviden.

Der Gegenpapst Klemens III. wird abgesetzt; Urban II. übernimmt das Amt.

Walisischer Aufstand gegen die Normannen.

1095 Das Byzantinische Reich bittet um Hilfe für den Papst, der in Frankreich predigt und um Unterstützung nachkommt.

Urban II. proklamiert 1. Kreuzzug.

1096 Erste Kreuzfahrer brechen auf. Jüdische Gemeinden werden von Kreuzrittern und ihren Unterstützern angegriffen.

1098 Gründung des neuen Zisterzienser-Ordens in Cîteaux, Frankreich.

1100 Genua, Pisa und Venedig erhalten als Dank für die Beförderung und Versorgung der Kreuzfahrer Handelsprivilegien an der levantinischen Küste.

Um 1100 Das *Rolandslied*, ein französisches Heldenepos *(Chanson de Geste)* um die Geschichte Karls des Großen, entsteht.

Entwicklung der säkularen polyphonen Musik an der Schule von Limoges.

Ausbruch der Lepra in Europa.

Vor allem in europäischen Marktstädten entwickeln sich Handwerkszünfte.

AMERIKA & AUSTRALASIEN

Um 1100 Die Anasazi bauen im südwestlichen Nordamerika bei Mesa Verde und Chaco Canyon Siedlungen in Steilhänge.

Anfänge des Inka-Reiches in Cuzco unter Sinchi Roca.

In Mexiko wird die Tolteken-Hauptstadt Tula gegründet.

***1098 eroberten die Christen** als eine der ersten Städte auf dem 1. Kreuzzug Antiochia. Diese schwer umkämpfte Stadt der seldschukischen Türken hielt sieben Monate stand.*

Der 1. Kreuzzug

Jerusalem wird von Juden, Muslimen und Christen als heilig angesehen. Obwohl die Stadt 638 unter muslimische Kontrolle gelangt war, blieb es Christen und Juden erlaubt, hier zu leben, und christliche Pilger konnten in Sicherheit reisen. Dieses Gleichgewicht wurde 1009 zerstört, als Kalif al-Hakim mit der Verfolgung von Nichtmuslimen begann und die Grabeskirche zerstörte. Die Situation verschlimmerte sich 1071, als seldschukische Türken die Heilige Stadt einnahmen und Christen den Zutritt verboten.

Die Antwort von Papst Urban II. war der Appell auf dem Konzil von Clermont 1095, Jerusalem und das Heilige Land von den Muslimen zu befreien. Seine Worte »Gott will es!« veranlassten 100 000 Männer und Frauen aus ganz Europa, sich den christlichen Heeren anzuschließen. Nachdem diese ihre Kräfte in Konstantinopel vereinigt hatten, nahmen sie 1099 Jerusalem ein und errichteten einen christlichen Staat – wie später in Antiochia, Edessa und Tripoli.

Die Samurai

Die Samurai waren ursprünglich Krieger, die zur japanischen Aristokratie gehörten. Im 12. Jh. vergrößerte sich ihre Macht – ein Ergebnis des eskalierenden Konflikts zwischen dem Clan der Taira und dem der Minamoto. Die Samurai kamen so zu Einfluss in allen Bereichen der Regierung, wobei sie Mitgliedern anderer Gesellschaftsschichten Zutritt zu ihrer Kriegerelite gewährten. Die Samurai hatten ihren Höhepunkt in der Kamakura-Zeit (1185–1333), als sich der Feudalismus in Japan fest etablierte. Als höchste Ziele galten ihnen die Perfektion der Kampfkünste; sie hatten hohe Ideale, was Tapferkeit und Gleichmut, Loyalität ihrem Oberherrn gegenüber *(Bushido)* und Pflichterfüllung anging. Sie entwickelten einen Kult um das Schwert (sie erlangten das Privileg, zwei zu tragen) und den rituellen Selbstmord *(Seppuku)*. Mit der Abschaffung des Feudalismus 1871 verloren sie ihre Privilegien.

ASIEN

Um 1101 Ramanuja, indischer Vishnu-Philosoph, wird im ausgehenden 11. bis 12. Jh. bekannt.

1103 In China wird ein Buch zu Methoden der Architektur veröffentlicht. Es zeigt Gebäude und Bautechniken.

1118 ▼

1104 Anhaltender Krieg zwischen Byzanz und dem Kreuzritter-Fürstentum von Antiochia (bis 1108).

Seldschukische Türken schlagen die Kreuzfahrer bei Karrhai, Syrien.

Um 1108 Schöpferische Phase von Iso no Zenji, der Mutter des japanischen Dramas.

1109 In Japan vereinen sich der Taira- und der Minamoto-Clan gegen Kriegermönche.

AFRIKA

1109 Kreuzfahrer nehmen Tripoli ein.

Um 1110 Einsetzen der schwerwiegenden Austrocknung in der Sahelregion.

1101 Die Almoraviden schlagen in Iberien zurück und belagern ein Jahr lang Valencia.

1102 Alfons VI. entsetzt Valencia, die Stadt wird evakuiert und zerstört.

Boleslaw III. von Polen erobert Pommern und erweitert sein Gebiet nach Westen.

Das älteste europäische Papierdokument stammt vom Hof von Roger von Sizilien.

1104 Baubeginn des Arsenals von Venedig.

1105 Erneute deutsche Expansion nach Osten.

1106 Kaiser Heinrich V. führt einen Feldzug gegen Böhmen.

Der russisch-orthodoxe Abt Daniel besucht das Heilige Land.

Englische Normannen schlagen die Normandie bei Tinchebray und vereinen England und die Normandie wieder (seit dem Tod Wilhelms des Eroberers 1087 getrennt).

1108 Der Einmarsch Kaiser Heinrichs V. in Ungarn misslingt.

1109 Der Einmarsch Kaiser Heinrichs V. in Polen misslingt.

Krieg zwischen Frankreich und England (bis 1113).

1110 Basilius, Führer der Bogomilen, wird in Konstantinopel verbrannt.

Frühester Nachweis der Aufführung eines Mirakelspiels in England. Es gehört zusammen mit den Mysterienspielen und den Moralities zu den drei Hauptgattungen des volkstümlichen Dramas im mittelalterlichen Europa. Im Mirakelspiel werden das wirkliche oder fiktive Leben, die Wunder oder das Martyrium eines Heiligen dargestellt.

Die Zisterzienser

Robert von Molesmes, ein Benediktiner, gründete 1098 in Cîteaux in Frankreich den Orden der Zisterzienser. Nachdem Bernhard von Clairvaux sich angeschlossen und 1115 das Kloster von Clairvaux gegründet hatte, wurden in ganz Europa bis 1200 etwa 530 Zisterzienserklöster gebaut, u.a. Fountains in England *(oben)*. Die Leistungen der Zisterzienser in der Landwirtschaft und der Wollproduktion in England trugen entscheidend zur wirtschaftlichen Entwicklung Europas im 12. Jahrhundert bei.

Arabische Literatur

Die nichtreligiöse Literatur der Abbasiden-Zeit *(adab)* bot Unterhaltung sowohl für die Massen als auch für ein anspruchsvolleres Publikum. An letzteres richteten sich die sogenannten *Makamen*, dramatische Anekdoten, die von einem geistreichen Schelm erzählt wurden, der sich über alle Gesellschaftsschichten lustig machte. Die *Makame* von al-Hariri von Basra *(s. Abb.)* erzählt die Abenteuer von Abu Zaid, der die muslimische Welt bereiste und sich seinen Lebensunterhalt durch seinen Witz sicherte.

Die mittelalterliche Welt

Diese Karte, der Liber Floridus von Lambert von Saint-Omer (um 1120), ist ein erster Versuch der Kartierung der Welt: Europa und Afrika bedecken die eine Hälfte des Globus, Asien die andere. Das Wissen um geographische Gegebenheiten war im Mittelalter vage, Karten waren selten und ungenau, und das Reisen war schwierig, langwierig und unsicher. Bei schlechtem Wetter waren Straßen unpassierbar, Gebirgspässe konnten bei Schnee nicht überwunden werden und in den Wäldern lauerten Räuber. Viele Menschen entfernten sich ihr Leben lang nicht weit von ihren Dörfern.

Aber dennoch reiste eine große Zahl von Leuten kreuz und quer durch Europa: Händler, Ritter, Priester, Schüler, Pilger und Schauspieler. Da Pferde mit Korn, Hafer und Gerste gefüttert werden müssen, konnten sich die meisten Leute keine leisten. Sie gingen zu Fuß und konnten nicht mehr als 24–32 km pro Tag zurücklegen. Für kurze Reisen wurden auch leichte zweirädrige Karren (von Ochsen oder Maultieren gezogen) benutzt.

Der Transport von Waren (und Menschen) in Flussbooten war viel billiger und schneller als der auf der Straße, trotz der häufigen Zölle an die Landbesitzer. Die billigste und schnellste Form des Reisens war die Seereise. Doch hier machten Piratenüberfälle, v. a. im Mittelmeer, und Stürme das Reisen gefährlich. Eine Windstille konnte ruinöse Verzögerungen verursachen.

ASIEN

1111 Tod des islamischen Theologen al-Ghasali.

1113 Gründung des Johanniter-Ordens (Hospitaliter) zur Pflege von Pilgern und Kranken im Heiligen Land.

Thronbesteigung von Suryavarman II., einem mächtigen Khmer-Herrscher.

1125 ▼ **1115** Die Dschurdschen vertreiben mit den Song die Kitan (Liao) aus Nordchina, ihnen folgt die Jin-Dynastie.

Um 1115 Renaissance der byzantinischen Kunst. Gefördert von Kaiser Alexius I. entstehen Ikonen, Mosaiken und Goldarbeiten.

1129 ▼ **Um 1118** Gründung des Ritterordens der Templer (Tempelritter) in Jerusalem, u. a. durch Hugo von Payens und den französischen Ritter Gottfried von Saint-Omer, mit dem Ziel, die christlichen Pilger auf ihrer Pilgerfahrt im Heiligen Land zu schützen.

Um 1120 Erste Spielkarten in China.

AFRIKA

EUROPA

1113 Errichtung der Kirche St. Nikolaus in Nowgorod.

1114 Angriff der Almoraviden auf Toledo in Spanien schlägt fehl. Der Angriff des Gouverneurs von Saragossa auf Barcelona ebenfalls. Dieser wird bei Martorell besiegt.

1115 Bernhard gründet ein Zisterzienser-Kloster in Clairvaux.

Florenz wird freie Republik.

1125 ▼ **1118** Alfons VI. erobert die Stadt Saragossa in Spanien von den Almoraviden zurück und macht sie zur Hauptstadt.

AMERIKA & AUSTRALASIEN

1115 Chaco Canyon, ein florierendes Handelszentrum im südwestlichen Nordamerika, ist möglicherweise Umschlagsplatz zwischen Mittel- und Nordamerika.

Um 1120 Blüte der Lambayeque-Kultur, Peru.

In der Andenregion ist Baumwollkleidung weit verbreitet.

Die Ritter im Mittelalter

Die mittelalterlichen Ritter waren bewaffnete Krieger in der Armee eines Lehnsherrn. Viele von ihnen waren Lehnsmänner, denen als Lohn ein Lehnsgut versprochen war. Mit dem Aufkommen des Rittertums entwickelten sich bestimmte Verhaltensideale: ein Ehrenkodex, Loyalität Höhergestellten gegenüber und Achtung gegenüber der Kirchenlehre.

Das Ideal der Ritterlichkeit erreichte seinen Höhepunkt während der Kreuzzüge, als die europäischen Ritter unter der Schirmherrschaft der Kirche zusammenkamen, um einem gemeinsamen Ziel zu dienen: der Befreiung des Heiligen Landes. Während der Kreuzzüge entstanden die ersten Ritterorden: die Tempelritter (um 1118) und die Johanniter (um 1130). Die Kreuzritterorden waren nach den Richtlinien eines Mönchsordens organisiert und vom Zweck her religiös. Bald sammelten sie großen Reichtum an und gewannen politische Macht. Mit dem Ende der Kreuzzüge, dem Aufkommen von Söldnertruppen und dem langsamen Zerfall des Feudalismus im 14. Jahrhundert verschwand das traditionelle Rittertum.

Diese Zeichnung *aus dem 13. Jh. zeigt das Idealbild eines frommen Kreuzritters.*

Flämische Weber bei der Arbeit am Flach-Webstuhl *mit Fußantrieb. Diese Webstühle gelangten im 12. Jahrhundert von Ostasien aus nach Europa.*

Die Textilindustrie

Die auf den Kalkböden und Marschen Flanderns gehaltenen Schafe lieferten die Wolle für die schnell wachsende Textilindustrie von Städten wie Arras, Douai, Lille, Tournai, Brügge, Ypern und Gent. Die Stoffhändler dieser Städte bildeten die flämische Hanse, eine Handelsvereinigung. Als sich der Tuchhandel ausweitete, wurde die flämische Wirtschaft zunehmend von englischer Importwolle abhängig. Stoffhändler kauften das Rohmaterial und ließen es von Spinnern, Webern, Tuchwalkern und Färbern verarbeiten. Der fertige Stoff wurde nach Italien, nach Frankreich, ins Rheinland und ins Baltikum exportiert.

Die Almohaden

Um 1140 vereinigte Abd al-Mumin die nordafrikanischen Berber-Stämme im Djihad gegen die Almoraviden-Herrscher in Marokko, deren Glaubensrichtung die Almohaden bekämpften. Sie gründeten das Almohaden-Reich, eroberten 1147 Marrakesch und begannen, Marokko und das muslimische Spanien zu erobern. Im Jahr 1163 regierten die Almohaden Nordostafrika von der Atlantikküste bis nach Libyen.

Die Kriegsbanner der Almohaden *verkündeten den Kampf für die striktere Befolgung muslimischer Gesetze.*

ASIEN

1121 Die Große Freitagsmoschee von Isfahan wird im Vier-Iwan-Schema (Vorbild vieler Hofmoscheen) wieder aufgebaut.

1122 Die Jin nehmen Beijing (Peking) ein.

1123 Die venezianische Flotte, die für die Kreuzfahrer kämpft, schlägt die ägyptische Flotte vor Ashkelon zurück.

1124 Die Kreuzritter nehmen den wichtigen Hafen von Tyros ein.

1125 Die Liao werden von den Jin aus der Mandschurei gejagt.

1126 Tod des persischen Mathematikers und Astronomen Omar-e Chajjam. Er war auch ein herausragender Dichter, dessen Ruhm auf seinen *Rubaijat* beruht, Vierzeilern, die zum Lebensgenuss aufrufen.

Soldaten der Jin nehmen Kaifeng, die Hauptstadt der Song-Dynastie, ein, nehmen zwei Song-Kaiser gefangen und plündern die kaiserliche Schatzkammer.

1127 Die Seldschuken-Dynastie der Sengi kontrolliert Syrien und Mesopotamien (bis 1222); sie initiiert den muslimischen Gegenschlag gegen die Kreuzfahrer.

Die Song fliehen aufgrund der Angriffe der Jin in Gebiete südlich des Jangtsekiang. Gründung des Südlichen Song-Reiches.

1128 Das Kirchenkonzil erkennt den Kreuzritterorden der Tempelritter an.

1144 ▼ Sengi, Herrscher von Mosul, besetzt Aleppo.

1129 Kreuzfahrer greifen Jerusalem an.

1138 ▼ **1130** Hangzhou wird Hauptstadt der Song.

AFRIKA

1132 ▼ **1128** Das aus einer Glaubensgruppe hervorgegangene Herrschergeschlecht der Almohaden beginnt die Herrschaftsgebiete der Almoraviden in Nordafrika und Spanien bzw. Portugal zu erobern (1130–1269).

EUROPA

1122 Auf dem Reichstag zu Worms verzichtet Heinrich V., König und Kaiser, auf das Recht zur Einsetzung von Bischöfen.

1124 Heinrich V. fällt mit Hilfe seines Schwiegervaters Heinrich I. von England in Frankreich ein, zieht sich jedoch zurück, als die Mehrheit der französischen Adligen sich Ludwig VI. anschließt.

1133 ▼ **1125** Als Kaiser Heinrich V. ohne Erben stirbt, wird Lothar III. zu seinem Nachfolger gewählt; es folgt ein Bürgerkrieg.

Die Venezianer besetzten Cephalonia (Ionisches Meer). Johannes II. Komnenos, Kaiser von Byzanz, stellt ihre Handelsprivilegien wieder her.

Die Venezianer besetzen Chios und plündern Rhodos, Samos und Lesbos.

Alfons VI. stürmt Südspanien († 1126).

Beginn der Troubadourkunst, Frankreich.

1126 Geburt des muslimischen Philosophen Averroes (Ibn Ruschd) in Córdoba.

1127 Konrad III., Bruder Friedrichs von Hohenstaufen, wird König von Italien.

In Flandern folgen auf die Ermordung Graf Karls Thronfolgekonflikte; die Flamen akzeptieren schließlich Dietrich von Elsass.

1138 ▼ **1128** Gottfried V. von Anjou heiratet Mathilde, Tochter von König Heinrich von England und Witwe von Kaiser Heinrich V.

Johannes II. Komnenos, Kaiser von Byzanz, schlägt die magyarischen Eindringlinge an der Donau, nahe Haram.

1139 ▼ Nach dem Sieg über seine Mutter, Teresa, in der Schlacht von São Mamede herrscht Alfons Heinrich über Portugal.

1147 ▼ **1130** Der Normanne Roger II. wird zum König von Sizilien gekrönt.

AMERIKA & AUSTRALASIEN

1121 Bischof Erik von Grönland reist nach Nordamerika.

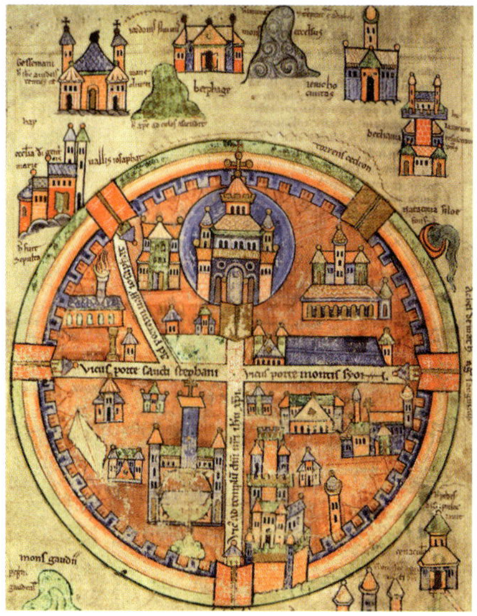

Auf dieser Karte aus dem 12. Jahrhundert *ist Jerusalem, die Heilige Stadt, als Kreis dargestellt: ein Symbol ihrer Vollendung und ihrer Lage im Mittelpunkt der bekannten Welt.*

Kreuzfahrerstaaten

Die Kreuzzüge des frühen 12. Jahrhunderts sicherten die levantinische Küste für Siedler, die sich der Verteidigung des Heiligen Landes verschrieben hatten. Sie siedelten auf einem 966 km langen Küstenstreifen, der vom Landesinneren durch Bergketten getrennt ist. Es wurden vermutlich vier Kreuzfahrerstaaten gegründet: Jerusalem, Tripoli, Edessa und Antiochia. Die muslimischen Bewohner wurden vertrieben und die Städte an die Bedürfnisse der Kreuzfahrer angepasst – aus Moscheen machte man beispielsweise Kirchen. Die Kreuzfahrerstaaten wurden nach feudalistischen Prinzipien geführt. Feudalherren besaßen unumschränkte Gerichtsbarkeit über ihre Vasallen, die ihrerseits zum Militärdienst verpflichtet waren. Es gab aber nie genug auf Dauer bleibende Siedler, um das Gebiet zu halten.

Kreuzfahrerstaaten (1098–1230)

1098	Kreuzfahrer erobern Antiochia.
1099	Gottfried von Bouillon gewählter König von Jerusalem.
1124	Eroberung des Hafens von Tyros.
1144	Edessa fällt an Sengi, Herrscher von Mosul.
1151	Letzte christliche Festung in der Grafschaft Edessa fällt an Nur ad-Din.
1187	Saladins Armee verwüstet die Kreuzfahrerstaaten (bis 1188).
1191	Richard I. (Richard Löwenherz) kann Jaffa erobern, jedoch nicht Jerusalem (bis 1192).
1225	Kaiser Friedrich II. erbt das Königreich Jerusalem.
1229	Friedrich gewinnt mit kluger Diplomatie die Kontrolle über Jerusalem zurück.

Krak des Chevaliers

Die Kreuzfahrer begannen nach ihrer Ankunft im Osten mit dem Bau von Burgen. Krak des Chevaliers im heutigen Syrien *(oben)* wurde 1131 vom Kreuzritterorden der Johanniter (Hospitaliter) gebaut. Um Belagerungen standhalten zu können, war sie von zwei konzentrischen, mit Wehrtürmen besetzten Mauern und dazwischen von einem breiten Burggraben umgeben. Sie stand auf einem uneinnehmbaren Felsen mit gutem Überblick über die Umgebung und konnte mit 2000 Mann belegt werden. Die Burg wurde von den Johannitern bis 1271 gehalten, als sie vom Sultan der Mamelucken, Baibars I., eingenommen wurde.

Roger II. von Sizilien

Roger II. wurde 1130 zum König von Sizilien gekrönt. Er war der Sohn von Roger I., Graf von Sizilien, der die Insel von den Muslimen erobert hatte. Seine Herrschaft basierte auf dem normannischen Feudalsystem, in seiner Verwaltung waren jedoch Griechen, Araber und viele andere Völker vertreten. Dieser Seidenmantel von Roger II. wurde 1133 von muslimischen Webern in den königlichen Werkstätten in Palermo hergestellt.

ASIEN

1132 Kaiser Gao Zong aus der Dynastie der Südlichen Song verlegt seine Residenz nach Hangzhou.

1135 Die Jin ziehen sich nach Norden zurück und belassen eine Marionettenregierung in Zentralchina.

1136 Die Burg Bethgibelin in Südpalästina wird an den Kreuzritterorden der Johanniter (Hospitaliter) übergeben.

1137 Antiochia wird Vasall von Byzanz.

1162 ▼
1138 Friedensvertrag zwischen den Song und den Jin.

AFRIKA

1146 ▼
1132 Der Almohade Abd al-Mumin wird als Kalif anerkannt.

1134 Tod von Gijimasu (1095–1134), dem dritten Regenten des Hausa-Stadtstaates Kano in Nigeria.

Um 1139 Blütezeit der Kultur der Ibo am Niger. Die kunstvoll gestaltete Grabstätte mit königlichen Insignien und Bronzeornamenten könnte der Bestattungsort des Eze Nri, des religiösen Führers, sein.

1132 Bei der Capella Palatina in Palermo verschmelzen romanischer, byzantinischer und islamischer Stil zu einer Einheit.

1133 Lothar III. von Sachsen wird zum Kaiser gekrönt.

Muslimische Handwerker weben den Krönungsmantel von Roger II. von Sizilien.

1135 Die Almohaden kontrollieren die Iberische Halbinsel.

1144 ▼ Heinrich I. von England stirbt. Die Krone geht an seinen Neffen Stephan von Blois.

1136 Lothar III. fällt in Süditalien ein und erobert Apulien.

Der russische Staat Nowgorod wird unabhängig.

1137 Vereinigung von Aragonien und Katalonien.

In Paris beginnt Abt Suger mit der Konstruktion der Kirche von Saint-Denis im gotischen Stil.

1138 Konrad III. von Hohenstaufen folgt Lothar III. von Sachsen auf den Thron und begründet die Dynastie der Hohenstaufen. Er bemächtigt sich Sachsens und Bayerns und führt damit einen Bürgerkrieg herbei.

Nach dem Tod von Boleslaw III., der Polen 28 Jahre lang regierte, zerfällt das Königreich in vier Fürstentümer.

David I. von Schottland fällt im Auftrag Mathildes, der Tochter von König Heinrich, in England ein und wird in Yorkshire geschlagen.

1139 Das Schisma von 1130, als rivalisierende Kardinäle zwei verschiedene Päpste wählten (Anaklet II., Innozenz II.) wird durch ein Laterankonzil beigelegt.

1143 ▼ Alfons I. von Portugal besiegt die Almohaden bei Ourique und nimmt den Königstitel an.

Der Streit um die Thronfolge in England mündet in einen Bürgerkrieg.

1140 Peter Abaelardus, der berühmte französische Philosoph und Lehrer, wird vom Konzil von Sens wegen Häresie verurteilt.

Der Investiturstreit

Es war im 11. Jahrhundert üblich geworden, dass der Kaiser des Heiligen Römischen Reiches Bischöfe ernannte und sie mit der Kraft ihres Amtes ausstattete. Als sich jedoch 1057 die Mailänder gegen ihren Bischof erhoben, der vom Kaiser eingesetzt worden war, führte das zu einem langwährenden Streit zwischen Kirchenreformern, häufig Vorsteher von Klöstern, und Bischöfen.

Der Papst wies den Grundsatz zurück, nach dem Könige kirchliche Ämter vergeben konnten. 1122 wurde jedoch ein Kompromiss gefunden: Könige konnten an den Bischofswahlen teilnehmen, hatten jedoch nicht die entscheidende Stimme. Wie in diesem Zisterzienser-Manuskript aus dem 12. Jahrhundert *(oben)* beschrieben, wurde das Königtum als der Kirche untergeordnet betrachtet. Ordnungsmacht und Rechtssprechung standen unter ihrer Oberhoheit.

***Jakobus der Ältere**, ein Bruder des Evangelisten Johannes, ist der Schutzheilige Spaniens. Pilger, die das Grab des hl. Jakob in Santiago de Compostela besucht haben, tragen als Kennzeichen eine Jakobsmuschel.*

Wallfahrten

Die wundervolle Kathedrale in Santiago de Compostela, Spanien, wurde im 11. und 12. Jahrhundert zu einem Hauptwallfahrtsort. Die Krypta birgt die Gebeine des heiligen Jakobus. Wallfahrten zu seinem Schrein, um Vergebung für Sünden zu erlangen, wurden immer populärer. Santiago ist der Zielpunkt zahlreicher Überlandstraßen. Die Reisenden folgten speziellen Führern, in denen die am Weg gelegenen Herbergen, Klöster und Kirchen aufgeführt waren.

Ein weiteres großes Wallfahrtszentrum war Rom, wo eine große Zahl von Kirchenbauten im 11. und 12. Jahrhundert half, das Ansehen des Heiligen Stuhles zu steigern. Die Hauptpilgerrouten nahmen in Frankreich oder den Städten des Rheinlands ihren Ausgang und querten die Alpen am Mont Cenis oder am Sankt Bernhard nach Norditalien. Im 11. und 12. Jahrhundert waren dies die am häufigsten benutzten Straßen Europas.

ASIEN

1151 ▼ **1144** Die Kreuzfahrer verlieren Edessa an Sengi, den Herrscher von Mosul.

1145 Errichtung der Freitagsmoschee in Isfahan.

1147 2. Kreuzzug: König Konrad wird von den Türken bei Dorylaion geschlagen.

1148 Der 2. Kreuzzug endet mit einer demütigenden Niederlage, als die Kreuzfahrer das belagerte Damaskus verlassen.

1154 ▼ **1149** Nur ad-Din tötet Raymond von Poitiers, den Fürsten von Antiochia, nahe Apamea.

Einweihung der Grabeskirche in Jerusalem.

Um 1150 Aufkommen der shivaitischen Sekte Virashaiva (Lingayatas), Südindien.

AFRIKA

1146 Der Almohaden-Kalif Abd al-Mumin erobert einen Großteil Marokkos.

1184 ▼ **1147** Marrakesch, die Hauptstadt des Almoraviden-Reiches, fällt unter Abd al-Mumin an die Almohaden.

1159 ▼ **1148** Roger II. von Sizilien nimmt Sousse und Sfax in Tunesien ein.

1150 Tsaraki dan Gimimasu, der Herrscher von Kano, stellt die Stadtmauern fertig, was in der Zukunft die Existenz dieses nigerianischen Stadtstaates sichern wird.

Um 1150 In Äthiopien bemächtigt sich der Begründer der Sagwe-Dynastie des Thrones der Nachkommen der Aksumiten-Könige. Die Sagwe-Könige beginnen eine aggressivere Expansionspolitik.

Die Kultur des Yoruba-Volkes hat in Westafrika ihre Blüte.

EUROPA

1141 England verfällt in Anarchie, als Mathilde, Tochter von König Heinrich dem Älteren, und ihr Cousin Stephan um den Thron kämpfen. Stephan wird bei der Schlacht von Lincoln gefangen genommen.

1143 Die Römer erklären sich vom Papst unabhängig.

Gründung von Lübeck.

Alfons von Portugal wird von Alfons VII. von Kastilien als König anerkannt.

1151 **1144** Gottfried V., Graf von Anjou, sichert sich im Bürgerkrieg, der auf den Tod Heinrichs I. im Jahr 1135 folgt, die Normandie.

1153 **1146** Bernhard von Clairvaux predigt für den 2. Kreuzzug.

1147 Zweiter Kreuzzug: Christen nehmen Lissabon den Mauren ab.

1148 Roger II. von Sizilien nimmt den Byzantinern die griechische Insel Korfu ab und plündert Korinth, Athen und Theben.

1148 Der Papst weitet den Kreuzzug auf die Iberische Halbinsel aus, Almería und Lissabon werden eingenommen.

Die päpstliche Bulle *Divina dispensatione* erlaubt Kreuzzüge gegen die Wenden, ein slawisches Volk in Ostdeutschland.

1156 **1150** Die byzantinischen Streitkräfte versuchen Italien zurückzuerobern.

Um 1150 Universitätsgründung in Paris.

AMERIKA & AUSTRALASIEN

Um 1150 Die Anasazi bilden im südwestlichen Nordamerika eine Pueblo-Kultur. Ihre bekannteste Siedlung ist Mesa Verde.

Die Maori lassen sich an Flussmündungen im Norden der neuseeländischen Südinsel nieder, z.B. in Wairau Bar.

Die Katharer

Im 12. Jahrhundert gab es in der Grafschaft Toulouse in Südwestfrankreich immer mehr Menschen, die mit der Kirche gebrochen hatten. Die Katharer aus der Gegend zwischen Albi, Carcassonne und Toulouse folgten den Albigensern. Sie glaubten, dass die materielle Welt an sich böse sei und nur eine Elite von »Perfecti« ein Leben in Reinheit erstreben könne. Die Katharer hatten eine beachtliche Anhängerschar unter den Bauern, die die »Perfecti« verehrten, und dem Adel, der die antiklerikale Einstellung der religiösen Bewegung guthieß. Die Katharer waren dazu gezwungen, sich von Bergfestungen wie Peyrepertuse *(oben)* aus zu verteidigen, als marodierende Ritter unter Simon de Montfort 1209 einen grausamen und erfolgreichen Kampf gegen sie begannen.

Das Christentum in Norwegen

Die ersten hölzernen Stabkirchen Norwegens stammen aus dem 11. Jahrhundert, als sich das Christentum im Land auszubreiten begann. Die meisten der ehemals 500–600 Stabkirchen wurden jedoch im 12. Jahrhundert erbaut. Die Kirche von Borgund *(links)*, erbaut etwa 1150, ist eine der etwa 24 noch bestehenden. Ihr steiles, mehrstöckig gestuftes Dach ist mit Holzschindeln gedeckt. Sie ist mit geschnitzten Drachen- und Rankenornamenten verziert, die ihr ein orientalisches Aussehen verleihen.

Eleonore von Aquitanien

Eleonore (um 1122–1204) war vermutlich die mächtigste Frau im Europa des 12. Jahrhunderts. Sie war die Tochter und Erbin Wilhelms X., Herzog von Aquitanien. Sie heiratete Ludwig VII. von Frankreich, die Ehe wurde später jedoch annulliert. Danach heiratete sie den Enkel Heinrichs I. von England, der 1154 König Heinrich II. wurde. Ihr Ehemann setzte sie gefangen, nachdem sie in die Revolte ihrer vier Söhne verstrickt war. Sie unterstützte ihren Sohn Richard Löwenherz, als er König wurde; der hielt das Königreich zusammen und wehrte die Verschwörungen seines Bruders und des Königs von Frankreich ab.

Angkor Vat

Der Hindu-Tempel von Angkor Vat wurde unter dem Khmer-König Suryavarman II. als dessen Grabtempel erbaut. Der Tempel ist von einem Wassergraben und einer Umfassungsmauer umgeben, deren Relieffriese Szenen aus der Hindu-Mythologie zeigen. Die zentrale Tempelpyramide, die Vishnu geweiht ist, besteht aus fünf glockenähnlichen Türmen. Der Tempelkomplex ist Teil der alten Stadt Angkor, deren Architektur den Aufbau der Welt entsprechend der Hindu-Kosmologie reflektiert. Die gesamte Stadt ist von Wassergräben umgeben, im Zentrum liegen die Tempel, die das Zentrum des Universums, den Berg Meru, symbolisieren. Der gesamte Komplex ist ein Ausdruck der Harmonie zwischen menschlicher und göttlicher Welt.

ASIEN

1151 Die letzte christliche Festung in der Grafschaft Edessa fällt an Nur ad-Din.

Die Jin verlegen ihre Hauptstadt nach Peking.

1152 Balduin III., König von Jerusalem, belagert die Zitadelle und verbannt seine Mutter und Mitregentin, Melisande, nach Nablus.

Ala ad-Din Husain aus Ghor plündert Ghazni (Afghanistan) und vertreibt die letzten ghasnawidischen Herrscher.

1180 ▼

Der größte und außergewöhnlichste Hindu-Tempel in Asien wird in der Hauptstadt der Khmer, in Angkor Vat, fertiggestellt.

1153 Balduin III. erobert Askalon, die letzte fatimidische Besitzung in Palästina.

1154 Nur ad-Din erobert Damaskus.

1180 ▼

1156 Die japanischen Sippen der Taira und Minamoto führen gegeneinander Krieg.

Um 1160 Der Taira-Klan erlangt die politische Macht in Japan.

AFRIKA

1159 Die Araber gewinnen die tunesischen Ländereien wieder zurück, die Roger von Sizilien erobert hatte, und verdrängen die Normannen aus Nordafrika.

EUROPA

1151 Heinrich (später Heinrich II., König von England) ist der Nachfolger von Gottfried, Graf von Anjou.

1152 Friedrich Barbarossa wird römischer König († 1190).

Die Ehe der Eleonore von Aquitanien mit Ludwig VII. wird geschieden. Sie heiratet Heinrich von Anjou.

1153 Bernhard von Clairvaux, der für den 2. Kreuzzug predigte, stirbt im Kloster von Clairvaux, dem er seit 1115 als Abt vorstand.

1154 König Stephan von England stirbt in Dover.

Heinrich von Anjou (Heinrich II.) folgt auf den englischen Thron.

Das *Rogerbuch* des Idrisi (arab. Geograph) wird in Palermo, Sizilien, herausgegeben.

Roger II. stirbt in Palermo, sein Sohn Wilhelm I. folgt ihm auf den Thron.

Bau der Kathedrale von Chartres, Frankreich.

1155 Arnold von Brescia, ein idealistischer Priester, der die Freuden der Armut predigte und die Bewegung der Arnoldisten gründete, wird wegen Ketzerei verbrannt.

Friedrich I. Barbarossa wird Kaiser des Heiligen Römischen Reiches († 1190).

1156 Mit Unterstützung des Papstes fallen die Byzantiner in Apulien ein, und Sizilien erhebt sich. Wilhelm von Sizilien schlägt die Revolte nieder, siegt bei Brindisi über die Byzantiner.

Plünderung Zyperns durch Reginald von Châtillon, Prinz von Antiochia.

1157 Die Königreiche Kastilien und León werden getrennt von den beiden Söhnen Alfons VII. regiert.

1173 ▼ Heinrich II. von England gewinnt die Kontrolle über Northumbria zurück.

Erich von Schweden erobert Finnland.

1158 Kaiser Friedrich I. Barbarossa gewährt der Universität von Bologna kaiserlichen Schutz.

1159 Die Wahl von Papst Alexander III. nach dem Tod von Adrian IV. führt zu einem Schisma.

Johannes von Salisbury schreibt sein *Policraticus*, in dem er die erste große Staatslehre des Mittelalters entwirft.

1167 ▼ **1160** Kaiser Friedrich I. Barbarossa schlägt den Aufstand der Städte Norditaliens gewaltsam nieder.

AMERIKA & AUSTRALASIEN

Das Zeitalter der Kathedralen

Sterne markieren den Baubeginn; alle anderen Daten stehen für Fertigstellung/Einweihung.

1078	Santiago de Compostela
1105	Angoulême
1122	Piacenza
1124	Rochester
1137	Mainz
1145	Norwich
1147	Lissabon
1154	Chartres
1184	Modena
1187	Verona
1199	Siena*
1220	Brüssel*
1221	Burgos*
1227	Toledo*
1237	Bamberg
1248	Köln*
1258	Salisbury
1269	Amiens
1270	Westminster Abbey
1296	Florenz*
1311	Reims

Die Kathedralen Europas

In ganz Europa baute man im 11. und 12. Jahrhundert zahlreiche Kathedralen im frühgotischen Stil. Die Architektur der Gotik zeichnet sich durch Kreuzrippengewölbe, Spitzbogen und Strebewerk aus. In der Gotik nutze man das bereits bekannte Wissen zur Baukunst dazu, »nach Höherem strebende« Gebäude zu errichten. Strebebogen und Strebepfeiler erlaubten es, höhere Gebäude zu bauen und die Füllwand mit großen Fensterverglasungen zu versehen.

Farbenfrohe Buntglasfenster schufen ganz neue Lichteffekte. Die Betonung auf große Glasflächen im oberen Teil der Kirche setzte sich weithin durch. Die dekorativen Elemente dagegen waren einfacher: Die fein herausgearbeiteten Figuren der romanischen Bauten wichen einfacheren Versionen des klassischen korinthischen Kapitells.

Die erhabene Höhe *der Kathedrale von Chartres in Frankreich wird durch die gekonnte Nutzung von Stützpfeilern und Stützstreben möglich. Das Maßwerk der Fenster, das die Fensterhöhlungen schmückt, wurde oft kopiert.*

Thomas Becket

Am 29. Dezember 1170 erstachen vier Ritter Thomas Becket, den Erzbischof von Canterbury, während des Vespergottesdienstes in seiner eigenen Kathedrale. Becket hatte unerbittlich um die kirchlichen Privilegien gekämpft, und dies war der Schlusspunkt eines langen Streits zwischen dem Erzbischof und König Heinrich II. Als Heinrich rief: »Will mich niemand von diesem aufrührerischen Priester befreien?«, wurde diese Äußerung wörtlich genommen. Die Tat schockierte die gesamte Christenheit.

Becket wurde bald darauf heilig gesprochen und zum Symbol des Widerstands gegen die drückende Autorität des Staates. Trotz dieser Tragödie konnte Heinrich sein riesiges Reich, das von der schottischen Küste bis zu den Pyrenäen reichte, weiter fest im Griff halten. Sein Reichtum konnte sich gut mit dem des Heiligen Römischen Reiches messen.

Nur ad-Din

Der fähige General und gerechte Herrscher Nur ad-Din (1118–1174), der die kämpferischen Völker Syriens vereinte, legte den Grundstein für Saladins Reich. Er führte zahlreiche Militäraktionen gegen die Kreuzfahrer durch und versuchte, sie aus Syrien und Palästina zu vertreiben. 1151 nahm er Edessa ein, 1154 Damaskus, und schließlich eroberte er auch Ägypten (1169–1171).

ASIEN

1161 Die Chinesen erfinden das Schießpulver.

1162 Streitkräfte der Song schlagen die Truppen der Jin bei der Schlacht von Caishi in Anhui.

1163 Amalrich wird König von Jerusalem (bis 1174).

Alâeddin-Moschee in Konya ist vermutlich die erste mit einem Minarett.

In Kaifeng, China, wird eine jüdische Synagoge gebaut.

Xiaozong wird Herrscher der Song (†1190).

Um 1167 Geburt des Dschingis Khan, des Begründers des Mongolen-Reiches.

1170 Blütezeit des Srivijaya-Königreichs von Java.

AFRIKA

1163 Erste Expedition nach Ägypten durch Amalrich, König von Jerusalem; Beginn des ehrgeizigen Versuchs, Ägypten zu erobern.

1164 Amalrichs zweite Expedition nach Ägypten.

1166 Saladin beginnt mit dem Bau der Zitadelle von Kairo.

1167 Amalrichs dritte Expedition nach Ägypten.

1168 Amalrichs vierte Expediton nach Ägypten.

1171 ▼

1169 Saladin wird Wesir des Fatimiden-Kalifats von Kairo.

Amalrichs fünfte Expedition nach Ägypten.

Der muslimische Herrscher Nur ad-Din annektiert Ägypten (bis 1171).

1162 Kaiser Friedrich I. Barbarossa erobert und zerstört Mailand.

1166 Aufstand der Serben unter der Führung von Stephan Nemanja.

1167 In Norditalien formiert sich die Lega Lombarda (Lombardische Liga), um Kaiser Friedrich I. Barbarossa entgegenzutreten, der die Privilegien der italienischen Städte, die diesen die Unabhängigkeit sichern, abschaffen will.

1176 ▼ Friedrich I. erobert Rom. Papst Alexander III. verlässt die Stadt.

Gründung der Universität Oxford.

1168 Heinrich der Löwe heiratet Mathilde, Tochter König Heinrichs I. von England.

Andrej Bogoljubskij plündert Kiew und erwirbt den Titel Großfürst.

1169 Die Eroberung Irlands durch die Engländer beginnt (bis 1172).

1183 ▼ **1170** Die Lombardische Liga geht eine Allianz mit dem Papst ein.

Thomas Becket, der Erzbischof von Canterbury, wird von vier Rittern des Königshofs in der Kathedrale von Canterbury ermordet; der Schlusspunkt eines lang dauernden Streits zwischen König Heinrich II. und Becket.

Lancelot erscheint, eine Romanze um höfische Liebe, von Chrétien de Troyes.

1175 ▼ **Um 1170** Die Hauptstadt der Tolteken, Tula, wird von chichimekischen Nomaden aus der nördlichen Wüste überfallen.

Kaiser Friedrich I.

Friedrich Barbarossa (um 1122–1190) ist der Kaiser des Heiligen Römischen Reiches, der die päpstliche Autorität herausforderte und die deutsche Vorherrschaft in fast ganz Europa sicherte. Im Jahr 1152 wurde er zum König gewählt und forderte sogleich die Macht des Papstes heraus. Im Jahr 1155 wurde er zum Kaiser des Heiligen Römischen Reiches gekrönt und begann eine Reihe von Militärzügen gegen die Lombardische Liga zu führen. Im Jahr 1177 erkannte Barbarossa Alexander III. als Papst an und söhnte sich öffentlich mit ihm aus. In seinem Kaiserreich wurde Barbarossa in Kämpfe mit dem mächtigsten Fürsten, Heinrich dem Löwen, Herzog von Bayern, verwickelt, der später seine Besitzungen verlor. Barbarossa, ein begeisterter Vertreter der Ideale des Rittertums, nahm 1190 am 3. Kreuzzug teil. Er starb jedoch, bevor er das Heilige Land erreicht hatte.

Wasserkrug aus Herat

In der islamischen Welt waren Metallarbeiten die wichtigsten Kunstgegenstände. Charakteristisch sind die wunderbaren und sehr detaillierten Verzierungen, wie sie auf diesem Wasserkrug von etwa 1180 *(unten)* zu sehen sind. Die großen Produktionszentren hochwertiger Metallwaren lagen in den Städten von Khorasan, so zum Beispiel in Herat, wo Techniken und Muster aus der Sassaniden-Zeit übernommen worden waren. Bronze und Messing wurden im Wachsausschmelzverfahren gegossen. Bei der Punziertechnik (Repoussé-Technik) wurden die Werkstücke von innen heraus getrieben, um die Oberfläche zu verzieren.

Die Ife-Kultur

Zwischen dem 11. und dem 15. Jahrhundert blühte in den Waldgebieten westlich des Niger die Ife-Kultur der Yoruba. Ife war die Hauptstadt der Yoruba, und viele spätere Könige führten ihre Abstammung auf Ife zurück, um ihre Herrschaft zu legitimieren. Die Stadt ist berühmt für ihre naturalistischen Bronzeköpfe, die im Wachsausschmelzverfahren gegossen wurden. Die Technik kam vermutlich zusammen mit dem Kupfer der Sahara aus dem Norden.

ASIEN

1173 Saladin erobert Aden.

Herrschaft des Hoysala-Königs Ballala III. (bis 1220) in Südindien. Er verdrängt die Chola.

1174 In Jerusalem folgt Balduin IV. mit nur 13 Jahren auf Amalrich († 1186). Es kommt zu Thronfolgekämpfen.

Nur ad-Dins Nachfolger ist ein elfjähriges Kind; die muslimische Welt versinkt in Uneinigkeit. Saladin besetzt Damaskus.

1186 ▼ **1175** Mohammed von Ghor begründet das erste muslimische Herrscherhaus in Indien.

1176 Die Seldschuken schlagen die byzantinische Armee bei Myriokephalon.

Saladin erobert Syrien.

1177 Saladin wird von Balduin IV. von Jerusalem bei Ramleh geschlagen.

Der persische Dichter Farid od-Din Attar stellt *Mantiq al-Tayr* (Vogelgespräche) fertig.

1183 ▼ **1180** Balduin IV. von Jerusalem und Saladin vereinbaren einen Waffenstillstand.

1185 ▼ Feldzüge von Minamoto no Yoritomo in Japan (bis 1185).

Um 1180 Das Königreich Angkor in Kambodscha hat seine größte Ausdehnung.

AFRIKA

1171 Saladin, ein Kurde aus Mesopotamien, stürzt das Fatimiden-Kalifat in Ägypten und setzt die Herrschaft der Sunniten wieder ein, wodurch er zum Herrscher Ägyptens wird.

1174 Gründung des Aijubiden-Sultanats in Ägypten (bis 1260).

EUROPA

1171 König Ludwig VII. von Frankreich gewährt der Zunft der Flusshändler das Monopol für den Flusshandel.

Manuel I. Komnenos, Kaiser von Byzanz, befiehlt die Gefangennahme aller Venezianer und die Wegnahme ihres Besitzes.

1172 Bau der Großen Moschee von Sevilla, die die größte der Welt werden soll, und der Giralda, eines großen quadratischen Minaretts.

1181 ▼ **1173** Heinrich II. von England unterdrückt den von Frankreich unterstützten Aufstand seiner Söhne (bis 1174).

1174 Bau des »Schiefen Turms« von Pisa.

1175 Manuel I. Komnenos setzt die Handelsprivilegien der Venezianer wieder ein.

1183 ▼ **1176** Kaiser Friedrich I. Barbarossa schließt in Anagni mit dem Papst einen Friedensvertrag.

1177 Friedrich I. Barbarossa gibt schließlich der päpstlichen Autorität nach und akzeptiert Alexander III. als Pontifex.

1189 ▼ **1178** Friedrich I. Barbarossa wird zum König von Burgund gekrönt.

1180 Erste Windmühlen mit vertikalen Flügeln in Europa.

1185 ▼ Nachfolger Ludwigs VII. von Frankreich ist dessen Sohn Philipp II. Augustus († 1223).

AMERIKA & AUSTRALASIEN

Um 1175 Feuer, Hungersnot und Anarchie führen zur vollständigen Zerstörung von Tula und der gesamten Zivilisation der Tolteken.

1179 Die Maya-Stadt Chichén Itzá wird von Hunac Ceel, dem grausamen und ehrgeizigen König von Mayapán, geplündert und niedergebrannt.

Die Kreuzzüge (1050–1350)

Die Kreuzzüge wurden als heilige Kriege gegen die Feinde der Christenheit geführt. Als Feinde galten Muslime, Slawen, orthodoxe Christen und Ketzer. Kreuzzüge wurden im Nahen Osten, in Nordafrika, Osteuropa, Spanien, im Baltikum und sogar in Westeuropa durchgeführt. Man glaubte, sie wären im Sinne von Christus selbst, der mit der Stimme des Papstes spreche. Die Krieger, die sich dem Kreuzzug anschlossen, wurden mit päpstlichem Ablass belohnt. Diejenigen, die das Heilige Land erreichten, erhielten dort Landbesitz und versuchten, im Heiligen Land eine europäische Feudalherrschaft einzurichten.

1071	Seldschuken schlagen Byzantiner in der Schlacht von Mantzikert.
1095	Kaiserreich Byzanz bittet Papst um Hilfe. Dieser predigt in Frankreich für den Kreuzzug.
	1. Kreuzzug (bis 1099).
1098	Kreuzfahrer erobern Antiochia; Gründung der Kreuzfahrerstaaten in der Levante beginnt.
1099	Eroberung Jerusalems.
1118	Gründung des Kreuzritterordens der Templer.
1130	Gründung des Ritterlichen Ordens St. Johannis vom Spital zu Jerusalem (Johanniter).
1147	2. Kreuzzug; König Konrad durch die Türken bei Dorylaion geschlagen. Burgen für den Erhalt des Kreuzfahrerstaates nötig.
1148	Kreuzritter verzichten auf Belagerung von Damaskus.
1187	Saladin schlägt die Christen bei Hattin.
1189	3. Kreuzzug (bis 1192).
1191	Richard I. gen. Richard Löwenherz erobert einige Gebiete von Saladin zurück.
1202	4. Kreuzzug (bis 1204); Kreuzfahrer nehmen Konstantinopel ein, erreichen jedoch nicht Jerusalem. In Griechenland werden neue Kreuzfahrerstaaten gegründet.
1209	Katharer-Kreuzzug in Südfrankreich beginnt.
1212	Kinder-Kreuzzug.
1217	5. Kreuzzug (bis 1221).
1219	Kreuzfahrer erobern Damiette (Ägypten), werden 1221 jedoch wieder vertrieben.
1229	Durch Diplomatie gewinnt Kaiser Friedrich II. wieder die Kontrolle über Jerusalem.
1248	Erster Kreuzzug Ludwigs IX. von Frankreich (bis 1254). Er wird in Mansura, Ägypten, bis zur Zahlung eines Lösegelds gefangen gehalten.
1270	Zweiter Kreuzzug Ludwigs IX.; Tod Ludwigs IX. vor den Mauern von Tunis.
1291	Verlust von Akko.
1302	Die letzten Gebiete der Christen in der Levante fallen an die Mamelucken.
1306	Rhodos wird Ordenssitz der Johanniter.

Der Orden der Tempelritter, *ein Kreuzritterorden, wurde in Jerusalem gegründet. Er war damit betraut, weite Teile des Heiligen Landes zu schützen.*

Kilwa

Der Stadtstaat Kilwa entstand durch die Vereinigung der Insel Mafia, eines blühenden Handelszentrums südlich von Sansibar in Ostafrika, mit Kilwa, das für seine Eisenschmelzindustrie und den Kaurimuschelhandel bekannt war. Kilwa verdankte seinen Reichtum seinen Regenten, denen es gelang, die Kontrolle der muslimischen Händler von Mogadischu über den ostafrikanischen Goldhandel zu brechen. Die Händler aus Kilwa sandten Schiffe in den Süden nach Sofala, wo sie mit den Völkern aus dem Landesinneren mit Gold handelten. Der aus diesem Handel resultierende Reichtum des Stadtstaats zeigt sich in den großartigen Steinbauten, wie etwa der großen Moschee *(oben)*, die die Hauptstadt Kilwa Kisiwani schmücken.

Papiergeld

Im China des 9. Jahrhunderts waren Zertifikate über Geldeinlagen, die an Händler von den Vertretern der Provinzregierung in der Provinzhauptstadt ausgegeben wurden, als »fliegendes Geld« bekannt. Sie waren die Vorläufer der Banknoten, die zuerst vom Staat Sichuan im Jahr 1024 gedruckt wurden. Papiergeld wurde im 12. und 13. Jahrhundert in China zur wichtigsten Geldart. Sein Gebrauch verminderte das Vertrauen in geprägte Münzen. Starr festgelegte Umtauschkurse trugen während der Jahre vor der mongolischen Invasion zum wirtschaftlichen Chaos bei.

***Diese chinesische Banknote** aus dem 14. Jahrhundert ist die größte, die je herausgegeben wurde (22,8 x 33 cm). Sie entspricht im Wert 1000 Münzen.*

ASIEN

1183 Reginald von Châtillon beginnt mit einem Angriff auf Mekka.

Saladin erobert Syrien und wird Sultan.

1185 Der Taira-Klan in Japan wird ausgelöscht.

Beginn des Shogunats von Kamakura.

1192 **1186** Mohammed von Ghor verdrängt durch die Eroberung von Punjab und Lahore die Ghasnawiden.

Mosul erkennt die Oberherrschaft Saladins an.

1187 Saladin schlägt die Christen bei Hattin; er erobert Jerusalem und nimmt Akko ein.

Kreuzfahrerstaaten von Saladins Armeen verwüstet (bis 1188).

1188 Saladin erobert lateinische Königreiche in der Levante.

Kreuzfahrerstaaten werden durch Saladin zu Küstenenklaven.

Die Moschee in Rabat soll wie die in Sevilla die größte der Welt werden.

Laila und Madjnun von Nisami, ein persisches romantisches Epos in Versen, das dem höfischen Ideal verpflichtet ist.

1191 **1189** Beginn des 3. Kreuzzugs.

1192 Yoritomo verhindert den Aufstieg der Fujiwara in Nordhonshu.

1190 Kaiser Friedrich I. Barbarossa ertrinkt in Anatolien auf dem Weg ins Heilige Land.

AFRIKA

1184 Fertigstellung der Zitadelle von Kairo.

1203 Jakub al-Mansur besteigt den Thron der Almohaden.

1188 Tod von Sultan Ali bin Hasan, dem Herrscher des mächtigen Stadtstaates und Handelszentrums Kilwa, Ostafrika.

EUROPA

1181 In England erheben sich die Söhne Heinrichs II. gegen den König.

1182 In Konstantinopel führt ein von Andronikos Komnenos geführter Aufstand gegen Maria von Antiochia zu einem Massaker an Italienern. Andronikos und Alexios herrschen von nun an gemeinsam.

1183 Der Friede von Konstanz beendet den Konflikt zwischen Kaiser Friedrich und der Lombardischen Liga.

1184 König Magnus V. von Norwegen wird von seinem Rivalen Sverre besiegt.

Ein Kirchenkonzil in Verona verdammt alle Ketzer.

1185 Andronikos, Kaiser von Byzanz, wird bei einem Aufstand getötet.

Vertrag von Boves: Philipp II. Augustus weitet die Ländereien der französischen Krone auf Kosten von Graf Philipp von Flandern aus.

1235 ▼ Die bulgarischen Brüder Iwan und Peter Assen beginnen einen Aufstand gegen die byzantinische Herrschaft. Sie siegen und zwingen Konstantinopel, die Unabhängigkeit Bulgariens anzuerkennen.

1186 Die Normannen plündern Saloniki.

1189 Philipp II. Augustus, Heinrich II. von England und Friedrich I. Barbarossa sammeln Truppen für den 3. Kreuzzug.

1191 ▼ Richard Löwenherz († 1199) folgt Heinrich II. von England auf den Thron.

Silves (Portugal) wird von christlichen Streitkräften eingenommen.

1190 ◀ **1190** Kaiser Friedrich I. Barbarossa schifft sich für den Kreuzzug ein.

Deutscher Orden (Ritterorden) zur Verteidigung des Heiligen Landes gegründet.

Bei antisemitischen Krawallen werden mehr als 500 Juden in York, England, ermordet.

Die Bulgaren schlagen Kaiser Isaak II. bei Stara Sagora.

AMERIKA & AUSTRALASIEN

Saladin

Der Begründer der Aijubiden-Dynastie, Saladin (1137/8–1193), ist ein gefeierter muslimischer Held. Er wurde in eine mächtige Kurdenfamilie hineingeboren und wuchs in Syrien auf. Im Jahr 1169 bekam er den Auftrag, mit syrischen Truppen in Ägypten gegen die Angriffe der Christen vorzugehen. Er wurde auch Wesir des Fatimiden-Kalifats, das er 1171 ablöste, wodurch der sunnitische Islam nach Ägypten zurückkehrte.

Zwischen 1174 und 1186 vereinte er die muslimischen Länder Syrien, Nordmesopotamien, Palästina und Ägypten unter seiner Herrschaft. Dies gelang ihm mit einer Kombination aus geschickter Diplomatie und Waffengewalt. Von der Idee des *Djihad* (oder Heiligen Krieges) begeistert, machte er sich 1187 auf zur Rückeroberung des Heiligen Landes. Auf diesem Feldzug gelang es ihm, Jerusalem einzunehmen, das 88 Jahre lang unter fränkischer Herrschaft gestanden hatte.

Der 3. Kreuzzug, mit dem Jerusalem zurückgewonnen werden sollte, brachte den Kreuzfahrern stattdessen nur einen Fußbreit der Levante ein. Kurz danach starb Saldadin. Die von ihm begründete Dynastie bestand bis zum Jahr 1250.

__Im Juli 1187__ schlug Saladin die 20 000 Mann zählende Kreuzfahrerarmee in der Schlacht von Hattin. Drei Monate später gelang ihm die Einnahme Jerusalems, das zu diesem Zeitpunkt nur von einer Handvoll Männer verteidigt wurde. Saladin gewährte den Bewohnern nach einer Lösegeldzahlung freien Abzug.

Felsenkirchen des Lalibela

In Äthiopien herrschte zwischen etwa 1200 und 1250 der Sagwe-König Lalibela. Während seiner Regierungszeit begann in der Gegend der Hauptstadt Roha der Bau von bemerkenswerten, aus dem Gestein herausgehauenen Kirchen. Elf Felsenkirchen wurden in den Bergen bei Roha gefunden. Viele sind nach berühmten Plätzen in Jerusalem benannt, beispielsweise Golgatha – vielleicht um die Verbundenheit der äthiopischen Kirche mit dem alttestamentarischen Jerusalem zu verdeutlichen. Diese einzigartigen Kirchen sind ein Zeugnis der Stärke des christlichen Glaubens im Äthiopien des 13. Jahrhunderts.

Das Sultanat von Delhi

Zwischen 1175 und 1206 unternahmen die afghanischen Ghoriden, geführt von Mohammed von Ghor und seinem Leutnant Qutb-ud-din Aibak, eine Reihe von Angriffen gegen die Rajputen in Nordindien. Ihre Siege führten 1206 zur Gründung des Sultanats von Delhi. Es kam später jedoch nicht zum Bruch mit den Traditionen der Hindu-Periode. Die Sultane von Delhi waren zwar oberste Herrscher, erstrebten jedoch nicht die Landeshoheit über die eroberten Gebiete. Das Qutb-ud-din-Minar-Minarett in Delhi *(unten)* wurde zum Symbol der muslimischen Herrschaft in Nordindien.

ASIEN

1191 Die Kreuzfahrer erobern Akko zurück.

Richard I. von England, genannt Richard Löwenherz, gewinnt Jaffa zurück, jedoch nicht Jerusalem (bis 1192).

Gründung eines Zen-Ordens in Japan.

1204 **1192** Richard Löwenherz schließt einen Vertrag mit Saladin.

1206 Afghanische Ghoriden unter Mohammed von Ghor schlagen Rajputen; erobern Delhi und Teile Nordindiens (bis 1193).

Minamoto no Yoritomo wird Shogun und bildet in Japan eine Militärregierung.

1193 Tod Saladins. Bürgerkrieg unter seinen Erben.

1194 Charism-Schah schlägt die Seldschuken im Iran.

1197 Die Araber zerstören das buddhistische Mönchskloster in Nalanda, Indien.

1200 Sultan Al-Malik al-Kamil, der seinem Bruder Saladin auf den Thron folgt, vereint die aijubidischen Besitztümer wieder und besetzt Mesopotamien.

Um 1200 Der muslimische Sufi-Heilige Khwajah Mu'inud-Din Chishtip gründet den ersten Sufi-Orden in Indien.

Höhepunkt des Khmer-Reiches von Kambodscha unter Jayavarman VII.

AFRIKA

1196 Die Meriniden übernehmen die Kontrolle über Marokko (bis 1485).

1198 Averroës – größter maurischer Philosoph und Wissenschaftler seiner Zeit – stirbt in Marrakesch.

1200 Fortentwicklung der Stadtstaaten der Hausa, die nun den Handel südlich der Sahara beherrschen.

1270 **Um 1200** König Lalibela von Äthiopien beginnt mit dem Bau der Felsenkirchen.

EUROPA

1191 Auf dem 3. Kreuzzug erobert Richard Löwenherz Zypern.

Heinrich VI., Sohn Friedrichs I. Barbarossa, wird in Rom zum Kaiser gekrönt.

1204 **1192** Erlasse gegen die Katharer durch die Herrscher von Montpellier und Aragón.

1205 **1193** Philipp II. Augustus erobert das Vexin, Teil des englischen Reiches in Frankreich.

Richard Löwenherz wird in Wien gefangen genommen und Kaiser Heinrich VI. ausgeliefert.

1194 Nach einer hohen Lösegeldzahlung wird Richard Löwenherz freigelassen. Er schlägt Philipp II. Augustus bei Fréteval vernichtend und gewinnt seine französischen Lehen zurück.

Kaiser Heinrich VI. (Heiliges Römisches Reich) erobert Sizilien und wird dort König.

1198 Bei seiner Wahl zum Papst ruft Innozenz III. einen neuen Kreuzzug aus.

1201 Otto von Braunschweig wird von den Welfen zum König gekrönt. Sein Rivale, Philipp von Schwaben, wurde seinerseits von den Hohenstaufen zum König gewählt.

1201 **1199** Richard Löwenherz stirbt in Châlus, Frankreich. Johann I. ohne Land, jüngster Sohn Heinrichs II., wird König von England († 1216).

Um 1200 Bistum Riga im Baltikum gegründet.

Silbermünzen in Norditalien eingeführt, so auch der *Grosso*.

Neuerung in Paris: Die Straßen werden gepflastert.

AMERIKA & AUSTRALASIEN

Um 1200 Die Azteken gelangen ins Tal von Mexiko.

Bau des Kultzentrums von Moundville in Alabama durch Angehörige der Mississippikultur; sie blüht bis 1300.

Chaco Canyon erlangt höchste Bedeutung.

1300 Die von Manco Capac geführten Inka siedeln im Andental bei Cuzco.

Ausweitung des Chimú-Reiches.

Das Reich der Chimú

Die Chimú beherrschten in der Zeit von etwa 700 bis 1476 die Nordküste Perus. Danach wurde das Gebiet von den Inka erobert, die viel von ihren Vorgängern lernten. Die Hauptstadt Chan Chan lag ungefähr in der Mitte des Reiches, das sich 1600 km entlang der peruanischen Küste erstreckte. In ihrem Zentrum liegen zehn Königshöfe oder *Ciudadelas,* die die Begräbnisstätten der aufeinander folgenden Chimú-Könige sind. Die Bevölkerung wurde von Erbfolgekönigen und einer regierenden Elite beherrscht. Neu eroberte Gebiete wurden durch Provinzgouverneure regiert. Viel Wert legte man auf ein effizientes Straßennetz und eine hoch entwickelte Bewässerung. Die Chimú stellten auch hochwertige Metallarbeiten her – wie dieses Zeremonialmesser *(oben)* oder *Tumi* aus gegossenem und gehämmertem Gold.

Die Welt um 1200

IN DER ALTEN WELT an der Schwelle zum 13. Jahrhundert waren Atlantik und Pazifik durch einen Gürtel verschieden großer Staaten verbunden. Die jungen westeuropäischen Monarchien suchten sich von der Vorherrschaft des Imperiums von Knut dem Großen im Norden und von der Bedrohung durch die Almoraviden im Süden zu befreien. Gleichzeitig standen sie noch im Schatten des Heiligen Römischen Reiches. Westlich und nördlich der Steppen befanden sich die Polen wie auch die Russen in Kiew in einem Prozess der Konsolidierung. Ein großer Bogen islamischer Staaten erstreckte sich von Südspanien und Marokko nach Osten bis an die Grenzen von Indien und Tibet. Diese Staaten waren nach dem Untergang des türkischen Seldschuken-Reiches entstanden, sie waren jedoch von ideologischen Streitigkeiten und dynastischen Rivalitäten zerrissen. Tibet befand sich in seiner Blütezeit. Es gab aber auch schon ehrgeizige Bündnisse von Steppenvölkern, wie die Xixia und die Jin, die später in den Norden Chinas eindringen sollten. Japan war von seinen kontinentalen Expansionsplänen abgerückt. Das fruchtbare Tal des Ganges wurde nun von den persischen Ghoriden beherrscht, während in Südostasien die Macht der Königreiche der Khmer, von Pagan, Annam und Champa zugunsten der Seehandelsmacht der Srivijaya abnahm. Muslimische Händler bereisten den Indischen Ozean und die Sahara und förderten das Entstehen von Handelsstaaten im Afrika südlich der Sahara. Australien und Amerika hatten noch keine Verbindungen mit der Alten Welt. In Nordamerika entwickelten sich Dorfkulturen, weiter im Süden waren nur noch Teile der Maya-Kultur vorhanden, und die Anden wurden von Chimú, Cuzco und Tiahuanaco beherrscht.

DIE WELTKARTE DES AL-IDRISI

Al-Idrisi, ein marokkanischer Prinz, wurde 1154 von Roger II. von Sizilien gebeten, eine Weltkarte zu erstellen. Al-Idrisi hielt sich dabei an das Ptolemäische System und unterteilte die Welt in sechs »Gegenden«, durch die er dann willkürlich 10 Linien von Nord nach Süd zog, wodurch er 16 Regionalkarten erhielt. Diese Karten wurden dann zusammengelegt, um eine Weltkarte zu bekommen, die auf eine Silberscheibe graviert wurde. Das Original wurde 1160 zerstört. Der arabische Text auf dem *Roger-Buch*, wie al-Idrisis Karte genannt wird, enthält eine Beschreibung der Städte, Flüsse, Berge und Straßen jeder Gegend, dazu viele Informationen zu Wirtschaft, Geschichte und den Besonderheiten der jeweiligen Völker. Al-Idrisi machte sich die Beobachtungen von Wanderern und Händlern zunutze, er scheint jedoch keine Schiffskapitäne oder andere Leute, die praktisches Wissen über das Meer besaßen, befragt zu haben. Getreu der islamischen Tradition befindet sich auf der Karte der Süden oben.

1200–1400

Das Hochmittelalter

BILD OBEN:
***Die Karawanenstraßen** durch Zentralasien profitierten von dem Klima von Ordnung und Gesetz unter der Mongolen-Herrschaft. Dieses Bild aus dem Katalanischen Atlas von 1375 zeigt eine Gruppe europäischer Händler auf der Seidenstraße.*

Während des 13. Jahrhunderts wurde Eurasien von einem der bemerkenswertesten Phänomene der Weltgeschichte heimgesucht: der plötzlichen und beängstigenden Invasion der Mongolen. Ihr Anführer war Dschingis Khan, der 1206 Oberhaupt einer Reihe von Mongolen-Stämmen geworden war. In weniger als 20 Jahren eroberten die Mongolen die islamischen Staaten Zentralasiens, überrannten Nordchina und brachen in Russland ein. Der dritte Sohn von Dschingis, Ögödei, zerstörte die Königreiche der Jin und der Charism und begann dann mit der Eroberung von Song-China. Gleichzeitig steuerte er Tausende Kilometer westlich die Invasion von Ungarn und Polen. Der Bruder

1200–1400

ASIEN / AFRIKA / EUROPA / AMERIKA & AUSTRALASIEN

- **1200:** Aufstieg von Mali
- **1204:** 4. Kreuzzug
- **1206:** Gründung Sultanat Delhi
- **1211:** Mongolen beginnen Eroberung Nordchinas.
- **1219:** Mongolen erobern Reich der Charism.
- **1233:** Inquisition in Toulouse
- **1236:** Christen erobern Córdoba.
- **1237:** Mongolen beginnen Eroberung Russlands.
- **1250:** Mamelucken übernehmen Herrschaft in Ägypten.

1200 · 1220 · 1240

Der 4. Kreuzzug

Das Ziel des 4. Kreuzzugs war Ägypten; doch schon als die Armee in Venedig ankam, fehlte das Geld, um ein zur Durchführung des Kreuzzugs aufgenommenes Darlehen zurückzuzahlen. Der des Amtes enthobene byzantinische Kaiser Alexius IV. bot den Kreuzfahrern 200 000 Mark für seine Wiedereinsetzung. Im Jahr 1203 willigten die Kreuzfahrer ein, Konstantinopel zu stürmen *(oben)* und ihn wieder als Kaiser einzusetzen. Als sie dann aber im Januar 1204 mit einer sehr starken antiwestlichen Haltung konfrontiert waren, entschlossen sie sich, die Stadt für sich selbst zu erobern. Nach drei entsetzlichen Tagen der Plünderung, Gewalt und Schändung gehörte Konstantinopel ihnen.

Papst Innozenz III.

Innozenz III. (1160–1216) gilt gemeinhin als der Papst, der der mittelalterlichen Kirche zu neuem Ansehen und neuer Macht verhalf. Er setzte die päpstliche Autorität auf der politischen Bühne durch: bei Nachfolgestreitigkeiten innerhalb des Heiligen Römischen Reiches und bei den Konflikten zwischen England und Frankreich. Beim Vierten Laterankonzil entwickelte er grundlegende Doktrinen zu katholischem Glauben und Religionspraxis. Gleichzeitig gab er seine Zustimmung zu einem geistlichen Leben in Armut und zum Wanderpredigertum und unterstützte so die Gründung der Bettelorden wie der Franziskaner.

ASIEN

1201 Der Mongolen-Krieger Temujin schlägt die Tataren vernichtend.

1203 In Chidambaram in Südindien wird der Hindu-Tempel von Nataraja fertiggestellt. Er gilt als der damals prächtigste Tempel des Chola-Reiches.

1217 **1204** Der 4. Kreuzzug erreicht das Heilige Land erst gar nicht; die Kreuzfahrer erobern Konstantinopel.

1206 Vollendung der Zitadelle von Damaskus.

Temujin erringt die Macht in der Mongolei, eint die Mongolen und wird zum Dschingis Khan. Die *Yassa*, der Gesetzeskodex der Mongolen, wird von Dschingis Khan erlassen. Die Mongolen beginnen mit der Eroberung Zentralasiens.

1215 Nach der Ermordung des letzten Ghuriden-Sultans errichtet die Dynastie der Mamelucken (entflohene Sklaven) unter Qutb-ud-din Aibak das Sultanat Delhi (bis 1555).

1215 **1208** Dschingis Khan erobert Turkestan.

1209 Beginn des Baues der Zitadelle von Aleppo in Syrien.

AFRIKA

1204 Tod des umstrittenen jüdischen Rechtsgelehrten und Philosophen Maimonides in Kairo.

EUROPA

1201 Otto IV. wird von Papst Innozenz III. als Kaiser anerkannt.

König Philipp von Frankreich konfisziert französische Lehen von König Johann von England. Im darauf folgenden Krieg siegt Johanns Armee bei Mirabeau.

1203 Die Almohaden beginnen mit der Eroberung der Balearen im westlichen Mittelmeer.

Britannien revoltiert gegen König Johann.

1204 Kreuzfahrer nehmen auf dem 4. Kreuzzug Konstantinopel ein.

Plünderung Konstantinopels; Venedig erringt die Vorherrschaft über die Adria und über Griechenland.

Peter von Castelnau und Armand Amalric, Abt von Cîteaux, sind zur Bekämpfung der Häresie der Katharer im Languedoc.

1214 ▼ Das gesamte Herzogtum Normandie ist bis auf die Kanalinseln in französischer Hand.

1205 Philipp II. Augustus von Frankreich erobert Anjou.

Der Kreuzfahrer Othon de la Roche gründet das Herzogtum Athen.

1208 Kreuzzug gegen die Katharer bzw. Albigenser in Südfrankreich.

1213 ▼ **1209** König Johann von England wird in der Folge des Streites mit Papst Innozenz III. über die Ernennung zum Erzbischof von Canterbury exkommuniziert.

1213 ▼ Simon de Montfort plündert während des Kreuzzugs gegen die Katharer Béziers; Tausende werden getötet.

Otto IV., nach der Ermordung seines Rivalen Philipp von Schwaben als Kaiser anerkannt, wird vom Papst gekrönt.

Unzufriedene Oxford-Gelehrte gründen die Universität von Cambridge.

1210 Papst Innozenz III. genehmigt die Gründung des Ordens der Franziskaner – nach dem heiligen Franz von Assisi –, die sich der Beseitigung der Armut verschrieben haben.

AMERIKA & AUSTRALASIEN

Der heilige Franz von Assisi

Franz von Assisi wurde 1181 als Sohn eines reichen Tuchhändlers geboren. Ihn bedrückten die großen Unterschiede zwischen Reich und Arm, die ihn umgaben; sein Denken erfuhr eine tiefgreifende Wandlung, als er sich zwang, einen Leprakranken zu berühren. Er wurde zum Straßenbettler, und die Entfremdung von seinem Vater führte zu einer dramatischen, öffentlichen Zurückweisung seiner reichen Herkunft. Von diesem Zeitpunkt an verschrieb er sich der Hilfe für Arme und Kranke. Seine asketische Lebensweise und seine Liebe zur Natur zogen an die 5000 Jünger an. Der von ihm gegründete religiöse Orden der Minderen Brüder (der spätere Franziskanerorden) erlangte im Jahr 1210 die Anerkennung durch Papst Innozenz III. Franziskanermönche durften weder persönliche noch gemeinschaftliche Besitztümer haben. Sie wanderten durch das Land, halfen den Armen und Kranken und verdienten sich ihren Lebensunterhalt mit Arbeit und durch Betteln.

Franz von Assisi predigt den Vögeln. *Ein Jahrhundert nach dem Tod des heiligen Franz von Assisi im Jahr 1226 wurde der italienische Künstler Giotto beauftragt, Szenen aus dem Leben des Heiligen zu malen.*

Die Magna Charta

Im Jahre 1203 zog sich König Johann von England nach einer Reihe demütigender Niederlagen gegen den französischen König von seinen französischen Besitztümern zurück. Inflation und andere wirtschaftliche Probleme brachten den englischen Adel gegen ihn auf. Nach Diskrepanzen mit Papst Innozenz III. wurde Johann 1209 exkommuniziert. Als er die verlorenen französischen Ländereien 1214 nicht zurückgewinnen konnte, verfiel England in Aufstände und Anarchie.

Im Juni 1215 eroberten unzufriedene Mitglieder des Adels London und zwangen Johann, die Bedingungen der Magna Charta zu akzeptieren. Dieser Friedensvertrag zwischen König und Adel garantierte einerseits den Baronen ihre Feudalprivilegien, andererseits wurde zugesichert, dass der König die Gesetze der Nation aufrecht erhält. Eine Rechtsgarantie für alle freien Männer sah einen Anspruch auf die Gerichtsbarkeit durch Angehörige des eigenen Standes vor.

ASIEN

1211 Die Mongolen beginnen mit der Eroberung des Jin-Reiches in Nordchina.

1215 Die Mongolen erobern Peking unter der Führung von Dschingis Khan.

Um 1215 Die islamische Kultur breitet sich nach Indien aus.

1217 Die Kreuzfahrer des 5. Kreuzzugs erreichen Palästina.

1218 Dschingis Khan besetzt Kaschgar und das Tarimbecken. Korea akzeptiert seinen Vasallenstatus.

Dschingis Khan erobert Persien.

1227 ▼ **1219** Dschingis Khan greift das Reich des Charism-Schahs an.

Die Minamoto-Linie endet. Der Hojo-Klan regiert für den Shogun von Fujiwara.

1220 Die Mongolen fallen in Transoxanien ein.

Um 1220 Zhao Rugua veröffentlicht einen Reisebericht über Südostasien.

AFRIKA

1218 Der 5. Kreuzzug erreicht Ägypten.

1221 ▼ **1219** Nach einer Belagerung fällt der Hafen von Damiette, Ägypten, an die Kreuzfahrer.

1224 ▼ **Um 1220** Das Häuptlingstum der Südlichen Soninke von Sosso übernimmt die Herrschaft über den größten Teil des früheren Ghana sowie ihre südlichen Nachbarn, die Malinke. Soninke-Bauern und -Händler ziehen von Kumbi-Saleh aus nach Süden und Westen und siedeln sich an.

EUROPA

1212 Friedrich II. von Hohenstaufen wird mit Unterstützung des Papstes zum Gegenkönig in Deutschland gekrönt.

Der Kinderkreuzzug, angeführt vom zwölfjährigen Stephan von Cloyes, verlässt Frankreich Richtung Jerusalem.

1228 In Spanien wird der Kreuzzug ausgerufen. Bei der Schlacht von Las Navas de Tolosa werden die Almohaden von den Christen geschlagen.

Venedig besetzt Griechenland.

Die Goldene Bulle begründet das Königreich Böhmen.

1213 Papst Innozenz III. ruft den 5. Kreuzzug aus.

König Johann unterwirft sich der päpstlichen Kurie, indem er England und Irland dem Papst als Lehen anbietet.

Simon de Montfort erlangt die Kontrolle über Südfrankreich, als König Peter von Aragón bei der Belagerung von Muret stirbt.

1214 Niederlage der englischen und deutschen Verbündeten bei Bouvines. König Johann verliert die Lehen in Nordfrankreich.

1215 Viertes Laterankonzil. Dominikus bittet den Papst, einen neuen Mönchsorden gründen zu dürfen.

In Runnymede unterzeichnet König Johann von England die *Magna Charta*, die wichtigste englische Verfassungsurkunde.

1216 König Johanns Nachfolger wird dessen neun Jahre alter Sohn Heinrich III.

1217 Schwere Hungersnot in Ost- und Mitteleuropa.

1218 Simon de Montfort wird vor Toulouse getötet.

Dänemark nimmt die älteste Nationalflagge der Welt, den Dannebrogen, an.

1219 Die Dänen marschieren in Nordestland ein.

1229 **1220** Friedrich II. wird Kaiser des Heiligen Römischen Reiches, nachdem er versprochen hat, dem 5. Kreuzzug zu Hilfe zu kommen.

Erstes Kapitel der Ordensregel der Dominikaner.

Den Bürgern von Paris wird das Recht zugebilligt, Importzölle zu erheben.

AMERIKA & AUSTRALASIEN

Hochgotische Architektur

Die Figur des lächelnden Engels an der gotischen Kathedrale von Reims ist ein ruhiges Spiegelbild des überschwänglichen Optimismus, der die hochgotische Architektur charakterisierte. Hochgotische Sakralbauten vereinten Licht, Farbe und spannungsreiche Perspektiven. Spiralen und Bögen scheinen die Schwerkraft herauszufordern: Im Jahr 1270 wurde ein technisches Gutachten zum Bau eines 48 m hohen Gewölbes erstellt. Allerdings stürzte das Gewölbe 1284 ein und die Architekten verlegten sich in der Folgezeit eher auf optische Effekte als darauf, große Höhen zu erreichen.

Dschingis Khan

Temujin (später Dschingis Khan) wurde um das Jahr 1167 als Häuptlingssohn des Mangkhol-Stammes geboren, der in der kargen Steppe der Mongolei lebte. Schritt für Schritt baute er seine Macht über türkische und mongolische Stämme aus, bis er im Jahr 1206 zum »ranghöchsten Herrscher« ausgerufen wurde. Zunächst führte er seine wilden nomadischen Krieger nach China, wo er 1215 Peking einnahm. Dann unternahm er einen vernichtenden Feldzug gegen das islamische Reich des Charism-Schahs, das sich vom Kaspischen Meer bis zum Pamirgebirge erstreckte. 1220 plünderte er Buchara und metzelte dessen 30 000 Verteidiger nieder. Die Abbildung zeigt ihn, wie er zur überlebenden Bevölkerung spricht. Im Jahr 1226 fiel Dschingis Khan erneut in China ein; er starb jedoch bald darauf. Er hinterließ ein Herrschaftsgebiet, das vom Pazifik bis zum Kaspischen Meer reichte.

Ritterturniere

Im 12. Jahrhundert wurden Schaukämpfe sehr beliebt, bei denen sich geschickte, aber landlose Ritter miteinander maßen. Diese Treffen bewaffneter Männer, die sich leicht zu wirklichen Streitigkeiten und Aufständen entwickelten, waren die Vorläufer der stark formalisierten »Turniere« des 13. Jahrhunderts, bei denen jeweils zwei Ritter in Waffen und Rüstung gegeneinander antraten.

Anfangs bargen die Turniere noch das Risiko sich zu verletzen oder gar zu Tode zu kommen. Im 14. Jahrhundert waren sie dann zu Sportveranstaltungen geworden: Zwei Bewaffnete versuchten sich gegenseitig mit stumpfen Lanzen vom Pferd zu werfen. Die opulent inszenierten, farbenfrohe Turniere wurden zu einem spannenden Schauspiel für ein begeisterungsfähiges Publikum.

***In einer Illumination** aus dem 13. Jahrhundert sitzt der junge Ludwig IX. neben seiner Mutter, Blanka von Kastilien, auf dem Thron.*

Blanka von Kastilien

Die Enkelin der Eleonore von Aquitanien, Blanka von Kastilien (1188–1252), heiratete Ludwig VIII. von Frankreich. Von 1226 bis 1234 übernahm sie selbst die Regentschaft, da ihr Sohn, Ludwig IX., noch ein Kind war, und erneut zwischen 1248 und 1252, als Ludwig auf dem Kreuzzug war.
Es war allgemein üblich, dass die Frauen der gesellschaftlichen Elite die Verwaltung des Besitzes übernahmen, wenn ihre männlichen Verwandten im Krieg waren.

ASIEN

1221 Sultan Khalil, der Neffe und Nachfolger des Saladin, bietet den Kreuzfahrern die Überlassung Palästinas an, wenn dafür der ägyptische Hafen von Damiette wieder aufgebaut wird.

1225 Kaiser Friedrich II. erbt das Königreich Jerusalem.

Iltutmish, der Sultan von Delhi, schlägt Angriffe der Mongolen zurück.

1227 Tod des Dschingis Khan.

Ende des Westlichen Xia-Reiches.

1253 Der japanische Mönch Dogen führt den Zen-Buddhismus in Japan ein. Er wird von vielen mächtigen *Samurai*-Kriegern angenommen.

Der japanische Töpfer Toshiro, der vier Jahre lang durch China gereist ist, führt in Japan die Porzellanherstellung ein.

1244 **1229** Kaiser Friedrich II. kommt in Jerusalem an. Er erlangt durch diplomatische Verhandlungen mit dem ägyptischen Sultan al-Kamil erneut die Kontrolle über die Stadt.

Ögödei wird zum Großkhan gewählt.

Die Rasuliden kontrollieren den Jemen (bis 1454).

AFRIKA

1221 Die in den Sümpfen des Nildeltas festsitzenden Kreuzfahrer müssen die Belagerung von Damiette aufgeben.

1235 **Um 1224** Die Sosso errichten unter der Führung von Sumanguru einen Staat in Westafrika. Sie greifen die Nördlichen Soninke von Ghana an und plündern deren Hauptstadt.

1228 Beginn des Niedergangs des Almohaden-Reiches in Nordafrika.

1244 Abu Zakariyya Yahya begründet die Hafsiden-Dynastie und macht Tunis zur Hauptstadt (bis 1574).

EUROPA

1223 Die Mongolen fallen in Russland ein. Schlacht am Kalka.

Nachfolger von König Philipp II. Augustus von Frankreich wird sein Sohn, Ludwig VIII.

1224 Das lateinische Königreich Salonica wird vom Tyrannen von Epiros erobert.

1226 Ludwig IX. von Frankreich wird Nachfolger von Ludwig VIII. Seine Mutter, Blanche von Kastilien, regiert das Land.

Die Goldene Bulle von Rimini verleiht dem Großmeister der Deutschordensritter den Status eines Reichsfürsten.

1283 ▼ Die Deutschordensritter werden zum Kreuzzug in Preußen eingeladen.

Gründung der Goldenen Horde, des mongolischen Staates in Südrussland (bis 1502).

1227 Ein Kreuzzug gegen Ketzer in Bosnien wird ausgerufen.

Ritterturniere kommen beim europäischen Adel in Mode.

1234 ▼ **1228** Päpstliche Invasion im Machtbereich von Friedrich II. in Süditalien (bis 1230).

Jakob I. von Aragón beschließt eine Großoffensive gegen die Muslime auf Mallorca.

1229 Bürgerkrieg auf Zypern (bis 1233) zwischen den zypriotischen Rittern Friedrichs II. und Johann von Beirut.

1230 Gründung des Nasriden-Reiches von Granada in Südspanien (bis 1492).

1238 ▼ Jakob I. von Aragón erobert Palma und überwindet den muslimischen Widerstand auf Mallorca.

Ferdinand III. von Kastilien wird König von León und vereint beide Königreiche.

AMERIKA & AUSTRALASIEN

Universitätsgründungen

Mit der Renaissance des 12. Jahrhunderts kam die Bedeutung des Wertes weltlicher Bildung zum Tragen. Universitäten entstanden als eine Form akademischer Zünfte, die die Interessen der Lehrenden und die der Studenten wahren sollten. Normalerweise gab es vier Fakultäten: Künste, Theologie, Medizin sowie weltliches und kirchliches Recht. Der Unterricht wurde in Latein gehalten, der Universalsprache des mittelalterlichen Europa. Nach dem Vorbild der Universitäten in Bologna, Paris und Oxford, bedeutenden Zentren des intellektuellen Lebens im 13. Jahrhundert, wurden in ganz Europa Universitäten gegründet, meist auf Initiative von Herrschern hin. Viele wurden zu Zentren eines aufkommenden Nationalbewusstseins.

***Das englische All Souls College** in Oxford, gegründet im Jahr 1438. Die zahlreichen Kollegien von Oxford wurden ursprünglich als Unterkunft für arme Studenten gestiftet.*

Europäische Universitätsgründungen

1088	Bologna
Um 1150	Paris
1167	Oxford
Um 1178	Palencia
1188	Reggio
1204	Piacenza
1209	Cambridge
1218–19	Salamanca
1222	Padua
1224	Neapel
1228	Vercelli
1229	Toulouse
Um 1237	Valladolid
1248	Piacenza
1254	Sevilla
1255	Arezzo
1289	Montpellier
1290	Lissabon
1300	Lérida
1303	Rom
	Avignon
1306	Orléans
1308	Perugia
	Coimbra
1318	Treviso
1332	Cahors
1337	Angers
1339	Grenoble
1343	Pisa
1347	Prag
1350	Perpignan

Friedrich II.

Kaiser Friedrich II. war ein Einzelgänger. Als Herrscher hatte er Auseinandersetzungen mit mehreren Päpsten. Friedrich kümmerte sich wenig um sein Deutsches Reich, konzentrierte sich stattdessen auf Sizilien und Norditalien, was ihn in direkten Konflikt mit dem Vatikan brachte. Mit seiner Unschlüssigkeit über die Teilnahme am Kreuzzug nach Jerusalem im Jahr 1227 zog er den Zorn von Papst Gregor IX. auf sich, der ihn zweimal exkommunizierte. Sein Übereinkommen mit den Muslimen trug kaum dazu bei, seinen Ruf beim Papst zu bessern.

***Friedrich II.** war ein begeisterter Falkner. Die Abbildung oben zeigt ihn mit einem Falken auf dem Widmungsbild seines berühmten Werkes* De arte venandi cum avibus *(»Über die Kunst mit Vögeln zu jagen«).*

Die Hohenstaufer und das Papsttum

Das Streben der Kaiser des Heiligen Römischen Reiches nach universaler Macht wurde vom Papsttum und den Stadtstaaten Norditaliens verhindert.

1167	Gründung der Lombardischen Liga gegen Kaiser Friedrich Barbarossa in Norditalien.
1194	Kaiser Heinrich VI. wird König von Sizilien.
1198	Amtsantritt von Papst Innozenz III.
1220	Friedrich II. wird Kaiser.
1237	Friedrich II. schlägt die italienischen Stadtstaaten bei Cortenuova.
1245	Innozenz IV. exkommuniziert Friedrich II.
1250	Tod von Friedrich II.
1268	Karl von Anjou schlägt Konradin, Friedrichs Enkel, in Tagliacozzo.
1282	Sizilianische Vesper (Aufstand); Karl von Anjou wird von Aragón geschlagen.
1305	Papst Clemens V. lässt sich unter französischer Aufsicht in Avignon nieder.

ASIEN

1231 Die Mongolen erobern das wiedererwachte Reich des Charism-Schahs zurück.

1232 Ibn al-Arabi schreibt *Facetten der Weisheit*, ein Werk, das die Lehre des Sufismus definiert.

1233 Tod des arabischen Historikers Ibn al-Athir.

Die Mongolen erobern Kaifeng, Hauptstadt des Jin-Reiches.

1234 Die Mongolen erobern das Jin-Reich.

1243 ▼

1235 Im Karakorum bauen die Mongolen eine befestigte Stadt als feste Hauptstadt.

1236 Der Begründer des Sufi-Ordens, der berühmte Asket Kwajah Muinud-Din Chishtip, stirbt in Rajasthan.

Erstes Papiergeld im mongolischen Königreich.

1243 ▼

1237 Eine Adlige der Seldschuken stiftet in Kayseri in der Zentraltürkei Huand Khatun, einen großen Komplex aus Moschee, Mausoleum, *Medrese* (Schule) und Bädern.

1244 ▼

1239 Ein weiterer Kreuzzug erreicht bei den Sultanen von Damaskus und Ägypten die Wiedererrichtung eines Teils des Königreichs von Jerusalem.

Die Mongolen betrauen Muslime aus Zentralasien mit der Steuereintreibung in Nordchina.

1240 Sultana Raziyya, die erste Regentin eines muslimischen Staates, wird beim Versuch, die Kontrolle über Delhi wiederzugewinnen, von Hindu-Truppen mit türkischer Unterstützung getötet.

Um 1240 *Die Geheime Geschichte der Mongolen*, von einem anonymen Autor, erzählt die Geschichte von Dschingis Khan.

AFRIKA

1235 In Tlemcen im Maghreb wird das Berber-Königreich der Abdalwadiden gegründet.

Sundiata, ein Überlebender der Malinke aus den Sosso-Überfällen, führt ein Malinke-Heer gegen die Sosso von Sumanguru, die in der Schlacht von Kirinia (nahe dem heutigen Bamako) geschlagen werden.

1250 ▼

Um 1240 Sundiata erlangt die Macht über alle Soninke einschließlich eines großen Teils des früheren Ghana. Dies ist der Beginn des Reiches Mali.

EUROPA

1231 Kreuzzug des Johann von Brienne nach Konstantinopel.

1233 In Toulouse wird die Inquisition eingeführt.

1234 Heinrich, Vizeregent des Kaiserreiches, revoltiert gegen seinen Vater Friedrich und verbündet sich mit der Lombardischen Liga.

Preußen wird päpstliches Lehen.

1235 Vizeregent Heinrich wird von seinem Vater abgesetzt und gefangen genommen.

1280 ▼ Bulgaren unter Iwan Asen II. verbünden sich mit Johannes III. Vatatzes von Nizäa. Sie erobern Thrakien, belagern Konstantinopel und werden von Johann von Brienne besiegt.

1236 Christen erobern Córdoba zurück, und zwar durch Ferdinand III. von Kastilien und León.

1245 ▼ **1237** Friedrich II. besiegt die lombardischen Städte in Cortenuova.

Beginn des Mongoleneinfalls und der Eroberung Russlands.

Eröffnung des St.-Gotthard-Alpenpasses.

1238 Jakob I. von Aragón erobert Valencia von den Arabern zurück.

Die Mongolen erobern Wladimir, Jaroslawl und Rostow.

1239 Der Kreuzzug von Theobald Graf von Champagne und Richard von Cornwall bricht nach Jerusalem auf (bis 1241).

1241 ▼ **1240** Die Mongolen erobern Kiew.

AMERIKA & AUSTRALASIEN

Islamischer Handel

Ausgedehnte Handelsnetze durchzogen die islamische Welt. Für den Handel über Land wurden Kamele eingesetzt: Die Karawanenrouten durch Zentralasien und China sind in Form von Überresten der Karawansereien – Straßenstationen, die Reisenden Nahrung und Rast boten – noch heute sichtbar. Die Araber, die in Segelschiffen, den Dhauen, über den Indischen Ozean segelten, waren die Seemacht dieser Zeit. Zu den Handelsgütern gehörten Gewürze und Töpferwaren aus Fernost, Gold, Elfenbein und Sklaven aus Afrika, Bernstein, Pelze und Wachs aus dem Baltikum. Aber die Überlandrouten waren angreifbar, und der plötzliche Einfall der Mongolen aus den Steppen unterbrach den zentralasiatischen Handel.

***Diese arabische Handschrift** aus dem 13. Jahrhundert zeigt zwei muslimische Händler auf Kamelen. Bis zum Jahr 1200 hatten Händler und Missionare die Botschaft des Propheten bereits vom Atlantik bis zum Himalaja verbreitet.*

Windmühlen

Sowohl in Persien als auch in China wurde Windkraft schon früh genutzt, um Getreide zu mahlen und Wasser zu schöpfen. In Europa jedoch nutzte man Windmühlen erstmals im 13. Jahrhundert. Die Mühlen in Nordeuropa unterschieden sich von älteren Modellen: Ihr Schaft drehte sich horizontal statt vertikal, die Segel standen beim Drehen immer zum Wind. Zunächst wurde mit europäischen Windmühlen nur Getreide gemahlen. Erst ab dem 15. Jahrhundert wurden sie u.a. auch zur Bewässerung eingesetzt.

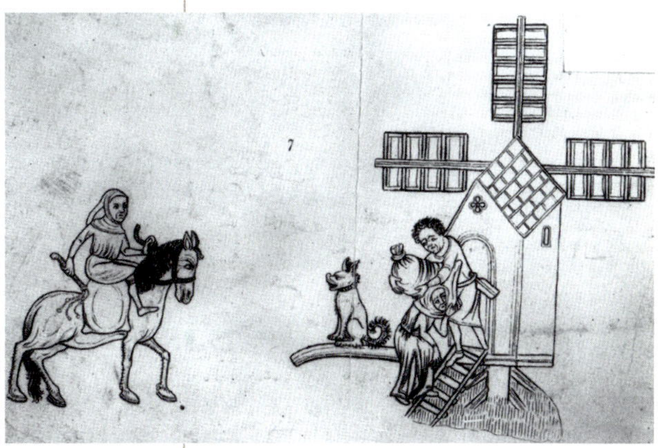

***Im 14. Jahrhundert** wurden von den Gutsherren Dorfmühlen gebaut und an einen Müller verpachtet. Dieser erhielt für das Betreiben der Mühle eine Gebühr (einen Anteil am Getreide).*

Sukhothai

Sukhothai, ursprünglich ein entfernter Außenposten des in Angkor ansässigen Khmer-Reiches, wurde im 13. Jahrhundert unabhängig und zur Hauptstadt des ersten unabhängigen Thai-Staates. Unter der Führung des dritten Herrschers des Königreiches, König Ramkhamhaeng (regierte von 1279 bis 1298) beherrschte die Stadt die Zentralebenen Thailands. Unter dem wohlwollenden und erfolgreich regierenden Herrscher blühte das Königreich auf.

Der sitzende Buddha *(oben)* befindet sich in Wat Mahathat, dem religiösen Zentrum des Königreichs Sukhothai, das vom ersten König, Si Intharathit (um 1240–1270) gegründet wurde. Die Sukhothai-Periode ist berühmt für ihre Skulpturkunst, besonders für die bronzenen Buddha-Figuren. Die in Sukhothai produzierte chinesisch beeinflusste Seladon-Ware (grünlich glasiertes Steingut) wurde nach ganz Südostasien exportiert. Die Macht Sukhothais schwand im 14. Jahrhundert. Im Jahr 1438 wurde die Stadt vom Königreich Ayutthaya erobert und vereinnahmt.

ASIEN

1253 ▼ **1243** Mongolen, die bis Sivas vorgerückt sind, vernichten die Seldschuk-Türken.

1244 Nach der Plünderung Jerusalems verbünden sich die nomadischen Charism-Türken mit Ägypten, um das Heer des Lateinischen Kaiserreiches in Gaza zu überfallen.

1256 ▼ **Um 1245** Die »Assassinen«, eine aufständische ismailitische Muslim-Sekte, begehen erbarmungslose Morde im Kampf gegen den orthodoxen Islam. Sie errichten neue Stützpunkte in Djebel Ansariyah in Syrien.

1247 Die Charism-Türken erobern Tiberias und Askalon (Ashkelon) zurück.

1251 ▼ **1250** Die Mamelucken übernehmen von den Aijubiden Syrien, Ägypten und Hidjas (bis 1517).

Ludwig IX. in Palästina (bis 1254).

Um 1250 In Sukhothai wird der Thai-Staat gegründet.

AFRIKA

1244 Die Lehnsherrschaft des hafsidischen Monarchen Abu Zakariya Yahya über Tunis wird von Sevilla, Ceuta, Tlemcen und Meknes anerkannt.

1248 Ludwig IX. von Frankreich geht in Ägypten an Land und erobert Damiette.

1250 Mameluckische Militärs aus dem Kaukasus übernehmen die Herrschaft in Ägypten.

Der erste Kreuzzug von Ludwig IX. Der Einmarsch in Ägypten endet mit der Niederlage in Mansurah. Ludwig wird gefangen genommen und händigt die Schlüssel zur ägyptischen Stadt Damiette aus, nachdem er sich für eine Million Dinare freigekauft hat.

Um 1250 In den suahelischen Stadtstaaten werden Moscheen aus Stein errichtet.

1255 ▼ Höhepunkt des Mali-Reiches.

In Südostafrika werden steinerne Umfriedungen gebaut sowie die Bauwerke von Groß-Simbabwe errichtet.

Beginn des Benin-Reiches in Nigeria.

Grablegen in Sanga (Dem. Rep. Kongo) enthalten Keramik, Metallwerkzeuge und Kupferschmuck. Das Metall wurde ungefähr 300 km weiter südlich abgebaut.

EUROPA

1241 Die Mongolen überfallen Polen und Ungarn.

1242 Am Peipussee stoppt der Fürst von Nowgorod, Alexander Newski, mit einer erfolgreichen Gegenoffensive die geplante Invasion der Deutschordensritter in Russland.

Die Mongolen ziehen sich aus Ungarn und Dalmatien zurück und kehren über die Karpaten an die untere Wolga zurück.

Batu, der Enkel des Dschingis Khan, stellt seine Krieger – die »Goldene Horde« – an der unteren Wolga auf.

1243 Tod von Konrad IV.; Interregnum im Heiligen Römischen Reich (bis 1273).

1245 Ein Konzil in Lyon setzt Friedrich II. ab. Innozenz IV. exkommuniziert ihn und ruft zum Kreuzzug gegen ihn auf.

Italienischen Kaufleuten werden eigene Gerichte zugebilligt, um Handelsstreitigkeiten auf den Märkten zu schlichten.

1246 Heinrich Raspe von Thüringen wird von den rheinischen Prälaten zum Gegenkönig gewählt. Er besiegt Konrad IV., den Sohn Friedrichs II., in der Schlacht von Nidda.

Sevilla verweist seinen tunesischen Herrscher Abu Zakariya Yahya des Landes. Ferdinand III. von Kastilien belagert die Stadt.

1273 ▼ **1248** Sevilla ergibt sich Ferdinand III. Die meisten muslimischen Einwohner fliehen nach Granada.

1277 ▼ Die Genueser erobern die Insel Rhodos.

1249 Schweden erobert Finnland nach einem Jahrhundert Krieg.

1250 Nach dem Tod von Kaiser Friedrich II. brechen in Norditalien Aufstände gegen die Feudalherren aus.

AMERIKA & AUSTRALASIEN

1250 Die weit über das südöstliche Nordamerika verbreitete »Kultur des südöstlichen Zeremonialkomplexes« erreicht ihren Höhepunkt.

Auf der Insel Retoka wird der melanesische Herrscher Roy Mata zu Grabe getragen, zusammen mit 40 Menschenopfern.

Um 1250 Beginn des Niedergangs des bedeutenden Zentrums Cahokia, Mississippi.

In Mittelamerika lässt sich mexikanische Bevölkerung nieder.

Errichtung intensiver Talbewässerungssysteme auf Hawaii.

Der heilige Alexander Newski

Alexander Jaroslawitsch (um 1220–1263), Fürst von Nowgorod bei Kiew, Großfürst von Wladimir, stoppte 1240 die Ausbreitung der Schweden nach Osten am Fluss Newa und bekam den Beinamen Newski (von Newa). Als die Deutschordensritter auf Geheiß des Papstes in Russland einmarschierten, schlug Newski sie zurück. Er brachte auch den heidnischen Litauern und Finnen viele Niederlagen bei. Als herausragender militärischer Befehlshaber arbeitete er mit den Mongolen zusammen, um sich den Titel des Großfürsten zu sichern. Er zwang das aufständische Nowgorod, sich einer Volkszählung und der Besteuerung durch die Mongolen zu unterwerfen. Durch seine Vermittlung bei den Khans hat er wohl auch das Leiden der örtlichen Bevölkerung etwas gemildert.

Die Kreuzzüge Ludwigs IX.

König Ludwig IX. von Frankreich führte zwei unglückliche Kreuzzüge an. Auf dem ersten (1248–1254) nahmen seine Truppen das ägyptische Fort Damiette ein. Doch ihr Vorhaben, ins Innere Ägyptens vorzudringen, blieb erfolglos; sie wurden in Sharamsah eingeschlossen. Ludwig IX. musste sich ergeben und ein hohes Lösegeld zahlen. Der Kreuzzug nach Tunis 1267 fand nur geringe Unterstützung. Die Flotte landete im Juli des Jahres 1270 in Tunis und wurde gleich durch Krankheiten außer Gefecht gesetzt. Ludwig starb am 25. August. Der Kreuzzug wurde dann mit einem Vertrag beendet. Die Abbildung zeigt, wie Ludwigs Sarg für die Überführung nach Frankreich verladen wird.

Hülägü Khan

Der mongolische Herrscher Hülägü (um 1217–1265), der Persien unterwarf und die Dynastie der Ilchane gründete, war wegen der blutrünstigen Plünderung Bagdads berüchtigt. Der Enkel des Dschingis Khan wurde beauftragt, die mongolische Macht auszuweiten. Er eroberte 1256 Alamut, die Festung der militanten Assassinen, und zog weiter gegen die Armee des Kalifen. Der letzte abbasidische Kalif wurde gefangen genommen, in einen Teppich gerollt und von galoppierenden Pferden zu Tode getrampelt.

1258 bemächtigte sich Hülägü der Stadt Bagdad, zerstörte sie weitgehend und ermordete angeblich 800 000 Einwohner. Als nächstes wollte er Syrien erobern, doch wurde er 1260 von einem ägyptischen Heer besiegt. Er kehrte nach Persien zurück und ließ sich in der Provinz Aserbaidschan nieder.

Invasionen der Mongolen

1167	Geburt des Dschingis Khan, Mongolei.
1206	Die mongolischen Stämme bestätigen Dschingis als ihren Khan (Herrscher).
1211	Einfall mongolischer Truppen im Jin-Reich.
1215	Peking wird belagert und fällt an Dschingis Khan.
1219	Dschingis greift das Charism-Reich an.
1227	Dschingis stirbt, Nachfolger wird sein Sohn Ögödei.
1234	Gemeinsame Angriffe von Mongolen und Song führen zum Ende des Jin-Reiches.
1242	Batu gründet die Goldene Horde.
1257	Mongolische Einfälle in Vietnam.
1258	Plünderung Bagdads.
1264	Kublai wird zum Großkhan gewählt.
1266	Peking wird mongolische Hauptstadt.
1274	Erste Versuche der Mongolen, in Japan einzumarschieren.
1279	Kublai wird anerkannter Herrscher Chinas.
1281	Zweiter Versuch der Mongolen, Japan zu erobern, wird zurückgeschlagen.
1288	Vietnam anerkennt Mongolenherrschaft.
1294	Tod des Kublai Khan.
1351	In China weiten sich die Aufstände gegen die Mongolen aus.
1368	Die Mongolen werden von Ming-Armeen aus China vertrieben.

ASIEN

1251 Mamelucken besiegen die Syrer in al-Abbasa.

1253 Der französische Franziskanerpater Wilhelm von Rubruck durchquert Asien bis zum Karakorum. Er will mit den Mongolen ein Bündnis gegen Muslime schließen.

Mongolische Heere erreichen Sichuan (Sezuan) und Yunnan.

In Japan wendet sich der Mönch Nichieren gegen den traditionellen Buddhismus und gründet seine eigene, auf dem Lotos-Sutra basierende Sekte.

1256 Hülägü überquert den Oxus (Amudarja).

Die Festung der Assassinen in Alamut fällt an Hülägü (bis 1257).

Hülägü gründet die mongolische Ilchane-Dynastie in Persien.

Bürgerkrieg in Akkon (bis 1258).

1257 Erste mongolische Expedition nach Annam in Vietnam.

Der größte volkstümliche Klassiker persischer Literatur, Sadis *Golestan* (»Rosengarten«), entsteht.

1258 Plünderung Bagdads durch Mongolen und Sturz des abbasidischen Kalifats.

1259 Tod des Großkhans Möngke.

1265 ▼

1260 Hülägü fällt in Syrien ein.

Die Mamelucken besiegen die Mongolen in Ain Jalut, nördlich von Jerusalem; sie erobern Aleppo und Damaskus.

1264 ▼

Kublai Khan wird Nachfolger seines Bruders Möngke als Herrscher des von ihrem Großvater Dschingis Khan gegründeten Reiches. Als Folge bricht ein Bürgerkrieg aus.

Antiochia und Kleinarmenien verbünden sich mit den Mongolen.

AFRIKA

1255 Tod des Sundiata, des Gründers des Mali-Reiches.

1260 Mansa Wule, der König von Mali, der in Timbuktu residiert, bricht zu einer Pilgerfahrt nach Mekka auf.

1263 ▼

Kotus, der Sultan von Ägypten, wird ermordet, Baibars wird Sultan († 1277).

Beim kastilischen Kreuzzug wird zeitweilig Salé in Marokko besetzt.

1252 In Florenz wird der erste Gulden aus Gold geprägt.

1254 König Ottokar II. von Böhmen, Rudolf von Habsburg und Otto von Brandenburg führen einen Kreuzzug nach Preußen. Gründung der Stadt Königsberg.

1255 Die römische Inquisition erlaubt die Anwendung körperlicher Folter bei Ketzerei.

Prag und Stockholm erhalten das Stadtrecht.

1257 Gründung der Sorbonne, aus der sich bald das berühmteste Kolleg der Pariser Universität entwickelt.

1264 ▼ **1258** Angeführt von Simon de Montfort ringen die aufständischen englischen Fürsten Heinrich III. mehrere Vereinbarungen ab – die *Provisions of Oxford*. Sie enthalten die Einrichtung eines Parlaments, das dreimal im Jahr zusammentritt.

1259 Vertrag von Paris: Ludwig IX. tritt Gebiete an Heinrich III. von England ab, der alle Ansprüche auf Lehnsländereien in der Normandie, Anjou, Touraine, Maine und Poitou aufgibt und Ludwigs Vasall wird.

Byzantinische Truppen aus Nizäa, Kleinasien, greifen bei Pelagonia, Griechenland, die verbündeten westlichen Christenheere unter Michael II. von Epiros und dem fränkischen Prinzen von Achaia, Wilhelm von Villehardouin, an.

1260 Ottokar II. von Böhmen schlägt Bela IV. von Ungarn.

1262 ▼ In der Schlacht von Montaperti werden die florentinischen Guelfen, Anhänger des Papsttums, von toskanischen kaisertreuen Ghibellinen vernichtend geschlagen.

Die livländischen Deutschordensritter werden von den Litauern in Durben besiegt.

Die Belagerung von Huzhou

Die Mongolen waren Meister des Belagerungskrieges. Sie schwächten die Verteidiger einer Stadt mit einer Reihe von Strategien: Bombardierung mit Steinen und Feuerbomben, Aushungern und sogar Überflutungen. Auch wandten sie Täuschungsmanöver an, indem sie z.B. einen Rückzug vortäuschten, um die Verteidiger ins Freie zu locken oder indem sie mit Rauch ihre Position verschleierten. Ihre wirksamste Waffe war jedoch ihr fürchterlicher Ruf. Ihre Baken (Feuersignale) verzierten sie mit den abgeschlagenen Köpfen von Besiegten. Bei der Belagerung von Huzhou (1258–1259) *(oben)* versuchten die Mongolen erfolglos, den Jangtse auf einem Ponton aus Booten zu überqueren.

Militärtaktik der Mongolen

Die mongolischen Reiter auf kräftigen Ponys waren Furcht einflößende Feinde. Scheibenförmige Steigbügel gaben festen Halt und ermöglichten es, Pfeile selbst aus vollem Galopp in alle Richtungen abzuschießen. Die Mongolen waren widerstandsfähig und anpassungsbereit. Ihnen gelang als Einzigen in der Geschichte eine Winterinvasion in Russland, wobei sie die gefrorenen Flüsse als Straßen nutzten. Sie durchquerten Asien, begleitet von einer großen Zahl Frauen, Kindern, Gefangenen, Sklaven, von Rinderherden und Pferden. Jeder berittene Krieger reiste mit mindestens vier Ersatzpferden.

***Die verzerrten Proportionen des Großen Buddha** von Kamakura erscheinen dem, der vor ihm steht, als ausgewogen.*

Die Kamakura-Zeit in Japan

Nach einer Periode des Bürgerkriegs begründete Minamoto no Yoritomo in Japan 1192 das Shogunat, die Vorherrschaft des Kriegeradels gegenüber dem Kaiserhaus. Sein Machtzentrum lag auf Honshu im Dorf Kamakura an der Pazifikküste. Die alte höfische Heian-Kultur wurde von einem politisch effektiven System ersetzt, das auf neuen Verwaltungsmethoden, militärischer Macht und der Sicherheit basierte, die die Samurai-Krieger boten.

Der neue Wertekodex, der die Werte der Kriegerklasse wie Strenge, Disziplin und Einfachheit betonte, fand seinen Widerhall in den Regeln des Zen-Buddhismus. Die japanische Bildhauerkunst erreichte während der Kamakura-Zeit ihren Höhepunkt. Die 13,5 m hohe Bronzestatue des Großen Buddha *(oben)*, die auf die Mitte des 13. Jahrhunderts datiert, ist eines der schönsten erhalten gebliebenen Beispiele dieser japanischen Skulpturen.

ASIEN

1263 Baibars, der Sultan von Ägypten, zerstört Nazareth.

1264 Kublai schlägt seinen Widersacher im Kampf um den Titel des Großkhan und beendet den Bürgerkrieg.

1265 Tod des Hülägü.

Baibars erobert Caesarea und Arsuf.

1271 ▼ **1266** Kublai gründet eine neue Hauptstadt in Khanbaliq (Peking).

1271 ▼ **1268** Die Mamelucken erobern unter Führung von Baibars Antiochia und Jaffa von den Kreuzfahrern.

1269 Aragonesischer Kreuzzug erreicht Akkon.

Der tibetische Lama Phagpa, Nachfolger und Neffe von Sakya Pandita (Friedensvereinbarungen mit Mongolen) schafft in Anlehnung an die tibetische Schrift ein mongolisches Alphabet (»Quadratschrift«) und ist zusammen mit Sakya Pandita maßgeblich an der Übertragung der buddhistischen Schriften ins Mongolische beteiligt. Phagpa erhält später von Kublai Khan den Titel »Vizekönig Tibets«.

AFRIKA

1269 Die Meriniden bringen den Almohaden in Marokko die endgültige Niederlage bei.

1270 Tod von Ludwig IX. vor den Mauern von Tunis.

Expansion des christlichen Königreichs von Äthiopien.

1290 ▼ Beginn der von Yekuno Amlak gegründeten Salomoniden-Dynastie, Äthiopien.

EUROPA

1261 Michael VIII. Palaiologos, Kaiser von Nizäa, erobert Konstantinopel zurück und erneuert das Byzantinische Reich.

Michael VIII. Palaiologos unterzeichnet einen Vertrag, der den Genuesern alle Handelsprivilegien innerhalb des Reiches verspricht, die auch die Venezianer genießen.

1262 Unterstützt von Papst Urban IV. erlangen die Guelfen erneut die Macht in der Toskana.

1274 ▼ Wilhelm von Villehardouin tritt einen Teil von Morea (alter Name des Peloponnes) an Michael VIII. Palaiologos ab.

1263 Die Venezianer besiegen die Genueser in der Seeschlacht von Settepozzi.

1264 Ludwig IX. greift in den Streit zwischen englischen Fürsten und Heinrich III. ein, annulliert die Vereinbarungen von Oxford.

1265 Simon de Montfort, Anführer der abtrünnigen englischen Fürsten, stirbt in der Schlacht von Evesham.

Der Kreuzzug von Karl von Anjou, dem jüngeren Bruder Ludwigs IX. von Frankreich, verlässt Frankreich.

1266 Norwegen tritt die Hebriden und die Isle of Man an Schottland ab.

1282 ▼ Papst Klemens IV. verleiht Karl von Anjou die Krone von Sizilien, nachdem er König Manfred von Sizilien bei Benevent besiegt und getötet hat.

1268 Der letzte Hohenstaufer, Friedrichs Enkel Konradin, marschiert in Italien ein, wird aber in der Schlacht von Tagliacozzo von Karl von Anjou besiegt.

1278 ▼ **1270** Karl von Anjou wird Herr der Toskana.

1270 ◄ Der von Ludwig IX. angeführte französische Kreuzzug bricht nach Tunis auf.

AMERIKA & AUSTRALASIEN

Eine Handschrift aus dem 14. Jahrhundert zeigt mameluckische Reiterkrieger bei der Ausbildung ihrer Pferde.

Die Mamelucken

Im Jahr 1250 wurde das aijubidische Sultanat von Ägypten durch die Mamelucken gestürzt, ehemalige von muslimischen Herrschern als Soldaten eingesetzte Sklaven. Die Mamelucken begründeten einen militärischen Adel, der starke Strategen und eine wirksame Armee hervorbrachte.

Dies zeigte sich 1260, als ihr Heer die Mongolen bei Ain Jalut in Palästina besiegte. Baibars, ein türkischer Sklave, errang die Macht und erhob sich selbst zum Sultan. Er war ein bedeutender militärischer Führer, der sein Heer zur Rückeroberung einiger der wichtigsten christlichen Bastionen in Palästina führte. Er regierte ein wohlhabendes und gut verwaltetes Reich, was sich in dessen hervorragender Architektur und Infrastruktur widerspiegelte.

Wirbelnde Derwische

Der bedeutendste persischsprachige Mystiker und Poet des Sufi-Ordens, Djalal od-Din Rumi (um 1207–1273) wuchs in der anatolischen Stadt Konya auf. Ihm wird zugeschrieben, Begründer der so genannten »wirbelnden Derwische« zu sein, einer Bruderschaft islamischer Mystiker, die sich in drehendem Tanz in Trance versetzten. Vermutlich dichtete Djalal od-Din die meisten seiner Verse in einem Zustand der Ekstase, die durch Flöten- oder Trommelmusik hervorgerufen wurde. Er begleitete den Vortrag seiner Dichtung mit dem wirbelnden Tanz, der zum zentralen Bestandteil des Rituals seiner Jünger wurde.

Die walisischen Kriege

Obwohl die englischen Könige Anspruch auf die Grafschaft Wales erhoben, gab es während des 12. Jahrhunderts Kleinkriege zwischen den zahlreichen walisischen Fürsten und den anglo-normannischen Grafen des Grenzlands. Im 13. Jahrhundert gelang es jedoch Llywelyn ap Gruffudd, dem Prinz von Gwynedd, mit Gewalt und Diplomatie, all die anderen walisischen Geschlechter unter seine Vorherrschaft zu bringen.

1277 führte Eduard I. von England sein Heer zur walisischen Grenze; er annektierte Wales im Jahr 1284. Daraufhin entwarf er ein umfangreiches Programm zum Burgenbau. Harlech Castle *(oben)*, auf einen hohen Felsen gebaut, gehörte zu einer Reihe von Festungen, die Eduards Eroberungen schützten.

Der Magnetkompass

Die Chinesen hatten über die Jahre umfangreiches Wissen um eine schwimmende magnetisierte Nadel gesammelt, die immer in die gleiche Richtung zeigt. Seit ungefähr 1100 nutzten chinesische Seeleute dieses Wissen – der abgebildete Dosenkompass aus dem 13. Jahrhundert ist ein frühes chinesisches Exemplar. Im 13. Jahrhundert war der Magnetkompass dann bei den arabischen Seefahrern im Indischen Ozean weit verbreitet. Europäische Schriftquellen erwähnen das Prinzip des Kompasses bereits im Jahr 1190.

ASIEN

1271 Marco Polo reist durch Asien und kehrt mit dem Schiff durch den Persischen Golf zurück (bis 1295).

Mamelucken-Sultan Baibars erobert Chastel Blanc, Krak des Chevaliers und Montfort.

Prinz Eduard von England macht einen Angriff auf Caco in Palästina. Er überlebt einen Mordversuch.

Kublai Khan schlägt den Song-Widerstand nieder.

1272 Kreuzfahrer schließen unter Eduard von England Waffenstillstand mit Sultan Baibars.

1273 Tod des persischen Dichters und Mystikers Djalal od-Din Rumi.

1281 ▼ **1274** Erster Versuch der Mongolen, in Japan einzumarschieren, wird zurückgeschlagen.

1292 ▼ **1275** Marco Polo erreicht Kubilais Sommerpalast in Shangdu (Xanadu).

1276 Mongolische Truppen in Hangzhou.

1277 Baibars stirbt in Damaskus. Im ganzen Nahen Osten schätzt man ihn für die Niederlage, die er den vorrückenden Mongolen beigebracht hat. Er hinterlässt das mächtigste Heer im Nahen Osten.

1286 ▼ Maria von Antiochia verkauft die Krone von Jerusalem an Karl von Anjou. Das Königreich ist gespalten in Anhänger und Gegner Karls von Anjou.

Grafschaft Tripoli: Bürgerkrieg (bis 1283).

1279 Kublai Khan gründet die (mongolische) Yuan-Dynastie, die die Herrschaft über die Südlichen Song übernimmt.

Bau des nördlichen Abschnitts des Kaiserkanals in China (bis 1294).

1283 ▼ **Um 1280** Mongolische Invasion zerstört Pagan in Birma und löscht Dai Viet aus.

AFRIKA

1279 Kalaun wird Nachfolger des ägyptischen Sultans Baibars (bis 1290).

1271 ◀ **1271** Marco Polo bricht nach China auf.

Philipp III., Frankreichs neuer König, erbt Poitou, die Auvergne und die Grafschaft Toulouse. Nord- und Südfrankreich sind geeint.

1273 Rudolf von Habsburg wird zum Kaiser gewählt und beendet damit das Interregnum, das mit dem Tod Konrads IV. im Jahr 1243 begonnen hatte.

Errichtung des Alhambra-Palastes in Granada.

1274 Tod von Thomas von Aquin (Kirchenlehrer). Seine *Summa Theologica* sind ein umfassendes theologisch-philosophisches Lehrbuch.

Ein Generalkonzil in Lyon regelt die Papstwahl.

1282 ▼ Michael VIII. Palaiologos wird auf dem Konzil von Lyon päpstlicher Schutz zugesichert.

1275 Philipp von Anjou erbt das Fürstentum Achaia. Er regiert von Neapel aus.

Gründung der Peruzzi-Handelsgesellschaft in Florenz.

1276 Die Hereford-Karte wird von Richard von Haldingham und Lafford gezeichnet.

Veröffentlichung von *Il Compasso da navigare*, einer Sammlung von textlichen Schilderungen von Hauptreisewegen.

1282 ▼ **1277** Eduard I. von England beginnt Feldzüge gegen Wales.

Die Genueser nehmen jährliche Handelsreisen nach Brügge auf.

1278 Unterstützt von Ladislaus IV. von Ungarn besiegt Kaiser Rudolf I. seinen Widersacher Ottokar II. von Böhmen.

Karl von Anjou übernimmt die Regierung über Achaia.

1280 Aufstand flämischer Textilarbeiter gegen ihre Ausbeuter.

Ende der Assen-Dynastie in Bulgarien, Aufstieg der Kumanen-Dynastie, gefolgt von den Schismaniden.

Marco Polo (1254–1324)

Während der Regentschaft des Großkhans Möngke hieß es, dass eine Jungfrau mit einem Topf voll Gold durch das mongolische Reich gehen konnte, ohne belästigt zu werden. Die mongolischen Eroberungen brachten lange Zeiten des Friedens und der Sicherheit, sodass Reisende den Landweg durch Zentralasien nehmen konnten.

Um das Jahr 1275 kam ein junger Venezianer namens Marco Polo mit zwei Onkeln am Hof des Kublai Khan in Shangdu an. Er wurde ein Günstling des Khans, der ihn mit mehreren diplomatischen Missionen betraute. Polo reiste im Auftrag des Khans durch Persien und Indien und lernte fließend Mongolisch und Persisch. Sein genauer Reisebericht, *Il Milione,* wurde als fantastisch und nicht vertrauenswürdig zurückgewiesen, regte aber weitere Forschungen an.

***Marco Polo** gelangt mit Elefanten und Kamelen nach Hormus am Persischen Golf.*

Der mongolische Friede

Die Festschreibung von Recht und Ordnung nach den mongolischen Eroberungen garantierte die Sicherheit der Reisewege durch Zentralasien.

1235	Im Karakorum wird eine befestigte Stadt als dauernde Hauptstadt der Mongolen erbaut.
1246	Johannes von Piano Carpini gelangt beinahe bis zum Karakorumgebirge.
1251	Herrschaft von Möngke; die Seidenstraße ist jetzt ein sicherer Reiseweg.
1253	Wilhelm von Rubruck erreicht den Karakorum.
1264	Kublai besiegt die Widersacher im Kampf um den Khantitel und beendet den Bürgerkrieg.
1266	Kublai errichtet eine neue Hauptstadt in Khanbaliq (Peking).
1275	Marco Polo trifft in Kublais Sommerresidenz in Shangdu (Xanadu) ein.
1292	Marco Polo bekommt den Auftrag, die mongolische Prinzessin nach Hormus zu begleiten.
1325	Ibn Battuta, ein muslimischer Rechtsgelehrter aus Marokko, beginnt seine Reisen.
1341	Johannes von Marignola reist nach Peking.
1345	Ibn Battuta besucht Südostasien und China.

***Auf dieser illustrierten Schriftrolle** ist der japanische Sieg über Kublais Heere in den Jahren 1274 (30 000 Mann) und 1281 (140 000 Mann) festgehalten. Es war die größte vorneuzeitlichen Invasion mit Schiffen.*

Göttlicher Wind

Der erste mongolische Einmarsch in Japan im Jahre 1274 wurde von einem mächtigen Sturm zurückgeschlagen. Im Jahr 1281 landete eine noch größere Flotte, ergänzt durch gefangene Koreaner und Chinesen. Sie wurde umgehend in einem engen Brückenkopf bei Hakata aufgehalten. Zwei Monate lang kämpften Samurai-Krieger mit den Invasoren.

Im August des Jahres 1281 zerstörte ein gewaltiger Taifun einen Großteil der vor Anker liegenden mongolischen Flotte und zwang sie zur Umkehr. Die Samurai metzelten alle nieder, die zurück geblieben waren. Die Japaner schrieben ihre doppelte Rettung einem »göttlichen Wind« oder *Kamikaze* zu.

ASIEN

1281 Der zweite Versuch der Mongolen, in Japan einzumarschieren, schlägt fehl.

Tod des Anführers der Goldenen Horde, Khan Mangu Temir.

1283 Mongolische Feldzüge gegen Annam und Champa.

Tod des Kosmographen Kaswini, Autor des *Ajaib al Makhluqat* (Wunder der Schöpfung).

1286 Einigung des Königreichs Jerusalem unter Heinrich von Zypern.

1297 ▼ **1287** Kreuzzug von Alice von Blois landet in Akko.

Kublai Khan entsendet einen neuen Feldzug nach Annam.

Mongolischer Feldzug gegen Pagan (Birma).

1294 ▼ **1288** Kublai gibt den Versuch auf, Annam und Champa zu unterwerfen.

1291 ▼ **1289** Kalaun, der Sultan von Ägypten, nimmt Tripoli ein; Akko bleibt die einzige christliche Bastion.

Gründung der islamischen Akademie in Peking.

1296 ▼ **1290** Kaikobad, Sultan von Delhi, wird ermordet; Nachfolger wird Jalaluddin Firuz Khilji.

AFRIKA

1291 ▼ **1290** Tod des Sultans Kalaun; Al-Ashraf Khalil tritt das Amt des Sultans von Ägypten an.

Um 1290 Beginn eines langen Bürgerkriegs in Äthiopien um die Dynastiefolge.

EUROPA

1281 Die Bibel der Tradition der »höfischen Liebe«, der *Rosenroman*, wird von Jean de Meun aktualisiert und überarbeitet.

1282 Llywelyn, Prinz von Wales, stirbt bei Builth während des Aufstands gegen Eduard von England.

Die Sizilianische Vesper. Ermutigt von Kaiser Michael VIII. Palaiologos erhebt sich die sizilianische Bevölkerung gegen die französische Herrschaft. Karl von Anjou wird von den Aragonesern geschlagen.

1283 Endgültige Eroberung Preußens durch die Deutschordensritter.

1296 ▼ Papst Martin IV. setzt Peter III. von Aragón ab, der sich Siziliens bemächtigt hat. Er beruft Karl, Graf von Valois, an dessen Stelle und ruft zu einem Kreuzzug auf, um Aragón für Karl zu erobern.

1296 ▼ **1284** Eduard I. annektiert Wales.

1291 ▼ Genua zerstört die Flotte von Pisa in Meloria und ist nun der Hauptrivale Venedigs.

Prägung des ersten Golddukaten in Venedig.

1285 Karl von Anjou stirbt, nachdem er Sizilien verloren hat.

1294 ▼ Philipp IV., der Schöne, wird König von Frankreich († 1314)

1290 Die Engländer vertreiben die jüdische Gemeinde.

Erfindung der Brille in Italien.

AMERIKA & AUSTRALASIEN

1283 Errichtung der späten Maya-Hauptstadt Mayapán.

Das landwirtschaftliche Jahr

Illustrierte Stundenbücher, Gebetssammlungen für entsprechende Tageszeiten, sind häufig mit Abbildungen der monatlich anfallenden Tätigkeiten des mittelalterlichen Bauern ausgeschmückt.

Der Winter war die Zeit, in der man das Werkzeug in Ordnung brachte, Zäune reparierte und Holz sammelte. Im Dezember schlachtete man die Tiere, das Fleisch wurde gesalzen, geräuchert oder gepökelt. Im Frühjahr wurden die Felder gepflügt, damit sie für die Frühjahrssaat von Getreide, Erbsen und Bohnen bereit waren. Bäume wurden geschnitten und Schafe und Rinder auf die Weide getrieben. Im Juni mähte man das Gras, wendete es mit der Heugabel und harkte es zu Haufen zusammen. Erbsen und Bohnen wurden geerntet. Im Herbst musste man die Getreideernte einbringen, dreschen und worfeln, wobei man die Körner in die Luft warf und in Strohkörben auffing. So wurde die Spreu vom Wind weggeblasen, und nur das Korn blieb übrig.

Winterfeldfrüchte wurden in frisch gepflügten Boden gesät, Obst von Bäumen gepflückt, Trauben geerntet und Brennholz in den Wäldern gesammelt. Im November trieb man die Schweine zur Eichelmast in den Wald, damit sie vor der Schlachtzeit im Winter Fett ansetzten.

Illustration für den Monat Oktober, *die einen Bauern bei der Aussaat in ein gepflügtes Feld zeigt.*

Landschaft nach dem Regen, *Rollbild, Tinte auf Papier, Kao K'o-kung zugeschrieben, um 1300.*

Chinesische Landschaften

Die chinesischen Landschaftsbilder des 12. und 13. Jahrhunderts sind kontemplative und meditative Werke. Diese zurückhaltenden und ernsten Gemälde entstanden aus der Tradition großer Landschaftsmaler. Die kulturellen Traditionen, die unter der Song-Dynastie erblüht waren, wurden von den Mongolen beim Einmarsch in China nicht zerstört. Während der mongolischen Besatzungszeit entwickelten sich Stilformen und Regeln für die Landschaftmalerei, die die chinesische Kultur über viele Jahrhunderte hinweg bestimmen sollten; auch Drama und Volksliteratur gelangten zu neuer Blüte.

ASIEN

1291 Akko, letzter christliche Brückenkopf Palästinas, fällt nach 53 Tagen Belagerung an muslimische Truppen unter dem ägyptischen Sultan al-Ashraf Khalil.

1292 Marco Polo verläßt China und bekommt den Auftrag, die mongolische Prinzessin nach Hormus zu begleiten.

1293 Ein mongolischer Feldzug nach Java endet in einem Fehlschlag.

1294 Kublai Khan, der Eroberer Asiens, stirbt.

1295 Der Sultan von Aceh (Sumatra) konvertiert zum Islam, der sich über den größten Teil der ostindischen Inseln verbreitet.

Der Il-Khan Ghazan konvertiert zum Islam.

1296 Jalaluddin Firuz Khilji, Sultan von Delhi, gründet eine Dynastie und weitet seine Macht über große Teil Indiens aus († 1316).

1297 Die Birmanen werden Vasallen der chinesischen Mongolen.

1299 Die Mongolen besiegen die Mamelucken bei Homs.

Um 1300 Osman I. gründet den osmanischen Staat. Beginn der Osmanen-Dynastie (bis 1924), erste Phase der Expansion.

AFRIKA

Um 1300 Das Kanuri-Reich verlegt seine Hauptstadt von Kanem nach Bornu.

Das Reich von Benin (Nigeria) entsteht.

Muslimische Händler, meist arabischer Herkunft, dringen ins Hochland von Äthiopien ein, errichten kleine Königreiche und handeln mit Sklaven und Elfenbein. Das Königreich Ifat wird der beherrschende Muslimen-Staat.

EUROPA

1291 Die drei Waldkantone Uri, Schwyz und Unterwalden unterzeichnen ein Abkommen, Beginn der Schweizer Konföderation.

Die Genueser öffnen die Seeroute durch die Straße von Gibraltar nach Brügge.

Die Johanniter aus Jerusalem lassen sich auf Zypern nieder.

1293 Die in Florenz erlassene »Justizverordnung« schließt Großgrundbesitzerfamilien von der Beteiligung an der Regierung aus.

1294 Ein Krieg um die Gascogne bricht aus zwischen Eduard von England und Philipp dem Schönen von Frankreich.

Beginn der Streitigkeiten zwischen Philipp dem Schönen und Papst Bonifatius VIII.

Tod des englischen Philosophen und Naturwissenschaftlers Roger Bacon (geb. 1214).

1295 Gründung des oligarchischen Großen Rats *(Maggior Consiglio)* von Venedig.

Bildung einer Allianz zwischen Frankreich und Schottland.

1296 Friedrich, der Bruder von Jakob von Aragón, wird König von Sizilien.

1304 ▼ Eduard I. von England fällt in Schottland ein, Schloss Dunbar ergibt sich.

1297 Der Papst übergibt Korsika und Sizilien an Jakob II., König von Aragón.

1305 ▼ Schottische Aufständische unter William Wallace siegen über England bei Stirling.

1298 Albert I. von Österreich besiegt und tötet seinen Widersacher Adolf von Nassau, den gewählten König des Heiligen Römischen Reiches, in der Schlacht von Göllheim bei Worms.

1299 Schlacht am Kap Orlando in Nordostsizilien. Die angevinische Flotte siegt über Aragón.

1300 In Brügge, Antwerpen, Lyon und Genua werden Handelsmessen eingerichtet.

Um 1300 Die Venezianer bauen den Brennerpass aus, er ist nun für Fahrzeuge passierbar.

AMERIKA & AUSTRALASIEN

Um 1300 Die im Südosten Nordamerikas gelegenen Pueblodörfer Mesa Verde und Canyon de Chelly werden von den Anasazi und Hohokam verlassen, vermutlich aufgrund sich ändernder Klimabedingungen.

Inka-Stämme lassen sich in Tallagen der peruanischen Anden nieder und gründen die Hauptstadt Cuzco.

Die Maori in Neuseeland jagen den Riesenvogel Moa und andere Tiere der heimischen Fauna, bis diese aussterben.

*Die **Junimesse wurde in Lendit** bei Paris abgehalten. Sie begann mit der Segnung der Ware (unten). In der Bude des Schankwirts, außen rechts, findet bereits ein lärmender Handel statt.*

Mittelalterliche Messen

Im 12. Jahrhundert, als die Handelsgüter über Land transportiert wurden, nahmen Kaufleute und Händler aus ganz Europa an den Champagne-Messen in Frankreich teil. Sechsmal im Jahr fand eine Messe statt, in Troyes, Provins, Bar-sur-Aube und Lagny. Die Region Champagne südlich von Paris wurde zum Kreuzungspunkt Europas, zum Treffpunkt zwischen Mittelmeer und Nordeuropa. Hier erwarben italienische Kaufleute flämische Wollstoffe und verkauften ihrerseits italienische Seide und Gewürze aus dem Nahen Osten.

Das änderte sich im 14. Jahrhundert völlig, als Genueser und Venezianer eine direkte Seeroute nach Nordeuropa eröffneten. Durch diese neue Route und die Einführung schwerer Handelsschiffe konnten Lastgüter wie Holz, Metall, Wein und Öl schnell und sicher durch ganz Europa transportiert werden.

Die Deutschordensritter

Die um 1100 beginnende Auswanderung von Deutschen nach Osten veränderte Osteuropa und das Baltikum. Deutsche Sprache, deutsche Gesetze und Handelsnetze wie die Hanse wurden eingeführt. 1226, zur Hochzeit der Kreuzzüge, bekam der Deutsche Orden Gelegenheit, das heidnische Preußen zu unterwerfen. Er übernahm bis 1309 von seinem Hauptsitz in Marienburg aus *(oben)* die Gebiete des Schwertbrüderordens sowie Livland und Estland. Die »Schlacht auf dem Eis« am Peipussee im Jahr 1242, als man Russland unterlag, hielt jedoch die weitere Expansion des Ordens nach Osten auf.

Rapa Nui (Osterinsel)

Rapa Nui (Osterinsel) wurde erstmals im Jahr 300 besiedelt und brachte eine sich in relativer Isolation entwickelnde Kultur hervor. Die Bevölkerung wuchs auf ungefähr 7000 Menschen an, und die ursprünglich mit Palmenwald bewachsene Insel wurde allmählich abgeholzt. Es entstand ein zunehmender Konkurrenzkampf um Ressourcen, und um das Jahr 1700 zerbrach die Kultur. Die Insel ist berühmt für ihre riesigen Steinstatuen, von denen es mehr als 600 gibt. Sie stehen als heilige Altäre der zahlreichen Klans der Insel auf steinernen Sockeln. Viele haben Haarknoten aus Tuffstein *(oben)*.

ASIEN

1301 Die osmanischen Türken besiegen das byzantinische Heer in Baphaion.

1302 Malik Kafur, ein ehemaliger Hindu-Sklave, erobert Südindien.

Um 1302 Das letzte christliche Gebiet der Levante fällt an die Mamelucken.

1336 ▼

1303 Die mongolischen Invasionstruppen werden bei Damaskus besiegt.

Katalanische Kaufleute erlangen die Kontrolle über den Handel im westlichen Mittelmeer mit Konstantinopel.

1304 Il-Khan Ghazan, der mongolische Herrscher Persiens, stirbt; Nachfolger wird sein Bruder Uljaitu.

Der 18-jährige Franziskanermissionar Oderico von Pordenone bricht auf den Spuren Marco Polos nach China auf.

AFRIKA

1301 Mit dem Tod von Andreas III. von Ungarn endet die Arpad-Dynastie, und ein Bürgerkrieg bricht aus.

1302 Die päpstliche Bulle *Unam Sanctam* erklärt die oberste Autorität des Papstes.

Schlacht von Kortrijk: Die Flamen besiegen Frankreich.

Ende des Krieges der Sizilianischen Vesper.

Das erste Treffen der Generalstände in Frankreich.

Rückzug der Franzosen aus Bordeaux, erste Handelsbeziehungen mit England.

Bartholomeus de Varignana führt die erste offizielle Leichenöffnung durch.

1303 Eduard I. von England garantiert ausländischen Kaufleuten Handelsprivilegien.

1304 Eduard I. von England vollendet die Eroberung Schottlands.

Geburt des italienischen Gelehrten und Dichters Petrarca († 1374).

1334 ▼ **1305** Papst Klemens V. nimmt seinen Sitz in Avignon, das bis zum Jahr 1377 Papstsitz unter französischer Aufsicht bleibt.

Der schottische Nationalistenführer William Wallace wird hingerichtet.

Robert Bruce revoltiert gegen die englische Herrschaft in Schottland.

1312 ▼ **1306** Die Hospitaliter erobern Rhodos und richten dort ihren Hauptsitz ein (bis 1310).

Philipp IV. weist die Juden aus Frankreich aus.

1307 Robert Bruce besiegt die Engländer bei Loudon Hill.

Dante beginnt seine *Göttliche Komödie* zu schreiben.

1308 Philipp IV. von Frankreich baut den ersten überdachten Tennisplatz.

Eduard II. von England heiratet Isabella von Spanien.

1309 Vollständige Unterwerfung Preußens durch den Deutschen Orden.

Der Großmeister des Deutschen Ordens verlegt seinen offiziellen Sitz von Venedig nach Marienburg in Preußen und setzt den Kreuzzug gegen die Litauer in Gang.

Bündnis zwischen Aragón und Valencia.

Errichtung des Dogenpalastes in Venedig.

Giotto di Bondone

Der florentinische Maler Giotto ist einer der Begründer der modernen Malerei. Er brach mit der stilisierten, genormten Darstellungsweise der italienisch-byzantinischen Kunst, verlieh seinen Figuren Natürlichkeit und malte Szenen voller Frische und Leidenschaft, die bis dahin in der Kirchenmalerei nicht vorkamen.

Zu den bedeutendsten Werken Giottos gehören seine Fresko-Zyklen mit Szenen aus dem Leben des heiligen Joachim und der heiligen Anna, der Jungfrau Maria und vom Leben und Leiden Christi in der Arenakapelle in Padua *(oben)* (fertiggestellt 1306). Davor schuf er einen Fresko-Zyklus in der Oberkirche von Assisi, der das Leben des heiligen Franziskus darstellt (kürzlich restauriert). In den 20er-Jahren des 14. Jahrhunderts schmückte er vier Kapellen von Santa Croce in Florenz aus. Giotto arbeitete auch in Rom und Neapel. Er und sein Zeitgenosse Cimabue wurden so bewundert, dass sie sogar bei Dante erwähnt wurden. Giotto war Dombaumeister in Florenz und entwarf den Campanile (Glockenturm), der jedoch später verändert wurde.

Robert Bruce (1274–1329)

Robert Bruce, seit 1306 König von Schottland, Held des schottischen Unabhängigkeitskriegs, hatte sich im Jahr 1297 William Wallace im Widerstand gegen die Invasion Eduards angeschlossen und wurde 1298 zu einem der vier Vertreter Schottlands. Von 1306 bis 1314 verwandelte er den schottischen Widerstand von einem Guerillafeldzug zu einer nationalen Bewegung, die 1314 in dem Sieg über die Engländer in Bannockburn gipfelte. Der englisch-schottische Krieg dauerte bis 1328, Robert Bruce wurde von Papst Johannes XXII. im Jahr 1323 als König anerkannt. Er zwang Eduard III., dem Vertrag von Northampton zuzustimmen, in dem die schottische Souveränität von England anerkannt wurde.

Wilhelm Tell

Die Sagengestalt Wilhelm Tell, deren Heldentaten, einschließlich des Apfelschusses *(oben)*, von Johannes von Müller in seiner *Geschichte der schweizerischen Eidgenossenschaft* (1786–1808) beschrieben wurden, ist ein Symbol des Schweizer Unabhängigkeitskampfs. 1291 schlossen sich Uri, Schwyz und Unterwalden zusammen, riefen ihre Unabhängigkeit aus und besiegten die Habsburger bei Morgarten. Mit benachbarten Regionen und Städten leisteten sie in den nächsten 200 Jahren ständig Widerstand. Sie gewannen den Schwäbischen Krieg (1499) und erreichten de facto die Unabhängigkeit.

ASIEN

1311 Das Sultanat von Delhi besetzt Madura, die Hauptstadt der Pandya.

1312 Das Sultanat von Delhi erobert Norddekhan (Indien).

1313 Özbeg, Khan der Goldenen Horde, konvertiert zum Islam.

1314 *Jami' al-tawarikh* von Raschid od-Din, die persische Geschichte der mongolischen Eroberung.

1318 Das Sultanat von Delhi marschiert im Königreich Maharashtra in Zentralindien ein.

1321 ▼ **1320** Der Sultan von Delhi wird ermordet. Die Tughluq-Dynastie übernimmt die Kontrolle, da Mohammed ibn Tughluq Nachfolger wird.

Ausbruch der Pest in der chinesischen Provinz Yunnan.

1330 ▼ Mongolische Truppen tragen zur Ausbreitung der Pest in China bei (bis 1330).

AFRIKA

EUROPA

1316 **1311** Schottland überfällt Nordengland.

Fertigstellung der Kathedrale von Reims, Frankreich.

Erstes bekanntes Exemplar eines Portolans.

1317 **1312** Der Tempelritterorden wird der Ketzerei angeklagt und durch päpstliches Dekret aufgelöst, sein Besitz geht an die Hospitaliter über.

1314 Robert Bruce unternimmt den Versuch einer Invasion in England.

Vertrag von Vienne; Lyon wird formell von Frankreich annektiert.

Um 1313 Berthold Schwarz erfindet die ersten europäischen Feuerwaffen.

1316 **1314** Die Engländer werden in Bannockburn von den Schotten besiegt.

Die Hereford-Karte *Mappa Mundi*.

Fertigstellung der ersten St.-Pauls-Kathedrale in London.

1339 **1315** Schlacht von Morgarten, die Habsburger werden von den Schweizern besiegt.

Hungersnöte in Nordeuropa (bis 1317)

Um 1315 Die Seidenindustrie in Lyon wird von italienischen Einwanderern aufgebaut.

1316 Edward Bruce, Roberts Bruder, wird König von Irland.

Anatomia von Mondino de Luzzi, das erste auf Sektionen basierende Buch über die Anatomie.

1317 Das salische Recht schließt Frauen von der Thronfolge in Frankreich aus.

Unterdrückung des Templerordens in Spanien.

Der Hanse werden durch Eduard II. Handelsprivilegien in England zugestanden.

Der Papst ächtet die Alchemie.

1329 **1318** Edward Bruce wird in Irland getötet.

1319 Vereinigung von Norwegen und Schweden.

1320 Wiedervereinigung Polens.

Frieden von Paris zwischen Frankreich und Flandern.

Flandern verliert sein Monopol auf den Wollhandel an Brabant; Beginn des Niedergangs der Champagne-Messen.

AMERIKA & AUSTRALASIEN

Die Kanone

Das Schwarzpulver, in China seit dem 11. Jahrhundert in Gebrauch, kam vermutlich durch muslimische Händler Mitte des 13. Jahrhunderts nach Europa. Erste einfache Kanonen erscheinen in Illustrationen um 1320; innerhalb von 20 Jahren war ihr Gebrauch im Kampf weit verbreitet. Die ersten Kanonen wurden aus zusammengeschweißten oder mit Eisenreifen zusammengehaltenen Eisen- oder Bronzestäben hergestellt. Man schoß mit Steinen, Eisen- oder (später) Bleikugeln.

Nach 1370 beherrschte man die Technik, stärkere Kanonen aus einer einzigen Röhre zu gießen, wodurch bis zu 360 kg schwere Munition verschossen werden konnte. Belagerungsgeschütze waren bemerkenswert schwer, wurden zu Wasser oder auf Lafetten mit Rädern transportiert, und kamen mit speziellen Gestellen zum Einsatz. Im frühen 15. Jahrhundert hatte die stärkere Kanone ihre Aufgabe im Belagerungskrieg, mittelgroße Feuerwaffen und sogar tragbare Feldschlangen wurden auf dem Schlachtfeld benutzt.

***Die ersten europäischen Kanonen** aus Metall waren geschmiedet. Sie wurden dann von größeren, gegossenen abgelöst, die man mit der gleichen Technik herstellte, die zur Herstellung von Kirchenglocken entwickelt worden war.*

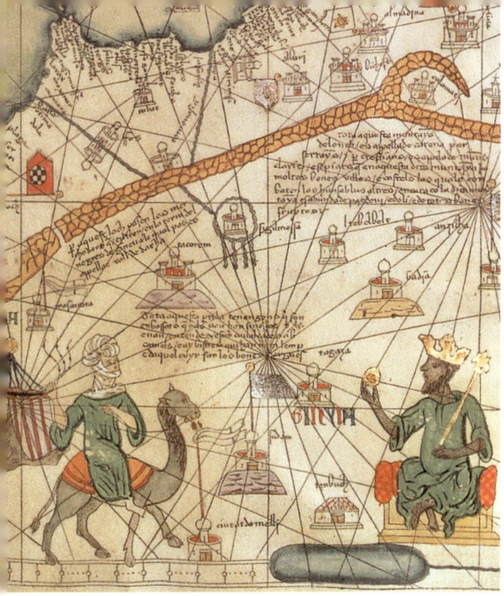

Mansa Musa

Etwa seit dem Jahr 1200 kontrollierte das islamische Reich Mali in Westafrika den Karawanenhandel. Mit den Einnahmen wurde eine mächtige Armee aufgebaut. Gold und Sklaven wurden im Austausch gegen Salz, Stoffe, Pferde und Fertigwaren nach Norden gebracht. Nachrichten über den Reichtum Malis verbreiteten sich bis nach Europa, vor allem nach einer Pilgerreise Mansa Musas nach Mekka (1324–1325). Diese aus dem Katalanischen Weltatlas stammende Illustration von 1375 zeigt Mansa Musa auf seinem Thron.

Das Noh-Theater

Eine der zahlreichen klassischen Theaterformen Japans, das Noh-Drama, entstand in der Prä-Edo-Periode und leitete sich aus verschiedenen Traditionen des Tanzdramas mit Musik und Masken ab. Die meisten Noh-Stücke handeln von einem bedrückten Geist *(Shite)* und einem Beistand oder Priester *(Waki)*, der den *Shite* zu spiritueller Erlösung führen kann. Das Tanzdrama beginnt würdevoll und endet in kontrollierter Heftigkeit, was sich auch in der Begleitmusik widerspiegelt. Stilisierte Masken *(oben)* mit spiritueller oder mystischer Bedeutung kennzeichnen die verschiedenen Charaktere.

ASIEN

1321 Größte Ausdehnung des Sultanats von Delhi.

1322 Tod des chinesischen Malers und Kalligraphen Zhao Mengfu.

1325 Erste Pilgerfahrt des arabischen Geographen, Historikers und Reisenden Ibn Battuta nach Mekka.

Tod Amir Khusraus, des muslimischen Mystikdichters aus Indien, der bekannt wurde als »Papagei von Indien«.

Um 1325 Entstehung des Noh-Dramas in Japan.

1326 Die Osmanen erobern die byzantinische Stadt Bursa und machen sie zu ihrer Hauptstadt.

1340 ▼

1330 Die Pest erreicht den Nordosten Chinas.

Größte Ausdehnung des Majapahit-Reiches in Südostasien unter Gaja Mada.

AFRIKA

1324 Mansa Musa, Herrscher von Mali, begibt sich auf Pilgerreise nach Mekka (bis 1325).

1321 Tod des italienischen Dichters Dante.

1322 Das englische Parlament verfügt, dass alle Gesetze der Zustimmung sowohl des Parlaments als auch des Königshauses bedürfen.

1328 Schottische Barone setzen ihre Unabhängigkeit in der Erklärung von Arbroath durch.

Gründung der Universität von Florenz.

1324 Ausbruch eines Krieges zwischen Frankreich und England in der Gascogne.

Zurückweisung der päpstlichen Oberhoheit endet in der Exkommunizierung von König Ludwig IV., dem Bayern.

Die Mauren erobern Baza von Kastilien zurück.

Vollendung des Münsters in York, England.

1325 Vollendung des Doms von Siena, Italien.

1326 Unter Karl IV. erlangt Frankreich die Gascogne von England zurück.

Das florentinische Heer setzt zum ersten Mal Kanonen in einem Krieg ein.

1327 Nach seiner Absetzung durch das Parlament wird der englische König Eduard II. ermordet.

1328 Philipp VI. begründet die Dynastie der Wallonen.

Schottische Unabhängigkeit wird durch den Vertrag von Northampton bestätigt.

Beginn der Ausbreitung der Moskowiter unter Iwan I.

Erfindung der Sägemühle.

1329 Tod des Robert Bruce, Nachfolger wird sein fünfjähriger Sohn, David II.

Um 1330 Höhepunkt der englischen Langbogentechnik.

Um 1325 Auf einer Insel im Texcocosee in Mittelamerika wird Tenochtitlán gegründet. Der Aufstieg der Azteken beginnt.

Tenochtitlán

Die Azteken waren ursprünglich Ackerbauern im westlichen Mexiko und – vielleicht durch Dürre oder Krieg – gezwungen, im frühen 14. Jahrhundert ins Tal von Mexiko auszuwandern. Sie besiedelten die sumpfigen Inseln im Süden des Texcocosees.

In den 20er-Jahren des 14. Jahrhunderts begannen sie, auf einer der Inseln eine Stadt in Steinbauweise zu errichten: Tenochtitlán. Die Stadt war durch eine Reihe von Dämmen mit dem Festland verbunden und umgeben von *Chinampas* genanntem Ackerland, kultiviertem Sumpfland, das von Deichen geschützt wurde. Dieses Ackerland stellte die direkte Nahrungsversorgung sicher. Im Lauf des Jahres konnten mehrere Ernten von Bohnen, Kürbissen und Getreide eingebracht werden; diese landwirtschaftliche Überproduktion versorgte sowohl die Bewohner der Stadt als auch das stehende Heer der Azteken. An den Ufern des Sees umgaben regionale Zentren wie Texcoco, ferner zahlreiche Dörfer und Kultstätten, sowie Anlagen zur Salzgewinnung und Steinbrüche die Stadt Tenochtitlán.

***Nach der aztekischen Sage** zeigte einst der Kriegsgott den Priesterführern durch einen auf einem Kaktus sitzenden Adler, wo sie Technochtitlán bauen sollten. Dieser Kodex zeigt die Stadt mit ihrem Symbol am Kreuzungspunkt.*

Päpstliche Residenz, Avignon

In den ersten Jahren des 14. Jahrhunderts litt die Kirche unter zahlreichen Kriegen, Hungersnöten, der Pest und üblen Skandalen. Im Jahr 1305 zwang der französische König Philipp IV. Papst Klemens V., den Sitz des Papstes von Rom nach Avignon zu verlegen. Avignon blieb bis 1377 päpstliche Residenz. Im Jahr 1334 wurde mit dem Bau einer neuen päpstlichen Residenz *(oben)* begonnen.

Mit der Verlegung des Papstsitzes vom sich im politischen Aufruhr befindlichen Rom hin nach Avignon war gleichzeitig gesichert, dass sich das Papsttum unter französischer Kontrolle befand – alle sieben Päpste, die während der Periode von Avignon das Amt bekleideten, waren Franzosen, und von den 134 ernannten Kardinälen waren 111 Franzosen. Engländer, Deutsche und Italiener waren voller Groll gegen Frankreich. Die Autorität der Päpste aus Avignon wurde nicht in allen Ländern anerkannt. Rom selbst litt schwer unter dem Verlust der päpstlichen Einnahmen. Die römisch-katholische Christenheit war untereinander uneins.

ASIEN

1333 ▼ **1331** Streit über die Thronfolge führt zum Bürgerkrieg gegen die Regentschaft der Hojo in Japan.

1333 Regierungsantritt des letzten mongolischen Kaisers in China führt zu anhaltendem Bürgerkrieg.

Zusammenbruch der Minamoto-Regierung (Kamakura-Shogunat) in Japan. Kaiser Godaigo stürzt den Hojo-Klan und nimmt Kamakura ein.

1334 Ibn Battuta wirkt als *Qazi* (Richter) in Delhi (bis 1341).

1335 Demottes *Shah Nama*, beispielhaft für persische illuminierte Handschriften.

Aufstand gegen die Mongolenherrschaft in China.

1336 Geburt Timurs (Tamerlan).

1370 ▼ Gründung des Hindu-Königreichs Vijayanagar in Südindien; gleichzeitiger Aufstand gegen die Tughluq.

1338 Die Osmanen erreichen den Bosporus.

1350 ▼ Gründung des Ashikaga-Shogunats in Japan.

1346 ▼ **1340** Die Beulenpest (der Schwarze Tod) bricht in Asien aus.

AFRIKA

1331 Ibn Battutas Reise zu den Suaheli-Städten in Ostafrika.

1332 Ewostatewos begründet die äthiopische Klosterbewegung.

Um 1340 Bau der Großen Moschee von Djenné, Mali.

EUROPA

1331 Serbien wird führende Macht auf dem Balkan.

1332 Das englische Parlament wird vorläufig erstmals in zwei Häuser aufgeteilt.

Luzern tritt dem Verband Schweizer Kantone und Städte bei.

Dänemark gibt Schonen an Schweden.

1333 Thronbesteigung Kasimirs des Großen von Polen; er gibt den Krieg gegen die Deutschordensritter auf.

Eduard III. schlägt die Schotten.

1340 ▼ Die Mauren erobern Gibraltar von Kastilien.

Thronbesteigung von Jusuf I. als Kalif von Granada; Höhepunkt islamischer Kultur in Granada.

1334 Baubeginn der päpstlichen Residenz, Avignon.

1335 Erste Schlaguhr an einem öffentlich zugänglichen Ort, Mailand, Italien.

1340 ▼ **1337** Beginn des Hundertjährigen Krieges (bis 1453); Schotten mit Franzosen gegen England.

Philipp VI. von Frankreich nimmt Guyenne; Eduard III. beansprucht französischen Thron.

Tod Giottos (geboren um 1266), Neuerer der italienischen Malerei durch naturalistisch/klassischen Stil.

Erste wissenschaftliche Wettervorhersagen, Oxford, England.

1338 Lorenzetti: *Darstellungen der Guten und der Schlechten Regierung*, Palazzo Pubblico, Siena, Italien; ein frühes Meisterwerk der Renaissance.

Erste Bordkanonen werden auf englischen Schiffen angebracht.

1339 Schweiz schlägt Burgund bei Laupen.

1347 ▼ **1340** Engländer schlagen französische Flotte in der Schlacht von Sluis und kontrollieren so die Seewege nach Frankreich.

Bankrott der italienischen Bankiersfamilie Peruzzi während dieser Dekade; wirtschaftliches Chaos durch den Schwarzen Tod 1347 verschlimmert.

Alfons XI. von Kastilien schlägt die Mauren am Fluss Guadalquivir.

Erste europäische Papiermühle in Fabriano, Italien, gebaut.

AMERIKA & AUSTRALASIEN

Der Islam in Afrika

Seit dem 8. Jahrhundert berichteten arabische Reisende über das sagenhafte Gold Westafrikas. Gegen Ende des 9. Jahrhunderts begann der Islam, sich durch bekehrte nomadische Berber in den Gebieten südlich der Sahara auszubreiten.

In der Savannenlandschaft des oberen Niger lag das mächtige Reich Mali, dessen Reichtum seine Goldvorkommen waren. Die meisten Herrscher waren zum Islam konvertiert. Sie lehnten jedoch ihre traditionelle Religion nicht vollends ab – hätten sie das getan, hätten sie die Unterstützung der Kleinbauern verloren, die zum großen Teil Anhänger autochthoner Religionen waren.

In Marokko ließen sich die ehemaligen Wüstennomaden durch die Bequemlichkeit der sesshaften Existenz, die sie von den arabischen Händlern übernommen hatten, locken. Ihre nachlassende Frömmigkeit provozierte einen *Djihad* unter den Berbern Nordafrikas, die den Almohaden-Staat gründeten und sich daran machten, den gesamten Maghreb zu vereinen. Mit der Einwanderung arabischer Nomaden verbreiteten sich arabische Sprache und Kultur – und damit die Fähigkeit zu lesen und zu schreiben – in ganz Nord- und Westafrika. Moscheen wie die in Djenné *(unten)* und Timbuktu wurden zu wichtigen Orten der Gelehrsamkeit.

Der Hundertjährige Krieg (1337–1453)

1337	Krieg zwischen England und Frankreich um die Gascogne – Ausbruch des Hundertjährigen Krieges.
1346	Schlacht von Crécy: Engländer schlagen Franzosen. Heinrich von Lancaster kämpft erfolgreich von Bordeaux aus.
1347	Engländer nehmen Calais ein, richten einen Brückenkopf in Frankreich ein.
1356	Schlacht von Poitiers; französischer König gerät in Gefangenschaft.
1360	Vertrag von Brétigny zwischen England und Frankreich.
1369	Hundertjähriger Krieg bricht erneut aus.
1369–81	Franzosen drängen Engländer nach Calais, Bordeaux und Bayonne zurück.
1372	Englische Flotte wird vor La Rochelle von französisch-kastilischer Flotte zerstört.
1377	Französisch-kastilische Flotte greift die Südküste Englands an.
1396	Vertrag von Leulinghen beendet zweite Phase des Hundertjährigen Krieges.
1415	Heinrich V. von England erobert Harfleur und schlägt die Franzosen bei Azincourt.
1419	Heinrich V. erobert die Normandie.
1420	Vertrag von Troyes macht Heinrich V. zum Erben des französischen Thrones.
1421	Heinrich führt Feldzüge bei Paris.
1422	Tod Heinrichs V.
1423	Anglo-burgundische Armee vernichtet bei Verneuil französisch-schottische Armee.
1429	Jeanne d'Arc fordert französische Rückeroberung; Karl VII. in Reims gekrönt.
1435	Burgund fällt von englischer Allianz ab.
1442	Franzosen ziehen in die Gascogne.
1444	Englisch-französischer Friede von Tours.
1448	Franzosen besetzen Maine.
1449	Engländer brechen die Waffenruhe; Franzosen können Normandie zurückerobern.
1450	Franzosen erobern Gascogne zurück.
1453	Hundertjähriger Krieg endet mit der Rückeroberung von Bordeaux durch Franzosen.

***Die Schlacht von Crécy,** die 1346 in Nordfrankreich ausgetragen wurde, war eine der großen Schlachten des Hundertjährigen Krieges. Die englischen Streitkräfte Eduards III. – 10 000 Bogenschützen und 4000 weitere Kämpfer – besiegten Philipp VI. von Frankreich, dessen Armee aus 12 000 voll Bewaffneten und zahlreichen anderen Truppen bestand. Die Effizienz der englischen Langbogen trugen viel zum Ruhm dieser Waffe bei.*

ASIEN

1343 Hauptstadt des Vijayanagar-Reiches von Harihara in Indien gegründet.

Ibn Battuta reist nach Südostasien und nach China (bis 1346).

Majapahit-Reich schließt die Eroberung Balis (Indonesien) ab.

1345 Osmanen annektieren Pergamon, das Reich reicht bis zu den Dardanellen.

1349 ▶

1346 Die Pest erreicht Kaffa (heute Feodossija), Krim, Schwarzmeerküste.

1347 Der Schwarze Tod erreicht Bagdad und Konstantinopel.

1349 Erste chinesische Siedlungen in Singapur; Beginn der chinesischen Besiedlung Südostasiens.

1378 ▼

1350 Gründung von Ayutthaya, Hauptstadt des neuen Königreichs Siam; Feldzüge gegen Kambodscha.

Um 1350 Ashikaga-Shogune herrschen in Japan.

Blütezeit des Majapahit-Reiches, Java; es beherrscht fast die ganze Inselwelt Südostasiens.

AFRIKA

1344 Beim Tod des Regenten Amde Tseyon hat Äthiopien seine Blütezeit erreicht.

1347 Meriniden erobern Tunis.

1341 Der italienische Dichter und Humanist Petrarca wird in Rom zum »poeta laureatus« gekrönt (Dichterkrönung).

1342 Thronbesteigung in Ungarn von Ludwig I., dem Großen.

1343 Vertrag von Kalisch: Polen tritt Pommern und Culm an Deutschordensritter ab.

Um 1345 Aragón erobert Mallorca von den Mauren.

1346 Engländer besiegen Franzosen in der Schlacht von Crécy.

Dänemark verkauft Estland an Deutschordensritter.

1347 Engländer nehmen Calais ein.

Gründung der Universität von Prag, der ersten östlich des Rheins. Waffenstillstand zwischen England und Frankreich (bis 1355).

Der Schwarze Tod kommt nach Europa, als erstes erreicht er die Halbinsel Krim.

Boccaccios *Decamerone* (bis 1353).

1349 ▼
1348 Der Schwarze Tod erreicht Griechenland, Italien, Frankreich, Spanien, Großbritannien und Nordafrika.

1351 ▼
1349 Die Pest erreicht Mitteleuropa; schätzungsweise ein Drittel der Bevölkerung fällt ihr zum Opfer.

Judenverfolgungen in Deutschland.

1354 ▼
1350 Höhepunkt der Rivalitäten zwischen Venedig und Genua um die Kontrolle des Handels im östlichen Mittelmeer.

Englisch ersetzt Französisch an englischen Schulen.

Prag wird Kaiserstadt des Heiligen Römischen Reiches. Kaiser Karl IV. möchte die Stadt zum »Rom des Nordens« machen.

Um 1350 *Sir Gawain und der Grüne Ritter*, mittelenglische Verserzählung.

Blütezeit der Schule der russischen Ikonenmalerei in Nowgorod (bis um 1450).

Aufkommen italienischer Majolika.

1350 Krieg zwischen Inka- und Chimú-Staaten.

Um 1350 Zusammenbruch der Pueblo-Kulturen in Nordamerikas Südwesten, möglicherweise durch Klimaänderung.

Beginn der klassischen Periode der Maori auf der Nordinsel Neuseelands; Siedlungen innerhalb von Erdwallbefestigungen.

Der Schwarze Tod

Häuser, in denen *jemand an der Pest gestorben war, wurden mit einem roten Kreuz gekennzeichnet.. Allerdings half diese Maßnahme nicht gegen die Ansteckungsgefahr.*

Eine der größten Seuchen der europäischen Geschichte begann 1347, als die Beulenpest Italien befiel, vermutlich eingeschleppt durch eine Gruppe von Genuesen, die über Sizilien und Pisa aus Kaffa an der Krim heimkehrten. Ihre dortige Festung war von Mongolen belagert worden, die plötzlich an einer Krankheit starben, die schwarze, blutende Schwellungen und starke Schmerzen hervorrief. Die Epidemie war im 13. Jahrhundert an den Ausläufern des Himalaja in Indien ausgebrochen und hatte sich rasch entlang der Handelsrouten ausgebreitet. Sie erreichte China in den 30er-Jahren des 14. Jahrhunderts und Byzanz im Jahr 1347. Bis 1351 hatte sie sich über fast ganz Europa ausgebreitet. Die einzigen Gebiete, die verschont blieben, waren Mailand, Polen, Belgien, der Osten Deutschlands und der Südwesten Frankreichs.

Die Pest wird von Parasiten übertragen, die in Flöhen leben, die ihrerseits Hausratten und Menschen als Wirte haben. Da man annahm, Katzen und Hunde wären die Quelle der Infektion, tötete man diese, woraufhin die Epidemie sich verschlimmerte, da die Ratten sich schneller vermehrten als je zuvor. Etwa 20 Millionen Menschen starben – etwa ein Drittel der Bevölkerung. Danach war das bisher überbevölkerte Europa eher unterbevölkert. Wegen der Auswirkungen auf die Landwirtschaft und wegen des Arbeitskräftemangels verging bis zur wirtschaftlichen Erholung Europas etwa ein volles Jahrhundert.

Befiel die Pest *eine Stadt, geschah das in einer solchen Heftigkeit und Schnelligkeit, dass die vielen Toten eines jeden Tages nur noch in Massengräbern beigesetzt werden konnten.*

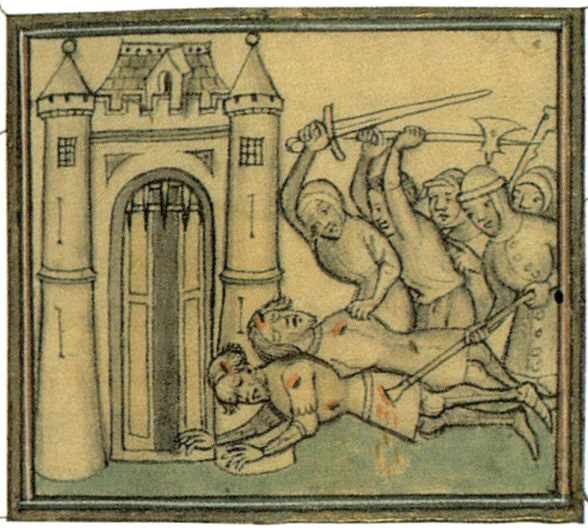

Étienne Marcel

Der Hundertjährige Krieg hatte für die Franzosen schlecht begonnen: mit Niederlagen bei Poitiers und Crécy und der Gefangennahme König Johanns II. 1358. Während der Abwesenheit des Königs setzten sich die Kleinbauern unter zunehmendem Steuerdruck für Reformen ein; ein großer Teil der Gegend um Beauvais erhob sich. In Paris führte der Vorsteher der Kaufmannschaft, Étienne Marcel, eine Bürgerbewegung an, die größere Autonomie verlangte. Er zettelte den Mord an den beiden Marschallen des Dauphin an; er wollte den Dauphin dazu bringen, die Mitregierung der Stände zu akzeptieren. Bei einem Volksauflauf wurde Marcel von einem Gefolgsmann des Dauphin erschlagen.

Die Hanse

Die Hanse war ein Zusammenschluss von Kaufleuten, die sich zusammengetan hatten, um ihre wirtschaftlichen Interessen zu sichern und ihren Waren Geleitschutz zu geben. Der erste »Hansetag« fand 1356 in Lübeck statt, als die Stadt ein Treffen aller hanseatischen Städte organisierte. Mehr als 100 Jahre dominierte die Hanse, die aus einem Zusammenschluss von etwa 60 Städten bestand, den Handel in Nordost- und Mitteleuropa. Enge politische und andere Bindungen bildeten sich zwischen den verschiedenen Hansestädten. Die Organisation der Hanse war locker. Es gab keine geschriebene Verfassung, keine offiziellen Mitgliederlisten und keine für alle verbindlichen Beschlüsse.

***Die Miniatur** zeigt die Hansestadt Hamburg.*

ASIEN

1351 Starke Überflutungen durch den Hwangho in China.

Aufstand des »Weißen Lotus« in Nordchina.

1353 Zusammenbruch des mongolisch-persischen Ilchane-Reiches.

Wiederauftreten der Pest in China.

1354 ▶

1354 Erste Phase osmanischer Expansion in Anatolien. Die Osmanen nehmen die Halbinsel Gallipoli ein und ziehen nach Thrakien.

1356 Unruhen in Korea. Die Koryo-Könige sind nurmehr Gefolgsleute der mongolischen kaiserlichen Familie.

AFRIKA

1352 Ibn Battuta reist auf Handelsrouten durch die Sahara.

1358 Ibn Battuta reist in Mali.

EUROPA

1351 Zürich tritt dem Schweizer Bund bei.

Der Schwarze Tod erreicht Nordeuropa.

Tennis wird in England ein beliebtes Spiel für draußen.

1352 Die Pest erreicht Russland.

Grundsteinlegung der Kathedrale von Antwerpen, der größten Kirche in Belgien.

1353 Bern tritt dem Schweizer Bund bei.

1354 Nach über 50 Jahren Krieg um die Handelsmacht schließen Venedig und Genua Frieden.

1361 ▼ **Um 1354** Die Osmanen erobern Gallipoli, ihre erste Basis in Europa.

1355 Eduard III. und sein Sohn Eduard, der »Schwarze Prinz«, setzen den offenen Krieg mit Frankreich fort.

1356 Schlacht von Poitiers, die Engländer besiegen die Franzosen.

Die Goldene Bulle Karls IV., des Kaiser des Heiligen Römischen Reiches, wird das wichtigste Verfassungsgesetz des Reiches.

Der Vorsteher der Kaufleute, Étienne Marcel, übernimmt den Sturm auf Paris und ordnet den Bau neuer Stadtmauern an.

1358 Niederschlagung der Jacquerie (Bauernaufstand), eines Volksaufstands gegen den Adel in Frankreich.

Ludwig von Ungarn erobert Dalmatien als Folge des Sieges von Genua über Venedig.

Friedensvertrag zwischen Habsburg und dem Schweizer Bund (Eidgenossen).

1359 Vertrag von London, der England Land in Frankreich zuspricht, wird zurückgewiesen; Eduard III. fällt in Nordfrankreich ein.

1369 ▼ **1360** Vertrag von Brétigny beendet die erste Phase des Hundertjährigen Krieges; England erhält die Kontrolle über das Gebiet südlich der Loire, von Calais und Ponthieu; der Friede hält neun Jahre an, jedoch wüten Söldnerbanden im Südosten Frankreichs.

Gründung der Hanse, eines nordeuropäisches Handelsnetzwerks.

Dänemark erlangt Schonen (Skåne) von Schweden zurück.

Der Franc wird in Frankreich eingeführt.

AMERIKA & AUSTRALASIEN

Zar Stephan IV. Dušan Uroš

Das mittelalterliche Serbien erreichte seinen Höhepunkt unter dem furchteinflößenden König und späteren Zaren Stephan IV. (1331–1355), der seinen Vater vom Thron stieß, um selbst König zu werden. Dušan eroberte Albanien, Montenegro und Makedonien und sogar das weit südlich gelegene Thessalien in Griechenland. Es gelang ihm jedoch nicht, Konstantinopel einzunehmen. Unter seiner Herrschaft wurde ein Gesetzbuch zusammengestellt und zahlreiche Kirchen und Klöster gebaut.

Die Goldene Bulle

Im Jahr 1356 erließ der deutsche Kaiser Karl IV. (regierte 1346–1378) das Reichsgrundgesetz: Die Goldene Bulle (nach der goldenen Siegelkapsel der Urkunde benannt). In diesem Dokument wurde die Königswahl geregelt, die früher oft Anlass für einen Bürgerkrieg gewesen war. Die sieben Kurfürsten wurden mit verschiedenen Privilegien ausgestattet und endgültig als Wahlmänner des Königs bestätigt.

Groß-Simbabwe

Die Königsresidenz in Groß-Simbabwe *(oben)* ist die größte historische Stätte südlich der Sahara. Sie ist die bemerkenswerteste einer Reihe ähnlicher, kleinerer *Mazimbabwe* *(Zimbabwe* bedeutet »Steinhaus«). Die Stadtanlage war das Herz des reichen und mächtigen Shona-Reichs, das sich im Innern Südafrikas zwischen Sambesi und Limpopo erstreckte und vom 9. bis zum 15. Jahrhundert existierte. Der Viehhandel, und von 1200 an auch der Handel mit Gold und Kupfer aus eigenen Vorkommen, machten das Land wohlhabend.

Das Vijayanagara-Reich

Dieses mächtige Hindu-Reich wurde 1336 im Krishnatal gegründet. Als es 1370 seine größte Ausdehnung erreicht hatte, gehörte die ganze Südhälfte des indischen Subkontinents zu ihm. Seine Hauptstadt (heute Hampi) hieß ebenfalls Vijayanagara *(Sanskrit* »Siegesstadt«). Sie hatte beeindruckende Tempelanlagen, Festungsbauten und Palastanlagen *(oben)*. Die Stadt widerstand wiederholten Angriffen des muslimischen Bahamani-Königreichs im Norden, unterlag ihm jedoch 1565.

ASIEN

1368 Gründung der Ming-Dynastie in China (bis 1644). Die Mongolen werden aus Peking vertrieben.

Ashikaga Yoshimitsu übernimmt das Shogunat in Japan.

Der Diwan von Hafis, ein Meisterwerk persischer Dichtung, entsteht.

1369 Timur gründet seine Reichshauptstadt Samarkand.

1380

1370 Beginn von Timurs Eroberungen; seine Erben regieren das Reich bis 1506.

Das Vijayanagara-Reich, Südindien, hat seine größte Ausdehnung erreicht.

AFRIKA

1364 Normannische Seefahrer erreichen die Mündung des Senegal.

EUROPA

1361 Edirne (Adrianopel) wird von osmanischen Türken eingenommen.

Krieg zwischen der Hanse und Dänemark.

Wiederaufflackern der Pest in England.

1364 Gründung der Universität Krakau.

Aufstand Kretas gegen Venedigs Herrschaft.

1366 Englisches Parlament weigert sich Steuern an den römischen Papst zu zahlen.

Der englische Theologe John Wycliffe stellt die päpstliche Oberhoheit in Frage.

Synagoge El Tránsito in Toledo fertiggestellt.

Statuten von Kilkenny verbieten englisch-irische Ehe, irische Sprache und Gesetze.

1367 Vereinte Armeen von Peter I., dem Grausamen, und Eduard, dem Schwarzen Prinzen, schlagen Heinrich von Trastámara bei Nájera, Spanien.

1368 Kasimir III. von Polen vereinheitlicht das Rechtswesen.

1369 Frieden zwischen England und Schottland (bis 1384).

Heinrich von Trastámara besiegt Peter den Grausamen von Kastilien.

Frankreich versucht, die Engländer nach Calais, Bayonne und Bordeaux zurückzudrängen; Wiederaufleben der Feindseligkeiten.

Geoffrey Chaucer schreibt *The Book of the Duchess*; seine Werke sind die Grundlage des Englischen (Mittelenglischen).

1370 Nach dem Tod Kasimirs III. von Polen besteigt Ludwig I. von Ungarn den Thron.

Eduard, der Schwarze Prinz, plündert Limoges, Frankreich.

Die Hanse gewinnt gegen Dänemark. Der Frieden von Stralsund sichert die Handelsfreiheit in der Ostsee.

Deutscher Orden besiegt Litauen bei Rudau.

Bau der Bastille, Paris.

Stählerne Armbrust erfunden.

Um 1370 Entwicklung des ornamentalen und überladenen Stils der gotischen Architektur in Nordwesteuropa.

Piers Plowman, mittelalterliches englisches Versepos von William Langland.

In England entsteht die Sage von Robin Hood.

AMERIKA & AUSTRALASIEN

1365 Die Azteken werden durch Tezozomoc von Azcapotzalco als Söldner gedungen.

1370 Die Chimú erobern Sican in den Zentralanden.

Um 1370 Chimú-Herrscher Minchancamon wird von den Inka gefangen genommen.

Die Eroberungen von Timur (Tamerlan)

1370	Beginn der Eroberungen Timurs.
1380	Timur beginnt mit Feldzügen gegen Persien.
1384	Aufstand Herats; Timur unterwirft die herrschende Dynastie.
1387	Aufstand Isfahans; als Vergeltung tötet Timur 70 000 Menschen und baut Türme aus Schädeln.
1388	Timur führt Krieg gegen das mongolische Khanat der Goldenen Horde.
1392	Feldzüge Timurs in Persien.
1393	Timur erobert Bagdad.
1395	Timur dringt weit nach Südrussland vor. Timur plündert Neu-Saraj, die Hauptstadt der Goldenen Horde.
1398	Timur nimmt Delhi ein.
1400	Plünderung von Aleppo und Damaskus.
1401	Timur plündert Bagdad ein zweites Mal.
1402	Timur besiegt die Osmanen bei Ankara.
1405	Tod Timurs.

Zhu Yuanzhang

Der in ärmlichen Verhältnissen aufgewachsene Zhu Yuanzhang (Taizu) wurde während der Aufstände, die mit dem Zerfall der mongolischen Yuan-Dynastie im 14. Jahrhundert in China einhergingen, Rebellenführer. Er setzte sich gegen andere regionale Machthaber durch und machte 1356 Nanking zu seiner Hauptstadt. 1368 gelang es seinen Truppen, die Mongolen zu besiegen. Er begründete die Ming-Dynastie – damit stand China das erste Mal seit 400 Jahren wieder unter der Herrschaft einer chinesischen Dynastie.

Seine Kämpfe mit Nachbarstaaten führten zur Ausdehnung des Reiches bis nach Annam in Vietnam und in die Mongolei. In der Ming-Zeit wurde die 221 v. Chr. erbaute Große Mauer wieder instand gesetzt und erweitert.

Ein reich verziertes Fenster in der Alhambra. Die prächtige Inneneinrichtung des Palastes wird Jusuf I. (†1354) zugeschrieben. Nach der Vertreibung der Mauren aus der Stadt im Jahr 1492 wurden große Teile der Inneneinrichtung zerstört oder entfernt.

Granada

Die Bedeutung der islamischen Stadt Granada in Spanien, an den Ausläufern der Sierra Nevada gelegen, wuchs nach der Auflösung des Kalifats von Córdoba im Jahr 1031. Als die christliche Rückeroberung der Iberischen Halbinsel voranschritt, flohen viele Muslime in die Hauptstadt des maurischen Königreichs Granada. Die Bevölkerung wuchs auf 50000 Menschen an.

Die Stadt blühte auf unter der Dynastie der Nasriden (1230–1492), die sie 1238 erobert hatten. Granada blieb für die folgenden zwei Jahrhunderte der einzige islamische Staat in Spanien. Die Nasriden setzten sich für Bildung und Kunst ein, ihre Stadt zog viele muslimische Gelehrte an. Die berühmtesten Bauwerke dieser goldenen Zeit sind die Schlossburg Alhambra und der Generalife, eine Sommerresidenz. Die Alhambra, zwischen 1238 und 1358 erbaut, ist in einem üppigen arabischen Stil ausgestaltet, mit farbigen Kacheln, geometrischen Figuren und Blumenmotiven. Ihre eleganten Bögen, schattigen Arkaden und ihre fein gearbeiteten Säulen verkörpern den Höhepunkt islamischer Architektur auf der Iberischen Halbinsel.

ASIEN

1372 *Kitab hayyat al-hayyawan* von ad-Damiri, enzyklopädische Sammlung von Erzählungen, Überlieferungen und wissenschaftlichen Beobachtungen über Tiere.

Chinesischer Feldzug durch die Wüste Gobi zwingt mongolische Armeen zum Rückzug in die Steppengebiete.

1375 Ende der Unabhängigkeit Kleinarmeniens, als die Hauptstadt Sis von den Mamelucken eingenommen wird.

1377 Tod von Ibn Battuta, dem arabischen Geographen, Historiker und Reisenden.

Malaien gründen Melaka an zentraler Stelle auf der Malaiischen Halbinsel.

1378 Gründung von Ak Koyunlu, einem Staat turkmenischer Stämme aus Ostanatolien, Aserbaidschan und dem Zagrosgebirge (bis 1508).

1395 ▼

Sukhothai wird Vasall von Siam und diesem allmählich einverleibt.

1379 Timur marschiert auf Urgentsch zu.

1384 ▼

1380 Timur beginnt eine Reihe von Angriffen gegen Persien sowie Feldzüge nach Zentralasien.

Erste malaiische metrische Versdichtung.

Um 1380 Gründung der Janitscharen durch die Osmanen.

AFRIKA

EUROPA

1371 Die Osmanen schlagen die Serben am Fluss Maritza.

1372 Französisch-kastilische Flotte schlägt die Engländer vor La Rochelle.

1373 John of Gaunt führt englischen Einmarsch in Frankreich an.

Die Niederländer erfinden die Schleuse, mit der sie den Wasserstand in den Kanälen kontrollieren können.

1374 Waffenstillstand zwischen Frankreich und England. Die Engländer bleiben auf die Gebiete von Calais, Bayonne und Bordeaux beschränkt.

Friede zwischen Kastilien und Aragón.

1375 Frieden von Brügge zwischen England und Frankreich; England erhält nur Calais und die Küste der Gascogne.

Um 1375 Katalanischer Atlas durch Geographen aus Mallorca erstellt, der erste Atlas, der auf bekannten Handelsrouten beruht.

1377 Bau des Löwenhofs und der Alhambra in Granada, Meisterwerke maurischer Architektur auf der Iberischen Halbinsel.

1378 Beginn des abendländischen Schismas der katholischen Kirche, mit einem Papst sowohl in Rom als auch in Avignon (bis 1417).

Wiederaufleben des Hundertjährigen Krieges, als England gegen das französisch-schottische Bündnis zieht.

Der griechische Künstler Theophanes reist nach Nowgorod. Beginn des griechischen Einflusses auf russische Kunst und Architektur.

1379 Einführung der Kopfsteuer in England zur Finanzierung von Kriegen.

1380 Entscheidender Sieg der russischen Fürsten über die Goldene Horde in Kulikowo pole.

Vereinigung Norwegens und Dänemarks.

Gründung des internationalen Bankensystems durch Hans Fugger aus Augsburg.

1398 ▼ John Wyclif übersetzt die Bibel ins Englische.

Tod der christlichen Mystikerin Katharina von Siena.

1388 ▼ **Um 1380** Aufkommen der Lollarden in England: religöse Reformer, von John Wyclif beeinflusst.

AMERIKA & AUSTRALASIEN

1375 Die Chimú beginnen mit der Eroberung des Gebietes der Zentralanden.

Um 1380 Erste Welle der aztekischen Expansion in Mexiko.

Frühe Städte

Die ersten Städte Nordamerikas mit Tempelhügeln, großen Plätzen und Holzpalisaden entstanden im mittleren Missisippital um 700. Im 12. und 13. Jahrhundert finden sich stilistisch gleiche Kunstwerke am Missisippi, in Minnesota und Oklahoma, die die Verbreitung einer einheitlichen Religion, des so genannten »südöstlichen Zeremonialkomplexes« belegen. Die Ritualobjekte sind mit häufig wiederkehrenden Motiven verziert: Menschenaugen, fliegende Figuren mit Flügeln und kunstvoll gearbeitete Sonnenräder. Tongefäße in Gestalt eines Kopfes *(oben)* stellen möglicherweise verstorbene Ahnen dar.

Die Janitscharen

Die Janitscharen bildeten ab dem späten 14. Jahrhundert eine Elitetruppe innerhalb des stehenden Heeres des Osmanischen Reiches. Ursprünglich waren es junge christliche Kriegsgefangene aus Balkanländer gewesen, die man zum Militärdienst gezwungen hatte und die zum Islam konvertieren mussten. In der Truppe herrschten strenge Disziplin und das Zölibat. Ihrem militärischen Können wurde weithin Respekt gezollt. Die Janitscharen stiegen zu einer politischen Macht im Osmanischen Reich auf, die im 17. und 18. Jahrhundert auch eine Reihe von Putschen durchführte.

Wat Tylers Aufstand

Der erste Massenaufstand in der englischen Geschichte wurde angeführt durch Wat Tyler, einen ehemaligen Soldaten. Er war der Anführer von Tausenden aufgebrachten Bauern aus Kent und aus dem Osten Englands auf einem Marsch nach London, wo sie höhere Löhne und die Abschaffung der Kopfsteuer verlangten. Sie stürmten Canterbury und den Tower von London und brannten den Savoy-Palast nieder. Während der Verhandlungen mit dem 14-jährigen König Richard II. wurde Tyler getötet. Bald darauf war der Aufstand niedergeschlagen.

Die Uhr der Kathedrale von Wells

Die Erfindung der mechanischen Uhr um das Jahr 1280 zeigte, dass im späten Mittelalter technologische Entwicklungen in Europa wieder an Bedeutung gewannen. Das Laufwerk einer der ältesten erhaltenen Uhren (von 1386) befindet sich heute im Science Museum in London. Ursprünglich im nördlichen Querschiff der Kathedrale von Wells angebracht, war sie nicht für die Öffentlichkeit sichtbar, sondern nur den Priestern, die hier die richtige Zeit für die Abhaltung der Gottesdienste ablesen konnten. Das originale Zifferblatt mit einer Einteilung in 24 Stunden, sowie mit Mond- und Sonnenkalender, ist das älteste der Welt.

ASIEN

1387 ▼

1384 Herat rebelliert; Timur unterdrückt die herrschende Dynastie.

1385 Tod des geschätzten chinesischen Künstlers Ni Zan, des Malers außergewöhnlich schöner Landschaftsbilder.

1387 Aufstand in Isfahan, als Vergeltung ermordet Timur 70 000 Menschen und baut Türme aus ihren Schädeln.

1392 ▼

Timur erobert Schiras und Isfahan, Beginn seiner Feldzüge gegen Armenien und Georgien.

1389 Bajasid wird Nachfolger seines Vaters Murad als osmanischer Sultan.

Tod des Dichters und muslimischen Mystikers Schams od-Din Mohammed, bekannt als Hafis. Er war ein Meister der persichen *Ghaselen,* einer lyrischen Kurzform, und stark beeinflusst durch den Mystizismus.

AFRIKA

1381 Der Schwarze Tod tritt in Ägypten wieder auf.

1382 In Ägypten wird die mameluckische Dynastie der Bahriten durch die der Burdjiten abgelöst.

1390 Gründung des Königreichs Kongo.

EUROPA

1381 Venedig besiegt Genua und gewinnt die Oberhand im Mittelmeerhandel.

Wat Tylers Bauernaufstand in England bricht nach dessen Tod zusammen.

1382 Nach der brutalen Unterdrückung von Aufständen in Paris wird die Stadtregierung abgesetzt.

Die Osmanen unter Murad nehmen Sofia in Bulgarien ein.

1383 Ende der Aufstände in Paris gegen die Steuererhebungen.

1384 Weiterer englisch-schottischer Krieg.

1385 Portugiesischer Sieg in der Schlacht von Aljubarrota gegen Kastilien sichert die portugiesische Unabhängigkeit.

Bau der Kathedrale Saint Giles in Edinburgh (bis 1495).

Gründung der Universität Heidelberg.

1386 Schweizer Eidgenossenschaft besiegt die Habsburger unter Kaiser Leopold III. bei Sempach; Leopold wird getötet.

Vereinigung von Polen und Litauen durch königliche Heirat: größter Staat Europas.

Die Osmanen nehmen Saloniki nach dreijähriger Belagerung ein. Damit sichern sie sich alle byzantinischen Gebiete außer Konstantinopel.

Geoffrey Chaucer beginnt mit den *Canterbury-Geschichten* (bis etwa 1400).

Weitere englisch-schottische Konflikte.

Baubeginn des Mailänder Doms, einzigartige italienische Gotik in Marmor.

1387 Litauen wird christlich.

Gründung der Bank der Medici in Florenz.

1388 Sieg der Schweizer bei Näfels zwingt die Habsburger zu Verhandlungen.

Die Schotten schlagen die Engländer.

1414 ▼

Verfolgung der Reformbewegung der Lollarden in England.

Erstes städtisches Sanitärgesetz in England.

1389 Vertrag von Zürich erkennt das Territorium der Schweiz an.

Schlacht auf dem Amselfeld: Die Osmanen erlangen die Kontrolle über den Balkan. Entscheidender Sieg der Osmanen über Serben und Bosnier.

Goldene Horde erobert Moskau zurück.

AMERIKA & AUSTRALASIEN

Geoffrey Chaucer

Mit den *Canterbury-Geschichten* schrieb Geoffrey Chaucer eines der größten poetischen Werke der englischen Sprache. Aber er war nicht nur ein außergewöhnlicher Schriftsteller, sondern auch Beamter am Hof von Eduard III., Richard II. und Heinrich IV. Geboren 1342 oder 1343 als Sohn einer wohlhabenden Londoner Weinhändlerfamilie, wuchs er am Hof auf und lernte Latein und Italienisch. Er kämpfte in Frankreich, wurde gefangen genommen und gegen Lösegeld freigelassen, bevor er in diplomatischen Missionen für den König ganz Europa bereiste. In Italien beeinflussten ihn sehr stark die Werke von Dante, Petrarca und Boccaccio.

1369 schrieb er sein erstes Werk, das *Book of the Duchess*, einen Nachruf für Blanche, die Frau von John of Gaunt. Die *Canterbury-Geschichten*, begonnen um 1390 und bei Chaucers Tod 1400 nicht vollendet, nehmen das Stilmittel des Erzählwettbewerbs zu Hilfe, um in brillanter Weise verschiedene Literaturgenres zu vereinen.

Timur

Nachdem er sich selbst zum Herrscher von Samarkand gemachte hatte, schuf Timur »Leng« (»der Lahme«) oder Tamerlan ein Reich, das sich vom Ganges in Indien bis zu den Küsten des Roten und des Schwarzen Meeres erstreckte. Timur, geboren 1336, behauptete von Dschingis Khan abzustammen und dessen Reich wiederherstellen zu wollen. Er war ein hervorragender Feldherr und starb 1405 im Verlaufe der Eroberung Chinas.

***Timur führt** seine Armee 1398 vor der Plünderung Delhis durch den Hindukusch.*

Die *Quipus* der Inka

Die Inka besaßen keine Schrift, dafür aber ein standardisiertes System von Schnüren mit Knoten, den *Quipus*, mit denen Informationen wie Statistiken, Listen und auch historische Ereignisse aufgezeichnet werden konnten. An einer Schnur hingen bis zu 100 kleinere Schnüre herab. Diese hatten je nach Thema verschiedene Farben (wie etwa Land, Zeremonien, Steuern, Planung von Krieg). Die Knoten entsprachen Zahlenwerten. Spezialisten konnten anhand dieser Knoten und Schnüre die Informationen entschlüsseln und weitergeben.

ASIEN

1392 Weitere Feldzüge Timurs (Tamerlans) in Persien (bis 1394).

Gründung der Yi-Dynastie in Korea, Ende der Herrschaft der Mongolen über China.

In Japan wiedervereinigen sich die rivalisierenden südlichen und nördlichen Höfe der kaiserlichen Familie nach 50 Jahren Streit.

1393 Eroberung und Plünderung Bagdads durch Timur.

1394 Bau des Goldenen Pavillons in Kyoto durch Yoshimitsu.

1395 Plünderung der Hauptstadt der Goldenen Horde, Saraj, durch Timur.

Invasion der Thai in das Königreich Khmer, das daraufhin nach Phnom Penh verlegt wird.

1398 Timurs Einmarsch nach Indien. Plünderung Delhis führt zum Niedergang der Dynastie der Tughluq.

1401 ▼

1400 Timur greift osmanische Gebiete an und marschiert in Syrien ein, plündert Aleppo und Damaskus.

Um 1400 Zusammenbruch des Königreichs Khmer führt zu Wirren auf dem südostasiatischen Festland.

AFRIKA

Um 1400 Songhai macht sich unabhängig von Mali.

Entwicklung des Goldhandels mit Zentrum in Sofala und im Sambesital in Ostafrika.

Naturalistischer Bronzeguss in Benin, Nigeria mit der Technik der Verlorenen Form.

Die Stadt Simbabwe erhält ihre endgültige Gestalt.

EUROPA

1391 Massaker an Juden in Spanien.

1409 ▼ **1392** Aufbau von Handelsbeziehungen zwischen der Hanse und Nowgorod.

Moskauer Truppen erobern Nischni Nowgorod und Susdal.

1393 Osmanische Eroberung von Bulgarien durch Bajasid.

1394 Die Habsburger schließen mit den Schweizer Eidgenossen einen 20-jährigen Waffenstillstand. Eidgenossenschaft umfasst nun acht Kantone.

Die Juden werden per Erlass Karls VI. aus Frankreich vertrieben.

Richard II. von England führt Krieg in Irland.

1395 Timur erobert Astrachan, Russland.

1413 ▼ **1396** Vertrag von Leulinghen beendet die zweite Phase des Hundertjährigen Krieges. Waffenstillstand vereinbart, der 28 Jahre andauert. Richard II. heiratet Isabella von Frankreich.

Niederlage der Kreuzzugsarmee in Nikopolis gegen Bajasid, den türkischen Sultan.

1397 Union von Kalmar: Vereinigung von Norwegen, Dänemark und Schweden.

1398 Jan Hus (1369–1415) beginnt seine Vorlesungen an der Prager Universität; er schafft die Kirchenreformbewegung der Hussiten, beeinflusst von John Wyclif.

1399 Zweiter Irlandfeldzug von Richard II. von England. Er muss später abdanken, Heinrich IV. besteigt den Thron († 1413).

Sieg der Mongolen über die Litauer an der Worskla, Ukraine.

1400 Richard II. von England stirbt, vermutlich ermordet, in Pontefract Castle.

Aufstand der Waliser unter Owen Glendower gegen die englische Herrschaft.

Um 1400 Die Familie Visconti kontrolliert Norditalien.

Dreimastige Karavelle von den Portugiesen entwickelt; sie wird zum meistbenutzten Handelsschiff für Langstrecken.

Flaggen werden benutzt, um Nachrichten auf See zu übermitteln.

Die Lepra ist in Europa ausgerottet.

AMERIKA & AUSTRALASIEN

Die Ming-Dynastie

Nach dem Tod des ersten Ming-Kaisers Taizu 1398 bestieg sein vierter Sohn Chengzu unter dem Namen Yung-lo den Thron. Vormals Statthalter von Peking, machte er die Stadt nun zu seiner Hauptstadt und beschäftigte 200 000 Arbeiter, die die alten Lehmhäuser abrissen und neue aus Stein und Ziegeln bauten (heute die Verbotene Stadt). Die Ausdehnung des Ming-Reiches erreichte unter Yung-lo ihren Höhepunkt. Um die Verbindungen innerhalb des Landes zu verbessern und um am globalen Handelsnetz teilhaben zu können, baute Yung-lo den 1782 km langen Großen Kanal von Peking nach Hangzhou.

Unter der Ming-Dynastie wurde Porzellan zum wichtigsten Exportgut Chinas. Das Blau-Weiß-Porzellan, wie z. B. die oben abgebildete Vase, wurde in großen Mengen in der kaiserlichen Fabrik hergestellt. Das Porzellan war hoch geschätzt wegen seiner kunstfertigen Formen und Verzierungen – auch von der europäschen Aristokratie.

Die Welt um 1400

Mit der Begründung der Ming-Dynastie in China im Jahr 1368 endete die Macht der Mongolen in Eurasien. Nur die Khanate der Goldenen Horde in Südrussland existierten als politische Einheit bis zum frühen 15. Jahrhundert weiter. Das Sultanat von Delhi war Mitte des 14. Jahrhunderts auf dem Höhepunkt seiner Macht und beherrschte nahezu ganz Indien. Bis zum Jahr 1400 verlor es allerdings die Vorherrschaft über den größten Teil des indischen Subkoninents. Auch Japan befand sich in einer Krise. Die Macht des regierenden Shogun aus dem Klan der Ashikaga wurde durch ständige kriegerische Auseinandersetzungen zwischen den verschiedenen um Vorherrschaft kämpfenden Fürsten geschwächt. In Südostasien herrschte das indonesische Großreich Majapahit. Mächtigster afrikanischer Staat war Mali, das den lukrativen transsaharischen Handel mit den nordafrikanischen islamischen Staaten kontrollierte. Die im 13. Jahrhundert aufstrebenden europäischen Staaten kämpften für Jahrzehnte mit den Folgen der 1347 ausgebrochenen Pest und den damit verbundenen Hungersnöten. Die Pest tötete innerhalb von nur zwei Jahren ein Drittel der europäischen Bevölkerung. Südosteuropa sah sich zudem mit der osmanischen Expansion konfrontiert. Bis zum Jahr 1400 gelang es den Osmanen, von Anatolien aus ein großes Reich aufzubauen, das die schwachen Reste von Byzanz umgab. In Mittelamerika stieg das Azteken-Reich im Tal von Mexiko, und in Südamerika das Inka-Reich in Peru zu einem mächtigen Staat auf.

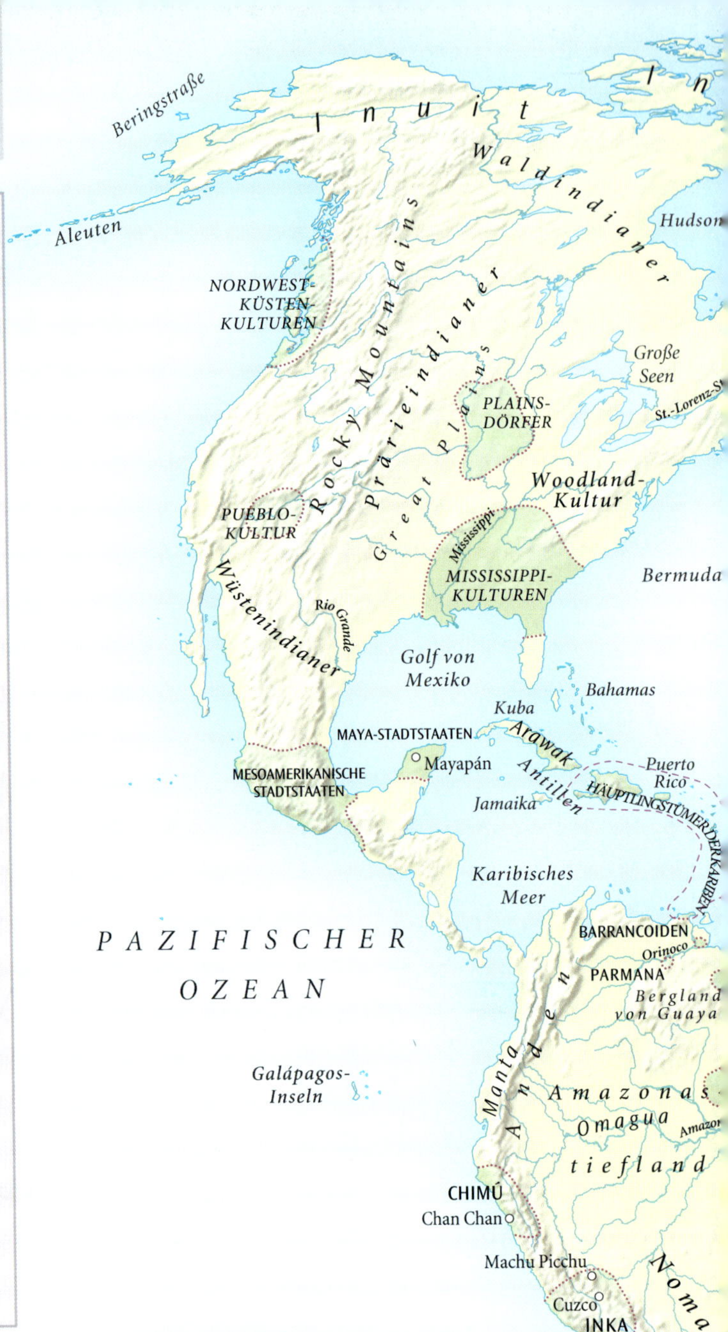

DER KATALANISCHE WELTATLAS

Der Katalanische Weltatlas aus dem Jahr 1375 stammt wahrscheinlich von Abraham Cresques, einem mallorqinischen Juden und Kartenmacher des Königs von Aragón. Er gehört zu den kostbarsten mittelalterlichen Atlanten. Gezeichnet wurde er anhand von Reiseberichten, viele davon von islamischen Reisenden. Er zeigt uns die Welt, wie sie dem mittelalterlichen Europa erschien. Die ungenaue Kartierung von China und ganz Ostasien beruht auf Marco Polos Erzählungen. Europa und Afrika sind schon detailgenauer verzeichnet. Die verzeichneten Umrisse dieser beiden Kontinente beruhen unter anderem auf den Berichten und Navigationsanleitungen (Portolanen) der frühen Seefahrer. Mithilfe dieser seit dem 13. Jahrhundert verwendeten Logbücher, in denen Einzelheiten jeder Fahrt verzeichnet waren, war die Seefahrt leichter geworden. Hier finden sich auch reich ausgeschmückte Erzählungen über den vermuteten Reichtum des westafrikanischen Goldlandes Mali.

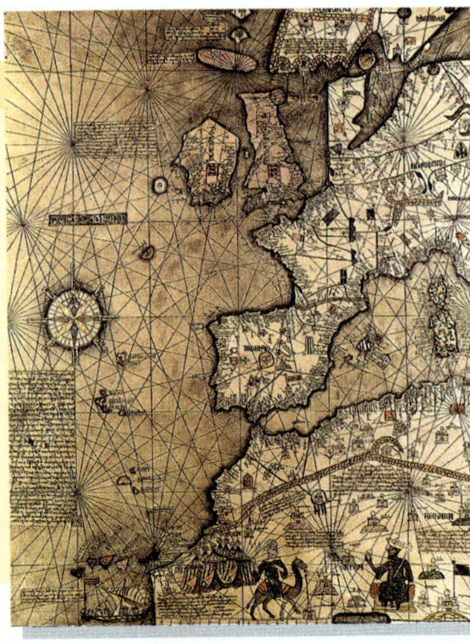

1400–1600

Die Renaissance

BILD OBEN:
Szenen aus der Mythologie *wie in Botticellis* Der Frühling *(um 1478) sind ein typisches Beispiel für die säkulare Kunst der florentinischen Renaissance, deren Maler von der klassischen griechischen und römischen Kunst und Kultur beeinflusst waren.*

Die beiden Jahrhunderte zwischen 1400 und 1600 waren, vor allem in Europa, ein Zeitalter umwälzender Veränderungen. In dieser Epoche, der Renaissance, kam es, ausgehend von Italien, in den Bereichen Philosophie, Kultur und in den Naturwissenschaften zu bahnbrechenden neuen Entwicklungen und Ideen. Grundlage dafür waren gleichermaßen ein vermehrtes Wissen in den Bereichen der klassischen Kunst, der Literatur und Philosophie wie auch der breite Zugang zu gedruckten Büchern. Diese Entwicklung brachte es mit sich, dass traditionelle Glaubensvorstellungen der katholischen Kirche in Frage gestellt wurden. In diese Zeit fällt auch die Reforma-

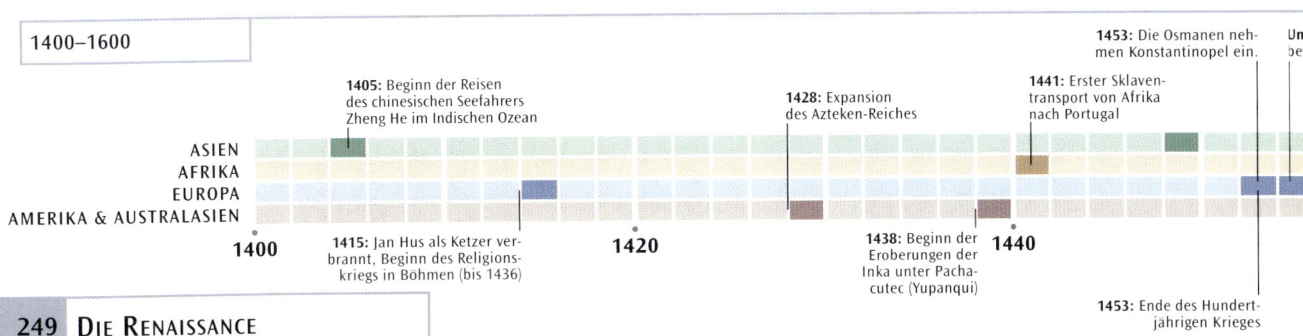

Der David des Donatello

Donatello (Donato di Niccolò di Betto Bardi, 1386–1466), ein Bildhauer der Renaissance, versuchte in seinem Werk, entsprechend humanistischen Idealen, die Leiblichkeit des Menschen darzustellen, die in der mittelalterlichen Kunst als nicht darstellenswert galt. Sein nackter David war der erste frei stehende europäische Akt seit der Antike. Im Unterschied zur formalen Kunst des Mittelalters steht hier die natürliche Darstellung des Menschen im Vordergrund. Donatello beeinflusste maßgeblich die Malerei der Renaissance. Sein Bronzedavid ist ein typisches Beispiel für die Verbindung christlicher und antiker Elemente in der Kunst der Renaissance.

Steinmetze und Bildhauer

Die Architekten der Renaissance orientierten sich lieber an antiken Vorbildern als an gotischen Vorgaben. Sie bauten unter Berücksichtigung der einfachen und klaren Struktur Bögen, Säulen und Kapitelle. Filippo Brunelleschi (1377–1466) revolutionierte die Renaissancearchitektur, als er die riesige Kuppel, die den Florentiner Dom überdacht, nach antiken Prinzipien baute. Die wohlhabenden italienischen Stadtstaaten des späten 14. und 15. Jahrhunderts wetteiferten miteinander um die schönsten Kirchen und öffentlichen Gebäude. Dementsprechend waren Steinmetze und Bildhauer damals sehr begehrt *(unten)*.

ASIEN

1401 Timur plündert zum zweiten Mal Bagdad.

1402 Die Osmanen werden von Timur bei Ankara besiegt.

1403 Der *Yongle Dadian (Großer Kodex der Regierungsepoche Yongle)*, eine chinesische Enzyklopädie, wird fertig gestellt.

1404 Beginn der Handelsbeziehungen zwischen Ming-China und Japan.

1405 Der von Timur gebaute Registan in Samarkand gehört zu den schönsten architektonischen Anlagen der Stadt.

Timur stirbt auf einem Feldzug gegen Ming-China.

1433 ▼ Der chinesische Seefahrer Zheng He startet seine siebenjährige Erforschung des Indischen Ozeans († 1433).

1406 Bau des Gur-Emir-Mausoleums in Smarkand.

1427 ▼ Ming-China besetzt Annam im heutigen Vietnam.

1424 ▼ **1409** Erfolglose Militärkampagnen der Ming gegen die Mongolen (bis 1424).

AFRIKA

1402 Kastilische Seefahrer und Siedler erreichen die Kanarischen Inseln.

1406 Der berühmte arabische Diplomat und Historiker Ibn Chaldun Abd ar-Rahman Ibn Mohammed vollendet sein Werk *Mukkadima*, die weltweit erste umfassende soziologische und kulturgeschichtliche Abhandlung, die versucht, die Gesetzmäßigkeiten des Aufstiegs und des Niedergangs von Staaten anhand der arabischen Geschichte zu verstehen.

Tod Ibn Chalduns.

1410 Tod von Kanajeji, dem König der Kano, unter dessen Herrschaft es den Hausa gelungen ist, den transsaharischen Handel zu kontrollieren. Die Kavallerie der Hausa ist mit Eisenwaffen und Rüstungen ausgestattet.

EUROPA

1401 Durch Heirat werden Polen und Litauen gemeinsam zum größten Staat Europas und bilden ein Bollwerk gegen den Ansturm der Mongolen auf Europa.

1402 Der Theologe und Reformator Jan Hus (dt. Johannes Huss) beginnt in der Prager Bethlehemkapelle zu predigen.

Heinrich III. von Kastilien entsendet Truppen zur Unterwerfung der Kanarischen Inseln.

1405 Florenz besiegt Pisa und erlangt damit einen Zugang zum Meer.

1406 Die Republik Genua weitet ihre Herrschaft auf Korsika aus.

Johannes Angelus (Giacomo d'Angelo) da Scarperia übersetzt die *Geographia* des Ptolemäus; damit beginnt die Geographie in Europa.

1408 Der *David* des Donatello ist ein frühes Meisterwerk der Renaissanceskulptur.

1409 Handelsvereinbarungen zwischen England und der norddeutschen Hanse.

1410 Ferdinand I. von Kastilien nimmt Antequera ein, wird König von Aragón.

Schlacht von Tannenberg; die Polen werden vom Deutschen Orden besiegt.

Der italienische Architekt und Erfinder Brunelleschi experimentiert mit Spiralfedern für eine mechanische Uhr.

AMERIKA & AUSTRALASIEN

1410 Unter der Regierung von Huiracocha Inca, dem mythischen ersten Inka-Herrscher, wächst das Reich. Die Gesellschaftsstruktur wird hierarchischer und formaler.

Seereisen des Zheng He (1405–1433)

Zheng He, ein chinesischer Admiral und Diplomat, unternahm im Auftrag des chinesischen Kaisers mehrere große Expeditionen in den Indischen Ozean, um Chinas Einflussbereich auszuweiten.

1405–1407	Java, Sumatra, Ceylon, Calicut
1407–1409	Thailand, Cochin, Calicut, Champa
1409–1411	Champa, Java, Melaka, Ceylon, Calicut
1413–1415	Ceylon, Malediven, Persischer Golf
1417–1419	Persischer Golf, Aden, Mogadischu
1421–1422	Aden, Dhofar, Thailand
1431–1433	Andamanen, Chittagong, Persischer Golf, Djidda, Malindi, Ceylon

Mittelalterliche Chroniken

Während des Mittelalters gab es eine deutliche Zunahme bei der Erstellung von Handschriften, von Büchern über Heilige bis hin zu philosophischen Abhandlungen, Kriegsberichten sowie Geschichten- und Legendensammlungen. In all diesen Werken fällt auf, dass kein Unterschied zwischen Vergangenheit und Gegenwart, zwischen Kosmopolitischem und Lokalem, zwischen Menschlichem und Übernatürlichem gemacht wird – entsprechend der mittelalterlichen Weltsicht. Deshalb kann man diese Schriften nicht als objektive Geschichtsbücher im modernen Sinn lesen.

Die im Spätmittelalter beliebten Kriegschroniken machten einzelne Verfasser wie die Franzosen Jean Froissart (1337–1410) und Jean Wavrin (1400–1471) berühmt. Froissarts sehr romantisierende Erzählungen sind von Heldentaten geprägt. Wavrin konnte seine wunderbar illustrierte *Chronique d'Angleterre* König Eduard IV. von England zeigen.

Das zentrale Thema *von Froissarts Chroniken sind die »heldenhaften Kämpfe« des Hundertjährigen Krieges. Diese Szene zeigt die erfolglose französische Expedition nach Nordafrika im Jahr 1390.*

Monatsblatt Juni aus Die vier Jahreszeiten des Herzogs von Berry (Les Très Riches Heures du Duc de Berry). *Die von den Brüdern Limburg und Jean Colombe stammende Handschrift ist eine der schönsten, die im Mittelalter für einen privaten Auftraggeber geschaffen wurden.*

Stundenbücher

Die Menschen des Mittelalters maßen die Zeit in erster Linie nach dem Ablauf der Jahreszeiten und dem täglichen Lauf der Sonne. Das Zeitgefühl im christlichen Europa war sehr eng mit den Riten und Festen des Kirchenjahres und den Zyklen des landwirtschaftlichen Jahres verbunden. Ab dem 10. Jahrhundert wurde es in wohlhabenden Kreisen üblich, illuminierte Stundenbücher in Auftrag zu geben, die neben den zwölf Monaten und den christlichen Feiertagen auch die Texte für die täglichen Stundengebete enthielten.

Die vier Jahreszeiten des Herzogs von Berry (Les Très Riches Heures du Duc de Berry), das von diesem im frühen 15. Jahrhundert in Auftrag gegeben wurde, gehört zu den schönsten Handschriften dieser Art. Der Kalenderteil enthält Monatsblätter, deren Miniaturmalereien die landwirtschaftlichen Arbeiten entsprechend den Jahreszeiten darstellen.

Die großen Feste des liturgischen Jahres – Weihnachten, Ostern, Himmelfahrt, Pfingsten und Allerheiligen – wurden mit besonderen Festen und Mahlzeiten gefeiert. Die christlichen Feiertage waren ein Spiegelbild des landwirtschaftlichen Jahres. Zwischen Juni und September, in den arbeitsreichsten Monaten der Landwirtschaft, gab es kaum Feiertage, anders als in den ruhigeren Wintertagen.

ASIEN

1414 Der König von Melaka, Paramesvara, konvertiert zum Islam.

1419 Sejong wird König von Korea; Blüte der koreanischen Kunst. Erfolgreicher Kampf gegen japanische Piraten, die die koreanische Küste unsicher machen (bis 1451).

1420 Die Ming verlegen die Hauptstadt nach Peking; es ist die vermutlich weltweit größte Stadt dieser Zeit.

AFRIKA

1415 Die Portugiesen nehmen Ceuta in Marokko ein, Beginn des portugiesischen Kolonialreiches.

Das ostafrikanische Malindi (an der kenianischen Küste) sendet Botschafter nach China.

1418 Unter Heinrich dem Seefahrer entdecken und besiedeln die Portugiesen Madeira. Sie pflanzen dort Zuckerrohr aus Sizilien an.

EUROPA

1411 Aragón und Portugal schließen Frieden nach 30 Jahren Krieg.

Um 1411 Andrej Rubljow beendet *Die Heilige Dreifaltigkeit* im Kloster Sagorsk. Höhepunkt russischer Ikonenmalerei.

Abzug für Handfeuerwaffen in Deutschland erfunden.

1435 ▼ **1413** Heinrich V. († 1422) wird König von England. Flottenbau; neue Phase im Hundertjährigen Krieg.

1434 ▼ **1414** Die Familie Medici wird zum Bankier des Papstes.

Der Aufstand der Lollarden, eines als ketzerisch betrachteten religiös motivierten Krankenpflegevereins, wird in England niedergeschlagen.

Um 1414 *De Imitatione Christi* (Über die Nachfolge Christi) von Thomas von Kempen, Hauptwerk der Theologie des Mittelalters.

1415 Invasion von Heinrich V. in Frankreich; Feldzüge in Nordwestfrankreich, wichtigster englischer Sieg in Agincourt.

Jan Hus (Johannes Huss) in Konstanz als Ketzer verbrannt.

1417 Ende des abendländischen Schismas (Kirchenspaltung mit mehreren Päpsten) der katholischen Kirche.

1419 Prager Fenstersturz: Hussiten werfen als Reaktion auf Hussitenverfolgung durch König Wenzel einen katholischen Richter und einige Ratsherren aus dem Fenster. Damit beginnen in Böhmen die Hussitenkriege (bis 1436).

Heinrich V. nimmt Rouen ein, Normandie größtenteils von England beherrscht.

Prinz Heinrich der Seefahrer gründet im südportugiesischen Sagres Observatorium und Seefahrerschule.

1420 Frieden von Troyes; Heinrich V. heiratet Katharina von Valois.

Um 1420 Filippo Brunelleschi entdeckt die Perspektive. Er setzt für seine Kunst eine Konstruktion aus Rahmen und Spiegel ein, die ihm einen perspektivisch genauen Blick auf sein Objekt gewährt. Er beginnt mit dem Bau der Kuppel des Doms in Florenz (Fertigstellung 1434.)

AMERIKA & AUSTRALASIEN

1420 Chimú conquer Lambayeque culture, N Peru.

Ikonen

In der christlich-orthodoxen Tradition werden Ikonen als authentische Darstellungen des Göttlichen betrachtet. Traditionell wurden Ikonen nur von Geistlichen geschaffen. Dargestellt werden Ereignisse oder Personen der Heiligen Schrift als Wandbilder, auf Holztafeln oder als Mosaiken. Sehr schöne, in dunklen Farben gehaltene Ikonen stammen aus Konstantinopel. Aus dem 13. und 14. Jahrhundert stammende russische Ikonen weisen hellere Farben auf.

Die Heilige Dreifaltigkeit *(um 1410) von Andrej Rubljow (um 1370–1430). Rubljow arbeitete in der Sfumato-Technik, die sich durch gedämpfte Farbigkeit auszeichnet.*

Jan Hus (um 1370–1415)

Jan Hus (Johannes Huss) studierte Theologie und Philosophie an der Prager Universität. Er war ein Anhänger der Theorie von Wycliffe, nach dem nur die Autorität des Gewissens gilt. Seine Kritik am Klerus und seine Predigten nahmen lutherische Thesen vorweg. Radikaler Reformeifer, gepaart mit böhmischem Nationalismus brachte ihn jedoch in Konflikt mit Kirche und Krone. Er starb auf dem Scheiterhaufen.

Tommaso Masaccio

Der Florentiner Künstler Masaccio (1401–1428) gilt als der Begründer der Renaissancemalerei. Die Anwendung der Zentralperspektive war eine bahnbrechende Neuerung, die die Kunst nach ihm nachhaltig beeinflusste. Die mithilfe von Licht und Schatten plastisch modellierten Gestalten wirken sehr dreidimensional. Dieses Gestaltungsmittel ist in der Kunst als Chiaroscuro (Helldunkel) bekannt.

Das hier abgebildete Gemälde, die erste Aktdarstellung seit der Antike, zeigt die Vertreibung von Adam und Eva aus dem Paradies *(oben)*. Indem Masaccio seine Gestalten in einen antiken Gesamtrahmen stellt, verstärkt er den perspektivischen Eindruck und setzt gleichzeitig Bezugspunkte auf christliches und antikes Erbe. Masaccios Einfluss auf die Kunst war groß. Auch Michelangelo kopierte Masaccios Werke, um dessen Technik zu lernen.

ASIEN

1424 Ende des langen Ming-Feldzuges gegen die Mongolen.

1427 Die Ming werden aus Annam, Nordvietnam, vertrieben.

AFRIKA

1427 Der äthiopische Kaiser Yeshaq schickt eine Gesandtschaft ins spanische Aragón, um eine Allianz gegen den Islam zu bilden.

1430 Die Sultane von Kilwa starten ein groß angelegtes Bauprogramm.

EUROPA

1421 Heinrich V. belagert mit seinen Truppen die Gegend von Paris.

In Italien wird ein Patentrecht eingeführt.

La belle dame sans merci von Alain Chartier entsteht, eine ironische Ballade über eine abgewiesene Liebe.

Über 100000 Menschen sterben in den Niederlanden bei der Elisabethflut, die zur Bildung der Zuidersee führt.

1422 Lissabon wird Hauptstadt Portugals.

1423 Beginn des 30-jährigen Krieges zwischen Mailand und Florenz.

1424 Die Mamelucken beginnen mit einer Reihe von erfolglosen Invasionsversuchen auf Zypern (bis 1426).

Jakob I. von Schottland wird nach 18 Jahren Gefangenschaft von den Engländern wieder befreit und zum König von Schottland gekrönt.

1425 Machtkämpfe führen in Moskau zu einem Bürgerkrieg (bis 1450).

Um 1425 Masaccio beginnt im naturalistischen Stil zu malen und benutzt dabei die neu entdeckte Perspektive; Beginn der Florentiner Renaissancemalerei.

1428 Friedensvereinbarung zwischen Mailand und Venedig.

1431 ▼

1429 Die Belagerung von Orléans durch die Engländer wird von Jeanne d'Arc gebrochen, die das wieder erstarkte Frankreich in den Hundertjährigen Krieg führt und die Stadt zurückerobert.

1430 Die Osmanen übernehmen Saloniki.

Um 1430 Rüstungen ersetzen allmählich die vorher üblichen Kettenhemden.

Entstehung des Frühneuhochdeutschen auf der Grundlage vorhandener Schreibtradition.

AMERIKA & AUSTRALASIEN

1425 Die Maya beherrschen unter Quicab das guatemaltekische Hochland.

1428 Beginn der Expansion des Azteken-Reiches. Die Azteken besiegen Atzcapotzalco und werden damit die vorherrschende Macht in Zentralmexiko. Sie schließen Bündnisse mit Texcoco und Tlacopán. Itzcóatl (»Obsidianschlange«) wird Herrscher des Azteken-Reiches.

Die Miniatur aus dem 15.Jh. *zeigt den Herzog von Orléans, den man im Jahr 1415 in Agincourt gefangen nahm, in dem Turm, in dem er 25 Jahre seines Lebens eingekerkert war.*

Der Tower von London

Mit dem Bau des zentralen Verlieses des Towers – dem »weißen Turm« – wurde schon im 11. Jahrhundert (1078) unter Wilhelm dem Eroberer begonnen. Der Turm besteht aus weißem Schiefer, der aus der Normandie (Caen) stammt. Im 13. und 14. Jahrhundert wurden die Befestigungen über die Stadtmauer hinaus erweitert. In den darauf folgenden Jahrhunderten diente der Tower als Königssitz, Gefängnis und Richtplatz. Der Hauptzugang von der Themse aus ist das Traitor's Gate (Verrätertor), durch das Staatsverräter in den Tower gebracht wurden.

Himmelstempel, Peking

Mit dem Bau der Ming-Residenz in Peking wurde um 1400 begonnen. Sie war ein Symbol für Macht und Bedeutung der chinesischen Herrscher. Innerhalb der befestigten äußeren Stadt befand sich die Kaiserstadt, umgeben von 8 km langen Mauern. Darin lag, wiederum von Mauern umgeben, die »Verbotene Stadt«, der nur mit besonderer Erlaubnis zugängliche weitläufige Kaiserpalast mit zahlreichen Räumen und Höfen. Der in der äußeren Stadt gelegene Himmelstempel *(links)* besteht aus dem Runden Altar, der Echomauer, dem Gewölbe des Himmels und der Gebetshalle für Gute Ernten.

Jeanne d'Arc (um 1412–1431)

Die 1920 heilig gesprochene französische Nationalheldin Jeanne d'Arc (Johanna von Orléans) war die Führerin des Befreiungskampfes gegen die Engländer im Hundertjährigen Krieg. Nach Aufständen und dynastischen Streitigkeiten zwischen dem Haus Orléans und Burgund sowie dem englischen Königshaus erlangte 1420 der englische König Heinrich V. dank der Unterstützung des burgundischen Herzogs Philipp im Vertrag von Troyes die Regentschaft über Frankreich. Der Thronanwärter aus dem Haus Valois konnte den Süden halten. 1427 fühlte sich Johanna durch »Stimmen« dazu berufen, Frankreich und die Krönungsstadt Reims zu befreien und den Thronfolger zur Krönung zu führen.

Der um 1412 geborenen Johanna, einem begüterten Bauernmädchen aus dem lothringischen Domrémy, gelang es, Geistlichkeit und Thronanwärter von ihrer heiligen Sendung zu überzeugen. In Männerkleidung und bewaffnet führte sie die Franzosen zu einem Sieg, der 1429 in der Krönung Karls VII. gipfelte. Paris jedoch konnte nicht eingenommen werden. Johanna wurde 1430 in Compiègne von den Engländern gefangen genommen. 1431 wurde sie in Rouen der Ketzerei angeklagt und auf dem Scheiterhaufen verbrannt, ein Urteil, das 1456 von der Kirche aufgehoben wurde.

ASIEN

1433 In China verbieten die Ming den Bau hochseetauglicher Dschunken, um den Westhandel einzuschränken. Beginn der chinesischen Isolationspolitik.

Siebte Expedition des Zheng He im Indischen Ozean.

1434 Die Hauptstadt des Khmer-Reiches in Südostasien wird von Angkor nach Phnom Penh verlegt.

1438 Tod des Mamelucken-Sultans al-Zahiri; Beginn des Untergangs des Mamelucken-Reiches.

1439 Poggio Bracciolini dokumentiert die Asienreisen des Niccolò Conti.

1440 Bauernaufstände in ganz China.

AFRIKA

1431 Zheng He, Admiral unter den Ming, erreicht Malindi an der ostafrikanischen Küste; er tauscht Seide und Gold- und Silberbarren gegen Löwen, Nashörner und Myrrhe.

1433 Die Tuareg der Nordwestsahara erobern Timbuktu von Mali zurück und erhalten damit die Kontrolle über den Transsaharahandel.

1434 Der portugiesische Seefahrer Gil Eanes umrundet Kap Bojador, Westafrika.

1441 ▼

1436 Portugiesische Seefahrer beginnen mit der Erforschung der westafrikanischen Küste.

Bau der monumentalen Grabmoschee des Kaid Bei in Kairo († 1480).

EUROPA

1431 Jeanne d'Arc von den Engländern in Rouen, Frankreich, als Ketzerin verbrannt.

Heinrich VI. von England wird in Paris zum König von Frankreich gekrönt.

Waffenstillstand zwischen England und Schottland.

Die Hussiten, Anhänger des Ketzers Jan Hus, gewinnen während der vorreformatorischen Religionskriege gegen den deutschen Kaiser eine Reihe von Schlachten.

1432 Die Portugiesen entdecken im Nordatlantik eine unbewohnte Inselgruppe, die sie Azoren nennen.

1434 Schlacht von Lipany; Sieg der gemäßigten Hussiten (Utraquisten) gegen die radikalen Hussiten (Taboriten).

1450 ▼ Riksdag (Reichstag): erste Versammlung des schwedischen Parlaments.

Cosimo de Medici steht an der Spitze von Florenz; die Florentiner Republik entsteht und wird zu einem Zentrum der Kunst.

1449 ▼ **1435** Kongress von Arras und Vertrag von Arras; Versöhnung zwischen dem mit England verbündeten Burgund und Frankreich.

Ende der Allianz zwischen Burgund und England.

Vertrag von Arras bestätigt Karl VII. als König von Frankreich.

Um 1435 Das in Flandern gelegene Brügge entwickelt sich zur Wirtschafts- und Kunstmetropole Nordwesteuropas.

1436 Kaiser Siegmund als König von Böhmen anerkannt.

Um 1437 John Dunstable entwickelt den Kontrapunkt in der Musik.

1439 Unionskonzil in Ferrara erreicht nach gescheitertem Basler Konzil die Union zwischen griechischer und römisch-katholischer Kirche.

1440 Gründung des Eton College, England.

Um 1440 In Europa wird der Quadrant erfunden.

AMERIKA & AUSTRALASIEN

1445 ▼ **1438** Pachacutec (Yupanqui) wird Herrscher der Inka († 1471). Unter ihm beginnt die Expansionspolitik der Inka. Das Reich erlangt seine größte Ausdehnung und beherrscht die Zentralanden. Beginn der militärischen Eroberungen, Sieg über Chancay, Unterwerfung der Regionen am Titicacasee mit anschließender Herrschaft über das Andenhochland.

1440 Motecuhzoma I. (Moctezuma) wird Herrscher des Azteken-Reiches.

Timbuktu

Die westafrikanische Stadt wurde 1100 von den Tuareg als Handelsposten gegründet. Mit der Entstehung des islamischen Großreichs Mali nach 1300 entwickelt sich Timbuktu zum prosperierenden islamischen Zentrum Westafrikas. Sein Reichtum basierte auf dem transsaharischen Gold- und Salzhandel. 1433 erobern die Tuareg die Stadt zurück.

Der Dom von Florenz

Europas viertgrößte Kathedrale wird von einer achteckigen Kuppel überdacht, deren Architekt Filippo Brunelleschi war. Die 1436 vollendete Kuppel besteht aus einer inneren und einer äußeren Mauer. Das wahrscheinlich aus dem 4. Jahrhundert stammende Baptisterium, in dem Dante getauft wurde, ist wegen der Bronzetüren (1401–1452) von Lorenzo Ghiberti bekannt. Der Glockenturm stammt von Giotto (1334).

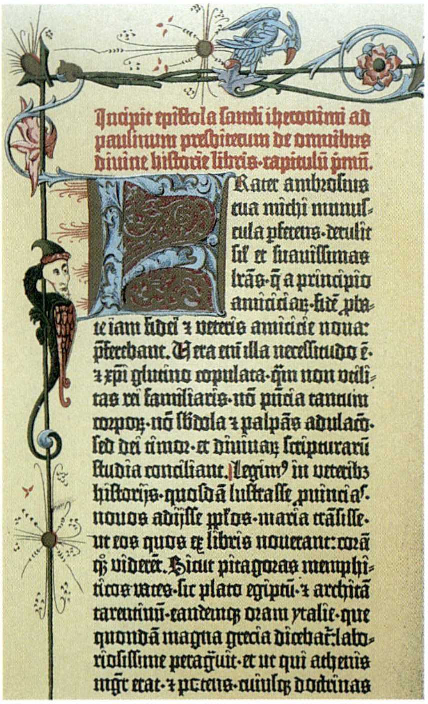

Die besonders schöne, von Johannes Gutenberg 1456 herausgegebene Bibel ist in Latein verfasst (Vulgata). Im 15. Jahrhundert wurden mindestens 163 Vulgata-Ausgaben der Bibel veröffentlicht.

Die Gutenberg-Revolution

Die Erfindung beweglicher Metalllettern in Europa leitete eine Umwälzung bei den Massenmedien ein. Zu den Pionieren der neuen Technologie gehörte der Mainzer Johannes Gutenberg. Unter seinen ersten Werken war die 1454 herausgegebene päpstliche Ablassbulle für Zypern, gefolgt von der zwei Jahre später veröffentlichten 42-zeiligen Gutenberg-Bibel in zwei Bänden. Bis 1520 gab es dann mehr als 200 unterschiedliche Druckversionen der Bibel, viele davon in Vernakularsprachen (lokalen Sprachen oder Mundarten anstatt in Latein).

Mit der Ausbreitung des Buchdrucks über ganz Europa wurde der Preis für das einzelne Buch niedriger. In der Folge lasen mehr Leute, neue Ideen verbreiteten sich rascher als vorher und begünstigten so den Austausch zwischen den einzelnen Kulturen. Gesetze und Verordnungen konnten nun einem breiten Publikum schriftlich zugänglich gemacht und Nachrichten einem größeren Publikum schneller bekannt gemacht werden.

Der Buchdruck war ein Motor der Reformation *(siehe S. 274–275)*, denn er ermöglichte die weite Verbreitung abweichender religiöser Ansichten in Form gedruckter Pamphlete. Zwischen 1518 und 1523 zirkulierten in Deutschland etwa 500 000 Publikationen, meist in Vernakularsprache.

ASIEN

1443 Gründung der Großen Bibliothek von Herat, Persien.

1445 Malakka (Malaysia) wird islamisch.

1447 Persien, Afghanistan und Nordindien erlangen nach dem Tod Timurs ihre Unabhängigkeit zurück.

Tod von Schah Rukh (Sohn Timurs).

1449 Tod von Ulug Beg, Timurs Enkel, Herrscher und Astronom, Verfasser der damals für ihre Genauigkeit berühmten astronomischen Tafeln.

Die Mongolen besiegen die Chinesen und nehmen den Ming-Kaiser gefangen.

Unter dem achten Shogun Japans, Ashikaga Yoshimasa, kommt es zum Niedergang der höfischen Gesellschaft.

Zenklöster sind intellektuelle Zentren der japanischen Gesellschaft.

Um 1450 Der Islam verbreitet sich über Südostasien.

China: Höhepunkt der Emaillekunst der Ming.

AFRIKA

1441 Erstes Sklavenschiff bringt Sklaven nach Portugal.

Unionsvertrag zwischen äthiopischer und römischer Kirche.

1442 Al-Makrisi, arabischer Geschichtsschreiber, verfasst eine detaillierte topographische Geschichte Ägyptens.

1444 Portugiesische Seefahrer erreichen die Kapverdischen Inseln.

Um 1450 Beginn des Untergangs des Reiches Groß-Simbabwe, vermutlich aufgrund einer Hyperinflation.

Südafrika: Gründung des Reiches Mwenemutapa (Monomotapa).

Das Songhai-Reich im zentralen Westafrika erreicht seine größte Ausdehnung. In Timbuktu wird eine islamische Universität gegründet.

1441 Heinrich VI. gründet das King's College, Cambridge.

Tod von Jan van Eyck, dem führenden Vertreter der nordwesteuropäischen Renaissancemalerei.

1442 Johanniter schlagen Angriff der Mamelucken auf Rhodos zurück (bis 1444).

Alfons V. von Aragón besiegt Neapel und wird zum König gekrönt.

1443 Albanien erklärt seine Unabhängigkeit, nachdem der regierende Feldherr Georg Kastriota (Skanderbeg) sich nach erfolgreichem Kampf gegen die Türken zum Christentum bekehrt hat.

Epiros wird von den Osmanen eingenommen.

1444 Die Osmanen siegen gegen die Kreuzfahrer bei Warna. Tod Ladislaus III. von Polen und Ungarn.

Um 1445 Einführung des Buchdrucks mittels beweglicher Metallletteern in Deutschland durch Johannes Gutenberg.

1448 Konstantin X., letzter oströmischer Kaiser (Byzanz), gelangt auf den Thron.

Die Osmanen erringen unter Sultan Murad II. auf dem Amselfeld einen entscheidenden Sieg über Ungarn.

1453 ▼ **1449** Der Friede von Tours wird von England gebrochen: letzte Phase des Hundertjährigen Krieges zwischen Frankreich und England. Frankreich erobert Rouen und die Normandie zurück (bis 1450).

1450 Städtebündnis zwischen Florenz, Neapel und Mailand erringt Vorherrschaft in Nord- und Mittelitalien und drängt den Einfluss des Kirchenstaates zurück.

Francesco Sforza übernimmt die Macht im Herzogtum Mailand.

1457 ▼ Beginn der dänisch-norwegischen Union; Schweden befindet sich im Bürgerkrieg.

Gründung der Universität von Barcelona.

Um 1450 Nikolaus von Kues (Deutschland) entwickelt konkave Linsen zur Korrektur der Kurzsichtigkeit.

Zahnfüllungen aus Gold sind in Gebrauch.

1476 ▼ **1445** Die Inka besiegen die Chimú und festigen ihre Herrschaft an der Pazifikküste.

Um 1450 Dramatischer Rückgang der Bevölkerung im mittleren Mississippital (Nordamerika), wahrscheinlich aufgrund einer Seuche.

***Ein aztekischer Priester** entreißt einem Menschenopfer das Herz. In den letzten Jahrzehnten aztekischer Herrschaft wurden jährlich etwa 15000 Menschen geopfert. Die Azteken glaubten, dass ihre Götter Menschenblut benötigten, und dass ohne Menschenopfer das Weltende hereinbrechen würde.*

Der Aufstieg der Azteken

1428 gelang es dem aztekischen König Itzcóatl, eine Allianz mit den beiden benachbarten Staaten Texcoco und Tlacopán zu bilden und so das mächtige Nachbarreich der Tapeneken zu besiegen. Nach nur kurzer Zeit beherrschten die Azteken ein riesiges Reich mit etwa 10 Millionen Einwohnern. Im Zentrum des Reiches stand die heilige Stadt Tenochtitlán mit Hunderten von Tempeln, einer riesigen Doppelpyramide, dem Königspalast und großen Märkten in jedem Stadtteil. Ausgeklügelte Bewässerungssysteme schufen ein fruchtbares Umland. Allerdings fehlten einige begehrte Rohstoffe. Diese lieferten die von den Azteken besiegten Nachbarvölker als Tributzahlungen – neben den Menschenopfern für die Zeremonien in Tenochtitlán, die ebenfalls von diesen Völkern geleistet werden mussten.

Das Azteken-Reich wurde von einem Priesterkönig geführt, den ein Rat von Adligen, Priestern und Kriegern wählte. Eine große, gut strukturierte Armee war in der Lage, die Nachbarvölker zu unterwerfen. Bei Ankunft der Spanier 1519 verbündeten sich diese von den Azteken terrorisierten Völker mit den europäischen Eroberern. Innerhalb von zwei Jahren fiel das Azteken-Reich. Die Hauptstadt erhielt von den Spaniern den neuen Namen Mexiko.

Sandro Botticelli (1444–1510)

Der als Alessandro di Mariano Filipepi geborenen italienische Maler Sandro Botticelli war ein Schüler des berühmten florentinischen Malers Fra Filippo Lippi. Er lebte vor allem in Florenz unter dem Patronat von Lorenzo di Medici. Für die künstlerischen Arbeiten an der Sixtinischen Kapelle hielt er sich jedoch in Rom auf. Seine Malerei ist – typisch für die Renaissance – von antiken Themen und Mythen beeinflusst. Eines seiner Werke ist *La Primavera* (Der Frühling). Der Ausschnitt oben aus diesem Meisterwerk über die Geschichte der Nymphe Chloris zeigt die drei Grazien.

Topkapi-Palast, Konstantinopel

Nach der Eroberung Konstantinopels 1453 begann der osmanische Sultan Mehmed II. Fatih damit, die zerstörte Stadt wieder aufzubauen. Eines der prächtigsten neuen Gebäude war der zwischen 1454 und 1472 entstandene Topkapi-Palast, Regierungssitz und Privatresidenz des Herrschers. Er bestand aus einer Reihe von Pavillons oder »Kiosken«, die über vier große Höfe verteilt waren. Der wichtigste war der Çinili Kiosk (Fliesenpavillon, *oben*).

ASIEN

1451 Mit den Lodi erlangt die erste Paschtunen-Dynastie (aus Afghanistan) die Macht in Delhi.

1453 Mit der Eroberung Konstantinopels durch die Osmanen herrscht erstmals eine asiatische Dynastie innerhalb Europas.

Um 1460 Unter den Ming wird eine Porzellanfabrik erbaut, die Exportware für Europa herstellt.

AFRIKA

1460 Sunni Ali ist König der Songhai (bis 1490).

1452 Lorenzo Ghiberti beendet seine *Paradiestür* mit einem Bronzerelief, die sich im Baptisterium des Doms von Florenz befindet.

1453 Bordeaux fällt an Frankreich, Ende des Hundertjährigen Krieges. England verliert die französischen Gebiete außer Calais.

Mit der osmanischen Eroberung Konstantinopels endet das oströmische Reich.

Unter den Osmanen wird die Hagia Sophia in Konstantinopel zu einer Moschee.

1454 Frieden von Lodi in Italien.

Beginn des Dreizehnjährigen Krieges zwischen Polen und Deutschem Orden.

Bau des Topkapi in Konstantinopel.

1460

1455 Bürgerkrieg in England zwischen dem Haus York und dem Haus Lancaster: Rosenkrieg (bis 1485).

Bau des Palazzo Venezia in Rom vollendet, typischer Renaissancepalast.

1456 Die Ungarn besiegen die Osmanen bei Belgrad.

Die Osmanen nehmen Athen ein.

Vlad III. Tepes, der Pfähler, ist rumänischer König († 1477). Seine Brutalität ist Quelle der Legende um Graf Dracula.

Das kleine Testament (Le Petit Testament) von François Villon, französischer Dichter und Krimineller.

Der berühmte florentinische Maler Alessandro Botticelli beendet das Bild *La Primavera* (Der Frühling).

1457 Christian I. von Dänemark und Norwegen wird König von Schweden.

Deutschordensritter verlieren Marienburg an Polen; neues Hauptquartier ist nun Königsberg.

1459 Serbien wird von den Osmanen annektiert.

1460 Schleswig-Holstein kommt im Vertrag von Ribe zu Dänemark.

Bedeutende Niederlage des Hauses York im englischen Wakefield; Richard, Herzog von York, wird in der Schlacht getötet.

Die Osmanen haben den Peloponnes vollständig erobert.

Die Eroberung Konstantinopels

Nach 54 Tagen Belagerung unter Sultan Mehmed II. gelang es den Osmanen mit ihren Geschützen, am 29. Mai 1453 ein großes Loch in die doppelte Stadtmauer zu schießen, die Theodosius II. zwischen 412 und 422 als Schutzwall um die Stadt hatte erbauen lassen. Sie umgab die Stadt auf einer Länge von 6,5 km und wies 192 befestigte Türme und elf Tore auf. Bis zum Ansturm der 100000 Mann starken Truppen unter Mehmed II. war sie uneinnehmbar gewesen. Mehmet II. hatte den osmanischen Thron 1451 bestiegen. Das von ihm beherrschte Osmanische Reich breitete sich nach der Gründung um 1300 bis 1362 über das ganze alte Reichsgebiet von Byzanz aus. Nur Konstantinopel, die Reichshauptstadt, und ein kleines Gebiet westlich der Stadt blieben unbesetzt.

Die Bevölkerung wehrte sich heftig gegen die osmanischen Belagerer. Kurz nachdem Konstantin XI. in der Schlacht gefallen war, fiel jedoch auch die Stadt, womit das Byzantinische Reich endete.

Mehmed II. war ein kultivierter Herrscher und ein fähiger militärischer Taktiker. Er machte Konstantinopel zur kosmopolitischen Hauptstadt des Osmanischen Reiches, in der Muslime, Christen und Juden lebten.

Mit dem Fall von Konstantinopel *fiel eine große Barriere gegen die Ausbreitung des Islam nach Europa.*

Glasierte Steinstatuette aus der Zeit des Königs Trailok.

König Trailok

Trailok, achter König von Siam (Thailand) (1448–1488), reformierte die Verwaltung tiefgreifend und zentralisierte das politische System, das so bis ins 19. Jahrhundert erhalten blieb. Innerhalb der Regierung wurden die Aufgaben der einzelnen Abteilungen genau festgelegt. Außerdem führte er ein numerisches Rangsystem in der siamesischen Gesellschaft ein, das sich z. B. am Landeigentum festmachen ließ: So wurden etwa den Rangniedrigsten 4 ha Land zugeteilt. 1468 erließ Trailok ein Gesetz, das die Thronfolge regelte.

Trailoks Regierungszeit war überschattet vom Krieg mit dem Königreich Lan Na im Norden. Als sein Reich größer wurde, verlegte Trailok die Hauptstadt in den Norden nach Phitsanulok. Außerdem weitete er Siams Einfluss bis zur Malaiischen Halbinsel aus.

ASIEN

1461 Die Osmanen nehmen die christliche Stadt Trabzon in Nordanatolien ein.

1467 Der Onin-Krieg ist der Beginn der »Zeit der Streitenden Reiche« in Japan (bis 1477).

1468 Die Osmanen erobern Karaman.

1470 Russische Handelsmission, geleitet von Afanasij Nikitin, erreicht Bidar in Nordindien.

AFRIKA

1465 Beginn der Expansion der Songhai unter Sonni Ali. Die Songhai überfallen Mali und übernehmen dessen Vormachtstellung in Westafrika.

1468 Songhai unter Sonni Ali vertreiben die Tuareg aus Timbuktu.

1470 Die Portugiesen beginnen Handel an der Goldküste Westafrikas.

1461 York schlägt Lancaster bei Towton. Heinrich VI. von England wird abgesetzt, ersetzt durch Eduard IV.

In England wird Schießpulver hergestellt.

1462 Iwan III. der Große kommt in Moskau an die Macht († 1505), Beginn der Expansion der Moskowiter und der Feldzüge gegen die Tataren.

1466 Zweiter Thorner Frieden: Preußen wird Lehen von Polen, Deutscher Orden verliert Westpreußen.

1469 Heirat von Ferdinand II. von Aragón mit Isabella von Kastilien. Vereinigung der Königreiche zum Königreich Spanien.

Lorenzo de Medici (der Prächtige) übernimmt die Kontrolle über die Republik Florenz.

Marsilio Ficino übersetzt Platon ins Italienische.

1470 Heinrich VI. kehrt kurz auf den englischen Thron zurück († 1471).

Die Osmanen erobern Negroponte von Venedig zurück.

Das Astrolabium wird von europäischen Seefahrern zur Bestimmung des Breitengrades benutzt.

Erste Druckerpresse in Paris, Frankreich.

1473 ▼ **1469** Axayacatl kommt an die Macht im Azteken-Reich (bis 1481).

1471 ▼ **Um 1470** Die Inka erobern das Reich der Chimú.

Yi-Korea (1392–1910)

Nach dem Zusammenbruch des mongolischen Reiches 1353 gelangte in Korea die Yi-Dynastie an die Macht *(auch* Choson-Dynastie). Korea stand während dieser Zeit stark unter chinesischem Einfluss. Die Administration der Yi wurde nach dem Vorbild der chinesischen Bürokratie geformt, und der Buddhismus durch den puritanischen Neokonfuzianismus ersetzt, in dem Bildung und Erziehung einen hohen Stellenwert hatten. Durch Umverteilung von Landbesitz stieg eine neue Landadelsschicht, die *Yangban*, auf. Obwohl die zerklüftete Landschaft Koreas die wirtschaftliche Entwicklung erschwerte, entstand eine eigenständige koreanische Kultur. Einen Höhepunkt der koreanischen Geschichte bildet das 15. Jahrhundert.

Steinstatuen *von Beamten und Militärs, einige über 1,80 m hoch, wurden vor den Gräbern der königlichen Familie Koreas in Chim Jon bei Seoul errichtet.*

Der Rosenkrieg

Streit zwischen den Häusern Lancaster und York um den englischen Thron; beide beanspruchten ihn als Nachkommen der Söhne von Eduard III. Das Haus Lancaster siegte und gründete die Tudor-Dynastie

1452	Richard von York will Somerset, den Günstling Heinrichs VI., beseitigen. Die Armee Lancasters in Northampton hält York bei Ludlow auf.
1455	York schlägt die königliche Armee.
1461	Der junge Herzog von York wird zum König Eduard IV. erklärt. Sieg der Yorks in der Schlacht von Towton. Ende erste Phase des Rosenkriegs.
1469	Zweite Phase des Rosenkriegs (bis 1471).
1471	Schlachten von Barnet und Tewkesbury: York siegt.
1483	Dritte Phase des Rosenkriegs (bis 1487).
1485	Schlacht von Bosworth: Richard III. durch Heinrich Tudor geschlagen.
1485	Thronbesteigung Heinrichs VII. in England, Beginn der Tudor-Dynastie.

Porzellan

In der Zeit der Ming-Dynastie wurde die Wirtschaft in China immer marktorientierter. Porzellan, Seide, Tee und Lackwaren exportierte man im Tausch gegen Silber nach Ost- und Südostasien. Das Ansehen der Kaufleute stieg ständig, trotz der Abneigung der konfuzianischen Gelehrtenklasse gegen deren Tätigkeit. Sie wurden reich, kauften Land und lebten sehr stilvoll, manche wurden sogar zu Mäzenen der Künste.

Lokale Werkstätten begannen Porzellan, Papier und Kunstgegenstände zum Verkauf auf regionalen und nationalen Märkten herzustellen. Einige beschäftigten Hunderte von Arbeitern, der erste Schritt zur Industrialisierung. Im Tal des Jangtsekiang produzierten Werkstätten sowohl feines Porzellan für den kaiserlichen Hof als auch Alltagsgegenstände für normale Haushalte. Ein weitverzweigtes Kanalnetz verband die Werkstätten mit dem bevölkerungsreichen Süden. Chinesisches Porzellan wurde auch nach Westen exportiert. Es gibt viele Funde chinesischen Porzellans aus dem 15. Jahrhundert an der Ostküste Afrikas. Dank der spanischen Kolonisten in Manila gelangte chinesisches Porzellan über den Pazifik auch nach Amerika und Europa.

ASIEN

1471 Die Annamiten drängen nach Süden und überfallen den Hindu-Staat Cham in Südvietnam. Zusammenbruch Chams.

Um 1471 Osmanisches Gebiet erstreckt sich nun von den Taurusbergen bis zur Adria.

Endgültiger Niedergang der Khmer-Kultur.

1472 Die Perser halten die osmanische Expansion nach Osten in Otlukbeli auf.

Geburt des neokonfuzianischen Philosophen Wang Yangming.

1473 Die Venezianer zerstören Smyrna.

1480 Erfindung des arabischen sphärischen Astrolabiums.

AFRIKA

1471 Die Portugiesen erlangen Tanger von den Mauren.

Portugiesische Seefahrer erreichen den Golf von Guinea.

1472 Fernão do Pó, portugiesischer Seefahrer, entdeckt und beansprucht die Insel Fernando Póo vor Westafrika.

EUROPA

1472 Erste Veröffentlichung der *Etymologiae* von Bischof Isidorus von Sevilla.

Erstes gedrucktes Notenblatt in Bologna, Italien.

1473 Zypern kommt unter venezianische Herrschaft.

1474 Die Habsburger erkennen Unabhängigkeit der Schweizer Eidgenossen an.

Vertrag von Utrecht sichert der Hanse Handelsvorteile in England.

Nowgorod wird dem Großfürstentum Moskau einverleibt.

1475 Burgund auf der Höhe der Macht unter Karl dem Kühnen.

Veröffentlichung der *Geographia* von Ptolemäus.

1476 Die Schweizer besiegen die Burgunder unter Karl dem Kühnen bei Grandson und bei Murten.

William Caxton beginnt in Westminster, London, mit der Anfertigung von Druckerzeugnissen.

1477 Schlacht von Nancy, Karl der Kühne fällt. Die Habsburger erhalten die früheren burgundischen Länder, einschließlich Niederlande und Franche-Comté (Freigrafschaft Burgund).

1479 Friede von Konstantinopel. Venedig überlässt den Osmanen Lemnos und Albanien.

Die Portugiesen importieren Sklaven nach Spanien.

Vereinigung von Kastilien und Aragón.

1480 Ferdinand und Isabella von Spanien erlauben dem Papsttum, die Inquisition gegen die Häresie einzusetzen.

Moskau befreit sich von den Mongolen, Iwan der Große zahlt keinen Tribut mehr an die Tataren.

Um 1480 Wirkzeit von Giovanni Bellini, dem führenden Maler der venezianischen Renaissance.

Leonardo da Vinci beginnt mit wissenschaftlichen Experimenten.

AMERIKA & AUSTRALASIEN

1471 Topa Inca besteigt den Inka-Thron. Während seiner Regierungszeit (bis 1493) wird die weitere Expansion des Reiches nur vom Amazonasdschungel aufgehalten.

1473 Die Azteken unter Axayacatl besiegen und annektieren den Nachbarstaat Tlatelolco.

1476 Die Inka erobern die Südküste Perus.

1480 Bürgerkrieg in den nördlichen Maya-Staaten.

Der Kreml in Moskau

Der im Herzen von Moskau gelegene Kreml ist ein Symbol für die Macht und den Einfluss Russlands. Er wurde gegen Ende des 15. Jahrhunderts von italienischen Baumeistern auf Einladung des Großfürsten Iwan III., »des Großen«, errichtet.

Die äußere, mit Zinnen versehene rote Backsteinmauer umfasst 20 Türme, die meisten entwarf der italienische Architekt Pietro Solario um 1490. Die Mauer umschließt einen beeindruckenden offenen Platz, umgeben von Kathedralen und einer großfürstlichen Residenz. Die älteste, die Uspenskij-Kathedrale, wurde 1475–1479 im italienisch-byzantinischen Stil erbaut.

Die Verkündigungskathedrale mit ihrer Ansammlung goldener Dächer und Kuppeln wurde zwischen 1484 und 1489 von Handwerkern aus Pleskau errichtet. In der Erzengel-Michael-Kathedrale (1505–1508) befinden sich die Gräber der russischen Zaren mit Ausnahme von Boris Godunow. Der Facettenpalast (1497–1489), so genannt nach den diamantartig geschnittenen Steinen der Fassade, beherbergte Iwans Haushalt.

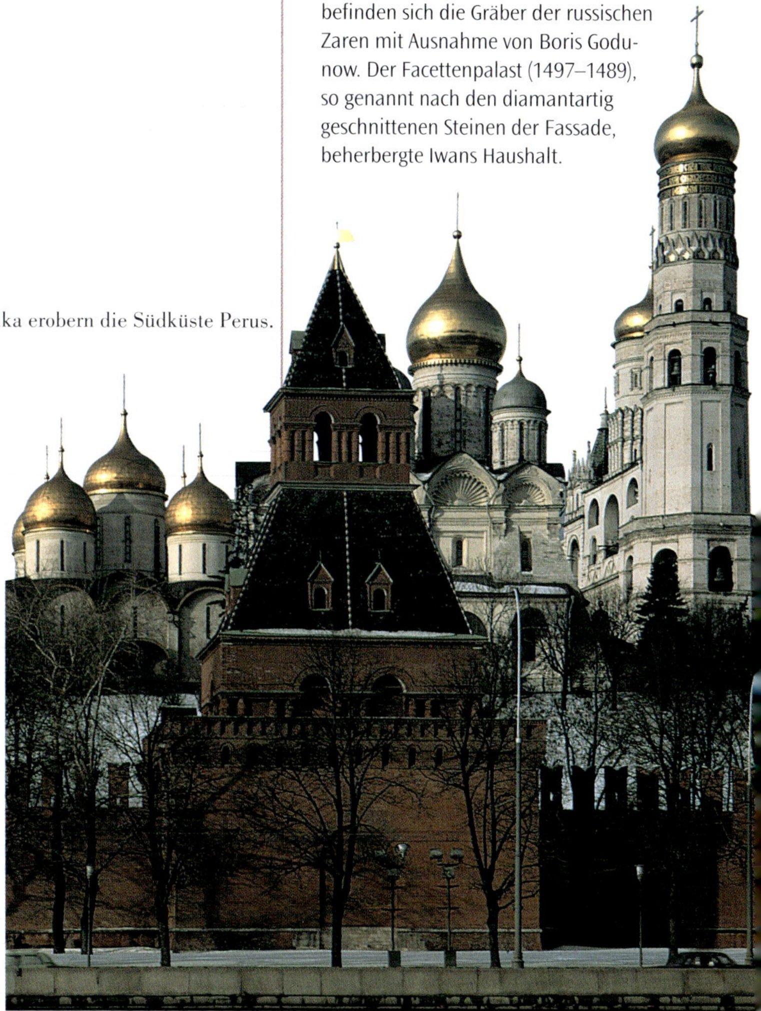

***Das Innere der Verkündigungskathedrale** (oben) ist komplett mit Fresken ausgemalt. Außerdem befinden sich hier Ikonen aus dem 15. Jh. von den berühmten russischen Ikonenmalern Andrej Rubljow und Theophanes dem Griechen.*

Die Inka

Das mächtige Inka-Reich in den peruanischen Anden beherrschte im 15. Jahrhundert die gesamte Region. Das Geheimnis seines Erfolgs lag in einer hoch organisierten Verwaltung, ausgezeichneter Kommunikation und strenger Kontrolle der Regierung über die landwirtschaftliche und handwerkliche Produktion. Ein weites Straßensystem, von Landbewohnern als Steuerabgabe gebaut, erleichterte den Transport von Soldaten und Waren und die Kommunikation.

Die beeindruckende Festungsstadt Machu Picchu *(oben)* liegt auf einer Höhe von 2350 m in den Anden westlich von Cuzco. Die Fläche im Zentrum wurde für den Bau von Tempeln und Plätzen eingeebnet. Dieser Bereich war umgeben von Häusern und terrassierten Gärten, die über mehr als 3000 Stufen verbunden waren.

Benin

Das Königreich Benin, in den Waldgebieten Nigerias gelegen, wurde zwischen dem 11. und 12. Jahrhundert gegründet. Der berühmte *Oba* (König) Ewuare der Große, (reg. etwa 1440–1480), der als großer Krieger und Magier beschrieben wird, führte die erbliche Nachfolge ein. Er baute die Hauptstadt wieder auf (die heutige Stadt Benin) und umgab sie mit Gräben und Erdwällen. Benin ist berühmt für seine Bronzeskulpturen, die *Obas*, die Häuptlinge, Händler, Höflinge und auch einen gerade eingetroffenen portugiesischen Soldaten *(links)* darstellen.

ASIEN

1481 Tod von Mehmet dem Eroberer. Er hat den größten Teil Serbiens, Albaniens, der Herzegowina, Bosniens und Griechenlands eingenommen und Anatolien unterworfen. Nachfolger ist sein Sohn Bajasid II.

Wirkzeit des italienischen Künstlers Gentile Bellini in Istanbul.

Aufstand im ländlichen Japan gegen Strafsteuern und hohe Zinsen.

1487 Der Portugiese Pero de Covilhã segelt durch das Rote Meer bis nach Indien (bis 1489).

1488 Die Ming-Kaiser beginnen mit dem Wiederaufbau der 1700 Jahre alten Großen Mauer.

Erster größerer Aufstand der Ikko-Buddhisten in Japan.

1489 Jusuf Adil Shahi, ein ehemaliger Sklave, wird Herrscher von Bijapur, Indien.

1490 Mausoleum des Timur (Tamerlan) in Samarkand errichtet.

AFRIKA

Um 1481 Die Mosi aus dem Savannengebiet südlich des Nigerknies überfallen das geschwächte Mali-Reich und kommen bis Oualata.

Die Portugiesen errichten Fort São Jorge da Mina (Elmina) an der Goldküste.

1483 Der portugiesische Erforscher Diogo Cão segelt um die Kongomündung und errichtet eine Steinsäule als Markstein für seine Ankunft.

1484 Diogo Cão landet in Angola.

1485 Vier portugiesische katholische Missionare treffen im Königreich Kongo (Angola) ein.

Um 1485 Ende der Regierung von Matope über den Monomotapa-Staat der Shona. Weitreichende Tributforderungen bezeugen die Macht Monomotapas.

1487 Der portugiesische Entdecker Bartolomeu Diaz umfährt das Kap der Guten Hoffnung.

1492 ▼

Um 1489 Die Armeen des Songhai-Reiches unter Sonni Ali machen Überfälle tief im Gebiet der Mosi.

1481 Johannes II. folgt seinem Vater auf den Thron von Portugal. Er initiiert viele Forschungsreisen.

1492 ▼ Spanischer Krieg gegen Granada.

Die osmanischen Türken in Otranto, Süditalien, geben nach einem Jahr Besetzung auf.

1482 Vertrag von Arras: Burgund und die Picardie gehen an Frankreich.

1483 Eduard IV. von England stirbt. Die beiden jungen Prinzen Eduard V. und Richard von York verschwinden; sie wurden vermutlich im Tower von London von ihrem Onkel und Nachfolger Richard III. ermordet.

Formelle Einsetzung der spanischen Inquisition durch die Vereinigung der Inquisition Aragóns mit der Kastiliens.

1508 ▼ Papst Sixtus IV. feiert die erste Messe in der Sixtinischen Kapelle.

1484 Die osmanischen Türken nehmen Akkerman an der Dnjestrmündung ein.

Das erste europäische Handbuch der Navigation und Seefahrt wird auf Anfrage von König Johannes von Portugal erstellt.

1492 ▼ **1485** Heinrich Tudors Sieg bei Bosworth über Richard III. etabliert die Tudor-Dynastie.

1486 Christoph Kolumbus überzeugt Königin Isabella von Spanien, seine Suche nach einem westlichen Seeweg nach Indien zu finanzieren.

Die Veröffentlichung des *Malleus Maleficarum*, eines Buches über Hexerei, zeigt, dass das Papsttum die zunehmenden Verfolgungen und Verbrennungen von Hexen zu unterstützen beginnt.

1487 Jakob Fugger, reicher Kaufmann aus Augsburg, erwirbt die Rechte, in Tirol Silber abzubauen.

1494 ▼ **1488** Aufstand unzufriedener Händler in Flandern. Der römische König Maximilian I. ist gezwungen, seine Herrschaft über die Niederlande aufzugeben.

1489 Die Venezianer erwerben Zypern nach einigen Jahrhunderten französischer Herrschaft.

1490 Anglo-spanisches Bündnis gegen Frankreich wird von Maximilian I. unterstützt.

Ladislaus II., König von Böhmen, wird ungarischer König. Die polnische Dynastie der Jagiellonen beherrscht jetzt Polen, Böhmen und Ungarn.

1487 Einweihung der großen Tempelpyramide zu Ehren von Huitzilopochtli in Tenochtitlán. 20 000 Menschen werden hier rituell geopfert.

Der Kaufmann und seine Frau *(von Marinus van Reymerswaele). Durch die Entdeckung der Neuen Welt gelangten große Mengen wertvoller Metalle nach Europa, womit die Vermögenszirkulation schlagartig zunahm.*

Geld und Bankwesen

Das Bankwesen entwickelte sich, als Kaufleute, die keine großen Summen Bargeld mit sich herumtragen wollten, ihr Geld gegen eine Quittung bei Geldwechslern hinterlegten.

Diese so genannten Wechsel tauchten zum ersten Mal im 14. Jahrhundert als Antwort auf immer komplexere Handelsgeschäfte auf. In einem Wechsel wies eine Person eine andere in einer anderen Stadt an, einer dritten Person eine bestimmte Menge Geld in einer bestimmten Währung auszuzahlen.

Allmählich spezialisierten sich berühmte Kaufmannsfamilien auf den reinen Geldhandel (die »Banken«) und nutzten dabei Währungsschwankungen und Zins für ihren Profit. Die ersten Banken gab es in Norditalien in der Lombardei. 1472 existierten in Florenz schon 33 Bankhäuser, bald auch in allen anderen großen Städten.

Familien, die sich auf das Bankwesen spezialisierten, wie die Medici und die Strozzi in Italien sowie die Fugger und die Welser im Heiligen Römischen Reich, wurden reich und übten beträchtlichen politischen Einfluss aus. Könige standen in ihrer Schuld, und Künstler warben um ihre Unterstützung.

Christoph Kolumbus

Cristoforo Colombo (etwa 1446–1505), ein Seefahrer aus Genua, sicherte sich die Unterstützung seiner Expedition durch Ferdinand und Isabella von Spanien. 1492 stach er mit nur 90 Männern und drei kleinen Schiffe in See, um zu beweisen, dass man Indien erreicht, wenn man westwärts fährt. Nach 33 Tagen wurde Land gesichtet – die Bahamas –, und Kolumbus nahm sie für Spanien in Besitz. Noch dreimal überquerte er den Atlantik und erreichte 1498 das südamerikanische Festland. Die von ihm gegründete Kolonie Hispaniola litt unter Aufständen der spanischen Siedler und der einheimischen Bevölkerung. 1504 kehrte Kolumbus reich aber desillusioniert nach Spanien zurück.

Navigation

Die großen Entdeckungsreisen des 15. und 16. Jahrhundert stellten höchste Ansprüche an die Kenntnisse der Seeleute in Sachen Navigation. Portugiesische Kartographen waren Vorreiter auf diesem Feld. Ihre Portolankarten enthielten auch Neuerungen wie die Einteilung in Breitengrade, abgeleitet von der Beobachtung der Sterne. Aber die Fahrt ins Unbekannte verlangte neue Fähigkeiten. Portolane und Kompasse reichten nicht aus. Seeleute mussten nun astronomisches Wissen besitzen und den Himmel »lesen« können. Mithilfe von Instrumenten wie dem Astrolabium *(rechts)* und dem Quadranten konnten sie die Position der Sterne, daraus die Breitengrade und damit ihre eigene Position bestimmen. Europäische Seeleute verdankten in dieser Hinsicht Arabern und Chinesen sehr viel. Das Astrolabium etwa, eine Art Himmelskarte, die den Stand von Sternen und Sonne anzeigt, war im 10. Jahrhundert von Arabern erfunden worden.

ASIEN

1491 Osmanen und Mamelucken schließen nach sechs Jahren Krieg Frieden. Kilikien in Anatolien kommt unter ägyptische Kontrolle.

1494 Tod von Behzad, einem der größten persischen Miniaturmaler.

1498 Der portugiesische Entdecker Vasco da Gama erreicht die westindische Malabarküste. Er ist der erste Europäer, der Indien auf dem Seeweg um das Kap der Guten Hoffnung erreicht.

1501 **1499** Die Safawiden kommen in Persien an die Macht.

1500 Die Dynastie der Schaibaniden, mongolischer Herkunft, erlangt die Herrschaft über Transoxanien (bis 1598).

1510 Cabral errichtet den ersten portugiesischen Handelsposten in Westindien.

AFRIKA

1491 Ein portugiesischer Botschafter wird zu Nkuma, König des Kongo-Reiches (Angola), entsandt.

Der portugiesische Gesandte Pero da Covilhã beendet eine Reise, die in den Süden Südostafrikas bis nach Sofala ging.

1492 Tod von Sonni Ali, dem westafrikanischen Herrscher, der das kleine Königreich Gao zum mächtigen Songhai-Reich gemacht hat.

1512 **1493** Mohammed Touré folgt Sonni Ali als Herrscher der Songhai und gründet die Askia-Dynastie. Er festigt Alis Eroberungen und vereint mithilfe des Islam sein weitverzweigtes Reich.

1509 **1494** Pero da Covilhã erreicht Äthiopien und wird vom äthiopischen Kaiser gefangen genommen.

1498 Vasco da Gama umrundet auf dem Weg nach Indien das Kap der Guten Hoffnung.

1505 **1500** Entlang der ostafrikanischen Küste werden portugiesische Handelsposten errichtet.

Sheikh Masfarma ben Uthman schreibt *Die Geschichte von Bornu* (Nordnigeria, Niger und Tschad).

Um 1500 Das Königreich Benin erstreckt sich vom Nigerdelta bis zur Küstenlagune von Lagos.

EUROPA

1491 Französische Besetzung setzt der Unabhängigkeit der Bretagne ein Ende.

1492 Vertrag von Étaples zwischen Karl VIII. von Frankreich und Heinrich VII. wendet eine englische Invasion ab.

Ferdinand und Isabella nehmen Granada von den Muslimen ein.

1502 ▼ In Spanien werden mittels königlichen Erlasses die Juden vertrieben.

Tod von Lorenzo de Medici, Herrscher von Florenz und Mäzen der Kunst und Bildung.

1493 Mit dem Vertrag von Barcelona gibt Karl VIII. Cerdagne und Roussillon an Ferdinand von Aragón zurück.

1508 ▼ **1494** Der Vertrag von Tordesillas teilt die westliche Hemisphäre zwischen Spanien und Portugal auf.

1506 ▼ Philipp der Schöne, Sohn von Kaiser Maximilian I., wird Herrscher der Niederlande.

Der Dominikanermönch Savonarola errichtet eine Art religiöse Diktatur in Florenz.

Eine neue, sehr ansteckende Geschlechtskrankheit, die Syphilis (»französische Krankheit«), verbreitet sich in Europa.

1511 ▼ **1495** Venedig, Mailand, Spanien und der Papst schließen sich zur Heiligen Liga gegen Karl VIII. von Frankreich zusammen, der Neapel belagert.

Heilige Liga schlägt französische Truppen bei Fornovo in Italien.

1496 Die Osmanen fallen in Montenegro ein.

1497 König Johannes von Dänemark überfällt Schweden, vereint Norwegen; Schweden und Dänemark unter seiner Herrschaft.

1498 Savonarola stirbt auf dem Scheiterhaufen.

1499 Schweizerischer Sieg im Schwabenkrieg. Vertrag von Basel bestätigt die Unabhängigkeit der Eidgenossen.

Ludwig XII., König von Frankreich, meldet seine Ansprüche auf das Fürstentum Mailand an. Die Franzosen unter Trivulzio nehmen Mailand ein.

Die Osmanen im Krieg gegen Venedig (bis 1503).

1500 Die Mailänder rebellieren gegen die Herrschaft Trivulzios.

Frankreich überfällt Italien, wird bei Cerignola besiegt.

AMERIKA & AUSTRALASIEN

1492 Christoph Kolumbus landet während seiner ersten Fahrt auf der Suche nach Asien auf den Bahamas.

Kolumbus landet auf Kuba auf und Hispaniola (Santo Domingo).

1493 Thronbesteigung des Inka-Herrschers Huayna Capac.

1495 Kolumbus befiehlt den Indianern von Hispaniola Tributzahlungen an den König von Spanien.

1496 Kolumbus errichtet die erste ständige Siedlung in der westlichen Hemisphäre.

1497 Der Genueser Forscher Giovanni Caboto, der von den Engländern finanziert wird, erreicht nach einer Reise von 35 Tagen Neufundland.

1498 Auf seiner dritten Reise ankert Kolumbus vor der Küste Trinidads.

Kolumbus sieht als erster Europäer den südamerikanischen Kontinent.

1499 Der italienische Forscher Amerigo Vespucci erforscht den Nordosten Südamerikas.

Aufstand spanischer Siedler und einheimischer Bevölkerung gegen die unzulängliche Verwaltung des Kolumbus in Hispaniola.

1500 Pedro Álvares Cabral sichtet die brasilianische Küste auf seiner Reise nach Indien, erreicht Brasilien und segelt weiter nach Indien.

Cabral beansprucht Brasilien für Portugal. Pinzón entdeckt die Mündung des Amazonas.

Langwierige militärische Feldzüge am nördlichen und südlichen Rand des Inka-Reiches führen zur Gründung der zweiten Hauptstadt Tomebamba.

Um 1500 Die Inuit haben die ganze Arktis besiedelt.

Europäische Entdeckungsreisen

1481	Reise des portugiesischen Erntdeckers Diogo Cão nach Kongo und Angola.
1488	Der portugiesische Seefahrer und Entdecker Bartolomeu Diaz umrundet das Kap der Guten Hoffung.
1492	Erste lange Reise von Christoph Kolumbus (bis 1493), finanziert von Spanien. Er entdeckt die Bahamas, Kuba und Hispaniola.
1497	Giovanni Caboto, finanziert von England, entdeckt Neufundland wieder, nach norwegischen Entdeckern des 11. Jahrhunderts.
	Der italienische Seefahrer Amerigo Vespucci segelt zum Golf von Mexiko und nach Florida.
	Fahrt von Vasco da Gama (bis 1499). Erste portugiesische Fahrt nach Indien.
1498	Kolumbus entdeckt Trinidad und die Küste von Venezuela.
1499	Der spanische *Conquistador* de Hojeda und Vespucci erreichen Guayana (bis 1500). Erste Berichte über den Amazonas.
1500	Der portugiesische Seefahrer Pedro Álvares Cabral sichtet die Küste Brasiliens.
1502	Kolumbus erforscht die Küsten von Honduras und Nicaragua.
1508	Expedition von Sebastiano Caboto auf der Suche nach der Nordwestpassage.
1509	Die Portugiesen erreichen Melaka.
1513	Der spanische *Conquistador* Juan Ponce de León erforscht die Küste von Florida.
1519	Der Portugiese Ferdinand Magellan tritt seine erste Weltumsegelung an (bis 1521). Nachdem er den Pazifik überquert hat, wird er 1521 auf den Philippinen getötet.
1523	Der Spanier Francisco Pizarro erforscht die Westküste Südamerikas. Eroberung Perus.
1534	Jacques Cartier aus Frankreich erforscht den St.-Lorenz-Strom und sichtet Montreal.
1539	Der spanische Forscher Hernando de Soto erforscht den Südosten Nordamerikas.
1540	Der spanische Forscher Francisco Vázquez de Coronado erforscht Colorado River, Grand Canyon und Neumexiko.
1540	Der spanische *Conquistador* Francisco de Orellana entdeckt die Amazonasquelle.
1578	Der englische Seefahrer Martin Frobisher entdeckt Frobisher Bay und die Hudsonstraße.
1577	Francis Drake umsegelt als erster Engländer die Welt.
1594	Der Niederländer Willem Barents entdeckt Nowaja Semlja, Barentsinsel und Barentssee.
1595	Sir Walter Raleigh bereist den Orinoco auf der Suche nach El Dorado.

***Der Portugiese** Vasco da Gama (etwa 1460–1524) umrundete das Kap der Guten Hoffnung und erreichte am 20. Mai 1498 Kalkutta in Indien.*

Michelangelo

Der in der Toskana geborene Michelangelo Buonarroti (1475–1564) galt im Alter von 30 Jahren als unumstrittener Meister der Kunst seiner Zeit. Er arbeitete mit unglaublicher Zielstrebigkeit und Hingabe an der Wiedergabe menschlicher Formen. Das Ausmalen des Deckengewölbes der Sixtinischen Kapelle *(unten)* nahm vier Jahre intensiver Arbeit in Anspruch (1508–1512). Michelangelo schuf ein opulentes Werk, stark beeinflusst vom Neuplatonismsus und beladen mit Symbolismen, das biblische und klassische Themen zusammenfügt.

Meilensteine der Renaissance

1480	Piero della Francesca veröffentlicht seine Studien der Perspektive.
1484	Leonardo da Vinci malt die *Felsgrottenmadonna*.
	Botticelli malt *Die Geburt der Venus*.
1496	Albrecht Dürer beginnt seine Arbeit an der Holzschnittserie die *Apokalypse*.
1500	Erasmus von Rotterdam publiziert die *Adagia*.
1504	Michelangelo schafft die Davidfigur, die auf der Piazza della Signoria in Florenz aufgestellt wird.
1506	Leonardo malt die *Mona Lisa*.
	Wiederaufbau des Petersdoms in Rom nach Plänen von Bramante.
1512	Michelangelo vollendet die Decke der Sixtinischen Kapelle.
1513	Machiavelli beginnt mit *Der Fürst*. Raffael malt *Die Schule von Athen*.
1515	Matthias Grünewald malt den Isenheimer Altar.
1516	Thomas More veröffentlicht *Utopia*.
1528	Castiglione: *Buch vom Cortegiano*.
1533	Tizian vollendet sein Porträt Karls V. Der Kaiser verleiht ihm den Adelstitel.
	Hans Holbein der Jüngere malt *Die Gesandten*.
1559	Pieter Bruegel der Ältere malt *Karneval und Fasten*.
1570	Palladio veröffentlicht *I quattro libri dell' architettura* (Die vier Bücher zur Architektur).
1577	El Greco malt *Himmelfahrt Mariä*.
1601	Shakespeare beginnt mit *Hamlet*.
1604	Caravaggio malt die *Kreuzabnahme*.
1605	Cervantes schreibt *Don Quijote*.
1607	Erste Aufführung von Monteverdis *Orfeo*.

ASIEN

1501 Thronbesteigung von Schah Ismail I., Beginn der safawidischen Dynastie in Persien (bis 1732).

1502 Auf Befehl des neuen safawidischen Herrschers von Persien, eines schiitischen Muslims, werden Sunniten hingerichtet.

Der Italiener Ludovico di Varthema bereist als Araber verkleidet Arabien.

Alberto Cantino veröffentlicht die erste Karte, die die genauen Umrisse von Indien zeigt.

1506 Der Portugiese Afonso de Albuquerque besetzt die Insel Sokotra, das Tor zum Roten Meer.

Aufstand gegen Yonsangun, den grausamen Herrscher Koreas. Sein Nachfolger wird Chungjong († 1544).

1508 Schah Ismail I. von Persien besetzt Bagdad.

1509 Portugiesische Siege über die osmanischen und arabischen Flotten bei Diu.

Der indische Sultan von Gujarat überrascht und versenkt die portugiesische Flotte.

1511 ▼

Portugiesische Fahrten zu den Molukken, nach Melaka und Macau (bis 1516).

Krishnadeva Raya wird König von Vijayanagar.

1510 Schah Ismail I. besiegt und tötet Mohammed Shaibani und nimmt Herat, Baktrien und Chiwa ein.

Portugiesische Eroberung Goas, das Hauptstadt aller portugiesischen Besitzungen in Asien wird.

Um 1510 Japanische Piraten plündern an der Südküste Chinas.

AFRIKA

1502 Beginn des Sklavenhandels von Afrika nach Amerika.

1503 Die Portugiesen belegen den Sultan von Sansibar mit Tributzahlungen.

1504 Muslimische Fung-Könige besiegen und ersetzen die christlichen Könige der Sennar zwischen Blauem und Weißem Nil.

1512 ▼

1505 Kilwa in Ostafrika lehnt Tributzahlungen an Portugal ab. Die Portugiesen plündern zur Vergeltung Mombasa.

1508 Lebna Dengal kommt auf den äthiopischen Thron.

1509 Äthiopien schickt einen Botschafter nach Portugal.

EUROPA

1502 Ein königlicher Erlass ordnet die Ausweisung aller Mauren, die nicht getauft sind, aus Spanien an.

Bauernaufstand im Bistum Speyer in Deutschland.

Der deutsche Schlosser Peter Henlein erfindet einen aufziehbaren tragbaren Zeitmesser – die Taschenuhr.

1503 Moskau wird politisch unabhängig, als Iwan III. Schutzgeldzahlungen an die Khane verweigert.

1504 Bayerischer Erbfolgekrieg. Maximilian I. schlägt den Pfalzgrafen Ruprecht und beschlagnahmt dessen Gebiete.

1506 Tod Philipps des Schönen, des Herrschers der Niederlande.

1507 Die Genueser erheben sich gegen die Franzosen, die ihre Stadt besetzt halten.

1512 ▼

1508 Kaiser Maximilian I. und Ludwig XII. von Frankreich, unterstützt von Spanien und von Papst Julius II., bilden die Liga von Cambrai.

Papst Julius II. gibt der spanischen Krone das Recht, Kirchen in der Neuen Welt zu gründen und zu bauen.

Papst Julius II. gibt Michelangelo den Auftrag, die Decke der Sixtinischen Kapelle im Vatikan zu bemalen.

1509 Heinrich VIII. besteigt den englischen Thron.

Papst Julius II. exkommuniziert die Republik Venedig (bis 1510).

Französischer Sieg über die Venezianer bei Agnadello.

Venedig nimmt Padua wieder ein, Maximilian I. verlässt Italien.

AMERIKA & AUSTRALASIEN

1501 Der portugiesische Entdecker Miguel Corte-Real nimmt 50 Beothuk-Indianer als Sklaven.

1519 ▼

1502 Beginn der Regierungszeit von Montezuma II., dem letzten Azteken-Herrscher.

Verschiffung afrikanischer Sklaven in die Karibik.

Erste von Lissabon ausgeschickte Expedition zur Erkundung der Küste Brasiliens.

1506 Der portugiesische Entdecker Tristan da Cunha entdeckt eine Insel im Südatlantik, der er seinen eigenen Namen gibt.

1507 Waldseemüllers Weltkarte nennt den neu entdeckten Kontinent zu Ehren von Amerigo Vespucci Amerika.

1522 ▼

1508 Spanische Siedler auf Hispaniola versklaven die Einheimischen.

Die Spanier erobern die Kanarischen Inseln.

1509 Spanische Besiedlung des Festlandes von Mittelamerika beginnt.

Gründung von San Juan auf Puerto Rico.

Diego Alvaros Correa gründet die erste portugiesische Siedlung in Brasilien bei Pôrto Seguro.

Humanismus

Im Humanismus, der Philosophie der Renaissance, stand nicht mehr Gott im Mittelpunkt der Weltsicht, sondern der Mensch. Das Studium der klassischen Texte trat an die Stelle der Theologie und die Individualität an die der mittelalterlichen Gebundenheit. Das Konzept der menschlichen Persönlichkeit, das Denken in historischen Zusammenhängen und der Anspruch wissenschaftlicher Gültigkeit sind Entwicklungen des Humanismus.

Erasmus (Desiderius) von Rotterdam (*oben*, 1469–1536), war ein bedeutender Humanist. Weit gereist, belesen und ein gläubiger Christ, versuchte er mehr als jeder andere, Katholizismus und Humanismus zu vereinen. Mit seinem Werk *Adagia* (1500), das über 3000 antike und christliche Sprichworte in Umlauf brachte, war er der erste populäre Autor seit Beginn des Buchdrucks.

Leonardo da Vinci

Leonardo da Vinci (1452–1519) verkörperte die Renaissanceidee des universalen Menschen als Maler, Bildhauer, Architekt, Physiker, Anatom und Erfinder. Seine berühmtesten Gemälde wie *Das letzte Abendmahl* (1498) und die *Mona Lisa* (um 1506, *unten*) sind meisterhafte Studien der menschlichen Psyche: »Ein guter Maler hat vor allem zwei Motive, den Menschen und die Absichten seiner Seele«, sagte da Vinci.

Leonardos Notizbücher zeigen die Bandbreite seiner Interessen. Sie sind gefüllt mit unzähligen Ideen und Erfindungen, viele davon – Unterseeboote, Turbinen, eine Art Panzer und Helikopter – sind so radikal und ihrer Zeit voraus, dass sie erst Jahrhunderte später verwirklicht wurden. Seine Studien der Anatomie beruhten auf dem Sezieren von über 30 Leichen. Aber seine Erforschung der Natur blieb vor allem einem Ziel verpflichtet: dem Erwerb von Wissen über die sichtbare Welt, ein Wissen, das er in seiner Kunst anwenden konnte.

Martin Luther

Die Reformation *(siehe Kasten rechts)* wurde von Martin Luther *(oben*, 1483–1546) angeführt, dessen Positionen die Bedeutung der Bibel hervorhoben und Heiligenanbetung, Reliquienverehrung, Ablassverkäufe und Pilgerreisen ablehnten.

Die neue protestantische Theologie verbreitete sich rasch im gesamten nördlichen Europa, auch wenn sie manchmal mehr aus politischen oder ökonomischen Gründen denn aus Glaubensüberzeugung angenommen wurde. Eine strengere Form des Protestantismus entstand in der Reformation in der Schweiz unter Ulrich Zwingli und Johannes Calvin. In ganz Nordeuropa führten erbitterte Auseinandersetzungen um die richtige Religion schließlich zu Bürgerkrieg und sozialen Unruhen.

Das Steingut aus Iznik

Im 15. Jahrhundert entwickelte sich die osmanische Stadt Iznik in Westanatolien zum Zentrum für wertvolles glasiertes Steingut. Von den safawidischen weißblauen Keramiken beeinflusst, experimentierten die Handwerker in Iznik mit unterschiedlichen Stilen, Mustern und Farben. Die in Iznik hergestellte »Damaskus-Keramik« verwendete die Farbtöne Graugrün, Manganrot und Blau. Die Töpfer konnten in ihren Öfen sehr hohe Temperaturen erzeugen, und damit größere und feinere Keramik herstellen als ihre Konkurrenten anderswo.

Im 16. Jahrhundert stellte man in Iznik Keramikkacheln für die Bauindustrie her.

ASIEN

1511 Bürgerkrieg im Osmanischen Reich.

Der portugiesische Entdecker Afonso de Albuquerque besetzt Melaka auf der Malaiischen Halbinsel. Damit kontrollieren die Portugiesen die strategisch wichtigsten Punkte der Gewürzstraße.

1512 Gewaltsame Absetzung des osmanischen Sultans Bajasid II. Thronbesteigung von Selim I., der von den Janitscharen an die Macht gebracht wird.
Selim richtet seine Brüder, potenzielle Rivalen um den Thron, hin.

Der portugiesische Entdecker Francisco Serrão erreicht die Molukken.

Bauernaufstand gegen Steuern in Sichuan.

1514 Die Osmanen vernichten die safawidischen Perser bei Çaldiran.

1515 Syrien wird von den Türken überrannt; Meuterei der Janitscharen.

1526 ▼ Babur, König von Kabul, fällt in Nordindien ein, erobert Punjab und besetzt Delhi.

Der konfuzianische Gelehrte Wang Yangming reformiert den chinesischen Staat.

1516 Die Osmanen erobern Syrien, Ägypten, den Hidjas und Jemen (bis 1516).

1517 Selim I. befiehlt den Aufbau einer osmanischen Flotte in Sues. Der portugiesische Angriff auf Djidda wird zurückgeschlagen.

Selim ist nun der Wächter über die heiligen Orte Mekka und Medina nach dem Niedergang des mameluckischen Ägypten.

Erste portugiesische Handelsmission nach China.

1526 ▼ **1520** Thronbesteigung von Süleiman dem Prächtigen als osmanischer Sultan († 1566).

Ein portugiesischer Abgesandter trifft in Peking ein.

AFRIKA

1525 ▼ **1511** Sadier-Dynastie kommt in Marokko an die Macht (bis 1659).

Eine spanische Truppe besetzt die Insel Peñón vor Marokko im westlichen Mittelmeer.

1528 ▼ **1512** Askia Mohammed der Große, König der Songhai, erobert die Hausa-Staaten Katsina, Zaria und Kano.

Die Portugiesen verlassen Kilwa, Ostafrika.

1515 Die Piraten Horuk und Cheireddin Barbarossa verlegen ihre Flotte nach Algier, um die Spanier auf Peñón herauszufordern.

1524 ▼ **1517** Niedergang des mameluckischen Ägypten, Sultan Selim zieht in Kairo ein. Die Osmanen beherrschen Ägypten.

Der marokkanische Entdecker Leo Africanus beendet eine Expedition nach Timbuktu, Gao, Katsina, Kano und zum Tschadsee.

1518 Die Spanier nehmen Tlemcen ein, Horuk wird im Kampf getötet.

1529 ▼ **1519** Cheireddin Barbarossa schlägt eine spanische Offensive auf Algier zurück.

Um 1520 Portugiesische Abgesandte halten sich am Hof des äthiopischen Königs Lebna Dengal auf.

EUROPA

1511 Papst Julius II. gewinnt England als Mitglied der Heiligen Liga gegen Frankreich.

1512 Französische Truppen schlagen die Armeen der Heiligen Liga vernichtend in der Schlacht von Ravenna.

Kaiser Maximilian I. löst sein Bündnis mit Ludwig XII. von Frankreich.

Die Armee König Ferdinands II. besetzt das gesamte Königreich Navarra.

1513 Schweizerische Fußsoldaten schlagen die Franzosen in Novara bei Mailand in die Flucht.

Die Franzosen werden bei Guinegatte von den vereinten Truppen Maximilians I. und König Heinrichs VIII. von England geschlagen.

Englische Truppen schlagen die Schotten bei Flodden; Jakob IV. wird getötet.

Niccolò Machiavelli schreibt *Der Fürst*, eine Abhandlung über politische Macht.

Eine neue Ausgabe der *Geographia* von Ptolemäus zeigt die neu entdeckten Länder des Westens als zwei Kontinente, zwischen Europa und Asien.

1514 Der Astronom Nikolaus Kopernikus behauptet, dass die Erde sich um die Sonne dreht.

1522 ▼

1515 Französischer Einfall in Italien und Sieg bei Marignano. Die Franzosen besetzen Mailand.

Franz I. von Frankreich schließt Frieden mit Papst Leo X.

Ein Bündnis zwischen den Dynastien Habsburg und den Jagiellonen wird vom Heiligen Römischen Kaiser Maximilian I. und Wladislaw II. von Böhmen geschlossen.

1516 Karl von Habsburg wird zum König von Spanien gekrönt.

Franz I. von Frankreich stimmt dem Konkordat von Bologna mit dem Papsttum zu.

Die Portugal durch den Vertrag von Tordesillas (1494) zugeschriebenen Gebiete werden in 15 erbliche Lehen aufgeteilt.

1519 Karl I. von Spanien wird zum Kaiser des Heiligen Römischen Reiches gewählt und nimmt den Namen Karl V. an.

1520 Treffen Heinrichs VIII. von England und Franz' I. von Frankreich. Allianz zwischen England und Frankreich.

Die Gesetze von Burgos sichern der einheimischen Bevölkerung der Neuen Welt Schutz zu und autorisieren die Versklavung der Schwarzen.

AMERIKA & AUSTRALASIEN

1511 Juan de Esquival beginnt die Eroberung Jamaikas.

Angeführt von Diego Velázquez erobern die Spanier die Insel Kuba.

1521 ▼

1513 Juan Ponce de León entdeckt die Küstenlinie von Florida und nimmt Florida für Spanien in Besitz.

1514 Die einheimische Bevölkerung in den spanischen Gebieten Amerikas wird unter Androhung der Sklaverei oder des Todes zur Annahme des Christentums gezwungen.

Der spanische Priester Bartolomé de las Casas schockiert seine Landsleute mit Augenzeugenberichten des verkommenen Verhaltens spanischer Siedler auf Kuba.

1515 Die Spanier gründen auf Kuba die Stadt Havanna.

1517 Córdoba führt eine Expedition nach Mexiko.

1518 Grijalva landet in Veracruz.

1519 Abgesandte des Azteken-Herrschers Montezuma II. nehmen am ersten Ostergottesdienst teil, der in Mittelamerika gefeiert wird.

Der spanische Entdecker Hernán Cortés landet in Veracruz mit einer 500 Mann starken Armee und marschiert auf die aztekische Hauptstadt Tenochtitlán. Montezuma II. ergibt sich kampflos.

1521 ▼

1520 Cortés wird vom Azteken-Herrscher Cuauhtémoc aus Tenochtitlán vertrieben.

Tod von Montezuma II.

1521 ▼

Der spanische Entdecker Ferdinand Magellan überwintert in Puerto San Julián im Südosten Südamerikas, um seine Weltumsegelung vorzubereiten. Er entdeckt die Meeresstraße, die heute seinen Namen trägt und durchsegelt sie hin zum Pazifik.

Die Reformation

Die zerbrechliche Einheit des westlichen Christentums wurde durch die Reformation erschüttert, eine Glaubensrevolution, die sich gegen geistliche Selbstgefälligkeit, materiellen Wohlstand und Machtmissbrauch der katholischen Kirche richtete.

1483	Martin Luther wird in Eisleben, Deutschland, geboren († 1546).
1484	Ulrich Zwingli, geboren bei Glarus, Schweiz.
1506	Zwingli wird Gemeindepriester in Glarus.
1507	Martin Luther wird zum Priester geweiht.
1509	Geburt von J. Calvin in Noyon, Frankreich († 1564).
1517	Luther schreibt seine *95 Thesen*, um die Debatte über die Kirche anzuregen.
1518	Luther wird auf dem Reichstag in Augsburg verhört.
1519	Luther wird nach Rom zitiert, um sich der Anklage wegen Häresie zu stellen.
1519	Zwingli beginnt mit kritischen Predigten gegen die Kirche. Er entwickelt seine eigenen evangelischen Lehren.
1521	Luther wird durch päpstliche Bulle exkommuniziert und steht unter Reichsacht.
1523	Erste Disputation in Zürich. Zwingli bereitet 67 Thesen vor, die religiöse Lehren und Praktiken zur Diskussion stellen.
1524	Der Rat von Zürich unterstützt Zwinglis Ideen und ordnet die Entfernung aller religiösen Bilder aus den Kirchen an.
1526	Zwingli lehnt die Wandlung ab. Er besteht darauf, dass Brot und Wein des Abendmahls nur Symbole sind. Das bringt ihn in Konflikt mit den Lutheranern.
1529	Luther und Zwingli treffen sich zum Marburger Religionsgespräch, werden aber nicht einig über das Abendmahl.
1531	Zwingli stirbt in der Schlacht bei Kappel.
1534	Luther veröffentlicht seine Übersetzung der Bibel ins Deutsche.
1535	Calvin beendet die erste Ausgabe von *Unterricht in der christlichen Religion*.
1536	Calvin bleibt in Genf, um hier für die Festigung der Reformation zu arbeiten. Er vertritt die Lehre von der Prädestination.
1541	Die Stadt Genf akzeptiert Calvins Vorschläge zur Kirchenreform.
1543	Luther veröffentlicht einen Angriff auf die Juden in *Von den Juden und ihren Lügen* und spricht für ihre Vertreibung aus Deutschland.
1549	Immer mehr französische Hugenotten fliehen ins protestantische Genf.
1555	Flüchtlinge in Genf erhalten Bürgerstatus; Aufstände dagegen werden unterdrückt; das zeigt den Sieg Calvins über seine Widersacher.

***Die Schlosskirche** von Schloss Hartenfels in Torgau, Deutschland* (rechts), *erbaut zwischen 1543 und 1544, wurde von Martin Luther geweiht. Sie gilt als erste eigens für die Lutheraner erbaute Kirche.*

Die Türken vor Wien

Unter Süleiman dem Prächtigen (1520–1566) wurde die Eroberung Europas zum Ziel des osmanischen Machstrebens. Im östlichen Mittelmeer verstärkte die Belagerung von Korfu (1537) und Reggio (1543) durch die Osmanen den Druck, doch der wichtigste Schauplatz blieb das Donautal. 1526 überfielen osmanische Armeen Ungarn. In der Schlacht von Mohács wurde die königliche ungarische Armee durch die überlegenen Osmanen vernichtend geschlagen.

1529 stießen osmanische Armeen vor, um Wien zu belagern *(rechts)*. Die Stadt widersetzte sich sechs Wochen lang, dann mussten sich die Osmanen wegen des Wintereinbruchs und der großen Schwierigkeiten beim Nachschub zurückziehen. Wien wurde erst 1683 wieder belagert, aber der Druck auf die habsburgischen Grenzgebiete ließ nicht nach.

Die Schlacht von Pavia

Die Wahl Karls V. zum Heiligen Römischen Kaiser 1519 bestätigte die Furcht Frankreichs vor einer Vorherrschaft Habsburgs. Franz I. von Frankreich erklärte 1521 den Krieg. Norditalien wurde zum Schauplatz der Auseinandersetzungen. Die Franzosen wurden 1522 bei Bicocca geschlagen und 1525 bei Pavia. Hier durchbrach eine spanische Verstärkungstruppe mit Lanzenträgern und Arkebusieren die französischen Reihen. Franz I. wurde gefangen genommen und musste den Bedingungen des Vertrags von Madrid zustimmen. 1526 begann er die Feindseligkeiten allerdings erneut.

ASIEN

1521 Der portugiesische Seefahrer Magellan, der den Pazifik überquert hat, wird während Stammesauseinandersetzungen auf den Philippinen getötet.

1523 Ibrahim wird osmanischer Großwesir.

Japanische Piraten werden vom chinesischen Festland vertrieben.

1524 Der zehnjährige Tahmasp wird Nachfolger seines Vaters, Schah Ismail von Persien.

Vasco da Gama wird Vizekönig von Goa, stirbt jedoch drei Monate nach seiner Ankunft.

Hojo Ujitsuna attackiert und erobert die Burgen von Edo (Tokio). Die Anhänger des Nichiren-Buddhismus werden aus Edo vertrieben.

1525 Die Osmanen schlagen erneut die portugiesische Flotte im Roten Meer.

1526 In Panipat, Nordindien, vernichtet eine Armee unter Babur die indische Armee des Sultans von Delhi. Gründung des Mogul-Reiches.

1527 Kaiser Babur schlägt die Rajputen in der Schlacht von Khanua und beseitigt damit die Hauptrivalen der Moguln in Nordindien.

1534 ▼
1528 Die Safawiden nehmen Bagdad von dessen kurdischen Besatzern ein.

Die Portugiesen erreichen Bengalen.

1529 Babur schlägt die Afghanen aus Bihar und Bengalen bei Ghagra. Sein Einfluss erstreckt sich nun von Kabul bis Bengalen.

Mönche der Tendai-Klöster auf dem Berg Hiei, nordwestlich von Kyoto, richten ein Massaker unter Nichiren-Buddhisten an.

1535 ▼
1530 Humayun folgt Babur als Kaiser von Delhi.

AFRIKA

1524 Der Aufstand von Ahmed Pascha in Ägypten gegen die osmanische Herrschaft wird unterdrückt.

1541 ▼
1525 Die Dynastie der Sadier, die ihre Abstammung von Ali, dem Schwiegersohn des Propheten, herleitet, gründet ihre Hauptstadt in Marrakesch.

Um 1527 Muslime erobern nach siebenjährigem Krieg das christliche Nubien.

1528 Askia Mohammed, Herrscher des Songhai-Reiches, wird von seinem Sohn abgesetzt.

Mombasa revoltiert gegen die portugiesische Herrschaft.

1531 ▼
1529 Ahmad Grañ, Führer des muslimischen Staates Adal, führt einen Djihad gegen das christliche Äthiopien.

Algier wird von den Malteserrittern erobert.

1533 ▼
Cheireddin Barbarossa erobert Algerien für den osmanischen Sultan.

1530 Chicukyo, der König des Gebiets am südlichen Sambesi, wird während eines Bürgerkriegs getötet.

EUROPA

1521 Kaiserliche Truppen überfallen die Champagne in Frankreich.

Osmanische Truppen erobern Belgrad.

1522 Rhodos, Stützpunkt der Johanniter, fällt nach sechsmonatiger Belagerung an die Osmanen.

Die Franzosen werden von kaiserlichen Truppen bei Bicocca in Italien besiegt und müssen Mailand aufgeben.

Litauen überlässt Moskau Smolensk und beendet damit einen zehnjährigen Streit.

1523 Aufstand in Dänemark. Christian II. flüchtet aus dem Land, und Friedrich, Herzog von Schleswig-Holstein, wird zum König gewählt.

Der Architekt der schwedischen Unabhängigkeit, Gustav Wasa, wird vom schwedischen Reichstag zum König gewählt.

1524 Angeführt von dem Theologen Thomas Müntzer revoltieren Bauern in Süddeutschland gegen die Zahlungen an die Lehnsherren, gegen die Leibeigenschaft und den Zehnten (bis 1525).

1525 Französische Armee durch kaiserliche Truppen bei Pavia geschlagen, Franz I. wird gefangen genommen.

Albert von Brandenburg erklärt Preußen zum protestantischen Staat.

Österreich, Ungarn und Böhmen unter den Habsburgern wiedervereint.

Katholische Messe in Zürich verboten.

1526 Fast alle protestantischen Staaten des Deutschen Reiches treten dem Torgauer Bund bei.

1532 ▼ Osmanische Invasion in Ungarn, Sieg in der Schlacht von Mohács.

Erste Bibelübersetzungen ins Englische tauchen auf.

1527 Deutsche Söldner plündern und brandschatzen Rom.

1532 ▼ **1529** Auf dem Reichstag von Speyer sucht Karl V., Kaiser des Heiligen Römischen Reiches, einen Kompromiss mit den lutheranischen Fürsten.

Die osmanischen Türken erobern Buda; ihre Belagerung Wiens wird abgewehrt.

Frieden von Cambrai. Frankreich verzichtet auf Italien, Flandern und Artois; Karl V. verzichtet auf Burgund.

1533 ▼ Der Papst lehnt die Annulierung der Ehe Heinrichs VIII. von England mit Katharina von Aragón ab.

AMERIKA & AUSTRALASIEN

1521 Tenochtitlán fällt an die Spanier und ihre indianischen Verbündeten.

Juan Ponce de León, spanischer Gouverneur von Puerto Rico, macht sich mit 200 Kolonisten nach Florida auf. Das Unternehmen scheitert.

1522 Erster amerikanischer Sklavenaufstand in Hispaniola.

Cortés wird Statthalter und Generalkapitän von Neuspanien.

Die Spanier gründen Mexiko-Stadt auf den Ruinen von Tenochtitlán.

Die Spanier beginnen eine Reihe von Feldzügen gegen die Zapoteken im Hochland von Mexiko.

1524 Der italienische Seefahrer Giovanni da Verrazano segelt die Atlantikküste bis nach Nova Scotia hinauf.

Cuauhtémoc, der letzte Herrscher der Azteken, wird von den Spaniern wegen Verrats verurteilt und gehängt.

Verrazano erkundet die Atlantikküste Nordamerikas.

1532 ▼ **1525** Der Inka-Herrscher Huayna Capac hinterlässt bei seinem Tod zwei Rivalen um seinen Thron, was einen Bürgerkrieg auslöst.

1526 Jorge de Meneses sichtet als erster Europäer Neuguinea.

Dominikanermönche treffen in Mexiko ein.

1528 Cabeza de Vaca erforscht den Golf von Mexiko und den Südwesten des Landes.

Karl V. überlässt den Welsern, einer deutschen Bankiersfamilie, Gebiete um Coro (Venezuela).

1530 Die Portugiesen beginnen mit der Kolonisierung Brasiliens.

Magellans Weltumsegelung

1519 schiffte sich Ferdinand Magellan (Fernão Magalhães), ein von Spanien finanzierter portugiesischer Entdecker, auf eine bedeutsame Reise zur Suche nach einer Westroute nach Asien ein. Im Oktober 1520 segelte seine Flotte aus fünf Schiffen die Ostküste Südamerikas hinunter. Im Laufe von 38 Tagen bewältigten sie die schwierige Passage um das Kap Hoorn und segelten am 28. November 1520 in den Pazifischen Ozean.

Mit nur noch drei Schiffen begaben sie sich auf die Überquerung des Pazifiks und erreichten am 6. März 1521 Guam. Die Flotte segelte weiter nach Cebu, Philippinen. Dort wurden Magellan und seine Mannschaft in Konflikte zwischen lokalen Herrschern verwickelt, was Magellan am 27. April das Leben kostete. Nur eines seiner Schiffe, die *Victoria*, kehrte von der ersten Weltumsegelung nach Europa zurück.

Cortés erobert Tenochtitlán

1519 führte Hernán Cortés, der Bürgermeister von Havanna, eine 600 Mann starke Armee nach Mexiko. Die Invasoren, bewaffnet mit Schwertern, Gewehren und Armbrusten, brachten rasch die einheimischen Indianer auf ihre Seite: Diese schlossen sich umgehend den Spaniern gegen ihre aztekischen Herren an. Als Cortés, nun Anführer einer starken Armee, die Hauptstadt erreichte, wurde er in die Stadt geführt und nahm dort den aztekischen Herrscher Montezuma gefangen. Da Cortés nach Veracruz zurückgerufen wurde, verlor er die Kontrolle, und die Azteken erhoben sich gegen ihre Eroberer. Cortés kehrte zurück, wieder mit Unterstützung indianischer Verbündeter. 1521 fiel Tenochtitlán nach erbitterten Kämpfen endgültig *(unten)*.

Folgen der Kolonisierung

Die schlimmste Folge der europäischen Kolonisierung Amerikas war der katastrophale Rückgang der einheimischen Bevölkerung. So waren 1510 fast 90% der Indianer Hispaniolas gestorben. Krieg, Hunger und erbarmungslose Ausbeutung waren für viele Todesfälle verantwortlich. Doch in erster Linie brachten die europäischen Krankheiten Windpocken und Masern (*oben*), gegen die die einheimische Bevölkerung nicht immun war, den tausendfachen Tod.

Positiver war das Einführen neuer Pflanzen und Tiere nach Amerika, wo zuvor nur wenige einheimische Pflanzen und Tiere angebaut bzw. gezüchtet worden waren. Mit den Europäern kamen Pferde, Schafe, Rinder, Schweine, Hunde, Hühner, Weizen, Zuckerrohr, Zwiebeln, Zitrusfrüchte und Bananen. Umgekehrt kamen viele Nahrungsmittel nach Europa wie Mais, Tomaten, Kartoffeln, Erdnüsse, Chilipfeffer und Kakao.

Francisco Pizarro

Pizarro (1476–1541), der spanische *Conquistador*, der das Inka-Reich eroberte, war 48 Jahre alt, als er in Südamerika eintraf. Getrieben von weltlichem Ehrgeiz und religiösem Eifer, erreichte er 1532 das Hochland von Peru.

Nur 180 Männer begleiteten ihn, aber sie waren gut ausgerüstet mit Rüstungen, Stahlwaffen und Pferden. Der Inka-Herrscher Atahualpa hatte mit 40000 Männern sein Lager in der Nähe der Stadt Cajamarca aufgeschlagen. Im Laufe von Verhandlungen nahm Pizarro ihn gefangen und verlangte ein hohes Lösegeld für seine Rückgabe. Als dieses gezahlt wurde, hatte Pizarro Atahualpa schon ermordet und die spanische Eroberung Perus besiegelt. Die Ermordung des »heiligen Inka« brach den Widerstand der Inka. Bürgerkrieg und Krankheiten führten bald zu ihrer Unterwerfung.

ASIEN

1534 Süleiman erobert Bagdad von den Safawiden zurück.

Die Osmanen erobern Täbris im Nordwesten Persiens.

1545 ▼

1535 Großmogul Humayun führt einen Überfall nach Gujarat an und stürmt die Festung Champaner.

Auf Waldseemüllers Karte werden die Umrisse Indiens nachgebessert.

1538 Pascha Khadim Süleiman, der osmanische Statthalter in Ägypten, schickt eine Flotte zum Angriff auf Indien. Die Einnahme von Diu in Gujarat schlägt fehl, und sie kehren nach Hause zurück.

1546 ▼

Die Osmanen unterwerfen Jemen und Aden und besetzen den Hafen von Basra am Persischen Golf.

1539 Tod von Guru Nanak, Dichter, Mystiker und Begründer der Religion der Sikhs.

1540 Der afghanische Militärführer Sher Shah schlägt den Großmogul Humayun bei Kanauj. Sher Shah wird Herrscher Nordindiens.

Portugiesen beginnen Handel mit Cochinchina (Vietnam).

AFRIKA

1531 Portugal schickt Truppen, um Äthiopien gegen die Muslime zu unterstützen.

Die Portugiesen beginnen Handel im muslimischen Hafen Sena am unteren Sambesi in Mosambik.

1533 Süleiman der Prächtige ernennt Cheireddin Barbarossa zum Befehlshaber von Algier.

1534 Cheireddin gewinnt Tunis vom maurischen König, einem Verbündeten Spaniens, zurück.

1541 ▼

1535 Kaiser Karl V. erobert Tunis von Cheireddin.

Die Portugiesen dringen im Sambesital bis zum muslimischen Marktplatz Tete vor.

1536 Cheireddin Barbarossa erobert Biserta in Nordafrika zurück.

1543 ▼

1540 Die Portugiesen helfen Äthiopien gegen Ahmad Grañ, den Anführer des Djihad.

EUROPA

1547 ▼ **1531** Deutsche Protestanten gründen den Schmalkaldischen Bund als Gegengewicht zur Macht Karls V.

Karl V. verbietet die Einführung des Protestantismus in den Niederlanden.

Religionskrieg in der Schweiz. Protestanten werden bei Kappel besiegt.

1532 Franz I. von Frankreich schließt ein Bündnis mit Bayern, Sachsen und Hessen gegen Ferdinand, den Römischen Kaiser der Habsburger.

Frieden von Nürnberg garantiert protestantischen Fürsten in Deutschland Religionsfreiheit.

Süleiman wird bei Güns, Ungarn, besiegt.

Sahib Girai gründet unter osmanischem Schutz das Khanat Krim.

1533 Heinrich VIII. von England heiratet Anna Boleyn und wird exkommuniziert.

Der Friedensvertrag zwischen den Osmanen und Ferdinand von Habsburg teilt die Herrschaft über Ungarn zwischen Ferdinand und der osmanischen Marionette Johann Zápolya.

1534 Mit dem Suprematsakt bricht Heinrich VIII. mit Rom.

Franz I. von Frankreich unterzeicnet den Vertrag von Augsburg – ein Bündnis der protestantischen Fürsten gegen Karl V.

Christian III., ein Protestant, wird König von Dänemark, nachdem er die katholischen Unterstützer seines Bruders Johann ausgeschaltet hat.

1536 Vereinigung von England und Wales.

Heinrich VIII. schlägt die »Pilgrimage of Grace« nieder, einen sozial und religiös bedingten Aufstand in Nordengland.

Anna Boleyn, Frau von Heinrich VIII., wird enthauptet. Sie fiel einer Hofintrige zum Opfer.

1542 ▼ **1537** Ein Bündnis aus Franzosen und Türken greift die Truppen Karls V. im Mittelmeeraum an.

1538 Die osmanische Marine schlägt die vereinte venezianische, spanische und päpstliche Armada bei Preveza.

1539 Kaiser Karl V. schlägt einen Aufstand in Gent nieder und nimmt der Stadt ihre Privilegien.

1540 In den letzten vier Jahren wurden über 550 Klöster in England aufgelöst und ihr Vermögen dem König übereignet.

AMERIKA & AUSTRALASIEN

1531 Hernán Cortés kehrt als Generalkapitän nach Neuspanien zurück.

1532 Francisco Pizarro erobert das Inka-Reich (bis 1533).

Erste Kapitänspatente zum Zweck der Besiedelung übertragen.

1533 Francisco Pizarro erobert die Inka-Hauptstadt Cuzco und befiehlt die Hinrichtung des Inka-Herrschers Atahualpa.

1541 ▼ **1534** Der französische Entdecker Jacques Cartier erkundet die Strait of Belle Isle und den St.-Lorenz-Golf, Ausgangspunkt für spätere Besitzansprüche Frankreichs auf Kanada.

Inka-Herrscher Manco Capac II. führt einen Aufstand gegen Pizarro.

1541 ▼ **1535** Francisco Pizarro gründet die Stadt Lima.

1536 Diego de Almagro, der Gouverneur von Neu-Toledo, erreicht Chile.

1537 Antonio de Mendoza, Vizekönig von Neuspanien, legt die Größe der Grundstücke fest, die an spanische Eroberer verteilt werden.

Manco Capac II. gründet einen neuen Inka-Staat in Vilcabamba.

1541 ▼ **1539** Hernando de Soto führt eine Expedition in den Südosten Nordamerikas und beginnt mit der Erforschung (bis 1543).

Die erste Druckerpresse der Neuen Welt wird in Mexiko-Stadt in Betrieb genommen.

1540 Der Spanier Hernando de Alvaro segelt den Rio Grande im Südwesten Nordamerikas aufwärts bis zu dem Indianerdorf Taos.

Coronado führt eine Expedition in den Südwesten Nordamerikas.

Valdivia durchquert die Atacamawüste, um die spanischen Gebiete nach Süden auszuweiten.

Religiöse Orden

1524 Gründung des Ordens der Theatiner durch Cajetan von Tiene und Gian Pietro Carafa. Die Theatiner widmen sich der Wohltätigkeit, dem Predigen und der Austeilung der Sakramente.

1528 Gründung des Kapuzinerordens durch Matthäus von Bascio. Er folgt strikt den Regeln des heiligen Franziskus.

1533 Barnabiterorden in Mailand gegründet von Antonio Maria Zaccaria. Der Orden erhält auch die Erlaubnis des Papstes für einen Frauenorden, die »Englischen Schwestern vom Heiligen Paulus« (die Angeliken).

1534 Gründung des Jesuitenordens (Gesellschaft Jesu) durch Ignatius von Loyola.

Gründung des Somaskerordens durch Hieronymus Ämiliani. Der Schwerpunkt des Ordens liegt in der Fürsorge für Waisen und beim Aufbau von Schulen.

1535 Gründung der Ursulinen. Werken der Wohltätigkeit und Bildung verpflichtet, leben die Ursulinen zunächst in den Gemeinden. Ab 1560 werden auch Klöster gegründet.

1542 Bernadino Ochino, Generalvikar der Kapuziner, verlässt den Orden und wird Protestant.

1551 Jesuiten gründen die gregorianische Universität in Rom.

1568 Johannes vom Kreuz gründet das erste Kloster der unbeschuhten Karmeliter in Spanien. Theresia von Avila gründet den Orden der Karmeliterinnen.

1582 Gründung der Kamillianer durch Camillo de Lellis. Der Orden widmet sich der Seelsorge und Pflege von Kranken.

1597 Gründung des Ordens »Regulierte arme Kleriker der Mutter Gottes der Frommen Schulen« (Piaristen oder Scolopi) durch Joseph von Calasanza. Der Orden widmet sich der Schulbildung armer Jungen.

Die Jesuiten

Ignatius von Loyola (1491–1556), Sohn eines baskischen Adligen, gründete den Orden der Gesellschaft Jesu oder Jesuiten. Nachdem er 1521 in einer Schlacht verwundet worden war, widmete er sein Leben der Jungfrau Maria. Seine religiösen Erfahrungen legte er in *Geistliche Übungen* nieder, eine Anleitung zu Selbstbeherrschung und geistlicher Disziplin. 1540 erhielt Ignatius die päpstliche Bestätigung für die Ordensregel. Die Jesuiten leben nicht in Klöstern, sondern in offenen »Kollegien«. Ihre Hauptaufgaben sind die Verbreitung des katholischen Glaubens und der Aufbau von Schulen, die humanistische und katholische Lehre vereinen.

Heinrich VIII. (1509–1547)

Aus der Ehe zwischen Heinrich VIII. von England mit Katharina von Aragón war nur eine Tochter hervorgegangen, Maria. Heinrich, der einen Streit um seine Nachfolge fürchtete und ein Verhältnis mit der Hofdame Anna Boleyn hatte, wollte die päpstliche Annullierung der Ehe. Als sie ihm verweigert wurde, verlangte er vom englischen Klerus, ihn als höchste Autorität der englischen Kirche anzuerkennen, und schließlich erklärte eine Versammlung des Klerus die Ehe für ungültig.

Die Krone zog darauf den päpstlichen Besitz ein. Der König erhielt das Recht, die Kirchenämter zu besetzen und als letzte Autorität Kirchenrecht zu sprechen. Zwischen 1536 und 1540 löste die Krone Klöster auf und beschlagnahmte ihren Besitz. Heinrich war kein Protestant, und die englische Kirche blieb während seiner Regierungszeit trotz des Bruchs mit Rom im wesentlichen katholisch.

Heinrich VIII. und seine sechs Frauen

1509	Heinrich heiratet Katharina von Aragón.
1529	Scheidungsverhandlungen zwischen Heinrich und Katharina schlagen fehl. Das Paar trennt sich 1531.
1533	**Jan.**: Heinrich heiratet Anna Boleyn, Geburt von Prinzessin Elisabeth.
	Mai: Der Erzbischof von Canterbury annulliert die Ehe mit Katharina von Aragón.
1534	Suprematsakte vom Parlament erlassen, die Heinrich als Oberhaupt der Kirche von England einsetzt.
1536	**19. Mai:** Hinrichtung von Anna Boleyn.
	30. Mai: Heinrich heiratet Jane Seymour.
1537	Geburt von Prinz Eduard, Jane Seymour stirbt zwölf Tage später.
1540	**1. Jan.:** Heinrich heiratet Anna von Cleve. Die Ehe wird nicht vollzogen, und Heinrich lässt sich am 9. Juli scheiden.
	28. Juli: Heinrich heiratet Katharina Howard, eine Hofdame der Anna von Cleve.
1542	Katharina wird wegen Ehebruchs hingerichtet.
1543	Heinrich heiratet die zweimal verwitwete Katharina Parr. Sie überlebt ihn.

ASIEN

1542 Der spanische Jesuit Franz Xaver kommt nach Goa, um die Lehre der Bibel zu verkünden.

1543 Schiffbruch eines portugiesischen Schiffes vor der Insel Tanega, Japan.

1545 Großmogul Humayun nimmt Kandahar ein.

1546 Die Osmanen erobern Basra nach einem Aufstand zurück.

Die Osmanen erobern den Jemen, das Tor zum Roten Meer, zurück.

Die Portugiesen schlagen die indische Armee bei Diu.

1555 ▼ **1547** Großmogul Humayun vertreibt die Afghanen, um seine indischen Gebiete zurückzuerlangen. Er erobert Kabul.

1551 ▼ **1549** Der Jesuit Franz Xaver predigt das Christentum in Kagoshima, Japan.

1550 Die Arbeit an der Moschee Sultan Süleimans in Istanbul, entworfen vom Architekten Sinan (bis 1557), beginnt.

Peking wird für eine Woche von den Mongolen belagert.

AFRIKA

1553 ▼ **1541** Die Portugiesen werden von den sadischen Herrschern aus Agadir in Marokko vertrieben.

Der spanische Jesuit Franz Xaver beginnt mit der Missionierung in Mosambik, Malindi und Sokotra.

Kaiser Karl V. begibt sich auf einen erfolglosen Feldzug gegen Algier.

1543 Ahmad Grañ wird von einem portugiesischen Musketier erschossen.

1544 Portugiesische Handelsstationen werden im früheren muslimischen Hafen Quelimane und in der Maputobucht errichtet.

1554 ▼ **1546** Songhai zerstört das Mali-Reich.

1548 Die Jesuiten beginnen eine Mission im Kongo.

1549 Die Portugiesen werden aus Arzila, ihrem letzten Stützpunkt in Marokko, vertrieben.

Um 1550 Die Nupe schlagen die Yoruba vom Königreich Oyo (Nigeria).

Bedeutung des Sklavenhandels übersteigt die des Goldhandels.

1541 Nach dem türkischen Sieg bei Pest wird Ungarn türkische Provinz.

1542 Franz I. von Frankreich nimmt den Konflikt mit Kaiser Karl V., der ein Bündnis mit Heinrich VIII. von England geschlossen hat, wieder auf.

Die Engländer schlagen die Schotten in der Schlacht von Solway Moss.

1543 Franz I. greift Karl V. in den Niederlanden und in Spanien an.

Die kaiserliche Stadt Nizza in Südfrankreich wird von den vereinten Kräften des Cheireddin Barbarossa und von Franz I. von Frankreich beschossen.

1544 Eine kaiserliche Armee wird von französischen Truppen in der Schlacht von Ceresole, Italien, geschlagen.

1551 ▼ Vertrag von Crépy: Franz I. sagt Karl V. seine Unterstützung gegen die Protestanten zu.

Der Vertrag von Speyer garantiert den Niederlanden volles Handelsrecht im Baltikum.

Nach einer Hexenjagd werden in Dänemark 52 Personen verbrannt.

1545 Beginn des Konzils von Trient, das den modernen Katholizismus definiert.

Massaker an den protestantischen Waldensern in Südfrankreich.

1546 Franz I. und Heinrich VIII. unterzeichnen den Frieden von Ardres. Burgund bleibt acht Jahre lang englisch.

1555 ▼ **1547** Truppen Karls V. schlagen den protestantischen Schmalkaldischen Bund in der Schlacht von Mühlberg.

1558 ▼ In Schottland wird der protestantische Reformer John Knox von royalistischen Truppen gefangen genommen und ausgewiesen. Die Engländer schlagen die Schotten in der Schlacht von Pinkie.

Michelangelo erhält den Auftrag für die Arbeiten am Petersdom in Rom.

1549 Erneuter Krieg zwischen England und Frankreich.

Der »Act of Uniformity« schreibt den Gebrauch des anglikanischen Gebetbuchs in englischen Kirchen vor.

1550 Die Engländer übergeben Burgund an die Franzosen, englische Truppen ziehen sich aus Schottland zurück.

Moritz von Sachsen belagert Magdeburg, das Zentrum protestantischer Opposition.

1541 Der Entdecker Hernando de Soto erreicht den Mississippi.

Jacques Cartier gründet eine französische Kolonie in Kanada.

Francisco Pizarro wird in Lima ermordet.

Pedro de Valdivia gründet Santiago.

1542 Diego el Monzo Almagro, selbsternannter Gouverneur von Peru, wird in der Schlacht von Chupas von der Krone treuen Truppen geschlagen.

Der spanische Entdecker Juan Rodríguez Cabrillo kommt als erster Europäer nach Kalifornien.

Der spanische *Conquistador* Francisco de Orellana befährt den Amazonas.

1543 Die Spanier entdecken Öl in Texas.

1545 Entdeckung von Silber in Potosí; die große Silbermine wird eröffnet.

1552 ▼ Bartolomé de las Casas, Bischof von Chiapas, tritt vehement für die Rechte der Indianer ein.

Die Spanier gewinnen die Macht über das Maya-Gebiet, nachdem sie einen Aufstand niedergeschlagen haben.

1549 Die königliche portugiesische Regierung wird in Brasilien errichtet; die direkte königliche Herrschaft wird von der neuen Hauptstadt Bahia aus ausgeübt.

1550 Die spanische Krone verbietet Feldzüge gegen die einheimische Bevölkerung für die nächsten zehn Jahre.

Die ersten Jesuiten kommen nach Brasilien.

***Dieser Ausschnitt aus einer Karte** Südamerikas von John Rotz von 1542 zeigt Einheimische, die Brasilholz für den Handel mit Europa transportieren.*

Erforschung Südamerikas

Zu Beginn des 16. Jahrhunderts hatten portugiesische und spanische Entdecker alle schiffbaren Flüsse im Osten Südamerikas erforscht, in der Hoffnung, einen Weg in den Fernen Osten zu finden. Infolgedessen war die Atlantikküste gut kartographiert. Die Kenntnisse über die Gebiete besserten sich noch mit der Ankunft portugiesischer Händler, die von der einheimischen Bevölkerung Brasilholz erwerben wollten, aus dem wertvolle Farbe gewonnen wird. Bald folgten die Konquistadoren den gut ausgebauten Straßen der Inka durch die Anden. Das Inland blieb jedoch größtenteils unerforscht, Expeditionen scheiterten an der unzugänglichen Umgebung.

Die Silbermine von Potosí

Um 1540 entdeckten spanische Siedler Cerro Rico, den berühmten Silberberg bei Potosí in den Anden. Der Abbau des Silbers brachte die Stadt Potosí zum Blühen; sie hatte 1570 eine Bevölkerung von 120 000 Menschen, so viele wie in Paris zu dieser Zeit. Deutsche Bergleute führten neue Technologien ein, wie eine wassergetriebene Stampfmühle und eine Methode der Silbergewinnung mithilfe von Quecksilber. Silber wurde zum wichtigsten Exportartikel Südamerikas und überschwemmte die europäischen Märkte. Um 1590 wurden jährlich mehr als 10 Millionen Unzen Silber ausgeführt.

Die Armee Akbars trainierte ihre Kampfkraft durch organisierte Tigerjagden. Diese Miniatur aus dem Mogul-Reich zeigt den Augenblick, in dem die Soldaten ihre Opfer einkesseln.

Das Mogul-Reich in Indien

Akbar (1542–1605) gilt als ein außergewöhnlicher Herrscher. Er baute auf den Erfolgen seines Großvaters Barbur auf, der Nordindien unterworfen und die Dynastie der Moguln gegründet hatte. Sofort nach seiner Thronbesteigung 1556 wurde Akbar von hinduistischen Truppen herausgefordert, die er aber in der Schlacht von Panipat besiegte. 1562 heiratete er eine rajputische Prinzessin und begann sein Lebenswerk: den Aufbaus eines Reiches, das alle Religionen und Kulturen Indiens einen sollte.

Akbar war ein gütiger Herrscher, konnte aber auch gnadenlos sein. 1568 stellten sich ihm die Rajputen entgegen. Er plünderte ihre Hauptstadt und ließ die Verteidiger abschlachten. Danach setzte er loyale Rajputen auf gehobene Positionen seiner Armee. Militärische Eroberungen Akbars waren Gujarat, Bengalen und der größte Teil Afghanistans. Akbar unterstützte persische und hinduistische Kunst und Literatur, sein Hof entwickelte sich zum Mittelpunkt von Kunst und Kultur. In späteren Jahren lehnte er den orthodoxen Islam zugunsten einer universalen islamischen Mystik ab.

ASIEN

1551 Der spanische Jesuit Franz Xaver verlässt Japan, nachdem er dort das Christentum eingeführt hat, und geht nach China.

1552 Die Portugiesen schlagen die Osmanen bei Hormus.

Gründung der portugiesischen Kolonie Macau.

Franz Xaver stirbt bei Kanton an Erschöpfung.

1553 Krieg des safawidischen Persien mit den Osmanen (bis 1555).

1554 Die Osmanen erobern Bahrain.

1555 Osmanen und Perser unterzeichnen den Frieden von Amasya.

Großmogul Humayun erobert Delhi und Agra zurück, nachdem er den afghanischen Thronanwärter besiegt hat.

Erdbeben in Nordwestchina fordert etwa 830000 Opfer.

1563 ▼ Japanische Piraten belagern Nanking in China.

1556 Die russische Armee unter Iwan IV. erobert das Khanat Astrachan und dringt zum Kaspischen Meer vor.

Großmogul Humayun stirbt, Nachfolger wird sein Sohn Akbar. Unter dessen Regierung Gebietserweiterungen und freundliche Beziehungen zwischen Hindus und Muslimen (bis 1605).

Akbar schlägt die Afghanen in der Schlacht von Panipat.

1568 ▼ **1558** Akbar erobert Gwalior.

1559 Der osmanische Sultan Selim besiegt seinen Bruder Bajasid in der Schlacht von Konya.

1567 ▼ **1560** Wiedervereinigung Japans beginnt; der Adel ist zerstritten.

AFRIKA

1551 Die Osmanen erobern Tripolis.

1553 Die Sadier schlagen die letzten ihrer Feinde und etablieren sich als Herrscher von Marokko.

1554 Katsina in Nigeria gewinnt die Unabhängigkeit von Songhai.

1555 Galwdewos, Kaiser von Äthiopien, geht als Sieger aus dem Krieg zwischen Äthiopien und den Galla hervor.

1557 Mohammed al-Mahdi, der eigentliche Gründer des Königreichs der Sadier von Marokko, wird ermordet.

EUROPA

1551 Heinrich II. von Frankreich nimmt den Krieg gegen Kaiser Karl V. wieder auf und lehnt das Konzil von Trient ab. Er verbündet sich mit Moritz von Sachsen.

1552 Moritz von Sachsen nimmt Augsburg ein.

Eine französische Armee besetzt die Bischofssitze Metz, Verdun und Toul.

1553 Französische Truppen fallen in der Toskana ein und werden von einer kaiserlichen Armee bei Marciano besiegt.

Maria Tudor, eine Katholikin, folgt dem protestantischen König Eduard VI. auf den Thron von England. Katholische Bischöfe werden wieder eingesetzt.

1554 Sir Thomas Wyatt führt einen protestantischen Aufstand in Kent. Er ergibt sich aber den Regierungstruppen.

In London wird die *Muscovy Company* zum Zweck des Pelz- und Holzhandels mit Russland gegründet.

1555 Im Frieden von Augsburg erstreiten lutheranische Fürsten die Religionsfreiheit.

Französische Truppen, die Siena besetzt halten, ergeben sich einer kaiserlichen Armee nach 15 Monaten Belagerung.

Beginn der Verfolgung von Protestanten in England.

1557 Um ihren Ehemann Philipp II. von Spanien zu unterstützen, erklärt Maria I. von England Frankreich den Krieg. Spanische Truppen siegen gegen die Franzosen.

1558 Eine französische Armee nimmt Calais von den Engländern ein.

Französische Truppen erleiden eine schwere Niederlage gegen die Spanier.

In Schottland veröffentlicht John Knox sein *First Blast of the Trumpet against the Monstrous Regiment of Women*, in dem er weibliche Monarchen angreift.

Iwan der Schreckliche von Russland fällt in Litauen ein.

1559 Spanien, England und Frankreich unterzeichnen den Frieden von Cateau-Cambrésis, der den Krieg zwischen Habsburg und Valois beendet. Heinrich II. von Frankreich akzeptiert die für ihn nachteiligen Bedingungen.

1563 ▼

1560 König Gustav I. von Schweden dankt zugunsten seines Sohnes nach 43 Jahren ab.

Nach dem Tod von Heinrich II. wird seine Witwe Katharina von Medici Regentin.

AMERIKA & AUSTRALASIEN

1570 ▼

Um 1551 Jesuitische Missionare in Brasilien setzen neue Maßstäbe für die Behandlung der Indianer in den Kolonien der Neuen Welt.

1552 Der Dominikanermönch Bartolomé de las Casas verurteilt die Herrschaft der Spanier in der Neuen Welt aufs Schärfste.

1555 Etwa 600 französische Siedler gründen die kurzlebige Kolonie »La France Antarctique« (französische Antarktis) in Rio de Janeiro.

Die spanische Siedlung Havanna in Kuba wird von den Franzosen angegriffen.

Eine baskische Flotte nimmt das französische Fort in Saint John's, Neufundland, ein.

1559 Der Spanier Tristán de Luna y Arellano gründet eine Siedlung in Mobile Bay, Alabama.

1560 Die Portugiesen beginnen mit dem Zuckerrohranbau in Brasilien.

El Dorado

Anhaltende Gerüchte kursierten über El Dorado, das Land märchenhaften Reichtums, das im Nordwesten Südamerikas liegen sollte. Der Reichtum, der sich bei der Eroberung des Azteken-Reiches in Mexiko und des Inka-Reiches in Peru zeigte, und die Erzählungen der einheimischen Indianer trugen dazu bei, diesen Mythos immer weiter zu nähren. So hatten die Indianer erzählt, dass ein Häuptling in einem Ritual mit Gold bestäubt würde, um dann in einem See gebadet zu werden, in den man viele wunderbare Kunstwerke versenkt hatte. Das mythische Land war nach diesem »vergoldeten« Mann – auf spanisch *»dorado«* – benannt. Zwischen 1530 und 1540 suchten mehrere Expeditionen vergeblich nach dem Schatz. Drei Expeditionen, die von Jiménez de Quesada, Nikolaus Federmann und Sebastián de Benalcázar stießen auf die von Gold geprägte Kultur der Muisca in den kolumbianischen Kordilleren, was die Fantasie weiter anregte. Die Suche verlagerte sich dann nach Osten, und man vermutete El Dorado in Guayana. Expeditionen auf der Suche nach dem mythischen Land gab es bis ins 17. Jahrhundert.

Iwan der Schreckliche

1547 wurde Iwan IV. (1533–1584) im Alter von 16 Jahren zum »Zar aller Russen« gekrönt. Anfangs war er ein fähiger Herrscher, der neue Gesetze einführte, die Handelsbeziehungen mit Westeuropa festigte und Russlands erste beratende Versammlung einberief. Er wurde aber gegen Ende des Jahrzehnts zunehmend unberechenbar. Iwan errichtete eine Terrorherrschaft. 1565 schuf er um Moskau herum die *Oprichina*, oder »Privatgebiet«, das vom Zar selbst verwaltet und von einer Geheimpolizei terrorisiert wurde. Er ließ Angehörige des Hochadels, die Bojaren, verhaften und hinrichten, wenn sie sich gegen ihn wandten, und beschlagnahmte ihren Besitz. Die Unterdrückten flohen in großer Zahl in die neuen Gebiete an Don und Wolga, wo sie vor der Willkürherrschaft Iwans sicher waren. Diese Flüchtlinge waren als Kosaken bekannt.

Freiheitskampf der Niederlande (1565–1648)

Der Widerstand der kalvinistischen Minderheit gegen die spanische Herrschaft mündete in die Unabhängigkeit der sieben nördlichen Provinzen, der Republik der Vereinigten Niederlande. Die südlichen Gebiete (heutiges Belgien) blieben katholisch.

1565	Aufstände in den Niederlanden gegen die Steuer- und Religionspolitik Philipps II.
1568	Überfälle der »Wassergeusen« auf spanische Schiffe und Seestützpunkte (bis 1572).
1574	Die Niederländer erobern Middelburg, zwingen die Spanier, Belagerung Leidens abzubrechen.
1576	Unbezahlte spanische Armee meutert in Antwerpen und plündert die Stadt.
1579	Katholischer Adel im Süden bildet die Union von Arras mit Philipp II.
1585	Der Herzog von Parma erobert das aufständische Antwerpen.
1590	Die Rebellen haben Erfolge im Nordosten.
1600	Sieg der Republik bei Nieuwpoort.
1609	Zwölf Jahre Waffenstillstand mit Spanien.
1621	Der Krieg flammt erneut auf.
1625	Spanische Truppen erobern Breda.
1629	Die Niederländer erobern Herzogenbusch.
1639	Seesieg der Niederlande über die spanische Flotte.
1648	Westfälischer Friede; Spanien erkennt die Republik der Vereinigten Niederlande als souveränen unabhängigen Staat an.

Elisabeth I.

Elisabeth I. bestieg 1558 den englischen Thron und herrschte für 44 Jahre. Sie war eine gebildete und kluge Frau und schuf eine Atmosphäre, die Kunst und Kultur sehr zuträglich war. So setzte sie ihre Herrschaft in ein glänzendes Licht. Die Werke von William Shakespeare und Edmund Spenser spiegeln diese Stimmung wider. So schreibt Spenser in *The Faerie Queene* überschwänglich: »Die vortrefflichste und prächtigste Person, unsere Königin und ihr Königreich im Märchenland.« Der Kult um Elisabeth wurde gefördert durch die Dichter, aber auch durch ihre häufigen Reisen und ihre Präsenz in der Öffentlichkeit, sowie durch ihr Geschick im Parlament. Als der Glanz ihrer Jugend verblichen war, umgab sie im Alter eine majestätische Aura, zu der auch ihr langes Leben beitrug.

ASIEN

1563 Generäle der Ming haben endlich Kontrolle über japanische Piraten.

Der birmanische König Bayinnaung überfällt Siam (Thailand).

1565 In der Schlacht von Talikota wird die Hauptstadt des Hindu-Reiches Vijayanagar durch die vereinten Truppen der fünf Sultanate des Dekhan erobert und geplündert.

1585 ▼ Die spanische Flotte nimmt die Philippinen im Namen König Philipps II. in Besitz.

1566 Selim II. Nachfolger von Süleiman.

1571 ▼ **1567** In Japan bricht der mächtige Adlige Oda Nobunaga den Widerstand der Saito-Familie und nimmt die Stadt Inabayama (Gifu) ein.

1572 ▼ **1568** Großmogul Akbar erobert die Festung Chitor.

In Japan erteilt der christliche Adlige Omura Sumitada ausländischen Händlern die Erlaubnis zur Errichtung von Handelsposten in dem kleinen Fischerdorf Fukae (Nagasaki).

1569 Akbar erobert die Festung Ranthambhor und beendet die Herrschaft der Rajputen.

1570 Portugiesische Schiffe beginnen mit dem Handel in Nagasaki.

Um 1570 Das erste Silber aus Amerika erreicht China.

AFRIKA

1561 Pater da Silveira, der christliche Abgesandte aus Portugal am Hof von Monomotapa in Südostafrika, wird dort ermordet, vermutlich auf Druck eines muslimischen Imam hin.

1562 Der Engländer John Hawkins beginnt mit dem transatlantischen Sklavenhandel. Er verlässt Sierra Leone mit 300 Sklaven auf einem Schiff in Richtung Hispaniola.

1565 Der König des Kongo, Afonso II., wird während einer Messe ermordet.

1575 ▼ **1570** Gründung der portugiesischen Kolonie in Angola.

Portugiesischer Sklavenhandel auf dem Sambesi führt zum Zimba-Krieg zwischen den Chewa-Völkern.

1576 **1561** Zusammenbruch des Deutschen Ordens in Livonien; das Gebiet wird aufgeteilt in russische, schwedische und polnisch-litauische Interessenssphären.

Der Reformator John Knox erstellt eine neue Verfassung für die schottische kalvinistische Kirche.

1562 In Frankreich löst das Massaker an den protestantischen Hugenotten in Wassy einen Religionskrieg aus.

Die Engländer unterzeichnen einen Vertrag mit Ludwig von Bourbon, Prinz von Condé und Anführer der Hugenotten, der sie berechtigt, Le Havre zu besetzen.

Nach einigen unentschiedenen Konflikten gewinnen die Osmanen Transsylvanien.

1563 Drei-Kronen-Krieg zwischen Schweden und Dänemark (bis 1570).

Katholische Truppen nehmen den Hafen von Le Havre von den Engländern ein.

Die 39 Artikel der protestantischen Kirche von England werden veröffentlicht.

In London stirbt ein Viertel der Bevölkerung an der Beulenpest.

1565 Beginn der »Schreckensherrschaft« Iwans IV. von Russland.

Ein Gesetz in London erlaubt dem Royal College of Physicians das Sezieren des menschlichen Körpers – bis dahin ein Tabu.

1572 **1566** Der kalvinistische Bildersturm in den Niederlanden löst den Freiheitskampf der Niederlande aus.

1571 Die Türken nehmen die ägäische Insel Chios in Besitz.

1567 Maria, Königin der Schotten, wird vom protestantischen Adel besiegt, eingekerkert und muss abdanken.

Spanische Truppen werden in die Niederlande geschickt, um den Aufstand niederzuschlagen.

1568 In Spanien rebellieren zum Christentum bekehrte Mauren.

Überfälle auf spanische Schiffe und Stützpunkte durch die »Wassergeusen«.

1569 Königliche französische Truppen besiegen die Hugenotten in der Schlacht von Jarnac.

Das Großherzogtum Litauen wird mit Polen vereint. Der neue Staat erstreckt sich vom Baltikum bis zum Djnestr.

Die Mercator-Projektion wird zum ersten Mal in einer Weltkarte angewandt.

1562 Krieg und Krankheiten töten den größten Teil der indianischen Bevölkerung Brasiliens (bis 1563).

1564 Der Franzose René Laudonnière landet mit einem Trupp von 300 Leuten in Florida, um Fort Caroline zu erbauen.

1565 Die Spanier massakrieren die französischen Kolonisten in Florida und gründen Saint Augustine, die erste ständige europäische Siedlung in den späteren USA.

In Rio de Janeiro wird eine portugiesische Kolonie gegründet.

1567 Álvaro de Mendaña erforscht die Salomoninseln (bis 1569).

1568 Französische Truppen unter Dominique de Corgues rächen das spanische Massaker an den Franzosen von 1565, indem sie die Festung San Mateo niederbrennen.

Die Franzosen besetzen Nordmaranhão.

1572 Spanische Schiffe locken die englischen Seefahrer John Hawkins und Francis Drake, die auf Sklavenjagd sind, bei den Westindischen Inseln in eine Falle. Zwei englische Schiffe sinken bei dem Angriff.

Um 1570 Jesuiten gründen Missionen im Südosten Nordamerikas (Florida) und im Südwesten.

Die Irokesen im nordöstlichen Nordamerika schließen sich zur Irokesischen Liga mehrerer Stämme zusammen.

Baltische Kriege

1563 begannen Schweden und Dänemark einen Krieg um das Baltikum. Beide wetteiferten im ersten modernen Seekrieg um die Kontrolle der Einfallstraßen über das Meer. Die Dänen wurden von der Freien Reichsstadt Lübeck unterstützt. Zwischen 1563 und 1570 focht man sieben große Seeschlachten aus, einschließlich der Schlacht von Öland 1564 *(oben)*, in der die Schweden ihr neues Flaggschiff *Mars* verloren. Um 1568 waren beide Seiten am Ende und unterzeichneten 1570 einen Waffenstillstand, ohne Gebietsgewinne zu erreichen.

Die Kolonisation Floridas

Als erster Europäer erreichte der spanische Entdecker Juan Ponce de León Florida. Er gründete eine Kolonie in der Nähe des heutigen Fort Myers, wurde dann im Kampf mit Calusa-Indianern 1521 tödlich verwundet. Zwei weitere Expeditionen, die von Pánfilo de Narváez (1528) und die von Hernando de Soto (1539), hatten keinen Erfolg.

1564 gründeten französische Hugenotten Fort Caroline an den Ufern des Saint John Rivers. Die Spanier sahen in der Anwesenheit der Franzosen eine Bedrohung für ihren Seeweg von Kuba nach Spanien. 1575 gründete ein Expeditionszug unter dem Kommando von Pedro Menéndez de Avilés die Festung bei Saint Augustine *(oben)* und tötete die meisten Bewohner der französischen Kolonie.

Die Bartholomäusnacht

Das Massaker an den Hugenotten am 24. August 1572 war der schlimmste Auswuchs der französischen Religionskriege.

Der Hugenottenführer Admiral Gaspard de Coligny hatte König Karl IX. davon überzeugen können, den Niederländern gegen ihre spanischen Beherrscher zu Hilfe zu kommen. Katharina von Medici, die Mutter Karls IX., fürchtete sowohl einen Krieg zwischen Frankreich und Spanien als auch die wachsende Macht der Hugenotten, die sich in der Heirat des Hugenotten Heinrich von Navarra mit Margarete von Valois, der Schwester des Königs, zeigte. Mit Katharinas Zustimmung wurde ein Mordkomplott geplant, bei dem Coligny verletzt wurde. Aus Furcht vor Vergeltungsmaßnahmen brachte Katharina den König dazu, protestantische Führer aufgrund der falschen Anschuldigung, sie planten seinen Sturz, hinzurichten.

Nach der Ermordung von Coligny am Morgen des 24. August richteten militante Katholiken ein Blutbad unter den Hugenotten an. In Paris gab es schätzungsweise 3000 Tote, in ganz Frankreich waren etwa 20000 Opfer zu beklagen.

ASIEN

1571 Der Spanier López de Legazpi gründet die Stadt Manila.

1581 ▼ Oda Nobunaga vernichtet die Ikko-Rebellen von Nara, Japan.

1572 Großmogul Akbar schafft die *Jizya*-Steuer für Nichtmuslime ab.

Truppen der Moguln überrennen Gujarat.

1573 Das Shogunat von Muromachi, 1335 gegründet, bricht zusammen, als der Shogun sich Oda Nobunaga unterwirft.

1584 ▼ Regierungszeit von Wanli in China (bis 1620). Periode bedeutender Malerei und Porzellanherstellung.

1574 Sultan Selim II., »der Trunkene«, stirbt nach einem Zechgelage; Nachfolger wird sein Sohn Murad III.

1575 Fertigstellung der Moschee Selimiye in Edirne, Anatolien, erbaut von Sinan.

1576 Mogul-Truppen erobern Bengalen in Nordindien.

Gründung der Stadt Fatehpur-Sikri in Zentralindien, Akbars neue Hauptstadt.

1578 Die Osmanen versuchen sich Georgiens und anderer kaukasischer Fürstentümer zu bemächtigen. Krieg zwischen den Osmanen und den safawidischen Persern.

In China vollendet Li Shizhen *Bencao Gangmu*, eine gefeierte Abhandlung über die Pharmakologie.

1582 ▼ **1579** Akbar lädt Jesuiten aus der portugiesischen Kolonie in Goa an seinen Hof ein.

AFRIKA

1571 Der Sklavenhandel der Portugiesen an der Küste Angolas führt zum Krieg mit den Yaka im Landesinneren.

Nach dem erfolglosen Versuch der Christianisierung von Monomotapa am Sambesi starten die Portugiesen eine Invasion.

1573 Angeführt durch Johann von Österreich erobern die Spanier Tunis und Biserta von den Berbern.

1574 Die Osmanen erobern Tunis und Biserta von den Spaniern zurück.

Die Portugiesen zwingen den Herrscher von Uteve im Sambesital zu Tributzahlungen.

1575 Die Portugiesen gründen die Stadt Luanda in Angola.

1577 Äthiopien erobert das Sultanat von Harar.

1578 Die Portugiesen unterzeichnen einen Friedensvertrag mit dem Königreich Monomotapa am Sambesi.

Die Portugiesen führen einen christlichen Kreuzzug gegen die Mauren an und werden von den Marokkanern unter Ahmed al-Mansur in Ksar el-Kebir vernichtend geschlagen.

1589 ▼ Thronbesteigung von Ahmed al-Mansur als Sultan von Marokko († 1603). Unter seiner Herrschaft erreicht Marokko den Höhepunkt seiner Macht.

Um 1580 Im Königreich Songhai führen Erbfolgestreitigkeiten zu Bürgerkriegen.

EUROPA

1571 Schlacht von Lepanto; die osmanische Flotte unterliegt einer vereinten christlichen Seemacht vor Griechenland.

Papst Pius V. befiehlt das Anlegen eines Indexes zensierter Bücher.

1572 Die »Wassergeusen« (kalvinistische Rebellen gegen die Herrschaft des Herzogs von Alba in den Niederlanden) erobern Briel.

Massaker der Bartholomäusnacht. Tausende französischer Protestanten (Hugenotten) werden in Paris mit Einverständnis der Königmutter Katharina von Medici ermordet.

1597 ▼ Der dänische Astronom Tycho Brahe sichtet einen neuen Stern und untergräbt damit die Theorie von der Unveränderlichkeit des Himmels.

1573 Heinrich von Anjou, Bruder von Karl IX. von Frankreich, wird der erste gewählte polnische König.

Katharina von Medici schließt Frieden mit den französischen Hugenotten.

Die Spanier erobern Haarlem zurück.

Theresia von Avila, Vorsteherin des Karmelitinnenklosters »La Encarnación«, schreibt ihr mystisches Handbuch *Weg der Vollkommenheit*.

1574 Die Niederländer erobern Middelburg und zwingen die Spanier zur Aufgabe der Belagerung Leidens.

1575 Der spanische Gouverneur der Niederlande, Requeséns, stimmt dem Rückzug der spanischen Truppen zu.

Katholische Truppen unter Heinrich von Guise schlagen die Protestanten bei Dormans.

1587 ▼ Mit Unterstützung der Türken wird Stephan Báthory, Fürst von Transsylvanien, zum König von Polen gewählt.

1581 ▼ **1576** Iwan IV. von Russland erobert große Teile Livlands, doch seine Armee wird von einer polnisch-schwedischen Allianz bei Wenden geschlagen (bis 1578).

Der venezianische Maler Tizian, berühmt durch seine Porträts, stirbt an der Pest.

1581 ▼ **1579** Union von Utrecht: Vereinigung der sieben niederländischen Provinzen, nur der katholische Süden bleibt Spanien treu.

Spanier versuchen erfolglos, in Irland zu landen.

1580 Philipp II. von Spanien übernimmt die portugiesische Krone. Vereinigung der spanischen und der portugiesischen Krone.

AMERIKA & AUSTRALASIEN

1571 Spanier errichten ein Inquisitionsgericht in Mexiko.

1572 In Peru nehmen die Spanier Vilcabamba, den Stützpunkt der Inka-Rebellen, ein und richten deren Anführer Tupac Amaru hin.

Der englische Seefahrer Francis Drake greift spanische Hafenanlagen und Schiffe in der Karibik an.

1573 Pläne zur Errichtung von Jesuiten-Städten in Südamerika.

Neue Gesetzgebung in Brasilien macht die Sklaverei allgegenwärtig.

1575 Frater Cristóbal de Molina stellt eine Sammlung von Inka-Gesängen zusammen: *Erzählungen und Zeremonien der Inka*.

Um 1575 Brasilien entwickelt sich zum größten Zuckerproduzenten der Welt.

1576 Nach einer Belagerung durch Indianer werden 287 Kolonisten aus Santa Elena, Florida, evakuiert, die Stadt wird zerstört.

Der Engländer Martin Frobisher erforscht Labrador und entdeckt Baffin Island.

Die Pest tötet 40 Prozent der Indianer in Neuspanien.

1577 Francis Drake umsegelt die Erde (bis 1580).

1578 Ein Erdbeben zerstört die Stadt Santiago in Chile.

1586 ▼ **1579** Francis Drake entdeckt die San Francisco Bay und nimmt das umliegende Land, das er Neualbion nennt, für Königin Elisabeth in Besitz.

1580 Philipp II. von Spanien wird König von Portugal und Brasilien.

Die Spanier zerstören ein französisches Schiff unter Gilberto Gil an der Mündung des Saint John River in Florida.

Die Schlacht von Lepanto

1571 baten die auf Zypern ansässigen Venezianer nach einem Angriff des Osmanen Selim II. bei Philipp II. von Spanien um Hilfe. Im Mai 1571 nahm die Flotte der Heiligen Liga (Spanien, Venedig und der Vatikan) Kurs auf Zypern. Die Gegner trafen bei Lepanto vor der griechischen Küste aufeinander. Nach vierstündigem Kampf führten die überlegene Feuerkraft der christlichen Flotte und die Hartnäckigkeit der spanischen Infanterie zu einer vernichtenden Niederlage der Osmanen. 113 Galeeren wurden versenkt, 117 geentert. Obwohl ganz Europa den Sieg bejubelte, war er nicht von langer Dauer: 1573 schloss Venedig einen Friedensvertrag mit den Osmanen und überließ ihnen Zypern.

Französische Religionskriege (1562–1598)

1562	Erster Bürgerkrieg (bis 1563). Truppen des Herzogs von Guise greifen eine Hugenottengemeinde in Wassy an.
1563	Edikt von Amboise erlaubt Hugenotten eingeschränkte Religionsausübung.
1567	Zweiter Bürgerkrieg (bis 1568). Versuch der Hugenotten, den König gefangen zu nehmen.
1568	Friede von Longjumeau stellt die Bedingungen des Edikts von Amboise wieder her.
	Dritter Bürgerkrieg (bis 1570). Hugenotten schlagen die königliche Armee.
1570	Friede von Saint-Germain stellt das Recht der Religionsausübung wieder her.
1572	Vierter Bürgerkrieg (bis 1573). Massaker in der Bartholomäusnacht (24. Aug.). Etliche Hugenottengemeinden lehnen die Autorität des Königs ab.
1573	Edikt von Boulogne beschränkt Hugenotten auf La Rochelle, Montauban und Nîmes.
1574	Fünfter Bürgerkrieg (bis 1576). Hugenottisches Militär wird in Südfrankreich immer stärker.
1576	Friede von Monsieur (Friede von Beaulieu), hugenottische Religionsausübung in ganz Frankreich außer in Paris erlaubt.
1577	Sechster Bürgerkrieg. Militärgefechte als Folge der Erklärung der Stände, den Katholizismus als einzige Religion zuzulassen.
	Friede von Bergerac stellt die hugenottische Religionsfreiheit wieder her.
1580	Siebter Bürgerkrieg endet mit Frieden von Fleix.
1585	Krieg der katholischen Heiligen Liga (bis 1598), angeführt von Guise. Hugenotten erhalten Hilfe von Deutschen und Schweizern.
1588	Tag der Barrikaden, Guise zieht triumphal in Paris ein. Er wird auf Befehl von König Heinrich III. ermordet.
1589	Aufstand der Anhänger der Liga. Heinrich III. wird getötet.
1590	Heinrich von Navarra schlägt die Truppen der Liga in der Schlacht von Ivry.
1593	Heinrich von Navarra schwört dem hugenottischen Glauben ab und wird als König anerkannt.
1598	Edikt von Nantes garantiert Religionsfreiheit.

Schah Abbas I.

Nach einer Zeit der Bürgerkriege in Persien wurde Abbas I. 1588, hier im Bild mit einem seiner Pagen, Schah von Persien. Er war ein herausragender Führer aus der Dynastie der Safawiden und besaß die militärische Stärke, die Osmanen und ihre Verbündeten aus den westlichen und nördlichen Gebieten Persiens zu vertreiben, die diese während früherer Bürgerkriegsunruhen besetzt hatten.

Gleichzeitig reformierte er die Jahrhunderte zuvor unter Kyros und Dareios geformte Verwaltungsstruktur des Reiches. Das Straßennetz wurde instand gesetzt, Städte wuchsen und gediehen, und neue Handelsverbindungen entstanden. Unter Abbas entwickelte sich Persien zum kulturellen Mittelpunkt der islamischen Welt. Architektur, Literatur und Malerei blühten auf und die wieder aufgebaute Stadt Isfahan bot ein prächtiges Bild vom mittelalterlichen Persien.

Toyotomi Hideyoshi

Um 1570 befand sich das Shogunat der Ashikaga in Japan auf dem Weg der Auflösung und vor einem Bürgerkrieg. 1568 übernahm Oda Nobunaga, ein nachrangiger Landadliger, die Herrschaft über Kyoto, und mithilfe seines fähigsten Generals Toyotomi Hideyoshi (1537–1598) brach er die militärische Macht der buddhistischen Klöster der Umgebung. Nach Nobunagas Tod 1582 ergriff Hideyoshi die Macht und führte dessen Arbeit fort. Selbst von niedriger Geburt, entwaffnete er alle außer den *Samurai*, um seine Autorität zu sichern. Seine Reform der Besteuerung und Landverteilung vergrößerte die Kluft zwischen Bauern und Kriegern noch. Um 1590 hatte er zum ersten Mal fast ganz Japan vereinigt.

ASIEN

1581 Der russische Kosake Jermak Timofejewitsch beginnt mit der Eroberung Sibiriens (bis 1582).

Oda Nobunaga greift den Berg Koya an, den Hauptsitz der buddhistischen Shingon-Schule.

1582 Großmogul Akbar versucht eine Synthese der Weltreligionen.

1602 ▼

Der jesuitische Missionar Matteo Ricci trifft in Macau ein und studiert die chinesische Sprache und Kultur.

Japan schickt den ersten christlichen Botschafter in den Vatikan.

Oda Nobunaga, der Japan vereinigen wollte, wird in der Schlacht durch Akechi Mitsuhide getötet.

1583 Die Birmanen überfallen die Provinz Yunnan.

1584 Baubeginn des Grabmals für den chinesischen Kaiser Wanli (bis 1590).

Erster katholischer Katechismus erscheint in chinesischer Sprache.

1585 Spanien gründet die erste ständige Siedlung auf Cebu auf den Philippinen.

1586 Großmogul Akbar annektiert das Königreich Kaschmir.

Toyotomi Hideyoshi nimmt den Titel *Kampaku* (Regent) an und geht die Vereinigung Japans an.

1587 Toyotomi Hideyoshi bringt ganz Kyushu unter seine Kontrolle.

In Japan wird ein Edikt gegen das Christentum erlassen, und alle Christen werden des Landes verwiesen.

1588 Der schwache Sultan von Persien, Mohammed Schah, übergibt die Macht seinem 17-jährigen Sohn Abbas.

Hunger und Seuchen suchen China heim und führen zu Entvölkerung und Kriminalität.

1597 ▼

1590 Der persische Herrscher Schah Abbas I. schließt einen Friedensvertrag mit den Osmanen, unter dessen Bedingungen die Türken ihre Grenzen bis in den Kaukasus und ins kaspische Gebiet ausweiten können.

Die Stadt Hyderabad am Ufer des Musi in Indien wird gegründet.

1592 ▼

Toyotomi Hideyoshi schafft die politische Vereinigung Japans und verlegt seinen Verwaltungs- und Regierungssitz nach Edo (Tokio).

AFRIKA

1587 Ausbruch des zweiten Simba-Krieges zwischen den Chewa-Völkern in Mosambik und Malawi, verursacht durch den portugiesischen Sklavenhandel am Sambesi.

1594 ▼

1589 Der Sultan von Mombasa verweigert Tributzahlungen an die Portugiesen. Die Stadt wird geplündert.

1591 ▼

Eine marokkanische Armee unter al-Mansur durchquert die Sahara, um das Königreich Songhai zu überfallen.

1590 Die Oromo lassen sich in Südäthiopien nieder.

Zweiter Yaka-Krieg, verursacht durch portugiesischen Sklavenhandel an der Küste Angolas.

EUROPA

1581 Schweden erobert Estland zurück.

Die niederländischen Gebiete setzen Philipp II. als Oberhaupt der sieben Provinzen ab und erklären damit den Krieg.

1582 Die Russen widersetzen sich der Belagerung von Pleskau durch polnisch-litauische Truppen. Nach 25 Jahren Auseinandersetzung gibt Russland seinen Anspruch auf Litauen auf.

Durch einen päpstlichen Erlass wird der Julianische Kalender (46 v. Chr.) durch den Gregorianischen ersetzt. Zehn Tage des Jahres 1582 werden gestrichen, dadurch fällt die Tages- und Nachtgleiche auf den 21. März.

1583 Truppen der Vereinigten Provinzen der Niederlande blockieren den Hafen von Antwerpen.

1585 Alessandro Farnese, Gouverneur der Niederlande, sichert die Unterwerfung der südlichen Niederlande, Flanderns und Brabants unter die spanische Krone.

England verbündet sich mit den Vereinigten Niederlanden und schickt Truppen.

1586 El Greco malt *Das Begräbnis des Grafen von Orgaz*. Die dramatischen Formen und Farben begründen seine Reputation.

1593 ▼ **1587** Die Polen wählen den Schweden Sigismund Vasa zum König.

Elisabeth I. befiehlt die Hinrichtung Marias von Schottland, die eines Mordkomplotts gegen Elisabeth und der Unterstützung einer spanischen Invasion für schuldig erklärt wird.

Francis Drake greift Cádiz an und plündert an der spanischen Küste.

1588 Die spanische Armada scheitert beim Versuch Philipps II. von Spanien, England zu überfallen.

König Heinrich III. von Frankreich muss aus Paris fliehen, als Heinrich von Guise siegreich in die Stadt einzieht. Der König befiehlt die Ermordung von Guise.

1589 Englische Überfälle auf La Coruña und auf Portugal.

Heinrich III., der letzte König der Valois in Frankreich, wird ermordet. Heinrich von Navarra wird sein Nachfolger.

1590 Der Komponist Claudio Monteverdi veröffentlicht seine Madrigale.

AMERIKA & AUSTRALASIEN

1581 Francisco Chamuscado beansprucht den Südwesten Nordamerikas für Spanien und benennt ihn San Felipe del Nuevo Mexico.

1583 Sir Humphrey Gilbert nimmt im Namen der englischen Königin Elisabeth Neufundland in Besitz.

1584 Eine englische Expedition in den Südwesten Nordamerikas nimmt das Land für England in Besitz und benennt es mit Virginia.

Erster Versuch der Engländer, eine Kolonie in Roanoke, Virginia, zu errichten.

1585 Zweite englische Expedition nach Roanoke, geführt von Sir Richard Grenville.

1586 Drake führt Überraschungsangriff auf Festungsstadt Santo Domingo auf Hispaniola, zwingt den Gouverneur zu Lösegeldzahlung.

1596 ▼ Drake plündert Cartagena, Kolumbien.

Die Engländer wehren einen indianischen Angriff auf Roanoke ab und töten einen der Häuptlinge.

Sir Richard Grenville segelt aus Roanoke ab und lässt 20 Siedler zurück.

1587 Spanier verlassen Santa Elena (Florida).

Das erste in der Neuen Welt geborene englische Kind wird Virginia genannt.

John White, englischer Forscher und Künstler, trifft mit 177 Kolonisten in Roanoke ein.

1607 ▼ **1588** Jesuitenmissionare ziehen die Guaraní-Indianer in Paraguay in Missionsstädten zusammen und bauen auf dem Verkauf ihrer Handwerksprodukte ein Handelsimperium auf.

1607 ▼ **1590** John White kehrt mit Vorräten aus Europa nach Roanoke zurück und findet die Kolonie verlassen vor.

Europäische Kolonisierung (1455–1600)

1455	Papstbulle *Romanus Pontifex* bestätigt die portugiesischen Afrikabesitzungen.
1471	Portugal nimmt Tanger ein.
1482	Bau des portugiesischen Forts bei Elmina an der Küste Guineas.
1494	Vertrag von Tordesillas legt den Grenzverlauf im Atlantik zwischen spanischen und portugiesischen Besitzungen fest.
1496	Spanier gründen Santo Domingo auf Hispaniola, erste europäische Stadt Amerikas.
1498	Spanische Ansprüche auf neu entdeckte Länder werden in der Papstbulle *Inter Caetera Eximiae Devotionis* anerkannt.
1500	Erste Franziskanermission in die Neue Welt.
1507	Erste portugiesische Landung auf Ceylon.
1509	Portugiesischer Sieg in der Seeschlacht bei Diu gegen ägyptische und gujaratische Flotte sichert portugiesische Überlegenheit.
1510	Portugiesen erobern Goa in Indien.
1511	Portugiesischer Handelsposten in Melaka.
1512	Gesetze von Burgos (Spanien) zum Schutz der Indios vor Ausbeutung.
1519	Beginn der spanischen Eroberung des Azteken-Reiches durch Hernán Cortés.
1532	Francisco Pizarro beginnt die Eroberung Perus für Spanien.
	Gründung der ersten ständigen portugiesischen Siedlung in Brasilien.
1535	Gründung von Lima in Peru markiert den Beginn der spanischen Kolonisierung.
1536	Spanische Eroberung Kolumbiens beginnt.
1541	Erste spanische Siedlung in Chile von Pedro de Valdivia gegründet.
1557	Portugiesischer Handelsposten auf Macau.
1570	Portugiesischer Handelsposten in Nagasaki, Japan.
1583	Spanische Kolonie in Buenos Aires.
1584	Kurzlebige englische Siedlung in Roanoke, gegründet von Sir Walter Raleigh.
1600	Engländer gründen Ostindische Kompanie.

***Alles, was von der englischen Kolonie** in Roanake geblieben ist, sind die Zeichnungen von John White (oben), der den Auftrag hatte, das Leben in den Kolonien der Neuen Welt wiederzugeben.*

Fort Jesus in Mombasa

Seit Jahrhunderten hatten Araber, Indonesier, Perser und Inder mit den Küstenorten Ostafrikas Handel betrieben, der im 13. Jahrhundert von den Arabern beherrscht wurde. Es entwickelten sich die Stadtstaaten der Suaheli, die durch Handel mit Elfenbein, Gold, Häuten und Sklaven reich wurden. Als die Portugiesen 1497 eintrafen, verweigerten sich die Suaheli deren Machtanspruch. Dafür wurden ihre Städte zerstört, die Einwohner unterworfen, und das islamische Handelsmonopol wurde gebrochen. Die Portugiesen bauten Festungen in Sofala, Mosambik, Kilwa und Mombasa. Fort Jesus in Mombasa *(unten)* war das portugiesische Machtzentrum im 17. Jahrhundert.

Feudalordnung in Japan

Die Burg von Himeji im Westen von Honshu *(unten)* war der Ausgangspunkt für den Feldzug des Toyotomi Hideyoshi zur Vereinigung Japans zwischen 1570 und 1580. Das japanische System der dezentralisierten regionalen Machtzentren wurde von Hideyoshi und seinem Nachfolger Tokugawa Ieyasu als Bedrohung der Einheit und der Kontrollierbarkeit angesehen. Beide beschnitten die regionalen Mächte und verboten Kaufleuten, Mönchen und Bauern das Tragen von Waffen. Außerdem verfolgten sie die Politik des *shi-no-ko-sho,* durch die die Klassen scharf voneinander getrennt wurden und die japanische Gesellschaft strikt in Krieger, Bauern, Handwerker und Handelsleute aufgeteilt wurde. Angehörige der Kriegerklasse der *Samurai* wurden Beamte in Burgstädten wie Hyogo.

ASIEN

1592 Saiditische Imame gewinnen die Kontrolle über den Jemen (bis 1962).

Truppen der Moguln annektieren Orissa an der Ostküste von Indien.

Die Japaner überfallen Korea und nehmen die Burg von Pusan ein.

1593 Die koreanische Flotte beginnt eine Reihe von Überfällen auf japanische Versorgungsschiffe. Guerillakämpfer jagen die japanischen Invasoren.

1594 Truppen der Moguln unter Akbar annektieren Belutschistan und Makran.

1595 Der neue osmanische Sultan Mehmed III. setzt das »Gesetz des Brudermords« durch, das alle neuen Sultane zwingt, ihre Erben und Brüder umzubringen.

1601 ▼ Mogul-Truppen annektieren Kandahar.

1605 ▼ Niederländer kolonisieren die Ostindischen Inseln.

1597 Schah Abbas von Persien schlägt die türkischen Usbeken zurück.

Japaner unter Hideyoshi starten einen neuen Vorstoß nach Korea, werden aber von den Chinesen vertrieben.

26 Christen werden auf Befehl von Hideyoshi bei Nagasaki gekreuzigt.

1598 Anthony und Robert Sherley reisen nach Persien, wo sie Schah Abbas treffen.

Isfahan wird Reichshauptstadt des safawidischen Persien.

Toyotomi Hideyoshi stirbt und vertraut seine Dynastie Tokugawa Ieyasu an (bis 1616).

1612 ▼ **1600** Gründung der englischen Ostindischen Kompanie.

1603 ▼ Tokugawa Ieyasu schlägt alle seine Feinde. Er ist der mächtigste Kriegsherr Japans.

AFRIKA

1591 Marokkanische Truppen unter dem Befehl von Sultan Ahmed al-Mansur nehmen die Songhai-Stadt Timbuktu in Westafrika ein.

1592 Englische Schiffe beteiligen sich am Sklavenhandel.

1603 ▼ Die Marokkaner nehmen die Songhai-Stadt Gao ein.

1594 Die Portugiesen beenden den Bau von Fort Jesus in Mombasa, Kenia.

1607 ▼ **1597** Tod von König Sarsa Dengel von Äthiopien, der Handelsbeziehungen mit den osmanischen Türken eingegangen war. Bis zu 10 000 Gefangene wurden im Jahr an türkische Sklavenhändler verkauft.

1598 Das Volk der Bambara aus der Region Djenné stürzt den letzten König der Mali und gründet das Königreich Ségou.

1600 Das Königreich Buganda in Zentralafrika schlägt einen Angriff des Königreichs Bunyoro zurück.

Um 1600 Kalonga Masula gründet das mächtige Maravi-Reich im Sambesital (bis 1650) und führt den friedlichen Elfenbeinhandel mit den Portugiesen wieder ein.

Stadtstaaten der Hausa in Westafrika blühen.

Die Akan-Staaten Westafrikas rivalisieren um den Zugang zu Goldfeldern und zu den Handelswegen an die Atlantikküste.

EUROPA

1591 Deutsche evangelische Reichsstände schließen den Torgauer Vertrag.

Der neunjährige Sohn von Iwan dem Schrecklichen von Russland wird ermordet; in Verdacht steht Boris Godunow, der De-facto-Regent des Reiches.

Der berühmte englische Dramatiker William Shakespeare schreibt Stücke für das Londoner Theater.

1592 Ein Bauernaufstand in Südwestfrankreich gegen hohe Steuern wird brutal niedergeschlagen.

Vollendung der Rialtobrücke in Venedig.

1593 Beginn des Kriegs der Ungarn gegen die osmanischen Türken (bis 1606).

Die Schweden stellen an ihren neuen katholischen König, Sigismund von Polen (bis 1599), die Bedingung, dass der Lutheranismus Staatsreligion bleibt.

König Heinrich IV. von Frankreich schwört dem Protestantismus ab und wird Katholik.

Das englische Parlament erlässt strenge Gesetze gegen nicht zur Staatskirche gehörende Protestanen wie z. B. Puritaner.

1594 Osmanische Türken nehmen die ungarische Festung Raab ein.

Tod von Giovanni da Palestrina, Musikdirektor des Petersdoms in Rom und Komponist von über 100 Messen und 600 Motetten.

1595 Frankreich erklärt Spanien den Krieg (bis 1598). Heinrich IV. schlägt die Spanier bei Fontaine Françoise und vertreibt sie aus Burgund.

Ungarn, angeführt von Sigismund Báthory, schlägt die türkischen Truppen bei Giurgiu.

1596 Eine englisch-niederländische Flotte nimmt Cádiz in Spanien ein.

1606 ▼
Die Türken schlagen die Ungarn bei Erlau und Mezokerestes.

1597 Der dänische Astronom Tycho Brahe zeichnet 777 Sterne auf.

Der niederländische Entdecker Willem Barents stirbt bei seiner dritten Reise auf der Suche nach der Nordostpassage nach China.

1598 Der aufständische irische Lord Hugh O'Neill schlägt eine englische Truppe in der Schlacht bei Yellow Ford.

1598 Boris Godunow wird zum Zaren von Russland gewählt (bis 1605).

AMERIKA & AUSTRALASIEN

1591 Eine spanische Flotte schlägt die Engländer vor den Azoren im Atlantik.

1594 In Florida hält Bruder Baltasar López eine Massentaufe mit 80 Indianern ab.

1595 Spanien teilt den Südosten Nordamerikas in verschiedene Missionsprovinzen auf.

1596 Francis Drake, der englische Seefahrer und Freibeuter, stirbt in der Karibik.

1597 Simon Ferdinando, ein portugiesischer Seefahrer im Dienst der englischen Krone, landet an der Küste von Maine.

1598 Der Marquis von la Roche gründet eine französische Kolonie auf Sable Island, Kanada.

1603 ▼
1600 Franzosen gründen einen Pelzhandelsposten in Tadoussac am Sankt-Lorenz-Strom in Kanada.

Spanier stellen einen neuen Schnaps auf ihren Zuckerplantagen in der Karibik her: den Rum.

Um 1600 Klassische Periode der Maori auf der Nordinsel Neuseelands: Bevölkerungswachstum, Stammeskriege, Bau von Festungen.

Der Bau von großen Statuen auf der Osterinsel ist im Niedergang, da es nicht mehr genug Nahrung und Holz auf der Insel gibt.

Das Königreich Kongo

Die Portugiesen erreichten um 1480 die Mündung des Kongo und bauten Kontakte zum Königreich Kongo auf. Als Ergebnis der Missionstätigkeit der Portugiesen nahm der lokale König den Namen Alfons I. (1506–43) an, erklärte das Christentum zur Religion des Königtums und begann, sein Reich zu verwestlichen. Als der Kongo 1568 von nomadischen Kriegern, bekannt unter dem Namen Yaka, angegriffen wurde, kamen die Portugiesen zu Hilfe, indem sie militärische Unterstützung anboten. Aber der Kongo war so von den portugiesischen Händlern abhängig geworden, und 1571 besetzten die Portugiesen den Thron mit König Alvaro I. *(oben)*. Dieser war zunehmend auf die militärische Hilfe der Portugiesen angewiesen, die er mit Gefangenen für den atlantischen Sklavenhandel bezahlte. Als die Nachfrage nach Sklaven im 17. Jahrhundert stieg, brach die Autorität des Königs zusammen, und der Kongo zerfiel in rivalisierende Parteien.

Die Ostindische Kompanie

Gegründet am 31. Dezember 1600, sollte die englische Ostindische Kompanie den Handel mit Ostasien, Südostasien und Indien übernehmen. Zunächst nur als ein monopolistisches Geschäftsunternehmen gedacht, entwickelte sich die Kompanie zu einem politischen Instrument und agierte als Vermittlerin der Kolonialpolitik der englischen Regierung im 18. und 19. Jahrhundert. Die Kompanie sollte sich Anteile am profitablen ostindischen Gewürzhandel sichern. Nach dem Sieg über die spanische Armada 1588 nahmen die Engländer die Gelegenheit wahr und brachen das Monopol der Spanier und Portugiesen. Mit dem Sieg über die Portugiesen in Indien 1612 erhielten die Engländer die Konzession von den Moguln zum Handel mit Gewürzen, Baumwolle, Seide und Indigo. Schwieriger zu brechen war der Widerstand der Niederländer auf den Ostindischen Inseln.

Das Zeichen *der Ostindischen Kompanie*

Die Welt um 1600

Zum ersten Mal seit dem Untergang des Römischen Reiches errichteten die Europäer um das Jahr 1600 mächtige Reiche, die die ganze Welt beeinflussten. Die Entwicklung der europäischen Seefahrt nach 1500 ermöglichte Spanien und Portugal den Erwerb bedeutender Besitzungen in Übersee. Portugal kam zu Kolonien in Brasilien, an den Ost- und Westküsten von Afrika und von Indien und im Inselgebiet Südostasiens. Das spanische Reich in Mittel- und Südamerika, innerhalb von nur 21 Jahren auf Kosten der Azteken und Inka erobert, war noch größer. Spaniens Macht wurde zudem gestärkt durch den ausgedehnten Erbbesitz der Krone in Italien und den Niederlanden, die allerdings im Jahr 1609 nach einem außergewöhnlich grausamen Religionskrieg unabhängig wurden. Russland expandierte ebenfalls rasch und erwarb weite Gebiete im Süden und im westlichen Sibirien. Dänemark kontrollierte Skandinavien. Der wachsende europäische Einfluss wurde durch die Stabilität der Monarchien in Britannien und Frankreich unterstrichen. Aber abgesehen von Spanien reichte keine europäische Macht an die des Osmanischen Reiches heran, das bis 1500 Anatolien, Nordafrika, die Levante, das westliche Mesopotamien und große Teile Südosteuropas kontrollierte. In Indien vergrößerte nach 1526 das Mogul-Reich ständig sein Gebiet. Um 1600 erblühte Nordindien unter den aufgeklärten Mogul-Herrschern. Und Ming-China, so selbstbezogen und rigide seine Herrscher auch waren, blieb die bei weitem bevölkerungsreichste und wohlhabendste Nation der Welt.

DIE NEUE WELT VON ABRAHAM ORTELIUS

Abraham Ortelius war ein Kartenhändler aus Antwerpen, dessen *Theatrum Orbis Terrarum* von 1570 als der erste moderne Atlas angesehen wird. Nicht als Kartograph ausgebildet, reiste er sehr weit auf der Suche nach verlässlichen Quellen. Sein Atlas verkaufte sich über 40 Jahre lang sehr gut in Europa. Die Karte der Neuen Welt (rechts) war eine recht genaue Wiedergabe der Kenntnisse europäischer Entdecker über Amerika und den Pazifik. Der große Südkontinent, *Terra Australis*, ein Überbleibsel der klassischen Geographie von Ptolemäus, erscheint auf den meisten Karten dieser Zeit. Man sieht einen Teil von Feuerland und der Küste Neuguineas, aber der Rest sind reine Mutmaßungen. Zusammen mit seinem Zeitgenossen Gerhard Mercator trug Ortelius entscheidend dazu bei, das Zentrum der europäischen Kartographie von Italien in die Niederlande zu verlegen.

1600–1800

Die Kolonialzeit

BILD OBEN: ***Wettbewerb im** Bogenschießen in China (Seidenmalerei aus der Qing-Zeit). Seide und Porzellan aus China wurden wegen ihrer bis dahin unerreichten Qualität von europäischen Händler hoch geschätzt.*

UM 1600 HATTE sich aufgrund der europäischen Entdeckungreisen der letzten 150 Jahre ein weltweites Handelsnetz entwickelt, das sich nach 1600 noch ausdehnte, da nach den Spaniern und Portugiesen auch die Briten, Franzosen und Niederländer begannen, die Ozeane zu befahren. Zu den Besitzungen von Spaniern und Portugiesen kamen Handelsposten der Franzosen, Briten und Niederländer in Nordamerika, Indien und dem Fernen Osten hinzu, wo die Niederländer die Portugiesen verdrängten und in den lukrativen Gewürzhandel einstiegen. Piraterie und Handel waren zu dieser Zeit oft nur zwei Seiten einer Medaille.

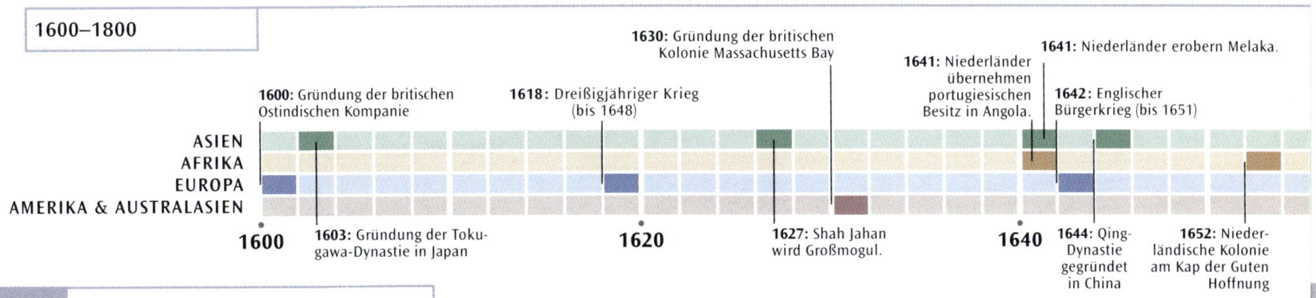

William Shakespeare

William Shakespeare (1564–1616) beeinflusste die englische Literatur und das europäische Theater mehr als jeder andere Schriftsteller. Der Autor von 38 Stücken und 154 Sonetten, darunter Meisterwerke wie *Hamlet* (1601) und *König Lear* (1605), ist unübertroffen in seinem Sprachwitz und in seiner Virtuosität.

Dennoch war er kein elitärer oder akademischer Autor. Geboren in Stratford-upon-Avon als Sohn eines Händlers und einer Landadligen, verbrachte er den größten Teil seines Lebens als Schauspieler und Autor der erfolgreichen Theatertruppe Chamberlain's Men des Londoner Globe Theater. Seine persönlichen Erfahrungen, die sich in seinen Stücken spiegeln, sind ein Schlüssel zu deren noch heute aktueller Allgemeingültigkeit.

Shakespeare war ein Kind seiner Zeit, er widmete sich den Verwicklungen individueller Personen, deren Motiven und den äußerlichen Einflüssen, die diese prägen. Diese Konzentration auf Selbsterkenntnis und Individualismus ging einher mit der Verbreitung von Bildung und einer kosmopolitischen Haltung. Sie war durch den Kalvinismus und dessen Tendenz zu fortwährender Selbsterforschung beeinflusst.

William Shakespeare

Die Reihenfolge der Entstehung der Stücke ist unsicher, viele Daten beruhen auf Vermutungen.

1589	*König Heinrich VI.* (Teil I, II und III)
1592–93	*König Richard III.; Die Komödie der Irrungen*
1593–94	*Titus Andronicus; Der Widerspenstigen Zähmung*
1594–95	*Die beiden Veroneser; Verlorene Liebesmüh; Romeo und Julia*
1595–96	*König Richard II.; Ein Sommernachtstraum*
1596–97	*König Johann; Der Kaufmann von Venedig*
1597–98	*König Heinrich IV. Teil 1, Teil 2*
1598–99	*Die lustigen Weiber von Windsor*
1598	*Viel Lärm um nichts; König Heinrich V.*
1599–1600	*Julius Caesar; Wie es euch gefällt*
1600–01	*Hamlet*
1601–02	*Was ihr wollt; Troilus und Cressida*
1602–03	*Ende gut, alles gut*
1604–05	*Maß für Maß; Othello*
1605–06	*König Lear; Macbeth*
1606–07	*Antonius und Cleopatra*
1607–08	*Coriolanus; Timon von Athen*
1608–09	*Perikles*
1609–10	*Cymbeline*
1610–11	*Ein Wintermärchen*
1611–12	*Der Sturm*
1612–13	*König Heinrich VIII.; Die beiden edlen Vettern*

ASIEN

1601 Der Mogul-Kaiser Akbar bindet die Königreiche des Dekhan, Berar, Ahmadnagar und Khandesh, in sein Reich ein.

1602 Der jesuitische Missionar Matteo Ricci erhält die Erlaubnis, in Peking zu bleiben.

1603 Krieg der Safawiden mit den Osmanen. Schah Abbas erobert im ersten Jahr Täbris zurück (bis 1619).

Tokugawa Ieyasu wird zum Shogun ernannt und begründet die japanische Tokugawa-Dynastie. Er baut sich ein Schloss in Edo (Tokio).

Neue japanische Theatertradition: »Kabuki«.

1604 Schah Abbas von Persien erobert Eriwan (Jerewan), Shirwan und Kars.

1605 Akbar der Große stirbt, vermutlich an einer Vergiftung. Nachfolger als Großmogul wird sein Sohn Jahangir.

Der Goldene Tempel von Amritsar wird vollendet. Er ist das höchste Heiligtum der Sikhs, die als Reformbewegung zwischen Hinduismus und Islam zu vermitteln versuchen.

1623 ▼
Die Niederländer erobern Ambon und nehmen den Portugiesen die Molukken ab.

1607 Der Großmogul Jahangir schickt einen Gesandten, der die Portugiesen in Goa treffen soll.

AFRIKA

1603 Tod von Idris Alamoa, König des Reiches Bornu in Westafrika. Mithilfe türkischer Feuerwaffen führte er während seiner 33-jährigen Regierungszeit viele erfolgreiche Feldzüge durch.

1627 ▼
Tod von Ahmed al-Mansur, genannt der »Siegreiche«. Marokko wird durch dynastische Streitigkeiten geschwächt und zerfällt in die beiden rivalisierenden Sultanate Fès und Marrakesch.

1607 Susenyos besteigt den äthiopischen Thron (bis 1632). Er erkennt das Volk der Oromo im Süden seines Königreiches offiziell an.

1610 Tod von Ralambo, Herrscher des Königreichs Merina in Madagaskar. Während seiner 35-jährigen Regierungszeit erweiterte er sein Gebiet durch Eroberungen.

Gründung des Königreichs Dahomey in Westafrika.

Um 1610 Die Oromo sind die vorherrschende Bevölkerungsgruppe in Südäthiopien und unter den Muslimen der Hochebene von Harar.

EUROPA

1601 Der Krieg zwischen Frankreich und Savoyen endet mit dem französischen Sieg in Chambéry.

1602 Gründung der niederländischen Ostindischen Kompanie.

Protestantenverfolgung in Ungarn und Böhmen.

1603 Tod von Königin Elisabeth I. von England. Jakob VI. von Schottland tritt die Nachfolge an und vereinigt als Jakob I. den englischen und den schottischen Thron.

1604 Ostende fällt nach zweijähriger Belagerung an die Spanier.

König Jakob von Schottland und England verurteilt das Tabakrauchen als »scheußlich und stinkend«.

1605 Guy Fawkes, katholischer Verschwörer, plant, beide Häuser des englischen Parlaments in die Luft zu sprengen.

»Zeit der Wirren« in Russland, das durch Schweden und Polen bedroht wird.

Miguel de Cervantes' Meisterwerk *Don Quijote de la Mancha* erscheint in Spanien.

1606 Der Krieg zwischen den Habsburgern und den Osmanen wird durch den Friedensvertrag von Zsitva Torok beigelegt.

1607 In Russland wird ein Bauernaufstand niedergeworfen, angeführt von Bolotnikow, einem ehemaligen Leibeigenen.

Monteverdis Oper *Orfeo* wird in Mantua aufgeführt.

1608 Gründung der Protestantisch-Evangelischen Union in Anhausen bei Nördlingen. Im Gegenzug wird eine Katholische Union gegründet (bis 1609).

1621 ▼ **1609** Spanien und die Niederlande unterzeichnen einen Friedensvertrag.

Aus Spanien werden die ehemals muslimischen Morisken, die sich zum Christentum bekehrt haben, vertrieben.

1611 ▼ Krieg Polens mit Russland (bis 1618).

1610 Tod des Malers Caravaggio, der sich nach einem Mord während einer Schlägerei in Rom vier Jahre auf der Flucht befand.

AMERIKA & AUSTRALASIEN

1602 Niederländische Kolonisten gründen eine Niederlassung in der Nähe des Río Essequibo in Guayana.

1603 Samuel de Champlain kommt nach Kanada, um die Möglichkeit einer französischen Kolonie zu prüfen.

1604 Gründung der französischen Kolonie Akadien im heutigen Nova Scotia (bis 1608).

1606 Luis Váez de Torres segelt durch die Meerenge, die heute seinen Namen trägt, und beweist, dass Neuguinea eine Insel ist.

Eine portugiesische Expedition unter Torres entdeckt einen neuen Kontinent in der Südsee (Australien).

1619 ▼ **1607** Gründung der ersten dauerhaften englischen Kolonie in Jamestown in Virginia durch John Smith.

1614 ▼ John Smith, Gründer der Kolonie Jamestown, wird von dem Indianerhäuptling Powhatan gefangen genommen. Dessen Tochter Pocahontas rettet Smiths Leben.

Jesuiten gründen in der Umgebung von Asunción die Provinz Paraguay und die ersten Missionsdörfer am Río Paraguay.

1615 ▼ **1608** Champlain kolonisiert Québec für Frankreich.

Erlass des spanischen Königs legalisiert Versklavung der chilenischen Indianer.

1609 Champlain erforscht St.-Lorenz-Strom und östliche Große Seen (bis 1613).

Champlain verbündet sich mit den Algonkin; beginnt einen Krieg gegen die Irokesen.

Der englische Forscher Henry Hudson erforscht den Hudson River im nordöstlichen Nordamerika.

1611 ▼ **1610** Henry Hudson entdeckt die Hudsonbai in Ostkanada.

Santa Fe soll die neue Hauptstadt der spanischen Provinz Neumexiko werden.

Ein neues Frankreich

Große Kabeljauvorkommen und der Pelzhandel hatten die Franzosen im 16. Jahrhundert in den Norden Kanadas gelockt. Um 1530 bemühte sich Jacques Cartier um den Aufbau einer dauerhaften Niederlassung, doch die harten klimatischen Bedingungen und der Widerstand der Ureinwohner zwangen die Franzosen, die Kolonie bald wieder zu verlassen.

1608 gründete der Forschungsreisende Samuel de Champlain Québec als Ausgangsort für den Handel mit den Huronen und Algonkin. Er war ein unermüdlicher Erforscher des kanadischen Binnenlandes und überzeugt von der Zukunft der Kolonie. Nach und nach entstanden eine Reihe von Handelsstationen entlang des Mississippi.

Doch der französische Kolonisierungsversuch war halbherzig, es gab nur wenige Siedler in Nova Scotia und entlang des St.-Lorenz-Stroms. Ab dem 18. Jahrhundert sollte die Zahl der englischen Siedler die der französischen weit übersteigen.

Die Jesuiten in Japan

Nachdem sie zunächst bereitwillig im buddhistischen Japan aufgenommen worden waren, wendete sich das Blatt für die jesuitischen Missionare 1587, als der Shogun Toyotomi Hideyoshi während der Machtstreitigkeiten zwischen christlichen und buddhistischen Fürsten das erste Verbot des Christentums erließ. Der Herrscher begegnete dem fremden Glauben mit Misstrauen, da einzelne lokale Feudalherren das Christentum als Zeichen der Unabhängigkeit von ihrem Lehnsherrn annahmen. Katholische Missionare wurden hingerichtet und japanische Bekehrte durch

Folter zur Aufgabe des Glaubens gezwungen. Portugiesen und Spanier wurden ausgewiesen. Die protestantischen Niederländer durften bleiben und separiert auf der Insel Deshima eine eigene Handelskolonie gründen.

Wissenschaft und Technik (1500 bis 1630)

1500	Europäische Schiffe verwenden Klüversegel.
1502	Henlein erfindet die Taschenuhr.
1543	In seinem Buch *De Revolutionibus* vertritt Kopernikus die Theorie des heliozentrischen Universums.
1547	Cardano beweist in *De Subtilitate* die organische Herkunft von Fossilien.
1569	Mercators Weltkarte bezieht die Erdkrümmung mit ein.
1570	In Florenz wird Weichporzellan hergestellt.
1571	Leonard Digges erfindet den Theodoliten.
1578	Tycho Brahe veröffentlicht *Nova Stella*.
1586	Erfindung des mechanischen Webstuhls.
1589	Erfindung des Strumpfwirkstuhls.
1592	In Holland treibt zum ersten Mal eine Windmühle ein Sägewerk an.
1592	Galileo entwickelt das erste Thermometer.
1595	Dreimasthandelsschiffe (*Flüten*) in Holland.
1605	Erfindung des Steinschlossgewehrs.
1608	Hans Lippershey erfindet das Teleskop.
1609	Keplers Gesetze der Planetenbewegung werden in *Astronomia Nova* veröffentlicht.
1614	Napier veröffentlicht erste Logarithmentafel.
1628	Harvey beschreibt den Blutkreislauf in *Die Bewegung des Herzens*.
1630	Galilei tritt im *Dialog über die beiden hauptsächlichen Weltsysteme* für das Kopernikanische Weltbild ein.

***Der dänische Astronom Tycho Brahe** (1564–1601) – in der rechten Ecke des Bildes – beobachtete den Himmel ohne Teleskop und berechnete die Umlaufbahn der Planeten.*

Astronomie

In der Renaissance machte man große Fortschritte in der Beobachtung der natürlichen Umwelt. Eine der wichtigsten Entdeckungen war die Bewegung der Planeten um die Sonne und des Mondes um die Erde durch den polnischen Astronomen Nikolaus Kopernikus (1473–1543). 1610 bestätigte Galileo Galilei (1564–1642) diese Theorie nach Himmelsbeobachtungen mit einem einfachen Teleskop. Seine Vorstellungen brachten ihn in Konflikt mit der katholischen Kirche und deren Lehre von der Erde als Mittelpunkt des Universums. Galilei wurde von der Inquisition verhaftet, man zwang ihn zu widerrufen, und seine Schriften wurden eingezogen.

ASIEN

1611 Die Niederländer gründen einen Handelsposten in Masulipatam, Ostindien.

1612 Die englische Ostindische Kompanie errichtet ihre erste Handelsniederlassung in Surat, Westindien.

Handelsposten der englischen Ostindischen Kompanie in Syriam, Prome und Ava (Birma/Myanmar).

1614 Der japanische Shogun Tokugawa Ieyasu erlässt ein Dekret gegen das Christentum.

1615 Eine englische Flotte schlägt die Portugiesen bei Bombay.

Sir Thomas Roe, der erste europäische Botschafter am Hof der Moguln, wird von Kaiser Jahangir empfangen.

1625 ▼

Im Ming-China brechen Konflikte zwischen Donglin-Aktivisten – Staatsbediensteten und Intellektuelle – und den korrupten Eunuchen aus (bis 1627).

Die von Hideyori gehaltene Festung von Osaka in Japan fällt nach sechsmonatiger Belagerung an die Armee von Ieyasu.

1616 Tod des Shogun Tokugawa Ieyasu. Die Nachfolge tritt sein Sohn Tokugawa Hidetada an.

Vollendung der Ahmed-Moschee in Istanbul, auch »Blaue Moschee« genannt.

1617 Die Arbeit an der Schah-Moschee ist im Gange, dem beeindruckendsten Gebäude von Isfahan, der prächtigen neuen Hauptstadt des Iran.

1622 ▼

1618 Die Osmanen akzeptieren die Wiedereroberung des Iran durch Schah Abbas.

1619 Die Niederländer machen Batavia zum Zentrum ihres Handelsimperiums in Südostasien.

William Baffin erstellt eine Karte des Mogul-Reiches, die erste aus der Hand eines englischen Kartographen.

1620 Bau des kaiserlichen Palastes von Katsura in Kyoto, Japan.

AFRIKA

1612 Die Portugiesen verschleppen mehr als 10000 Angolaner pro Jahr als Sklaven nach Brasilien.

Um 1612 Tod von Ilunga Kibinda, dem Gründer des Lunda-Königreichs im Südkongo.

1615 Khoisan-Buschleute kehren nach einem Aufenthalt in England zum Kennenlernen von Kultur und Sprache nach Südafrika ans Kap der Guten Hoffnung zurück.

1617 Die Niederländer erwerben die Insel Gorée vor Kap Verde, Westafrika.

1619 Afrikanische Sklaven werden in die englische Kolonie Jamestown in Nordamerika verschickt.

1620 Die englische Kolonie an der Saldanhabai am Kap der Guten Hoffnung scheitert.

EUROPA

1611 Die Schweden kommen nach Russland, die Polen besetzen Moskau.

Krieg um die Kontrolle über das Baltikum zwischen Dänemark und Schweden.

König Jakob I. autorisiert eine neue englische Version der Bibel.

1612 Die Russen zwingen die einmarschierenden Polen zur Kapitulation.

Rubens malt die *Kreuzabnahme* für die Kathedrale von Antwerpen.

1613 Der schwedische Sieg in Kalmar führt zum Frieden von Knäred. Schweden gibt Finnland auf.

Systematische Kolonisierung von Ulster in Nordirland durch Protestanten beginnt.

Michail Romanow wird von der Reichsversammlung zum Zaren gewählt.

1614 Aufstand der Aristokratie in Frankreich endet mit dem Frieden von St. Ménéhould.

In Frankfurt führt der von Vinzenz Fettmilch geführte Aufstand gegen den Rat zur Plünderung der Judengasse.

Zar Michail Romanow schlägt die Kosaken bei Rostokino.

Der Mathematiker John Napier veröffentlicht die ersten Logarithmentafeln.

1633 ▼

1616 Galilei wird von der Inquisition für seine astronomischen Theorien ins Gefängnis gebracht.

Tod von Cervantes und Shakespeare.

1617 Der Vertrag von Stolbowo beendet die schwedische Besatzung von Nordrussland.

1618 Der französische Staatssekretär Richelieu wird für die Verschwörung mit der Königsmutter Maria von Medici nach Avignon verbannt.

Der böhmische Aufstand gegen die Herrschaft der Habsburger löst den Dreißigjährigen Krieg aus.

Prager Fenstersturz: eine Revolte gegen die katholikenfreundliche Politik der Regenten der Stadt.

1619 Maria von Medici führt einen Aufstand gegen ihren Sohn Ludwig XIII. von Frankreich an. Richelieu wird zurückgerufen, um den Aufstand zu entschärfen (bis 1620).

1621 ▼

1620 Niederlage der Böhmen gegen die Habsburger in der Schlacht am Weißen Berg.

Englische Pilgerväter segeln mit der *Mayflower* nach Virginia.

AMERIKA & AUSTRALASIEN

1611 Henry Hudsons Mannschaft meutert und setzt ihn im eiskalten Wasser ab, seine Überlebenschancen sind gering.

1626 ▼

1612 Die Niederländer treiben Handel mit den Indianern am Hudson River und gründen dort eine Siedlung.

Siedler in Virginia beginnen mit dem Tabakanbau.

1613 Niederländer lassen sich in Paramaribo, Suriname, nieder.

Nachdem sie einen Guerillakrieg geführt haben, wird entlaufenen Sklaven in einer Siedlung in den mexikanischen Bergen von der Kolonialregierung die Freiheit gewährt.

1614 Die Häuptlingstochter Pocahontas heiratet einen Siedler aus Jamestown.

1615 Der französische Entdecker Samuel de Champlain entdeckt den Huronsee in Kanada.

Die Franziskaner beginnen mit der Missionsarbeit in Québec.

1616 Willem Schouten und Jakob Le Maire entdecken den Seeweg in den Pazifik um das Kap Hoorn herum.

Die Portugiesen vertreiben die Franzosen aus St. Louis de Maragnan und beenden die französischen Kolonisierungsversuche am Amazonas.

Die Niederländer errichten die Kolonie Guayana.

1617 Die Engländer richten eine Strafkolonie in Virginia ein.

1618 In Neuengland wütet eine Pockenepidemie.

1619 Die erste allgemeine Ratsversammlung in Jamestown, Provinzhauptstadt von Virginia, erlässt strenge Gesetze gegen Alkohol, Glücksspiel und Sittenverfall. Etwa 20 Afrikaner werden in die Kolonie gebracht.

1620 Ankunft der Pilgerväter in Plymouth.

Gorée

Die Insel Gorée liegt südlich vom Kap Verde in Senegal. Im 15. Jahrhundert erfuhr die Region durch die Ankunft der Portugiesen und später weiterer Europäer große Veränderungen. Nachdem das einheimische Volk der Lebu vertrieben worden war, entwickelte sich die 1621 von den Niederländern gegründete Stadt Gorée zu einem großen Umschlagsplatz des Sklavenhandels.

Im 17. Jahrhundert errichteten Europäer entlang der westafrikanischen Küste mit der Erlaubnis lokaler Herrscher Handelsposten. Die Herrscher lieferten auf Kriegszügen gefangene Sklaven an die Europäer und erhielten dafür Baumwolle, Kupfer, Eisen, Schnaps und Glasperlen. Die Sklaven wurden dann unter unmenschlichen Bedingungen auf die Zuckerrohrplantagen der Neuen Welt verfrachtet, mit einem Gewinn von jeweils 800% für die skrupellosen Händler.

Handelsschiffe

Die niederländische Vorherrschaft im Ostindienhandel im 17. Jahrhundert war das Ergebnis ihrer Überlegenheit in der Schifffahrt. Sie besaßen *Flüten* genannte Handelsschiffe, lange schmale Dreimaster mit großen Laderäumen unter einem einzigen Deck. Diese Schiffe waren einfach und preiswert zu bauen und konnten große Strecken ohne anzulanden zurücklegen. Im Gegensatz dazu waren die voll getakelten mehrmastigen englischen Handelsschiffe schwerfällig und ihr Laderaum begrenzt durch die Notwendigkeit einer großen Mannschaft, unter anderem auch zum Schutz vor Piraten.

Der Dreißigjährige Krieg

Der Herrschaftsanspruch der österreichischen Habsburger in Mitteleuropa führte zu einem drei Jahrzehnte andauernden erbitterten Krieg auf deutschem Boden. Andere europäische Nationen wie Schweden, Dänemark, Frankreich, Spanien und die Niederlande waren bald in den Krieg verwickelt. Am meisten litt die deutsche Bevölkerung, in ländlichen Gegenden fielen 40% der Menschen Hungersnöten und marodierenden Soldaten zum Opfer.

1618	Böhmischer Aufstand gegen die kaiserlichen Habsburger eröffnet den Krieg.
1620	Schlacht am Weißen Berg. Die Habsburger schlagen die Böhmen.
1624	Richelieu führt Frankreich in den Krieg. Frankreich, die Niederlande, England, Schweden, Dänemark, Savoyen und Venedig verbünden sich gegen Habsburg.
1625	Dänemark überfällt Deutschland.
1626	Dänische Truppen werden von den kaiserlichen in der Schlacht von Lutter geschlagen.
1629	Die kaiserlichen Truppen triumphieren in vielen Gebieten Norddeutschlands und zwingen die dänischen Truppen zur Aufgabe.
1630	Der schwedische König Gustav Adolf landet in Usedom.
1631	Die Habsburger werden von Gustav Adolf bei Breitenfeld vernichtend geschlagen. Die Habsburger belagern Magdeburg.
1632	Schwedischer Sieg am Lech; Gustav besetzt Augsburg, München und Südbayern. Gustav Adolf wird bei Lützen getötet.
1634	Schlacht bei Nördlingen; die Schweden erleiden eine Niederlage gegen Habsburg.
1635	Der Frieden von Prag sichert die Position des habsburgischen Kaisers Ferdinand II.
1636	Offener Krieg zwischen Frankreich und dem Heiligen Römischen Reich.
1639	Frankreich nimmt das Elsass ein.
1643	In der Schlacht von Rocroi unterliegen die spanischen Truppen Frankreich.
1644	Die Kaiserlichen unterliegen Frankreich, den Niederlanden und Schweden (bis 1648).
1648	Westfälischer Friede von Münster und Osnabrück.

Im Dreißigjährigen Krieg kam es zu neuen Formen der Massenvernichtung. Eine noch nicht dagewesene Zahl von Soldaten stand im Kampf, von ihnen starb über eine Million.

ASIEN

1621 In Japan werden Überseereisen unter Androhung der Todesstrafe verboten.

1632 **1622** Der osmanische Sultan Osman II. wird von seinen eigenen Wachen abgesetzt und ermordet.

Die Perser erobern Kandahar.

Der persische Schah Abbas vertreibt die Portugiesen von der Insel Hormus.

In Japan werden Christen gekreuzigt und enthauptet.

1623 Schah Abbas erobert Bagdad, Mosul und Mesopotamien von den Osmanen.

Massaker von Ambon: Angestellte der niederländischen Ostindischen Kompanie auf der Insel Ambon in Südostasien ermorden zehn englische Siedler.

1634 **1624** Spaniern wird der Zutritt zu allen Gebieten Japans verboten.

1636 Die Niederländer errichten Handelsposten entlang der Küste von Taiwan.

1636 **1625** Die ersten Mandschu-Könige errichten ihre Hauptstadt in Mukden und bedrohen die niedergehende Ming-Dynastie in China.

In China werden die intellektuellen Dong-lin-Aktivisten verfolgt.

1626 Nurachi, Oberhaupt der Mandschu, stirbt bei seinem erfolglosen Angriff auf die chinesische Stadt Ningyuan.

1632 **1627** Shah Jahan wird Mogul-Kaiser.

Unruhen unter Soldaten und Bauern im Ming-China.

1629 Tod von Schah Abbas von Persien. Nachfolger wird sein Sohn Schah Safi.

AFRIKA

1621 Nzinga, die Schwester des Königs von Mbundu (Angola), wird als Gesandte nach Portugal geschickt.

Das Maravi-Reich, das sich vom Sambesi bis nach Mosambik erstreckt, überfällt den Mutapa-Staat am unteren Sambesi.

1644 **1627** Königin Nzinga von Mbundu siegt nach einem Jahr Krieg über Portugal.

Der Tod von Sultan Zaidan bedeutet das Ende der marokkanischen Dynastie der Sadier.

1631 **1629** Nach der Niederlage gegen die Portugiesen wird das Mutapa-Reich zu einem demütigenden Friedensvertrag gezwungen.

1621 Hugenotten-Aufstand in der Provence.

Katholische Truppen unter Tilly plündern die Universitätsbibliothek in Heidelberg.

Erneute Feindseligkeiten zwischen Spanien und den Niederlanden.

Der schwedische König Gustav Adolf erobert Riga von den Polen.

1622 Ludwig XIII. von Frankreich belagert Montpellier und zwingt die aufständischen Protestanten zur Aufgabe. La Rochelle und Montauban sind die einzigen verbleibenden protestantischen Bastionen.

Spanische Truppen erobern Bergen op Zoom, die wichtigste Festungsstadt der Niederländer.

1623 Tod des englischen Komponisten William Byrd, eines Meisters der Polyphonie.

1625 Die Pest wütet in London.

Die Stadt Breda ergibt sich den Spaniern, die im Begriff sind, die Niederlande zu überrennen.

1626 Nach einer Verschwörung gegen ihn schränkt Kardinal Richelieu, Erster Minister im Staatsrat, die Macht des Adels ein.

Tod des großen englischen Staatsmanns und Philosophen Francis Bacon.

Missernte in Deutschland. Hunger, Pest und Gewalt wüten im Land.

1627 Kaiserliche Truppen unter dem Befehl von Albrecht von Wallenstein überrennen Dänemark und die baltische Küste.

Die Franzosen kontrollieren eine lebenswichtige Verbindung durch die Alpen nach Spanien und beschneiden damit den wachsenden Einfluss der Habsburger.

1628 Die Hugenotten-Stadt La Rochelle ergibt sich den königlichen Truppen.

Der Herzog von Buckingham, Hauptverbündeter des englischen Königs Karl I., wird ermordet. Karl I. löst das Parlament auf.

1640 ▼ Der große flämische Maler Rubens wird auf eine diplomatische Mission nach Madrid gesandt, wo er den Maler Velázquez trifft.

1629 Erbfolgekrieg von Mantua. Die Spanier belagern Casale, die Kaiserlichen Mantua.

1634 ▼ **1630** Der schwedische König Gustav Adolf überfällt Pommern und Mecklenburg, um den militärischen Erfolgen der Deutschen entgegenzuwirken.

Der deutsche Astronom Johannes Kepler stirbt.

1621 Englische Siedler in Massachusetts verbünden sich mit dem Häuptling der Wampanoag-Indianer.

Elias Legardo ist der erste namentlich erwähnte jüdische Siedler in Nordamerika.

1622 Einem Angriff von Indianern im Gebiet des James River fallen 240 Siedler zum Opfer.

1623 Captain John Mason aus Hampshire in England erhält Land von König Jakob zur Gründung des Territoriums New Hampshire in Nordostamerika.

1624 Die ersten englischen Siedler in der Karibik besetzen die Insel St. Christopher.

Die Niederländer nehmen die brasilianische Hauptstadt Bahia von den Spaniern ein.

1625 Die Niederländer erobern San Juan in Puerto Rico.

Die Portugiesen werden aus Maranhão vertrieben.

1626 Salem wird als Hauptstadt von Massachusetts gegründet.

Die Niederländer erwerben die Insel Manhattan von den Canarsee-Indianern.

1627 Die Kompanie von Neufrankreich erwirbt das Monopol für den Pelzhandel und Landbesitz von Florida bis zur Arktis.

Englische Siedler erreichen Barbados.

1634 ▼ **1628** Die Neuengland-Kompanie wird gegründet, um den Handel und die Kolonisierung in Nordamerika voranzutreiben.

1629 Der niederländische Seefahrer Francisco Pelsaeir landet in Nordwestaustralien.

1630 Gründung der englischen Massachusetts Bay Colony mit Boston als Hauptstadt.

1637 ▼ Die Niederländer erobern Brasilien und gründen die Kolonie Neuholland, die den größten Teil Nordostbrasiliens umfasst.

Um 1630 Intensive jesuitische Missionstätigkeit im Gebiet von Paraguay.

Gustav II. Adolf

Gustav II. Adolf kam 1611 im Alter von 17 Jahren auf den schwedischen Thron. Er legte die Grundlagen für einen modernen schwedischen Staat und bildete ihn zu einer europäischen Macht heraus. Durch Neuerungen bei der Taktik wie etwa die Einführung einer leichten Artillerie, verbunden mit einem ausgeprägten Sinn für Strategie, veränderte er die Kunst der Kriegsführung im frühen 17. Jahrhundert. Mit dem Grundsatz, Angriff sei die beste Verteidigung, eroberte er 1613 Kalmar von Dänemark zurück, intervenierte in die russische »Zeit der Wirren« (1605–1617) und eroberte Riga im Jahr 1621 während Angriffen auf Polen-Litauen (1617–1629). 1630 griff er in den Dreißigjährigen Krieg ein, um den deutschen Protestantismus gegen die Gegenreformation zu unterstützen. Sein Tod auf dem Schlachtfeld von Lützen 1632 beendete frühzeitig eine viel versprechende Laufbahn.

Isfahan

Für Isfahan im Südwesten des Iran begann das »Goldene Zeitalter« im Jahr 1598, als Schah Abbas die Stadt zur safawidischen Hauptstadt machte. Durch zahlreiche Bauten schuf er eine der schönsten Städte der Welt im 17. Jahrhundert. Das Zentrum beherrschen der große Festplatz Meidan-e Schah und die beeindruckende Schahmoschee, berühmt für ihre türkisfarbigen, arabesk verzierten Außenkacheln *(unten)*. Die Stadt entwickelte sich zu einem Zentrum für Kunst und Kultur. Handwerker und Künstler wurden vom Schah gefördert, der auch die Seidenproduktion, ein königliches Monopol, ankurbelte. Der volksnahe Herrscher pflegte abends auf dem Meidan zu spazieren, Kontakt zum Volk aufzunehmen und die Waren an den Ständen zu begutachten.

Shah Jahan

Shah Jahan, der Sohn des Mogul-Kaisers Jahangir, hegte lange Zeit Ambitionen gegen seine mächtige Mutter, Nur Jahan. 1623 führte er einen offenen Aufstand gegen sie, ließ beim Tod seines Vaters 1627 alle seine nächsten Verwandten ermorden und schickte seine Mutter in den Ruhestand. Er erklärte sich selbst zum »Kaiser der Welt« und herrschte drei Jahrzehnte lang über das Mogul-Reich.

Während seiner Regierungszeit herrschten am kaiserlichen Hof Überfluss und Glanz; Shah Jahans bedeutendstes Vermächtnis ist der Taj Mahal, eine außergewöhnlich schöne Grabanlage für seine Lieblingsfrau Mumtaz Mahal. Shah Jahan veranlasste Feldzüge, um Afghanistan zurückzugewinnen und die Macht der Moguln in Zentralasien neu zu errichten. Der erfolglose Krieg verschlang das Vermögen des Reiches. Shah Jahans Söhne stritten um die Nachfolge. Schließlich wurde er von seinem ehrgeizigen Sohn Aurangzeb, der 1658 den Thron bestieg, ins Gefängnis gebracht.

ASIEN

1632 Aufstand der türkischen Janitscharen. Sultan Murad IV. verfolgt die Verräter.

Mogul-Kaiser Shah Jahan befiehlt die Zerstörung hinduistischer Tempel.

1653 ▼ Shah Jahan beginnt den Bau des Taj Mahal in Agra zur Erinnerung an seine Frau Mumtaz Mahal.

Portugiesen werden aus Bengalen vertrieben.

Isolation Japans durch Tokugawa-Shogune.

1634 Englische Händler errichten einen Handelsposten in Kanton.

Ausländer in Japan dürfen nur noch auf Deshima wohnen, einer künstlichen Insel vor Nagasaki.

1635 Die Osmanen nehmen Eriwan (Jerewan) von den safawidischen Persern ein.

Der Drusen-Emir Fakhr ed-Din wird nach dem Versuch, den Libanon von den Osmanen zu befreien, hingerichtet.

Einführung des Sankin-kotai-Systems in Japan, nach dem alle *Daimyo* (Landesherren) jedes zweite Jahr in Edo verbringen müssen, um regionaler Machtkonzentration vorzubeugen.

1636 Die Osmanen werden vom Imam der Saiditen aus dem Jemen vertrieben.

1658 ▼ Die Niederländer gründen eine Geschäftsvertretung in Ceylon (Sri Lanka).

1644 ▼ Die Mandschu errichten das Qing-Reich in Mukden.

1637 Song Yingxing, chinesischer Beamter, veröffentlicht *Tiangong kaiwu* (»Erschließung der natürlichen Gegebenheiten«), worin er die neuesten Entwicklungen in Landwirtschaft und Industrie erläutert.

Honami Koetsu, herausragender japanischer Maler, Kalligraph und Töpfer, stirbt.

Abschließungspolitik der koreanischen Yi-Herrscher, Kontakt zur Außenwelt wird mit dem Tod bestraft.

1638 Die Osmanen erobern Bagdad von den Safawiden zurück.

Christenaufstand in Shimabara, Japan, endet mit dem Fall der Festung Hara.

1639 Friedensvertrag von Qasr-i Shirin zwischen Osmanen und Safawiden.

Russische Forscher durchqueren Sibirien bis zum Pazifik.

AFRIKA

1631 Ausbruch des Krieges zwischen dem Mutapa-Reich (Monomatapa) und den Portugiesen.

1632 Nach einem Aufstand muss Kaiser Susenyos von Äthiopien abdanken. Er erhob den Katholizismus zur Staatsreligion, aber sein Sohn Fasilidas verspricht die Wiedereinführung des koptischen Christentums.

1634 Die Franzosen gründen eine Siedlung in St. Louis, Senegal.

1635 Abd el-Krim gründet ein muslimisches Sultanat im Tschad.

1636 König Fasilidas errichtet eine ständige Hauptstadt in Gondar, Äthiopien.

1637 Die Niederländer nehmen die portugiesische Festung von Elmina ein.

Französische Sklavenhändler lassen sich im Senegal nieder.

1639 Die Niederländer erobern das Königreich Kongo von den Portugiesen.

1631 Tilly, Befehlshaber der Deutschen Katholischen Liga, plündert die protestantische Stadt Magdeburg. Gustav II. Adolf von Schweden schlägt die Katholiken vernichtend in Breitenfeld.

1632 Mit dem Vertrag von Altmark annektieren die Schweden die Küstengebiete von Litauen.

1633 Die Inquisition in Rom verurteilt den Astronomen Galilei, der seine frühere Behauptung, die Erde sei der Mittelpunkt des Universums, zurückgenommen hat.

Die Russen belagern Smolensk, Kosaken helfen den Polen erfolgreich bei der Verteidigung.

Bernini vollendet den *Baldacchino* in der Peterskirche von Rom.

1634 Der schwedische Einmarsch in Süddeutschland endet mit einer Niederlage in der Schlacht von Nördlingen.

1635 Prager Frieden. In Deutschland sind die Truppen der Habsburger erfolgreich.

Ludwig XIII. von Frankreich erklärt Spanien den Krieg.

Ludwig XIII. erlaubt die Gründung einer neuen Akademie.

1636 Tod von Lope de Vega, des produktivsten Dramatikers Spaniens.

Uraufführung von Pierre Corneilles Tragödie *Le Cid* in Paris.

1637 Aufstand französischer Bauern (*croquantes*) in Périgord und Rouergue.

Französische Truppen schlagen die Spanier im Languedoc zurück.

Der französische Philosoph René Descartes veröffentlicht seinen *Discours de la méthode*.

Das Tulpenfieber in den Niederlanden führt zu einem unvorhergesehenen Wirtschaftsaufschwung und -zusammenbruch.

1643 ▼

1638 Die Presbyterianer widersetzen sich der von Karl I. geplanten Einführung des anglikanischen Glaubens in Schottland. Es kommt zum Krieg (»First Bishops' War«).

1640 Tod von Peter Paul Rubens.

1641 ▼

Portugiesen befreien sich von den Spaniern, Johann IV. wird zum König erklärt.

1631 Pater Ruíz de Montoya fährt mit 12000 Indianern den Fluss Paraná hinunter, um Sklavenfängern zu entfliehen.

1634 Lord Baltimore gründet die englische Kolonie Maryland.

1635 Die Engländer errichten die Kolonie Connecticut.

Samuel de Champlain, der Erforscher Kanadas und Gründungsvater von Neufrankreich, stirbt.

Die Franzosen ergreifen von der karibischen Insel Guadeloupe Besitz.

1636 Der Puritaner John Harvard gründet die erste amerikanische Universität in Cambridge, Massachusetts.

Die Franzosen übernehmen die karibische Insel Martinique von den Spaniern.

Die ersten englischen Kolonisten lassen sich auf Rhode Island nieder.

1637 Eine Armee der Puritaner überfällt ein Dorf der Pequot-Indianer und massakriert 500 Einwohner. Dies ist der Höhepunkt eines mehrere Jahre dauernden Krieges zwischen Siedlern und Pequot-Indianern.

Der Niederländer Moritz von Nassau wird Gouverneur von Brasilien.

1655 ▼

1638 Schweden und Finnen legen den Grundstein für die Kolonie Neuschweden an der Mündung des Delaware River im Nordosten Nordamerikas.

Das christliche Äthiopien

Im 16. Jahrhundert erneuerte die katholische Kirche ihre Anstrengungen zur Bekehrung der äthiopischen Christen und entsandte jesuitische Missionare. Nach Anfangserfolgen – zwei Kaiser traten im frühen 17. Jahrhundert zum Katholizismus über – wendete sich das Blatt, als die Jesuiten Konformität mit Rom verlangten und die gesamte Bevölkerung wiedertaufen wollten. Nach einem Aufstand wurde 1632 das traditionelle äthiopische Christentum wieder eingeführt. Fasilidas (1632–1667) erhob Gondar *(oben)* zur Hauptstadt. Bis dahin war der Kaiser herumgereist und dadurch in ständigem Kontakt mit seinem Volk. Abgeschlossen in der unzugänglichen Stadt, verringerte sich sein Einfluss jedoch. Um die Mitte des 18. Jahrhunderts gab es in Äthiopien keine funktionierende Zentralregierung mehr.

Fort Saint George

1639 erhielt die englische Ostindische Kompanie von den *Rajas* der Aravidu-Dynastie, den Erben des vergangenen großen Vijayanagara-Reiches von Südindien, die Erlaubnis, im Fischerdorf Madraspatan ein Fort zu bauen. Aus diesem kleinen englischen Stützpunkt auf dem indischen Subkontinent sollte die Stadt Madras entstehen. Die Siedlung, Fort Saint George genannt, entwickelte sich bald zum Magneten für einheimische Baumwollweber und Händler. 1652 erhielt Fort Saint George den Status einer Verwaltungseinheit, von der aus die englische Ostindische Kompanie ihren Einflussbereich ausbauen konnte.

Der Englische Bürgerkrieg (1642–1651)

Der Streit zwischen Monarchie und Parlament wurde durch die Ansicht von Karl I. ausgelöst, der König sei nicht dem Volk, sondern nur Gott verantwortlich (»Gottesgnadentum«).

1638	Erster *Bishops' War*: Die Schotten lehnen sich gegen die anglikanische Kirche auf.
1640	Das Parlament stimmt gegen die Finanzpolitik von Karl I.; daraus resultiert der zweite *Bishops' War*.
1642	Karl I. verschafft sich mit Gewalt Zutritt zum Parlament, seine Gegner sind geflohen.
	Feindseligkeiten brechen aus, als Karl I. in Nottingham die königliche Flagge hisst. Schlacht von Edgehill endet unentschieden.
1643	Das Parlament bildet mit den Schotten die »Solemn League and Covenant«.
1644	Die Parlamentarier besiegen die Königlichen in der Schlacht von Marston Moor.
1645	Das Parlament erneuert das Heer unter dem Befehl von Oliver Cromwell; es folgen Siege bei Naseby und Langport.
1646	Die königliche Hochburg Oxford fällt. Karl I. ergibt sich den Schotten in Newark; ein instabiler Frieden hält bis 1648 vor.
1648	Karl I. trifft ein geheimes Abkommen mit den Schotten und verspricht, den Presbyterianismus in England zuzulassen. Die Schotten schlagen die Königlichen bei Preston.
1649	Karl I. wird hingerichtet. Die Monarchie und das Oberhaus werden abgeschafft; England wird Republik *(Commonwealth)*.
	Aufstände der Royalisten in Irland werden von Cromwells Truppen brutal unterdrückt.
1650	Aufstände der Schotten gegen das Parlament. Cromwell schlägt die Schotten in Dunbar.
1651	Cromwell schlägt Karl II., den Sohn von Karl I., in der Schlacht von Worcester. Karl II. flieht nach Frankreich. Ende der Bürgerkriege.

Karl I. und Oliver Cromwell

Mit seinem Versuch, die Einführung anglikanischer Liturgie 1637 in Schottland zu erzwingen, löste Karl I. einen Aufstand aus. Er forderte vom Parlament die Finanzierung des Krieges gegen die Schotten. Das wurde abgelehnt und mit einem Katalog von Anschuldigungen beantwortet. Karl I. floh nach London und rief 1642 seine Untertanen zu den Waffen. Der Konflikt zwischen den Königlichen (Royalisten) und den von Oliver Cromwell *(oben)* befehligten Parlamentariern zog sich vier Jahre hin. Karl ergab sich bei Newark, verweigerte aber eine Vereinbarung mit dem Parlament und wurde 1649 hingerichtet. Cromwell unterdrückte weiterhin die Iren und Schotten. Nach seinem Tod 1660 erstarkten die Royalisten, und Karl II. bestieg den Thron.

ASIEN

1641 Die Niederländer erobern Melaka von den Portugiesen.

Aufstand des Li Zicheng verdrängt die Ming-Herrscher (bis 1645).

Zhang Xianzhong bricht die Macht der Ming in Zentralchina (bis 1647).

1643 Vollendung des Potala-Palastes, des größten buddhistischen Klosters Tibets, in Lhasa. Er dient als Winterpalast.

1655 ▼ Russische Pioniere erreichen den Fluss Amur in Sibirien.

1644 Die Qing-Dynastie, letzte der kaiserlichen Dynastien Chinas, wird begründet.

1645 Shivaji, Führer der Marathen aus dem Dekhan, beginnt gegen die Moguln in Indien vorzugehen (bis 1670).

Der deutsche Jesuit Johann Schall wird Direktor des Instituts für Astronomie und Mathematik in Peking.

Die Mandschu zwingen die Chinesen zum Tragen des Zopfes und der Mandschu-Kleidung.

1646 Die Moguln erobern die Provinzen Balkh und Badakhsan in Nordafghanistan von den Usbeken. Nach einem Jahr ziehen sie sich zurück.

Die Mandschu besetzen Zhejiang, Fujian und Sichuan.

1647 Die Mandschu nehmen Kanton ein.

Um 1647 Fertigstellung des *Atlas von Indien* von Sadiq Isfahani.

1648 Die Araber erobern Maskat von den Portugiesen.

Der osmanische Sultan Ibrahim wird abgesetzt und mit Billigung seiner Mutter ermordet.

Der kaiserliche Hof der Moguln wird nach Shahjahanabad (Delhi) verlegt.

1650 Die Niederländer vereinnahmen portugiesische Stationen und werden zur bedeutendsten Handelsmacht in Südost- und Südasien.

Die englische Ostindische Kompanie gründet einen Handelsposten am Hugli in Bengalen.

AFRIKA

1654 ▼ **1641** Die Niederländer erobern die portugiesischen Besitzungen in Angola.

1642 Die Niederländer erobern Axim an der Goldküste (Ghana) von den Portugiesen.

1644 Niederländische Sklaventreiber, die mit Königin Nzinga von Angola verbündet sind, nehmen Luanda von den Portugiesen ein.

Die Sieger im Bürgerkrieg von Torwa verlegen die Hauptstadt nach Danongome (Simbabwe).

1645 Die Portugiesen bringen zum ersten Mal Sklaven von Mosambik nach Brasilien.

1652 ▼ **1648** Überlebende des Schiffbruchs der niederländischen *Haarlem* in der Tafelbucht siedeln sich am Kap der Guten Hoffnung an.

1650 Die Portugiesen erobern Angola von den Niederländern zurück. Königin Nzinga schließt Frieden mit den Portugiesen.

Der Sultan von Oman vertreibt die Portugiesen aus den Häfen der Suaheli in Ostafrika.

1655 ▼ **Um 1650** Der Einfluss der marokkanischen Sadier-Dynastie nimmt ab, Berber-Stämme versuchen die Oberhand zu gewinnen.

Wegbaja wird König von Dahomey (Benin) und macht es zu einem mächtigen zentralistischen Staat.

EUROPA

1641 Frankreich und Portugal verbünden sich gegen Spanien.

Parlamentarier erarbeiten eine Liste öffentlicher Missstände und treten der autoritären Herrschaft König Karls I. entgegen.

Gälische Iren rebellieren gegen protestantische Einwanderung in Irland und schlachten englische Siedler ab.

1642 Die Kriegserklärung von König Karl I. an das Parlament löst in England einen Bürgerkrieg zwischen Königlichen (Kavalieren) und Parlamentariern (Rundköpfen) aus.

1643 Ludwig XIV. wird König von Frankreich.

Englische Parlamentarier und schottische Covenants verbünden sich gegen Karl I.

Franzosen schlagen Spanier bei Rocroi.

Schweden überfällt Dänemark.

1644 Oliver Cromwell, Kommandant der Rundköpfe, schlägt die Königlichen in der Schlacht von Marston Moor.

Die kaiserlichen Armeen werden von den französischen, schwedischen und niederländischen geschlagen (bis 1648).

1645 Der Friede von Linz garantiert den Ungarn Religionsfreiheit.

1648 Westfälischer Friede beendet den Dreißigjährigen Krieg.

1652 ▼ Fronde, Aufstand in Paris gegen die wachsende Macht der Krone (bis 1649). Kardinal Mazarin, leitender Minister, verhilft der königlichen Familie zur Flucht.

Niederländer und Spanier unterzeichnen den Vertrag von Münster. Spanien akzeptiert die Unabhängigkeit von sieben niederländischen Provinzen.

Aufstände der Königlichen in Wales, Kent und Essex. Karl I. gewinnt die Unterstützung der Schotten.

Neue Gesetze in Russland nehmen den Leibeigenen praktisch alle Bürgerrechte.

Revolte in Moskau gegen hohe Steuern.

Im Konflikt mit Venedig belagern die osmanischen Türken Heraklion auf Kreta.

1654 ▼ Ukrainische Kosaken erheben sich gegen ihre polnischen Feudalherren.

1649 Hinrichtung Karls I. von England.

1650 Oliver Cromwell überwältigt die Schotten in der Schlacht von Dunbar.

AMERIKA & AUSTRALASIEN

1641 Der Gerichtshof der Massachusetts Bay Colony erlässt ein System von 100 Gesetzen, den *Body of Liberties*.

Indianer und Jesuiten besiegen Sklavenhändler aus São Paulo am Uruguay.

1642 Niederländische Siedler massakrieren Indianer aus dem unteren Hudsontal, die vor Angriffen der Mohawk Schutz suchten.

Die Franzosen gründen Montréal.

Auf der Suche nach dem Südkontinent findet der niederländische Entdecker Abel Tasman Tasmanien und Neuseeland.

1652 ▼ **1643** Die puritanischen Kolonien Plymouth, Massachusetts, Connecticut und New Haven schließen sich zur Neuengland-Konföderation zusammen.

Die Niederländer massakrieren Algonkin-Indianer.

Mit Unterstützung von Tupí-Indianern revoltieren Portugiesen in Brasilien gegen ihre niederländischen Herren.

Tasman entdeckt Tonga und erreicht Fidschi und Neuguinea.

1644 Tasman kartographiert die Nord- und Westküsten Australiens.

1646 Der Priester John Eliot predigt zu den Algonkin in ihrer eigenen Sprache.

In Virginia endet der zweijährige Aufstand der Powhatan-Indianer, als ihr Führer Necotowance Indianerland an die englische Krone abtritt.

1647 Katholische Priester werden aus Massachusetts verbannt.

1653 ▼ **1648** Die Irokesen schlagen die Huronen, die Verbündeten der Franzosen (bis 1651).

Richard Bennett gründet mit 400–600 Virginiern den Puritaner-Stützpunkt Providence (Annapolis).

1649 Die neuen liberalen Religionsgesetze von Maryland ziehen viele Siedler an.

1650 Französische Jesuiten verlassen die letzte der Huronen-Missionen nach Überfällen der Irokesen.

Die Belagerung von Oxford

Während der ersten Phase des Englischen Bürgerkrieges war Oxford der Hauptstützpunkt der Königlichen. Die Stadt wurde durch Garnisonen in Banbury, Donnington Castle und Wallingford sowie durch die Armee geschützt. Dennoch erlitt Karl I. im Jahr 1645 eine entscheidende Niederlage bei Naseby, wo seine Truppen zahlenmäßig stark unterlegen waren. Fast 5000 Königliche wurden hier gefangen genommen, und die Armee existierte praktisch nicht mehr. 1646 baute man eine Festung oberhalb der Stadt. Zwei Wochen lang wurde Oxford von den Parlamentariern bestürmt und kapitulierte schließlich, als Karl I. sich in Newark den Schotten im Mai 1646 ergab.

»Die Schrecken des Krieges«

Die 24 Radierungen des französischen Künstlers Jacques Callot (1592–1635) mit dem Titel *Die Schrecken des Krieges* sind ein bewegendes Zeugnis für das Leiden, dem die Bevölkerung Deutschlands zwischen 1618 und 1648 ausgesetzt war. Banden halb verhungerter, marodierender Soldaten fielen über die Dörfer her, Vergewaltigungen, Diebstahl und Massenhinrichtungen waren an der Tagesordnung. Bei Kriegsende war Deutschland verwüstet, ganze Städte, wie etwa Magdeburg, lagen in Trümmern. Die ländlichen Gegenden waren entvölkert, Landwirtschaft und Handel praktisch nicht mehr vorhanden; es herrschten Hunger, Krankheit und Zerstörung.

Die Hexenverfolgungen

Soziale Umbrüche, ausgelöst durch die Religionskriege, waren möglicherweise ein Faktor für das Ansteigen von Hexenverfolgungen zwischen 1580 und 1650. Auf der Suche nach Sündenböcken in schwierigen Zeiten, als Armut, Krieg und Kriminalität die Menschen verunsicherten, wurden vor allem Außenseiter (z. B. Juden und Homosexuelle) verdächtigt. Die meisten Opfer der Hexenverfolgungen waren weiblich, da man annahm, dass Frauen empfänglicher seien für die Versuchungen des Teufels. Geständnisse wurden fast immer unter der Folter erzwungen.

***Der Priester Urban Grandier** wurde 1634 wegen Verhexung der Nonnen von London angeklagt und öffentlich verbrannt.*

Hexenprozesse

1486 Veröffentlichung des *Malleus Maleficarum* (Hexenhammer), der die zeitgenössischen Hexereivorstellungen wiedergibt.

1532 Im Heiligen Römischen Reich wird der Feuertod für Schadenszauber festgesetzt.

1541 In Wittenberg werden mit Einverständnis Martin Luthers vier Hexen verbrannt.

1580 Sprunghafter Anstieg von Hexenprozessen in Dtlnd., Frankr., Engl. und Schweden.

1590 Jakob VI. von Schottland beteiligt sich an den Hexenverfolgungen.

1595 Nicholas Rémy veröffentlicht *Demonlatreia*, eine Abhandlung über Hexerei.

1597 Jakob VI. von Schottland veröffentlicht *Daemonologie*.

1609 Hexenprozesse im Baskenland (bis 1614).

1624 Hexenverfolgung in Bamberg (bis 1631). Mindestens 300 Menschen werden hingerichtet.

1634 Der Priester Urban Grandier wird der Hexerei angeklagt und hingerichtet.

1645 Hexenprozesse in England, 19 Menschen werden hingerichtet (bis 1656).

1661 Hexenverfolgungen in Schottland (bis 1662).

1669 Hexenverfolgungen in Schweden (bis 1676), etwa 200 Menschen werden hingerichtet.

1692 Hexenprozesse in Salem, Massachusetts.

1714 In Preußen werden die Hexenverfolgungen verboten.

ASIEN

1653 Der Taj Mahal in Agra ist vollendet.

Der Dalai Lama hält in Peking eine Amtseinführung für die Mandschu-Dynastie ab.

1654 Kangxi wird Qing-Kaiser.

1655 Russische Vormärsche nach Sibirien werden von Mandschu-Kriegern am Amur gestoppt.

1656 Der neue osmanische Großwesir, Köprülü Mehmed, muss das Reich neu organisieren und die Ordnung wiederherstellen.

Der Mogul-Prinz Aurangseb, auf Feldzug im Dekhan, hebt die Belagerung Golcondas auf und zwingt das Sultanat, eine Entschädigung zu zahlen und das Gebiet zu verlassen.

1669 ▼
1658 Aurangseb wirft seinen Vater Shah Jahan ins Gefängnis und erklärt sich selbst zum Mogul-Kaiser. Das Reich erreicht seine größte Ausdehnung (bis 1707).

1661 ▼
Die Niederländer erobern Jaffnapatam, die letzte portugiesische Besitzung auf Ceylon (Sri Lanka).

1659 Einfall der Annamiten (Vietnamesen) in Kambodscha zwingt die hier stationierten englischen Handelsleute der Ostindischen Kompanie in die Flucht.

Um 1660 Die Gujaraten erstellen die erste bekannte indische Seekarte.

AFRIKA

1657 ▼
1651 Die Schweden erobern von den Niederländern Carolusberg, eine Sklavenfestung an der Goldküste in Westafrika.

1666 ▼
1652 Ein niederländischer Vortrupp landet am Kap der Guten Hoffnung, Südafrika, und beginnt mit dem Bau einer Station.

Manuza, König des Monomotapa-Reiches in Südostafrika, stirbt; sein Nachfolger wird Kazuruku Musapa.

1662 ▼
1654 Die Portugiesen vertreiben die Niederländer mit Gewalt aus Angola.

1655 Die Sadier-Dynastie in Marokko wird gestürzt.

1657 Die Dänen vertreiben die Schweden aus Carolusberg.

1659 Die niederländische Ostindische Kompanie erlaubt Soldaten, sich als unabhängige Bauern auf Land der Khoisan in der Nähe der Tafelbucht in Südafrika niederzulassen. Krieg zwischen niederländischen Siedlern und den Khoisan.

1660 Die Khoisan geben auf, die Niederländer proklamieren das »Recht der Eroberung« und besetzen das Kap weiter.

Um 1660 Zusammenbruch des Mali-Reiches.

1653

1651 König Karl II., von Cromwell in Worcester besiegt, flieht nach Frankreich.

1652 Die Fronde-Rebellen schlagen Truppen unter dem Befehl von Jules Mazarin vor Paris. Unter öffentlichem Beifall zieht Ludwig XIV. in Paris ein.

Aufstand in Sevilla, Südspanien, gegen die wirtschaftliche Depression, verursacht durch den Zusammenbruch des Amerikahandels.

Englische Navigationsakte bedroht die niederländische Vormachtstellung auf See. England erklärt den Niederlanden den Krieg.

Tod des englischen Architekten Inigo Jones, der die Bankettthalle in London entwarf.

1653 Oliver Cromwell erhält mit dem Titel »Lord Protector« diktatorische Macht (bis 1658).

In einer Seeschlacht bei Portland schlagen die Engländer die Niederländer.

Ein Bauernaufstand in Luzern, Schweiz, gegen zu hohe Steuern und Inflation wird gewaltsam niedergeschlagen.

Bauernaufstand in Kroatien.

1654 Der Friede von Westminster beendet den englisch-niederländischen Seekrieg. Die Engländer sichern sich die Oberhoheit über die Meere.

Der Erzbischof von Armagh, Irland, berechnet das exakte Datum der Schöpfung: 4004 v. Chr.

Die Ukraine fällt an Russland.

1655 Erster Nordischer Krieg (bis 1660). Warschau und Krakau fallen an Schweden.

1656 In Madrid malt Diego Velázquez *Las Meninas*.

1657 Polen gewinnt die Unterstützung von Brandenburg. Ostpreußen wird Lehen der schwedischen Krone.

Die Türken erobern die ägäischen Inseln Tenedos und Lemnos von den Venezianern.

Der niederländische Wissenschaftler Huygens erfindet die Pendeluhr.

1658 Spanische Truppen werden von einer anglo-französischen Koalition geschlagen. Dünkirchen fällt an England.

1659 Französisch-spanischer Krieg endet mit einem Friedensvertrag, der durch die Heirat Ludwigs XIV. mit der spanischen Infantin besiegelt wird.

1660 Mit der Rückkehr Karls II. wird die konstitutionelle Monarchie in England wieder hergestellt.

1652 Der royalistische Gouverneur von Virginia ergibt sich den vom englischen Parlament geschickten Kriegsschiffen.

Massachusetts widersetzt sich dem Parlament und erklärt sich selbst zur unabhängigen Republik.

1653 Vorübergehender Friede zwischen Franzosen und Irokesen (bis 1661).

1654 England erobert Jamaika von Spanien.

1663

Portugal nimmt Recife ein und kontrolliert Brasilien.

23 sephardische Juden, von den Portugiesen aus Recife, Brasilien, vertrieben, erreichen Neu-Amsterdam (New York).

1655 Die Niederländer erobern Fort Christina und Fort Casimir von den Schweden und beenden den schwedischen Einfluss in Nordamerika.

1656 In Virginia erhalten alle freien Männer das Wahlrecht, unabhängig von ihrer Religion.

1658 Eine französische Expedition macht sich auf den Weg, um die südlichen Ufer des Oberen Sees zu erforschen.

Die Kap-Kolonie

Im 16. Jahrhundert begannen niederländische und englische Schiffe auf ihrem Weg nach Indien das Kap der Guten Hoffnung in Südafrika anzulaufen. Die Tafelbucht diente als Zwischenhafen, wo die Schiffe ihre Vorräte mithilfe der Khoisan-Buschleute auffüllen konnten. Zunächst begrüßten die Khoisan die Möglichkeit des Handels mit europäischen Seeleuten, aber dann kam es zunehmend zu Konflikten über die Preise, die die Khoisan verlangten.

Die niederländische Ostindische Kompanie gründete 1652 eine ständige Siedlung an der Tafelbucht, um die Situation in den Griff zu bekommen. Die Nachfrage an Vorräten stieg ständig, und 1657 erlaubte der niederländische Kommandeur einigen seiner Soldaten, sich als selbstständige Bauern oder *Boers* niederzulassen. Die Khoisan vereinten sich 1659 gegen die weißen Siedler, mussten aber trotz einiger mutiger Überfälle auf die Niederländer schließlich aufgeben.

Blüte des französischen Theaters

Die ersten Jahrzehnte der Regierungszeit Ludwigs XIV. waren eine der fruchtbarsten Epochen der französischen Literatur. Dramatiker wie Corneille (1606–1684), Racine (1639–1699), und Molière (1622–1673) schlugen das Publikum bei Hof in den Bann und wurden vom König protegiert. Häufig entsprach das Theater dieser Zeit der höfischen Umgebung mit formeller Sprache, klassischen Themen und dem Augenmerk auf Ehre und Tugend. Dagegen verspotteten die flotten Stücke Molières die soziale Überheblichkeit des Bürgertums; er hielt sich aber wohlweislich in der Ironisierung seines aristokratischen Publikums zurück.

Ludwig XIV. (1638–1715)

Während der Regierungszeit Ludwigs XIV. (1643–1715) stieg Frankreich zum führenden absolutistischen Staat auf. Ludwig bestieg den Thron im Alter von fünf Jahren. Bis 1651 wurde das Land von seiner Mutter und von Kardinal Mazarin regiert, gegen deren Herrschaft sich der Hochadel erhob. Diese sogenannte Fronde (1648–1653) wurde brutal unterdrückt. Nach 1661 machte sich Ludwig zu seinem eigenen Ersten Minister und baute die Zentralgewalt des französischen Hofes aus. Sein Finanzminister Colbert konnte durch eine geschickte Wirtschafts- und Steuerpolitik den Bau von Versailles sowie vier Kriege finanzieren, was Ludwig den Beinamen »Sonnenkönig« einbrachte.

Optische Instrumente

Die Entwicklung von Teleskopen und Mikroskopen im 17. Jahrhundert erweiterte das Wissen über weit entfernte Objekte und solche, die mit bloßem Auge nicht zu erkennen sind, beträchtlich. Das Linsenteleskop mit mehreren Linsen wurde zum ersten Mal 1609 von Galilei zur Beobachtung des Mondes und des Weltalls benutzt. Newtons Spiegelteleskop *(unten)* erzielte durch die Verwendung von Linsen und Spiegeln noch klarere Ansichten der Sterne. 1683 erfand van Leeuwenhoek das erste leistungsstarke Präzisionsmikroskop.

ASIEN

1663 ▼ **1661** Vertrag zwischen Portugal und den Niederlanden: Ceylon (Sri Lanka), Melaka und die Molukken (Gewürzinseln) fallen an die Niederlande.

Auf eine dreijährige Dürre folgt in Südostasien eine Hungersnot.

Jesuitische Missionare kommen nach Tibet, erste Mission nach Lhasa.

1662 Portugal übereignet Bombay an England.

Die Niederländer verlieren Formosa (Taiwan) an chinesische Truppen.

Gründung des Takeda-Theaters in Osaka, Japan.

1667 ▼ **1663** Die Niederländer vertreiben die Portugiesen endgültig von Ceylon.

Verbot von Feuerwerk in Edo, Japan.

1667 Die Niederländer erobern das Sultanat Makassar in Celebes (Indonesien).

1668 Die englische Krone übergibt Bombay der Ostindischen Kompanie.

1669 Mogul-Kaiser Aurangseb schafft die Religionsfreiheit in Indien ab und befiehlt die Zerstörung aller nicht-islamischen Schulen und Kultstätten.

Ausbruch der Cholera in China.

AFRIKA

1664 ▼ **1661** Eroberung von Fort James an der Gambiamündung durch die Engländer führt zum Anwachsen des transatlantischen Sklavenhandels.

1662 Portugal übergibt Tanger an England nach der Heirat von Karl II. mit Katharina von Braganza.

1672 ▼ Gründung der *Royal Adventurers* unter der Schirmherrschaft Karls II. von England, Beginn ihres Handels in Afrika.

1665 ▼ Die Portugiesen besiegen das Königreich Kongo in der Schlacht von Ambuila.

1664 England übernimmt Gorée und Guinea.

1665 Bürgerkrieg im Kongo schwächt das Königreich erheblich. Die portugiesische Kolonisierung Angolas (früher Kongo) verzögert sich dadurch.

Die Franzosen besiedeln die Île Bourbon (Réunion).

1666 Die Niederländer besiedeln Saldanha Bay am Kap der Guten Hoffnung.

1670 Araber aus dem Oman erobern die ostafrikanische Küste bis nach Mosambik.

Die Franzosen gründen eine Handelsstation in Offa an der Küste Dahomeys.

EUROPA

1661 Ludwig XIV. wird absoluter Herrscher von Frankreich.

1662 Vertrag von Paris, Bündnis zwischen Frankreich und den Niederlanden.

Gründung der *Royal Society* unter Schirmherrschaft der englischen Krone.

1672 ▼

1664 Zweiter Englisch-Niederländischer Krieg (bis 1667).

Gründung der französischen Ostindien-Kompanie.

Die Osmanen besetzen Ungarn; sie werden von französischen und deutschen Truppen bei St. Gotthard an der Raab geschlagen.

Tartuffe von Molière, Entstehen des satirischen Theaters in Frankreich.

1665 Pest in London.

Entdeckung der Photosynthese durch Robert Hooke.

1666 Großer Brand von London.

Gründung der Académie française in Paris.

1667 Devolutionskrieg: Frankreich überfällt Flandern.

Vertrag von Aix-la-Chapelle beendet den Devolutionskrieg zwischen Frankreich und Spanien.

Vertrag von Andrussowo beendet den Krieg zwischen Polen und Russland. Smolensk und Kiew fallen an Russland.

Erfindung der Handgranate in Frankreich.

1668 Vertrag von Lissabon bestätigt die spanische Anerkennung der portugiesischen Unabhängigkeit.

Isaac Newton erfindet das Spiegelteleskop.

1669 Letzte formelle Zusammenkunft der Hanse.

Die Osmanen erobern Candia (Heraklion) auf Kreta und beenden den 25-jährigen Krieg mit Venedig.

Britannicus von Racine, Entwicklung der französischen Tragödie.

Einführung des Kaffeetrinkens in Westeuropa durch den osmanischen Botschafter in Paris.

1672 ▼

1670 Aufstand der Kosaken gegen die polnische Herrschaft in der Ukraine wird durch Jan Sobieski niedergeschlagen.

Dom Pérignon erfindet den Champagner.

AMERIKA & AUSTRALASIEN

1661 Erneuter Krieg zwischen Irokesen und Franzosen in Nordamerika.

Die Quäker halten ihre erste jährliche Versammlung auf Rhode Island ab.

Die Niederländer geben Ansprüche auf Brasilien auf.

1663 Brasilien wird Vizekönigreich.

Übersetzung der Bibel in den Dialekt von Massachusetts.

1664 Niederländische Kolonie Neu-Amsterdam geht an England (New York).

1666 ▼

Niederländer annektieren einen Teil von Guayana.

1665 Pater Allouez erforscht die Großen Seen (bis 1667) in Nordamerika.

Gründung der Kolonie New Jersey.

1666 Die Franzosen erobern Antigua und Montserrat.

Die Niederländer bilden die Kolonie Suriname.

1667 Virginia verbietet es, dass Sklaven die Freiheit durch Konvertierung zum Christentum erlangen.

1669 Robert Cavalier erforscht den nordamerikanischen Mittelwesten.

1670 Gründung der Kolonie South Carolina.

Die Briten gründen Kolonien auf den Bahamas.

Gründung der englischen Hudson Bay Company.

1675 ▼

Einnahme von Panama durch den englischen Freibeuter Henry Morgan.

Frühe Siedler und Händler in Nordamerika erwerben von Indianern Pelze zum Export nach Europa.

Der Pelzhandel in Nordamerika

Einer der wertvollsten natürlichen Schätze Nordamerikas, die die Siedler ausbeuteten, waren Pelze. Europäische Trapper und Händler nutzten die traditionellen Pelzhandelsrouten der einheimischen Bevölkerung. 1670 richtete die britische Hudson Bay Company Pelzhandelsposten ein, um ihre Monopolstellung zu festigen. Auf der Suche nach Pelzen zogen die Franzosen westwärts nach Kanada, die Russen ostwärts nach Alaska. Beide errichteten Handelsposten entlang der kanadischen Westküste.

Der Große Brand von London

1665 wütete in London die Pest, die bis zu 100 000 der 400 000 Einwohner der Stadt tötete. Im darauf folgenden Jahr fiel die mittelalterliche Innenstadt mir ihren eng bebauten Gassen und mehrstöckigen Holzhäusern einer weiteren Katastrophe zum Opfer: Ein Feuer, offenbar von einer Bäckerei in der Pudding Lane ausgehend und von einem starken trockenen Wind angefacht, zerstörte innerhalb von vier Tagen 13 000 Häuser, 52 Geschäftsgebäude und 87 Kirchen. Aber das Unglück gab Anlass für eine Erneuerung der Stadt; bis 1671 wurden 9000 Häuser gebaut und der Bau von 50 Kirchen unter Christopher Wren hatte begonnen.

Keramikproduktion in China

Eine wichtige Einnahmequelle der Song- und Ming-Dynastien war die Herstellung von Porzellan. Unter der Qing-Dynastie der Mandschu entwickelte sich die Porzellanindustrie zur ersten Massenproduktion mit hoher Qualität. Der Handel war so profitabel, dass seegängige Dschunken und Vertreter der niederländischen Ostindischen Kompanie südchinesische Häfen mit Ladungen verließen, die in Europa ein Vermögen wert waren.

Europäische Geschäfte mit Asien

Zunächst durch den ergiebigen Gewürz- und Seidenhandel angezogen, erkannten westliche Handelsunternehmer bald auch den Wert anderer asiatischer Waren, die hier mit einem Bruchteil der Kosten produziert wurden. Die englische (1600) und die niederländische (1602) Ostindische Kompanie dehnten den Handel mit Textilien aus Baumwolle sowie mit Teppichen, Tabak, Parfümen, Indigo und Grundnahrungsmitteln wie Reis, Salz und Weizen in Südasien rasch aus. Die Niederländer errichteten Handelsposten in Indien, etwa in Cranganur bei Cochin *(oben)*. Dieser interkontinentale Handel war die Basis für die ersten Warenbörsen in London und Amsterdam.

ASIEN

1681 **1671** Die Mandschu (Qing) festigen ihre Kontrolle über China und führen neue Gesetze ein, u. a. über die Kopfrasur mit Ausnahme eines Zopfes für Männer.

1674 Das hinduistische Königreich der Marathen wird gegründet, das Oberhaupt der Marathen, Shivaji, wird zum König gekrönt und erobert dann viele Gebiete.

Pondicherry wird von François Martin als Basis der französischen Ostindischen Kompanie gegründet.

1681 Aufstand der Drei Reiche in China (bis 1681): ein letzter Versuch des Widerstands der Anhänger der Ming gegen die Mandschu (Qing).

Ming-freundliche Aufstände in Südchina, die niedergeschlagen werden (bis 1681).

1699 **1675** Gobind Singh stärkt die militärische Organisation der Sikhs in Nordindien.

Um 1675 Entwicklung der *Haiku*-Dichtung in Japan.

1676 Die Afghanen rebellieren gegen die Besetzung ihres Landes durch die Moguln.

Geistesgeschichte der Ming-Zeit wird in China veröffentlicht.

Die südchinesische Hafenstadt Amoy beginnt den Handel mit dem Westen.

1679 Krieg zwischen Moguln und Rajputen in Indien (bis 1709).

Das erste englische Schiff befährt den Ganges.

Geflohene Mandschu siedeln im Mekongdelta.

1680 Die Qing gründen Werkstätten, um das Kunsthandwerk wiederzubeleben.

1688 **1680** Die Franzosen errichten Handelsstationen in Siam (Thailand).

AFRIKA

1671 Das Königreich Ndongo wird von den Portugiesen in der Schlacht von Ngola geschlagen und der Kolonie Angola einverleibt.

1698 **1672** Gründung der Royal Africa Company.

1686 **1674** Die Franzosen werden vorübergehend aus Madagaskar vertrieben.

1677 Niederländische Forts im Senegal werden von den Franzosen eingenommen.

Um 1680 Gründung des Königreichs Ashanti an der westafrikanischen Goldküste.

EUROPA

1671 Spanien verbündet sich mit den Niederlanden gegen Frankreich.

1672 Die Osmanen erklären Polen den Krieg.

Ungarischer Aufstand.

Der deutsche Mathematiker und Philosoph Gottfried Wilhelm Leibniz erfindet die erste Rechenmaschine.

1672 Dritter Englisch-Niederländischer Krieg (bis 1674).

Vertrag von Buczacz: Polen tritt Podolien und die Ukraine an die Osmanen ab.

Größte Ausdehnung des Osmanischen Reiches.

1673 *La Vida es Sueño* (»Das Leben, ein Traum«) des spanischen Dramatikers Pedro Calderón de la Barca.

1674 Der Vertrag von Westminster beendet den dritten Englisch-Niederländischen Krieg.

Die Franzosen erobern die Franche-Comté.

Jan Sobieski wird zum König von Polen gewählt († 1696).

1675 Brandenburg schlägt Schweden bei Fehrbellin.

Christopher Wren baut das Observatorium von Greenwich in London.

Der Niederländer Christiaan Huygens erfindet die Federuhr mit Unruh.

1676 Die Schweden besiegen die Dänen bei Lund.

1677 Die Schweden besiegen die Dänen bei Landskrona.

1678 *Pilgrim's Progress* von John Bunyan.

Chrysanthemen werden von Japan in die Niederlande eingeführt.

1679 Vertrag von Nimwegen zwischen Frankreich und dem Heiligen Römischen Reich.

Einführung der Habeas-Corpus-Akte in England, wonach niemand mehr ohne vorherige gerichtliche Anhörung ins Gefängnis gebracht werden darf.

AMERIKA & AUSTRALASIEN

1682 **1673** Jolliet und Marquette erforschen die Flüsse Mississippi und Illinois.

Needham und Arthur folgen dem Pfad der Occaneechee durch die Appalachen.

1674 Gründung von Manaus, 1600 km entfernt von der Mündung des Amazonas.

Plantagen in Québec werden zu königlichen Kolonien Frankreichs.

1675 Indianische Truppen unter »König Philip« von den Engländern vernichtet.

Henry Morgan wird Gouverneur von Jamaika.

1676 Siedler besiegen die Indianer von Neuengland.

Erstes Kaffeehaus in Boston.

1678 Der französische Forscher und Missionar Louis Hennepin entdeckt die Niagarafälle.

1679 Die englische Krone erklärt New Hampshire zur königlichen Kolonie.

La Salle erforscht den nördlichen Mittelwesten (Indiana).

1680 New Hampshire löst sich von Massachusetts.

Portugiesische Banditen versklaven einheimische Brasilianer.

Spanische Siedler und Missionare werden von Pueblo-Völkern aus dem Gebiet des Rio Grande vertrieben.

Um 1680 Beginn einer ernsthaften Wirtschaftskrise im spanischen Südamerika.

Der Großmogul Aurangseb

Als Sohn des islamischen Herrschers Shah Jahan (1592–1658) bestieg Aurangseb nach erbitterten Rivalitäten mit seinen Brüdern 1658 den Thron des indischen Mogul-Reiches. Erst nach 30 Jahren konnte er seine Macht sowohl über seine hinduistischen als auch seine muslimischen Untertanen festigen. Doch unter seiner Herrschaft erreichte das Mogul-Reich die größte Ausdehnung. Die islamische Kultur und Kunst blühte in Indien auf.

Aurangseb lehnte als orthodoxer sunnitischer Muslim die traditionelle islamische Politik der Toleranz gegenüber dem Hinduismus ab und zerstörte hinduistische Tempel und Götterdarstellungen. Diese Haltung sowie Kriege gegen die landbesitzenden Rajputen in Nord- und Westindien und gegen die Marathen vom Dekhan leiteten dann aber den unwiderruflichen Niedergang seines Reiches ein. Aurangsebs Regierungszeit war der Höhepunkt islamischer Kultur in Südasien. An seinem Hof wurden Poesie und Kalligraphie betrieben, es entstanden Albumblätter mit kunstvollen Miniaturmalereien von höchster Qualität.

Mit der Belagerung Wiens im Jahr 1683 begann der heftigste Angriff der Osmanen auf das Habsburger-Reich. Eingeschlossen von der feindlichen Armee konnte Wien nur mit Hilfe der Polen, des Vatikan und der deutschen Fürsten verteidigt werden.

Habsburger und Osmanen

Die Osmanen hatten Wien schon im Jahr 1529 bedroht. Ihre Niederlage gegen ein mitteleuropäisches Bündnis legitimierte die Habsburger-Herrschaft in Mitteleuropa und begründete den osmanischen Machtanspruch im südöstlichen Europa.

Als die Osmanen 1683 Wien erneut angriffen, begann ein anti-osmanisches Bündnis unter dem polnischen König Jan Sobieski (regierte 1674–1696) eine lang anhaltende Offensive auf türkische Besitzungen in Mitteleuropa, die zwei Jahrhunderte lang andauern sollte. Die Habsburger eroberten 1699 Ungarn zurück. Dies war der Beginn einer andauernden kriegerischen Abfolge von Eroberungen und Niederlagen in der Region, die als »Balkanisierung« bezeichnet wird.

Die Osmanen in Europa

1354	Die Osmanen besetzen Gallipoli.
1361	Die Osmanen nehmen Adrianopolis ein.
1389	Die Serben werden im Kosovo geschlagen.
1393	Besetzung von Bulgarien; die Walachei wird tributpflichtig.
1453	Konstantinopel fällt an die Osmanen.
1458	Besetzung des Peloponnes (bis 1460).
1459	Besetzung von Serbien.
1463	Besetzung von Bosnien.
1478	Besetzung von Albanien.
1484	Die Osmanen besetzen die Küste Bessarabiens.
1504	Moldawien wird tributpflichtig.
1521	Die Osmanen nehmen Belgrad ein.
1526	Besetzung von Jedisan in Südrussland.
1526	Osmanischer Sieg bei Mohács.
1541	Besetzung von Ungarn; Transsylvanien (Siebenbürgen) wird tributpflichtig.
1672	Besetzung von Podolien, Russland.
1683	Die Osmanen belagern erfolglos Wien.

ASIEN

1681 Kangxi, der erste Kaiser der Qing (Mandschu) bricht den Widerstand der Ming und festigt seine Macht in Südchina.

1683 Niederländische Kaufleute beginnen Handel in Kanton (Guangzhou).

1684 Buddhistische Reformen unter dem japanischen Shogun Tsunayoshi verursachen wirtschaftliche Schwierigkeiten.

Die niederländische Ostindische Kompanie besetzt das Sultanat Bantam in Südsumatra.

1685 Das Mogul-Reich vertreibt die englische Ostindische Kompanie aus Surat.

Chinesische Häfen werden für den Auslandshandel geöffnet.

Französische Jesuiten gründen die erste Mission in Peking.

Die Engländer bauen ein Pfefferhandelszentrum in Benkulen, Sumatra, auf.

1686 Die Franzosen gründen einen Handelsposten in Chandernagore, Indien.

1691 ▼ **1687** Die Moguln annektieren Golconda, Südindien.

1688 König Nairi von Ayutthaya (Thailand) stirbt, es folgen Aufstände.

Genroku-Ära in Japan: Blüte von Kabuki-Theater, Dichtung, *Ukiyo-E*-Malerei und Erzählliteratur (bis 1703).

Schnelles Wachstum der Festungsstädte in Japan nach dem Vorbild Edos und Osakas.

1697 ▼ **1689** Vertrag von Nertschinsk zwischen China und Russland legt die Gebietsstreitigkeiten mit dem Qing-China bei. Festgelegt wird die jeweilige russische und chinesische Gebietshoheit in Ostasien und der Erwerb der Regionen an Amur und Ussuri durch China; die Russen ziehen sich aus dem Amurbecken zurück.

1696 ▼ **1690** Die Engländer gründen den Handelsposten Fort William in Kalkutta.

Chinesische Truppen verteidigen Chalcha (Äußere Mongolei) gegen den Einfall der Dsungaren.

AFRIKA

1684 ▼ **Um 1681** Changamire Dombo, König der Rozwi, erobert die Torwa von Butwa (Simbabwe) und errichtet seine Hauptstadt in Danongombe.

1682 Amtsantritt von Iyasu I. in Äthiopien, dem letzten großen König der Gondar-Periode.

Erste dänische Siedlung an der Goldküste.

1684 Der Sultan von Marokko nimmt Tanger von den Engländern ein.

1693 ▼ Changamire Dombo schlägt die Portugiesen in der Schlacht von Maungwe.

1686 Frankreich gründet Fort Dauphin und beansprucht Madagaskar.

1687 Französische Hugenotten lassen sich in der Kap-Kolonie nieder.

Um 1690 Das Adja-Königreich von Whydah (Ouidah) an der Küste von Dahomey (Benin) tritt als hauptsächlicher Sklavenlieferant für den Transatlantikhandel auf.

EUROPA

1681 Die Eröffnung des Canal du Midi verbindet die Bucht von Biskaya mit dem Mittelmeer.

1682 Der englische Astronom Edmund Halley beobachtet den Halleyschen Kometen.

1683 Erfolglose Belagerung Wiens durch die Osmanen.

Erfindung des Präzisionsmikroskops durch Anton van Leeuwenhoek.

1702 ▼ **1685** Aufhebung des Edikts von Nantes. In Frankreich werden Protestanten verfolgt, die Hugenotten fliehen.

Der katholische König Jakob II. (Jakob VII. von Schottland) besteigt den englischen Thron (bis 1688).

1686 Augsburger Allianz aus Heiligem Römischen Reich, Spanien und Schweden gegen die Macht Frankreichs.

1697 ▼ **1687** Die Osmanen werden vom Heiligen Römischen Reich in der Schlacht bei Mohács geschlagen.

Venedig erhält von den Osmanen Athen.

In *Principia Mathematica* erklärt Isaac Newton das Prinzip der Schwerkraft.

1688 Revolution in England: König Jakob flieht nach Frankreich, die konstitutionelle Monarchie wird unter seiner Tochter Maria und ihrem Mann Wilhelm von Oranien wieder eingeführt.

1692 ▼ Frankreich beginnt einen Krieg gegen die Augsburger Allianz, der sich zum Koalitionskrieg Europas gegen Frankreich entwickelt, nachdem die Niederlande und England dem Bündnis beigetreten sind.

Frankreich erobert die Pfalz, Trier, Mainz und Köln vom Heiligen Römischen Reich und fällt in Franken und Schwaben ein.

1689 Der verbannte König Jakob von England versucht die Invasion Irlands, unterliegt aber Wilhelm von Oranien bei Boyne (1690).

1699 ▼ Peter der Große wird Zar von Russland.

1690 *Essay Concerning Human Understanding* (»Über den menschlichen Verstand«) von John Locke begründet den Empirismus und die Ideen der liberalen Demokratie.

Der deutsche Instrumentenbauer Johann Christoph Denner erfindet die Klarinette.

Um 1690 In England werden Rüben angebaut; dies wird die Grundlage des gemischten Anbaus mit Fruchtwechsel.

AMERIKA & AUSTRALASIEN

1693 ▼ **1682** Die Spanier besiedeln Texas.

La Salle folgt dem Mississippi bis zur Mündung und beansprucht Louisiana für Frankreich.

Die Quäker gründen Philadelphia.

1683 Deutsche Einwanderung nach Pennsylvania beginnt.

1685 Französische Hugenotten lassen sich in South Carolina nieder.

Zwischen den Großen Seen und dem oberen Ohiotal werden Pelzhandelsrouten geöffnet.

1700 ▼ Der französische *Code Noir* schränkt die Sklaverei in den französischen Karibikkolonien ein.

1686 Der europäische Koalitionskrieg greift nach Nordamerika über, Irokesen und Engländer verbünden sich gegen die Franzosen.

1699 ▼ **1688** William Dampier betritt als erster Engländer Australien.

Die protestantische Sekte der Mennoniten verurteilt als erste religiöse Gruppe in den amerikanischen Kolonien die Sklaverei.

Die Beliebtheit des Kabuki-Theaters *zeigt sich in dieser Darstellung eines populären Theaters in einem farbigen Druck. Die Zuschauer sind lebhaft in das Geschehen einbezogen.*

Japanisches Kabuki-Theater

Obwohl auch das japanische Kabuki-Theater stark stilisiert ist, entwickelte es sich im 17. Jahrhundert als Gegenstück zum extrem formalisierten traditionellen Noh-Theater. Entstanden in Kyoto, verbreitete es sich über ganz Japan. Im Kabuki sind die Darsteller wie im Noh ausschließlich Männer, obwohl das Kabuki von einer Frau, Izumu no Okuni, begründet wurde. Im Gegensatz zum Noh betont das Kabuki eine oft konfliktreiche Handlung statt literarischer Anspielungen und Symbolismen. Das Kabuki ist lebendig und farbenprächtig, mit großer Bühne und Besetzung. Schminkmasken ersetzen die Masken des Noh. Kabuki erreichte seinen Höhepunkt mit dem Werk von Chikamatsu Monzaemon (1653–1725), dem ersten professionellen japanischen Dramatiker, der über 30 Kabuki-Stücke schrieb, sowohl Tragödien wie *Shinju Ten no Amijima* (»Liebestod in Amijima«) als auch historische Epen wie *Kokusenya-kassen* (»Die Schlachten des Koxinga«). Chikamatsus Einfluss auf das japanische Theater ist dem Shakespeares auf das europäische vergleichbar.

Peter der Große (1672–1725)

Im Alter von zehn Jahren trat Peter 1682 die russische Thronfolge an und übernahm 1689 die volle Verantwortung. Der erfolgreiche Krieg gegen die Osmanen (1695–1696) garantierte Russland den Zugang zum Schwarzen Meer und machte es zur Großmacht. Peter besuchte die europäischen Hauptstädte (1697–1698) und brachte von dort neue Ideen über Wissenschaft, Politik und die Kriegskunst mit, die er in Russland umsetzte. Er baute eine neue Armee auf, ging Handelsbeziehungen mit dem Westen ein und reformierte die Regierung von Russland grundlegend, indem er die Macht der Kirche und der Bojaren zugunsten einer konstitutionellen Staatsverwaltung beschnitt.

Der Sieg über Schweden im Großen Nordischen Krieg (1700–1721) sicherte ihm den Zugang zum Baltikum. Peter verlegte die Hauptstadt von Moskau in das neu erbaute St. Petersburg an der Ostseeküste. Im Osten unterstützte er sowohl Feldzüge gegen die Tataren als auch Forschungsreisen auf der (erfolglosen) Suche nach einer Nordostpassage. Dies war der Beginn der russischen Expansion nach Sibirien und Asien.

ASIEN

1691 Das Mogul-Reich in Indien erreicht seine größte Ausdehnung.

Südkambodscha wird in zwei Provinzen von Annam aufgeteilt.

1692 Toleranzerlass für die Katholiken in China.

1696 Unterwerfung der Mongolei durch Qing-China (bis 1697).

1697 Beginn der Eroberung von Kamtschatka, die 1732 Russland die Kontrolle über Sibirien sichert.

Die Chinesen besetzen die Äußere Mongolei.

1708 ▼

1699 Die Sikhs nehmen ungeschnittene Haare, Turban und Dolch als ihre Zeichen an.

Um 1700 Vermutlicher Beginn der Militärkartographie der Moguln.

AFRIKA

1693 Changamire Dombo, König der Rozwi in Simbabwe, vertreibt die Portugiesen.

1695 Tod von Changamire Dombo; die Portugiesen versuchen erneut, Südostafrika zu kolonisieren.

1698 Afrika wird für britische Untertanen zur Freihandelszone erklärt.

Omanische Araber erobern Mombasa in Ostafrika.

1699 Omanische Araber erobern die Insel Sansibar, Ostafrika.

1700 Englische Piraten errichten ihr Hauptquartier auf Madagaskar.

Um 1700 Aufstieg des Bantu-Königreichs von Buganda, Ostafrika.

Rapides Anwachsen der Anzahl von Sklaven, die jährlich nach Amerika verkauft werden.

1692 Französische Flotte schwer geschlagen durch die Große Allianz in La Hogue.

1697 ▼

1693 Die Franzosen schlagen die Truppen der Allianz bei Neerwinden.

1694 Gründung der Bank von England.

Erstes Wörterbuch der französischen Sprache.

1695 Ende der Pressezensur in England.

1696 Russland erobert Asow von den Osmanen.

Einführung der Fenstersteuer in England.

1697 Vertrag von Ryswick beendet die Koalitionskriege.

Armeen des Heiligen Römischen Reiches unter Eugen von Savoyen schlagen die Osmanen in der Schlacht bei Senta.

1701 ▼

1698 Frankreich, England und die Niederlande schließen einen Vertrag zur Regelung der spanischen Erbfolge.

Isaac Newton berechnet die Schallgeschwindigkeit.

Gründung der Londoner Warenbörse.

Der englische Ingenieur Thomas Savery entwickelt die erste dampfbetriebene Pumpe zur Entwässerung von Minen.

1699 Die Habsburger erobern Ungarn von den Osmanen zurück.

Der Friede von Karlowitz bestätigt die österreichischen Eroberungen.

1703 ▼

Um 1699 Peter der Große verbietet traditionelle Kleidung, führt europäische Mode ein und reformiert den russischen Kalender.

1710 ▼

1700 Russland schließt einen Waffenstillstand mit den Osmanen, behält Asow und löst die Schwarzmeerflotte auf.

Großer Nordischer Krieg.

Karl XII. von Schweden überfällt Dänemark und besetzt Kopenhagen.

Um 1700 Blüte der deutschen Barockmusik: Buxtehude, Händel, Bach.

1692 Hexenprozesse in Salem, Neuengland.

1706 ▼

1693 Juan Ponce de León vollendet die Rückeroberung Neumexikos für Spanien.

Gründung von Kingston, Jamaika.

1695 Goldfunde in der Region von Minas Gerais in Brasilien.

1697 Gründung der ersten Jesuiten-Mission in Loreto, Niederkalifornien, Mexiko.

1699 Dampier erforscht Neuguinea und Neubritannien (bis 1700).

Abenaki-Indianer und Siedler in Neuengland schließen ein Friedensabkommen.

1700 Erste Baptisten-Gemeinde in den nordamerikanischen Kolonien auf Rhode Island.

Richter Samuel Sewall ruft in seinem Buch *The Selling of Joseph* erstmals direkt zur Abschaffung der Sklaverei auf.

Um 1700 Boston wird zum Haupthafen im atlantischen Sklavenhandel.

Johann Sebastian Bach (1685–1750)

Von frühester Jugend an durch Vater und Bruder unterrichtet, brachte es der Komponist und Organist Johann Sebastian Bach zur Meisterschaft in der Komposition polyphoner Musik des Barock. Sein Werk hatte nachhaltige Wirkung und begründete die Orchester- und die Kammermusik als eigenständige Kunstformen. Bach schuf Werke in allen bekannten Musikformen seiner Zeit. Zu Lebzeiten wenig veröffentlicht, wurde seine Musik erst im 19. Jahrhundert anerkannt und publiziert.

Portugiesisch-Südamerika

Durch den Vertrag von Tordesillas (1494) wurden die noch nicht eroberten Gebiete des Globus unter Spanien und Portugal aufgeteilt. Portugal begann mit der gnadenlosen Ausbeutung Brasiliens. Die Portugiesen erkannten als Erste die wirtschaftlichen Vorteile des Transportes afrikanischer Sklaven nach Amerika, und sie waren auch die letzten Europäer, die 1850 den Sklavenhandel und die Sklaverei in Brasilien aufgaben.

***Zwischen 1550 und 1800 wurden etwa 2,5 Millionen** afrikanische Sklaven nach Brasilien verschleppt. Über 70 % arbeiteten für die Zuckerplantagen und -mühlen, die Grundpfeiler der Wirtschaft.*

***Einmal im Jahr** versammelten sich die Ashanti in der Hauptstadt Kumas, um die Stärke des Königreichs Ashanti zu feiern.*

Das Königreich Ashanti

Die Ashanti im heutigen Togo, an der Elfenbeinküste und im südlichen Ghana sind eines der Akan-sprechenden Völker in Westafrika. Unter Osei Tutu, der um 1670 Herrscher des kleinen Staates Kumasi wurde, begann ihr Aufstieg. Nachdem er andere kleine Staaten davon überzeugt hatte, sich ihm anzuschließen, befreite er sich von der Herrschaft des Nachbarstaates Denkyira und erhielt in der Folge den Titel Asantehene, König der Ashanti.

Unter seiner Regierung verdreifachte sich die Größe des Ashanti-Reiches, und es erhielt Zugang zum Meer. Später spielten die Ashanti eine aktive Rolle im Sklavenhandel, indem sie afrikanische Sklaven aus Nachbargebieten gefangennahmen und mit arabischen Händlern aus dem Landesinneren Geschäfte machten. Die Ashanti erteilten Lizenzen für so genannte europäische »Sklavenfabriken« an der Küste, etwa in Elmina, wo Sklaven vor ihrer Verschiffung nach Amerika gesammelt wurden. Daher stammt auch der Name »Sklavenküste« für diesen Teil Afrikas.

Die Ashanti-Herrscher und lokalen Oberhäupter sammelten nicht nur ein beträchtliches Vermögen an, sie erhielten von den Europäern auch Feuerwaffen im Austausch für Sklaven, mit denen sie weitere Gebiete erobern konnten. Das Ashanti-Reich erreichte 1750 seine größte Ausdehnung. Es wurde schließlich 1808 von den Briten nach Abschaffung des Sklavenhandels unterworfen.

ASIEN

1706 Schah Hussein gründet die *Medrese* in Isfahan.

1724 ▼

1707 Der Tod von Aurangseb läutet den Niedergang des Mogul-Reiches in Indien ein.

Tod von Shitao, dem führenden chinesischer Landschaftsmaler, Dichter und Kalligrafen.

1708 Gobind Singh, Führer der Sikhs, wird ermordet.

1711 ▼

1709 Afghanischer Aufstand gegen die safawidischen Perser.

1710 Beginn des Krieges zwischen Osmanen und Russen (bis 1711).

AFRIKA

1701 Aufstieg des Ashanti-Reiches unter Osei Tutu.

1705 Gründung der Dynastie der Husainiden in Tunis (bis 1957).

EUROPA

1701 Spanischer Erbfolgekrieg (bis 1714).

Schwedische Truppen überfallen Polen und besetzen Warschau und Krakau.

Act of Settlement regelt die protestantische Thronfolge in England.

Jethro Tull erfindet die Sämaschine (England).

1702 Revolte der Kamisarden (französische Protestanten) gegen die Verfolgung nach Aufhebung des Edikts von Nantes wird von Ludwig XIV. unterdrückt.

Friedrich IV. von Dänemark schafft die Leibeigenschaft ab.

The Daily Courant, die erste Tageszeitung in England.

1709 ▼ **1703** Portugal schließt sich der Großen Allianz gegen Frankreich an.

Gründung von St. Petersburg durch Peter den Großen.

1708 ▼ **1704** Die Truppen der Großen Allianz unter dem Duke von Marlborough schlagen die Franzosen bei Blenheim.

Die Engländer besetzen Gibraltar.

Opticks von Isaac Newton erläutert Theorien vom Licht.

Newcomen arbeitet mit Savery an der Verbesserung der Dampfmaschine.

1705 *Trajectory of Planets* (Die Flugbahn der Planeten) des englischen Astronomen Edmund Halley.

1707 Vereinigung von England und Schottland zu Großbritannien.

1708 Truppen der Großen Allianz unter Marlborough und Eugen von Savoyen schlagen die Franzosen bei Oudenaarde.

Die Engländer nehmen Sardinien und Menorca von den Franzosen ein.

1709 Truppen der Großen Allianz schlagen die Franzosen bei Malplaquet.

Karl XII. von Schweden wird von den Russen bei Poltawa geschlagen und sucht Aufnahme bei den osmanischen Türken.

Abraham Darby verwendet Kohle, um Eisenerz zu schmelzen (England).

1710 Die Osmanen führen Krieg mit Russland (bis 1711).

Meissener Porzellan-Manufaktur in Meißen bei Dresden eröffnet.

AMERIKA & AUSTRALASIEN

1701 Französisches Fort in Detroit erbaut.

1702 Kriegsausbruch zwischen englischen und französischen Kolonisten in Nordamerika (bis 1713).

1703 Gründung der nordamerikanischen Kolonie Delaware durch die Engländer.

1704 Französisches Massaker in der englischen Puritaner-Kolonie Deerfield, Massachusetts. Der Krieg wird erbitterter.

1708 ▼ Die englische Siedlung Bonavista in Neufundland wird von den Franzosen und von einheimischen Truppen eingenommen.

Der *Boston Newsletter*, die erste Wochenzeitung Amerikas, erscheint.

1706 Juan de Uribarri beansprucht Colorado für Spanien.

1713 ▼ **1708** Sieg der Franzosen über die englischen Siedler in St. John's, Neufundland, verleiht ihnen die Kontrolle über die Ostküste Kanadas.

1710 Englische Truppen nehmen Port Royal in Akadien (Nova Scotia) von den Franzosen ein.

Im frühen 18. Jahrhundert *entwickelte sich in Europa mit dem Rokoko ein dekorativer Kunststil, der die idyllische Sicht der Affären und Ausschweifungen des Adels verkörperte.*

Meissener Porzellan

Die Technik der Herstellung von Porzellan mit Glasur stammt ursprünglich aus China und wurde in Europa mit der Eröffnung der Meissener Porzellan-Manufaktur 1710 nachgeahmt. Der Chemiker Johann Böttger entwickelte eine durchscheinende Glasur, indem er heimische Tonerde verwandte, und er nutzte die kommerziellen Möglichkeiten der industriellen Revolution. Meissener Porzellan erreichte den Höhepunkt nach 1731 mit den Arbeiten des Bildhauers Johann Kändler; die Figur oben ist von 1745.

Die Ronin waren Samurai-Krieger, *die nicht an einen bestimmten Feudalherren gebunden waren. Sie wurden als antiautoritäre Helden vom Volk bewundert.*

Die 47 Ronin

Die herrenlosen Samurai-Krieger (Ronin) gingen aus den japanischen Bürgerkriegen des 14. und 15. Jahrhunderts hervor. 1651 führten sie einen Aufstand an und sorgten bis 1700 für Unruhen. Als 1701 Fürst Asano Naganori nach der Verwundung eines Höflings Selbstmord beging, wurden 47 seiner Samurai zu »Ronin«: Sie töteten den Höfling, ein Vergehen, auf das die Todesstrafe durch Hinrichtung stand. Aber nach der konfuzianischen Lehre war die Vergeltung für den gewaltsamen Tod eines Fürsten ehrenvoll, daher wurde den Samurai der Freitod erlaubt. Das Ereignis war später Stoff für Bücher, Theaterstücke und Filme.

König Friedrich Wilhelm veranstaltete Raucherabende für preußische Armeeoffiziere und andere bedeutende Personen. Hier, im so genannten Tabakskollegium, konnten sie rauchen und zwanglos über Politik diskutieren.

Friedrich Wilhelm von Preußen

Friedrich Wilhelm I. (1688–1740) war der Sohn von Friedrich I., der sich selbst 1701 zum ersten König von Preußen gekrönt hatte und auf den Erfolgen eines anderen Friedrich Wilhelm, des Kurfürsten von Brandenburg, aufbaute. Dieser »Große Kurfürst« war der eigentliche Begründer des preußischen Staates, den er 1660 von der Vorherrschaft Polens befreite.

Friedrich Wilhelm I. bestieg 1713 den preußischen Thron. Die Teilnahme am Spanischen Erbfolgekrieg (1701–1714) hatte sein Interesse für militärische Angelegenheiten geweckt, und als König nutzte er seine Erfahrungen zum Aufbau der preußischen Armee. Zum Zeitpunkt seines Todes war diese von 38 000 Soldaten auf 83 000 Soldaten angewachsen und galt als die beste Streitmacht Europas. Außerdem gewann er 1720 Pommern mit dem Vertrag von Stockholm von Schweden zurück. Sein Sohn Friedrich II., bekannt als Friedrich der Große, übernahm einen wohlhabenden Staat, den er zu einem der mächtigsten in Europa machte.

ASIEN

1722 ▼

1711 Mirwais Neka von Afghanistan besiegt die Perser und macht Afghanistan unabhängig.

1713 Französische Missionare werden aus Tongking in Nordvietnam verwiesen.

1715 Die japanische Regierung schränkt den Handel mit den Niederländern erheblich ein.

Um 1715 Erweiterung des birmanischen Staates, Blüte birmanischer Kunst und Kultur.

1716 Qing-Kaiser Kangxi widerruft das Toleranzedikt und verbietet christliche Lehren in China.

Oiratische Mongolen überfallen Tibet, vernichten die Armee der Qing und plündern Lhasa.

Beginn der Kyoho-Ära in Japan.

1720 Truppen der Qing aus Gansu und Sichuan vertreiben die Mongolen aus Tibet und setzen einen ihnen genehmen Dalai Lama ein. Tibet wird ein von China abhängiger Staat.

Yoshimune erlaubt die Einfuhr europäischer Bücher nach Japan, was zu einem Fortschritt in Wissenschaft und Medizin führt.

1728 ▼

Um 1720 Die Marathen beginnen sich über ganz Indien auszubreiten.

AFRIKA

1712 Das in Westafrika gegründete Königreich Bambara beginnt dem Mali-Reich Gebiete zu entreißen.

1713 Die Pocken, eingeschleppt von europäischen Siedlern, wüten unter den Khoisan am Kap.

1717 Preußen verkauft seine Sklavenhandelsstationen an die Niederländer.

1720 Niederländische Siedler erreichen den Fluss Oranje vom Kap aus.

1730 ▼

Die Niederländer besetzen die portugiesische Siedlung an der Delagoabai (bis 1730).

EUROPA

1711 Fertigstellung des Wiederaufbaus der Saint Paul's Cathedral in London unter der Leitung von Christopher Wren.

1725 **1712** Sitz der russischen Regierung von Moskau nach St. Petersburg verlegt.

Gründung der Universität von Madrid.

Letzte Hinrichtung wegen Hexerei in England.

1727 **1713** Vertrag von Utrecht beendet den Spanischen Erbfolgekrieg, bestätigt die Trennung der spanischen und französischen Krone und anerkennt Philipp V. von Spanien.

1714 Georg I., Kurfürst von Hannover, wird der erste hannoveranische Herrscher von England († 1727).

Philipp V. von Spanien hebt die politischen Freiheiten von Katalonien auf.

Der deutsche Physiker Gabriel Fahrenheit legt eine Temperaturskala fest.

1717 Großbritannien, Frankreich und die Niederlande bilden eine Dreierallianz, um den Expansionsplänen von Philipp V. von Spanien entgegenzutreten.

Georg Friedrich Händel schreibt die *Wassermusik* zur Unterhaltung bei den Bootsfesten König Georgs I. von England.

Gründung der ersten Freimaurerloge in London.

1718 Vertrag von Passarowitz beendet den Österreichisch-Türkischen Krieg.

Österreich tritt der Dreierallianz bei, die nun eine Viererallianz ist, um die Einhaltung des Vertrags von Utrecht zu sichern.

James Puckle (England) erfindet das Maschinengewehr.

Einführung von Banknoten in England.

1719 Spanien erklärt Frankreich den Krieg.

Friedrich Wilhelm von Preußen schafft die Leibeigenschaft auf Kronland ab.

Robinson Crusoe von Daniel Defoe.

1720 Vertrag von Den Haag zwischen Spanien und der Viererallianz. Spanien stimmt dem Rückzug aus Sizilien und Sardinien zu.

Vertrag von Stockholm beendet den Krieg zwischen Schweden und Preußen. Schwedens Macht schwindet.

AMERIKA & AUSTRALASIEN

1711 Jesuiten wird der Zutritt zur Region Minas Gerais in Brasilien verboten.

1713 Tuscarora-Krieg: Indianer greifen die europäischen Siedlungen am Roanoke und Chowan an (bis 1713).

Französische Truppen plündern Rio de Janeiro während des Spanischen Erbfolgekriegs.

Verbündete britische und irokesische Truppen führen einen erfolglosen Feldzug gegen die französischen Siedlungen Montréal und Québec in Kanada.

1712 Pennsylvania verbietet die Einfuhr von Sklaven.

Der erste Sklavenaufstand in Nordamerika endet mit sechs Selbstmorden und zwölf Hinrichtungen.

1713 Das Asiento-Abkommen garantiert den Briten die Kontrolle über den Sklavenhandel in die spanischen Kolonien für 30 Jahre.

Vertrag von Utrecht bestätigt das Anrecht der Briten auf Neufundland und Nova Scotia.

Truppen aus Carolina nehmen das Hauptquartier der Tuscarora, Fort Neoheroka, ein und zwingen sie zu Verhandlungen.

1715 Die Yamasee, durch die Spanier angestachelt, massakrieren englische Siedler in South Carolina.

1720 **1716** Die Spanier besetzen Teile von Texas als Reaktion auf die französische Expansion nach Westen von Louisiana aus.

Frezier erforscht die Küsten Chiles und Perus.

1718 New Orleans von den Franzosen gegründet.

Die Collegiate School of America wird nach New Haven verlegt und nach ihrem Wohltäter Elihu Yale in Yale University umbenannt.

1720 Erste koloniale Niederlassungen in Vermont.

Wiederholte Kämpfe zwischen französischen und spanischen Truppen in Florida und Texas werden mit dem Vertrag von Den Haag beendet. Spaniens Ansprüche auf Texas werden bestätigt.

Die Briten gründen die Kolonie Honduras in Mittelamerika.

Die erste bekannte Newcomen-Maschine wurde 1712 in einer Mine bei Dudley Castle in Staffordshire, England, eingesetzt.

Newcomens Dampfmaschine

Der britische Ingenieur Thomas Newcomen (1663–1729) erfand die erste mit Dampf betriebene Maschine, nachdem er festgestellt hatte, wie unzulänglich die mit Pferdekraft betriebenen Entwässerungspumpen in den Minen von Cornwall arbeiteten. Die Pumpen, die das in die Minen einlaufende Wasser entsorgten, arbeiteten eigentlich mit Luftdruck. Sie wurden mit Dampf gefüllt, der durch das Besprühen mit kaltem Wasser kondensierte und damit Luftdruck erzeugte, der den Kolben niederdrückte.

Saint Paul's Cathedral, London

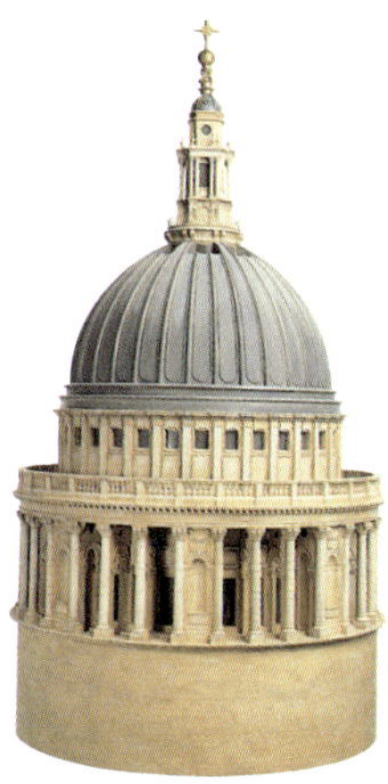

Der Architekt Christopher Wren (1632–1723) hatte 1663 Pläne zur Renovierung der Saint Paul's Cathedral ausgearbeitet. Der Brand von London (1666) bot ihm reichlich Gelegenheit, seine Ideen umzusetzen. Er entwickelte ein umfangreiches Konzept zur Renovierung der Stadt, das niemals verwirklicht wurde. Aber der Plan für den Wiederaufbau von 50 Kirchen, der im barocken Glanz der St.-Pauls-Kathedrale gipfelte, bleibt sein bedeutendes Vermächtnis.

Sklaverei in Amerika

Der transatlantische Sklavenhandel vom späten 15. bis zum frühen 19. Jahrhundert löste die größte demographische Verschiebung – und die grausamste – in der Geschichte der Menschheit aus. Unter entsetzlichen Bedingungen wurden über 12 Millionen Menschen von der Westküste Afrikas als Arbeitskräfte in die Minen und Plantagen der Karibik und Amerikas verschleppt, zunächst von Spaniern und Portugiesen, bald aber auch von Niederländern, Franzosen und Engländern.

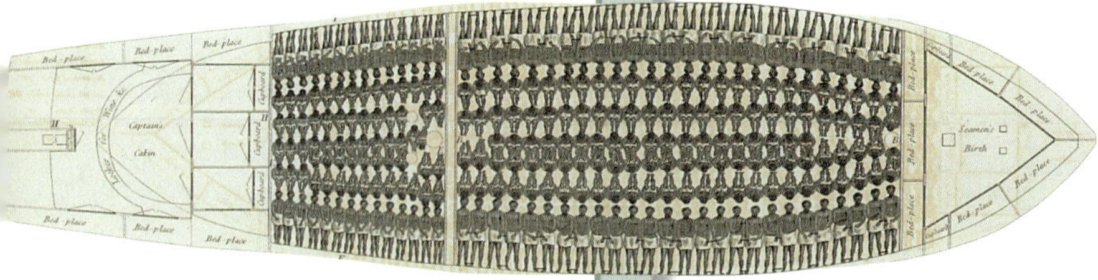

***Die Bedingungen** auf den Sklavenschiffen der »Mittelpassage« von Westafrika in die Neue Welt waren unmenschlich. Diejenigen, die die Wochen oder sogar Monate der erstickenden Enge, Hunger und Durst überlebten, mussten dann unter grausamen Verwaltern arbeiten.*

Der atlantische Sklavenhandel

In 400 Jahren wurden etwa 12 Millionen Sklaven nach Amerika gebracht, etwa vier bis fünf Millionen starben auf der »Mittelpassage« über den Südatlantik.

1444	Die Portugiesen importieren die ersten westafrikanischen Sklaven nach Portugal.
1479	Vertrag von Alcáçovas erlaubt den Portugiesen, Sklaven in Spanien zu verkaufen.
1502	Import afrikanischer Sklaven in die Karibik.
1522	Erster Sklavenaufstand auf Hispaniola.
1619	Erste afrikanische Sklaven nach Virginia in Nordamerika eingeführt.
1685	Der *Code Noir* kontrolliert den Sklavenhandel in der französischen Karibik.
1787	Abschaffung der Sklaverei in Nordamerika, die von den Südstaaten ignoriert wird.
	Gründung von Sierra Leone in Afrika für freigelassene Sklaven.
1790	Höhepunkt des atlantischen Handels: etwa 70000 Sklaven werden verfrachtet.
1804	Gründung des unabhängigen Staates Haiti.
1807	Großbritannien verbietet den Sklavenhandel.
1822	Freigelassene Sklaven gründen die Kolonie Liberia in Westafrika.
1825	Über 36% aller Sklaven der Neuen Welt befinden sich im Süden der USA.
1863	Emanzipationserklärung befreit die Sklaven in Nordamerika, Ausbruch des Amerikanischen Bürgerkriegs. Der 13. Zusatz zur Verfassung (erlassen 1865) beendet die Sklaverei in den USA endgültig.
1867	Letzte bekannte Ankunft eines Sklavenschiffs in Kuba.

ASIEN

1726 **1722** Unterwerfung der Afghanen durch die Perser (bis 1736).

Der letzte safawidische Schah wird von den Afghanen abgesetzt.

1724 Oudh und Hyderabad machen sich von der Mogul-Herrschaft unabhängig.

1733 **Um 1725** Missernten führen zu einer Hungersnot in Japan.

1726 Die Perser erobern Isfahan von den Afghanen zurück.

1727 Osmanische Türken und Perser bilden ein anti-russisches Bündnis.

Der rajputische Herrscher Sawai Jai Singh II. von Rajasthan, Indien, erbaut die neue Hauptstadt Jaipur und die Sternwarte Jantar Mantar.

Vertrag von Kyakhta legt die chinesisch-russische Grenze fest.

1728 Die Marathen schlagen Nisam von Hyderabad, erhalten die Oberherrschaft über Dekhan und erweitern ihr Territorium.

1729 Qing-Kaiser Yongzheng verbietet den öffentlichen Opiumverkauf in China.

1730 Ende der Tulpenperiode der osmanischen Herrschaft; Abbau des zentralisierten Militärstaats und vermehrte Übernahme europäischer Kultur.

Qing-Kaiser Yongzheng legt dem Sklavenhandel in China Beschränkungen auf.

Um 1730 Wiederaufleben des Shintoismus in Japan.

AFRIKA

1721 Die Franzosen nehmen Mauritius von den Niederländern ein.

1723 Die britische Afrika-Kompanie kauft Land am Gambia in Westafrika.

König Agadja von Dahomey überfällt Allada.

1731 **1724** Das Königreich Dahomey wird zum Hauptlieferanten von Sklaven an die Europäer.

1729 Die Portugiesen verlassen Ostafrika nach einem Angriff des Oman.

1734 **1730** Wiederauferstehung des alten Handelsreiches Bornu in Westafrika.

1744 Omanische Araber gewinnen die Kontrolle über Mombasa von den Portugiesen.

Um 1730 Konföderation der Fulbe von Fouta Djalon.

Die Niederländer verlassen Handelsposten am Maputo in der Delagoabai, Südostafrika.

EUROPA

1721 Frieden von Nystad. Schweden tritt Ingermanland, Livland und Karelien an Russland ab und beendet den Zweiten Nordischen Krieg. Russlands Macht im Baltikum wird gestärkt.

Robert Walpole wird erster britischer Premierminister (bis 1742).

Brandenburgische Konzerte von Johann Sebastian Bach.

1724 Longmans ist erstes britisches Verlagshaus.

1725 Philipp V. von Spanien und Kaiser Karl VI. unterzeichnen den Vertrag von Wien: Rückzug aus der Viererallianz.

Tod von Peter I. von Russland, seine zweite Frau Katharina wird Nachfolgerin († 1727).

Gründung der Akademie der Wissenschaften in St. Petersburg.

Die Vier Jahreszeiten von Antonio Vivaldi.

Um 1725 Antonio Canaletto ist einer der vielen italienischen Künstler, die Veduten für reiche Besucher Italiens malen.

1726 *Gullivers Reisen* von Jonathan Swift.

Der englische Botaniker Stephen Hales misst erstmals den Blutdruck.

1727 Spanien greift in Gibraltar britische Truppen an und bricht damit den Vertrag von Utrecht.

1729 Vertrag von Sevilla, Spanien gibt seine Ansprüche auf Gibraltar auf.

1730 Die Wesley-Brüder begründen den Methodismus in Britannien.

Townshend führt die Fruchtfolge in England ein.

Blüte des Rokoko in europäischer Kunst und Architektur.

AMERIKA & AUSTRALASIEN

1721 Jacob Roggeveen besucht viele polynesische Inseln (bis 1722).

Schweizerische Einwanderer führen das Gewehr in Nordamerika ein.

1722 Niederländische Seefahrer entdecken die Osterinsel, Samoa und die Gesellschaftsinseln.

1724 Der *Code Noir* wird in Louisiana eingeführt; er verbannt Juden und Katholiken aus der Kolonie und erlaubt Sklavenbesitzern, entlaufenen Sklaven die Ohren abzuschneiden, die Kniesehnen zu durchtrennen und sie zu brandmarken.

1726 Gründung von Montevideo, Uruguay.

1727 Erste Kaffeeplantage in Brasilien.

1728 Vitus Bering startet die russische Erforschung von Alaska; findet die Meeresstraße zwischen Amerika und Asien.

1729 Chaussegros de Léry vermisst den Fluss Allegheny und den oberen Ohio in Nordamerika.

Der Natchez-Stamm tötet 300 Soldaten und Siedler in Fort Rosalie, Louisiana, als Reaktion auf die Forderung der Siedler nach Aufgabe von Kultplätzen.

Gründung von Baltimore.

Edelsteine aus Minas Gerais, Brasilien, werden als Diamanten identifiziert.

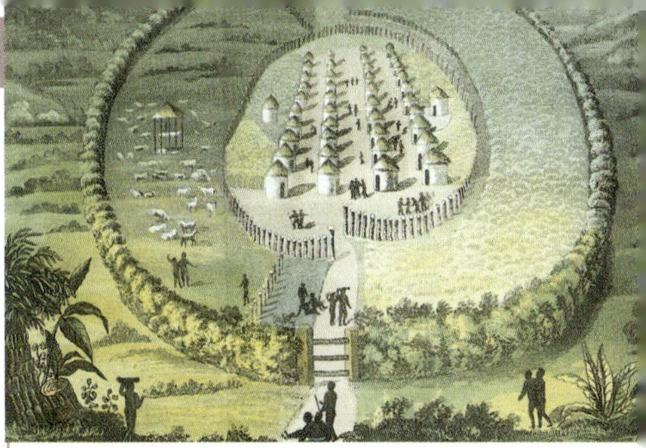

Die Fulbe errichteten *aufwändig befestigte agrarische Siedlungen. Diese Abbildung aus dem 17. Jahrhundert zeigt eine Stadt der Fulbe am Gambia mit einem Pferch für das Vieh.*

Die Fulbe

Die Fulbe sind ein vorwiegend muslimisches Volk, das über ganz Westafrika von der Atlantikküste Gambias bis nach Kamerun verteilt ist. Sie waren ursprünglich Hirten, deren Leben von den Belangen ihrer Herden bestimmt wurde. Heute sind die Fulbe vorwiegend sesshafte Ackerbauern, oder sie leben in Städten. Sie bauten Siedlungen, die zum Schutz für Pflanzen und Vieh von einem Erdwall oder von Hecken umgeben waren, und die einen inneren, durch Pfähle befestigten Bereich besaßen. Europäische Händler beeindruckte die soziale Organisation der afrikanischen Völker, dennoch fuhren sie fort, diese als Wilde darzustellen, die europäischer Führung bedürften.

»Gullivers Reisen«

Der irische Journalist, Geistliche, Pamphletschreiber und Schriftsteller Jonathan Swift (1667–1745) schrieb die Geschichte des Schiffsarztes Lemuel Gulliver. Diese satirische Erzählung, 1726 anonym veröffentlicht, wurde schlagartig ein Erfolg. Sie richtete sich direkt gegen zeitgenössische politische und religiöse Strömungen, stand aber mit ihrem misanthropischen Ton und Konservatismus im Gegensatz zum britischen Zeitgeist, der von wissenschaftlichen Entdeckungen und ethischem Liberalismus geprägt war.

Gin Lane *(»Schnapsstraße«, 1747), ein satirischer Stich von Hogarth, kommentiert die schädlichen Auswirkungen des Genusses von Genever oder Gin im England des 18. Jahrhunderts.*

William Hogarth

Ausgebildet als klassischer Historienmaler, eröffnete William Hogarth 1720 seine eigene Druckerei in London. Er war ein geschäftssinniger Künstler mit einem scharfen Auge für menschliche Schwächen und produzierte Porträts und Genrestücke von großer Originalität. Aus Enttäuschung über die Konventionen der etablierten Kunst erweckte er die mittelalterliche moralistische Tradition zum Leben und fertigte sehr beliebte Serien satirischer Darstellungen zeitgenössischen Lebens an: *A Harlot's Progress* (1730–1731), *A Rake's Progress* (1733–1735), *Marriage a la Mode* (1743–1745).

Die Plünderung von Delhi

Die schwindende Macht der Moguln in Nordindien erhielt 1739 einen weiteren schweren Schlag, als Schah Nadir, der Herrscher des safawidischen Persien, in Nordindien einfiel und die Mogul-Hauptstadt Delhi plünderte. Er tötete viele der Einwohner und stahl den Diamanten Kohinoor und den Pfauenthron. Nach dem Indienfeldzug wandte sich Schah Nadir nach Westen, um die osmanischen Türken anzugreifen, wurde aber von seinen eigenen Leuten ermordet. In der Folge der Plünderung Delhis erlangten die Marathen die Kontrolle über Indien.

ASIEN

1733 Die Große Nordische Expedition unter Vitus Bering kartiert die nördlichen Küsten von Sibirien (bis 1742).

Plünderung von Reisspeichern in Edo (Tokio), Japan, aus Protest gegen hohe Lebensmittelpreise und Hungersnot.

1736 Schah Nadir wird Schah von Persien, formelles Ende der safawidischen Dynastie in Persien.

1758 ▼

1737 Hinduistische Marathen stärken ihre Macht in Nordindien.

Die Perser besetzen zeitweise Südafghanistan (bis 1747).

1739 Die Perser schlagen die Moguln und besetzen Delhi.

1740 Das Mon-Königreich von Pegu rebelliert gegen Birma und besetzt Ava (bis 1752).

AFRIKA

1747 ▼

1731 Das Königreich Dahomey gerät unter die Vorherrschaft des Oyo-Reiches.

1734 Der Sultan von Bornu, Westafrika, wird Oberherr über das benachbarte Kanem und begründet den mächtigen Handelsstaat Kanem-Bornu südlich der Sahara.

1735 Die französische Ostindische Kompanie errichtet Zuckerrohrplantagen auf Mauritius und Réunion.

Um 1740 Anfänge des Lunda-Königreichs in Zentralafrika.

EUROPA

1731 Amtssitz des britischen Premierministers (Downing Street 10) wird erbaut.

1740 **1732** Friedrich Wilhelm I. von Preußen führt die Wehrpflicht ein und baut die viertgrößte Armee Europas auf.

Das Covent-Garden-Opernhaus in London wird eröffnet.

1733 Polnischer Erbfolgekrieg (bis 1735).

John Kays Erfindung des fliegenden Weberschiffchens (»Schnellschützen«) ist der Beginn der Massenproduktion von Textilien in England.

Essay on Man (»Versuch vom Menschen«) von Alexander Pope und William Hogarths *Rake's Progress* (»Lebenslauf eines Wüstlings«) kennzeichnen die Anfänge des radikalen britischen Humanismus.

1734 Spanien übernimmt das Königreich Neapel.

1735 Vertrag von Wien beendet den Polnischen Erbfolgekrieg. Österreich und Russland bestimmen über die Angelegenheiten Polens.

Gründung der kaiserlichen Petersburger Ballettschule.

1736 Die Russen erobern Asow von den Osmanen zurück und rücken nach Jassy vor.

Zum ersten Mal wird Gummi aus Mittelamerika eingeführt.

1737 Ende der Medici-Herrschaft in Florenz.

Der schwedische Botaniker Carl von Linné veröffentlich in Holland *Genera Plantarum*. Das ist der Beginn des modernen Klassifizierungssystems der Pflanzen.

1738 *Messe in b-Moll* von J. S. Bach.

Herstellung von Kuckucksuhren in Süddeutschland.

1739 Vertrag von Belgrad beendet den Österreichisch-Russischen Krieg gegen die osmanische Türkei. Die Osmanen kontrollieren wieder Nordserbien.

Treatise on Human Nature (»Traktat über die menschliche Natur«) von David Hume.

1740 Thronbesteigung von Friedrich II. (dem Großen) von Preußen (bis 1786). Aufstieg Preußens zur Vormacht im nördlichen Mitteleuropa.

1742 Preußen annektiert das österreichische Schlesien und löst den Österreichischen Erbfolgekrieg aus (bis 1748).

AMERIKA & AUSTRALASIEN

1731 Die de la Vérendryes beginnen mit dem Pelzhandel am unteren Saskatchewan (bis 1740).

1732 Georgia, die letzte der 13 britischen Kolonien, wird gegründet.

Die *Philadelphia Zeitung*, herausgegeben von Benjamin Franklin, ist die erste nicht englischsprachige Zeitung in den britischen Kolonien.

1735 Eine von dem französischen Wissenschaftler La Condamine geleitete Expedition reist nach Quito zur Messung der Kugelform der Erde.

Franzosen gründen erste Siedlung in Indiana.

1739 Stono-Rebellion, ein Sklavenaufstand in South Carolina.

Englisch-spanischer Seekrieg um den Handel mit der Neuen Welt.

Vizekönigtum von Neugranada von den Spaniern eingerichtet.

Englisch-spanischer Krieg (»War of Jenkin's Ear«). Die Briten plündern die spanische Handelsstadt Portobello in Panama.

Die Mallet-Brüder erreichen Santa Fe auf dem Landweg vom Osten der USA aus.

Feindseligkeiten zwischen Georgia und Spanisch-Florida (bis 1741).

Französische Entdecker in Colorado.

***Selektive Züchtungen** formten Schafs-, Schweine- und Rinderrassen, die höhere Erträge an Wolle, Fleisch und Milch lieferten.*

Experimentelle Landwirtschaft

Ein wichtiger Aspekt der Aufklärung war die Anwendung neuer Ideen und Entdeckungen in Industrie und Landwirtschaft. Die Bauern nutzten wissenschaftliche Erkenntnisse zur Steigerung der Erträge, die die Ernährung einer schnell wachsenden städtischen Bevölkerung sicherten.

Erfinder wie Jethro Tull (1674–1741) führten von Pferden gezogene Maschinen wie die Sämaschine und die Egge ein. Biologen und Botaniker experimentierten mit dem Fruchtwechsel, um die Fruchtbarkeit der Böden zu erhalten. Felder, die früher jedes zweite oder dritte Jahr brachliegen mussten, konnten nun ständig bewirtschaftet werden. Fortschritte in Zoologie und Genetik ermöglichten die Züchtung neuer produktiver Rassen: Langhaarschafe als Wolllieferanten, Kurzhaarschafe als Fleischlieferanten sowie widerstandsfähige Pferde und Kurzhornvieh.

Die landwirtschaftliche Revolution

Eine Reihe wichtiger Innovationen machte England zum produktivsten und fortschrittlichsten Land in der europäischen Landwirtschaft.

1701	Der Engländer Jethro Tull erfindet die Sämaschine.
1714	Jethro Tull führt das Hufeisen von Frankreich aus nach England ein.
1730	Townshend führt den Fruchtwechsel in Norfolk, England, ein.
1745	Robert Bakewell aus Leicestershire, England, wendet verbesserte Methoden der Schafzucht an.
1750	Die Einhegung führt in England zu landwirtschaftlicher Produktion in größerem Maßstab, zu Mechanisierung und zu ausgedehnten Entwässerungssystemen.
1778	Thomas Coke aus Norfolk, England, experimentiert mit neuen Methoden in Landwirtschaft und Viehzucht.
1793	Gründung der Landwirtschaftsbehörde in Großbritannien mit Arthur Young als Sekretär.

Diderots **Encyclopédie** *war mit feinen Kupferstichen bebildert, die Handwerker bei der Arbeit zeigen, wie hier die Instrumentenbauer. Das Werk umfasste 28 Bände.*

Die Aufklärung

Die Revolution in der Landwirtschaft zerstörte das traditionelle Verhältnis der Bauern zum Land. Viele von ihnen wanderten in die Städte ab. Die Anwachsen der politisierten städtischen Bevölkerung war eine der Hauptursachen für die radikale Wende im politischen Denken und Handeln dieser Zeit.

Die »aufgeklärten« Schriftsteller des 18. Jahrhunderts, die *Philosophes*, wie Voltaire und Diderot, kritisierten im Namen der Vernunft althergebrachte Vorstellungen von Kirche, Staat, Monarchie und Erziehung. »Der Mensch ist frei geboren und liegt doch überall in Ketten«, schrieb Jean-Jacques Rousseau im *Gesellschaftsvertrag* (1762), in dem er zeigen wollte, wie eine demokratische Gesellschaft funktionieren könnte. Einige seiner Ideen stammten von dem englischen Philosophen John Locke (1632– 1704), der gesagt hatte, alle Menschen seien gleich, und die Autorität der Regierenden könne nur auf dem Konsens der Regierten beruhen.

Der französische Philosoph und Aufklärer *Voltaire (1694–1778) bediente sich des Dramas, der Satire und der Poesie, um seine politischen Ansichten und seinen Widerstand gegen die katholische Kirche auszudrücken. Für die* Encyclopédie *(1751–1780) verfasste er unter anderem Artikel über die Geschichte.*

ASIEN

1741 Der dänische Seefahrer Vitus Bering, der für die russische Krone arbeitet, stirbt im Verlauf der Großen Nordischen Expedition auf einer Insel vor Kamtschatka.

1743 Nisam aus Hyderabad erobert Arcot in Südindien von den Marathen.

1744 Englisch-französischer Krieg beschneidet den französischen Einfluss in Südasien.

1745 Tokugawa-Herrschaft in Japan ist nach Korruption unter Ieshege im Niedergang.

1751 ▼

1746 Die Franzosen besetzen Madras, Beginn der Feindseligkeiten mit England.

Um 1746 Intensive Christenverfolgung in China (bis 1748).

1747 Gründung des Königreichs Afghanistan durch Ahmed Schah Durrani.

1748 Die Afghanen überfallen den Punjab.

1749 Mysore steigt zur wichtigen Macht in Südindien auf.

1754 ▼

1750 Französischer Sieg in Thanjavur sichert Dupleix, dem französischen Gouverneur von Pondicherry, die Kontrolle über die Küste von Karnataka im Südosten von Indien.

Qing-China beginnt mit der Eroberung von Tibet und Turkestan.

Um 1750 Die muslimische Wahhabiten-Bewegung entsteht in Arabien.

1760 ▼

Aktivitäten der englischen Ostindischen Kompanie in China werden stark eingeschränkt.

AFRIKA

1744 Der Gouverneur von Mombasa erklärt seine Kolonie für unabhängig von Oman.

1747 Die Yoruba erobern Dahomey (bis 1748); Oyo wird stärkste Macht im Nigerdelta.

Um 1750 Das Afrikaans in Südafrika erhält sein heutige Form.

EUROPA

1741 Schweden erklärt Russland den Krieg (bis 1743).

Der englische Physiker William Brownrigg stellt kohlesäurehaltiges Wasser (Soda) her.

1756 ▼ **1742** Friedrich von Preußen schließt die rasche Eroberung Schlesiens ab.

Der Vertrag von Berlin beendet den Ersten Schlesischen Krieg zwischen Österreich und Preußen.

Der schwedische Astronom Anders Celsius entwickelt die Dezimal-Temperaturskala, die seinen Namen trägt.

Der Messias von Georg Friedrich Händel.

1743 Vertrag von Åbo; Schweden tritt Südostfinnland an Russland ab.

1744 Preußen besetzt Prag, Beginn des Zweiten Schlesischen Krieges.

1745 Karl Eduard Stuart (»Bonnie Prince Charlie«), Enkelsohn Jakobs II. und Anwärter auf den britischen Thron, führt den Aufstand der Jakobiten an und schlägt die englische Armee bei Prestonpans.

Der deutsche Wissenschaftler Ewald J. von Kleist erfindet die Leidener Flasche, einen elektrischen Kondensator.

Robert Bakewell führt die selektive Kreuzung in der Schafszucht in England ein.

1746 Schlacht von Culloden: Britische Truppen unterdrücken brutal den Jakobiten-Aufstand.

1747 Der englische Schiffsarzt James Lind beweist, dass Zitrusfrüchte (Vitamin C) Skorbut vorbeugen.

1748 Friede von Aix-la-Chapelle beendet den Österreichischen Erbfolgekrieg.

Um 1748 Platin wird von Südamerika nach Europa eingeführt.

1749 Erfindung der Zeichensprache durch Giacobbo Rodriguez Pereire.

1750 *Elegie auf einem Dorfkirchhof* von Thomas Gray, Beginn der englischen Romantik.

Jean-Jacques Rousseau behauptet in *Abhandlung: Ob die Wissenschaften etwas zur Läuterung der Sitten beigetragen haben?*, die Zivilisation habe die natürlichen Instinkte und die Freiheit der Menschen zerstört.

1765 ▼ **Um 1750** Baumwollspinnereien in Lancashire ersetzen die südasiatische Textilproduktion für Europa.

AMERIKA & AUSTRALASIEN

1741 Schottisch-irische Presbyterianer wandern aufgrund von Verfolgung in Ulster in die amerikanischen Kolonien aus.

1742 Aufstand der Nachkommen der amerikanischen Ureinwohner gegen die Spanier in Peru.

1754 ▼ **1743** Krieg zwischen Großbritannien und Frankreich in Nordamerika; die Briten nehmen Louisbourg in Kanada ein, die Franzosen überfallen New York.

Erste Niederlassungen in Süddakota.

Französische Entdecker betreten die Rocky Mountains.

1745 Französische und einheimische Truppen greifen britische Siedlungen in Neuengland an.

1746 Gründung der Princeton University in New Jersey.

1748 Erste lutheranische Synode der Kolonien in Philadelphia.

1749 Gründung von Halifax festigt die britische Kontrolle über Nova Scotia.

1754 ▼ **1750** Der Vertrag von Madrid legt die Grenzen zwischen den spanischen Kolonien und Brasilien fest; das Gebiet von sieben *Reducciones* der Guaraní fällt an Portugal.

Portugal erhebt Anspruch auf Colônia do Sacramento, Uruguay.

Jesuiten-Missionen in China

Gegen Ende der Ming-Dynastie um 1640 bestanden in den meisten chinesischen Küstenprovinzen Missionen der Jesuiten, Franziskaner und Dominikaner. Unter Qing-Kaiser Kangxi, seinem Sohn Yongzheng und seinem Enkel Qianlong blühte das Christentum auf; Kangxi betraute die Jesuiten sogar mit der Leitung des kaiserlichen Instituts für Astronomie. Allerdings erlitt das Christentum durch den Streit um die Einhaltung traditioneller chinesischer Riten einen Rückschlag. Der Einfluss des Christentums auf China zeigt sich in christlichen Darstellungen auf Qing-Porzellan *(unten)*.

Marquês de Pombal (1699–1782)

Dieser herausragende portugiesische Staatsmann machte Portugal zur Schlüsselmacht in Europa. Zunächst Botschafter in London und Wien, wurde er später Außenminister und reorganisierte die portugiesischen Kolonien. Als Premierminister führte er den Elementarunterricht ein, baute die Armee um, förderte die Kolonisierung in Übersee und gründete die westindischen und brasilianischen Handelsgesellschaften. Sein Bruch mit der katholischen Inquisition begründete seinen Abstieg nach der Thronbesteigung von Maria I. (1777).

***Der Marquês de Pombal stärkte** die portugiesische Macht in Übersee, die letztendlich länger als die anderer europäischer Länder andauerte.*

***Robert Clives** erster Einsatz beim Militär fand in Indien statt, wo er sich als ausgezeichneter Taktiker zeigte, der in Plassey eine wichtige Schlacht für England gewann.*

Die Schlacht von Plassey

Das Massaker an britischen Kolonisten in Kalkutta (1757) bot der britischen Ostindischen Kompanie die Rechtfertigung für einen Eroberungskrieg. Unter Robert Clive (1725–1774) nahmen britische Truppen Kalkutta wieder ein und eroberten die französische Kolonie in Chandernagore. Sein Sieg über den Nawab von Bengalen in der Schlacht von Plassey machte ihn zum Alleinherrscher von Bengalen und sorgte für die rasche Ausbreitung der britischen Macht in Indien.

Konflikte in Nordamerika

Zunächst spiegelten die Konflikte in Nordamerika zwischen England und Frankreich den Krieg in Europa um 1690 wider. Zeitweise beigelegt, flackerte er zwischen 1744 und 1761 wieder auf. 1755 wurden britische Truppen bei Fort Duquesne zurückgeschlagen, doch vier Jahre später bereitete die Einnahme von Québec durch General Wolfe die Kapitulation Montreals vor. Durch den Vertrag von Paris (1763) wurde Großbritannien zur größten Macht in der Neuen Welt.

***Die Schlacht um Québec** forderte das Leben des britischen Generals James Wolfe (1727–1759; unten) und einen Tag später das des französischen Anführers Marquis de Montcalm (1712–1759).*

ASIEN

1751 Robert Clive erobert die französische Stadt Arcot in Südindien: Wendepunkt in Großbritanniens Kampf um die Kontrolle des Indienhandels.

Chinesischer Überfall auf Tibet.

Tibet, Dsungarei und das Tarimbecken werden von den Chinesen überrannt.

1752 Clive erobert Trichinopoly in Südostindien von den Franzosen.

1754 Krieg zwischen Frankreich (mit indischen Verbündeten) und Großbritannien.

Joseph Dupleix, Gouverneur der französischen Besitzungen in Indien, wird nach Frankreich zurückberufen.

Alaungpaya gründet eine mächtige birmanische Dynastie nach der Eroberung Avas.

1755 Alaungpaya gründet Rangun und vereinigt Birma.

1756 Der Nawab von Bengalen erobert Kalkutta von den Briten; Gefangene werden in das »Schwarze Loch« gesperrt.

1757 Schlacht von Plassey. Der britische Sieg über die vereinten Truppen der Franzosen und der Moguln in Nordindien sichert die britische Herrschaft in Bengalen (durch die Ostindische Kompanie).

Der Einfluss der Moguln über Gujarat wird mit der Eroberung von Ahmadabad durch die Marathen beendet.

Ahmed Schah von Afghanistan besetzt Delhi und den Punjab.

Ausdehnung des Gebiets der Gurkha (Nepali) über große Teile des Himalaja.

1758 Die Briten siegen über die Franzosen in Fort St. David und Pondicherry in Indien.

Die Marathen besetzen den Punjab, Nordwestindien.

Feldzüge der chinesischen Qing gegen die Kalmücken (bis 1759).

1760 Kanton, einziger chinesischer Hafen mit Lizenz zum Handel mit Europa.

Allgemeiner Bauernaufstand in Japan.

AFRIKA

1752 Das Sultanat von Darfur beherrscht den Sahel, von Bornu im Westen bis zum Niltal im Osten.

1756 Der Bei von Algier besetzt Tunesien.

1757 Mohammed III. wird Sultan von Marokko.

1758 Die Briten erobern den Senegal in Westafrika von den Franzosen.

1760 Die Buren überqueren den Oranje und beginnen, sich im Inneren Südafrikas niederzulassen.

EUROPA

1751 Denis Diderot beginnt mit der Veröffentlichung der *Encyclopédie* (bis 1780).

Die Royal-Worcester-Porzellanfabrik in England wird eröffnet.

1753 Thomas Chippendale eröffnet seinen ersten Möbelladen.

Gründung des British Museum in London.

1754 Joseph Black entdeckt das Kohlendioxid.

1755 *Dictionary of the English Language* von Samuel Johnson.

Eröffnung der ersten russischen Universität in Moskau.

1756 Siebenjähriger Krieg in Europa findet eine Parallele in den Konflikten in Nordamerika (bis 1763).

Preußen sieht sich im Siebenjährigem Krieg einer Koalition aus Österreich, Russland und Frankreich gegenüber.

Die Franzosen übernehmen Menorca von den Briten.

Porzellanfabrik in Sèvres, Frankreich.

1757 Friedrich II. von Preußen schlägt Österreich bei Leuthen.

1758 Die Preußen schlagen die russische Armee bei Zorndorf.

1759 Die Franzosen werden bei Minden von Preußen und Briten besiegt.

1767 ▼
Die Jesuiten werden aus Portugal verbannt.

John Harrison ersinnt das erste exakte nautische Chronometer, mit dem man den genauen Längengrad berechnen kann.

1760 Die Preußen schlagen die Österreicher bei Liegnitz und Torgau.

Österreichische und russische Truppen besetzen Berlin, aber Preußen überlebt.

Botanische Gärten in Kew, London, gegründet.

Josiah Wedgwood beginnt mit Keramikproduktion in Staffordshire, England.

Tristram Shandy von Laurence Sterne.

1762 ▼
Um 1760 Die europäische Aufklärung prägt die Werke von Voltaire (1694–1778), Diderot (1715–84), Rousseau (1712–78) und Hume (1711–76).

AMERIKA & AUSTRALASIEN

1751 Die Landvermesser Mason und Dixon beginnen mit der genauen Festlegung amerikanischer Gebietsgrenzen.

1752 John Finley erkennt, dass das Cumberland Gap das Tor zum Tiefland von Kentucky ist.

Das amerikanische Universalgenie Benjamin Franklin erfindet den Blitzableiter.

1753 Die Franzosen nehmen das Ohiotal ein.

1754 Briten und Franzosen führen erneut Krieg um die Kontrolle über Nordamerika.

Die Franzosen bauen Fort Duquesne im Ohiotal.

Georg II. von England gründet in New York das King's College, heute die Columbia-Universität.

Die Franzosen nehmen das britische Fort Necessity ein.

Krieg der Guaraní aus Protest gegen den Vertrag von Madrid (bis 1755).

1755 Die Briten nehmen das französische Fort Beauséjour ein.

Braddock wird von den Franzosen am Fort Duquesne zurückgeschlagen.

Erste regelmäßig verkehrende transatlantische Passagierschiffe zwischen England und den Kolonien.

1756 Die Franzosen nehmen die britischen Forts Oswego und William Henry ein (bis 1757).

1757 Die Franzosen geben die Forts am Champlainsee auf.

1758 Die Franzosen schlagen den britischen Angriff auf Ticonderoga zurück; die Briten nehmen Fort Duquesne ein.

Die Briten erobern Louisbourg.

1759 Britische Truppen rücken auf dem Sankt-Lorenz-Strom vor, um Québec zu erobern.

Ausweisung der Jesuiten aus Brasilien.

1760 Ende des französischen Widerstands in Nordamerika; die Briten erlangen die Kontrolle über die französischen Gebiete.

Cherokee-Indianer, die sich als Geiseln in Fort St. George befinden, werden als Vergeltung für Indianerangriffe auf Grenzsiedlungen hingerichtet.

Montréal ergibt sich dem Ansturm der britischen Truppen.

Brandenburg-Preußen

Nach dem Westfälischen Frieden von 1648 bestand Deutschland aus etwa 300 kleinen Fürstentümern, die einen katholisch, die anderen evangelisch. Gegen Ende des 17. Jahrhunderts war Brandenburg zum bedeutendsten protestantischen Staat Europas aufgestiegen.

Mit der Thronbesteigung Friedrichs II. (»des Großen«) 1740 setzte Preußen seine Expansionspolitik fort, einschließlich der Eroberung Schlesiens von den Habsburgern, das aufgrund von Minen und Textilindustrie eine der wohlhabendsten habsburgischen Provinzen war und somit ein wertvoller Gewinn. Durch weitere Gebietsvergrößerungen, die aus der Teilung Polens resultierten, war Preußen gegen Ende des Jahrhunderts zu einer der größten Mächte Europas aufgestiegen, mit einem Einflussbereich, der von Memel und Königsberg im Osten bis nach Ostfriesland und nach Kleve an der Grenze zu den Niederlanden im Westen reichte.

Diese prächtig uniformierten Kavallerieoffiziere *sind repräsentativ für eine hochdisziplinierte und effiziente Armee, die ab 1763 den Aufstieg Preußens zur beherrschenden Militärmacht Europas im 18. Jahrhundert ermöglichte.*

Daniel Boone

Daniel Boone, amerikanischer Siedler, Trapper und Entdecker, wurde 1734 in Pennsylvania geboren und zog mit seiner Familie in jungen Jahren in das Grenzland von Carolina. 1767 reiste er auf einem Jagdausflug nach Kentucky und lebte von 1769 an in der Wildnis. Er erforschte zusammen mit seinem Bruder Kentucky und Missouri.

1775 baute er für die Transylvania-Kompanie einen Weg durch das Cumberland Gap (die »Wilderness Road«) und legte damit die Grundlage für neue Siedlungen in Kentucky. Eine davon war Boonesboro, uspünglich eine Palisade zum Schutz gegen Angriffe von lokalen Indianern. Boone bekämpfte die Indianer und wurde von ihnen zwei Mal gefangen genommen.

Am Ende des Revolutionskriegs (1775–1783) hatten die neu gebildeten Vereinigten Staaten die Kontrolle über Gebiete bis nach Mississipi, und der Vorstoß nach Westen schritt voran.

Die Erforschung Nordamerikas

Gegen Ende des 17. Jh. hatten die Europäer ziemlich genaue Kenntnisse von der Ostküste Nordamerikas. Es sollte weitere 200 Jahre dauern, bis auch das Innere des Kontinents zuverlässig kartiert werden konnte.

1528–1536	A. N. Cabeza de Vacas: Golfküste und Südwesten.
1539–1542	H. de Soto: Appalachen und Mississippi.
1672	Jolliet und Marquette: Illinois River und Große Seen.
1767–1771	Daniel Boone: Wilderness Road.
1804	Z. Pike: Oberer Mississippi.
1804–1808	Lewis und Clarke: Missouri.
1805–1807	Z. Pike: Mittelwesten/El Camino Real.
1806	J. Wilkinson: Arkansas River.
1807–1808	J. Colter: Zentrale Rocky Mountains.
1818–1821	D. Mackenzie: Kaskadengebirge.
1842	J. Fremont: Prärien und zentrale Rocky Mountains.
1845	J. Fremont: Kalifornien.
1869–1872	J. Powell: Südliche Rocky Mountains.

ASIEN

1761 Der Mogul-Kaiser und seine marathischen Verbündeten werden von den Afghanen geschlagen, die kurzzeitig Delhi besetzen. Der Ausgang der Schlacht erlaubt den Briten weitere Gebietseroberungen ohne nennenswerten Widerstand.

Die Briten zerschlagen die französische Herrschaft in Indien nach der Einnahme von Pondicherry.

1773 ▼
1765 Bengalen kommt unter britische Kontrolle.

Die Mandschu besetzen Birma (bis 1769).

1780 ▼
1766 Erster Mysore-Krieg gegen die Briten (bis 1769).

1767 Ernennung von James Rennell zum General-Landvermesser von Bengalen. Beginn der Vermessung Indiens.

1769 Die französische Ostindische Kompanie wird aufgelöst.

AFRIKA

1773 ▼
1769 Ägypten erklärt seine Unabhängigkeit von der osmanischen Türkei.

Um 1770 In diesem Jahrzehnt erreicht der europäische Sklavenhandel mit Afrika seinen Höhepunkt.

EUROPA

1761 Lomonosow entdeckt die Atmosphäre des Saturns.

1762 Thronbesteigung der deutschstämmigen Katharina der Großen von Russland nach dem Tod ihres Ehemanns († 1796).

Rousseaus *Gesellschaftsvertrag* spricht sich für eine egalitäre Gesellschaft auf der Grundlage der Menschenrechte aus.

Trevi-Brunnen in Rom vollendet.

Der Earl von Sandwich kreiert als Zwischenmahlzeit am Spieltisch das erste Sandwich.

1763 Der Vertrag von Paris beendet den Siebenjährigen Krieg. Frankreich verliert alle Besitzungen in Nordamerika mit Ausnahme von New Orleans und den Inseln Saint-Pierre, Miquelon, Martinique und Guadeloupe; Spanien tritt Florida an Großbritannien im Austausch für die britischen Gebiete auf Kuba ab.

Vertrag von Hubertusburg sichert Preußen den Erhalt von Schlesien.

1764 Russland sichert die polnische Krone für Stanislaus Poniatowski.

Das österreichische Wunderkind Wolfgang Amadeus Mozart komponiert seine erste Sinfonie im Alter von acht Jahren.

1773 ▼
Der deutsche Archäologe Johann Joachim Winckelmann löst mit seiner *Geschichte der Kunst des Althertums* eine Wiederbelebung des Klassizismus aus.

1765 James Hargraves erfindet die erste Spinnmaschine, »Spinning Jenny«.

James Watt baut verbesserte Dampfmaschinen mit separatem Kondensator.

1766 Der englische Chemiker Henry Cavendish entdeckt den Wasserstoff.

1772 ▼
1767 Karl III. verbannt Jesuiten aus Spanien.

1768 Krieg zwischen Russland und den Osmanen.

Frankreich erwirbt Korsika von Genua.

Gründung der Royal Academy of Arts in London unter Sir Joshua Reynolds.

Das erste vollständige Werk des Schweizerischen Mathematikers Leonhard Euler zur Integralrechnung erscheint (bis 1770).

1769 Russland überfällt Moldawien und die Walachei.

Richard Arkwright entwickelt den wasserkraftbetriebenen Spinnrahmen.

1770 Die Russen zerstören die osmanische Flotte bei Çesme.

AMERIKA & AUSTRALASIEN

1762 Frankreich tritt alle Gebietsansprüche westlich des Mississippi an Spanien ab.

Die Briten nehmen Havanna auf Kuba ein.

1763 Vertrag von Paris: Frankreich verliert Kanada an Großbritannien und alle Gebiete westlich des Mississippi an Spanien.

Weit verbreitete Aufstände von Indianern unter Pontiac; viele britische Forts an der Westgrenze der Kolonien werden überrannt.

Eröffnung der Synagoge von Touro in Newport, Rhode Island: das erste jüdische Zentrum in Nordamerika.

Rio de Janeiro wird Hauptstadt von Brasilien.

1764 Der *Sugar Act* erhebt Steuer auf Melasse, die aus nicht-britischen Kolonien importiert wird.

James Otis verurteilt die Form der Besteuerung durch Großbritannien (»no taxation without representation«).

1765 Stempelgesetz ruft weiteren Widerstand hervor.

1766 Benjamin Franklin erfindet die Bifokalbrille.

1767 *Townshend Acts* besteuern Tee, Papier und andere Importe.

Boston boykottiert britische Importe.

Ausweisung der Jesuiten aus allen spanischen Kolonien.

1768 Wesley Chapel, das erste Methodistenzentrum in den Kolonien, wird eröffnet.

Erste Reise des englischen Kapitäns James Cook, Beginn der Erforschung des Pazifiks.

1769 James Cook umsegelt Neuseeland und segelt die australische Ostküste hinauf.

Spanier lassen sich in Südkalifornien nieder, Gründung einer Mission in San Diego.

1773 ▼
1770 Das britische Parlament nimmt alle den Kolonien auferlegten Zölle zurück, bis auf die Teesteuer.

Britische Soldaten erschießen fünf Kolonisten im »Boston Massacre«.

1772 ▼
Cook entdeckt Botany Bay und nimmt Australien für Großbritannien in Besitz.

Das Rokoko

Der dekorative Stil aus dem Paris des frühen 18. Jahrhunderts, das Rokoko, verbreitete sich rasch über ganz Europa. Pastell-Lasuren, goldene Stuckarbeiten, Grisaillen, Kartuschen und reiche Verzierungen, die sich an Pflanzen- und Muschelformen aus der Natur anlehnen, sind kennzeichnend. In Süddeutschland und Österreich wurde der Stil vor allem in den reich verzierten Kirchenräumen zum Beispiel von den Brüdern Asam übernommen. Der Trevi-Brunnen *(oben)*, von Nicola Salvi zwischen 1732 und 1762 erbaut, ist ein einzigartiges Beispiel der theaterhaften Skulpturen des italienischen Rokoko.

Die Schlacht von Panipat

Die Marathen, eine zentralindische Staatenkonföderation, wurden um 1750 von dem afghanischen General Ahmed Schah Durrani *(unten)* angegriffen. Dieser hatte die Macht über die afghanischen Provinzen nach der Ermordung des persischen Herrschers Schah Nadir übernommen. Mit seiner Krönung zum König im Jahr 1747 begründete er den afghanischen Staat.

1761 errang Ahmed Schah einen großen Sieg über die mächtige Armee der Marathen in Panipat nördlich von Delhi. Die Afghanen begannen Delhi zu plündern, zogen sich dann aber zurück. Der Niedergang der Marathen und der Moguln gab den Briten die Gelegenheit, ihre Macht von Bengalen aus ins indische Inland auszudehnen.

Der Revolutionskrieg 1775–1783

Um 1760 war die Zahl der Bevölkerung der britischen Kolonien beträchtlich angewachsen, ebenso ihr Wohlstand und ihr Selbstbewusstsein, das sie zunehmend gegen koloniale Kontrollen wie etwa Besteuerung protestieren ließ. Der britischen Regierung wurde vorgeworfen, die Früchte des Sieges über die Franzosen, etwa den Pelzhandel in Kanada, für sich zu behalten.

1775 fielen die ersten Schüsse des Revolutionskriegs in Boston, doch fast alle diese frühen Auseinandersetzungen blieben unentschieden. Erst der amerikanische Sieg bei Saratoga 1777 überzeugte die französische Regierung, die Amerikaner mit Truppen und Schiffen gegen die Briten zu unterstützen, später kamen Spanien und die Niederlande hinzu. 1781 zwang George Washington den General Cornwallis in Yorktown zur Kapitulation, und die Bildung der neuen Nation war gesichert.

Der Amerikanische Unabhängigkeitskrieg

Die britischen Truppen waren zwar an Waffen und Stärke überlegen, aber die Revolutionäre, die sowohl eine nationale Armee als auch Milizen in einzelnen Staaten aufgebaut hatten, erfuhren mit jedem Feldzug Richtung Süden mehr Unterstützung.

1775	Die ersten Schüsse der amerikanischen Revolution fallen in Lexington.
1775	Schlacht von Bunker Hill.
1776	Unabhängigkeitserklärung in Philadelphia.
1776	Die Briten geben Boston auf.
1777	Amerikanische Truppen unter Washington schlagen die Briten bei Princeton.
1777	Die Briten nehmen Fort Ticonderoga ein.
1777	Britische Truppen bei Saratoga geschlagen.
1777	Die Briten besetzen Philadelphia.
1778	Schlacht von Monmouth: Die Briten räumen Philadelphia.
1779	Belagerung von Savannah.
1780	Belagerung von Charleston.
1781	Die französischen und amerikanischen Verbündeten schlagen die Briten bei Yorktown.
1782	Großbritannien bittet um Frieden.
1783	Großbritannien anerkennt die Unabhängigkeit der amerikanischen Kolonien.

ASIEN

1773 Aufstand gegen die osmanische Herrschaft in Syrien wird unterdrückt.

Britische Ostindische Kompanie erhält das Monopol im Opiumhandel in Bengalen.

Bürgerkrieg in Vietnam (bis 1801).

Auflösung des Jesuitenordens in China.

1774 Erste britische Mission nach Tibet.

1782 ▼

1775 Erster englisch-marathischer Krieg in Indien.

1785 ▼

1776 Siam (Thailand) wird unabhängig von Birma.

Die thailändische Handschrift *Traiphum* (»Die drei Welten«) enthält die längste Karte der Welt (172 m).

1780 Zweiter Mysore-Krieg (bis 1783): Allianz zwischen Mysore und Marathen greift die britischen Besitzungen in Südostindien an.

Bengal Gazette, Indiens erste Zeitung, erscheint.

Erste öffentliche Veranstaltungen des japanischen Sumo-Ringkampfs.

AFRIKA

1772 Der schottische Forscher James Bruce findet die Quelle des Blauen Nils.

1773 Aufstand gegen die osmanische Herrschaft in Ägypten wird unterdrückt.

1776 Abd el-Kader führt Muslime in einem heiligen Krieg den Fluss Senegal entlang.

Das Sultanat Kilwa stimmt zu, Sklaven für die französischen Zuckerplantagen auf Réunion und Mauritius zu liefern.

1778 Sir Joseph Banks gründet die African Association in London.

1779 Krieg zwischen Buren und Bantu in Südafrika (bis 1780).

Kriege zwischen niederländischen Siedlern und den Nguni.

Die Briten geben die Kolonie Senegambia auf und überlassen das Senegalgebiet französischen Kolonisten.

1780 Buganda steigt zur Macht in Zentralafrika auf.

Um 1780 Die Massai vergrößern ihre Gebiete in Ostafrika.

EUROPA

1771 Russland erobert die Krim und zerstört die osmanische Flotte.

Die *Encyclopaedia Britannica* erscheint zum ersten Mal.

Der französische Chemiker Antoine Lavoisier analysiert die Zusammensetzung der Luft.

Der Brite Joseph Priestley entdeckt, dass Pflanzen Sauerstoff abgeben.

1793 ▼ **1772** Erste Teilung Polens durch Russland, Österreich und Preußen; Verbindung preußischer Ostgebiete mit Brandenburg.

Gustav III. von Schweden führt die absolute Monarchie wieder ein.

Papst Klemens XIV. verbietet den Jesuitenorden.

Der schottische Wissenschaftler Daniel Rutherford unterscheidet zwischen Stickstoff und Kohlendioxid.

1773 Bauernaufstand in Südostrussland, angeführt von Pugatschow.

Die schottischen Architekten Robert und James Adam veröffentlichen *Works of Architecture*, lösen Aufleben des Klassizismus in Architektur und Kunst aus.

1774 Thronbesteigung Ludwigs XVI., des letzten französischen Königs vor der Revolution.

1776 Beginn der Veröffentlichung von Edward Gibbons *Geschichte des Verfalls und Untergangs des Römischen Reiches* (bis 1788).

Der Wohlstand der Nationen von Adam Smith erscheint.

1777 Bayerischer Erbfolgekrieg (bis 1779).

James Watt entwickelt die erste wirkliche
1782 ▼ Dampfmaschine.

1778 Das Mailänder Opernhaus La Scala wird eingeweiht.

1779 Konstruktion der ersten Eisenbrücke in Coalbrookdale, England.

Das Veloziped, Vorläufer des Fahrrads, wird in Paris vorgestellt.

1780 Englisch-niederländischer Krieg (bis 1784).

Antikatholische Gordon-Unruhen in England; Hunderte werden getötet.

AMERIKA & AUSTRALASIEN

1772 Gründung von »Korrespondenz-Ausschüssen« in Amerika.

Zweite Fahrt von James Cook in den Pazifik.

1773 Revolutionäre vernichten eine Ladung Tee aus Protest gegen die von Großbritannien auferlegten Steuern (»Boston Tea Party«).

James Cook quert den südlichen Polarkreis (bis 1775).

1775 Beginn des Amerikanischen Unabhängigkeitskriegs (bis 1783).

Benjamin Franklin und Benjamin Rush gründen in Philadelphia eine Bewegung gegen die Sklaverei.

Die revolutionäre Flugschrift *Common Sense* von Thomas Paine.

1776 Amerikanische Unabhängigkeitserklärung.

Neues Vizekönigtum Río de la Plata mit Buenos Aires als Zentrum.

1777 Vertrag von San Ildefonso bestätigt Banda Oriental (Uruguay) als spanische Besitzung und das Amazonasbecken als portugiesische Besitzung. Pombal wird entlassen.

1778 Frankreich tritt dem Krieg als Verbündeter Amerikas bei.

1779 Kapitän James Cook wird während seiner dritten Reise auf Hawaii getötet.

1780 Amerikanische Truppen gehen brutal gegen die Irokesen am Mohawk im Staat New York vor.

Spanien erobert Westflorida und die Bahamas von Großbritannien zurück.

Die Unabhängigkeitserklärung

Die amerikanischen Kolonisten erklärten am 4. Juli 1776 die Unabhängigkeit von Großbritannien, indem der Kontinentalkongress jeglicher Treue zur britischen Krone abschwor. Das Dokument wurde ausgearbeitet von einem Komitee, aber hauptsächlich nach einem Entwurf des brillanten jungen Kongressmitglieds Thomas Jefferson (1743–1826), es unterschrieben alle 13 britischen Kolonien. Nach der Unabhängigkeit sollten diese 13 die ersten vereinigten, freien und unabhängigen Staaten werden. Die Erklärung enthielt eine Liste von Beschwerden über die Briten, so zum Beispiel die Aufstachelung von Indianern gegen Siedler, die Besteuerung und die Vorenthaltung der bürgerlichen Freiheiten.

Kapitän Cook

James Cook (1728–1779) wurde als Sohn eines Landarbeiters in Cleveland, Yorkshire, geboren. Er begann seine Seefahrtslaufbahn im Küsten- und im Ostseehandel. Dann wurde er beauftragt, die Hudsonbai und Neufundland zu vermessen. Von 1768 bis 1771 segelte er in den Pazifik, umrundete Neuseeland, erforschte die Ostküste Australiens und entdeckte die Torresstraße zwischen Australien und Neuguinea wieder. Von 1772 bis 1775 erforschte Cook die Inselgruppen im Pazifik mit der *Resolution*, einem kleinen Kohleschiff *(oben)*. 1778 kehrte er in den Pazifik zurück, entdeckte Hawaii und befuhr die Beringstraße und zu den Aleuten. Bei seiner Rückkehr nach Hawaii wurde er 1779 während eines Streits mit Einheimischen getötet.

Die industrielle Revolution

Großbritannien besaß die besten Voraussetzungen für eine industrielle Revolution, auch im Vergleich mit seinen europäischen Nachbarn: Zugang zu Bodenschätzen, vor allem Kohle und Eisenerz, ein Welthandelsnetz und eine wachsende städtische Bevölkerung. Auch in der Eisenverarbeitung war das Land führend und baute die ersten Eisenbrücken, Schiffe, Eisenbahnen und Stahlwerke.

1709	Abraham Darby verwendet Koks zur Roheisenschmelze (GB).
1733	John Kay erfindet die Schnellschützen (GB).
1765	James Hargreaves erfindet die »Spinning Jenny« (GB).
	James Watt baut eine verbesserte Dampfmaschine (GB).
1769	Arkwrights wasserbetriebene Spinnmaschine (GB).
1781	Watt erfindet die erste Rotationsmaschine.
1792	Erfindung des dampfbetriebenen Webstuhls.
1793	Whitneys Baumwollentkernungsmaschine.
1821	Grundprinzip des Elektromotors und Generators von Faraday entdeckt (GB).
1825	Erste Dampfeisenbahnstrecke für Personentransport von George Stevenson erbaut (GB).
1834	Erste mechanische Mähmaschine (USA).
1838	Erster benutzbarer elektrischer Telegraf (GB).
1840	Öffentliches Postsystem in England.
1847	Erste Telegrafenlinie (Deutschland).
1856	Erster kommerzieller Kühlschrank (USA). Bessemer-Konverter für die Massenproduktion von Stahl entwickelt (GB).
1859	Erste Ölquelle angebohrt (USA).
1863	Bau der ersten Untergrundbahn (London, GB).
1869	Erste Transkontinental-Eisenbahnstrecke (USA).
1876	Alexander Graham Bell lässt sein Telefon patentieren (USA).
1878	Gilchrist-Thomas-Verfahren der Stahlproduktion (GB).
	Entwicklung der Verbrennungsmaschine (Deutschland).
	Erste elektrische Straßenbeleuchtung (London, GB).
1881	Erste elektrische Straßenbahnen (Berlin).

***Die erste Brücke** aus Gusseisen wurde bei Coalbrookedale in England gebaut. Bald wurde diese Technologie nicht nur beim Brückenbau, sondern auch bei der Konstruktion etwa von Bahnhofsgebäuden angewandt.*

ASIEN

1781 Die Briten übernehmen niederländische Siedlungen in Westsumatra, Indonesien.

1782 Gebietsverluste der Marathen durch den Vertrag, der den Krieg zwischen Briten und Marathen beendet.

Siam (Thailand) besitzt große Gebiete unter Rama I.

1784 Mit dem Indiengesetz erklärt die britische Regierung ihre Absicht, die Gebiete in Indien vollständig ihrer Kontrolle zu unterstellen.

1785 Birmanische Invasion in Siam.

1786 Gründung der Qajar-Dynastie in Persien.

Die britische Ostindische Kompanie errichtet einen Stützpunkt in Pingang, Malaysia.

1788 Die Mogul-Kaiser werden zu Marionetten der Marathen.

Besetzung von Delhi. Die Marathen besitzen große Gebiete.

Die Qing-Chinesen versuchen eine Invasion von Annam.

AFRIKA

1781 Massaker an den Xhosa durch burische Siedler.

Die Portugiesen gewinnen die Kontrolle über Laurenço Marques und damit über den Sklavenhandel in der Maputobucht im Indischen Ozean.

1783 Das westafrikanische Oyo-Reich wird vom benachbarten Borgu niedergeworfen.

Die Portugiesen errichten einen Handelsposten in Cabinda am nördlichen Ufer des Kongo.

1786 Marokko stimmt zu, gegen Schutzgeldzahlung die Überfälle auf amerikanische Schiffe im Mittelmeer einzustellen.

1800 ▼

1787 Ansiedlung der ersten befreiten britischen Sklaven in Freetown, Sierra Leone.

Die Briten erwerben Sierra Leone.

1788 Großbritannien beginnt eine Untersuchung des Sklavenhandels.

EUROPA

1781 Joseph II. schafft die Leibeigenschaft im Habsburger-Reich ab.

Kritik der reinen Vernunft von Immanuel Kant.

1782 Die Rotationsdampfmaschine von James Watt hält Einzug in die Fabriken.

William Herschel entdeckt den Uranus.

1792

1783 Russland erobert und annektiert die unter osmanischer Kontrolle stehende Krim.

Die Gebrüder Montgolfier starten den ersten bemannten Heißluftballonflug.

John Macadam erfindet einen neuen Straßenbelag aus Teer und Kies.

1784 Aufstände in den Niederlanden.

1785 Der mechanische Webstuhl revolutioniert die Textilherstellung.

Bürgerkrieg in den Niederlanden; Preußen greift ein, um die Ordnung wieder herzustellen.

Die Hochzeit des Figaro von W. A. Mozart.

1786 Tod Friedrichs des Großen von Preußen.

1787 Krieg zwischen Österreich und der Türkei (bis 1791).

Katharina die Große von Russland beginnt erneut einen Krieg gegen die osmanische Türkei (bis 1792).

1788 Schweden befindet sich im Krieg mit Russland und Dänemark.

1789 Beginn der Französischen Revolution.

1790 Aufstand in Ungarn.

Um 1790 Höhepunkt der europäischen Orchestermusik: Mozart (1756–1791), Haydn (1732–1809) und Beethoven (1770–1827).

AMERIKA & AUSTRALASIEN

1781 General George Washington schlägt die Briten bei Yorktown.

1782 Einheimische Völker in Peru erheben sich unter Tupac Amaru gegen die Spanier; der Aufstand wird brutal niedergeschlagen.

1783 Ende der Revolutionskriege. Der Vertrag von Paris anerkennt die Vereinigten Staaten; Großbritannien akzeptiert die amerikanische Unabhängigkeit.

Die spanische Krone finanziert eine botanische Forschungsreise in die südamerikanischen Kolonien.

1788 Erste britische Siedlung in der Botany Bay in Australien.

Erste Strafkolonie in Port Jackson (Sydney) errichtet.

Die »First Fleet« (»Erste Flotte«) bringt Sträflinge nach Neusüdwales.

1789 George Washington wird erster Präsident der Vereinigten Staaten († 1797).

Die Pocken wüten unter den Aborigines von Neusüdwales in Australien.

Die Meuterei auf dem britischen Schiff *Bounty*, das Brotfrucht im Pazifik sammeln soll, lenkt die Aufmerksamkeit auf die Zustände auf den Schiffen.

Die Meuterer von der *Bounty* siedeln sich auf der Insel Pitcairn an.

Tupac Amaru

Getauft auf den Namen José Gabriel Condorcanqui, aber von indianischer Abstammung, versuchte Tupac Amaru, bei der spanischen Kolonialregierung bessere Arbeitsbedingungen für die Peruaner in den Minen zu erreichen. Als dies fehlschlug, übernahm er den Namen eines Inka-Vorfahren und führte einen Aufstand (1780) an. Trotz seiner Gefangennahme und brutalen Hinrichtung ging der Aufstand weiter und erreichte seinen Höhepunkt mit der Belagerung von La Paz (1782). Nach Niederschlagung des Aufstands wurden dann Reformen durchgeführt.

***Tupac Amaru,** umzingelt von spanischen Soldaten. Über 100000 seiner Leute wurden während des Aufstands getötet.*

Die »First Fleet«

Die ersten Sträflinge wurden 1788 aus den überfüllten britischen Gefängnissen nach Australien gebracht. Die erste Strafkolonie befand sich in Sydney Cove in Neusüdwales, weitere folgten bald auf Norfolk Island (1788), in Newcastle (1801), Hobart (1804) und Brisbane (1824). Freie Siedler kamen erst ab 1813, nachdem man ins Innere des Landes vorgedrungen war. Insgesamt wurden bis 1868 etwa 25000 Frauen und 137000 Männer nach Australien gebracht.

***Die australischen Aborigines** wurden extrem brutal behandelt. Man jagte und ermordete sie, und viele starben an von den Siedlern eingeschleppten Krankheiten.*

Der Ägyptenfeldzug und die Schätze, die man raubte, entfachten die Faszination für die geheimnisvollen Bauwerke des alten Ägypten und begründeten die moderne Ägyptologie.

Napoleon überfällt Ägypten

Der größte Widersacher des revolutionären Frankreich war Großbritannien, das sich durch seine überlegene Flotte vor einem direkten Angriff schützte. Die französische Republik entschied angesichts früherer Niederlagen, die britischen Besitzungen in Indien über Ägypten anzugreifen. Es gab auch Pläne, die französischen Gebiete in Nordamerika und der Karibik zurückzuerobern.

Unter dem Kommando von Napoleon Bonaparte wurde im Juli 1798 eine Expeditionstruppe ausgesandt. Nach der gelungenen Landung in Abukir bei Alexandria schlug die Truppe die ägyptische Armee in der Schlacht bei den Pyramiden und begab sich dann auf einen Feldzug der Plünderung und der Unterwerfung.

Im Monat darauf schlugen britische Marinestreitkräfte unter Nelson die vor Anker liegende französische Flotte und schnitten den Franzosen den Rückweg ab. Diese zogen den Nil hinauf, erreichten im Februar 1799 Assuan, überquerten die Sinaihalbinsel und belagerten Akko von März bis Mai 1799, wo die Briten erneut angriffen. Da er keinen Nachschub mehr bekam und seine Armee von Krankheiten geschwächt war, kehrte Napoleon schließlich nach Frankreich zurück.

ASIEN

1792 Colin Mackenzie beendet die erste Karte der Gebiete von Tipu Sultan (Hyderabad).

Qing-China schließt Tibet für Besucher.

Chinesische Invasion in Nepal.

1793 Eine britische Handelsdelegation nach China wird vom Mandschu-Hof abgewiesen.

1795 Britische Expedition nach Ceylon (Sri Lanka) (bis 1796).

Die Briten nehmen Melaka von den Niederländern ein.

1796 Aufstände der Bewegung »Weißer Lotus« bringen Unruhen nach Zentralchina (bis 1804).

Edikt von Peking verbietet die Opiumeinfuhr nach China.

Britische Eroberung der Küste Ceylons.

1798 Ceylon wird britische Kolonie.

1799 Die französische Armee belagert Akko in Palästina.

Eine von den Briten angeführte Koalition besiegt und teilt Mysore in Indien. Die Briten erhalten die Küste von Karnataka. Die Eroberung Mysores stabilisiert die britische Vorherrschaft in Indien.

1800 William Lambton beginnt mit der Triangulation (Vermessung mithilfe der Geodäsie) von Indien.

Um 1800 Umfangreiche Kartierungen durch die indischen Marathen und die Birmanen.

AFRIKA

1803 ▼ **1795** Die Briten nehmen das Kap der Guten Hoffnung und Kapstadt von den Niederländern ein.

1796 Der schottische Forscher Mungo Park bereist den Niger flussaufwärts.

1798 Napoleon Bonaparte besetzt Ägypten und schlägt die ägyptische Armee in der Schlacht bei den Pyramiden.

1804 ▼ Schlacht am Nil: Die britische Flotte unter Nelson schlägt die französische bei Abukir.

1799 Entdeckung des Steins von Rosette mit griechischer und ägyptischer Schrift, der Historikern die Entzifferung altägyptischer Hieroglyphen ermöglicht.

1800 Aufständische Ashanti-Sklaven werden von Jamaika nach Sierra Leone deportiert.

EUROPA

1791 Aufstände in Polen.

1807 ▼ Bewegung des William Wilberforce zur Abschaffung des Sklavenhandels ist im britischen Parlament erfolgreich.

James Boswell: *Denkwürdigkeiten aus Johnsons Leben*.

1792 Frankreich erklärt Österreich, Preußen und Piemont den Krieg. Beginn des Ersten Koalitonskriegs.

Ludwig XVI. wird abgesetzt.

In Frankreich wird die Republik ausgerufen.

Durch den Vertrag von Jassy gewinnt Russland die Kontrolle über die Schwarzmeerküste von den osmanischen Türken.

Dänemark schafft den Sklavenhandel ab.

Edmund Cartwright entwickelt den dampfbetriebenen Webstuhl.

1793 Zweite Teilung Polens.

Ludwig XVI. von Frankreich wird hingerichtet.

1794 Die Briten schlagen die Franzosen in der Seeschlacht von Brest.

Die Franzosen fallen in Katalonien, Nordostspanien, ein.

Die Briten fallen auf Korsika ein.

1795 Dritte Teilung Polens.

1796 Napoleons Italienfeldzug (bis 1797).

Der britische Arzt Edward Jenner entdeckt den Pockenimpfstoff (der in der Türkei schon früher verwendet worden war).

1798 Fehlgeschlagener nationalistischer Aufstand in Irland unter Wolfe Tone.

1804 ▼ **1799** Ein Staatsstreich bringt Napoleon in Frankreich an die Macht.

Großbritannien führt Einkommenssteuer ein.

1800 Die Franzosen schlagen die Österreicher bei Marengo.

1802 ▼ Französische Revolutionsarmee unter Napoleon fällt in Italien ein.

Sir William Herschel entdeckt die Infrarotstrahlen.

Die Briten fallen auf Malta ein.

Der Italiener Alessandro Volta erfindet die Batterie.

AMERIKA & AUSTRALASIEN

1791 Vermont wird Teil der USA.

1804 ▼ Sklavenaufstand in Haiti, angeführt von Toussaint l'Ouverture.

1792 Kentucky wird Teil der USA.

Bau des Weißen Hauses in Washington (Fertigstellung 1809).

Der Dollar wird in den USA als Währung eingeführt.

Die ersten britischen Siedler landen in der Bay of Islands, Neuseeland.

1793 Alexander Mackenzie gelingt die erste Ost-West-Durchquerung Kanadas.

Die Erfindung der Baumwollentkernungsmaschine durch Eli Whitney markiert den Beginn der Industrialisierung der Baumwollproduktion im amerikanischen Süden.

1794 Die Schlacht »Battle of Fallen Timbers« ebnet den Weg für die weiße Besiedlung des amerikanischen Nordwestens.

1797 Die ersten christlichen Missionare kommen nach Tahiti.

1798 Die britischen Seefahrer Flinders und Bass vermessen die Küste Südaustraliens und Tasmaniens.

1800 Washington wird Sitz der amerikanischen Regierung.

Tahiti beliefert Port Jackson (Sydney) in Australien mit Schweinen.

***Die Aquarelle** der Brüder Le Sueur spiegeln die allgemeine Begeisterung für die Revolution wider.*

Die Französische Revolution

Aufgrund politischer Krisen war Ludwig XVI. im Jahr 1789 dazu gezwungen, die Generalstände, ein Parlament aus Adligen, Klerikern und Bürgerlichen, einzuberufen. Der dritte Stand verlangte Reformen und erklärte sich zur Nationalversammlung. Adel und Klerus wurden ihrer Privilegien beraubt, während Aufstände in den Provinzen viele Landeigentümer ins Exil zwangen. Nach der Erstürmung der Bastille in Paris im Juli 1789 wurde die Monarchie abgeschafft, der König eingekerkert und die Republik ausgerufen. Im Januar 1793 richteten die radikalen »Jakobiner« den König hin, der Beginn einer Schreckensherrschaft, die alle »Feinde des Volkes« exekutierte. Erst 1799 ereilte die Jakobiner das Schicksal ihrer Opfer, und eine gemäßigte republikanische Herrschaft unter dem Direktorium folgte.

Die Französische Revolution

1789	**5. Mai:** Eröffnung der Generalstände. **14. Juli:** Fall der Bastille, Beginn der Französischen Revolution. **26. August:** Verkündung der Menschenrechte.
1791	**3.Sept.:** Verkündung der Verfassung.
1792	**10. August:** Ludwig XVI. wird abgesetzt. **22. September:** Die französische Republik wird ausgerufen.
1793	**21. Januar:** Hinrichtung Ludwigs XVI. **31. Mai:** Radikaler Klub der Jakobiner übernimmt die Macht.
1794	**27. Juli:** Sturz des Jakobiners Robespierre und Ende des Terrors.
1799	Auflösung des Direktoriums und der Republik; Napoleon lässt sich zum Ersten Konsuln wählen.
1804	Napoleon krönt sich selbst zum Kaiser.

Die Welt um 1800

Die europäische Kolonisierung des Globus war um 1800 weit vorangeschritten. Der portugiesische Herrschaftschaftsbereich umfasste die Gebiete auf den Ostindischen Inseln, in Indien und an der Ost- und Westküste Afrikas und dehnte sich zudem über ganz Brasilien aus. Spanien kontrollierte fast das gesamte übrige Südamerika, große Teile des Südwestens und der Mitte Nordamerikas, den Norden der Karibik und die Philippinen. Die Vorherrschaft der Niederlande über die südostasiatische Inselwelt war fest verankert. Auch Großbritannien entwickelte sich zur Kolonialmacht – hauptsächlich auf Kosten Frankreichs – in Kanada, Indien und in der Kap-Kolonie und beanspruchte Neusüdwales in Australien. Wenn auch die französischen imperialistischen Ambitionen in Übersee einen Dämpfer erhalten hatten, so bot sich ihnen nun in Europa ein Betätigungsfeld, denn schon begann das nach-revolutionäre Frankreich unter Napoleon mit seinen Eroberungen und sollte ab 1812 Kontinentaleuropa dominieren. Einen Staat mit europäischen Wurzeln gab es auch in Nordamerika: die Vereinigten Staaten, 1783 gegründet. Russland reichte mittlerweile vom Baltikum bis zum Pazifik. Die Reiche der Alten Welt befanden sich fast überall im Niedergang: Die Osmanen hatten ihre Gebiete in Marokko und Algerien verloren, die Marathen, Nachfolger der mächtigen Moguln in Indien, verloren zunehmend Boden an die Briten. Sogar das riesige chinesische Qing-Reich, 1760 ausgeweitet durch die Eroberung Tibets und der Dsungarei, sollte bald der europäischen Expansion nicht mehr standhalten können.

KAPITÄN COOKS KARTE VON NEUSEELAND

Bis in die Mitte des 18. Jahrhunderts blieb der Pazifik eines der großen geographischen Geheimnisse. Obwohl er regelmäßig von Europäern befahren worden war und Magellan ihn zum ersten Mal von 1520 bis 1521 durchquert hatte, blieben seine wahren Ausmaße und die seiner Landmassen reine Spekulation. Erst Kapitän James Cook fand auf seinen drei Reisen in den Pazifik zwischen 1768 und 1779 schließlich die Antwort auf diese Fragen und zerstörte gleichzeitig den seit klassischer Zeit existierenden Mythos von einem großen Südkontinent, der *Terra Australis Incognita*. Diese Karte Neuseelands (rechts) von Cooks erster Reise zeigt dessen charakteristische Arbeitsmethode: Zwischen Oktober 1769 und März 1770 vermaß Cook systematisch mehr als 3800 km Küstenlinie, um die erste nachweislich genaue Karte Neuseelands zu erstellen.

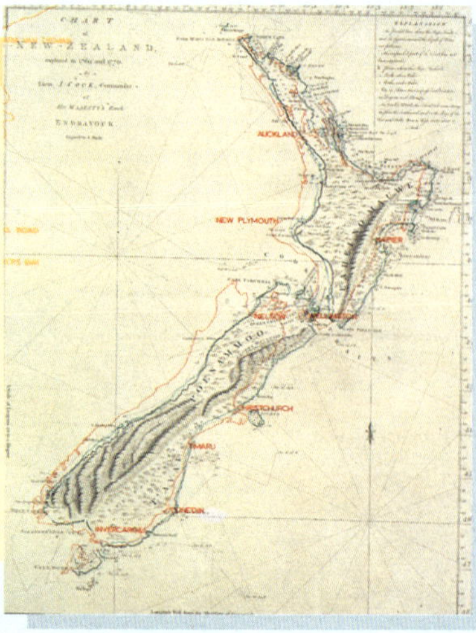

1800–1900

Die Zeit der Revolutionen

BILD OBEN:
***Die erste Eisenbahnstrecke** der Welt für Personenzüge, erbaut von George Stephenson, verlief von Stockton nach Darlington in England. Als sie am 27. September 1825 eröffnet wurde, zog die Lokomotive die Waggons mit insgesamt 450 Passagieren mit einer Geschwindigkeit von 24 km/h.*

SO SEHR SIE SICH AUCH verändert hatte, war die Welt von 1800 doch der von 100 Jahren zuvor noch sehr ähnlich. Dagegen hatte sie sich 1900 komplett gewandelt. So war Europa zur weltweit bestimmenden Macht geworden, die Reiche der Alten Welt in Asien dagegen, die so lange bestimmend gewesen waren, befanden sich in Auflösung angesichts der unaufhaltsamen europäischen Expansion oder waren bereits gänzlich verschwunden. Die Gründe für diese Entwicklung sind vielfältig, sie alle spiegeln die Führungsrolle des Westens in Wirtschaft und Technologie wider, sowie die Ausbreitung seiner politischen Philosophie: der wachsende Glaube an die Freiheit des Individu-

1800–1900

1803: Louisiana Purchase: Die USA erwerben alle französischen Gebiete zwischen Mississippi und Rocky Mountains.

1804: Napoleon wird Kaiser von Frankreich.

1807: Sklavenhandel in Großbritannien verboten

1810: Revolutionen in Spanisch-Amerika; 1826 sind alle Kolonien Spaniens in Amerika unabhängig.

1812: Napoleon in Russland besiegt

1815: Napoleon bei Waterloo besiegt

1822: Brasilien wird unabhängig von Portugal.

1825: Erster Personenzug in Großbritannien

ASIEN
AFRIKA
EUROPA
AMERIKA & AUSTRALASIEN

1800 1810 1820

Napoleon Bonaparte (1769–1821)

Napoleon festigte seinen militärischen Ruf mit den kühnen Feldzügen seiner französischen Revolutionsarmee, die er in Italien gegen Österreich unternahm. Seine ägyptische Expedition jedoch scheiterte. Nach seiner Rückkehr initiierte er einen Staatsstreich, der ihn zum Ersten Konsul Frankreichs machte. Napoleon reformierte Verwaltung, Rechtssystem, Kirche und Erziehungswesen. 1804 wurde er Kaiser. In der Schlacht von Austerlitz (1805) besiegte er die Österreicher. 1809 kontrollierte er bereits ganz Mitteleuropa. Ein verlustreicher Feldzug in Spanien und der Rückzug von Moskau (1812) läuteten sein Ende ein. 1814 durch eine Allianz gegnerischer Armeen besiegt, wurde er auf Elba inhaftiert. Er entkam, um noch einmal eine letzte Schlacht zu schlagen – Waterloo (1815). Napoleon starb 1821 im Exil auf St. Helena.

Napoleons Kriegszüge

Fast während seiner gesamten Regierungszeit war Napoleon mit anderen europäischen Großmächten (Großbritannien, Österreich, Russland und Preußen) sowie mit ihren jeweiligen Verbündeten im Krieg.

1796–1797	Italienischer Feldzug.
1798–1799	Ägyptischer Feldzug.
1800	Zweiter Koalitionskrieg.
1805–1807	Dritter Koalitionskrieg.
1808–1814	Krieg auf der Pyrenäenhalbinsel.
1809	Österreichischer Krieg.
1812	Russischer Feldzug.
1813	Sieg Wellingtons gegen Napoleon.
1814	Sturz Napoleons.
1815	Hundert-Tage-Krieg (Waterloo).

ASIEN

1801 Persien schließt Handelspakt mit Großbritannien.

1802 Nguyen Anh vereinigt mit französischer Hilfe Vietnam und wird Kaiser.

1803 Der zweite britische Maratha-Krieg endet mit der Inbesitznahme Delhis durch die Briten.

Zar Alexander von Russland marschiert in Südgeorgien ein.

1804 Russische Gesandtschaft kann sich mit Japan nicht über Handelsabkommen einigen.

1805 Der japanische Arzt Seishu Hanaoka setzt erstmals – bei der Behandlung von Brustkrebs – ein Anästhetikum zur Vollnarkose ein.

AFRIKA

1806 ▼

1803 Die Kap-Kolonie fällt wieder an die Niederlande.

1807 ▼

1804 Der islamische Fulbe-Herrscher Osman dan Fodio erklärt den *Djihad* und erobert die Stadtstaaten der Hausa.

Mohammed Ali wird Vizekönig von Ägypten.

EUROPA

1801 Friede von Lunéville zwischen Österreich und Frankreich.

Unionsvertrag vereinigt Großbritannien und Irland.

Die britische Flotte unter Admiral Nelson zerstört die dänische in Kopenhagen.

Die Briten besetzen Madeira.

Der Unionjack wird zur Flagge des Vereinigten Königreichs Großbritannien.

Goya malt *Die nackte Maja*.

Beethoven komponiert die *Mondscheinsonate*.

1802 27. März: Friede von Amiens zwischen Großbritannien und Frankreich.

Napoleon ernennt sich zum Präsidenten der Italienischen Republik.

Piemont wird von Frankreich annektiert.

Napoleon gründet die Ehrenlegion.

1803 18. Mai: Großbritannien erklärt Frankreich den Krieg.

Der englische Ingenieur Richard Trevithick erfindet die Eisenbahnlokomotive.

Die englische Armee übernimmt Henry Shrapnels Splitterartilleriegranate.

1804 2. Dez.: Napoleon krönt sich zum »Kaiser der Franzosen« (bis 1815).

Revolte in Serbien.

1815 Karageorges führt die serbische Rebellion gegen die osmanischen Herrscher.

Der *Code Napoléon*, ein innovatives Rechtssystem, wird in ganz Frankreich eingeführt.

1805 19. Oktober: Napoleon besiegt bei Ulm die Österreicher.

21. Oktober: Nelson zerstört bei Trafalgar die franko-spanische Flotte.

2. Dez.: Schlacht von Austerlitz: Napoleon besiegt die Russen und Österreicher.

AMERIKA & AUSTRALASIEN

1808 **1802** Sklavereierlass entzweit amerikanische Nord- und Südstaaten.

Erste britische und amerikanische Handelsstationen an der Ostküste.

Der deutsche Forscher und Botaniker Alexander von Humboldt stellt mit der Besteigung des Chimborazo einen Höhenrekord auf. Er stellt fest, dass die Höhenkrankheit mit Sauerstoffmangel zusammenhängt.

Der englische Marineoffizier Matthew Flinders umsegelt Australien (bis 1803).

1803 Die amerikanische Regierung erwirbt von Frankreich im Louisiana-Vertrag das Land zwischen Mississippi und Rocky Mountains.

Ohio wird Staat der USA.

Russland besetzt Ostalaska.

»Unverbesserliche« Sträflinge erstmals in das Van-Diemen-Land (Tasmanien) gebracht.

Die Briten besetzen St. Lucia, Tobago und Niederländisch-Guayana.

1804 Gründung des Staates Haiti nach einem erfolgreichen Sklavenaufstand gegen die französische Herrschaft.

Sandelholzhändler erreichen Fidschi.

1805 Die amerikanischen Forscher Meriwether Lewis und William Clark erforschen die neuen, im Louisiana-Vertrag erworbenen Territorien und erreichen die Pazifikküste.

El Diario de México ist die erste in Mexiko publizierte Zeitung.

Toussaint l'Ouverture

Der Abkömmling einer afrikanischen Sklavenfamilie führte 1791 eine Sklavenrevolte an, erklärte aber nicht die Unabhängigkeit Haitis. Das französische Direktorium erkannte ihn an und ernannte ihn 1797 zum Generalgouverneur. Er verhinderte sowohl britische als auch französische Invasionsversuche und kontrollierte ab 1801 die gesamte Insel. Als napoleonische Truppen 1802 die Insel betraten, wurde Toussaint gezwungen, sich mit dem französischen Kommandeur zu arrangieren. Später wurde er verraten und starb in einem französischen Gefängnis.

Die Schlacht von Trafalgar (1805). *Nelson teilte seine Flotte, um hinter die feindlichen Linien zu gelangen. Die Verluste waren auf beiden Seiten hoch. Nelson selbst wurde tödlich verwundet.*

Die britische Seemacht

Obwohl Großbritannien ständig Teil der Kontinentalallianz gewesen war, die das revolutionäre Frankreich zerstören wollte, um den imperialen Ambitionen Napoleons Einhalt zu gebieten, war es die Marine, die den nachhaltigsten Druck auf die Franzosen ausübte. Die Invasion Irlands (1797–1798) wurde genauso zurückgeschlagen wie die geplante Invasion Englands (1804).

Horatio Nelson (1758–1805) zerstörte in der Bucht von Abukir in Ägypten (1798) die französische Expeditionsflotte. Gleichzeitig jagte seine Flotte den französichen Admiral Villeneuve bis in die Karibik und zurück. Nelson zerstörte auch die dänische Flotte vor Kopenhagen (1801) und blockierte zwei Jahre den südfranzösischen Hafen Toulon. Die britische Überlegenheit zur See wurde mit dem Sieg von Trafalgar (1805) besiegelt.

***Der deutsche Dichter** Johann Wolfgang von Goethe (1749–1832) wurde wie viele Künstler seiner Zeit von der Kunst und den Bauten des antiken Rom inspiriert.*

Die Romantik

Erfüllt von humanistischen und freiheitlichen Ideen der Aufklärung, durchdrang die Romantik alle Formen der Kunst (1775–1850). Zugrunde lag ihr das Konzept des Dichters als geniales Subjekt, das sich in vielfältiger Form verkörperte: Verklärer der Großartigkeit der Natur oder der glorreichen Vergangenheit; Intellektueller und Naiver; Verehrer von Zeitgenossen wie Napoleon oder radikaler Ideologe, der alle Konventionen zurückweist; nach Sinnlichkeit und höheren Gefühlen strebender Mystiker oder quasi wissenschaftlicher Analytiker, der die natürlichen wie psychologischen Phänomene untersucht; überhöhter Genius oder unverstandene Seele, die in der Dachkammer verhungert. Die Romantik sah den Künstler nicht mehr als talentierten Handwerker, sondern als Spiegel der modernen Welt, ein Vermächtnis, das bis heute nachwirkt.

Die Romantik

1774	Goethe (1749–1832): *Die Leiden des jungen Werther*
1786–1788	Goethe weilt in Rom.
1830	Stendhal (1783–1842): *Rot und Schwarz*
1817	Géricault (1791–1824): *Das Floß der Medusa*
Um 1820	Landschaftsmalerei, Englische Schule: Bonington (1801–1828); Constable (1776–1837); Turner (1775–1851)
1829	Delacroix (1798–1863): *Sardanapolis*
Um 1835	»Kunst um der Kunst willen«: Gautier (1811–1872); Baudelaire (1821–1867)
1808	Kleist (1777–1811): *Michael Kohlhaas*
1831	Puschkin (1799–1837): *Boris Godunow*
1847	Emily Brontë (1818–1848): *Sturmhöhe*
1849–1850	Chateaubriand (1768–1848): *Von Jenseits des Grabes. Denkwürdigkeiten*
1876	Tschaikowski (1840–1893): *Schwanensee*
1846	Berlioz (1803–1869): *Die Verdammung des Faust*
1838–1839	Chopin (1810–1849): *Préludes*

ASIEN

1812 ▼ **1806** Die Wahhabiten erobern Mekka.

1807 Revolte der Janitscharen führt zur Vertreibung des osmanischen Sultans Selim III., der von Mustafa IV. ersetzt wird.

Die erste Mission britischer Protestanten in China landet in Kanton (Guangzhou).

1810 Russland beginnt die systematische Expansion nach Sibirien und Zentralasien.

AFRIKA

1806 Der schottische Forscher Mungo Park stirbt in den Stromschnellen des Niger.

Die Briten besetzen die Kap-Kolonie wieder.

1815 ▼ Die Briten errichten in Simonstown, Südafrika, einen wichtigen Flottenstützpunkt.

1807 Die Hausa-Könige werden von Fulbe-Emiren abgelöst.

1808 Großbritannien kontrolliert Sierra Leone.

1811 ▼ **1810** Das Königshaus von Merina gewinnt die Herrschaft über Madagaskar.

Mauritius und die Seychellen werden von Großbritannien annektiert.

EUROPA

1806 14. Oktober: Die Preußen werden bei Jena/Auerstedt von Napoleon besiegt.

Kaiser Franz I. dankt ab; Ende des Heiligen Römischen Reiches.

Napoleon ersetzt das Heilige Römische Reich durch den Rheinbund.

Joseph Bonaparte, Bruder Napoleons, in Italien zum König von Neapel ernannt.

Louis Bonaparte, Bruder Napoleons, wird zum König von Holland ernannt.

Sir Francis Beaufort entwickelt eine Skala zur Messung der Windstärke.

1807 Napoleon besiegt Russland in der Schlacht von Eylau.

Friedensvertrag zwischen Napoleon und Russland in Tilsit.

Napoleon besiegt Preußen bei Friedland.

Abschaffung der Leibeigenschaft in Preußen.

Abschaffung des Sklavenhandels in England.

Poems von William Wordsworth.

1808 Invasion Frankreichs in Spanien; Krieg auf der Iberischen Halbinsel. Die Briten bekämpfen die Franzosen in Spanien (bis 1814).

Eine Revolte gegen die Franzosen in Madrid wird gewaltsam unterdrückt.

Mehrere deutsche Fürstentümer gewähren den Juden Bürgerrechte, was jedoch nach Napoleons Fall widerrufen wird.

Napoleon setzt seinen Bruder Joseph als König von Spanien ein.

Frankreich annektiert den Vatikanstaat.

Russland besetzt Finnland.

Beethoven komponiert seine fünfte und sechste Symphonie.

Goethe: *Faust* Teil 1.

1809 Die Briten werden bei La Coruña von den Franzosen besiegt.

1810 Napoleon heiratet Marie Louise, die Tochter des Kaisers von Österreich, um eine Dynastie zu gründen.

AMERIKA & AUSTRALASIEN

1816 ▼

1807 Die portugiesische Königsfamilie flieht nach Brasilien.

1811 ▼

1808 Unabhängigkeitsbewegungen in Spanisch- und Portugiesisch-Amerika; 1828 werden 13 neue Staaten gegründet.

Der Import von Sklaven in die USA wird von der Bundesregierung verboten.

1809 Ecuador wird Teil der Republik Kolumbien.

1810 Beginn der Revolutionen in Spanisch-Amerika; bis 1876 werden alle spanischen Kolonien Südamerikas unabhängig.

Pater Miguel Hidalgo führt die anti-spanische Revolution an. Diese so genannte *Grito de Dolores* wird in Mexiko unterdrückt und Hidalgo hingerichtet († 1811).

1817 ▼

Anti-spanische Revolution, Chile (bis 1814).

König Kamehameha I. vereinigt die Inseln von Hawaii.

König Kamehameha I.

Als erster Herrscher eines vereinigten Hawaii (1810) trat Kamehameha I. 30 Jahre, nachdem James Cook die Sandwich-(Hawaii)-Inseln besucht hatte, auf die Bildfläche. Als Folge der zunehmenden kolonialen Interessen im Zentral- und Südpazifik wurde ihm vermehrt Unterstützung zuteil. Die westlichen Kolonialisten wurden dabei nicht von Landhunger getrieben, sondern waren an Pflanzungen, Bodenschätzen, Walfang und Fischereirechten interessiert. 1826 wurde mit den USA ein Freundschafts- und Handelsvertrag abgeschlossen.

Neuseeland

Die ersten europäischen Siedlungen in Neuseeland waren Walfangstationen. Zunächst waren die Beziehungen zu den Maori friedlich, weil man am Handel mit Metalläxten und Musketen interessiert war. Doch in der Folge wurden die Kriegszüge zwischen den Maori selbst immer gewalttätiger. Wanderungsbewegungen in eroberte oder sichere Territorien zerstörten das traditionelle soziale Gleichgewicht. Die europäische Einwanderung wurde durch die »Musketenkriege« (ab 1815) verzögert, doch bereits ab 1837 trieb die New Zealand Company die Kolonisierung voran. Der Vertrag von Waitingi (1840) zwischen über 500 Maori-Anführern und den Briten legte die britische Souveränität fest, beließ aber das Landrecht den Maori. Die Folge waren Unstimmigkeiten während des gesamten 19. Jahrhunderts.

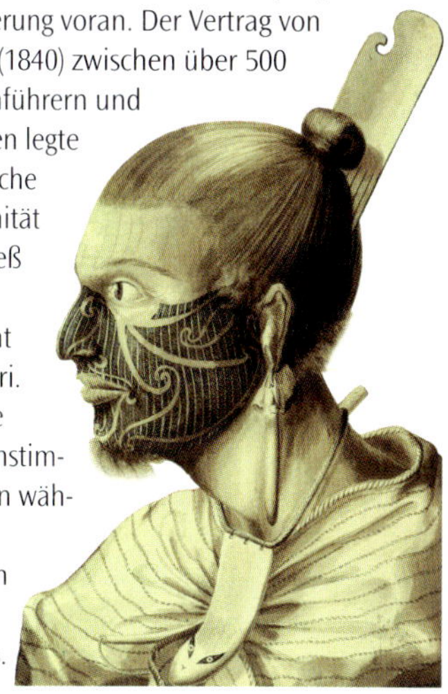

***Dieses Porträt eines tätowierten Maori** wurde auf James Cooks erster Reise 1769 gezeichnet.*

***Der Wiener Kongress** führte fünf Monarchen und 216 führende Angehörige adliger Familien zusammen.*

Wiener Kongress, 1814

Der Wiener Kongress trat zusammen, um die Folgen des Sieges über Napoleon zu bewältigen. Um ein funktionierendes Machtgleichgewicht zu erreichen, mussten schmerzliche Kompromisse eingegangen werden. Die politische Stabilität wurde wiederhergestellt, indem man die von Napoleon entmachteten Erbmonarchen wieder einsetzte. In Frankreich kam mit Ludwig XVIII. wieder ein Bourbone auf den Thron. Doch dessen harte Hand hatte liberale, republikanische und nationalistische Revolten zur Folge, die 1848 ihren Höhepunkt erreichten.

Mohammed Ali (1769–1849)

In Makedonien geboren, diente Ali im der albanischen Armee. Er wurde von den Osmanen nach Ägypten geschickt, um Napoleons Invasionsarmee zurückzuschlagen. Nach deren Rückzug unterstützten seine Truppen die ägyptische Führung, die sich der konservativen militärischen Elite der Mamelucken erwehren musste. Ali wurde von seinen Truppen zum Vizekönig Ägyptens ausgerufen, was der osmanische Sultan dann bestätigte. Daraufhin begann Ali seine brutal durchgeführte Reform der Armee, in deren Verlauf er die Mamelucken in Kairo (1811) umbringen ließ. Er führte Feldzüge gegen die arabischen Wahhabiten, anektierte große Teile des Sudan und unterstützte die Osmanen gegen die Griechen (1821–1828).

ASIEN

1811 Während der Napoleonischen Kriege übernehmen die Briten französische und niederländische Besitzungen in Südasien.

1816 ▼

Die Briten besetzen Java.

1812 Der Schweizer Forscher Johann Ludwig Burckhardt entdeckt Petra, die alte Hauptstadt der Nabatäer.

Ägyptische Streitkräfte erobern Mekka und Medina zurück.

1814 Burckhardt besucht Mekka.

Die Acht-Trigram-Sekte in China wird zerschlagen, als sie versucht, einen Staatsstreich im Kaiserpalast durchzuführen.

Die Niederländer übernehmen erneut die Kontrolle über Sumatra und Java.

1815 Der Sieg im Krieg gegen die Gurkha erschließt den Briten neue Besitztungen im Himalaja.

Mit dem endgültigen Sieg über die Marathen erlangen die Briten eine wirksame Kontrolle über den indischen Subkontinent.

Die Briten annektieren das ceylonesische Königreich von Kandy.

AFRIKA

1811 Britischer Versuch, die Kontrolle über Madagaskar zu erlangen.

1815 Britische Truppen unterdrücken den Burenaufstand.

Um 1815 In Südafrika beginnen die Mfecane-Stammeskriege (bis um 1830).

EUROPA

1811 Ludditen zerstören eine neue Textilmaschine in Derbyshire, England (bis 1812).

Friedrich Krupp gründet ein Stahlwerk in Essen; Grundstein für Deutschlands führenden Rüstungskonzern.

Nicolas Appert erfindet in Frankreich die Konservendose.

1812 Napoleon marschiert in Russland ein.

Schlacht von Borodino.

Die Franzosen erobern Moskau, danach Rückzug.

Der Vertrag von Bukarest beendet den russisch-türkischen Krieg.

Schweden tritt Finnland an Russland ab.

Die Brüder Wilhelm und Jacob Grimm veröffentlichen *Kinder- und Hausmärchen*.

Joseph Bramah erfindet den Flaschenzug.

Die *Elgin Marbels* (Friese vom Parthenon) werden in London gezeigt.

1813 Napoleon besiegt die Alliierten in der Völkerschlacht von Leipzig.

Die Briten besiegen die Franzosen bei Vitoria.

Jane Austen: *Stolz und Vorurteil.*

1814 Die Alliierten besetzen Paris, Napoleon dankt ab.

Napoleon geht ins Exil nach Elba.

Der Wiener Kongress wird eröffnet.

George Stephenson konstruiert die erste funktionierende Dampflokomotive.

1815 Auf dem Wiener Kongress wird die neue Landkarte Europas festgelegt.

Napoleon kommt von Elba zurück und beginnt seine »Herrschaft der Hundert Tage«.

Napoleon wird in Waterloo von Briten und Preußen besiegt. Nach Waterloo wird die französische Monarchie wieder eingesetzt.

Napoleon wird nach St. Helena verbannt, wo er 1821 stirbt.

Die Vierer-Allianz beschliesst, die Bonaparte-Dynastie für die nächsten 20 Jahre ins Exil zu schicken.

Erneute Aufstände der Serben führen zur Unabhängigkeit vom Osmanischen Reich (formal 1817).

Der englische Chemiker Humphry Davy erfindet die Minensicherheitslampe.

AMERIKA & AUSTRALASIEN

1819

1811 Westflorida wird annektiert.

Simón Bolívar beginnt seinen Befreiungskampf in Venezuela.

Paraguay erklärt seine Unabhängigkeit von Spanien.

1812 Krieg von 1812. Die US-Amerikaner durchkreuzen den britischen Versuch, die US-Marine aufzuhalten; Kanada wird von US-Truppen angegriffen.

Lousiana wird Staat der USA.

1813 Eine Route über die Blue Mountains in Australien wird gefunden.

1814 Die britische Armee brennt das Weiße Haus in Washington nieder.

Australien bekommt seinen auch derzeit noch gültigen Namen.

Australische Holzfäller haben in nur zehn Jahren sämtliche Sandelholzwälder gerodet.

Samuel Marsden errichtet eine Missionsstation in der Bay of Islands, Neuseeland.

Erste britische protestantische Missionare treffen in Neuseeland ein.

1815 Wiederbelebung des europäischen Handels nach den Napoleonischen Kriegen und dem Krieg von 1812 lässt nordamerikanische Baumwollexporte in die Höhe schnellen.

Spanien schickt General Morillo, um Venezuela zurückzuerobern.

Erstes aus Kaurifichte gewonnenes Kopalharz von Neuseeland nach Sydney exportiert.

Ludwig van Beethoven

Seine Vitalität und seine außerordentliche Schaffenskraft machten den deutschen Komponisten Ludwig van Beethoven schon zu Lebzeiten zu einem der bedeutendsten Musiker und ließen ihn zu einem der Väter der Romantik des 19. Jahrhunderts werden. Angetrieben von seinem ehrgeizigen, alkoholsüchtigen Vater trat Beethoven bereits 1778 als Klavier spielendes Wunderkind in Köln auf und kam dann später nach Wien, wo er wahrscheinlich Mozart traf und von Haydn unterrichtet wurde.

Schon 1795 schuf er sein Opus 1 (Klavier-Trios Nr. 1–3), 1796 dann sein Opus 2 (Klavier-Sonaten Nr. 1–3). Sein Frühwerk war von Mozart beeinflusst. Bereits 1802 hatte er drei Klavierkonzerte und zwei Symphonien komponiert. Schon zu dieser Zeit begann jedoch sein Hörleiden, das schließlich zu völliger Taubheit führen sollte und ihn immer mehr vereinsamen ließ.

Doch gerade seine mittlere Schaffensperiode (1802–1814) zeugt von einem heroischen Optimismus; ursprünglich hatte er seine Symphonie Nr. 3 in Es-Dur *Eroica* (1804) Napoleon gewidmet (was er nach dessen Krönung zum Kaiser zurückzog). Gegen Ende dieser Periode vollendete er seine einzige Oper, *Fidelio* (begonnen 1805, umgearbeitet 1806 und 1814). Aufgrund seiner Taubheit trat er von nun an nicht mehr mehr öffentlich auf.

Die Zulu

Unter der Führung von Shaka (um 1787–1828) bildeten die Zulu ein militarisiertes Königreich. Im Jahre 1810 wurde Shaka vom Nguni-Führer Dingiswayo dazu ausersehen, im Nordosten Natals ein Heer zu trainieren. Im Jahr 1816 sollte er die Zulu übernehmen, die bis dahin nur einen kleinen Klan von 1500 Mitglieder bildeten.

Shakas gnadenlose Angriffe dezimierten innerhalb eines Jahres die benachbarten Klane. Verbliebene Mitglieder wurden in die Zulu-Gemeinschaft inkorporiert. Dingiswayo wurde 1817 ermordet; bereits ein Jahr später etablierte sich Shaka als oberster Herrscher der Region. Nun begann er in Natal-Zululand in einer Serie von Kriegen Rivalen zu beseitigen. Das führte zu einer Entvölkerung des südlichen Kernlandes, was Buren als Siedler anlockte, die neue Weidegründe suchten und der ungeliebten britischen Herrschaft am Kap den Rücken kehren wollten. Nach Shakas Ermordung durch einen seiner Halbbrüder nahm die Burenmigration nach Norden zu und resultierte im »Großen Treck«, der 1836 begann und mit der Zerschlagung und Zerstreuung der Zulu und der Nguni endete.

***Shaka stattete die Zulu** mit langklingigen assegais und hohen Schilden aus. Schildbemalung und Kopfputz zeigen die Zugehörigkeit zu unterschiedlichen Zulu-Regimentern.*

ASIEN

1821 ▼

1816 Die britische Handelsmission muss China verlassen.

Sikkim akzeptiert die britische Oberhoheit über seine Außenbeziehungen.

Großbritannien rekrutiert Gurkha-Soldaten aus Nepal.

Java wieder von den Niederländern beherrscht.

1818 Ägyptisches Militär zerschlägt den wahhabitischen Widerstand in Arabien.

George Sadlier, britischer Offizier, gelingt als Erstem die Durchquerung der Arabischen Halbinsel von Ost nach West.

1823 ▼

Der dritte anglo-marathische Krieg endet mit der Niederlage der Marathen und der Annektierung ihres Staates durch die Briten.

1820 Minh Mang, vietnamesischer Kaiser, wiederbelebt den Konfuzianismus und ermutigt zu Christenverfolgungen.

AFRIKA

1816 In Ägypten werden Baumwoll-, Flachsmühlen, Zuckerraffinerien, Indigofabriken und Glasbläsereien errichtet.

Amadu Lobbo ruft, beeinflusst von Osman dan Fodio, den *Djihad* in Masina aus.

Shaka wird König der Zulu in Südafrika.

Die Briten besetzen Ascension.

1818 Shaka vereint die Zulu-Nation.

1821 ▼

1819 Shaka, der Führer der Zulu, treibt seine Feinde nach Norden; die Zulu besiegen die Ndwandwe und werden zur führenden Militärmacht in der Region Natal in Südafrika.

1820 Die Nguni-Klans lösen sich auf, um den Mfecane-Kriegen zu entgehen, die durch den Aufstieg des Zulu-Reiches aufflammten.

Osman dan Fodio gründet das Königreich Sokoto Fulani.

1825 ▼

Ägypten erobert den Sudan.

Britische Siedler erreichen in großer Zahl das Kap in Südafrika.

Um 1820 Siedler führen in Afrika neue Anbauprodukte ein wie Baumwolle in Angola und Nelken auf Sansibar.

EUROPA

1816 Napoleonische Kriege lösen Auswanderungswelle in Südwestdeutschland aus.

Der französische Arzt René Laënnec erfindet das Stethoskop.

1821 ▼ **1817** Die Griechen begehren gegen die Herrschaft der osmanischen Türken auf.

James Parkinson entdeckt die Parkinsonsche Krankheit.

Georg Handels Physik-Enzyklopädie.

1818 John Nash entwirft das Zentrum Londons neu und schafft den Regent's Park und die Regent's Street.

Frankenstein oder der moderne Prometheus von Mary Shelley; *Ode to a Nightingale* von John Keats.

Der Philosoph Arthur Schopenhauer veröffentlicht *Die Welt als Wille und Vorstellung*.

Marc Brunel erfindet in Frankreich eine Maschine zum Tunnelbau.

1819 Karlsbader Beschlüsse verbieten in den deutschen Staaten politische Versammlungen und führen die Pressezensur ein.

Das Fabrikgesetz beschneidet die zulässigen Arbeitszeiten für Kinder in England.

Peterloo-Massaker; ein Treffen für eine Parlamentsreform in Manchester wird von Truppen angegriffen.

1824 ▼ *Don Juan* von Lord Byron.

1820 Rebellionen in Spanien, Portugal, Neapel, Sizilien, Piemont, auf dem Balkan.

1822 ▼ Ferdinand VII. von Spanien führt Verfassung von 1812 wieder ein.

John Constables Gemälde *Dedham Mill* wird ausgestellt.

Ivanhoe von Walter Scott.

AMERIKA & AUSTRALASIEN

1821 ▼ **1816** Start der russischen Expedition nach Alaska.

Indiana wird in die USA aufgenommen.

Argentinien (Vereinigte Provinzen des La Plata) erklärt seine Unabhängigkeit von Spanien.

Dom João, ehemaliger Prinzregent Portugals, erklärt sich als Johannes VI. zum König von Brasilien.

Britische Schiffe erreichen die Ryukyu-Inseln, wollen mit Japan Handel treiben, werden aber zurückgewiesen.

1817 Krieg zwischen dem Indianerstamm der Seminolen und US-Truppen.

Mississippi wird Staat der USA.

1825 ▼ Beginn der Bauarbeiten am Eriekanal, der New York über den Hudson mit den Großen Seen verbinden wird.

José de San Martín gründet die chilenische Unabhängigkeitsbewegung; er erringt den entscheidenden Sieg über die Spanier und befreit Chile.

Bernardo O'Higgins wird »Generaldirektor« von Chile.

1818 Die Grenze zwischen den USA und Kanada westlich der Großen Seen folgt dem 49. Breitengrad.

Illinois wird Staat der USA.

Die Chickasaw-Indianer verkaufen in Tennessee ihr Land an die US-Regierung.

Aufgrund einer Hungersnot wandern 20000 Iren in die USA aus.

Elisha Collier und Artemis Wheeler reichen in den USA ein Patent auf den Revolver ein, den ab 1836 Samuel L. Colt massenweise produzieren wird.

1825 ▼ Beginn der »Musketenkriege« der Maori in Neuseeland.

1819 Die USA erwerben von Spanien Florida.

Alabama wird Staat der USA.

1821 ▼ Simón Bolívar führt Kolumbien in die Unabhängigkeit von Spanien.

Die *Savannah* ist das erste Dampfschiff, das den Atlantik überquert.

1820 Der Missouri-Kompromiss verbietet die Sklaverei nördlich von 36°30´.

Maine, freier Staat, und Missouri, Sklavenstaat, werden Mitgliedstaaten der USA.

Sir Stamford Raffles

Raffles wurde als Sohn eines Schiffskochs in Jamaika geboren. Er war ein erfolgreicher Kolonialbeamter und Unternehmer. 1795 beim East India House angestellt, kam er 1805 nach Penang, Malaya. 1811 nahm er teil an einer Expedition nach Java, wo er als Gouverneur die Verwaltung reformierte. Von 1818–1823 lebte er in Bengkulu auf Sumatra. Er richtete einen befestigten Handelsposten auf der Insel Singapur ein, um den niederländischen Einfluss einzudämmen. Dieser Schachzug sicherte den Briten einen dominierenden Einfluss in der Inselwelt Südostasiens für die nächsten 150 Jahre. Als begeisterter Naturliebhaber gründete Raffles den Londoner Zoo.

Industriereform

Zunehmende Verstädterung und Industrialisierung im letzten Viertel des 18. Jahrhunderts führte zu einer neuen Beziehung zwischen Arbeit und Kapital. Die Veränderungen in der Arbeitsorganisation führten zu Unruhen, weil Handwerker durch die Mechanisierung nicht mehr gebraucht wurden. Das Maschinenstürmen wurde vor allem durch die Ludditen-Krawalle in England (1811–1812) eine Form des Widerstands. Der Bau von Fabriken führte zur Bildung der Gewerkschaften, die zunächst gelernten Handwerkern vorbehalten waren. Im Jahr 1843 veröffentlichte Engels dann *Die Lage der arbeitenden Klasse in England*.

New Lanark in Schottland, *Stadt der Baumwollspinnereien, wurde 1785 gegründet. Um 1900 schuf der Sozialreformer R. Owen beispielhafte Lebensbedingungen für die Arbeiter.*

Das Dampfzeitalter

Um 1820 stieg die Nachfrage nach verbesserten Transportmöglichkeiten vor allem für die Kohle aus den englischen Gruben zu den Häfen. Innerhalb drei Jahren wurde eine 40 km lange Schienenstrecke zwischen der Kohleregion Darlington und dem Hafen von Stockton-on-Trees gebaut und am 27. September 1825 eröffnet. Der Mechaniker George Stephenson, der seit 1813 an der Konstruktion von Dampflokomotiven arbeitete, entwickelte eine Dampflokomotive, die sowohl Passagiere wie auch Fracht befördern konnte. Dies war der Beginn der Eisenbahnrevolution. Im Jahr 1830 erreichte Stephens *Rocket* eine Geschwindigkeit von 39 km/h. 1840 waren allein in England schon 3862 km an Schienen verlegt worden.

Griechischer Unabhängigkeitskampf

1821 erhoben sich die griechisch-orthodoxen Untertanen der osmanischen Türken gegen ihre Herrscher in einer Rebellion, die von einer Geheimgesellschaft griechischer Patrioten organisiert wurde. Der griechische Unabhängigkeitskampf wurde von Russland und ab 1827 auch von Großbritannien und Frankreich unterstützt. Schließlich wurde die türkische Flotte bei Navarino zerstört, und die griechische Unabhängigkeit war gesichert. Der Sieg der Griechen über die Türken gab den Liberalen in ganz Europa Auftrieb. Der Tod des englischen Romantikers Lord Byron *(rechts)* in der Schlacht von Missolonghi verstärkte ebenfalls die pro-griechischen Einstellungen.

ASIEN

1821 Ein Chinese wird beim Angriff auf an Land gehende Matrosen der *HMS Topaz* in Linding getötet. Die Auslieferung britischer Seeleute zur Bestrafung wird verweigert.

1823 Lord Amherst wird zum Generalgouverneur Indiens ernannt.

1852 ▼ George Everest wird Leiter der Großen Trigonometrischen Vermessung.

1826 ▼ **1824** Krieg zwischen Großbritannien und Birma, nachdem die Birmanen Assam und Manipur in Nordostindien besetzt haben. Britische Marineverbände erobern Rangun.

1826 ▼ **1825** Persien lehnt den Vertrag von Gulistan ab, in dem der Kaukasus an Russland fällt. Es versucht, Georgien wiederzugewinnen.

Chinas Handelsbilanz fällt negativ aus, nachdem die Ostindische Kompanie Opium nach China importiert hat.

Das japanische Shogunat erlässt ein Edikt, das alle ausländischen Schiffe aus japanischen Gewässern verbannt.

Unter Prinz Dipo Negoro erhebt sich die Adelselite im alten Königreich Java gegen die niederländische Kolonialverwaltung.

AFRIKA

1821 Die westafrikanische Enklave der Goldküste, ehemals von britischen Händlern verwaltet, wird Kronkolonie.

Mohammed Ali, der ägyptische Pascha und Vizekönig, erobert das Funj-Sultanat im Sudan.

Der Hlubi von Mpangazitha und der Ngwane von Matiwane fliehen vor den Raubzügen von Shaka Zulu. Sie überqueren die Pässe der Drakensberge und bringen so den Konflikt der Mfecane-Kriege in die Sotho-Hochsteppe.

1822 Ehemalige schwarze Sklaven gründen die Kolonie Liberia.

1823 Eindringlinge der Sotho-Mfecane werden in der Schlacht von Dithakong von den Tswana besiegt.

Die europäischen Forscher Dixon Denham und Hugh Clapperton erreichen den Tschadsee.

1827 ▼ **1824** Moshoeshoe, der mächtige Führer des Motlotheli-Klans, bringt sein Volk zur Bergfestung von Thaba-Bosiu. Von dieser sicheren Hauptstadt aus baut er das mächtige Sotho-Königreich auf.

1825 Uthman Bey, Oberkommandierender der ägyptischen Streitkräfte im Sudan, erbaut die Zitadelle von Khartum.

EUROPA

1821 Welle nationaler Erhebung gegen die Osmanen in Griechenland. Der Nationalistenführer Alexander Ypsilantis marschiert in Moldawien ein, erobert die Hauptstadt Jassy.

Revolution in Piemont. Österreicher und Sarden besiegen in der Schlacht von Novara die Piemontesen. Damit fällt Piemont zurück an Sardinien.

Grundlinien der Philosophie des Rechts des Philosophen Georg Hegel erscheint.

Der Engländer Michael Faraday entdeckt die elektromagnetische Induktion.

1822 Griechische Rebellen erklären die Unabhängigkeit Griechenlands und erarbeiten eine Verfassung.

Die Türken massakrieren Tausende griechische Aufständische auf der Insel Chios. Eine osmanische Invasion beseitigt die neu-etablierte griechische Regierung.

Rebellen in Spanien nehmen König Ferdinand VII. gefangen. Der Kongress von Verona ermächtigt Frankreich zu intervenieren und Ferdinand wieder auf den Thron zu bringen.

Der englische Romantiker und Dichter Percy Bysshe Shelley ertrinkt vor der italienischen Küste.

1823 Die Türken sind gezwungen, ihre Hauptbefestigungsanlage Missolonghi an der Zufahrt zum Golf von Korinth aufzugeben.

Die französische Armee besiegt die spanischen Rebellen bei Trocadero, womit die Bourbonen-Herrschaft wiederhergestellt ist.

1829 ▼ Der britische Innenminister Sir Robert Peel führt weitreichende Reformen im Kriminal- und Strafrecht ein.

Rugby wird in England erfunden.

Charles Macintosh erfindet wasserundurchlässige Fasern.

1828 ▼ **1824** Mohammed Ali, der Pascha von Ägypten, interveniert auf Seiten der Türken im griechischen Krieg und besetzt Kreta.

Ludwig van Beethoven komponiert seine neunte Synphonie.

1826 ▼ Lord Byron, englischer Romantiker und Dichter, stirbt in Missolonghi und wird in Griechenland als Nationheld betrauert.

1825 Der Dezember-Aufstand von jungen Armeeoffizieren gegen die Autokratie der Romanows in Russland wird niedergeschlagen.

Die erste Passagierdampflokomotive fährt von Stockton-on-Tees nach Darlington, England.

AMERIKA & AUSTRALASIEN

1821 Zar Alexander will den russischen Einfluss von Alaska bis Oregon ausdehnen. Die Gewässer von Alaska werden für Ausländer geschlossen.

Bolívar sichert Venezuelas Unabhängigkeit.

Peru erklärt sich für unabhängig von Spanien.

Mexiko erreicht seine Freiheit vom spanischen Kolonialismus.

El Salvador erklärt seine Unabhängigkeit.

1836 ▼ **1822** Kalifornien wird Teil der Republik Mexiko.

Antonio José de Sucre erreicht die Unabhängigkeit von Quito in Ecuador.

Brasilien erklärt seine Unabhängigkeit von Portugal.

1823 Die USA erkennen die neuen Staaten Südamerikas an.

In Mexiko muss nach dem von Antonio de Santa Anna geführten Aufstand der Kaiser Agustín de Iturbide abdanken.

1829 ▼ Neusüdwales wird britische Kronkolonie.

1824 Die USA schließen einen Vertrag mit Russland, der den Grenzkonflikt beendet.

Schlacht von Ayacucho; entscheidender Sieg der südamerikanischen Republikaner über die spanische Kolonialarmee.

1828 ▼ Mexiko ruft die föderale Republik aus.

Königlich spanische Truppen ziehen sich aus Peru zurück; Peru wird unabhängig.

1825 Der Eriekanal wird fertiggestellt; die Großen Seen sind mit New York verbunden.

Die Creek-Indianer unterzeichnen einen Vertrag, der ihr verbliebenes Land an Georgia abtritt.

Bolivien wird von Peru unabhängig, Uruguay von Brasilien.

Joseph Smith gründet die erste Mormonen-Kirche in Fayette im Staat New York.

Die Niederlande annektieren den Westteil Neuguineas.

Der »Musketenkrieg« in Neuseeland erreicht seinen Höhepunkt; christliche Missionare versuchen zu vermitteln.

Um 1825 Walfang- und Seehundjagdstationen an der Küste Neuseelands errichtet.

Die Unabhängigkeit Südamerikas

1808	Rebellion in Südamerika gegen Spanien beginnt.
1810	Argentinien wird unabhängig.
1811	Der Rebellenstaat von Neu-Granada (Venezuela, Kolumbien, Ecuador) bildet sich in Opposition zu den Spaniern.
	Paraguay erklärt seine Unabhängigkeit.
1815	Spanische Truppen landen in Kolumbien und beginnen eine Terrorkampagne.
1817	San Martín besiegt die spanische Armee bei Chacabuco in Chile.
1818	Chile erklärt seine Unabhängigkeit.
	Simón Bolívar kehrt aus seinem karibischen Exil nach Südamerika zurück.
1819	Simón Bolívar besiegt die Spanier bei Boyacá, Kolumbien; die Republik Großkolumbien (Ecuador, Neu-Granada, Venezuela) wird ausgerufen.
1821	San Martín nimmt Lima ein, und Peru wird unabhängig.
	Bolívars Sieg über die spanische Armee in der Schlacht von Carabobo hat die Unabhängigkeit Venezuelas zur Folge.
1822	Pedro I., Sohn des portugiesischen Königs, wird Kaiser des unabhängigen Brasilien.
	Quito, Ecuador, wird in der Schlacht von Pichincha befreit.
1824	Schlacht von Ayacucho; entscheidender Sieg der Republikaner über die spanische Armee.
1825	Bolívar gründet den neuen Staat Bolivien.
1828	Uruguay erreicht die volle Unabhängigkeit.
1829	Venezuela verlässt die Republik Großkolumbien.
1830	Die Republik Großkolumbien zerfällt in unabhängige Staaten.

Befreiungskriege

Napoleons Invasion im Jahre 1808 schnitt die Spanier von ihrem Kolonialreich ab. Die Kolonien, die Regierungsjuntas einsetzten, blieben bis zur Thronbesteigung von Ferdinand VII. im Jahr 1814 sich selbst überlassen. Nachdem sie den Geschmack der Freiheit erfahren hatten, wollten sie eine erneute königliche Herrschaft nicht mehr akzeptieren. Die südamerikanischen Befreiungskriege wurden zwischen Patrioten und Anhängern der Krone ausgetragen. Die Spanier konnten nie größere Armeekontingente schicken, um die Rebellen zu bekämpfen. José de San Martín *(links)* (1778–1850) führte den Befreiungskampf in Peru und Argentinien. Unterstützt wurde er von Bernardo O'Higgins, dem Befreier von Chile, und von Simón Bolívar, dessen Feldzüge von 1818 bis 1822 zu triumphalen Siegen in Venezuela wie in Ecuador führten. Höhepunkt war dann die Gründung von Bolivien, das ihm zu Ehren so benannt wurde. Innerhalb eines Jahrzehnts verlor Spanien ein Kolonialreich, das es 300 Jahre lang beherrscht hatte.

Britisch-Indien

Die britische Herrschaft in Indien wurde zumeist mittels der Oberhoheit der Fürstenstaaten und deren indischen Herrschern ausgeübt, die zur Zusammenarbeit bereit waren. Die Briten ließen die Struktur der indischen Gesellschaft intakt, wobei sie die Praxis des *Sati* und der Sklaverei verboten. Die Ostindische Kompanie kontrollierte zudem streng die Aktivitäten der christlichen Missionare. Bauern profitierten von der Verfolgung von Banditen durch die Briten und von einer faireren Steuerpolitik. Auf der anderen Seite gerieten die Bauern unter Druck, weil die neue Kommerzialisierung profitable Anbauprodukte wie Indigo und Baumwolle bevorzugte. Die Briten genossen ein Luxusleben *(rechts)* voller Wohlstand und Macht. Allmählich änderte sich ihre Haltung, und der anfängliche Respekt für die indische Kultur wurde ersetzt durch eine auf die britische Überlegenheit gerichtete Arroganz.

Japanische Holzschnitte

Japans berühmtester Holzschnittdrucker war Hokusai (1760–1849), dessen Schaffensphase acht Jahrzehnte umfasste. Die einfachen klaren Linien und die Farbgebung seiner Holzschnittdrucke *(unten)*, die preiswert in großer Zahl reproduziert werden konnten, fanden sowohl in Japan als auch in Europa eine große Anhängerschaft. Die Europäer wurden erstmals auf die Drucke aufmerksam, als diese als Altpapier zum Einwickeln von Porzellan- und anderen Exportwaren dienten. Sehr schnell wurden sie gesammelt. Viele Impressionisten waren von Hokusai und seinen Zeitgenossen beeinflusst und schufen auch stilistisch verwandte Werke.

ASIEN

1826 Sultan Mahmud II. vernichtet die aufrührerischen Janitscharen, einst die Elite der osmanischen Armee.

Die persische Kavallerie wird von den Russen im Kaukasus in der Schlacht von Ganja in die Flucht geschlagen.

1852 ▼

Die Briten unterzeichnen einen Friedensvertrag mit dem König von Ava, der den anglo-birmanischen Krieg beendet.

Eine Choleraepidemie sucht Indien heim und greift später auf Europa über.

Penang, Melaka und Singapur werden vereinigt und bilden die Straits Settlements.

1827 Die Türken weigern sich, mit den Griechen einen Waffenstillstand zu schließen.

Die Russen nehmen Persien Eriwan weg.

Der *Canton Register* ist die erste englischsprachige Zeitung im Fernen Osten und erscheint in Guangju (Kanton).

1828 Russland erobert Teheran. Russland und Persien unterzeichnen einen Friedensvertrag, in dem Russland Armenien erhält.

1829 *Sati*, die Praxis der Selbstverbrennung von Hindu-Witwen, wird in Britisch-Indien abgeschafft.

1830 Mysore wird Teil Britisch-Indiens.

Die chinesische Volkszählung kommt auf 394 780 000 Einwohner.

AFRIKA

1826 Al-Hajj'Umar Tal, der Führer des *Djihad* der Tukulor in Westafrika, macht sich auf eine lange Pilgerreise nach Mekka.

1827 Der Sotho-Führer Moshoeshoe zerstreut die Reste seiner Zulu-Feinde und treibt sie nach Süden ins Thembu-Land.

1834 ▼

1828 In der Kap-Kolonie schafft Großbritannien ein Gesetz von 1809 ab, das die Khoisan-Diener als »Lehrlinge« an die europäischen Herren bindet.

Shaka Zulu, der Zulu-Führer, wird von seinem Halbbruder Dingane, der sich zum König erklärt, ermordet.

Mohammed Ali, ägyptischer Pascha, erklärt sich einverstanden, die ägyptischen Streitkräfte aus Griechenland abzuziehen.

1830 Eine französische Expeditionstruppe erobert Algier und setzt den Bei ab.

Etwa 20 000 Sklaven werden von Westafrika nach Brasilien verschifft.

Um 1830 Moshoeshoe, der Sotho-Herrscher, bittet Missionare aus der Kap-Kolonie, sich in seinem Königreich anzusiedeln.

EUROPA

1826 In Portugal bricht wegen eines Verfassungsdisputs ein Bürgerkrieg aus zwischen zwei Erben von König Johannes VI.

Unter Ibrahim Pascha fällt Missolonghi an die Ägypter.

In Preußen wird bis zum Alter von 14 Jahren die Schulpflicht eingeführt.

1827 Athen fällt an die Türken.

Auf die von Großbritannien, Frankreich und Russland gemeinsam vorgetragene Bitte, mit Griechenland einen Waffenstillstand zu schließen, reagieren die Türken ablehnend.

Die türkisch-ägyptische Flotte wird in der Schlacht von Navarino im Mittelmeer von den Briten, Franzosen und Russen zerstört.

John Dalton präsentiert die Formulierung der Atomtheorie in *Ein neues System des chemischen Theiles der Naturwissenschaften*.

Der deutsche Physiker Georg Ohm entdeckt ein neues Gesetz über den Fluss elektrischen Stromes.

1828 Russland unterstützt die griechische Unabhängigkeitsbewegung und erklärt dem Osmanischen Reich den Krieg.

1844 ▼ Der irische Politiker Daniel O'Connell wird in das Unterhaus gewählt, doch sein katholischer Glaube macht ihn unwählbar.

Die Russen erobern von den Türken Warna in Bulgarien.

1829 In Großbritannien tritt das Emanzipationsgesetz für die Katholiken in Kraft.

Das britische Parlament stimmt dem Aufbau einer Stadtpolizei zu.

1832 ▼ Sultan Mahmud II. unterzeichnet einen Friedensvertrag mit Zar Nikolaus, erkennt die Unabhängigkeit Serbiens und Griechenlands an.

Louis Braille erfindet in Paris die Blindenschrift.

1830 Revolution in Paris. König Karl X. erlässt Anweisungen, welche politische und zivile Rechte beschneiden. Französische Liberale unter Lafayettes Führung besetzen Paris.

1834 ▼ Karl X. dankt ab und Louis, Herzog von Orléans, wird zum König ernannt († 1848).

Belgischer Unabhängigkeitskrieg (bis 1831). Die Niederländer bombardieren die belgische Stadt Antwerpen.

Ein anti-russischer Aufstand bricht in Warschau aus.

AMERIKA & AUSTRALASIEN

1826 Erste Eisenbahn der USA wird in Quincy, Massachusetts, in Betrieb genommen.

1827 Häuptling Red Bird, Führer des Indianeraufstands in Michigan, wird gefangen genommen; damit endet der Winnebago-Krieg.

Peru beendet die Union mit Kolumbien und erklärt seine Unabhängigkeit.

1828 Von der noch unerfahrenen Demokratischen Partei unterstützt, wird Andrew Jackson zum Präsidenten der USA gewählt.

Cherokee-Indianer überlassen ihr angestammtes Land in Arkansas der US-Regierung und willigen ein, westlich des Mississippi zu siedeln.

Beginn der föderalistischen/zentralistischen Kriege in Mexiko (bis 1859).

Uruguay wird eine unabhängige Republik.

1829 Die Baltimore- und Ohio-Eisenbahngesellschaft eröffnet die erste amerikanische Passagierstrecke.

1835 ▼ Juan Manuel de Rosas wird zum *Caudillo* oder Diktator für die nächsten 23 Jahre in Buenos Aires.

1832 ▼ Großbritannien annektiert das westliche Drittel des autralischen Kontinents.

Die Reisen von Charles Sturt legen das Fundament für die Gründung der Kolonie Südaustralien 1836.

Venezuela verläßt den Staat Gran Colombia (Großkolumbien).

1830 Der US-Kongress verabschiedet das Umsiedlungsgesetz für die Indianer.

Die ersten Personenzüge überqueren die Rocky Mountains und erreichen Kalifornien.

Das mexikanische Kolonisierungsgesetz verbietet für die Zukunft die Migration nach Texas.

Ecuador zieht sich aus Großkolumbien zurück; Bolívar stirbt.

In Chile gewinnt die konservative Partei unter Diego Portales den Bürgerkrieg gegen die Liberalen.

1841 ▼ Nur 200 Ausländer, die meisten Briten, werden zu dauerhaften Einwohnern Neuseelands.

***Bolívar zieht im Jahr 1829 im Triumph** durch Caracas, nachdem er den Aufstand seines ehemaligen Leutnants Antonio Páez niedergeschlagen hat.*

Simón Bolívar

1783 in Caracas, Venezuela geboren, entstammte Bolívar einer der ältesten und wohlhabendsten Adelsfamilien der Stadt. Seine Ausbildung konnte er in Europa beenden, wo er die republikanischen Ideale der französischen und der amerikanischen Revolution aufnahm und wo die Idee von der Unabhängigkeit von Spanien reifte.

Seine Karriere als Revolutionär begann 1810 mit einem Aufstand in Caracas. Der charismatische Bolívar erklärte sich 1814 zum »Befreier« und Staatsoberhaupt der neuen Republik Venezuela. 1817 begann er eine Invasion in Kolumbien, um dann 1824 Ecuador und Peru zu erobern. Sein Traum war, mit Ausnahme von Brasilien, Argentinien und Chile ganz Südamerika in einer Republik zu vereinen. Aber seine diktatorischen Anwandlungen und die Brutalität seiner Armeen führten zu Unstimmigkeiten. Bei seinem Tod 1830 war »Großkolumbien« bereits in verschiedene Staaten zerfallen.

Der Roman des 19. Jahrhunderts

Ob im industrialisierten Großbritannien oder im bourgeoisen Frankreich und im agrarischen Russland: Die Romane des 19. Jahrhunderts zeigen die harte Realität von Ausbeutung und Repression wie auch den Ruf nach individueller Freiheit.

1826	James Fenimore Cooper: *Der letzte Mohikaner.*
1828	Alexandre Dumas Père: *Die drei Musketiere.*
1830	Stendhal: *Rot und Schwarz.*
1831	Alexander Puschkin: *Eugen Onegin.* Victor Hugo: *Der Glöckner von Notre Dame.*
1835	Honoré de Balzac: *Vater Goriot.*
1836	Charles Dickens: *Die Pickwickier.*
1838	Charles Dickens: *Oliver Twist.*
1839	Charles Dickens: *Nicholas Nickleby.*
1841	Charles Dickens: *Der Raritätenladen.*
1843	Charles Dickens: *Ein Weihnachtslied in Prosa.*
1844	Charles Dickens: *Martin Chuzzlewit.*
1845	Prosper Mérimée: *Carmen.*
1847	Charlotte Brontë: *Jane Eyre.* Emily Brontë: *Sturmhöhe.* William Thackeray: *Jahrmarkt der Eitelkeiten.*
1848	Elizabeth Gaskell: *Mary Barton.*
1849	Charles Dickens: *David Copperfield.*
1850	Nathaniel Hawthorne: *Der scharlachrote Buchstabe.*
1851	Herman Melville: *Moby Dick.*
1852	Charles Dickens: *Bleakhaus.* Elizabeth Gaskell: *Ruth* und *Cranford.*
1855	Charles Dickens: *Klein Dorrit.* Anthony Trollope: *Septimus Harding.*
1857	Gustave Flaubert: *Madame Bovary.*
1859	George Eliot: *Adam Bede.*
1860	George Eliot: *Die Mühle am Floss.*
1861	Charles Dickens: *Große Erwartungen.*
1862	Iwan Turgenew: *Väter und Söhne.* Victor Hugo: *Die Elenden.*
1864	Charles Dickens: *Unser gemeinsamer Freund.*
1866	Fjodor Dostojewski: *Schuld und Sühne.*
1867	Emile Zola: *Thérèse Raquin.*
1868	Louisa May Alcott: *Kleine Frauen.*
1869	Leo Tolstoi: *Krieg und Frieden.* Gustave Flaubert: *Lehrjahre des Gefühls.*
1871	George Eliot: *Middlemarch.*
1872	Thomas Hardy: *Die Liebe der Fancy Day.*
1873	Leo Tolstoi: *Anna Karenina.*
1874	Thomas Hardy: *Far from the Madding Crowd.*
1875	Mark Twain: *Die Abenteuer des Tom Sawyer.*
1878	Theodor Fontane: *Vor dem Sturm.*
1879	Henry James: *Daisy Miller.*
1880	Emile Zola: *Nana.*

__Als einer der größten__ englischen Romanschriftsteller genießt Charles Dickens weltweiten Ruhm. Seine schonungslose Darstellung sozialer Mißstände machte ihn zu einem der größten und mitfühlendsten sozialen Beobachter seiner Zeit. Er begann seine Karriere als Autor mit Geschichten für Magazine und Zeitungen, die als Scetches by Boz *wieder aufgelegt wurden* (1836, rechts). *Seine späteren Romane wurden meist in Zeitungen und Zeitschriften veröffentlicht.*

ASIEN

1831 Syrien, das seit 1516 zum Osmanischen Reich gehört, wird von Ägypten erobert.

Heiliger Krieg in Nordwestindien; Sikh-Streitkräfte Ranjit Singhs bei Balakot besiegt.

1838 ▼
Um 1831 10 Mio. Opiumabhängige in China.

1832 Russland bietet dem osmanischen Sultan Mahmud II. Beistand in dessen Krieg mit Ägypten an. Ägyptische Truppen sind nur noch 80km von Istanbul entfernt.

Ando Hiroshige (1797–1858), der Meister des japanischen Farbdrucks, veröffentlicht die *53 Stationen des Tokaido.*

1839 ▼
1833 Der Vertrag von Kutahya gibt Ägypten die Souveränität über Syrien und Kilikien. Zwischen Ägypten und dem Osmanischen Reich wird ein Waffenstillstand vereinbart.

Die Ostindische Kompanie beendet ihre Aktivitäten.

1837 ▼
Geringe Ernten bringen Japan eine Hungersnot; Ausschreitungen in mehreren Städten.

1839 ▼
1834 Unter der Führung des Herrschers im Punjab, Ranjit Singh, erobern die Sikhs Peschawar im Nordwesten Indiens.

Die Briten setzen den Radscha von Coorg, Indien, ab.

Die Ostindische Kompanie verliert ihr Monopol im China-Handel.

In Japan wird Mizuno Tadakuni zum neuen ersten Berater ernannt, um die Finanzkrise des Shogunats beizulegen.

1835 Erste Teepflanzen in China für Indien bestellt.

AFRIKA

1831 Das Shangane-Volk unter der Führung von Shangane gewinnt den Bürgerkrieg zwischen den Ngoni des Saveflusses, Südafrika.

1834 Die Abschaffung der Sklaverei durch die Briten in der Kap-Kolonie lässt viele Buren auf der Suche nach Farmland nach Norden ziehen.

Niederländisch sprechende Jäger erleiden durch die Ndebele von Mzilikazi eine vernichtende Niederlage in der Region Pretoria in Transvaal.

In der Kap-Kolonie beginnt der »Sechste Krieg« (bis 1835) zwischen Briten und Xhosa.

1848 ▼
1835 Die Ngoni-Armee von Zwangendaba zieht nach Norden und verbreitet die Mfecane-Kriege nach Ostsambia und Malawi.

Abd-el-Kader, der Emir von Mascara in Nordafrika, greift die französischen Truppen an und besiegt sie am Mactapass.

Um 1835 Die Kololo von Südafrika marschieren unter Führung von Sebetwane im Lozi-Königreich am oberen Sambesi ein.

EUROPA

1839 **1831** Belgien wird unabhängig; die Niederlande erkennen die Unabhängigkeit an.

Massendemonstrationen in Schweizer Städten führen zu einer liberaleren Gesetzgebung.

Polnische Revolte gegen die Russen erfolglos.

Giuseppe Mazzini, italienischer Aktivist und Republikaner, wird für ein Jahr verbannt.

Puschkins *Eugen Onegin* ist der erste russische Roman, der die zeitgenössische Gesellschaft zum Inhalt hat.

1832 Die griechische Nationalversammlung wählt Prinz Otto, den Sohn des Bayernkönigs, zum König von Griechenland.

Das Herzogtum Warschau wird Teil Russlands.

Die österreichische Regierung beschneidet die Pressefreiheit.

Die päpstliche Enzyklika *Mirai Vos* verurteilt die Pressefreiheit.

1838 Großes Reformgesetz in Großbritannien.

Choleraepidemie grassiert in Europa; sie tötet alleine in Großbritannien 31 000 Menschen.

Tod des Dichters und Dramatikers Johann Wolfgang von Goethe, dessen größtes Werk der *Faust* ist.

1843 **1833** In Spanien führt ein Streit über die Nachfolge Königin Isabellas zum Bürgerkrieg. Die Anhänger des Prätendenten Don Carlos werden Karlisten genannt.

Ein Zollvertrag *(Zollverein)* zwischen Bayern, Baden-Württemberg, Preußen und Hessen-Darmstadt wird unterzeichnet.

In Großbritannien werden strenge Gesetze erlassen, um in Textilfabriken die Ausbeutung von Kindern zu verhindern.

Die griechische Kirche stärkt ihre Kontakte mit Istanbul.

Der deutsche Physiker Carl Gauß erfindet den elektromagnetischen Telegrafen.

1834 Ein Aufstand gegen das bourbonische Königshaus unter Louis Philippe wird in Paris niedergeschlagen.

Die Sklaverei wird im gesamten Britischen Empire abgeschafft.

Zentrales Anliegen des neuen britischen Armengesetzes: Schaffung von Arbeitshäusern.

1835 Die erste Passagierzuglinie in Kontinentaleuropa zwischen Brüssel und Malines wird eröffnet.

AMERIKA & AUSTRALASIEN

1831 Mindestens 200 000 Menschen verlassen Irland, um nach Kanada und in die USA auszuwandern.

Southampton-Aufstand; Nat Turner führt die Sklavenrevolte in Virginia an.

Charles Darwin segelt auf einer Forschungsexpedition mit der HMS *Beagle* nach Südamerika, Neuseeland und Australien.

Sklavenrevolte in Jamaika.

1832 Häuptling Black Hawk und sein Stamm werden von US-Truppen in der Schlacht am Bad Axe River massakriert.

Der Sauk-Häuptling Keokuk unterzeichnet einen Vertrag, der den Anspruch seines Stammes auf Gebiet östlich des Mississippi annulliert (»der Zug der Tränen«).

Der amerikanische Künstler George Catlin bildet Szenen aus dem Leben der Sioux und der Mandan ab.

Der Rideaukanal zwischen Ottawa und Kingston wird fertiggestellt.

Die berüchtigte Port-Arthur-Strafkolonie wird in Australien eröffnet.

1837 **1833** Amerikanische Siedler erklären sich damit einverstanden, dass Texas von Mexiko unabhängig wird.

Die Briten erheben Anspruch auf die Falklandinseln als Kronkolonie im Südatlantik.

Der amerikanische Erfinder Samuel Colt entwickelt den Revolver.

James Clark Ross erreicht den magnetischen Nordpol.

1834 Rassenunruhen in Philadelphia. Weiße Krawallmacher werden von einer Stadtversammlung verurteilt, eine Kompensationszahlung an schwarze Mitbürger zu zahlen.

1835 Über 100 amerikanische Soldaten werden von Seminolen-Indianern getötet, die sich gegen die Vertreibung aus Florida wehren.

Revolution in Texas (bis 1836).

Juan Manuel de Rosas, argentinischer Diktator, errichtet sein Schreckensregime.

Die Briten gründen Melbourne und Adelaide in Australien (bis 1836).

Reverend Peter Turner von der Wesley-Mission erreicht die Insel Samoa.

China und der Westen

Die schnell wachsende Wirtschaft unter der Qing-Dynastie im 18. Jahrhundert war eine leichte Beute für ausländische Ambitionen geworden. Im frühen 18. Jahrhundert fiel China schnell hinter den selbstbewussten und wieder auflebenden Westen zurück. Korruption und Ineffizienz unterminierten die Regierungsgewalt, und die überlasteten Bauern wandten sich Banditentum und Rebellion zu.

Die Europäer witterten schnell ihre Chance. Ab 1830 dominierten westliche Handelshäuser den Hafen von Kanton *(oben)*. Die anfängliche Geduld mit den Chinesen hatte schnell ein Ende. So wollten die Briten vor allem einen freieren Zugang zum chinesischen Markt, und die diplomatischen Beziehungen sollten auf Gleichrangigkeit ausgerichtet sein. Der chinesische Widerstand gegen die Forderungen wurde als Beweis ihrer Rückständigkeit gesehen.

Der Große Treck

In den 30er- und 40er-Jahren des 19. Jahrhunderts zogen Tausende Burenfamilien von der Kap-Kolonie aus nach Norden. Somit wurde das weiße Siedlungsgebiet weit ins Innere Südafrikas verschoben. Die Briten hatten ein neues System des Landbesitzes eingeführt, das zum Erwerb von privaten Landtiteln führte, was die ärmeren Buren nicht bezahlen konnten. Von Briten ernannte Friedensrichter, englischer Sprachgebrauch in Schulen und Gerichten, die Abschaffung der Sklaverei, all das entfremdete die Buren noch mehr von den Briten. Und der Wunsch, das fruchtbare Grasland *Lowveld* im Südosten zu besiedeln, brachte sie in Konklikt mit den mächtigen Zulu.

Wissenschaft und Technik (1831–1870)

1831 Chloroform wird gleichzeitig entwickelt von Samuel Guthrie und Justus Liebig.

Michael Faraday zeigt in Experimenten seine Entdeckung der elektromagnetischen Induktion.

1834 Der englische Mathematiker Charles Babbage findet die Grundlagen der »Analytischen Maschine« (moderner Computer).

Der amerikanische Erfinder Cyrus Hall McCormick lässt seinen Mähdrescher patentieren.

1837 Samuel Morse führt elektrischen Telegrafen vor.

1838 Die Daguerre-Niepce-Methode der Fotografie wird in Paris präsentiert.

1839 Der Reifenhersteller Charles Goodyear entdeckt den Prozess der »Vulkanisierung«.

Der Schweizer Physiker Carl August Steinheil baut die erste elektrische Uhr.

1841 Der Schweizer Embryologe Rudolf Albert von Kölliker beschreibt das Spermium.

1842 Der amerikansiche Physiker Crawford W. Long benutzt Äther als Betäubungsmittel.

Die erste mechanische Setzmaschine wird von Henry Bessemer erfunden.

1843 Der englische Physiker James Prescott Joule bestimmt den Grad von Arbeit, der nötig ist, um eine Hitzeeinheit zu produzieren.

1849 Der französische Physiker Armand Fizeau misst die Lichtgeschwindigkeit.

1855 Der österreichische Ingenieur Franz Köller erfindet den Wolframstahl.

1859 Charles Darwin stellt seine Evolutionstheorie vor.

1860 T. S. Mort (Sydney) baut das erste maschinengekühlte Kühlgerät.

1860 Gaston Planté erfindet die Bleisäurebatterie.

1864 Louis Pasteur erfindet die Pasteurisierung (Wein).

1865 Gregor Mendel findet sein Vererbungsgesetz.

1865 Joseph Lister führt eine antiseptische Operation aus, wobei er Karbolsäure auf Wunden aufträgt.

1866 Alfred Nobel erfindet das Dynamit.

1869 Mendelejew formuliert sein periodisches Gesetz für die Klassifikation der Elemente.

Fotografie

Joseph-Nicéphore Niepce gelang es 1826, das erste dauerhafte fotografische Bild einzufangen – eine alte Scheune in Frankreich – auf einer Zinnplatte, die er acht Stunden belichtete. Sein Partner Louis Daguerre brachte 1838 ein System auf den Markt, das eine Belichtungszeit von nur 30 Minuten auf Kupferplatten brauchte, die mit einer Schicht von lichtsensitivem Silberchlorid versehen waren.

Die so genannte »Daguerreotypie« verbreitete sich schnell in der ganzen Welt. Technische Verbesserungen in der Linsentechnik, der Belichtungszeit und der Fotoentwicklung folgten sehr bald.

»Stillleben«, Daguerreotypie von Louis Daguerre.

ASIEN

1837 Die Briten sind über den zunehmenden Einfluss Russlands in Afghanistan besorgt.

Die Briten hindern die Perser an der Einnahme von Herat in Afghanistan.

Tokugawa Ieyoshi wird Shogun-Nachfolger von Ienari in Japan.

Bauernaufstand in Japan wegen fehlender Unterstützung während Hungersnot scheitert.

1838 Türkisch-britischer Handelsvertrag schafft das Handelsmonopol im Osmanischen Reich ab. Der ägyptische Pascha Mohammed Ali wendet sich gegen das Abkommen und greift zu den Waffen.

Lin Zexu wird zum kaiserlichen Kommissar in Kanton, China, ernannt. Er soll sich um das Opiumproblem kümmern.

1839 Der neue osmanische Sultan Mahmud Abdul-Medjid gewährt allen osmanischen Untertanen gleiche Rechte und verspricht eine Steuerreform; er erlässt die liberalen *Tanzimat*-Dekrete (bis 1861).

Sultan Mahmud II. beginnt eine neue Offensive gegen Mohammed Ali, Pascha von Ägypten.

Die arabische Hafenstadt Aden wird von Britisch-Indien annektiert.

Die britische Armee setzt Dost Mohammed Khan, den Emir von Kabul, ab und beginnt einen Krieg in Afghanistan (bis 1842).

1845 ▼

Ranjit Singh, der den Einfluss der Sikhs bis zu den Grenzen Britisch-Indiens und Afghanistans ausdehnte, stirbt.

Britische Schiffe versammeln sich vor der Küste Kantons und evakuieren die Händler. Die britische Marine feuert den ersten Schuss im noch nicht erklärten Opiumkrieg.

Der Kommissar Lin Zexu blockiert ausländische Fabriken und zwingt die Händler, ihre Opiumvorräte herauszugeben.

1840 Frankreich, Großbritannien und Russland verbünden sich mit dem Osmanischen Reich gegen Ägypten. Sie besetzen die syrisch-palästinensische Küste.

Formaler Beginn des Opiumkriegs. Die britische Marine bombardiert und erobert Dinghai auf der Insel Zoushan.

Großbritannien zwingt den Qing-Kaiser in Peking zu Verhandlungen.

AFRIKA

1841 ▼

1836 Abd-el-Kader, der Führer des algerischen Widerstands gegen die französischen Kolonialherren, besetzt die Hauptstadt Mascara.

Die Buren in der Kap-Kolonie beginnen ihren Treck nach Norden. Sie wenden sich gegen britische »Diskriminierungen« und suchen Land außerhalb des britischen Hoheitsgebiets.

Die Ngoni unter der Führung des weiblichen Generals Nyamazana besiegen das Königreich Rozvi in Simbabwe.

1837 Tod von Mohammed Bello, dem Herrscher des Sokoto-Reiches. Mit einer Bevölkerung von etwa 10 Mio. Menschen ist Sokoto der größte Staat Westafrikas.

Tod von Al-Kanemi, dem religiösen Führer der Bornu in Westafrika. Sein Sohn Umar wird Nachfolger.

Die Ndebele-Armee kämpft beständig gegen die Buren und das Volk der Griqua in der Maricoebene Südafrikas.

1842 ▼

Tausende Buren überqueren die Drakensberge und siedeln in Natal.

Die ersten Erdnüsse werden aus Sierra Leone nach Amerika und Europa exportiert.

1838 Die Buren töten in der Schlacht am Blood River in Natal 3000 Zulu.

1840 Die Ndebele-Armee marschiert nach Norden in das Grasland von Simbabwe, nachdem sie 1837 von den Buren besiegt worden ist.

Der Zulu-König Dingane wird im Bürgerkrieg getötet. Sein Bruder Mpande wird sein Nachfolger († 1872).

Die Großmächte erkennen Mohammed Ali als rechtmäßigen Pascha von Ägypten an. Der osmanische Sultan betrachtet das Paschatum in Ägypten als eine erbliche Position innerhalb der Familie von Mohammed Ali.

Sayyid Sa'id, der Sultan von Oman, verlegt seine Hauptstadt nach Sansibar, das sich zum größten Sklavenmarkt Ostafrikas entwickelt.

EUROPA

1836 Das britische Parlament führt das Lokomotivengesetz ein, das die Geschwindigkeit der Züge auf 8 km/h beschränkt.

1837 Prinzessin Victoria wird Königin von Großbritannien.

Cooke und Wheatstone richten das erste elektrische Telegrafensystem ein.

1842 ▼

1838 Die Chartistenbewegung in England (bis 1848) fordert allgemeines Wahlrecht durch Stimmzettel.

1846 ▼

Die Anti-Corn-Law-League wird von Richard Cobden und Freunden in Manchester gegründet.

Charles Dickens' als Serie erscheinender Roman *Oliver Twist* erzählt mit hartem Realismus vom Leben der Londoner Armen.

Das Dampfschiff *Great Western* des I. K. Brunel läuft aus.

Die Daguerreotypie, eine neue Erfindung, produziert exakte Bilder durch die Verwendung von Linse, Kupferplatte und Licht.

1839 Im Vertrag von London wird die Unabhängigkeit und Neutralität Belgiens endgültig festgelegt.

Russische Militärexpedition in Zentralasien scheitert bei Einnahme der Oasenstadt Khiva.

Der polnische Komponist Frédéric Chopin bringt seine 26 Präludien heraus.

Bau des ersten Fahrrads durch den schottischen Erfinder Kirkpatrick Macmillan.

Der Leipziger Verleger Karl Baedeker gibt die ersten europäischen Reiseführer heraus.

1840 Einführung eines billigen Postsystems in Großbritannien: ein Penny pro Brief im ganzen Land.

AMERIKA & AUSTRALASIEN

1836 Staatsgründung von Texas.

Die texanische Missionsstation Alamo wird von 5000 mexikanischen Soldaten belagert und fällt an die mexikanischen Truppen.

Kalifornische Rebellen erklären die Unabhängigkeit von Mexiko.

In *Nature* veröffentlicht Ralph Waldo Emerson in einer fortlaufenden Serie seine Theorie des göttlichen Potenzials im Individuum.

Arkansas wird 25. Staat der USA.

1845 ▼

1837 Präsident Jackson erkennt die Lone-Star-Republik Texas an. Die US-Regierung erklärt, dass Texas nicht in die Union aufgenommen wird.

Eine Windpockenepidemie am Missouri tötet 15 000 Indianer.

Trotz Waffenstillstands ergreift die US-Armee den Seminolen-Häuptling Osceola. Die Seminolen-Indianer werden am Okeechohee-See in die Flucht geschlagen.

Britische Truppen unterdrücken eine Revolte in Unter- und Ober-Kanada.

Bau der ersten kanadischen Eisenbahn.

Gründung der New Zealand Company.

1838 Rebellenführer Robert Nelson erklärt sich zum Präsidenten der Republik Unter-Kanada. Er muss vor heranrückenden britischen Truppen fliehen.

Die *Sirius* ist das erste Dampfschiff, das (in 15 Tagen) den Atlantik überqueren kann.

Das erste Baseballspiel wird in Beachville, Ober-Kanada, gespielt.

1839 Die Konföderation von Bolivien und Peru wird in der Schlacht von Yungay durch chilenische und peruanische Nationalisten erschüttert.

Indianerführer Rafael Carrera erlangt die Macht in Guatemala.

Ein Gesetz wird verabschiedet, das Ober- und Unter-Kanada vereint.

Charles Goodyear entdeckt die Vulkanisierung von Gummi.

1840 James Clark Ross macht drei Reisen in die Antarktis (bis 1845).

Vertrag von Waitangi; demnach übernehmen die Briten Neuseeland, entsprechend kommen britische Siedler ins Land.

Es werden keine Schwerverbrecher mehr von Großbritannien nach New South Wales gebracht.

Erster Opiumkrieg (1839–1842)

Von 1810 an förderte die Ostindische Kompanie den Anbau von Opium als kommerzielles Tauschprodukt für den chinesischen Markt. Dies hatte einen boomenden Absatz für importiertes Opium zur Folge. Der steigende Konsum in China lässt sich auf die Verzweiflung und den Niedergang einer einst stolzen Nation zurückführen. Versuche, die Droge zu verbieten, schlugen fehl, und britische wie amerikanische Händler konnten weiterhin vom Handel profitieren.

1838 wurde ein kaiserlicher Abgesandter nach Kanton geschickt, um den Opiumhandel zu unterbinden. Er befahl, alle Opiumvorräte zu vernichten. Dies lieferte den Briten den Vorwand, den Chinesen den Krieg zu erklären. Sehr bald war die chinesische Marine zerstört, Schanghai besetzt, und britische Schiffe erreichten über den Jangtsekiang Nanking. Nach drei Jahren unterzeichneten die Chinesen den Vertrag von Nanking (1842).

Der Vertrag von Waitangi

Europäische Händler kamen um 1790 nach Neuseeland und trieben mit den Maoris, denen das Land viele Jahrhunderte lang gehörte, Handel. Mit den ersten britischen Kolonialisten 1840 entsandte Großbritannien Captain William Hobson als Gouverneur. Er handelte ein Abkommen mit den Maori-Führern aus, den Vertrag von Waitangi. Dieser garantierte den Maoris Landrechte sowie die britische Staatsangehörigkeit im Tausch mit der Anerkennung der britischen Oberhoheit. Dieser ungleiche Tausch führte schnell zu einer Ablehnung und dann innerhalb von drei Jahren zum Krieg.

Baumwollplantagen

In den amerikanischen Südstaaten war die profitable Kultivierung von Baumwolle und Tabak eng verknüpft mit dem System der Plantagensklaverei, das bis ins 17. Jahrhundert zurückgeht. Dieses anachronistische System überdauerte bis zum 19. Jahrhundert, weil die Baumwollmühlen in Lancashire in England und die Neuenglandstaaten große Mengen Baumwolle nachfragten.

Im Jahre 1850 waren 347000 Familien in den Südstaaten Sklavenhalter. Die Ausbeutung durch die Zwangsarbeit führte zu einem Aufschrei und zu tiefer Beschämung bei Liberalen außerhalb des Südens. Während der 40er- und 50er-Jahre des 19. Jahrhunderts setzten sich immer mehr für die Freilassung der Sklaven ein.

Die irische Kartoffelhungersnot

***Diese Radierung** von 1845 zeigt den Überfall auf ein Kartoffellager.*

Zwischen 1845 und 1849 litt Irland unter einer verheerenden Naturkatastrophe, nämlich der Kartoffelfäule, die eine weit verbreitete Hungersnot hervorrief. Die Bevölkerung wurde um ein Viertel reduziert und über eine Million Menschen musste auswandern.

Im frühen 19. Jahrhundert war ein Großteil der irischen Bevölkerung auf die Kartoffel als Hauptnahrungsmittel angewiesen. Die Repressalien der Briten verschlimmerten die Bedingungen auf dem Land noch. Bis 1829 durften irische Katholiken kein Land kaufen und nicht ortsansässige Grundbesitzer verlangten eine hohe Pacht, die sie unter Angedrohung der Vertreibung einzogen. Während der Kartoffelfäule flohen hungernde Familien in die Städte, von wo sie versuchten, nach Amerika auszuwandern. Die unangemessene Antwort der britischen Regierung führte zu Bitterkeit und Ablehnung.

ASIEN

1841 Britische Schiffe besetzen die Insel Hongkong und setzen ihre Angriffe an Chinas Südküste fort, um ein Monopol im lukrativen Opiumhandel durchzusetzen.

Die britische Armee unter General Gough führt einen schweren Angriff auf Kanton durch. Unterstützt von 16 Kriegssschiffen stoßen Truppen bis zum Jangtsekiang vor.

Die britischen Besatzungstruppen in Kabul, Afghanistan, werden angegriffen.

Der Sultan von Brunei auf Nordborneo tritt Sarawak an James Brooke ab.

1842 Eine 16500 Mann starke britisch-indische Armee wird beim Rückzug aus Kabul aufgerieben.

Vertrag von Nanking; China tritt Hongkong an Großbritannien ab und öffnet fünf Häfen dem internationalen Handel.

1843 In Arabien herrscht wieder die Saud-Familie unter Faisal.

Britische Truppen erobern Sind in Nordwestindien.

Dost Mohammed übernimmt die Führung in Afghanistan.

Großbritannien und China nehmen diplomatische Beziehungen auf. Der Hafen von Schanghai wird dem Außenhandel geöffnet.

Durch ein kaiserliches Edikt wird das Opiumrauchen in China verboten.

In China hat Hong Xiuchuan Visionen, worauf er sich als »König des himmlischen Königreichs« bezeichnet.

1844 Die Briten starten in Indien den südlichen Maratha-Kriegszug.

China und die USA unterzeichnen den Vertrag von Wanaghiya, womit Amerika Zugang zu den fünf internationalen Häfen bekommt.

In China hebt ein kaiserliches Edikt den Bann über die katholische Kirche auf.

1846 ▼

Der Shogun von Japan lehnt das Verlangen König Wilhelm II. der Niederlande ab, japanische Häfen dem Außenhandel zu öffnen.

1845 Erster Sikh-Krieg (bis 1846). Die britische Armee erobert Kaschmir und den Punjab.

China garantiert Belgien gleiche Handelsrechte wie Großbritannien, Frankreich und den USA.

AFRIKA

1841 Eine französische Expeditionstruppe treibt den Führer des algerischen Freiheitskampfes, Abd el-Kader, nach Marokko, wo er Hilfe bekommt.

1842 Britische Truppen marschieren in Natal, Südafrika, ein, um das Inland der Burenrepublik vom Meer abzutrennen. Die Briten werden von den Buren belagert.

1843 Großbritannien annektiert die kurzlebige Burenrepublik Natal; die Buren begeben sich auf ihren zweiten Treck.

1847 ▼

1844 Ein französisches Geschwader bombardiert Tanger in Marokko und besiegt die Armee von Abd el-Kader.

Vertrag von Tanger; Frankreich und Marokko beenden den Konflikt, Frankreich zieht sich aus Marokko zurück.

1850 ▼

Der britische Gouverneur der Forts der Goldküste (Ghana) schließt einen Bund mit den verschiedenen Fante-Staaten an der Küste.

1845 Eine französische Kolonne ergibt sich in Sidi Brahim im andauernden algerischen Krieg.

EUROPA

1841 Meerengenabkommen: Einigung der führenden europäischen Mächte, dass Bosporus und Dardanellen für Kriegsschiffe sämtlicher Nationen geschlossen bleiben, solange das Osmanische Reich Frieden hält.

Erste grenzüberschreitende Eisenbahnlinie zwischen Straßburg und Basel fertig.

Der deutsche Philosoph Arthur Schopenhauer veröffentlicht *Die beiden Grundprobleme der Ethik*.

Der französische Schriftsteller Victor Hugo wird Mitglied der Académie Française.

Der englische Reiseveranstalter Thomas Cook führt seine erste Exkursion durch.

1842 Straßenschlachten und Streiks gegen niedrige Löhne in Nordengland. Behörden machen Chartistenbewegung verantwortlich.

Minengesetz von Lord Shaftesbury; die Arbeit von Frauen und Kindern im Untertagebau wird untersagt.

Der Romanschriftsteller Nikolai Gogol veröffentlicht *Die toten Seelen*, eine düstere, realistische Darstellung der Leibeigenschaft.

Nabucco, die neue Oper von Giuseppe Verdi, wird vom Publikum in Mailand gefeiert.

1843 Aufstand in Spanien gegen den Regenten General Espartero. Sein Nachfolger, der gemäßigte General Narvaéz, plant die Monarchie wieder einzusetzen.

Richard Wagners Oper *Der fliegende Holländer* ist ein großer Erfolg. Wagner bekommt den Posten eines Hofkapellmeisters an der Dresdner Oper.

Der dänische Philosoph Søren Kierkegaard veröffentlicht *Entweder – Oder* und *Furcht und Zittern*.

Die Lage der arbeitenden Klasse in England von Engels wird veröffentlicht.

1844 In Spanien wird die *Guardia Civil*, eine paramilitärische Polizeitruppe, gegründet, um die Ordnung wiederherzustellen.

1846 ▼
Die preußische Regierung unterdrückt in Schlesien den Weberaufstand.

Der irische Nationalistenführer Daniel O'Connell wird der Verschwörung gegen die britische Herrschaft in Irland beschuldigt.

Der britische Künstler Joseph Mallord William Turner malt sein dramatisches Werk *Regen, Dampf und Geschwindigkeit*.

AMERIKA & AUSTRALASIEN

1841 130 Kolonisten überqueren die Rocky Mountains mit ihren Planwagen und erreichen Oregon.

El Salvador wird unabhängig.

Edward Eyre durchquert als erster Europäer die Australische Ebene.

Neuseeland wird eine eigene Kronkolonie.

Mindestens 35 Walfangstationen werden in Tasmanien gegründet.

Edgar Allan Poes *Der Doppelmord in der Rue Morgue* läutet ein populäres neues Genre ein – den Detektivroman.

1842 Der Webster-Ashburton-Vertrag legt die Grenzen zwischen den USA und Kanada fest.

Leutnant John C. Fremont beginnt eine Reihe von Expeditionen, um den amerikanischen Westen zu kartieren.

1843 Die russisch-orthodoxe Kirche gründet Missionsschulen für Inuit in Alaska.

1844 Der haitianische Führer Boyer wird durch einen Staatsstreich abgesetzt. Gründung der Dominikanischen Republik.

Samuel Morse morst die erste Telegrafennachricht zwischen den Städten Washington und Baltimore.

1847 ▼
Joseph Smith, Oberhaupt der Mormonen, und sein Bruder Hyrum werden von einer aufgebrachten Menge in Carthage, Illinois, ermordet. Nachfolger als Vorsitzender der Mormonen wird Brigham Young.

1845 Texas wird als 38. Staat in die Union aufgenommen.

1846 ▼
Mexiko bricht Beziehungen zu den USA ab, nachdem die amerikanische Regierung die Annektierung von Texas ratifiziert hat.

Ramón Castilla ergreift die Macht in Peru und errichtet eine reformistische Diktatur.

Die Ngapuhi-Häuptlinge beginnen in Neuseeland den »Northern War«, als die Hauptstadt nach Auckland verlegt wird.

Unter der Führung von Häuptling Hone-Heke brennen Maori als Protest gegen die europäische Besiedlung ihres Landes die kleine Stadt Kororareka nieder.

Das Zeitalter der großen Oper

Das 19. Jahrhundert war die Geburtsstunde der »großen Oper«, eines aufwändigen, international ausgerichteten Theaterspektakels, das sich einer großen Besetzung, üppiger Bühnenbilder und reichhaltiger Kostüme bediente. Grundlagen der Opern waren meist historische und pseudo-historische Librettos.

1829	Rossini: *Wilhelm Tell*, Pariser Oper.
1830	Donizetti: *Anna Bolena*, Mailand.
1835	Donizetti: *Lucia von Lammermoor*, Theater San Carlo, Neapel.
1836	Glinka: *Ein Leben für den Zaren*, erste russische Oper, St. Petersburg.
1843	Wagner: *Der fliegende Holländer*, Dresden.
1846	Berlioz: *Fausts Verdammung*, dramatische Kantate, Paris.
1849	Meyerbeer: *Le Prophète*, Paris.
1851	Verdi: *Rigoletto*, Venedig.
1852	Schumann: *Manfred*, Weimar.
1853	Verdi: *Il Trovatore*, Rom, und *La Traviata*, Venedig.
1858	Offenbach: *Orpheus in der Unterwelt*, Paris.
1859	Verdi: *Un Ballo in Maschera*, Rom.
1863	Berlioz: *Les Troyens*, Paris.
1865	Wagner: *Tristan und Isolde*, München.
1866	Offenbach: *La Vie Parisienne*, Paris.
	Smetana: *Die verkaufte Braut*, Prag.
1867	Gounod: *Roméo et Juliette*, Paris.
	Verdi: *Don Carlos*, Paris.
1868	Wagner: *Die Meistersinger von Nürnberg*, München.
1869	Wagner: *Das Rheingold*, München.
1870	Wagner: *Die Walküre*, München.

***Der ausgeprägte Nationalismus** des 19. Jahrhunderts wurde oft auch mit rassistischen Lehren in Verbindung gebracht. Richard Wagner (1813–1883) verurteilte den »jüdischen« Einfluss in der Musik. Sein berühmter aus vier Opern bestehender Zyklus,* Der Ring des Nibelungen *(1848–1876), war z.B. eine gewaltige Beschwörung germanischer Mythologie.*

Karl Marx

1848 schrieb der deutsche Philosoph und Nationalökonom Karl Marx zusammen mit Friedrich Engels das *Kommunistische Manifest*. Darin beschreibt Marx die Geschichte der Menschheit als Kampf um die Kontrolle über die technischen Mittel der Produktion. Er sah den Kapitalismus, der sich auf Lohnarbeit gründet, als moderne Form der Sklaverei; der Widerspruch zwischen dem Wohlstand einiger Weniger und der Armut der Massen könne nicht länger ignoriert werden – die Bedingungen seien reif für eine Revolution und die Ablösung der herrschenden Klasse. Eigentliches Ziel von Marx war die Schaffung einer gerechten Gesellschaft. Seine Vision war die treibende Kraft hinter den meisten sozialen Revolutionen des späten 19. und des 20. Jahrhunderts.

Die Revolutionen von 1848

In den ersten Monaten des Jahres 1848 flackerten in ganz Europa Revolutionen auf. Mehrere Faktoren waren dafür verantwortlich: steigende Nahrungsmittelpreise und industrieller Niedergang; nationalistische Bewegungen heizten die Unzufriedenheit weiter an; in ganz Europa schien die existierende politische Ordnung, in der die Monarchen auf göttlichem Recht und auf Tradition beharrten, in Gesellschaften zunehmend irrelevant zu werden, in denen neue Wirtschaftseliten an Macht gewannen.

Die Revolution von 1848 in Frankreich *(oben)* begann im Februar: Aufständische riefen in Paris die Republik aus. Als die neue republikanische Regierung sich gegen Reformen sperrte, ergriffen die Arbeiter die Waffen. Im Laufe von drei Tagen wurden 10000 Menschen getötet oder verwundet. Die Armee hielt vier Monate lang Paris besetzt.

ASIEN

1846 Streitkräfte der Ostindischen Kompanie besiegen die Sikhs in Sobraon und Aliwal.

Vertrag von Lahore beendet Sikh-Krieg.

Französische Mönche besuchen Lhasa.

1853 ▼ Commodore Biddle landet auf seiner offiziellen US-amerikanischen Regierungsmission in Japan. Er bittet um Aufnahme von Handelsbeziehungen zwischen den USA und Japan, die ihm jedoch verweigert werden.

1847 Tu Duc an der Spitze der Nguyen-Dynastie besteigt den Thron von Annam, des größten und mächtigsten Staates in Südostasien.

1848 Beginn des zweiten Sikh-Kriegs.

1849 Die Sikh-Armee wird in der Schlacht von Gujarat von den Briten entscheidend geschlagen. Die Briten annektieren den Punjab.

Amaral, der portugiesische Gouverneur von Macao, wird wegen seiner anti-chinesischen Politik ermordet.

1852 ▼ **1850** In Persien wird Sa'id'Ali Mohammed, der Gründer des Babismus, einer neuen islamisch-mystischen Bewegung, auf Anordnung des Schahs Naser od-Din hingerichtet.

Gruppen der pseudo-christlichen »Gottesanbeter« revoltieren in Jintian in der Provinz Kwangsi. Beginn der Taiping-Rebellion unter der Führung von Hong Xiuchuan († 1864).

AFRIKA

1846 Franzosen und Briten beschießen Tamatave auf Madagaskar aus Protest gegen eine Regierungsanordnung, die alle Ausländer dem einheimischen Gesetz unterwirft.

In Südafrika bricht der »Axtkrieg« im Xhosa-Territorium aus, als britische Schafzüchter versuchen, sich Land anzueignen (bis 1847).

Mai Ibrahim, Sultan von Bornu und letzter Spross der Saifawa-Linie, versucht die Kontrolle über Bornu durch eine Invasion vom Sultanat Wadai aus wiederzuerlangen. Er wird gefangen genommen und exekutiert.

1847 Abd el-Kader wird von den Franzosen gefangen genommen und ins Exil geschickt.

Liberia, der Staat, der von ehemaligen amerikanischen Sklaven gegründet wurde, erklärt seine Unabhängigkeit.

1848 Tod von Zwangendaba, dem Häuptling der Ngoni, der sein Volk von Natal bis nach Westtansania führte. Das Volk beginnt sich in fünf kleinere Häuptlingstümer aufzuspalten.

Die Briten kontrollieren die südliche Hochsteppe Südafrikas.

1853 ▼ **1849** David Livingstone erreicht den Ngamisee.

1853 ▼ **1850** Dänemark verkauft seine Besitztümer an der Goldküste an Großbritannien, zieht sich von der Kolonisierung Afrikas zurück.

1853 ▼ Der deutsche Entdecker Heinrich Barth startet seine Forschungsreise in das subsaharische Afrika (bis 1855).

Um 1850 Der atlantische Sklavenhandel kommt zum Erliegen.

Suaheli-arabische Karawanenhändler durchqueren den Tanganjikasee vom Osten des Kongo aus, um Elfenbein und Sklaven zu erwerben.

EUROPA

1846 Aufstände für die Unabhängigkeit Galiziens. Die freie Republik Krakau wird vom durch Österreich beherrschten Galizien annektiert.

König Christian VIII. von Dänemark beansprucht die Herrschaft über die unabhängigen Herzogtümer Schleswig und Holstein.

Aufhebung der britischen Getreidezollgesetze.

Portugiesische Bauernrevolte und Sturz der Diktatur von Costa Cabral.

1847 »Reformbanquette« für ein allgemeines Wahlrecht und parlamentarische Reformen werden in Frankreich abgehalten.

Sonderbundskrieg in der Schweiz. Konservative Kantone weigern sich, die Union aufzulösen.

Siemens verlegt die erste Telegrafenleitung zwischen Berlin und Frankfurt.

Neue Romane werden in England publiziert wie *Jahrmarkt der Eitelkeiten* von William Thackeray, *Sturmhöhe* von Emily Brontë, *Jane Eyre* von Charlotte Brontë und *Dombey und Söhne* von Charles Dickens.

1848 Jahr der Revolutionen in Europa. Rebellionen in ganz Europa werden schnell unterdrückt. Revolutionen führen zum politischen Untergang und zum Auswandern der Demokraten aus Mitteleuropa (bis 1849).

Teilweise oder komplette Emanzipation der Juden in Schweden, Dänemark, Österreich und Griechenland.

Preußen marschiert wegen der schleswig-holsteinischen Frage in Dänemark ein.

Dänemark und Preußen unterzeichnen Waffenstillstandsvertrag in Malmö, beide stimmen Räumung Schleswigs und Holsteins zu.

Invasion der österreichischen Armee in Ungarn.

Karl Marx und Friedrich Engels veröffentlichen *Das Kommunistische Manifest*.

Eine Gruppe englischer Maler, geführt von John Everett Millais, William Holman Hunt und Dante Gabriel Rossetti, gründet die Bruderschaft der Präraffaeliten.

1849 Russen und Türken unterzeichnen das Abkommen von Balta-Liman, das eine gemeinsame Aufsicht über die Donaufürstentümer für sieben Jahre vorsieht.

1850 Preußen und Dänemark unterzeichnen einen Friedensvertrag; Preußen zieht sich aus Schleswig und Holstein zurück.

Im Abkommen von Olmütz erkennt Preußen die österreichische Vorherrschaft im Deutschen Bund an.

AMERIKA & AUSTRALASIEN

1846 Oregon in den USA wird besiedelt.

Die USA erklären Mexiko den Krieg.

US-amerikanische Marineeinheit erklärt formal die Zugehörigkeit Kaliforniens zu den USA. Promexikanische Revolte in Kalifornien wird von US-Truppen niedergeschlagen.

Amerikanische Truppen besiegen die Mexikaner in der Nähe von Las Cruces; damit ist die Eroberung Neumexikos abgeschlossen.

1847 Promexikanische Protestierer in Kalifornien geben endgültig auf.

US-Truppen siegen in den Schlachten von Buena Vista und Cerro Cordo und nehmen die Festung Vera Cruz ein.

Mexikanischer Krieg endet mit der Erstürmung von Mexiko-Stadt durch US-Truppen.

Eine Gruppe Mormonen unter Brigham Young gründet eine Siedlung am Ufer des Great Salt Lake in Utah.

1848 Beginn des kalifornischen Goldrausches nahe Sutter's Mill am Sacramento River.

Mexiko tritt Texas und Kalifornien an die USA ab.

1849 Der kalifornische Goldrausch zieht eine große Zahl von Einwanderern aus Europa, Australien, Chile und China an.

Allein die USA besitzen 760 Walfangboote im Pazifik.

1850 Endgültiges Ende des Sklavenhandels in Brasilien.

1855 ▼

Das britische Parlament verabschiedet ein Gesetz, das den Kolonien in Australien eine eigene Regierung zubilligt.

Nathaniel Hawthorne veröffentlicht *Der scharlachrote Buchstabe*, einen Roman über den Ehebruch.

Wanderarbeiter aus China, Japan und den Philippinen treffen auf Hawaii ein.

Kopra wird zum Haupthandelsprodukt der Gesellschaftsinseln.

Der Frühling der Nationen (1848–1849)

1848 **Januar:** Revolte in Sizilien. Provisorische Regierung eingesetzt.

Revolte in Neapel; eine neue Verfassung wird verabschiedet.

22.–24. Februar: Revolution in Paris. Ausrufung der französischen Zweiten Republik, allgemeines Wahlrecht für Männer.

März: Aufstände in München, Wien, Budapest, Venedig, Krakau, Mailand, Berlin.

Ungarn erklärt seine Unabhängigkeit von Österreich.

Piemont erklärt Österreich den Krieg.

April: Ende der Leibeigenschaft in Mitteleuropa.

Mai: Preußen unterdrückt Warschauer Aufstand.

Die Revolte in Neapel bricht zusammen.

17. Juni: Aufstand in Prag wird vom österreichischen General Windischgrätz niedergeschlagen.

22.–24. Juni: Aufstand in Paris niedergeschlagen.

Juli: Österreich erobert Norditalien zurück.

31. Okt.: Nach Beschießung ergibt sich Wien.

November: In Frankreich tritt neue liberale Verfassung in Kraft.

Dezember: Louis-Napoléon Bonaparte wird Präsident der französischen Republik.

König Friedrich Wilhelm IV. von Preußen löst die Nationalversammlung auf und erläßt eine neue Verfassung.

Österreichische Armee marschiert in Ungarn ein.

1849 **Jan.:** Budapest ergibt sich den Österreichern.

Februar: Proklamation der römischen Republik.

März: Deutsche Nationalversammlung nimmt eine Verfassung an, die einen Bundesstaat vorsieht unter einem deutschen Erbkaiser.

April: Papst Pius IX. bittet französische Truppen um Beistand gegen die von Guiseppe Garibaldi verteidigte römische Republik.

Ungarn nehmen wieder Budapest ein und erklären Unabhängigkeit von Österreich.

Mai: Preußen zerschlägt Revolte in Dresden.

Französische Nationalversammlung aufgelöst.

Juli: Frankreich besetzt die römische Republik.

August: Ungarische Nationalisten besiegt. Die Österreicher nehmen wieder Wien ein. Venedig ergibt sich den Österreichern.

Der kalifornische Goldrausch

In Sutter's Mill am Ufer des Sacramento in Kalifornien wurde 1848 Gold entdeckt. Innerhalb eines Jahres zogen Tausende »Forty-niners« nach Kalifornien, um ihr Glück zu suchen. Der Goldrausch ließ die Bevölkerung Kaliforniens auf 100000 Menschen im Jahr 1849 hochschnellen. Die Mehrheit der Goldsucher waren alleinstehende Männer; ungefähr die Hälfte arbeitete in den eigentlichen Goldminen, die anderen hofften, vom Geschäft mit den Goldsuchern zu profitieren. Es kamen auch Glücksritter aus Europa, Australien und Südamerika.

Der Taiping-Aufstand

Das China der Qing-Dynastie war von Bevölkerungswachstum und Armut geprägt. In dieser Zeit entwickelte der Führer der Taiping, Hong Xiuchuan, nach den Lehren der Missionare eine eigene Form des Christentums. Er wurde Anführer einer großen Gruppe unzufriedener Bauern aus dem bergigen Süden Chinas. Beim Marsch der Rebellen auf Nanking *(oben)* schlossen sich ihnen immer mehr Menschen an, und 1853 nahmen sie die Stadt ein.

Obwohl die Rebellen zurückgedrängt wurden, dominierten sie das fruchtbare Tal des Jangtsekiang. Bis 1864 flammten Konflikte zwischen Rebellen und Regierungstruppen immer wieder auf, bis die Revolte schließlich niedergeschlagen wurde. Etwa 50 Millionen Menschen fielen dem Konflikt zum Opfer, und ein großer Teil des fruchtbaren Jangtsekiangtals verödete.

Der Kristallpalast

Die »Große Ausstellung des Handwerks und der Industrie aller Nationen« (Erste Weltausstellung), 1851 von der britischen Krone finanziert und vom Adel organisiert, war eine atemberaubende Präsentation britischer Imperialmacht. Aus aller Welt wurden Ausstellungsstücke angefordert: Maschinen, Handwerkszeug, Kunstwerke und Einzigartiges wie der Koh-i-Noor-Diamant. Von 13937 Ausstellern wurden über 100000 Exponate gezeigt. Den Glaspalast, in dem die Ausstellung stattfand, hatte Joseph Paxton entworfen, er stand im Hyde Park in London. Die Ausstellung zog zwischen 1. Mai undover 15. Oktober zwei Millionen Besucher an.

ASIEN

1851 Die Rebellen von Taiping durchbrechen die Militärblockade der Qing und beginnen ihren Marsch nach Nordchina.

1852 Die schiitische Sekte der Babisten wird in Persien verfolgt.

Zweiter britisch-birmanischer Krieg. Die Briten besetzen den unteren Teil Birmas.

Der Mount Everest, nach Sir George Everest, wird als höchster Berg der Erde anerkannt.

Die Taiping durchbrechen die Belagerung von Young'an und erreichen Guilin, die Hauptstadt der Provinz Guangxi.

1853 ▶ **1853** Streit zwischen Frankreich und Russland über die Bewahrung der heiligen Stätten des Christentums in Palästina.

Die britische Ostindische Kompanie annektiert Nagpur.

Erste Eisenbahnlinie Indiens, die Bombay mit Thana verbindet, wird eröffnet.

Nian-Bauernrebellion in der Gegend von Kaifeng in China (bis 1868).

Die »Gesellschaft vom kleinen Schwert« erobert Schanghai (bis 1855).

Die Truppen der Taiping erobern Nanking.

Eine US-Schwadron unter Commodore Matthew Perry landet bei Edo (Tokio), um Japan zu zwingen, sich dem Handel mit der Außenwelt zu öffnen.

1854 In der Provinz Guandong bricht die Revolte »Roter Turban« aus.

Die USA und Japan unterzeichnen das Abkommen von Kanagawa, das die Häfen von Shimoda und Hakodate dem US-Handel öffnen soll.

Den Briten wird von den Japanern in dem Abkommen von Nagasaki der Status einer »sehr bevorzugten Nation« gewährt.

Erste Baumwollmühle Indiens in Bombay.

1855 Die Russen nehmen nach einer Belagerung die Stadt Kars von den Osmanen ein.

Abkommen von Peshawar beendet Krieg zwischen Großbritannien und Afghanistan.

1862 ▼ *Djihad* der Moslems von Yunnan (bis 1873).

Die Miao erheben sich in der Provinz Guizhou.

Russland und Japan unterzeichnen in Shimoda einen Freundschaftsvertrag.

Beginn des britischen Handels mit Siam.

AFRIKA

1852 Al-Hajj Umar Ibn Said Tal erobert das Tal des Senegal.

1856 ▼ Mit der Sand-River-Konvention erkennen die Briten die Unabhängigkeit der Buren in Transvaal an.

Händler der Suaheli aus Sansibar durchqueren den afrikanischen Kontinent und erreichen Benguela.

1853 Großbritannien gibt der afrikanischen Kolonie Goldküste einen legislativen Rat.

Livingstone durchquert Afrika. Er entdeckt und benennt die Victoriafälle.

Heinrich Barth erreicht Timbuktu.

1854 Abbas, der Khedive von Ägypten, wird bei Kairo ermordet.

Mit der Konvention von Bloemfontein erkennen die Briten die Unabhängigkeit des Oranje-Freistaats an.

Al-Hajj Umar Tal, moslemischer Prediger aus Futa Toro (Senegal) beginnt einen *Djihad*, in dessen Verlauf er das Königreich Bambara von Kaarta einnimmt.

1859 ▼ Der Franzose Ferdinand de Lesseps erhält von Said, dem Pascha von Ägypten, eine Konzession für 99 Jahre, um einen Kanal zu bauen, der das Rote Meer mit dem Mittelmeer verbindet.

In Westafrika wird erstmals Chinin zur Bekämpfung der Malaria eingesetzt.

1865 ▼ **1855** Ras Kassa macht sich selbst zum Herrscher Theodoros II. von Äthiopien, nachdem er Godjam, Begemir, Tigrinja und Schoa vereint hat.

Frankreich annektiert Walo am Senegal.

Um 1855 In Ostafrika richtet Msiri, ein Händler der Nyamwesi, einen ständigen Handelsplatz im Innern des Landes ein.

Die Ovimbundu aus dem Hinterland von Benguela richten Handelskarawanen ein, die bis zum oberen Sambesi ziehen.

EUROPA

1851 Präsident Louis Napoléon Bonaparte entmachtet das französische Parlament in einem Staatsstreich und setzt die Verfassung außer Kraft. Seine Handlungen werden durch Plebiszit gebilligt.

Dänemark und Russland unterzeichnen ein Abkommen, das die territoriale Unversehrtheit Dänemarks garantiert.

Guiseppe Verdis Oper *Rigoletto* wird uraufgeführt.

Erste Weltausstellung im Kristallpalast in London.

1852 Louis Napoléon wird zum Kaiser Napoleon III. ausgerufen.

Der Franzose Henri Giffard unternimmt ersten Flug in dampfgetriebenem Ballon.

1853 In Mailand scheitert ein von dem Nationalisten Giuseppe Mazzini initiierter Aufstand.

Großbritannien und Frankreich widersetzen sich russischer Forderung nach Kontrolle der Heiligen Stätten, konzentrieren mit osmanischer Unterstützung Truppen bei den Dardanellen.

Einmarsch Russlands in Moldawien und der Wallachei.

Russland verweigert sich Forderungen der Osmanen, aus Moldawien und der Wallachei abzuziehen. Die Osmanen erklären Russland den Krieg.

Russische Marinedivision zerstört bei Sinop am Schwarzen Meer die osmanische Flotte.

1854 Großbritannien und Frankreich verbünden sich mit den Osmanen und erklären Russland den Krieg.

Krimkrieg (bis 1856). Die Allianz aus Frankreich, Großbritannien und den Osmanen siegt gegen Russland.

1857 ▼

Österreich besetzt Moldawien und die Wallachei.

In Spanien wird bei einer liberalen Revolution die autoritäre Regentin Maria Christina abgesetzt. Ihre Tochter Isabella II. folgt ihr auf den Thron.

Päpstliche Bulle *Ineffabilis Deus* verkündet, dass die Jungfrau Maria frei von Erbsünde ist.

1855 Britische und französische Truppen nehmen den russischen Marinestützpunkt Sewastopol am Schwarzen Meer ein.

AMERIKA & AUSTRALASIEN

1851 Aufstand in Argentinien unter José Justo de Urquiza.

In Kuba scheitert eine von Venezuela angezettelte Erhebung gegen die Spanier.

Der frühere Walfänger Herman Melville veröffentlicht *Moby Dick*.

In den USA werden Nähmaschinen erfunden. Die Nähmaschine von Isaac Singer wird die beliebteste.

Die Eisenbahnlinie zwischen Copiapó und dem Hafen von Caldera in Chile wird vervollständigt.

In Südaustralien werden große Goldvorkommen entdeckt. In Bathurst in New South Wales wird das erste Gold geschürft.

1859 ▼

In Australien wird Victoria von New South Wales abgeteilt und zu einer eigenen Kolonie.

1852 José Justo de Urquiza besiegt in der Schlacht von Caseros den argentinischen Diktator Juan Manuel de Rosas.

Der Constitution Act teilt Neuseeland in sechs Provinzen auf.

1853 Um die südliche Eisenbahnlinie bis zum Pazifik legen zu können, erwerben die USA bei Gadsden Land von Mexiko.

Der Sklavenhandel nach Brasilien wird eingestellt.

Amelia Jenks Bloomer führt in den USA Hosen für Frauen ein.

Die Insel Neukaledonien vor Ostaustralien wird von Frankreich annektiert.

1854 Kansas und Nebraska treten der Union bei.

Erste Eisenbahn Brasiliens zwischen Guanabara Bay und Serra do Mar wird eröffnet.

1855 Der mexikanische Diktator Lope de Santa Anna wird von Liberalen abgesetzt.

Ottawa wird durch königliches Dekret die Hauptstadt Kanadas.

Die Panama-Eisenbahn, die Atlantik mit Pazifik verbindet, wird fertiggestellt.

Henry Wadsworth Longfellow vollendet *Das Lied von Hiawatha*, ein erzählendes Gedicht über einen jungen Ojibway-Indianer.

In Australien erhalten New South Wales und Victoria eigene Parlamente.

Der Krimkrieg

1853 **Mai:** Zwischen Osmanischem Reich und Russland entspinnt sich Konflikt über Heilige Stätten.
Juli: Russland besetzt Moldawien und Wallachei.
Sept.: Britische Flotte wird nach Istanbul verlegt.
Okt.: Osmanen erklären Russland den Krieg. Osmanen dringen in die Wallachei vor.
Nov.: Eine russische Marineeinheit zerstört bei Sinop die türkische Flotte.

1854 **Jan.:** Die britische und die französische Flotte werden ins Schwarze Meer verlegt.
März: Großbritannien und Frankreich erklären Russland den Krieg.
Sept.: Verbündete landen in Eupatoria, Westkrim, besiegen bei Alma russisches Regiment.
Okt.: Die Verbündeten belagern den russischen Marinestützpunkt von Sewastopol.
Die Verbündeten besiegen die Russen bei Balaklawa.
Nov.: Russen werden von Verbündeten in der Schlacht von Inkerman geschlagen.
Eine Gruppe englischer Krankenschwestern, von Florence Nightingale geleitet, richtet sich im Skutari-Krankenhaus in Istanbul ein.

1855 **Jan.:** Graf Camillo Cavour, Ministerpräsident des Kgr. Piemont-Sardinien, zieht an der Seite der Verbündeten in den Krimkrieg.
Sept.: Sewastopol ergibt sich nach fast einem Jahr Belagerung den Verbündeten.

1856 **März:** Großbritannien, Frankreich, Russland, die Osmanen, Piemont-Sardinien, Österreich und Preußen unterzeichnen Vertrag von Paris: Krimkrieg beendet, Neutralität des Schwarzen Meeres.

Die Schlachten um die Krim

Großbritannien und Frankreich beschlossen 1854, den Osmanen dabei zu helfen, die Donaufürstentümer Moldawien und Walachei gegen die russische Invasion zu verteidigen. Der Forderung der Russen nach Anerkennug der Schutzherrschaft über die christlichen Untertanen des Osmanischen Reiches sollte nicht nachgegeben werden. Eine britisch-französische Flotte wurde zur Krim gesandt. Das Unternehmen war auf Belagerung und Grabenkrieg konzentriert und endete 1855 mit einem Sieg der Verbündeten bei der Belagerung von Sewastopol. Obgleich die Verbündeten technisch überlegen waren, hatten sie Probleme, die Truppen auf die große Entfernung zu versorgen. Es war der erste Krieg, der von Zeitungsberichten (mit Fotos) begleitet wurde, die durch die neue Technik der Telegrafen die Leser zu Hause informierten.

Charles Darwin

Der britische Naturforscher Charles Darwin (1809–1882) war nicht der Erste, der die Evolutionstheorie vertrat, als er 1859 sein berühmtes Werk *Über die Entstehung der Arten durch natürliche Zuchtauswahl* veröffentlichte. Doch seine detaillierte Erläuterung des Evolutionsprozesses war revolutionär. Darwin zeigte, dass zwischen den Arten und innerhalb einer Art ein Existenzkampf stattfindet. Bestimmte Anpassungen verschaffen manchen Lebewesen Vorteile in diesem Kampf, in dem nur die am besten angepassten überleben – der Prozess der natürlichen Auslese. In seiner Schrift *Die Abstammung des Menschen* (1871) vertrat er den Standpunkt, dass auch Menschen diesem Prozess unterworfen sind. Darwins Theorie verursachte zahlreiche Kontroversen, da sie den Gedanken einer göttlichen Vorbestimmung zurückwies. Seine Theorie widersprach somit der biblischen Schöpfungsgeschichte.

Giuseppe Garibaldi

Giuseppe Garibaldi (1807–1882), romantischer Visionär und italienischer Patriot, kehrte 1848 aus dem Exil nach Italien zurück, in das er wegen der Teilnahme an einem Aufstand verbannt worden war. Er leitete die Verteidigung der im Februar 1849 ausgerufenen römischen Republik. 1860 führte Garibaldi den »Zug der Tausend« und besiegte die bourbonischen Truppen von Napoleon III., nahm Sizilien und zog im selben Jahr neben König Viktor Emanuel II. von Sardinien in Neapel ein. Dies war eine entscheidende Voraussetzung für die Schaffung des Königreichs Italien, das im März 1861 unter Viktor Emanuel II. ausgerufen wurde.

ASIEN

1856 Der osmanische Sultan Abd ül-Medjid erlässt ein reformatorisches Edikt, das seinen christlichen Untertanen die Sicherheit von Besitz und Leben und das Recht auf freie Religionsausübung garantiert.

Nach einer persischen Invasion nach Afghanistan erklärt Großbritannien Persien den Krieg.

Großbritannien annektiert Oudh (Nordindien).

Chinesische Beamte nehmen die Mannschaft des britischen Schiffes *Arrow* in Guangzhou wegen des Verdachts der Piraterie gefangen.

Siam (Thailand) unterzeichnet Vertrag mit Frankreich, der Grenzen garantieren soll.

1857 Die Briten nehmen Hafen von Bushire am Persischen Golf ein. Persien bittet um Frieden.

Aufstand in Indien gegen die Briten.

1869 Marionettenkönig Bahadur Schah II. wird von den Briten ins Exil geschickt.

In Kalkutta, Madras und Bombay werden Universitäten gegründet.

Frankreich und Großbritannien erklären China den Krieg (bis 1860).

Guangzhou fällt nach Bombardement britisch-französischen Truppen in die Hände.

Die Franzosen belagern Da Nang und Saigon in Vietnam.

1858 Königin Victoria wird zur Herrscherin über Indien erklärt. Die Ostindische Kompanie wird aufgelöst.

Vertrag von Aigun. China erkennt das Gebiet nördlich des Amur als russisch an.

Verträge von Tainjin sollen Expansion von ausländischen Mächten in China verhindern.

Der Aufstand »Weißes Signal« in der Provinz Guizhou wird niedergeschlagen.

1862 Japan unterzeichnet ein Wirtschafts- und Freundschaftsabkommen mit den USA.

1859 Saigon von Frankreich eingenommen.

Timor wird zwischen den Niederlanden und Portugal aufgeteilt.

Die Armee der Taiping-Rebellen wird vor den Toren von Schanghai von Briten, Indern und Franzosen gestoppt.

Britisch-französische Truppen besetzen Peking.

Chinesisch-französische Konvention beendet den Krieg.

AFRIKA

1856 Natal wird britische Kolonie.

Die Buren in West-Transvaal geben sich eine Verfassung, angelehnt an die der USA, für die Südafrikanische Republik. Hauptstadt soll Pretoria sein.

Die erste Eisenbahnlinie Afrikas zwischen Kairo und Alexandria wird eingeweiht.

1861 **1857** Al-Hajj Umar Tal, Führer der muslimischen Tukulor, setzt seinen *Djihad* fort, indem er das französische Fort bei Medina am Senegal belagert.

Die Franzosen besetzen die Bergregion Kabylei in Algerien.

Der Bei von Tunesien erlässt eine Charta, die die gleichberechtige Behandlung von Muslimen und Juden vorsieht.

1858 Die englischen Entdecker Richard Burton und John Speke erreichen den Tanganjikasee.

1869 **1859** Livingstone erreicht den Malawisee.

Die Arbeiten am Sueskanal beginnen.

EUROPA

1856 Der Frieden von Paris beendet den Krimkrieg.

In Irland wird die Sinn Féin gegründet.

Im Neandertal bei Düsseldorf werden die wahrscheinlich aus dem Jahre 70 000 v. Chr. stammenden Überreste eines *Homo sapiens* gefunden.

Bessemer erfindet das Verfahren für die Massenproduktion von Stahl.

1861 ▼
1857 Die Österreicher ziehen sich aus Moldawien und der Walachei zurück, die unter osmanischer Oberhoheit bleiben.

Charles Baudelaire begründet mit seiner Gedichtsammlung *Die Blumen des Bösen* die Bewegung der Symbolisten in Frankreich.

1858 Camillo Cavour und Napoleon III. unterzeichnen die Vereinbarungen von Plombières, ein Bündnis gegen Österreich.

Felice Orsini, ein italienischer Republikaner, versucht, Napoleon umzubringen. Er wird gefangen genommen und guillotiniert.

1861 ▼
Zar Alexander II. ordnet die Freiheit für die Leibeigenen an, die auf kaiserlichem Land arbeiten.

Lionel de Rothschild ist der erste Jude, der Abgeordneter im britischen Unterhaus wird.

Bernadette Soubirous erscheint in Lourdes die Mutter Gottes.

1859 Österreichische Truppen marschieren nach Piemont ein. Frankreich erklärt Österreich den Krieg.

Franzosen und Piemontesen schlagen die Österreicher in den Schlachten von Magenta und Solferino.

Frankreich und Österreich vereinbaren bei Villafranca einen Frieden. Die Lombardei geht an Piemont.

In der Toskana sowie in Modena, Parma, Ravenna, Ferrara und Bologna finden national motivierte Aufstände statt.

1871 ▼
Die Veröffentlichung von Charles Darwins *Über die Entstehung der Arten durch natürliche Zuchtauswahl*, das die Theorie der Evolution weiterentwickelt, bewirkt in London einen Aufruhr.

1860 Frankreich unterzeichnet in Turin einen Vertrag mit Piemont. Piemont soll Mittelitalien erhalten, während Frankreich Nizza und Savoyen versprochen bekommt.

Guiseppe Garibaldi, der italienische Freiheitskämpfer, und sein »Zug der Tausend« erobern Sizilien und Neapel.

AMERIKA & AUSTRALASIEN

1856 Erste kommerziell anwendbare Kühlsysteme in den USA. Eine ausgefeiltere Technik wird 1859 in Australien entwickelt.

1857 In New York gibt es an der Börse eine Panik, als eine der größten Banken der USA, die Ohio Life Insurance and Trust Company, zusammenbricht.

In New York erfindet Elisha Otis den Personenaufzug. Dieser wird in einem Kaufhaus eingebaut.

In Mexiko führt die Einführung einer föderalen Verfassung zu einem Bürgerkrieg zwischen Konservativen und Liberalen.

1858 Am Fraser River in Nordwestkanada wird Gold gefunden.

1861 ▼
Der Königsaufstand verlangt einen Maori-Staat und widersetzt sich weiteren Landverkäufen in Neuseeland.

1861 ▼
Die liberale Regierung von Mexiko unter Benito Juárez bestimmt Vera Cruz zur Hauptstadt.

Das erste transatlantische Kabel wird von Amerika über Neufundland nach Großbritannien verlegt.

1859 John Brown, ein fanatischer Anhänger der Abschaffung der Sklaverei, wird in Virginia wegen Hochverrats und Konspiration mit Sklaven gehängt.

In Pennsylvania wird die erste Ölquelle angebohrt.

Queensland in Australien wird eine eigene Kolonie mit der Hauptstadt Brisbane.

Der Naturforscher Henry Bates kehrt nach elf Jahren im Amazonasgebiet mit 8000 noch unbekannten Insektenarten nach Großbritannien zurück.

1860 Die britische Regierung überträgt die Aufsicht über alle Indianerangelegenheiten an Kanada.

Der Präsident von Ecuador, der katholisch-autoritäre Garcia Moreno, erlässt ein ehrgeiziges Programm für staatliche Bauvorhaben.

Der Amerikaner William Walker, ehemaliger Präsident Nicaraguas, wird hingerichtet.

Tausende neuer Einwanderer kommen wegen des Goldes nach Victoria in Australien.

Die Zahl der Siedler in Neuseeland übersteigt die 100 000, damit sind die Europäer zahlreicher als die Maori.

***Britische Truppen** auf dem Weg nach Umballa, 1859.*

Der Aufstand von 1857–1859

In Indien hatte die wachsende britische Arroganz unter den einheimischen Truppen großen Unmut erzeugt. 1857 führten Gerüchte, dass die Patronen der Gewehre mit Fett von Schweinen und anderen Tieren geschmiert seien, für Hindus und Moslems unannehmbar, zu Meutereien. Die von gleichfalls empörten Bauern unterstützten Meuterer nahmen Delhi ein und setzten den alten Mughal-Herrscher wieder ein. Britische Einwohner in Delhi, Kanpur und Lucknow wurden ermordet. Obwohl die Briten die Kontrolle über einen Großteil der Herzlandes am Ganges verloren, scheiterte die Meuterei, weil ihr eine zentrale Befehlsstruktur fehlte. Die Strafen der Briten waren brutal, und zwischen Herrschern und Beherrschten tat sich ein Graben auf, der die Wandlung Großbritanniens in eine aggressive Kolonialmacht vollendete.

Die Erforschung Australiens

Im Laufe des 19. Jahrhunderts erschloss eine Reihe unerschrockener Entdecker das Innere Australiens für europäische Siedler. Neu entdecktes Land befriedigte die wachsenden Ansprüche der Kolonisten nach Weideland. Für Viehtreiber, Viehzüchter und Händler wurden Überlandstraßen angelegt.

1802	Flinders umschifft Australien (bis 1803).
1813	Gregory Blaxland, William Lawson und William Wentworth überqueren die Blue Mountains – der Beginn der Landerkundung.
1817	Philip Parker King erforscht bei fünf Reisen die australische Küste (bis 1822).
1824	Hamilton Hume und William Howell reisen von Lake George nach Port Philip.
1828	Charles Sturt erforscht die Flüsse Macquarie, Darling, Murrumbidgee, Lachlan und Murray (bis 1830).
1841	Edward Eyre durchquert die Nullarbor Plain.
1848	Edmund Kennedy folgt der Great Divide von Rockinghom Bay zur Halbinsel Cape York.
1860	Robert Burke und William Wills durchqueren Australien vom Cooper's Creek aus nach Norden. Von vier Männern überlebt nur einer.
1862	John Stuart gelingt in mehreren Expeditionen ab 1858 die Durchquerung von Süden nach Norden.
1870	Alexander Forrest erkundet das Gebiet von Port Hedland bis nördlich zum Fitzroy River.
1872	Ernest Giles erforscht die Wüstengebiete von Mittel- und Westaustralien (bis 1876).
1873	Peter Warburton durchquert die Große Sandwüste.

Abraham Lincoln

Der 16. Präsident der USA wurde in einer Pioniersiedlung in den abgelegenen Wäldern von Kentucky geboren. Er erhielt keine richtige Schulbildung, entwickelte aber schon früh eine Leidenschaft fürs Lesen. Nachdem seine Familie nach Illinois gezogen war, studierte er Jura und wurde ein erfolgreicher, angesehener Anwalt in der Prärie. Sechs Jahre lang arbeitete er für die Volksvertretung in Illinois, ging dann in die Bundespolitik und stieg in der neu gegründeten Partei der Republikaner schnell auf. 1860 wurde er Präsidentschaftskandidat.

Seiner Amtseinführung als Präsident 1861 folgte bald der Angriff der Südstaatenarmee auf Fort Sumter. Lincoln war ein fähiger und effizienter Führer in Kriegszeiten, der die Erhaltung der Union über die Frage der Sklaverei stellte. Doch 1863 erließ er sein Emanzipationsedikt, das die Sklaverei in den Südstaaten abschaffte. Lincoln, ein äußerst beliebter und angesehener Präsident, wurde 1864 für eine zweite Legislaturperiode gewählt. Doch im April 1865 ermordete ihn John Wills Booth, ein selbst ernannter Anwalt der Sklaverei.

Ulysses S. Grant

Grant war Befehlshaber der Nordstaatenarmee im amerikanischen Bürgerkrieg und später Präsident der USA (1868–1876). Er wurde von Lincoln wegen seiner kämpferischen Fähigkeiten sehr bewundert.

Bekannt wurde Grant vor allem durch seinen Siegeszug entlang des Mississippitales, durch das Blutbad bei Shiloh (April 1862) und die alles entscheidende Einnahme von Vicksburg (Juli 1863). Ab 1864 Chef des Generalstabs, entwarf er die Strategie, die im folgenden Jahr zur Niederlage der Konföderierten führte.

ASIEN

1861 Wirtschaftsabkommen zwischen Preußen und China.

Nach dem Tod des Kaisers Xianfeng, dessen Nachfolger Tongzhi ist, übernehmen die beiden Kaiserwitwen Ci'an und Cixi die Regentschaft.

1862 Muslime aus Yünnan greifen die Stadt Xi'an in China an.

Taiping-Rebellen attackieren Schanghai.

In Japan verkündet ein kaiserliches Dekret die Ausweisung von Ausländern.

Der britische Geschäftsmann Richardson wird in Yokohama von Samurai ermordet.

1863 Aufstand im Nordwesten von Uighur (Domäne des Qing-Reiches). Größter islamischer *Djihad* in Ostasien (bis 1873).

Satyendra Nath Togore gelangt als erster Inder in den indischen Staatsdienst.

Die Aufständischen von Taiping übergeben ihre Festung Suzhou an den Befehlshaber der Qing. Entgegen den Kapitulationsvereinbarungen werden sie hingerichtet.

1867 ▼ Frankreich errichtet ein Protektorat in Kambodscha.

Die Briten bombardieren als Rache für den Mord an Richardson 1862 Kagoshima (Japan).

1864 Hong Xiuchan, Regent von Taiping, begeht Selbstmord. Nanjing fällt an die Armee der Kolonialmächte.

Muslimische Aufstände in Chinesisch-Turkestan, in Kucha und Ürümqi.

Britische, französische, niederländische und amerikanische Marinestreitkräfte bombardieren japanische Stellungen in Shimonoseki und Kagoshima und zwingen Japan, sich wirtschaftlich zu öffnen.

1887 ▼ **1865** Baumwollhochkonjunktur in Indien.

1868 ▼ In Gangzhou, Yangshan, Bazhou und anderen Teilen der Provinz Zhili in China bricht der Aufstand der »Nachtvogel-Banditen« aus, die Salz schmuggeln.

1867 ▼ Qing-Truppen fügen den Miao-Rebellen eine entscheidende Niederlage zu.

1868 ▼ Muslimische Truppen nehmen Kashgar ein. Buzurg Khan ernennt sich zum König.

Russland erobert Chinesisch-Turkestan.

Die Qing-Truppen übernehmen Qianxi von der Sekte »Weißes Signal«.

Die Aufständischen von »Weißes Signal« nehmen Guangshun und Dingfan ein.

AFRIKA

1861 Die Briten errichten ein Protektorat über den Hafen von Lagos in Nigeria.

Radama II. folgt auf den Thron von Madagaskar und versucht eine am Westen orientierte Politik. Eine kleine herrschende Minderheit widersetzt sich ihm.

El Hadji Omar, der Führer der Tukulor, vernichtet und besetzt das Bambare-Königreich von Ségou.

1862 El Hadji Omar erobert das Fulbe-Königreich von Masina in Ostafrika.

Napoleon III. erwirbt Obock an der afrikanischen Küste des Golfes von Aden.

1863 El Hadji Omar trifft am oberen Niger im Senegal auf die Franzosen, erobert Timbuktu und gründet das Königreich Tukulor.

J. H. Speke und J. Grant können beweisen, dass der Nil im Victoriasee entspringt.

Frankreich errichtet ein Protektorat über das Königreich Porto Novo in Dahomey.

1866 ▼ Der Enkel von Mohammed Ali, Ismail, wird Pascha in Ägypten und macht sich zum Khediven.

1864 El Hadji Omar wird in Masina, Westafrika, ermordet, wo er einen Aufstand der Fulbe-Nomaden niederschlagen wollte.

Die Lozi aus der oberen Flutregion des Sambesi erheben sich gegen die Herrschaft der Kololo, Einwanderer aus dem Süden.

Der ehemalige Sklave Samuel Crowther wird erster schwarzafrikanischer anglikanischer Bischof in der Gegend um den Niger.

1865 Zwischen dem Oranje-Freistaat und Basuto (Sotho) bricht Krieg aus (bis 1866).

1868 ▼ Dem äthiopischen Herrscher Theodoros II. gelingt es nicht, den amharischen Staat Shoa zu erobern.

Samory Touré, Führer der Mandinka am oberen Niger, beginnt die Gegend um die Dyula-Staaten zu erobern.

Um 1865 Elfenbeinhändler aus Chikunda am unteren Sambesi überfallen das mittlere Sambesital, machen Sklaven und stehlen Elfenbein.

Frankreich richtet am Senegal eine kleine Kolonie ein, die sich im Osten bis nach Medina erstreckt.

1870 ▼ Tippu Tip, ein suahelischer Händler aus Zentralafrika, lässt sich in Nyangwe und Kasongo am oberen Kongo nieder. So entsteht eine direkte Verbindung über Ujiji und Tabora nach Sansibar.

EUROPA

1861 König Viktor Emmanuel II. von Sardinien wird zum König von Italien ausgerufen. Zuvor war Gaeta von piemontesischen Truppen eingenommen worden.

1866 ▼
Zar Alexander II. gibt den 20 Millionen Leibeigenen Russlands ihre Rechte.

Der britische Philosoph John Stuart Mill veröffentlicht sein Buch *Utilitarianism*.

Die europäischen Mächte erkennen die Selbstständigkeit von Rumänien (Moldawien und Walachei) an.

In Frankreich wird das Veloziped, ein Fahrrad mit zwei Rädern, erfunden.

1862 Otto von Bismarck wird Ministerpräsident von Preußen.

1867 ▼
Garibaldi landet mit einer Armee in Süditalien, um den Kirchenstaat zu erobern. Papst Pius IX. hat dem neuen italienischen Staat die Anerkennung verweigert.

Victor Hugos Roman *Die Elenden* wird in Paris enthusiastisch gefeiert.

1863 König Friedrich VII. schlägt Schleswig zu Dänemark.

Nach der Annexion Schleswigs rücken sächsische und Hannoveraner Streitkräfte nach Holstein ein.

Polnische Nationalisten revoltieren gegen die russische Vorherrschaft.

Bismarck unterzeichnet die Militärkonvention von Alvensleben mit Russland. Ziel ist eine gegenseitige Unterstützung im Kampf gegen die polnischen Rebellen.

In Russland wird den Universitäten wieder die akademische Freiheit gewährt.

Großbritannien übergibt die Ionischen Inseln an Griechenland.

Der Bau der Londoner Untergrundbahn wird begonnen.

Edouard Manets Gemälde *Frühstück im Freien* wird vom »Salon der Zurückgewiesenen« in Paris abgelehnt, weil es zu freizügig sei.

1864 Auf der Versammlung von Genf wird ein multilaterales Abkommen über das Rote Kreuz unterzeichnet.

Wiener Frieden: Dänemark tritt Schleswig, Holstein und Lauenburg ab.

1867 ▼
1865 In Irland werden die Anführer der Fenier, die einen Aufstand vorbereiten, verhaftet.

Der Mönch Gregor Mendel formuliert die Gesetze für die Vererbung von Merkmalen.

AMERIKA & AUSTRALASIEN

1861 Sklaverei-Staaten verlassen Union; bilden »Konföderierte Staaten von Amerika«.

Amerikanischer Bürgerkrieg (bis 1865).

Abraham Lincoln wird zum Präsidenten der Vereinigten Staaten gewählt.

Apachen-Aufstände im Südwesten Nordamerikas.

Mexikos Präsident Benito Juarez verkündet zweijährige Aussetzung der Schuldenzahlungen ans Ausland; britische, französische und spanische Truppen rücken nach Vera Cruz ein.

García Moreno errichtet in Ecuador eine theokratische Herrschaft.

In Australien brennen Weiße die Camps von 3000 chinesischen Bergleuten nieder.

In der Provinz Otago, Neuseeland, wird Gold entdeckt.

Ein Waffenstillstand beendet den Krieg zwischen Maori und britischen Siedlern.

1862 Zweiter Maori-Krieg.

1866 ▼
Aufstände der Sioux in Minnesota und North Dakota (bis 1864).

1863 Nach der Ankunft von Verstärkung für die Franzosen müssen die mexikanischen Truppen Puebla aufgeben.

1867 ▼
Der österreichische Erzherzog Maximilian wird zum Kaiser von Mexiko ernannt.

Krieg der Navajos in Arizona und New Mexico (bis 1866).

Präsident Lincoln erklärt den letzten Donnerstag im November zum Nationalfeiertag »Thanksgiving«.

1864 Paraguayanischer Krieg. Paraguay erleidet gegen Brasilien, Argentinien und Uruguay eine katastrophale Niederlage (bis 1870).

Ende des Amerikanischen Bürgerkriegs. Die Sklaverei wird abgeschafft.

Die Kämpfe zwischen Briten und Kingitanga werden beendet. Diese Einheitsbewegung der Maori versucht einzelne Stammesfürsten davon abzuhalten, Land zu verkaufen.

Das Verbringen von Verbrechern nach Australien wird abgeschafft.

Wellington wird zur Hauptstadt von Neuseeland.

1865 Präsident Lincoln wird von einem Attentäter erschossen.

Um 1865 In Neuseeland werden ungefähr 14 000 britische Streitkräfte stationiert.

Amerikanischer Bürgerkrieg (1861–1865)

1861	**12. April**: Fort Sumter wird von den Truppen der Konföderierten eingeschlossen.
	15. April: Lincoln verlangt weitere Truppen.
	19. April: Lincoln verkündet Blockade des Südens.
1862	**6.–7. April**: Schlacht von Shiloh. Schwere Verluste auf beiden Seiten.
	16. April: Die Konföderierten ziehen Soldaten ein.
	1. Mai: Unions-Flotte nimmt New Orleans ein.
	22. Sept.: Erste Emanzipationserklärung für die Sklaven.
	13. Dez.: Union unterliegt bei Fredericksburg.
1863	**1. Jan.**: Die Emanzipationserklärung befreit die Sklaven in den Südstaaten.
	3. März: Norden erlässt Gesetz zur Einberufung.
	Mai: Armee von Grant schlägt Konförderierte in Mississippi und belagert Vicksburg.
	1.–3. Juli: Niederlage der Konföderierten in der Schlacht von Gettysburg.
	4. Juli: Die Union nimmt Vicksburg ein.
	19. Nov.: Lincolns Rede von Gettysburg.
1864	**2. Sept.**: Shermans Truppen erreichen Atlanta.
	5. Nov.: Shermans »Marsch zum Ozean«.
	15.–16. Dez.: Schlacht von Nashville zerschlägt Armee der westlichen Konföderierten.

Bürgerkrieg in den USA

1860 bestanden die Vereinigten Staaten aus 18 »freien« Staaten und 15 »Sklaverei«-Staaten, zumeist im Süden. Der Streit über die Sklaverei brachte die Vereinigten Staaten an einen kritischen Punkt. Als die Südstaaten entschieden, die Union vertrete ihre Interessen nicht mehr, traten sieben Staaten aus und bildeten die Konföderierten Staaten von Amerika. Am 12. April 1861 feuerten sie die ersten Schüsse auf Fort Sumter (Virginia) – der Beginn des Bürgerkriegs.

Der Norden mit seiner Seemacht war industriell und demographisch überlegen, doch die Konföderierten kämpften vier Jahre lang mit großer Verbissenheit. Schließlich siegte die Zermürbungsstrategie des Nordens mit General Shermans »Marsch zum Ozean« 1864 durch Georgia. Am Ende des Krieges war der Süden verwüstet, und die Hälfte seiner Armee war gefallen. Die Union war gerettet und die Sklaverei wurde abgeschafft.

***Kampfesmüde Soldaten** der Union ruhen sich nach der Schlacht bei Petersburg, Virginia, 1865, in den Schanzen aus.*

Kaiser Wilhelm I.

Wilhelm I. (1797–1888) war Berufssoldat, konservativ und dem preußischen Heer und der traditionellen Monarchie eng verbunden. Kurz nach seiner Thronbesteigung als König von Preußen im Jahr 1861 bestand er auf einer Heeresreform, die eine dreijährige Dienstpflicht vorsah. Damit verursachte er eine Verfassungskrise, die letztendlich zu einem geeinigten Nationalstaat Deutschland führte. Die liberale Landtagsmehrheit lehnte die Eingabe Wilhelms ab, der daraufhin Otto von Bismarck zum Ministerpräsidenten berief.

Bismarck war entschlossen, einen neuen Norddeutschen Bund zu gründen, der Österreich ausschloss. Sein Ziel erreichte er durch den geschickten Einsatz von begrenzten kriegerischen Maßnahmen. Die Schleswig-Holstein-Krise brachte einen Krieg mit Österreich, in dem Preußen triumphierte. Nach dem entscheidenden Sieg Preußens im Deutsch-Französischen Krieg (1870–1871) konnte Bismarck die süddeutschen Staaten für sich gewinnen. Deutschland wurde vereinigt und Wilhelm I. zum Kaiser des Deutschen Reiches proklamiert.

Bildung der Nationalstaaten (1815–1914)

1829	Königreich Griechenland
1830	Königreich Belgien
1860	Königreich Italien
1866	Fürstentum Liechtenstein
1871	Deutsches Kaiserreich
1877	Königreich Rumänien
1878	Königreich Bulgarien
1890	Großherzogtum Luxemburg
1905	Königreich Norwegen
1910	Republik Portugal (Königreich Portugal, 1640)
1913	Republik Albanien

ASIEN

1867 Eine Gruppe Intellektueller, die Jungtürken, bildet eine Geheimgesellschaft mit dem Ziel, im Osmanischen Reich eine Demokratie einzurichten.

1874 ▼ Cochinchina wird französisches Protektorat.

1872 ▼ Truppen des Qing-Kaisers nehmen eine Festung der Miao-Rebellen.

Der letzte Shogun, Tokugawa Keiki, tritt zugunsten des Meiji-Kaisers Mutsuhito ab.

1871 ▼ **1868** Die muslimischen Staaten Buchara und Samarkand werden von Russland unterdrückt (bis 1870).

Jakub Beg, Herrscher des unabhängigen Muslimstaates Kashgar, nimmt Beziehungen zu Großbritannien und Russland auf.

Großbritannien führt Feldzüge gegen die Stämme an der Nordwestgrenze Indiens.

Rebellen von Ost-Nian werden von kaiserlichen Truppen bei Yangchou vernichtet.

Rebellen von West-Nian aus der Provinz Shandong von Qing-Truppen ausgelöscht.

Die Revolte der »Nachtvogelbanditen« wird niedergeschlagen.

Die britische Marine kapert das erste Dampfboot Chinas, die *Tianji*.

Boshin-Krieg in Japan. Takogawa Bakufu wird von modernen Imperialisten besiegt (bis 1869).

Edo heißt wieder Tokio, und die neue Herrscherära wird Meiji genannt.

1869 Mirza Asadullah (»Ghalib«), der letzte Hofdichter des Mughal-Kaisers, stirbt.

Der japanische Kaiser zieht von Kyoto nach Tokio.

1873 ▼ **1870** Sämtliche Muslimrebellen Nordchinas vereinen sich unter Jakub Beg.

Massaker von Tientsin. Chinesische Aufrührer greifen ein katholisches Waisenhaus an. 24 Ausländer werden getötet.

Zwischen Tokio und Yokohama wird die erste Telegrafenleitung Japans verlegt.

AFRIKA

1866 Der osmanische Sultan übergibt das Recht der Nachfolge an Ismail, den Khediven von Ägypten.

Der Kupferhändler Msiri errichtet eine Handelsniederlassung in Zentralafrika.

1867 In Kimberley, nördlich der Kap-Kolonie in Südafrika, werden Diamanten gefunden.

1868 Der äthiopische Herrscher Theodoros II. wird in der Schlacht von Aroge, die auf einen diplomatischen Streit folgt, von Großbritannien besiegt. Er begeht Selbstmord.

In Westafrika wird zur Verteidigung und um einen modernen Staat zu bilden die Fante-Union gegründet, eine Allianz aus Fante-Herrschern.

Moshoeshoe, der König von Sotho, bittet um die Briten darum, in sein Land einzumarschieren, um eine völlige Eroberung durch die Buren zu verhindern.

König Mswati, der Gründer von Swasiland, stirbt.

1871 ▼ **1869** Entdeckung des Diamanten »Stern von Südafrika« löst Diamantenrausch aus.

Eröffnung des Sueskanals, der Verbindung zwischen Mittelmeer und Rotem Meer.

In Tati und Botsuana wird Gold gefunden. Tausende von Schürfern reisen nach Südafrika.

1875 ▼ **1870** Der suahelische Sklavenhändler Tippu Tip macht sich zum Herrscher der Region westlich vom Tanganjikasee.

EUROPA

1866 Deutscher Krieg von 1866. Preußen nimmt Holstein ein, das 1865 unter österreichische Herrschaft kam. Der Konflikt zwischen den Ländern eskaliert.

Österreich muss Venedig abgeben.

Preußen tritt aus dem Deutschen Bund aus und marschiert in Sachsen, Hannover und Hessen ein.

Italien, Preußens Verbündeter, erklärt Österreich den Krieg. Die italienischen Truppen werden aber bei Custoza geschlagen.

Preußische Truppen besiegen die Österreicher bei Sadowa in Böhmen.

Zar Alexander II. setzt nach einem Attentat auf ihn seine Pläne der Annäherung an den Westen aus.

Die Christen auf Kreta lehnen sich gegen die türkische Herrschaft auf.

Fjodor Dostojewski veröffentlicht *Schuld und Sühne*, das sogleich ein Erfolg wird.

1867 Einrichtung der Doppelmonarchie Österreich-Ungarn.

Bismarck wird Kanzler des Norddeutschen Bundes.

Garibaldi unternimmt den Marsch auf Rom. Bei Mentana wird er von päpstlichen und französischen Truppen geschlagen und gefangen genommen.

Der Londoner Vertrag garantiert die Unabhängigkeit und Neutralität Luxemburgs.

Die Fenier, ein revolutionärer irischer Bund, verüben Bombenanschläge in London.

Das Kapital von Karl Marx, eine Analyse der wirtschaftlichen Ungerechtigkeiten des kapitalistischen Systems, erscheint.

1873 ▼

1868 Königin Isabella II. von Spanien muss nach einem liberalen Aufstand fliehen. Die Herrschaft übernimmt General Francisco Serrano.

1869 Der große russische Schriftsteller Leo Tolstoi vollendet *Krieg und Frieden*.

1870 Italienische Truppen nehmen Rom ein und vertreiben päpstliche Truppen.

Frankreich erklärt Preußen den Krieg. Paris wird belagert.

Napoleon III. kapituliert nach den französischen Niederlagen bei Gravelotte und Sedan vor den Preußen.

In Paris wird die Republik ausgerufen und eine Regierung der nationalen Verteidigung gebildet.

AMERIKA & AUSTRALASIEN

1866 Erster Sioux-Krieg (bis 1876).

Der »Railroad Act« erlaubt die Vereinnahmung von Land der Indianer durch die Eisenbahngesellschaften.

Peru erklärt Spanien den Krieg. Es bildet eine Allianz mit dem chilenischen Präsidenten José Joaquín Pérez.

1867 Die USA kaufen für 7,2 Mio. Dollar Alaska von Russland.

Die ersten Viehtriebe nach Kansas.

Die französischen Truppen verlassen Mexiko. Kaiser Maximilian wird von Republikanern ergriffen und hingerichtet. Benito Juárez wird Präsident.

Brasilianische Truppen nehmen Asunción, die Hauptstadt von Paraguay, ein.

Kanada wird britisches Herrschaftsgebiet.

In Amerika erfindet Christopher Latham Sholes die erste funktionstüchtige Schreibmaschine.

1876 ▼

1868 Die Ogala-Sioux unterzeichnen einen Friedensvertrag mit General Sherman. Dies beendet den zweijährigen Konflikt zwischen Sioux und Goldschürfern.

Aufstand gegen spanische Herrschaft, Kuba.

Little Women von Louise May Alcott wird ein Bestseller.

1869 Im US-Bundesstaat Wyoming erhalten die Frauen das Wahlrecht.

Französisch-indianischer Aufstand in Westkanada. In Fort Garry (Winnipeg) wird eine provisorische Regierung eingerichtet.

In den USA wird die transkontinentale Union-Pacific-Bahnlinie fertiggestellt.

Der 15. Zusatzartikel zur Verfassung gibt den befreiten Sklaven in den USA das Wahlrecht.

In Fremantle in Australien kommt das letzte Sträflingsschiff an.

Der dritte Maori-Aufstand endet mit der Niederlage des Guerillaführers Titokowaru.

1870 Die ersten Leprakranken werden auf die Halbinsel Kalaupapa, nach Molokai und nach Hawaii verbracht.

Um 1870 Deutschland beginnt, große Teile von Westsamoa aufzukaufen.

In Argentinien nehmen die Investitionen und die Einwanderung aus Europa zu.

Der Sueskanal

1859 begann die Sueskanal-Gesellschaft einen Kanal zu bauen, der Mittelmeer und Rotes Meer verbinden sollte. Da der amerikanische Bürgerkrieg Engpässe in der Baumwollproduktion gebracht hatte, boomte die ägyptische Wirtschaft. Doch bald ging die Nachfrage zurück; die Verschuldung Ägyptens in Europa stieg. Bei Eröffnung des Sueskanals 1869 war der ägyptische Handel von europäischen Handelsflotten bestimmt. 1876 erklärte der Khedive Ismail den Bankrott seines Landes. Frankreich und Großbritannien übernahmen die »gemeinsame Kontrolle« über Ägyptens Finanzen.

Das viktorianische London

Das 19. Jahrhundert brachte London eine außerordentliche Bevölkerungsexplosion: von einer Million im Jahr 1801 auf sieben Millionen im Jahr 1911. Der Gesellschaftsforscher Charles Booth nahm an, dass in den 90er-Jahren des 19. Jh. 30 Prozent der Londoner unter der Armutsgrenze lebten. Viele der Ärmsten lebten in den vor-viktorianische Häusern des East End, das zu einem überbevölkerten, unhygienischen Slum geworden war. London war eine Stadt der Einwanderer, in die von 1841 bis 1871 fast eine Million Menschen vom Lande kam. Nach der Kartoffelmissernte in Irland von 1848 wuchs die Zahl der Iren in der Stadt bis 1861 auf 178000 an. Nach 1870 kamen auch viele Juden aus Osteuropa auf der Flucht vor Verfolgung nach London.

***Der französische Künstler Gustave Doré** fertigte im Jahr 1872 Szenen vom Leben in London, die in Regierungsberichten über die Zustände in der Stadt als Beweismaterial dienten.*

Der Impressionismus

Auguste Renoir: Die Loge. *Von anderen Impressionisten unterscheidet ihn das Interesse an der menschlichen Figur.*

Ende des 19. Jahrhunderts verwarfen einige französische Künstler die starre, getreue Wiedergabe der Realität zugunsten einer subjektiven Sehweise. Mit Pinselstrichen und Farben fingen sie den momentanen Eindruck von Oberflächen und Räumen ein und tauchten ihn in Licht. Claude Monets Gemälde *Impression soleil levant (Sonnenaufgang*, 1873) inspirierte einen feindseligen Kritiker dazu, den neuen Stil »Impressionismus« zu nennen. Die Impressionisten wie Monet, Renoir, Pissarro und Manet interessierten sich für die selektive Sicht des menschlichen Auges, das Spiel des Lichts und die Komplexität künstlerischer Empfindsamkeit. Zunächst wurde ihre Arbeit verurteilt; ihr entscheidender Anstoß für die moderne Kunst wurde erst allmählich anerkannt.

Kunst (1848–1890)

1848	William Holman Hunt, John E. Millais und Dante G. Rosetti gründen den Bund der Präraffaeliten.
1852	Hunt: *Das Licht der Welt*. Millais: *Ophelia*.
1857	Millet: *Die Ährenleserinnen*.
1862	Ingres: *Das türkische Bad*.
1863	Manet: *Das Frühstück im Freien*. »Salon der Zurückgewiesenen« in Paris.
1866	Degas beginnt mit seinen Ballettszenen.
1867	Cézanne: *Der Raub*. Die Pariser Weltausstellung zeigt erstmals japanische Kunst in einem Land des Westens.
1868	Degas: *Das Orchester der Oper*.
1869	Manet: *Der Balkon*.
1872	Cézanne und Pissarro in Auvers-sur-Oise. Whistler: *Die Mutter des Künstlers*.
1874	Erste Impressionisten-Ausstellung in Paris. Renoir: *Die Loge*.
1875	Monet: *Regatta in Argenteuil*.
1877	Winslow Homer: *Die Baumwollpflücker*. Rodin: *Das eherne Zeitalter* (Skulptur).
1878	William Morris: *The decorative arts* (Schriften).
1879	Renoir: *Madame Charpentier und ihre Kinder*.
1880	Cézanne: *Château de Medan*. Pissarro: *Die großen Boulevards*. Renoir: *Place Clichy*. Rodin: *Der Denker* (Skulptur).
1881	Monet: *Sonne und Schnee*.
1882	Manet: *Eine Bar in den Folies-Bergère*.
1883	Cézanne: *Felsenlandschaft*.
1884	Seurat: *Badende von Asnières*.
1886	John Singer Sargent: *Carnation, Lily, Lily, Rose*. Seurat: *Ein Sonntagnachmittag auf dem Grande Jatte*.
1887	van Gogh: *Le Moulin de la Galette*.
1888	van Gogh: *Vincents Stuhl*. Toulouse-Lautrec: *Place Clichy*.

ASIEN

1871 Russische Truppen nehmen in Chinesisch-Turkestan Gebiet am Fluss Ili ein.

London und Schanghai sind durch ein Unterseekabel verbunden.

Ein neues Währungssystem wird in Japan eingeführt, es basiert auf dem Yen.

1890 ▼ In Japan wird der Feudalismus abgeschafft. Präfekturen werden gegründet, die Schulpflicht und ein modernes Postsystem werden eingeführt.

1872 Lord Mayo, der Vizekönig von Indien, wird beim Besuch einer Strafkolonie auf den Andamanen von einem muslimischen Nationalisten ermordet.

Der Miao-Aufstand in China wird durch die Ergreifung des Hauptanführers Zhang Xiumei endgültig beendet.

Du Wenxiu, Anführer des Muslimaufstands in Yünnan, ergibt sich den Qing-Truppen und wird hingerichtet.

1873 Die Russen nehmen die Hauptstadt des Khanats von Khiva in Usbekistan ein.

Hungersnot in Bengalen.

Jakub Beg von Kashgar empfängt einen britischen Gesandten.

Qing-Truppen verüben ein Massaker an Muslimen in Dali, Nordchina. Die muslimischen Aufständischen sind nun endgültig besiegt.

Der Kaiser von China empfängt Minister aus den USA, Großbritannien, Russland, den Niederlanden, Frankreich und Japan.

Die kaiserlichen Truppen von Japan werden nach europäischem Vorbild reorganisiert und modernisiert.

Niederländischer Angriff auf das Sultanat Achin in Sumatra.

1877 ▼ **1874** Jakub Beg tritt sein Land an Russland ab, das jetzt ganz Turkestan beherrscht.

Ein Vertrag erkennt das französische Protektorat Cochin in China an.

1881 ▼ Annam in Vietnam wird französisches Protektorat.

1875 Die Spannungen zwischen Großbritannien und China nehmen zu, als ein britisches Gesandtschaftsmitglied von einheimischen Verbrechern an der Grenze zu Birma ermordet wird.

AFRIKA

1871 Die Kap-Kolonie übernimmt die Regierung von Basutoland (Lesotho).

Großbritannien annektiert die Diamantenregion Kimberley in Südafrika.

In Transvaal wird Gold entdeckt.

Der britische Jornalist Henry Morton Stanley findet den berühmten britischen Entdecker David Livingstone in Udjidji in Zentralafrika. Er begrüßt ihn mit den berühmt gewordenen Worten: »Dr. Livingstone, nehme ich an?«

1872 Die Kap-Kolonie erhält volle Selbstständigkeit.

Die Briten übernehmen die niederländischen Forts an der Goldküste (Ghana).

1873 Krieg zwischen Briten und Ashanti (bis 1874). Ashanti-Truppen besiegen die Briten bei Assin Nyankumasi an der Goldküste.

Der schottische Missionar und Entdecker David Livingstone, der die Victoriafälle und den Njassasee entdeckte, stirbt auf der Suche nach den Quellen des Nil.

Die Briten bringen den Sultan von Sansibar dazu, den Sklavenmarkt der Insel zu schließen.

1874 Nach seiner Niederlage gegen die Briten unterzeichnet der König von Ashanti einen Friedensvertrag.

1884 ▼ General Charles Gordon wird Generalgouverneur des Sudan. Für den Khediven von Ägypten erobert er Darfur.

1887 ▼ **1875** Tippu Tip errichtet ein Handelsmonopol.

Stanley segelt um den Victoriasee.

Großbritannien kauft Aktien der Sueskanal-Gesellschaft.

Um 1875 Schottische Missionare richten sich in der Region des heutigen Malawi ein, unterstützt von Christen der Basotho aus Südafrika.

EUROPA

1871 König Viktor Emanuel II. sichert dem Papst zu, dass der Vatikan außerhalb der italienischen Jurisdiktion bleiben wird.

Ausrufung der Pariser Kommune, die nach zwei Monaten zerschlagen wird.

Paris ergibt sich deutschen Truppen. Frankreich und Deutschland unterzeichnen in Versailles Friedensvertrag. Frankreich verzichtet auf Elsass und größten Teil Lothringens.

Wilhelm I. von Preußen wird in Versailles zum Deutschen Kaiser ausgerufen.

Charles Darwin veröffentlicht *Die Abstammung des Menschen*, worin er seine Theorie von der natürlichen Auslese weiter vertieft.

1880 ▼

1872 *Kulturkampf* zwischen Deutschem Reich und katholischer Kirche. Ein Gesetz verbietet den Jesuitenorden und schränkt die Freiheiten der Kirche ein.

Der Dreikaiserbund: Bündnis von Zar Alexander II. (Russland), Kaiser Wilhelm I. (Deutschland) und Kaiser Franz Joseph (Österreich-Ungarn).

Der deutsche Philosoph Friedrich Nietzsche schreibt *Die Geburt der Tragödie aus dem Geist der Musik*.

1873 König Amadeus von Spanien dankt ab. Die erste spanische Republik wird ausgerufen.

1874 Ein Militärputsch bringt Marschall Francisco Serrano in Spanien wieder an die Macht. Nach elf Monaten wird jedoch der Infant Don Alfonso zum König erklärt.

Der Factory Act in Großbritannien beschränkt die Arbeitswoche auf 56,5 Stunden.

Eine Gruppe Pariser Künstler, die von dem »Salon« zurückgewiesen wurden, stellt ihre Werke selbstständig aus. Zu den »Impressionisten« gehören Claude Monet, Auguste Renoir, Camille Pissarro, Edgar Degas und Paul Cézanne.

1875 Frankreich erhält eine republikanische Verfassung.

Die Bauern von Bosnien und Herzegowina erheben sich gegen die Osmanen.

Bulgarische Patrioten rebellieren in Sagora gegen die Osmanen.

Der Komponist Georges Bizet stirbt nach dem »Misserfolg« seiner Oper *Carmen*.

AMERIKA & AUSTRALASIEN

1871 Beginn der Apachen-Kriege in Nordamerika.

Gründung der National Association of Professional Baseball Players (Verband der Profi-Baseballspieler) in den USA.

1872 Krieg der Modoc in Oregon und Kalifornien.

William »Boss« Tweed, der ehemalige Vorstand der Tammany Hall, der mächtigen Parteizentrale der New Yorker Demokraten, wird wegen Betrugs und Korruption festgenommen.

Der Deutsche Wilhelm Reiss besteigt den Cotopaxi in Ecuador, den Humboldt für nicht begehbar erklärt hatte.

Eine Überland-Telegrafenverbindung verbindet Südaustralien mit Darwin im Norden.

1873 Mit einem Friedensvertrag wird in La Paz die Grenze zwischen Chile und Argentinien entlang den *Cordilleren* (Anden) festgelegt.

William Lunalilo wird der erste gewählte Herrscher von Hawaii.

Gründung der Northwest Mounted Police (»Mounties«), der berittenen Polizei von Kanada.

1874 Red-River-Krieg im Süden der USA. Komantschen, Kiowa und Cheyenne vereinigen sich unter Quanah Parker gegen die weißen Siedler.

Großbritannien annektiert die Fidschi-Inseln. Indische Zuckerrohrarbeiter kommen nach Fidschi.

1875 Nach der Abschaffung der Provinzregierungen bekommt Neuseeland eine Zentralregierung.

Das Ruhrgebiet

Die Industrialisierung Deutschlands erfolgte in sehr kurzer Zeit. Noch 1871 war Deutschland hauptsächlich von Landwirtschaft geprägt, doch schon 1914 gab es 30 Städte, die mehr als 100000 Einwohner hatten. Friedrich Krupp hatte 1811 in Essen eine Stahlfabrik gegründet, die sich unter seinem Sohn Alfred (1812–1887) zur größten Gussstahlfabrik der Welt entwickelte.

August Thyssen erkannte das große Potenzial des Ruhrgebiets, der Region zwischen Duisburg und Dortmund, für Eisen- und Stahlproduktion. Er gründete 1871 die Firma Thyssen & Co., die ab 1914 jährlich 1 Mio. t Eisen und Stahl produzierte. Das Ruhrgebiet wurde in den folgenden Jahren zum bedeutendsten Industriebezirk Europas.

Die Minen der Kap-Kolonie

Die Entdeckung von Gold und Diamanten im Inneren Südafrikas war ein Wendepunkt in der Geschichte der Region. Als 1867 die Diamantenfelder der britischen Kap-Kolonie (Kimberley) entdeckt wurden, kamen Tausende Menschen aus ganz Afrika sowie Goldsucher und Spekulanten aus Europa, Amerika und Australien. Von Beginn an beherrschten die Weißen, die die Mittel, das Kapital und die Unterstützung durch die politische Macht der Briten besaßen, die Bodenschätze Afrikas. Ursprünglich waren die Minen von einzelnen Schürfern erforscht worden, doch Ende der 70er-Jahre des 19. Jh. kamen die großen Gesellschaften mit teuren Dampfmaschinen. 1889 erlangte die Firma De Beer das Monopol über die Diamantenminen.

Die Erforschung Afrikas

Um 1800 war ein großer Teil der Landmasse Afrikas noch kaum kartographiert. Im Laufe des 19. Jahrhunderts machte sich eine Reihe europäischer Entdecker auf anstrengende und gefährliche Reisen ins Innere Afrikas. Ihre Interessen waren wissenschaftlicher Art, doch ihre Regierungen waren sich durchaus des wirtschaftlichen und strategischen Potenzials des riesigen Kontinents bewusst.

1823	Dixon Denham und Hugh Clapperton erreichen den Tschadsee (bis 1824).
1826	Alexander Laing erreicht Timbuktu, wird dort aber ermordet.
1828	René Caillié kommt als ägyptischer Muslim verkleidet nach Timbuktu.
1830	Die Gebrüder Lander entdecken die Mündungen des Niger.
1849	David Livingstone erreicht den Ngamisee.
	Heinrich Barth erkundet und kartographiert die westliche Sahra (bis 1855).
1853	David Livingstone durchquert Afrika (bis 1856). Er entdeckt die Victoriafälle.
1858	Richard Burton und John Speke entdecken Tanganjikasee. Speke entdeckt Victoriasee.
1859	Livingstone entdeckt den Malawisee.
1862	Speke erreicht die Quelle des Nil.
1869	Gustav Nachtigal durchquert die Sahara.
1871	Livingstone trifft in Udjidji den britischen Journalisten Henry M. Stanley.
1873	Verney Cameron durchquert als erster Europäer Afrika von Ost nach West.
1875	Stanley umfährt den Victoriasee. Er bestätigt die Riponfälle als Quelle des Nil.
1876	Stanley fährt auf dem Kongo bis zum Atlantik (bis 1877).
1883	Joseph Thomson reist von Mombasa zum Victoriasee.
1887	Louis Binger erforscht die Länder westlich vom Voltadelta. Stanley gelangt bis zum Albertsee.
1888	Graf Samuel Teleki entdeckt Rudolfsee.

***Mit Fahrrädern** gab es für viele Frauen eine so bisher nicht gekannte Freiheit der Bewegung und neue Unabhängigkeit.*

Fahrräder

Das erste funktionstüchtige »Vélocipède« wurde in Frankreich in den 60er-Jahren des 19. Jh. von der Familie Michaux konstruiert. Schon bald kamen Verbesserungen wie Ketten, Speichenräder, Gänge und luftgefüllte Reifen hinzu. In den 80er-Jahren des 19. Jh. wurden Fahrräder in Europa und den USA in Massenproduktion hergestellt. Die Tour de France wurde 1903 aus der Taufe gehoben. Fahrradfahren wurde zu einem beliebten Freizeitvergnügen.

ASIEN

1881 Nach dem Vertrag von St. Petersburg erhält China einen großen Streifen Land von Chinesisch-Turkestan zurück.

Frankreich erklärt Vietnam zu seinem Herrschaftsgebiet und schickt Truppen an den Roten Fluss, die Tonkin im Norden einnehmen sollen.

1882 Sir Courtney Ilbert schlägt vor, dass die Europäer in Indien sich auch Gerichtsverfahren unter indischen Richtern stellen sollen.

Oberbefehlshaber Henri Rivière nimmt die Zitadelle von Hanoi in Vietnam ein.

In Korea findet ein pro-chinesischer Staatsstreich statt. Herrscher Yi Si-eung wird entmachtet.

1883 Der Vertrag von Hué erkennt Tonkin, Annam und Cochin als französische Protektorate an. China widersetzt sich, es betrachtet Vietnam als seinen eigenen Vasallenstaat.

Vietnamesische Truppen kämpfen, von chinesischen Truppen der »Schwarzen Flagge« unterstützt, bei Hanoi gegen die Franzosen.

Beim Ausbruch des Krakatoa in Java werden über 30 000 Tote befürchtet.

1884 Konvention von Li-Fournier. China erkennt die französisch-vietnamesischen Verträge an und will Yunnan und Guangxi dem französischen Handel öffnen.

Chinesische Truppen brechen die Konvention von Li-Fournier und schlagen die französischen Truppen bei Bacle in Indochina.

Die französische Marine antwortet mit der Bombardierung von Chilung (Taiwan) und Fuzhou. China erklärt Frankreich den Krieg.

Die französische Regierung spricht Ultimatum aus, das eine Entschädigung und Abzug der chinesischen Truppen aus Indochina verlangt. Die Truppen ziehen sich zurück.

1885 Gründung der indischen Nationalversammlung.

Russische Truppen fügen den afghanischen Streitkräften bei Ak Tepe eine vernichtende Niederlage zu.

Die Briten erobern die Hauptstadt von Birma, Mandalay, um französische Übermacht im oberen Teil Birmas zu verhindern. Dritter britisch-birmanischer Krieg (bis 1886).

Qing-Truppen schlagen bei Langson in Indochina die französischen Truppen.

Das chinesisch-französische Bündnis von Tianjin bestätigt das französische Protektorat über Indochina.

AFRIKA

1881 Die britischen Truppen werden bei Majuba Hill an der Grenze zu Britisch-Natal von den Buren geschlagen.

1887 ▼
In der Konvention von Pretoria erkennen die Briten die eigenständige Regierung von Transvaal an.

Im Sudan ernennt sich Mohammed Ahmed ibn Abdallah zum »al-Mahdi« (»der Geleitete«) und ruft zu einem heiligen Krieg gegen Ägypter und Europäer auf.

Die Mandinka treffen auf die Franzosen, die ihr Herrschaftsgebiet westlich des oberen Senegal erweitern.

Der Vertrag von Bardo macht Tunesien zum französischen Protektorat.

Henry Morton Stanley gründet am Kongo die Stadt Leopoldsville.

1882 Nationalistischer Aufstand in Ägypten wird mit Einmarsch der Briten beantwortet.

1883 Frankreich erobert Madagaskar.

Großbritannien kündigt einseitig die gemeinsame Herrschaft mit Frankreich über Ägypten auf.

Deutsche Siedlung am Hafen von Angra Peguena (Lüderitzbucht) in Namibia.

Die Mahdi im Sudan besiegen die ägyptische Armee.

Die Nationalkirche der Tembu, erste schwarze Kirche in Südafrika, wird gegründet.

1884 Deutschland erwirbt Südwestafrika, Togo und Kamerun.

Auf der Berliner Konferenz (bis 1885) einigt man sich über die Aufteilung Afrikas.

1898 ▼
Die britische Regierung entsendet General Gordon, um Khartoum zu evakuieren.

Großbritannien unterzeichnet Pakt mit Portugal über die Kontrolle der Kongomündung.

Henry Morton Stanley hat für ein privates Unternehmen, das von König Leopold von Belgien gegründet wurde, 40 Handelszentren im Kongogebiet errichtet.

1885 Deutschland errichtet ein Protektorat über die Küste des Tanganjikasees.

König Leopold von Belgien annektiert den Kongo.

Die Mahdi erobern Khartoum und ermorden General Gordon und die in der Stadt zurückgebliebenen ägyptischen Soldaten.

1896 ▼
Frankreich erwirbt das Protektorat über Madagaskar.

EUROPA

1891 **1881** Das Attentat auf Zar Alexander II. führt zu den ersten Pogromen gegen die russischen Juden.

In Berlin nimmt die erste elektrische Straßenbahn, von Werner von Siemens erfunden, den Betrieb auf.

1882 Deutschland, Österreich-Ungarn und Italien unterzeichnen einen gegen Frankreich gerichteten geheimen Nichtangriffspakt.

In Großbritannien wird der Married Women's Property Act verabschiedet; er erlaubt verheirateten Frauen, eigenes Vermögen zu verwalten.

Aus Moskau, St. Petersburg und Charkow werden die Juden vertrieben.

Der Komponist Johannes Brahms vollendet sein zweites Klavierkonzert.

Die neue Oper von Richard Wagner, *Parzifal*, wird in Bayreuth unter großem Beifall uraufgeführt.

1883 Der Architekt Antonio Gaudí beginnt in Barcelona mit der Arbeit an der Kirche zur Heiligen Familie.

1884 Eine Gruppe von Sozialisten gründet in London die Fabian Society.

Maxim erfindet das Maschinengewehr, eine neue besonders effektive Waffe.

1885 Die britische Regierung verabschiedet den Land Act, der umfangreiche staatliche Mittel für irische Bauern bereit hält, die damit den englischen Grundherren Land abkaufen sollen.

1886 Aufstand in Ost-Rumelien. Prinz Alexander von Bulgarien annektiert die Region. Von Russland unterstützte Serben marschieren dort ein und werden bei Slivnitsa geschlagen.

Gottlieb Daimler und Carl Friedrich Benz entwickeln unabhängig voneinander die Grundlagen für den Kraftwagen.

AMERIKA & AUSTRALASIEN

1881 US-Präsident James Garfield stirbt nach einem Attentat an einer Blutvergiftung.

Beginn der Einwanderung von fast 400 000 Kanadiern in die USA.

Höhepunkt der deutschen Einwanderungswelle in die USA (1 300 000 Menschen).

Der vogelfreie William H. Bonney, alias Billy the Kid, wird erschossen.

1890 Der Häuptling der Sioux, Sitting Bull, der fünf Jahre lang vogelfrei war, ergibt sich der Armee.

Die geologische Untersuchung des Grand Canyon ist abgeschlossen.

Patagonien wird Teil von Argentinien.

1882 Beginn einer großen Einwanderungswelle von Juden aus dem russischen Kaiserreich in die USA.

Ungefähr 80 000 Skandinavier emigrieren in die USA.

Die Einwanderung von Chinesen in die USA wird verboten.

In Boston ist *Jolanthe* von Gilbert und Sullivan die erste elektrisch beleuchtete Theaterproduktion des Landes.

1883 Das Bündnis von Ancón beendet den Krieg zwischen Chile, Peru und Bolivien.

Die von John A. Roebling konstruierte Brooklyn Bridge, die New York City mit Brooklyn verbindet, wird eröffnet.

1884 Im Vertrag von Valparaiso gesteht Bolivien Chile die Kontrolle über Antofagasta sowie die Atacama-Wüste zu.

Ungefähr 100 Suffragetten, angeführt von Susan B. Anthony, reichen beim US-Präsidenten eine Petition für das Frauenwahlrecht ein.

Deutschland annektiert Nord-Neuguinea und den Bismarck-Archipel.

1885 Die Freiheitsstatue kommt aus Frankreich in New York an.

In Nordwestkanada wird der Aufstand von Riel niedergeschlagen.

Die transkontinentale Eisenbahnstrecke in Kanada wird vollendet.

Cecil Rhodes

Cecil John Rhodes (1853–1902) erlangte durch Diamanten- und Goldminen in Südafrika ein Vermögen. Der eifrige Verfechter des Empire wurde zum erfolgreichen politischen Führer. Als Ministerpräsident der Kap-Kolonie machte er 1890 einen Plan, wie noch mehr Land in Afrika unter britische Kontrolle zu bringen sei. Am liebsten hätte er die britische Flagge überall zwischen Kapstadt und Kairo wehen gesehen. Obwohl es ihm gelang, große Teile Afrikas unter britische Herrschaft zu bringen, konnte er die Regierung der Buren nicht stürzen. Er unterstützte 1895 den Aufstand von Jameson, wo eine kleine britische Truppe versuchte, den Anführer der Buren, Paul Kruger, zu vertreiben. Als der Aufstand scheiterte, musste Rhodes zurücktreten.

Lithographie von der Illinois Center Railroad. *In den 80er-Jahren des 19. Jh. verbanden solche transkontinentalen Eisenbahnlinien den ganzen nordamerikanischen Kontinent.*

Eisenbahnlinien in den USA

Die erste Eisenbahnlinie in den USA, mit deren Bau 1828 begonnen worden war, verlief zwischen Baltimore und Ohio. In der ersten Phase des Eisenbahnbaus legte man nur kurze Gleisabschnitte, die die großen Städte verbanden. 1852 gab es sechs Strecken über die Appalachen, und Chicago war von Osten her mit der Eisenbahn erreichbar. 1854 gründete eine Gruppe von Ingenieuren die Pacific Railroad Survey, die Ära der transkontinentalen Linien begann. Die erste Strecke über den Kontinent war die Union-Pacific, die 1869 fertig gestellt war. Hier fuhr anfangs nur ein Zug nach Osten und einer nach Westen. Als nach 1880 mehr transkontinentale Strecken gebaut wurden, zuerst die Northern Pacific, wurde die Eisenbahn zum wichtigsten Transportsystem der USA.

Der Eiffelturm

1889 fand in Paris die Weltausstellung statt, deren Krönung der von dem Ingenieur Gustave Eiffel errichtete Turm aus Eisen war. Mit 300 m war er die höchste Metallkonstruktion der Welt. Um an den Jahrestag der Revolution von 1789 zu erinnern, setzte Eiffel die Tricolore auf die Spitze des Turmes, der von über 20 000 Gaslichtern illuminiert wurde. Mit seinem modernen Design und den gläsernen elektrischen Aufzügen ist er ein Zeugnis für den Respekt der Dritten Republik gegenüber Wissenschaft, Modernität und Technologie. Er ist das weltweit bekannte Symbol für die Stadt Paris.

Gummi aus Malaysia

Ende des 19. Jahrhunderts hatten die Briten die gesamte Malaiische Halbinsel unter ihre zumeist indirekte Kolonialherrschaft gebracht, da sie durch lokale Sultans regierten. Von 1880 an wurde das Land rasch den britischen Wirtschaftinteressen geöffnet. So wurden dort große Zinnvorkommen, die in den westlichen Industrienationen sehr gefragt waren, entdeckt. Bis 1890 war Malaya zum größten Gummierzeuger der Welt geworden. Die Malaien waren hauptsächlich Bauern und an diesen neuen Industrien nicht interessiert. Deshalb brachten die Briten chinesische Arbeiter ins Land, die schon bald fast die Hälfte der Bevölkerung ausmachten. Die Malaien begannen dann, sich gegen die Beherrschung ihrer Wirtschaft durch Chinesen zu wehren.

***Die riesigen Gummiplantagen** der Malaiischen Halbinsel waren eine sichere Basis für die wirtschaftliche Einflussnahme der Briten.*

ASIEN

1886 In Indien gründet Saiyid Ahmed Khan die Muslim Education Conference.

Großbritannien annektiert nach dem dritten birmanischen Krieg das obere Birma.

1887 Riad wird von den Raschiden, die auch Nejd beherrschen, eingenommen.

Baluchistan wird zum britischen Herrschaftsgebiet erklärt und mit Indien vereint.

J. N. Tata, ein reicher Parsi, eröffnet in Nagpur seine Empress-Baumwollmühle. Ein großer Schritt vorwärts für die indische Textilindustrie.

1888 Großbritannien errichtet ein Protektorat über Sarawak auf der Malaiischen Halbinsel und über Nordborneo.

In China wird die erste Eisenbahnlinie, von Tangshan nach Tianjin, in Betrieb genommen.

1889 Die neue japanische Verfassung sucht eine Balance zwischen der Macht des Kaisers und einem parlamentarischen Regierungssystem.

1892 ▼
1890 In Japan werden die ersten Wahlen abgehalten.

AFRIKA

1886 Auf dem Witwatersrand in Südafrika werden große Goldvorkommnisse entdeckt.

In Südafrika wird die Stadt Johannesburg gegründet.

Deutschland und Großbritannien teilen Ostafrika unter sich auf.

1887 Großbritannien errichtet ein Protektorat über Nigeria.

1891 ▼
Tippu Tip, der Sklavenhändler der Suaheli, wird im Auftrag von König Leopold II. zum Gouverneur der Gegend um die Stanleyfälle im Freistaat Kongo ernannt.

König Lobengula von den Ndebele unterzeichnet einen Freundschaftsvertrag mit den Buren in Transvaal.

1893 ▼
1888 König Lobengula erteilt einem Syndikat, dem Cecil Rhodes vorsteht, die exklusiven Schürfrechte.

Die Briten erklären sich zu einer Blockade bereit, um den Deutschen zu helfen, den muslimischen Widerstand an der ostafrikanischen Küste zu brechen.

1889 Einrichtung der ersten italienischen Kolonie in Eritrea.

Die British South Africa Company von Cecil Rhodes beginnt mit der Kolonisierung Rhodesiens.

1895 ▼
1890 Großbritannien tauscht mit Deutschland Helgoland gegen Pemba und Sansibar.

Cecil Rhodes wird Ministerpräsident der Kap-Kolonie.

EUROPA

1886 Frieden von Bukarest zwischen Bulgarien und Serbien.

Die irische Frage lässt die Regierung von William Gladstone scheitern, als seine Irish Home Rule Bill abgeschmettert wird.

Carl Benz lässt sich das erste Automobil patentieren.

1887 Bulgarien, unabhängig vom Osmanischen Reich, wird der führende Balkanstaat.

Der russische Komponist Peter Tschaikowsky vollendet sein Ballett *Schwanensee*.

1893 ▼

1888 James Keir Hardie gründet die schottische Labour Party.

Zwischen Ungarn und Istanbul wird eine Bahnlinie eröffnet.

Der niederländische Künstler Vincent van Gogh zieht nach Arles in der Provence, wo er seine *Sonnenblumen* malt.

1896 ▼

1889 Die Osmanen beenden eine von den Griechen unterstützte Rebellion auf Kreta.

In London streiken 30 000 Hafenarbeiter. Sie erfahren eine große Welle internationaler Solidarität.

Im Ruhrgebiet in Deutschland treten 90 000 Bergarbeiter in den Streik.

1891 ▼

Sozialdemokraten gründen in Deutschland eine Bergarbeitergewerkschaft.

Der Deutsche Reichstag beschließt von Bismarck initiierte Sozialgesetze, die Renten- und Unfallversicherungen vorsehen.

Der Eiffelturm für die Weltausstellung in Paris wird fertiggestellt.

1890 Der Riss zwischen Kanzler Bismarck und Kaiser Wilhelm II. vertieft sich. Kaiser Wilhelm verlangt Bismarcks Rücktritt.

Spanien führt das allgemeine Wahlrecht ein.

Charles Parnell, der Vorsitzende der Irish Party in Westminster, muss zurücktreten, nachdem er als Mitbeklagter in einem Ehebruchsprozess genannt wird.

AMERIKA & AUSTRALASIEN

1886 Über 100 000 Arbeiter streiken USA-weit für den Acht-Stunden-Tag.

Der Häuptling der Apachen, Geronimo, ergibt sich General Nelson A. Miles nach einem Jahrzehnt des Guerrillakrieges.

Der Apotheker Dr. Pemberton erzeugt ein kohlensäurehaltiges Getränk: Coca-Cola.

1893 ▼

1887 Neuseeland annektiert die Kermadecinseln.

Auf Hawaii droht eine Revolution, als König Kalakaua als der Anführer eines Opiumsyndikats entlarvt wird.

1888 In Brasilien wird die Sklaverei abgeschafft. Im nächsten Jahrzehnt kommt über eine Million Einwanderer ins Land.

Chile beginnt mit der Kolonisation der Osterinsel.

George Eastman vollendet die erste Kodak-Kamera.

1889 Zwei Millionen Morgen Land der Indianer werden in Oklahoma weißen Siedlern überschrieben.

1891 ▼

Brasilien erhält den Status einer Republik, als der Kaiser das Land verlassen muss.

Deutschland, Großbritannien und die USA unterzeichnen einen Vertrag, der die Unabhängigkeit und die Neutralität der Samoainseln garantiert.

1890 US-Truppen begehen in der Schlacht von Wounded Knee ein Massaker an 350 Sioux. Dies ist der letzte bewaffnete Widerstand der Indianer gegen ihre Verlegung in Reservate.

Die amerikanische Frontier, die Grenze zur Wildnis, wird für nicht länger existent erklärt.

Westaustralien erhält als letzter Staat eine eigene Regierung.

Um 1890 In Kalgoorlie in Westaustralien wird Gold entdeckt.

Kauri-Gummi für Lacke wird das Hauptexportprodukt Neuseelands.

Das Wahlrecht (1848–1922)

Datum bezeichnet Einführung des allgemeinen Wahlrechts für Männer. (Wahlrecht für Frauen in Klammern).

1848	Frankreich – anschließend wieder ausgesetzt; erneut eingeräumt 1852 und 1870 (1944).
	Schweiz – anschließend wieder ausgesetzt; erneut eingeräumt 1874.
1850	Preußen.
1871	Deutsches Reich (1919).
1884	Großbritannien (1928).
1890	Spanien.
1893	Belgien (1948).
1896	Niederlande (1946).
1898	Norwegen (1912).
1907	Österreich.
	Ungarn.
1908	Osmanisches Reich (1934).
1909	Schweden (1919).
1910	Portugal.
1915	Dänemark.
1921	Jugoslawien (1946).
1922	Irland (1922).

Louis Pasteur

Louis Pasteur (1822–1895) war ein herausragender französischer Wissenschaftler, dessen Experimente die Wissenschaftsmethoden des 19. Jahrhunderts revolutionierten. Seine Studien der Fermentation begann er 1854 als Professor für Chemie an der Universität Lille. Er konnte beweisen, dass der Prozess der Gärung durch die Aktivität von winzigen Organismen verursacht wird. Er entwickelte ein Verfahren zur Abtötung von Bakterien durch Hitze, wodurch Wein, Essig, Bier und sogar Milch haltbar und transportabel gemacht wurden (Pasteurisierung). 1881 entwickelte er eine Impfung gegen Milzbrand für Schafe, 1882 einen Impfstoff gegen Tollwut, mit der er das Leben eines neunjährigen Jungen rettete, der von einem tollwütigen Hund gebissen worden war.

Die Modernisierung Japans

Seit dem späten 19. Jh. öffnete ein modernisiertes Japan seine Türen dem Handel mit dem Ausland.

Die Meiji-Reform (so benannt nach dem jungen Kaiser, der 1867 den Thron bestieg, und seiner Regierungszeit den Namen »Meiji«, »Erleuchtete Regierung« gab), war der Beginn einer umfassenden Erneuerung Japans. Die Politiker des Landes erkannten die Notwendigkeit der Übernahme westlicher Technologien, um sich Unabhängigkeit und Einfluss zu sichern. Neue Eisenbahnlinien verbanden die Städte; Häfen und Fabriken wurden errichtet. Regierung und Verfassung wurden nach preußischem Vorbild reformiert und eine konstitutionelle Monarchie mit einem Parlament errichtet. Die Erneuerung schloss auch die Übernahme westlicher Kultur, Kleidung und Ernährungsgewohnheiten ein. Um 1890 besaß Japan eine moderne Flotte und Armee, eine schnell wachsende Industrie und einen steigenden Anteil am chinesischen Markt. Außenpolitisch eiferte Japan westlichen kolonialen Begehrlichkeiten nach und zog Korea in seine Einflusssphäre.

Die Erneuerung Japans 1871–1890

1871	Japanische Regierungsgesandte werden in den USA von der Notwendigkeit der Modernisierung überzeugt.
	250 Feudalbezirke gehen in 72 Präfekturen und drei städtischen Bezirken auf.
1871	Einführung der allgemeinen Schulpflicht.
1873	Allgemeine Wehrpflicht nimmt den Samurai das Monopol des Militärdienstes.
	Dreiprozentige Steuer in Geldwert auf Grundbesitz wird erhoben.
1884	Einführung einer neuen Adelsordnung nach europäischem Vorbild.
1885	Einführung des Kabinettsystems, Minister werden direkt vom Kaiser ernannt.
1889	Neue Verfassung wird verkündet. Wahlen zum Unterhaus.
1890	Erste Parlamentssitzung *(Kokkai)*. Kaiserliches Erziehungsedikt erklärt Shintoismus und Konfuzianismus zur Leitlinie.

ASIEN

1891 Britische Expeditionstruppen werden nach Manipur, Saminar und Nagar in Nordindien entsandt.

Angriffe auf eine Misson in China.

Aufstand der Kolao-hui-Sekte wird von chinesischer Regierung niedergeschlagen.

1892 Bedingtes Wahlrecht für die Wahl von Indern in das Zentralparlament und in die Provinzräte in Britisch-Indien.

Gewaltausbrüche bei Wahlen in Japan, als Feudalherren beschließen, ihre Position im Parlament zu stärken.

1896 ▼

1893 Siam überlässt sämtliche Gebiete östlich des Mekong Frankreich und anerkennt Laos als französisches Protektorat.

1896 ▼

1894 Der osmanische Sultan unterdrückt die Unabhängigkeitsbewegung der Armenier. Türkische und kurdische Truppen beginnen mit Massakern an Armeniern.

Nach einem nationalistischen Aufstand werden chinesische und japanische Truppen nach Korea gesandt.

Japanische Truppen nehmen den koreanischen Kaiserpalast ein. Die Japaner versenken den britischen Dampfer *Kowshing*, der chinesische Verstärkung nach Korea bringen soll.

Zwischen China und Japan wird der Krieg erklärt.

1895 Großbritannien greift ein, um das Massaker an Armeniern zu stoppen.

Die Japaner versetzen den Chinesen eine demütigende Niederlage in der Schlacht von Weihaiwei. China und Japan unterzeichnen den Friedensvertrag von Shimonoseki.

Russland, Frankreich und Deutschland zwingen Japan, die Liaodong-Halbinsel an China zurückzugeben. Japan annektiert Taiwan.

Revolutionsführer Sun Yatsen, dessen Versuch eines Aufstands in Kanton fehlgeschlagen ist, flieht nach Hongkong.

China schließt einen Geheimvertrag mit Russland, der den Bau der transibirischen Eisenbahn durch die Mandschurei erlaubt.

1897 ▼

Antichristliche Aufstände in der Provinz Sichuan.

AFRIKA

1891 Belgische Truppen greifen das Königreich Garenganze in der kupferreichen Provinz Katanga, Kongo, an.

Großbritannien und Portugal legen ihre Gebietsstreitigkeiten in der Region um den Njassasee bei.

Großbritannien erklärt die Gebiete nördlich des Sambesi bis zum Kongobecken als seinem Einflussbereich zugehörig.

Tippu Tip zieht sich nach Sansibar zurück.

1892 Eine Eisenbahnlinie von der Kap-Kolonie durch den Oranje-Freistaat bis nach Johannesburg wird fertiggestellt.

1893 Frankreich zerstört das Tukulor-Reich.

Die Franzosen nehmen Timbuktu, die Hauptstadt Malis, ein.

Natal erhält die Selbstregierung.

Rabin ibn Fadl Allah, ein sudanesischer Sklavenhändler und Eroberer, erobert das Reich Bornu.

Nach Überfällen der Ndebele (Matabele) fallen Truppen der britischen Südafrikakompanie in Matabeleland ein. Die Briten besetzen Bulawayo.

1894 Großbritannien besetzt Uganda und Buganda.

Die Franzosen erobern Dahomey.

1895 Antananarivo, die Hauptstadt Madagaskars, ergibt sich den Franzosen.

1896 ▼

»Jameson Raid«: Leander Jameson, Vertreter der britischen Südafrikakompanie, überfällt die Burenrepublik Transvaal.

Im britischen Njassaland (Malawi) trifft der Verwalter Harry Johnston auf entschiedenen Widerstand der Wayao, Suahili, Chewa und Ngoni.

EUROPA

1891 Französische Soldaten schießen auf streikende Minenarbeiter in Fourmies und töten neun von ihnen.

Frankreich und Russland unterzeichnen eine *Entente*.

Baubeginn der transibirischen Eisenbahn.

1905 Tausende von Juden werden in Russland in Gettos getrieben.

Der norwegische Dramatiker Henrik Ibsen vollendet *Hedda Gabler*.

Arthur Conan Doyle veröffentlicht *Die Abenteuer des Sherlock Holmes*.

1892 Russland wird von einer schweren Hungersnot heimgesucht.

Der norwegische Maler Edvard Munch muss auf Beschluss des »Vereins Berliner Künstler« eine Ausstellung seiner Bilder schließen.

1893 Erste Versammlung der unabhängigen Labourpartei in Großbritannien.

Ein Gesetzentwurf in Deutschland sieht eine erhebliche Vergrößerung der Streitkräfte vor.

Eröffnung des Kanal von Korinth in Griechenland.

Gründung der Sozialistischen Partei Italiens in Reggio nell'Emilia.

1898 **1894** Hauptmann Alfred Dreyfus, ein jüdischer Armeeoffizier, wird wegen Verrats französischer Militärgeheimnisse an Deutschland verhaftet.

1901 **1895** Guglielmo Marconi erfindet die schnurlose Telegrafie (Radio).

Eröffnung des Nordostseekanals.

Louis und Auguste Lumière erfinden den Kinematographen, die Filmkamera und den Projektor.

Der irische Schriftsteller Oscar Wilde, Autor von *Ernst sein ist alles*, wird zu zwei Jahren Zwangsarbeit wegen »Sodomie« verurteilt.

AMERIKA & AUSTRALASIEN

1891 Brasilien erhält eine Verfassung nach dem Vorbild der USA.

Bürgerkrieg in Chile, Präsident Balmaceda begeht Selbstmord.

1892 Bundestruppen werden geschickt, um einen Minenarbeiterstreik in Idaho, USA, zu unterdrücken.

Ein Auffangbüro wird auf Ellis Island, New York City, eröffnet, um mit den Einwanderermassen fertig zu werden. Viele fliehen vor Verfolgung in Mittel- und Osteuropa.

Großbritannien erklärt die Gilbertinseln (Kiribati) und Elliceinseln (Tuvalu) im Pazifik zu Protektoraten.

1893 Nach der Absetzung der Königin von Hawaii beginnen Truppen der USA, die Inseln zu annektieren.

Neuseeland führt als erstes Land der Welt das Frauenwahlrecht ein.

Die Anti-Saloon-Liga in Ohio wird gegründet, um das Verbot von Alkohol voranzutreiben.

Der tschechische Komponist Antonín Dvorák vollendet seine Symphonie *Aus der Neuen Welt* in New York.

Eröffnung der Eisenbahnlinie *Great Northern Railroad* zwischen Mississippi und dem Pazifik.

1894 Sanford B. Dole erklärt Hawaii zur Republik.

1895 Nicaragua, Honduras und El Salvador schließen einen Unionsvertrag in Amapala.

1897 Aufstand auf Kuba gegen spanische Vorherrschaft.

Mehr als 50000 Melanesier werden als Arbeitskräfte auf australischen Zuckerrohrfeldern angeworben.

Die transsibirische Eisenbahn

Der Bau der Eisenbahnlinie, die eine Idee Zar Alexanders III. war, begann 1891. Ursprünglich hatten die Russen die Strecke, die 1901 fertiggestellt wurde, mit Erlaubnis der Chinesen direkt durch die Mandschurei geführt. Nach dem Krieg zwischen Russland und Japan von 1904/1905 fürchteten die Russen die Übernahme der Mandschurei durch Japan und begannen mit dem Bau einer Alternativstrecke, der Amurbahn, die 1916 beendet wurde und vollständig durch Russland verlief. Der Bau der Eisenbahn bedeutete den Wendepunkt in der Geschichte Sibiriens. Sie öffnete das Gebiet und ermöglichte die Ausbeutung seiner reichen Bodenschätze.

Die Eroberung Benins

Die höfische Bronzekunst aus Benin diente der Verehrung und dem Gedenken an die *Obas* (Könige). Großbritanniens Königin Victoria, Herrscherin über ein großes Reich, wurde deshalb wohl als einer Darstellung für würdig befunden *(unten)*. Die fehlende Einheit der afrikanischen Staaten half den Briten bei ihren Eroberungen. Sie setzten afrikanische Soldaten in den Truppen an der Front ein, diese Bataillone waren professionell und hoch diszipliniert, ausgerüstet mit neuesten Gewehren und mit Artilleriegeschützen.

Benin wurde 1897 eingenommen, nachdem der *Oba* in einem verzweifelten Versuch, das alte Königreich zu retten, angeblich zu Menschenopfern gegriffen hatte. Die Briten nahmen dies zum Anlass, die Stadt Benin zu plündern und ihre Schätze zu rauben – diese befinden sich heute in europäischen Museen.

Der Burenkrieg (1899–1902)

1899 **12. Okt.**: Krieg zwischen Buren und Briten.
13. Okt.: Buren umstellen Mafeking.
15. Okt.: Buren belagern Kimberley.
2. Nov.: Buren belagern Ladysmith.
11. Dez.: Buren unter Pieter Cronje schlagen Briten bei Magersfontein.
15. Dez.: Buren schlagen britische Truppen in der Schlacht von Colenso.

1900 **10. Jan.**: Lord Roberts wird Oberbefehlshaber der britischen Armee, mit Herbert Kitchener als Stabschef.
24. Jan.: Briten unter General Warren nehmen Spion Kop ein.
27. Feb.: General Cronje ergibt sich den Briten bei Paardeberg nach einer Niederlage.
28. Feb: Britische Truppen bringen Verstärkung nach Ladysmith, wie zuvor im selben Monat nach Kimbersley.
13. März: Britische Truppen unter Lord Roberts nehmen Bloemfontein ein.
9. April: Sieg der Buren bei Kroonstadt.
20. Mai: Briten befreien Mafeking, verteidigt seit 217 Tagen von General Baden-Powell.
29. Mai: Briten annektieren Oranje-Freistaat.
1. Sep.: Briten annektieren die Burenrepublik Transvaal.

1901 **Okt**: Buren-Kommandos überfallen die Kap-Kolonie. Briten brennen Buren-Farmen nieder und bringen die Familien in »Konzentrationslager« (concentration camps).

1902 **31. Mai**: Buren ergeben sich den Briten, unterzeichnen den Frieden von Vereeniging und anerkennen die britische Oberhoheit.

Konflikte in Südafrika

Als Hundertausende Briten um 1880 in die Minenstädte von Rhodesien, nach Transvaal und Bechuanaland strömten, waren Konflikte unvermeidbar. Paulus Krüger, der Präsident von Transvaal, übte auf die Ausländer Druck aus, indem er sie hoch besteuerte und ihre politischen Rechte einschränkte.

Die immer lauter werdende Forderung der Briten nach Verbesserung ihrer Situation wurde ignoriert, und die Spannungen stiegen. 1899 erklärte Krüger den Krieg, und Buren-Kommandos überschritten die Grenze und fielen in die Kap-Provinz und in Natal ein. Obwohl sie einige schmerzliche Niederlagen erlitten, konnten die Briten die wichtigsten burischen Städte einnehmen. Noch zwei Jahre führten die Buren einen Guerillakrieg, mussten sich aber den Briten unterwerfen, als diese begannen, Farmen niederzubrennen und Frauen und Kinder in Lagern zu internieren.

ASIEN

1896 Der persische Schah Naser od-Din wird von einem islamischen Fundamentalisten ermordet.

Armenische Revolutionäre überfallen die Osmanische Bank in Istanbul. Mindestens 3000 Menschen werden als Vergeltung getötet.

Chinesische Behörden zerschlagen die Gesellschaft »Großes Schwert«, die katholische Häuser in Jiangsu überfallen hat.

Großbritannien und Frankreich garantieren Siam die Unabhängigkeit; das französische Protektorat über Laos wird anerkannt.

1901 ▼ **1897** Aufstände gegen die britische Herrschaft im Nordwesten von Indien.

Nach der Ermordung zweier katholischer Missionare besetzen deutsche Truppen Kiautschou.

Russische Kriegsschiffe, die die deutschen Truppen vertreiben sollen, treffen in Port Arthur auf der Liaodong-Halbinsel ein.

1898 In Indien stirbt der berühmte muslimische Reformer Saiyid Ahmed Khan.

Deutschland erhält von China »Pachtgebiete«.

1905 ▼ Kaiser Dezong beginnt mit Reformen. Nach 100 Tagen unternimmt die Kaiserwitwe Cixi einen Staatsstreich, der die Reformvorhaben zunichte macht.

Hochwasser des Jangtsekiang bringen verheerende Hungernöte über China.

Großbritannien erhält das Gebiet von Hongkong in Pacht auf 99 Jahre.

US-Truppen unter George Dewey zerstören die spanische Flotte in der Bucht von Manila. Die Spanier überlassen die Philippinen den USA.

1902 ▼ **1899** Philippinische Rebellen rufen eine unabhängige Republik aus. Konflikte mit den US-Truppen.

1900 Boxeraufstand in China. Christliche Missionen und westliche Vertretungen werden angegriffen.

1901 ▼ Die Alliierten beenden die Belagerung ihrer Vertretungen in Peking.

1904 ▼ Russische Besetzung der Mandschurei (bis 1905).

Um 1900 Auf den Ölfeldern von Baku in Aserbaidschan wird die Hälfte der Ölmenge der Welt gefördert.

AFRIKA

1896 Jameson ergibt sich den Buren bei Doornkop.

Die Äthiopier besiegen die Italiener endgültig in der Schlacht von Adowa.

Madagaskar wird zur französischen Kolonie erklärt.

Sultan Khaled von Sansibar ergibt sich den Briten.

Herbert Kitchener, Befehlshaber der britisch-ägyptischen Armee, belagert die Stadt Dongola im Sudan.

1906 ▼ Mit dem Vertrag von Addis Abeba erkennt Italien die äthiopische Unabhängigkeit an und behält nur Eritrea.

Die Briten besetzen das Königreich Ashanti.

1898 Französische Truppen besetzen Faschoda am Nil und verärgern damit Großbritannien.

Kitchener führt die Briten zum Sieg gegen den sudanesischen Mahdi bei Omdurman und nimmt Khartoum ein. Er zwingt die Franzosen zur Aufgabe Faschodas.

1899 Kriegsausbruch zwischen den Briten und den Buren aus Tranvaal und dem Oranje-Freistaat (bis 1902).

Großbritannien und Ägypten vereinbaren gemeinsame Herrschaft über den Sudan.

Nach dem Sieg bei Isangi übernimmt Deutschland die Kontrolle über Ruanda.

1903 ▼ **1900** Nigeria wird britisches Protektorat.

Beginn von Kupferabbau in Katanga.

EUROPA

1896 Erste Olympische Spiele der Neuzeit in Athen.

Kaiser Wilhelm II. ruft Proteststürme hervor, als er Präsident Krüger zum »Jameson Raid« gratuliert.

Christlicher Aufstand gegen die osmanische Herrschaft auf Kreta.

In Deutschland gründen Albert Langen und Thomas Theodor Heine die satirische Zeitschrift *Simplicissimus*.

Anton Tschechows *Die Möwe* wird bei der Premiere in St. Petersburg ausgepfiffen.

Erstes Kino in Paris eröffnet.

1897 Kriegsausbruch zwischen Griechenland und Osmanischem Reich. Nach etlichen Niederlagen ziehen sich die Griechen zurück und unterzeichnen einen Waffenstillstand.

1908 ▼

Kreta erklärt den Anschluss an Griechenland, das Schiffe und Truppen zur Unterstützung schickt.

Theodor Herzl beruft den 1. Zionistischen Weltkongress in Basel, Schweiz, ein.

1898 Elisabeth, Kaiserin von Österreich, wird in Genf von dem italienischen Anarchisten Luigi Lucchenī ermordet.

Die Osmanen ziehen sich aus Kreta zurück.

Ein Gesetz, das die Vergrößerung der deutschen Flotte vorsieht, wird verabschiedet.

Émile Zola beschuldigt den französischen Generalstab in einem offenen Brief mit dem Titel *J'Accuse* des Antisemitismus in der Dreyfus-Affäre.

Marie und Pierre Curie entdecken Polonium und Radium.

1899 Die Friedenskonferenz von Den Haag richtet einen internationalen Gerichtshof ein.

Dreyfus wird offiziell von der französischen Regierung rehabilitiert.

1900 König Umberto von Italien wird von einem Anarchisten erschossen.

Giacomo Puccinis Oper *Tosca* wird in Rom uraufgeführt.

Sigmund Freuds *Die Traumdeutung* erscheint in Wien und wird zur Sensation.

AMERIKA & AUSTRALASIEN

1896 Der Klondike-Goldrausch zieht mehr als 100 000 Menschen in das Gebiet des Yukon (bis 1898).

Höhepunkt des brasilianischen Gummibooms. Manaus baut ein Opernhaus.

Gleichzeitige Erfindungen von Thomas Edison und den Gebrüdern Lumiére machen die ersten Filmvorführungen möglich.

1897 Kuba wird autonom, aber nicht vollständig unabhängig von Spanien.

In Boston wird ein unterirdisches Eisenbahnnetz in Betrieb genommen.

1898 Spanisch-amerikanischer Krieg. Die USA besetzen Kuba.

Die Stadtteile Bronx, Queens, Staten Island und Manhattan vereinigen sich zu Greater New York.

Die USA nehmen Guam von Spanien ein.

Erstes Wintercamp in der Antarktis.

Das Kriegsschiff *USS Maine* explodiert im Hafen von Havanna; man vermutet Sabotage von Seiten Spaniens.

Der Romanautor Henry James veröffentlicht *Die Drehung der Schraube*.

1904 ▼

1899 Spanien tritt Kuba und Puerto Rico an die USA ab.

Die USA und Deutschland teilen die Samoainseln im Pazifik unter sich auf.

Bürgerkrieg in Kolumbien (»Krieg der 1000 Tage«) fordert 100 000 Tote.

1900 Italienische Auswanderungswelle in die USA und nach Argentinien; bis 1910 sind es über zwei Millionen Menschen.

Brasilien produziert 66 Prozent des Kaffees der Welt. Zinn übertrifft Silber als wichtigstes Exportgut Boliviens.

Chile und Argentinien vereinbaren ein Grenzprotokoll.

Die Fotografien *von Jacob A. Riis in den Slums von New York zwischen 1880 und 1900 zeigten die erschreckenden Zustände.*

Die Slums von New York

Der Zustrom von Einwanderern nach New York in der zweiten Hälfte des 19. Jahrhunderts verursachte eine ernsthafte Krise der Wohnsituation. Familien lebten dicht gedrängt in Mietshäusern, schäbige, meist fünfstöckige Gebäude. 1864 zeigte die erste Untersuchung über sanitäre Verhältnisse in der Stadt das Ausmaß des Problems. Gesetzliche Bestimmungen für einen Mindeststandard der Häuser hatten keine Wirkung. Baufällige Mietshäuser aus Holz wurden weiterhin auf den hinteren Teilen von Stadtgrundstücken gebaut; so entstand eines der dichtest besiedelten städtischen Gebiete der Welt, die Lower East Side von New York.

Pogrome *gegen Juden waren häufig im späten 19. Jahrhundert. Viele flüchteten, andere wurden vertrieben, wie hier aus St. Petersburg (oben).*

Zuwanderer

Zwischen 1880 und 1920 kamen zwei Millionen Juden aus Osteuropa in die USA. Die meisten von ihnen ließen sich in New York nieder. Viele arbeiteten in der Textilindustrie. Erwachsene und Kinder leisteten stundenlange Akkordarbeit zu Hause oder wurden in dunklen, überfüllten Werkstätten ausgebeutet. Andere verkauften auf Karren einfache Waren oder eröffneten kleine Läden und Restaurants. Trotz dieser Umstände blühten jüdische Kultur und Religion. Hunderte Synagogen und Schulen entstanden, jiddisches Theater sowie jiddische und hebräische Zeitungen sorgten für Zerstreuung.

Die Welt um 1900

DIE EUROPÄISCHEN MÄCHTE BEHERRSCHTEN den Globus. Von den Mächten der Alten Welt waren nur Persien, Japan, das China der Qing und das Osmanische Reich übrig geblieben. Persien war zwar vom Gebiet her bedeutend, hatte aber nur wenig Macht. Japan hatte sich mit dem Westen verbündet und war dabei, sich schnell zu industrialisieren. Das Osmanische Reich hatte Griechenland, Rumänien, Serbien und Bulgarien im 19. Jahrhundert verloren und besaß nur mehr einen mächtigen Namen. China, zunehmend unter den Einfluss des Westens geratend, drohte in die Anarchie abzugleiten. Das einzige Gegengewicht zur imperialen Hegemonie Europas war Südamerika, wo 1826 die spanische und portugiesische Herrschaft durch eine Reihe wettstreitender Republiken im europäischen Stil ersetzt worden war. Am dramatischsten dehnte sich die europäische Herrschaft in Afrika aus, das zwischen 1880 und 1900 fast völlig unter europäische Kolonialherrschaft geriet. Die Vereinigten Staaten, die 1867 Alaska von Russland gekauft hatten, engagierten sich ebenfalls für kurze Zeit in der Karibik und am Pazifik. Ihre bedeutendste Kolonie, die Philippinen, wurde 1898 annektiert. Von den westlichen Mächten waren Frankreich und vor allem Großbritannien, dessen Gebiete ein Viertel der Erde umfassten, die mächtigsten. Auch in Europa fanden wichtige territoriale Veränderungen statt, vor allem die Vereinigung Italiens 1861 und Deutschlands 1871. Mit dem Entstehen dieser Staaten hatten sich die europäischen Mächte gebildet, die den Kontinent bis zum Ende des 1. Weltkriegs beherrschen sollten.

FELDZUG-KARTEN

Im 19. Jahrhundert entwickelte sich die Kartographie in dramatischer Schnelligkeit von einer Kunstform hin zur Wissenschaft. Die europäischen Mächte unternahmen systematische Bemühungen, nicht nur ihre eigenen Länder zu kartographieren, sondern auch ihre Kolonien. So stellten die Briten z. B. 1823 eine Reihe von trigonometrischen Berechnungen zur Länge Indiens fertig. Alle nachfolgenden Karten des Subkontinents gründeten sich darauf. Ebenso genehmigte der US-Kongress 1853 die Erstellung einer Reihe detaillierter Übersichten über den Westen der USA. Eine Ausformung dieser wachsenden Fähigkeiten beim Kartographieren, die durch die Verbesserungen der Drucktechnik entschieden befördert wurden, waren die Feldzug-Karten, die in der Zeit des Amerikanischen Bürgerkriegs in den US-Zeitungen erschienen. Zum ersten Mal waren einer größeren Öffentlichkeit exakte und aktuelle Karten zu einem bedeutenden Konflikt zugänglich.

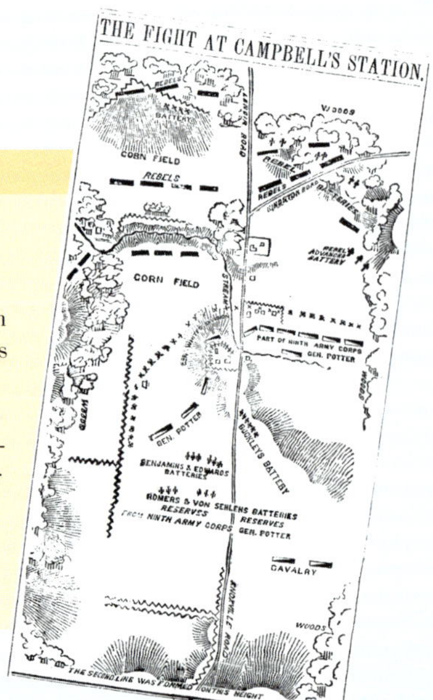

1900–1925

Zusammenstoß der Weltreiche

BILD OBEN:
Das Bild Giftgasopfer: Der Verbandsplatz von Le Bac-de-Sud an der Straße Doullens–Arras August 1918 *von John Singer Sargent zeigt beeindruckend die Leiden im 1. Weltkrieg. Gas wurde gleichbedeutend mit dem Horror des Krieges.*

Noch nie hatte die Welt so wohlhabend und stabil ausgesehen wie um 1900, zumindest aus westlicher Perspektive. Die Reiche des Westens erstreckten sich über die ganze Erde. Außerdem hatte es seit 1815 keinen schwerwiegenden europaweiten Krieg mehr gegeben. Selbst die Aufspaltung des Qing-China schien dem Westen zu nutzen, denn sie eröffnete ihm Aussichten auf weitere profitable Zugewinne. Als das Qing-Reich im Jahr 1911 zusammenbrach, begann in China eine Zeit der Gesetzlosigkeit, die das Land verwüstete, bis unter den Kommunisten 1949 wieder eine zentrale Autorität hergestellt wurde. Vor dem Hintergrund einer Instabilität solchen Ausmaßes konnten die

Zeitleiste: 1900–1925

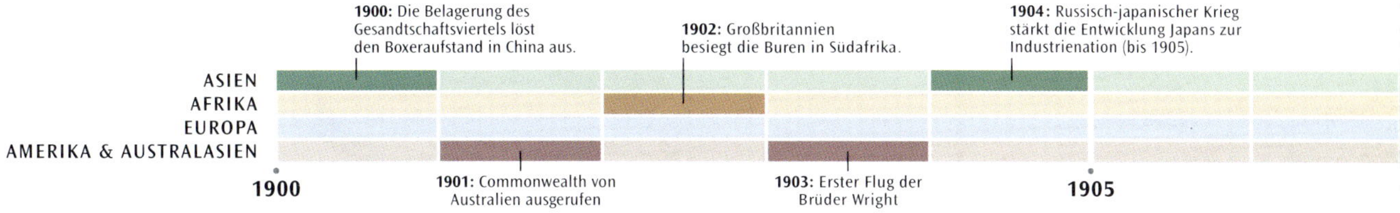

Die Boxer *waren nur eine von vielen gegen die Regierung gerichteten Gruppierungen, die um 1900 in China entstanden.*

Der Boxeraufstand

Die Tätigkeit christlicher Missionare in China erzeugte weit verbreitete Ablehnung und antiwestliche Aufstände in ländlichen Gebieten.

Um 1900 bekämpften die »Boxer«, ein aus einer Geheimsekte hervorgegangener Bund, westliche Einrichtungen. Sie setzten Missionen in Brand und töteten Missionare und konvertierte Christen. Im Juni 1900 besetzten sie mit geheimer Unterstützung des Hofes die ausländischen Botschaften in Peking. Mitte August beendete ein internationales Expeditionskorps die Besetzung. Nach brutalen Vergeltungsmaßnahmen wurde China 1901 in Einflussbereiche der ausländischen Mächte aufgeteilt, denen sich auch Japan angeschlossen hatte.

Das Flatiron Building

Bauland war teuer in New York und ab der Mitte des 19. Jahrhunderts zwang die steigende Nachfrage nach Geschäftsgebäuden zum Bau von immer höheren Häusern. Ab 1848 beherrschten Gebäude aus Gusseisen, die in Fabriken vorgefertigt und von ungelernten Arbeitern errichtet werden konnten, die Skyline. Mit der Einführung des Fahrstuhls von Otis 1853 begann man noch höhere Gebäude zu bauen. William Le Baron Jenney errichtete die ersten Wolkenkratzer der Welt in Chicago (1883–1884), die er mit einem Stahlskelett umgab, um die Konstruktion zu stützen. Einer der ersten Wolkenkratzer New Yorks ist das zwanzigstöckige Flatiron Building *(oben)*, fertiggestellt 1901.

ASIEN

1901 Der Vizekönig von Indien schafft die Nordwestprovinz an der Grenze zwischen Afghanistan und dem Punjab.

Das Boxerprotokoll, unterzeichnet von China und den ausländischen Mächten, beendet den Boxeraufstand.

1902 Ibn Saud erlangt sein Erbe mit der Eroberung von Riad zurück.

Russland unterzeichnet mit China einen Vertrag bezüglich der Mandschurei und verspricht den Truppenabzug.

Ein britisch-japanisches Bündnis erkennt die britischen Interessen in China und die japanischen in Korea an.

1903 *Durbar* zur Krönung Kaiser Eduards VII. in Delhi.

Verhandlungen zwischen Russland und China über die Mandschurei scheitern.

Japan landet Marinetruppen bei Mokp'o, um gegen koreanische Arbeiteraufstände vorzugehen.

1907 ▼ **1904** Teilung von Bengalen verursacht nationalistischen Aufruhr in Indien.

Britische Truppen töten 300 Tibeter, die eine britische Gesandtschaft nach Tibet aufhalten wollen.

Die Briten schließen einen Vertrag mit Tibet, in dem Tibet zustimmt, keine Gebiete anderen ausländischen Mächten zu überlassen.

Ausbruch des russisch-japanischen Krieges. Japanische Truppen, die die Kontrolle über die Mandschurei erlangen wollen, bringen den Russen bei Telissu in China eine schwere Niederlage bei.

Die Japaner zerstören die russische Flotte in Port Arthur.

1905 Gründung des »Jewish National Fund« zwecks Landerwerbs in Palästina.

In China erklärt die Kaiserwitwe ihre Zustimmung zur Verfassungsänderung.

Die Japaner schlagen die Russen bei Mukden und vernichten die russische Flotte in der Seeschlacht von Tsushima.

AFRIKA

1901 Großbritannien annektiert das Königreich Ashanti als Teil der Goldküste (Ghana).

Eisenbahnlinie von Mombasa zum Victoriasee fertiggestellt.

1902 Die Buren ergeben sich den Briten und unterzeichnen den Friedensvertrag von Vereeniging, der die britische Oberhoheit anerkennt.

Der britische Kolonialpolitiker Cecil Rhodes stirbt.

Eisenbahnverbindung zwischen Bulawayo und Salisbury (Simbabwe) wird gebaut.

Fertigstellung des Nilstaudamms bei Assuan in Ägypten.

1906 ▼ **1903** Westafrikanische Grenztruppen unter der Führung britischer Offiziere nehmen Sokoto in Nigeria ein. Der Sultan flieht.

1904 Franzosen gründen die Föderation Französisch-Westafrika.

Frankreich und Spanien unterzeichnen einen Vertrag, der Nordmarokko als spanische Einflusssphäre anerkennt.

Aufständische Herero töten 123 deutsche Siedler und Soldaten bei Okahandja, Südwestafrika.

1907 ▼ Nama-Aufstand (Hottentottenaufstand) in Deutsch-Südwestafrika.

Frankreich und Großbritannien unterzeichnen eine *Entente cordiale*, die ihren Streit um Nordafrika beilegt.

1905 Deutsche Soldaten beginnen einen blutigen Rachefeldzug gegen die Herero.

Ein britischer Offizier ermordet Koitalel, den Anführer der Nandi-Widerstandsbewegung in Britisch-Ostafrika (Kenia), Teil eines Versuchs der Unterdrückung einheimischen Widerstands.

1907 ▼ Marokkokrise, ausgelöst durch Kaiser Wilhelm, der erklärt, dem Sultan solle freigestellt werden, mit allen fremden Mächten gleichermaßen zu verhandeln.

Louis Botha und die Het-Volk-Partei fordern die innere Selbstregierung für Transvaal.

EUROPA

1901 Königin Victoria stirbt, ihr Sohn Eduard VII. folgt ihr auf den Thron.

Anton Tschechows Stück *Die drei Schwestern* wird in Moskau uraufgeführt.

Marconi übermittelt die erste kabellose Nachricht über den Atlantik.

1902 König Alfons XIII. entlässt die Cortes von Madrid inmitten anwachsender Unruhen.

Wegen politischer Unruhen wird in Dublin der Notstand ausgerufen.

Mehr als 30000 streiken in Russland gegen Restriktionen der Regierung.

Zar Nikolaus II. schafft die nominelle finnische Autonomie ab und ernennt einen russischen Generalgouverneur.

1903 Zar Nikolaus erlässt ein Manifest, das wichtige Reformen vorsieht, wie etwa die Religionsfreiheit.

Wladimir Lenin spaltet die Bolschewiken von den russischen Sozialisten ab.

1908 ▼

Nach Aufständen in Monastir metzeln die Osmanen 50000 Bulgaren nieder.

König und Königin von Serbien werden ermordet.

1904 Russisch-japanischer Krieg. Eine Reihe von Niederlagen stoppt den russischen Vormarsch (bis 1905).

Puccinis Oper *Madame Butterfly*, eine tragische Liebesgeschichte, die in Japan spielt, hat in Mailand Premiere.

1905 Streiks und Aufstände in Russland. Die Mannschaft der Potemkim, des größten Schlachtschiffs im Schwarzen Meer, meutert und hisst die rote Flagge.

Blutiger Sonntag: Soldaten des Zaren erschießen mehr als 500 Streikteilnehmer.

1906 ▼

Gründung der *Duma*, der russischen Volksvertretung.

Offizielle Eröffnung der transibirischen Eisenbahn.

Norwegen erklärt sich für unabhängig von Schweden.

1908 ▼

Die englischen Suffragetten Christabel Pankhurst und Annie Kenney kommen wegen Beleidigung eines Polizisten ins Gefängnis.

1000 Juden werden während eines Pogroms in Odessa ermordet.

Einsteins spezielle Relativitätstheorie.

AMERIKA & AUSTRALASIEN

1901 US-Präsident William McKinley stirbt, nachdem er von einem Anarchisten angeschossen wurde. Theodore Roosevelt wird Präsident.

Aufstand der Creek-Indianer in Oklahoma.

Gründung des Australischen Bundes (Commonwealth of Australia), eine selbstregierte Föderation im Britischen Empire.

Gründung der Automobilfirma Cadillac in Detroit, USA.

George Eastman gründet die Eastman Kodak Company, die Kameras und Zubehör herstellt.

1902 Ein Ausbruch des Montagne Pelée in Martinique radiert die gesamte Stadt Saint-Pierre aus.

Die Philippinen erhalten von den USA einen Zivilgouverneur.

Die Flotten von Großbritannien, Deutschland und Italien blockieren die Küste Venezuelas, nachdem die Regierung die Entschädigung von Europäern, die während der letzten Aufstände verletzt wurden, abgelehnt hat.

1903 Von den USA unterstützte Rebellen erobern den Isthmus von Panama und erklären Panama zur Republik.

Die USA und Kolumbien schließen einen Vertrag, der den Bau des Panamakanals ermöglichen soll.

Flug der Gebrüder Wright in Kitty Hawk.

Paul Gauguin, der französische Maler, der sich in der Südsee niedergelassen hat, stirbt in Atuona auf den Marquesasinseln.

1904 Die Staaten Oklahoma und Neumexiko werden zur Union zugelassen.

1906 ▼

Die USA beenden ihre Besetzung Kubas.

Grenzstreitigkeiten zwischen Brasilien und Britisch-Guyana.

Eröffnung der New Yorker Untergrundbahn.

Erforschung von Antarktis und Arktis

1819	Der russische Entdecker Fabian Bellingshausen umsegelt den antarktischen Kontinent (bis 1821).
1823	Der Brite J. Weddell erforscht das Weddellmeer.
1833	James Clark Ross von der britischen Marine erreicht den magnetischen Nordpol.
1838	Charles Wilkes, US-Admiral, entdeckt Wilkesland, Antarktis (bis 1842).
1839	James Ross entdeckt die Rossinsel, das Ross-Schelfeis und Victorialand, Antarktis.
1848	Die Franklin-Expedition verschwindet vor King William Island, kanadische Arktis.
1850	Sir Robert McClure bestätigt die Existenz der Nordwestpassage (bis 1854).
1878	Der Schwede A. Nordenskiöld befährt zum ersten Mal die Nordostpassage (bis 1879).
1888	Der Norweger Fridtjof Nansen durchquert zum ersten Mal Grönland.
1901	Erste Antarktisexpediton von Scott (bis 1904).
1903	Roald Amundsen schafft die erste vollständige Befahrung der Nordwestpassage (bis 1906).
1907	Erste Antarktisexpedition von Ernest Shackleton (bis 1909).
1908	F. Cook behauptet den Nordpol erreicht zu haben.
1909	Mawson erreicht den magnetischen Südpol. Auf seiner vierten Arktisexpedition behauptet Robert Peary den Nordpol erreicht zu haben.
1911	Amundsen erreicht am 14.12. den Südpol.
1912	Scott erreicht den Südpol am 17.1. und stirbt auf der Rückreise.
1914	Shackletons zweite Antarktisexpedition (bis 1917). Nachdem sein Schiff *Endurance* gesunken ist, bewältigt er 1285 km in einem offenen Boot, um für seine Crew Hilfe zu holen.

Scott und die Antarktis

Zwischen 1897 und 1917 wurden 16 Expeditionen von neun Ländern zur Erforschung der Antarktis entsandt. Der Wettlauf um das Erreichen des Südpols erlangte 1910 seinen Höhepunkt, als zwei Expeditionen mit diesem Ziel aufbrachen. Die Gruppe des Norwegers Roald Amundsen hatte Erfahrung in der Arktis gesammelt und setzte Hundeschlitten ein. Der weniger erfahrene Engländer Robert Scott dagegen *(oben)* setzte auf menschliche Muskelkraft. Amundsen erreichte den Nordpol am 14. Dezember 1911, Scott einen Monat später. Zusammen mit seiner erschöpften Mannschaft kam Scott auf dem Rückweg um. Scotts stoisches Akzeptieren seines Schicksals und seine heroischen Anstrengungen ließen ihn trotz des Fehlschlags zum Nationalhelden werden.

Revolution der Transportmittel

1876 Der deutsche Ingenieur Nikolaus Otto baut einen Verbrennungsmotor.

1881 In Berlin fährt die erste elektrische Straßenbahn, erfunden von Werner von Siemens.

1885 Karl Benz' »pferdelose Kutsche« erreicht die Geschwindigkeit von 13 km/h.

Der deutsche Ingenieur Gottlieb Daimler erfindet das erste Motorrad.

1886 Karl Benz erhält das Patent für das erste Automobil.

J. B. Dunlop erfindet den luftgefüllten Reifen.

1892 Der deutsche Ingenieur Rudolf Diesel erhält das Patent für den Verbrennungsmotor.

1893 Karl Benz baut ein vierrädriges Automobil.

1894 Zwischen Paris und Rouen findet das erste Autorennen statt.

1895 Armand Peugeot perfektioniert einen Motor mit Gasantrieb und gründet die Automobilfirma Peugeot.

1900 Graf von Zeppelins Luftschiff macht seinen Jungfernflug über dem Bodensee.

1901 Der erste Mercedes wird in den USA gebaut.

Gründung der Automobilfirma Cadillac in Detroit.

1903 Henry Ford verkauft seine ersten Entwürfe eines preiswerten Automobils. Wilbur und Orville Wright absolvieren ihren ersten erfolgreichen Flug in Kitty Hawk, North Carolina, der zwölf Sekunden dauert.

Erste Überlandquerung des amerikanischen Kontinents mit dem Auto in 65 Tagen.
In Großbritannien wird eine Geschwindigkeitsbegrenzung von 32 km/h eingeführt.

1904 Gründung der Firma Rolls Royce.

1905 Die Gebrüder Wright machen ihren bisher längsten Flug von 28 Minuten und drei Sekunden.

Erste Motorbusse in London.

1906 Das erste Rennen des Grand Prix.

1908 Fords erstes Modell T geht in Detroit in Produktion, »ein Auto für die große Allgemeinheit.«

Gründung von General Motors.

1909 Der französische Flieger Louis Blériot macht den ersten Flug über den Ärmelkanal in 37 Minuten.

1915 Ford produziert das einmillionste Auto.

Um 1880 wurden die ersten Automobile patentiert. *Innerhalb eines Jahrzehnts wurden sie zum Spielzeug für reiche Leute, aber erst mit der Massenproduktion, die Henry Ford in den USA einführte, wurden Autos für die Allgemeinheit erschwinglich. Ford stellte sein Modell T (oben) 1908 vor. In den nächsten 20 Jahren rollten davon 15 Millionen vom Fließband, und Ford wurde der größte Automobilhersteller der Welt. 1914 gab es alleine in den USA schon eine Million Autos.*

ASIEN

1906 Aufstand in Teheran nach dem Versuch des Premierministers, zwei einflussreiche Prediger auszuweisen.

Gründung der Muslimliga in Indien.

1910 ▼

China überlässt Großbritannien die Kontrolle über Tibet, nachdem britische Truppen Lhasa besetzt haben.

In Japan wird das größte Kriegsschiff der Welt, *Satsuma*, vom Stapel gelassen.

1907 Nationalistische Unruhen wüten in Kalkutta.

Unter den Bedingungen des Vertrags von Portsmouth gibt Japan die Mandschurei an China zurück.

Missernten und heftige Niederschläge führen zu einer Hungersnot in China; vier Millionen Menschen sind betroffen.

Briten und Russen unterzeichnen ein Abkommen bezüglich Politik und Machtbereichen in Persien, Afghanistan und Tibet.

1908 In China besteigt der Kindkaiser Puyi unter dem Namen Xuantong den Thron.

1909 Jungtürken stürzen den tyrannischen osmanischen Sultan Abd ül Hamid II.

Muslimische Fanatiker, unterstützt vom osmanischen Sultan, metzeln Armenier nieder.

Britische Soldaten landen in Täbris, Persien, als eine drohende Hungersnot zu Aufständen führt.

Nationalistische Gegner des persischen Schahs nehmen Teheran ein.

Britisch-persische Ölgesellschaft (später BP) wird im Iran gegründet.

Die Reform des britisch-indischen Regierungssystem von Morley und Minto bringt Inder in die Volksvertretung.

Unruhen von Hindus und Muslimen in Kalkutta.

1910 Russen und Briten greifen in die Unruhen in Persien ein.

Türkische Truppen kämpfen gegen albanische Rebellen.

Der Dalai Lama flieht nach Indien, als chinesische Truppen in Lhasa einfallen.

Abschaffung der Sklaverei in China.

Japanische Annektierung Koreas.

Russland erkennt die Besetzung Koreas durch Japan an.

AFRIKA

1906 Britische Truppen treffen in Nigeria ein, um den Aufstand der Tiv gegen die muslimische Hausa-Herrschaft niederzuschlagen.

Britische Truppen töten 60 Zulu, die gegen die Kopfsteuer protestieren, bei gewaltsamen Zusammenstößen.

Transvaal und der Oranje-Freistaat werden autonom. Nur weiße Männer haben das Wahlrecht.

Großbritannien, Frankreich und Italien beschließen die Unabhängigkeit Äthiopiens.

Großbritannien zwingt die Türkei, die Sinaihalbinsel an Ägypten abzutreten.

1907 Die Deutschen ergreifen den Rebellenführer Abdallah Mapanda, der die Maji-Maji-Aufstände (magisches Wasser) in Deutsch-Südwestafrika angeführt hat.

In Südafrika streiken weiße Minenarbeiter.

Die französische Flotte bombadiert Casablanca in Marokko.

Nairobi wird Hauptstadt von Britisch-Ostafrika.

Die Nama werden von den Deutschen vollständig besiegt.

1908 Leopold II. überträgt Belgien die Oberhoheit über den Freistaat Kongo.

1909 Ein französisch-deutsches Abkommen erkennt die französische Oberherrschaft über Marokko an.

Britische und belgische Truppen stoßen wegen Grenzstreitigkeiten zwischen Kongo und Nordrhodesien zusammen.

1919 ▼

1910 Gründung der »Union of South Africa«, in der die Afrikander die Mehrheit der weißen Bevölkerung bilden. Die Union wird ein selbst regiertes Dominion innerhalb des Britischen Empire.

Frankreich bildet Französisch-Kongo zu Französisch-Äquatorialafrika um.

Belgien, Großbritannien und Deutschland legen sich auf die Grenzen von Kongo, Uganda und Deutsch-Ostafrika fest.

Frankreich nimmt den Hafen von Agadir in Marokko ein.

EUROPA

1906 Russische Armeeoffiziere werden während einer Meuterei in Sewastopol auf der Krim getötet.

Die russische *Duma* wird aufgelöst und das Kriegsrecht ausgerufen.

Stapellauf der HMS *Dreadnought*, des größten Kriegsschiffs der Welt.

1907 Frankreich und Russland unterzeichnen eine *Entente cordiale*.

In Russland verhungern 20 Millionen Menschen in der schlimmsten je da gewesenen Hungersnot.

Pablo Picassos *Les Demoiselles d'Avignon* lösen einen Skandal in Paris aus.

1908 Fürst Ferdinand erklärt Bulgarien für von den Osmanen unabhängig.

Kreta erklärt seine Unabhängigkeit von den Osmanen.

Österreich annektiert Bosnien und Herzegowina.

Aufstand in Portugal, König Karl und Kronprinz Ludwig werden ermordet.

Marconi baut das erste Funkgerät.

Die englische Suffragette Emmeline Pankhurst und ihre Tochter kommen nach einem Aufsehen erregenden Prozess ins Gefängnis.

E. M. Forster veröffentlicht *Zimmer mit Aussicht*.

1909 Das Osmanische Reich akzeptiert das Angebot von 2,5 Millionen türkischen Pfund für Bosnien und Herzegowina.

Europäische Mächte vereinbaren das Vorgehen gegen Serbien, das seine Ansprüche auf Bosnien und Herzegowina zurückziehen soll.

Das Osmanische Reich erkennt die bulgarische Unabhängigkeit an.

Aufstände gegen die Regierung in Katalonien, Spanien, werden niedergeschlagen.

1910 Die Monarchie in Portugal wird beendet und die Republik ausgerufen.

Die *Duma* schafft die finnische Autonomie ab.

Montenegro erklärt seine Unabhängigkeit vom Osmanischen Reich.

Diaghilews Ensemble »Ballets Russes« setzt Paris mit der spektakulären Produktion *Der Feuervogel* in Erstaunen.

AMERIKA & AUSTRALASIEN

1906 Truppenaufmarsch der USA in Kuba auf Anfrage des abgesetzten Präsidenten, um einen Aufstand der Liberalen zu unterdrücken.

Ein Friedensvertrag beendet den Krieg zwischen Guatemala und den Verbündeten El Salvador und Honduras.

Ein schweres Erdbeben zerstört fast die gesamte Stadt San Francisco.

Ein Taifun auf Tahiti fordert über 10000 Menschenleben.

1907 Der britische Ozeandampfer und Rekordhalter *Lusitania* überquert den Atlantik in einer Zeit von vier Tagen, 19 Stunden und 52 Minuten.

1913 ▼

1908 Fords erstes Modell T wird in Detroit produziert.

Gründung der »National Association for the Advancement of Colored People« (NAACP) durch William E. B. Du Bois in den USA.

1909 William Taft, Präsident der USA, gibt den Bau eines Flottenstützpunkts in Pearl Harbor auf Hawaii bekannt.

Die USA setzen den nicaraguanischen Präsidenten ab, Nachfolger wird Dr. José Madriz.

1911 ▼

1910 Beginn der mexikanischen Revolution.

Thomas Edison führt den Tonfilm vor.

***Sultan Abd ül-Hamid** schmollt, weil Österreich und Bulgarien ihm immer mehr Gebiete des Balkans wegnehmen.*

Fall des Osmanischen Reiches

Im 19. Jahrhundert wurde die Einheit des Osmanischen Reiches durch nationalistische Bestrebungen der einverleibten Völker bedroht. Die Schwäche nutzend, begannen die Großmächte, sich um die Gebiete des Sultans zu streiten. Ein Aufstand gegen die türkische Herrschaft in Bosnien 1875 endete mit der Unabhängigkeit von Serbien, Montenegro und dem neu geschaffenen Bulgarien. Bosnien und Herzegowina kamen unter österreichische Verwaltung.

In den nächsten 30 Jahren nahmen die europäischen Mächte der Türkei ihre verbleibenden Besitzungen in Nordafrika. Der Zusammenbruch des Reiches ging einher mit der zunehmenden Unzufriedenheit der jüngeren, westlich erzogenen Untertanen. 1909 wurde der tyrannische Despot Sultan Abd ül-Hamid II. von diesen »Jungtürken« abgesetzt.

Zeitalter des Kapitalismus

In den vierzig Jahren nach 1870 betrug die Wachstumsrate in den USA 5,3 Prozent, die höchste der Welt. Dieser enorme Anstieg der Produktivität war möglich durch verbesserte Transportnetze, neue Energiequellen und eine effiziente industrielle Produktion durch die Fließbandarbeit. Zum ersten Mal waren preisgünstige Massenwaren überall erhältlich. Mit der Bindung der wichtigsten Währungen an Gold gewann das Anlagegeschäft an Bedeutung. Der amerikanische Bankier John Pierpont Morgan finanzierte Regierungen, Eisenbahnlinien und Stahlwerke. Industriebarone wie der Stahlmagnat Andrew Carnegie oder der Besitzer des »Standard Oil Trust«, John D. Rockefeller, verdienten riesige Vermögen und übten beträchtliche politische Macht aus.

Wehrpflicht und Propaganda

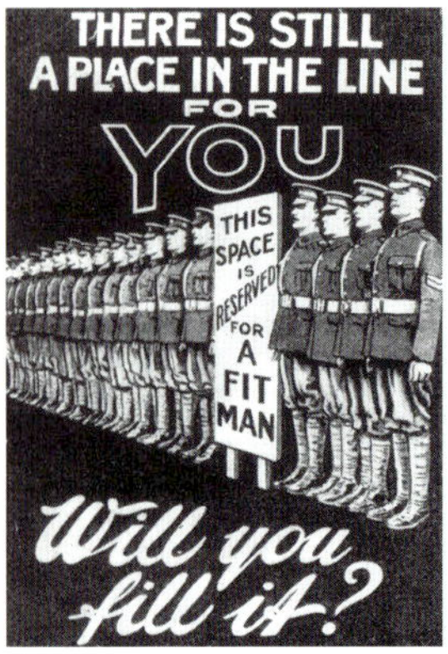

Obwohl der 1. Weltkrieg auf dem Hintergrund allgemeiner Begeisterung in allen kriegsführenden Ländern begonnen hatte, spielte Propaganda von Anfang an eine Rolle. Dennoch musste 1916 Großbritannien die Wehrpflicht einführen, um genügend Soldaten aufzubringen. Insgesamt zogen aber mehr Freiwillige als Wehrpflichtige in den Krieg. Bei Kriegseintritt 1917 konnten die USA noch auf Freiwillige zurückgreifen.

Die Kunst des 20. Jahrhunderts

1904	Cézanne *La Montagne Sainte Victoire*
1907	Picasso *Les Demoiselles d'Avignon*
1911	Matisse *Das rote Atelier*
1913	Balla *Abstrakte Geschwindigkeit*
	Marc *Tierschicksale*
	Picasso *Der Kartenspieler*
	Braque *Mädchen mit Gitarre*
1914	Gris *Die Jalousie*
1917	Duchamp *Brunnen;* Grosz *Metropolis*
1919	Kokoschka *Frau in Blau;* Léger *Stadt*
1921	Mondrian *Komposition mit Rot, Gelb und Blau*
1924	Miró *Mutterschaft;* Kandinsky *Gelbe Begleitung*
1927	O'Keefe *Oriental Poppies*
1923	Arp *Configuration*
1929	Dufy *Der Künstler und sein Modell im Studio in Le Havre*
1930	Hopper *Early Sunday Morning*
1933	Brancusi *Portrait Mademoiselle Pogany III*
1931	Dalí *Die Beständigkeit der Erinnerung*
1937	Dalí: *Metamorphose des Narziss*
	Picasso *Guernica*
1939	Klee *Die schöne Gärtnerin*
1944	Moore *Madonna*, Skulptur
1945	Bacon *Drei Studien zu Figuren einer Kreuzigung*
1949	Pollock *Nummer 10 1949*
1950	Pollock *Lavender Mist, Nummer 1 1950*
	Rothko *Nummer 10*
1963	Lichtenstein *In the Car*
1967	Warhol *Marilyn Monroe*
1968	Hockney *American Collectors*
1972	Christo *Running Fence*
1976	André *Equivalent VIII*, Skulptur
1991	Hirst *The Physical Impossibility of Death in the Mind of Someone Living*, Skulptur
	Parker *Cold, Dark Matter – An Exploded View*, Skulptur.
1992	Koons *Puppy*, Skulptur
	Whiteread *House*, Skulptur

ASIEN

1911 Chinesische Revolution: Sturz der Qing-Dynastie, Ausrufung der Republik China. Flutkatastrophe am Jangtsekiang fordert 100 000 Opfer.

1912 Jan.: Sun Yatsen wird zum provisorischen Präsidenten der Republik China gewählt. Feb.: Der letzte Qing-Kaiser Xuanzong dankt ab, Yuan Shikai wird neuer provisorischer Präsident.

1913 Yuan verweigert die Einwilligung zur neuen chinesischen Verfassung, nachdem die Nationalisten über 50 Prozent der Sitze in den ersten chinesischen Parlamentswahlen gewonnen haben.

1918 ▼

1914 Die Osmanen verbünden sich mit Deutschland und Österreich-Ungarn, nachdem Großbritannien, Frankreich und Russland den Krieg erklärt haben.

Japan übernimmt viele der deutschen Kolonien im Pazifik und in China.

1915 Aufstände gegen die niederländische Herrschaft in Indonesien (bis 1917).

Japan beansprucht chinesische Gebiete in seinen »21 Forderungen« an die chinesische Regierung.

Über 1 Million Armenier werden von den Türken ermordet oder deportiert.

Feb.: Erster türkischer Versuch, Sues einzunehmen.

1918 ▼

Feb.: Angriff der Alliierten auf Gelibolu.

1916 ▼

Yuan Shikai beabsichtigt, Kaiser von China zu werden.

AFRIKA

1911 Italien erobert und besetzt Libyen.

Französisch-deutscher Streit um die Kontrolle über Marokko wird beigelegt, indem Frankreich Deutschland Gebiete im Kongo verspricht.

1912 Französisch-spanisches Protektorat in Marokko errichtet.

Gründung des African National Congress (ANC) in Südafrika.

1913 Gandhi wird in Südafrika verhaftet, als er einen Protestmarsch der Bergarbeiter anführt.

1919 ▼

1914 Ägypten wird britisches Protektorat.

Südafrika tritt an der Seite der Alliierten in den 1. Weltkrieg ein.

EUROPA

1911 Erster Flug ohne Zwischenlandung von London nach Paris in drei Stunden und 56 Minuten von Pierre Prier.

1912 Erster Balkankrieg: Der Balkanbund (Serbien, Montenegro, Bulgarien und Griechenland) erobert die meisten osmanischen Gebiete in Europa (bis Mai 1913).

Prawda (»Wahrheit«) wird zum ersten Mal von der kommunistischen Partei Russlands veröffentlicht.

1913 Zweiter Balkankrieg: Bulgarien verliert fast alle Gebiete aus dem ersten Balkankrieg wieder.

Premiere von Strawinskys *Le sacre de printemps* in Paris.

Ermordung des griechischen Königs Georg I., Nachfolger wird Konstantin I.

1914 Ermordung des österreichischen Thronfolgers Franz Ferdinand in Sarajevo löst einen erneuten Konflikt der Großmächte bezüglich des Balkans aus. Österreich-Ungarn erklärt Russland den Krieg, danach Ausbruch des 1. Weltkriegs (bis 1918).

Irische »Home Rule Bill« vom britischen Unterhaus verabschiedet.

1915 Höhepunkt des Dadaismus in Zürich, New York, Paris, Hannover und Köln.

AMERIKA & AUSTRALASIEN

1916 ▼ **1911** Sturz des mexikanischen Präsidenten Porfirio Díaz und Wahl des radikalen Präsidenten Francisco Madero löst einen Bürgerkrieg aus. Die USA schicken 20000 Soldaten an die mexikanische Grenze.

Demokratische und soziale Reformen durch José y Ordónez in Uruguay.

Die Autofirma Studebaker in den USA bietet zum ersten Mal den Autokauf auf Kredit an.

1912 Militärische Intervention der USA in den Bürgerkrieg in Nicaragua (mit Unterbrechungen bis 1933).

Der Luxusdampfer *Titanic* geht auf seiner Jungfernfahrt unter: 1523 Menschen sterben, 705 werden gerettet.

1918 ▼ **1913** Woodrow Wilson wird Präsident der USA (bis 1921).

Gründung des Notenbanksystems »Federal Reserve Board« in Washington, DC.

1916 ▼ Der Autohersteller Ford führt als erster die Fließbandproduktion zum Bau des Modell T in den USA ein.

1914 Eröffnung der des Pananakanals, der Pazifik und Atlantik verbindet. Kanalzone wird an die USA verpachtet.

1918 ▼ Kanada, Australien und Neuseeland treten an der Seite der Alliierten in den 1. Weltkrieg ein.

1915 Intervention der USA in Mexiko und Invasion in Haiti und Dominikanischer Republik.

Erste Verkehrsampeln in Cleveland, USA.

Erste transkontinentale Telefonverbindung wird in den USA zwischen New York und San Francisco eingerichtet.

Sun Yatsen (1886–1925)

Sun Yatsen war die beherrschende Figur in den ersten Jahren der chinesischen Revolution nach 1911. Letztendlich fielen seine Bemühungen zur Einigung, Modernisierung und Demokratisierung Chinas den Machtansprüchen der Provinzführer (»warlords«) zum Opfer. Seinen revolutionären Zielen folgend, war es ihm möglich, auch vom Ausland finanzielle Unterstützung zu erhalten. 1912 wurde er zum provisorischen Präsidenten der Republik China gewählt und gründete die besonders im Süden starke Partei Kuo-min-tang.

Die mexikanische Revolution

Die mexikanische Revolution war Teil der politischen Unruhen in Lateinamerika nach 1900, an denen städtische Radikale, Landbesitzer und Bauern beteiligt waren, sowie die letztendlich geschlagenen konservativen politischen Eliten. In Mexiko führte die Revolution 1911 zunächst zum Sturz von Präsident Díaz. Dann aber zerfiel die revolutionäre Bewegung in Splittergruppen; die beiden wichtigsten, angeführt von Francisco »Pancho« Villa und Emiliano Zapata, wurden 1916 besiegt. Erst nach 1920, mit der Wahl der Präsidenten Obregón (1920) und Callas (1924), ließen die Konflikte allmählich nach.

***Mexikanische Revolutionäre** nutzten das Eisenbahnnetz bei Unternehmungen über weite Distanzen.*

1. Weltkrieg

Der 1. Weltkrieg war ein Wendepunkt in der Geschichte. Er beendete die globale Vormachtstellung Europas und zerstörte das österreichisch-ungarische, das russische, das deutsche und das osmanische Reich. Für den verbissenen Zermürbungskrieg wurden 65 Millionen Soldaten mobilisiert, von denen 9 Millionen starben und ein Drittel verwundet wurde.

Der Schwerpunkt der Auseinandersetzung war der Grabenkrieg an der Westfront, wo französische, britische und belgische Truppen (und ab 1918 amerikanische) den Deutschen gegenüber standen. Die Ostfront, an der Deutschland und Österreich-Ungarn Russland angriffen, war beweglicher. Nebenkriegsplätze waren die nicht weniger blutigen Konflikte in Norditalien, auf dem Balkan und im Mittleren Osten.

An der Westfront lagen die Soldaten für lange Perioden in der relativen Sicherheit der Schützengräben, bis die Generäle zum Angriff riefen und sie sich einem Kugelhagel aus Maschinengewehren aussetzen mussten.

Die Westfront

Drei Monate nach Kriegsausbruch hatte sich jede Seite entlang der 563 km langen Front von der Schweiz bis zur belgischen Küste, die im Wesentlichen bis 1918 unverändert blieb, eingegraben. Ein Reihe von Schlachten, denen immer ein massives Artilleriebombardement vorausging – in Verdun, an der Somme und bei Ypern – sollten den »entscheidenden« Durchbruch bringen, aber keine Seite konnte ihre anfänglichen Gewinne verteidigen. Das übliche Ergebnis dieser Offensiven waren kleine Gebietsgewinne auf Kosten ungezählter Menschenleben.

DIE WESTFRONT

1914 Aug.: Deutschland marschiert über Belgien und Luxemburg nach Frankreich ein. Britische Truppen landen in Frankreich. Deutschland rückt bis 40 km vor Paris vor.

Sept.: Die französische Regierung flüchtet nach Bordeaux (bis Dez.). Der deutsche Vormarsch wird an der Marne aufgehalten, Belagerung von Antwerpen (bis Okt.).

Okt.: Erste Schlacht von Ypern (bis Nov.).

Nov.: Westfront erstarrt von Belgien bis zur Schweizerischen Grenze.

1915 Jan.: Offensive der Alliierten in Artois und Champagne (bis März). Erster deutscher Zeppelinangriff auf England.

April: Zweite Schlacht von Ypern, Deutsche verwenden zum ersten Mal Gas an der Westfront, aber der Durchbruchsversuch bleibt erfolglos (bis Mai).

Mai: Zweite Schlacht von Artois. Wenig erfolgreiche französische und britische Offensiven mit hohen Verlusten (bis Juni).

Sept.: Herbstoffensive der Alliierten (bis Okt.).

Dez: Sir John French wird als Befehlshaber der britischen Streitkräft in Frankreich von Sir Douglas Haig abgelöst.

1916 Feb.: Schwerer deutscher Angriff auf Verdun (bis Dez.).

Juli: Erste Schlacht an der Somme, britische Verluste betragen 60 000 Mann am ersten Tag (bis Nov.).

Sept.: Briten benutzen erstmals Panzer auf dem Schlachtfeld an der Somme.

1917 Feb.: Deutsche ziehen sich zur Hindenburglinie zurück (bis März).
Aug.: Dritte Schlacht von Ypern (bis Nov.).

1918 März: Deutsche Offensive an der Somme, der Durchbruch gelingt nicht ganz. Foch erhält das Oberkommando der Streitkräfte der Alliierten an der Westfront.

April: Zweite deutsche Offensive in Flandern südlich von Ypern.

Mai: Truppen der USA greifen ein.

Juli: Letzte große Offensive der Deutschen. Alliierter Gegenschlag.

Sept.: Französisch-amerikanische Offensive von Meuse-Argonne beginnt.

Nov.: Kaiser Wilhelm II. dankt ab.
11. Nov.: Waffenstillstand, Kämpfe enden um 12 Uhr, die Alliierten besetzen das Rheinland.

Dez.: Deutsche Flotte in Scapa Flow versenkt.

BALKAN & ITALIEN

1914 Juni: Ermordung des österreichischen Thronfolgers Franz Ferdinand in Sarajevo löst den 1. Weltkrieg aus.

Thronfolger Franz Ferdinand und seine Frau in ihrem Auto kurz vor dem Attentat.

Aug.: Österreich-Ungarn marschiert in Serbien ein, wird aber zurückgedrängt.

Sep.: Österreich-Ungarn trifft erneut auf heftige Gegenwehr im Norden Serbiens.

Dez.: Dritter erfolgloser Versuch des Einmarsches in Serbien.

1915 April: Alliierte schließen geheimen Vertrag von London mit Italien.

Mai: Italien erklärt Österreich-Ungarn den Krieg.

Juni: Erster Angriff Italiens auf Österreich-Ungarn am Isonzo.

Okt.: Einmarsch der Deutschen, Österreicher und Bulgaren in Serbien. Dritte und vierte Isonzoschlacht (bis Nov.). Britisch-französische Truppen landen in Saloniki.

1916 März: Fünfte Isonzoschlacht.

Mai: Österreichische Offensive von Asiago (bis Juni).

Aug.: Sechste und siebte Isonzoschlacht (bis Sep.). Kriegseintritt Rumäniens.

Okt.: Achte und neunte Isonzoschlacht (bis Nov.).

Dez.: Deutschland, Österreich-Ungarn und Bulgarien besiegen Rumänien.

1917 Mai: Zehnte Isonzoschlacht.

Aug.: Elfte Isonzoschlacht (bis Sep.).

Okt.: Italiener erleiden schwere Niederlage bei Caporetto (bis Nov.).

Nov.: Monastir fällt an die Alliierten.

1918 Juni: Italiener schlagen eine österreichische Offensive an der Piave zurück.

Okt.: Italiener erringen entscheidenden Sieg bei Vittorio Veneto (bis Nov.).

Nov.: Waffenstillstand. Kämpfe werden am 3. November eingestellt.

DIE OSTFRONT

1914 Aug.: Russen marschieren in Ostpreußen ein und erleiden katastrophale Niederlage in der Schlacht von Tannenberg.

Sep.: Deutscher Sieg über Russland in der ersten Schlacht an den Masurischen Seen. Österreich-Ungarn zieht sich nach einer Reihe von Schlachten bei Lemberg aus Galizien zurück.

Okt.: Deutsche Offensive in Polen wird vor Warschau aufgehalten.

Nov.: Deutscher Sieg bei Lodz, Russen werden in die Defensive gedrängt.

Dez.: Österreicher schlagen Russen bei Limanova.

1915 Jan.: Deutsche setzen Gas ein in Bolimow an der polnischen Front.

Feb.: Deutsche besiegen Russen in der zweiten Schlacht an den Masurischen Seen.

Mai: Deutscher Durchbruch bei Gorlice-Tarnów.

Juli: Russischer Rückzug (bis Sep.).

Aug.: Deutsche marschieren in Warschau ein.

1916 Juni: Die russische Brussilow-Offensive demoralisiert Österreich-Ungarn (bis Aug.).

1917 März: Revolution in Russland, Zar Nikolaus II. dankt ab, die Regierung unter Kerenski übernimmt die Macht.

Juli: Zweite Brussilow-Offensive. Russische Armee beginnt zu zerfallen.

Aug.: Deutsche nehmen Riga ein.

Nov.: Bolschewikische Revolution.

Dez.: Waffenstillstand zwischen russischen Bolschewiken und Deutschland.

1918 März: Friede von Brest-Litowsk. Deutschland besetzt die Ukraine.

Russische Kriegsgefangene *Deutschlands an der Ostfront.*

ÜBRIGE WELT

1914 Okt.: Die Türkei schließt die Dardanellendurchfahrt. Japan übernimmt die deutschen Kolonien im Pazifik.

Nov.: Die Türkei erklärt den *Djihad* und verbündet sich mit Deutschland und Österreich-Ungarn gegen Frankreich, Großbritannien und Russland.

1915 Über eine Million Armenier werden von Türken ermordet oder deportiert.

Feb.: Türkischer Versuch, Sues zu erobern. Britische und französische Schiffe bombadieren Festungen an den Dardanellen. Deutschland beginnt die U-Bootblockade von Großbritannien.

April: Britische und französische Soldaten landen auf der Halbinsel von Gelibolu.

Mai: Ein Unterseeboot versenkt das britische Passagierschiff *Lusitania.* Unter den Opfern sind US-Amerikaner, das löst eine diplomatische Krise zwischen Deutschland und den USA aus.

Aug.: Weitere Landungen bei Gelibolu, aber Alliierte bleiben an der Küste stecken.

Sep.: Deutschland beschränkt U-Bootaktivitäten als Reaktion auf amerikanischen Druck.

Nov.: Schlacht von Ktesiphon. Briten ziehen sich in Mesopotamien zurück.

Dez.: Britische Truppen werden in Kut al-Amara von den Türken belagert (bis Apr. 1916). Rückzug der Alliierten aus Gelibolu (bis Jan.).

1916 Feb.: Russen nehmen Erzurum ein.

Juni: Arabische Stämme revoltieren mit britischer Unterstützung gegen die Türken (bis 1918).

1917 März: Briten nehmen Bagdad ein.

April: USA erklären Mittelmächten den Krieg.

Dez.: Briten nehmen Jerusalem ein.

1918 Sep.: Entscheidender Sieg der Alliierten über die Türken in Palästina. Okt.: Türken ergeben sich.

Die Sopwith Camel *wurde ab 1917 eingesetzt und entwickelte sich rasch zum erfolgreichsten Jagdflugzeug der Briten im 1. Weltkrieg. Sie war leicht, beweglich und bewaffnet mit zwei nach vorn gerichteten Vickers-Maschinengewehren, allerdings nicht einfach zu fliegen.*

Kriegstechnologie

Alle Kriegsteilnehmer sahen sich mit dem Problem konfrontiert, zwei oder drei Linien von Schützengräben durchbrechen zu müssen, die mit Stacheldraht und Maschinengewehren geschützt waren. Trotz der Entwicklung neuer Waffen, etwa des Panzers, stellte sich ein Durchbruch als sehr schwierig heraus. Die Verwendung von Gas und Flammenwerfern war die Ursache für die hohe Zahl von Toten.

Flugzeuge, die zunächst nur für Aufklärungsflüge eingesetzt wurden, entwickelten sich bald zu eigenständigen Waffen. Jagdflieger fochten Duelle in der Luft aus, während Bomber militärische und zivile Ziele am Boden angriffen. Auf See stellten sich die Unterseeboote der Deutschen als schlagkräftige Waffe heraus, mit denen die Briten von der Versorgung abgeschnitten wurden. Die Versenkung von Handels- und Passagierschiffen löste allerdings den Kriegseintritt der USA aus, ein entscheidender Faktor für die Niederlage der Deutschen.

Ein britischer Panzer *überquert einen Schützengraben in der Schlacht an der Somme im September 1916 – der erste Einsatz von Panzern. Obwohl oft ein Überraschungseffekt erzielt werden konnte, waren die Panzer alles andere als zuverlässig und wurden vielfach einfach aufgegeben.*

Wladimir Iljitsch Lenin

Lenin spielte eine herausragende Rolle in der Russischen Revolution. Ungeachtet der Tatsache, dass er viele Jahre seines Lebens im Gefängnis oder im Exil verbracht hatte, war er für die revolutionären russischen Zirkel ab den Jahren nach 1890 eine Leitfigur. Er war der einflussreichste Mitbegründer der 1912 als Abspaltung von den russischen Sozialdemokraten entstandenen Kommunistischen Partei Russlands (Bolschewiki). Im Oktober 1917, nach seiner heimlichen Rückkehr aus dem Exil, war er an der Vorbereitung der Machtübernahme durch die Bolschewiki (Arbeiter- und Bauernräte) beteiligt.

Die Russische Revolution

Das kriegsgeschwächte, durch Klassenunterschiede gespaltene, großteils verelendete Russland war 1917 bereit für die revolutionäre Machtübernahme durch die Bolschewiki unter Führung Lenins.

1917, Februar/März: Februarrevolution in Russland, Abdankung von Zar Nikolaus II. Provisorische Regierung unter Fürst Georgij Lwow. Kommunistisch dominierte Sowjets in vielen Städten eingesetzt.

April: Deutschland erlaubt dem kommunistischen Agitator Lenin die Rückkehr nach Russland.

Juli: Der Sozialist Alexander Kerenski wird Ministerpräsident. Revolution in Petrograd (St. Petersburg).

Sept.: Kerenski ruft die Republik aus.

Okt.: Petrograder Sowjet richtet Militärrevolutionäres Komitee unter Leo Trotzki ein.

Nov.: Militärrevolutionäres Komitee übernimmt Macht in Petrograd; Allrussischer Sowjetkongress unter Führung Lenins bildet neue Regierung Russlands.

Dez.: Russland zieht sich vom 1. Weltkrieg zurück.

1918 März: Friedensvertrag von Brest-Litowsk: Verzicht Russlands auf Polen, die baltischen Staaten, auf die Ukraine und Georgien.

Juli: Ermordung der Zarenfamilie durch Bolschewiki. Bürgerkrieg zwischen den Bolschewiki und den »Weißen« (bis 1921). Rote Armee gegründet.

ASIEN

1916 Yuan Shikai ernennt sich selbst zum neuen Kaiser von China und wird daraufhin gestürzt; danach unzusammenhängende Herrschaft verschiedener Warlords (bis 1927).

1917 Balfour-Deklaration verpflichtet Großbritannien zur Gründung eines jüdischen Staates in Palästina.

1918 Okt.: Kapitulation der Osmanen, Ende des 1. Weltkriegs im Mittleren Osten.

Japan besetzt während des chinesischen und des russischen Bürgerkriegs Teile der Mandschurei und Sibiriens.

1919 Griechische Armee landet in Smyrna.

Der Nationalismus in China – Bewegung des 4. Mai – wird aufgrund internationaler Unterstützung für Japan bei dessen territorialen Forderungen gegen China angestachelt.

Unabhängigkeit Afghanistans von Großbritannien.

Ehemals deutsche Gebiete im Pazifik werden vom Völkerbund japanischem Mandat unterstellt.

Indien und China werden Gründungsmitglieder des Völkerbunds. Japan bekommt einen ständigen Sitz zuerkannt.

1921 ▼

1920 Der Friedensvertrag von Sèvres; in der Folge Gründung einer provisorischen, national ausgerichteten Regierung unter Mustafa Kemal (Atatürk).

1925 ▼

Osmanische Gebiete im Mittleren Osten werden britischem (Palästina, Transjordanien, Irak) und französischem (Syrien) Mandat unterstellt.

Gründung der Kommunistischen Partei in China.

Beim Erdbeben in Gansu, China, kommen 200 000 Menschen um.

AFRIKA

1918 Erster Panafrikanischer Kongress.

1922 ▼

1919 Antibritische nationalistische Unruhen in Ägypten.

1920 Frühere deutsche Kolonialgebiete in Afrika werden unter britisches (Tansania, Britisch-Kamerun, Britisch-Togo), französisches (Französisch-Kamerun, Französisch-Togo) und südafrikanisches (Südwestafrika) Mandat gestellt.

EUROPA

1916 Albert Einstein vollendet die *Allgemeine Relativitätstheorie.*

10 000 Lawinenopfer in den italienischen Alpen.

1917 März: Beginn der Russischen Revolution.

1918 »Spanische« Grippe sucht Europa heim: Über 6 Mio. Menschen sterben.

Nov.: Österreich zieht sich vom 1. Weltkrieg zurück. Der deutsche Kaiser flieht in die Niederlande. Waffenstillstand: Ende des 1. Weltkriegs.

Kongress der unterdrückten Völker in Rom ruft Österreich-Ungarn zum Aufbrechen seiner ethnischen Grenzen auf.

1919 Vertrag von Versailles zwingt Deutschland zum Anerkennen der Kriegsschuld und zur Zahlung von Reparationen. Ein neues Europa mit acht neuen Staaten entsteht, zum großen Teil auf Gebieten, die zum österreichisch-ungarischen und zum deutschen Reich gehörten. Weitere Friedensverträge: Vertrag von St. Germain (mit Österreich) und von Neuilly (mit Bulgarien).

Kommunistischer Spartakusaufstand in Deutschland wird niedergeschlagen.

Gründung des Völkerbunds.

Kurzlebiges kommunistisches Regime von Béla Kun in Ungarn errichtet.

Russisch-polnischer Krieg beginnt (bis 1920).

1921 ▼ Großbritannien gesteht Südirland Dominion-Status zu.

1921 ▼ Mordanschlag auf Lenin führt zur systematischen Ermordung von Oppositionellen zu den Bolschewiki. Bolschewiki gründen die Kommunistische Internationale (Komintern), um auch im Ausland die Revolution zu fördern (bis 1943).

Internationale Arbeitsorganisation (ILO) in Genf gegründet.

J. M. Keynes veröffentlicht *Economic Consequences of the Peace* (»Die wirtschaftlichen Folgen des Friedensvertrages«).

Staatliches Bauhaus, Schule für gestaltendes Handwerk, Architektur und bildende Künste, von Walter Gropius in Weimar gegründet.

Die britischen Flieger Alcock und Brown unternehmen den ersten Non-Stop-Transatlantikflug (Neufundland–Irland).

1920 Vertrag von Trianon beschließt Aufteilung Ungarns.

AMERIKA & AUSTRALASIEN

1916 Sieg der radikalen Kräfte unter Zapata im mexikanischen Bürgerkrieg.

Ford stellt in den USA ersten Allzweck-Traktor in Massenproduktion her.

1917 Eintritt der USA in den 1. Weltkrieg auf Seiten der Alliierten.

1924 ▼ Soziale Proteste erfassen Großteil Lateinamerikas und schwächen die Machtposition der landbesitzenden politischen Elite. Neue Verfassung stellt Demokratie in Mexiko wieder her.

US-Militärinvasion in Kuba (bis 1922).

Dänemark verkauft Jungferninseln an USA.

1921 ▼ Einwanderungsgesetz der USA verhindert Einwanderung asiatischer Arbeiter.

Erster regelmäßiger Personen-Luftverkehr der Welt in Tampa, Florida.

1918 Jan.: Präsident Woodrow Wilson verkündet die 14 Punkte, die vor allem das Recht aller Staaten auf Selbstbestimmung als Basis für ein friedliches Europa beinhalten.

1919 US-Senat lehnt Versailler Vertrag ab und isoliert sich durch die Weigerung, dem Völkerbund beizutreten.

Das Federal Bureau of Investigation (FBI; Bundes-Polizeibehörde) wird eingerichtet.

1920 Der Nachkriegsaufschwung fördert das Wirtschaftswachstum in den USA, die bis in die späten 20er-Jahr weltweit führende Wirtschaftsmacht. Der Jazz ist die Musik dieser neuen Wohlstandsära.

Die Wahl von Plutarco Calles beendet die revolutionären Unruhen in Mexiko.

Frauenwahlrecht in den USA.

Einführung der Prohibition (Alkoholverbot) in den USA bewirkt einen Boom des organisierten Verbrechens.

Maschinenpistolen-Patent in den USA.

1923 ▼ Weltweit erstes regelmäßig ausgestrahltes Rundfunkprogramm in Pittsburgh.

Feiernde »betrauern« im Jahr 1919 *das Volstead-Gesetz, das den Verkauf von Alkohol in den USA verbietet.*

Die Prohibition

Das Volstead-Gesetz von 1917 (später der 18. Verfassungszusatz) brachte den USA eine der katastrophalsten sozialen Erfahrungen des 20. Jahrhunderts. Das Gesetz trat am 29. Januar 1920 in Kraft und verbot landesweit »die Herstellung, den Verkauf und Transport von berauschenden Getränken«.

Das Alkoholverbot hat seine Ursprünge in der Auffassung protestantischer Kreise vom Lande von der Schädlichkeit des Alkohols. Nach dem 1. Weltkrieg wurden Bewegungen wie die *Prohibition Party* von 1869 (die immer noch existiert), die *Woman's Christian Temperance Union* von 1874 und die *Anti-Saloon League* von 1893 mächtige politische Kräfte.

Die Prohibition verstärkte den Gegensatz zwischen ländlichem (pro-) und städtischem (anti-prohibitionistischem) Amerika. Sie verschaffte dem organisierten Verbrechen, das größtenteils den riesigen illegalen Bedarf an Alkohol deckte, einen enormen Auftrieb. Auf ihrem Höhepunkt in den späten 20er-Jahren kassierten Banden wie die von Al Capone in Chicago über 60 Millionen Dollar pro Jahr mit Alkoholverkäufen. Angesichts seiner eindeutigen Nichtdurchsetzbarkeit wurde das Alkoholverbot im Februar 1933 aufgehoben.

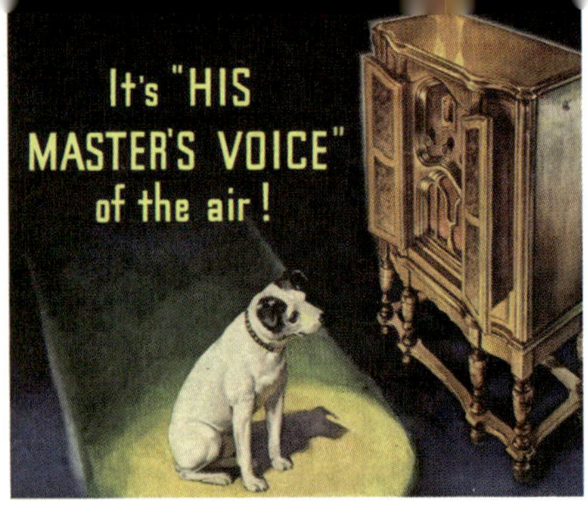

Das Radio als Kulturveränderer. *In den 30er-Jahren des 20. Jh. hatten die erfolgreichsten Programme bereits ein Millionenpublikum.*

Radio

Die Beliebtheit des Radios nahm nach dem 1. Weltkrieg ganz außerordentlich zu. Nach Beginn der Rundfunkübertragungen nach Programm in den USA (Anfang der 20er-Jahre) nahmen innerhalb von nur zwei Jahren nahezu 600 Radiostationen ihre Arbeit auf. 1923 gab es schätzungsweise 3 Millionen Radiogeräte; 1929 bereits 14 Millionen und 1940 ungefähr 40 Millionen.

Für die meisten bedeutete Radio Unterhaltung. Aber es war auch ein mächtiges Instrument zur Nachrichtenverbreitung – in vielen Staaten bedeutete dies zunehmend Regierungspropaganda. In den USA und Großbritannien spielte das Radio als Verteiler unparteiischer Nachrichten eine entscheidende Rolle.

Das Jazz-Zeitalter

Vor dem Hintergrund ungeahnten Wohlstands und der festen Entschlossenheit, die Kriegsschrecken zu vergessen, begann in den USA der 20er-Jahre ein Zeitalter schwindelerregender Vergnügungssucht.

Sein herausragendes Symbol – topmodern und unmissverständlich amerikanisch – war der Jazz; er nahm seinen Weg über die Kneipen Chicagos, wo Musiker wie Louis Armstrong *(oben)*, Duke Ellington, Bix Beiderbecke und Bessie Smith einen Musikstil schufen, der die Welt erobern sollte.

ASIEN

1921 Nationalistische Regierung in Ankara unter Atatürk fordert die osmanische Sultansherrschaft heraus.

Unabhängigkeit der Mongolei von China.

1922 Die Konferenz von Washington (USA, Großbritannien und Japan) beschließt die territoriale Unversehrtheit Chinas und eine neue Festlegung der Flottenstärke.

Die Griechen werden aus der Türkei vertrieben, Abschaffung des osmanischen Sultanats.

Taifun in Shantou, China, 28000 Tote.

Britische Behörden in Indien verurteilen Gandhi zu sechs Jahren Gefängnis (nach zwei Jahren wird er freigelassen).

1923 Friede von Lausanne billigt die Existenz des neuen, vergrößerten türkischen Staates. Die türkische Republik wird ausgerufen; Atatürk wird Präsident.

Sun Yatsen erklärt Bereitschaft der Kuomin-tang-Regierung zur Zusammenarbeit mit der Kommunistischen Partei Chinas.

Ein Erdbeben in der Kantoebene (Gebiet um Tokio) verursacht das Große Feuer von Tokio, dem 143000 Menschen zum Opfer fallen.

1924 Abschaffung des Kalifats in der Türkei durch Atatürk. Verbot kurdischer Schulen, Veröffentlichungen und Zusammenschlüsse.

1926 ▼

1925 Ausbruch des Bürgerkriegs in China. Tod von Sun Yatsen; sein Nachfolger ist Chiang Kai-shek.

Chinesisch-sowjetische Grenze gefestigt.

Syrische Nationalisten erheben sich gegen die französische Herrschaft.

AFRIKA

1921 Aufstand in Marokko gegen die französische und spanische Vorherrschaft.

1922 Eingeschränkte Unabhängigkeit Ägyptens durch Großbritannien erklärt.

Grab des Tut-ench-Amun wird vom britischen Archäologen Howard Carter im ägyptischen Tal der Könige entdeckt.

1926 ▼

1923 Abessinien tritt dem Völkerbund bei.

Erste Saharadurchquerung mit dem Auto.

1925 Französische Militäraktionen gegen den Führer der nationalistischen Marokkaner Abd el-Krim.

EUROPA

1921 Die Bolschewiki triumphieren im russischen Bürgerkrieg. Lenin versucht, die schlechte wirtschaftliche Lage durch Einführung des »Staatskapitalismus« zu stabilisieren. Große Hungersnot (bis 1923), über 6 Mio. Tote.

In London stimmt Deutschland nach einem Ultimatum detaillierten Reparationszahlungsmodalitäten zu.

Irischer Freistaat gegründet.

1927 ▼ **1922** Gründung der Union der Sozialistischen Sowjetrepubliken (UdSSR).

1926 ▼ Benito Mussolini wird Premierminister in Italien.

Erste öffentliche Rundfunkübertragungen in Großbritannien und Frankreich.

Vertrag von Rapallo zwischen Deutschland und UdSSR unterzeichnet.

1930 ▼ **1923** Einmarsch französischer und belgischer Truppen ins Ruhrgebiet zur Sicherstellung der deutschen Kohlelieferung.

Höhepunkt der Inflation in Deutschland.

Militärputsch in Spanien: Primo de Rivera wird Diktator.

Der Völkerbund zwingt Italien zum Rückzug von Korfu, Griechenland.

So genannter »Hitlerputsch« in München scheitert.

Erster Haushaltskühlschrank der Welt in Schweden.

1924 Tod Lenins führt zu Machtkämpfen in der UdSSR.

Deutsche Reparationszahlungen durch Dawes-Plan reduziert (noch einmal 1929).

Erste Olympische Winterspiele in Chamonix, Frankreich.

1925 General Hindenburg wird deutscher Reichspräsident.

Freigabe des russischen Kinomeisterwerkes *Panzerkreuzer Potemkin* von Regisseur Sergei Eisenstein.

John Logie Baird überträgt erstes Fernsehbild, London.

AMERIKA & AUSTRALASIEN

1921 Warren Harding wird Präsident der USA († 1923).

Die USA beschränken Einwanderungsquote.

Frederick Banting und Charles Best, Kanada, gelingt die Isolierung des Hormons Insulin, das für die Diabetesbehandlung gebraucht wird.

Polizei in Detroit führt die ersten tragbaren Funkgeräte ein.

1922 In den USA arbeiten 564 amtlich zugelassene Radiostationen. Die erste Werbung wird gesendet.

USS *Langley* wird zum weltweit ersten Flugzeugträger umgebaut.

Ecuador wird unabhängig.

1923 Calvin Coolidge wird nach dem Tod von Warren Harding Präsident der USA (bis 1929).

1929 ▼ Erstes tragbares Radio in USA entwickelt.

Über 13 Mio. Autos auf den Straßen der USA.

1924 Militärputsch in Chile.

1926 ▼ Militäraufstand in Brasilien führt fast zum Bürgerkrieg.

Premiere von George Gershwins *Rhapsody in Blue*.

1925 Der US-amerikanische Astronom Edwin Hubble entdeckt die Existenz weiterer Galaxien neben unserer eigenen und die Tatsache, dass das Universum sich ausdehnt: die Begründung der modernen Kosmologie.

Erste Sendung aus Nashville von »Grand Ole Opry«, der am längsten laufenden Radioshow der Welt.

1923 wurde die Mark wertlos. *Diese Kinder benutzen Banknotenstapel als Bauklötze.*

Wirtschaftskrise in Deutschland

Mit Kriegsschulden in Höhe von mehr als 150 Milliarden Mark war Deutschlands Wirtschaft vom 1. Weltkrieg schwer angeschlagen. Den endgültigen Schlag aber erlitt sie nach 1921, als die Reparationszahlungen endgültig feststanden. Neben vielem anderen waren 90% der deutschen Handelsflotte verloren, 75% der Eisen- und 70% der Zinkerzvorkommen. Ende 1923 hatte die Inflation die Mark auf ein Billionstel ihres Vorkriegs-Wertes reduziert. Die Bedingungen für die Begleichung der Reparationsschulden wurden schließlich erleichtert.

Benito Mussolini

Mussolini, Führer der Faschistischen Partei, kam 1922 in Italien an die Macht, unterstützt vom Groll der Bevölkerung aufgrund der willkürlichen Behandlung Italiens durch die Alliierten beim Versailler Vertrag und fest entschlossen, die marxistischen Kräfte auszumerzen. 1926 machte er Italien zum Ein-Parteien-Staat und sich selbst zum Führer – zum *Duce*.

Seine späteren Bündnisse mit Deutschland und Japan entstammten mehr seinen opportunistischen Weltmacht-Bestrebungen als echter Ideologie. Das faschistische Italien, obwohl repressiv, erreichte nie den absoluten Totalitarismus NS-Deutschlands.

Die Welt um 1925

Die Umwälzungen des 1. Weltkriegs veränderten die Landkarte von Europa. Die wichtigsten Konsequenzen waren die Aufteilung von Österreich-Ungarn, Deutschland und dem Osmanischen Reich und die Umwandlung des Russischen Reiches in die UdSSR, den ersten kommunistischen Staat der Welt. Russland hatte proportional gesehen am wenigsten Gebiet verloren: Finnland, die baltischen Staaten und Ostpolen lösten sich aus dem russischen Staatsverband. Deutschland verlor alle polnischen Gebiete, die nicht zu Ostpreußen gehörten, das zu einem isolierten Außenposten Deutschlands in Polen wurde. Deutschlands ehemalige afrikanische Kolonien gingen größtenteils an Großbritannien und Frankreich. Polen wurde wieder selbstständig, und aus Österreich-Ungarn bildeten sich die Nachfolgestaaten Österreich, Ungarn, die Tschechoslowakei sowie das Königreich der Serben, Kroaten und Slowenen. Die Fläche Rumäniens verdoppelte sich. Das Osmanische Reich wurde auf sein türkisches Kernland reduziert. Großbritannien und Frankreich übernahmen die Kontrolle über die ehemaligen türkischen Gebiete im Nahen Osten. Japan, das zwischen 1895 und 1910 Formosa, Karafuto und Korea in Besitz genommen hatte, bekam ebenfalls eine Reihe ehemals deutscher Inseln im Pazifik. Es dehnte zudem seinen Einfluss auf China aus, das nach der Revolution gegen die Qing 1911 im Chaos versunken war. Die Position Großbritanniens und Frankreichs als beherrschende Kolonialmächte war mehr gefährdet als es schien. Kanada (ohne Neufundland), Südafrika, Australien und Neuseeland waren alle unabhängig geworden, und der nationale Aufruhr in Indien wuchs. Auch Frankreichs Herrschaft in Afrika und Südostasien war gefährdet.

STRASSENKARTEN

Im Jahr 1908 begann die Ford Motor Company mit dem Modell T die Massenproduktion von Autos. Von nun an war das Auto nicht mehr nur den Reichen vorbehalten. Was die Automibilisierung angeht, machten die USA die größten Fortschritte: 1929 waren dort 26,7 Millionen Autos registriert – über die Hälfte davon von der Firma Ford –, während in ganz Europa um das Jahr 1935 überhaupt erst 3 Millionen Autos registriert waren. So ist es nicht erstaunlich, dass die USA das erste Land waren, das ein nationales Straßennetz baute, wenn auch die erste sechsspurige Autobahn im Jahr 1922 in Berlin entstand. Da immer mehr Menschen ein Auto besaßen, entstand eine neue Art der Karten: die Straßenkarten. Noch vor dem 1. Weltkrieg hatte die Reifenfirma Michelin in Frankreich Routenführer für Autofahrer herausgebracht. Nach 1920 wurden dann speziell für Autofahrer gemachte detaillierte Straßenkarten allgemein üblich.

1925–1950

Die Welt zwischen den Kriegen

BILD OBEN:
***Adolf Hitler** 1933 auf einer Kundgebung. Hitlers Reden sprachen diejenigen an, die Deutschland nach dem 1. Weltkrieg ungerecht behandelt sahen und nun den Mythos von einer besonderen historischen Bestimmung Deutschlands begierig aufsogen.*

Die Verwerfungen im Gefolge des 1. Weltkriegs mündeten gut 20 Jahre später direkt in einen noch größeren globalen Konflikt. Die Zwischenkriegszeit war fast überall geprägt von politischer und wirtschaftlicher Instabilität; dies hatte das Aufkommen diktatorischer Regime, ob rechter oder linker Ausrichtung, begünstigt. Die Welt schien so unsicher und gefährlich geworden wie nie zuvor. Selbst die USA, die am Ende des 1. Weltkriegs als dynamische Wirtschaftsmacht dagestanden hatten, waren gegen die wachsende Krise nicht immun. Ein Jahrzehnt schwindelerregenden Wirtschaftswachstums endete 1929 mit einem Börsenkrach, der eine Weltwirt-

1925–1950

1925: Bürgerkrieg in China

1926: Chiang Kai-chek beginnt Versuch der chinesischen Wiedervereinigung.

1929: Börsenkrach an der Wall Street

1930: Vargas unternimmt Militärputsch in Brasilien.

1931: Aufhebung des Goldstandards u. a. in Deutschland

ASIEN
AFRIKA
EUROPA
AMERIKA & AUSTRALASIEN

1925 — 1930

1925: Stalin kommt in der UdSSR an die Macht.

Hollywood: die Stummfilm-Ära

Die Ära des Stummfilms war kurz und intensiv. Als 1927 die ersten Tonfilme erschienen, waren Filme aus Hollywood längst ein internationales Geschäft.

1911 In Hollywood öffnen die ersten Filmstudios.

1914 Premiere von *The Squaw Man*, dem ersten abendfüllenden Hollywood-Western.

1915 D.W. Griffith dreht *The Birth of a Nation*.

1917 Charlie Chaplin unterzeichnet den ersten Filmvertrag über eine 1 Million US-Dollar.

1919 Charlie Chaplin, Mary Pickford und Douglas Fairbanks gründen United Artists.

1920 *Das Zeichen des Zorro* – das Kino bekommt seinen ersten Draufgänger.

1921 Rudolph Valentino wird mit *The Four Horsemen of the Apocalypse* zum ersten Star des Nachmittagskinos.

1923 Cecil B. De Mille debütiert mit *Die zehn Gebote*. Warner Bros. begründet das Studiosystem.

1924 Gründung der Columbia- und der MGM-Studios.

1925 Premiere von King Vidors Antikriegsfilm *The Big Parade*.

Die UdSSR: Der Fünfjahresplan

Der Fünfjahresplan wurde 1929 von Stalin auf den Weg gebracht. Sein Ziel war die dringend nötige Industrialisierung der Sowjetunion und die Ausweitung des staatlichen Einflusses auf alle Lebensbereiche. Wirtschaftlich gesehen war er ein Erfolg: Die Industrie wuchs rasant; bereits Ende der 30er-Jahre gehörte die UdSSR zu den führenden Industrienationen. Für die Menschen aber war er eine Katastrophe. Die Kollektivierung der Landwirtschaft kostete Millionen das Leben. Viele starben durch staatlich provozierte Hungersnöte, die den Widerstand der Bauern brechen sollten.

***Die Kollektivierung bedeutete** das Ende der traditionellen Landwirtschaft in der UdSSR. Vor allem die »Kulaken«, die Bauern mit Landbesitz, wurden systematisch von ihren Höfen vertrieben. Das Propagandabild der zielstrebigen, glücklichen Arbeiter unter Stalins gütiger Führung hatte mit der Realität nichts gemein.*

ASIEN

1926 Ibn Saud krönt sich zum König von Hijas und zum Sultan von Nejd.

Der Nordfeldzug der chinesischen Nationalisten sichert Chiang Kai-shek die Kontrolle über weite Teile Chinas (bis 1928).

1934 ▼ Hirohito wird Kaiser von Japan.

Aufstand kommunistischer Rebellen gegen die niederländische Herrschaft auf Java und Sumatra, Indonesien.

1927 Kommunisten fallen den »Säuberungsaktionen« der chinesischen Nationalisten zum Opfer.

Im Irak wird Öl entdeckt.

Ein Erdbeben in Jiangxi in China kostet 200000 Menschen das Leben.

Französische Großoffensive gegen aufständige Drusen in Syrien.

1928 Jawaharalal Nehru fordert formal die Unabhängigkeit Indiens von Großbritannien.

1929 Chinesische Kommunisten errichten den Jiangxi-Sowjet in Südchina (bis 1934).

1930 Chinesische Kommunisten errichten den Pu'an-Sowjet in Zentralchina (bis 1935).

AFRIKA

1926 Südafrika wird unabhängiges Gebiet innerhalb des britischen Königreichs.

Freundschaftsvertrag zwischen Italien und Abessinien.

Aufstand unter Führung von Abd el-Krim gegen die Franzosen in Marokko.

1928 In Ägypten gründet sich die Muslim-Bruderschaft.

EUROPA

1926 Italien wird unter Mussolini zum Ein-Parteien-Staat.

Deutschland wird Mitglied im Völkerbund.

Antonio Salazar errichtet in Portugal eine rechtsgerichtete Diktatur.

Militärputsch in Polen durch General Pilsudski.

1934 ▼ Putsch der Rechten in Lettland.

Generalstreik in Großbritannien.

1927 Stalin wird Staatsoberhaupt der UdSSR. Ausschluss Leo Trotzkis aus der Kommunistischen Partei.

Preußen hebt das Verbot der NSDAP auf.

1928 Der Brite Alexander Fleming entdeckt mit dem Penicillin das weltweit erste Antibiotikum.

Amsterdam: Erstmals dürfen Frauen an Olympischen Spielen teilnehmen.

1933 ▼ **1929** Der Börsenkrach an der Wall Street löst die Weltwirtschaftskrise aus, deren Folgen das politische Europa für Jahre destabilisieren.

1932 ▼ Stalin bringt den ersten Fünfjahresplan der UdSSR ein. Es beginnt eine massive Industrialisierung und die flächendeckende Kollektivierung der Landwirtschaft.

Mit den Lateranverträgen endet der Streit zwischen Papstum und italienischem Staat.

Errichtung einer »Königsdiktatur« in Jugoslawien.

Stalin veranlasst die Ausweisung seines Rivalen Trotzki aus der UdSSR.

Der Deutsche Hans Berger beobachtet mit einem Elektroenzephalographen erstmals elektrische Ströme im Gehirn.

1930 Die Sowjetunion beginnt ihr Programm zur Wiederbewaffnung.

Die alliierten Truppen ziehen sich aus dem Rheinland zurück.

Patent für das Düsentriebwerk des britischen Ingenieurs Frank Whittle.

AMERIKA & AUSTRALASIEN

1926 Brasilien verlässt als erster Staat den Völkerbund aus Protest gegen seine Wirkungslosigkeit.

Die USA besetzen Nicaragua (bis 1933).

Vereinbarung über den Status Australiens und Neuseelands als britische Dominions.

Richard Byrd (USA) überfliegt als Erster den Nordpol in einem lenkbaren Ballon.

1927 Der US-Amerikaner Charles Lindbergh überquert als erster Pilot den Atlantik im Non-Stop-Flug (New York–Paris).

Philo Farnsworth (USA) entwickelt das erste Fernsehübertragungssytem.

Die nationalen US-Radiostationen NBC und CBS gehen erstmals auf Sendung.

Babe Ruth (USA) schlägt als Erster 60 Homeruns in einer Baseball-Saison.

1928 Die Handelsvolumina an der Wall Street erreichen ihren höchsten Stand aller Zeiten.

Steamboat Willie: Der erste Micky-Maus-Film kommt ins Kino (USA).

1929 Herbert Hoover wird US-Präsident (bis 1933).

1933 ▼ Börsenkrach an der Wall Street: Der Zusammenbruch der US-Börse führt weltweit zur Depression; innerhalb von drei Jahren gibt der Welthandel um zwei Drittel nach.

Motorola bringt das weltweit erste Autoradio auf den Markt.

Byrd fliegt als Erster über den Südpol.

Debüt-Veranstaltung des Academy Award: erste Verleihung des »Oscar«.

1934 ▼ **1930** Getúlio Vargas kommt in Braslien nach einer Militärrevolte an die Macht.

Über 3000 US-Banken-Konkurse (bis 1931).

Die Einführung des Smoot-Hawley-Zolltarifs in den USA verschlimmert die Lage der Weltwirtschaft.

1931 ▼ Erstmals spielen die Kinos in den USA in einer Woche 100 Millionen Dollar ein.

In Uruguay findet die erste Fußball-Weltmeisterschaft statt.

Mahatma Gandhi (1869–1948)

***Gandhis gewaltloser** Widerstand wurde zum Vorbild antikolonialistischer Bewegungen an vielen Orten der Welt.*

Mohandas Gandhi – von seinen Anhängern Mahatma, »große Seele« genannt – war lange die zentrale Figur des indischen Unabhängigkeitskampfes. In London als Anwalt ausgebildet, verbanden sich in seiner Arbeit große Spiritualität mit scharfem politischen Instinkt. Seit 1918 brachte ihm sein Eintreten für gewaltlosen Widerstand *(Satyagraha)* landesweit große Anerkennung, die mit jedem Gefängnisaufenthalt noch wuchs. Bis in den 2. Weltkrieg hinein führte er den gewaltlosen Widerstand gegen die Briten an. Nach dem Krieg spielte Gandhi bei den Unabhängigkeitsverhandlungen eine führende Rolle. 1948 wurde Gandhi, der ein Sinnbild für Gewaltlosigkeit war, von einem fanatischen Hindu erschossen.

Indiens Unabhängigkeit

In den 30er-Jahren des 20. Jahrhunderts war die Unabhängigkeit Indiens unvermeidbar. Der Zerfall des Landes aber in das hinduistische Indien und das muslimische Pakistan forderte viele Todesopfer.

1919 Britische Truppen töten im nordindischen Amritsar indische Demonstranten und heizen so den indischen Nationalismus weiter an.

1920 Mahatma Gandhi führt den ersten Nationalkongress im Kampf um Selbstbestimmung (bis 1922).

1922 Gandhi wird von den britischen Behörden inhaftiert.

1924 Gandhi wird zum Präsidenten des Indischen Nationalkongresses bestimmt und kommt frei.

1930 Gandhi führt den nationalen indischen Protest gegen die Salzsteuer.

1931 Gandhi wird erneut von den Briten inhaftiert.

1937 Birma spaltet sich von Indien ab und wird eigene britische Kronkolonie. Indien wird von den Briten begrenzte Selbstbestimmung gewährt.

1939 Die Minister des Nationalkongresses legen ihr Amt nieder, weil Indien ohne ihre Zustimmung auf Seiten der Alliierten Deutschland den Krieg erklärt hat. Indische Muslime drängen auf einen eigenen Staat Pakistan.

1942 Gandhi und andere Führer des Nationalkongresses werden von den Briten verhaftet.

1946 Beginn der Unabhängigkeitsverhandlungen für Indien und Pakistan.

1947 Gründung der unabhängigen Staaten Indien und Pakistan, politisch-religiöse Unruhen mit etwa 500 000 Toten. Erster indisch-pakistanischer Krieg um die Herrschaft über Kaschmir und Jammu. 1949 vermitteln die UN einen Waffenstillstand.

Adolf Hitler (1889–1945)

Hitlers Weg an die Macht wurde durch die Weltwirtschaftskrise und eine weit verbreitete Unzufriedenheit mit dem Versailler Vertrag begünstigt. Als Reichskanzler erhöhte er ab 1933 massiv die Staatsausgaben, sodass am Ende des Jahrzehnts die Arbeitslosigkeit massiv zurückgegangen war.

Hitlers Antisemitismus und sein Hass auf Kommunisten waren unerbittlich. Seine militärischen Eroberungspläne waren jedoch zögerlicher. Hitler hatte zwar die Überzeugung erlangt, die Niederlage im 1. Weltkrieg durch den Sieg in einem neuen Krieg tilgen zu können. Bestärkt haben ihn bei seinen Eroberungsplänen allerdings auch die Alliierten, die die deutsche Wiederbewaffnung nicht verhinderten.

Der Aufstieg der Nationalsozialisten

1919	Hitler tritt in München der antisemitischen Deutschen Arbeiterpartei (DAP) bei, die sich 1920 umbenennt in Nationalsozialistische Deutsche Arbeiterpartei (NSDAP)
1923	Hitlerputsch in München: erfolgloser Versuch verschiedener rechtsradikaler Organisationen, die bayrische Regierung zu stürzen. Hitler kommt in Festungshaft und schreibt sein persönliches Manifest *Mein Kampf*.
1930	NSDAP erreicht bei Reichstagswahl 18,3 % der Stimmen und 107 Sitze und wird so zu einem wichtigen Machtfaktor.
1932	Die Zahl der Arbeitslosen steigt auf 6 Millionen. Bei der Reichstagswahl erreicht die NSDAP 37 % der Stimmen und 230 Sitze.
1933	Hitler wird Reichskanzler. Deutschland tritt aus Völkerbund aus. Gewerkschaftsverbot. Bildung der Geheimen Staatspolizei (Gestapo).
1934	Hitler wird Reichspräsident und erklärt sich zum Führer. Beginn der Einparteien-Herrschaft.
1935	Wiederbewaffnung. Die antisemitischen Nürnberger Gesetze werden erlassen.
1936	Das Rheinland wird besetzt.

ASIEN

1931 Die Mandschurei wird von Japan besetzt.

Bei einer Flutkatastrophe am Hwangho in China kommen 3 700 000 Menschen ums Leben. Dies ist die größte Naturkatastrophe des 20. Jahrhunderts.

1932 Die Briten gewähren dem Irak die Unabhängigkeit.

Ibn Saud ruft das Königreich Saudi-Arabien aus.

Die absolute Monarchie in Siam (Thailand) wird abgeschafft.

1937 ▼

1933 Die chinesische Provinz Jehol wird von Japan besetzt; die Japaner errichten das Protektorat Mandschukuo (Mandschurei). Nach allgemeiner Veruteilung verlässt Japan den Völkerbund.

1938 ▼

Die US-Firma Standard of California erhält Öl-Konzession in Saudi-Arabien.

1934 Prinz Konoye Fumimaro erklärt die Amau-Doktrin: Schaffung einer neuen Wirtschaftsordnung in Asien, dominiert von Japan und frei von westlichem Einfluss.

Beginn des »Langen Marsches« der chinesischen Kommunisten (bis 1935); Mao Zedong erlangt Vormachtstellung bei den chinesischen Kommunisten.

AFRIKA

1934 Widerstand der Senussi in Libyen von Italien niedergeschlagen.

1936 ▼

1935 Italien marschiert in Äthiopien ein mit der Absicht, ein neues Römisches Reich zu schaffen.

EUROPA

1931 Der Zusammenbruch der Banken in Mitteleuropa löst eine schwere Rezession aus.

Primo de Rivera in Spanien gestürzt: sozialistische Republik ausgerufen; der König flieht.

Gründung des British Commonwealth in London.

In Deutschland entwickelt Ernst Ruska das erste Elektronenmikroskop.

1932 Schwere Hungersnöte in der UdSSR durch Kollektivierungsmaßnahmen; etwa 5 Millionen Tote.

1936 ▼ **1933** Stalin veranlasst »Große Säuberung« unter den Kommunisten in der UdSSR.

Adolf Hitler wird deutscher Reichskanzler.

Arbeitslosigkeit in Großbritannien steigt auf 2,7 Mio., 25 Prozent der Arbeitskräfte.

1936 ▼ Rechte Parteien triumphieren bei den Wahlen in Spanien.

Engelbert Dollfuß führt in Österreich ein autoritäres Regierungssystem ein.

1934 Dollfuß von NS-Sympathisanten ermordet.

Unruhen in Paris führen zur Bildung des Kabinetts der »Nationalen Einheit«.

Hitler wird Reichspräsident und Führer.

UdSSR tritt Völkerbund bei (bis 1939).

1935 Wiederangliederung des Saarlands an Deutschland nach Volksabstimmung.

Der erste VW-Käfer wird produziert.

Griechenland wird Militärdiktatur.

Radargeräte entwickelt in Großbritannien.

Antisemitische Nürnberger Gesetze.

AMERIKA & AUSTRALASIEN

1931 Als Gegenpol zur Weltwirtschaftskrise beginnt in Hollywood das Goldene Zeitalter.

In New York wird das 381 m hohe Empire State Building eröffnet, das bis 1973 höchste Gebäude der Welt.

1932 Boliviens Ansprüche auf Nordparaguay lösen den Chaco-Krieg aus.

Wiedereinführung der Demokratie in Argentinien.

Commonwealth-Konferenz in Ottawa beschließt neue Zolltarife, um den Handel innerhalb des British Empire zu schützen.

1933 Franklin D. Roosevelt wird Präsident der USA (bis 1945): Zur Senkung der Arbeitslosigkeit und Stärkung der Wirtschaft führt er den »New Deal« ein.

Das US-Börsentief als Auslöser der Weltwirtschaftskrise endet mit einem Gesamtverlust von 74 Milliarden US-Dollar.

Prohibition in den USA aufgehoben.

1937 ▼ **1934** Vargas wird Diktator von Brasilien.

Bolivien wird Militärdiktatur (bis 1946).

US-Farmer wandern in Massen von den Great Plains nach Kalifornien ab.

1935 Streiks und Aufstände in weiten Teilen Westindiens (bis 1938).

Der Chaco-Krieg endet mit erheblichen Zugewinnen Paraguays. (Der Friedensvertrag wird 1938 unterzeichnet.)

Über 1 Million US-Dollar Einnahmen bei der Weltmeisterschaft im Schwergewichtsboxen in den USA.

Die Works Progress Administration (WPA) besorgte 8,5 Millionen Menschen in den USA eine neue Arbeit, u. a. im Straßenbau.

Die Weltwirtschaftskrise

Durch die Weltwirtschaftskrise nach dem Börsencrash an der Wall Street im Oktober 1929 schrumpfte allein zwischen 1929 und 1932 die US-Wirtschaft um ein Drittel, die Exporte um 70 Prozent. 1935 waren 12,8 Mio. Menschen arbeitslos, 25 Prozent der Arbeiterschaft.

Unter dem Motto einer National Recovery Administration (NRA) startete der neue Präsident Franklin D. Roosevelt 1933 ein umfassendes Reformprogramm für neue Arbeitsplätze und eine Stärkung der Wirtschaft – den »New Deal«. Bis 1940 wurden über 10 Milliarden US-Dollar investiert – mit geringer Wirkung. Erst das große Rüstungsprogramm nach 1941 sorgte für einen Boom in der US-Industrie und kurbelte die Volkswirtschaft wieder an.

Das Chrysler Building

Das Selbstbewusstsein der USA in den 20er-Jahren des 20. Jahrhunderts fand seinen Ausdruck in Wolkenkratzern wie dem Chrysler Building in New York. Mit seinen 323 m war es für kurze Zeit das höchste Gebäude der Welt. Die durchgängige Art-Deco-Fassade macht es zu einem wichtigen Symbol amerikanischer Modernität. Das 1930 vollendete Bauwerk ist bis heute eine der auffälligsten Fassaden von Manhattans Skyline.

Josef Stalin (1879–1953)

Der als Jossif Wissarionowitsch Dschugaschwili in Georgien geborene Stalin war seit 1899 Marxist und wurde einer der wichtigsten Vertreter der Russischen Revolution. Er spielte nach der Oktoberrevolution als Volkskommissar für Nationalitätenfragen eine bedeutende Rolle in der ersten Sowjetregierung unter Lenin 1917. 1922 wurde er Generalsekretär der Kommunistischen Partei. Im Streit um die Nachfolge Lenins konnte er nach 1924 seine Konkurrenten ausschalten. Sein größter Rivale, Trotzki, wurde 1929 ins Exil nach Mexiko getrieben und dort ermordet. Danach war Stalin uneingeschränkter Diktator der UdSSR.

Die Stalin-Ära war von gigantischen Industrialisierungs- und Wiederbewaffnungsmaßnahmen geprägt. Gleichzeitig steht sie für Schauprozesse und »Säuberungen«, denen in den 30er-Jahren des 20. Jahrhunderts insgesamt Millionen Menschen, darunter auch führende Politiker der Kommunistischen Partei, zum Opfer fielen. Terror wurde zum Mittel der Staatspolitik.

Nach der deutschen Invasion von 1941 zeigte sich Stalin als kluger Stratege, dem es mit der Roten Armee gelang, die deutschen Truppen zurückzuschlagen und die UdSSR zu einer Weltmacht zu machen.

ASIEN

1936 Arabischer Aufstand in Palästina gegen die jüdische Einwanderung.

Japan unterzeichnet Antikomintern-Pakt mit Deutschland.

1937 Juli: Chinesisch-japanischer Krieg beginnt; chinesische Kommunisten und Nationalisten vereinen sich gegen japanische Eroberung.
Dezember: Japanische Truppen nehmen Nanjing (Nanking) ein und massakrieren die Bevölkerung der Stadt.

1938 März: Japan setzt in Nanjing eine chinesische Marionettenregierung ein.
Oktober: Japanische Truppen nehmen Guangzhou (Kanton) ein. Japan ruft »neue Ordnung« in Asien aus.

Tod des türkischen Präsidenten Kemal Atatürk.

Saudi-Arabien exportiert erstmals Erdöl.

AFRIKA

1936 Sueskanal-Zone von britischen Truppen unter Führung einer anglo-ägyptischen Allianz besetzt.

Addis Abeba ergibt sich nach italienischer Invasion: Mussolini verkündet den Beginn des neuen Römischen Reiches.

1945 ▼

1937 Antifranzösische Aufstände in Tunesien.

1940 September: Italienische Truppen dringen in Ägypten ein.

Dezember: Großbritannien beginnt in Nordafrika mit der Western-Desert-Offensive gegen Italien.

EUROPA

1936 Unter Stalin finden in der UdSSR Schauprozesse und Säuberungen gegen vermeintliche und tatsächliche Oppositionelle statt. Auch unter Offizieren der Roten Armee wird »gesäubert« (bis 1938).

In Spanien gewinnt die Republikanische Volksfront die Wahlen, wogegen sich rechte Militärs mit einem Staatsstreich zur Wehr setzen, der zu einem Bürgerkrieg zwischen Republikanern und Nationalisten führt. Italien und Deutschland unterstützen die Nationalisten.

Deutsche Truppen besetzen, ohne auf Widerstand durch Alliierte zu treffen, das entmilitarisierte Rheinland.

Militärdiktatur in Bulgarien.

BBC beginnt in England weltweit erstmals regelmäßige Fernsehsendungen auszustrahlen.

Erste einäugige Kleinbild-Spiegelreflexkamera in Dresden (Deutschland) entwickelt.

1937 Italien verlässt Völkerbund nach dessen Sanktionen gegen die italienische Expansionspolitik; schließt sich Antikomintern-Pakt Deutschlands und Japans an.

Der britische Mathematiker Alan Turing erfindet seine Rechenmaschine und entwickelt die theoretische Basis für die Entwicklung des modernen Computers.

1938 März: Deutschland besetzt Österreich (Anschluss).

Sep.: Deutschland besetzt Sudetenland. Im Münchener Abkommen wird dieser völkerrechtswidrige Akt von Großbritannien und Frankreich anerkannt.

Königsdiktatur in Rumänien.

Otto Hahn und Fritz Straßmann spalten in Deutschland Uranatome; Lise Meitner, Theoretikerin des Teams, die als Jüdin aus Deutschland fliehen musste, wirkt aus dem Exil mit.

1945 ▼

1939 März: Deutschland besetzt Westtschechoslowakei: Bruch des Münchener Abkommens. Slowakei wird Vasallenstaat.

Ende des Spanischen Bürgerkriegs, Beginn der Franco-Diktatur.

August: Deutsch-sowjetischer Nichtangriffspakt.

September: Deutschland überfällt Polen. Frankreich und Großbritannien erklären Deutschland den Krieg: Beginn des 2. Weltkriegs.

Erstes Düsenflugzeug (Deutschland).

1940 Deutschland greift Frankreich, Belgien, Luxemburg und die Niederlande an.

AMERIKA & AUSTRALASIEN

1936 Militärdiktatur in Mexiko unter General Cárdenas.

Diktatur in Peru (bis 1939).

Jungfernflug der *Douglas DC3* in den USA.

1937 Quasifaschistisches Regime in Brasilien unter Vargas (bis 1945).

1938 NBC sendet in den USA den ersten Spielfilm.

Die US-Firma Dupont produziert Nylon, die erste stabile Synthetikfaser der Welt.

1939 Igor Sikorsky entwickelt in den USA den ersten einrotorigen Hubschrauber.

Vom Winde verweht kommt in die Kinos und wird zum meistgesehenen Film weltweit.

1940 Rassenunruhen in Harlem, Los Angeles, Detroit und Chicago.

In den USA beginnt der kommerzielle UKW-Radiobetrieb. Etwa 86% der US-Bevölkerung besitzen mittlerweile ein Radio.

In den USA wird das Konzept der Legebatterien in der Landwirtschaft eingeführt.

Jarrow-Marsch

Gegen die durch die Weltwirtschaftskrise verursachte Massenarbeitslosigkeit unternahmen verzweifelte Arbeitslose in Großbritannien im Jahr 1936 den so genannten Jarrow-Marsch. Bis zum Jahr 1935 hatte die Arbeitslosenquote im ostenglischen Jarrow, das nahezu hundertprozentig vom Schiffsbau abhängig war, 73% erreicht. 200 Werftarbeiter aus Jarrow nahmen an diesem Marsch teil, zu dem die Arbeitslosenorganisation National Unemployed Workers Movement aufgrufen hatte. Sie gingen dabei 483 km bis nach London, um im Parlament eine Petition einzureichen.

Der Spanische Bürgerkrieg

Seit den frühen 20er-Jahren des 20. Jahrhunderts war Spanien zwischen konservativautoritäten und sozialistischen Regierungen hin- und hergerissen. 1936 gewann die Republikanische Volksfront die Wahlen, was die nationalistische Rechte zu einem Militärputsch veranlasste, der zu einem dreijährigen Bürgerkrieg führte, in dem etwa 600 000 Menschen umkamen. Beide Seiten erhielten internationale Unterstützung. Die faschistischen Regime in Deutschland und Italien unterstützten die nationalistische Rechte, die UdSSR und die internationale Linke verschiedener westlicher Staaten die Volksfront. Der Sieg der Rechten brachte General Franco an die Macht.

***Im Bürgerkrieg starben** auch viele Zivilisten. Das Plakat ruft zur Hilfe für die Opfer von Bombenangriffen auf.*

2. Weltkrieg

Ende 1941 mündeten die bisher mehr oder weniger regional begrenzten Konflikte – zwischen Japan und China seit 1937 und zwischen Deutschland und fast ganz West- und Mitteleuropa seit 1939 – in einen Weltkrieg. Der Einmarsch Deutschlands in die Sowjetunion im Juni 1941 und der sechs Monate später erfolgende Angriff der Japaner auf Pearl Harbor weiteten die Größenordnung der Kämpfe dramatisch aus. Mehr als 80 Millionen Soldaten wurden in diesem Krieg in Bewegung gesetzt, von denen etwa ein Drittel umkam.

Es gab zwei Hauptschauplätze des Krieges: Europa – inklusive Nordafrika – und den Pazifik. Im Sommer 1942 erreichten die Eroberungen Deutschlands und Japans ihr größtes Ausmaß. Die beiden Schlüsselfaktoren beim Sieg über die Achsenmächte waren die Neuorganisation und die Wiederbewaffnung der sowjetischen Streitkräfte nach ihren anfänglichen Niederlagen gegen Deutschland in den Jahren 1941 und 1942 – die Sowjets trugen die Hauptlast der Kämpfe gegen Deutschland in Europa – und die massive Produktion von Waffen durch die USA nach 1942. Die Produktion amerikanischer Panzer stieg von 400 Stück 1940 bis auf 29 500 Stück im Jahr 1943. Zur Spitzenzeit 1944 produzierten die amerikanischen Fabriken alle fünf Minuten ein Flugzeug.

***Ein sowjetischer Soldat** schwenkt im Triumph eine rote Fahne, als die Rote Armee Stalingrad zurückerobert und sich die verbleibenden deutschen Soldaten ergeben.*

ASIEN

1939 März: Öffnung der Burmastraße zur Versorgung der chinesischen Kuomintang-Truppen.

Aug.: Japaner werden an der mongolischen Grenze von Sowjettruppen besiegt.

1940 März: Japan setzt in Nanjing, China, eine Marionettenregierung ein.

September: Japan unterzeichnet Dreimächtepakt mit Deutschland und Italien; japanische Truppen besetzen den Norden von Französisch-Indochina.

1941 April: Nichtangriffspakt zwischen Japan und der Sowjetunion.

Dez.: Japanische Invasion auf den Philippinen (bis Mai 1942); Hongkong fällt.

1942 Jan.: Japanische Eroberung von Niederländisch-Ostindien (bis März).

Feb.: Fall von Singapur.

1943 Feb.: Erste Chindit-Kampagne in Birma (bis März).

1944 März: Beginn der japanischen Offensive gegen Nordostindien.

Okt.: US-Truppen landen bei Leyte auf den Philippinen; Seeschlacht im Golf von Leyte.

1945 Feb.: US-Truppen in Manila.

März: USA beginnen mit Bombardierung wichtiger japanischer Städte.

Juli: 1000-Bomben-Angriff auf Japan.

Aug.: USA werfen Atombomben auf Hiroshima und Nagasaki; Ende des Pazifikkrieges (15. August).

AFRIKA

1940 Aug.: Italienische Invasion in Britisch-Somaliland.

Sept.: Italienische Truppen dringen aus Libyen weiter nach Ägypten vor.

Dez.: Großbritannien treibt italienische Truppen über die Cyrenaika zurück (bis Feb. 1941).

1941 Jan.: Britischer Gegenangriff in Ostafrika befreit Abessinien und Eritrea (bis Mai); Australier und Briten siegen in Lybien gegen Italiener.

Feb.: General Rommel und sein Afrikakorps werden nach Nordafrika geschickt.

April: Beim Vorrucken auf Ägypten beginnen die Achsenmächte mit der Belagerung von Tobruk.

1942 Juni: Rommel nimmt bei erneuter Achsenoffensive Tobruk ein.

Nov.: Briten besiegen Deutsche in El Alamein; US-Truppen landen in Casablanca, Oran und Algier.

1943 Jan.: Konferenz von Roosevelt und Churchill in Casablanca.

Mai: Alliierte Truppen nehmen Tunis ein; Truppen der Achsenmächte ergeben sich in Nordafrika.

Britische Artillerie in El Alamein

EUROPA

1939 August: Deutschland und UdSSR unterzeichnen Nichtangriffspakt.

Sept.: Deutscher Überfall auf Polen bei Neutralität der UdSSR; Großbritannien und Frankreich erklären Deutschland den Krieg (3. Sept.).
Sowjetische Armee marschiert in Ostpolen ein, (begründet mit Schutz ukrainischer und weißrussischer Minderheiten).

1940 April: Deutsche Invasion in Dänemark und Norwegen.

Mai: Deutsche Invasion in den Niederlanden, Belgien und Frankreich (bis Juni).

Juni: Frankreich ergibt sich; Italien erklärt Großbritannien und Frankreich den Krieg.

Juli: Luftschlacht über Südengland (bis Okt.).

Okt.: Italienische Invasion in Albanien und Griechenland.

1941 April: Deutsche Invasion in Jugoslawien und Griechenland.

Juni: Operation Barbarossa: Deutschland greift UdSSR an.

Juli: Heydrich erhält Auftrag zur Planung der »Endlösung der Judenfrage« (die Ermordung aller europäischen Juden).

1942 Juni: Erste Massentötungen im Todeslager Auschwitz.

Aug.: USA beginnen mit Bombenangriffen in Europa.

Sept.: Beginn der Schlacht um Stalingrad (bis Januar 1943).

1943 April: Jüdischer Aufstand im Warschauer Ghetto.

Juni: UdSSR besiegt die Deutschen in der Panzerschlacht von Kursk (bis Aug.).

Juli: Alliierte Truppen landen auf Sizilien.

Sept.: Italien ergibt sich den Alliierten.

Okt.: Italien erklärt Deutschland den Krieg.

1944 Jan.: Ende der 900-tägigen Belagerung von Leningrad.

Juni: D-Day (6. Juni); alliierte Landung in der Normandie.

Dez.: Ardennenschlacht; Deutsche stoppen Alliierte (bis Jan. 1945).

1945 April: Rote Armee erreicht Berlin: Hitler begeht Selbstmord (30. April).

Mai: Bedingungslose Kapitulation Deutschlands (8. und 9. Mai).

AMERIKA & AUSTRALASIEN

__US-Truppen__ landen im November 1943 auf dem Makin-Atoll (Gilbertinseln). Dies war ein erfolgreiches amphibisches Unternehmen gegen die Japaner, die die Insel besetzt hielten.

1941 Dez.: USA treten nach japanischem Angriff auf Pearl Harbour in den Krieg ein.

1942 Feb.: Darwin (Australien) wird von Japan bombardiert.

Mai: Schlacht im Korallenmeer.

Juni: Schlacht um Midway, erster Sieg der US-Amerikaner an der Pazifikfront.

Aug.: Reihe von Land- und Seeschlachten um Guadalcanal, Salomoninseln (bis Feb. 1943).

1943 Jan.: Ende des japanischen Feldzugs in Neuguinea.

Juni: US-Truppen landen auf den Salomoninseln.

1944 März: Die USA erobern die japanische Basis auf Rabaul, New Britain.

Juni: See- und Luftschlacht in der Philippinensee; USA fügen japanischer Flotte schwere Verluste zu.

Juli: Die USA landen in Guam, Marianen.

1945 Feb.: Die USA landen in Iwojima.

April: USA landen in Okinawa, wo bis Juni schwere Kämpfe stattfinden; Tod Roosevelts; Truman wird US-Präsident.

Okt.: Erste Sitzung der Vereinten Nationen (United Nations Organization, UNO) in New York.

Der totale Krieg

Im 2. Weltkrieg sind mindestens 30 Millionen Zivilisten getötet worden, mehr als alle Soldaten zusammen. Japaner und Deutsche betrachteten zudem ihre Kriegsgegner, v.a. die Chinesen bzw. die Slawen, als »Untermenschen«, die man durch Arbeit vernichten lassen konnte, falls man sie nicht gleich umbrachte. Den Höhepunkt dieser Politik bildeten die Vernichtungslager und die »Endlösung«, die systematische Ermordung von 6 Millionen europäischen Juden durch das nationalsozialistische Deutschland.

Der waffentechnische Fortschritt ermöglichte erstmals einen direkten Angriff auf die Bevölkerung feindlicher Staaten. Über 400 000 deutsche Zivilisten wurden Opfer der alliierten Bombenabwürfe. In Tokio forderte ein Bombenangriff 124 711 Opfer; die Atombombe auf Hiroshima tötete mindestens 70 000 Menschen.

__Ein deutsches U-Boot__ wird im Atlantik von einem US-Bomber angegriffen.

Die Atlantikschlacht

Großbritannien konnte den Deutschen nach der Niederlage Frankreichs 1940 nur widerstehen, weil es dem Land gelang, die Seerouten nach Nordamerika offen zu halten. Zu Beginn des Krieges griffen die Deutschen die britischen Schiffe hauptsächlich mit der Luftwaffe an, zu Beginn des Jahres 1942, nach dem Aufbau einer erfolgreichen deutschen U-Boot-Flotte, erlitten die Briten große Verluste. Im ganzen Jahr 1942 verloren sie rund 5,5 Mio. t – das sind über 1600 Schiffe. Die Schlacht wurde schließlich durch eine Mischung aus technischem Fortschritt, hauptsächlich durch verbesserten Radar auf Schiffen und Flugzeugen, und Hartnäckigkeit gewonnen – nicht zuletzt bei der sorgfältigen Entschlüsselung der deutschen Marinecodes. 1942 verloren die Deutschen 80 U-Boote, im Jahr darauf 250 und allein im Mai 1943 waren es 41 U-Boote.

Konzentrationslager

Die »rassische Minderwertigkeit der Juden« war von Beginn an ein Grundsatz der NS-Politik. Ab 1941 begann der systematische Versuch, die gesamte jüdische Bevölkerung im deutsch besetzten Europa zu ermorden: die so genannte »Endlösung«. Das Programm weitete man später auf andere, als »asozial« bezeichnete Gruppen aus, besonders auf Homosexuelle sowie Sinti und Roma. Es gab acht Hauptvernichtungslager. Wer als kräftig genug eingestuft wurde, diente als Arbeitssklave. Die Übrigen – darunter 1,5 Millionen Kinder – wurden ermordet, meist durch Vergasung. Rund 6 Millionen Menschen wurden getötet.

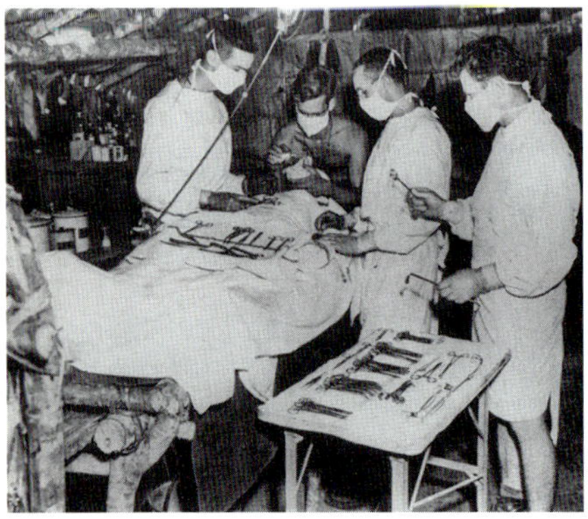

***Die ersten Nutznießer** von Antibiotika waren US-Soldaten im Pazifik, die im 2. Weltkrieg verwundet wurden.*

Antibiotika

Als der britische Arzt Alexander Fleming 1928 mehr oder weniger zufällig das Penicillin entdeckte, war der Weg frei für die weltweit ersten Medikamente gegen bakterielle Infektionen, die Antibiotika. Ohne die Reichweite dieser Entdeckung zunächst zu erkennen, wurde weiter geforscht. Erst als es den Biochemikern Howard Florey und Ernst Chain 1940 gelang, Penicillin zu isolieren, wurde das Medikament allgemein zugänglich – ein großer Fortschritt für die gesamte Medizin.

ASIEN

1941 Ho Chi Minh gründet in Indochina die nationale Guerillabewegung Vietminh.

Die Japaner marschieren auf den Philippinen ein und besetzen auch Hongkong.

1942 Ein Zyklon in Bengalen (Bangladesch) tötet 61 000 Menschen.

1943 Die Zahl der Toten bei einer Hungersnot in Bengalen wird auf 1,5 Millionen Menschen geschätzt.

1945 Die US-Atombomben auf Hiroshima und Nagasaki zwingen die Japaner zur Kapitulation und beenden den 2. Weltkrieg in Fernost.

Indien wird Mitglied der UN.

Ho Chi Minh ruft die unabhängige Demokratische Republik Vietnam aus.

1946 ▼

AFRIKA

1941 Der deutsche General Erwin Rommel trifft im nordafrikanischen Tripolis ein.

1942 Rommel erreicht El Alamein nahe der ägyptischen Hauptstadt Kairo.

Der britische General Bernard Montgomery übernimmt das Kommado der Achten Armee in Nordafrika.

Die Briten schlagen die Deutschen bei El Alamein.

Mit der »Operation Torch« beginnt die Invasion der Amerikaner in Nordafrika.

1943 Die Alliierten nehmen Tunesien ein. Die deutschen und italienischen Truppen in Nordafrika ergeben sich.

1945 Die Liga der arabischen Staaten (Arabische Liga) wird in Kairo gegründet.

Aufstände in Algerien werden von Frankreich gewaltsam niedergeschlagen.

EUROPA

1944 Der Marxist Enver Hodscha gelangt in Albanien an die Macht (bis 1985).

1948 ▼ **1945** Der 2. Weltkrieg in Europa endet mit der bedingungslosen Kapitulation Deutschlands (8. und 9 Mai).

Wahlniederlage der britischen Konservativen unter Churchill gegen die Labour-Partei, die für einen Wohlfahrtsstaat und die Verstaatlichung eines Großteils der Industrie eintritt.

Die Potsdamer Konferenz beschließt Aufteilung Berlins in vier Besatzungssektoren.

1946 ▼ Stalin beginnt mit der Massendeportation ethnischer Minderheiten in der UdSSR in Arbeitslager.

AMERIKA & AUSTRALASIEN

1941 Als die Vereinigten Staaten nach dem japanischen Angriff auf Pearl Harbor Japan den Krieg erklären, reagiert Deutschland mit einer Kriegserklärung gegen die USA.

Orson Welles' bahnbrechender Film *Citizen Kane* kommt in die Kinos.

In den USA wir der erste windgetriebene Turbinengenerator gebaut.

1942 In Chicago wird der erste Kernreaktor gebaut.

1943 Militärputsch in Argentinen.

Frank Sinatra landet seinen ersten Hit in den USA: *All or Nothing at All*.

1944 Die US-Amerikaner Oswald Avery, Maclyn McCarty und Colin MacLeod entdecken, dass die DNS genetische Informationen trägt.

In den USA wird der Begriff »disc-jockey« geprägt.

1949 ▼ **1945** US-Präsident Roosevelt stirbt nach seinem historischen vierten Wahlsieg. Sein Nachfolger Harry Truman ordnet nach erfolgreichem Test an, die ersten Atombomben der Welt auf Hiroshima und Nagasaki in Japan zu werfen. Die kriegsbedingte Aufrüstung führt zu einer Wiederbelebung der US-Wirtschaft und sorgt so für einen einzigartigen Aufschwung.

Vargas in Brasilien gestürzt.

Internationale Bank für Wiederaufbau und Entwicklung (Bank for Reconstruction and Development, IBRD), auch Weltbank, in Washington gegründet.

Hiroshima

Der Abwurf von Atombomben auf die japanischen Städte Hiroshima und Nagasaki am 6. und 9. August 1945 durch die USA sorgte für ein sofortiges und für die Japaner schreckliches Ende des Pazifikkrieges. Beide Städte wurden vernichtet, über 150 000 Menschen direkt getötet. Angesichts der überwältigenden militärischen Überlegenheit der Amerikaner erklärte Japan am 15. August die bedingungslose Kapitulation.

Berechnungen zufolge hätte eine konventionelle Eroberung Japans durch die USA über 1 Million Menschenleben gekostet. Ob der Einsatz von Atombomben nun gerechtfertigt war oder nicht, für die Welt bedeutete dies den Beginn der Ära einer neuen, beispiellosen Bedrohung.

Arbeitende Frauen

In weit größerem Ausmaß als im 1. Weltkrieg mussten Frauen während des 2. Weltkriegs unter anderem in Rüstungsfabriken arbeiten, als die Krieg führenden Staaten ihre Wirtschaft auf Waffenproduktion umstellten. Der Anteil der Rüstung an der weltweiten Industrieproduktion stieg 1944 z. B. auf fast zwei Drittel. Bei Kriegsende waren in der UdSSR nahezu alle Arbeitskräfte Frauen, in Deutschland etwa die Hälfte und in den USA und Großbritannien etwa ein Drittel. Aber nicht nur in Fabriken arbeiteten jetzt mehr Frauen. Ihre Arbeitskraft war auch bei der Produktion von Nahrungsmitteln unverzichtbar geworden.

***Frauen wie diese** Luftfahrttechnikerinnen hatten großen Anteil am Aufschwung der US-Rüstungsindustrie.*

Eva Perón (1919–1952)

Eva Duarte de Perón – Evita – war die charismatische zweite Frau des populistischen argentinischen Diktators Juan Perón. Sie hegte eine tiefe Verbundenheit mit den Besitzlosen Argentiniens, *Los Descamisados* (»die Hemdlosen«). Ihr soziales Engegement war für den Verbleib ihres Mannes an der Macht entscheidend und täuschte über Korruption und Verbrechen unter seinem Regime hinweg. Sie starb an Krebs. Nach dem Sturz Peróns 1955 wurde Evitas Leichnam nach Italien überführt, da sie nicht von den Oppositionsgruppen zur neuen Regierung vereinnahmt werden sollte.

***Vor einem Werbeplakat für den Marshallplan** arbeitet dieser Steinmetz für den Wiederaufbau im Nachkriegsberlin.*

Der Marshallplan

Um dem zerstörten Europa nach dem 2. Weltkrieg beim politischen und wirtschaftlichen Wiederaufbau zu helfen, verabschiedeten die USA 1947 einen Wiederaufbauplan. Er wurde nach dem US-Außenminister George Marshall benannt. Der neu entstehende Ostblock war aus Furcht vor dem Einfluss der USA dagegen. Das westliche Europa bis auf Francos Spanien profitierte davon. Bis 1951 flossen so 11,8 Milliarden Dollar nach Europa.

ASIEN

1946 Bürgerkrieg in China zwischen Nationalisten und Kommunisten (bis 1949). Durch Dürre und Verwüstungen im Gefolge des Krieges sterben 5 Millionen Menschen.

1954 ▼ Frankreich setzt in Indochina Militär gegen die Vietminh unter Ho Chi Minh ein.

Syrien wird mit Zustimmung Frankreichs unabhängig.

Transjordanien wird mit Zustimmung der Briten unabhängig.

Die Philippinen werden mit Zustimmung der USA unabhängig.

1947 Die Entscheidung der UN, Palästina zwischen Juden und Arabern aufzuteilen, führt vor dem Abzug der Briten zu gewaltsamen Ausschreitungen.

1948 Die Errichtung des souveränen Staates Israel führt zum ersten arabisch-israelischen Krieg; 750 000 Palästinenser fliehen aus Israel; ab 1949 Waffenstillstand.

Gandhi wird ermordet.

Birma und Ceylon (Sri Lanka) werden unabhängig und lösen sich aus dem Commonwealth.

Die UdSSR und die USA stimmen Teilung von Korea zu; Kim Il Sung wird Staatsoberhaupt im kommunistischen Nordkorea (bis 1994).

Die USA betreiben den Wiederaufbau der japanischen Wirtschaft und Gesellschaft nach kapitalistischem Prinzip.

Kommunistischer Guerillakampf in Malaysia (bis 1960).

Erdbeben in Turkmenistan (UdSSR) tötet 110 000 Menschen.

Al-Ghawar, das größte Erdölfeld der Welt, wird in Saudi-Arabien entdeckt.

1949 Die Kommunisten unter Mao Zedong gewinnen den chinesischen Bürgerkrieg.

Indonesien wird mit Zustimmung der Niederlande unabhängig.

1954 ▼ Laos wird im Rahmen der Französischen Union selbstständig.

1950 Mao unterstützt die nordkoreanische Aggression; der Koreakrieg wird zur ersten größeren Konfrontation in Ostasien während des Kalten Krieges. Einmarsch Chinas in Tibet. Im Gefolge der Kollektivierung der Landwirtschaft werden Millionen von Landbesitzern exekutiert.

AFRIKA

1948 Die rassistische burische National Party gewinnt die Wahlen in Südafrika.

1949 Die National Party führt in Südafrika die Politik der Apartheid (Rassentrennung) ein.

EUROPA

1946 Stalin konfisziert Grundbesitz und Ersparnisse von »Kriegsgewinnlern«.

Beginn der Nürnberger Prozesse gegen überlebende NS-Größen.

Bürgerkrieg in Griechenland zwischen von der UdSSR unterstützten Kommunisten und von den USA unterstützten Monarchisten (bis 1949).

Demokratie in Italien wieder eingeführt.

United Nations Educational, Scientific and Cultural Organization (UNESCO; Organisation der Vereinten Nationen für Bildung, Wissenschaft, Kultur und Kommunikation) in Paris gegründet.

1947 USA verabschieden Marshallplan.

Christian Diors eleganter »New Look« löst in Paris die schlichte Mode der Kriegszeit ab.

1948 Sowjet-orientierte kommunistische Regime in Polen, der Tschechoslowakei und Ungarn eingesetzt.

Die UdSSR will die Westmächte durch Blockade der Zufahrtswege zur Aufgabe Berlins zwingen. Der Westen hält die Grundversorgung per Luftbrücke aufrecht.

Das kommunistische Jugoslawien weist Führungsanspruch der UdSSR zurück.

Das kommunistische Albanien bricht die Beziehungen zu Jugoslawien ab.

Die Niederlande, Belgien und Luxemburg gründen die Benelux-Zollunion.

World Health Organization (WHO; Weltgesundheitsorganisation) in Genf gegründet.

1952 ▼ **1949** Die Sowjets beenden die Berlinblockade; Deutschland wird in die demokratische Bundesrepublik Deutschland und die kommunistische Deutsche Demokratische Republik geteilt.

1955 ▼ Gründung des nordatlantischen Verteidigungsbündnisses, der North Atlantic Treaty Organization (NATO).

Die UdSSR gründet den RGW (Rat für gegenseitige Wirtschaftshilfe; englisch COMECON).

Erster Atombentest der UdSSR.

Europarat in Straßburg gegründet.

1951 ▼ Der Computer »Manchester Mark I« wird in Großbritannien entwickelt; sein Prototyp lief bereits 1948.

AMERIKA & AUSTRALASIEN

1951 ▼ **1946** Die USA verkünden mit der Truman-Doktrin ihre Entschlossenheit, den Kommunismus weltweit »einzudämmen«. Winston Churchill prägt in den USA den Begriff vom »Eisernen Vorhang«. Der Kalte Krieg zwischen den USA und der UdSSR zeichnet sich ab.

Die USA beginnen Atomtests auf dem Enewetok- und dem Bikiniatoll im Pazifik.

Juan Perón führt in Argentinien ein populistisches, autoritäres Regime.

1947 Allgemeines Zoll- und Handelsabkommen (General Agreement on Tariffs and Trades, GATT) zur Liberalisierung des Welthandels in den USA unterzeichnet.

Pazifische Gemeinschaft in Neukaledonien gegründet.

Schallmauer in den USA durchbrochen.

Edwin Land entwickelt in den USA die Polaroid-»Sofortbildkamera«.

Transistor in denUSA erfunden.

»Meet the Press«, das langlebigste Fernsehprogramm der Welt, wird in den USA zum ersten Mal ausgestrahlt.

1948 Erste Vinyl-Langspielplatten (LPs) in den USA produziert.

1953 ▼ **1949** Truman tritt zweite Amtszeit an. Der Export Control Act untersagt die Ausfuhr von strategisch wichtigen Gütern.

Erster landesweiter Fernsehsender in den USA.

Pan Am führt regelmäßige Transatlantik-Passagierflüge ein; Flugzeit: zwölf Stunden.

In den USA wird der Begriff »Rhythm 'n' Blues« geprägt.

1950 UN-Truppen unter Führung der USA werden nach Beschluss des UN-Sicherheitsrats nach Korea entsandt (bis 1953).

Die USA unterstützen erstmals französische Truppen in Indochina (Vietnam).

Vargas kehrt in Brasilien an die Macht zurück.

Senator McCarthy beginnt die Kommunistenverfolgung in den USA.

Jüdische Flüchtlinge aus Europa auf einem überfüllten Schiff vor Palästina. Die Briten lassen sie nicht an Land.

Die Gründung des Staates Israel

Der Zustrom jüdischer Siedler nach Palästina in den 30er-Jahren des 20. Jh. führte zu Konflikten mit den Palästinensern, die der britischen »Mandatsmacht« schließlich außer Kontrolle gerieten. 1945 beschlossen die Briten ihren Abzug. Die Angelegenheit wurde den UN übergeben, die im November 1947 mit knapper Mehrheit gegen alle arabischen Staaten die Teilung in einen jüdischen und einen arabischen Staat beschlossen. Am 14. Mai 1948 wurde der Staat Israel ausgerufen. Daraufhin kam es zum Krieg, den Israel nach sieben Monaten gewann. Dieser Konflikt ist jedoch bis heute ungelöst.

Der chinesische Bürgerkrieg (1946–1949)

Trotz des gemeinsamen Kampfes von Nationalisten und Kommunisten gegen die japanischen Invasoren kam es nach Japans Kapitulation 1945 zum erbitterten Machtkampf zwischen beiden Parteien.

1945 Die UdSSR besetzt die ehemals von Japan beanspruchte Mandschurei, die Machtbasis der Kommunisten unter Mao Zedong. Die USA betreiben die Wiedervereinigung von Kommunisten und Nationalisten unter Chiang Kai-shek.

1946 Rückzug der UdSSR aus der Mandschurei. Der Bürgerkrieg beginnt mit Siegen der Nationalisten.

1948 Nationalisten kurz vor dem Sieg; Chiang Kai-shek von der Nationalversammlung zum Präsidenten gewählt. Kommunisten sichern sich die Unterstützung der Bauern im Norden und erobern die Mandschurei.

1949 Jan.: Kommunisten erobern Xuzhou und Peking.
Sept.: Endgültige Niederlage der Nationalisten.
Okt.: Mao Zedong ruft die Volksrepublik China aus.

1950 Mai: Nationalisten fliehen nach Formosa und gründen die Republik China (Taiwan).

Die Welt um 1950

Die Folgen des 2. Weltkriegs und die immer lauter werdende Forderung nach Unabhängigkeit in den noch verbliebenen Kolonien Europas führten bis 1950 zu einschneidenden Veränderungen auf der Weltkarte. Es blieb nichts übrig von den großen Gebieten, die Deutschland in Europa, Nordafrika und der UdSSR erobert hatte, und von den Eroberungen Japans in China, Südostasien und im Pazifik. Außerdem hatte sich die Teilung Deutschlands vollzogen: Ab 1949 gab es im Westen die Bundesrepublik und im Osten die Deutsche Demokratische Republik. Auch Polens Grenzen wurden neu gezogen: Im Westen kamen die ehemals ostdeutschen Gebiete bis zu Oder und Neiße hinzu, ferner das südliche Ostpreußen und Danzig. Dafür musste Polen auf Gebiete im Osten zugunsten der UdSSR verzichten. Zur Sowjetunion kamen nun die ehemals selbstständigen baltischen Staaten Estland, Lettland und Litauen. Frankreich hielt weiterhin an seinen Kolonien in Afrika und Südostasien fest, während die anderen europäischen Kolonialmächte immer unbedeutender wurden. Die Niederlande legten die Kontrolle über den größten Teil ihrer südostasiatischen Gebiete nieder, es entstand das heutige unabhängige Indonesien. Großbritannien hatte den indischen Subkontinent verlassen, wo 1947 die unabhängigen Staaten Indien und Pakistan entstanden. Im folgenden Jahr endete die britische Herrschaft in Birma. Außerdem gab Großbritannien seine Mandatsgebiete im Nahen Osten auf, woraufhin 1948 in Palästina der jüdische Staat Israel gegründet wurde. 1949, nach fast 40 Jahren der Unruhe durch den Bürgerkrieg und die japanische Okkupation, entstand in China, dem bevölkerungsreichsten Land der Erde, die kommunistische Volksrepublik China.

SCHEMATISCHE KARTEN

In den 30er-Jahren des 20. Jh. entstand eine neue Kartenform: die schematischen oder topologischen Karten. In vieler Hinsicht sind diese aus früheren Traditionen der Kartographie erwachsen: Die Peutingersche Tafel, eine 3-D-Karte der Straßen im Römischen Reich, war im 12./13. Jahrhundert nach denselben Prinzipien erstellt worden. Die Entfernungen sind auf dieser Karte vernachlässigt, Hauptanliegen ist die Darstellung der Straßen selbst. Die Wiederbelebung dieser Tradition in den 30er-Jahren des 20. Jh. zeigt sich sehr deutlich in den Karten der Untergrundbahnen und Metros, so im Schema der Londoner U-Bahn, das 1931 von Harry Beck erstellt wurde. Sein Ziel sind Klarheit und Eindeutigkeit: So verwendete er einfach verschiedene Farben für die unterschiedlichen U-Bahn-Linien und versuchte erst gar nicht, die Entfernungen korrekt wiederzugeben. Das Design der Karte war zum Teil von Schaltplänen inspiriert.

1950 –1975

Die Welt im Kalten Krieg

BILD OBEN:
***Mao Zedong** förderte einen Personenkult, der ihn als den Vater der chinesischen Nation darstellte. Bei der Kulturrevolution von 1966 hielt er junge Rotgardisten dazu an, ältere Intellektuelle als »Revisionisten« zu diffamieren und anzuzeigen.*

UM 1950 NAHM DIE WELT der Nachkriegszeit Gestalt an. Durch Europa verlief die Grenzlinie zwischen dem von der Sowjetunion dominierten kommunistischen Ostblock und dem kapitalistisch ausgerichteten Westen unter Führung der USA. Im Schatten einer möglichen Zerstörung der Welt durch Nuklearwaffen brach das Zeitalter des »Kalten Krieges« an. Von einer boomenden US-Wirtschaft getrieben, ging der Wiederaufbau in Westeuropa schnell vonstatten. Hieraus entstand ein so noch nie da gewesener Wirtschaftsboom, der bis 1974 anhielt. Zwar waren die USA auch hier führend – sie erlebten einen Wohlstand, den in den Zeiten der Weltwirtschaftskrise niemand vorherzusagen

1950–1975

ASIEN
AFRIKA
EUROPA
AMERIKA & AUSTRALASIEN

1950 · 1955

1950: Ausbruch des Koreakriegs. China besetzt Tibet.

1953: Volkserhebung am 17. Juni in der DDR unterdrückt

1954: Ende der französischen Kolonialherrschaft in Indochina. Laos, Kambodscha und Vietnam werden unabhängig.

1954: Aufstand in Algerien gegen Frankreich. Nasser ägyptischer Staatspräsident

1955: Warschauer Pakt gegründet als Gegengewicht zur NATO

1956: Ägypten verstaatlicht Sueskanal, britisch-französische Invasion scheitert.

1956: Antisowjetischer Aufstand in Ungarn unterdrückt

Der Koreakrieg 1950–1953

Die Teilung Koreas durch die USA und die UdSSR im Jahr 1945 in einen sowjetisch unterstützten kommunistischen Norden und US-gestützten kapitalistischen Süden war verantwortlich für den ersten großen Konflikt im Kalten Krieg in Südostasien. Der Funke wurde mit dem Rückzug der USA aus Südkorea 1949 gezündet. Ein Jahr später marschierte Nordkorea im Süden ein, UN-Truppen, bestehend vor allem aus US-Soldaten, intervenierten. Vier Monate später mischte auch China sich ein. Keine Seite erlangte die Oberhand, sodass die UDSSR eine Feuerpause vorschlug. Der zwei Jahre später unterzeichnete Waffenstillstandsvertrag beließ die Grenze dort, wo sie schon vor dem Krieg gewesen war.

US-Soldaten mit nordkoreanischen Gefangenen. *Die Bevölkerung beider Koreas litt gleichermaßen unter dem Krieg*

Die Fußballweltmeisterschaft

Bei der ersten Fußballweltmeisterschaft 1930 gab es nur 13 Teilnehmer. Mittlerweile ist sie die größte Einzelsportveranstaltung der Welt und wird rund um die Erde mit Leidenschaft verfolgt.

	Gastgeber	Gewinner
1930	Uruguay	Uruguay
1934	Italien	Italien
1938	Frankreich	Italien
1950	Brasilien	Uruguay
1954	Schweiz	Deutschland
1958	Schweden	Brasilien
1962	Chile	Brasilien
1966	Großbritannien	England
1970	Mexiko	Brasilien
1974	Deutschland	Deutschland
1978	Argentinien	Argentinien
1982	Spanien	Italien
1986	Mexiko	Argentinien
1990	Italien	Deutschland
1994	USA	Brasilien
1998	Frankreich	Frankreich
2002	Südkorea/Japan	Brasilien

ASIEN

1951 Mohammed Mossadegh, Premierminister des Iran, verstaatlicht die Ölindustrie.

Friedensvertrag von San Francisco zwischen Japan und den Alliierten.

Der Vatikan und China brechen diplomatische Beziehungen ab.

1952 Die Kongresspartei gewinnt die ersten allgemeinen Wahlen in Indien.

Albert Einstein lehnt es ab, Israels Präsident zu werden.

1953 Die UdSSR bricht diplomatische Beziehungen zu Israel ab.

Der 17-jährige Prinz Hussein wird König von Jordanien.

Tod von König Abd al-Asis von Saudi Arabien, Nachfolger wird sein Sohn Saud.

Erstbesteigung des Mount Everest durch den Neusseländer Edmund Hillary und seinen Sherpa Tenzing Norgay.

1960 ▼

1954 Frankreich muß sich nach Niederlage bei Dien Bien Phu aus Indochina zurückziehen. Laos, Kambodscha und das geteilte Vietnam erlangen nach dem Abkommen von Genf die Unabhängigkeit.

Sukarno löst die Union mit den Niederlanden und ruft den indonesischen Einheitsstaat aus.

Bilaterales Abkommen zwischen Taiwan und den USA.

Mossadegh durch Militärputsch im Iran gestürzt.

1958 ▼

1955 Die afghanische Regierung unterstützt die separatistische Bewegung Pashtunistans.

Aufstand der Naga in Nordostindien, die erste von vielen Stammesunruhen.

Auf Drängen der USA wird zur Eindämmung des sowjetischen Einflusses der Bagdad-Pakt, ein Regionalbündnis unter Beteiligung Großbritanniens zwischen Iran, Irak, der Türkei und Pakistan, geschlossen.

AFRIKA

1960 ▼

1951 Libyen erlangt die Unabhängigkeit von Italien.

Die algerische Nationale Befreiungsfront beginnt ihren Guerillakampf gegen die französische Herrschaft.

1952 Militärputsch in Ägypten: Der ägyptische König Faruk wird abgesetzt.

Mau-Mau-Aufstände in Kenia.

1953 Rhodesien und Njassaland werden von den Briten zu einer neuen Verwaltungseinheit zusammengezogen, der Zentralafrikanischen Föderation (bis 1963).

1956 ▼

1954 Gamal Abd el-Nasser wird ägyptischer Staatspräsident.

Britisch-ägyptisches Abkommen legt die Bedingungen für den britischen Rückzug vom Sueskanal fest.

1955 Beginn der militärischen Unterstützung für Ägypten durch die UdSSR.

Antifranzösische Aufstände in Marokko und Algerien, Hunderte Tote.

Beginn des Bürgerkriegs im Sudan zwischen dem christlichen Süden und dem muslimischen Norden.

EUROPA

1957 **1951** Europäische Gemeinschaft für Kohle und Stahl (Montanunion), ein Vorläufer der EWG, wird gegründet.

Vorstellung von »Ferranti Mark I.«, dem ersten kommerziell produzierten Computer der Welt.

1952 Die Zahl der Flüchtlinge aus der DDR steigt auf 985 000.

Nordischer Rat in Stockholm gegründet.

Die *De Havilland Comet*, das erste zivile Düsenflugzeug der Welt, kommt in Großbritannien auf den Markt.

Die Briten entwickeln eine Atombombe.

1953 Antisowjetische Aufstände in Polen und Ostberlin werden niedergeschlagen.

1956 Tod Stalins, Nachfolger wird schließlich Chruschtschow.

In Großbritannien entdecken James Watson und Francis Crick die Doppelhelixstruktur der DNS.

Josip Tito wird zum Präsidenten von Jugoslawien gewählt.

1954 Westeuropäische Union (WEU) in Brüssel gegründet.

Der britische Medizinstudent Roger Bannister läuft als Erster eine Meile unter vier Minuten.

1955 Gründung des Warschauer Pakts als Gegengewicht zur NATO.

Die Bundesrepublik Deutschland wird Mitglied der NATO.

Alliierte Truppen ziehen aus Österreich ab, das eine unabhängige demokratische Republik wird, bei allerdings teilweise eingeschränkter Souveränität.

AMERIKA & AUSTRALASIEN

1951 Die USA beschließen, Japan gegen den Kommunismus zu verteidigen.

ANZUS-Vertrag: Sicherheitspakt zwischen Australien, Neuseeland und den USA.

Der 22. Verfassungszusatz begrenzt die Dauer des Präsidentenamts in den USA auf acht Jahre (zwei Amtszeiten).

Julius und Ethel Rosenberg wegen Spionage in den USA verurteilt (hingerichtet 1953).

1952 Militärhilfepakt zwischen den USA und Kuba.

Die Theorie der Entstehung des Weltalls durch den Urknall wird zum ersten Mal dargelegt.

1953 Dwight D. Eisenhower wird Präsident der USA (bis 1961).

Kampfflugzeug F-100 in den USA eingeführt, das erste Überschallflugzeug in Fließbandproduktion.

Jonas Salk entwickelt in den USA den ersten Impfstoff gegen Polio (Kinderlähmung).

1954 SEATO (Südostasienpakt) unter Führung der USA gegründet.

Vorstellung des Unterseebootes *Nautilus* in den USA, des ersten atomkraftgetriebenen Schiffes der Welt.

Eröffnung des ersten Burger King (Schnellimbiss) in Miami.

1955 Argentiniens Präsident Perón wird durch einen Militärputsch gestürzt und kommt bis 1973 nicht mehr an die Macht.

Militärintervention der USA im Iran.

Erste Taschenradios in den USA auf dem Markt.

Erster McDonald's in Kalifornien eröffnet.

1957 Bus-Boykott in Montgomery, Alabama, gegen die Rassentrennung.

Die Entdeckung der DNS

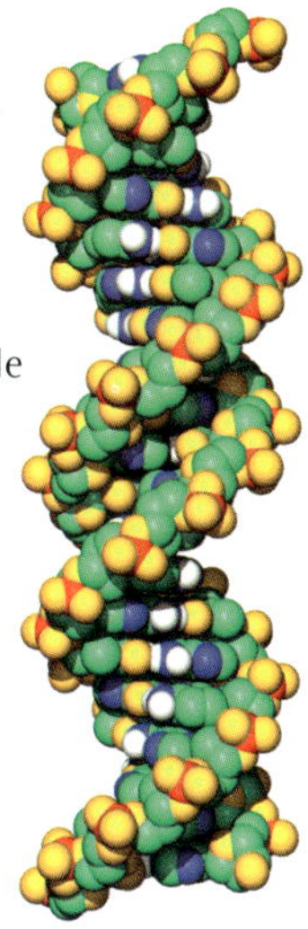

Dass die chemische Substanz DNS (Desoxyribonukleinsäure) genetisches Material enthält, wurde 1944 entdeckt. Die Doppelhelixstruktur der DNS *(rechts)* ist seit 1953 bekannt. 1973 wurde eine Technik entwickelt, mit der das Klonen von DNS möglich wurde. Seit 1990 gibt es das Human Genome Project, das alle 300 Millionen DNS-Sequenzen und damit jedes menschliche Gen identifizieren soll. Die Dauer des Projekts ist bis mindestens 2005 veranschlagt. Die Auswirkungen sind erheblich. Theoretisch wäre es möglich, alle Erbkrankheiten zu beseitigen.

Der sowjetische Gulag

Schon unter Lenin waren Feinde der Revolution verfolgt worden, aber erst unter Stalin wurde der Terror gegen die eigene Bevölkerung Bestandteil der Politik. Auslöser war der erste Fünfjahresplan von 1929. Oppositionelle, die nicht hingerichtet oder ausgehungert wurden, schickte man in spezielle Lager – Gulags, geleitet vom »Volkskommissariat für Innere Angelegenheiten«, dem NKVD.

1930 gab es 179 000 Gefangene, 1934 waren es 510 000. Die sowjetische Eroberung Polens und der baltischen Staaten 1940 erhöhte die Zahl der Gefangenen um eine Million. Bei Stalins Tod saßen 1,7 Millionen Menschen in Lagern und waren zu Zwangsarbeit gezwungen. 1953 wurde der Gulag offiziell aufgelöst.

***Feiern zum Unabhängigkeitstag** in Nigeria 1960.*

Afrikanische Unabhängigkeit

Fast alle Kolonien Europas in Afrika erhielten in den 15 Jahren nach 1951 die Unabhängigkeit. Als erstes wurde Libyen 1951 von Italien unabhängig. Nach landesweiten Protesten zog sich Frankreich aus Tunesien und Marokko zurück. Dass dies in Algeriens nicht geschah, löste einen grausamen Bürgerkrieg aus, dem 1962 der unvermeidliche Rückzug folgte. Großbritannien gab alle seine Kolonien nach 1956 – im allgemeinen friedlich – auf. 1960 zogen sich Belgien und Frankreich aus den Gebieten südlich der Sahara zurück. Portugal und Spanien gaben als einzige europäische Kolonialmächte ihre Kolonien erst 1975 nach kostspieligen und sinnlosen Kriegen auf.

Der Große Sprung nach vorn

1958 initiierte Mao Zedong in China einen Drei-Jahres-Plan zur Industrialisierung und Kollektivierung: den »Großen Sprung nach vorn«. Die Kampagne war eine komplette Katastrophe. Mit Abschaffung privaten Landbesitzes endete die produktive Landwirtschaft quasi über Nacht. Bis zu 20 Millionen Menschen starben in der Folge an Hunger. Der Versuch der Industrialisierung in 26000 Gemeinden, denen unerfüllbare Ziele vorgegeben wurden – die so genannte Zeit der »Hinterhofhochöfen« – schlug fehl. Etwa 600000 Hochöfen wurden aufgestellt, alle hoffnungslos ineffizient. Das gescheiterte Experiment bedeutete fast das Ende von Maos politischer Karriere und löste einen Machtkampf zwischen Maoisten und Gemäßigten aus, die Reformen nach dem Vorbild der Sowjetunion anstrebten.

***Der Große Sprung nach vorn** erklärte die Landwirtschaft zum Projekt der Alllgemeinheit.*

ASIEN

1956 Pakistan wird unabhängige Islamische Republik im Britischen Commonwealth.

Japan tritt den UN bei.

1963 ▼ **1957** Malaysia erhält die Unabhängigkeit trotz kommunistischer Unruhen.

1965 ▼ Guerillakämpfer des Vietkong greifen Südvietnam an.

1958 Kampagne zur Industrialisierung »Der Große Sprung nach vorn« (bis 1961) von Mao in China. Etwa 20 Millionen Menschen sterben in dem nachfolgenden Chaos.

»Eisenhower-Doktrin« verpflichtet die USA, gegen Kommunimus im Mittleren Osten vorzugehen.

Militarputsch in Pakistan.

In den Trucial States (Vertragsstaaten; später Vereinigte Arabische Emirate) wird Öl entdeckt.

Monarchie im Irak abgeschafft durch einen Militärputsch unter General Abd al-Karim Kassem.

1959 Beginn der »Drei Harten Jahre« in China, Hungersnot durch den »Großen Sprung nach vorn«.

Tibetanischer Aufstand durch China niedergeschlagen; religiöse Einrichtungen werden verboten.

1965 ▼ Lee Kuan Yew Präsident von Singapur (bis 1993).

1960 Grenzstreitigkeiten im Gebiet von Amur und Ussuri lösen Bruch zwischen China und der Sowjetunion aus.

Aufflackernde Bürgerkriege zwischen Kommunisten und Nichtkommunisten in Laos (bis 1975).

AFRIKA

1956 Sues-Krise: Die ägyptische Verstaatlichung des Sueskanals löst englisch-französische Invasion aus, die weltweit verurteilt wird. Israel nimmt den Sinai ein und übergibt ihn den UN.

1963 ▼ Frankreich entlässt Marokko und Tunesien in die Unabhängigkeit, Großbritannien den Sudan.

Goldküste und Britisch-Togo vereinigt.

Sudan wird unabhängig, als das nominelle britisch-ägyptische Kondominium endet, und tritt der Arabischen Liga bei.

1957 Großbritannien beginnt mit der Dekolonialisierung seiner Kolonien südlich der Sahara: Die Goldküste (Ghana) erhält als erste die Unabhängigkeit.

1958 Ägypten und Syrien gründen die Vereinigte Arabische Republik als Versuch eine pan-arabische Identität zu schaffen; 1961 aufgelöst.

1960 Frankreich entlässt die Mehrheit seiner afrikanischen Kolonien in die Unabhängigkeit (Tschad, Niger, Gabun, Französisch-Kongo, Kamerun, Zentralafrikanische Republik, Elfenbeinküste, Togo, Obervolta, Mali, Mauretanien, Dahomey und Madagaskar). Italien gibt Somalia, Belgisch-Kongo, und Großbritannien Nigeria die Unabhängigkeit.

Die Provinz Katanga trennt sich von Zaïre (heute Dem. Rep. Kongo), löst damit einen Bürgerkrieg, die Intervention Belgiens, später ein Eingreifen der UN aus.

1961 ▼ Aus den früheren britischen und italienischen Kolonien am Horn von Afrika wird Somalia.

Flutwelle in Agadir, Marokko, fordert 12000 Opfer.

EUROPA

1956 Ungarn verlässt den Warschauer Pakt. Kommunistische Herrschaft wird durch sowjetischen Panzereinmarsch wiederhergestellt, weit verbreitete Aufstände werden gewaltsam unterdrückt.

Chruschtschow, Erster Sekretär der KPDSU, prangert stalinistischen Terror an, befreit Millionen aus den Arbeitslagern und führt eine in Grenzen liberale Wirtschaft ein.

Kämpfe gegen britische Herrschaft auf Zypern, angeführt durch den griechischen Erzbischof Makarios (der anschließend deportiert wird).

1957 Römische Verträge: Gründung der Europäischen Wirtschaftsgemeinschaft (EWG) mit Frankreich, Deutschland, Italien, Niederlanden, Belgien und Luxemburg.

1961 ▼ UdSSR baut den ersten künstlichen Satelliten, *Sputnik I*. Damit beginnt das Zeitalter der Raumfahrt. UdSSR und USA testen beide Interkontinentalraketen, die Nuklearwaffen transportieren können.

Ultraschalluntersuchung in Schottland.

1958 In Frankreich wird die Fünfte Republik mit de Gaulle als Präsident geformt.

Gründung der Internationalen Atomenergie-Organisation (IAEO) in Wien.

1959 Christopher Cockerell entwickelt in Großbritannien das erste Luftkissenboot.

François Truffauts *Sie küssten und sie schlugen ihn* ist der Beginn der »Neuen Welle« europäischer intellektueller Filmemacher.

1960 Gründung der Europäischen Freihandelszone (EFTA) in Genf in Konkurrenz zur EWG.

Gründung der Organisation Erdöl exportierender Länder (OPEC) in Wien.

Zypern erhält die Unabhängigkeit von Großbritannien.

1963 ▼ Die UdSSR baut das erste solarbetriebene Kraftwerk.

AMERIKA & AUSTRALASIEN

1956 Die Rassentrennung in Bussen in Alabama wird vom höchsten Gericht der USA für illegal erklärt.

IBM entwickelt eine Methode der Datenspeicherung auf einer Metallscheibe.

Wiederaufnahme von Atomtests der USA im Pazifik.

1963 ▼ **1957** Martin Luther King Jr. führt landesweiten Widerstand gegen die Rassentrennung in den USA an.

Bedrohung durch augenscheinliche militärische Überlegenheit der Sowjets aufgrund eines neuen Raktentreibstoffs löst starken Anstieg der Militärausgaben in den USA aus.

Bundestruppen werden nach Arkansas beordert, um Gesetze gegen Rassentrennung durchzusetzen.

Die USA führen unterirdische Nuklearwaffentest in Nevada durch.

Erster Atomreaktor zur Stromerzeugung in Pennsylvania, USA.

John Glenn stellt mit 3 Stunden und 23 Minuten neuen Flugrekord von Los Angeles nach New York auf.

Erste Inland-Düsenfluglinie in den USA.

Erste elektrische Armbanduhr in den USA.

1958 Entwicklung des Mikrochips in den USA.

Erste Stereo-Langspielplatte in den USA.

NASA (National Aeronautics and Space Administration; zivile Luft- und Raumfahrtbehörde der USA) gegründet.

Erster erfolgreicher US-Erdsatellit, *Explorer I.*, gestartet.

1959 Die Revolution auf Kuba bringt die Kommunisten unter Fidel Castro an die Macht; sie erhalten in den Folgejahren beträchtliche Hilfe von der Sowjetunion.

Einführung der Boeing 707 reduziert die transatlantische Flugzeit auf acht Stunden.

Hawaii wird 50. Staat der USA.

Vanguard, erster Wettersatellit der USA.

John F. Kennedy (1917–1963)

Mit 43 Jahren wurde Kennedy der jüngste Präsident der USA. Er trat für die Stärkung der Bürgerrechte ein, für bessere medizinische Versorgung und Bildung. Seine kurze Amtszeit wurde vom Kalten Krieg dominiert. Kennedys größter Triumph war der Abzug der sowjetischen atomaren Trägersysteme von Kuba 1962. Er intensivierte aber auch das militätische Engagement der USA in Vietnam. Kennedy wurde am 22. November 1963 in Houston, Texas ermordet.

Castro und Che Guevara

Während Fidel Castro *(oben links)*, geboren 1926, als Pragmatiker die kommunistische Revolution auf Kuba 1959 zum Erfolg brachte, hatte seit 1956 der in Argentinien geborene Ernesto »Che« Guevara Serna *(oben rechts*, 1928–1967), für das revolutionäre Feuer gesorgt. Obwohl er unter Castro eine Reihe hoher Regierungsposten inne gehabt hatte, verließ Guevara Kuba nach 1965, um den revolutionären Kampf fortzusetzen. In Bolivien wurde er von der bolivianischen Armee 1967 umgebracht. Unterdessen erwies sich Castro als der dauerhafteste kommunistische Führer. Er überstand sowohl den ökonomischen Niedergang Kubas als auch den Zusammenbruch seines Unterstützers UdSSR 1990/91.

Der Kalte Krieg

Die Welt nach 1945 wurde von den beiden Mächten beherrscht, die am meisten daran gesetzt hatten, den 2. Weltkrieg zu gewinnen: von der Sowjetunion und den Vereinigten Staaten. Schon während des Krieges hatten die ideologischen Unterschiede zwischen ihnen für Spannungen gesorgt, und nach dem Sieg der Alliierten brachen sie offen aus. Winston Churchill erklärte: »Von Stettin im Baltikum bis Triest an der Adria trennt ein eiserner Vorhang den Kontinent«. Seine poetische Metapher wurde bald zur geopolitischen Realität für die nächsten 45 Jahre.

Dass der Konflikt zwischen den beiden Supermächten nicht in einen offenen Krieg ausbrach, sondern zum »Kalten Krieg« wurde, hatte nur einen Grund: die Furcht vor der nuklearen Auseinandersetzung. Beide Seiten besaßen genügend Waffen zur mehrfachen Vernichtung der gesamten Welt, und die Konsequenzen eines solchen Krieges waren unausdenkbar. Stattdessen versuchten beide Seiten, die jeweils andere auszustechen und zu destabilisieren und durch ein Netzwerk von Satellitenstaaten den eigenen Einflussbereich zu vergrößern.

***Das sowjetische Atom- und Raumfahrtzentrum** in Baikonur, Kasachstan. Letztlich konnte die UdSSR im Rüstungswettlauf mit den USA finanziell nicht mehr mithalten.*

In den 70er-Jahren waren verschiedene Abrüstungsverträge und die Konferenz über Sicherheit und Zusammenarbeit in Europa (KSZE) Schritte vom Kalten Krieg zur friedlichen Koexistenz. In der Mitte der 80er-Jahre befand sich die Sowjetunion, festgefahren in einem teuren Krieg in Afghanistan, zunehmend unter Druck. Der Reformer Michail Gorbatschow zog die sowjetischen Truppen zurück und lockerte die Kontrolle über die anderen Ostblockstaaten. Der Fall der Berliner Mauer 1989 bedeutete das endgültige Ende des Kalten Krieges. Im Dezember 1991 löste sich die Sowjetunion auf.

ÖSTLICHE HEMISPHÄRE

1948 Von der UdSSR unterstützte Regimes in Polen, Tschechoslowakei und Ungarn.

Die UdSSR startet die Blockade von Berlin. Berliner Luftbrücke (bis 1949).

Jugoslawien bricht seine Beziehungen zur UdSSR ab.

1949 Ausrufung der Volksrepublik China. Landreformen und Kollektivierung, Millionen Landbesitzer werden hingerichtet (bis 1956).

Gründung des Rats für gegenseitige Wirtschaftshilfe (RGW) der kommunistischen Länder.

Die UdSSR testet ihre erste Atombombe.

1950 Überraschungsangriff des kommunistischen Nordkorea auf das von den USA gestützte Südkorea führt zu massiver amerikanischer und chinesischer Militärintervention (bis 1953).

Chinesische Invasion Tibets.

1955 Gründung des Warschauer Pakts als Gegenkraft zur NATO.

1956 Antikommunistischer Aufstand in Ungarn, zerschlagen durch sowjetische Truppen.

1957 Die UdSSR baut den Satelliten *Sputnik*, Beginn des Wettlaufs ins All.

1961 Beginn des Baues der Berliner Mauer in der Nacht vom 12. zum 13. August.

1965 USA stärken Militärpräsenz in Vietnam, unterstützen Südvietnam gegen Vietkong.

1966 Kulturrevolution in China.

1968 »Prager Frühling« in der Tschechoslowakei zerschlagen von Truppen des Warschauer Pakts.

510000 US-Soldaten stehen in Vietnam.

1975 US-Truppen verlassen Vietnam. Kommunisten nehmen Saigon ein, Rote Khmer in Kambodscha an der Macht.

1978 Kommunistischer Putsch in Afghanistan.

1979 Sowjetische Truppen in Afghanistan.

Die Vietnamesen überfallen Kambodscha, Sturz der Roten Khmer.

1985 Michail Gorbatschow wird Generalsekretär des ZK der KPdSU.

1989 Fall der Berliner Mauer, Zusammenbruch des Kommunismus in Polen, Ungarn, Tschechoslowakei, Rumänien, DDR und Bulgarien (bis 1990).

Die UdSSR zieht Truppen aus Afghanistan ab.

WESTLICHE HEMISPHÄRE

1948 Die USA verkünden den Marshallplan.

1949 Nordatlantikpakt in Washington unterzeichnet.

1955 Bundesrepublik Deutschland tritt der NATO bei.

Österreichischer Staatsvertag führt die österreichische Republik in den Grenzen von vor 1938 wieder ein.

1957 Römische Vertäge, Grundlage für die EWG.

***Gegner im Kalten Krieg:** Kennedy und Chruschtschow.*

1962 Kuba-Krise, Russlands Vorgehen (Aufbau von Abschussrampen auf Kuba) bringt die Welt an den Rand des Atomkriegs.

1964 Stanley Kubricks Film *Dr. Seltsam oder Wie ich lernte, die Bombe zu lieben* zeigt die Gefahren der Strategie des nuklearen »Gegenschlags«.

1968 Proteste in den USA gegen den Vietnamkrieg, Studentenunruhen in Europa.

1969 *Apollo 11* landet auf dem Mond.

1972 SALT I-Abrüstungsgespräche.

1973 Salvador Allendes frei gewählte marxistische Regierung Chiles wird durch einen von den USA unterstützten Militärputsch gestürzt. Allende stirbt.

1975 Äthiopien wird sozialistisch.

1979 SALT II-Abkommen zur Rüstungsbegrenzung.

USA setzt Trident I ein, von U-Booten abgefeuerte Atomraketen.

Die Sandinisten übernehmen die Macht in Nicaragua (bis 1990), die USA unterstützen heimlich die Contras gegen die Regierung.

1983 Invasion der USA im Karibikstaat Grendada nach marxistischem Putsch.

1987 Die USA und die UdSSR einigen sich auf die Begrenzung nuklearer Mittelstreckenwaffen (INF-Abkommen).

ASIEN

1945 Ho Chi Minh erklärt die Unabhängigkeit Vietnams.

1946 Die Franzosen versuchen Vietnam im ersten Indochinakrieg zurückzugewinnen (bis 1954).

Die Philippinen werden unabhängig.

1947 Indien und Pakistan erlangen die Unabhängigkeit von Großbritannien.

1948 Ceylon erhält die Unabhängigkeit von Großbritannien, Name 1972 in Sri Lanka umgeändert.

1949 Nach vierjährigem Krieg erhalten die Inseln Niederländisch-Indiens (außer West-Neuguinea) als Indonesien von den Niederländern die Unabhängigkeit.

1954 Die Franzosen geschlagen bei Dien Bien Phu. Zweiteilung Vietnams am 17. Breitengrad.

1957 Das britische Schutzgebiet Malaya erhält als Malaysia die Unabhängigkeit.

1961 Indien annektiert die portugiesischen Enklaven Goa, Daman und Diu.

1962 Die Niederländer geben West-Neuguinea auf, ein Jahr später wird es von Indonesien als Irian Jaya einverleibt.

1965 Singapur verlässt die Föderation mit Malaysia.

1971 Bürgerkrieg in Ostpakistan, das sich als unabhängiger Staat Bangladesch von Pakistan abtrennt.

1975 Die portugiesische Kolonie Osttimor wird von Indonesien besetzt (bis 1999).

1983 Die Tamilen beginnen einen Guerillakrieg gegen die Regierung Sri Lankas.

***Singapur** schrieb eine der wirtschaftlichen Erfolgsgeschichten Südostasiens.*

AFRIKA

1952 Die Mau-Mau-Bewegung in Kenia kämpft für die Rückgabe von Land (bis 1956).

1954 Beginn des algerischen Unabhängigkeitkriegs (bis 1962).

1956 Marokko und Tunesien erhalten die Unabhängigkeit von Frankreich.

1957 Mit der Unabhängigkeit Ghanas (Goldküste) beginnt der Prozess der Dekolonialisierung der britischen Kolonien in Afrika.

1960 Fünfzehn afrikanische Länder erhalten die Unabhängigkeit, Südafrika verlässt den Commonwealth.

Katanga-Provinz löst sich vom Kongo (heute Dem. Republik Kongo), die UN intervenieren.

1964 Nordrhodesien und Njassaland werden als Sambia und Malawi unabhängig.

1965 Einseitige Unabhängigkeitserklärung Südrhodesiens unter Ian Smith, der der britischen Forderung nach einer schwarzen Mehrheitsregierung nicht nachkommen will.

1967 Biafra versucht sich von Nigeria zu lösen, erbitterter Bürgerkrieg und große Hungersnot sind die Folge (bis 1970).

1974 Mindestens 750000 Siedler kehren nach Portugal zurück, als die Kolonien ihre Unabhängikeit erlangen. Unabhängigkeit von Guinea-Bissau.

1975 Angola, Mosambik und Kap Verde erhalten die Unabhängigkeit von Portugal. Angola und Mosambik werden in der Folge von Bürgerkriegen erschüttert.

1980 Schwarze Mehrheitsregierung in Südrhodesien, das in Simbabwe umbenannt wird.

1990 ANC in Südafrika wird legalisiert, Nelson Mandela kommt frei, Namibia erhält die Unabhängigkeit von Südafrika.

Entkolonialisierung

Der Kalte Krieg wurde auch in den nunmehr unabhängigen früheren Kolonien der europäischen Staaten ausgetragen, vor allem in der ehemaligen französischen Kolonie Vietnam und den portugiesischen Gebieten in Afrika, Angola und Mosambik. Nach dem 2. Weltkrieg waren die britischen, niederländischen und französischen Kolonien in Südostasien, die von den Japanern besetzt worden waren, nicht mehr bereit, sich ausländischen Mächten zu beugen. In Afrika ging die Dekolonialisierung nur langsam voran, erst ab 1950 machte sie Fortschritte. Vor allem die Portugiesen weigerten sich lange Zeit, das Unvermeidliche zu akzeptieren. Auch weiterhin gingen sie gegen Befreiungsbewegungen vor und versuchten unerbittlich, diese niederzuschlagen, bis die portugiesische Armee dies nicht mehr mittrug und 1974 die eigene Regierung stürzte.

***Französische Soldaten** in Algerien auf der Suche nach Kämpfern der FLN (Front de Libération Nationale).*

Algerien

In einigen afrikanischen Ländern erfolgte der Übergang zur Unabhängigkeit friedlich. Andere Länder, besonders die mit zahlreicher europäischer Bevölkerung, erreichten sie erst nach blutigen Kriegen. In Algerien kämpfte die gut organisierte FLN (Front de Libération Nationale; Nationale Befreiungsfront) von 1954 bis 1962 gegen Frankreich, das 500000 Soldaten schickte. Die französische Armee zog sogar einen Stacheldrahtzaun zur Grenze nach Tunesien, um Freiheitskämpfer der FLN fernzuhalten. Im Land selbst wurden Unterstützer der FLN gefoltert und schikaniert. Die Entschlossenheit der Algerier wurde aber nur noch größer, und beide Seiten begingen schreckliche Gräueltaten. 1958 kam de Gaulle in Frankreich an die Regierung, auch weil man erwartete, er werde die FLN besiegen. Als de Gaulle erkannte, dass der Krieg nicht zu gewinnen war, entschloss er sich zu einem Referendum, in dem Algerien für die volle Unabhängigkeit von Frankreich stimmte.

Martin Luther King, Jr.

Martin Luther King, Jr., Baptistenpfarrer aus Georgia, war die charismatische Führungspersönlichkeit der Bürgerrechtler in den USA. Seine natürliche Würde, verbunden mit einem unerschütterlichen Glauben an Gewaltlosigkeit und ein außergewöhnliches rednerisches Talent machten ihn zum beeindruckenden Sprecher der unterdrückten schwarzen Minderheit in den USA.

Ebenso wie bei seinem Vorbild Mahatma Gandhi förderten mehrmalige Gefängnisaufenthalte noch sein öffentliches Ansehen. Er übte maßgebenden Einfluss aus auf die Verabschiedung des Bürgerrechtsgesetzes (Civil Rights Act) 1964 und des Wahlrechtsgesetz (Voting Rights Act) 1965. Ende der 60-Jahre wurde sein gewaltloser Ansatz zunehmend kritisiert von der aufkommenden Black-Power-Bewegung. Kings Ermordung durch den weißen Rassisten James Earl Ray am 4. April 1968 löste landesweite Unruhen aus.

Die Rock-'n'-Roll-Revolution

Die rebellische Stimmung der Jugend der westlichen Wohlstandgesellschaften der Nachkriegszeit fand ihren Niederschlag im Rock 'n' Roll. Nach 1960 hatte die Popkultur den Westen fest im Griff.

1955 Bill Hayley's *Rock Around the Clock* wird Nummer 1 auf beiden Seiten des Atlantiks: 22 Mio. verkaufte Platten. Little Richard bringt *Tuttit Frutti*, Chuck Berry *Maybellene*.

1956 Elvis Presley landet seinen ersten Hit, *Heartbreak Hotel* – Rock 'n' Roll wird gesellschaftsfähig. Presley wird zum meistverkauften Sänger in der Geschichte des Pop.

1957 Jerry Lee Lewis bringt *Whole Lotta Shakin* und *Great Balls of Fire* heraus, Buddy Hollys erster Hit, *Peggy Sue*.

1962 Bob Dylans *Blowin' in the Wind* verbindet Folkmusik und Protestbewegung.

1963 Die Beatles haben ihren ersten Hit: *Please Please Me*. Popmusik wird weltweit beliebt.

1964 Die Beatles erobern die USA, gefolgt von den Rolling Stones: die »britische Invasion«.

1965 Bob Dylan spielt elektrischen Folk.

1967 Der Sommer der Liebe. Die Beatles veröffentlichen *Sgt. Pepper's Lonely Hearts Club Band*, das erste Konzeptalbum des Pop.

1968 Woodstock: Die alternative Musikkultur wird Mainstream.

1969 Die Beatles trennen sich.

ASIEN

1961 Militärputsch in Südkorea.

Kurden im Irak erneuern Forderungen nach unabhängigem Gebiet.

1962 Grenzstreitigkeiten über Arunachal Pradesh gipfeln in chinesisch-indischem Krieg nach Jahren der Zusammenstöße. Indisches Grenzabkommen mit Myanmar, Nepal und (zeitweise) Pakistan.

Militärputsch in Myanmar.

US-Militärberater werden nach Südvietnam entsandt.

1967 ▼ Bürgerkrieg führt zur Abspaltung der Jemenitischen Arabischen Republik.

1963 Gründung Malaysias (Föderation aus Singapur, Sarawak, Sabah und Malaya).

West-Neuguinea wird Indonesien von den Niederländern übergeben, Sukarno zum Präsidenten auf Lebenszeit ernannt.

1970 ▼ Flutkatastrophe in Ostpakistan (Bangladesch) fordert 22 000 Menschenleben.

1967 ▼ **1964** Golf-von-Tongking-Resolution ermächtigt die USA zu Luftschlägen gegen Nordvietnam und die Vietkong. Krieg greift über nach Laos und Kambodscha.

Palästinensische Befreiungsorgansisation (PLO) gegründet.

Hochgeschwindigkeitszug Shinkansen in Japan eingeführt.

1965 US-Truppen in Vietnam, um die südvietnamesische Regierung in Saigon gegen die Kommunisten zu verteidigen.

Zweiter indisch-pakistanischer Krieg um Jammu und Kaschmir.

Marxistischer Putschversuch in Indonesien löst Militärputsch aus, der Sukarno stürzt.

Singapur spaltet sich von Malaysia ab und wird unabhängig; es folgt ein schnelles Wirtschaftswachstum.

Ferdinand Marcos kommt an die Macht auf den Philippinen (bis 1986).

Flutkatastrophe in Ostpakistan (Bangladesch) tötet 47 000 Menschen.

AFRIKA

1961 Südafrika wird unabhängig und verlässt den Commonwealth.

Beginn des Kampfes gegen die portugiesische Herrschaft in Angola (bis 1974).

Großbritannien gibt Sierra Leone die Unabhängigkeit.

Italien gibt Somalia die Unabhängigkeit.

1970 ▼ **1962** Politische Krise im Heimatland zwingt Frankreich zur Aufgabe Algeriens, das die Unabhängigkeit erhält.

Belgien gibt Ruanda und Burundi die Unabhängigkeit.

Großbritannien gibt Uganda die Unabhängigkeit.

1963 Kenia wird unabhängig.

1969 ▼ Bürgerkrieg im Sudan (bis 1972).

1964 Kampf gegen die portugiesische Herrschaft in Mosambik (bis 1974).

Großbritannien gibt Tansania, Sambia und Malawi die Unabhängigkeit.

1965 Weiße Minderheitsregierung in Rhodesien spaltet sich von Großbritannien ab.

Großbritannien gibt Gambia die Unabhängigkeit.

EUROPA

1969 ▼

1961 Die Regierung der DDR unter Walter Ulbricht baut die Berliner Mauer, die Ostvon Westberlin trennt, um die »Republikflucht« der Ostdeutschen in die Bundesrepublik zu stoppen. Ostberlin wird der DDR einverleibt.

Die UdSSR schickt den ersten Menschen ins All: Juri Gagarin.

1968 ▼

Albanien bricht die Beziehungen zur UdSSR ab, schwenkt über zu China.

Organisation für wirtschaftliche Zusammenarbeit und Entwicklung (OECD) gegründet.

1962 Aufführung von *Dr. No*, dem ersten James-Bond-Film.

1963 USA und UdSSR beenden überirdische Atomwaffentests.

Türkei und Griechenland streiten sich um Zypern.

Beatles haben ihren ersten Hit, *Please Please Me*.

1964 Chruschtschow in der UdSSR nach fehlgeschlagener wirtschaftlicher Liberalisierung abgelöst, Nachfolger wird Leonid Breschnew.

Malta erhält die Unabhängigkeit von Großbritannien.

Fertigstellung des Wolga-Baltikum-Kanals in der UdSSR, des längsten Kanals der Welt.

1965 André Courrèges präsentiert in Paris den Minirock: die Geburt der Popmode.

Tod Winston Churchills.

Erster französischer Satellit.

AMERIKA & AUSTRALASIEN

1961 Präsident John F. Kennedy verspricht den Amerikanern den »Aufbruch zu neuen Grenzen« (New Frontier) († 1963).

Kubanische Exilanten in den USA und der CIA versuchen erfolglos, Castro zu stürzen: Invasion in der Schweinebucht.

»Freedom Rides« in den USA gegen die Rassentrennung in den Südstaaten. Rassenunruhen während der nächsten zehn Jahre.

Die USA schicken den ersten Astronauten in eine Erdumlaufbahn: Alan Shepard.

Polioschluckimpfung entwickelt.

1962 Kuba-Krise, die USA zwingen die UdSSR, Nuklearraketen von Kuba abzuziehen.

Westsamoa erhält die Unabhängigkeit von den USA.

Jamaika, Trinidad und Tobago erhalten ihre Unabhängigkeit von Großbritannien.

Erste transatlantische Fernsehübertragung.

1963 John F. Kennedy ermordet, Lyndon B. Johnson wird Präsident (bis 1968).

Protestmarsch auf Washington unter Martin Luther King, Jr. gegen fortwährende Rassendiskriminierung.

Monetaristische Ökonomietheorie in den USA, vertreten von Milton Friedman mit der Veröffentlichung von *Inflation: Causes and Consequences*.

1967 ▼

1964 US-Kongress autorisiert Krieg gegen Nordvietnam.

Präsident Johnsons Reformprogramm der »Great Society«. Bürgerrechtsgesetz (Civil Rights Act) verbietet Rassentrennung in der Öffentlichkeit in den USA.

Militärputsch in Brasilien.

Erstes Satellitennavigationssystem der Welt bei der US-Marine.

1966 ▼

1965 Wahlrechtsgesetz (Voting Rights Act) in den USA bringt mehr Schwarze zur Wahlurne. Ausschreitungen in Los Angeles.

Australien stellt den USA Truppen für den Krieg in Vietnam (bis 1972).

1968 ▼

US-Raumsonde *Mariner 4* erreicht den Mars.

Aufführung von *Sound of Music*, finanziell erfolgreichstes Filmmusical aller Zeiten.

Juri Gagarin (1934–1968)

Nachdem die UdSSR schon 1957 mit *Sputnik* beim »Wettlauf ins All« in Führung gegangen war, wurde am 12. April 1961 der Vorsprung vor den USA noch ausgebaut, als der sowjetische Kosmonaut Juri Gagarin als erster Mensch in eine Erdumlaufbahn gebracht wurde. Der Flug an Bord der *Wostock 1* dauerte eine Stunde und 48 Minuten. Das beste, was die USA zustande brachten, war einen Monat später ein 15-minütiger Flug von Alan Shepard in der Erdatmosphäre. Gagarin, zum Helden der Sowjetunion ernannt, starb 1968 bei einem Testflug.

Der Wettlauf ins All

1957	Okt: Die UdSSR schickt den ersten künstlichen Erdsatelliten ins All, *Sputnik 1*.
1961	Apr: Kosmonaut Juri Gagarin erster Mensch in der Erdumlaufbahn.
	Mai: USA schicken den ersten Menschen in eine Erdumlaufbahn: Alan Shepherd. Kennedy erklärt Absicht der USA zur bemannten Mondlandung, »noch in diesem Jahrzehnt«.
1962	USA senden ersten Astronauten ins All: John Glenn.
1963	Die UdSSR schickt die erste Frau ins All, Valentina Tereschkowa.
1965	USA beginnen *Gemini*-Programm. USA schießen erste Marssonde, *Mariner 4*, ins All. Erster Raumspaziergang von Alexei Leonow.
1966	Die UdSSR landet erste unbemannte Sonde auf dem Mond, *Luna 9*.
1967	Feuer in der *Apollo*-Kapsel: drei Astronauten sterben. Mondlandung der USA wird um ein Jahr verschoben. Start der *Saturn V*-Rakete der USA.
1968	Okt.: Erster Flug des Raumschiffs *Apollo: Apollo 7* in der Erdumlaufbahn.
	Dez: Zweiter Flug von *Apollo*: *Apollo 8* tritt in die Umlaufbahn des Mondes ein, das bedeutet die Führung der USA bei der Erforschung des Weltalls.
1969	Juli: Für die USA landen Neil Armstrong und Edwin Aldrin auf dem Mond. Sie kehren sicher zur Erde zurück.
1975	Zusammenarbeit von USA und UdSSR bei Weltraumforschung besiegelt mit Andocken der Raumschiffe *Apollo* und *Sojus*.

Der Vietnamkrieg

Der kommunistisch beeinflusste Nationalismus der südostasiatischen Staaten nach dem 2. Weltkrieg war eine Herausforderung an die USA, die den Kommunismus in der Region zu verhindern suchten, vor allem in Südvietnam. Mitte der 60er-Jahre hatten die USA alle militärischen Kräfte in diesem Kampf zusammengezogen. Aber die Truppen kamen nicht mit dem Guerillakrieg zurecht, und die öffentliche Meinung in den USA wandte sich gegen den Vietnamkrieg. 1973 mussten die USA den Rückzug antreten, um nicht das Gesicht zu verlieren.

Der Sechstagekrieg

Die arabische Welt war entschlossen, den 1948 gegründet Staat Israel zu zerstören, wozu über die Jahre auch die militärischen Erfolge der Israelis immer stärker beitrugen.

Im Juni 1967 sperrte Ägypten den Golf von Akaba für israelische Schiffe, griff mit seinen arabischen Nachbarstaaten Israel an – und wurde in weniger als einer Woche vernichtend geschlagen. Israel, von den USA aktiv unterstützt, wehrte nicht nur den arabischen Angriff ab, sondern erhielt auch großen Gebietszuwachs: die West Bank (Westjordanland), die Golanhöhen, die Sinaihalbinsel, den Gazastreifen und Jerusalem, das zur neuen Hauptstadt Israels erklärt wurde.

***Die militärische Vormachtstellung** Israels im Mittleren Osten wurde 1967 bestätigt. Waffen aus den USA, ein klar definiertes Ziel und eine entschlossene Militärführung waren entscheidend für den Sieg über die zahlenmäßig weit überlegenen Armeen der arabischen Staaten.*

ASIEN

1966 Mao Zedongs Kulturrevolution in China (bis 1969). Formierung der Roten Garden (bis 1968). Millionen Tote.

1973 ▼

1967 Sechstagekrieg: Arabische Truppen greifen Israel an und werden rasch besiegt. Israel erhält Sinai, Gazastreifen, Golanhöhen, West Bank und Jerusalem. Die PLO übernimmt die Führung des palästinensischen Kampfes gegen Israel.

Großbritannien zieht sich aus Aden zurück, Gründung der Demokratischen Volkrepublik Jemen.

Verband Südostasiatischer Staaten (ASEAN) in Jakarta gegründet.

1968 Saddam Hussein übernimmt die Macht im Irak (bis 2003).

1969 Erneute chinesisch-sowjetische Grenzstreitigkeiten.

1970 General Hafez al-Assad übernimmt die Macht in Syrien.

Bewaffnete Auseinandersetzungen zwischen palästinensischen Flüchtlingen in Jordanien und jordanischen Sicherheitskräften.

Zyklon in Ostpakistan (Bangladesch) fordert 500 000 Opfer.

Erster Videorekorder für private Nutzung in Japan erhältlich.

AFRIKA

1966 Großbritannien gibt Botsuana (Betschuanaland) und Lesotho (Basutoland) die Unabhängigkeit.

1967 Bürgerkrieg in Nigeria nach dem Versuch der Abspaltung der ölreichen östlichen Provinz Biafra. Über 1 Million Menschen sterben, bevor eine Hungersnot und die überlegene Armee Nigerias Biafra zur Aufgabe zwingen (bis 1970).

Ägypten sperrt den Golf von Akaba für israelische Schiffe.

Die erste Herztransplantation der Welt in Südafrika durch Christian Barnaard.

1968 Großbritannien gibt Swasiland die Unabhängigkeit.

1969 Muammar al-Gaddhafi übernimmt die Macht in Libyen.

Militärherrschaft im Sudan.

1970 Tod des ägyptischen Staatspräsidenten Nasser, Nachfolger wird Anwar as-Sadat.

Militärherrschaft in Somalia.

Biafra kapituliert vor Hungersnot und überlegenen nigerianischen Truppen.

EUROPA

1966 Frankreich verlässt die Militärstruktur der NATO.

Gründung der Organisation der Vereinten Nationen für industrielle Entwicklung (UNIDO) in Wien.

1974 **1967** Militärdikatur in Griechenland durch Putsch der Obristen.

Computertomographie in England eingeführt, liefert dreidimensionale Bilder des Körperinneren.

Farbfernsehsender in Großbritannien.

UdSSR, USA und Großbritannien verbieten Atomtests im All.

Der Versuch eines Putsches des Königs in Griechenland schlägt fehl.

1968 Der Versuch der Tschechoslowakei unter Alexander Dubcek, die kommunistische Herrschaft zu liberalisieren (»Prager Frühling«) wird durch Truppen des Warschauer Paktes unter Führung der Sowjets niedergeschlagen.

Ausgedehnte Studentenunruhen in Paris – Les Événements – drohen die Regierung zu stürzen. Studentenproteste in ganz Westeuropa.

Albanien verlässt den Warschauer Pakt und zieht sich in die Isolation unter einer stalinistischen Regierung zurück.

Britische Anwesenheit »östlich von Sues« wird formal beendet.

Basken beginnen Terroranschläge gegen Spanien.

1969 Willy Brandt wird Bundeskanzler der Bundesrepublik Deutschland. Er leitet die neue Deutschland- und Ostpolitik ein.

Frankreichs Staatspräsident Charles de Gaulle tritt zurück.

1974 Erneute Gewalt zwischen den Konfessionen in Nordirland, Truppen schützen die Katholiken.

1970 Scheidung wird legal in Italien.

Moskauer Vertrag zwischen der UdSSR und der BRD über umfassenden Gewaltverzicht und territoriale Unverletzlichkeit aller Staaten in Europa.

Warschauer Vertrag zwischen der VR Polen und der BRD: Anerkennung der Oder-Neiße-Linie als Westgrenze Polens, gegenseitiger Verzicht auf Gewaltandrohung und -anwendung.

AMERIKA & AUSTRALASIEN

1966 Rassenunruhen in Atlanta: Black Power wird wichtiger Faktor im politischen Leben der USA.

Frankreich beginnt mit Atomwaffentests auf den Tuamotu-Inseln im Pazifik.

1967 Studentenproteste gegen den Vietnamkrieg nehmen zu.

Australische Aborigines erhalten nach Referendum das Wahlrecht.

1968 Ermordung von Martin Luther King Jr. löst Gewaltätigkeiten in 124 Städten der USA aus.

Hunderte Studenten, die gegen die hohen Kosten der Olympischen Spiele demonstrieren, werden in Mexiko-Stadt von Sicherheitskräften umgebracht.

Tupamaros, Guerillabewegung in Uruguay, gegründet.

Militärjunta übernimmt die Macht in Peru.

Die USA starten *Apollo 8*, den ersten bemannten Flug in einer Umlaufbahn um den Mond.

1972 **1969** Richard Nixon Präsident der USA (bis 1974).

Rüstungskontrollverhandlungen SALT beginnen zwischen den USA und der UdSSR.

250 000 Teilnehmer beim Marsch auf Washington gegen den Vietnamkrieg.

Neil Armstrong (USA) betritt als erster Mensch den Mond.

1974 Computernetzwerk Arpanet, das Computern die Kommunikation untereinander erlaubt, in den USA entwickelt.

Brücke über den Lake Pontchartrain, Louisiana, mit 38 km die längste Brücke der Welt.

1973 **1970** Atomwaffensperrvertrag (NPT) von USA, UdSSR und Großbritannien ratifiziert und in Kraft. Verschiedene Staaten treten ihm nicht bei.

Der Sozialist Salvador Allende wird zum Präsidenten Chiles gewählt († 1973).

Erste Jumbojets im Einsatz, jeder kann fast 500 Passagiere transportieren.

Erstes Glasfaserkabel ermöglicht telefonische Direktverbindung über den Atlantik.

Erdbeben in Peru fordert 67 000 Opfer.

Unter den Blicken *des großen Vorsitzenden lesen junge Chinesen aus den Worten des Vorsitzenden* Mao Zedong. *Das Buch wurde millionenfach verteilt.*

Die Kulturrevolution

Die Kulturrevolution war eine von Mao Zedong 1966 ausgerufene Kampagne, die westlich und traditionell geprägte Vorstellungen in China ausmerzen sollte. Maos Mitstreiter und Führer der Armee, Lin Biao, und Maos Frau Jiang Qing organisierten die Roten Garden – eine Kampftruppe von Schülern und Studenten, die bald Hundertausende Mitglieder hatte.

Die Roten Garden zogen auf ihren Säuberungsaktionen durch die Städte und stellten Intellektuelle und Politiker bloß, demütigten, folterten und töteten sie mitunter öffentlich. Ähnlich wie zur Zeit des »Großen Sprungs nach vorn« stürzte China in ein Chaos.

Als sich in der Bevölkerung Widerstand gegen das Treiben der Rotgardisten regte, beendete die Armee auf Befehl Maos 1969 den Terror, indem sie die Roten Garden auflöste. Die Kulturrevolution wurde begleitet von einem Kult um Mao und seine Schriften, die *Worte des Vorsitzenden Mao Zedong*, die »Maobibel«.

Ab 1960 strahlte Japan im Glanz der Modernisierung und war führend in der elektronischen und digitalen Industrie sowie in der Autoindustrie – bis zum wirtschaftlichen Niedergang seit 1990.

Wirtschaftsaufstieg Japans

Ebenso wie Deutschland lag Japan nach dem 2. Weltkrieg in Ruinen, mit einer zerstörten Industrie und verarmten Menschen. 40 Jahre später stand das Land als zweitgrößte Wirtschaftsmacht der Welt da. Diese bemerkenswerte Entwicklung war das Ergebnis der Unterstützung, die Japan als ein Bollwerk gegen den Kommunismus von den USA erhalten hatte, eine Politik, die nach Ausbruch des Koreakrieges 1950 noch verstärkt worden war. Auf der anderen Seite waren es auch die Qualitäten der Japaner selbst, Disziplin und Zielstrebigkeit, die Japan zu einem schweren Kriegsgegner gemacht hatten und in den Folgejahren dem Wiederaufbau der Wirtschaft zugute kamen.

Zwischen 1950 und 1960 setzte Japan vor allem auf die Schwerindustrie, besonders auf die Schiff- und Autoproduktion. In den 60er-Jahren gab es ein jährliches Wirtschaftswachstum von 11%. Nach der Ölkrise 1973 verlagerte sich das Gewicht auf die elektronische Hightech-Industrie, die Japans Position als neue globale Wirtschaftsmacht bis 1990 festigte.

ASIEN

1971 Aufstände in Ostpakistan rufen indische Invasion hervor, die zum dritten indisch-pakistanischen Krieg führt und schließlich mit Unterstützung Indiens zur Gründung des unabhhängigen Bangladesch.

China zu den UN zugelassen, Taiwan ausgeschlossen.

Vereinigte Arabische Emirate gegründet.

1972 Ferdinand Marcos ruft das Kriegsrecht auf den Philippinen aus (bis 1981).

Japan erhält die im 2. Weltkrieg verlorenen Inseln zurück.

1976 ▼

1973 Jom-Kippur-Krieg: Dritter arabischer Versuch der Eroberung Israels schlägt fehl. Die OPEC drosselt darauf die Ölproduktion, Ölpreise steigen um 200%. Das globale Wachstum der Nachkriegszeit kommt zum Halten, fast überall herrscht Rezession.

Siedlungsbewegung Gush Emunim in Israel gegründet, die die Rückgabe der israelisch besetzten Palästinergebiete strikt ablehnt.

US-Truppen ziehen sich aus Vietnam zurück.

Die USA verschärfen Bombardierung Kambodschas.

Mudjahedin-Aufstand in Afghanistan.

1976 ▼

1974 Indonesische Invasion in Osttimor.

Gründung von Amal, einer radikalen schiitischen Miliz im Libanon.

1975 Die von den USA gestützte Regierung Südvietnams vom Vietkong gestürzt, ganz Vietnam unter kommunistischer Herrschaft. Ende des Vietnamkriegs.

Kommunistische Pathet-Lao-Bewegung stürzt Koalitionsregierung in Laos.

Von China unterstützte Rote Khmer unter Pol Pot übernehmen Kambodscha und etablieren rigides Terrorregime (bis 1979).

Indira Gandhi ruft den Ausnahmezustand in Indien aus, nachdem sie wegen Wahlbetrugs verurteilt worden ist (bis 1977).

Kriegsrecht in Bangladesch (bis 1979).

Bürgerkrieg im Libanon.

1976 ▼

Kommunistische Regierungen in Südvietnam, Laos und Kambodscha.

Indonesien annektiert Osttimor.

AFRIKA

1971 Mogadischu-Erklärung verlangt das Ende der weißen Herrschaft in Südafrika. UN erklären südafrikanisches Mandat in Südwestafrika (Namibia) für illegal.

Idi Amin kommt in Uganda an die Macht und errichtet ein Terrorregime (bis 1979).

1972 Asiaten in Uganda von Amin ausgewiesen.

1977 ▼

1974 Der äthiopische Kaiser Haile Selassie wird durch einen marxistischen Militärputsch unter Mengistu Haile Mariam abgesetzt; neue Regierung wird von der UdSSR unterstützt.

Mindestens 750 000 Kolonisten kehren aus Angola, Mosambik und Guinea-Bissau nach Portugal zurück, das entschieden hat, sich aus allen afrikanischen Kolonien zurückzuziehen.

1975 Portugal gibt die Unabhängigkeit an Angola, Mosambik, Guinea-Bissau und Kapverde. Bürgerkrieg in Angola zwischen marxistischen MPLA-Guerrillos und der von Südafrika unterstützten UNITA (bis 1976).

1976 ▼

Spanien gibt Spanisch-Sahara die Unabhängigkeit.

Die einseitige Vereinnahmung Namibias durch Südafrika löst den Widerstandskampf der SWAPO aus.

Beträchtliche kubanische und sowjetische Militärhilfe an viele afrikanische Staaten.

EUROPA

1971 UdSSR bringt *Saljut 1*, die erste einer Reihe unbemannter Raumstationen, in die Erdumlaufbahn.

Friedensnobelpreis für Willy Brandt.

1972 Elf israelische Sportler werden von arabischen Attentätern während der Olympischen Spiele in München ermordet.

1973 Großbritannien, Irland und Dänemark treten der EWG bei.

Ölkrise in Europa, nachdem die OPEC die Preise angehoben hat.

1976 ▼
1974 Militärputsch in Portugal setzt die rechtsgerichtete Regierung ab.

Ende der Militärdikatur in Griechenland, die Demokratie wird wieder eingeführt.

Bürgerkrieg auf Zypern veranlasst türkische Invasion.

IRA beginnt mit Bombenanschlägen in Großbritannien.

1980 ▼
Kosovo erhält die Autonomie unter neuer jugoslawischer Verfassung.

1975 Tod des spanischen Diktators Franco. König Juan Carlos wird neues Staatsoberhaupt und beginnt sofort mit dem Abbau des totalitären Apparates und der Einführung der Demokratie.

Unterzeichnung der »Schlussakte von Helsinki« der »Konferenz über Sicherheit und Zusammenarbeit in Europa«.

AMERIKA & AUSTRALASIEN

1971 Erstes Südpazifikforum, jährliche Zusammenkunft der Regierungschefs.

Der Jumbojet: *Die Boeing 747 (1970 in Dienst gestellt) ist ein vierstrahliges Düsenflugzeug mit dem doppelten Fassungsvermögen seiner Vorgängermodelle.*

1972 Wiederaufnahme der Beziehungen der USA und Chinas nach Nixons Chinabesuch.

Home Box Office (HBO) in den USA, der Welt erster privater Kabelfernsehsender.

USA und UdSSR unterzeichnen Abkommen zur Verhinderung eines Atomkrieges.

1973 Rechtsgerichteter Putsch unter General Pinochet stürzt die sozialistische Regierung Allendes in Chile.

Juan Perón übernimmt die Macht in Argentinien († 1974).

Gründung der CARICOM (Karibische Gemeinschaft und Gemeinsamer Markt) in Guyana.

Das World Trade Center in New York ist mit 411 m nunmehr das höchste Gebäude der Welt.

1974 Richard Nixon ist der erste Präsident der USA, der zurücktreten muss. Der Watergate-Skandal offenbart seinen Versuch, bei der Wahl 1972 den Wahlkampf der Demokratischen Partei zu sabotieren. Gerald Ford wird neuer Präsident (bis 1977).

Erste kommerzielle Anwendung des Arpanet Computernetzwerks in den USA.

Magnetische Resonanzspektroskopie in den USA entwickelt.

1976 ▼
Sears-Roebuck-Turm in Chicago ist mit 443 m höchstes Gebäude der Welt.

1975 Einwanderungsbeschränkungen in Australien.

Vermarktung der ersten PCs in New Mexico.

Massentourismus

Steigende Einkommen, mehr Freizeit und die Entwicklung von Großraumflugzeugen seit Ende der 50er-Jahre, die Hunderte von Passagieren in wenigen Stunden über Kontinente und Ozeane transportieren konnten, läuteten die Ära des Massentourismus ein.

1960 wurden 74 Milliarden Fluggastmeilen zurückgelegt, 1979 waren es über 700 Milliarden. Die Fluglinien hatten 1999 fast 2 Milliarden Passagiere, auf dem meistfrequentierten Flughafen der Welt, Atlanta, wurden 80 Millionen Fluggäste abgefertigt. 2002 flogen 8 Millionen Deutsche nach Spanien. Solche Zahlen gehen einher mit wachsenden Problemen bei der Umwelt und der Kontrolle des Luftverkehrs.

Der Leuchtende Pfad

Unter den zahlreichen revolutionären Bewegungen Lateinamerikas im 20. Jahrhunderts war die extremste der Leuchtende Pfad *(Sendero Luminoso)* in Peru. Sie übernahm u.a. auch maoistisches Gedankengut, aber ihr halb mystischer Charakter war einzigartig.

Der ehemalige Philosophieprofessor Abimael Guzmán gründete 1970 die Bewegung. Guzmán wollte die Revolution auch in die abgelegenen Andengebiete bringen und operierte in erster Linie mit gewalttätigen Aktionen. Die schweren Auseinandersetzungen mit dem Militär zogen auch die einheimische Bevölkerung in Mitleidenschaft. Nach der Gefangennahme Guzmáns 1992 gab es nur noch vereinzelte Operationen des Leuchtenden Pfades.

Guerillakämpfer *des Leuchtenden Pfades in Ayacucho demonstrieren durch Patrouillen ihre Autorität.*

Die Welt um 1975

NACH 1950 VERLOREN die Kolonialmächte Europas den größten Teil ihrer noch verbliebenen Kolonien. Frankreich zog sich 1954 nach der Niederlage gegen die kommunistischen Kräfte aus Indochina zurück. Mit Zustimmung der UN wurden im selben Jahr die unabhängigen Staaten Nord- und Südvietnam gegründet, im Jahr 1953 waren Nord- und Südkorea entstanden. Im Jahr 1957 endete die britische Vorherrschaft in Malaysia nach langen Auseinandersetzungen mit den dortigen nationalen Kräften. Im Jahr zuvor hatte Frankreich Tunesien und Marokko die Unabhängigkeit gewährt. Es wehrte sich jedoch bis 1962 gegen die Unabhängigkeit Algeriens, u.a. aus Sorge um die dort lebenden französischen Staatsbürger. Auch die meisten anderen europäischen Kolonialgebiete in Afrika erhielten in den folgenden Jahren ihre Unabhängigkeit. Zwischen 1956 und 1965 zog sich Großbritannien aus allen afrikanischen Kolonien zurück, ebenso Frankreich (mit Ausnahme Algeriens) und Belgien zwischen 1958 und 1960. Nur Portugal trug bis 1975 blutige Kriege in Angola und Mosambik aus, bis auch diese Länder unabhängig wurden. Südafrika und sein Nachbar Rhodesien wurden noch viele Jahre von weißen Minderheitsregierungen bestimmt. Im Jahr 1976 gab Spanien Spanisch-Sahara auf, die letzte noch verbliebene bedeutende europäische Kolonie in Afrika. Die ehemals riesigen europäischen Reiche waren jetzt auf eine Hand voll Kolonialgebiete geschrumpft. Doch zur gleichen Zeit hatten China und die UdSSR ihre Einflussgebiete immer weiter ausgedehnt, die UdSSR z.B. in Osteuropa und China in Tibet, das zwischen 1950 und 1959 gewaltsam unterworfen worden war.

SATELLITENBILDER

Die Entwicklung künstlicher Erdsatelliten, die ständig um den Planeten kreisen, hat unser Bild und Verständnis von der Erdatmosphäre, den Meeren und den Landmassen verändert. Der erste Wettersatellit, Tiros I, der 1960 gestartet wurde, konnte nur einfache Bilder von den Gegenden, die er beobachtete, erfassen, doch führte er trotzdem zur Revolution in der Wettervorhersage. Satelliten sind inzwischen auf vielen Gebieten wichtig. Sie können jeden Punkt der Erde überfliegen, was sie militärisch bedeutsam macht. Sie haben aber auch zu einer Revolution der Kommunikationstechnik geführt, da es möglich wurde, Nachrichten und Bilder blitzschnell an jeden Punkt der Erde zu versenden. Auf diese Weise ist die präzise Bestimmung der aktuellen Position eines Schiffes, aber auch die eines privaten PKWs, inzwischen zur Routine geworden.

1975–2003

Die heutige Welt

BILD OBEN:
***In einem Feld bei Bukarest** liegt eine umgestürzte Lenin-Statue. Nach dem Zusammenbruch des Kommunismus 1989 hatten es die ehemaligen Satellitenstaaten der UdSSR eilig, die Symbole einer unerwünschten Ideologie zu beseitigen.*

Die Trennung zwischen den reichen und den armen Teilen der Erde und den stabilen und instabilen war nie deutlicher als im letzten Viertel des 20. Jahrhunderts. Im Westen herrschten Wohlstand und technischer Fortschritt, während große Teile der restlichen Welt, vor allem in Afrika und Asien, von Armut und politischen Unruhen geprägt waren, die zum Teil in den Zerfall ganzer Staaten mündeten.

Zwar endete mit dem Zusammenbruch der Sowjetunion 1991 auch der Kalte Krieg, die weltgeschichtliche Situation entspannte sich dadurch jedoch nicht. Manche der Staaten, die zuvor in einen der beiden Blöcke eingebunden waren, wurden nun als

1975–2003

ASIEN
AFRIKA
EUROPA
AMERIKA & AUSTRALASIEN

1975 – 1980

1975: Indonesien annektiert Osttimor. Die Roten Khmer unter Pol Pot erlangen die Herrschaft über Kambodscha (bis 1979).

1975: Francos Tod ermöglicht Demokratie in Spanien.

1975: US-gestütztes Regime in Südvietnam bricht zusammen.

1978: Ägypten erkennt im Vertrag von Camp David die Existenz eines israelischen Staates an. Beginn der Wirtschaftsliberalisierung Chinas.

1979: Islamische Revolution im Iran unter Ayatollah Khomeini. UdSSR marschiert in Afghanistan ein (bis 1989).

1979: Beginn des Bürgerkriegs in Nicaragua zwischen marxistischen Sandinisten und Contras (von USA unterstützt).

1980: Iran-Irak-Krieg (1. Golfkrieg, bis 1988)

1981: Sikhs kämpfen für ein unabhängiges Khalistan im indischen Punjab.

Literatur des 20. Jahrhunderts

1901	Rudyard Kipling: *Kim*
1902	Joseph Conrad: *Herz der Finsternis*
1915	Franz Kafka: *Die Verwandlung*
1917	W. B. Yeats: *The Wild Swans at Coole*
1920	Edith Wharton: *Zeit der Unschuld*
	D. H. Lawrence: *Liebende Frauen*
1922	T. S. Eliot: *Das wüste Land*
	James Joyce: *Ulysses*
	Marcel Proust: *Auf der Suche nach der verlorenen Zeit*
1924	E. M. Forster: *Auf der Suche nach Indien*
	Thomas Mann: *Der Zauberberg*
1925	F. Scott Fitzgerald: *Der große Gatsby*
1927	F. M. Ford: *Die allertraurigste Geschichte*
	Virginia Woolf: *Die Fahrt zum Leuchtturm*
1929	Erich Maria Remarque: *Im Westen nichts Neues*
	Ernest Hemingway: *In einem anderen Land*
1932	Aldous Huxley: *Schöne neue Welt*
1934	Henry Miller: *Wendekreis des Krebses*
1939	Raymond Chandler: *Der große Schlaf*
1942	Albert Camus: *Der Fremde*
1944	Jorge Luis Borges: *Fiktionen*
1945	Evelyn Waugh: *Wiedersehen mit Brideshead*
1947	Malcolm Lowry: *Unter dem Vulkan*
1948	George Orwell: *1984*
1951	J. D. Salinger: *Der Fänger im Roggen*
	Graham Greene: *Das Ende einer Affäre*
1953	Samuel Beckett: *Warten auf Godot*
1954	William Golding: *Herr der Fliegen*
1955	J. R. R. Tolkien: *Der Herr der Ringe*
	Vladimir Nabokov: *Lolita*
1957	Jack Kerouac: *Unterwegs*
1958	Boris Pasternak: *Doktor Schiwago*
1959	Günter Grass: *Die Blechtrommel*
	William S. Burroughs: *The Naked Lunch*
1960	John Updike: *Hasenherz*
1961	Joseph Heller: *Catch 22*
1962	Anthony Burgess: *Uhrwerk Orange*
1968	Gabriel García Márquez: *Hundert Jahre Einsamkeit*
1970	Patrick White: *Der Maler*
1975	Alexander Solschenizyn: *Der Archipel Gulag*
1981	Salman Rushdie: *Mitternachtskinder*
1984	Milan Kundera: *Die unerträgliche Leichtigkeit des Seins*
1997	Arundhati Roy: *Der Gott der kleinen Dinge*
1998	Ian McEwan: *Amsterdam*

Dieses Porträt zeigt ***James Joyce****. Er hält eine Ausgabe seines Meisterwerks Ulysses in der Hand. Das Buch, so aufsehenerregend modern wie die Werke von Picasso, litt ungerechtfertigterweise unter dem Ruf »schwierig« zu sein.*

ASIEN

1976 Nach dem Tod des Vorsitzenden Mao übernimmt, nach kurzem Zwischenspiel der »Viererbande« unter Maos Frau Jiang Qing, Hua Guofeng die Macht.

Vietnam als »Sozialistische Republik Vietnam« wiedervereinigt.

Indonesien annektiert Osttimor.

Militärdiktatur in Thailand (bis 1980).

Syrien interveniert im libanesischen Bürgerkrieg mit arabischen Friedenstruppen.

Erdbeben im chinesischen Tangshan tötet 655000 Menschen.

Flutwelle auf den Philippinen, 5000 Tote.

1977 Friedensgespräche zwischen Ägypten und Israel.

Militärputsch in Pakistan durch den sunnitischen General Zia ul-Haq, Unterdrückung der schiitischen Bevölkerung.

1978 Ende der Kulturrevolution in China; Beginn wirtschaftlicher Liberalisierung unter Deng Xiaoping.

Die UdSSR deckt die militärische Intervention Vietnams in Kambodscha zur Stützung des despotischen Regimes der Roten Khmer.

Friedensabkommen von Camp David: Der Frieden mit Israel bedeutet für Ägypten Anfeindungen von den arabischen Ländern und den Ausschluss aus der Arabischen Liga.

1979 Der Einmarsch der UdSSR in Afghanistan führt zu weltweiten Protesten. Es folgt ein langjähriger Bürgerkrieg mit 1 Mio. Toten.

1981 ▼ Der von den USA gestützte Schah im Iran durch islamische Revolution gestürzt; fundamentalistische Islamische Republik unter Ayatollah Khomeini gegründet. Geiselnahme des Personals der US-Botschaft in Teheran.

Rote Khmer nach Einmarsch der Vietnamesen in Kambodscha gestürzt.

Die USA suchen Annäherung an China: Abbruch der Beziehungen zu Taiwan.

1980 Der irakische Führer Saddam Hussein nutzt die Revolutionswirren im Iran, um dort einzumarschieren. Das löst den iranisch-irakischen Krieg aus, der acht Jahre dauert und 500000 Menschen das Leben kostet.

1982 ▼ Erste kommerzielle Vermarktung von Faxgeräten und Videokameras in Japan.

Starkes Wirtschaftswachstum in Südkorea während des gesamten Jahrzehnts.

AFRIKA

1976 Südafrika richtet erste schwarzafrikanische Homelands – Bantustans – ein.

Studentenaufstände in Soweto, Südafrika.

Spanisch-Sahara (das heutige Westsahara) wird zwischen Marokko und Mauretanien aufgeteilt.

1977 Libyens Alleinherrscher Gaddhafi führt den »islamischen Sozialismus« ein.

Bokassa krönt sich zum »Kaiser von Zentralafrika«.

Dschibuti wird mit Zustimmung Frankreichs unabhängig.

1984 ▼ Bewaffneter Konflikt zwischen Somalia und Äthiopien wegen rivalisierender Ansprüche auf das Ogaden-Gebiet (bis 1988).

1979 Bokassa gestürzt.

1985 ▼ **1980** Schwarze Mehrheitsregierung in Simbabwe (Rhodesien).

EUROPA

1976 Demokratische Wahlen in Portugal.

Das erste Überschalllinienflugzeug der Welt, die britisch-französische Concorde, verkürzt die Flugzeit für eine Atlantiküberquerung auf dreieinhalb Stunden.

Verfassungskonferenz in Nordirland scheitert nach anhaltenden Protesten der Gewerkschaften.

Eine neue Verfassung macht Albanien zur »Sozialistischen Volksrepublik«.

1977 Leonid Breschnew, Generalsekretär der sowjetischen kommunistischen Partei KPdSU, wird Präsident der UdSSR.

Reformer fordern in der Charta 77 mehr politische Freiheit und die Anerkennung der Menschenrechte in der Tschechoslowakei; die meisten von ihnen werden daraufhin verhaftet.

1978 Anhaltende Streiks im Dienstleistungssektor sorgen in Großbritannien für chaotische Zustände.

1985 ▼

Albanien bricht Beziehungen zu China ab und zieht sich in selbst auferlegte maoistische Isolation zurück.

1979 Die in Großbritannien zur Premierministerin gewählte Margaret Thatcher verspricht, die Macht der Gewerkschaften zu beschränken.

Die UdSSR und die USA unterzeichen das Rüstungskontrollabkommen SALT II.

Papst Johannes Paul II. besucht sein Heimatland Polen; dies ist der erste Papstbesuch in einem kommunistischen Land.

1980 Gewerkschaft »Solidarität« in Polen gegründet; sie wird schnell zur Keimzelle des allgemeinen Widerstands gegen die kommunistische Regierung.

Der jugoslawische Staatspräsident Marschall Josip Tito stirbt.

Islamische Terroristen besetzen die iranische Botschaft in London, die daraufhin von Sondereinsatzkräften erfolgreich gestürmt wird.

Vigdís Finnbogadóttir wird in Island erstes nicht-monarchisches weibliches Staatsoberhaupt Europas.

AMERIKA & AUSTRALASIEN

1976 María Perón durch Militärputsch in Argentinien gestürzt.

1982 ▼

Militärjunta in Argentinien beginnt ihren »schmutzigen Krieg« gegen Oppositionelle: 15000 Staatsfeinde werden ermordet.

32 schwarzafrikanische Nationen boykottieren aus Protest gegen sportliche Beziehungen zwischen Neuseeland und Südafrika die Olympischen Spiele in Montreal.

Der CN Tower in Toronto wird mit 553m zum höchsten Gebäude der Welt.

Der US Supreme Court stimmt für das Recht einzelner Staaten auf Todesstrafe.

1977 Jimmy Carter wird Präsident der USA (bis 1981).

Mit *Star Wars* beginnt die Hightech-Ära des Sciencefiction-Films.

Die Apple Computer Company in Kalifornien wird gegründet.

1978 Navstar Global Positioning System (GPS) zur präzisen Ortsbestimmung an jedem beliebigen Ort der Erde vom US-Verteidigungsministerium eingeführt.

Die transamazonische Autobahn wird auf einer Länge von 5000km von Recife (Brasilien) bis zur Grenze Perus fertig gestellt.

Die Illinois Bell Company stellt das erste Mobiltelefon vor.

Space Invaders löst Computerspiel-Boom aus.

1979 In Nicaragua kommt es zum Bürgerkrieg zwischen Sandinisten und US-unterstützten Contras.

Diplomatische Beziehung zwischen den USA und China wieder aufgenommen.

Schwerster Reaktorzwischenfall der USA nach Brand im Kernkraftwerk Three Mile Island, Pennsylvania.

1981 ▼

1980 Gescheiterter Versuch der USA, US-Geiseln in Teheran zu befreien.

Die USA boykottieren die Olympischen Spiele in Moskau aus Protest gegen den Einmarsch der UdSSR in Afghanistan.

Cable News Network (CNN), der erste 24-Stunden-Nachrichtensender, startet sein Programm.

Ronald Reagan (Republikaner) gewinnt die US-Präsidentschaftswahl; er wird 1984 wiedergewählt.

Viele südamerikanische Länder kehren in diesem Jahrzehnt zur Demokratie zurück.

Bürgerkrieg in Angola

Der angolanische Bürgerkrieg war bereits vor Rückzug der Portugiesen im Jahr 1975 ausgebrochen. Die Unabhängigkeit verschärfte ideologische und Stammeskonflikte. Ausländische Mächte mischten sich ein. Die UdSSR und Kuba stützten die marxistische MPLA-Regierung, Südafrika die Truppen der prowestlichen UNITA. Anfängliche Erfolge der MPLA konnten den erneuten Ausbruch erbitterter Kämpfe im Jahr 1992 nicht verhindern, Kämpfe, die noch die gesamten 90er-Jahre hindurch andauerten.

Konflikte wie in *Angola führten in vielen afrikanischen Ländern zum Zusammenbruch der bürgerlichen Ordnung. Kindersoldaten gehören seitdem dort zum Alltag.*

Pol Pot (1927–1998)

1975 übernahm die von China unterstützte kommunistische Rote-Khmer-Guerrilla unter Revolutionsführer Pol Pot die Macht in Kambodscha. Pot schuf einen isolierten kommunistischen Staat und errichtete unter dem Deckmantel einer Kulturrevolution eine grausame Terrorherrschaft. Zwei Millionen Menschen, 20 Prozent der Bevölkerung, wurden exekutiert, darunter sämtliche Brillenträger. Das Regime wurde 1979 durch eine vietnamesische Invasion gestürzt, doch Pot selber setzte den Guerrillakampf als Führer der Roten Khmer fort.

Pol Pots »Killing Fields« *in Kambodscha sorgten für einen der schlimmsten Genozide des 20. Jahrhunderts. Niemand war vor Pots willkürlicher Grausamkeit sicher.*

Zerstörung der Regenwälder

Die Regenwälder der Erde sind für das empfindliche ökologische Gleichgewicht der Welt unverzichtbar. Je weiter die Emission von »Treibhausgasen« durch rücksichtslose Steigerung des Energieverbrauchs anwächst, desto wichtiger wird ihre Sauerstoffproduktion. Trotzdem werden seit den 50er-Jahren des 20. Jahrhunderts Regenwaldflächen in erheblichem Ausmaß vernichtet.

Während Regenwälder früher 14% der Erdoberfläche bedeckten, sind es heute nur noch 6%. Der Bestand in Brasiliens Amazonasbecken, der ein Drittel der weltweiten Regenwälder ausmacht, ist um 10% zurückgegangen. In Westafrika und in Indien ist der Regenwald fast vollständig, in Südostasien zu 50% zerstört. Dieser Verlust bedeutet nicht nur das Aussterben vieler Pflanzen- und Tierarten, sondern auch gewaltige Schäden durch Bodenerosion und Überschwemmungskatastrophen.

Bevölkerungswachstum, Landgewinnung für den Ackerbau und Abholzung sind Hauptursachen für den Schwund des Regenwaldes. Seit die Folgen seiner Vernichtung bekannt sind, ist das Tempo der Abholzung leicht zurückgegangen.

ASIEN

1981 Iran lässt US-Geiseln frei.

Militärische Aktionen für unabhängigen Sikh-Staat Khalistan im indischen Punjab führen zu häufigen gewaltsamen Zusammenstößen mit indischen Regierungstruppen.

1988 ▼ Israels Invasion in den Libanon zwingt PLO-Führung zum Rückzug nach Tunis; Israel zieht sich in Übereinstimmung mit dem Friedensabkommen von Camp David vom Sinai zurück.

Saudi-Arabien, Bahrain, Kuwait, Oman, Katar und die VAE gründen den Kooperationsrat der arabischen Golfstaaten.

1982 20 000 militante islamische Oppositionelle des syrischen Assad-Regimes von syrischen Regierungstruppen bei Hama getötet.

Kriegsrecht in Bangladesch wieder eingeführt (bis 1986).

Erster CD-Player in Japan auf dem Markt.

1983 Gründung der militanten islamischen Terrororganisation Hizbollah (Partei Gottes) im Libanon; ihr Ziel: Israel gewaltsam erobern.

Jordanien nimmt Beziehungen zu Ägypten wieder auf.

Die Forderung nach einem unabhängigen Tamilenstaat – Eelam – im nördlichen Sri Lanka führt zu schweren Zusammenstößen zwischen hinduistischen Tamilen (Tigers of Tamil) und singhalesischen Regierungstruppen.

1986 ▼ Philippinischer Oppositionsführer Benigno Aquino ermordet.

1984 Indische Premierministerin Indira Gandhi von Sikh-Leibwächter ermordet.

1988 ▼ Irak setzt Giftgas gegen den Iran ein.

Brunei wird vollständig unabhängig von Großbritannien.

1985 Israel zieht sich aus dem Libanon zurück.

AFRIKA

1981 Putschversuch in Ägypten nach Ermordung von Präsident Sadat vereitelt; Mubarak wird neuer Präsident.

1989 ▼ **1983** Sudan führt islamisches Recht ein, was zum erneuten Bürgerkrieg mit dem vorwiegend christlichen Süden und in der Folge zu großen Hungersnöten führt.

1986 ▼ **1984** Die nordäthiopische Provinz Eritrea versucht, sich unabhängig zu machen; daraus resultierende Konflikte führen zu schwerer Lebensmittelknappheit; eine Million Äthiopier verhungert.

1986 ▼ **1985** Südafrika verhängt nach schweren Unruhen den Ausnahmezustand.

Land Acquisition Act: Die Regierung von Simbabwe beginnt, Land weißer Farmer zwangszuversteigern.

1989

1981 Nach Demonstrationen und Generalstreik unter Führung der »Solidarität« führt Polen das Kriegsrecht ein.

Thatcher-Regierung will durch Privatisierung britischer Staatsunternehmen die Wirtschaft wiederbeleben, ein Modell, das sich viele andere Länder zum Vorbild nehmen.

In Albanien lässt Enver Hodscha führende Regierungsmitglieder absetzen und exekutieren, um seine harte Linie auch über seinen Tod hinaus zu sichern.

Griechenland tritt der EWG bei.

1982 Der sowjetische Staats- und Parteichef Leonid Breschnew stirbt; sein Nachfolger wird Juri Andropow.

Spanien wird das erste neue NATO-Mitglied seit Aufnahme der Bundesrepublik Deutschland im Jahr 1955.

»Solidarität« von der polnischen Militärregierung für illegal erklärt.

Carlos, »der Schakal«, überzieht Frankreich mit einer Welle von Terroranschlägen.

1983 Kriegsrecht in Polen aufgehoben.

Die Thatcher-Regierung beendet entschlossen den Bergarbeiterstreik und kündigt an, die Industrie ein für alle Mal aus dem Würgegriff der Gewerkschaften zu befreien.

Massenausbruch wegen politisch motivierter Straftaten einsitzender Häftlinge aus dem nordirischen Maze Prison.

Wiederaufnahme diplomatischer Beziehungen zwischen den USA und dem Vatikan nach 117 Jahren.

1984 Tod von Andropow; Nachfolger wird Konstantin Tschernenko.

Französischer Immunologe Luc Montagnier identifiziert das Aids-Virus.

1990

1985 Tod von Tschernenko; Nachfolger wird der Reformer Michail Gorbatschow, der auf Modernisierung des Kommunismus, Reform der angeschlagenen Wirtschaft und Verbesserung der gespannten Beziehungen zum Westen setzt.

Tod des albanischen Führers Enver Hodscha; Nachfolger Ramiz Alia beginnt vorsichtige Öffnung zur Außenwelt.

1981 Ronald Reagan wird Präsident der USA (bis 1989); sofortige Erhöhung des Militärhaushalts in Konfrontation zu der von ihm als »Reich des Bösen« bezeichneten UdSSR.

Erster Flug des amerikanischen Spaceshuttles *Columbia*.

In den USA stellt IBM den ersten PC vor, der mit Microsoft-Software betrieben wird.

Iran und USA einigen sich auf die Freilassung von 52 im Iran gefangen gehaltener US-Geiseln.

Erstes »G-7«-Treffen der führenden Industrienationen der Welt in Kanada.

US-Militärhilfe für El Salvador erhöht.

1982 Argentinische Besetzung der britischen Falkland- (Islas Malvinas) und südlichen George-Inseln; Rückeroberung durch britische Streitkräfte. Zusammenbruch der argentinischen Junta.

Ronald Reagan beginnt Abrüstungsgespräche mit der UdSSR, die Strategic Arms Reduction Talks (START).

Begriff »Internet« in den USA erstmals verwendet.

1983 USA kündigen Strategic Defense Initiative (SDI) an, das Programm für ein weltraumgestütztes Raketenabwehrsystem.

Marxistischer Putsch in Grenada von den USA militärisch niedergeschlagen.

Wiedereinführung der Demokratie in Argentinien.

Die Vereinigten Staaten von Mikronesien und die Marshall-Inseln wählen die freie Assoziierung mit den USA.

1984 Die Ostblockländer mit Ausnahme Rumäniens boykottieren die Olympiade in Los Angeles als Vergeltung für den Boykott der Moskauer Spiele 1980 durch westliche Staaten.

1985 Wiedereinführung der Demokratie in Uruguay.

Die USA und Frankreich lehnen die vom Südpazifik-Forum geforderte Schaffung einer nuklearwaffenfreien Zone im Pazifik ab.

Vulkanausbruch in Kolumbien tötet 25 000 Menschen.

Das Computerzeitalter

In weniger als 20 Jahren haben Computer das gesamte Arbeitsleben revolutioniert, vor allem im Westen. Nicht nur die Zahl der Computer ist ständig gestiegen, sondern auch ihre Rechenkapazität. Der Mikrochip *Intel Pentium 4* von 2000 war 23-mal schneller als der erste Pentium-Chip von 1993. Gleichzeitig mit den wachsenden Anwendungsmöglichkeiten wurden immer mehr Industriebereiche und Geschäftszweige in steigendem Maße von Computern abhängig. Der sprunghafte Anstieg der Zahl von Heimcomputern hat zu kaum weniger dramatischen Veränderung geführt: Bis Ende des 20. Jahrhunderts waren 40 Prozent der Haushalte in den USA mit einem PC ausgestattet.

Die Tamilischen Tiger

1972 verschrieb sich Sri Lanka der Schaffung eines rein buddhistischen Staates. Im Gefolge kam es zu Diskriminierungen der tamilischen Minderheit im Nordosten. Die Forderung der Tamilen nach einem unabhängigen Staat innerhalb eines föderalen Sri Lanka eskalierte 1983 zu terroristischen Akten der sogenannten Tamilischen Tiger (LTTE), die einen vollständig unabhängigen tamilischen Staat, Eelam, forderten. Die Krise verschärfte sich durch den Einsatz einer indischen Friedenstruppe zwischen 1987 und 1990 und gipfelte 1991 in der Ermordung des früheren indischen Premiers Rajiv Gandhi und des Präsidenten von Sri Lanka, Ranasinghe Premadasa, im Jahr 1993.

Ein Tamilischer Tiger

Der Fall der Berliner Mauer im November 1989 bedeutete das endgültige Ende des Kalten Krieges.

Zusammenbruch des Kommunismus

Mit der Wahl von Michail Gorbatschow zum Generalsekretär des ZK der KPdSU 1985 bekam der scheinbar unangreifbare Monolith des sowjetischen Kommunismus erste Risse. Gorbatschow begann eine Reformpolitik unter den Maximen von Perestroika (Umgestaltung) und Glasnost (Öffentlichkeit). Seit 1988 stand Gorbatschow auch an der Spitze des Staates, doch letztendlich scheiterte er mit seinem Bemühen, den Kommunismus zu reformieren: Nach dem Umbruch 1989 in Mittel- und Osteuropa war der Kommunismus am Ende, die Staaten des früheren Ostblocks wurden zu Demokratien.

Hungersnot in Äthiopien

Die Landreformen des seit 1974 herrschenden stalinistischen Militärregimes unter Mengistu Haile Mariam führten 1984 und 1985 zu Hungersnöten in Äthiopien. Das Land war in 10 ha große Parzellen aufgeteilt worden, dadurch kam es zu Überkultivierung und Unfruchtbarkeit des Landes. Auf eine Missernte folgte eine Hungersnot im Norden des Landes, die sich 1994 wiederholte, als die neue Regierung 600 000 Äthiopier in den Süden des Landes zwangsumsiedelte. Über 10 Millionen Menschen waren der Gefahr des Hungertodes ausgesetzt.

ASIEN

1986 Sturz des von den USA gestützten Marcos-Regimes auf den Philippinen, Corazon Aquino wird Präsidentin.

1987 Intifada: Zusammenstöße hauptsächlich junger Palästinenser mit israelischen Sicherheitskräften: Gazastreifen, Westjordanland.

Die meisten arabischen Staaten nehmen Beziehungen zu Ägypten wieder auf.

Sri Lanka unterdrückt unter Mithilfe indischer Soldaten tamilische Separatisten.

1988 Krieg zwischen Iran und Irak endet ohne eindeutigen Sieger.

PLO erkennt einen jüdischen und einen arabischen Staat in Palästina an.

Benazir Bhutto wird pakistanische Premierministerin, die erste Frau an der Spitze eines islamischen Landes (bis 1990).

Militärputsch in Birma (Myanmar).

60 000 Tote nach Erdbeben in Armenien.

1989 Die UdSSR zieht sich erfolglos aus Afghanistan zurück.

Syrien nimmt Beziehungen mit Ägypten wieder auf.

1991 ▼ Vorgespräche zwischen PLO und Israel.

Aufstände gegen die indische Herrschaft in Jammu und Kaschmir (bis 1997).

Proteste der Demokratiebewegung auf dem Tiananmen-Platz in Peking von chinesischen Sicherheitskräften niedergeschlagen.

1993 ▼ Vietnamesische Armee zieht sich aus Kambodscha zurück.

Wiedereinführung der Demokratie in Laos.

Zusammenbruch der Börse in Tokio.

Gründung der APEC (Asiatisch-Pazifische Wirtschaftliche Zusammenarbeit).

1991 ▼ **1990** Finanziell ruiniert durch den iranisch-irakischen Krieg, marschiert Saddam Hussein in das ölreiche Kuwait ein. Die UN verlangen den sofortigen Rückzug, die USA führen unter der Aufsicht der UN ein antiirakisches Militärbündnis an, an dem auch arabische Staaten beteiligt sind.

Sieg der Opposition bei allgemeinen Wahlen in Myanmar wird von der Militärjunta ignoriert. Die Oppositionsführerin Aung San Suu Kyi wird verhaftet.

Vereinigung der Demokratischen Volksrepublik Jemen und der Arabischen Republik Jemen.

Erdbeben im Iran fordert 50 000 Tote.

AFRIKA

1986 USA bombadieren Libyen aus Protest gegen angebliche libysche Unterstützung von antiwestlichen Terroristen.

1991 ▼ Die Volksbefreiungsfront Eritreas (EPLF) beginnt einen bewaffneten Konflikt gegen das äthiopische Regime.

USA und EG verhängen Wirtschaftssanktionen gegen Südafrika.

1988 Die Tigrean People's Liberation Front (TPLF) beginnt einen bewaffneten Befreiungskampf gegen die kommunistische Regierung in Äthiopien.

1989 Fundamentalistische islamische Partei übernimmt die Macht im Sudan und versucht, die nichtislamische Mehrheit im Süden zu unterdrücken.

Der südafrikanische Präsident P. W. Botha wird durch F. W. de Klerk abgelöst, der sofort mit der Abschaffung der Apartheid beginnt und südafrikanische Truppen aus Namibia abzieht, das unabhängig wird.

Sturz der Regierung in Liberia. Der nachfolgende Bürgerkrieg führt zum kompletten Zusammenbruch der zivilen Ordnung.

1990 Die Oppositionsparteien in Südafrika werden teilweise legalisiert. Nelson Mandela wird aus dem Gefängnis entlassen und wird Führer des ANC.

EUROPA

1986 Durchbruch auf dem Gipfel der Supermächte in Reykjavik zwischen Reagan und Gorbatschow führt zu vorläufigem Abrüstungsabkommen von USA und UdSSR.

Spanien und Portugal treten der EG bei.

Der sowjetische Atomreaktor in Tschernobyl explodiert und verbreitet radioaktives Material über fast ganz Europa.

Die UdSSR schickt die Raumstation *Mir* ins All.

1987 USA und UdSSR schließen einen Vertrag über die Abrüstung von mit nuklearen Sprengköpfen versehenen Mittelstreckenraketen (INF-Vertrag).

Slobodan Milošević 1. Sekr. der KP Serbiens.

1988 Gorbatschow setzt ein Reformprogramm in Russland um mit den Punkten *Perestroika* (Umgestaltung) und *Glasnost* (Öffentlichkeit).

Bombenanschlag vermutlich libyscher Terroristen auf eine Maschine der Pan Am über Lockerbie, Schottland. 259 Passagiere sterben, am Boden gibt es elf Opfer.

Massenproteste in Georgien gegen die Dominanz der Russen.

1989 Oppositionsparteien in Ungarn legalisiert.

Freie Wahlen in Polen bringen die »Solidarität« an die Macht.

Teilweise freie Wahlen in der UdSSR.

Massendemonstrationen leiten das Ende der DDR ein, die Berliner Mauer fällt am 9. November. Zur selben Zeit Ablösung der kommunistischen Regierungen in der Tschechoslowakei und in Bulgarien.

Fall des Ceauşescu-Regimes in Rumänien.

1990 Auflösung der kommunistischen Partei Polens.

Freie Wahlen in der DDR.

1991 ▼
Boris Jelzin wird russischer Präsident, er drängt Gorbatschow zu größerer Autonomie der sowjetischen Republiken.

3. Okt: Wiedervereinigung Deutschlands.

1991 ▼
Die von Serben dominierte Regierung Jugoslawiens schränkt die Autonomie der jugoslawischen Provinzen ein, um Separatisten zu stoppen. Dennoch freie Wahlen in Kroatien und Slowenien.

Truppen der UdSSR werden nach Aserbaidschan entsandt, wo der Notstand ausgerufen wurde.

AMERIKA & AUSTRALASIEN

1986 Reaganadministration in den USA wird von der Iran-Contra-Affäre erschüttert.

Zwei Militärsputsche in Fidschi bedrohen die Demokratie.

Wiederherstellung der Demokratie in Brasilien.

1987 Zusammenbruch der Börse in den USA.

1988 Erstes transatlantisches Glasfasertelefonkabel verlegt, das 40000 Anrufe gleichzeitig übertragen kann.

1989 George Herbert Walker Bush wird 41. Präsident der USA (bis 1993).

Wiedereinführung der Demokratie in Chile, als General Pinochet zurücktritt.

Carlos Menem wird zum Präsidenten von Argentinien gewählt.

Militärinvasion der USA in Panama führt zum Sturz des Machthabers General Noriega.

1990 Diplomatische Bemühungen der USA zur Isolierung des Irak nach dessen Invasion in Kuwait führen zu massiver Präsenz von UN-Kräften im Persischen Golf.

Sandinisten verlieren die Mehrheit in Nicaragua.

1991 ▼
USA schicken weitere Truppen in den Persischen Golf als Antwort auf Saddam Husseins Invasion in Kuwait.

Tiananmen-Platz Peking

Nach dem Tod Maos 1976 gab es einige vorsichtige Versuche der Liberalisierung in China. Der Tod des ehemaligen Generalsekretärs des ZK der KPCh Hu Yaobang im Jahr 1989, der wegen seines Einsatzes für liberale Reformen verhaftet worden war, löste die Studentenproteste in Peking aus. Einige Wochen lang, unter den Augen der westlichen Medien, besetzten Tausende Demonstranten den Tiananmen-Platz und forderten radikale demokratische Reformen. Am 3. Juni befahl die Regierung, die ihre Autorität bedroht sah, der Armee, auf die Demonstranten zu schießen. Zwischen 300 und 400 Menschen wurden getötet. Im Anschluss an die Demonstrationen wurde der neue Parteichef Zhao Ziyang entlassen.

***Die brutale** Niederschlagung des Protests zerschlug Chinas Demokratiebewegung und zwang die Dissidenten in den Untergrund.*

Aborigines

Seit mindestens 40000 Jahren leben Aborigines, die australischen Ureinwohner, auf dem fünften Kontinent. Seit 1788 wurden sie von europäischen Siedlern diskriminiert und verfolgt. Zwischen 1804 und 1830 fielen fast alle Aborigines von Tasmanien der weißen Ausrottungspolitik zum Opfer. Ab 1950 verlegte sich die australische Regierung auf die Politik der Assimilation der Aborigines in die weiße Gesellschaft. Erst 1961 erhielten Aborigines in Australien das Wahlrecht und seit Anfang 1990 können sie durch eine neue Gesetzgebung Ansprüche auf ihre traditionellen Landrechte vor Gericht einklagen.

***Bei einem Protestmarsch** zu den 200-Jahr-Feiern des weißen Australien im Jahr 1988 tragen Aborigines ihre eigene Flagge.*

Ruanda

Ethnische Konflikte im postkolonialen Afrika eskalierten 1994 in Ruanda in den Gräueltaten der Volksgruppe der Hutu an der Tutsi-Minderheit. In einer Orgie von Gewalt wurden bis zu 800 000 Tutsi von den Hutu abgeschlachtet – ein Racheakt für den gewaltsamen Tod des Präsidenten Habyarimana. Der Konflikt destabilisierte auch die Nachbarstaaten, vor allem in Zaïre, wohin etwa 2 Millionen Hutu nach dem Völkermord flohen: Dort stießen sie mit der Tutsi-Bevölkerung Ostzaïres zusammen.

***Saddam Husseins jahrzehntelanges Regime** brachte vielen Irakern Armut, Elend und Unterdrückung.*

Der 2. Golfkrieg

Nach dem kostspieligen achtjährigen Krieg mit dem Iran (1. Golfkrieg) marschierte der Irak unter Saddam Hussein im August 1990 in den ölreichen Nachbarstaat Kuwait ein. Hussein kam den Forderungen der UN nach einem sofortigen Abzug nicht nach, überzeugt von der Unfähigkeit der UN, sich auf Gegenmaßnahmen zu einigen. Er irrte sich.

UN-Streitkräfte unter Führung der USA begannen im Januar 1991 mit einem Luftangriff, dem dann der Einmarsch von Bodentruppen folgte (2. Golfkrieg). Innerhalb von vier Tagen war der Irak geschlagen. Das Regime Saddam Husseins überlebte dennoch.

ASIEN

1991 Massive monatelange Bombenangriffe gegen den Irak – Operation Wüstensturm – gefolgt von einem viertägigen Landangriff: Der Irak ist geschlagen (geschätzte Verluste: 200 000 Soldaten, 150 Tote auf Seiten der Koalitionstruppen). Beginn der Waffeninspektionen durch die UN (bis 1998; erneut 2002/2003).

Friedensgespräche zwischen PLO und Israel in Madrid.

1999 ▼ Unabhängigkeitskämpfer in Osttimor werden von Regierungstruppen ermordet.

Nord- und Südkorea unterzeichnen einen Nichtangriffspakt und werden in die UN aufgenommen.

Ermordung des früheren indischen Premierministers Rajiv Gandhi.

Ein Zyklon in Bangladesch tötet 200 000 Menschen.

1992 Itzhak Rabin wird Ministerpräsident in Israel, verspricht die Fortsetzung der Friedensgespräche mit der PLO.

Rote Khmer beginnen erneuten Guerrillakrieg in Kambodscha.

1993 Oslo-Abkommen nach geheimen Friedensgesprächen zwischen PLO und Israel: »Land für Frieden«. Eingeschränkte Autonomie der Palästinenser im Westjordanland und im Gaza-Streifen.

Sri Lankas Präsident Ranasinghe Premadasa wird von tamilischen Separatisten ermordet.

Wahlen in Kambodscha, Sihanouk nimmt den Titel »König« an.

Benazir Bhutto wird erneut Premierministerin von Pakistan.

1994 Israel übergibt die Kontrolle Jerichos und des Gaza-Streifens an die Palästinenser.

2000 ▼ Tod des nordkoreanischen kommunistischen Präsidenten Kim Il Sung, Nachfolger wird sein Sohn Kim Jong Il.

1996 ▼ **1995** Zweite Stufe des Oslo-Abkommens erweitert die palästinensische Selbstverwaltung auf das Westjordanland. Rabin von einem jüdischen Extremisten ermordet.

Syrien stimmt Friedensgesprächen mit Israel zu.

In Myanmar kommt Oppositionsführerin Aung San Suu Kyi frei.

Wirtschaftssanktionen der USA gegen Iran.

1996 ▼ Fundamentalistische Taliban in Afghanistan entfachen erneut einen Bürgerkrieg.

AFRIKA

1991 Eritrea und Tigres greifen Addis Abeba an und stürzen Diktator Mengistu. Eritrea ist de facto unabhängig.

Die islamische Heilsfront (FIS) gewinnt mit dramatischen Gewinnen die Wahl in Algerien.

UN-Sanktionen gegen Libyen wegen der vermuteten Verwicklung von Libyen in das Attentat von Lockerbie.

Ein Referendum in Südafrika erbringt eine überwältigende Mehrheit für eine neue Verfassung.

Vorübergehender Waffenstillstand im angolanischen Bürgerkrieg.

1992 Die algerische Regierung erklärt die Wahl von 1991 für ungültig und löst damit massive Proteste und einen lang anhaltenden Bürgerkrieg aus. Präsident Boudiaf wird von der FIS ermordert.

Militärintervention von USA und UN zur Beendigung von Hungersnot und Bürgerkrieg in Somalia.

Macht in Südafrika geht an einen Exekutivrat, aus allen Rassen zusammengesetzt.

Allgemeine Wahlen in Angola können keinen erneuten Bürgerkrieg verhindern.

1993 Unabhängigkeit Eritreas, des ersten afrikanische Landes, das sich von einem andern afrikanischen Land für unabhängig erklärt.

1994 Bürgerkrieg in Ruanda zwischen der Hutu-Mehrheit und der Tutsi-Minderheit eskaliert in einen brutalen Konflikt nach der Ermordung von Präsident Habyarimana. Bis zu 800 000 Tutsi werden von den Hutu niedergemetzelt, fast 2 Millionen Hutu flüchten danach in Nachbarländer.

1999 ▼ ANC gewinnt erste freie und allgemeine Wahlen für alle Rassen in Südafrika, Nelson Mandela wird Präsident (bis 1999).

1999 ▼ **1995** Schmachvoller Abzug der USA aus Somalia.

Abuja-Abkommen beendet Unruhen in Liberia.

Nigeria wird wegen Menschenrechtsverletzungen aus dem Commonwealth ausgeschlossen.

EUROPA

1991 Baltische Republiken unabhängig.

Formale Auflösung des Warschauer Pakts (April) und des RGW (Juli).

Juni: Slowenien und Kroatien erklären sich für unabhängig von Jugoslawien, kurzer Krieg zwischen Serben und Slowenen. Sechsmonatiger serbisch-kroatischer Krieg.

August: Versuch eines kommunistischen Staatsstreich wird von Russlands Präsident Jelzin abgewehrt; Unabhängigkeit aller nicht-russischen Republiken Russlands.

Dez.: Die UdSSR wird aufgelöst, Unabhängigkeit der nicht-russischen Republiken wird anerkannt. Außer den baltischen Republiken treten alle der neuen Gemeinschaft Unabhängiger Staaten (GUS) bei.

Abschaffung der Handelsbeschränkungen innerhalb der EWG. Vertrag von Maastricht ebnet den Weg für einen engeren politischen Zusammenschluss.

1992 Krieg zwischen dem christlichen Armenien und muslimischen Aserbaidschan um Berg-Karabach (bis 1994).

Bürgerkriege in Georgien, Konflikte mit Abchasien und Südossetien (bis 1994).

Der Unabhängigkeitserklärung von Bosnien und Herzegowina folgt ein dreijähriger Krieg zwischen Muslimen, Serben und Kroaten. UN-Intervention.

1993 Unabhängige Republiken Tschechien und Slowakei bilden sich aus der ehemaligen Tschechoslowakei.

Die EWG wird zur Europäischen Union (EU).

1996 ▼ Weiterer Versuch eines kommunistischen Staatsstreichs gegen Jelzin abgewehrt.

1996 ▼ **1994** Tschetschenische Unabhängigkeitsforderungen provozieren russischen Einmarsch und blutige Kämpfe.

Eröffnung des Kanaltunnels zwischen Großbritannien und Frankreich.

1995 NATO-Militärintervention im Bosnienkrieg (Aug.), Friedensvertrag von Dayton beendet Kämpfe (Nov.), UN-Truppen bleiben.

Österreich, Schweden und Finnland treten der EU bei.

Gründung der Welthandelsorganisation (WTO) in Genf.

AMERIKA & AUSTRALASIEN

1991 Die USA an der Spitze der UN-Truppen im 2. Golfkrieg.

Die USA und die UdSSR unterzeichnen Abrüstungsvertrag START.

US-Präsident Bush erklärt das Ende des Kalten Krieges und den Beginn einer »neuen Weltordnung«.

Die UdSSR beendet das Handelsabkommen mit Kuba, die USA verschärfen ihre Blockade.

Verhandlungen unter Leitung der UN beenden zehnjährigen Bürgerkrieg in El Salvador.

Das Internet wird uneingeschränkt kommerziell nutzbar, Zahl der Nutzer steigt auf 1 Million.

1992 Gefangennahme von Abimael Guzmán, des Führers der maoistischen Guerillabewegung »Leuchtender Pfad« in Peru.

Weltgipfel der Vereinten Nation in Brasilien zu Fragen von Umwelt und Entwicklung, um weltweite ökonomische Entwicklung und Umweltschutz miteinander abzustimmen.

1993 Bill Clinton wird Präsident der USA (bis 2001).

2001 ▼ Islamische Fundamentalisten verüben einen Bombenanschlag auf das World Trade Center in New York.

1994 Invasion der USA in Haiti, Präsident Aristide wird wieder eingesetzt.

Das erste gentechnische veränderte Gemüse – Tomaten – ist in den USA erhältlich.

Das erste digitale Satellitentelefonsystem der Welt wird in den USA in Betrieb genommen.

***Die Politik** der »ethnischen Säuberung« der Serben, besonders gegen Muslime und Albaner, verursachte großes Leid.*

Krieg in Jugoslawien

Die Vormachtstellung der Serben in Jugoslawien hatte schon vor dem Zusammenbruch des Kommunismus in Europa für Spannungen gesorgt. Ab 1990 brachen die Spannungen erneut aus und verursachten das völlige Auseinanderbrechen des früheren Jugoslawien. Die Auseinandersetzungen waren überall gewalttätig, vor allem aber dann, wenn es um die Vorherrschaft der Serben ging. Den durch die Unabhängigkeitserklärungen Sloweniens und Kroatiens ausgelösten Kriegen folgten bis 1995 längere Konflikte zwischen der muslimischen, serbischen und kroatischen Bevölkerung in Bosnien und Herzegowina, die erst 1995 durch eine Militärintervention der NATO endeten. Nach »ethnischen Säuberungen« im Kosovo griff die NATO 1999 erneut ein.

***Dieses Internetcafé** in Taiwan bietet seinen Gästen Internetzugang während des Essens.*

Das World Wide Web

Die Möglichkeit, mit vernetzten Computern untereinander zu kommunizieren, wurde ab 1969 von Akademikern in den USA, die das Arpanet aufbauten, immer weiter entwickelt. 1990 wurde das Arpanet vom Internet abgelöst. Ab 1991 war das Netz dann kommerziell verfügbar. Die Anzahl der Nutzer sprang dramatisch in die Höhe, sie vervielfachte sich ab 1990 Jahr für Jahr und bewirkte eine Revolution in der Kommunikation und im Geschäftsleben. Im Jahr 2000 gab es 295 Millionen Internetnutzer, 2002 waren es 580 Millionen.

Ein Junge in Kolumbien inspiziert frisch geerntete Kokablätter. Die Bauern verdienen wenig an der Ernte, es sind die Kartelle, die das große Geld mit dem Schmuggel von gepresstem Kokain über Mexiko in die USA machen.

Der Drogenhandel

Nach 1990 wuchsen die Produktion, der Schmuggel und der Gebrauch von Drogen ständig an. Besorgniserregend war vor allen Dingen der steigende Konsum des aus Kokain hergestellten Cracks, das wesentlich schneller süchtig macht als gewöhnliches Kokain. Amerikanische Hilfsgelder an Länder wie Peru, Bolivien und Kolumbien zur Reduzierung der Kokaproduktion zeigten keine Wirkung. In Kolumbien liegt die Ursache darin, dass der größte Teil der Drogen im von Rebellen kontrollierten Süden des Landes angebaut wird.

Klonen

1997 erklärte das Roslin-Institut in Edinburgh, dass es mit Erfolg ein Schaf aus einer Zelle, die der Milchdrüse eines erwachsenen Mutterschafes entnommen worden war, geklont habe. Der Zellkern war mit einer Eizelle verschmolzen worden, aus der die DNS entfernt worden war. Das Tier, das so entstand, wurde nach der Country- und Westernsängerin Dolly Parton »Dolly« genannt. Dolly starb bereits im Jahr 2003.

ASIEN

1996 Die Taliban erobern Kabul und rufen den fundamentalistischen Islamischen Staat Afghanistan aus.

Erneute militärische Drohgebärden Chinas gegen Taiwan während der dortigen Wahlen.

Wahl des konservatien Likud-Politikers Benjamin Netanyahu zum Premierminister von Israel bedroht den Friedensprozess im Nahen Osten.

Erste DVDs in Japan.

1997 Großbritannien gibt Hongkong an China zurück.

Tod von Deng Xiaoping, China.

Die Israelis ziehen sich aus Hebron zurück.

2002 **1998** Indien und Pakistan führen Nuklearwaffentests durch.

Zhu Rongji wird chinesischer Ministerpräsident, will wirtschaftliche Liberalisierung.

Wirtschaftskrise in Indonesien löst landesweite Aufstände aus, Präsident Suharto und seine Regierung treten zurück.

Finanzkrise in fast ganz Südostasien.

Der größte Flughafen der Welt wird in Hongkong eröffnet, mit einer Kapazität für 87 Millionen Fluggäste im Jahr.

2001 **1999** Wahl Ehud Baraks zum Premierminister von Israel, der den Friedensprozess wieder aufnehmen will. Restliche israelische Truppen werden aus dem Südlibanon abgezogen.

Erneuter Konflikt zwischen Pakistan und Indien wegen Kaschmir.

General Pervez Musharraf ergreift in Pakistan mit einem Militärputsch die Macht.

Islamische Fundamentalisten in Russland erklären Dagestan für unabhängig und rufen den *Djihad* gegen Russland aus.

Wahlsieg der Opposition in Indonesien, Megawati Sukarnoputri wird Präsidentin. Referendum in Osttimor für die Unabhängigkeit.

In der Türkei fordern zwei verheerende Erdbeben mehr als 14000 Opfer.

2000 Umstrittener Besuch des israelischen Oppositionsführers Ariel Sharon auf dem Tempelberg provoziert erneute Unruhen und Gewalt (zweite Intifada). Barak tritt zurück.

Anschlag islamischer Fundamentalisten auf das Kriegsschiff USS *Cole* im Jemen.

Teilweise Versöhnung zwischen Nord- und Südkorea, Öffnung der Grenze.

Spannungen zwischen China und Taiwan.

AFRIKA

1996 F. W. de Klerk tritt als Vizepräsident von Südafrika zurück.

2001 **1997** Präsident Mobutu von Zaïre abgesetzt, Laurent Kabila übernimmt die Macht. Zaïre wird zur Demokratischen Republik Kongo, landesweite Aufstände der Tutsi.

70 Menschen, darunter 60 ausländische Touristen, werden im ägyptischen Tal der Könige von islamischen Extremisten brutal niedergeschossen.

In Kenia tritt Daniel Arap Moi nach einer umstrittenen Wahl zum fünften Mal eine Amtszeit als Präsident an.

1998 Bombenanschläge auf die US-Botschaften in Nairobi in Kenia und Daressalam in Tansania töten 250 Personen und verletzen mindestens 6000. US-Behörden vermuten Osama bin Ladens Al Kaida hinter den Anschlägen.

1999 Zusammenbruch der öffentlichen Ordnung in Somalia, der Süden bricht als Somaliland weg, der Norden wird von Provinzfürsten beherrscht.

Große Teile der Dem. Rep. Kongo werden von Gegnern Kabilas kontrolliert, unterstützt von Ruanda und Uganda.

Der ANC gewinnt die allgemeinen Wahlen in Südafrika, Thabo Mbeki wird neuer Präsident.

EUROPA

1996 Tschetschenien ist nach russischem Truppenabzug de facto unabhängig.

Boris Jelzin setzt sich, auf dem Hintergrund einer sich rasch verschlechternden Wirtschaft, bei der russischen Präsidentenwahl nur knapp gegen die Kommunisten durch. Er wird unberechenbar in seiner Amtsführung und stößt verschiedene Regierungen vor den Kopf.

1997 Tony Blair wird Premierminister von Großbritannien und verspricht den »Dritten Weg« eines moderaten Sozialismus unter der Regierung von »New« Labour.

Diana, Prinzessin von Wales, stirbt bei einem Autounfall in Paris.

Wissenschaftler in Edinburgh geben das erste erfolgreiche Klonen eines erwachsenen Säugetiers bekannt – des Schafes »Dolly«.

1998 Sporadische Kämpfe zwischen Serben und Albanern der UCK (Kosovo-Befreiungsarmee). Friedensverhandlungen in Paris bringen keinerlei Annäherung.

Karfreitags-Friedensabkommen in Nordirland.

1999 Serbische »ethnische Säuberung« der Kosovo-Albaner führt zur Bombardierung Jugoslawiens durch die NATO (März). Im Juni stimmt Jugoslawien den Forderungen der NATO zu, die entsendet Friedenstruppen in den Kosovo.

Erneute Kämpfe in Tschetschenien, Russland entsendet Bodentruppen.

Polen, Tschechien und Ungarn treten der NATO bei.

Jelzin ernennt Wladimir Putin zu seinem Stellvertreter.

2001 ▼ Neues Mehrparteienparlament in Nordirland führt nach 22 Jahren die Selbstverwaltung wieder ein.

2000 Putin wird zum russischen Präsidenten gewählt.

2001 ▼ Sept.: Der Sieg der Opposition bei den Wahlen in Serbien wird von Slobodan Milošević für ungültig erklärt. Okt.: Massenproteste stürzen das Regime von Milošević, Vojislav Koštunica wird Präsident; er möchte den serbischen Außenseiterstatus beenden.

AMERIKA & AUSTRALASIEN

1996 Frankreich stoppt Nukleartests im Pazifik.

Die USA lockern Sanktionen gegen Kuba.

2000 ▼ Zahl der Host-Computer steigt auf 10 Millionen.

1997 Microsoft wird zur wertvollsten Firma der Welt (Wert: 261 Milliarden Dollar).

1998 Eine Autobombe zerstört ein Regierungsgebäude in Oklahoma. 168 Menschen, darunter 15 Kinder, werden getötet. Der Kriegsveteran Timothy McVeigh wird später für seine Rolle bei dem Anschlag zum Tod verurteilt und hingerichtet.

1999 In Venezuela töten Schlammlawinen nach sintflutartigen Regenfällen zwischen 20000 und 50000 Menschen. Es ist die schwerste Naturkatastrophe Lateinamerikas im 20. Jahrhundert.

US-Präsident Clinton wird vom Senat bei einem Amtsenthebungsverfahren freigesprochen, in dem er beschuldigt worden war, bezüglich einer Sexaffäre gelogen zu haben.

In Kanada wählen Inuit die erste Regierung des neuen autonomen Gebiets Nunavut.

2000 Plan des vollständigen menschlichen Genoms erstellt durch die US-Firma Celera Genomics.

2002 ▼ Anzahl der Host-Computer erreicht 95 Millionen, über 1 Milliarde Websites stehen zur Verfügung, etwa 580 Millionen Internetnutzer weltweit.

***Flüchtlinge aus dem Kosovo** in einem Lager an der Grenze zu Mazedonien.*

Kosovo

Im März 1999 setzten die Serben ihre Angriffe gegen die UCK (»Kosovo-Befreiungsarmee«) und gegen die albanische Zivilbevölkerung im Kosovo fort, die einer »ethnischen Säuberung« gleichkamen.

Die NATO begann nach gescheiterten Friedensverhandlungen mit Luftangriffen. Der größte Flüchtlingsstrom Europas seit dem 2. Weltkrieg setzte ein, mehr als 800000 Kosovo-Albaner flohen nach Albanien, Mazedonien und Montenegro.

***Am Ende des Jahrtausends** war er der reichste Mann der Welt: Bill Gates, Gründer von Microsoft.*

Bill Gates und Microsoft

Microsoft machte ein Vermögen mit den Betriebssystemen DOS und Windows und Softwareprogrammen für Personal Computer. Windows läuft auf 80% aller Computer weltweit. Als Hersteller sowohl des Betriebssystems als auch der Anwendungen wurde die Firma allerdings 1998 wegen Verstoßes gegen das US-Kartellgesetz verklagt. Nach einem Schuldspruch im Jahr 2002 legte Bill Gates Berufung gegen das Urteil zur Aufteilung der Firma ein. Das Urteil wurde aufgehoben, aber der Fall ist noch nicht endgültig geklärt.

Mit der Intifada (arab. »Abschütteln«) brach eine neue Ära der Mobilisierung der Palästinenser an.

Der Nahostkonflikt

Ab 1987 wurde der palästinensische Protest (Intifada) gegen die israelische Besetzung zunehmend militant. Auch als Israel und die PLO sich nach 1991 anzunähern begannen, gab es, mit Unterstützung fundamentalistischer Gruppen, zahlreiche gewalttätige Zusammenstöße mit israelischen Sicherheitskräften. Die palästinensische Polizei versuchte zwar, die Gewalt einzudämmen, dennoch flammte die Intifada 2000 nach dem Besuch Ariel Scharons auf dem Tempelberg, der Muslimen und Juden gleichermaßen heilig ist, wieder auf.

Flüchtlinge in Europa

Der ökonomische Zusammenbruch im postkommunistischen Osteuropa und Kriege, vor allem im früheren Jugoslawien, waren verantwortlich für die größten Flüchtlingsströme in Europa seit dem 2. Weltkrieg. 1985 gab es 700000 Flüchtlinge in Europa, 1998 waren es 5,6 Millionen. Der Schmuggel von heimatlosen Menschen in wohlhabende westliche Gesellschaften wurde zum profitablen Geschäft für Schlepperbanden. In den Gastländern schlug den Flüchtlingen oft Ablehnung entgegen.

Flüchtlinge aus Osteuropa erreichen mit dem Boot Italien.

ASIEN

2001 Feb.: Ariel Sharon gewinnt die Wahlen in Israel mit überwältigender Mehrheit. Erneute Unruhen in Palästina, zahlreiche Selbstmordattentate gegen Israel.

Sept.: Die USA verlangen die Auslieferung Osama bin Ladens von den Taliban nach dem Anschlag vom 11. September.

Okt.: Die USA und Großbritannien starten Luftangriffe gegen die Taliban, unterstützt durch Bodenangriffe der afghanischen Nordallianz. Sanktionen gegen Pakistan werden aufgehoben, nachdem es seine Unterstützung gegen die Taliban zusichert.

Okt.: Weitere Spannungen zwischen Indien und Pakistan um Kaschmir.

Dez.: Regierung der Taliban wird gestürzt, UN unterstützen die neue Interimsregierung Afghanistans.

Dez.: Israel beginnt mit Luftangriffen und Bombadierung von Palästinensergebieten. PLO-Führer Yassir Arafat wird de facto Gefangener der Israelis im Westjordanland.

2002 Jan.: USA treffen ein Abkommen mit den Philippinen bezüglich Maßnahmen gegen die islamische Fundamentalistengruppe Abu Sayyaf.

Jan.: Interimsregierung in Afghanistan eingerichtet, geführt von Hamid Karsai, Kommandant im Krieg gegen die Taliban.

Erneute Angriffe der USA gegen die restliche Al Kaida in Afghanistan.

Musharraf gewinnt allgemeine Wahlen in Pakistan.

Zuspitzung der Krise zwischen Palästinensern und Israel mit vielen Toten auf beiden Seiten. Selbstmordattentate der Palästinenser und israelische Besetzung des Westjordanlands.

Hunderte sterben bei gewalttätigen Auseinandersetzungen zwischen der hinduistischen Mehrheit und der muslimischen Minderheit in Indien.

2003 März: Unter Führung der USA und Großbritanniens beginnt der 3. Golfkrieg mit massiven Bombenangriffen, gefolgt vom Einmarsch der Bodentruppen der »Allianz der Willigen« in den Irak. Saddam Hussein stürzt.
Mai: Terroranschlag in der saudi-arabischen Hauptstadt Riad.

AFRIKA

2001 In der Demokratischen Republik Kongo wird Laurent Kabila von Leibwächtern ermordet.

2002 Robert Mugabe gewinnt manipulierte allgemeine Wahlen in Simbabwe. Oppositionsführer Morgan Tsvangirai wird wegen Hochverrats verhaftet. Das Land wird aus dem Commonwealth ausgeschlossen.

Drohende Hungersnot in Sambia, Simbabwe, Angola, Mosambik, Swasiland und Lesotho nach Missernten, ausgelöst durch Trockenheit und Überflutungen. Abhilfe wird erschwert durch politische Unruhen und unzureichende Infrastruktur. Betroffen sind etwa 14 Millionen Menschen.

Präsidenten- und Parlamentswahlen in Sierra Leone, das Ende des Bürgerkriegs ist in Sicht.

EUROPA

2001 März: Albaner in Mazedonien fordern ein »Groß-Mazedonien«. Schwere Zusammenstöße zwischen Aufständischen und Regierung.

Juni: Die jugoslawische Regierung liefert Slobodan Milošević an den Internationalen Gerichtshof in Den Haag aus. Restliche Sanktionen der UN gegen Jugoslawien werden aufgehoben.

Aug.: Friedensverhandlungen in Mazedonien, Entwaffnung durch die NATO unter britischer Leitung.

Okt.: IRA beginnt mit der teilweisen Entwaffnung, Wiedereinsetzung der Regionalversammlung Nordirlands.

2002 Das Bargeld der europäischen Einheitswährung – des Euro – wird in elf der 15 Mitgliedsstaaten der EU eingeführt.

Pim Fortuyn, rechtspopulistischer niederländischer Politiker, der sich für einen Einwanderungsstopp ausspricht, wird von einem Einzeltäter erschossen.

2003 Ein massiver Riss in der Europäischen Gemeinschaft wird offenkundig aufgrund der völlig divergierenden Haltungen zum US-Vorgehen gegen den Irak.

Der serbische Ministerpräsident Zoran Djindjić wird vor seinem Amtssitz in Belgrad erschossen.

AMERIKA & AUSTRALASIEN

2001 G. W. Bush wird Präsident der USA. Er lässt das Raketenabwehrprogramm wieder aufleben.

Osama bin Laden ist der Drahtzieher der terroristischen Anschläge der Al-Kaida gegen die USA am 11. September. Das Pentagon wird von einem entführten Flugzeug getroffen, das World Trade Center in New York wird durch den Aufprall von zwei Flugzeugen völlig zerstört.

Der argentinische Präsident Fernando de la Rúa muss abdanken, nachdem drastische Sparprogramme einen nationalen Aufstand hervorrufen haben.

2002 Etwa 580 Millionen Internetnutzer weltweit.

Der Telekommunikationsriese WorldCom meldet Konkurs an: Der größte Unternehmenszusammenbruch in der Geschichte der USA.

***New Yorker Feuerwehrmänner** hissen die amerikanische Flagge am zerstörten World Trade Center: Ground Zero.*

11. September

Am 11. September 2001 entführten islamistische Terroristen des Al-Kaida-Netzwerks vier Zivilflugzeuge der USA. Zwei wurden direkt in die Zwillingstürme des World Trade Centers in New York gesteuert, eines schlug in das Pentagon in Washington D.C. ein. Das vierte Flugzeug stürzte über Shanksville in Pennsylvania ab, nachdem Passagiere die Entführer überwältigt hatten.

Beide Türme des WTC brachen kurz nach dem Anschlag zusammen und rissen mehr als 3000 Menschen in den Tod.

Nach dem Schock reagierten die USA sofort: Sie starteten eine weltweite intensive Suche nach den Verantwortlichen für den Anschlag, vor allem nach dem in Saudi-Arabien geborenen Osama bin Laden. Präsdent Bush erklärte den »Krieg gegen den Terrorismus« und bezeichnete in seiner Rede an die Nation im Januar 2002 Irak, Iran und Nordkorea als »Achse des Bösen«, da sie Terroristen Unterschlupf gewährten und Massenvernichtungswaffen herstellten.

Im Oktober 2001 begannen die Luftangriffe gegen das fundamentalistische Taliban-Regime in Afghanistan, das bin Laden Zuflucht gewährte. Dem folgten Bodentruppen der USA, Briten und afghanischer Oppositioneller. Im Dezember waren die Taliban besiegt, bin Laden jedoch entkam. Die Jagd auf Al-Kaida- und Talibankämpfer ging weiter. Im März 2003 begann dann der Krieg gegen den Irak.

Die heutige Welt

Macht und Einfluss der UdSSR gingen ab 1980 immer weiter zurück. Im Jahr 1991 kam dann das Ende für die Sowjetunion. Im Gefolge dieser historischen Entwicklung und der Auflösung der Blöcke bildeten sich in Europa und Asien zahlreiche neue Staaten. Zudem kam es 1990 zur Wiedervereinigung Deutschlands. Im Folgejahr wurden die früheren Sowjetrepubliken Estland, Lettland, Litauen, Weißrussland, die Ukraine und Moldawien ebenso unabhängig wie Georgien, Armenien und Aserbaidschan im Kaukasus und Kasachstan, Turkmenistan, Usbekistan, Tadschikistan und Kirgisistan in Zentralasien. Auch Russland erschien wieder als selbstständiger Staat auf der Landkarte: 1991 bildete sich die Russische Föderation. 1993 entstanden aus der bisherigen Tschechoslowakei die beiden unabhängigen Staaten Tschechien und Slowakische Republik. Das frühere Jugoslawien zerbrach nach 1991 unter blutigen Kriegen: Bis 1995 wurden Slowenien, Kroatien, Bosnien und Herzegowina und Mazedonien selbstständig.

KARTOGRAPHIE AUS DEM ALL

Die Entwicklung von Satelliten mit Infrarot-Sensoren in den 70er-Jahren des 20. Jh. ermöglicht die Messung von Temperaturunterschieden an beliebigen Punkten der Erde. Phänomene wie El Niño, der durch eine signifikante Veränderung der Meerestemperatur das Weltklima stark beeinflusst, werden durch diese Technologie exakt kartographierbar. Heute sendet ein Ring geostationärer Wettersatelliten ständig aktualisierte Bilder unseres Planeten. Pflanzenwachstum wird messbar, wodurch z. B. genauere Vorhersagen von Hungersnöten möglich werden. Verschmutzung und Zerstörung der Umwelt, wachsende Urbanisierung, Überschwemmungen, selbst neue Öl- und Gasfelder können von Satelliten aufgespürt und dokumentiert werden. Erstmals ist das komplexe Zusammenspiel zwischen Atmosphäre, Landmassen und Ozeanen abbildbar geworden.

Chronologie der Weltgeschichte

LEXIKON

Ein komplettes Register des Buches würde erfordern, dass man jeden einzelnen Eintrag hier wiederholt. Dies ist bei einem Werk wie diesem nicht sehr sinnvoll. Das Wortverzeichnis bzw. Glossar ist hier wie ein zusätzliches kleines Lexikon aufgebaut, das man zurate ziehen kann, wenn man über die Einträge im Hauptteil hinaus über einzelne Personen oder Epochen detailliertere Informationen haben möchte. Die illustrierten Seiten im Hauptteil des Buches zeigen die Einbettung historischer Ereignisse in einen weltweiten Kontext. Der Lexikonteil ist als informative Ergänzung zu diesen Hauptseiten gedacht.

Die wichtigsten Daten und Ereignisse der Weltgeschichte sind im Lexikon mit einem Kurzeintrag und einem Hinweis auf die zugehörige Jahreszahl aufgeführt. Die beigefügten Seitenzahlen der aufgeführten Einträge (über 1000) verweisen direkt auf die illustrierte Seite im Hauptteil des Buches. Zusätzlich finden Sie hier eine Fülle von Hintergrundinformationen in Form von Kurzbiografien bedeutender Persönlichkeiten, kurzen Zusammenfassungen der Geschichte von Staaten und Reichen, Verzeichnisse der wichtigsten Herrscher und Herrscherinnen bzw. Anführer und eine kurze Beschreibung jedes heute existierenden Staates der Erde. Wichtige Daten werden erwähnt, sodass Sie von hier anhand der Jahreszahlen zu den entsprechenden Seiten des Hauptteils blättern können. In diesem Verzeichnis finden Sie außerdem alternative Schreibungen von Namen und Begriffen.

Manche Informationen werden Sie sowohl im Lexikon als auch im Hauptteil des Buches finden. Dies ist in einem umfassenden Nachschlagewerk, in dem man von verschiedenen Seiten aus Zugang zu einem Thema finden kann, auch sinnvoll. Nutzen Sie das Werk als Logbuch für Ihre Reise durch Zeit und Raum. Sie können es als schnelles Nachschlagewerk ebenso verwenden wie als ausführliche Einführung in bestimmte Themen der Weltgeschichte.

A

Abbas I. (*auch* Abbas der Große, um 1571–1629) Safawiden-Schah von Persien (reg. 1588–1629). Schlug Usbekenaufstände nieder (1597), befreite persische Gebiete von den Osmanen, die er aus Mesopotamien vertrieb (1603–07). 1598 verlegt er die persische Hauptstadt nach Isfahan. *S. 288*

ABBASIDEN-KALIFATE

(Um 750–1258) Zweite große islamische Dynastie. Folgt 750 auf die Omaijaden. 762 war Bagdad Hauptstadt der Abbasiden, von wo aus sie bis zum 10. Jahrhundert Macht über die islamische Welt ausübten. Der letzte echte Abbasiden-Kalif wurde 1258 von den Mongolen ermordet. 1260 wurden sie als Marionetten der Mamelucken wieder eingesetzt. *S. 144*

Die Abbasiden-Kalife

750–754	Abu-l-Abbas
754–775	Al-Mansur
775–785	Al-Mahdi
785–786	Al-Hadi
786–809	Harun ar-Raschid
809–813	Al-Amin
813–833	Al-Mamun
833–842	Al-Mutassim
842–847	Al-Wathik
847–861	Al-Mutawakkil
861–862	Al-Muntassir
862–866	Al-Mustain
866–869	Al-Mutass
869–870	Al-Muhtadi
870–892	Al-Mutamid
892–902	Al-Mutadid
902–908	Al-Muktafi
908–932	Al-Muktadir
932–934	Al-Kahir
934–940	Al-Radhi
940–944	Al-Muttaki
944–946	Al-Mustakfi
946–974	Al-Muti
974–991	Al-Tai
991–1031	Al-Kadir
1031–1075	Al-Kaim
1075–1094	Al-Muktadi
1094–1118	Al-Mustasshir
1118–1135	Al-Mustarshid
1135–1136	Al-Raschid
1136–1160	Al-Muktafi
1160–1170	Al-Mustanjid
1170–1180	Al-Mustadi
1180–1225	Al-Nasir
1225–1226	Al-Sahir
1226–1242	Al-Mustansir
1242–1258	Al-Mustassim

Abd ar-Rahman as-Sufi Arabischer Astronom des 10. Jahrhunderts.

Abd el-Kader (*auch* Abd al-Qadir, Abd al Kadir, 1808–83) Anführer des algerischen Widerstands gegen die französische Kolonisierung. Herrschte als Emir über die Region Oran (ab 1832). Schließt Friedensvertrag mit Frankreich (Vertrag von Tafna, 1837). Später versucht er seine Macht bis zur marokkanischen Grenze auszuweiten (1840–47) und wird deshalb von Franzosen inhaftiert (1847–52).

Abd ül-Hamid II. (*auch* Abdul Hamid II, 1842–1918) Osmanischer Sultan (reg. 1876–1909). Absoluter Herrscher, verantwortlich für Unterdrückung der Balkan-Aufstände, den daraus resultierenden Krieg mit Russland (1877–78) und für die Massaker an den Armeniern (1894–96). Absetzung 1909.

Abd ül-Medjid I. (*auch* Abdul Majid I., 1823–61) Osmanischer Sultan (reg. 1839–61). Reformiert auf westliches Drängen Rechtswesen und Verwaltung des Osmanischen Reiches (Tansimat bzw. Tanzimat-i-Hayriye, 1839–61).

Abendländisches Schisma Das zweite Schisma (Kirchenspaltung) betraf in erster Linie das Papsttum. Nach dem von Frankreich erzwungenen Exil der Päpste in Avignon (1309–77) kam es zu einer doppelten Papstwahl. In Rom wurde Urban VI. gewählt, in Avignon Klemens VII. (Gegenpapst). Dieses Schisma (1378–1417) spaltete die westliche Kirche bis zum Konzil von Konstanz (1414–18), auf dem Papst Martin V. zum von allen anerkannten Papst gewählt wurde.

Abessinien *siehe* Äthiopien

ABM *siehe* Anti-ballistic Missile

Aborigines Australisches Volk, das den Kontinent vermutlich um 60 000 v. Chr. besiedelte. Nach der Überflutung der Landverbindung zwischen Australien und Neuguinea ab 8000 v. Chr. lebten die Australier bis zum 18. Jahrhundert in relativer Isolation. Im Norden gab es allerdings regelmäßige Kontakte zu den Bewohnern der Torres Strait Islands und Indonesiens. *S. 449*

Abreu, António de Portugiesischer Entdecker des 16. Jahrhunderts. Brach 1508 zu einer Seereise nach Indien auf. 1511 reiste er zu den Gewürzinseln und erforschte Amboin, Sumatra, Java und Teile Neuguineas. 1526 zum Gouverneur von Melaka (Malacca) ernannt.

Abu Bakr (um 573–634) Verbündeter und Schwiegervater Mohammeds, erster bekehrter Muslim. Begleitet Mohammed auf seiner Hidjra nach Medina. Er wird nach Mohammeds Tod erster Kalif (632), bekehrt Arabien zum Islam. Unter ihm beginnt die islamische Expansion in den Irak und nach Syrien.

Aceh (*auch* Atjeh, Acin, Atjin) Die indonesische Insel Sumatra wird im 7. Jahrhundert zum Zentrum eines mächtigen, von indischen Einwanderern gegründeten Hindu-Königreiches. Im 13. Jahrhundert kommt es zu einer arabischen Invasion in Aceh, wonach das Reich zum Islam konvertiert. Ab dem Ende des 16. Jahrhunderts kämpft die Kolonialmacht Holland drei Jahrhunderte lang um die Vorherrschaft in Aceh.

Achaiischer Bund (*auch* Achäischer Bund) Griechischer Städtebund auf dem nördlichen Peloponnes, 4. Jahrhundert v. Chr. Sparta war der offizielle Feind dieses Bundes. Nach dem Angriff des Bundes auf Sparta im Jahr 150 v. Chr. zerstörten die Römer Korinth, die führende Bundes-Stadt, und machten Achaia zur römischen Provinz.

Achaimeniden *siehe auch* Achaimenidenreich

Achaimenidenreich (*auch* Achämenidenreich, um 550–330 v. Chr.) Griechischer Name für die persische Dynastie, nach Achaimenes (Hakhamani) benannt, Vorfahr Kyros II. Kyros herrscht ab etwa 550 v. Chr. über das stetig expandierende Persische Reich. Er besiegt Lydien, Phrygien, Ionien und Babylonien. Das Reich endet 330 v. Chr., als Dareios III. nach dem Sieg Alexanders in ⚔ von Gaugamela ermordet wird. *S. 47*

Acheson, Dean (1893–1971) US-Staatssekretär (1949–53). Seine weltpolitischen Initiativen machen die USA im Kalten Krieg zur Weltmacht, darunter der Marshallplan (1948), die Gründung der NATO

(1949), die Wiederbewaffnung Westdeutschlands und die Anerkennung der kommunistischen Regierung der Volksrepublik China.

Achsenmächte Bezeichnung für das Bündnis zwischen Deutschland, Japan und Italien während des Zweiten Weltkriegs. Vorläufer ist der Stahlpakt (*auch* Achse Berlin-Rom) zwischen Deutschland und Italien (Mai 1939), der durch den Dreimächtepakt zwischen Deutschland, Italien und Japan erweitert wird (September 1940).

Ackerbau Beginn des Ackerbaus Neolithikum *S. 14*
Agrarrevolution: neue Anbaufrüchte und Saaten im 18. Jahrhundert. *S. 325*

Act of Supremacy (*auch* Suprematsakte, 1534) Zwei britische Parlamentsgesetze, die König Heinrich VI. und seine Nachfolger zum Oberhaupt der Kirche von England (anglikanische Kirche) machten.

Adams, John (1735–1826) Wichtiger Politiker im amerikanischen Unabhängigkeitskrieg gegen England. Erster Vizepräsident unter George Washington und zweiter Präsident der USA (1797–1801).

Adams, Quincy John (1767–1848) Sohn von John Adams, sechster US-Präsident.

Adena-Kultur (um 700–100 v.Chr.) Träger der Adena-Kultur waren die Bewohner einer Reihe von Siedlungen in der Gegend des heutigen Ohio in den USA. Die Jäger und Sammler bauten Rundhütten aus Weiden- und Birkenzweigen, benutzten Steinwerkzeuge und produzierten einfache Keramik. Der gefundene Kupfer- und Muschelschmuck deutet auf Fernhandel hin. *S. 45*

Adrianopolis ⚔ (378). Westgotischer Sieg gegen Rom.

Adua (*auch* Adowa) ⚔ gegen Invasion der Italiener in Abessinien (1896), die sich auf Vertrag von Utschalli beriefen. Die Truppen des Königs Menelik II. besiegten Italien. Friede von Addis Abeba bestätigt Unabhängigkeit.

ÄGYPTEN Das Land liegt im Nordosten Afrikas. Das fruchtbare Niltal trennt die trockene westliche Wüste von der halbtrockenen östlichen Wüste. Das jährliche Nilhochwasser sorgt für sehr fruchtbares Ackerland. Die damit möglichen Nahrungsmittelüberschüsse bildeten die Grundlage, auf der sich innerhalb der ersten drei Jahrtausende v.Chr. die ägyptische Hochkultur entwickeln konnte. Nach den ägyptischen Pharaonen wurde das Land von unterschiedlichen Mächten regiert, darunter Griechen, Römer, verschiedene arabische Dynastien, Mamelucken, Osmanen und Briten, bis es schließlich 1936 seine Unabhängigkeit erlangte. Seit dem Zweiten Weltkrieg ist die Politik des ägyptischen Staates durch die Beziehung zu seinem Nachbarland Israel bestimmt. Der Friedensvertrag von 1979 zwischen Israel und Ägypten sorgte auf beiden Seiten für mehr Sicherheit. Ägypten erhielt im Gegenzug das Sinaigebiet zurück und erhielt beträchtliche Wirtschaftshilfen von den USA. In der arabischen Welt isolierte sich Ägypten jedoch mit seiner Politik. Heute muss sich das Land mit dem wachsenden islamischen Fundamentalismus auseinander setzen.

CHRONOLOGIE

Um 3000 v.Chr. Mit der Gründung des Alten Reiches wird das fruchtbare Land längs des Nils erstmals geeint. Ihm gingen zwei Königreiche voraus: Oberägypten und Unterägypten.

Um 2060–1785 v.Chr. Das Mittlere Reich weitet den Asienhandel aus und entwickelt ein komplexeres Verwaltungssystem. Die Expansion des Reiches nach Nubien (dem heutigen Sudan) wird jedoch 1730 v.Chr. durch die Invasion des nomadischen Volkes der Hykos gestoppt.

Um 1580–1050 v.Chr. Im Neuen Reich wird Ägypten allmählich wieder zur Großmacht. Es expandiert nach Süden und beherrscht erneut Nubien und dringt nach Mesopotamien vor. Bis zum 11. Jahrhundert v.Chr. wird Ägyptens Macht in Nubien jedoch geschwächt. Hier entsteht das unabhängige Reich Kusch, das zwischen 770 und 716 v.Chr. Ägypten erobert. Innenpolitisch ist Ägypten von Unruhen, Arbeiterstreiks und Aufständen geprägt.

671–666 v.Chr. Den Äthiopiern folgten als Fremdherrscher die Assyrer, die eine hoch entwickelte Eisenbearbeitung mit sich brachten. 525 wurde das Land schließlich von den Persern erobert.

525 v.Chr. Ägypten wird von dem persischen Herrscher Kambyses II. besiegt, der bis 404 v.Chr. herrscht.

343–332 v.Chr. Zweite Perserherrschaft.

332 v.Chr. Alexander von Makedonien (Alexander der Große) erobert Ägypten. Nach seinem Tod 323 v.Chr. geht die Herrschaft an einen seiner Generäle über, der als Ptolemäus I. den Thron besteigt. Er verlegt die Hauptstadt vom Nil nach Alexandria ans Mittelmeer.

331 v.Chr. Gründung der Stadt und des Hafens Alexandria.

51 v.Chr. Kleopatra, die Letzte aus der Dynastie der Ptolemäer, wird Herrscherin von Ägypten. Ihre Regierungszeit ist von den römischen Versuchen, die Macht über Ägypten zu erlangen, geprägt.

31 v.Chr. Seeschlacht von Actium. Die Flotte von Antonius und Kleopatra wird von den römischen Truppen unter Kaiser Augustus geschlagen. Antonius und Kleopatra begehen im Jahr darauf Selbstmord. Ägypten wird Teil des Römischen Reiches und Kornkammer Roms.

Um 100 Alexandria wird ein bedeutendes christliches Bistum.

395 Ägypten wird Teil Ostroms.

616 Perser erobern Ägypten.

632 Der Islam gelangt nach Ägypten. Bis zum 8. Jahrhundert hat sich Arabisch als Landessprache durchgesetzt. 969 wird Kairo gegründet.

641–642 Das Byzantinische Reich verliert Ägypten an muslimische Eroberer.

868–905 Die Tuluniden-Dynastie löst das Abbasiden-Kalifat ab.

969 Die schiitischen Fatimiden herrschen in Ägypten und machen Kairo zu ihrer Hauptstadt.

1171 Saladin, der erfolgreich gegen die Kreuzritter kämpfte, übernimmt die Macht in Ägypten und begründet die kurzlebige Aijubiden-Dynastie.

1250 Die Mamelucken, versklavte Soldaten des Osmanischen Reiches, übernehmen die Macht.

1517 Kairo wird von türkisch-osmanischen Truppen eingenommen. Ägypten wird Teil des Osmanischen Reiches.

1798 Invasion Napoleons. Seine Flotte wird von den Briten unter Admiral Nelson in der Bucht von Abukir zerstört.

1804 Mehmed Ali, ein albanischer Offizier der osmanischen Armee, ergreift die Macht und wird vom Osmanischen Reich als erblicher Statthalter anerkannt.

1869 Eröffnung des Sueskanals. 1875 übernehmen Franzosen und Briten die

Kontrolle über den Sueskanal.
1882 Ein nationalistischer Aufstand erlaubte Großbritannien die Besetzung Kairos. Ägypten gelangte damit unter britische Oberhoheit, obwohl es formal immer noch Teil des Osmanischen Reiches war.
1914 Ägypten wird britisches Protektorat.
1922 Unter dem Druck einer zunehmenden nationalen Opposition gewährt Großbritannien die Unabhängigkeit.
1923 Etablierung einer konstitutionellen Monarchie. Sultan Ahmed Fuad herrscht als König Fuad I. († 28. April 1936). Nachfolger ist sein Sohn Faruk.
1924 Die ersten demokratischen Wahlen bringen den Führer der Wafd-Partei, Sad Saghlul, an die Macht.
1936 Ende des anglo-ägyptischen Vertrags beendet militärische Präsenz Großbritanniens, allerdings behalten sich die Briten die Kontrolle der Zone beiderseits des Kanals vor. Im Zweiten Weltkrieg wird das Gebiet von Großbritannien gegen italienische und deutsche Truppen verteidigt.
1948 Ägypten wird im ersten israelisch-arabischen Krieg (Palästinakrieg) besiegt.
1952 Das »Komitee der freien Offiziere« unter General Ali Mohammed Nagib zwingt König Faruk zur Abdankung. Aufhebung der Verfassung.
1953 Auflösung der politischen Parteien und Konfiszierung des Parteivermögens. Ausrufung der Republik mit General Nagib als Präsident .
1954 Gamal Abd el-Nasser entmachtet Na-Abd el-Nassergib und wird selbst Präsident.
1956 Sueskrise um die Verstaatlichung des Sueskanals. Invasion britischer, israelischer und französischer Truppen. Rückzug auf Druck der USA und der UNO.
1957 Wiedereröffnung des Sueskanals nach Bruch der Blockade durch UN-Flotte.
1958 Zusammenschluss mit Syrien zur Vereinigten Arabischen Republik.
1960–1970 Bau des Assuanstaudamms.
1961 Syrien löst sich aus der Union mit Ägypten.
1967 Sechs-Tage-Krieg mit Israel; Verlust des Sinai.
1970 Nasser stirbt an Herzinfarkt. Nachfolger wird Mohammed Anwar as-Sadat.
1971 Wiedereinführung des Namens Ägypten. Islam wird Staatsreligion.
1972 Ausweisung sowjetischer Militärberater.
1974–1975 USA vermitteln israelischen Teilabzug aus dem Sinai.
1977 Sadat in Jerusalem für erstes Treffen mit einem israelischen Premierminister.
1978 Von den USA vermitteltes Camp-David-Abkommen wird von Israel und Ägypten unterzeichnet.
1979 Ägypten und Israel unterzeichnen Friedensvertrag, damit isoliert sich Ägypten von den restlichen arabischen Staaten.
1981 Sadat wird von islamistischen Extremisten ermordet. Nachfolger ist Mohammed Hosni Mubarak.
1982 Letzte israelische Truppen ziehen vom Sinai ab.
1986 Präsident Mubarak trifft israelischen Premierminister Shimon Peres zu Gesprächen über Frieden im Nahen Osten.
1988 Der Schriftsteller Nagib Mahfus erhält den Literaturnobelpreis.
1989 Nach 12 Jahren Wiederaufnahme der diplomatischen Beziehungen zu Syrien.
1990–1991 Ägypten beteiligt sich an UN-Operation zur Befreiung Kuwaits.
1991 Erklärung von Damaskus schafft Grundlage für Verteidigungspakt von Ägypten, Syrien und den Golfstaaten gegen Irak.
1994–1998 Islamistische Terroranschläge töten Einheimische und Touristen. Verschärfung staatlicher Gegenmaßnahmen.
1999 Verbotene Gamaat Islamiya gibt Umsturzbemühungen auf.
2000 Ägypten ruft wegen zunehmender israelischer Gegengewalt gegen palästinensische Aufstände Botschafter zurück.

ALTES ÄGYPTEN

Ägyptische Herrscher

Frühzeit
Späte prädynastische Zeit (um 3000)

um 3000	Sechen (vermutlich)
um 2900	Narmer (»Skorpion«)
2920–2770	**1. Dynastie**
um 2900	Menes (»Schlange«)
2770–2649	**2. Dynastie**
	Hetepsechemui, Raneb, Ninetjer, Sechemib (Peribsen), Chasechemui

Altes Reich (2660–2160)

2649–2575	**3. Dynastie**
2649–2630	Sanacht (Nebka)
2630–2611	Djoser
2611–2603	Sechemchet
2603–2599	Chaba
2599–2575	Huni
2575–2465	**4. Dynastie**
2575–2551	Snofru
2551–2528	Cheops (Chufu)
2528–2520	Radjedef
2520–2494	Chephren
2490–2472	Mykerinos (Menkaure)
2472–2467	Schepseskaf
2465–2323	**5. Dynastie**
2465–2458	Userkaf
2458–2446	Sahure
2446–2426	Neferirkare (Kakai)
2426–2419	Schepseskare (Netjeruser)
2419–2416	Raneferef
2416–2392	Neuserre (Isi)
2396–2388	Menkauhor
2388–2356	Djedkare (Isesi)
2356–2323	Unas (Wenis)
2323–2150	**6. Dynastie**
2323–2291	Teti
2289–2255	Pepi I.
2255–2246	Nemtiemsaf (Merenre)
2246–2152	Pepi II. (Neferkare)
2150–2134	**7./8. Dynastie**
	Thronwirren, verschiedene Herrscher

Erste Zwischenzeit (2134–2040)

2134–2040	**9./10. Dynastie** (Residenz Herakleopolis)
Um 2040	Merikare (unter anderen)
2134–2040	**11. Dynastie (Theben)**
2134–2118	Mentuhotep I. (Intef I., Sehertaui)
2118–2069	Intef II. (Wahanch)
2069–2061	Intef III. (Nachtnebtebnefer)
2061–2010	Mentuhotep II. (Nehepetre)

Mittleres Reich (2040–1640)

2040–1991	**11. Dynastie (Ägypten, Residenz Theben)**
2061–2010	Mentuhotep II.
2010–1998	Mentuhotep II.
1998–1991	Mentuhotep IV.

1991–1783 12. Dynastie (Residenz Lischt)
1991–1962 Amenemhet I.
1971–1926 Sesostris I.
1929–1892 Amenemhet II.
1897–1878 Sesostris II.
1878–1840 Sesostris III.
1844–1797 Amenemhet III.
1799–1787 Amenemhet IV.
1787–1783 Nefrusobek (Königin)

1783–1650 13. Dynastie (Lischt)
Über 70 Herrscher, die alle nur kurz regieren.

1715–1650 14. Dynastie
Viele Kleinkönige, die im Delta regieren und wahrscheinlich zeitgleich mit der 13. und 15. Dynastie.

Zweite Zwischenzeit (1640–1532)
1640–1532 15. Dynastie (Hyksos) Salitis; Scheschi; Chian (mögl. Chajan)
Um 1585–1542 Apophis
Um 1542–1532 Chamudi

1650–1550 16. Dynastie
Kleine Stadtkönigtümer in Abhängigkeit zur Hyksos-Dynastie, zeitgleich mit der 15. Dynastie.

1640–1550 17. Dynastie
Zahlreiche thebanische Herrscher, u.a.:
1640–1635 Intef V.
Sebekemsaf I.
Nebirerau
Sebekemsaf II.
Tao I.
Tao II.
1555–1551 Kamose

Neues Reich (1550–1070)
1550–1307 18. Dynastie (Theben, Amarna, Memphis)
1550–1525 Amosis I.
1525–1504 Amenophis I.
1504–1492 Tuthmosis I.
1492–1479 Tuthmosis II.
1479–1425 Tuthmosis III.
1473–1458 Hatschepsut (Königin)
1427–1401 Amenophis II.
1401–1391 Tuthmosis IV.
1391–1353 Amenophis III.
1353–1335 Amenophis IV. (Echnaton)
1335–1333 Semenchkare (Königin Nofretete, Nefertiti)
1333–1323 Tutanchamun (Nebcheperure)
1323–1319 Eje (Cheperchepérure)
1319–1307 Haremheb (Djesercheperure)

1307–1196 19. Dynastie (Ostdelta, Memphis)
1307–1306 Ramses I.
1306–1290 Sethos I.
1290–1224 Ramses II.
1224–1214 Merenptah
1214–1204 Sethos II.
Amenmesse (Usurpator während Reg. Seti II.)
1204–1198 Siptah
1198–1196 Tawosre (Königin)

1196–1070 20. Dynastie
1196–1194 Sethnacht
1194–1163 Ramses III.
1163–1156 Ramses IV.
1156–1151 Ramses V.
1151–1143 Ramses VI.
1143–1136 Ramses VII.
1136–1131 Ramses VIII.
1131–1112 Ramses IX.
1112–1100 Ramses X.
1100–1070 Ramses XI.

Dritte Zwischenzeit (1070–712)
1080–1042 Gottesstaat (Theben) Hohepriesterherrschaft
1070–945 21. Dynastie (Tanis)
1070–1044 Smendes
1044–1040 Amenemnisu
1040–992 Psusennes I.
993–984 Amenemope
984–978 Osorkon I.
978–959 Siamun
959–945 Psusennes II.

945–712 22. Dynastie (lybisch; Tanis, Bubastis)
945–924 Scheschonk I.
924–909 Osorkon II.
909 Takelothis I.
883 Scheschonk II.
883–855 Osorkon III.
860–835 Takelothis II.
835–783 Scheschonk III.
783–773 Pamai
773–735 Scheschonk V.
735–712 Osorkon V.

Um 828–712 23. Dynastie (lybisch; v.a. Tanis, Bubastis)
Verschiedene Königshäuser in Theben, Hermopolis, Herakleopolis, Leontopolis, und Tanis, u.a.:
828–803 Padibastet I.
777–749 Osorkon IV.
740–725 Peftjauauibast

724–712 24. Dynastie (Sais)
724–717 Tefnacht
717–712 Bokchoris

770–712 25. Dynastie (kuschitisch, nur Südägypten, Napata)
770–750 Kaschta
750–712 Pije

Spätzeit (712–332)
712–657 25. Dynastie (kuschitisch, ganz Ägypten, Napata, Theben)
712–698 Schabaka
698–690 Schebitku
690–664 Taharka
664–657 Tantamun

664–525 26. Dynastie
664–610 Psammetich I.
610–595 Necho II.
595–589 Psammetich II.
589–570 Apries
570–526 Amosis II. (Amasis)
526–525 Psammetich III.

525–404 27. Dynastie (persisch)
525–522 Kambyses
521–486 Dareios I. (Darius I.)
486–466 Xerxes I.
465–424 Artaxerxes I.
424–404 Dareios II. (Darius II.)

404–399 28. Dynastie
404–399 Amyrtaios

399–380 29. Dynastie
399–393 Nepherites I.
393 Psammuthis
393–380 Hakoris
380 Nepherites II.

380–343 30. Dynastie
380–362 Nektanebos I.
365–360 Teos
360–343 Nektanebos II.

343–332 Zweite Perserherrschaft
343–338 Artaxerxes III. Ochos

338–336	Arses
335–332	Darius III. Kodomannos
Römisch-hellenistische Zeit (332 v. Chr.–395 n. Chr)	
332–304	**Makedonische Dynastie**
332–323	Alexander III. der Große
323–316	Philipp Arrhidäus
316–304	Alexander IV.
304–330	**Ptolomäer-Dynastie**
304–284	Ptolemäus I. Soter
285–246	Ptolemäus II. Philadelphos
246–221	Ptolemäus III. Euergetes
221–205	Ptolemäus IV. Philopator
205–180	Ptolemäus V. Epiphanes
180–164	Ptolemäus VI. Philometor
170–163	Ptolemäus VIII. Euergetes II.
163–145	Ptolemäus VII. Neos Philopator
145–116	(Physkon)
116–107	Kleopatra III. (Königin) und Ptolemäus IX. Soter II. (Lathyros)
107–88	Kleopatra III. und Ptolemäus X. Alexander I.
88–81	Ptolemäus IX. Soter II.
81–80	Kleopatra Berenike (Königin)
80	Ptolemäus XI. Alexander II.
80–51	Ptolemäus XII. Neos Dionysos (Auletes)
58–55	Berenike IV. (Königin)
51–30	Kleopatra VII. (Königin)
51–47	Ptolemäus XIII. Philopator Philadelphos
47–44	Ptolemäus XIV.
44–30	Ptolemäus XV. Kaisarion (Caesarion)

Aelfred *siehe* Alfred der Große

Aelius Gallus Römischer General des 1. Jahrhunderts v.Chr., führt Expedition nach Arabien durch.

ÄQUATORIALGUINEA Das aus fünf Inseln und dem Küstengebiet des Río Muni bestehende Land liegt etwas nördlich des Äquators. Mangrovensümpfe säumen die Festlandküste. Die Republik erlangte nach 190 Jahren spanischer Kolonialherrschaft 1968 ihre Unabhängigkeit. Seit 1991 existiert ein Mehrparteiensystem, die Rechtmäßigkeit der jüngsten Wahlen wurde jedoch angezweifelt.

Chronologie

1778 Portugal überlässt die Inseln Fernando Poo und Annobón im Vertrag von El Pardo Spanien.

1840–1850 Spanien gründet eine Handelsniederlassung auf den Inseln vor der Mündung des Río Muni.

1858 Spanien besetzt Bioko (Fernando Poo) dauerhaft.

1900 Im Vertrag von Paris wird die spanische Kolonialherrschaft über das Río-Muni-Gebiet (innerhalb der heutigen Grenzen des Staates) bestätigt.

1920–1930 In Río Muni werden Holzkonzessionen vergeben und große Plantagen zum Anbau von Ölpalmen sowie später von Kleinbauern betriebene Kakao- und Kaffeeplantagen angelegt. Die afrikanische Bevölkerung hat kaum Rechte.

1959 Fernando Poo und Río Muni werden Teil des Staates Spanien; afrikanische Bevölkerung erhält spanische Bürgerrechte.

1963 Kolonie erhält Selbstverwaltung.

1968 Unabhängigkeit unter der Schreckensherrschaft von Francisco Macías Nguema (Ethnie: Esangui Fang).

1979 Macías' Neffe putscht sich an die Macht.

1991 Einführung des Mehrparteiensystems.

1999 Wahlsieg für Regierungspartei; Vorwurf des Wahlbetrugs.

2001 Rücktritt der Regierung wegen Misswirtschaft und Korruption.

2002 Dezember: Präsident Teodoro Obiang Nguema Mbasogo im Amt bestätigt. Vorwurf des Wahlbetrugs.

Aethelbald (*auch* Ethelbald, † 757) Angelsächsischer König Mercias.

ÄTHIOPIEN Das früher auch als Abessinien bekannte ehemalige Kaiserreich Äthiopien liegt im Nordosten Afrikas. Es ist die Wiege einer alten Kultur, die im 4. Jahrhundert das orthodoxe Christentum übernahm. Seitdem sich Eritrea 1993 abspaltete, ist es ein Binnenland ohne Zugang zum Meer. Außer den Wüsten im Nord- und Südosten ist Äthiopien gebirgig. Es wird oft von Dürren und Hungersnöten heimgesucht. 1991 endete der lange Bürgerkrieg mit der Niederlage der stalinistischen, seit 1974 herrschenden Militärdiktatur. Heute gewährleistet ein demokratisches System weit reichende Autonomie für die einzelnen Provinzen. Der Krieg mit Eritrea von 1998 bis 2000 brachte auf beiden Seiten schwere Verluste, bis im Dezember 2000 ein Friedensabkommen unterzeichnet wurde.

Christentum in Äthiopien *S. 305*
Hungersnöte in Äthiopien *S. 448*

Chronologie

500 v. Chr. Das Königreich Aksum wird gegründet, der Kern des späteren Äthiopien.

330 Christentum wird Staatsreligion.

1270 Amharische Prinzen der Salomoniden-Dynastie verdrängen Sagwe-Dynastie und erobern muslimische Gebiete im Süden.

1527 Muslimische Invasion mithilfe portugiesischer Unterstützung abgewehrt.

1632 Gondar wird Hauptstadt.

1855 Der Sohn eines Amhara-Häuptlings reißt die Macht an sich und ruft sich selbst zum Kaiser Tewodoros (Theodor II.) aus. Hauptstadt ist Magdala.

1868 Britische Einflussnahme und Gefangennahme von Europäern führen zu britischer Invasion. Tewodoros erschießt sich.

1889 Menelik II. wird Kaiser. Äthiopische Expansion nach Osten und Süden führt zur Verdoppelung der Reichsgröße.

1896 Italienische Invasion in Tigre abgewehrt. Europäer erkennen Unabhängigkeit Äthiopiens an.

1913 Menelik II. stirbt.

1916 Sein Sohn, Lij Iyasu, wird wegen Bekehrung zum Islam und geplantem Bündnis mit Türkei abgesetzt. Meneliks Tochter, Zauditu, wird Kaiserin, Ras Tafari Regent.

1923 Beitritt zum Völkerbund.

1930 Zauditu stirbt. Ras Tafari wird als Kaiser Haile Selassie gekrönt.

1936 Italien besetzt Äthiopien, ohne Widerstand seitens des Völkerbunds.

1941 Briten vertreiben Italiener und setzen Kaiser Haile Selassie wieder ein, der Verfassung, Parlament und Kabinett einführt, jedoch die politische Macht behält.

1952 Das bis 1941 von Italien beherrschte Eritrea, mittlerweile britisches Mandatsgebiet, muss Föderation als autonome Provinz mit Äthiopien eingehen.

◀

1962 Eritrea verliert seine Autonomie trotz Drohung mit Abspaltung.

1972–1974 Hungersnot: 200 000 Tote.

1974 Streiks und Armeeaufstände gegen Haile Selassies autokratische Herrschaft und wirtschaftlichen Niedergang. Putsch durch Dergue (Militärkomitee).

1975 Äthiopien wird ein sozialistischer Staat: Verstaatlichung, Arbeitergenossenschaften und Gesundheitsreformen.

1977 Oberst Mengistu Haile Mariam übernimmt die Macht. Somalische Invasion in Ogaden mit sowjetischer und kubanischer Hilfe abgewehrt.

1978–1979 Verhaftung oder Ermordung tausender Oppositioneller.

1984 Gründung der Äthiopischen Arbeiterpartei (WPE) nach sowjetischem Vorbild. 1 Million Menschen sterben wegen Hungersnot nach Dürre und langem Krieg.

1986 Rebellen aus Eritrea kontrollieren gesamte Nordostküste.

1987 Schwere Dürre, Hungersnot droht.

1988 Neue Offensive der Eritreischen und der Tigrinischen Befreiungsfront (EPLF und TPLF). Wiederaufnahme diplomatischer Beziehungen zu Somalia.

1989 Militärputsch scheitert. TPLF kontrolliert den größten Teil der Provinz Tigre. TPLF und äthiopische Revolutionsbewegung bilden Allianz: EPRDF.

1990 Militär profitiert von wachsender Oppositionsbewegung. Marktwirtschaftliche Reformen und Aufnahme von Nichtmarxisten in Regierungspartei. Hilfsgüterverteilung für Dürreopfer wird von Regierung und Opposition behindert.

1991 Mengistu räumt militärische Niederlage ein und flieht aus dem Land. EPRDF nimmt Addis Abeba ein, setzt provisorische Regierung ein und verspricht Vertretung aller ethnischen Gruppen. Wiederholte Kämpfe, vor allem zwischen tigrinischer EPRDF und Oppositionsgruppen.

1993 Anerkennung der Unabhängigkeit Eritreas nach Volksabstimmung.

1995 Ende der Übergangsregierung. EPRDF gewinnt erdrutschartig in freien Wahlen. Regierungsbildung und Bildung einer Föderation aus neun Staaten.

1998–2000 Grenzkrieg mit Eritrea.

2000 Unterzeichnung des von OAU und UNO vermittelten Friedensabkommens.

2001 Abzug letzter äthiopischer Trupen aus Eritrea. Oktober: Umbildung des Kabinetts. Girma Wolde Giorgis wird Präsident.

Ätolischer Bund Politischer Zusammenschluss der Dörfer Ätoliens im alten Griechenland, der sich bis etwa 340 v.Chr. zur führenden Militärmacht entwickelt. Sieg gegen makedonische Invasion 322 v.Chr. Ausweitung des Bundes nach Delphi 314–311 v.Chr. und Bündnis mit Böotien um 300 v.Chr.

Afghani, Djamal ad-Din al- *siehe* al-Afghani, Djamal ad-Din

AFGHANISTAN Zentralasiatischer Staat. Erste Gründung eines afghanischen Paschtunenstaates durch Ahmad Khan Abdali Mitte des 18. Jahrhunderts. Das Land grenzt an die Nachbarstaaten Iran, Pakistan, China, Tadschikistan, Turkmenistan und Uzbekistan. Drei Viertel des Territoriums sind unzugängliches Gebiet. Wichtigster Wirtschaftszweig ist die Landwirtschaft, jahrzehntelange bewaffnete Konflikte ruinierten das Land jedoch. Nach der marxistischen Regierung erlangen Mitte der 80er-Jahre des 20. Jahrhunderts die Mudschaheddin die Macht. Nach einem erneuten Bürgerkrieg erfolgt die Machtübernahme durch radikalislamische Taliban, deren Schreckensherrschaft islamische Kleidungsvorschriften und Verhaltensregeln zum Gesetz macht. Frauen haben kaum Rechte. Mit dem US-geführten Krieg 2001–2002 endet das Taliban-Regime. darauf folgen eine Interimsregierung und die Stationierung von Friedenstruppen.

CHRONOLOGIE

327 v.Chr. Alexander der Große besiegt die meisten afghanischen Statthalter.

997 Mahmud von Ghazni kommt auf den Thron und weitet seine Macht bis zum Punjab in Indien aus.

1219 Dschingis Khan dringt in den Osten Afghanistans ein.

1504 Babur, ein Enkel Dschingis Khans, und Timur machen Kabul zur Hauptstadt eines unabhängigen Fürstentums und begründen das nordindische Mogul-Reich.

1747 Ahmad Schah Durrani ist gewählter König des Stammesrates. Er begründet das afghanische Großreich.

1809 Afghanistan unterzeichnet einen Freundschaftsvertrag mit Großbritannien. Darin sichert der afghanische König Schah Shoja den Briten zu, fremden Truppen (Russen) keinen Durchgang durch sein Territorium zu gewähren.

1839–1842 Nach einer missglückten britischen Mission in Kabul unter Capt. Alexander Burnes 1837 dringen die Briten in Afghanistan ein. Es kommt zum ersten Krieg gegen die Engländer.

1878–1880 Der Versuch, die britische Einflusssphäre durch eine erneute Invasion auszuweiten, scheitert: Zweiter anglo-afghanischer Krieg.

1879 Amir Yaqub Ali Khan (Scheir Ali) unterzeichnet den Vertrag von Gandmak. Afghanistan wird zum Pufferstaat unter britischem Einfluss zwischen Russland und Großbritannien. Der folgende Vertrag mit Abd ar-Rahman sichert die Durand-Linie, die Grenze zwischen Afghanistan und Pakistan.

1919 Unabhängigkeitserklärung.

1933 Zahir Schah übernimmt die Macht.

1953 Daud Chan (Daud Khanis) wird zum Premierminister ernannt.

1963 Rücktritt Dauds, als König Vorschlag für demokratische Reformen ablehnt.

1965 Wahlen, Monarchie bleibt erhalten. Gründung und Verbot der Marxistischen Partei Afghanistans (PDPA), die sich in Parcham- und Khalq-Gruppe spaltet.

1973 Staatsstreich Dauds, Abschaffung der Monarchie, Ausrufung der Republik. Beginn des Mudschaheddin-Aufstands. Flüchtlinge fliehen nach Pakistan.

1978 Opposition der PDPA gipfelt in einem Putsch (Saur-Revolution). Machtübernahme durch Revolutionskomitee unter Mohammad Taraki. Daud wird ermordet.

1979 Taraki von Hafizullah Amin verdrängt. Amin im von der UdSSR unterstützten Dezemberputsch ermordet. Russische Truppen dringen in Afghanistan ein. Aufstände gipfeln in einem von den USA unterstützten Guerillakrieg.

1980 Babrak Karmal (Chef der Parcham-PDPA) wird Führer der marxistischen Regierung.

1986 Najibollah wird anstelle Karmals Regierungschef.

1989 Sowjetische Armee zieht sich zurück. Najibollah bleibt im Amt.

1992 Najibollah übergibt Macht an die Mudschaheddin-Gruppen.

1993 Mudschaheddin einigen sich auf Bildung einer Regierung.

1994 Machtkampf zwischen Rabbani und Gullbuddin Hekmatyar.
1995 Taliban-Truppen rücken gegen Kabul vor.
1996 Taliban übernehmen die Macht und errichten ein strenges islamisches Regime.
1998 Erdbeben in Nordafghanistan tötet Tausende von Menschen.
1999 Einigung zwischen Taliban und Nordallianz über Machtverteilung zerbricht.
2000 Schlimmste Dürrekatastrophe seit 30 Jahren. Erlass von UN-Sanktionen, da Taliban Osama bin Laden unterstützen.
2001 März: Berühmte Buddha-Statuen in Bamian von Taliban zerstört. September: Ahmed Schah Massud, Oppositionsführer der Nordallianz, wird ermordet. Oktober: USA und Verbündete greifen gemeinsam ausgewählte Ziele an, um das Taliban-Regime zum Aufgeben zu zwingen. November: Taliban ziehen sich aus Kabul zurück. Dezember: Hamid Karzai wird Chef der Interimsadministration.
2002 Juni: Treffen der Emergency Loya Jirga (Sonder-Ratsversammlung); Beginn der Übergangsregierung unter Karzai.

African National Congress (ANC) In Südafrika 1912 gegründete politische Organisation, die die Gleichberechtigung der farbigen Südafrikaner verfolgt. Verbot des ANC durch die südafrikanische Apartheidregierung 1961. Inhaftierung der ANC-Führer, die im Gefängnis zu Ikonen des Widerstands gegen das Apartheidregime werden. 1990 unterzeichnet der ANC eine Vereinbarung mit den Nationalisten unter De Klerk. In der Wahl von 1994 siegt der ANC, Nelson Mandela wird Präsident.

Afrika Der zweitgrößte Kontinent ist vermutlich der Ursprungsort des modernen Menschen (Homo sapiens sapiens). *S. 10*
Im 19. Jahrhundert großteils durch europäische Staaten kolonisiert. *S. 343*
Die meisten europäischen Kolonien wurden in den 50er- und 60er-Jahren des 20. Jahrhunderts unabhängig. *S. 428*
Siehe auch einzelne Länderartikel

Afrikaander Holländischstämmige Südafrikaner. Muttersprache ist Afrikaans. *Siehe auch* Buren

Aghlabiden (*auch* Banu al-Aghlab) Arabisch-muslimische Dynastie. Herrscht von etwa 800 bis zur Vertreibung durch die Fatimiden 909 in Ifriqiya im heutigen Tunesien und Ostalgerien. Kurzzeitige Invasion Siziliens (827) und Süditaliens. Die Aghlabiden waren nominell den Abbasiden-Kalifen in Bagdad unterstellt, in der Praxis waren sie jedoch unabhängig.

Agincourt ⚔ im Hundertjährigen Krieg (1415). England besiegt Frankreich.

Ahmad Khan Abdali *siehe* Ahmed Schah Durrani

Ahmad Shah *siehe* Ahmed Schah Durrani

Ahmed Schah Durrani (*auch* Ahmad Khan Abdali, 1724–73) Gründer Afghanistans (1747).

Ahuitzotl Aztekenherrscher (1486–1502).

Aigospotamoi (*auch* Aegospotami) ⚔ im Peloponnesischen Krieg (405 v.Chr.). Spartanischer Sieg gegen Athen.

Aijubiden-Dynastie (1171–1250) Von Saladin begründete sunnitische islamische Dynastie. Die Aijubiden herrschten bis 1250, als sie von den Mamelucken besiegt wurden, über den größten Teil Vorderasiens und Ägypten. *S. 197*

Ain Jalut ⚔ (1260). Mameluckensieg hindert Mongolen an Einmarsch in Ägypten.

Aistulf († 756) König der Langobarden, nimmt den Byzantinern Ravenna ab und droht, Rom zu stürmen. Der Papst ruft den fränkischen König Pippin zu Hilfe.

Aix-la-Chapelle, Vertrag von (1667) Mit diesem Vertrag endet der Krieg zwischen Frankreich und Spanien um die Spanischen Niederlande. Die Franzosen dürfen einige der befestigten Grenzstädte, die sie erobert haben, behalten.

Akademie Athenische Philosophenschule, in der Platon unterrichtete. *S. 59*

Akbar (*auch* Akbar der Große, 1542–1605) Großmogul Indiens (reg. 1556–1605). Wurde im Alter von 14 Jahren Mogul. In seinen ersten sieben Regierungsjahren dehnt er in permanenten Kriegszügen seine Macht über Indien aus und herrscht schließlich über ein Reich, das sich von Bengalen bis Sind und von Kaschmir bis zum Godavari (Fluss) erstreckt. Er führt ein standardisiertes Steuersystem ein, holt die Fürsten besiegter Gebiete in seine eigene Armee und versteht es, mit einer geschickten Heiratspolitik zwischen den Moguladligen und den hinduistischen Rajputenfamilien Verbindungen zu schaffen. Er toleriert den Hinduismus. Unter seiner Herrschaft kommt es zu einer Blüte der Kunst, vor allem der Miniaturmalerei und der Architektur, die auf beeindruckende Weise westlichen und islamischen Stil verbindet.

Akkad *siehe* Sargon von Akkad

Akko (*auch* Acre) ⚔ und Belagerung während des dritten Kreuzzuges (1190); im fünften Kreuzzug wieder aufgegeben (1291); ⚔ und vergebliche Belagerung durch Napoleon (1799).

Akropolis Griechische Zitadelle, bekannteste Anlage Athens; nach der persischen Invasion in der zweiten Hälfte des 5. Jahrhunderts v.Chr. von Perikles wiederaufgebaut. Zu den zahlreichen Bauwerken der Anlage gehören der Parthenon (Aufbewahrung des Staatsschatzes) sowie zahlreiche Tempel, meist Athene geweiht, der Schutzgöttin Athens.

Aksum (*auch* Axum) Kleines Königreich am Roten Meer (1. Jahrhundert v.Chr.–7. Jahrhundert n.Chr.). Sein Reichtum basierte auf der Kontrolle des Weihrauchhandels. Das Land wurde im 4. Jahrhundert christlich. Die Stadt Aksum war die spätere Krönungsstadt der äthiopischen Kaiser. *S. 98*

al Umari (*auch* Shihab Ad-din, Ahmad Ibn Fadl Allah al-Umari, 1301–49) Gelehrter und Schriftsteller. Nachkomme von Omar, dem zweiten islamischen Kalifen. Schrieb ein Standardwerk zur Mameluckengeschichte in Ägypten und Syrien.

al-Afghani, Djamal ad-Din (1838–97) In Persien geborener islamischer Agitator und Journalist. Trat für die Einheit aller Muslime ein. Arbeitete in Afghanistan, Istanbul und Kairo. Nach der Ausweisung aus Ägypten durch die Briten (1879) veröffentlicht er *The Firmest Bond* (1884), eine kolonialkritische Zeitschrift. Lebte nach Exil in Persien (1892) in Istanbul. Er soll an Plänen zur Ermordung des persischen Schahs beteiligt gewesen sein (1896).

al-Hajj Umar Ibn Said Tal *siehe* Umar Ibn Said Tal

al-Idrisi, ash Sharif (um 1099–1165) In Spanien geborener arabischer Geograf. Nach Reisen in Spanien, Nordafrika und Kleinasien schloss er sich um 1148 dem Hof Roger II. von Sizilien an. Dort stellte er ein 70-teiliges Kartenwerk der bekannten Welt zusammen, die zugehörigen Handschriften sind als *Roger-Buch (Kitab Rudjar)* bekannt (1154). *S. 200*

al-Istakhri Arabischer Geograf des 10. Jahrhunderts.

Al-Kaida Weltweit operierendes islamisches Terrornetz. Kopf ist der undurchsichtige Saudi Osama bin Laden. Die Organisation ist für die Zerstörung des World Trade Center in New York am 11. September 2001 verantwortlich. *S. 455*

Al-Mutassim billah (794–842) Abbasiden-Kalif (reg. 833–842). Sohn von Harun ar-Raschid, verlegte die Abbasidenhauptstadt von Bagdad nach Samarra. Wagte erfolgreichen Krieg gegen Byzanz. Die türkischen Soldatensklaven in seiner Armee entwickelten sich zum Machtfaktor innerhalb des Kalifats (um 836).

Alamo, The ⚔ im texanischen Unabhängigkeitskampf (1836), Mexiko siegte.

Alanen (*auch* Sarmaten) Reitervolk aus der Nähe des Kaspischen Meers. Schlossen sich Wandalen und Sweben bei der großen Völkerwanderung im Jahr 406 von Deutschland bis zur Iberischen Halbinsel an. Gründung eines Reiches, Vertreibung durch Westgoten. *S. 102*

Alarich (um 370–410) König der Westgoten 395. Seine Armee plünderte 410 Rom. Dieses Ereignis gilt auch als Symbol für den Untergang des Weströmischen Reiches.

Alaska-Handel (*auch* Seward's Folly) 1867 kauften die USA, organisiert von dem US-Außenminister William H. Seward, Russland für $ 7200000 Alaska ab.

Alaungpaya (*auch* Alaung Phra, Alompra, Aungzeya) Birmanischer König (1714–60, reg. 1752–60), einte Birma und begründete die Alaungpaya-Dynastie, die bis zur Annexion Nordbirmas durch die Briten 1886 regierte.

Albanel, Charles (1616–96) Französischer Jesuit. Der Missionar bereiste Ostkanada (1671–72). Er erreichte auf der Suche nach Pelzhandelsrouten über den Saguenay River die Hudsonbai.

ALBANIEN Das gebirgige Land an der Südostküste der Adria gegenüber Süditalien erlangt erst 1912 seine Unabhängigkeit. 1944 wird es zum kommunistischen Einparteienstaat. Freie Wahlen finden erstmals 1991 statt. 1997 kommt es zu einer Wirtschaftskrise, gefolgt von Aufständen und einem Regierungsrücktritt. Entschärfung der Krise mithilfe der Stationierung von OSZE-Truppen. 1999 nimmt Albanien eine große Menge von Kosovo-Flüchtlingen auf. 2002 tritt der regierende Sozialist Ilir Meta zugunsten von Pandeli Majko zurück.

CHRONOLOGIE

168 v. Chr. Die Römer unterwerfen das Gebiet der Illyrer entlang der albanischen Adriaküste.

4.–7. Jahrhundert Die wiederkehrenden Einfälle der Goten und anderer Völker auf dem Balkan sind Vorboten der großen Völkerwanderung. Die Illyrer suchen Zuflucht in den albanischen Bergen.

8.–14. Jahrhundert Fremde Mächte (darunter Byzanz, Bulgarien, Serbien, Epirus, Sizilien und Venedig) kämpfen wegen der strategisch wichtigen Küste um die Vorherrschaft in Albanien. Das Land ist in zwei streitende Fürstentümer unterteilt. Im späten 14. Jahrhundert unterwirft das Osmanische Reich Albanien.

1443–1469 Unter Georg Kastrioti, als Skanderbeg (»Prinz Alexander«) bekannt, kämpfen die Albaner gegen die türkische Vorherrschaft. Der türkische Sieg führt zu einer Islamisierung des Landes. Albanien bleibt eine von Stämmen und Klans geprägte Gesellschaft.

1760 Mehmed Pascha Plaku, Begründer der Bushatidynastie, sammelt die Klans aus dem Norden um sich und kann mit ihrer Hilfe die türkische Vorherrschaft beenden. Ihm folgt sein Sohn, Kara Mahmud Pascha. Dessen Sohn Mustafa Pascha wird nach dem im Russisch-Türkischen Krieg 1831 ausgelösten albanischen Aufstand von den Türken besiegt. Der unabhängige Staat von Ali Pascha Tepedelenli im Süden Albaniens wird 1822 von den Türken erobert.

1912 Albanien erlangt im Rahmen der Balkankriege (1912–13) Unabhängigkeit, wird jedoch in den folgenden neun Jahren wiederholt von fremden Mächten besetzt.

1921 Die wichtigsten europäischen Staaten und die Nachbarländer anerkennen die albanischen Grenzen von 1913.

1924–1939 Achmed Zogu wird 1928 als Zogu I. zum König gekrönt.

1939–1943 Besetzung durch Italien.

1944 Kommunistischer Staat unter der Herrschaft von Enver Hodscha (bis 1985).

1991 Erste freie Wahlen.

1997 Wirtschaftskrise nach Verlust von Sparguthaben führt zu Aufständen.

1999 Flüchtlingswelle aus dem Kosovo.

2001 Zweiter Wahlsieg der PSS.

2002 Januar: Rücktritt Metas. Juni: Wahl von Moisiu zum neuen Präsidenten.

Albert, Prinz von Sachsen-Coburg-Gotha (1819–61) Gemahl von Königin Victoria von England.

Albertis, Luigi Maria d' (1841–1901) Italienischer Erforscher Neuguineas (1876).

Albigenser *siehe* Katharer

Alexander der Große (*auch* Alexander III., 356–323 v. Chr.) Griechischer Herrscher (reg. 336–323 v. Chr.). Sohn von Philipp II. von Makedonien. Der Feldherr ist wegen seiner schnellen und großen Feldzüge bekannt. In deren Rahmen gelangte die hellenistische Kultur bis nach Indien. Er gründete in ganz Westasien Städte und Vasallenstaaten. *S. 60, S. 61*

Alexander I. (1777–1825) Zar von Russland (reg. 1801–25). Seine frühen Regierungsjahre waren von Reformen geprägt, es gelingt ihm aber nicht, die Leibeigenschaft abzuschaffen. Obwohl zu Beginn Teil der Koalition gegen Napoleon, unterzeichnet er nach französischen Siegen in Austerlitz und Friedland den Frieden von Tilsit (1807), der ihm freie Hand in Zentralasien und gegen die Türkei lässt. Nach Napoleons Russlandfeldzug (1812) schließt sich Alexander wieder der Allianz gegen Napoleon an.

Alexander II. (1818–81) Zar von Russland (reg. 1855–81). Befreit Bauern aus der Leibeigenschaft (1861) und erlässt weit reichende Reformen. Unter ihm kann das Reich bis zum Kaukasus (1859) ausgeweitet, die Vorherrschaft in Zentralasien gefestigt (1865–68) und die Türkei (1877–78) besiegt werden. Er wird Opfer eines Attentats.

Alexandria Von Alexander dem Großen 331 v. Chr. gegründete Stadt an der ägyptischen Mittelmeerküste, Regierungssitz von Ptolemäus, nach Alexanders Tod Herrscher des hellenistischen Ägypten bis zur Ankunft der Römer. Wichtiges Zentrum hellenistischer Kultur, bekannt für seine große Bibliothek und den Pharos (Leuchtturm). *S. 63*

Alexios IV. Angelos († 1204) Kaiser von Byzanz (reg. 1203–04). Gelangt mithilfe des vierten Kreuzzuges auf den Thron, wird jedoch bei einem allgemeinen Aufstand wieder abgesetzt.

Alfons VI. (*auch* Alfonso der Tapfere, *Sp.* Alfonso El Bravo, 1040–1109) König von León (reg. 1065–70) und des vereinten Kastilien und León (1072–1109). Er ruft sich selbst 1077 zum Kaiser von Spanien aus. Seine Unterdrückung der muslimischen Vasallen ist Grund für die Almorawideninvasion aus Nordafrika 1086.

Alfred der Große (*auch* Aelfred) König von Wessex (reg. 871–899). Der Herrscher über ein angelsächsisches Reich in Südwestengland bewahrt England davor, in dänische Hände zu fallen, und fördert die Bildung. Unter ihm beginnt die Zusammenstellung der *Angelsächsischen Chronik* (um 890).

Alfred-Jewel Angelsächsisches Medaillon aus der Zeit Alfreds des Großen. *S. 145*

ALGERIEN Zweitgrößter Staat Afrikas. Nachbarländer sind Marokko, Mauretanien, Mali, Niger, Libyen und Tunesien. Die Kolonialisierung Algeriens durch Frankreich beginnt 1830. Bis 1900 haben französische Siedler den größten Teil des Landes besetzt. 1954 erklärt die Front pour la Libération Nationale (FLN) der Kolonialmacht den Krieg und erreicht 1962 die Unabhängigkeit. 1991 hindert die Armee die die Wahl gewinnenden Islamisten an der Machtübernahme und setzt eine zivile Regierung ein. In den 90er-Jahren kommt es zu blutigen Auseinandersetzungen zwischen Militär und Islamisten. Algerien hat eine sehr junge Bevölkerung und eine der höchsten Geburtenraten Nordafrikas.

CHRONOLOGIE

100 v. Chr. Das lange Zeit von nomadischen Berberstämmen bewohnte Algerien wird zur römischen Provinz Numidien (Numidia) und zur größten Getreidekammer Roms.

429 Die Wandalen beenden die römische Herrschaft in Algerien.

7. Jahrhundert Eindringende Araber bringen den Islam. In Tahert, im zentralalgerischen Hochland, entsteht auf Grundlage von islamischer Verwaltung und Berbertraditionen das Reich der Ibadiden (*auch* Abaditen, 760–900).

1529 Barbarossa (*auch* Khair-ed-din, Cheireddin), ein rotbärtiger Korsar, nimmt für die Osmanen Algier ein und greift von dort aus fremde Schiffe im Mittelmeer an.

1830 Französische Truppen dringen ein und beenden die osmanische Herrschaft. Aufgrund heftigen Widerstands durch die von Abd al-Kadir (*auch* Abd el-Kader) geführten Berber gelingt es den Franzosen aber erst 1848, das Gebiet vollständig zu unterwerfen.

1882 Die drei »Départements« Algier, Oran und Constantine sind Teil Frankreichs, allerdings werden sie ab 1900 von einem Generalgouverneur regiert.

1942 Alliierte Truppen erringen im Kampf gegen die Vichy-Regierung die Macht in Algerien. Das Land wird zu einer Basis der französischen Résistance.

1947 Einsetzung einer algerischen Nationalversammlung, allerdings mit eingeschränktem Wahlrecht für die wenigen wahlberechtigten Muslime.

1954 Mit den ersten Guerillaangriffen der Nationalen Befreiungsfront (Front pour la Libération Nationale – FLN) beginnt der algerische Kampf um die Unabhängigkeit gegen die französische Kolonialmacht. Im Algerienkrieg setzt Frankreich 450 000 französische Soldaten ein.

1958 Die Angst vor Verhandlungen zwischen französischer Regierung und aufständischen FLN-Anhängern lässt französisch-algerische Generäle putschen. Dies ist der Auftakt zu einer ernsten Krise des französischen Staates In der Folge gelangt General Charles de Gaulle wieder an die Macht. Nach dem Referendum vom September (in Frankreich und den französischen Kolonien, darunter Algerien, wo erstmals auch Frauen wählen dürfen) wird am 6. Oktober die Fünfte Republik mit de Gaulle als Präsident ausgerufen. Kurz zuvor, am 19. September, ruft die FLN von Kairo aus ein unabhängiges Algerien mit Ferhat Abbas als Premierminister aus.

1959 Angesichts fortwährender Kämpfe schlägt de Gaulle Referendum zur Unabhängigkeit vor. Nationalistische Algerienfranzosen und französische Algerienarmee gründen gleichzeitig eine Geheimorganisation gegen die Unabhängigkeit (Organisation de l'armée secrète – OAS).

1961 Französische Regierung und algerische Übergangsregierung einigen sich auf einen Termin zum Beginn von Unabhängigkeitsverhandlungen (20. Mai), nachdem der OAS-Putsch vom 20. April nach vier Tagen scheitert.

1962 Die Verhandlungen führen zur Unterzeichnung des Waffenstillstandsvertrags und der Vereinbarung eines Friedensreferendums im französischen Evian. Das französische Volk stimmt der Vereinbarung am 2. April zu.

1962 91,2 % aller registrierten Wähler stimmen in diesem Referendum für die Unabhängigkeit. Am 3. Juli wird die algerische Unabhängigkeit erklärt und zwei Tage später von Frankreich bestätigt. Im September wird Ahmed Ben Bella zum Premierminister gewählt und im September 1963 erster gewählter Staatspräsident Algeriens.

1965 Die Militärjunta stürzt die Regierung von Ahmed Ben Bella. Ein Revolutionsrat wird eingerichtet.

1966 Gerichte werden »algerisiert«. Verfolgung von »Wirtschaftsverbrechen«.

1971 Verstaatlichung der Ölindustrie. Präsident Boumedienne führt Landreform fort und nationales Gesundheitswesen sowie eine sozialistische Verwaltung ein.

1976 Die Nationale Charta setzt sozialistische Politik fort. Algerien erhält neue Verfassung.

1980 Freilassung Ben Bellas nach 15 Jahren. Frankreich sagt Anreiz für Rückkehr von 800 000 algerischen Immigranten zu.

1981 Algerien unterstützt USA bei Verhandlungen um die Freilassung von US-Geiseln in Teheran.

1985 Zwei beliebte Musiker (beide Berber) werden als Regimegegner zu drei Jahren Haft verurteilt.

1987 Begrenzte wirtschaftliche Liberalisierung. Kooperationsvertrag mit UdSSR.

1988 Gegen FLN gerichtete Gewalt; Notstand. Algerien handelt Freilassung kuwaitischer Flugzeuggeiseln aus. Schiitische Geiselnehmer entkommen.

1989 Verfassungsreform mindert Macht der FLN. Bildung neuer Parteien, darunter die Islamische Heilsfront (FIS). Gründung der AMU (Arab Maghreb Union).

1990 Politische Flüchtlinge dürfen zurückkehren. FIS gewinnt Kommunalwahlen.

1991 Verhaftung der FIS-Führer Abassi Madani und Ali Belhadj. FIS gewinnt Sitzmehrheit bei Wahl.

1992 Präsident Chadli wird vom Militär abgesetzt. Präsident Boudiaf wird ermordet. Madani und Belhadj werden zu 12 Jahren Haft verurteilt.

1994 GIA verübt politische Gewalttaten. ▶

◄

1995 Liamine Zéroual gewinnt demokratische Präsidentschaftswahl.
1996 Weitere Morde, vor allem an katholischen Geistlichen und GIA-Führern.
1997 Madani wird aus der Haft entlassen, darf sich aber nicht politisch betätigen.
1999 Abdelaziz (*auch* Abd al-Aziz) Bouteflika wird Präsident; Oppositionskandidaten boykottieren Wahl.
2000 Ankündigung von Wirtschaftsreform.
2001 Neue Investitionen in Öl und Gas kurbeln Wirtschaft an. Bürgerkriegsähnliche Zustände halten an. Neue Berberproteste.
2002 Berbersprache als Amtssprache anerkannt.

Alhambra Von den Nasridenherrschern des letzten islamischen Reiches in Südspanien im 13. und 14. Jahrhundert erbauter maurischer Palast in Granada.

Alliierte (*auch* Alliierte Streitkräfte) Bezeichnung der Verbündeten gegen Deutschland im Ersten und Zweiten Weltkrieg. Die USA tritt der Entente (Großbritannien, Russland, Frankreich, Italien) im Ersten Weltkrieg 1917 bei. Bekannter als Bezeichnung für die Achsenmächte, die im Zweiten Weltkrieg Deutschland besiegen (unter Führung Großbritanniens, Frankreichs, Polens und der UdSSR – ab 1941 auch der USA).

Alliierte Streitkräfte *siehe* Alliierte

Allouez, Claude Jean (1622–89) Französischer jesuitischer Missionar, der in Nordamerika die Region der Großen Seen (1665–67) und den St.-Lorenz-Strom erforscht.

Almagro, Diego de (1475–1538) Spanischer Konquistador. Begleiter Pizarros bei der Eroberung Perus 1532. 1535 dringt er weiter nach Süden vor, um Chile zu erobern. Er streitet sich später mit Pizarro. Unter den Anhängern der beiden bricht ein Bürgerkrieg aus.

Almohaden-Dynastie (1130–1269) Von Ibn Tumart, einem religiösen Reformer, gegründete Dynastie. Sie folgen den Almorawiden (1174). Die Macht der von Marrakesch aus herrschenden Almohaden reicht in Nordafrika bald bis Tripolis. Außerdem können sie ihre Macht zeitweise bis nach Spanien ausdehnen. Die Almohadenherrschaft endet 1228. Sie werden in Spanien von der neu aufflammenden Reconquista vertrieben, die dem christlichen Sieg in der ⚔ von Las Navas de Tolosa (1212) folgt, und in Nordafrika von den Meriniden (1269). *S. 184*

Almorawidenreich (1056–1174) Ein von einer maurisch-spanischen Dynastie berberischen Ursprungs gegründetes Reich. Den Almorawiden gelingt es, von Marrakesch (gegründet 1062) aus ihre Macht im Süden bis nach Ghana und im Norden bis nach Spanien auszudehnen.

Alompra *siehe* Alaungpaya

Alphabet, Entwicklung des *S. 23*

Alte Welt Geografisch-historische Bezeichnung für Afrika und Eurasien vor der Entdeckung Amerikas.

Altes Reich (2575–2134 v. Chr.) Zeitraum der ägyptischen Geschichte während der Regierungszeit der 4. bis 8. Dynastie. In diese Zeit fällt der Bau der Pyramiden.

Alvarado, Pedro de (um 1485–1541) Spanischer Konquistador. Nimmt an Expedition von Juan de Grijalva und Hernán Cortés in Mittelamerika teil, erlangt die Herrschaft über das guatemaltekische Hochland und El Salvador, wird Gouverneur Honduras' und Guatemalas.

Alvare († 1614) König des Kongo-Reiches. Wird nach Invasion der Portugiesen 1568 von diesen wieder auf den Thron gebracht, um mit seiner Hilfe den Sklavenhandel zu sichern.

Alvarez de Peneda, Alonso Spanischer Erforscher der Halbinsel Yucatán (1517–23).

Amadu Lobbo (1775–1844) Fulani-Herrscher, gründet im 19. Jahrhundert im westafrikanischen Masina einen islamischen Staat.

Amarna (*auch* Achet-Aton, Tall Al Amarna, Al Amarna) Von Echnaton um 1350 v. Chr. gegründete Stadt in Ägypten.

Amde Zion († 1344) Äthiopischer Kaiser.

Amenhotep *siehe* Echnaton

Amenhotep III. *siehe* Amenophis III.

Amenophis III. (*auch* Amenhotep III.) Ägyptischer Pharao (reg. 1391–53 v. Chr.). Unter seiner Herrschaft gedeiht das Reich und werden diplomatische Kontakte gepflegt. 1417 v. Chr.

Amenophis IV. *siehe* Echnaton

Amerika Nach Amerigo Vespucci benannter Kontinent der westlichen Hemisphäre. Autochthone Kulturen wurden in weiten Teilen Amerikas nahezu komplett durch Kolonisten zerstört. *Siehe auch* Vereinigte Staaten (*auch* USA) und andere amerikanische Länder.

Amerikanischer Bürgerkrieg (*auch* Sezessionskrieg, 1861–65) Krieg zwischen Nordstaaten (Union) und Südstaaten (Konföderierte) Nordamerikas um die Abschaffung der Sklaverei und die Autonomie der einzelnen US-Staaten. Auslöser ist die Sezession der sieben konföderierten Staaten von der Union im April 1861 – Mississippi, Florida, Alabama, Georgia, Louisiana, Texas, South Carolina. Ihnen folgen kurz darauf Virginia, North Carolina, Tennessee und Arkansas. Nach dem Sieg der Union 1865 wird die Sklaverei in den USA abgeschafft. *S. 369*

Amerikanischer Unabhängigkeitskrieg (*auch* Amerikanische Revolution, 1775–83) Die britischen Kolonien in Nordamerika kämpfen gegen Steuern und Handelsbeschränkungen, die ihnen die Kolonialregierung in London auferlegt, und gewinnen schließlich als erste Kolonie die Unabhängigkeit. *S. 332*

Amphipolis ⚔ im Peloponnesischen Krieg (422 v. Chr.). Sieg Athens (Attischer Seebund) über Sparta.

Amritsar, Massaker (13. April 1919) Nach Aufständen gegen die Rowlatt-Acts (Ausnahmeverordnungen der britischen Kolonialregierung) in den Straßen von Amritsar, Punjab (Indien), erschießen die Briten fast 400 Menschen und verwunden über 1000. Die Unruhen weiten sich danach über ganz Indien aus.

Amselfeld (*serbokr.* »Kosovo Polje«) ⚔ (1389). Christliche Serben und Bosnier werden von muslimischen Osmanen unter Sultan Murad I. besiegt.

Amundsen, Roald (1872–1928) Norwegischer Polarforscher; erforscht Nordpol und Südpol, findet die Nordwestpassage (1903–06) und entdeckt den magnetischen Nordpol. Führt 1911 die erste Expedition zum Südpol. Ab 1920 erforscht er die Arktis mit dem Flugzeug.

An Lushan (703–757) Chinesischer General; sammelt eine Armee von 160 000 Mann, um gegen die Tang zu rebellieren. Nimmt 756 Xi'an (*auch* Chang'an) ein, wird jedoch einige Jahre später ermordet.

Anasazi-Kultur (200–1500) Alte nordamerikanische Kultur. Berühmt für die Siedlungen in Adobebauweise (Pueblos) der späten Periode.

Anatolien Asiatischer Teil der Türkei; gebirgige Hochebene, die das Land zwischen Schwarzem Meer, Mittelmeer und Ägäis bedeckt.

Andersson, Carl Johan (1827–67) Schwedischer Erforscher Südwestafrikas (1853–59).

ANDORRA Das kleine, von Spanien und Frankreich umgebene Fürstentum liegt in den östlichen Pyrenäen. Seit dem 13. Jahrhundert herrschen hier spanische und französische Co-Fürsten (heute der französische Präsident und der Bischof von La Seu d'Urgell in Katalonien). Im Dezember 1993 wird hier erstmals gewählt. Eine herrliche Landschaft, alpines Klima und zollfreie Einkaufsmöglichkeiten machen das Land zum beliebten Urlaubsziel. Tourismus ist der wichtigste Wirtschaftszweig.

CHRONOLOGIE

742–814 Der fränkische König Kaiser Karl der Große begründet das Königreich Andorra als Pufferstaat gegen den islamischen Staat in Spanien.

1278 Unter dem katalanischen König Pere II. (*auch* Pedro II., Peter II.) kommt es zu einer Vereinbarung, nach der der römisch-katholische Bischof der spanischen Diözese Seu d'Urgell und der in Andorra herrschende Graf von Foix sich die Herrschaft über das Fürstentum als Co-Fürsten teilen. Der König von Frankreich erhält die Herrschaft über Andorra später durch Heirat.

1866 Erste geschriebene Verfassung. Die so genannte Neue Reform wird vom spanischen (1866) und vom französischen (1868) Co-Fürsten unterzeichnet.

1867 Französisch-spanische Vereinbarung nimmt Andorra von Zahlung von Importzöllen aus.

1970 Frauen erhalten Wahlrecht.

1982 Volkssouveränität wird in Verfassung verankert.

1983 Generalrat entscheidet sich für Erhebung einer Einkommenssteuer.

1984 Regierungsrücktritt wegen Streit um die Erhebung indirekter Steuern.

1991 Zollunion mit EU tritt in Kraft.

1992 Demonstranten fordern Verfassungsreform. Regierungsrücktritt.

1993 Referendum billigt neue Verfassung.

1994 Regierungssturz; es regiert ein Mitte-Rechts-Kabinett, 1997 bestätigt.

2001 Mitte-Rechts-Kabinett wiedergewählt.

Angeln Germanisches Volk, das im 5. Jahrhundert gemeinsam mit Jüten und Sachsen in Britannien eindringt.

Angevinen Ungarische Könige zwischen 1308 und 1387.

Angevinendynastie (*auch* Plantagenet, Anjou-Plantagenet) Von Heinrich II., Fürst von Anjou, 1154 begründete englische Dynastie.

Angkor Hauptstadt des Khmer-Reiches (Kambujadesha) in Zentralkambodscha. Die Stadt mit ihren toten Gottkönigen geweihten Steintempeln bedeckte eine Fläche von mehr als 25 km². Zu den beeindruckendsten Tempeln gehören Angkor Vat (12. Jahrhundert) und Angkor Thom (13. Jahrhundert). *S. 190*

Angkor-Dynastie 802 begründete, das Khmer-Reich beherrschende Dynastie.

Anglo-Burmesischer Krieg (1824–26, 1852, 1885) 1824 kam es zwischen Großbritannien und Birma (heute Myanmar) nach Grenzkonflikten zu einer Reihe von Kriegen. Zwei Jahre nach dem ersten Krieg unterzeichnet Birma den Friedensvertrag von Yandabo, verzichtet auf Assam und überlässt den Briten Arakan und Tenasserim. 1852 kommt es nach dem nächsten Konflikt zur Annexion des Irawaditals. Der dritte Krieg 1885 führt zur britischen Annexion des nördlichen Birma und (1890) der Shan-Staaten.

Anglo-Gurkha-Krieg (1814–15) Der Konflikt zwischen den Gurkha in Nepal und den Briten in Sikkim und der Gangesebene. Im Frieden von Segauli muss Nepal auf Sikkim und den Terai, die südlichen Vorberge des Westhimalajas, verzichten.

Anglo-Maratha-Kriege (1775–82, 1803–05, 1817–18) Der erste Maratha-Krieg beginnt mit den britischen Verwicklungen in die Auseinandersetzungen zwischen verschiedenen Maratha-Fürsten. Die Briten werden bei Wadgaon (1778) geschlagen, nehmen jedoch Gujarat ein und stürmen Gwalior. Der Krieg endet mit dem Frieden von Salabai (1782). Im zweiten Maratha-Krieg erringt Maratha dank seiner Artillerie teilweise Siege in den Schlachten von Assaye und Argaon (1803). Mit dem britischen Sieg über drei Maratha-Staaten im dritten Krieg 1818 wird das Maratha-Gebiet zu einem Teil von Britisch-Indien.

Anglo-Persian Oil Company (später BP) 1909 gegründet, um die iranischen Ölfelder auszubeuten.

Anglo-Tibetan Convention *siehe* Lhasa-Konvention

ANGOLA Öl- und diamantenreiches Land in Südwestafrika. Eine der ersten europäischen Kolonien in Afrika. Portugal baut schon 1482 entlang der Küste erste Festungen. Seit der Unabhängigkeit von Portugal 1975 befindet sich Angola nahezu permanent im Bürgerkrieg. Der Westen unterstützt jahrelang die UNITA gegen die von der Sowjetunion unterstützte MPLA-Regierung. Das mithilfe der UN erreichte Friedensabkommen von Lusaka 1994 scheitert, allerdings kann nach dem Tod des UNITA-Führers Jonas Savimbi 2002 ein Waffenstillstand unterzeichnet werden. *S. 445*

CHRONOLOGIE

1575 Die Portugiesen gründen Luanda, nachdem erste Forscher etwa hundert Jahre zuvor schon im Land waren. Portugal unternimmt Kriegszüge zur Beschaffung von Sklaven und Rohstoffen.

1891 Nach der Berliner Afrikakonferenz (1884–85), die ganz Afrika unter den Kolonialmächten aufteilt, sind die Grenzen von Angola festgelegt. In der Folge kommt es zu verstärkten Eroberungen und Besiedlungen durch Kolonisten. Die Portugiesen führen die Zwangsarbeit für afrikanische Angolaner ein. Bis 1922 ist die »Pazifizierung« erreicht. Größere portugiesische Ansiedlungen gibt es allerdings nur in dem Vierteljahrhundert nach dem Zweiten Weltkrieg.

1956 Das Movimento Popular de Libertação de Angola (Volksbewegung zur Befreiung Angolas) wird mit dem Ziel der Abschaffung der Kolonialherrschaft gegründet. Die von Agostinho Neto geführte Bewegung versteht sich als nichtrassistische Organisation, jenseits von Stammesidentitäten. Sie erhält später Unterstützung von der Sowjetunion und auch durch die African Unity (OAU), nachdem sie sich nach 1967 als erfolgreichste Befreiungsbewegung Angolas erwiesen hat.

1961 Februar bis März: Aufständen in Luanda und Nordangola folgen Repressionsmaßnahmen Portugals. Die MPLA beginnt bewaffneten Kampf gegen die Kolonialmacht. Unter Holden Roberto wird in Nordangola die im Volk der Bakongo verwurzelte FNLA (Frente Nacional de Libertação de Angola/Nationale Front zur Befreiung Angolas), gegründet. Die FNLA wird von den USA unterstützt, die MPLA von Russland und Kuba.

▶

1966 Gründung der UNITA (União Nacional para a Independência Total de Angola) unter Führung von Jonas Savimbi. Die Bewegung operiert zunächst vorwiegend in Ostangola. Bis 1990 gelingt es der UNITA, vom Hauptquartier in Jamba aus große Teile des Landes zu kontrollieren. Die UNITA ist v.a. bei den Mbundu (*auch* Ovimbundu) verwurzelt und wird von den USA und Südafrika unterstützt.
1974 In Lissabon kommt es zu einem Putsch gegen das faschistische Regime (»Nelkenrevolution«). Linksgerichtetes Militär stürzt Caetano. In der Folge werden auch Portugals Kolonien unabhängig. In Angola wird eine aus MPLA, FNLA und UNITA bestehende Übergangsregierung gebildet; Ziel ist, am 11. November 1975 die Unabhängigkeit zu verkünden. Bald brechen jedoch ernste ideologische Konflikte zwischen den drei Parteien aus.
1975 Am 11. November wird Angola unter der MPLA-Regierung mit Neto als Präsident völkerrechtlich unabhängig. Die südafrikanische Invasion zur Unterstützung von FNLA/UNITA scheitert dank sowjetischer Waffenlieferungen und kubanischer Truppenunterstützung 300 km südlich von Luanda. Nigeria erkennt, gefolgt von weiteren afrikanischen Staaten, die neue angolanische Regierung an. Im März 1976 kündigt Südafrika den Rückzug seiner Truppen aus Südangola an.
1979 José Eduardo dos Santos (MPLA) wird Präsident.
1991 UN-vermitteltes Friedensabkommen.
1992 Wahlsieg der MPLA führt zu Wiederaufnahme des Kampfes durch UNITA.
1994 Friedensabkommen von Lusaka.
1998 Erneuter Bürgerkrieg.
2000 Ausweitung der Kämpfe nach zunehmenden Guerillaaktionen der UNITA.
2002 Tod des UNITA-Führers Jonas Savimbi.

Anna von Böhmen (1366–94) Erste Frau Richards II. von England.

Annam Historischer Staat auf dem südostasiatischen Festland, auf dem Gebiet des heutigen Nordvietnam. Annam steht vom 2. Jahrhundert bis 1428 immer wieder unter chinesischer Vorherrschaft. Ab 1887 Teil des französischen Indochina. *Siehe auch* Dai-Viet, Vietnam

Anschluss (1938) Gewaltsame Annexion Österreichs durch Deutschland unter den Nazis, unter Verletzung der be-treffenden Punkte im Vertrag von Versailles 1919.

Ansiedlungsrayon (*russ.* Cherta Osedlosti) Nach Teilung Polens im späten 18. Jahrhundert entstandenes Gebiet innerhalb des Russischen Reichs, in dem Juden lebten. Zwischen 1783 und 1794 erließ Katharina die Große eine Reihe von Dekreten, nach denen sich Juden nur in den neu annektierten Gebieten geschäftlich betätigen durften. Im 19. Jahrhundert gehörten zum Ansiedlungsrayon das russische Polen, Litauen, Weißrussland, fast die ganze Ukraine, die Krim und Bessarabien. Mit wenigen Ausnahmen wurden Juden immer mehr in diese Gebiete zurückgedrängt, bis am Ende des 19. Jahrhunderts einer Volkszählung zufolge innerhalb der Ansiedlungsrayons fast fünf Millionen Juden lebten und etwa 200000 im übrigen Russland.

ANTARKTIS Fünftgrößter Kontinent der Erde, nahezu vollständig mit einer über 2000 m dicken Eisschicht bedeckt, mit einer vielfältigen Tierwelt, darunter Robben, Wale und Pinguine. Der 1959 unterzeichnete und 1961 in Kraft getretene Antarktisvertrag regelt die internationale Verwaltung des Kontinents. Jedes Land, das wissenschaftliche Forschungsprojekte in der Antarktis nachweisen kann, erhält einen Beraterstatus. Auf ein Artenschutzabkommen von 1994 hin richtete man rund um die Antarktis ein Walschutzgebiet ein.

Chronologie

Der russische Forscher von Bellingshausen entdeckte 1820 die Antarktis. Den Südpol erreicht als Erster im Dezember 1911 der Norweger Roald Amundsen. James Cook kreuzt den südlichen Polarkreis schon 1773, jedoch ohne die Antarktis zu sichten.
1819 Der britische Handelskapitän William Smith entdeckt South Shetland Islands. Jäger rotten dort daraufhin in wenigen Jahren die ganze Robbenpopulation aus.
1820 Der russische Forscher von Bellingshausen entdeckt die Antarktis.
1839–1843 Sir James Clark Ross entdeckt neues Land, das nach ihm Rossmeer benannt wird.
1892 Die Dundee-Walexpedition erreicht die Antarktis.
1909 Januar: Ernest Shackletons Expedition gelangt in die Nähe des Südpols (88°12' südlicher Breite).
1911 Dezember: Die von Roald Amundsen geleitete Expedition ist die erste am Südpol.
1912 Januar: Robert Falcon Scott erreicht den Südpol. Er stirbt zwei Monate später auf der Rückreise.
1929 November: Richard Byrd ist der Erste, der den Südpol überfliegt.
1957–1958 Im Internationalen Geophysikalischen Jahr beginnt die wissenschaftliche Erforschung der Antarktis.
1959 Der Antarktisvertrag wird von 12 Ländern unterzeichnet; Gebietsansprüche werden eingefroren.
1978 Die Konvention zur Begrenzung des Robbenfangs tritt in Kraft.
1985 Entdeckung des Ozonlochs.
1994 Einrichtung eines Walschutzgebietes in der Antarktis.
1998 Das Abkommen über ein 50-jähriges Abbauverbot von Mineralien tritt in Kraft.

Anti-ballistic Missile (ABM) Von den USA Ende der 60er-Jahre des 20. Jahrhunderts entwickeltes Abfangraketensystem.

Antibiotika Im Zweiten Weltkrieg entdecktes und erstmals angewendetes Medikament. *S. 416*

Antietam ⚔ im amerikanischen Bürgerkrieg (17. September 1862).

Antigoniden-Dynastie (um 306–168 v. Chr.) Von Alexanders General Antigonos I. Monophthalmos (= der »Einäugige«) nach dessen Tod begründete hellenistische Dynastie in Makedonien. Sie beherrschte die griechischen Teile des Reichs Alexanders des Großen.

Antigonus I. (*auch* Antigonos I. Monophthalmos, um 382–301 v. Chr.) Herrscher der griechischen Teile des Alexanderreiches.

ANTIGUA UND BARBUDA Der karibische Inselstaat gehört zu den Inseln über dem Winde und war nacheinander spanische, französische und britische Kolonie. Der britische Einfluss zeigt sich immer noch deutlich – u.a. in der Vorliebe der Inselbevölkerung für Cricket. Hauptinseln sind Antigua, die 50 km nördlich davon gelegene Insel Barbuda mit fantastischen Stränden sowie das 40 km westlich von Antigua gelegene Redonda, ein unbewohntes Felseneiland.

CHRONOLOGIE

1632 Nach der Kolonisierung durch Spanien und Frankreich im 16. und 17. Jahrhundert wurde unter Sir Thomas Warner eine ständige britische Siedlung gegründet.

1666 Nach kurzzeitiger Besetzung durch Frankreich wird Antigua mit dem Vertrag von Breda wieder britische Kolonie.

1860 Die bislang der britischen Familie Codrington gehörende Insel Barbuda wird Teil der britischen Kolonie Antigua.

1951 Allgemeines Wahlrecht.

1981 Unabhängigkeit von Großbritannien gegen die Opposition der Barbuda-Sezessionsbewegung.

1983 Unterstützt US-Invasion in Grenada.

1994 Lester Bird wird Premierminister.

1995 Proteste gegen neue Steuern.

1999 Sechster Wahlsieg in Folge für ALP; Lester Bird bleibt Premierminister.

Antikominternpakt (25. November 1936) Von Deutschland und Japan unterzeichnete Vereinbarung zur Bekämpfung des Kommunismus. Im Oktober 1937 tritt Italien dem Pakt bei.

Antiochos III., der Große († 187 v. Chr.) König des Seleukidenreichs (reg. 223–187 v. Chr.). Seine Einmischung in griechische Angelegenheiten führt zum Konflikt mit Rom. Wird von Rom 191 in der Thermopylen-Schlacht geschlagen.

Anyang Shang-Residenz (1400 v. Chr.).

Anzio (*auch* Anzio Beach) ⚔ im Zweiten Weltkrieg (Januar bis Mai 1944). Alliierte Landung in Mittelitalien. Bau eines Brückenkopfs im Rücken deutscher Linien.

Anzio Beach *siehe* Anzio

Anzus-Pakt (*auch* Pazifik-Pakt 1951) Pazifischer Beistandspakt zwischen den Staaten USA, Australien und Neuseeland zur Verteidigung gegen bewaffnete Angriffe (Abk. bezieht sich auf Anfangsbuchstaben unterzeichnender Staaten).

Aornos Siegreiche ⚔ Alexanders bei Invasion Baktriens (327 v. Chr.).

Aotearoa In Maori »Land der langen weißen Wolke«. *Siehe* Neuseeland

Apachen Amerikanische Ureinwohner im Südwesten der USA. Wegen ihrer schwer zugänglichen Wohngebiete leben sie lange unbehelligt von feindlichen Übergriffen europäischer Kolonisten. Unter Führung von Geronimo kämpfen sie im 19. Jahrhundert in den Apachenkriegen gegen die US-Armee, bis sie 1887 gewaltsam in Reservate abgeschoben werden.

Apartheid (»Gesondertheit«, Separation) Separationspolitik in Südafrika, nach der von den 60er-Jahren bis 1990 die farbige Bevölkerung – v.a. die schwarze Mehrheit – sozial, politisch und ökonomisch diskriminiert wird. *Siehe auch* Südafrika

Appische Straße (*auch* Via Appia) Erste römische Fernstraße. *S. 61*

Appomattox (1865) Niederlage der Konföderierten im Sezessionskrieg (USA).

Aquin, Thomas von (*auch* Aquinas, Aquino, Doctor Angelicus, *it.* San Tommaso d'Aquino, um 1224–74) Italienischer Philosoph und Kirchenlehrer.

Aquitanien Landschaft in Südwestfrankreich; nach dem vom Römischen Reich unter Julius Caesar besiegten Volk der Aquitaner benannt. Wird 418 zum Kernland des Westgotenreiches, das 507 von den Franken besiegt wird.

ar-Rashid, Harun (*auch* Harun al-Raschid, Ibn Muhammad al-Mahdi, Ibn al-Mansur al-Abbasi, 763/766–809) Fünfter Kalif der Abbasidendynastie (reg. 786–809). *S. 137*

Ara Pacis Augustae (»Altar des Augustusfriedens«) In Rom vom Senat 13 v. Chr. erbautes Denkmal anlässlich des *pax romana* (Römischer Friede). *S. 81*

Araber Semitisches Volk, im engeren Sinne die Bewohner der Arabischen Halbinsel, heute meist auf alle arabisch sprechenden Völker angewandt, die sich der arabisch-islamischen Kultur verbunden fühlen. *S. 130*

Arabian American Oil Company (ARAMCO) 1936 u.a. von Standard Oil of California und Texaco zur Nutzung der Schürfrechte in Saudi-Arabien gegründet; gehört heute zu den mächtigsten Ölkonzernen weltweit. Seit 1979 unter Führung der saudischen Regierung.

Arabien *siehe* Saudi-Arabien

Arabische Liga Zusammenschluss arabischer Staaten von 1945. Zu den Gründungsmitgliedern gehören Ägypten, Syrien, Libanon, Transjordanien (heute Jordanien), Irak, Saudi-Arabien und Jemen. 1994 gehören der Liga schon 22 Mitgliedsstaaten an, darunter auch das von der PLO vertretene Palästina.

Arabischer Aufstand (1915–18) Gegen die osmanische Vorherrschaft gerichteter arabischer Aufstand während des Ersten Weltkriegs. Zentrum war Hidjas (*auch* Hijas, Hedschas), ein Landstrich an der Westküste der Arabischen Halbinsel. Er ermöglichte den Briten die Errichtung eines Palästinamandats und den Vorfahren der heutigen Königsfamilie die Begründung der saudischen Dynastie.

Arafat, Yassir (*auch* Rahman Abd ar-Rauf Arafat al-Qudwa al-Husaini, geb. 1929) Palästinensischer Politiker, Führer (seit 1969) und Mitbegründer (1959) der Palästinensischen Befreiungsorganisation (PLO). 1988 kann er innerhalb der PLO eine Mehrheit zur Anerkennung der Koexistenz eines israelischen Staates mit einem unabhängigen palästinensischen Staat erreichen. Unterzeichnet 1993 mit dem israelischen Premierminister Itzhak Rabin einen Friedensvertrag (Verzicht Israels auf Jericho und den Gazastreifen).

ARAMCO *siehe* Arabian American Oil Company

Araukaner Volk in Mittelchile, das dem europäischen Expansionsstreben mehr als 300 Jahre heftig und erfolgreich Widerstand leistet. Nach 1870 werden sie von der chilenischen Armee besiegt.

Arbela ⚔ in den Kriegen zwischen Parthien und Rom (216 v. Chr.).

Archimedes (um 287–212 v. Chr.) Griechischer Wissenschaftler und Mathematiker, der wichtige Beiträge zur Theorie der Mechanik und der Hydrostatik leistete, darunter das Archimedische Prinzip (*auch* Satz des Archimedes), nach dem die Auftriebskraft eines Körpers genauso groß ist wie die Gewichtskraft der vom Körper verdrängten Flüssigkeitsmenge.

Architektur *siehe* Kunst und Architektur

Arcole ⚔ von (1796), Napoleonische Kriege, Italienfeldzug, französischer Sieg.

Ardaschir I. († 241) Persischer König (reg. 208–241). Um 224 besiegte Ardaschir den parthischen Herrscher Artabanus V. aus der Arsakidendynastie, drang in Syrien ein und begründete die Sassanidendynastie. Er machte Ktesiphon am linken Ufer des Tigris (nahe Bagdad) zur Hauptstadt des Sassanidenreiches und stärkte den Zoroastrismus (*auch* Parsismus).

Ardennen ⚔ im Zweiten Weltkrieg (Dezember 1944 bis Februar 1945). Letzte deutsche Offensive in Westeuropa.

ARGENTINIEN erstreckt sich auf 3460 km über den größten Teil der Südhälfte Südamerikas von Bolivien bis zum Kap Hoorn. Im Westen bilden die Anden eine natürliche Nord-Süd-Grenze zu Chile. Sie fallen im Osten sanft zur ebenen, fruchtbaren Pampa im Gebiet von Entre Ríos ab. Erste spanische Siedlungen gibt es seit 1543 in den Vorbergen der Anden. Die indianischen autochthonen Völker, die schon das Inkareich am Vordringen hinderten, leisten auch spanischen Kolonisten bis nach 1590 Widerstand. Wichtigste Einnahmequellen sind die Landwirtschaft, v.a. Rinderzucht, Getreide- und Obstanbau, und die Energieressourcen. Nach wiederkehrenden Phasen der Militärdiktatur kehrt das Land 1983 zur Demokratie zurück. 2001 und 2002 wird es von tief gehenden Wirtschafts- und Verfassungskrisen erschüttert.

CHRONOLOGIE

1516 Juan de Solis wird nach der Landung in Argentinien von Ureinwohnern getötet.
1526 Sebastiano Caboto baut ein Fort an der Mündung des Rio de la Plata.
1535 Pedro de Mendoza baut den Hafen Santa Maria del Buen Aire dort, wo sich heute Buenos Aires befindet.
1776 Buenos Aires wird vom Vizekönigreich Peru getrennt. Es wird Sitz des Vizekönigreichs Rio de la Plata.
1816 Die Vereinigten Provinzen von Rio de la Plata erklären ihre Unabhängigkeit. Zwischen liberalen Unitariern (Zentralisten), die einen zentral von Buenos Aires aus regierten Staat anstreben, und konservativen Föderalisten in den Provinzen, die eine Vorherrschaft der Hauptstadt ablehnen, brechen Konflikte aus.
1827 Der erste Präsident der Republik, Bernardino Rivadavia, tritt zurück, nachdem seine zentralistisch-liberale Verfassung von den Provinzen abgelehnt wird.
1829 Der Föderalist Juan Manuel de Rosas, der in den Provinzen eine breite Unterstützung genießt, wird zum Gouverneur der Provinz Buenos Aires ernannt. Er beseitigt die Caudillos (Anführer) der Provinzen und begründet schließlich als uneingeschränkter Herrscher einen argentinischen Einheitsstaat.
1835–1852 Diktatur unter Juan Manuel de Rosas.
1853 Einrichtung eines Bundesstaates.
1857 Europäer beginnen die Pampas zu besiedeln; 6 Mio. Einwohner bis 1930.
1877 Erste Kühlschiffe transportieren argentinisches Rindfleisch nach Europa.
1878–1883 Ausrottungskrieg gegen die Pampasindianer.
1916 Erste demokratische Präsidentschaftswahlen; Gewinner ist Hipólito Yrigoyen.
1930 Militärputsch.
1943 Wiederholter Militärputsch. Gewerkschaftsgründung durch General Juan Perón.
1946 Perón wird mit Unterstützung der Gewerkschaften und des Militärs zum Präsidenten gewählt.
1952 Eva Perón (»Evita«), charismatische Gattin Juan Peróns, stirbt an Leukämie.
1955 Militärputsch stürzt Perón. Inflation, Streiks und Arbeitslosigkeit.
1973 Der aus dem Exil zurückkehrende Perón gewinnt erneut Präsidentschaftswahl.
1974 Perón stirbt; Präsidentin wird seine dritte Frau »Isabelita«, diese wird jedoch vom Militär zur Unterzeichnung zahlreicher Ausnahmegesetze genötigt.
1976 Militärjunta (Videla, Viola, Galtieri, Bignone) übernimmt die Macht. Politische Parteien werden verboten. Schwere Menschenrechtsverletzungen, »Verschwinden« von über 10 000 Oppositionellen.
1981 General Galtieri wird Präsident.
1982 Argentinien besetzt Falklandinseln. Rückeroberung durch Großbritannien.
1983 Der Menschenrechtler Raúl Alfonsín (UCR) wird Wahlsieger der freien Präsidentschaftswahlen. Hyperinflation.
1989–1992 Carlos Menem (Peronist) wird Präsident; die Inflation sinkt auf 18%.
1995 Rezession.
1998–1999 Argentinien übersteht die Finanzkrise in Brasilien.
1999 Fernando de la Rua wird Präsident im Mitte-Links-Bündnis (UCR–FREPASO).
2000 Der Vizepräsident und FREPASO-Chef Carlos »Chaco« Alvarez muss nach Skandal um gekaufte Wählerstimmen zurücktreten. Streiks und Demonstrationen wegen Energiesteuer. Sinkender Fleischexport nach Ausbruch von Maul- und-Klauen-Seuche. IWF sagt Argentinien Hilfszahlungen in Höhe von rund 40 Milliarden Dollar zu.
2001 Die auf Druck des Internationalen Währungsfonds (IWF) durchgeführte Konsolidierungspolitik führt zu Streiks. Peronisten-Mehrheit in beiden Parlamentskammern nach Wahl. Rücktritt de la Ruas nach gewaltsamen Demonstrationen. Interimspräsident Rodriguez Saa tritt schon nach einer Woche wieder zurück.
2002 Der Peronist Eduardo Duhalde wird Präsident, die Krise verschlimmert sich.

Arianismus Lehre des Arius (um 318), nach der Christus als nicht wesensgleich mit Gott betrachtet wird; ihr hängen vor allem Völker des Weströmischen Reichs an, sie wird jedoch im Konzil von Nicäa (324) verboten.

Arica ⚔ im Salpeterkrieg (*auch* Pazifischer Krieg, 1880). Chilenischer Sieg.

Arier Nomadisches, zur indoeuropäischen Sprachfamilie gehörendes Volk, das nach 1500 v. Chr. in Nordwestindien eindringt. Die ursprünglich Viehzucht betreibenden Menschen werden in Indien zu sesshaften Bauern. Sie breiten sich allmählich nach Osten aus. Sie sind in zahlreiche Stämme unterteilt, die häufig Krieg gegeneinander führen. Die frühen arischen Siedler schließen sich 600 v. Chr. zu 16 unabhängigen politischen Einheiten zusammen (*siehe* Magadha), die die nordindische Ebene beherrschen.

Aristoteles (384–322 v. Chr.) Berühmter griechischer Philosoph, der alle wichtigen Themen von der Logik über die Ethik, die Politik und die Kunst bis zu den Naturwissenschaften behandelt. Beliebter Philosoph der historischen islamischen Welt und des europäischen Mittelalters. *S. 59*

Armen von Lyon, die *siehe* Waldenser

ARMENIEN Das im Kleinen Kaukasus gelegene Land ist die kleinste der ehemaligen Sowjetrepubliken. Es hat als erster Staat das Christentum zur Staatsreligion ernannt. Im Süden, Osten und Westen grenzt es an muslimische Staaten. Das historische Volk der Armenier hat im Lauf seiner Geschichte seine Unabhängigkeit immer wieder verloren. 1639 vereinnahmt das Osmanische Reich den Westen des Landes und Persien den

Osten. Persien überlässt seinen Teil 1828 Russland. Seit 1988 beschäftigt der Konflikt mit Aserbaidschan um die Enklave Berg-Karabach das Land.

CHRONOLOGIE

519 v. Chr. Die Armenier werden von den Persern besiegt und 334 v. Chr. von Alexander dem Großen. 189 v. Chr. erlangt das Land seine Unabhängigkeit zurück und entwickelt sich unter Tigranes II. (95 bis um 56 v. Chr.) zu einem der mächtigsten Staaten des Nahen Ostens, bevor es schließlich von Rom besiegt wird.

300 Armenien wird christlich.

628 Armenien wird erst byzantinische Provinz und 652 von den Arabern besiegt.

866 Armenien erlangt seine Unabhängigkeit zurück, bis zur Niederlage gegen die Seldschuken im 12. Jahrhundert.

1609 Die armenische Stadt Nachitschewan (*auch* Nakitschewan) wird im Rahmen der gewaltsamen persischen Islamisierungspolitik zerstört, die Bevölkerung deportiert. Persien und das Osmanische Reich streiten weiter über die Vorherrschaft in der Region. 1639 wird Westarmenien Teil des Osmanischen Reiches und Ostarmenien (der kleinere Teil) persisch.

1828 Ostarmenien wird nach dem Russisch-Persischen Krieg im Vertrag von Turkmenchai (*auch* Turkmentschai) Teil des Russischen Reiches. Armenische Kaufleute werden bis 1885 von der Zarendynastie gefördert, danach werden alle Armenier aus Angst vor Unabhängigkeitsbestrebungen unterdrückt und verfolgt.

1877–1878 Massaker an Armeniern im Russisch-Türkischen Krieg.

1894–1896 Etwa 200000 Armenier im türkisch-osmanischen Teil Armeniens werden von Türken ermordet.

1915 Osmanen deportieren etwa 1,75 Mio. türkische Armenier; die meisten sterben.

1920 Unabhängigkeit.

1922 Armenien wird Sowjetrepublik.

1988 Ein Erdbeben tötet 25000 Menschen. Beginn des Konflikts mit Aserbaidschan um die Enklave Berg-Karabach.

1991 Unabhängigkeit von der UdSSR.

1994 Waffenstillstand mit Aserbaidschan.

1995 Erste freie Wahlen.

1998 Kotscharjan wird Präsident.

1999 Bei einem Angriff auf das Parlament wird der Premierminister erschossen.

2002 November: Erfolgloses Treffen mit aserbaidschanischem Präsidenten wegen Berg-Karabach.

Arnheim ⚔ im Zweiten Weltkrieg (*auch* Operation Market Garden, September 1944). Gescheiterter Versuch der Alliierten, mittels Luftlandetruppen die Brücken über den Rhein zu sichern.

Arsakes I. († 211 v. Chr.) Begründer des Partherreiches und der Arsakidendynastie (247); herrscht von etwa 250 bis 211 v. Chr., gelangt durch einen Aufstand gegen die Seleukiden auf den Thron.

Arsakiden-Dynastie *siehe* Arsakes I.

Arsur (*auch* Arsuf) ⚔ während der Kreuzzüge. Sieg der Kreuzritter (1191).

Arthur, Gabriel Erforschte im 17. Jahrhundert Nordamerika. 1673 begleitet er Arthur James Needham nach Südwesten über die Blue Ridge Mountains (Randgebirge der Appalachen) bis ins Gebiet der Cherokee.

Aschanti-Reich Mächtiges westafrikanisches Königreich (Ghana); blüht vom 17. bis zum 19. Jahrhundert, danach wird das Aschantireich von britischen Truppen eingenommen. *S. 318*

ASEAN *siehe* Association of South-East Asian Nations

ASERBAIDSCHAN Das an der Westküste des Kaspischen Meeres gelegene Land erklärte sich als erste Sowjetrepublik für unabhängig. Wegen des immer noch bestehenden Konfliktes um die Enklave Berg-Karabach war das Land bis 1994 mit Armenien im Krieg. Mehr als 200000 Flüchtlinge und mehr als doppelt so viele im Land Vertriebene vergrößerten die wirtschaftlichen Probleme. Die Ölvorkommen Aserbaidschans bieten jedoch langfristig wirtschaftliches Potenzial.

CHRONOLOGIE

3. Jahrhundert Das Gebiet des heutigen Aserbaidschan gerät unter die Herrschaft der persischen Sassanidendynastie.

641 Muslime erobern die Region und bekehren nach und nach die ansässige iranisch sprechende Bevölkerung.

11. Jahrhundert Seldschukische Türken beherrschen bis zum Einfall der Mongolen unter Dschingis Khan im 13. Jahrhundert und Timur im 14. Jahrhundert das Gebiet.

1728 Nach 300 Jahren anhaltender Rivalität zwischen Osmanen und Persern fällt die Region beim Vertrag von Konstantinopel an die Osmanen. Khanate scheinen von beiden Großmächten unabhängiger zu werden. Durch den ab 1805 zunehmenden russischen Einfluss werden jedoch einige Khanate russisches Protektorat.

1828 Der Vertrag von Turkmenchai teilt das Gebiet entlang dem Fluss Araks zwischen Persien und Russland.

1918 Die Briten, die im Bürgerkrieg, der auf die Russische Revolution von 1917 folgte, gegen die Bolschewiki kämpften, helfen beim Aufbau einer unabhängigen Regierung. Aserbaidschan erklärt im russischen Bürgerkrieg seine Neutralität, bittet aber erfolgreich um türkische Unterstützung zur Vertreibung bolschewikischer Sowjets.

1920 Einmarsch der Roten Armee. Gründung der Sowjetrepublik.

1922 Aserbaidschan wird Teil der Transkaukasischen Sozialistischen Föderativen Sowjetrepublik (TSFSR).

1930 Kollektivierung der Landwirtschaft.

1936 TSFSR aufgelöst; Aserbaidschan wird Sowjetrepublik (ASSR).

1945 Iran versucht aserbaidschanisches Gebiet zu annektieren.

1985 Gorbatschow bekämpft Korruption in der KP Aserbaidschans.

1988 Berg-Karabach will Vereinigung mit Armenien.

1990 Sezessionsversuch Berg-Karabachs. Einmarsch sowjetischer Truppen.

1991 Unabhängigkeit.

1993 Alijew Präsident; Wiederwahl 1998.

1994 Waffenstillstand im Krieg mit Armenien um Berg-Karabach.

1995 Erste Parlamentswahlen seit der Unabhängigkeit. NA gewinnt.

2001 Aserbaidschans im Europarat.

2002 Erfolgloses Treffen mit Armenien wegen Konflikt um Berg-Karabach.

Ashanti *siehe* Aschantireich

Ashikaga-Shogunat (1336–1573) Regierungszeit einer japanischen Adelsfamilie, die Militärherrscher (Shogune) stellte.

Ashoka (*auch* Asoka, Aschoka; † 232 v. Chr.) Maurya-Herrscher (reg. 273–232 v. Chr.). Der Enkel von Candragupta Maurya (*auch* Chandragupta, Tschandragupta Maurja, *griech.* Sandrakottos) weitet seine

Herrschaft über fast den ganzen indischen Subkontinent aus. Nach dem Sieg in Kalinga wird er Buddhist und lässt die buddhistische Lehre in Säuleninschriften und Felsenedikten verbreiten. *S. 62*

Asiento-Vertrag Von der spanischen Krone vom 16. bis zum 18. Jahrhundert vergebenes Handelsmonopol, das dem Händler (*asentista*) gegen eine bestimmte Summe das alleinige Recht zum Sklavenhandel von Afrika in die spanischen Kolonien Amerikas zusichert.

Askalon (*auch* Ashgelon) ⚔ während der Kreuzzüge (1099). Die Stadt wird von Kreuzrittern eingenommen.

Assassinen Ismailitische schiitische Sekte in Vorderasien (11.–13. Jahrhundert).

Association of South-East Asian Nations (ASEAN, Vereinigung südostasiatischer Staaten) 1967 gegründetes Bündnis südostasiatischer Staaten.

Assurbanipal (*auch* Aschur-bani-apli, *griech.* Sadarnapal) Letzter großer assyrischer König (reg. 668–627 v. Chr.), richtet in Ninive die erste systematisch organisierte Bibliothek des Altertums in Vorderasien ein. *S. 42*

Assyrien (*auch* Aschur, Neuassyrisches Reich, um 950–612 v. Chr.) Um die Stadt Assur am Tigris in Obermesopotamien gegründetes Reich, das nach Siegen über Nachbarvölker expandiert. Auf dem Höhepunkt vom 9. bis zum 8. Jahrhundert v. Chr. reicht Assyrien vom Mittelmeer bis nach Ostpersien und vom Persischen Golf bis nach Ostanatolien. 667 v. Chr. von Ägypten überfallen, 612 v. Chr. von Medern und Babyloniern besiegt. *S. 42*

Astronomie
Ägyptische Astronomie *S. 34*
Arabische Astronomie *S. 154*
Renaissanceastronomie *S. 300*

Atacama-Wüste ⚔ im Salpeterkrieg (*auch* Pazifischer Krieg, 1879–83).

Atahualpa (1502–33) Letzter Inkaherrscher, wird von Francisco Pizarro gefangen genommen und getötet.

Atatürk, Mustafa Kemal (*früher* Mustafa Kemal Pascha, 1881–1938) Gründer und erster Präsident der Republik Türkei. Teilnahme am Aufstand der Jungtürken (1908). Er dient im Ersten Weltkrieg in der Osmanischen Armee, lehnt sich jedoch 1919 gegen die osmanische Herrschaft auf und richtet schließlich in Ankara eine provisorische Regierung ein. Im Griechisch-Türkischen Krieg vertreibt er als Heerführer die Griechen aus Westanatolien (1919–22). 1922 ist das Osmanische Reich am Ende. Die Türkei wird eine säkulare Republik mit Kemal Pascha als Präsident. Er erlässt zahlreiche Reformgesetze, um die islamische Gesellschaft in allen Bereichen in eine säkulare Gesellschaft westlichen Stils zu verwandeln. 1934 nimmt er den Namen Atatürk, »Vater der Türken«, an.

Athapasken (*auch* Athabascen) Vorwiegend in Westkanada lebendes nordamerikanisches Volk, nomadische Jäger. Zu den Athapasken zählen alle Gruppen, die athapaskische Sprachen sprechen.

Athaulf König der Westgoten (um 414).

Athelred II. (*auch* Ethelred II., Ethelred der Unberatene, † 1016, reg. 978–1013) König von Wessex (England). Unter seiner Herrschaft gab es vermehrt Wikingerüberfälle.

Athen Der u.a. aufgrund seiner kulturellen Errungenschaften berühmteste Stadtstaat des alten Griechenland und unter der Regierung von Perikles im 5. Jahrhundert v. Chr. auch der mächtigste. 431 v. Chr. führt Athens Vormachtstellung im Attisch-Delischen Bund (Erster Attischer Seebund) und das starke Expansionsstreben Athens zur Auseinandersetzung mit dem von Sparta geführten Peloponnesischen Bund (Peloponnesischer Krieg), den Athen verliert. Unter Rom (ab 146 v. Chr.) ist Athen nur noch kulturell bedeutend. 1834 ist es Hauptstadt des Königreichs Griechenland. *S. 56, S. 59*

Atjeh *siehe* Aceh

Atlanta ⚔ im Sezessionskrieg (20. Juli bis 2. September 1864). Sieg der Union.

Atlantikschlacht ⚔ im Zweiten Weltkrieg (1939–45). Fortwährende deutsche Angriffe (vor allem U-Boot-Krieg), um den Nachschub der Alliierten zu blockieren; durch Sicherung der Routen mit alliierter Luftwaffe können die Angriffe abgewehrt werden. *S. 415*

Atomzeitalter Ausdruck für die Zeit nach dem Ende des Zweiten Weltkriegs, als die Kernspaltungstechnologie, die für Kernkraftwerke und Massenvernichtungswaffen verwendet werden kann, von einigen Nationen weiterentwickelt wurde.

Aton Ursprünglich ägyptischer Name für die Sonnenscheibe, später dann Bezeichnung für den Sonnengott; monotheistischer Gott der von Pharao Echnaton im Mittleren Reich eingeführten Religion.

Atsugashi-yama ⚔ im mittelalterlichen Japan (1189). Niederlage der Fujiwarafamilie.

Attaliden-Dynastie (282–133 v. Chr.) Von Philetairos begründete Dynastie; beherrschte im 3. und 2. Jahrhundert v.Chr. das Königreich Pergamon (*auch* Pergamum) im nordwestlichen Kleinasien.

Attila (um 400–453) Seit etwa 445 König der Hunnen. Verwüstet den größten Teil des Oströmischen Reichs, zwingt Kaiser Theodosius II. zu Tributzahlungen und zur Überlassung von Siedlungsland auf dem Balkan. Dringt 451 in Gallien ein, wird jedoch vom römischen und gotischen Heer in der Schlacht auf den Katalaunischen Feldern besiegt.
Nach dem Einfall in Norditalien (452) – Zerstörung von Aquileia – stirbt Attila. Das Hunnenreich zerfällt. *Siehe auch* Hunnen

Attischer Bund (*auch* Attisch-Delischer Bund) *siehe* Athen

Aufklärung Bezeichnung der philosophischen und naturwissenschaftlichen Bewegung im Europa des 18. Jahrhunderts und der zugehörigen Epoche, die sich durch radikale Kritik gegenüber autoritären Denkweisen und Staatsformen auszeichnet. Im Mittelpunkt steht die Vorstellung von der Vernunft jedes Menschen, die ihn u.a. dazu befähigt, richtig und falsch zu erkennen. *S. 326*

Augusta ⚔ in Amerikanischer Revolution (29. Januar 1779). Britischer Sieg.

Augustin, St. (Hl. Augustinus von Canterbury, † 604) Italienischer christlicher Missionar. Reist 597 nach Britannien und erreicht die Bekehrung vieler der südlichen angelsächsischen Königreiche.

Augustinus von Hippo, St. (*auch* Aurelius, 354–430) Christlicher Bischof und Theologe. Verfasser des Werkes *Über den Gottesstaat (De Civitate Dei)*, einer der einflussreichsten frühen Kirchenlehrer.

Augustus Caesar (*auch* Octavian, Octavianus, Gaius Octavius, 63 v. Chr.–14 n.Chr.) Erster römischer Kaiser (27 v.Chr.–14 n.Chr.). Octavian ist der Großneffe und adoptierte Erbe von Julius Caesar. Nach dessen Tod gewinnt er allmählich die Macht über das Römische Reich, das er nach dem Sieg über Marcus Antonius und Kleopatra alleine beherrscht. Der römische Senat verleiht ihm den Titel Augustus. Er ist nun Herrscher auf Lebenszeit. *S. 81*

Aungzeya *siehe* Alaungpaya

Aurangseb (*auch* Aurangzeb, Alamgir I., 1618–1707) Indischer Großmogul (reg. 1658–1707). Erster Mogulherrscher, der sein Herrschaftsgebiet bis in den Süden Indiens ausdehnen kann. Allerdings muss er seine Vorherrschaft mit Gewalt u.a. gegen rebellierende Radschputen und v.a. gegen die mittelindischen Marathen durchsetzen. Seine Bevorzugung von Muslimen und sein repressiver Regierungsstil führen schließlich nach seinem Tod zum Zerfall des Mogulreiches. Parallel dazu nehmen der Einfluss der Britischen und der Französischen Ostindienkompanie zu. *S. 313*

Aurignac-Technologie In einer frühen Kulturstufe der Menschheit vor etwa 45000 Jahren entwickelte Werkzeugtechnik, die sich über Vorderasien nach Südeuropa ausbreitet. Dazu gehören kleine Feuersteinspitzen, die an Holz- oder Knochengriffen befestigt werden.

Austerlitz ⚔ in den napoleonischen Kriegen (1805). Französische Truppen besiegen Österreich und Russland. Damit beherrscht Napoleon Mitteleuropa.

Australiden Bezeichnung für die ersten Menschen, die den Kontinent Australien und die Insel Neuguinea vor etwa 60000 Jahren besiedeln; Vorfahren der Papua und Aborigines.

AUSTRALIEN Das sechstgrößte Land der Erde ist ein Inselkontinent zwischen dem Indischen und dem Pazifischen Ozean. Das holländische, portugiesische, französische und britische Vordringen im 17. und 18. Jahrhundert führt zum Ende der jahrtausendelangen Isolation des Kontinents und seiner Bewohner, der Aborigines. Am 26. Januar 1788 hisst der Gouverneur Arthur Philip bei Sydney Cove die britische Flagge. Die abwechslungsreiche Natur weist u.a. tropische Regenwälder, große Wüsten (im trockenen »Roten Zentrum«), schneebedeckte Berge, wellige Weidegebiete und herrliche Strände auf. Die berühmtesten Naturdenkmäler sind u.a. Uluru (Ayers Rock) und das Great Barrier Reef. Die meisten Australier leben in den Küstengebieten, die Hauptstädte der Bundesstaaten befinden sich alle an der Küste, darunter auch die Olympiastadt von 2000, Sydney. Nur die Landeshauptstadt Canberra liegt im Landesinneren, wo sich sonst hauptsächlich große Reservatsgebiete der Aborigines befinden.

CHRONOLOGIE

45000 v. Chr. Archäologische Funde weisen darauf hin, dass hier zu dieser Zeit Aborigines eingewandert sind.
1606 Der holländische Kapitän Willem Janz geht in Cape York an Land.
1642 Der holländische Seefahrer Abel Janszoon Tasman entdeckt Tasmanien (damals Van Diemens Land).
1688 Der Seeräuber William Dampier landet an der australischen Nordwestküste.
1770 Kapitän James Cook kartografiert die Ostküste und geht bei Botany Bay an Land. Er hisst in Cape York die britische Flagge und nimmt das Land in Besitz.
1788 Elf britische Schiffe setzen ihre Passagiere, darunter über 700 Strafgefangene, in Port Jackson (heute Sydney) ab; Beginn der britischen Strafkolonie.
1790 Freie Siedler kommen nach Australien.
1803 Tasmanische Strafkolonie.
1813 Forscher überqueren die Blue Mountains, Teil der Australischen Kordillere (Great Dividing Range) in Ostaustralien.
1831 Statt der bisher üblichen Landschenkungen an Siedler durch den Gouverneur wird der Boden nun regulär verkauft. Ehemalige Sträflinge erhalten mehr Rechte.
1840 Sträflingstransporte nach New South Wales beendet.
1850 Australische Kolonien erhalten von Großbritannien größere Autonomie, eine eigene Verfassung und Handelsfreiheit.
1851 In Bathurst, New South Wales, und in Ballarat, Victoria, wird Gold entdeckt. Goldrausch zieht viele Goldsucher an.
1853 Ende der Gefangenentransporte nach Tasmanien.
1853–1867 Gefangenentransporte nach Westaustralien, Gefangene werden dort als Farmarbeiter eingesetzt.
1863 Erste einer Reihe von Konferenzen mit dem Ziel eines engeren Zusammenschlusses der australischen Kolonien.
1891 Erste Konferenz zur Gründung einer australischen Konföderation.
1901 Gründung des Commonwealth of Australia mit einem aus zwei Kammern bestehenden Parlament, Repräsentantenhaus und Senat. Staatsoberhaupt ist die britische Krone, vertreten durch einen von ihr ernannten Generalgouverneur.
1915 Große Verluste australischer Truppen im Ersten Weltkrieg bei Gallipoli.
1929 Wirtschaftskrise; Große Depression.
1939 Premierminister Menzies sichert Unterstützung Großbritanniens im Krieg gegen Deutschland zu.
1942 Singapur fällt an Japan. Japanische Invasion in Australien scheint bevorzustehen. Regierung bittet USA um Hilfe.
1950 Australische Truppen kämpfen auf US-Seite im Koreakrieg.
1962 Die Regierung Menzies sagt USA Unterstützung im Vietnamkrieg zu.
1966 Einführung einer Dezimalwährung.
1972 Whitlam-Regierung gewählt. Ende der Unterstützung im Vietnamkrieg.
1975 Generalgouverneur Sir John Kerr entlässt Whitlam-Regierung. Koalitionsregierung unter Malcolm Fraser.
1983 Bob Hawke wird Premierminister einer ALP-Regierung.
1985 Aufschwung folgt Rezession.
1992 Paul Keating besiegt Hawke in Wahl zum Parteivorsitzenden, wird Premierminister und kündigt nach Asien orientierte Politik an. Oberster Gerichtshof erkennt Landrechte der Aborigines an (»Mabo«).
1993 Keating gewinnt trotz gegenteiliger Prognosen erneut Parlamentswahlen. »Native Title Act« sichert Entschädigungszahlungen an Aborigines zu, wenn existierendes Landrecht Rechte der Aborigines aufhebt.
1996 Wahlniederlage der Keating-Regierung. Der Liberale John Howard wird Premierminister. Nachdem ein Bewaffneter in Port Arthur, Tasmanien, 35 Menschen erschießt, werden strengere Waffengesetze erlassen. Erste Todesfälle durch umstrittenes, im Northern Territory erlassenes Euthanasiegesetz. Kurz danach Aufhebung des Gesetzes auf Bundesebene.
1998 Wahlen: geringe Mehrheit für Howards national-liberale Koalition; Wahlerfolge von Rechtsextremisten führen zu Ängsten vor rechtsextremer Mehrheit, die jedoch unbegründet sind.
1999 In Referendum spricht sich Mehrheit weiter für britische Königin statt des gewählten Premiers als Staatsoberhaupt aus.
2000 Olympische Spiele in Sydney.
2003 Australien im Streit um Beteiligung an von USA und Großbritannien geführtem Irak-Krieg innenpolitisch gespalten.

Australopithecinen (*bed.* »Südlicher Affe«) Frühe Hominiden mit aufrechtem Gang und affenartigem Aussehen. Lebten vor über 4 Mio. Jahren. Bis heute sind mehrere Spezies der Australopithecinen bekannt, deren Körperbau, Kopfform und Zähne sich unterscheiden. Inwieweit diese Hominiden Vorfahren des *Homo sapiens sapiens* sind oder nur dessen Verwandte, ist noch ungeklärt. *S. 10*

Australopithecus afarensis Lebte vor etwa 4 bis 3,2 Mio. Jahren. Mit dem spektakulären Fund von »Lucy« in der äthiopischen Region Hadar liegt der Wissenschaft ein etwa 3,4 Mio. Jahre altes Skelett einer jungen Frau der Spezies *A. afarensis* vor. *A. afarensis* hatte einen affenähnlichen Körper, ein kleines Gehirn und einen aufrechten Gang. *S. 10*

Australopithecus africanus (vor etwa 3 bis 2 Mio. Jahren) In südafrikanischen Höhlen entdeckter *A. africanus* mit höherer, runderer Hirnschale als *A. afarensis*, kräftigeren Zähnen und langen, kräftigen Armen. *S. 10*

Australopithecus anamensis Wird von einem etwa 4,2 Mio. Jahre alten Fossilfund aus dem Ufergebiet des Lake Rudolf in Kenia repräsentiert. Bisher ältester Australopithecinen-Fund. *S. 10*

Australopithecus boisei (vor etwa 2,7 bis 1,7 Mio. Jahren) Eine robustere Art, deren Überreste in Ostafrika entdeckt wurden, mit kräftigem Oberkörper, mächtigem Kiefer und kräftigen Zähnen. *S. 10*

Australopithecus robustus (vor etwa 2 bis 1 Mio. Jahren) In südafrikanischen Höhlen entdeckt, mit mächtigem Kiefer, Brauenwulst und größerer Hirnkapazität als andere Australopithecinen. *S. 10*

Austronesier Bezeichnung für Ethnien, die austronesische Sprachen sprechen und sich um 6000 v. Chr. von Asien aus bis Neuguinea und das Bismarckarchipel ausbreiteten, von wo aus sie die Inseln des Pazifiks besiedelten. Zur austronesischen Sprachgruppe gehören die meisten der in Indonesien gesprochenen Sprachen, alle polynesischen Sprachen und die madagassische Sprache.

Averroes (*lat.* für Ibn Ruschd, geb. 1126) Arabischer Philosoph und Theologe.

Avidius Cassius Gaius († 175) Römischer Feldherr. Der Sohn eines Beamten des Kaisers Hadrian führte die römischen Kriege mit den Parthern (161–165) und wurde Kommandant der Truppen in den östlichen Provinzen. Er rief sich 175 nach einem falschen Gerücht über den Tod Mark Aurels zum Kaiser aus, wurde aber von einem seiner Soldaten ermordet, bevor der Kaiser ihn zur Rede stellen konnte.

Avignon 1309 wurde der amtierende Papst Klemens V. von Philipp IV. gezwungen, den Papstsitz von Rom nach Avignon zu verlegen (Exil der Päpste). Zwischen 1378 und 1417 kam es aufgrund der Wahl eines Papstes in Rom und eines Gegenpapstes in Avignon zum Abendländischen Schisma, einer ernsten Spaltung der katholischen Kirche. *S. 232*

Avila, Pedro Arias *siehe* Grijalva, Juan de

Awaren Asiatische Steppennomaden, die im 6. Jahrhundert nach Westen wanderten. Sie gründeten im 7. Jahrhundert im Donaudelta einen eigenen Staat und beherrschten die lokale slawische Bevölkerung. Das Awarenreich wurde 796 von Karl dem Großen zerstört.
Siehe auch Ruanruan

Axayacatl Aztekischer Herrscher (1469–81).

Ayacucho ⚔ im südamerikanischen Unabhängigkeitskrieg (Dezember 1824). Der Sieg von General Sucre führte zur Unabhängigkeit Boliviens.

Aymara-Kultur Im 13. Jahrhundert in den Anden u.a. in Chucuito blühende Kultur.

Ayutthaya (*auch* Ayuthia) Hauptstadt Siams, gegründet um 1350.

Azteken-Reich (Mitte 14. Jahrhundert bis 1521) Mächtiges Reich in Mexiko vor der spanischen Eroberung im 16. Jahrhundert. Das Azteken-Reich expandierte vom Tal von Mexiko ausgehend, bis es den größten Teil Mittel- und Südmexikos umfasste. *S. 261*

B

Babur (*auch* Babar, Baber, 1483–1530) Begründer des Mogulreiches (reg. 1526–30). Bei der Schlacht von Panipat (1525) schlug Babur die Streitkräfte der afghanischen Lodi-Sultane und besetzte Delhi und Agra. 1530 herrschte er vom Oxus bis zur Grenze von Bengalen und vom Himalaja bis Gwalior.

Babylonische Reiche (um 1795–1538 v. Chr., 612–539 v. Chr.) Alte Reiche Südmesopotamiens. Gründer des ersten Reiches war Hammurapi (etwa 1795–1750 v. Chr.). Er machte Babylon zu seiner Hauptstadt. Nach einem Angriff der Hethiter um 1595 regierten 400 Jahre lang kassitische Herrscher. Das zweite babylonische Reich wurde nach der Niederwerfung der Assyrer 612 v. Chr. errichtet. Unter König Nebukadnezar II. (605–562 v. Chr.) dehnte sich das Reich bis nach Mesopotamien, Ägypten und Palästina aus. Nach den persischen Eroberungen von 539–538 v. Chr. verlor das Reich seine Selbständigkeit. *S. 39, S. 42, S. 48*

Bach, Johann Sebastian Deutscher Komponist des Barock (1685–1750). *S. 317*

Bacon, Francis (1561–1626) Der englische Philosoph und Staatsmann (Lordkanzler) verlor 1621 seine Ämter wegen einer Bestechungsaffäre. Er sah in Beobachtung und Experiment die einzig sichere Quelle des Wissens und war damit Wegbereiter der Naturwissenschaften und Vorläufer des Empirismus.

Baecula ⚔ der Punischen Kriege (208 v. Chr.). Sieg der Römer über Karthago.

Baffin, William (1584–1622) Englischer Seefahrer, der nach einer Nordwestpassage nach Asien suchte. Auf einer Arktisfahrt, an der er als Steuermann teilnahm, entdeckte er die Baffinbai.

Bagdad Hauptstadt des Irak. Die Stadt wurde 762 als Hauptstadt des abassidischen Kalifats gegründet.

BAHAMAS Zur Inselgruppe der Bahamas vor der Küste Floridas im Westatlantik gehören rund 700 größere und 2400 kleinere Inseln, von denen insgesamt nur 30 bewohnt sind. Die Bahamas, eines der ältesten Touristenziele jenseits des Atlantiks, sind heute auch ein wichtiges Finanzzentrum. Mit ihrem offenen Schiffsregister stellen sie eine der größten Handelsflotten der Welt.

CHRONOLOGIE

1492 Kolumbus betritt Samana Cay.

1690 Die Inseln werden den Eigentümern von Carolina zugesprochen.

1717 Die britische Krone übernimmt wieder die Macht und im Jahr darauf trifft der erste britische Gouverneur ein.

1781 Nach der Eroberung durch amerikanische Revolutionäre 1776 werden die Inseln von Spanien erobert.
1783 Die Inseln werden von Großbritannien zurückerobert und britisches Gebiet.
1920–1933 Durch die Prohibition in den USA werden die Bahamas zum florierenden Schmuggelumschlagplatz.
1959–1962 Allgemeines Wahlrecht, zunächst für Männer, dann auch für Frauen.
1973 Unabhängigkeit.
1983 Regierung in Skandale um Drogenschmuggel verwickelt.
1997 Wiederwahl der FNM bei den Parlamentswahlen.
2002 PLP gewinnt Parlamentswahlen, Perry Christie neuer Premierminister.

Bahia (*auch* Salvador) Hauptstadt von Brasilien (1549–1763).

Bahmani-Dynastie (1347–1583) Erste islamische Dynastie im Dekhan, gegründet 1347 von Ala ud-Din, Hauptstadt war Gulbarga (Ahsanabad). Im 16. Jahrhundert zerfiel das Königreich der Bahmani in fünf kleine Königreiche.

BAHRAIN Das aus 33 Inseln bestehende Archipel Bahrain liegt zwischen der Halbinsel Katar und Saudi-Arabien. Nur drei Inseln sind bewohnt. Ein 1986 fertig gestellter Damm verbindet das Land mit dem saudischen Festland. Bahrain hat als erstes Emirat am Golf Öl exportiert; seine Vorkommen sind nun fast erschöpft. Entsprechend ausgebildete Bahrainer arbeiten vor allem in Dienstleistungsbereichen von Offshore-Banking, Versicherungen und Tourismus.

Chronologie

1521 Bahrain steht unter portugiesischer Herrschaft.
1782 Bahrain unter iranischer Herrschaft.
1783 Iraner werden von dem arabischen Volk der Utub vertrieben, deren fürstliche Familie, Al-Chalifa, noch heute die herrschende Dynastie stellt.
1861 Der Scheich von Bahrain sieht im Gegenzug für britische militärische Unterstützung von Piraterie und Sklaverei ab.
1880 Verwaltung und Außenbeziehungen werden an Großbritannien übertragen.
1933 Ölfunde in Bahrain.
1971 Unabhängigkeit von Großbritannien.
1981 Gründungsmitglied des GCC.
1990–1991 Bahrain unterstützt UN im Krieg gegen den Irak.
1994–1996 Unruhen unter Schiiten.
1999 Thronbesteigung von Scheich Hamad bin Isa Al-Chalifa.
2001 Referendum billigt Schritte zur konstitutionellen Monarchie.
2002 Umwandlung in Königreich Bahrain.

Bahram V. († 439) Sassaniden-König (421–439).

Bajasid I. (*auch* Bajesid, Bayazid, »der Blitz«, um 1360–1403) Osmanischer Sultan (reg. 1389–1403). Er eroberte einen Großteil von Anatolien und dem Balkan, belagerte Konstantinopel und fiel in Ungarn ein. Sein Heer wurde bei der ⚔ von Ankara 1402 von Timur geschlagen.

Bajesid *siehe* Bajasid I.

Baker, Samuel (1821–93) Englischer Forscher, der mit J. Hanning Speke die Quellen des Nil erforschte (1861–65).

Baktrisches Reich Hellenistisches Königreich in Zentralasien, Teil der Eroberungen Alexanders des Großen. Seine Blütezeit liegt im 3. und 2. Jahrhundert v. Chr.

Baku Hauptstadt Aserbaidschans. Um 1900 begann im Raum Baku die Ölförderung.

Balaton (Plattensee) ⚔ im Zweiten Weltkrieg (März 1945) in Nordostungarn, bei der die Sowjets die deutschen Truppen in Südosteuropa vernichtend schlugen.

Balboa, Vasco Núñez de (um 1475–1519) Spanischer Eroberer und Forscher. Bei einer Expedition über den Isthmus von Panama 1513 sichteten er und seine Männer als erste Spanier den Pazifik.

Baldaya, Alfonso Portugiesischer Seefahrer des 15. Jahrhunderts, erforschte im Auftrag von Heinrich von Portugal (Heinrich der Seefahrer) die Westküste Afrikas.

Balduin I. (*auch* Balduin von Boulogne, *frz.* Baudouin, 1058–1118) Als einer der Führer des ersten Kreuzzugs nahm Balduin 1098 Edessa ein und gründete mit der Grafschaft Edessa den ersten Kreuzfahrerstaat. Nach dem Tod Gottfrieds von Bouillon wurde er zum König gewählt und 1100 gekrönt.

Balfour-Deklaration (1917) In einem Brief des britischen Außenministers, Arthur Balfour, an Lord Rothschild wird diesem die Schaffung einer nationalen Heimstätte für die Juden in Palästina zugesichert.

Balkankriege (1912–13) Zwei kurze Kriege um die europäischen Besitzungen des Osmanischen Reiches. Im ersten Balkankrieg griffen Montenegro, Bulgarien, Griechenland und Serbien die Türkei an und zwangen sie ihre meisten europäischen Besitzungen aufzugeben und der Gründung des Staates Albanien zuzustimmen. Der zweite Balkankrieg entzündete sich am Streit der Sieger um die Aufteilung Makedoniens. Rumänien, Griechenland und Serbien stellten sich gegen Bulgarien, das geschlagen wurde und Land an alle seine Feinde verlor.

Balkanstaaten *siehe* Bosnien-Herzegowina, Mazedonien, Serbien und Montenegro, Slowenien, Bulgarien

Baltische Kriege (1563–70) Seeschlachten zwischen Schweden und Dänemark über die Kontrolle um die Einfahrstraßen in die Ostsee. *S. 285*

Baltische Staaten *siehe* Estland, Lettland, Litauen

Bandkeramik Die bandkeramische frühneolithische Bauernkultur in Mitteleuropa (um 5000 v. Chr.) ist nach den bandförmigen Ritzmustern auf ihren Tonwaren benannt.

BANGLADESCH (*früher* Ostpakistan) Bangladesch liegt nördlich des Golfs von Bengalen und grenzt an Indien und Myanmar (Birma). Es besteht überwiegend aus fruchtbaren Schwemmebenen. Der Norden, der Nordosten und die Chittagong-Region im Südosten sind gebirgig. Nach dem Sieg Robert Clives, Heerführer der Ostindischen Kompanie, über den bengalischen Herrscher bei Plassey 1765 begann die Herrschaft der Briten in Bengalen. Bei der Teilung Indiens 1947 fiel der muslimische Teil Bengalens an Pakistan. Nach seiner Trennung von Pakistan 1971 durchlebte das Land unruhige, politisch instabile Zeiten mit mehreren Notstandsphasen. 1991 wurde die parlamentarische Demokratie wiederhergestellt. Wichtige Wirtschaftssektoren sind die Juteproduktion, Textilien und Landwirtschaft. Es treten schwere Unwetter auf ▶

◄
– 1991 starben über 140 000 Menschen durch einen Zyklon.

Chronologie

1905 Muslime überzeugen die britische Regierung, den Staat Bengalen zu teilen und ein muslimisch dominiertes Ostbengalen zu schaffen.
1906 Gründung der Muslim League.
1912 Rücknahme der Teilung von 1905.
1947 Britischer Rückzug aus Indien. Es entstehen das überwiegend muslimische Ost- (heute Bangladesch) und ein West-Pakistan, die durch Indien, einen von Hindus dominierten Staat, 1600 km voneinander getrennt sind.
1949 Gründung der Awami-Liga, die für die Autonomie von West-Pakistan eintritt.
1968 General Yahya Khan an der Spitze der Regierung in Islamabad.
1970 Scheich Mujibur Rahmans Awami-Liga gewinnt mit klarer Mehrheit. Yahya Khan verweigert die Eröffnung des Parlaments, es kommt zu Unruhen und Guerillakrieg. Am Jahresende fordern die schlimmsten Unwetter in Bangladeschs Geschichte 200 000 bis 500 000 Tote.
1971 Bürgerkrieg, als Mujibur und die Awami-Liga einseitig die Unabhängigkeit erklären. 10 Millionen Bangladescher fliehen nach Indien. Die Bengalische Befreiungsarmee besiegt in 12 Tagen die pakistanischen Truppen.
1972 Scheich Mujibur Rahman wird zum Premierminister gewählt. Verstaatlichung der Schlüsselindustrien wie Jute und Textilien. Bangladesch wird international anerkannt und tritt dem Commonwealth bei. Abzug Pakistans unter Protest.
1974 Schwere Überflutungen zerstören die Reisernte.
1975 Scheich Mujibur ermordet. Nach Militärputsch kommt General Zia ur-Rahman an die Macht. Einführung eines Einparteienstaates.
1976 Verbot der Gewerkschaften.
1977 General Zia übernimmt Präsidentschaft. Islam wird oberstes Verfassungsprinzip.
1981 Ermordung General Zias.
1982 General Ershad ergreift die Macht.
1983 Ershad setzt demokratische Wahlen an und macht sich zum Präsidenten.
1986 Wahlen. Absetzung Ershads durch Awami-Liga und BNP misslingt.
1987 Ershad ruft Notstand aus.
1988 Islam wird Staatsreligion.
1990 Ershad tritt nach Demonstrationen zurück.
1991 Wahlsieg der BNP. Khaleda Zia wird Premierministerin. Ershad wird verhaftet. Rolle des Präsidenten wird auf Repräsentationsaufgaben beschränkt. Bei Überflutungen sterben 150 000 Menschen.
1994 Die wegen Blasphemie angeklagte Schriftstellerin Taslima Nasreen flieht nach Schweden.
1996 Oppositionsparteien boykottieren allgemeine Wahlen; Februar: BNP wieder an der Macht. Oppositionsparteien erkennen Wahlergebnis nicht an, erzwingen Neuwahlen. Hasina Wajed (AL) an der Macht.
2001 Der Oberste Gerichtshof erklärt das Erlassen religiöser Anordnungen (Fatwas) zur Straftat. Wahlsieg der BNP.

Bank von England Gegründet 1694.
Banks, Sir Joseph (1743–1820) Der britische Naturforscher war lange Zeit Präsident der Royal Society, er begleitete Cook auf seiner ersten Weltumseglung.
Bannockburn ⚔ (1314). Sieg der Schotten unter Robert Bruce über Engländer.
Banshan-Kultur (*auch* Panshan) Chinesische neolithische Kultur. Namengebend ist der Ort Banshan in der Provinz Gansu, wo mit typischem Wirbelmuster verzierte Urnen aus der Zeit um 2500–2000 v. Chr. gefunden wurden.
Bantu Völker und Stämme im südlichen Afrika, die verwandte Sprachen (Bantu-Sprachen) sprechen. Herkunftsraum war möglicherweise Nigeria, von wo sich die Bantu-Völker während des 2. Jahrtausends v. Chr. nach Süden ausbreiteten.
Banu al-Aghlab *siehe* Aghlabiden

BARBADOS Das nordöstlich von Trinidad gelegene Barbados ist die östlichste der Westindischen Inseln. Im 16. Jahrhundert erreichten die Portugiesen als erste Europäer die von Arawak-Indianern bewohnte Insel. Erst nach 1620 wurde die Insel von britischen Siedlern kolonisiert. Von den Nachbarn als »Klein-England« bezeichnet, sucht Barbados heute nach einer eigenen nationalen Identität.

Chronologie

Ab 1620 Briten siedeln auf der Insel.
18. Jahrhundert Die mit der Arbeit von 80 000 Sklaven erwirtschaftete Zuckerproduktion macht die Kolonie reich.
1838 Die Abschaffung der Sklaverei führt zur Wirtschaftsflaute.
1951 Allgemeines Wahlrecht.
1961–1966 Selbstverwaltung und Unabhängigkeit von Großbritannien.
1983 Unterstützung und Bereitstellung eines Stützpunkts für US-Invasion in Grenada.
1994–1999 Zwei aufeinander folgende Wahlsiege der BLP.
2002 OECD streicht Barbados von der schwarzen Liste der Steueroasen.

Barbaren Für die Griechen alle diejenigen, die nicht Griechisch sprachen. Bei den Römern die Bezeichnung für alle außerhalb des griechisch-römischen Kulturkreises lebenden, vor allem die germanischen Völker, denen im 5. Jahrhundert die Westhälfte des Römischen Reiches zufiel. *S. 102*
Barbarossa Codename für die deutsche Invasion der UdSSR im Zweiten Weltkrieg (Sommer und Herbst 1941).
Barbarossa, Friedrich *siehe* Friedrich I., Kaiser des Heiligen Römischen Reiches
Barents, Willem (um 1550–97) Holländischer Seefahrer, der die Nordostpassage suchte. Er entdeckte die Bäreninsel und Spitzbergen und erreichte Nowaja Semlja, wo er und seine Crew als erste Europäer in der Arktis überwinterten.
Barth, Heinrich (1821–65) Afrikareisender. Er bereiste die heute zu Tunesien und Libyen gehörende Mittelmeerküste (1845–47) und veröffentlichte 1849 seine Reiseberichte.
Basileios II. (*auch* Basil, der Bulgarentöter 958–1025) Kaiser von Byzanz, 976–1025 Alleinherrscher. Er weitete die byzantinische Herrschaft bis in den Balkan, nach Georgien, Armenien und Mesopotamien aus. Sein Sieg nach dem 15 Jahre währenden Krieg mit Bulgarien brachte ihm den Beinamen »Bulgarentöter« ein. *S. 165*
Bass, George (1771–1803) Englischer Chirurg und Seemann. Unternahm mit Matthew Flinders Fahrten längs der australischen Küste. 1798 entdeckten sie die heute nach ihm benannte Meeres-

straße zwischen Tasmanien und Australien.

Bataan ⚔ im Zweiten Weltkrieg im Pazifik (Januar–April 1941) Sieg der Japaner über die Alliierten.

Batavia (*mod.* Jakarta) Verwaltungs- und Handelszentrum der niederländischen Ostindienkompanie, gegründet 1619.

Bates, Henry (1825–92) Der britische Naturforscher und Forschungsreisende verbrachte elf Jahre in Südamerika. Auf seinen Reisen in Brasilien erforschte er die Mimikry, eine Schutzanpassung, durch die harmlose Tiere gefährlichen oder giftigen ähneln oder sich unscheinbar machen.

Baton Rouge ⚔ im amerikanischen Unabhängigkeitskrieg (21. Sept. 1779). Nach dem Sieg der Spanier für die folgenden 20 Jahre unter spanischer Verwaltung.

Batts, Thomas († 1698) Forschungsreisender in Nordamerika. Erreichte mit Robert Fallam 1671 die Wasserscheide des Mississippi.

Batu Khan († 1255) Mongolenführer, Enkel Dschingis Khans, führte die Invasion Europas (1236–42).

Bauernaufstand (1381) Erhebung gegen die Kopfsteuer in England, angeführt von Wat Tyler.

Bauernkrieg (1524–26) Bauernaufstände in Süd- und Mitteldeutschland, Schweiz und Österreich gegen die zunehmende Unterdrückung durch Grundherren und Leibeigenschaft.

Baumwolle Baumwollplantagen im Süden der USA im 19. Jahrhundert *S. 360*

Bayazid *siehe* Bajasid I.

Bayinnaung († 1581) Herrscher der Taungu-Dynastie in Birma (reg. 1551–81). Eroberte die Hauptstadt Siams, Ayutthaya, unterwarf die Shan-Staaten und herrschte über ganz Birma mit Ausnahme von Arakan. Die ständigen Kriege führten jedoch seine eigene Provinz ins Elend und sein Sohn, Nandabayin, besiegelte den Ruin.

Becan Befestigte Kultstätte der Maya (um 250 v. Chr.).

Becket, Thomas (*auch* Thomas von Canterbury, 1118–70) Erzbischof von Canterbury während der Regierungszeit Heinrichs II. von England. Wurde wegen seines Widerstandes gegen die Versuche des Königs, Privilegien der Kirche zu beschneiden, ermordet. *S. 192*

Beethoven, Ludwig van (1770–1827) Großer deutscher Komponist der frühen Romantik. *S. 349*

Befreiungskriege *siehe* Südamerika

Behaim, Martin Deutscher Reisender, der 1492 den »Erdapfel«, den ältesten heute noch erhaltenen Globus, erstellte.

Beijing *siehe* Peking

Belarus *siehe* Weißrussland

BELGIEN Das zwischen Deutschland, Frankreich und den Niederlanden gelegene Land besitzt ein kurzes Stück Nordseeküste. Den Süden prägen die bewaldeten Ardennen, der Norden ist von Kanälen durchzogen. Belgien war häufig umkämpft; in beiden Weltkriegen war es von Deutschen besetzt. Die seit etwa 1830 bestehenden Spannungen zwischen niederländisch sprechenden Flamen und französisch sprechenden Wallonen sind durch die Einführung einer föderalen Struktur und den nationalen Konsens über die Vorteile der EU-Mitgliedschaft etwas entschärft.

Chronologie

51 v. Chr. Die Römer beendeten ihre keltischen und germanischen Eroberungen und besiedelten das heutige Belgien, Teil der Provinz Gallia.

406–407 Invasion germanischer Stämme beendet die römische Besetzung.

481–511 Unter Chlodwig I. errichten die Franken ein Königreich im heutigen Südbelgien und Nordfrankreich. Unter seinen Nachfolgern dehnt sich der Herrschaftsbereich auf fast ganz Westeuropa aus und erreicht unter Karl dem Großen (reg. 768–814) seinen Höhepunkt.

Spätes 9. Jahrhundert Nach einigen Reichsteilungen wird Westbelgien (Flandern) Teil des Westfränkischen Königreichs oder Frankreichs, der Rest des Landes fällt an das Ostfränkische Königreich oder Deutschland (später Heiliges Römisches Reich).

12. Jahrhundert Die Aufteilung in Lehen führt zur Entstehung von fünf Regionalstaaten: die Grafschaft Flandern im Westen, das Herzogtum Brabant in der Mitte, das Bistum Lüttich im Osten, die Grafschaft Hennegau im Südwesten und das Herzogtum Luxemburg im Südosten. Die Städte in Flandern und Brabant gehören zu den reichsten Europas.

1384 Philipp II., der Kühne, Herzog von Burgund, erbt Flandern. In den folgenden 60 Jahren gehen alle übrigen Gebiete der Region, außer Lüttich, an Burgund. Dies führt zu einer bislang beispiellosen Einigkeit aller Niederlande.

1477 Die burgundischen Gebiete fallen an das Haus Habsburg.

1555–1556 Nach der Abdankung Kaiser Karls V. trennen sich die österreichische und die spanische Linie der Habsburger und die Niederlande werden spanische Provinz.

1567 Der Widerstand gegen die spanische Herrschaft, noch angeheizt durch das Aufkommen des Protestantismus, führt zu einem Volksaufstand, angeführt von Teilen des Adels und Händlern.

1579 Die südlichen Niederlande (etwa das heutige Belgien) bilden die Union von Arras und bestätigen ihre Loyalität gegenüber dem König und dem Katholizismus. Die nördlichen Provinzen (die späteren Niederlande) erklären sich 1581 von Spanien unabhängig.

1585 Die Holländer errichten vor Antwerpen eine Blockade, dies markiert den Beginn des langsamen Abstiegs der südlichen Niederlande.

1648 Der Westfälische Frieden bestätigt die Herrschaft der Spanier über die südlichen Niederlande.

1713 Nach dem Friedensschluss von Utrecht gehen die südlichen Niederlande an die österreichischen Habsburger.

1792–1795 Französische und österreichische Truppen kämpfen um die österreichischen Niederlande; das Gebiet wird von Frankreich annektiert.

1814–1815 Wiener Kongress; die europäischen Mächte beschließen Belgien und die Niederlande unter König Wilhelm I. von Oranien zu vereinen.

1830 Revolte gegen die Niederländer; Unabhängigkeitserklärung.

1831 Europäische Mächte setzen Leopold I. von Sachsen-Coburg als König ein.

1865 Leopold II. zum König gekrönt.

1885 Auf der Berliner Konferenz erhält Leopold II. den Kongo als Kolonie.

1914 Einmarsch deutscher Truppen. Belgien bleibt bis 1918 besetzt.

1921 Bildung der Wirtschaftsunion von Belgien und Luxemburg. Koppelung der beiden Währungen.

1932 Das Niederländische erhält den gleichen Status wie das Französische.

1936 Belgien erklärt Neutralität.

▶

◀

1940 Leopold III. kapituliert vor Hitler. Belgien bleibt bis 1944 besetzt.
1948 Zollunion mit den Niederlanden und Luxemburg (Benelux).
1950 Referendum für den König, dennoch halten sich Gerüchte über seine Kollaboration im Krieg. Abdankung zugunsten seines Sohnes Baudouin.
1957 Unterzeichnung der Römischen Verträge als eines der sechs Gründungsmitglieder der EWG.
1992 Regierung aus Christdemokraten und Sozialisten unter Jean-Luc Dehaene.
1993 Reformprozesse führen zur Bildung eines föderalen Staates. Machtzuwachs für regionale Regierungen und Städte. Tod Baudouins, sein Nachfolger ist Albert II.
1995 Anschuldigungen, die wallonische Sozialistische Partei (PS) sei in Korruption und Mord verwickelt, führen zu den Rücktritten des Premiers von Wallonien, des Vizepremiers im Bund und von Willy Claes als NATO-Generalsekretär.
1996 Die Ermordung und das Verschwinden junger Mädchen deuten auf einen internationalen Ring von Pädophilen hin. Vorwürfe der Unfähigkeit und sogar geheimer Absprachen gegenüber Behörden.
1998 Claes und elf andere werden wegen Bestechlichkeit verurteilt.
1999 VLD/PRL gewinnen Wahlen. Neue Koalition, erstmals mit den Grünen.
2002 Einführung des Euro.

BELIZE Belize, das frühere Britisch-Honduras, wurde 1981 als letztes mittelamerikanisches Land unabhängig. Es liegt an der Ostküste der Halbinsel Yucatán, der Fluss Hondo bildet die Grenze zu Mexiko. Belize, das bevölkerungsärmste mittelamerikanische Land, ist fast zur Hälfte bewaldet. Die sumpfigen Küstenebenen sind durch das zweitgrößte Barriereriff der Welt vor Überschwemmungen geschützt.

CHRONOLOGIE

1670 Nach erfolglosen Versuchen, englische Holzhändler, die sich zu Anfang des Jahrhunderts mit ihren Sklaven an der bislang unbewohnten Küste niedergelassen hatten, zu vertreiben, erkennt die Kolonialmacht Spanien gewisse britische Rechte in dem besiedelten Gebiet an.
1798 Spanien, das weiterhin die Oberhoheit beansprucht, wird bei der Schlacht vor St. George's Cay geschlagen.
1802 Im Frieden von Amiens wird die britische Oberhoheit über die Kolonie anerkannt.
1821 Guatemala beansprucht das Gebiet.
1862 Großbritannien richtet das Gebiet als Kronkolonie Britisch-Honduras ein.
1919 Farbige Kriegsheimkehrer fordern mehr politische Rechte.
1936 Neue Verfassung mit begrenzten eigenen Rechten eingeführt.
1950 Gründung der PUP. Herabsetzung des Wahlalters für Frauen von 30 auf 21 Jahre.
1954 Uneingeschränktes Wahlrecht für Erwachsene.
1972 Guatemala droht mit Invasion. Großbritannien entsendet Truppen.
1981 Vollständige Unabhängigkeit.
1998 Erdrutschsieg für PUP bei Parlamentswahlen.
2001 Beitritt zum zentralamerikanischen Integrationssystem SICA.

Bell, Alexander Graham (1847–1922) Amerikanischer Erfinder. Ließ seine Entwicklung des Telefons 1876 patentieren (P. Reis und E. Gray entwickelten 1860 bzw. 1876 ebenfalls ein Telefon). Entwickelte später das Grammofon und gründete 1883 die Zeitschrift *Science*.

Bellingshausen, Fabian Gottlieb von (*auch* Faddej Faddejewitsch Bellingsgausen, 1778–1852) Russischer Seeoffizier, umsegelte 1820–21 die Antarktis und sichtete erstmals das antarktische Festland. Er entdeckte die Peter-I.-Insel und die Alexander-I.-Insel.

Bemis Heights ⚔ im amerikanischen Unabhängigkeitskrieg (7. Oktober 1777). Sieg der Briten.

Benalcázar, Sebastián (um 1495–1551) Spanischer Konquistador, nahm an Francisco Pizarros Zug gegen Peru teil. Er erobert 1533 die nördliche Hauptstadt der Inkas, Quito.

Benedikt, St. (um 480 bis um 547) Italienischer Begründer des abendländischen Mönchstums. Gründete das Kloster von Monte Cassino bei Neapel. Die Benediktregel ist die Grundlage der christlichen Klosterordnungen.

BENIN Benin erstreckt sich von der Westküste Afrikas, mit seiner 100 km langen Küste an der Bucht von Benin, nach Norden. Das ehemalige Königreich Dahome war französische Kolonie und bis zu seiner Unabhängigkeit 1960 Teil von Französisch-Westafrika. 1990, nach 17 Jahren marxistisch-leninistischer Einparteienherrschaft, wurde Benin zu einem Pionier der Demokratisierung Afrikas. Benins Wirtschaft stützt sich auf eine gut diversifizierte Landwirtschaft.

CHRONOLOGIE

15. Jahrhundert Der Norden des Landes gerät unter die Herrschaft der Songhay.
16. Jahrhundert Portugiesische Seefahrer beginnen den Handel mit an der Küste ansässigen Herrschern. Porto Novo und Ouidah werden wichtige Handelshäfen.
17. Jahrhundert Das Königreich Dahome hält das Monopol im westafrikanischen Sklavenhandel. Es kontrolliert den Menschenhandel mit europäischen Händlern.
19. Jahrhundert Nach der Abschaffung der Sklaverei stellt König Ghezo auf den Handel mit Palmöl um.
1857 Frankreich gründet Handelsposten in Grand-Popo.
1863 Porto Novo wird französisches Protektorat.
1890–1892 Bewaffneter Konflikt zwischen Truppen aus Dahome unter König Béhanzin und Frankreich endet mit französischem Sieg.
1901 Frankreich legt die heutigen Grenzen Benins (damals Dahome) fest.
1904 Dahome Teil Französisch-Westafrikas.
1960 Dahome wird unabhängig. Hubert Maga ist erster Staatspräsident.
1975 Umbenennung in Benin.
1989 Abkehr vom Marxismus-Leninismus als Staatsideologie.
1996 Ex-Herrscher Kérékou besiegt Soglo in umstrittenen Wahlen.
2001 Kérékou wird wiedergewählt, Vorwurf der Wahlfälschung wird laut.
2002 Dezember: Erste Kommunalwahlen.

Benin Historisches kleines Waldkönigreich an der Mündung des Flusses Benin (im heutigen Nigeria), um 1200 vom Volk der Edo gegründet. Das Reich Benin ist v.a. wegen seiner hervorragenden Bronzekunst (Skulpturen und Bronze-

platten bzw. Bronzereliefs) bekannt. Es wurde zwischen 1897 und 1899 von Großbritannien unterworfen.
S. 268, S. 381

Bennington ⚔ im amerikanischen Unabhängigkeitskrieg (15. Oktober 1777). Amerikanischer Sieg.

Benz, Karl Friedrich (1844–1929) Deutscher Ingenieur. Entwarf und baute 1885 das erste Kraftfahrzeug, das mit einem Verbrennungsmotor angetrieben wurde. Ging später eine Firmenverbindung mit Daimler ein.

Berber (*berb.* Amazigh) Älteste Bevölkerung Nordafrikas. Berber leben, meist in Berg- und Wüstenregionen, in Marokko, Algerien, Tunesien, Libyen und Ägypten. Große Berbergruppen sind heute jedoch nur noch in Algerien und Marokko zu finden.

Bering, Vitus (1681–1741) Dänischer Entdecker im Dienst des Zaren Peter der Große. Wurde 1724 beauftragt herauszufinden, ob es eine Landverbindung zwischen Asien und Nordamerika gab. 1728 stach er in See, durchquerte die nach ihm benannte Beringstraße und entdeckte die St.-Lorenz-Insel. 1733 übernahm er die Leitung der Großen Nordischen Expedition, während der die arktische Küste Asiens kartografiert und die Nordwestküste Amerikas entdeckt wurde. Starb auf der Beringinsel an Skorbut. Auch das Beringmeer ist nach ihm benannt.

Beringland Bezeichnung für die Landbrücke, die in der letzten Eiszeit Asien mit Nordamerika verband.

Berlin Seit 1991 Hauptstadt des wiedervereinigten Deutschland. Wurde im 15. Jahrhundert Sitz der Kurfürsten (*lat.* Electores) von Brandenburg und 1871 Reichshauptstadt des Deutschen Reiches. Nach dem Zweiten Weltkrieg wurde die in Ostberlin und Westberlin geteilte Stadt zum Symbol des Kalten Krieges.

Berlin ⚔ im Zweiten Weltkrieg (Mai 1945). Eroberung Berlins durch sowjetische Truppen markiert Zusammenbruch des Dritten Reiches.

Berliner Afrikakonferenz (November 1884–Februar 1885) Treffen der Kolonialmächte, um u.a. über die koloniale Verteilung Afrikas zu verhandeln.

Berliner Blockade (1948–49) Sperrung aller Land- und Wasserverbindungen, die vom Westsektor Berlins in den Ostsektor und in die sowjetische Besatzungszone führten. Auslöser waren unterschiedliche Vorstellungen der Westmächte auf der einen und der UdSSR auf der anderen Seite und die Währungsreform in Westberlin. Der Sowjetunion gelang es jedoch nicht, Westberlin unter ihre Kontrolle zu bringen.

Berliner Kongress (13. Juni–13. Juli 1878) Auf Veranlassung des österreichisch-ungarischen Außenministers Graf Gyula Andrassy stattfindendes Treffen führender europäischer und osmanischer Staatsmänner. Grund war die Vergrößerung der russischen Einflusssphäre auf dem Balkan durch den Vertrag von San Stefano nach dem Ende des Russisch-Türkischen Krieges. In dem auf diesem Kongress beschlossenen Berliner Frieden wurden einige Regionen neu verteilt, sodass sich die teilnehmenden Länder in ihren Interessen nicht mehr bedroht fühlten. Als Vermittler trat der deutsche Reichskanzler Bismarck auf.

Berliner Luftbrücke (Juni–September 1949) Versorgung des Berliner Westsektors über Flugzeuge während der sowjetischen Blockade, in deren Verlauf die Stadt und ganz Deutschland schließlich geteilt wurden. *Siehe auch* Berliner Blockade

Berliner Mauer Von der sowjetischen Besatzungsmacht um Westberlin gezogene und bewachte Grenzmauer, die von 1961 bis 1989 den freien Zugang nach Ostberlin und nach Ostdeutschland verhinderte. Verhinderte gleichzeitig den Wegzug bzw. die Flucht von Ostdeutschen nach Westen.

Bernhard von Clairvaux *siehe* Clairvaux, Bernhard von

Bessemer, Sir Henry (1813–98) Britischer Erfinder und Ingenieur. Erfand 1856 die Bessemer-Birne (*auch* Bessemer-Konverter) und das Bessemer-Verfahren zur effektiven und kostengünstigen Stahlproduktion.

Beulenpest Von Bakterien ausgelöste Krankheit, die sich über Rattenflöhe ausbreitet. Auf eine Ansteckung folgt hohes Fieber, Delirium und große Beulen auf der Haut. Im Mittelalter gab es einige große Pestepidemien in Europa. *Siehe auch* Schwarzer Tod

BHUTAN Das zu 70% bewaldete Land liegt zwischen Indien und China im Himalaja. Es steigt von einer schmalen, tropischen Küstenebene über fruchtbare Täler bis zu den Bergen des Himalaja an, wo halbnomadische Yak-Hirten leben. Bhutan ist eine konstitutionelle Monarchie. Staatsreligion ist der Buddhismus. Seit den 60er Jahren des 20. Jahrhunderts findet eine vorsichtige Modernisierung statt.

Chronologie

um 800 Der tibetische Heilige Padmasambhava bringt Buddhismus nach Bhutan.
1616 Reichsgründung und Reichseinigung durch den tibetischen Lama Shabdrung Ngawang Namgyal (bis 1656). Bhutan erhält den Namen Druk Yul.
1728–1772 Bürgerkrieg; vergeblicher Versuch Tibets, über Unterstützung eines Konkurrenten von Shabdrung Jigme Dakpa Einfluss zu gewinnen.
um 1770–1790 Erste britische Einmischung nach Konflikt zwischen Bhutan und Fürstentum Cooch Bihar.
1864 Bhutan kämpft unter Jigme Namgyel erfolglos gegen britische Invasion. Außenpolitik in britischen Händen.
1907 Bhutan wird erbliche Monarchie.
1949 Außenpolitische Unabhängigkeit.
1953 Nationalversammlung eingeführt.
1968 König bildet erstes Kabinett.
1971 UN-Beitritt.
1990 Verfolgte ethnische Nepalesen starten Kampagne für Minderheitenrechte.
1998 König schlägt Regierungsreform vor.
1999 Erster Fernsehsender in Betrieb.
2001 Beginn der Arbeit an erster Verfassung des Landes.

Biafra Nigerianische Provinz; erklärt im Bürgerkrieg (1967–70) ihre Unabhängigkeit; ist heute wieder Teil Nigerias.

Bibel Heiliges Buch des Christentums. Erste vom Papst autorisierte lateinische Fassung ist die Vulgata-Bibel des heiligen Hieronymus (404). *S. 101*

Bismarck, Otto von (1815–98) Deutscher Staatsmann, preußischer Ministerpräsident (1862–90) und Architekt des Deutschen Reiches. Preußen erlangte seine Vormachtstellung u.a. durch drei Kriege: den mit Österreich gegen Dänemark um Schleswig-Holstein geführte Krieg von 1864, den gegen Österreich und viele andere deutsche Staaten um die Frage der Vorherrschaft in Deutschland geführte Krieg (Deutscher Dualismus), der mit der Niederlage Österreichs und der Zerstörung des Deutschen Bundes endet (1866), und der Deutsch-Französische Krieg (1870–71), der mit dem deutschen Sieg und der Eingliederung Elsass-Lothringens ins Deutsche Reich endet. Mit der Reichsgründung von 1871 wurde Bismarck Reichskanzler. Die Herrschaft des »Eisernen Kanzlers« ist durch sozialpolitische Reformen einerseits und durch Verfolgung von anders denkenden Kritikern (Sozialistengesetze und Kulturkampf) andererseits geprägt.

Bismarckarchipel Inselgruppe vor der Nordostküste Neuguineas. Fundstätte der Lapita-Keramik (um 1600 v. Chr.).

Blackbirding Englischsprachiger Euphemismus für das im 19. Jahrhundert im Pazifik stattfindende Kidnapping der Bevölkerung, um sie als Sklaven auf Zuckerrohrplantagen in Queensland (Australien) arbeiten zu lassen.

Blackstock ⚔ im amerikanischen Unabhängigkeitskrieg (20. November 1780).

Blaeu, William und Joan Holländische Kartografen (17. Jahrhundert).

Blanka von Kastilien (*frz.* Blanche de Castille, 1188–1252) Königin von Frankreich, regiert während der Minderjährigkeit ihres Sohnes Ludwig IX. *S. 210*

Blenheim ⚔ im französischen Erbfolgekrieg (1704).

Blitz, the Englische Bezeichnung für die deutschen Bombenangriffe auf England im Zweiten Weltkrieg.

Blitzkrieg Von den Deutschen im Zweiten Weltkrieg verfolgte Strategie, Kombination von schnellen Truppenbewegungen mit schweren Luftangriffen.

Blunt, Wilfred Scawen (1840–1922) Britischer Dichter, Diplomat und Reisender. Bereiste 1879 mit seiner Frau Anne, Enkelin Byrons, die arabische Halbinsel.

Böhmen Historisches Gebiet, heute Teil der Tschechischen Republik. Im Spätmittelalter war Böhmen ein mächtiges unabhängiges Königreich, besonders unter Karl I., der später als Karl IV. Kaiser des Heiligen Römischen Reiches wurde und Prag zum Mittelpunkt des Reiches machte. *S. 237*

Bojador, Kap Vom Portugiesen Gil Eannes 1434 umsegeltes afrikanisches Kap.

Bolívar, Simón (1783–1830) Einer der meistgefeierten Befreier Südamerikas. Nach der Befreiung Venezuelas 1813 musste Bolívar gegen eine von Spanien entsendete Armee unter General Morillo kämpfen. Er floh und kehrte wieder nach Venezuela zurück, dessen Befreiung ihm 1818 gelang. *S. 355*

BOLIVIEN Der im Zentrum Südamerikas gelegene Binnenstaat Bolivien ist eines der ärmsten Länder des Kontinents. Nachdem Inkas Ende des 15. Jahrhunderts die Aimara besiegten, wurden sie selbst 50 Jahre später von spanischen Eroberern unterworfen. Das Land, dann Hochperu genannt, wurde von Lima aus regiert. Mehr als die Hälfte der Bevölkerung lebt heute auf dem Altiplano, einer Hochebene 3500 m üNN zwischen zwei Ausläufern der Anden. Bei La Paz, der höchstgelegenen Hauptstadt der Welt, entstand El Alto. Bolivien hat den höchstgelegenen Golfplatz, die höchstgelegene Skipiste und das höchstgelegene Fußballstadion der Welt.

CHRONOLOGIE

1545 Silbervorkommen Cerro Rico (»Silberberg«) bei Potosí verschafft Spanien Reichtümer.
1776 Hochperu wird Teil des Vizekönigreichs Río de la Plata mit dem Zentrum Buenos Aires.
1809 Simón Bolívar führt die ersten Aufstände in Chuquisaca (Sucre), La Paz und Cochabamba; sie scheitern.
1824 Endgültige Niederlage Spaniens gegen Bolívars General, José de Sucre.
1825 Unabhängigkeit.
1836–1839 Union mit Peru scheitert. Innere Unruhen.
1864–1871 Diktatur unter Mariano Melgarejo. Drei Indioaufstände um Landrechte.
1879–1883 Pazifikkrieg, den Chile gewinnt. Bolivien bleibt Binnenstaat.
1880–1930 Stabile Regierungen. Exporte der Bergbauindustrie bringen Wohlstand.
1903 Provinz Acre geht an Brasilien.
1914 Republikanische Partei gegründet.
1920 Indioaufstand.
1923 Blutiger Bergarbeiteraufstand.
1932–1935 Chacokrieg gegen Paraguay. Bolivien verliert drei Viertel des Chaco-Gebiets. Aufkommen von Radikalismus.
1951 Victor Paz Estenssoro (MNR) zum Präsidenten gewählt. Militärputsch.
1952 Revolution. Rückkehr für Paz Estenssoro und MNR. Landreformen verbessern die Stellung der Indios. Bildungsreform, allgemeines Wahlrecht, Zinnminen werden verstaatlicht.
1964 Militärputsch.
1967 Che Guevara will bolivianische Arbeiter mobilisieren, er wird von der Armee ermordet.
1969–1979 Immer härtere Militärregierungen. 1779 fehlgeschlagener Putsch. Zivile Interimsregierung.
1980 Erneut Machtergreifung des Militärs.
1982 Siles Zuazo zum Präsident einer linksgerichteten zivilen MIR-Regierung gewählt. Inflationsrate bei 24 000 %.
1985 Paz Estenssoros MNR gewinnt die Wahlen. Sparmaßnahmen. Jährliche Inflationsrate geht auf 20 % zurück.
1986 Einbruch des Zinnmarktes. 21 000 Bergarbeiter werden entlassen.
1989 MIR gewinnt knapp die Wahlen. Präsident Paz Zamora schließt Abkommen mit General Banzer, ADN-Chef und Diktator der 70er-Jahre.
1990 1,6 Mio. Hektar Regenwald werden als Gebiet der Indios anerkannt.
1993 Erneut Wahlsieg der MNR.
1997 Bei Präsidentschaftswahlen gewinnt Banzer die meisten Stimmen.
1999 Opposition fordert Untersuchung von Banzers Rolle bei der Unterdrückung durch das Militärregime der 70er-Jahre.
2000 Pläne der Regierung, die Wasserversorgung zu privatisieren und Kokaplantagen zu vernichten, führen zu Aufständen von Bauern und Kokabauern.
2001 Banzer tritt aus Gesundheitsgründen zurück.
2002 Sánchez de Lozada zum Präsidenten gewählt.

Bologna, Universität von Vermutlich die erste europäische Universität, gegründet 1088. *S. 211*

Bolschewiki Mitglieder des radikaleren Flügels der Sozialdemokratischen Arbeiterpartei Russlands, der sich zur eigenen Partei entwickelte. Sie übernahmen nach der Oktoberrevolution 1917 als Kommunistische Partei die Macht.

Bomberoffensive, alliierte Gemeinsame strategische Bomberoffensive von britischen und US-Streitkräften gegen deutsche Städte im Zweiten Weltkrieg.

Sie begann 1942, zwischen 13. und 15. Februar 1945 wurde Dresden zerstört.

Bonpland, Aimé (1773–1858) Französischer Botaniker. Bereiste 1799–1804 Südamerika und bestimmte etwa 6000 neue Pflanzenarten.

Boone, Daniel (1735–1820) Amerikanischer Trapper. Reiste 1767 durch das Cumberland Gap in den Appalachen nach Kentucky. Er erschloss einen Weg für die Siedler und gründete die Stadt Boonesboro am Kentucky. *S. 330*

Booneville ⚔ im Sezessionskrieg (17. Juni 1861). Sieg der Union.

Bornu Königreich und Emirat im Nordosten Nigerias. Bornu war ursprünglich eine Provinz des Reiches Kanem, bis dieses um 1380 auf das Gebiet von Bornu beschränkt war. Im frühen 16. Jahrhundert dehnte sich Bornu wieder bis nach Kanem aus. Das wiedervereinte Kanem-Bornu hatte seine Blütezeit während der Regentschaft von Idris Alaoma (reg. 1571–1603).

Borobudur Buddhistischer Tempel auf Java, erbaut um 778–850. *S. 136*

Borodino ⚔ im Napoleonischen Krieg (7. Sept. 1812). Die besiegten Russen verlieren 50 000 Truppen.

Boshin-Krieg (1868–69) Der Krieg führte zur Thronbesteigung des Meiji-Kaisers (»erleuchtete Regierung«) in Japan und leitete einen Reformprozess ein.

BOSNIEN UND HERZEGOWINA

Das gebirgige Bosnien grenzt an Kroatien und Serbien/Montenegro. Ein Korridor südlich von Mostar bietet Zugang zur Adria. Zwischen 1945 und 1990 propagierte die jugoslawische Regierung zwar das Zusammenleben von Muslimen, Kroaten und Serben, nach der Auflösung Jugoslawiens kämpften jedoch die ethnischen Gruppen gegeneinander. Etwa 250 000 starben, mehr als zwei Millionen wurden vertrieben und viele Städte zerstört, bevor 1995 der Friedensvertrag von Dayton unterzeichnet wurde.

Chronologie

168 v. Chr. Die Römer unterwerfen Illyrien, einschließlich des heutigen Gebiets von Bosnien und Herzegowina. Nach dem Niedergang des Weströmischen Reiches wird das Gebiet abwechselnd vom Oströmischen Reich (Byzanz), den Hunnen und Bulgaren und den Awaren, die Slawen als Vasallen mitbringen, erobert.

1180 Kulin, Angehöriger der häretischen christlichen Bogomilen, regiert ein trotz der von Ungarn gegen ihn unternommenen katholischen Kreuzzüge blühendes Bosnien.

1254 Bela IV. behauptet die Macht der ungarisch-kroatischen Könige über Bosniens Herrscher.

1322 Stjepan Kotromanic wird Herrscher eines Reiches unter ungarischer Oberhoheit. Er weitet sein Reich bis ins heutige Herzegowina aus, das bis dahin unabhängig war.

1353 Tvrtko folgt seinem Onkel Kotromanic auf den Thron und erweitert das Herrschaftsgebiet Bosniens. 1390 wird er zum König von Serbien, Bosnien, Kroatien und der Küste gekrönt. Es gelingt ihm jedoch nicht, den Sieg der Osmanen über die Serben (1389) im Kosovo zu verhindern.

1482 Osmanen erobern Bosnien und Herzegowina (der Name ist auf die Herrschaft des Herzogs *(herceg)* Stjepan Vukcic 1448 zurückzuführen). Große Teile der Bevölkerung treten zum Islam über. Bosnien wird zum entscheidenden Außenposten für die europäischen Kriege der Osmanen.

1697 Der ungarische Prinz Eugen erobert Sarajevo von den Osmanen zurück. Beim Frieden von Karlowitz wird Bosnien 1699 zwischen dem Osmanischen Reich und dem der Habsburger aufgeteilt.

1831 Husein Kapetan, der »Drache von Bosnien«, beginnt einen Religionskrieg gegen die Osmanen. Nach Eroberungen in Makedonien und Bulgarien wird er besiegt und ins Exil verbannt.

1875 Aufstände gegen die türkische Herrschaft greifen von Herzegowina auf Bosnien über und werden von Serbien und Montenegro unterstützt. Serbien, das sich Bosnien schon lange anschließen will, erklärt den Türken den Krieg, wird jedoch rasch geschlagen. Österreich-Ungarn besetzt Bosnien-Herzegowina und den Sandschak Novi Pazar, der Serbien von Montenegro trennt, »im Namen des Sultans«, nachdem die Türken im Russisch-Türkischen-Krieg von 1877 und 1878 besiegt wurden. Die neuen Herrscher sind unfähig die Spannungen zwischen bosnischen Katholiken, orthodoxen und muslimischen Gemeinschaften zu mildern.

1908 Österreich-Ungarn annektiert Bosnien-Herzegowina, mit stillschweigendem Einverständnis Russlands, das durch die Revolution von 1905 und den Krieg mit Japan geschwächt ist. Der Sandschak gehört wieder zum Osmanischen Reich. Serbien protestiert, kann jedoch ohne russische Unterstützung nichts unternehmen. Die Annexion wird im April 1909 von den Großmächten anerkannt.

1914 28. Juni: Der österreichische Thronfolger, Erzherzog Franz Ferdinand, und seine Frau werden in Sarajevo von einem serbischen Attentäter ermordet. Ein die Souveränität des serbischen Staates betreffendes Ultimatum Österreichs wird von Serbien zurückgewiesen. Österreich erklärt Serbien daraufhin den Krieg und löst damit den Ersten Weltkrieg aus.

1918 Nach der Niederlage der Mittelmächte wird in Sarajevo ein Nationalrat gebildet und Bosnien schließt sich mit Serbien zum Königreich der Serben, Kroaten und Slowenen zusammen. Es folgt eine Zeit der Demokratie, beeinträchtigt jedoch durch ethnische Konflikte.

1929 Um dem Nationalismus ein Ende zu bereiten, errichtet König Alexander eine Diktatur. Das Land heißt jetzt Jugoslawien.

1941 Einmarsch der Deutschen. Bosnien und Herzegowina werden Teil der Republik Kroatien unter der Herrschaft von Pavelic. Es bilden sich rivalisierende Widerstandsgruppen: die serbischen royalistischen Cetnici und die kommunistischen Partisanen unter Tito, Führer der Kommunistischen Partei Jugoslawiens, der 1943 eine provisorische Regierung bildet.

1945 Titos Regierung schafft die Monarchie ab und ruft die Föderative Volksrepublik Jugoslawien aus. Bosnien und Herzegowina werden jugoslawische Republik. In den 60er-Jahren kommen nationalistische Bestrebungen der muslimischen Volksgruppe auf.

1972 Nationalitätenprobleme in ganz Jugoslawien. Beginn von Nationalistenprozessen in Sarajevo.

1980 Tito stirbt. An seine Stelle tritt eine gemeinsame Führung von Regierung und Partei, die jedoch den wirtschaftlichen Niedergang nicht aufhalten kann. In der regionalen Regierung Bosnien-Herzegowinas herrscht Korruption und Autoritarismus.

1990 Wahlsieg der Nationalisten über die Kommunisten.

▶

◀

1991 Parlament erklärt die Souveränität der Republik.

1992 Bosnien wird von EU und USA anerkannt. Serben rufen »Serbische Republik« aus. Beginn des Bürgerkriegs.

1995 NATO-Luftangriffe auf Serben; Friedensvertrag von Dayton.

1996 NATO leitet Umsetzung des Friedensvertrages. Erster internationaler Kriegsverbrecherprozess seit 1945 in Den Haag eröffnet. Wahlen gemäß Dayton-Abkommen.

1998–2000 Wahlen; Nationalisten finden wenig Unterstützung.

2001 Kroaten gründen zeitweise autonome Herzegowina (im Süden).

2002 Aufnahme in den Europarat.

Boston Massacre (5. März 1770) Höhepunkt der Auseinandersetzungen zwischen britischen Truppen und amerikanischen Kolonisten in Boston, Massachusetts: Fünf Menschen werden getötet, als die Truppen das Feuer auf eine Menschenansammlung eröffnen.

Boston Tea Party (16. Dezember 1773) Vernichtung einer Teeladung der Ostindischen Handelskompanie durch als Indianer verkleidete Bürger.

Botany Bay Britische Siedlung in Australien (1788).

BOTSUANA Im trockenen Binnenland Botsuana trennt die zentrale Hochebene die dicht besiedelte Graslandschaft im Osten von der Kalahariwüste und den Sümpfen des Okawangodeltas. Seit 1600 wurden die San von den Tswana verdrängt. 1895 gründete Großbritannien das Protektorat Betschuanaland, um der Annexion durch Südafrika zuvorzukommen. Es besteht ein Mehrparteiensystem, doch die Botswana Democratic Party hat seit der Unabhängigkeit alle Wahlen gewonnen. Diamantenvorkommen sorgen für eine blühende Wirtschaft, aber eine noch wichtigere Ressource ist der Regen.

CHRONOLOGIE

1813 Englische Missionare errichten eine Mission. Die ersten Siedlungen wurden von den Kwena (einer Ethnie der Tswana) gegründet, die etwa 100 Jahre davor von Südafrika aus eingewandert waren.

1885 27. Januar: Großbritannien errichtet das Protektorat Betschuanaland.

1900 Der Hochkommissar für Basutoland, Betschuanaland und Swasiland übernimmt die Verwaltung. Es gibt nur wenig Einmischung in Stammesangelegenheiten und sehr begrenzten Verkauf von Land an weiße Siedler und Firmen.

1920 Ein gewählter europäischer Beirat und ein separater ernannter afrikanischer Beirat werden gegründet. Letzterer dient als Forum für die afrikanische Opposition gegen den Druck Südafrikas nach Eingliederung Botsuanas.

1950 Gründung eines gemeinsamen Beirats.

1958 Gesetzgebende Versammlung bewilligt.

1948 Die Eingliederung in Südafrika wird abgelehnt, als dort die Nationale Partei an die Macht gelangt. Südafrika dominiert jedoch bis jetzt die Wirtschaft, die wenig mehr ist als eine Arbeitskraftreserve für den Bergbau und die Landwirtschaft Südafrikas.

1950 Aufgrund des von Südafrika ausgeübten Drucks wird Seretse Khama von der britischen Kolonialverwaltung ins Exil geschickt, als er eine weiße Engländerin heiratet. Nach sechs Jahren darf er unter der Bedingung zurückkehren, dass er auf die Häuptlingswürde der Ngwato verzichtet. Es wird jedoch kein anderer Häuptling ernannt.

1965 BDP unter Sir Seretse Khama gewinnt die erste Wahl und alle folgenden Wahlen.

1966 Unabhängigkeitserklärung.

1980 Vizepräsident Quett (später Ketumile) Masire folgt Seretse Khama im Präsidentenamt.

1985–1986 Südafrikanische Überfälle.

1992–1993 Nach Streiks und Korruptionsskandalen treten führende BDP-Politiker zurück.

1994 Bei Wahlen zeigt sich die schwindende Unterstützung der BDP.

1998 Vizepräsident Festus Mogae folgt als Präsident auf Masire.

2002 Gerichtsbeschluss bestätigt die Rechtmäßigkeit der Umsiedlung der Buschleute aus der Kalahari.

Bottego, Vittorio Italienischer Forschungsreisender, bereiste 1892–97 Äthiopien.

Botticelli, Sandro (*eigtl.* Alessandro di Mariano Filipepi, 1444–1510) Maler der italienischen Renaissance. *S. 262*

Bougainville, Louis Antoine de (1729–1811) Französischer Soldat und Forschungsreisender. Seine Reise von 1766–69 war die erste französische Weltumseglung. Die wichtigsten Entdeckungen machte er in der Südsee. Seine begeisterten Beschreibungen von Tahiti weckten das Interesse der Franzosen (und anderer Europäer) am polynesischen »Garten Eden«.

Boulton, Matthew (1728–1809) Ingenieur und Industrieller, der James Watts Dampfmaschine finanzierte und mit ihm gemeinsam auswertete.

Bourbon (*auch* Bourbonen, 1589–1830) Französische Königsdynastie, die mit der Thronbesteigung Heinrichs, König von Navarra (und Kalvinist), beginnt. Angesichts der Opposition französischer Katholiken schwört er 1593 dem Kalvinismus ab und wird König Heinrich IV. von Frankreich. Die Dynastie der Bourbon erreicht ihren Höhepunkt mit Ludwig XIV. (1638–1715), der mehr als 50 Jahre mit absoluter Macht regiert. Die Bourbon halten den Thron von Frankreich bis zur Französischen Revolution 1791 und nochmals von 1814–1830. *Siehe auch* Frankreich

Boxeraufstand (1900–01) Chinesischer Volksaufstand, der darauf abzielte, ausländische Händler, Diplomaten und Missionare aus dem Land zu treiben. *S. 390*

Boyacá ⚔ in südamerikanischen Befreiungskriegen. *Siehe* Bolívar, Simón

Braddock, General Edward (1675–1755) Führte den Angriff der Briten gegen die Franzosen und wurde 1755 auf dem Weg zum Fort Duquesne (Pittsburgh) tödlich verwundet.

Bragança (*auch* Braganza) Herrschende Dynastie in Portugal (1640–1910) und dem Kaiserreich Brasilien (1822–89).

Brahmane Hindu der obersten Kaste, der traditionellerweise das Priesteramt zugeteilt ist.

Brandenburg Brandenburg war eine Markgrafschaft des Heiligen Römischen Reiches. Die Markgrafen von Brandenburg wurden 1415 Kurfürsten. Sie dehnten ihr Gebiet in den folgenden Jahrhunderten bis nach Preußen aus und 1701 erhielt der Kurfürst von Brandenburg den Titel König von Preußen. *S. 329*

Brandywine ⚔ im amerikanischen Unabhängigkeitskrieg (11. September 1777). Sieg der Briten.

BRASILIEN Das größte Land Südamerikas, Brasilien, wurde 1822 von Portugal unabhängig. Es besitzt den größten tropischen Regenwald der Welt. Dessen Gefährdung war der Grund für die 1992 erstmals abgehaltene UN-Umweltkonferenz in Rio de Janeiro. Der Regenwald wächst um den riesigen Amazonas mit seinem Delta und bedeckt ein Drittel der Landesfläche. Vom Becken des Rio de la Plata im Süden abgesehen besteht der Rest Brasiliens aus Hochland. Der gebirgige Nordosten ist teilweise bewaldet, teilweise Wüste. Brasilien ist der führende Kaffeeproduzent und besitzt reiche Vorkommen an Gold, Diamanten, Erdöl und Eisenerz. Eine wachsende Branche ist die Rinderzucht. Die Stadt São Paulo ist mit 18 Millionen Einwohnern der viertgrößte Ballungsraum der Erde. S. 317

CHRONOLOGIE

1494 Der Vertrag von Tordesillas zwischen Portugal und Spanien spricht Portugal in etwa die östliche Hälfte Südamerikas zu.

1500 Pedro Alvares Cabral erreicht die brasilianische Küste.

1549 Ein königlicher Generalgouverneur kommt, um in Bahia eine zentrale Regierung einzurichten. Er wird von Jesuiten begleitet, die eine Schlüsselrolle bei der Sicherung der Kolonie und der Erschließung des Landesinneren spielen.

1630–1654 Niederländer kontrollieren ein großes Zuckeranbaugebiet im Nordosten.

1630–1695 Gründung von Niederlassungen ehemaliger Sklaven, die, vor allem im Norden unter dem schwarzen Sklavenführer Zumbi, gegen die Kolonisten kämpfen.

1763 Rio de Janeiro wird Hauptstadt.

1788 Aufstand unter Führung Tiradentes' scheitert.

1807 Französische Invasion in Portugal. König Johann VI. flieht unter dem Schutz der britischen Flotte nach Brasilien und öffnet Brasiliens Häfen dem Außenhandel.

1821 Rückkehr des Königs nach Portugal. Sohn Peter (Pedro) wird Regent Brasiliens.

1822 Peter I. erklärt die Unabhängigkeit und wird zum Kaiser Brasiliens gekrönt.

1828 Brasilien verliert Uruguay.

1831 Militäraufstand nach Krieg mit Argentinien (1825–28). Kaiser dankt ab. Nachfolger wird sein fünfjähriger Sohn als Peter II. (Pedro II.).

1835–1845 Abspaltung von Rio Grande.

1865–1870 Brasilien siegt zusammen mit Argentinien und Uruguay über Paraguay.

1888 Peter II. schafft die Sklaverei ab; Grundbesitzer und Armee wenden sich gegen ihn.

1889 Erste Republik. Kaiser geht nach Paris ins Exil. Zunehmender Wohlstand durch internationale Kaffeenachfrage.

1891 Föderative Verfassung.

1914–1918 Der Erste Weltkrieg führt zum Rückgang der Kaffee-Exporte.

1920–1930 Arbeiter und Intellektuelle fordern Ende der Oligarchie.

1930 Einbruch der Kaffeepreise. Aufstand unter Getúlio Vargas, dem »Vater der Armen«, der Präsident wird. Rasches Wachstum der Industrie.

1937 Festschreibung von Vargas' Herrschaft als wohlwollender Diktator nach faschistischem Vorbild im »Neuen Staat«.

1942 Kriegserklärung an Deutschland.

1945 Vargas wird vom Militär gestürzt.

1950 Vargas wieder zum Präsidenten gewählt.

1954 USA stellen sich gegen Vargas' sozialistische Politik. Rechte und Armee fordern Vargas' Rücktritt. Er begeht Selbstmord.

1956–1960 Präsident Juscelino Kubitschek sorgt mit Unterstützung der PTB (Brasilianische Arbeiterpartei) für Auslandsinvestitionen, besonders aus den USA.

1960–1961 Der konservative Präsident Jânio da Silva Quadros versucht die Abhängigkeit von den USA zu vermindern.

1961 Brasília, innerhalb von drei Jahren erbaut, wird neue Hauptstadt. PTB-Führer João Goulart zum Präsidenten gewählt.

1961–1964 Vorübergehende Einschränkung der Befugnisse des Präsidenten wegen rechter Proteste gegen seine Politik.

1964 Unblutiger Militärputsch unter Armeechef General Castelo Branco.

1965 Branco wird Diktator und verbietet die bestehenden Parteien, gründet jedoch zwei neue. Auf ihn folgen weitere Militärherrscher. Dem »brasilianischen Wirt--schaftswunder«, der raschen Wirtschaftsentwicklung, steht die erbarmungslose Unterdrückung linker Aktivisten gegenüber.

1974 Mit der weltweiten Ölkrise endet der Wirtschaftsboom. Die Auslandsschulden Brasiliens gehören inzwischen zu den höchsten weltweit.

1979 Zulassung weiterer politischer Parteien.

1980 Beginn der starken Zuwanderung in den Bundesstaat Rondônia.

1985 Der zivile Gouverneur von Minas Gerais, Tancredo de Almeida Neves, gewinnt als Kandidat der neuen liberalen Allianz die Präsidentschaftswahlen, stirbt jedoch vor Amtsantritt. Erwachsene Analphabeten erhalten Wahlrecht.

1987 Goldfunde auf Yanomami-Gebiet im Bundesstaat Roraima. Tausende illegaler Goldsucher strömen in das Gebiet.

1988 Neue Verfassung verspricht mehr Sozialausgaben, enthält aber keine Pläne zur Landreform. Chico Mendes, Führer der Gewerkschaft der Gummischneider und Umweltaktivist, wird ermordet.

1989 Erster brasilianischer Umweltschutzplan aufgelegt. Jährliche Inflationsrate beträgt 1000%. Fernando Collor de Mello gewinnt erste tatsächlich demokratische Präsidentenwahl.

1992 UN-Umweltgipfel in Rio. Rücktritt de Mellos wegen Korruptionsvorwürfen.

1994–1995 »Plano Real« beendet die Hyperinflation. Parlament ist gegen Verfassungsreform, stimmt jedoch der Privatisierung wichtiger Staatsmonopole zu. Fernando Henrique Cardoso wird Präsident.

1998–1999 Wiederwahl Fernando Henrique Cardosos. Abwertung des Real.

2000 Wirtschaftliche Erholung. Parteienstreit um Parlamentspräsidentenwahl.

2003 Neuer Präsident ist seit Januar Luiz Inácio da Silva, genannt »Lula«, der Führer der linken Arbeiterpartei PT.

Brazza, Pierre Savorgnan de (1852–1905) Italienischstämmiger französischer Afrikaforscher und Kolonialverwalter. Besetzte das Land nördlich des Flusses Kongo und vereinte es später mit dem ebenfalls von ihm erforschten Gabun zum Kolonialgebiet Französisch-Kongo. Gründer der Stadt Brazzaville.

BRD Nicht amtliche Abkürzung für die Bundesrepublik Deutschland vor der Einheit mit Ostdeutschland 1989.

Breda ⚔ im holländischen Krieg gegen die spanische Herrschaft (1590).

Breitenfeld ⚔ im Dreißigjährigen Krieg (1631). Schwedischer Sieg gegen die Kaiserlichen (Truppen) der katholischen Liga unter Graf Tilly.

Brest-Litowsk, Friede von (März 1918) Im Friedensvertrag zwischen dem neuen Staat Sowjetrussland (1917) und den Mittelmächten im Ersten Weltkrieg muss Sowjetrussland die Unabhängigkeit von Polen, Finnland, Georgien, Litauen, Estland, Livland, Kurland, der Ukraine und Teilen Armeniens anerkennen.

Brétigny, Frieden von (1360) Beendet die erste Phase des Hundertjährigen Krieges zwischen Frankreich und England. Lösegeldzahlungen und die Abtretung französischer Gebiete, darunter Aquitanien, an König Eduard III. von England sollten zur Freilassung des von England inhaftierten französischen Königs Johann II. führen.

Briar Creek ⚔ im amerikanischen Unabhängigkeitskrieg (3. März 1779).

Briten 1) Keltische Bewohner Britanniens (*auch* Britanni, Britones). 2) Bewohner Großbritanniens und Nordirlands. *Siehe* Großbritannien, England, Wales, Schottland, Irland

Britische Ostindische Kompanie (*eng.* British East India Company) *siehe* Englische Ostindische Kompanie

Britische Südafrika-Kompanie (*eng.* British South Africa Company) Von dem britisch-südafrikanischen Kolonialpolitiker Cecil Rhodes gegründete Handelsgesellschaft mit Sitz in London. Besetzt Rhodesien und macht das Land zu einem britischen Protektorat.

Bronzezeit In Europa und Asien folgt in der Regel auf das Paläolithikum (Altsteinzeit) und das Neolithikum (Jungsteinzeit), manchmal über die Zwischenphase der Kupferzeit, die Bronzezeit. In der Kupfer- und Bronzezeit benutzen Menschen erstmals Metall. In Mittel- und Südeuropa und in China begann die Bronzezeit um 3000 v. Chr. In Britannien kann man erst um etwa 1900 v. Chr. von der Bronzezeit sprechen. *S. 29*

Broz, Josip *siehe* Tito, Marschall

Bruce, James (1730–94) Schottischer Afrikaforscher, der auf seiner Reise durch Äthiopien 1772 den Quellfluss des Blauen Nils entdeckte, den man damals für die Quelle des Nils hielt.

Bruce, Robert *siehe* Robert I. Bruce

BRUNEI Das an der Nordwestküste Borneos gelegene Land wird durch einen Landstreifen des es umgebenden malaysischen Staates Sarawak in zwei Teile geteilt. Im Landesinneren überwiegt Regenwald. Das seit 1984 von Großbritannien unabhängige Brunei wird per Dekret durch einen Sultan regiert und zunehmend islamisiert. Große Öl- und Gasvorkommen machen es zu einem der reichsten Länder der Welt.

CHRONOLOGIE

6. Jahrhundert Umfangreiche Handelsbeziehungen zwischen Brunei und China.

13. Jahrhundert Islam erreicht Brunei.

13.–15. Jahrhundert Brunei wird Teil des javanesischen Majapahit-Reiches.

1521 Zur Zeit von Magellans Reisen beherrscht Sultan Bolkiah den größten Teil Borneos und der Sulu-Inseln.

1842 Der Sultan von Brunei überlässt dem Briten James Brooke (dem »weißen Raja«) als Dank für dessen Hilfe bei einer Aufstandsbekämpfung Sarawak.

1877 Der Sultan überlässt einer britischen Handelsgesellschaft Sabah.

1888 Brunei wird britisches Protektorat.

1929 Beginn der Erdölförderung.

1959 Erste Verfassung erhebt Islam zur Staatsreligion. Innere Selbstverwaltung.

1962 Demonstrationen für Demokratie. Notstand; Sultan regiert per Dekret.

1984 Unabhängigkeit. ASEAN-Beitritt.

1990 »Malaiische Moslemische Monarchie« wird propagiert.

1991 Importverbot für Alkohol.

1992 Beitritt zu Blockfreien Staaten.

1998 Der Sohn des Sultans, Prinz Al-Muhtadee Billah, wird Kronprinz.

Brunel, Isambard Kingdom (1806–59) Britischer Ingenieur, baute 1838 das erste Dampfschiff, die *Great Western*.

Bruno, Giordano (1548–1600) Wegen Ketzerei von der katholischen Kirche angeklagter Philosoph, der das heliozentrische Weltbild des Kopernikus vertrat.

Brussilow-Offensive (Juni–August 1916) Wichtigste russische Offensive gegen Österreich-Ungarn im Ersten Weltkrieg, geführt von General Aleksej Aleksejewitsch Brussilow (1853–1926).

Brutus, Lucius Junius Legendäre Figur des 6. Jahrhunderts v. Chr., der Rom 509 von dem tyrannischen etruskischen König Lucius Tarquinius Superbus befreit haben soll. Mit ihm beginnt der Legende nach die römische Republik.

Buckland, Revd William (1784–1856) Englischer Geologe und Paläontologe, der seine wissenschaftlichen Erkenntnisse mit der Schöpfungsgeschichte der Bibel in Einklang bringen wollte.

Buddha (*auch* Siddharta Gautama, »der Erwachte«, »der Erleuchtete«, um 563 bis um 483 v. Chr., evtl. auch 100 Jahre später) Begründer des Buddhismus. Der aus einer adligen Kshatrya-Familie stammende Siddharta erkannte im Alter von 29 Jahren, dass das Leben Leiden ist, und verließ Heimat und Familie, um Erleuchtung zu finden. Der Legende nach soll er diese bei seiner Meditation unter einem Feigenbaum in Bodh Gaya gefunden haben. Die folgenden 40 Jahre predigte er seine Lehre von den Vier Edlen Wahrheiten. Er starb in Kushinagara (das heutige Kasia).

Buddhismus Die von Buddha begründete Weltreligion, die sich von Süd- und Ostasien aus über die ganze Welt verbreitet hat. Nach dem Buddhismus ist alles vergänglich und deshalb voller Leiden. Erlösung aus dem Kreislauf der Wiedergeburten bietet das Hintersichlassen von Begierde und Leidenschaft und die Beschreitung des achtfachen Pfades.

Bronze-Buddha, Thailand *S. 122*
Buddhismus in Japan *S. 135*

Buena Vista ⚔ im Mexikanischen Krieg (1847). Sieg der USA.

Buenos Aires Hauptstadt von Argentinien. Spanische Siedler gründeten 1536 an dieser Stelle eine Stadt, wurden jedoch von den ansässigen Indianern vertrieben. 1580 wurde die Stadt neu gegründet und 1776 Hauptstadt des Vizekönigreichs Río de la Plata.

Bürgerrechtsbewegung In den USA in den 50er- und 60er-Jahren des 20. Jahrhunderts entstandene breite Bewegung zur Durchsetzung gleicher Rechte für Afroamerikaner und zur Abschaffung der Rassentrennung und jeglicher Diskriminierung. Die Bewegung entwickelte sich aus dem Montgomery-Bus-Boykott von 1956, der auf die Verhaftung einer Afroamerikanerin erfolgte, die sich geweigert hatte im Bus auf den für Schwarze vorgesehenen Platz zu wechseln. Mit der Person von Martin Luther King, der gewaltfreie Aktionen propagierte, erhielt die Bewegung mehr

Gewicht. Am Protestmarsch nach Washington nahmen 1963 über eine Million Menschen teil.

Bujiden-Dynastie (*auch* Buyiden, Buwaihiden, 945–1055) Persische Dynastie auf schiitischer Grundlage.

Bukephalos ⚔ im Asienfeldzug Alexanders des Großen (326 v. Chr.).

Bulgaren Seit dem Mittelalter in Osteuropa ansässiges Volk. Die Bulgaren stammen vermutlich von einem Turkvolk aus Zentralasien ab, das um 370 mit den Hunnen in die europäischen Steppen westlich der Wolga gekommen war. Beim Rückzug der Hunnen ließen sie sich um 460 in dem Gebiet nördlich und östlich des Asowschen Meeres nieder.

BULGARIEN Das in Südosteuropa gelegene Bulgarien ist ein vorwiegend gebirgiges Land. Die Nordgrenze bildet die Donau, im Osten liegen die beliebten Seebäder des Schwarzen Meers. Am dichtesten besiedelt sind die Gebiete um Sofia im Westen, Plowdiw im Süden und die Donauniederung. Von 1396 bis 1878 herrschten die Osmanen. 1908 wurde Bulgarien unabhängiges Königreich. Ab 1947 war es kommunistische Volksrepublik, an der Spitze stand von 1954 bis 1989 Todor Schiwkow. In den 90er-Jahren führten Demokratisierung und wirtschaftlicher Wiederaufbau zu politischer Instabilität.

Chronologie

681 Byzanz tritt die Gebiete nördlich des Balkangebirges an Khan Asparuch ab, der das erste bulgarische Reich mit der Hauptstadt Pliska gründet. Zur Bevölkerung gehören Bulgaren sowie slawisch- und türkischstämmige Völker, die hier seit mehr als 200 Jahren siedelten.

865 Während der Regentschaft Boris' I. nahm Bulgarien das Christentum an. Die Machtentfaltung des Königreiches unter Boris' Sohn Simeon (gekrönt 913) geht einher mit einer Blüte von Kunst und Kultur.

1242 Ein neues goldenes Zeitalter, währenddessen Bulgarien ähnlich viele Gebiete umfasst wie während Simeons Herrschaft, allerdings mit der Hauptstadt Tarnowo, wird durch die Invasion der Mongolen beendet. Das Reich zerfällt.

1393–1396 Bulgarien wird von den Osmanen erobert. Die Bevölkerung wird, teils gewaltsam, islamisiert. Die christliche Kirche wird zur griechisch-orthodoxen Kirche. Die osmanische Herrschaft dauert fast 500 Jahre, in denen sich Türken in ganz Bulgarien niederlassen.

1876 Ein Aufstand gegen die Türken, der seinen Ausgang 1875 in Bosnien hat, wird niedergeschlagen, erweckt jedoch bei den Großmächten Interesse für bulgarische Belange.

1878 Nach der Niederlage des Osmanischen Reiches im Russisch-Türkischen Krieg von 1877–78 wird der Vertrag von San Stefano unterzeichnet, nach dem zwischen Donau und Ägäis ein neuer bulgarischer Staat entstehen soll. Österreich-Ungarn und Großbritannien zwingen Russland dies zu überdenken. Daraufhin wird das neue Bulgarien beim wenige Monate später stattfindenden Berliner Kongress in drei Teile geteilt: ein bulgarisches Fürstentum, das dem Sultan tributpflichtig ist, Ostrumelien unter christlicher Verwaltung und Makedonien.

1885 Ostrumelien wird gewaltsam dem bulgarischen Fürstentum zugeschlagen. Nach einem Streit zwischen Bulgarien und Russland wird der bulgarische Herrscher Alexander I. (der 1879 gewählt worden war) zur Abdankung gezwungen. 1887 wählt die Nationalversammlung den pro-österreichischen Ferdinand I. von Sachsen-Coburg auf den Thron.

1908 Nach der Annexion Bosnien-Herzegowinas durch Österreich-Ungarn erklärt sich Bulgarien zum unabhängigen Königreich, Ferdinand I. nimmt den Titel Zar an.

1912 Bulgarien, Serbien, Griechenland und Montenegro siegen im Ersten Balkankrieg über die Türkei. Bulgarien konnte sein Gebiet trotz der Opposition, besonders von Serbien, ausweiten. Im Jahr darauf greift Bulgarien seine ehemaligen Verbündeten an, die von Rumänien und der Türkei unterstützt werden. Bulgarien unterliegt und verliert fast ganz Makedonien und weitere Gebiete.

1915 Bulgarien tritt an der Seite der Mittelmächte in den Ersten Weltkrieg ein und erklärt Serbien den Krieg.

1919 Mit dem Frieden von Neuilly verliert das besiegte Bulgarien Thrakien an Griechenland und die Süddobrudscha an Rumänien, Gebiete, die im Ersten Balkankrieg erobert wurden.

1920 Die linksgerichtete Bauernpartei (Bauernunion) gewinnt die relative Stimmenmehrheit in erster Parlamentswahl, dicht gefolgt von der Kommunistischen Partei.

1923 Premierminister Aleksandar Stoimenow Stambolijski in Offiziersputsch gestürzt und ermordet. Nach einem kommunistischen Aufstand werden die linken Parteien (Bauernpartei und KP) unterdrückt. Es kommt zu terroristischen Aktionen. Der Putsch von 1934 bringt eine Militärdiktatur an die Macht.

1935 König Boris III. errichtet eine autokratische Herrschaft.

1941 Nach dem Ausbruch des Zweiten Weltkriegs schloss sich Bulgarien den Achsenmächten an und nahm im April an der Besetzung Jugoslawiens teil, wofür ihm ein großer Teil Makedoniens zugesprochen wird.

1943 Im August 1943 stirbt überraschend Boris III. Der minderjährige Simeon II. ist Thronfolger.

1944 Die Alliierten bombardieren Sofia. Einmarsch der Sowjetarmee. Antifaschistische Koalition aus Bauernpartei und bulgarischen Kommunisten (BKP) übernimmt unblutig die Macht. Kimon Georgiew wird Premierminister.

1946 September: Monarchie durch Referendum abgeschafft. Ausrufung der Republik. Oktober: Wahlsieg für BKP.

1947 Premierminister Georgi Dimitrow diskreditiert den Vorsitzenden der Bauernpartei, Nikola Petkow, der verhaftet und zum Tode verurteilt wird. Dimitrow-Regierung international anerkannt. Verfassung nach sowjetischem Vorbild, Einparteienstaat. Land wird in Volksrepublik Bulgarien umbenannt. Beginn der Verstaatlichung der Wirtschaft.

1949 Dimitrow stirbt. Nachfolger ist Wasil Kolarow.

1950 Kolarow stirbt. Nachfolger Wulko Tscherwenkow betreibt Säuberung der Kommunistischen Partei und Verstaatlichung.

1953 Tod Stalins. Tscherwenkows Macht schwindet.

1954 Tscherwenkow übergibt die Macht an Todor Schiwkow. Dieser macht Bulgarien zu einem unverzichtbaren Teil des Ostblocks.

1955–1960 Schiwkow rehabilitiert die Opfer von Tscherwenkows Säuberungen.

▶

◄

1965 Plan zu Schiwkows Sturz von Sowjetagenten aufgedeckt.

1968 Teilnahme bulgarischer Truppen an der Invasion der Tschechoslowakei.

1971 Neue Verfassung. Schiwkow wird Staatsratsvorsitzender und tritt als Premierminister zurück.

1978 Säuberungen der BKP: 30 000 Mitglieder werden ausgeschlossen.

1984 Türkische Minderheit muss slawische Namen annehmen.

1989 Juni–August: 300 000 bulgarische Türken wandern aus. November: Schiwkow als Staatsoberhaupt und Führer der BKP abgesetzt. Nachfolger wird Petur Mladenow. Massendemonstrationen für demokratische Reformen. Dezember: Gründung der Vereinigten Demokratischen Kräfte (ODS).

1990 Zusammenbruch der Wirtschaft. Schiwkow verhaftet. BKP verliert den Verfassungsrang als Staatspartei. Umbenennung in Bulgarische Sozialistische Partei (BSP). Juni: Wahl ohne klares Ergebnis. August: ODS-Vorsitzender Schelew wird Präsident. BSP an Regierung beteiligt. Land wird in Republik Bulgarien umbenannt; kommunistische Symbole werden aus der Flagge entfernt.

1991 Februar: Aufhebung der Preiskontrollen; starker Preisanstieg. Juli: neue Verfassung. Oktober: ODS gewinnt Wahlen.

1992 Anhaltende Unruhen. Oktober: ODS-Regierung tritt nach Misstrauensvotum zurück. Dezember: Bewegung für Rechte und Freiheiten (DPS) bildet Regierung. Schiwkow der Korruption und Menschenrechtsverletzung überführt.

1993 Ehrgeiziges Privatisierungsprogramm.

1994 Wahlsieg für BSP.

1995 Koalitionsregierung unter dem BSP-Führer Widenow.

1996 Finanzkrise und Zusammenbruch der Währung. Petar Stojanow, ODS-Oppositionskandidat, gewinnt Präsidentenwahl.

1997 Wahlsieg für ODS, ihr Vorsitzender Iwan Kostow wird Premierminister.

2001 Trotz des Wirtschaftsaufschwungs stimmen die Wähler für die neue Partei des Ex-Königs Simeon Sakskoburggotski, der Premierminister wird. Wahl von Georgi Parwanow zum Präsidenten.

2002 Einladung zum NATO-Beitritt.

Bull Run River ⚔ im Sezessionskrieg (zwei Schlachten, 21. Juli und 29.–30. August 1862). Sieg der Konföderierten.

Bundesrepublik Deutschland *siehe* Deutschland, Westdeutschland

Bunker Hill (Boston) ⚔ im amerikanischen Unabhängigkeitskrieg (16. Juni 1775). Sieg der Briten. *S. 332*

Burckhardt, Johann Ludwig (1784–1817) Schweizer Orient- und Afrikaforscher. Er besuchte als erster Europäer Petra in Jordanien und den ägyptischen Tempel von Abu Simbel. 1814 durchfuhr er das Rote Meer vom Sudan aus und besuchte, sich als Muslim ausgebend, Mekka.

Burebista Herrscher von Dakien, einem Königreich in den Karpaten und Transsylvanien, in etwa das Gebiet des heutigen nordwestlichen Rumänien. Als römische Provinz umfasste Dakien weitere Gebiete im Norden und Osten. Um 60–50 v. Chr. einigte König Burebista die dakischen Stämme und begründete ein großes Reich, das jedoch nach seinem Tod 45 v. Chr. zerfiel.

Buren (*niederl.* boeren, Bauern) Südafrikanische Nachkommen eingewanderter Niederländer und Hugenotten, die sich besonders im Transvaal und im Oranje-Freistaat niederließen.

Burenkrieg (1899–1902) Krieg in Südafrika zwischen Großbritannien und den südafrikanischen Burenstaaten Transvaal und Oranje-Freistaat, wo sich hauptsächlich niederländische Siedler niedergelassen hatten. Nach der Kapitulation der Truppen leisteten die Buren im Guerillakrieg noch Widerstand. Sie wurden schließlich dazu gezwungen, sich zu ergeben. Die beiden Länder mit ihren reichen Bodenschätzen wurden dem britischen Empire eingegliedert. *S. 382*

Burgund, Herzogtum Mächtiges Herzogtum des Mittelalters, das sich zwischen dem 14. und 15. Jahrhundert auf dem Höhepunkt seiner Macht befand. 1384 erbte Philipp der Kühne die Niederlande. 1477 jedoch fiel Karl der Kühne im Kampf gegen die Schweizer. Das Herzogtum ging an das Haus Habsburg.

Burgunder Germanischer Volksstamm, der ab dem 5. Jahrhundert unter Gundahar die Gebiete der westlichen Schweiz besetzte, vom weströmischen Feldherrn Aetius und verbündeten Hunnen geschlagen und ins Rhonegebiet umgesiedelt wurde. Dieser Vorfall bildet den historischen Kern der Nibelungensage.

Burke, Robert O'Hara (1821–61) Irischstämmiger Australienforscher. Wanderte 1853 nach Australien aus. Wurde 1860 zum Leiter einer Expedition ernannt, die Australien von Süd nach Nord durchqueren sollte. Wegen der Sümpfe an der Küste gelang es der Expedition nicht, den Carpentariagolf zu erreichen. Burke und zwei Begleiter verhungerten; nur einer überlebte dank der Hilfe, die er von den Aborigines erhielt.

BURKINA FASO Das mitten in Westafrika gelegene Burkina Faso (früher Obervolta) erlangte 1960 seine Unabhängigkeit von Frankreich. Der größte Teil des Landes liegt in der trockenen Sahelzone am Rand der Sahara. Nach der Unabhängigkeit herrschten die meiste Zeit Militärdiktatoren. Erst 1991 wurde aus dem Land ein Mehrparteienstaat. Nach wie vor liegt die Macht jedoch zum größten Teil in den Händen des Präsidenten Blaise Compaoré. Wichtigster Wirtschaftsfaktor ist die Landwirtschaft.

CHRONOLOGIE

11. Jahrhundert Aufstieg des Reiches Mali.

14. Jahrhundert Ankunft des Islam.

1890–1900 Französische Kolonialtruppen besiegen den vom Herrscher (Titel »Moro Naba«) geführten Widerstand der Mosi.

1920 Das Land wird als Kolonie Obervolta Französisch-Westafrika angegliedert.

1932 Gebiet wird zwischen Elfenbeinküste, Sudan und Niger aufgeteilt.

1947 Obervolta wird als eigenes Territorium wiederhergestellt. Erste politische Partei ist die von Maurice Yaméogo gegründete Union Démocratique Voltaique (UDV).

1958 Selbstverwaltungsstatus innerhalb der Französischen Gemeinschaft.

1960 Am 11. Dezember 1959 wird Maurice Yaméogo zum ersten Präsidenten des ab 1960 unabhängigen Staates Obervolta gewählt. Verbot von Oppositionsparteien.

1966 Wirtschaftsproblemen, Demonstrationen und Streiks folgt ein Militärputsch, in dem Präsident Yaméogo abgesetzt wird. Neuer Regierungschef ist General Sangoule Lamizana.

1970 Eine neue Verfassung ermöglicht die Einsetzung einer Zivilregierung.

1974 Erneuter Putsch des Militärs. Lamizana löst die Nationalversammlung auf und setzt die Verfassung außer Kraft.

1977 Eine neue Verfassung wird in einem Referendum angenommen. Lamizana

tritt zurück und wird 1978 zum Präsidenten gewählt.
1980 Sturz Lamizanas; Oberst Saye Zerbo wird Präsident.
1982 Linksgerichteter Hauptmann Thomas Sankara übernimmt die Macht. Radikale Reformen.
1984 Umbenennung in Burkina Faso.
1987 Sankara wird ermordet, Hauptmann Blaise Compaoré übernimmt die Macht.
1991 Neue Verfassung. Compaoré wird zum Präsidenten gewählt.
1997 Erdrutschsieg für CDP bei Wahlen.
1999 Generalstreik.
2001 Ehemaliger Leibwächter des Präsidenten des Mordes an dem Journalisten Norbert Zongo (1998) angeklagt. Meningitis-Epidemie.

Bursa Byzantinische Stadt in Anatolien, wird 1326 erste osmanische Hauptstadt.

Burton, Sir Richard Francis (1821–90) Britischer Linguist, Diplomat, Autor und Forscher. Konnte 1853 als Muslim verkleidet nach Mekka und Medina reisen. Erforschte 1858 mit John Speke Ostafrika und gelangte bis zum Tanganjikasee. Schrieb über 50 Bücher, darunter die Übersetzung von *TausendundeineNacht (The Arabian Nights)*.

BURUNDI

BURUNDI Das Binnenland liegt südlich des Äquators an der Wasserscheide zwischen Nil und Kongo. Der Tanganjikasee bildet eine natürliche Grenze zur Demokratischen Republik Kongo (früher Zaire). Wichtigster politischer Faktor sind die Spannungen zwischen Hutu-Mehrheit und herrschender Tutsi-Minderheit. Die andauernde Instabilität begann nach der Ermordung des ersten Hutu-Präsidenten des Landes 1993 bei einem Putsch der Armee, die von Tutsi dominiert ist.

CHRONOLOGIE

5. Jahrhundert Hutu siedeln sich an. Ihnen folgen 1000 Jahre später die Tutsi.
1899 Das Königreich Burundi wird Teil Deutsch-Ostafrikas.
1919 Burundi wird nach deutscher Niederlage im Ersten Weltkrieg Völkerbundsmandat unter belgischer Verwaltung.
1946 UN-Treuhandgebiet.
1959 Abspaltung von Ruanda.
1962 Unabhängigkeit.
1966 Militärputsch beendet Monarchie.
1972 Massaker an 150 000 Hutu.
1993 Ndadaye gewinnt erste freie Wahlen, wird aber vier Monate später ermordet.
1996 Buyoya wieder an der Macht.
1999 Gespräche der Kriegsparteien.
2000 Neue Gewalttaten.
2001 Abkommen über Machtverteilung zwischen Tutsi und Hutu.

Buschiri Ibn Salim el-Harthi (1888–89) Anführer des ersten gegen die deutsche Kolonialmacht gerichteten Aufstands in den ostafrikanischen Küstengebieten (1888), der durch anglo-deutsche Seeblockade unterdrückt wurde.

Bush, George (geb. 1924) 41. Präsident der USA (Republikaner, 1988–92). Unter seiner Regierung führten die USA den ersten Golfkrieg gegen den Irak (1990–91), unterzeichneten Abrüstungsverträge mit der UdSSR und deren Nachfolger GUS und gründeten die Nordamerikanische Freihandelszone NAFTA (North American Free Trade Agreement) mit Kanada und Mexiko (1992).

Bush, George Walker (geb. 1946) Sohn des Präsidenten George Bush. Wurde 2000 zum Präsidenten der USA gewählt. Unter seiner Regierung führte USA zusammen mit Großbritannien Krieg gegen den Irak und entmachtete Saddam Hussein (April 2003).

Bushi *siehe* Bushido

Bushido (*dt.* Weg des Kriegers, auch als *bushi* und *bushidan* bekannt) Mittelalterliche, auf dem Feudalsystem beruhende Ethik des japanischen Kriegeradels, enthält die Regeln der japanischen Ritter (Samurai).

Byrd, Richard Evelyn (1888–1957) US-Marineoffizier. Überflog als Erster 1926 den Nordpol und 1929 den Südpol. Erforschte danach die Antarktis.

BYZANTINISCHES REICH

(*auch* Oströmisches Reich, Ostrom, 395–1453) Der Westteil des Römischen Reiches endete 476, das Oströmische Reich mit der Hauptstadt Konstantinopel (Byzanz) überlebte, bis die Osmanen 1453 das Reich eroberten. Zwar überlebten in Ostrom römische Traditionen, die Kirche war jedoch griechisch-orthodox. Byzanz konnte unter Kaisern wie etwa Justinian I. und Basileios II. expandieren, war aber die meiste Zeit damit beschäftigt, sich gegen Angriffe von außen zu verteidigen. Es verlor im 7. Jahrhundert große Gebiete an die Araber. In der ersten Hälfte des 13. Jahrhunderts wurde Konstantinopel sogar von Venedig und von Kreuzrittern eingenommen.

Classe, der Hafen von Ravenna *S. 106*
Byzanz bis 800 *S. 116*
Kaiser Justinian I. *S. 117*
Basileios II., der Bulgarentöter *S. 165*
Ländliches Leben *S. 170*
Sieg der Seldschuken *S. 174*
Byzantinische Kunst *S. 175*
Der Fall Konstantinopels *S. 263*

BYZANTINISCHE KAISER

324–337	Konstantin I. (der Große)
337–361	Konstantios
361–363	Julian Apostata
363–364	Jovian
364–378	Valens
379–395	Theodosios I.
395–408	Arkadios
408–450	Theodosios II.
450–457	Markian
457–474	Leon I.
474	Leon II.
474–475	Zenon (1. Reg.zeit)
475–476	Basiliskos
476–491	Zenon (2. Reg.zeit)
491–518	Anastasios I.
518–527	Justin I.
527–565	Justinian I.
565–578	Justin II.
578–582	Tiberios I. Konstantinos
582–602	Maurikios
602–610	Phokas
610–641	Herakleios
641	Konstantin III., Heraklonas
641	Heraklonas
641–668	Konstans II.
668–685	Konstantin IV. (Pogonatus)
685–695	Justinian II. (1. Reg.zeit)
695–698	Leontios
698–705	Tiberios II. (Apsimaros)
705–711	Justinian II. (2. Reg.zeit)
711–713	Philippikos
713–715	Anastasios II.

715–717	Theodosios III.
717–741	Leon III. (der Isaurier)
741–775	Konstantin V. (Kopronymus)
775–780	Leon IV.
780–797	Konstantin VI.
797–802	Eirene (Kaiserin, Irene)
802–811	Nikephoros I.
811	Staurakios
811–813	Michael I. (Rhangabe)
813–820	Leon V. (der Armenier)
820–829	Michael II. (Balbus)
829–842	Theophilos I.
842–856	Theodora II. (Kaiserin)
842–867	Michael III.
867	Theophilos II.
867–886	Basileios I. (der Makedonier)
886–912	Leon VI. (der Weise)
912–913	Alexander III.
913–959	Konstantin VII. (Porphyrogenetus)
919–944	Romanos I. (Lakapenos)
959–963	Romanos II.
963–969	Nikephoros II.
969–976	Johannes I. Tzimiskes
976–1025	Basileios II. (Bulgaroktonos, der Bulgarentöter)
1025–1028	Konstantin VIII.
1028–1050	Zoë (Kaiserin)
1028–1034	Romanos III. (Argyros)
1034–1041	Michael IV.
1041–1042	Michael V. (Kalaphates)
1042–1054	Konstantin IX.
1054–1056	Theodora
1056–1057	Michael VI. (Stratioticus)
1057–1059	Isaak I. (Komnenos)
1059–1067	Konstantin X. (Dukas)
1068–1071	Romanos IV. (Diogenes)
1071–1078	Michael VII. (Dukas)
1078–1081	Nikephoros III. (Botaneiates)
1081–1118	Alexios I. (Komnenos)
1118–1143	Johannes II. (Komnenos)
1143–1180	Manuel I. (Komnenos)
1180–1183	Alexios II. (Komnenos)
1183–1185	Andronikos I. (Komnenos)
1185–1195	Isaak II. (Angelos)
1195–1203	Alexios III. (Angelos)
1203–1204	Isaak II. (2. Reg.zeit)
1203–1204	Alexios IV. (Angelos)
1204	Alexios V. (Murtzuphlos)

Lateinische Kaiser

1204–1205	Balduin I.
1205–1216	Heinrich
1216–1217	Peter von Courtenay
1218–1228	Robert von Courtenay
1228–1261	Balduin II.

Nicäanische Kaiser

1206–1222	Theodor I. (Laskaris)
1222–1254	Johannes III. Dukas Vatatzes
1254–1259	Theodoros II. (Laskaris)
1258–1261	Johannes IV. (Duas Laskaris)
1259–1261	Michael VIII. (Palaiologos)

Dynastie der Palaiologen

1261–1282	Michael VIII. (Palaiologos)
1282–1328	Andronikos II. (der Ältere)
1295–1320	Michael IX. (Mitkaiser)
1328–1341	Andronikos III. (der Jüngere)
1341–1347	Johannes V. (Palaiologos)
1347–1354	Johannes VI. (Kantakuzenos)
1355–1376	Johannes V. (2. Reg.zeit))
1376–1379	Andronikos IV. (Palaiologos)
1379–1390	Johannes V. (3. Reg.zeit)
1390	Johannes VII.
1391–1425	Manuel II. (Palaiologos)
1425–1448	Johannes VIII. (Palaiologos)
1448–1453	Konstantin XI. (Palaiologos)

C

Cabeza de Vacas, Álvar Núñez (um 1490–1560) Vom Pech verfolgter Erforscher Nord- und Südamerikas. Er war bei der Expedition an der Nordküste des Golfs von Mexiko von 1528 einer von vier Überlebenden, die acht Jahre lang in dem Gebiet unterwegs waren. Erforschte später Südamerika und wurde zum Gouverneur der Provinz Río Plata ernannt, ein Posten, den er 1545 nach einem Aufstand seiner Männer wieder verlor.

Caboto, Giovanni (um 1450–99) In Genua geborener Seefahrer. Leitete 1497 die von Heinrich VII. von England unterstützte erste schriftlich festgehaltene europäische Expedition zur nordamerikanischen Küste, die eigentlich nach Indien führen sollte. Er selbst glaubte in China gelandet zu sein.

Caboto, Sebastiano (1474–1557) Sohn von Giovanni Caboto, Kartograf, Seefahrer und Entdecker. Fuhr 1508 nach Nordamerika, wo er vermutlich die Hudsonbai erreichte, von wo er weiter die Ostküste entlang nach Süden fuhr. 1526 leitete er auf der Suche nach der Westroute zum Pazifik eine spanische Expedition nach Südamerika. Später suchte er die Nordostpassage nach China.

Cabral, Gonçalo Velho Portugiesischer Seefahrer des frühen 15. Jahrhunderts, erreichte die Azoren.

Cabral, Pedro Álvares (1467–1520) Portugiesischer Seefahrer, Entdecker Brasiliens. Nach Vasco da Gamas erfolgreicher Reise nach Indien unterstützte König Emanuel I. von Portugal eine zweite Reise unter Leitung von Cabral. 1500 wurde er auf dem Kurs da Gamas abgetrieben und entdeckte zufällig Südamerika, das er für Portugal in Besitz nahm.

Cadamosto, Alvise (*auch* Ca'da Mosto, 1432–88) Forscher und Kaufmann aus Venedig im Auftrag von Heinrich dem Seefahrer. Er soll der erste Europäer auf den Kapverden gewesen sein (1456).

Caesar, Gaius Julius (102–44 v. Chr.) Römischer Staatsmann und General. Sein Sieg über die Gallier (58–51 v. Chr.) und sein Sieg im Bürgerkrieg über seinen Rivalen Pompeius (48) verhalfen ihm zur Herrschaft über das gesamte Römische Reich. Im Jahr 46 wurde er zum Diktator ernannt. Er fiel schließlich einem Attentat zum Opfer. *S. 73*

Cahokia Wichtigstes sakrales Zentrum der Mississippikultur im 11. Jahrhundert. Hier siedelten zur Blütezeit der Kultur 15 000 Menschen. *S. 169*

Caillé, René (1799–1839) Französischer Reisender, der als erster Europäer die legendäre afrikanische Stadt Timbuktu erreichte.

Calabozo ⚔ im südamerikanischen Unabhängigkeitskrieg (Februar 1818) in Venezuela.

Calama ⚔ im Pazifischen Krieg (1879). Chilenischer Sieg.

Çaldiran (*auch* Chaldiron) ⚔ zwischen Safawiden und Osmanen (1514). Ihr Sieg verhalf den Osmanen zur Herrschaft über den größten Teil Ostanatoliens.

Calukya-Dynastie (*auch* Chalukya, Tschalukja, 550–750) Die im Dekhan herrschende indische Dynastie wurde 550 gegründet. Sie wurde von der Rashtrakuta-Dynastie 750 besiegt. 973 übernahm mit Taila II. erneut ein Nachkomme der Calukya die Macht. Die von ihm begründete Dynastie nennt man Calukya von Kalyani. Sie hielt sich bis zum 11. Jahrhundert.

Calvin, Johannes (1509–64) Französisch-schweizerischer Theologe, Begründer des Kalvinismus. Verbreitete die Reformation in der Schweiz und in Frankreich. Als Kirchenlehrer in Genf gelang es ihm, die Stadtverwaltung in reformatorischem Sinn umzugestalten. Sein theologisches Hauptwerk ist die Schrift *Institutio Christianae Religionis* (1546).

Camden ⚔ im amerikanischen Unabhängigkeitskrieg (16. Januar 1781). Britischer Sieg.

Camp-David-Abkommen (1978) Erhielt seinen Namen nach der Sommerresidenz des US-amerikanischen Präsidenten in Maryland, wo die Rahmenbedingungen für einen Frieden zwischen Israel und der arabischen Welt ausgehandelt wurden. 1978 unterzeichneten der ägyptische Präsident Sadat und der israelische Premierminister Begin das von Präsident Carter vermittelte Abkommen, die Grundlage des Friedensvertrags von 1979 zwischen Israel und Ägypten.

Candragupta Maurya (*auch* Chandragupta, Tschandragupta Maurja, *griech.* Sandrakottos) Begründer der indischen Maurya-Dynastie (reg.um 321–297 v. Chr.). Es gelang ihm, den größten Teil des indischen Subkontinents unter seiner Herrschaft zu einen. Er annektierte das Gebiet östlich des Indus, besetzte den größten Teil Nordindiens und nahm Seleukos I. Nikator (einem Nachkommen Alexander des Großen) einen Großteil Afghanistans ab.

Candragupta II. (*auch* Chandragupta II., 380–415) Nachkomme Candragupta Mauryas (reg. um 375–415). Kämpfte zwischen 388 und 409 gegen einfallende Saken (Skythen). Er konnte das Reich durch Eroberungen und geschickte Heiratspolitik weiter ausdehnen.

Cannae ⚔ im zweiten Punischen Krieg (216 v. Chr.). Größter Sieg Hannibals über Rom.

Canterbury Stadt in Kent, Südostengland, wurde nach der Missionierung des heiligen Augustin 597 Erzbistum unter Augustin. Nach der Abspaltung der Kirche Englands von Rom unter Heinrich VIII., 1533, wurde es Sitz des Primas der Anglikanischen Kirche, der ehemalige Erzbischof von Canterbury wurde zum religiösen Oberhaupt der neuen Kirche von England.

Erzbischöfe von Canterbury (seit 1533)

1533–1556	Thomas Cranmer
1556–1558	Reginald Pole
1559–1575	Matthew Parker
1575–1583	Edmund Grindal
1583–1604	John Whitgift
1604–1610	Richard Bancroft
1611–1633	George Abbot
1633–1645	William Laud
1645–1660	vakant unter Maria I., der Katholischen
1660–1663	William Juxon
1663–1677	Gilbert Sheldon
1678–1691	William Sancroft
1691–1694	John Tillotson
1694–1715	Thomas Tenison
1716–1737	William Wake
1737–1747	John Potter
1747–1757	Thomas Herring
1757–1758	Matthew Hutton
1758–1768	Thomas Secker
1768–1783	Frederick Cornwallis
1783–1805	John Moore
1805–1828	Charles Manners-Sutton
1828–1848	William Howley
1848–1862	John Bird Sumner
1862–1868	Charles Thomas Longley
1868–1882	Archibald Campbell Tait
1882–1896	Edward White Benson
1896–1902	Frederick Temple
1903–1928	Randall Thomas Davidson
1928–1942	Cosmo Gordon Lang
1942–1945	William Temple
1945–1961	Geoffrey Francis Fisher
1961–1974	Arthur Michael Ramsey
1974–1980	Frederick Donald Coggan
1980–1991	Robert Alexander Kennedy Runcie
1991–2002	George Leonard Carey
2002–	Rowan Williams

Cantino, Alberto Kartograf in den Diensten des Herzogs von Ferrara, der 1502 eine geheime portugiesische Weltkarte kopierte, die die neuesten portugiesischen Entdeckungen verzeichnete, inklusive der brasilianischen Küste und Madagaskar, die so genannte Cantino-Karte.

Cão, Diogo Portugiesischer Seefahrer, der 1482 als erster Europäer die Kongomündung erreichte.

Carabobo ⚔ im südamerikanischen Unabhängigkeitskrieg.

Cardium-Keramik (*auch* Cardial-Keramik) Mit Eindrücken von Cardiummuscheln (Herzmuscheln) verzierte Keramik des Mittelmeerraums aus dem frühen Neolithikum (um 6200–5000 v. Chr.).

Carnac Im Neolithikum angelegter sakraler Ort in der Bretagne mit beeindruckenden Menhire-Alleen. *S. 23*

Carpini, Giovanni del Pian (de Plano) del (um 1182–1252) Italienischer Franziskanermönch, Gesandter des Papstes Innozenz IV. beim Khan der Mongolen.

Carranza, Venustiano (1859–1920) Mexikanischer Staatsmann. Führte 1910 die Revolution gegen die Regierung Porfirio Díaz und 1913 den Sieg über General Victoriano Huerta an. Er wurde 1915 nach einem Machtkampf Präsident. Carranza versuchte 1917 eine fortschrittliche Verfassung zu konstituieren, wurde jedoch 1920 abgesetzt und nach der Flucht ermordet.

Carrhae ⚔ (53 v. Chr.) Stoppte römische Invasion im parthischen Mesopotamien.

Carter, James Earl (Jimmy, 1924–) 39. Präsident der USA (Demokrat 1977–81). Unter Carters Präsidentschaft kam es zum Carter-Torrijos-Vertrag (Panamakanal-Vertrag) und zum Camp-David-Abkommen. Größte Krise war die Geiselnahme der gesamten US-Botschaft im Iran nach dem Sturz des Schah-Regimes 1979.

Cartier, Jacques (1491–1557) Französischer Forscher und Seefahrer. Wurde 1534 von Franz I. nach Amerika gesandt, um Gold zu finden. Erforschte dabei den Golf von Mexiko. 1535 und 1541 erreichte er den Ort, wo später einmal die Stadt Montreal entstehen sollte. Seine Entdeckungen spielten eine große Rolle für die französische Kolonialisierung Nordamerikas.

Casablanca, Konferenz von (12.–14. Januar 1943) In Nordafrika stattfindendes alliiertes Gipfeltreffen während des Zweiten Weltkriegs zwischen dem US-Präsidenten Roosevelt und dem britischen Premierminister Churchill zur Vorbereitung der Landung in der Normandie, der U-Boot-Offensive, der Bombenangriffe und der Unterstützung der Sowjetunion.

Cassini, César François (1714–84) Französischer Astronom und Kartograf. Der Direktor des Pariser Observatoriums erstellte mithilfe der Triangulationsmethode eine topografische Karte Frankreichs.

Cassini, Jean Dominique, Comte de (1748–1845) Französischer Astronom und Kartograf. Sohn von C.F. Cassini. War nach seinem Vater Direktor des Pariser Observatoriums. Vollendete die von seinem Vater begonnene topografische Karte Frankreichs.

Cassino (*auch* Monte Cassino) ⚔ im Zweiten Weltkrieg (Januar–Mai 1943) in Italien.

Castro, Ruz Fidel (geb. 1926) Kubanischer Politiker. Führte die erfolgreiche Guerillaoffensive gegen den von der USA unterstützten Diktator Fulgencio Batista (1954–58). Er wurde 1959 Ministerpräsident in einem Einparteiensystem. Unter ihm fanden umfassende Verstaatlichungen und Bodenreformen statt. 1976 wurde eine kommunistische Verfassung eingeführt. Das Castro-Regime wird u.a. von westlichen Staaten als Hindernis auf dem Weg zu einer Liberalisierung der kubanischen Wirtschaft wahrgenommen. *S. 429*

Çatal Hüyük Gut erhaltene frühgeschichtliche Großsiedlung in der Südosttürkei (um 6000 v.Chr.). *S. 20*

Cathay Mittelalterliche Bezeichnung Chinas.

Cavour, Graf Camillo, Benso (1810–61) Staatsmann aus dem Piemont, dem es gelang, Norditalien 1859 unter der Herrschaft Viktor Emmanuels II. zu einen. Er unterstützte heimlich den Feldzug Garibaldis nach Sizilien und Neapel (1860), womit der Süden Teil des geeinten Italien wurde.

CENTO *siehe* Central Treaty Organization

Central Intelligence Agency (CIA) 1947 gegründete oberste US-Geheimdienstbehörde; ist dem Security Council unterstellt.

Central Treaty Organization (CENTO-Pakt, 1955) Zwischen Großbritannien, der Türkei, dem Irak, dem Iran und Pakistan abgeschlossener Verteidigungspakt, dem sich später die USA anschloss. 1979 aufgelöst.

Ceylon *siehe* Sri Lanka

Ch'eng Tsu *siehe* Chengzu

Ch'i-Dynastie *siehe* Qi-Dynastie

Ch'in Shih Huang-ti *siehe* Qin Shih Huangdi

Ch'in-Dynastie *siehe* Qin-Dynastie

Chacabuco ⚔ im südamerikanischen Unabhängigkeitskrieg (Februar 1817). Argentinisch-chilenischer Sieg über die Spanier in San Martin.

Chaco-Krieg (1932–35) Wegen Erdölfunden und dem Wunsch nach einem Zugang zum Meer für Bolivien entstandener bewaffneter Konflikt zwischen Bolivien und Paraguay um den Chaco Boreal (Teil des Gran Chaco). Am 21. Juli 1938 unterzeichneten die beiden Kriegsparteien einen Friedensvertrag, der Paraguay den größten Teil des Gebiets zusprach, Bolivien jedoch einen Korridor zum Fluss Paraguay einräumte.

Chaironeia (*auch* Chaeronea) ⚔ im Feldzug von Philip II. gegen Athen und die verbündeten Stadtstaaten (338 v.Chr.). Nach dieser Schlacht beherrscht Makedonien Griechenland.

Chaka (*auch* Shaka, Tschaka, um 1787–1828) König der Zulu (reg. 1816–28), gründete in Südafrika das Zulu-Reich und schuf eine Streitmacht, die die gesamte Region beherrschte.

Chaldäer-Dynastie (626–539 v.Chr.) Die vom oberen Ende des Persischen Golfs stammenden Chaldäer begründeten 626 v.Chr. eine babylonische Dynastie. Nach der Niederlage gegen die Perser 539 v.Chr. wurden die Bezeichnungen babylonisch und chaldäisch synonym verwendet.

Chaldiron *siehe* Çaldiran

Champa Historisches südvietnamesisches hindu-buddhistisches Reich. Hauptstadt war Vijaya (das heutige Binh Dinh), das 1471 vom expandierenden Reich Dai-Viet (Annam) annektiert wurde.

Champlain, Samuel de (1567–1635) Französischer Entdecker in Nordamerika. Gründete die Kolonie Neufrankreich, das spätere Kanada. Erforschte den Sankt-Lorenz-Strom, gründete 1604 Port Royal, 1608 Québec und entdeckte 1609 den heute nach ihm benannten Champlainsee (Lake Champlain).

Chan Chan Hauptstadt des Chimú-Reiches in Südamerika (11. Jahrhundert).

Chancellor, Richard († 1556) Britischer Seefahrer und Pionier des anglo-russischen Handels. Er kommandierte eines der drei Schiffe der Expedition von 1553, die von Sir Hugh Willoughby geleitet wurde und die Nordostpassage nach China finden sollte. Sein Schiff wurde wegen schlechten Wetters von den anderen getrennt, was ihm das Leben rettete. Während die Besatzung der anderen beiden Schiffe im arktischen Winter umkam, konnte sein Schiff das Weiße Meer erreichen und von dort aus gelang es ihm, über Land nach Moskau bis zum Zaren zu kommen und wertvolle Handelskontakte zu knüpfen.

Chancellorsville ⚔ im Sezessionskrieg (1.–4. Mai 1863). Konföderierte siegen.

Chandragupta *siehe* Candragupta Maurya

Chang Yuan Chinesischer Entdecker des 13. Jahrhunderts. Erforschte Zentralasien.

Chang Zhun (Ch'iu Ch'ang-ch'un, 1148–1227) Chinesischer Daoist. Wurde auf eine Mission von Peking zum Altaigebirge, nach Samarkand und Tienshan bis nach Kabul gesandt.

Chang'an *siehe* Xi'an

Chaplin, Charlie (Sir Charles Spencer Chaplin, 1889–1977) Englischer Schauspieler und Regisseur, der mit seinen Stummfilmen internationalen Ruhm erntete.

Charism (*auch* Chwaresm, Chwarism, Choresm, *gen.* Reich des Charism-Schahs, Usbekisches Reich) Reich türkischen Ursprungs in Nordpersien, das sich um das Samarkand des 12. Jahrhunderts erstreckte und in weiten Teilen mit dem antiken Khorasan deckt. Von den Mongolen eingenommen, dann Teil des Khanats der Goldenen Horde und anschließend von Timur erobert (1378). Das Reich teilte sich in einige Khanate um Buchara und Samarkand, die im 19. Jahrhundert im Russischen Reich aufgingen.

Charleston ⚔ im amerikanischen Unabhängigkeitskrieg (28. Juni 1776). Britischer Sieg.

Chartres Eine der schönsten gotischen Kathedralen Frankreichs. Baubeginn war 1154.

Chateau-Thierry ⚔, in der Napoleon die Preußen besiegte (12. Februar 1814).

Chattanooga ⚔ im Sezessionskrieg (23.–25. November 1863). Sieg der Union.

Chaucer, Geoffrey (um 1340–1400) Englischer Schriftsteller. Verfasste das Werk *Canterbury-Geschichten* (*The Canterbury Tales*). *S. 243*

Chavín-Kultur (um 850–200 v.Chr.) Die Kultur, deren Anfänge um 1000 v.Chr. datieren, breitete sich rasch über 800 km2 entlang der peruanischen Küste aus. Religiöses Zentrum war das in den Ostanden gelegene Chavín de Huantar. Den Höhepunkt hatte die Chavín-Kultur um 400–200 v.Chr. Am bekanntesten sind die Steinarbeiten, darunter Darstellungen von grimmigen Gottheiten mit Fangzähnen. Elemente dieser Bildsprache findet man in der ganzen Andenregion. Sie tauchen auch in Kunst und

Religion späterer Kulturen wieder auf. *S. 42*

Cheng Ho *siehe* Zheng He

Chengzu (*auch* Yonglo, 1360–1424, reg. 1402–24) Sohn von Zhu Yuanzhang, dem Begründer der Ming-Dynastie in China.

Cheops (*auch* Chufu, Khufu, um 2575–2465 v. Chr.) Ägyptischer Pharao der 4. Dynastie, ließ die größte Pyramide in Giseh erbauen (147 m hoch, bestehend aus ca. 2,3 Mio. Steinblöcken, jeder mit einem Gewicht von etwa 2,5 t).

Cherokee Indianisches Volk im Osten Nordamerikas, das sich früh eine an die Weißen angelehnte Verfassung und Verwaltung gab. Trotz der umfassenden Modernisierung ihrer Gesellschaftsstruktur und einer gelungenen Anpassung an die weiße Kultur wurden die Mitglieder der Cherokee-Konföderation 1832, obwohl sie in einer Klage vor Gericht Recht bekamen, dazu gezwungen, ihre Farmen zu verlassen und nach Oklahoma zu ziehen (»Weg der Tränen«).

Chiang Kai-shek *siehe* Jiang Jieshi

Chibcha *siehe* Muisca

Chichén Itzá Auf der Halbinsel Yucatán gelegene Stadt der Maya.

Chichimeken Zu den Nahua gehörende Volksgruppe in Nordwestmexiko, die um das 12. Jahrhundert kleine Stadtstaaten gründete. Überfielen nach Dürrekatastrophen die Toltekenstadt Tula.

Chickamauga ⚔ im Sezessionskrieg (19.–20. September 1863). Sieg der Konföderierten.

CHILE Das Land erstreckt sich als schmaler Streifen auf 4350 km entlang der südamerikanischen Pazifikküste. Zwischen Küstenkordillere und den Anden liegt ein Längstal mit Pampas. Die Bevölkerung lebt mehrheitlich in der fruchtbaren Ebene um Santiago. An der nördlichen Küste überwiegt Wüste, der Süden ist von Fjordlandschaften, Gletschern, Seen und Meerengen geprägt. Nach der Militärdiktatur unter Pinochet kehrte Chile 1989 zu einem demokratischen System zurück. Der Verfall des Weltmarktpreises für Kupfer führte zusammen mit dem schwachen Exportmarkt zur Unterbrechung des hohen Wirtschaftswachstums der 90er-Jahre.

CHRONOLOGIE

1480 Die Inka unterwerfen Nord- und Mittelchile.

1539 Eine von Pedro de Valdivia geführte spanische Expedition überquert von Peru aus die Anden und gründet mehrere Städte, darunter Santiago de Chile (1541). Lautaro, Häuptling der Araukaner, kämpft gegen die Invasoren und wird 1557 getötet. Die Araukaner töten 1554 Valdivia.

1726 Frieden von Negrete: Araukaner erkennen spanische Oberhoheit an, Spanier dringen nicht weiter nach Süden vor.

1817 Argentinisch-chilenische Armee unter San Martin schlägt Spanier in der Schlacht von Chacabuco.

1817–1818 Entscheidende Siege gegen Spanien unter Bernardo O'Higgins. 5. April 1818: In der Schlacht von Maipu siegt die argentinisch-chilenische Armee endgültig gegen die restlichen spanischen Truppen und bestätigt dabei die chilenische Unabhängigkeit.

1817–1823 Der Freiheitskämpfer und frühere Vizekönig von Peru, Bernardo O'Higgins, wird »director supremo« der Republik Chile. Unter ihm entsteht ein oligarchischer Staat mit zentraler Verwaltung und starkem Präsidenten.

1829–1830 Nach dem Bürgerkrieg zwischen Liberalen und Konservativen übernimmt Diego Portales die Macht.

1833 Ein Putsch bringt die 100-tägige »Sozialistische Republik« unter Carlos Davila an die Macht. Sie endet mit der Machtübernahme durch die Konservativen. Chilenische Verfassung.

1879–1884 Chile siegt im Salpeterkrieg (Pazifischer Krieg) um Salpetervorkommen und den Hafen Antofagasta gegen Peru und Bolovien.

1886–1891 Die unter dem liberalen Präsidenten José Manuel Balmaceda ausbrechenden Konflikte um die Machtverteilung zwischen Präsident und Parlament führen zur Revolution von 1891; es folgt ein liberales parlamentarisches System.

1920 Dezember: Der neu gewählte Präsident Arturo Alessandri führt soziale Reformen durch und stärkt die Demokratie.

1936–1946 Kommunisten, Radikale und sozialistische Parteien bilden einflussreiche Volksfront.

1943 Unterstützung der USA in Zweitem Weltkrieg.

1946–1964 Rechtsgerichtete Präsidenten folgen der US-McCarthy-Politik und verfolgen Linke.

1970 Salvador Allende (Volksfront) wird gewählt. Seine Reformen führen zu heftigem Widerstand der Konservativen.

1973 Allende stirbt bei Militärputsch. General Pinochet errichtet brutale Diktatur.

1988 In einem Volksentscheid stimmen die Chilenen mehrheitlich gegen Pinochet.

1989 Friedliche Wiederherstellung der Demokratie. Rücktritt Pinochets nach Aylwins Wahlsieg.

1998 Festnahme Pinochets in Großbritannien; Spanien fordert Auslieferung wegen schwebendem Verfahren um Verletzung der Menschenrechte.

2000 Ricardo Lagos (PS) wird Präsident. Pinochet entgeht aus Gesundheitsgründen einem Verfahren. Rückkehr nach Chile.

2002 Erste Verteidigungsministerin Chiles ist Michelle Bachelet; Verfahren gegen Pinochet, begleitet von Protesten der Opfer, endgültig eingestellt.

Chimú-Kultur (um 700–1476) Nordperuanische Kultur. Blühte 700 Jahre bis zur Eroberung durch die Inkas 1476. Das aus relativ selbständigen Stadtstaaten bestehende Reich Chimú gründete auf Eroberungen, effizienter Kommunikation und sozialer Kontrolle. Berühmt sind die Metall-, Keramik- und Textilarbeiten. *S. 199*

Chin-Dynastie *siehe* Jin-Dynastie

CHINA Die Volksrepublik China erstreckt sich über einen Großteil Ostasiens und grenzt an 14 Staaten. Im Osten wird sie vom Pazifik begrenzt. Zwei Drittel des Landes sind gebirgig. Zu dem Gebirge im Südwesten gehört das von China besetzte tibetische Hochland. Im Nordwesten liegen die Tien-Shan-Berge, die das Tarim- vom Dsungarei-Becken trennen. Zwei Drittel der Bevölkerung leben in den im Osten gelegenen Ebenen. Schriftliche Zeugnisse der chinesischen Zivilisation, eine der ältesten weltweit, findet man seit der Shang-Dynastie, die wahrscheinlich um 1800 v. Chr. gegründet wurde. Seine größte Ausdehnung erreichte China unter der Quing-Dynastie (Mandschu-Dynastie) im ▶

◄ 18. Jahrhundert. Der Isolationspolitik des mächtigsten Staates in Ostasien begegneten die europäischen Kolonialmächte mit zunehmendem Druck. Der trotz des chinesischen Verbots fortgesetzte britische Opiumhandel und der Opiumkrieg markierten die Wende. China musste weit reichende Zugeständnisse machen. In seiner wirtschaftlichen Entwicklung war das ehemals so bedeutende Land hinter europäische und nordamerikanische Staaten zurückgefallen. Nach der Abdankung des letzten Mandschu-Kaisers 1912 siegten auf dem chinesischen Festland die Kommunisten über die Nationalisten. Mao Zedong bestimmte die Politik der Volksrepublik China von der Gründung 1949 bis zu seinem Tod 1976. Das Land entwickelte sich trotz der verheerenden Auswirkungen der Kollektivierungspolitik (»Großer Sprung nach vorn«) und der politischen Richtungskämpfe (»Kulturrevolution«) in eine Industrie- und Atommacht. Heute besitzt China eine schnell wachsende marktorientierte Wirtschaft. Die Politik ist jedoch weiterhin von der Herrschaft der Partei im Sinne des 1997 verstorbenen Staatsmanns Deng Xiaoping geprägt.

Shang: Meister der Bronze *S. 41*
Das erste chinesische Reich *S. 64*
Han-China *S. 86*
Die Tang-Dynastie *S. 130*
Chinesische Landschaften *S. 224*
Ming-Porzellan *S. 245*
Porzellanproduktion *S. 312*
China und der Westen *S. 357*
Bürgerkrieg (1946–49) *S. 419*
Großer Sprung nach vorn *S. 428*
Kulturrevolution *S. 435*

Chronologie

6.–5. Jahrhundert v. Chr. Parallel zum Niedergang der Zhou-Dynastie entwickeln sich verschiedene philosophische Schulen. Zu den bedeutendsten gehören der Konfuzianismus, der Daoismus und die Schule der Legalisten. Die Lehren von Konfuzius sind in den *Gesprächen* wiedergegeben, die Gedanken des eher mythischen Laozi im *Daodejing* niedergelegt. Die Schule der Legalisten wurde von Shan Yang und Han Fei Zi begründet.

221 v. Chr. China wird erstmals unter der kaiserlichen Dynastie der Qin geeint. Die Hauptstadt ist Chang'an (heute Xi'an). Der erste Kaiser Shi Huangdi ist berüchtigt für seine grausame Unterdrückung der Opposition und der Verfolgung von Intellektuellen. Unter seiner Regierung beginnt der Bau der Großen Mauer. Schrift, Gewichte und Maße werden vereinheitlicht.

206 v. Chr. Liu Pang führt den Bauernaufstand an, der die Qin-Dynastie stürzt, und begründet die Han-Dynastie, die die folgenden vier Jahrhunderte herrscht. Philosophie und Wirtschaft blühen. Es entsteht ein Beamtenstaat. Erfolgreiche Feldzüge führen zu einer Expansion des Reiches.

6 Niedergang der Han-Dynastie. Der Usurpator Wang Mang begründet die kurzlebige Xin-Dynastie.

25 Wiedereinsetzung der Han-Dynastie mit der neuen, weiter östlich liegenden Hauptstadt Luoyang (Östliche Han).

220 Die Östlichen Han scheitern am »Aufstand der Gelben Turbane«. Es folgt die »Zeit der drei Reiche«: Shu, Wei und Wu.

265 Die Zeit der nördlichen und der südlichen Dynastien beginnt. Im Norden regieren sechs Dynastien, im Süden drei.

589 Yang Jian (Wendi), Herrscher der Nördlichen Zhou, besiegt die südliche Chen-Dynastie und etabliert die kurzlebige Sui-Dynastie. Unter den Sui findet man schon einige Institutionen, die unter den nachfolgenden Tang weiterentwickelt werden: Verwaltung , Steuersystem, Fronarbeit, Strafrecht und Examenssystem. Bau des Kaiserkanals. Die unmäßige Fronarbeit führt zu dem Bauernaufstand von 611, der die Dynastie stürzt.

618 Unter Li Yuan (Gaozu) nimmt die aufständische Armee Chang'an ein, das zur Hauptstadt der von Li Yuan begründeten Tang-Dynastie wird. 626 folgt ihm sein zweiter Sohn Taizong (Li Shimin) auf den Thron, unter dessen Herrschaft es zu liberalen Reformen kommt. Die Tang-Zeit gilt als »goldenes Zeitalter« der Toleranz, in dem Kunst und Kultur (v.a. Dichtung und Malerei) blühten.

755 Die schlechte Lage der unteren Schichten führt zu einem achtjährigen, von An Lushan geführten Aufstand. Den Tang gelingt jedoch eine erneute Stabilisierung des Reiches (Mittlere Tang), bis sich nach sozialen Aufständen die Tang-Dynastie endgültig auflöst (820–907).

906 Dem Untergang der Tang-Dynastie folgt die 54 Jahre währende »Zeit der fünf Dynastien« (Spätere Liang, Spätere Tang, Spätere Jin, Spätere Han, Spätere Zhou). Teile Nordchinas geraten unter Fremdherrschaft.

960 Zhou Kuangyin (Taizu), Kommandant der kaiserlichen Armee der Späteren Zhou, stürzt den Herrscher und begründet die Song-Dynastie mit der Hauptstadt Kaifeng. Einen Teil der anderen chinesischen Staaten kann er erobern, es gelingt ihm jedoch nicht die Einheit Chinas wiederherzustellen. In dieser Zeit der politischen und wirtschaftlichen Instabilität entwickeln sich neue philosophische Schulen, u.a. der Neokonfuzianismus.

1127 Die Eroberung Nordchinas durch die Dschurdschen führt zusammen mit Bauernaufständen und inneren Machtkämpfen zum Zusammenbruch der Dynastie der Nördlichen Song. Im Süden können sie sich als Südliche Song erneut etablieren. Die Zeit ist von anhaltenden Kriegen zwischen Dschurdschen und Südlichen Song geprägt. Im Süden erreicht das klassische Lied (Ci) seinen Höhepunkt. Dschingis Khan beginnt mit den ersten Vorstößen in das chinesische Reich.

1275 Marco Polo erreicht China.

1279 Unter Kubilai Khan wird die Eroberung Chinas durch die Mongolen vollendet. Die Yuan-Dynastie wird begründet, die Hauptstadt an die Stelle des heutigen Peking verlegt. Unter den Mongolen entwickeln sich Landwirtschaft, Kommunikation und Technologie. Das Drama, von mongolischen Elementen beeinflusst, erlebt eine Zeit der Blüte. Die Wissenschaft macht große Fortschritte. Es herrscht Religionsfreiheit. Wie ihre Vorgänger scheitert aber auch die mongolische Dynastie an Korruption und Aufständen.

1368 Taizu (Zhu Yuanzhang) begründet die Ming-Dynastie. Er verlegt die Hauptstadt nach Nanjing und 1421 wieder zurück nach Peking.

1421 Der Kaiser übernimmt die Kontrolle der Ministerien und stellt die Ordnung im Land wieder her. Flüchtlinge erhalten Landzuteilungen, die Steuern werden gesenkt, die Bürokratie reformiert. Willkürliche Hinrichtungen und eine Geheimpolizei sorgen dafür, dass sich keine Opposition entwickeln kann. Es herrscht Zensur. Kulturell kommt es zu einer Blüte des chinesischen Romans, darunter *Die Räuber vom Liangshan-Moor* und *Die Reise nach Westen*. Anhaltende Bauernaufstände erschüttern die Ming-Herrschaft, die gleichzeitig durch die zunehmende Macht der Eunuchen am Hof geschwächt wird. In dieser Situation können die Mandschu (Qing) die Macht übernehmen.

1582 Portugiesische Kaufleute erreichen Guangzhou.

1644 Die Mandschu erobern ganz China. Das Reich erreicht seine bislang größte Ausdehnung. Die Verwaltung der Ming übernehmen sie ohne große Änderungen. Unter ihrer Herrschaft dürfen Chinesen zwar Verwaltungsposten übernehmen, die Macht blieb jedoch in den Händen der Qing. Die Männer müssen einen Zopf tragen, der Neokonfuzianismus prägt den Staat, obwohl die meisten Kaiser parallel dazu Buddhisten sind. China schließt einen Vertrag mit dem vorrückenden zaristischen Russland zur Festlegung der Grenze im Norden. Europäer und später auch Amerikaner knüpfen an der Südküste Chinas ihre ersten beaufsichtigten Handelskontakte.

1736 Kaiser Gaozong (Qianlong) kommt an die Macht. Er ist ein Förderer des Buddhismus. Der Hof gibt viel Geld für Luxus und Vergnügungen aus.

1839–1860 Opiumkriege mit Großbritannien. China wird gezwungen seine Häfen für den Handel zu öffnen.

1850–1864 Taiping-Aufstand, größter Bauernaufstand der chinesischen Geschichte.

1895 Niederlage Chinas gegen Japan im Krieg um Korea.

1900 Fremdenfeindlicher Boxeraufstand, wird niedergeschlagen.

1911 Nationalisten unter Sun Yat-sen stürzen Mandschu-Dynastie und rufen die Republik aus.

1912 Sun Yat-sen gründet Nationale Volkspartei (Guomindang).

1916 Zersplitterung der Nationalisten. Sun Yat-sen regiert in Guangdong. Bürgerkrieg zwischen regionalen Warlords.

1921 In Shanghai wird die Kommunistische Partei Chinas gegründet (KPCh).

1923 KPCh schließt sich Guomindang an, um Warlords zu bekämpfen.

1925 Chiang Kai-shek wird nach Sun Yat-sens Tod Führer der Guomindang.

1927 Chiang Kai-shek bekämpft die KPCh. Deren Führer flüchten in den Süden.

1930–1934 Mao Zedong formuliert seine Thesen zur revolutionären Bedeutung der Bauern für die Revolution.

1931 Japan besetzt die Mandschurei.

1934 Chiang Kai-shek zwingt KPCh zum Verlassen der Lager im Süden. Beginn des »Langen Marsches« (12 000 km).

1935 Ende des »Langen Marsches« in Yanan, Provinz Shaanxi. Mao wird Führer der KPCh.

1937–1945 Krieg gegen Japan: Die Rote Armee der KPCh siegt im Norden, die Guomindang-Armee im Süden.

1945–1949 Bürgerkrieg zwischen Roter Armee und Guomindang. Die von den USA unterstützte Guomindang muss sich nach Taiwan zurückziehen.

1949 1. Oktober: Mao ruft die Volksrepublik China aus.

1950 Besetzung Tibets. Beistandspakt mit UdSSR.

1950–1958 Landreform; Gründung von Kommunen. Erster Fünfjahresplan (1953–58) scheitert.

1958 Die Kollektivierungspolitik (»Großer Sprung nach vorn«), die die Produktion ankurbeln soll, scheitert. In den folgenden »Drei bitteren Jahren« (1959–61), in denen es zusätzlich zu Naturkatastrophen kommt, sterben Millionen von Menschen an Hunger. Mao tritt als Parteivorsitzender zurück. Nachfolger ist Liu Shaoqi.

1960 Bruch mit der UdSSR.

1961–1965 Liu und Deng Xiaoping folgen einem pragmatischeren Wirtschaftsansatz.

1966 Mao initiiert die Kulturrevolution, um seine Linie erneut durchzusetzen. Die jugendlichen Roten Garden greifen alle Autoritäten an. Mao herrscht mit Militärkommission unter Lin Biao und Staatsrat unter Zhou Enlai.

1967 Armee greift ein, um die Ordnung wiederherzustellen. Liu und Deng werden aus der Partei ausgeschlossen.

1969 Mao wird erneut Parteivorsitzender. Lin Biao wird zu seinem Nachfolger ernannt, von Mao jedoch bald demontiert.

1971 Lin stirbt bei Flugzeugabsturz.

1972 Besuch des US-Präsidenten Nixon. Zhou Enlai leitet Öffnung der Außenpolitik ein.

1973 Maos Ehefrau Jiang Qing wird zusammen mit anderen Mitgliedern der »Viererbande« ins Politbüro gewählt. Deng Xiaoping wird rehabilitiert.

1976 Tod Zhou Enlais. Mao enthebt Deng seiner Posten. September: Mao stirbt. Oktober: Viererbande inhaftiert.

1977 Deng erhält Parteiposten zurück und beginnt seine Machtbasis zu erweitern.

1978 Beginn eines Jahrzehnts wirtschaftlicher Modernisierung. Öffnung für Auslandsinvestitionen. Bauern dürfen Gewinne erwirtschaften.

1980 Deng wird Chinas wichtigster Führer. Wirtschaftsreform nimmt an Geschwindigkeit zu, politische Reformen sind jedoch nicht vorgesehen.

1983–1984 Konservative ältere Führer versuchen Reform zu bremsen.

1984 Industriereform angekündigt.

1989 Demonstrationen für Demokratie auf dem Tiananmen-Platz werden von der Armee niedergeschlagen. 1000 bis 5000 Tote. Peking steht unter Kriegsrecht.

1992–1995 Weitere Verfahren gegen Demokratieaktivisten. Pläne für Einführung der Marktwirtschaft beschleunigt.

1993 Jiang Zemin wird Präsident.

1997 Februar: Deng Xiaoping stirbt mit 92 Jahren. Juli: Großbritannien gibt Hongkong zurück. September: Der alle fünf Jahre tagende Parteikongress bestätigt Jiang als Führer und seine Reformpolitik.

1999 China entwickelt die Neutronenbombe. Portugal gibt Macau zurück. Spannung zwischen Taiwan und Volksrepublik. Schlag gegen Falun-Gong-Sekte.

2000 Taiwanesische Präsidentschaftswahlen führen zu Spannungen. USA normalisieren Handelsbeziehungen.

2001 Diplomatischer Zwischenfall, als ein chinesischer Pilot getötet und ein US-Spionageflugzeug zur Landung auf der Insel Hainan gezwungen wird. Beitritt zur WTO.

2003 Neuer Staatspräsident: Hu Jintao; neuer Ministerpräsdient: Wen Jibao.

Chinesische Dynastien

2000–1800 v.Chr.	Xia-Dynastie (mythisch)
1800–1000 v.Chr.	Shang-Dynastie
1000–256 v.Chr.	Zhou-Dynastie
1000–771 v.Chr.	Frühere (Westliche) Zhou
771–256 v.Chr.	Spätere (Östliche) Zhou
771–481 v.Chr. »	Frühling-und-Herbst-Periode«
403–221 v.Chr. »	Zeit der streitenden Reiche«
221–206 v.Chr.	Qin-Dynastie
206 v.Chr.–220	Han-Dynastie

206 v.Chr.–9	Frühere Han
9–23	Usurpator Wang Mang Xin-Dynastie
25–220	Spätere Han
220–280	»Zeit der drei Reiche«:
220–265	Wei
221–265	Shu
222–280	Wu
265–420	Jin-Dynastie
265–317	Westliche Jin
317–420	Östliche Jin
420–481	südliche und nördliche Dynastien
386–543	Wei-Dynastie
581–618	Sui-Dynastie
618–907	Tang-Dynastie
907–960	»Fünf Dynastien«
937–1125	Liao-Dynastie
960–1279	Song-Dynastie
960–1126	Nördliche Song
1127–1279	Südliche Song
960–1227	Xixia (Hsi-Hsia)
1115–1234	Jin-Dynastie
1260–1367	Yuan-Dynastie (Yüan)
1368–1644	Ming-Dynastie
1644–1912	Qing-Dynastie (Mandschu)

Chinesische Führer (seit 1912)

Präsidenten (Republik China)

1912	Sun Yat-sen (Sun Yixian)
1912–1916	Yuan Shikai
1916–1917	Li Yuan-hung
1917–1918	Feng Kuo-chang
1918–1922	Hsu Shih-ch'ang
1922–1923	Li Yuan-hung (2. Amtszeit)
1923–1924	T'sao Kun
1924–1926	Tuan Chi-jui
1927–1928	Zhang Xueliang (Chang Hsüeh-liang)
1928–1931	Chiang Kai-shek (Jiang Jieshi)
1932–1943	Lin Sen
1943–1949	Chiang Kai-shek (2. Amtszeit)
1949–1950	Li Tsung-jen

Volksrepublik China (gegr. 1949)

Präsidenten

1949–1959	Mao Zedong
1959–1968	Liu Shaoqi
1968–1975	Tung Pi Wu
1975–1976	Chu Te
1976–1983	Yeh Chien-ying
1983–1988	Li Xiannian
1988–1993	Yang Shangkun
1993–2003	Jiang Zemin
seit 2003	Hu Jintao

Premierminister

1949–1976	Zhou Enlai
1976–1980	Hua Guofeng
1980–1987	Zhao Ziyang
1987–1998	Li Peng
1998–2003	Zhu Rongji
seit 2003	Wen Jibao

Führer der Kommunistischen Partei Chinas

Vorsitzende

1943–1976	Mao Zedong
1976–1981	Hua Guofeng
1981–1982	Hu Yaobang

Generalsekretäre

1956–1957	Deng Xiaoping
1980–1987	Hu Yaobang
1987–1989	Zhao Ziyang
seit 1989	Jiang Zemin

Chinampas »Schwimmende Gärten«, u.a. von den Azteken in Mittelamerika für den Gartenbau genutzte künstliche Inseln.

Chinesisch-Indischer Krieg (1962) Streitigkeiten zwischen Indien und China über das Grenzgebiet Arunachal Pradesh. Nach dem Sieg der Chinesen zogen sich beide Truppen zurück und China besetzte weitere Grenzgebiete, u.a. Aksai Chin.

Chinesisch-Japanischer Krieg (1894–95) Krieg, der sich zwischen China und Japan aus Auseinandersetzungen in Korea entwickelte. Im Friedensvertrag von Shimonoseki (1895) ging Taiwan an Japan.

Ching-Dynastie *siehe* Qing-Dynastie

Ching-Reich *siehe* Qing-Reich

Chlodwig I. (um 465–511) Fränkischer König und Begründer der Merowinger-Dynastie. Chlodwig schuf das Königreich Frankreich aus der ehemaligen Provinz Gallien. Er besiegte die Westgoten in Aquitanien.

Chola-Dynastie (*auch* Cola-Dynastie, um 860–1279) Das in den Inschriften Ashokas erwähnte südindische Chola-Reich wurde um 860 mächtig. Unter Rajaraja dem Großen, der 985 den Thron bestieg, konnte das Chola-Reich seine Macht bis nach Ceylon (1018) und auf Teile der Malayischen Halbinsel ausweiten. Nach dem 11. Jahrhundert verlor es langsam seine Vormachtstellung. *S. 162*

Choson-Dynastie (*auch* Yi, 1392–1910) Herrscherdynastie Koreas, von Yi Songgye mit Unterstützung der Ming begründet.

Chosrau I. (*auch* Chosroes, Kisra, *gen.* Chosrau der Gerechte, reg. 531–579) Persischer Schah aus dem Haus der Sassaniden, der die Rebellion der Mazdakiten unterdrückte und erfolgreich den Byzantinern widerstand.

Chosrau II. (*auch* Chosroes, Kisra, *gen.* Chosrau der Siegreiche, reg. 591–628) Persischer Schah auf dem Höhepunkt der sassanidischen Ära. 601 griff er Byzanz an und eroberte Antiochia, Jerusalem und Alexandrien.

Chou En-lai *siehe* Zhou Enlai

Christentum Eine der großen Weltreligionen. Entwickelte sich innerhalb des Judentums im 1. Jahrhundert in Palästina auf der Grundlage der Lehren und des Lebens Jesu von Nazareth. Die frühen Christen unterteilten sich in unterschiedliche Sekten, eine einheitliche Kirche entstand erst mit der Erhebung des Christentums zur Staatsreligion. Ab dem 8. Jahrhundert existierten zwei Hauptrichtungen: die östlich-orthodoxe Kirche von Byzanz und die römisch-katholische mit dem Papst als Oberhaupt in Rom. Das 16. und 17. Jahrhundert in Europa sind von Reformation und katholischer Gegenreformation geprägt. Die Protestanten erkennen die Autorität des Papstes nicht an.
Frühes Christentum *S. 86, S. 90, S. 99*
Christentum in Europa (400–850) *S. 129*
Nördliches Christentum *S. 132*
Wichtige christliche Missionare *S. 143*
Norwegisches Christentum *S. 189*
Reformation *S. 275*
Siehe auch Römischer Katholizismus, Judentum, Reformation, Protestantismus

Christus, Jesus *siehe* Jesus von Nazareth

Chruschtschow, Nikita Sergejewitsch (1894–1971) Sowjetischer Politiker und Nachfolger Stalins. Erster Sekretär der Kommunistischen Partei (1953–64). Gestürzt und ersetzt durch Leonid Breschnew.

Chrysler Building New Yorker Wolkenkratzer; wurde 1930 fertig gestellt. *S. 411*

Chu Yüanchang *siehe* Zhu Yuanzhang
Chu-ssu-pen *siehe* Zhu Siben
Churchill, Sir Winston Leonard Spencer (1874–1965) Britischer Staatsmann. Nahm als Soldat am Omdurman-Feldzug im Sudan teil (1897–98) und als Kriegsberichterstatter am Burenkrieg (1899–1900). Ab 1900 war er Abgeordneter im Unterhaus. Wurde 1910 Innenminister und 1911–15 Lord der Admiralität. 1940 wurde er Premier- und Verteidigungsminister einer Kriegskoalition. Die Wahl nach dem Sieg der Alliierten (1945) verlor er, wurde jedoch 1951–55 erneut Premierminister.
CIA *siehe* Central Intelligence Agency
Cixi, Kaiserin (*auch* Tz'u-Hsi, Xiaoqin, 1835–1908) Mandschu-Kaiserin (reg. 1861–1908). Unterstützte den reform- und fremdenfeindlichen Boxeraufstand in China.
Clairvaux, Bernhard von (1090–1153) Französischer Zisterziensermönch und Kirchenlehrer. Erster Abt des Klosters Clairvaux in der Champagne. Gründete mehr als 70 Klöster. Arbeitete 1128 die Regeln für die Tempelritter aus und erreichte die Anerkennung der Templer durch Papst Innozenz II. Wurde 1174 heilig gesprochen.
Clapperton, Hugh (1788–1827) Erster europäischer Afrikaforscher, der aus dem heutigen Nordnigeria berichtete; er reiste mit Dixon Denham und Walter Oudney (1821–26).
Clark, William (1770–1838) US-amerikanischer Forscher. Sollte im Auftrag Präsident Jeffersons mit Meriwether Lewis Louisiana erforschen.
Classe Der Hafen von Ravenna, Hauptstadt der späten Römer, Ostgoten und Byzantiner in Italien. *S. 106*
Clavus Dänischer Geograf. Brachte 1425 ergänzend zur Ptolemäusausgabe eine Karte skandinavischer Länder heraus.
Clermont (*heute* Clermont-Ferrand) Französische Stadt. Hier predigte Papst Urban II. 1095 für den ersten Kreuzzug.
Clinton, William Jefferson (Bill) (geb. 1946) 42. Präsident der USA (Demokrat, 1993–2001). Der bislang jüngste Gouverneur von Arkansas gewann 1992 gegen George Bush und wurde der erste Präsident der Demokraten seit Jimmy Carter. Er blieb trotz einiger Skandale beliebt, vor allem wegen der guten Wirtschaftslage, und wurde 1996 erneut gewählt. 1999 wurde er in einem Amtsenthebungsverfahren freigesprochen.
Clive, Sir Robert (1725–74) Clive, ursprünglich Angestellter der englischen Ostindienkompanie, kommandierte bei der Verteidigung von Arcot (1751) britische Truppen und besiegte 1757 bei der Schlacht von Plassey eine Armee der Franzosen und Moguln. Das legte den Grundstein für das britische Empire in Indien. Er wurde Gouverneur der Niederlassung der Kompanie in Bengalen und reformierte die Verwaltung der Kompanie.
Clovis-Spitze Geschoss-Spitze der Cloviskultur (um 10 000 v. Chr.), normalerweise blattförmig. Zahlreiche Fundorte im östlichen New Mexico, oft in der Nähe von Mammutknochen.
Coclé-Kultur In der zweiten Hälfte des 1. Jahrtausends in Panama blühende Kultur. *S. 167*
Coke, Thomas William (1752–1842) (wurde 1837 Earl of Leicester of Holkham) Englischer Landwirt, der auf seiner Versuchsfarm neue und robustere Rinder, Schweine und Schafe züchtete. Er half auch dabei, im Nordwesten Norfolks den Anbau von Roggen auf Weizen umzustellen.
Cola-Dynastie *siehe* Chola-Dynastie
Cold Harbor ⚔ im Sezessionskrieg (3. Juni 1864). Ausgang unentschieden.
Columban, St. (um 521–597) Irischer Missionar in Schottland. *S. 119*
COMECON *siehe* Rat für gegenseitige Wirtschaftshilfe
Commodus, Marcus Aurelius (161–192) Die Herrschaft des römischen Kaisers Commodus (180–192) beendete 84 Jahre der Stabilität und des Wohlstands in Rom. Zu Beginn seiner Geisteskrankheit benannte er Rom in »Colonia Commodiana« um und glaubte, er sei der Gott Herkules. Als er begann, als Gladiator im Amphitheater aufzutreten, ließen ihn seine Ratgeber durch einen Ringer erdrosseln.
Computer Das Computerzeitalter *S. 447*
Comstock Lode Goldfundstätte in Nevada (1849–50), später auch Silberfunde.
Concepción ⚔ in südamerikanischen Unabhängigkeitskriegen in Chile (Mai 1817).
Concord ⚔ im amerikanischen Unabhängigkeitskrieg (19. April 1775). Amerikaner siegen.
Conti, Niccolo dei (um 1395–1469) Kaufmann aus Venedig, bereiste Arabien, Persien, Indien, Birma und Südostasien. Musste für seine Reisen zum Islam konvertieren, wechselte jedoch bei seiner Rückkehr wieder zum Christentum.
Contras Von den USA unterstützte Gegenrevolutionäre in Nicaragua. Von Stützpunkten in Honduras aus führten sie Guerillakämpfe gegen die linke sandinistische Regierung.
Cook, Captain James (1728–79) Britischer Entdecker. Seine drei ausführlichen Forschungsreisen in den Pazifik erweiterten das Wissen der Europäer um diese Region ungemein. Vorgeblicher Zweck der ersten Reise (1768–71) war die Beobachtung des Venusdurchgangs von Tahiti aus. Cook kartierte jedoch auch Neuseeland und erreichte die australische Ostküste. Auf der zweiten Reise (1772–75) umsegelte er die Antarktis und die dritte (1776–79) führte ihn nordwärts bis zur Beringstraße. Unterwegs entdeckte er die Hawaii-Inseln. Bei der Rückkehr nach Hawaii wurde er während eines Streits der Insulaner mit seiner Crew getötet. *S. 333*
Coolidge, (John) Calvin (1872–1933) 30. Präsident der USA (Republikaner, 1923–28). Wurde durch Warren Hardings Tod Präsident. Seine Politik des Laissez-faire (Steuersenkungen und Aufhebung regulierender Maßnahmen) wurde später für den Börsenkrach von 1929 mitverantwortlich gemacht. Seine Regierung hatte den Vorsitz beim Dawes-Plan, der die deutschen Reparationszahlungen nach dem Ersten Weltkrieg reduzierte, und dem Briand-Kellogg-Pakt.
Córdoba, Hernández de Spanischer Erforscher Nordamerikas (1517–24).
Córdoba, Kalifat von (756–1031) Nachdem das omaijadische Kalifat 749 an die Abbasiden gefallen war, gewann ein Zweig der Omaijaden-Dynastie die Herrschaft über die muslimischen Gebiete der Iberischen Halbinsel. 928 erklärte sich Abd ar-Rahman III. zum Kalifen. Die Herrschaft der Omaijaden endete im 11. Jahrhundert, als das Kalifat in zahlreiche kleine Königreiche zerbrach.
Die Große Moschee von Córdoba *S. 153*
Cornwallis, Charles, 1. Marquess of (1738–1805) Englischer General. Kämpfte im amerikanischen Unabhängigkeitskrieg gegen die Amerikaner, obwohl er selbst gegen die Besteuerung der Kolonisten war. Gewann bei Camden (1780), musste jedoch bei Yorktown

(1781) kapitulieren. Er bekleidete später verschiedene Ämter in Frankreich, Irland und Indien und wurde zweimal Generalgouverneur von Indien.

Coronado, Francisco Vásquez de (1510–54) Spanischer Eroberer und Erforscher Nordamerikas. Gouverneur in Mexiko. Er brach 1540 im Auftrag des Vizekönigs auf, um die »sieben goldenen Städte des Nordens« (Cíbola) zu finden. 1541 erreichte er den Arkansas River.

Corregidor ⚔ im Zweiten Weltkrieg (Mai 1942) auf der Insel Corregidor (Manilabucht). Hier unterlagen US-Truppen letztmals den Japanern.

Corte Real, Gaspar und Miguel († 1501 und 1502) Portugiesische Entdecker. Gaspar befuhr von Grönland aus die nordamerikanische Küste, sein Schiff ging auf der nächsten Expedition verloren, ebenso das seines Bruders, der auf der Suche nach ihm war. Die Entdeckungen der Corte Reals ermöglichten den Portugiesen, die reichen Fischgründe der Neufundlandbänke auszubeuten.

Cortenuova ⚔ (1237) Kaiser Friedrich II. siegt über Bund lombardischer Städte.

Cortés, Hernán (*auch* Cortéz) (1485–1547) Konquistador, der das Aztekenreich unterwarf (1519–21) und Mexiko für die spanische Krone eroberte. *S. 277*

Cosa Nostra *siehe* Mafia

Cosa, Juan de la († 1509) Spanischer Kartograf und Seefahrer, der Kolumbus 1493 auf seiner zweiten Fahrt begleitete. Er veröffentlichte 1500 eine Weltkarte, auf der alle neuen Entdeckungen Kolumbus' verzeichnet waren.

COSTA RICA Das in Mittelamerika zwischen Nicaragua und Panama gelegene Costa Rica stand bis 1821 unter spanischer Herrschaft und erlangte 1838 die volle Unabhängigkeit. Von 1948 bis Ende der 1980er-Jahre war es der am höchsten entwickelte Wohlfahrtsstaat Mittelamerikas. Offiziell eine Mehrparteiendemokratie, wird Costa Rica tatsächlich von zwei Parteien beherrscht. Wichtige Exportgüter sind Kaffee und Bananen. 1948 wurde die Armee aufgelöst. Unter der neuen Verfassung von 1949 wurden staatliche Armeen verboten.

Chronologie

1502 Landung Kolumbus' auf seiner letzten Reise. In der zweiten Hälfte des Jahrhunderts wird das Gebiet dem Generalkapitanat Guatemala einverleibt und entwickelt sich zu einer europäisch orientierten Gesellschaft aus kleinen Landbesitzern.

1821–1840 Nach der Unabhängigkeit Guatemalas wird Costa Rica Teil der Vereinigten Provinzen Zentralamerikas und erlangt nach deren Auflösung 1838 die staatliche Souveränität.

1948 Bürgerkrieg. Bildung einer vorläufigen Regierung der sozialdemokratischen Partei (später PLN) unter José Ferrer. Auflösung der Armee.

1949 Neue Verfassung.

1987 Präsident Arias initiiert Friedensplan für Mittelamerika.

1998 Machtwechsel zugunsten PUSC.

2002 De la Espriella wird Präsident.

Côte d'Ivoire *siehe* Elfenbeinküste

Cotopaxi Vulkan in Ecuador, Erstbesteigung durch Wilhelm Reiss 1872.

Covilhã, Pero de (*auch* Pero de Covilham, Covilhão, etwa 1460–1526) Portugiesischer Erforscher, suchte ab 1487 nach dem Priesterkönig Johannes. Er befuhr das Rote Meer, die Westküste Indiens und die ostafrikanische Küste und knüpfte Beziehungen zwischen Portugal und Äthiopien.

Cowpens ⚔ im amerikanischen Unabhängigkeitskrieg (17. Januar 1781). Amerikanischer Sieg.

Crécy ⚔ im Hundertjährigen Krieg (1346). England schlägt Frankreich.

Cresques, Abraham Kartograf des 14. Jahrhunderts aus Mallorca in Diensten Peters IV. von Aragonien, Verfasser des »Katalanischen Atlas«. *S. 246*

Cristóforo Colombo *siehe* Kolumbus, Christoph

Cromlech *siehe* Megalithe

Cromwell, Oliver (1599–1658) Englischer Soldat und Staatsmann. Als strenger Puritaner führte er die antiroyalistischen Truppen im englischen Bürgerkrieg an. Nach der Schlacht von Naseby (1645) forderte er die Hinrichtung Karls I. und besiegte die Royalisten in Schottland und Irland. 1653 löste er das »Rumpfparlament« auf und herrschte 1653–58 als »Lord Protector«. *S. 306*

Cúcuta ⚔ der südamerikanischen Unabhängigkeitskriege in Kolumbien (Februar 1813).

Cucuteni-Tripolje-Kultur Kulturgruppe in der Region zwischen Karpaten und Dnjestr, Blütezeit um 4000 v. Chr., berühmt für ihre Keramik.

Cumberland Gap Strategisch wichtiger Weg durch die Cumberland Mountains an den Grenzen Virginias, Kentuckys und Tennessees im Osten der USA. Entdeckt 1750 durch Thomas Walker und Teil von Daniel Boones »Wilderness Road«.

Curzon, Lord (George Nathaniel Curzon, Marquis of Kedleston, 1859–1925) Als Vizekönig von Indien (1898–1905) reformierte er den Beamtenapparat, das Bildungssystem und die Polizei. Er schuf die North-West Frontier Province (1898) und teilte die Provinz Bengalen (1905).

Cuzco Antike Hauptstadt des Inkareiches, 1533 von Pizarro erobert.

D

D-Day *siehe* Normandie, Landung in der

DÄNEMARK Das südlichste Land Skandinaviens erstreckt sich über die Halbinsel Jylland (Jütland), die Inseln Sjælland, Fyn, Lolland und Falster sowie über mehr als 400 kleinere Inseln. Es gehört zu den flachsten Gebieten der Erde. Die Färöer-Inseln und Grönland im Nordatlantik sind dänische Außengebiete mit jeweils eigener Verwaltung. Das Land ist politisch sehr stabil, obwohl es seit 1945 von ständig wechselnden Minderheitskabinetten regiert wird. Es besitzt eine lange liberale Tradition und gehört zu den ersten Staaten, die ein Wohlfahrtssystem etablierten (30er-Jahre).

Chronologie

Frühes 9. Jahrhundert Die dänischen Wikinger schließen sich anderen Wikingergruppen an und fallen bis zum 11. Jahr-

hundert in mehreren Migrations- und Plünderungswellen in ganz Europa ein.
950 Das Gebiet des heutigen Dänemark und Südschweden werden unter der Herrschaft von Gorm dem Alten († 950) geeint.
11. Jahrhundert Christentum wird vorherrschende Religion.
1014–1053 Knut der Große einigt ganz Skandinavien und beherrscht zusätzlich einen großen Teil Englands. Nach seinem Tod zerfällt sein Reich jedoch.
1157–1182 Nach Thronstreitigkeiten und Aufständen wird die dänische Oberherrschaft über Skandinavien durch Waldemar I., den Großen, wiederhergestellt.
1397 Mit der Kalmarer Union, der Dänemark, Norwegen und Schweden (mit Finnland) angehören, wird Königin Margarete I. von Dänemark Herrscherin ganz Skandinaviens; Schweden versucht schon 1448 die Union zu verlassen. Formal endet die Union 1523.
1448 Christian I. kommt als erster König aus dem Hause Oldenburg auf den Thron.
1533–1536 Religiöse Unruhen und dänischer Thronkrieg, Krieg der Hansestadt Lübeck gegen Dänemark.
1563–1570 Dreikronenkrieg (Nordischer Siebenjähriger Krieg).
1660 Mit der unter Friedrich III. erlassenen Verfassung werden Adelsprivilegien beschnitten und Dänemark in eine absolute Monarchie umgewandelt.
1721 Ende des Großen Nordischen Kriegs (der 1700 im Rahmen des Dreißigjährigen Kriegs ausbrach). Neue Regionalmacht ist Schweden.
1814 Dänemark verbündet sich in den napoleonischen Kriegen mit Frankreich und muss im Kieler Vertrag Gebiete abtreten, darunter Norwegen (an Schweden).
1845–1850 Deutsch-dänischer Krieg.
1849 Konstitutionelle Monarchie.
1864 Dänemark muss nach verlorenem zweiten deutsch-dänischen Krieg Schleswig, Holstein und Lauenburg an Preußen abtreten.
1914–1918 Dänemark ist im Ersten Weltkrieg neutral.
1915 Allgemeines Wahlrecht für Erwachsene. Aufstieg der Sozialdemokratischen Partei (SD).
1920 Nordschleswig entscheidet sich in Volksabstimmung zur Rückkehr nach Dänemark.
1929 Erste Alleinregierung der SD unter Premierminister Thorvald Stauning.
1930–1940 Einführung eines fortschrittlichen Wohlfahrtssystems und andere Reformen durch SD.
1939 Zweiter Weltkrieg; Dänemark erklärt erneut Neutralität.
1940 Deutsche Besetzung; Nationale Koalitionsregierung.
1943 Nach Erfolgen des dänischen Widerstands übernimmt Deutschland die Macht vollständig.
1944 Island erklärt Unabhängigkeit von Dänemark.
1945 Dänemark erkennt isländische Unabhängigkeit an. SD führt Koalition der Nachkriegszeit.
1948 Färöer-Inseln erhalten Selbstverwaltung.
1952 Dänemark ist Gründungsmitglied des Nordischen Rates.
1953 Verfassungsreform; Einkammer-Parlament; Verhältniswahlrecht.
1959 Dänemark tritt Europäischer Freihandelsassoziation (EFTA) bei.
1973 Dänemark tritt Europäischer Gemeinschaft (EG) bei.
1975–1982 Anker Jorgensen (SD) führt mehrere Koalitionsregierungen (Wahlen von 1977, 1979 und 1981). Die letzte bricht 1982 auseinander.
1979 Grönland erhält Selbstverwaltung.
1982 Poul Schlüter wird erster konservativer Premier seit 1894.
1992 In Referendum wird Maastrichter Vertrag zur EU abgelehnt .
1993 Schlüter tritt zurück. Poul Nyrup Rasmussen führt Mitte-Links-Regierung. Dänen ratifizieren modifizierten Maastricht-Vertrag.
1994 Wahlen; Rasmussen leitet von SD geführte Minderheitsregierung.
1998 Koalition wird bei Wahlen knapp bestätigt.
2000 Referendum gegen Euro.
2001 Wahlen; Anders Fogh Rasmussen wird Premier einer rechtsgerichteten V-KF-Koalition.
2002 Forscher entdecken in Grönland unbekannte Inseln im Packeis, damit verschieben sich dänische Territorialgrenzen.

Dagobert I. (reg. 623–663) Fränkischer König aus der Merowinger-Dynastie, vereinte das Fränkische Reich wieder und machte Paris zur Hauptstadt. *S. 125*

Dahome (*auch* Dahomey) Westafrikanisches Königreich; war am Sklavenhandel im 18. Jahrhundert beteiligt. Von Frankreich 1892–93 besiegt und zu einem französischen Protektorat gemacht, ab 1904 Teil Französisch-Westafrikas. Wurde 1960 unabhängig. In den Jahren danach kam es zu Konflikten zwischen Nord und Süd und bürgerkriegsähnlichen Zuständen. Seit 1975 heißt Dahome République du Bénin. *Siehe auch* Benin

Dai Viet Nachdem Nordvietnam 946 von China, das hier zehn Jahrhunderte lang herrschte, unabhängig wurde, wurde das Königreich in Dai Viet (Größeres Viet) umbenannt (1009). 1076 konnte das Land eine chinesische Invasion zurückschlagen. 1406 gelang es China erneut, in Vietnam einzufallen. Nach Aufständen konnten die chinesischen Besatzer jedoch 1426 vertrieben werden. 1427 wurde die vietnamesische Unabhängigkeit anerkannt. Hanoi wurde neue Hauptstadt. *Siehe auch* Annam, Vietnam

Daimler, Gottlieb Wilhelm (1834–1900) Deutscher Ingenieur, der nahezu zeitgleich mit Benz ein Automobil entwickelte, ein dreirädriges, mit einer Öl-Gas-Mischung angetriebenes Gefährt.

Daimyo (10.–19. Jahrhundert) Japanische Lehnsfürsten.

Dalai Lama (*auch* Tenzin Gyatso, geb. 1935) Spirituelles und weltliches Staatsoberhaupt Tibets. Wird als Wiedergeburt des Buddhas des Mitgefühls betrachtet. 1937 zum 14. Dalai Lama ernannt, regierte von 1940 bis 1950. Nach der chinesischen Besetzung Verhandlungen mit der Volksrepublik China über die Unabhängigkeit Tibets. Aufgrund des repressiven Vorgehens Chinas nach dem tibetischen Aufstand 1959 Flucht ins Exil. Erhielt 1989 den Friedensnobelpreis.

Damaskus Hauptstadt des heutigen Syrien. Die historische Stadt, Provinzhauptstadt des Oströmischen Reiches, wurde 635 von den Arabern eingenommen. Die Omaijaden-Kalife machten sie zu ihrer Residenz (661–750). Auf den Grundmauern der christlichen Kirche wurde 705 die Große Moschee gebaut. *S. 131*

Dampfmaschine Eine zentrale Erfindung der industriellen Revolution.
Newcomens Dampfmaschine *S. 321*
Das Dampfzeitalter *S. 352*
Siehe auch Industrielle Revolution, Eisenbahn

Dampier, William (um 1651–1715) Englischer Forscher und Abenteurer, vor allem als Seeräuber (Bukanier) berüchtigt, der in der Karibik und Südamerika spanische Niederlassungen plünderte. Erster Engländer in Australien (1688). Erforscht später in offizieller Mission der englischen Admiralität die Küsten Australiens und Neuguineas (1699–1701).

Daoismus Bedeutende chinesische Religion, begründet von Laozi, die auf dem Konzept des »Wegs« (Dao) beruht, der selbstlosen Annahme der inneren und äußeren Natur und des Vorbilds der Ahnen. *Siehe auch* Laozi

Dareios I. (*auch* Dareios der Große, Darius I., *altpers.* Darajawausch, 550–486 v. Chr.) Persischer König (522–486 v. Chr.). Berühmt aufgrund seiner Verwaltungsreformen und seiner religiösen Toleranz. Eroberte Thrakien und Makedonien und konnte die Grenzen zum Achaimeniden-Reich festigen. Seine Gliederung des Landes in Verwaltungsprovinzen (Satrapien) überdauerte sein Reich. Zu seinen berühmtesten Bauwerken gehören die Königsstraße, ein ausgedehntes Straßennetz, und der Palast in Persepolis.

Dareios III. (*auch* Codomannus, Darius III., um 380–331 v. Chr.) Persischer König (336–331 v. Chr.). Entfernter Verwandter von Artaxerxes III. Er wurde von Alexander dem Großen in Issos (333 v. Chr.) und in Gaugamela (331 v. Chr.) geschlagen. Auf der Flucht vor Alexander wurde er von seinem baktrischen Satrap (Statthalter) Bessos ermordet.

Darwin, Charles Robert (1809–82) Wissenschaftler, der in seinem Werk *Die Entstehung der Arten durch natürliche Zuchtwahl (On the Origin of Species by Means of Natural Selection)* 1859 eine umfassende Evolutionstheorie vorlegte. *S. 366*

David (reg. um 1000–966 v. Chr.) Zweiter König Israels. Er versammelte die jüdischen Stämme zu einem sesshaften Volk und war der erste Herrscher, der Judäa und Israel zusammen regierte. Die Hauptstadt verlegte er von Hebron nach Jerusalem, wohin er auch die heilige Bundeslade mit den Zehn Geboten brachte. Er besiegte die Philister, indem er im Kampf mit deren Riesen Goliath gewann.

Davis, John (um 1550–1605) Englischer Seefahrer. Erforschte auf der Suche nach der Nordwestpassage zwischen 1585 und 1587 die Davisstraße, Baffin Island und den Cumberland Sound in Kanada. 1591 erreichte er im Süden die Falklandinseln. Er veröffentlichte Bücher zur Seefahrt und entwickelte Navigationsinstrumente, darunter der Davisquadrant.

Dawes-Plan Regelte die Reparationszahlungen Deutschlands nach dem Ersten Weltkrieg. Deutschland erhielt einen Kredit in Höhe von 800 Mio. Goldmark zur Währungsstabilisierung. Die Reparationszahlungen sollten rund 2,4 Mrd. Goldmark pro Jahr betragen.

DDR *siehe* Deutschland, Ostdeutschland

Dekhan Nordindisches Hochland. Erste Städte entstehen hier um 200.

Del Cano, Juan Sebastián (um1476–1526) Baskischer Seefahrer, Kapitän eines der Schiffe, die bei Magellans Weltumseglung dabei waren (1519–21). Nachdem Magellan 1521 auf den Philippinen getötet wurde, segelte Del Cano mit der *Victoria* und einer großen Ladung von Gewürznelken nach Spanien zurück und vollendete damit die Weltumseglung.

Delhi, Sultanat von (1206–1398) Türkisch-afghanische Dynastie mit Sitz in Delhi. Beherrschte mehr oder weniger weite Teile Indiens. Unter Ala ud-Din drangen die Armeen des Sultans von Delhi 1294 über Gujarat und Rajputana (Rajasthan) bis in den Süden des Subkontinents vor. Hindus mussten besondere Steuern entrichten. *S. 198*

Delisch-Attischer Seebund Während der Perserkriege 478 v. Chr. gegründeter Zusammenschluss antiker griechischer Staaten unter der Führung Athens. Stützpunkt war Delos. *Siehe auch* Athen

Demokraten Neben den Republikanern die größte politische Partei der USA. Wurde von Thomas Jefferson als Democratic Republican Party gegründet. Der heutige Name wurde erstmals um 1828 benutzt. Bis in die 30er-Jahre des 20. Jahrhunderts war die Partei vor allem in den Südstaaten verankert, erst nach der New-Deal-Politik von Franklin D. Roosevelt und den Reformen im Sozialwesen und bei den Bürgerrechten in den 60er-Jahren konnte sie sich eine breitere Basis verschaffen.

Demokratie (*griech.* Volksherrschaft) Die Herrschaft durch das Volk umfasste im antiken Griechenland keineswegs das ganze Volk, sondern nur die freien Bürger der Stadtstaaten. Erst nach der Französischen Revolution im Europa des 18. Jahrhunderts kann man von echten Demokratien sprechen. Mittlerweile orientieren sich die meisten Staaten der Welt an demokratischen Regierungsformen. Zu den Merkmalen einer Demokratie zählen u.a. Volkssouveränität, freie und geheime Wahlen, Rechtsstaatlichkeit und Pluralismus.

Denham, Dixon (1786–1828) Englischer Soldat, einer der ersten europäischen Erforscher Westafrikas. Er begleitete Walter Oudney und Hugh Clapperton bei ihrer Expedition durch die Sahara bis zum Tschadbecken (1821–25).

Derwischorden Mystische islamische Vereinigung, vermutlich im 13. Jahrhundert gegründet von dem Sufi-Dichter Djalal od-Din Rumi. *S. 219*

Desoxyribonukleinsäure *siehe* DNS

Deutsch-Französischer Krieg (1870–71) Auslöser war Streit um Kandidatur eines Hohenzollern für den spanischen Thron. Napoleon III. erklärte dem immer mächtiger werdenden Preußen den Krieg. Die süddeutschen Staaten verbündeten sich mit Preußen. Niederlage Frankreichs, Annexion von Elsass-Lothringen an Deutsches Reich (zuvor Norddeutscher Bund). Am 18. Jan. 1871 wurde König Wilhelm I. von Preußen in Versailles zum deutschen Kaiser erklärt.

Deutsche Demokratische Republik *siehe* Deutschland; Ostdeutschland

Deutscher Bund (1815–66) Nach der Zerstörung des Heiligen Römischen Reiches durch Napoleon (1806) auf dem Wiener Kongress beschlossener Zusammenschluss von 39 deutschen Einzelstaaten zum Schutz vor einer französischen Expansion.

Deutscher Orden Kreuzritterorden, gegründet 1190 mit Sitz in Akko. Der Deutsche Orden unterwarf die nichtchristlichen Völker des Baltikums im 13. und 14. Jahrhundert und errichtete einen eigenen Staat in Preußen, Livland und Estland. *S. 226*

DEUTSCHLAND grenzt an Ost- und Nordsee und hat neun Nachbarstaaten. Ebenen und Hügellandschaften prägen den Norden, Mittel- und Hochgebirge den Süden. Der nach Russland bevölkerungsreichste europäische Staat ist nach den USA der zweitgrößte Exporteur der Welt. Nach der Einigung 1870 wurde es nach dem Ende des Dritten Reichs 1945 geteilt. Der kommunistische Osten gehörte bis zum Zusammenbruch der DDR 1989, der 1990 die Wiedervereinigung beider deutscher Staaten folgte, als sowjetischer Trabantenstaat zum Ostblock. Spannungen zwischen Ost und West aufgrund des unterschiedlichen Lebensstandards wurden bald durch die hohe Arbeitslosenquote verschärft. Die Regierung macht sich für die Europäische Union stark und führte 2001 die europäische Einheitswährung Euro ein.

Brandenburg-Preußen *S. 320, S. 329*
Industrialisierung *S. 373*
Erster Weltkrieg *S. 396*
Wirtschaftskrise 1920. *S. 401*
Zweiter Weltkrieg *S. 414*
Siehe auch Heiliges Römisches Reich; Ostdeutschland; Westdeutschland

CHRONOLOGIE

9 n.Chr. Die Expansion des Römischen Reiches nördlich des Rheinlands wird durch die Cherusker aufgehalten.

800 Das Fränkische Reich, gegründet im 5. Jahrhundert, erreicht seinen Höhepunkt mit der Krönung König Karls des Großen durch Papst Leo zum deutschen Kaiser. 843 werden deutschsprachige Länder von dem Teil, der später Frankreich werden sollte, im Frieden von Verdun abgetrennt.

911 Herzog Konrad, Nachfolger von Ludwig dem Kind, dem letzten deutschen Karolinger, wird zum ersten König der Deutschen gewählt.

962 Otto I. (reg. 936–973) aus dem Geschlecht der Sachsen wird nach dem Sieg über die Stammesfürsten Süddeutschlands und über die Ungarn auf dem Lechfeld (955) vom Papst zum Kaiser des Heiligen Römischen Reichs gekrönt und beherrscht große Teile Deutschlands und der Nachbarregionen.

1152 Friedrich I. Barbarossa (reg. 1152–90) aus dem Hohenstaufergeschlecht stärkt kurzzeitig die Macht des Heiligen Römischen Reiches. Deutschordensritter setzen Eroberung des Ostens fort. Das Gebiet des heutigen Deutschland entwickelt sich jedoch parallel zu einem Flickwerk unabhängiger Kleinstaaten.

1241 Norddeutsche Städte schließen sich erstmals zu einem lockeren Bündnis, der Hanse, zusammen, die vor allem dem Schutz des Handels diente. Im späten Mittelalter wird diese als unabhängige politische Macht mit eigener Armee und Flotte agieren.

1273 Herzog Rudolf I. von Habsburg (1218–91) kann die Königswürde des römisch-deutschen Reiches erwerben, Beginn des Aufstiegs der Habsburger als wichtigster Macht in Deutschland und Österreich.

1517 Der deutsche Theologe Martin Luther (1483–1546) nagelt der Sage nach seine *95 Thesen* an die Tür der Kirche in Wittenberg und kritisiert damit die römisch-katholische Kirche, besonders die Praxis des Ablasshandels. Damit beginnt die Reformation.

1524–1526 Beeinflusst durch radikale reformatorische Prediger und bedrängt durch wirtschaftliche Not erheben sich die unterdrückten Bauern in Deutschland. Der Bauernaufstand wird durch Philipp von Hessen (1504–67) mit Billigung Luthers niedergeschlagen. 100 000 Menschen werden dabei niedergemetzelt.

1555 Unter den Bedingungen des Augsburger Religionsfriedens muss der Kaiser den Landesfürsten die Religionshoheit in ihren Territorien überlassen.

1618 Beginn des Dreißigjährigen Kriegs. Zunächst ein Glaubenskrieg zwischen katholischen und protestantischen Ländern, eskaliert er ab 1635 zum Konflikt zwischen Frankreich und Habsburg und führt zur Zersplitterung des deutschen Gebietes in kleine Fürstentümer und Königreiche. Im Westfälischen Frieden von 1648 erkennt der Kaiser die volle religiöse und politische Souveränität der deutschen Länder an. Schweden im Norden und Frankreich im Westen erhalten Gebiete zugesprochen.

1740 Friedrich II., der Große (1712–86), aus dem Geschlecht der Hohenzollern wird König von Preußen. Unter ihm wird Preußen zu einem bedeutenden Machtfaktor. Es gewinnt Schlesien im ersten österreichischen Erbfolgekrieg von 1740–48 (das Österreich im Siebenjährigen Krieg von 1756–63 nicht zurückerobern kann) sowie Pommern und Ostpreußen aus der ersten polnischen Teilung 1772 (niedergelegt im Vertrag von Sankt Petersburg im Juli 1772). Der »aufgeklärte« Herrscher führt die Religionsfreiheit ein und schafft Folter und Leibeigenschaft ab.

1793 und 1795 Durch den Vertrag von Grodno erhält Preußen, das nun von Friedrich Wilhelm II. regiert wird, in der zweiten polnischen Teilung Großpolen, das Posen, Lodz und Danzig umfasst, und 1795 in der dritten polnischen Teilung Warschau. Das Ende Polens *(Finis Poloniae)* wird 1797 in einem Vertrag festgelegt.

1806 Nach der Niederlage des Habsburger Monarchen Franz II. (1768–1835) bei Austerlitz im Dezember 1805 erklärt Napoleon Bonaparte von Frankreich das Heilige Römische Reich für aufgelöst und gründet den Rheinbund unter französischem Protektorat. Dieser umfasst 16 Fürstentümer und Städte, darunter Bayern, Hessen und Württemberg. Auch die preußische Armee unterliegt im Oktober 1806 bei Jena.

1813 Der Rheinbund löst sich nach der Niederlage Napoleons in der Schlacht von Leipzig im Oktober 1813, die seinem Rückzug aus Russland folgt, auf. Auf dem Wiener Kongress 1814–15 bildet sich der Deutsche Bund, ein Zusammenschluss von 39 grundsätzlich unabhängigen Staaten unter österreichischer Präsidentschaft.

1833 Zur Sicherung seiner Vormachtstellung gründet Preußen den Deutschen Zollverein, indem es kleinere Zollvereine mit dem Norddeutschen Zollverein vereint.

1848 Revolutionen in vielen deutschen Staaten, die zeitweise die Monarchie außer Kraft setzen. In Frankfurt wird eine Nationalversammlung gewählt, die eine Verfassung für ein vereintes Deutschland beschließen soll, doch die Vorschläge werden vom österreichischen Kaiser Ferdinand und vom preußischen Kaiser Friedrich Wilhelm IV. abgelehnt. 1849 ist die Revolution gescheitert und die alte Ordnung wiederhergestellt.

1862 Otto von Bismarck (1815–98) wird Ministerpräsident von Preußen (bis 1890 im Amt). Es gelingt ihm, 1864 im Kampf gegen Dänemark Schleswig-Holstein zu gewinnen und dann im Deutschen Krieg von 1866 Österreich in der Schlacht von Sadowa zu besiegen. Im darauf folgenden Prager Frieden erhält Preußen die deutschen Staaten nördlich des Mains. 1867 wird der Norddeutsche Bund gebildet, der die meisten deutschen Staaten umfasst, außer Sachsen, Thüringen, Bayern, Baden, Württemberg und Hessen.

1864–1870 Preußen schlägt Österreicher, Dänen und Franzosen. Norddeutsche Staaten sind unter preußischer Kontrolle.

1870 Restliche deutsche Staaten treten nach dem Sieg Deutschlands über Frankreich dem preußisch geführten, vereinten Deutschen Reich unter Wilhelm I. bei. Bismarck wird Reichskanzler.

1870–1879 Rasche Industrialisierung.

1890 Wilhelm II., der Deutschland als Weltmacht sieht, wird Kaiser und entlässt Bismarck.

1914 August: Deutschland tritt an der Seite Österreich-Ungarns und der osmanischen Türkei als eine der Mittelmächte in den Ersten Weltkrieg ein und kämpft gegen die alliierten Mächte Großbritannien, Frankreich, Russland, Japan und Serbien. Hoffnungen auf einen schnellen Sieg an der Westfront erfüllen sich nicht, als Deutschland nach der ersten Schlacht an der Marne im September 1914 zum Rückzug gezwungen ist. Die Truppen führen einen Grabenkrieg mit hohen Verlusten. Im April 1917 treten die USA an der Seite der Alliierten in den Krieg ein. Die Deutschen sind erfolgreicher im Osten, da die russischen Niederlagen die Revolution begünstigen und die neue bolschewistische Regierung sich aus dem Krieg zurückzieht. Russland akzeptiert den nachteiligen Friedensvertrag von Brest-Litowsk vom März 1918.

1918 Trotz der Möglichkeit, ab März die Kräfte auf die Westfront zu konzentrieren, wird Deutschland zurückgeschlagen und muss am 11. November 1918 in einem Waffenstillstandsvertrag kapitulieren. 1774000 deutsche Soldaten haben ihr Leben verloren. Angesichts einer drohenden Meuterei von Armee und Flotte und einer allgemeinen Kriegsmüdigkeit dankt Kaiser Wilhelm II. am 9. November ab und flüchtet nach Holland. Am selben Tag wird in Berlin die Republik ausgerufen, mit Friedrich Ebert von der SPD (1871–1925) als gewähltem Reichspräsidenten und einer Koalition aus SPD, Zentrum und DDP (Weimarer Koalition).

1919 Januar: Ebert schlägt den Aufstand der Spartakisten und der USPD (Linkssozialisten, 1918 von Karl Liebknecht und Rosa Luxemburg gegründet) nieder. Im Februar wird Ebert zum vorläufigen Reichspräsidenten gewählt. Später im Jahr wird die Verfassung der Weimarer Republik angenommen. Juni: Deutschland stimmt dem Vertrag von Versailles zu: Reparationszahlungen und Gebietsverluste. Elsass-Lothringen fällt an Frankreich, Westpreußen und Posen an Polen, Teile Schleswigs an Dänemark. Das Rheinland wird entmilitarisiert und besetzt. Deutschland verliert alle Kolonien.

1923 Als Vergeltung für nicht gezahlte Reparationen besetzen belgische und französische Truppen das Ruhrgebiet. Sie ziehen erst 1924 wieder ab, als Deutschland den Dawes-Plan, der die Reparationszahlungen regelt, akzeptiert.

1923 Inflation. Adolf Hitler, Führer der antisemitischen Nationalsozialistischen Deutschen Arbeiterpartei (NSDAP), unternimmt in München einen Putschversuch, der jedoch scheitert. Er wird für acht Monate inhaftiert und schreibt in dieser Zeit *Mein Kampf*.

1925 Feldmarschall Paul von Hindenburg wird Reichspräsident. Unter ihm kommt es zu einer inneren Festigung des Reiches. In Berlin blühen Kunst und Kultur. Deutschland wird 1926 zum Völkerbund zugelassen (und bleibt bis 1933 Mitglied). Die Weltwirtschaftskrise schwächt die demokratischen Kräfte der Weimarer Republik nach 1929.

1930 In den Reichstagswahlen wächst der Stimmenanteil der NSDAP um das Achtfache (auf 18,3 %) im Vergleich zur Wahl zwei Jahre zuvor.

1932 Die Reichstagswahlen vom Juli bringen der NSDAP einen Stimmenanteil von 37,4 %. damit löst die NSDAP die SPD als größte Partei ab, allerdings sinkt der Stimmenanteil der NSDAP bei den folgenden Wahlen im November auf 33,2 %. Die Wirtschaftskrise führt zusammen mit der Staatskrise zu einer Zunahme der Stimmen bei radikalen Parteien von links und rechts. Zunehmende Zusammenstöße zwischen Nazis und deren Gegnern.

1933 Hindenburg ernennt Hitler zum Reichskanzler einer Minderheitsregierung. Im März nutzt Hitler den Reichstagsbrand als Vorwand zur Durchsetzung von Notverordnungen, die Grundrechte werden außer Kraft gesetzt. Mit dem Ermächtigungsgesetz vom 24. März 1933 erhält die NSDAP-Regierung die Staatsgewalt. Im Juli wird Deutschland ein totalitärer Einparteienstaat.

1934 Juni: In der »Nacht der langen Messer« liquidieren die Nazis Tausende ihrer Gegner innerhalb und außerhalb der Partei. Nach dem Tod Hindenburgs im August übernimmt Hitler neben dem Amt des Reichskanzlers das des Reichspräsidenten und nennt sich »Führer«.

1935 Das Saarland, seit dem Ende des Ersten Weltkriegs dem Völkerbund unterstellt, kommt erneut zu Deutschland, nachdem ein Volksentscheid eine überwältigende Mehrheit für die Rückkehr ergeben hat. Im März des darauf folgenden Jahres besetzt Deutschland das entmilitarisierte Rheinland und verstößt damit gegen den Vertrag von Versailles von 1919. Mit den Nürnberger Gesetzen werden die deutschen Juden aus der Wirtschaft ausgeschlossen und verfolgt.

1938 März: »Anschluss«. Deutsche Truppen besetzen Österreich und machen es zum Teil des Deutschen Reiches. Großbritannien und Frankreich stimmen im September im Münchner Abkommen der Besetzung des tschechischen Sudetenlandes durch Hitler zu. Bis März 1939 sind das gesamte tschechische Böhmen und Mähren besetzt. Die Slowakei ist »Schutzstaat«.

1938 9.–10. November. In der »Reichskristallnacht« werden die schon zuvor Verfolgungen ausgesetzten Juden in ganz Deutschland massiv angegriffen.

1939 September: Nach dem geheimen Nichtangriffspakt mit Russland (Hitler-Stalin-Pakt) vom 23. August marschiert Hitler in Polen ein. Großbritannien und Frankreich, vertraglich zur Verteidigung Polens verpflichtet, erklären Deutschland am 3. September den Krieg. Damit beginnt der Zweite Weltkrieg.

1940–1942 Nach dem »Blitzkrieg«, dem Einmarsch in Norwegen, Frankreich und Belgien bis Juni 1940, eröffnet Deutschland eine neue Ostfront. Dem Einmarsch in Jugoslawien und Griechenland im April 1941 folgt eine Offensive gegen die Sowjetunion im Juni. Ende des Jahres befinden sich Leningrad und auch Moskau unter deutscher Belagerung. In Nordafrika wird das Heer von Feldmarschall Erwin Rommel 1942 schrittweise zurückgeschlagen und im Oktober bei El-Alamein besiegt. An der Ostfront sterben 300000 deutsche Soldaten beim Angriff auf Stalingrad, Feldmarschall Paulus muss sich am 2. Februar 1943 ergeben. Hitler verkennt die Bedeutung des japanischen Angriffs auf Pearl Harbor im Dezember 1941, der den Kriegseintritt der USA auslöst und das Kräfteverhältnis zugunsten der Alliierten verlagert.

1943 Bombenangriffe der britischen und amerikanischen Luftwaffe auf deutsche Städte. Im Juni 1944 landen alliierte Truppen in der französischen Normandie. Sie befreien im August Paris und im September Brüssel und überqueren im März 1945 den Rhein, während im Osten Sowjettruppen nach Berlin marschieren.

1945 30. April: Angesichts der militärischen Niederlagen sowohl an der Ostfront als auch an der Westfront begeht Hitler in seinem Bunker in Berlin Selbstmord.
2. Mai: Berlin fällt an Sowjettruppen.
7. Mai: Die deutschen Streitkräfte ergeben sich den Alliierten.
5. Juni: Mit der »Viermächteerklärung« übernehmen die Siegermächte die Regierungsgewalt über Deutschland und teilen es in vier (britische, französische, sowjetische und amerikanische) Besatzungszonen auf, alle vier Mächte kontrollieren Berlin. 3250000 deutsche Soldaten und 500000 Zivilisten sterben im Zweiten Weltkrieg. Etwa 6 Millionen Juden fallen dem Holocaust zum Opfer (etwa die Hälfte wird im Konzentrationslager Auschwitz-Birkenau ermordet). Am 20. November 1945 beginnen die Nürnberger Prozesse gegen führende Nazis.

1949 Es gibt zwei deutsche Staaten: Im kommunistischen Osten regieren Walter Ulbricht (1951–71) und nach ihm Erich Honecker (1971–89), im demokratischen Westen als erster Kanzler Konrad Adenauer von der CDU (1949–63).

1955 NATO-Beitritt Westdeutschlands.

1961 Bau der Berliner Mauer.

1966–1969 Große Koalition von CDU und SPD in der Bundesrepublik.

1969–1982 SPD-geführte Bundesregierungen unter Willy Brandt (1969–74) und Helmut Schmidt (1974–82).

1973 UN-Beitritt beider deutscher Staaten.

1982 Helmut Kohl wird Bundeskanzler einer CDU/FDP-Koalition.

1989 Fall der Berliner Mauer.

1990 Wiedervereinigung Deutschlands. Erste gesamtdeutsche Wahlen seit 1933, Kohl bleibt Bundeskanzler.

1996 Wachsende Arbeitslosigkeit.

1998 Gerhard Schröder wird Kanzler einer Regierungskoalition von SPD und Grünen.

2000 Parteispendenskandal der CDU.

2002 Einführung des Euro-Bargelds. Rot-Grüne Koalition bestätigt.

DEUTSCHE KANZLER

Westdeutschland (Bundesrepublik) Kanzler (1945–1990)

1949–1963	Konrad Adenauer
1963–1966	Ludwig Erhard
1966–1969	Kurt Georg Kiesinger
1969–1974	Willy Brandt
1974	Walter Scheel
1974–1982	Helmut Schmidt
1982–1990	Helmut Kohl

Kanzler nach der Wiedervereinigung (1990–)

1990–1998	Helmut Kohl
Seit 1998	Gerhard Schröder

Deventer, Jacob van Holländischer Kartograf des 16. Jahrhunderts.

Devolutionskrieg (1667) Französische Invasion in die Niederlande.

Diamantensutra Buddhistische Schrift, frühestes Druckwerk (868).

Dias, Bartolomeu (*auch* Diaz, Bartolomeu, 1450–1500) Portugiesischer Seefahrer und Entdecker, der 1488 die erste europäische Expedition um das Kap der Guten Hoffnung leitete und damit den Seeweg über den Atlantik und den Indischen Ozean nach Indien entdeckte.

Dias, Diogo (*auch* Diaz, Diogo) Portugiesischer Seefahrer, nahm 1500 an Cabrals Expedition nach Indien teil. Entdeckte Madagaskar, als sein Schiff von den anderen abgetrieben wurde.

Díaz de Solís, Juan (um 1470–1516) Spanischer Entdecker; erforschte die Atlantikküste Südamerikas. Segelte mit Vicente Yáñez Pinzón und Amerigo Vespucci. Er wurde bei seinem Versuch, über den Río de la Plata eine Verbindung zum Pazifik zu finden, von Indios getötet.

Díaz, Porfirio (1830–1915) Mexikanischer Staatsmann und Soldat. Held des Reformkriegs (1857–60) und des Krieges gegen die französische Intervention (1861–67). Wurde 1876 Präsident und 1884 wiedergewählt. Er regierte das Land, mit diktatorischer Macht ausgestattet, bis zum Beginn der mexikanischen Revolution 1911.

Diderot, Denis (1713–84) Französischer Philosoph und Schriftsteller. Herausgeber und Autor der *Encyclopédie* (1751–72), einem umfassenden und bedeutenden Werk der Aufklärung.

Dien Bien Phu ⚔ (3. Februar–7. Mai 1954) In dieser Schlacht musste Frankreich vor den Viet-Minh-Truppen kapitulieren und wurde endgültig gezwungen sich aus Nordvietnam zurückzuziehen.

Diokletian (*lat.* Gaius Aurelius Valerius Diocletianus, 245–316) Römischer Kaiser (reg. 284–305). Reformierte die Verwaltung des Römischen Reiches, teilte das Reich in vier Gebiete, regiert von zwei Ober- und zwei Unterkaisern (Tetrarchie). Förderung des Jupiter-Kultes, Verfolgung von Christen und Manichäern.

Direktorium (*auch fr.* Directoire) Bezeichnung für die revolutionäre oberste Regierungsbehörde in Frankreich nach dem Sturz Robespierres (1794) bis zum Staatsstreich Napoleons (9. November 1799), der sich zum Ersten Konsul ausrief und später zum Kaiser.

Disney, Walter Elias (*auch* Walt Disney, 1901–69) US-amerikanischer Produzent von Zeichentrickfilmen. Baute in den 20er-Jahren seine Trickfilmstudios in Hollywood auf. Erste Produktionen ab 1922. Schuf u.a. die Figur Mickey Mouse. Die Disney-Studios, die nicht nur Trickfilme produzierten, entwickelten sich zu einem Wirtschaftsimperium der Unterhaltungsindustrie.

Djenné (*auch* Jenné) Historische Stadt in Mali, altes Zentrum des afrikanischen Gold-, Salz- und Sklavenhandels. Wurde außerdem schon früh zum Zentrum islamischer Gelehrsamkeit. Hier steht eines der bekanntesten Bauwerke der Lehmarchitektur: die Große Moschee. *S. 233*

Djihad Heiliger Krieg im Islam.

Djoser (*auch* Zoser, um 2650 bis etwa 2575 v. Chr.) Ägyptischer Herrscher der 3. Dynastie. Er machte als Erster Memphis zu seiner ständigen Residenz. Seine Regierungszeit war eine Zeit technischer Neuerungen und kultureller Blüte. Zu dieser Zeit entstanden auch die ersten Steinbauten Ägyptens; bis dahin hatte man mit Ziegeln und Lehm gebaut. Er begann mit dem Bau der ersten Stufenpyramide in Sakkara, die erste dieser Größe auf der Welt.

DNS (Desoxyribonukleinsäure) Wichtigster Baustoff der Chromosomen, enthält die genetischen Informationen eines Lebewesens. Das Erbgut ist in Doppelhelix-Struktur angeordnet, entdeckt wurde diese von Crick und Watson 1953. *S. 427*

Doge Gewählter oberster Würdenträger Venedigs (um 697–1797). Der Begriff wird vom lateinischen *dux* abgeleitet.

Domesday Book (*dt.* Reichsgrundbuch) Englisches Grundbuch des Mittelalters. Wurde von Wilhelm dem Eroberer in Auftrag gegeben (1086). *S. 177*

DOMINICA Dominica setzte sich als einzige karibische Insel bis zum 18. Jahrhundert gegen die europäische Kolonisierung zur Wehr. Dann wurde es zunächst von Frankreich und ab 1759 von Großbritannien beherrscht. Wegen seiner großartigen, in Naturparks geschützten Tier- und Pflanzenwelt wird es auch »die Naturinsel« genannt. Dominica ist die gebirgigste Insel der Kleinen Antillen. Es liegt in der westindischen Gruppe der Inseln über dem Winde, zwischen Guadeloupe und Martinique. Der vulkanische Ursprung beschert der Insel fruchtbare Böden und den zweitgrößten siedenden See der Welt.

Chronologie

1493 Kolumbus landet auf Dominica.
1759 Die Insel wird nach erbitterten Kämpfen zwischen Briten und Franzosen und den einheimischen Kariben im 17. und 18. Jahrhundert schließlich von Großbritannien in Besitz genommen. Die Kolonisatoren legen große Zuckerrohrplantagen, später auch Baumwoll- und Kaffeeplantagen an, die sie mithilfe von afrikanischen Sklaven bewirtschaften.
1805 Dominica wird britische Kolonie.
1951 Einführung des allgemeinen Wahlrechts.
1958–1962 Dominica wird Mitglied der Westindischen Föderation (West Indies Federation).
1960 Januar: Dominica erhält eine neue Verfassung und einen teilautonomen Status.
1967 Das Land erhält die innere Autonomie als Teil der Westindischen Assoziierten Staaten (West Indies Associated States). Premier ist Edward LeBlanc.
1974 Auf den aus Altersgründen zurücktretenden Premierminister LeBlanc folgt Patrick John, der die Unabhängigkeitsverhandlungen führt.
1975 Der Nationalpark Morne Trois Pitons wird eingerichtet.
1978 Unabhängigkeit von Großbritannien. Patrick John ist erster Premierminister der Republik Dominica.
1980 Eugenia Charles ist der erste weibliche Premierminister des Landes.
1981 Zwei von Patrick John unterstützte Putschversuche scheitern.
1995 Oppositionspartei DUWP siegt über DFP. Eugenia Charles tritt zurück.
2000 DLP gewinnt Wahlen.
2002 OECD streicht Dominica von Liste der schwarzen Steuerparadiese.

DOMINIKANISCHE REPUBLIK
Das größte Touristenziel in der Karibik, die Dominikanische Republik, liegt 970 km südöstlich von Florida. Das ehemals von Spanien beherrschte Land nimmt die östlichen zwei Drittel der Insel Hispaniola ein und besitzt sowohl den höchsten (Pico Duarte, 3175 m) als auch den tiefstgelegenen (Enriquillosee, 44 m unter dem Meeresspiegel) Punkt der Westindischen Inseln. Es strebt engere Beziehungen zu den englischsprachigen Karibikstaaten an.

Chronologie

1492 Kolumbus landet auf der von ihm Hispaniola genannten Insel, die sich heute die Dominikanische Republik und Haiti teilen. Die Insel wird zum Zentrum der frühen spanischen Kolonialherrschaft. Die Wirtschaft beruht auf Gold, Zucker und Viehzucht.
1697 Spanien muss Frankreich den Westen Hispaniolas abtreten.
1795 Die Franzosen weiten ihre Vorherrschaft auf den östlichen, spanischen Teil von Hispaniola aus, der allerdings bald von afro-haitianischen Truppen unter Toussaint l'Ouverture erobert wird. Zwischen 1809 und 1844 kämpfen französische, spanische und haitianische Truppen um den Ostteil Hispaniolas.
1844 Die Haitianer werden vertrieben, Hispaniola offiziell in zwei Staaten geteilt.
1861 Unter Präsident Pedro Santana gehört der Ostteil (die Dominikanische Republik) wieder zu Spanien.
1865 Das Land wird von Spanien unabhängig, die instabile politische Lage hält an. 1916–24 wird die Dominikanische Republik von US-Truppen besetzt. Die USA kontrollieren den Außenhandel bis 1940.
1930 General Rafael Trujillo Molina wird Präsident. Er beherrscht das Land als uneingeschränkter Diktator mit seiner Familie bis zu seiner Ermordung im Mai 1961.
1965 Bürgerkrieg. US-Intervention.
1966 Erste von sieben Amtsperioden Joaquín Balaguers.
1996 Mitte-Links-Kandidat der PRD wird Balaguers Nachfolger.
1998 Schwere Hurrikanschäden.
2000 Hipolito Mejia (PRD) wird Präsident.

Dominikus, St. (um 1170–1221) Spanischer Gründer des Dominikanerordens (Predigerordens). Heiligsprechung 1234.

Dominoeffekt (*auch* Dominotheorie) Ging davon aus, dass im Fall eines kommunistischen Sieges im Vietnamkrieg (1954–75) die südostasiatischen Nachbarstaaten nacheinander in die Hände der Kommunisten fallen würden.

Dom Pierre Pérignon (1639–1715) Französischer Benediktinermönch, Erfinder des Champagners.

Donatello (Donato di Niccolò di Betto Bardi, 1386–1466) Florentinischer Bildhauer, führender Künstler der Frührenaissance. *S. 252*

Dongson (*auch* Dong Son) Prähistorische südostasiatische bronzezeitliche Kultur des 1. Jahrtausends v. Chr., nach dem nordvietnamesischen Dorf benannt, in dem man die meisten archäologischen Fundstücke entdeckte. Am bekanntesten sind jedoch ihre sehr fein gearbeiteten und verzierten Bronzearbeiten, darunter rituell genutzte Trommeln.

Doryleion (*auch* Dorylaeum) ⚔ in den Kreuzzügen (1147). Türkischer Sieg über Kaiser Konrad.

Doughty, Charles Montagu (1843–1926) Britischer Forscher, Schriftsteller und Dichter. Reiste von 1876 bis 1878 von Damaskus nach Mekka und verfasste darüber ein Buch: *In Arabiens Wüsten (Travels in Arabia Deserta)*, das 1888 erstmals veröffentlicht wurde.

Dr. Seltsam (*eng. Dr Strangelove*) Film des Regisseurs Stanley Kubrick (1964), sarkastische Darstellung der Absurdität des Wettrüstens.

Drake, Sir Francis (um 1540–96) Englischer Seeräuber im Sold der Krone. Wurde wegen seiner Überfälle auf spanische Schiffe berühmt, die Gold und Silber transportierten. Wurde von den Spaniern als Krimineller verfolgt. Spielte beim englischen Sieg über die spanische Armada 1588 eine wichtige Rolle. Umsegelte auf der *Golden Hind* die Erde (1577–80).

Dred-Scott-Verfahren (*eng.* Dred Scott Decision, 6. März 1857) Entscheidendes Verfahren zur regionalen Verbreitung der Sklaverei in den USA. Klage des Sklaven Scott, der von seinem Besitzer in den Westen mitgenommen wurde, wo Sklaverei verboten war. Der Oberste Gerichtshof entschied jedoch, dass der Kongress nicht das Recht habe, die Sklaverei in einzelnen Staaten zu verbieten, womit sie faktisch überall erlaubt war.

Drei Reiche Am Ende der Han-Zeit kämpften verschiedene Heerführer um die Vormachtstellung in China. In der Zeit von 220 bis 280 war das Land in drei Königreiche geteilt. Im Westen herrschte das Königreich Shu über das heutige Sichuan, Wei beherrschte den Norden, das Königreich Wu das heutige Nanking südlich des Jangtsekiang.

Drei-Jahres-Plan Phase der modernen chinesischen Geschichte (1959–62). *Siehe* Großer Sprung nach vorn, *S. 428*

Dreißigjähriger Krieg (1618–48) Ausgelöst durch dynastische und religiöse Rivalitäten im Heiligen Römischen Reich, die sich auf ganz Europa ausweiteten. Die Auseinandersetzungen begannen mit dem protestantischen Aufstand in Böhmen gegen die katholische Politik der kaiserlichen Regierung in Prag. Vier Kriegsperioden: Böhmisch-Pfälzischer Krieg (1618–25), Niedersächsisch-Dänischer Krieg (1625–29), Schwedischer Krieg (1630– 35) und Schwedisch-Französischer Krieg (1635–48). *S. 302, S. 307*

Druck Diese ursprünglich chinesische Erfindung war in China im 9. Jahrhundert zur Zeit des ältesten erhaltenen gedruckten Buches, des *Diamanten-Sutra*, weit entwickelt. Die Chinesen erfanden auch bewegliche Typen (um 1045), jedoch aufgrund der vielen verschiedenen Schriftzeichen ohne großen praktischen Nutzen. Der Gebrauch beweglicher Metalltypen, in Europa seit Mitte des 15. Jahrhunderts, ermöglichte hingegen erstmals die schnelle und billige Verbreitung geschriebener Information. *S. 142, S. 168, S. 260*

Dschagatai (*auch* Dschaghatai, Tschagatai, Tschaghatai, † 1241) Zweiter Sohn von Dschingis Khan. Sein Vater teilte das mongolische Weltreich unter den drei Söhnen auf. Er hinterließ Dschagatai 1227 Ost- und Westturkestan. Zwar konnte Timur am Ende des 14. Jahrhunderts die Dschagatai-Khanate unter seine Kontrolle bringen, sie existierten jedoch bis zum 16. Jahrhundert weiter.

DSCHIBUTI Der Stadtstaat mit einer Wüste als Hinterland liegt im Nordosten Afrikas an der Meerenge zwischen Rotem Meer und Indischem Ozean. Das Gebiet stand jahrhundertelang unter arabischer Herrschaft, wurde im 19. Jahrhundert französischer Kolonialbesitz (Französisch Afar- und Issaküste) und 1977 unabhängig. Wichtige Wirtschaftsfaktoren sind der Hafen, die Bahnlinie nach Addis Abeba und Pariser Finanzhilfen. 1991 brach ein Guerillakrieg aus, der inzwischen weitgehend beendet ist

CHRONOLOGIE

1861 Frankreich erlangt Kontrolle über den Handelshafen Obock in Norddschibuti.

1897 In einem zwischen Frankreich und dem Kaiser von Äthiopien unterzeichneten Vertrag wird Dschibuti als »Absatzmarkt Äthiopiens« bezeichnet.

1909 Französisch-äthiopische Eisenbahngesellschaft (CFE) beginnt mit dem Bau einer Bahnlinie von Dschibuti nach Addis Abeba und fördert damit die Entwicklung Dschibutis als Handelshafen. Die Eisenbahn wird 1917 fertig gestellt.

1977 Unabhängigkeit.

1981–1992 Einparteien-Staat.

1989 Konflikte zwischen Afar und Issa eskalieren in Gewalttaten.

1991 FRUD (Front pour la Restauration de l'Unité de Djibouti), eine Guerillagruppe der Afar, beginnt bewaffnete Aufstände.

1994 Friedensabkommen mit FRUD.

1999 Ismael Omar Guelleh wird Präsident.

2000 Gescheiterter Putschversuch von Polizeioffizieren.

2002 Abkommen mit Äthiopien über Einrichtung einer Freihandelszone und Nutzung des Hafens.

Dschingis Khan (*eigentlich* Temüdschin, *auch* Dschingis Chan, Tschingis Khan, Cinggis Khan, † 1227) Mongolischer Krieger und Staatsgründer, der die Stämme vereinte und sein Reich von Asien bis zur Adria ausdehnte. *S. 209*

Dschurdschen (*auch* Tschurtschen) Tungusisches Steppenvolk, Gründer des nordchinesischen Jin-Reiches (*auch* Chin-Reich). Beherrschte ab 1126 ganz Nordchina. *Siehe auch* Jin-Dynastie

Dsungarei (*auch* Sinkiang, Xiankiang) Sandwüste und Salzsteppe in Nordchina. Mongolisches Herrschaftsgebiet, das 1751 von China annektiert wurde.

Dubček, Alexander (1921–92) Erster Sekretär des Politbüros der tschechoslowakischen KP (5. Januar 1968–17. April 1969). Seine liberalen Reformen (»Prager Frühling«) führten zur Invasion und Besetzung der Tschechoslowakei durch sowjetische Truppen im August 1968.

Dublin Hauptstadt der Republik Irland. Wurde 841 von Wikingern gegründet.

Dumont d'Urville, Jules Sébastien-César (1790–1842) Französischer Admiral. Betätigte sich in einer Reihe von Exkursionen in den Pazifik (1826–29) als Naturforscher. 1837–40 segelte er zur Antarktis, wo er Adélieland und Joinville Island entdeckte.

Dust Bowl Englischer Begriff, der für die Präriestaaten der USA (Oklahoma, Kansas usw.) geprägt wurde, als diese unter einer Reihe schwerer Staubstürme litten, in deren Folge es zu Bodenerosionen und lang anhaltender Trockenheit kam. (30er-Jahre des 20. Jahrhunderts).

E

Eanes, Gil Portugiesischer Entdecker des 15. Jahrhunderts, soll als Erster Kap Bojador in Afrika umsegelt haben (1434).

Echnaton (*auch* Amenhotep, Amenophis IV.) Ägyptischer Pharao der 18. Dynastie (reg. 1353–1336 v. Chr.). Ein religiöser und kultureller Reformer, der das existierende Götterpantheon durch eine monotheistische Religion, in deren Mittelpunkt die Sonnenscheibe (Aton) steht, ersetzte. Er änderte seinen Namen in Echnaton (Sohn der Sonne). Residenz war nun El-Amarna (*auch* Achet-Aton). Sein Zeitalter ist durch einen eigenen, naturalistischen Kunststil, gerade in der Darstellung von Königsfamilie und Untertanen, geprägt. Unter Tutench-amun wurden die alten Götter und der alte Kunststil wieder eingeführt.

ECUADOR Ecuador, das einst zum Kernland des Inka-Reiches gehörte, liegt an der Westküste Südamerikas. Von 1533, als der letzte Inka-Herrscher hingerichtet wurde, bis zur Unabhängigkeit 1822 war es spanische Kolonie. Die meisten Ecuadorianer leben entweder in der Tiefebene an der Küste oder im Andenhochland. Die Ethnien des Amazonasgebiets drängen mittlerweile auf Anerkennung ihrer Landrechte. Der Verfall der Landeswährung Sucre zwang die Regierung 2000 zur Einführung des US-Dollar.

CHRONOLOGIE

1528 Francisco Pizarro segelt an der Küste des heutigen Ecuador und Peru entlang.

1534 Sebastián de Benalcázar, ein Leutnant Pizarros, führt die Expedition ins Land und entdeckt Quito..

1563 Etablierung der Audiencia (Appellationsgericht) des Vizekönigreichs Peru mit Quito als Hauptstadt. Sie ist ab 1739 dem Vizekönigreich Neugranada unterstellt.

1822 Quito wird von General Sucre in der Schlacht von Pichincha befreit. Ecuador bildet zusammen mit Kolumbien, Panama und Venezuela Großkolumbien.

1830 Großkolumbien zerfällt. Ecuador wird ein unabhängiger Staat unter dem konservativen General Juan José Flores.

1941–1942 Verlust der an Bodenschätzen reichen Region El Oro an Peru.

1948–1960 Wohlstand durch Bananenanbau.

1972 Beginn der Ölproduktion.

1979 Rückkehr zur Demokratie.

1992 Indios erhalten Land im Amazonasgebiet.

1996–1997 Präsident Abdalá Bucarám Ortíz wird wegen geistiger Umnachtung seines Amtes enthoben.

1998–1999 Jamil Mahuad von der DP gewinnt die Wahlen und bildet ein neues Mehrheitsbündnis. Wirtschaftskrise.

2000 Armee stellt sich auf die Seite der protestierenden Indios. Vizepräsident Gustavo Noboa löst Mahuad ab.

2003 Januar: Der von einem Linksbündnis unterstützte Lucio Gutiérrez wird neuer Präsident Ecuadors.

Edessa 1096 gegründeter Kreuzfahrerstaat. Fiel 1144 an Sengi, den Atabeg (herrschender Fürst) von Mosul.

Edo Alter Name Tokios. Wurde vom japanischen Tokugawa-Klan 1603 zur Hauptstadt gemacht.

Eduard der Bekenner (um 1003–66) Englischer König (reg. 1042–66). Eduard ist vor allem als frommer König – 1611 wurde er heilig gesprochen – und als Erbauer der Westminster Abbey in London in Erinnerung geblieben. Seine Regierungszeit war von Fehden geprägt, die sich bei seinem Tod zu einem Thronfolgekrieg zwischen Harold II., dem Sohn des Grafen Godwin von Wessex, und William von der Normandie, dem Eroberer, entwickelte. *S. 169*

Eduard I. (1239–1307) Englischer König (reg. 1272–1307). Ältester Sohn Heinrich III. Unterstützte Simon de Montfort in der Rebellion der Barone (1264–67), schloss sich später jedoch seinem Vater an, um de Montfort in der Schlacht von Evesham (1265) zu besiegen. Er annektierte den Norden und den Westen von Wales und Schottland, wo er gegen eine mächtige schottische Opposition kämpfen musste. Obwohl er die Truppen von William Wallace in Falkirk 1298 besiegen konnte, gelang es ihm nicht, die Macht über Schottland zu behalten. Er starb in Carlisle auf dem Weg zum Kampf gegen den frisch gekrönten schottischen König Robert Bruce. Aufgrund seiner Gesetzgebung und seiner weit reichenden Verwaltungsreformen wird er gern mit dem römischen Kaiser Justinian verglichen.

Eduard III. (1312–77) Englischer König (reg. 1327–77). Sohn Eduards II. Er stürzte 1330 seine französische Mutter Isabella, die das Reich während seiner Unmündigkeit regiert hatte. In seinen ersten Regierungsjahren war er in Krieg mit Schottland verwickelt. 1337 führte sein Anspruch auf den französischen Thron zum Hundertjährigen Krieg.

Eduard, Prince of Wales (*auch* der Schwarze Prinz, 1330–76) Sohn Eduards III. Er war ein bedeutender Feldherr im Hundertjährigen Krieg, der in Crécy kämpfte und in der Schlacht von Poitiers (1356) einen großen Sieg errang. Man sagt, dass er wegen seiner schwarzen Rüstung der »schwarze Prinz« genannt wurde.

Eelam Name des von der tamilischen Minderheit in Sri Lanka angestrebten unabhängigen Staates. 1984 brach ein Bürgerkrieg aus, die Regierung Sri Lankas weigert sich, den Föderalismus zu unterstützen.

EGKS *siehe* Europäische Gemeinschaft für Kohle und Stahl

Eiffelturm Wahrzeichen von Paris, 1889 von Gustave Eiffel (1832–1923) gebaut. *S. 378*

Einsatzgruppen Sondereinheiten in den von Deutschland besetzten Gebieten Osteuropas, die von der SS kontrolliert waren. Sie wurden zur Verfolgung von Juden und Gegnern des Nationalsozialismus eingesetzt.

Eisenbahn Die erste Personenbahnlinie war die 1825 eröffnete Linie Stockton–Darlington in Nordengland.

US-Eisenbahnen *S. 377*
Transsibirische Eisenbahn *S. 381*

Eisenhower, Dwight David (1890–1969) US-General und 34. Präsident der USA (Republikaner, 1952–60). Koordinierte im Zweiten Weltkrieg die US-Truppen in Nordafrika und den D-Day, die Landung der Alliierten in der Normandie. Ab Dezember 1943 wurde er Oberbefehlshaber der Alliierten. Nach dem Krieg wurde er Oberbefehlshaber der NATO, bis er 1952 zum Präsidenten der USA gewählt wurde. Er beendete den Koreakrieg (1953) und war Mitinitiator des SEATO (Südostasiatischer Sicherheitsvertrag). Trotz innenpolitischer Kritik wurde er 1956 wiedergewählt.

Eisenhower-Doktrin (1957) Vom Kongress der USA erteilte Ermächtigung für Präsident Eisenhower, die beinhaltet, dass die USA im Nahen Osten eingreifen dürfen, wenn ein Staat der Region es wünscht und wenn amerikanische Interessen berührt werden. Steht im Zusammenhang mit der Sueskrise und dem Wunsch, einer Ausweitung des sowjetischen Einflusses in der Region entgegenzutreten.

Eisenzeit Letzte vorgeschichtliche Periode der Alten Welt, (ab etwa 1000 v. Chr.), sie bezeichnet Gesellschaften, in denen Eisen nicht nur zu Luxusgütern, sondern zu Alltagsgeräten und Waffen verarbeitet wurde. Im Allgemeinen folgt die Eisenzeit auf die Bronzezeit, aber in manchen Gebieten der Alten Welt wie in Afrika folgte die Eisenzeit direkt auf die Steinzeit, ohne die kupfer- und bronzezeitlichen Übergänge.

Eiserner Vorhang Von Winston Churchill nach dem Zweiten Weltkrieg geprägte

Bezeichnung für die politische, militärische und ideologische Barriere zwischen Ost und West.

Eiszeit Erdgeschichtliche Perioden extremer Kälte. In der letzten Eiszeit sank der Wasserspiegel der Ozeane, da das Wasser in Gletschern gebunden war. Dadurch entstanden Landbrücken, über die Menschen und Tiere sich in neue Gebiete der Erde verbreiten konnten. Die letzte Eiszeit erreichte ihren Höhepunkt vor 20000 und endete vor 10000 Jahren.

El Alamein ⚔ im Zweiten Weltkrieg (Oktober bis November 1942). Mit dem Sieg der Alliierten beginnt die Eroberung Nordafrikas durch britische und Commonwealth-Truppen.

El Cid († 1099) Spanischer Held, der für christliche und für muslimische Herrscher kämpfte. Regierte zeitweise Valencia und Murcia. *S. 178*

El Dorado Zur Zeit der Konquista in Südamerika entstandener Mythos von einer goldenen Stadt oder einem goldenen Land. *S. 283*

EL SALVADOR Das kleinste und am dichtesten bevölkerte mittelamerikanische Land weist in seiner Geschichte u.a. Einflüsse der Maya-Kultur auf. 1524 wird es von den Spaniern erobert, 1841 erlangt es seine Unabhängigkeit. Es liegt an der Pazifikküste, mitten in einem Erdbebengebiet. Zwischen 1979 und 1991 herrschte Bürgerkrieg zwischen den von den USA unterstützten rechtsgerichteten Regierungstruppen und der linksgerichteten Guerilla der FMLN. Seit dem von der UNO vermittelten Friedensabkommen konzentriert sich das Land auf den Wiederaufbau seiner Wirtschaft.

Chronologie

1522 Ein spanischer Expeditionstrupp geht im Golf von Fonseca an Land und nennt das Gebiet Cuscatlán.
1528 Diego de Alvarado gründet San Salvador.
1821 Das Gebiet, das Teil des Generalkapitanats Guatemala war, verkündet seine Unabhängigkeit von Spanien als Mitglied der Zentralamerikanischen Föderation.
1839 In Guatemala wird die Unabhängigkeitserklärung unterzeichnet.
1841 El Salvador verlässt die Zentralamerikanische Föderation.
1849 El Salvador wird als eigenständige Republik anerkannt .
1932 Armee schlägt Volksaufstand unter Farabundo Martí nieder.
1944–1979 Militärherrschaft der PCN.
1979 Reformwillige Offiziere stürzen PCN-Regierung.
1981 Linksgerichtete FMLN beginnt Bürgerkrieg.
1991 Von UNO vermitteltes Friedensabkommen. FMLN als politische Partei anerkannt.
1997 Linke gewinnt Mehrheit bei Wahlen.
2001 Verheerendes Erdbeben mit hunderten von Toten; Umstellung der Wirtschaft auf US-Dollar.

Elam Staat im Südwestiran mit mesopotamischen Einflüssen. Hauptstadt war Susa. Erlebte im 13. Jahrhundert v. Chr., nachdem er von Babylon eingenommen wurde, eine kulturelle Blüte.

Eleonore von Aquitanien (um 1122–1204) Heiratete zunächst Ludwig VII. von Frankreich und nach der Annullierung dieser Ehe Heinrich II. von England. Sie hatte großen politischen Einfluss und unterstützte ihre Söhne beim Aufstand gegen den eigenen Vater, woraufhin sie für 15 Jahre inhaftiert wurde. Vertrat später ihren Sohn Richard I. bei seinen Regierungsgeschäften, während dieser am Kreuzzug teilnahm. Sie schlug für ihren Sohn Johann 1200 einen Aufstand in Anjou nieder. *S. 190*

ELFENBEINKÜSTE Die Elfenbeinküste gehört zu den größeren Ländern Westafrikas und ist der bedeutendste Kakaoproduzent der Welt. Das bewaldete Landesinnere ist, von der Hauptstadt abgesehen, dünner bevölkert als die Küste. Seit der Unabhängigkeit 1960 bis 1993 regierte der prowestliche Präsident Houphouët-Boigny. Auf seinen Tod folgte eine turbulente Phase, die 1999 in eine Militärherrschaft mündete. 2002 kam es zu einem erneuten Putschversuch.

Chronologie

14. Jahrhundert Ankunft der Malinke-Bevölkerung.
16. Jahrhundert Europäischer Sklavenhandel entlang der Küste.
1840–1850 Französische Truppen errichten Forts an der Küste.
1893 Französische Kolonie, mit Hauptstadt in Grand Bassam.
1910 Aufstand der Abe im Süden wird brutal niedergeschlagen.
1934 Abidjan wird Hauptstadt.
1903–1935 Plantagenwirtschaft wächst.
1960 Félix Houphouët-Boigny erklärt die Unabhängigkeit.
1970 Beginn der Ölproduktion.
1990 Erste freie Wahl. Sieger: Houphouët-Boigny und seine PDCI.
1993 Houphouët-Boigny stirbt.
1998 Ouattara wird an Präsidentschaftskandidatur gehindert.
1999 Militärputsch durch General Guei.
2000 Präsidentschaftswahl, Guei wird abgesetzt, Laurent Gbagbo Präsident.
2002 Putschversuch. Oktober: Waffenstillstand zwischen Rebellen und Regierung, von französischen Truppen, dann von westafrikanischer ECOWAS überwacht.

Elisabeth I. (1533–1603) Königin von England (reg. 1558–1603). Die Tochter von Heinrich VIII. und Anna Boleyn bestieg nach dem Tod ihrer Halbschwester Maria Stuart den Thron. Sie führte die anglikanische Staatskirche wieder ein. Vom Papst wurde sie exkommuniziert. Die Katholiken unterstützten die schottische Königin Maria Stuart, die jedoch 1557 hingerichtet wurde. 1588 besiegte die englische Flotte die spanische Armada. Elisabeth I. war eine kluge und äußerst fähige Herrscherin. Unter ihrer Regierung wurden u.a. bedeutende sozialpolitische Gesetze erlassen. Ihr Zeitalter steht für innenpolitische Stabilität und eine blühende Kunst und Kultur.

Elmina (*auch* São Jorge da Mina, El Mina) 1482 erbauter, befestigter portugiesischer Handelsposten an der Westküste Afrikas. Wichtiger Umschlagplatz des transatlantischen Sklavenhandels.

Emory, Lt. William Erforschte im 19. Jahrhundert den Westen der USA.

Encyclopédie *siehe* Diderot, Denis

Endlösung Nazipolitik zur Auslöschung des europäischen Judentums. Gründet im nationalsozialistischen Antisemitismus der 1930er-Jahre, von Hitler im Juli 1941 formuliert. Öffnung des ersten Vernichtungslagers in Chelmno im Dezember 1941. Auf der Wannsee-Konferenz im Januar 1942 wurde die Durchführung der Vernichtung detailliert geplant, die erst durch die Befreiung durch die Alliierten gestoppt wurde.

England *siehe* Großbritannien

Englisch-Französische Kriege Vom Mittelalter bis zum Sieg über Napoleon 1815 gibt es zahlreiche Kriege zwischen Frankreich und England. Im 18. Jahrhundert führt die britisch-französische Rivalität auch zu Kriegen in Indien und Nordamerika. *S. 328*

Englisch-Niederländischer Krieg Eine Reihe von Seekriegen zwischen den Niederlanden und Großbritannien in der zweiten Hälfte des 17. Jahrhunderts. In den beiden ersten Kriegen (1652–53 und 1664–67) verteidigen die Niederlande ihre Seemacht, im dritten (1672–74) verteidigen sie sich gegen ein Bündnis zwischen Karl II. von England und Ludwig XIV.

Englische Ostindische Kompanie (*auch* Britische Ostindische Kompanie) Wurde 1600 von Königin Elisabeth I. zur Förderung des Handels mit Asien gegründet. Die ersten britischen Ostindien-Expeditionen wurden von den Portugiesen bekämpft. Mit der Gründung eines Handelspostens in Surat (1612) konnten sich die ersten Briten in Indien niederlassen. Die Kompanie erhielt als offizielle Vertretung des Staates Großbritannien von den Mogul-Herrschern eine Handelskonzession und erlangte bis zum Jahr 1757 die Kontrolle über Bengalen. Nach dem Sepoy-Aufstand 1857 verlor die Kompanie ihren Status als offizielle Vertretung der britischen Regierung in Indien endgültig. 1873 wurde sie aufgelöst. *S. 291*

Englischer Bürgerkrieg (*engl. auch* »the Great Rebellion«, 1640–51) Konflikt zwischen Krone und Parlament, dem der so genannte 1. Bischofskrieg vorausging (1639–40). Zum Ende des Bürgerkriegs übernahm Oliver Cromwell die Macht. Karl I. wurde hingerichtet. *S. 306*

Enigma Name für deutsches Verschlüsselungssystem im Zweiten Weltkrieg.

Enlil (*dt.* »Herr des Sturms«) Hauptgottheit des sumerischen Götterpantheons.

Entente-Mächte Bündnis der Gegner der Mittelmächte im Ersten Weltkrieg. Die so genannte Kleine Entente dagegen ist das 1920/21 gegründete Bündnis zwischen der Tschechoslowakei, Rumänien und Jugoslawien zur Wahrung ihrer Interessen. *Siehe auch* Alliierte Streitkräfte

Entkolonialisierung (*auch* Dekolonisierung) Aufhebung der Kolonialherrschaft über Eingliederung in den ehemals kolonisierenden Staat oder Unabhängigkeit des ehemals kolonisierten Gebiets. I.A. ein nach dem Zweiten Weltkrieg einsetzender Prozess. *S. 431*

Erasmus von Rotterdam (um 1469–1536) Bedeutender holländischer Philosoph und Theologe, Vertreter des christlichen Humanismus.

Eratosthenes von Kyrene (um 276–194 v. Chr.) Griechischer Geograf, Astronom und Mathematiker. U.a. errechnete er den Erdumfang und erfand ein System zur Auffindung von Primzahlen. Daneben verfasste er eine Reihe von Werken zur Geografie, Philosophie, Lexikografie und Poesie.

Erik der Rote Norwegischer Seefahrer (Wikinger) des 10. Jahrhunderts, der 983 Grönland entdeckte. Er veranlasste daraufhin einige auf Island siedelnde Wikinger mit ihm 986 auf 25 Schiffen nach Grönland zu segeln, um dort zwei Siedlungen zu gründen. Auf dem Höhepunkt ihrer Blüte lebten um die 4000 Menschen in der Wikingerkolonie.

Eriksson, Leif (»der Glückliche«, geb. um 970) Sohn des Wikingers Erik der Rote und Entdecker. Er war wahrscheinlich der erste Europäer, der Nordamerika, von ihm Vinland genannt, entdeckte.

Eriksson, Thorvald Entdeckte mit seinem Bruder Leif Nordamerika (1003).

ERITREA Das Land liegt am Roten Meer und besteht hauptsächlich aus schroffem Gebirge, Buschland und Wüste. Die frühere italienische Kolonie wurde 1962 von Äthiopien annektiert. 1993 erlangte das Land nach langem Kampf die Unabhängigkeit. Es leidet wie Äthiopien häufig unter Dürre und Hungersnot. Der Krieg mit Äthiopien (1998–2000) brachte für beide Seiten schwere Verluste. Im Dezember 2000 wurde ein umfassendes Friedensabkommen unterzeichnet.

Chronologie

1885 Nachdem das Gebiet jahrhundertelang von Arabern, Osmanen, Ägyptern und Äthiopiern umkämpft war, beginnt mit der Besetzung Massauas (Massawa) die Kolonisierung Eritreas durch Italien.

1895 Versuchte italienische Invasion in Äthiopien von Eritrea aus.

1896 Italienische Streitkräfte werden in der Schlacht von Adua besiegt.

1941 Eritrea kommt nach dem Sieg über Italien im Zweiten Weltkrieg unter britische Militärverwaltung. Politische Aktivität erlaubt.

1950 Die UN-Vollversammlung garantiert Eritrea die Selbstverwaltung innerhalb einer Föderation mit Äthiopien.

1952 Äthiopien annektiert Eritrea.

1961 Beginn des Unabhängigkeitskampfes.

1987 EPLF lehnt Autonomieangebot ab; Verschärfung der Kämpfe.

1991 EPLF nimmt Asmara ein.

1993 Offizielle Unabhängigkeit.

1998 Grenzkrieg mit Äthiopien.

2000 Unterzeichnung des von OAU und UNO vermittelten Friedensvertrags.

2001 Kritik an Einparteiensystem führt zu Einschränkung der Pressefreiheit. Innenpolitische Krise.

2002 Regierungskritische Journalisten verhaftet. Einigung mit Äthiopien über umstrittene Grenzverläufe.

Erlitou Früheste bekannte Stadt der Shang-Dynastie in China; wurde um 1900 v. Chr. gegründet.

Erste Zwischenzeit Etwa 100-jährige Periode in Ägypten ab 2134 v. Chr., Dezentralisierung der Macht von den Königen auf die Gaufürsten und Stadtherrscher.

Erster Kaiser *siehe* Qin-Dynastie

Erster Weltkrieg (1914–18) Weltweiter Konflikt, ausgelöst durch die imperialistischen Bestrebungen Deutschlands, Österreich-Ungarns und des Osmanischen Reiches (die Mittelmächte). Ihnen gegenüber standen die Alliierten unter Führung von Frankreich, Großbritannien, Russland, Italien und ab 1917 der USA. Es war der erste Krieg in einem bis dahin unbekannten Maßstab mit Massenmobilisierung, industrialisierter Kriegstechnik, Einsatz von Flugzeugen, Gas und Panzern in der Schlacht und über lange Strecken ein Zermürbungskrieg. Er veränderte Europa, läutete das Ende des europäischen Imperialismus und die Russische Revolution ein und entmachtete das Osmanische Reich. *S. 394, S. 396*

Erze *siehe* Metallurgie

Esquival, Juan de Spanischer Erforscher Nordamerikas im 16. Jahrhundert.

Estado Novo (*auch* Neuer Staat) Im November 1937 proklamierte der Präsident von Brasilien, Getúlio Vargas, den »Neuen Staat«, in dem alle politischen Parteien verboten waren. Er schrieb die diktatorische Verfassung mit Unterstützung seines Justizministers Francisco Campos.

ESTLAND Der traditionell am meisten westlich orientierte Staat des Baltikums grenzt an Lettland und Russland. Zu dem sumpfigen und flachen, teilweise bewaldeten Land gehören über 1500 Inseln. Das lange von Schweden und dann von Russland beherrschte Estland erlangte 1921 die Unabhängigkeit, wurde jedoch schon 1940 in die UdSSR eingegliedert. Seit 1991 offiziell als Mehrparteienstaat unabhängig. Anders als in Lettland und Litauen spricht man hier eine dem Finnischen verwandte Sprache.

CHRONOLOGIE

um 3000 v. Chr. Finno-ugrische Völker lassen sich in Estland nieder.

1219 Dänische Eroberer gründen die Stadt Reval (heute Tallinn). Neben den Dänen kommen auch Deutsche ins Land.

1346 Der Deutsche Orden erobert das Gebiet und bekehrt die ansässige Bevölkerung zum Christentum.

1561 Die Schweden übernehmen die Herrschaft und das Land wird protestantisch. Auch Russland unter Iwan dem Schrecklichen herrscht hier kurzzeitig (ohne Reval und die Inseln).

1721 Mit dem Frieden von Nystadt (Ende des 2. Nordischen Krieges) erhält Russland unter Peter dem Großen Estland und Livland (heute Südestland und Lettland).

1881 Im Rahmen der einsetzenden Russifizierungspolitik, die dem relativ autonomen Status folgte, wird 1900 in Tallinn eine orthodoxe Kathedrale gebaut.
Russisch wird Unterrichtssprache.

1905 Die Russische Revolution von 1905 macht sich in Estland besonders heftig bemerkbar. Die Esten fordern nationale Selbstbestimmung. 1906 wird eine sozialdemokratische Partei gegründet.

1917 Nach der russischen Februarrevolution erlaubt die russische Übergangsregierung zunächst den Aufruf zur Bildung des Estnischen Nationalrats. Nach der Oktoberrevolution versucht Estland sich von Russland zu lösen.

1918 Das von deutschen Truppen besetzte Estland erklärt sich zur unabhängigen Republik. In Estland ist zeitweise auch der Sitz der russischen Gegner der Bolschewiki. Estland bildet eine zunächst provisorische Regierung, die nach der deutschen Niederlage 1918 erneut mit sowjetischen Truppen konfrontiert ist.

1919 Den estnischen Truppen gelingt es u.a. dank der Unterstützung der Briten und finnischer Freiwilliger, sich erfolgreich gegen die Rote Armee zur Wehr zu setzen. Im Frieden von Dorpat von 1920 wird die Unabhängigkeit von Russland anerkannt.

1933 Präsident Konstantin Päts ruft angesichts erstarkender faschistischer Kräfte den nationalen Notstand aus und regiert bis 1938 per Dekret.

1940 Sowjetische Truppen besetzen Estland, Litauen und Lettland ohne Widerspruch Deutschlands entsprechend den Vereinbarungen des deutsch-sowjetischen Nichtangriffspaktes.

1939 Nach manipulierten Wahlen beantragt die neue Regierung 1940 die Aufnahme in die Sowjetunion. Große Teile der Bauern und der Intellektuellen werden 1941 deportiert.

1941 Deutschland greift die Sowjetunion an und besetzt Estland. Tausende werden ermordet oder zu Zwangsarbeit versklavt, bis die Rote Armee das Land im November zurückerobern kann.

1944 Tausende von Esten kämpfen mit Finnen gegen die sowjetischen Streitkräfte.

1949 Nach estnischen Schätzungen werden wahrscheinlich um die 95 000 Menschen in Stalins dritter Säuberungswelle inhaftiert und in Lager deportiert.

1985 Michail Sergejewitsch Gorbatschow wird Generalsekretär der KPdSU. Seine Reformpolitik wirkt sich jedoch kaum auf die von der estnischen Führung vertretene harte Linie aus.

1987 Demonstrationen begleiten den Jahrestag des Nichtangriffspaktes von 1939. Es kommt vermehrt zu Umweltprotesten.

1988 Der Oberste Sowjet Estlands erklärt die Souveränität Estlands, nach der Bildung der Estnischen Volksfront (Rahvarinne, RR) und zahlreichen Demonstrationen, die mit den estnischen Sängerfesten beginnen (»Singende Revolution«).

1990 Die Wahlen zum Obersten Sowjet ergeben eine klare Mehrheit für die Estnische Volksfront. Am 30. März erklärt der Oberste Sowjet die Unabhängigkeit der Republik Estland (am 8. Mai 1990 wird der Name des Staates offiziell geändert). Die 30% umfassende russische Bevölkerungsminderheit ist verunsichert.

1991 Nach einem versuchten Putsch kommunistischer Hardliner und einer erfolglosen Invasion erkennt Russland schließlich am 6. September die Unabhängigkeit Estlands an. Der russischen Minderheit wird danach zeitweise zum großen Teil die estnische Staatsbürgerschaft verweigert bzw. der Zugang erschwert.

1992 Erste freie Wahlen: Sieg einer Mitte-Rechts-Koalition.

1996 Präsident Lennart Meri wird wiedergewählt; zweite Amtszeit.

1997 EU stimmt Beitrittsverhandlungen zu, jedoch nur nach Aufhebung der Diskriminierung der russischen Minderheit.

1999 Wahlen führen zu neuer Mitte-Rechts-Regierung.

2001 Arnold Ruutel wird Präsident. Mitte-Links-Regierung unter dem Konservativen Mart Laar.

2002 Konservative verlassen Koalition, Mart Laar tritt zurück. Ihm folgt Siim Kallas von der Reformpartei (Res Publica).

2003 Wahl vom 2. März: Mehrheit der Stimmen geht an Mitte-Rechts-Parteien. Gewinner ist Edgar Savisvaar von der Reformpartei.

Etrusker (*etr.* Rasna) Prärömisches Volk, das in Mittel- und Westitalien zwischen dem 7. und 4. Jahrhundert v. Chr. Stadtstaaten gründete, die teilweise von Königen beherrscht wurden. Der letzte etruskische König Tarquinius II. wurde 509 v. Chr. besiegt. Bis 283 v. Chr. wurden sie endgültig Rom unterworfen. Ihr kultureller Einfluss wirkte jedoch im Römischen Reich weiter. Sie waren geschickte Techniker (Hafenbauten) und Stadtplaner (Rom), hervorragende Künstler und Kunsthandwerker und trieben Handel mit Griechenland. *S. 44*

EU *siehe* Europäische Union

EU-Vertrag *siehe* Vertrag von Maastricht

Eudoxos von Kyzike (geb. um 135 v. Chr.) Griechischer Entdecker und Kaufmann, der zweimal im Auftrag des ptolemaeischen Herrschers von Ägypten eine Kauffahrt nach Indien durchführte.

Eugénie (1826–1920) In Spanien geborene Königin von Frankreich, Gemahlin Napoleons III.

Eurasien Geopolitische, zusammenfassende Bezeichnung für Europa und Asien.

EURATOM *siehe* Europäische Atomgemeinschaft

Euripides (484–406 v. Chr.) Griechischer Tragiker aus Athen, der 92 Dramen geschrieben haben soll.

Europäische Atomgemeinschaft (EURATOM) Mit dem Vertrag von Rom, der zusammen mit der EG im Januar 1958 in Kraft trat, erfolgter Zusammenschluss der EG-Mitgliedsländer zur Förderung der friedlichen Nutzung von Atomenergie in Europa.

Europäische Gemeinschaft für Kohle und Stahl (EGKS, *auch* Montanunion) Auf der Grundlage des Vertrags von 1951 erfolgter Zusammenschluss von Deutschland, Italien, Luxemburg und den Niederlanden zur Schaffung eines gemeinsamen Marktes für Kohle und Stahl. Heute von der EU für alle EU-Länder wahrgenommen.

Europäische Union (EU) Nachfolgerin der 1957 gegründeten EWG, die 1967 in der EG aufging. Die EU ist der 1993 erfolgte Zusammenschluss europäischer Länder zur Förderung der wirtschaftlichen Integration und der politischen Zusammenarbeit der bis heute 15 Mitgliedsstaaten. Im Mai 2004 kommen zehn neue Mitgliedsländer dazu: Polen, Ungarn, Tschechien, die Slowakei, Slowenien, Malta, Zypern, Estland, Lettland und Litauen.

Europäische Wirtschaftsgemeinschaft (EWG) *siehe* Europäische Union

Europäisches Wiederaufbauprogramm *siehe* Marshall-Plan

Eutaw Springs ⚔ im amerikanischen Unabhängigkeitskrieg (8. September 1781). Britischer Sieg.

Everest, Sir George (1790–1866). Ingenieuroffizier der Britischen Ostindischen Kompanie. War ab 1823 für die Vermessung des gesamten indischen Subkontinents zuständig. Der Mount Everest wurde nach ihm benannt.

EWG Europäische Wirtschaftsgemeinschaft, gegründet 1957. *Siehe auch* Europäische Union

Eylau ⚔ in den napoleonischen Kriegen – Krieg der dritten Koalition (1807). Französischer Sieg.

Eyre, Edward (1815–1901) Erforscher Australiens britischer Herkunft. Suchte in erster Linie nach neuem Weideland. Seine größte Reise war die Durchquerung der Nullarborebene in Südaustralien 1840–41. Die Expeditionsteilnehmer überlebten dank der Unterstützung der Aborigines.

Ezana König des ostafrikanischen Reiches Aksum (um 350).

F

FÄRÖER Ab 1948 interne Selbstverwaltung. 1953 erklärt die dänische Verfassung die Inseln zu einem wesentlichen Bestandteil der dänischen Monarchie.

CHRONOLOGIE

8. Jahrhundert Irische Mönche besiedeln erstmals die Färöer; danach die Norweger und Wikinger um 800.

1035 Formal werden die Färöer norwegischer Besitz.

1274 Das original färöische Althing, mit Ursprung im 9. Jahrhundert, in dem alle Freisassen Mitspracherecht haben, wird zum Lagting mit gerichtlicher Befugnis und Kontakt zum König und dessen Beamten, einschließlich des Futin, dem königlichen Oberbevollmächtigten.

1380 Zusammen mit Norwegen fallen die Färöer an Dänemark. 1397 in der Kalmarer Union besiegelt.

1814 Als Norwegen durch den Vertrag von Kiel an die schwedische Krone fällt, bleiben die Färöer dänisch. Zwei Jahre später wird das Lagting abgeschafft. Färöer werden dänischer Verwaltungsbezirk.

1852 Das Regionalparlament, das Lagting, wird – nur mit beratender Funktion – wiedererrichtet.

1940–1945 Während Dänemark im Zweiten Weltkrieg von Hitler-Deutschland besetzt wird, werden die Färöer von britischen Truppen besetzt.

1946 Ein Referendum führt beinahe zur Unabhängigkeit von Dänemark, aber der Streit darüber, ob das Referendum bindend oder nur beratend ist, führt zu allgemeinen Wahlen, aus denen die Parteien mit Selbstverwaltungspräferenz siegreich hervorgehen. Das Selbstverwaltungsgesetz von 1948 garantiert den Färöern innere Selbstverwaltung, aber Außen- und Verteidigungspolitik bleiben in dänischer Hand.

1968 Die Färöer schließen sich acht Jahre nach Dänemark der Europäischen Freihandelsassoziation (EFTA) an, aber wegen der negativen Auswirkungen auf die eigene Wirtschaft kündigen sie 1972 die Mitgliedschaft.

1972 Die Färinger stimmen gegen den EU-Beitritt mit Dänemark (der formal am 1. Januar 1973 erfolgt). Den Inseln wird ein spezieller Status zugestanden, der ihnen EFTA-ähnliche Handelsabkommen mit den Staaten der EU ermöglicht. Die Politik der Europäischen Union einschließlich der Fischereiabkommen betrifft die Färöer nicht.

1983 Das Lagting erklärt die Inseln einstimmig zur atomwaffenfreien Zone.

1988 Die Sozialdemokratische Partei verliert ihre relative Mehrheit an die Volkspartei in einer allgemeinen Wahl.

1989 Mitte-Rechts-Koalition aus Volkspartei und drei anderen Parteien unter Jogvan Sundstein.

1990 Zusammenbruch der Regierung aufgrund von Uneinigkeit in Wirtschaftsfragen zieht vorgezogene Wahlen nach sich. Sozialdemokraten als stärkste Partei bilden eine Mitte-Links-Koalition unter Atli Dam.

1993 Marita Petersen löst den gesundheitlich angeschlagenen Dam als Premierministerin ab. Die Koalition bricht und wird durch eine Koalition aus Sozialdemokratischer, Republikanischer und Selbstverwaltungs-Partei ersetzt; Petersen bleibt Premierministerin.

1994 Die Sozialdemokraten verlieren die Wahl. Edmund Joensen, Vorsitzender der Unionspartei, bildet eine neue Koalition auf breiter Basis aus Unionistenpartei, Sozialdemokraten, Selbstverwaltungs- und der neu gegründeten Arbeiterpartei der Gewerkschaftler.

Fahrrad Drais erfindet 1817 Draisine, Vorläufer des Fahrrads. Wird zum Veloziped (Fahrrad) weiterentwickelt. *S. 376*

Faisal I. *siehe* Feisal I.

FALKLANDINSELN (*auch* Malvinen) Inselgruppe im Südatlantik, bestehend aus zwei Hauptinseln und mehreren hundert Inselchen. Die öde felsige Landschaft ist ideal für die Schafhaltung. Seit 1833 britische Kolonie. 1982 argentinische Invasion und anschließende Rückeroberung durch Großbritannien innerhalb von sechs Wochen.

CHRONOLOGIE

1592 Englische Seeleute der *Desire* landen. John Strong, Kapitän der *Welfare*, macht 1690 den ersten dokumentierten Landgang und benennt die Inseln nach dem Marineschatzmeister Viscount Falkland.

1764 Französische Siedler landen und nennen die Inseln Les Malouines, treten ihre Rechte 1766 an Spanien ab.

1765–1766 Britische Ansiedlung, 1771 von Spanien anerkannt, 1774 aber aus wirtschaftlichen Gründen zurückgezogen. Eine spanische Garnison wird 1811 abgezogen und lässt die Insel unbewohnt zurück.

1820 Regierung in Buenos Aires entsendet ein Schiff zur Erklärung der Oberhoheit über die Inseln, die inzwischen ein Standort für die britische und US-amerikanische Wal- und Robbenfangindustrie sind. 1829 beruft die Vereinte Provinz von La Plata einen Gouverneur.

1833 Britische Souveränität, nachdem britische und amerikanische Kriegsschiffe Argentinier zwischen 1831 und 1832 vertrieben hatten.

1955 Nachdem argentinische Marine sich in Britisch-Antarktis niederlässt, überträgt Großbritannien den Streit über die Falkland Islands Dependencies – Südgeorgien und Süd-Sandwich-Inseln (1927 und 1948 von Argentinien beansprucht) – dem Internationalen Gerichtshof.

1962 Britisch-Antarktis-Territorium wird gegründet, hauptsächlich Südshetland und die Süd-Orkney-Inseln umfassend.

1966 Eine Gruppe argentinischer Nationalisten startet eine symbolische Invasion. Verhandlungen zwischen Großbritannien und Argentinien setzen ein.

1976 Eine Gruppe von argentinischen Wissenschaftlern besetzt Süd-Thule, eine der Süd-Sandwich-Inseln.

1982 19. März: Argentinische Seeleute landen auf Südgeorgien und hissen die Flagge.
2. April: Argentinische Streitkräfte besetzen die Falklandinseln und setzen einen argentinischen Gouverneur ein. Großbritannien entsendet eine große Eingreiftruppe, die Ende April ankommt.
14. Juni: Die argentinischen Truppen kapitulieren nach sechs Wochen. 1000 Menschen werden im Krieg getötet.

1989 11. Oktober: In der Wahl zum Gesetzgebenden Rat werden alle acht Sitze von unabhängigen Kandidaten gewonnen, die Verbindungen mit Argentinien ablehnen.

1990 Großbritannien und Argentinien nehmen wieder diplomatische Beziehungen auf.

1995 Übereinkunft über die Teilung der Öl- und Gasgewinne in Küstengewässern.

Falklandkrieg (1982) Konflikt zwischen Argentinien und Großbritannien über umstrittene Souveränität der Inseln im Südatlantik.

Fallam, Robert Entdeckungsreisender im östlichen Nordamerika, begleitete 1671 Thomas Batts auf der Suche nach der mythischen Südsee.

Fallen Timbers ⚔ (20. August 1794). Weiße siegen über nordwestindianische Konföderation, die die Ausbreitung der weißen Siedlungsgebiete, vor allem in Ohio, eingedämmt hatte.

Faschoda ⚔ (1898). Britisch-französischer Konflikt in Nordafrika.

Fasiladas († 1667) Äthiopischer Kaiser (reg. 1632–1667). Löste Verbindungen zu Europa und leitete damit eine zwei Jahrhunderte andauernde Isolationspolitik ein.

Fatimiden (909–1171) Islamische Dynastie, gegründet in Tunesien, auf Fatima, die Tochter Mohammeds, zurückgeführt. 969 ließ der 4. fatimidische Kalif, Muiss, Ägypten erobern und errichtete seine Hauptstadt in Kairo, von wo aus die Fatimiden bis ins 12. Jahrhundert herrschten. *S. 151*

Faxian (*auch* Fa hsien, ab etwa 400) Chinesisch-buddhistischer Mönch und Reisender. Erste dokumentierte Reise über Land von China nach Indien zwischen 399 und 414. Zweck seiner Reisen war das Sammeln religiöser Texte, aber seine Erfahrungen bereicherten vor allem die chinesische Geografie.

FBI (Federal Bureau of Investigation) US-amerikanisches Bundeskriminalamt, 1908 gegründet; Aufgaben: innere Sicherheit, Spionageabwehr und Unterstützung des Bundesgerichts.

Federmann, Nikolaus († 1542) Deutscher Entdeckungsreisender in Südamerika. Repräsentant der Welser, die Karl V. mit Land im heutigen Venezuela belehnt hatte. 1530 und 1537 leitete er Expeditionen ins Innere des Landes. Außerdem überwand er die Westkordillere der Anden, um 1539 Bogotá zu erreichen. Er wurde nach Spanien zurückbeordert und wegen Veruntreuung königlicher Gelder angeklagt.

Feisal I. (*auch* Faisal, 1885–1933) Kämpfte im Ersten Weltkrieg mit arabischen Truppen gegen die Türkei (1916–18). König des Irak (1921–33). 1930 handelte er mit den britischen Mandataren einen Vertrag aus, der dem Irak die Unabhängigkeit brachte.

Felskunst Gilt als die älteste bekannte Kunstform, älteste Beispiele aus der Zeit um 30 000 v. Chr. Die meist Jagdszenen darstellenden Bilder wurden in Höhlen entdeckt, in Afrika meist in Abris und auf ausgesetzten Felswänden, wurden entweder auf die Felsoberfläche gemalt oder graviert und nicht nur zu rein dekorativen Zwecken: Manche liegen in schwer erreichbaren Nischen, so dass sie wohl Teil ritueller Handlungen waren. Die meisten Felsbilder findet man in der Sahara.

Ferdinand II. (1578–1637) Kaiser des Heiligen Römischen Reiches (reg. 1619–37). Absetzung als König von Böhmen durch böhmischen Aufstand. Nach seinem Sieg bei der ⚔ am Weißen Berge (1620) verfolgte er erneut seine Rekatholisierungsbestrebungen in Böhmen.

Ferdinand II., der Katholische (1452–1516) Erster Monarch des vereinigten Spanien, als Ferdinand V. von Kastilien (seit 1474), Ferdinand II. von Aragonien und Sizilien (seit 1479) und Ferdinand III. von Neapel (seit 1503). Seine Heirat mit Isabella von Kastilien (1451–1504) 1469 führte zur Vereinigung von Aragonien und Kastilien. Er unterwarf die Mauren in Granada (1492), vertrieb die Juden aus Spanien und finanzierte Kolumbus' Reise in die Neue Welt.

Ferdinand III. von Neapel *siehe* Ferdinand II., der Katholische

Ferdinand V. von Kastilien *siehe* Ferdinand II., der Katholische

Ferganabecken Region in Mittelasien, berühmt für die »himmlischen« Pferde.

Fessan (*auch* Fezzan) *siehe* Garamanten

Festung Europa Begriff für das während des Zweiten Weltkriegs von den Nazis besetzte Europa, nach dem Kriegseintritt der Sowjetunion.

FIDSCHI Vulkanischer Archipel im südlichen Pazifik, bestehend aus zwei Hauptinseln und fast 900 kleinen Inseln. Die von den Briten initiierte Zuwanderung indischer Arbeiter (1879–1916) führte zwischen 1946 und 1997 zu einem Bevölkerungsungleichgewicht zwischen indischen und melanesischen Fidschianern. Mehrere von Melanesiern inszenierte Staatsstreiche zwischen 1987 und 2000 lösten Massenexodus von Indischstämmigen aus, zum Nachteil der Wirtschaft.

CHRONOLOGIE

1290 v. Chr. Artefakte aus der Zeit zeugen von einer dauerhaften Besiedlung der Fidschi-Inseln.

50 v. Chr. Einwanderer aus Melanesien lassen sich nieder (bis 1100 n.Chr.).

1643 Abel Tasman, der niederländische Seefahrer, sichtet die Fidschi-Inseln.

1800 Ansiedlung der ersten Europäer: eine Hand voll Seeleute, entflohene Sträflinge von Australien, Sandelholzhändler und, ab den 1830er Jahren, Missionare.

1874 Fidschi wird britische Kolonie.

1875 Ein Drittel der Fidschianer stirbt an einer Masernepidemie.

1879 Erste indische Arbeiter verdingen sich auf den Kopra- und Zuckerrohrplantagen.

1937 Gesetzgebender Rat wird z.T. gewählt, z.T. nominiert.

1970 Unabhängigkeit von Großbritannien.

1987 Putsche durch Sitiveni Rabukas: Einheimische Minderheit regiert. Ausschluss aus Commonwealth.

1989 Massenexodus von Indo-Fidschianern.

1990 Eingeführte Verfassung diskriminiert Indo-Fidschianer.

1992 Rabuka gewinnt Wahlen.

1997 Mehr indigene als Indo-Fidschianer. Wiedereintritt in Commonwealth. Neue Verfassung.

1999 Indisch dominierte FLP gewinnt Wahlen. Erster indo-fidschianischer Premier.

2000 Von Zivilisten geführter Staatsstreich. Neue Regierung indigener Fidschianer.

2001 Wahlsieg der Nationalisten.

Finley, John Handlungsreisender im östlichen Nordamerika, der die Bedeutung von Cumberland Gap 1752 erkannte.

FINNLAND Im Nordwesten an Schweden, im Norden an Norwegen und im Osten an Russland angrenzend, an der Ostsee gelegen. Waldreiches, flaches Land mit ca. 187888 Seen. Die Politik basiert auf Konsens und blieb stabil trotz kurzlebiger Koalitionen. Russland annektierte Finnland 1809 und beherrschte es bis 1917. Danach Unabhängigkeit, enge Beziehungen zur UdSSR. Beitritt zur Europäischen Union 1995. Trotz Skepsis der Bevölkerung gegenüber der Bürokratie in Brüssel 1999 Entscheidung für Einführung des Euro, ab 1. Januar 2002 offizielle Landeswährung.

CHRONOLOGIE

1323 Vertrag von Pähkinäsaari: Finnland ist Teil des schwedischen Königreichs.

1581 Großherzogtum unter der schwedischen Krone.

1700–1721 Im großen Nordischen Krieg unterliegt Schweden Russland und muss Livland, Estland, Ingermanland und Karelien an Russland abtreten.

1809 Vertrag von Fredrikshamn, Schweden tritt Finnland an Russland ab. Finnland wird ein fast autonomes Großherzogtum.

1812 Helsinki wird Hauptstadt.

1863 Finnisch wird neben Schwedisch Amtssprache.

1865 Das Großherzogtum erhält sein eigenes Währungssystem.

1879 Wehrpflichtgesetz bildet Grundlage für finnische Armee.

1899 Unter Zar Nikolaus II. wird Finnlands Autonomie aufgehoben. Gründung der Arbeiterpartei.

1900 Allmähliche Einführung des Russischen als Amtssprache.

1901 Finnische Armee wird aufgelöst und russischen Einheiten zugeordnet. »Ungehorsamkeitskampagne«: Finnen verweigern Armeedienst.

1903 Aus Arbeiterpartei entsteht SDP.

1905 Durch nationalen Streik Wiederherstellung des Zustands von 1899.

1906 Parlamentsreform. Einführung des allgemeinen Wahlrechts.

1910 Russische Duma wird für wichtige Gesetze verantwortlich.

1917 Russische Revolution. Finnland erklärt seine Unabhängigkeit.

1918 Bürgerkrieg regierungstreuer »Weißer« gegen revolutionäre »Rote«. General Mannerheim führt die »Weißen« zum Sieg und wird Reichsverweser.

1919 Finnland wird Republik. Kaarlo Ståhlberg wird einflussreicher Präsident.

1920 Sowjetrussland erkennt Finnlands Grenze an.

1921 Londoner Konvention. Ålandinseln kommen zu Finnland.

1939 August: Nichtangriffspakt mit NS-Deutschland gibt UdSSR freie Hand in Finnland. November: sowjetische Invasion; starker finnischer Widerstand im folgenden Kriegswinter.

1940 Moskauer Vertrag. Finnland tritt ein Zehntel seines Territoriums ab.

1941 Finnen unterstützen Deutschland bei der Invasion der UdSSR.

1944 Invasion der Roten Armee. Präsident Risto Ryti tritt zurück. September: Marschall Mannerheim unterzeichnet für Finnland Waffenstillstandsvertrag.

1946 Präsident Mannerheim tritt zurück, Nachfolger wird Juho Paasikivi.

1948 Freundschaftsvertrag mit der UdSSR. Der vereinbarte Beistandspakt mit Moskau löst finnische Regierungskrise aus.

1952 Reparationszahlungen von 570 Millionen US-$ abgeschlossen.

1956 Urho Kekkonen, Führer der Agrarunion, wird Präsident.

1956–1991 Eine Reihe von Koalitionsregierungen unter Beteiligung von SDP und Agrarunion (ab 1965 KESK) an der Macht.

1981 Kekkonen tritt zurück.

1982 Mauno Koivisto wird Präsident.

1989 UdSSR erkannt erstmals finnische Neutralität an.

1991 Regierung ohne SDP gewählt. Sparmaßnahmen.

1992 Zehn-Jahres-Abkommen mit Russland, erstmals seit dem Zweiten Weltkrieg ohne Militärabkommen.

1994 SDP-Kandidat Martti Ahtisaari zum Präsidenten gewählt.

1995 EU-Beitritt. Neue, wieder SDP-geführte Koalition unter Ministerpräsident Paavo Lipponen.
1999 Wiederwahl von Lipponens Koalition.
2000 Die Sozialdemokratin Tarja Halonen wird Präsidentin.
2002 Einführung des Euro-Bargelds.

First Fleet (*dt.* »erste Flotte«) Elf Sträflingsschiffe unter dem Befehl von Kapitän Arthur Phillip, die 1788 in der Botany Bay landeten, um die erste britische Kolonie in Australien zu gründen. Phillip wurde der erste Gouverneur von Neusüdwales. *S. 335*

Fitch, Ralph (Um 1550–1611) Kaufmann, einer der ersten Engländer, die Indien und Südostasien bereisten.

Flatiron Building Hochhaus in Bügeleisenform, New Yorker Wahrzeichen, errichtet 1901. *S. 390*

Fleurus ⚔ der französischen Revolutionskriege gegen die Erste Koalition (1794). Französischer Sieg.

Flinders, Matthew (1774–1814) Englischer Marineoffizier. 1798–99 umsegelte er mit George Bass Tasmanien, um zu beweisen, dass es eine Insel ist. Dann wurde er zum Fregattenkapitän des britischen Forschungsschiffes berufen, das eine gründliche Vermessung der ganzen australischen Küstenlinie unternahm.

Florida Von Spanien durch Ponce de León 1513 in Besitz genommen. *S. 285*

Flüchtlinge
21. Jahrhundert *S. 454*

Flying Fortress (*dt.* »Fliegende Festung«) Spitzname des schweren US-amerikanischen Bombers B-17 für Tages-Luftangriffe auf Nazi-Deutschland im Zweiten Weltkrieg.

Ford, Gerald Rudolph (geb. 1913) 38. Präsident der Vereinigten Staaten (Republikaner, 1974–76) nach Richard Nixons Rücktritt. Bei den darauf folgenden Wahlen wurde er abgewählt.

Ford, Henry (1863–1947) US-amerikanischer Ingenieur und Autohersteller. Gründete 1913 die Ford Motor Company, wo er der Fließbandmethode für die Massenherstellung billiger Serienwagen den Weg bahnte.

Formosa *siehe* Taiwan

Forrest, Alexander Australischer Entdeckungsreisender, Bruder John Forrests.

Forrest, John (1847–1918) Australischer Forschungsreisender und Politiker. Auf erster Expedition 1869 Suche nach Überresten der verschollenen Expeditionsgruppe Ludwig Leichhardts. Mehrere Reisen ins Innere Westaustraliens. 1883 wurde John Forrest Generalaufseher der Kolonie und später höchster Regierungsbeamter von Westaustralien.

Forschung und Entdeckung
Seefahrer (500–1000) *S. 113*
Europäische Entdeckung Nordamerikas *S. 251*
Europäische Entdeckungsreisen *S. 271*
Erforschung Südamerikas *S. 281*
Erforschung Nordamerikas *S. 330*
Erforschung Australiens *S. 367*
Europäische Erforschung Afrikas *S. 376*
Erforschung der Arktis *S. 391*
Erforschung der Antarktis *S. 391*

Fort Donelson ⚔ Sieg der Unionsstaaten im Sezessionskrieg (Februar 1862).

Fort Henry ⚔ Sieg der Unionsstaaten im Sezessionskrieg (Februar 1862).

Fort Jesus Von Portugiesen 1593 in Mombasa an der Ostküste Afrikas gegründet. 1698 von omanischen Arabern erobert. *S. 290*

Fort St. George Befestigter Handelsposten in Südostindien, 1693 von der English East India Company gegründet. Daraus wurde die moderne Stadt Madras (Chennai). *S. 305*

Fort Sumter Mit dem Angriff auf das Fort begann 1861 der Sezessionskrieg.

Fotografie Erfunden von Daguerre und Niepce, frühes 19. Jahrhundert. *S. 359*

Fouta-Djalon Bergland in Westafrika. 1725 Errichtung eines theokratischen Fulbe-Staates.

Fränkisches Reich Im Gebiet des heutigen Frankreich und im Westen Deutschlands. Die Franken, ein germanischer Stammesverband, dominierten die Region nach dem Zusammenbruch des Weströmischen Reiches um 493. Unter Chlodwig I. (reg. 481–511) und dessen Nachfolgern wurde das Fränkische Reich zum bedeutendsten Reich des frühen Mittelalters. Unter Karl dem Großen erreichte es seine größte Ausdehnung. Es beherrschte im Laufe von 300 Jahren große Teile Westeuropas.
Siehe auch Karl der Große

Franco Bahamonde, Francisco (1892–1975) Spanischer General und Diktator. Führte im Spanischen Bürgerkrieg (1936–39) die Falange an und stürzte die republikanisch-sozialistische Regierung. Diktatorisches Regime. 1947 Zugeständnis an die Monarchisten: Wiedererrichtung der spanischen Monarchie, was nach Francos Tod 1975 mit der Krönung Juan Carlos' verwirklicht wurde.

Franklin ⚔ im amerikanischen Sezessionskrieg (30. November 1864).

Franklin, Sir John (1786–1847) Britischer Seeoffizier und Polarforscher. 1818 erste Nordpolexpedition. Später, 1819–22 und 1825–27, führte er zwei Landexpeditionen zur Erforschung der Nordküste Nordamerikas. 1845 leitete er eine Schiffsexpedition auf der Suche nach der Nordwestpassage. Alle 129 Teilnehmer kamen dabei ums Leben. Mehrere Reisen suchten später nach den Überresten.

FRANKREICH Zwischen Ärmelkanal und Mittelmeer, Atlantik und Alpen gelegen. War erste moderne Republik Europas, zweitgrößtes Kolonialreich nach Großbritannien. Heute ist es eine der führenden Industrienationen und das viertgrößte Exportland der Welt. Den stärksten Wirtschaftsbereich bildet die Industrie, aber die Landwirtschaft hat immer noch großen Einfluss – die französischen Bauern gehen für ihre Interessen auch auf die Barrikaden. Frankreich ist sehr europäisch orientiert. Es gehörte mit Deutschland zu den Gründungsmitgliedern der Europäischen Wirtschaftsgemeinschaft (EWG) und trug viel zu den engeren Bindungen in der Europäischen Union bei. Die Metropole Paris gilt als eine der schönsten Städte der Welt. Sie zieht bis heute viele Künstler, Schriftsteller und Filmregisseure in ihren Bann.
Karl der Große *S. 137*
Kathedralen Frankreichs *S. 191*
Hugenottenkriege (Französische Religionskriege) *S. 287*
Goldenes Zeitalter des französischen Dramas *S. 309*
Ludwig XIV. *S. 310*
Französische Revolution *S. 337*
Napoleon. *S. 344*

CHRONOLOGIE
57–52 v. Chr. Die Römer unter Julius Caesar unterwerfen Gallien, ein Gebiet, das dem heutigen Frankreich fast entspricht.

▶

◄

486 n.Chr. Die letzten Römer werden durch den Merowingerkönig Chlodwig I. (466–511) aus Gallien (»Francia«) vertrieben. Das Königsgeschlecht der Merowinger regiert bis 751, als es von den Karolingern abgelöst wird. Chlodwig begründet das Frankenreich.

800 König Karl der Große (reg. 768–814) wird von Papst Leo III. zum römischen Kaiser gekrönt. Unter ihm erreicht das Fränkische Reich durch eine Reihe von Eroberungen seine größte Ausdehnung.

843 Vertrag von Verdun: Teilung des Reiches in drei Teile, fast 50 Jahre später endgültige Aufteilung in Westfränkisches Reich (Frankreich), Ostfränkisches Reich, Burgund und Italien.

987 Dynastie der Kapetinger (987–1328) folgt Karolingern auf dem Thron: Hugo Capet (reg. 987–996). Im späten 12. Jahrhundert erreichen die Kapetinger ihre größte territoriale Macht.

1309 Der Sitz des Papsttums wird nach Avignon verlegt. Während der großen Kirchenspaltung (Schisma) ab 1378 gibt es zwei rivalisierende Päpste, bis sich das Papsttum in Rom 1417 durchsetzt.

1337 Hundertjähriger Krieg zwischen Frankreich und England beginnt. Englische Könige erheben Anspruch auf Frankreichs Krone. 1415 erobert England den Großteil von Frankreich, Jeanne d'Arc bringt 1429 die Wende und England verliert 1450 die Normandie, die Gascogne, 1453 Aquitanien, erst 1558 aber Calais.

1562 In den Hugenottenkriegen kämpfen protestantische Hugenotten, unterstützt von England, gegen die von den Herzögen von Guise geführten Katholiken um die Vorherrschaft.

1572 werden 4000 Hugenotten in der »Bartholomäusnacht« getötet.

1594 Krönung Heinrichs IV. von Navarra, der aus politischen Gründen (»Paris ist eine Messe wert«) 1593 zum Katholizismus konvertiert war. Im Edikt von Nantes gestand er den Hugenotten Religionsfreiheit zu.

1610 Ermordung von Heinrichs Nachfolger Ludwig XIII. Dessen leitender Minister Kardinal Richelieu setzt den Absolutismus in Frankreich durch. Im Dreißigjährigen Krieg stellt er sich auf die schwedische Seite.

1643 Ludwig XIV. (1638–1715), der »Sonnenkönig«, besteigt minderjährig mit Kardinal Mazarin als leitendem Minister den Thron. Während seiner langen Regentschaft erreicht der Absolutismus seinen Höhepunkt. Aufhebung des Edikts von Nantes 1685 und Verfolgung der Hugenotten. Er vergrößert Frankreichs Hegemonie über weite Teile Westeuropas. Die vielen Kriege, aber auch der Zusammenschluss anderer europäischer Staaten gegen ihn untergraben seine Macht allmählich (ab 1700).

1715 Tod Ludwigs XIV. Sein Nachfolger und Urenkel, Ludwig XV. (reg. 1715–74), steckt außenpolitisch viele Rückschläge ein. Seine Verschwendungssucht führt zu einer starken Opposition im eigenen Land, der er wenig entgegensetzen kann.

1740 Auf den Tod des letzten Habsburgers Karl VI. folgt der österreichische Erbfolgekrieg. Frankreich und Preußen unterstützen erfolglos den Anspruch des Kurfürsten von Bayern auf den habsburgischen Thron gegen Maria Theresia, Tochter Karls VI., die von England unterstützt wird.

1756–1763 Gleichzeitig mit dem Siebenjährigen Krieg Österreichs und seiner Verbündeter gegen Preußen tobt der See- und Kolonialkrieg zwischen Frankreich und Großbritannien. Frankreich muss amerikanische Besitzungen in Kanada, Westindien und östlich des Mississippi abtreten. Im Land nimmt die Kritik an den Missständen der absoluten Monarchie (z.B. durch Montesquieu und Voltaire) zu. Privilegien des Adels und des Klerus provozieren eine zunehmende soziale Unzufriedenheit im Volk. Teilnahme Frankreichs am amerikanischen Unabhängigkeitskrieg (1776–83) ruiniert die Staatskasse und verstärkt den Widerstand gegen das Ancien Régime.

1789 Zum ersten Mal seit 1614 beruft Ludwig XVI. (reg. 1774–92) die beratenden Generalstände in dem Versuch ein, Finanz- und Verwaltungsreformen durchzusetzen, die bisher u.a. vom Adel verhindert wurden. Adel und Klerus (Erster und Zweiter Stand) verlieren die Kontrolle. Der Dritte Stand (Bürgertum) erklärt sich im Juni zur Nationalversammlung und fordert eine Reform der Monarchie. Am 14. Juli kommt es zum Sturm auf die Bastille und am 26. August verkündet die Nationalversammlung eine Erklärung der Menschenrechte (Liberté, Égalité, Fraternité). Aufgrund des fortwährenden Zögerns vonseiten Ludwigs XVI. marschieren Pariser Frauen im Oktober nach Versailles und fordern Brot gegen den Hunger.

1790 Im Juni flieht die Königsfamilie verkleidet, wird aber gefangen genommen. Die Verfassung vom September 1791 macht Frankreich zur konstitutionellen Monarchie.

1792 Königstreue Emigranten gewinnen Unterstützung im Ausland, im April beginnen die Revolutionskriege. Sturm der Volksmassen auf die Tuilerien, von der revolutionären Pariser Kommune organisiert. Danton duldet als Justizminister die Septembermorde, denen über 1000 Pariser Gefängnisinsassen zum Opfer fallen. Der Nationalkonvent ersetzt die Nationalversammlung und schafft die Monarchie am 21. September ab, Frankreich wird Republik.

1793 Ludwig XVI. wird im Januar wegen Landesverrats verurteilt und hingerichtet. Die radikalen Jakobiner unter Maximilien de Robespierre (1758–94) entreißen den gemäßigten Girondisten die Macht. Die Schreckensherrschaft beginnt.

1794 Sturz Robespierres am 27. Juli, Hinrichtung, Ende der Schreckensherrschaft. Eine neue Verfassung setzt im August 1795 das Direktorium (5 Mitglieder) als Regierung ein.

1799 Napoleon Bonaparte (1769–1821), General der Revolutionskriege (1792–1802), stürzt das unfähige Direktorium und erringt die Alleinherrschaft.

1804 Napoleon krönt sich selbst zum Kaiser von Frankreich. Reformen, u.a. »Code Napoléon«. Er schlägt die Österreicher und Russen 1805 bei Austerlitz, die Preußen 1806 bei Jena.

1812 Untergang der Napoleonischen Armee im russischen Winter. Die verbündeten Kriegsgegner nehmen Ende März 1814 Paris ein. Napoleon muss am 3. April abdanken, der Bourbone Ludwig XVIII., jüngerer Bruder Ludwigs XVI., wird König.

1815 Napoleon kehrt von seinem Exil auf Elba zurück. Diese Machtergreifung endet nach 100 Tagen in seiner Niederlage gegen die verbündeten Mächte in der Schlacht bei Waterloo.

1830 Während der Julirevolution dankt Karl X., Bruder Ludwigs XVIII. und seit 1824 König, ab. Louis Philippe wird von den großbürgerlich ausgerichteten Kammern als »Bürgerkönig« eingesetzt.

1848 In Paris bricht die Februarrevolution aus, u.a. hervorgerufen durch Missernten und wirtschaftliche Depression. Louis Philippe wird gestürzt und die Zweite Republik wird ausgerufen.

1852 Charles Louis Napoleon (1808–73), Neffe Napoleon Bonapartes, der 1851 durch einen Staatsstreich an die Macht kam, erklärt sich zum Kaiser. Das Zweite Kaiserreich basiert auf einer nur scheinbar plebiszitär ausgerichteten Autokratie. Kriegsverwicklungen 1854–56 mit Russland im Krimkrieg, mit Österreich 1859. Koloniale Expansion in Indochina.

1870–1871 Napoleon III. unterliegt im Deutsch-Französischen Krieg. Eine liberaldemokratische Dritte Republik wird am 4. September 1870 proklamiert. Deutsche Truppen umzingeln 1871 Paris, Frankreich wird gezwungen Elsass-Lothringen an Deutschland abzutreten. Bei den blutigen Auseinandersetzungen zwischen der revolutionären Kommune und der Nationalversammlung Ende Mai 1871 kommen 20 000 Menschen um. Louis Adolphe Thiers (1797–1877), Präsident von 1871 bis 1873, ist darin ebenso verwickelt wie sein Nachfolger, Graf von Mac-Mahon. Regierungsinstabilität prägt die nächsten 70 Jahre. In dieser Zeit 109 Regierungen.

1881 Tunesien wird französisches Protektorat. 1883 wird ein französisches Protektorat in Indochina errichtet.

1899 Frankreich und Großbritannien einigen sich über Einflussbereiche in Afrika, Frankreich kann seine Position in Nordwestafrika und der Sahara nicht ausbauen.

1899–1909 Eine durch die Dreyfusaffäre ausgelöste Staatskrise führt schlussendlich zur Trennung von Staat und Kirche. 1894 war der jüdische Offizier Alfred Dreyfus zu Unrecht wegen Landesverrats verurteilt und erst 1906 rehabilitiert worden.

1914 August: Deutschland erklärt Russland und Frankreich den Krieg, die seit 1894 verbündet sind.

1914–1918 Während der vier Kriegsjahre werden 1 363 000 französische Soldaten getötet, darunter allein 550 000 während der Schlacht bei Verdun (21. Februar 1915 bis 18. Dezember 1916) und 200 000 während der zweiten Schlacht an der Aisne (16. April bis 9. Mai 1917).

1918–1939 Wirtschaftsrezession und politische Instabilität: 20 Premierminister, 44 Regierungen.

1940 Kapitulation vor Deutschland. Marionettenregierung in Vichy. General de Gaulle leitet Exilregierung.

1944 Befreiung Frankreichs.

1946–1958 Vierte Republik. Politische Instabilität: 26 Regierungen. Verstaatlichungen; Führungsrolle bei der EWG-Gründung.

1958 Fünfte Republik; de Gaulle wird Präsident mit großer Exekutivmacht.

1960 Unabhängigkeit der meisten Kolonien.

1962 Algerien nach erbittertem Krieg mit Frankreich unabhängig.

1966 Frankreich tritt aus der Militärstruktur der NATO aus.

1968 Generalstreik und Studentenunruhen wegen Bildungs- und Lohnpolitik. Auflösung der Nationalversammlung; Wahlsieg der Gaullisten.

1969 Charles de Gaulle tritt nach Niederlage in Regionalreform-Referendum zurück; Nachfolger: Georges Pompidou.

1974 Valérie Giscard d'Estaing wird Präsident der Mitte-Rechts-Koalition.

1981 Wahlsieg der Linken. François Mitterand wird Präsident.

1983–1986 Wirtschaftspolitische Kehrtwende der Regierung.

1986 »Cohabitation« zwischen sozialistischem Präsidenten und neuer rechtsgerichteter Regierung unter Premierminister Jacques Chirac. Privatisierungsprogramm.

1988 Mitterand wiedergewählt. Erneut linke Koalition.

1991 Edith Cresson wird als erste Frau Premierminister.

1993 Wahlsieg für Mitte-Rechts. Zweite »Cohabitation«.

1995 Jacques Chirac wird Präsident.

1995–1996 Umstrittene Atombombentests im Pazifik.

1996 Sparmaßnahmen zur Vorbereitung auf die europäische Währungsunion.

1997 Wahlniederlage für Mitte-Rechts. »Cohabitation« mit sozialistischer Regierung unter Premierminister Lionel Jospin.

1998–1999 Umfangreiches Privatisierungsprogramm.

2000 35-Stunden-Woche eingeführt.

2002 Januar: Euro ersetzt den Franc. Mai: Wiederwahl Chiracs. Massenproteste wegen des Erfolgs von Jean-Marie Le Pens rechtsradikaler Front National im ersten Wahlgang. Jospin tritt aufgrund des schlechten sozialistischen Abschneidens zurück. Bei den Parlamentswahlen im Juni erringt die Front National keinen Sitz. Jean-Pierre Raffarin wird Premierminister und bildet die neue Mitte-Rechts-Regierung.

Herrscher (ab 987)

Kapetinger (Robertiner)

987–996	Hugo Capet
996–1031	Robert II., der Fromme
1031–1060	Heinrich I.
1060–1108	Philipp I.
1108–1137	Ludwig VI., der Dicke
1137–1180	Ludwig VII., der Junge
1180–1223	Philipp II. Augustus
1223–1226	Ludwig VIII., der Löwe
1226–1270	Ludwig IX., der Heilige
1270–1285	Philipp III., der Kühne
1285–1314	Philipp IV., der Schöne
1314–1316	Ludwig X., der Zänker
1316	Johann I., das Kind
1316–1322	Philipp V., der Lange
1322–1328	Karl IV., der Schöne

Haus Valois (Kapetinger)

1328–1350	Philipp VI.
1350–1364	Johann II., der Gute
1364–1380	Karl V., der Weise
1380–1422	Karl VI., der Wahnsinnige
1422–1461	Karl VII., der Siegreiche
1461–1483	Ludwig XI., der Grausame
1483–1498	Karl VIII.
1498–1515	Ludwig XII. von Orléans
1515–1547	Franz I. von Angoulême
1547–1559	Heinrich II.
1559–1560	Franz II.
1560–1574	Karl IX.
1574–1589	Heinrich III.

Haus Bourbon (Kapetinger)

1589–1610	Heinrich IV. von Navarra
1610–1643	Ludwig XIII.
1643–1715	Ludwig XIV., »Sonnenkönig«
1715–1774	Ludwig XV.
1774–1792	Ludwig XVI.
1793–1795	Ludwig XVII. (ungekrönt, starb an Folgen von Gefangenschaft)

Erste Republik

1792–1795	Nationalkonvent
1795–1799	Direktorium

Direktoriumsmitglieder

Oberste Regierungsbehörde, Gruppe von jeweils fünf Mitgliedern, gewählt vom Rat der Alten.

1795–1799	Paul François Jean Nicolas, Vicomte de Barras
1795–1799	Jean-François Reubell
1795–1799	Louis Marie La Revellíere-Lépeaux
1795–1797	Lazare Nicolas Marguerite Carnot
1795–1797	Etienne Le Tourneur
1797	François Marquis de Barthélemy
1797–1799	Philippe Antoine Merlin de Douai
1797–1798	François de Neufchâteau
1798–1799	Jean Baptiste Comte de Treilhard
1799	Emmanuel Joseph Graf Sieyés
1799	Roger Graf Ducos
1799	Jean François Auguste Moulins
1799	Louis Gohier

Konsulat

Erster Konsul

1799–1804	Napoleon I. (Bonaparte)

Zweiter Konsul

1799	Emmanuel Joseph Graf Sieyés
1799–1804	Jean-Jacques Régis de Cambacérès

Dritter Konsul

1799	Roger Graf Ducos
1799–1804	Charles François Lebrun

Erstes Kaiserreich

1804–1814	Napoleon I.
1814–1815	Ludwig XVIII. (König)
1815	Napoleon I. (zum 2. Mal)

Haus Bourbon (wiedereingesetzt)

1814–1824	Ludwig XVIII.
1824–1830	Karl X.

Haus Orléans

1830–1848	Louis Philippe

Zweite Republik

Präsidenten

1848	Louis Eugène Cavaignac
1848–1852	Louis Napoléon Bonaparte (später Napoleon III.)

Zweites Kaiserreich

1852–1870	Napoleon III.

Dritte Republik

Präsidenten und Premierminister

Präsidentschaft Adolphe Thiers 1871–1873

1871–1873	Jules Dufaure

Präsidentschaft von Graf von Mac-Mahon 1873–1879

1873–1874	Herzog Albert von Broglie
1874–1875	Courtot de Cissey
1875–1876	Louis Buffet
1876	Jules Dufaure
1876–1877	Jules Simon
1877	Herzog Albert von Broglie
1877	Grimaudet de Rochebouët
1877–1879	Jules Dufaure

Erste Präsidentschaft von Jules Grévy 1879–1885

1879	William Waddington
1879–1880	Charles de Freycinet
1880–1881	Jules Ferry
1881–1882	Léon Gambetta
1882	Charles de Freycinet
1882–1883	Charles Duclerc
1883	Armand Fallières
1883–1885	Jules Ferry
1885–1886	Henri Brisson

Zweite Präsidentschaft von Jules Grévy 1885–1887

1886	Charles de Freycinet
1886–1887	René Goblet
1887	Maurice Rouvier

Präsidentschaft von Marie François Sadi Carnot 1887–1894

1887–1888	Pierre Tirard
1888–1889	Charles Floquet
1889–1890	Pierre Tirard
1890–1892	Charles de Freycinet
1892	Émile Loubet
1892–1893	Alexandre Ribot
1893	Alexandre Ribot
1893	Charles Dupuy
1893–1894	Jean Paul P. Casimir-Périer
1894	Charles Dupuy

Präsidentschaft von Jean Paul Pierre Casimir-Périer 1894–1895

1894–1895	Charles Dupuy

Präsidentschaft von Félix Faure 1895–1899

1895	Alexandre Ribot
1895–1896	Léon Bourgeois
1896–1898	Jules Méline
1898	Henri Brisson
1898–1899	Charles Dupuy

Präsidentschaft von Émile Loubet 1899–1906

1899	Charles Dupuy
1899–1902	Pierre Waldeck-Rousseau
1902–1905	Émile Combes
1905–1906	Maurice Rouvier

Präsidentschaft von Armand Fallières 1906–1913

1906	Maurice Rouvier
1906	Jean Sarrien
1906–1909	Georges Clemenceau
1909–1911	Aristide Briand
1911	Joseph Caillaux
1912–1913	Raymond Poincaré
1913	Aristide Briand

Präsidentschaft von Raymond Poincaré 1913–1920

1913	Aristide Briand
1913	Jean Louis Barthou
1913–1914	Gaston Doumergue
1914	Alexandre Ribot
1914–1915	René Viviani
1915–1917	Aristide Briand
1917	Alexandre Ribot
1917	Paul Painlevé
1917–1920	Georges Clemenceau
1920	Alexandre Millerand

Präsidentschaft von Paul Deschanel 1920

1920	Alexandre Millerand

Präsidentschaft von Alexandre Millerand 1920–1924

1920–1921	Georges Leygues
1921–1922	Aristide Briand
1922–1924	Raymond Poincaré
1924	Frédéric François-Marsal

Präsidentschaft von Gaston Doumergue 1924–1931

1924–1925	Édouard Herriot
1925	Paul Painlevé
1925–1926	Aristide Briand
1926	Édouard Herriot
1926–1929	Raymond Poincaré
1929	Aristide Briand
1929–1930	André Tardieu
1930	Camille Chautemps
1930	André Tardieu

1930–1931	Théodore Steeg
1931	Pierre Laval

Präsidentschaft von Paul Doumer 1931–1932

1931–1932	Pierre Laval
1932	André Tardieu

Erste Präsidentschaft von Albert Lebrun 1932–1939

1932	Edouard Herriot
1932–1933	Joseph Paul-Boncour
1933	Edouard Daladier
1933	Albert Sarraut
1933–1934	Camille Chautemps
1934	Édouard Daladier
1934	Gaston Doumergue
1934–1935	Pierre Flandin
1935	Fernand Bouisson
1935–1936	Pierre Laval
1936	Albert Sarraut
1936–1937	Léon Blum
1937–1938	Camille Chautemps
1938	Camille Chautemps
1938	Léon Blum
1938–1940	Édouard Daladier

Zweite Präsidentschaft von Albert Lebrun 1939–1940

1940	Paul Reynaud
1940	Philippe Pétain

Vichy-Regime

Staatschef

1940–1944	Philippe Pétain

Provisorische Regierung der Französischen Republik 1945–1947

Präsidenten

1945–1946	Charles de Gaulle
1946	Félix Gouin
1946–1947	Georges Bidault

Vierte Republik

Präsidenten

1947–1954	Vincent Auriol
1954–1959	René Coty

Fünfte Republik

Präsidenten

1959–1969	Charles de Gaulle
1969–1969	Alain Poher
1969–1974	Georges Pompidou
1974–1981	Valéry Giscard d'Estaing
1981–1995	François Mitterand
1995–	Jacques Chirac

Franz Ferdinand, Erzherzog Erbe des österreichischen Thrones, dessen Ermordung 1914 in Sarajewo Auslöser für den Ersten Weltkrieg war.

Franz I. (1494–1547) König von Frankreich (reg. 1515–47). Seine Regentschaft war von der Konkurrenz mit Kaiser Karl V. um die Kontrolle Italiens geprägt. Renaissancefürst, ließ das Schloss Fontainebleau erbauen.

Franz von Assisi (um 1181–1226) Italienischer Gründer des nach ihm benannten Bettelordens. 1228 bereits heilig gesprochen. Später entstand auch Schwesterngemeinschaft nach Franziskanerregel. Die Franziskaner folgten dem Ideal der »heiligen Armut« als wichtigstem Prinzip des Ordens. *S. 207*

Franz Xaver, St. (*eigentl.* Francisco de Gassu y Xavier) Spanischer Missionar in China, 16. Jahrhundert.

Französisch-Antarktis (*auch* Ilha de Villegaignon) Inselchen vor der Bucht von Rio de Janeiro, von französischen Hugenotten 1555 besiedelt. 1560 zwang eine portugiesische Invasion die Hugenotten zum Verlassen der Insel.

FRANZÖSISCH-GUYANA

Französisches Überseedépartement, zwischen Suriname und Brasilien gelegen, ist die letzte verbliebene Kolonie in Südamerika. Das Gebiet mit seinem Sumpfstreifen an der Küste und dem Regenwald im Inneren war lange wegen der Strafkolonie »Teufelsinsel« vor seiner Küste berüchtigt. Die ethnisch gemischte Bevölkerung (40 % Kreolen, daneben 20000 Indios und 1000 in den 80er-Jahren aus Laos geflüchtete Hmong) konzentriert sich auf die Hauptstadt Cayenne und die Ostküste.

Chronologie

1568 Der Franzose Gaspar de Sostelle und 126 Familien wollen sich niederlassen, werden aber von der einheimischen Bevölkerung vertrieben.

1596 Kurzzeitig französische Ansiedlung.

17. Jahrhundert Französische und niederländische Besiedelungsversuche.

1676 Frankreich erobert niederländisches Gebiet zurück.

1808 Cayenne wird anglo-portugiesisch.

1816 Nach dem Vertrag von London wird die Region französische Kolonie.

1946 Französisch-Guyana wird Übersee-Département.

1980er-Jahre Unabhängigkeitsbestrebungen erreichen Übertragung eines Teils der Macht an einen Regionalrat.

1996/97 Aufstände wegen Schulwesens.

FRANZÖSISCH-POLYNESIEN

Französisches Überseeterritorium in Polynesien, aus rund 130 Inseln im Südpazifik bestehend. Die Ureinwohner (Mahoi), 70 % der Bevölkerung, mussten die Umwandlung ihrer autarken Wirtschaft in eine Ökonomie, die von Tourismus und Militär abhängig ist, erdulden. Fast 75 % der Bevölkerung leben auf der Hauptinsel Tahiti, Hauptstadt Papeete.

Chronologie

1521 Ferdinand Magellan entdeckt als erster Europäer die bereits von Polynesiern besiedelten Tuamotuinseln. Spanier, Portugiesen, Niederländer und Engländer folgen.

1767 Der britische Seefahrer Samuel Wallis, Kapitän der Dolphin, besucht Tahiti.

1769 James Cook erreicht Tahiti an Bord der Endeavour.

1842 Tahiti wird französisches Protektorat.

1880 Tahiti und angegliederte Inseln werden französische Kolonie. Der Rest der Inselgruppe wird bis 1900 annektiert.

1946 Französisch-Polynesien wird Überseeterritorium, mit einem Gouverneur, Regierungsrat und Territorialversammlung.

1963 Die französische Regierung veröffentlicht Pläne für ein nukleares Testprogramm in Französisch-Polynesien.

1966 Der erste Atombombentest findet auf dem Mururoa-Atoll statt.

1984 Innere Autonomie, aber kaum zusätzliche Macht für Territorialregierung. Gaston Flosse wird für die neue Funktion des Präsidenten von Französisch-Polynesien gewählt.

1991 Flosse wird im März wiedergewählt.

1993 Juli: Der französische Präsident erklärt, dass die 1992 beschlossene Aussetzung der Nukleartests in der nahen Zukunft aufrechterhalten bleibt.

1994 Ein zweites Berufungsgericht kippt die Korruptionsanklage gegen Flosse aus dem Jahr 1992 wegen einer Formsache.

◀
Seine sechs Monate aufgeschobene Gefängnisstrafe ist dadurch aufgehoben.
1995 Frankreichs unterirdischer Nukleartest auf dem Mururoa-Atoll löst eine Reihe von Demonstrationen und Unruhen in Tahiti aus. Am Tag davor hatten 3000 Menschen, darunter Umweltschützer und 40 Parlamentsmitglieder der Pazifikregion, in Papeete demonstriert.
1995 Zwei weitere französische Nuklearwaffentests (Fangataufa- und Mururoa-Insel) trotz internationaler Proteste. Frankreich versucht zu beschwichtigen, indem es gelobt den Rarotonga-Vertrag von 1985 zu unterzeichnen, der die Einrichtung einer nuklearfreien Zone in der Region vorsieht.
1995 Das letzte von fünf Greenpeace-Schiffen wird wegen Befahrens der verbotenen 20-km-Zone rund um das Atoll von französischen Kommandos abgefangen.
1995 Tahitis Territorialversammlung stimmt einer Vorlage für ein Autonomiegesetz zu, das der Region mehr Macht verleihen soll.
1995 Frankreichs vierter Atombombentest nahe dem Mururoa-Atoll.
1996 Atomtests werden ausgesetzt.

Französische Religionskriege (*auch* Hugenottenkriege) Der Kampf der protestantischen Hugenotten in der zweiten Hälfte des 16. Jahrhunderts um Glaubensfreiheit und politische Rechte löste mehrere blutige Bürgerkriege aus. Die Bartholomäusnacht (1572), in der Katha-rina von Medici aus politischen Gründen alle in Paris lebenden Hugenotten ermorden ließ, zerstörte die Annäherung der beiden Religionsparteien.

Französische Revolution (1789–99) Reihe von politischen Erhebungen, die zunächst die Beseitigung des erstarrten »Ancien Régime« zum Ziel hatten. In ihrem Verlauf wurde eine grundlegende Neuordnung der politischen und gesellschaftlichen Verhältnisse in Frankreich erreicht: Abschaffung der feudalen und aristokratischen Privilegien, Verstaatli-chung der Kirchengüter, Erklärung der Menschenrechte, Abschaffung der Monarchie und Ausrufung der Republik. Allerdings führten radikale Ausuferungen auch zu Massenmorden und willkürlichen Hinrichtungen. Der französische Nationalfeiertag (14. Juli) erinnert an das erste entscheidende Ereignis der Revolution, an den Sturm auf die Bastille im Jahr 1789. Die Französische Revolution beeinflusste auch andere europäische Staaten mit ihrem »modernen« Gedankengut. *S. 337* *Siehe auch* Frankreich, Bourbon, Direktorium, Jakobiner

Frauen in der Kriegswirtschaft Starker Anstieg weiblicher Arbeitskräfte während des Zweiten Weltkriegs. *S. 417*

Fredericksburg ⚔ im Sezessionskrieg (Dezember 1862). Sieg der Konföderierten.

Freeman's Farm ⚔ des amerikanischen Unabhängigkeitskrieges (September 1777). Amerikanischer Sieg.

Freetown Von den Briten 1787 mit befreiten Sklaven besiedelte Stadt in Westafrika (Sierra Leone).

Fremont, John Charles (1813–90) Amerikanischer Entdecker. Während der frühen 1840er-Jahre mehrere Expeditionen in den Südwesten. Die von ihm erstellte topografische Karte brachte einen ersten Überblick über die Überlandverbindung zur Westküste. Reiste nach Kalifornien und geriet in die Auseinandersetzung um die Unabhängigkeit von Mexiko. Nachdem er 1948 im kalifornischen Goldrausch sein Glück gemacht hatte, kandidierte er 1856 erfolglos als Präsidentschaftskandidat.

Frente Nacional de Libertação de Angola (FNLA) Politische Partei Angolas.

Friedland ⚔ der Napoleonischen Kriege während des Krieges gegen die 3. Koalition (1807). Französischer Sieg.

Friedrich Barbarossa *siehe* Friedrich I.

Friedrich I. (*auch* Friedrich Barbarossa, 1122–90) Kaiser des Heiligen Römischen Reiches (reg. 1152–90), römischer König, Staufer. Festigte deutsche Vormachtstellung in weiten Teilen Westeuropas: Italien, Polen, Ungarn, Dänemark und Burgund. Führte 1189 den dritten Kreuzzug an, Siege bei Philomelion und Ikonion, ertrank aber vor Erreichen des Heiligen Landes. *S. 193*

Friedrich II. (*auch* Friedrich der Große, 1712–86) König von Preußen (reg. 1740–86), begnadeter Verwalter und Feldherr. Er regierte Preußen als aufgeklärter Despot, führte religiöse Toleranz ein und reformierte die Armee und die Landwirtschaft. 1740 besetzte er Schlesien und sicherte es für Preußen in den beiden Schlesischen Kriegen. Er begann den Siebenjährigen Krieg (1756–63). Durch die polnische Teilung gewann er Westpreußen. Er machte Preußen zu einer europäischen Führungsmacht.

Friedrich II. (*auch* lat. Stupor Mundi, 1194–1250) Kaiser des Heiligen Römischen Reiches (reg. 1220–50) und römischer König. Enkel Barbarossas und der letzte große staufische Herrscher. *S. 212*

Friedrich Wilhelm (*gen.* der Große Kurfürst, 1620–88) Kurfürst von Brandenburg (1640–88). Unter seiner Herrschaft erlangte das Herzogtum Preußen volle Souveränität. Wegbereiter für den späteren Aufstieg Brandenburg-Preußens. *S. 320*

Frisius Gemma, Rainer (16. Jh.) Flämischer Mathematiker, Arzt und Astronom, Mentor des flämischen Kartografen Gerhard Mercator.

Frobisher, Sir Martin (um 1535–94) Englischer Seefahrer, der auf der Suche nach der Nordwestpassage 1576 die später nach ihm benannte Frobisherbai in Kanada entdeckte.

Fruchtbarkeitskult Religiöse Praktiken zu Vermehrung und Erhalt der Fruchtbarkeit der Erde. Funde von schwangeren, überbetont weiblichen Statuetten wurden oft damit in Verbindung gebracht.

Frühere Han-Dynastie *siehe* Han-Dynastie

»Frühling der Nationen« Bezeichnung für die national orientierten Aufstände in Europa 1848–49. *S. 363*

Fünf Dynastien und zehn Königreiche (907–960) Chinesische Geschichtsepoche nach der Tangdynastie, als China in zehn Regionalstaaten aufgeteilt wurde.

Fünfundneunzig Thesen (1517) Von Martin Luther der Überlieferung nach an eine Kirchentür in Wittenberg genagelte Thesen, die Kirchenreformen verlangen, besonders hinsichtlich des Ablasshandels. *Siehe auch* Luther, Martin

Fujiwara-Familie Dynastische Familie, die durch geschickte Eheschließungen und Diplomatie die japanische kaiserliche Regierung vom 8. bis 12. Jahrhundert bestimmte.

Fulbe (*auch* Pulo, Fellata, Fulani, Peul) Volksstamm in Westafrika, mehrheitlich muslimisch, zwischen Tschadsee im Osten und Atlantikküste. *S. 323*

Fußballweltmeisterschaft 1930 zum ersten Mal veranstaltet. *S. 426*

G

GABUN Das an der Westküste Afrikas am Äquator gelegene Land stützt sich wirtschaftlich vor allem auf die Ölproduktion. Nur kleine Flächen sind kultiviert, zwei Drittel des Landes bilden einen der schönsten unberührten Regenwälder der Erde. Gabun wurde 1960 von Frankreich unabhängig. Ab 1968 ein Einparteienstaat, kehrte das Land 1990 zur Mehrparteiendemokratie zurück. Die Bevölkerungszahl ist klein, die Regierung fördert das Bevölkerungswachstum.

CHRONOLOGIE

1472 Portugiesische Handelsschiffe haben als erste Europäer Kontakt mit den ältesten Einwohnern Gabuns, den Pygmäen.
17.–19. Jahrhundert Europäische Kaufleute tauschen Tabak, Kleidung und Waffen gegen Elfenbein, Sklaven und Gummi. Die Fang vertreiben die lokalen Völker.
1849 Franzosen gründen Libreville als Siedlung für freigelassene Sklaven.
1878 Graf Savorgnan de Brazza, Afrikaforscher, unterzeichnet einen Vertrag mit König Makoko von den Teke, durch den Frankreich Besitzansprüche über große Gebiete Zentralafrikas erhält, einschließlich des heutigen Gabuns. Über die meisten dieser Gebiete hatte Makoko allerdings gar kein Verfügungsrecht.
1960 Unabhängigkeit. Léon M'ba Präsident.
1964 Militärputsch. Durch französische Intervention Wiedereinsetzung M'bas.
1967 Albert-Bernard (später Omar) Bongo wird Präsident.
1968 Einparteienstaat.
1990 Mehrparteiendemokratie.
1998 Wiederwahl Bongos.
2002 Wiederholung der Wahl zur Nationalversammlung von 2001, Gewinner ist die Partei Bongos.

Gadsden Purchase (1853) Landerwerb der USA von Mexiko durch James Gadsden, eine Fläche von 77000 km² in New Mexico und Arizona für den Bau einer südlichen Eisenbahnlinie zum Pazifik.

Gagarin, Juri (1934–68) Sowjetischer Kosmonaut, machte 1961 den ersten bemannten Weltraumflug. *S. 433*

Galeone Im 15. und 16. Jahrhundert entwickeltes, drei- bis fünfmastiges Segelschiff, in erster Linie zur Kriegsführung. Die größten Galeonen bauten Spanien und Portugal für ihren einträglichen Überseehandel.

Galerius (*auch* Gaius Galerius Valerius Maximianus, † 311) Römischer Kaiser (reg. 305–311), berüchtigt für seine Christenverfolgungen.

Galilei (*auch* Galileo Galilei, 1564–1642) Italienischer Naturphilosoph, Astronom und Mathematiker, lieferte grundlegende Beiträge zur Wissenschaft der Bewegung, der Astronomie und der Materie und zur Entwicklung der wissenschaftlichen Methode.

Gallien (*lat.* Gallia) Römischer Name für das Land der Gallier: Gallia Cisalpina im heutigen Norditalien und Gallia Transalpina etwa im heutigen Frankreich. Die Eroberung Galliens wurde 58–51 v. Chr. von Julius Caesar abgeschlossen. *Siehe auch* Frankreich

Gallipoli *siehe* Gelibolu

Gama, Vasco da (etwa 1460–1524) Portugiesischer Seefahrer, erhielt 1497 vom portugiesischen König den Auftrag, Handelsbeziehungen zu den Gewürzinseln aufzunehmen. Nach der Umsegelung des Kaps der Guten Hoffnung fuhr er die ostafrikanische Küste entlang, dann nordöstlich durch den Indischen Ozean und erreichte Kalkutta im Mai 1498. Er fuhr 1502 ein zweites Mal nach Indien.

GAMBIA Das schmale Land an der Westküste Afrikas galt bis zum Militärputsch 1994 als stabile Demokratie. 65% des BSP stammen aus der Landwirtschaft, aber viele Landbewohner ziehen in die Städte, wo die Durchschnittseinkommen vier Mal höher sind. Gambias Position als Halbenklave innerhalb Senegals wird nach dem Scheitern einer Föderation beider Länder um 1980 bestehen bleiben.

CHRONOLOGIE

13. Jahrhundert Erste Migration vieler Fulani nach Süden.
1661 Briten erobern James Island.
1816 Briten erhalten Bathurst (heute Banjul) nach Auseinandersetzungen mit anderen europäischen Seefahrernationen.
1888 Britische Besetzung.
1959 Dawda Jawara gründet die PPP.
1965 Unabhängigkeit von Großbritannien.
1970 Republik, Jawara Präsident.
1981 Senegalesische Truppen helfen bei Niederschlagung eines Militärputschs.
1982–1989 Föderation mit Senegal.
1994 Militärputsch, Jawara gestürzt.
1996 Yahya Jammeh gewinnt die Präsidentenwahl.
2000 Erneuter Militärputsch scheitert.
2001 Wiederwahl Jammehs.

Gandhara Indisch-griechisches Reich im Punjab im Süden Zentralasiens (3. Jahrhundert v. Chr. – 5. Jahrhundert n. Chr.). Gandhara war eines der Königreiche in der Nachfolge der griechischen Kolonie Baktrien, die Alexander der Große gegründet hatte. Nach dem Fall des Mauryareichs zogen baktrische Griechen in das Kabultal und den Punjab und gründeten hier unabhängige Königreiche. Die buddhistische Gandhara-Kunst ist berühmt für ihre einzigartige Mischung westlicher und indischer Stile. Gandhara und seine Hauptstadt Taxila fielen etwa 90 v. Chr an asiatische Nomaden (die Skythen). *S. 85*

Gandhi, Indira (1917–84) Tochter Nehrus, indische Premierministerin (1966–77). Konfrontiert mit Protesten gegen die Regierung, rief sie 1975 den nationalen Notstand aus und kehrte als Vorsitzende der Kongresspartei 1980 an die Macht zurück. Sie wurde von extremistischen Sikhs ermordet.

Gandhi, Mohandas Karamchand (*gen.* Mahatma 1869–1948) Führer der indischen Unabhängigkeitsbewegung. Rechtsanwalt in Südafrika, wo er für die Bürgerrechte der indischen Bevölkerung kämpfte. Bei seiner Rückkehr 1915 nach Indien machte er den Indian National Congress zu einer mächtigen politischen Kraft mittels gewaltlosen Widerstands (*satyagraha*) und Massenverweigerung (»Nichtbeteiligung«). Aus Protest gegen das britische Salzmonopol führte er Hunderttausende in einem Marsch zum Meer (1930). Weitere Kampagnen des zivilen Ungehorsams

(1920, 1930, 1940) trugen zur Unabhängigkeit Indiens bei. Er wurde 1948 durch einen Hindufanatiker ermordet. *S. 409*

Gandhi, Rajiv (*auch* Rajiv Ratna Gandhi, 1944–91) Seit 1981 Generalsekretär der indischen Kongresspartei, wurde Gandhi nach dem Tod seiner Mutter Indira Gandhi indischer Premierminister (1984–89). Er wurde von einem tamilischen Separatisten ermordet.

Gaozu (*auch* Kao Tsu, *gen.* Liu Bang, Liu Pang, 256–195 v. Chr.) Begründer und erster Kaiser der Han-Dynastie 200 v. Chr. Sieger des Bürgerkriegs nach dem Tod Kaiser Huangdis. Der als gewalttätig geltende Herrscher regierte pragmatisch und flexibel.

Garamanten Bewohner des Königreichs Fessan (*auch* Fezan, Fazan) in der Sahara im heutigen Libyen. 19 v. Chr. von Rom annektiert und Phasania genannt.

Garay, Francisco de Spanischer Erforscher Nordamerikas (16. Jahrhundert).

Garibaldi, Giuseppe (1807–82) Italienischer Revolutionär, Soldat und eine der Hauptgestalten des Risorgimento. Im italienischen Befreiungskrieg 1859 eroberte er mit seinem »Zug der Tausend« Sizilien und Neapel und übergab sie Viktor Emanuel II. *S. 366*

Gates, Bill Gründer der Softwarefirma Microsoft. *S. 453*

Gaugamela ⚔ der Alexanderfeldzüge (331 v. Chr.). Entscheidender griechischer Sieg über die Perser.

Gaulle, Charles de (*v. N.* Charles-André-Marie-Joseph de Gaulle, 1890–1970) Französischer Soldat, Schriftsteller und Staatsmann, der Frankreichs Fünfte Republik gestaltete. Führend in der Résistance während des Zweiten Weltkriegs. Wurde 1945 französischer Ministerpräsident. 1953 zog er sich aus der Politik zurück. 1958 Wahl zum Staatspräsidenten der Fünften Republik. Während seiner Regierungszeit (bis 1969) erhielten französische Kolonien in Afrika die Unabhängigkeit.

Gedimin (etwa 1275–1341) Großfürst von Litauen (1315–41), dessen Eroberungen den Grundstein für das großlitauische Reich (in Personalunion mit Polen) im späten Mittelalter legten.

Gegenreformation (*auch* katholische Reformation) Bewegung des 16. und 17. Jahrhunderts gegen die protestantische Reformation und für eine innere Erneuerung der katholischen Kirche.

Geheime Staatspolizei *siehe* Gestapo

Geiserich (*auch* Geisericus, † 477) König der Wandalen und Alanen (reg. 428–477), eroberte große Gebiete des römischen Afrikas. Plünderte 455 Rom.

Gelbturbane Führer einer religiös motivierten Revolte der späteren Han-Zeit (184). Das Gemeinschaftsleben der Gelbturbane und ihre Vorstellung einer nahen Zukunft mit »großem Wohlstand« trugen bei dem von ihnen geführten Aufstand entscheidend zum Zerfall der Han-Dynastie bei.

Geld
Die ersten Münzen *S. 46*
Papiergeld *S. 196*
Geld und Bankwesen *S. 269*

Gelibolu Früher Gallipoli, Halbinsel bei den Dardanellen. Im Ersten Weltkrieg versuchten die Alliierten hier gegen die Türkei die Durchfahrt zu erzwingen (Februar–Dezember 1915) und Konstantinopel zu besetzen.

Gemeinschaft unabhängiger Staaten (GUS) 1991 gegründeter Staatenbund, der Russland und elf weitere Staaten umfasst, die ehemals Teil der Sowjetunion waren. *Siehe auch* Russland

Genua (*ital.* Genova) Italiens wichtigster Hafen. Im 10. Jahrhundert stieg Genua zum mächtigen Stadtstaat auf und konkurrierte im Mittelalter mit Venedig um die Vormachtstellung als Seemacht mit Handelsrouten bis zum Schwarzen Meer.

GEORGIEN Der überwiegend gebirgige Kaukasusstaat grenzt an die Regionen Abchasien im Norden und Adscharien im Süden. Georgien war eine der ersten Sowjetrepubliken, die von Moskau unabhängig sein wollten. In den letzten Jahren hatte es unter Bürgerkrieg und ethnischen Auseinandersetzungen zu leiden. Das Geburtsland Stalins ist agrarisch geprägt und berühmt für seinen Wein.

Chronologie

4. Jahrhundert v. Chr. Erste Berichte über ein georgisches Königreich nach der Eroberung Persiens durch Alexander.

318 n. Chr. Georgien wird christlich. Konflikte mit Byzanz und Persien für die nächsten 300 Jahre, die zur Teilung des Landes führen.

1014 König Bagrat III. stirbt, nachdem er das östliche und westliche Georgien geeint hat. Unter Königin Thamar (1184–1213) blüht das Land.

1236 Die Mongolen erobern das östliche Georgien. Das westliche Imeretien bleibt unabhängig.

1453 Nach der Eroberung Konstantinopels (Byzanz) durch die Osmanen zerfällt das Land in drei Reiche und ein Fürstentum.

1586 Aus Furcht vor Persien und dem Osmanischen Reich unterstellte sich König Herakleios einem russischen Protektorat.

1783 Russland garantiert Georgien die Unabhängigkeit, bietet ihm aber keinen Schutz gegen die persische Invasion 1795.

1801 Russland annektiert die persisch beherrschten Provinzen Kartli und Kachetien im östlichen Georgien nach Bitten um Schutz. 1810 wird der türkisch besetzte Westteil ebenfalls von Russland annektiert.

1826–1828 Russland siegt erneut über Persien in einem Krieg um Georgien.

1864 Georgische Bauern erhalten nach der Aufhebung der Leibeigenschaft in Russland eingeschränkte Rechte. Politik der Russifizierung und Assimilation nach 1881 führt zu Radikalismus. Herausbildung eines Nationalbewusstseins.

1918 Georgien erklärt unter menschewistischer Regierung seine Unabhängigkeit. Kurzzeitige Besetzung durch britische Truppen nach Ende des Ersten Weltkriegs.

1920 Sowjetunion erkennt Georgien als unabhängigen Staat an.

1921 Februar: Die Rote Armee marschiert auf Befehl Stalins (der selbst aus Georgien stammt) in Georgien ein, trotz eines im Mai unterzeichneten Abkommens der gegenseitigen Anerkennung.

1922–1936 Integration in die Transkaukasische Sozialistische Föderative Sowjetrepublik (TSFSR).

1989 Sowjettruppen unterdrücken Aufstände für Unabhängigkeit in Tiflis.

1990 Unabhängigkeitserklärung.

1991 Unabhängigkeit. Swiad Gamsachurdia wird Präsident.

1992 Gamsachurdia flieht aus Tiflis. Schewardnadse Vorsitzender des Obersten Sowjets und des Staatsrats.

1992–1993 Abchasienkonflikt.

1995 Schewardnadse überlebt knapp ein Attentat und wird zum Präsidenten gewählt.
1999 Öffnung der Pipeline vom Kaspischen zum Schwarzen Meer.
2000 Wiederwahl Schewardnadses. Abzug der russischen Truppen.
2002 Beschluss zur Errichtung einer Freihandelszone im Rahmen der GUAM (Zusammenschluss von Georgien, Moldawien Ukraine, Aserbaidschan und Usbekistan).

Germantown ⚔ im amerikanischen Unabhängigkeitskrieg (4. Oktober 1777). Sieg der Briten.
Gestapo (*auch* Geheime Staatspolizei) Geheimpolizei der Nazis, ursprünglich Teil der preußischen Staatspolizei, umgeformt durch Göring und Himmler.
Gettysburg ⚔ des amerikanischen Bürgerkriegs (1.–3. Juli 1863). Sieg der Unionstruppen, oft angesehen als der Wendepunkt im Bürgerkrieg.
Gettysburg Address (19. November 1863) Rede des US-Präsidenten Abraham Lincoln in Gettysburg, die mit den Worten endet: »Dass diese Nation unter Gottes Fügung in Freiheit wiedergeboren werde – und diese Regierung des Volkes, durch das Volk, für das Volk nicht von dieser Erde verschwinde.«
Gewürzinseln *siehe* Molukken

GHANA Das heutige Ghana, Kernland des alten Ashanti-Königreiches, entstand durch Vereinigung der früheren britischen Kolonie Goldküste mit dem UN-Treuhandgebiet Togoland. 1957 wurde es als erste britische Kolonie unabhängig. Seit 1992 besitzt Ghana ein Mehrparteiensystem. Die Abtretung der Macht an die bei den Wahlen erfolgreiche Opposition im Jahr 2000 kennzeichnet den Bruch mit einer von Militärherrschaft geprägten Vergangenheit.

CHRONOLOGIE
12. Jahrhundert Akanvölker besiedeln die nördlichen Waldgebiete der heutigen Ashanti-Region.
1482 Portugiesische Seefahrer erhalten die Erlaubnis, eine Burg an der Stelle des heutigen Elmina zu erbauen. Im 16. Jahrhundert exportieren Akanvölker Gold über Land und auf dem Seeweg.
18. Jahrhundert Das Reich Akwamu erreicht seine volle Größe und wird langsam vom Reich der Ashanti mit der Hauptstadt Kumasi abgelöst.
1806–1814 Die Ashanti beweisen ihre militärische Überlegenheit über das Küstenvolk der Fante und verlangen die Anerkennung ihrer Herrschaft durch die Europäer.
1874 Britische Truppen zerstören Kumasi im ersten Ashanti-Krieg, weitere Kriege folgen 1896 und 1900.
1947 J.B. Danquah gründet die Partei »United Gold Coast Convention« (UGCC). Ihr Ziel ist die Unabhängigkeit.
1948 Kwame Nkrumah bricht mit der UGCC und gründet seine eigene Partei, die »Convention People's Party« (CPP).
1952 Nach dem Wahlsieg seiner Partei CPP wird Nkrumah Premierminister.
1957 Unabhängigkeit unter Kwame Nkrumah.
1964 Einparteienstaat.
1966 Militärputsch.
1972–1979 »Kleptokratie« unter Oberst Acheampong. 1979 hingerichtet.
1979 Putsch durch Fliegerleutnant Jerry Rawlings. Der Zivilist Hilla Limann wird zum Präsidenten gewählt.
1981 Rawlings erneut an der Macht.
1992, 1996 Sieg für Rawlings und seine NDC bei freien Wahlen.
2001 NPP-Opposition gewinnt die Wahl. John Kufuor wird Präsident.

Ghasnawiden *siehe* Mahmud von Ghazni
Ghiyat al-Din Mohammed ibn Sam *siehe* Mohammed von Ghor
Gia Long (*auch* Nguyen Anh, 1762–1820) Kaiser und Begründer der letzten vietnamesischen Dynastie vor der Eroberung durch Frankreich.

GIBRALTAR Kleine britische Enklave an der Südspitze Spaniens. Seit 1704 britisch und seit kurzem Gegenstand langwieriger Souveränitätsverhandlungen zwischen Spanien und Großbritannien. Die Landschaft wird beherrscht durch den berühmten Felsen von Gibraltar (Djebel al-Tarik, der Berg des Tarik, Anführer der muslimischen Armee, die 711 nach Spanien zog).

CHRONOLOGIE
1502 Nach der Vertreibung der Mauren aus Spanien wird Gibraltar spanisch.
1704 Britische und niederländische Truppen nehmen Gibraltar während der spanischen Erbfolgekriege ein.
1713 Im Frieden von Utrecht wird das Gebiet formal britisch.
1830 Gibraltar wird britische Kronkolonie.
1963 Spanien erneuert seinen Anspruch auf Gibraltar durch eine UNO-Resolution.
1964 Unter einer neuen Verfassung, in die im April beschlossene Vereinbarungen einfließen, erhält Gibraltar eingeschränkte Selbstständigkeit. Im Oktober beschränkt Spanien den Grenzverkehr nach Gibraltar .
1967 In einer Volksabstimmung entscheiden sich die Einwohner Gibraltars für den Verbleib bei Großbritannien.
1969 Eine neue Verfassung tritt in Kraft, die Gibraltar die volle innere Selbstverwaltung überträgt und garantiert, dass die Souveränität nicht gegen den freien und demokratischen Willen der Bevölkerung an Spanien übergeben werden kann. Aus Protest schließt Spanien die Grenze.
1977 Zum ersten Mal nehmen Vertreter aus Gibraltar an Gesprächen zwischen Großbritannien und Spanien teil.
1980 Vertrag von Lissabon: Die Gibraltarfrage soll freundschaftlich zwischen Großbritannien und Spanien geklärt werden.
1984 Vertrag von Brüssel. Die Bereitschaft Großbritanniens, die Frage der Souveränität zu klären, bringt Entspannung in das Verhältnis zu Spanien.
1985 Vollständige Öffnung der Grenze zwischen Spanien und Gibraltar.
1988 Der Wahlerfolg der »Gibraltar Socialist Labour Party« (GSLP) von Joe Bossano beendet die fast 20-jährige Regierung der »Gibraltar Labour Party/Association for the Advancement of Civil Rights« (GLP/AACR). Die GSLP lehnt den Vertrag von Brüssel von 1984 und ein britisch-spanisches Abkommen von 1987 über eine gemeinsame spanisch-gibraltarianische Verwaltung des Flughafens ab.
1992 Die GSLP wird mit 73,3 Prozent auf dem Hintergrund der Forderung nach mehr Selbstbestimmung gewählt.
1995 Als Reaktion auf Gespräche zwischen Großbritannien und Spanien teilt Regierungschef Bossano der spanischen Regierung mit, dass die Bevölkerung Beschlüsse ▶

◀ bezüglich ihrer Zukunft ohne ein direktes Mitspracherecht in den Verhandlungen nicht akzeptieren werde.

1995 Großbritannien droht, die Regierung in Gibraltar zu übernehmen, falls Bossano das Bank- und Zollwesen nicht den Richtlinien der Europäischen Union anpasst.

2002 Spanien und Großbritannien vereinbaren die geteilte Souveränität über Gibraltar. Die Idee ruft heftigen Widerstand bei der Bevölkerung Gibraltars hervor und in einem Referendum im November stimmen fast 90 % der Wahlberechtigten dagegen.

Giles, Ernest (1835–97) Australischer Entdecker englischer Herkunft, der 1872–76 den Westen Australiens erforschte.

Gilgamesch Legendärer sumerischer König, 3. Jahrtausend v. Chr.

Giotto di Bondone (etwa 1267–1337) Italienischer Maler, Wegbereiter der Renaissance. Eines seiner Werke sind die Szenen aus dem Leben des heiligen Franziskus von Assisi. *S. 227*

Giseh Ort der berühmtesten Pyramiden Ägyptens, erbaut 2530–2470 v. Chr. *S. 22*

Gist, Christopher (etwa 1705–59) Amerikanischer Entdecker. Erforschte das Ohiotal von 1750–51 und nahm an der Expedition von George Washington teil, die die Franzosen 1753–54 aus dem Ohiotal vertrieb.

Glockenbecherkultur Kultur der Jungsteinzeit, die ihren Ursprung vermutlich in der unteren Rheinregion hat und sich von dort aus 2600–2200 v. Chr. in Westeuropa ausbreitete. Die Kultur ist nach der typischen, einer umgekehrten Glocke ähnelnden Becherform mit charakteristischen geometrischen Mustern benannt. Diese Becher sind neben Waffen häufige Grabbeigaben. In diese Zeit fällt auch der Übergang vom Gemeinschaftsgrab zum Einzelgrab, mit dem Status und Besitz des Verstorbenen angezeigt werden können. Die Hügelgräber dieser Zeit enthalten oft nur ein einziges Grab.

Gnostizismus Vor- und frühchristliches Glaubenssystem, charakterisiert durch die Vorstellung einer bösen materiellen Welt, die durch die *gnosis* (Erkenntnis) überwunden werden kann.

Goldene Bulle (1356) Kaiserlicher Erlass Karls IV., der endgültig die Wahl des Kaisers des Heiligen Römischen Reichs regelt. *S. 237*

Goldene Horde Mongolisches Khanat in Zentralasien mit Hauptstadt in Saraj. Das 1242 von Batu, dem Enkel Dschingis Khans, gegründete Khanat erlebt vom 13. bis 15. Jahrhundert seine Blüte. Es erhielt Tributzahlungen von den russischen Fürstentümern im Nordwesten.

Goldenes Dreieck Bezeichnung für das Grenzgebiet von Thailand, Birma, Vietnam und Laos. Zentrum für die Herstellung und Verbreitung von Drogen, hauptsächlich Heroin.

Goldrausch Phänomen, das seinen Höhepunkt im 19. Jahrhundert mit der Entdeckung von Goldvorkommen in abgelegenen Regionen wie Kalifornien, Australien, Südafrika und Alaska hatte. *S. 363*

Golfkrieg (1990–91) Krieg, ausgelöst durch die irakische Invasion in Kuwait (August 1990). Die UNO verurteilte die Invasion und verlangte den Abzug. Der Irak unter Präsident Saddam Hussein verweigerte dies, und eine Koalition von 29 Staaten unter der Leitung der USA begann mit der »Operation Wüstensturm«. Saddams Truppen ergaben sich im Februar 1991. Kuwait wurde befreit und der Irak mit einem strengen Embargo belegt. *S. 450*

Gomes, Diogo (1440–84) Portugiese, 1458 von Heinrich dem Seefahrer zur Erforschung der westafrikanischen Küste ausgesandt.

Gomez, Estaban (*auch* Estevão Gomes, etwa 1484–1538) Portugiesischer Lotse in Diensten Spaniens, der sich weigerte 1520 die südliche Magellanstraße zu erforschen und desertierte. 1524–25 kartierte er die nordamerikanische Küste von Nova Scotia bis Florida mit großer Genauigkeit. Er wurde auf der Expedition von Pedro de Mendozas zum Río de la Plata von Indianern getötet.

Gonzalez Davila, Gil Spanischer Konquistador des 16. Jahrhunderts, erforschte den Nicaraguasee und machte einen 1522 fehlgeschlagenen Versuch der Eroberung des Gebiets des heutigen Nicaragua.

Gorbatschow, Michael Sergejewitsch (geb. 1931) Sowjetischer Politiker, Generalsekretär der Kommunistischen Partei der Sowjetunion (KPdSU) 1985–91. Präsident der Sowjetunion von 1990–91. Während seiner Amtszeit verfolgte er die Politik des *glasnost*, die entspanntere Beziehungen zwischen der Sowjetunion und dem Westen und eine Reduzierung von Nuklearwaffen erreichte.

Gordillo, Francisco Spanischer Seefahrer, der 1521 an der Küste North Carolinas landete und die gründliche Erforschung des Gebietes initiierte.

Gorée Insel vor Senegal. Von den Niederländern 1621 gegründete Siedlung, Umschlagplatz des Sklavenhandels. *S. 301*

Gorlice-Tarnów ⚔ des Ersten Weltkriegs (Mai 1915). Mittelmächte (Österreich-Ungarn und Deutschland) schlagen russische Truppen zurück.

Goten Bezeichnung für germanische Völker, deren Eindringen in das Römische Reich im 4. Jahrhundert n. Chr. ihren Untergang beschleunigte. *Siehe auch* Awaren, Ostgoten, Westgoten.

Gotik Bezeichnung für einen mittelalterlichen Architekturstil, der sich im Laufe des 12. Jahrhunderts, von Nordfrankreich ausgehend, in Mitteleuropa durchsetzte. *S. 209*

Gottfried von Bouillon (etwa 1060–1100) Führer des ersten Kreuzzugs und erster König von Jerusalem (reg. 1099–1100).

Granada Das letzte maurische Königreich auf der Iberischen Halbinsel. Granada fiel 1492 an Spanien.

Granicus ⚔ (334 v. Chr.). Die erste größere Auseinandersetzung Alexanders des Großen mit den Persern an einer Furt, die früher »Tor nach Asien« hieß, berühmt für den waghalsigen Überraschungsangriff in der Dämmerung, der die feindlichen Kräfte überwältigte.

Grant, Ulysses Simpson (*vorm.* Hiram Ulysses Grant, 1822–85) General und 18. Präsident der USA (Republikaner, 1869–77). Ab 1864 Oberbefehlshaber der Unionstruppen im amerikanischen Bürgerkrieg. Er führte mehrere Truppen gleichzeitig gegen die zahlenmäßig unterlegenen Konföderierten unter Robert E. Lee, die im April 1865 kapitulierten. *S. 368*

Great Rebellion *siehe* Englischer Bürgerkrieg

Gregor VII. (um 1020–85) Reformpapst des Mittelalters (reg. 1073–85), der u.a. gegen die Priesterehe kämpfte. Ab 1075 Investiturstreit mit Heinrich IV. um die Laienpriesterweihe.

GRENADA Zu der südlichsten der Inseln über dem Winde gehören auch die Inseln Carriacou und Petite Martinique. Die Insel war ab 1650 französische Kolonie und wurde 1762 von den Briten eingenommen. Das Land ist der zweitgrößte Muskatproduzent der Welt und rückte 1983 in den Mittelpunkt des internationalen Interesses, weil die USA mit symbolischer Unterstützung mehrerer Karibikstaaten eine Invasion unternahmen, um Grenadas wachsende Verbindungen zu Kuba zu zerstören. Grenada ist eines der sieben OECS-Mitglieder (Organisation Ostkaribischer Staaten).

Chronologie

1498 Kolumbus entdeckt die Insel und nennt sie Concepción.

1650 Die Insel wird von Martinique aus von französischen Truppen besetzt.

1674 Französische Vorherrschaft gegen den Willen der einheimischen Bevölkerung. Einrichtung von Zuckermühlen, betrieben mit Sklavenarbeit.

18. Jahrhundert Die Briten übernehmen die Vorherrschaft und bauen die Wirtschaft auf Sklavenarbeit auf. Produktion von Baumwolle, Kakao und Muskat.

1958–1962 Grenada tritt den Westindischen Assoziierten Staaten bei.

1951 Allgemeines Wahlrecht.

1967–1974 Innere Selbstverwaltung, gefolgt von voller Unabhängigkeit von Großbritannien.

1979 Putsch. Maurice Bishop Premierminister. Engere Beziehungen zu Kuba.

1983 US-Invasion. Einsetzung einer US-freundlichen Regierung.

1999 Wiederwahl der NNP (New National Party), die alle 15 Parlamentssitze erringt.

GRIECHENLAND Das südlichste Balkanland ist vom Ägäischen, Ionischen und Kretischen Meer umgeben. Zu dem vorwiegend gebirgigen Land gehören über 2000 Inseln. Nur ein Drittel der Fläche dient der Landwirtschaft. Kunst, Philosophie und politische Theorie des alten Griechenlands – besonders Athens im 5. Jahrhundert v. Chr. – bestimmten die Entwicklung Europas. Griechische Ideale wurden von Rom übernommen und lebten, wenn auch in einer stark christianisierten Form, in der langen Geschichte des Byzantinischen Reichs fort. Mit der Unterwerfung unter das Osmanische Reich endete diese Periode der griechischen Geschichte. Das moderne Griechenland ist ein junges Land, das erst seit 1830 nach einem Unabhängigkeitskrieg gegen die Türken existiert. Es gibt eine alte Seefahrertradition, einige der weltweit größten Reeder sind Griechen. Zu den reichen Bodenschätzen gehört das seltene Chrom. Die angespannten Beziehungen zur Türkei haben sich in den letzten Jahren verbessert. Im Norden sorgten die Aufstände in Albanien und die Konflikte im ehemaligen Jugoslawien für Instabilität.

Griechische Kunst *S. 43*
Olympische Spiele *S. 45*
Athen *S. 56*
Griechische Philosophie *S. 59*
Alexander der Große *S. 60, S. 61*
Griechische Unabhängigkeitskämpfe *S. 352*

Chronologie

2300–1400 v. Chr. Minoische Kultur blüht auf Kreta und beeinflusst Mykene auf dem Festland.

491 v. Chr. Der Sieg der Athener über die persischen Truppen von König Darius in der Schlacht von Marathon führt zum Aufstieg des athenischen Stadtstaats und des klassischen Griechenlands.

356–23 v. Chr. Philipp von Makedonien und sein Sohn Alexander der Große erobern das gesamte Land. Alexander wirft das persische Reich nieder und weitet den griechischen Einfluss bis nach Indien aus. Nach seinem Tod wird das Reich in vier Teile geteilt.

146 v. Chr. Mit der Zerstörung von Korinth durch die Römer wird das ganze Land Teil des Römischen Reiches.

4. Jahrhundert Griechenland wird Teil des Oströmischen oder Byzantinischen Reichs.

1071–1453 Die schrittweise Niederwerfung des Byzantinischen Reichs durch muslimische Streitkräfte beginnt mit der Schlacht von Mantzikert (1071) und endet mit dem Fall von Konstantinopel (1453). Griechenland ist nun Teil des Osmanischen Reichs.

1821 Eine nationalistische Bewegung erklärt die griechische Unabhängigkeit, Bildung der ersten Nationalversammlung des Landes. Als osmanische Truppen die Vormacht wiederherzustellen versuchen, wendet sich Griechenland an Frankreich, Großbritannien und Russland um Hilfe.

1829 Der russisch-türkische Frieden von Adrianopel enthält ein Protokoll zum griechischen Territorium.

1832 Die Großmächte setzen Otto, den Sohn König Ludwigs von Bayern, als griechischen König ein, er wird 1862 zugunsten Prinz Georgs von Dänemark (Georgios I.) abgesetzt.

1911–1913 In zwei Balkankriegen erwirbt Griechenland Makedonien, Epirus, die ostägäischen Inseln und Kreta.

1913 Georg I. wird ermordet, ihm folgt Konstantin I. Seine pro-deutsche Haltung bringt Ministerpräsident Venizelos gegen ihn auf, der auf Seite der Alliierten in den Ersten Weltkrieg eintritt. Konstantin dankt zugunsten seines Sohns Alexander ab, besteigt den Thron aber wieder nach Alexanders Tod 1920. 1922 dankt er erneut ab, ihm folgt Georg II.

1921–1922 Griechenland versucht in einem Krieg gegen die Türkei, Gebiete in Kleinasien zurückzugewinnen, wird aber vernichtend geschlagen. Im Frieden von Lausanne muss es den türkischen Anspruch auf die umstrittenen Gebiete anerkennen.

1924 Die Republik wird von Anhängern Venizelos ausgerufen, nach einigen Jahren innerer Kämpfe tritt politische Stabilität ein.

1935 Ein Referendum nach Venizelos' Wahlniederlage resultiert in der Wiedereinführung der Monarchie. Georg II. kehrt auf den Thron zurück und ist an der Errichtung einer rechtsgerichteten Diktatur unter General Metaxas nach den manipulierten Wahlen von 1936 beteiligt.

1941 Griechenland wird von deutschen, italienischen und bulgarischen Truppen besetzt. Die Regierung geht ins Exil. Im September organisiert sich eine Widerstandsbewegung, die »Nationale Befreiungsfront« (wichtigste Organisation ist die kommunistische EAM/ELAS). Nach dem deutschen Abzug im Oktober 1944 kommt es zum Bürgerkrieg. Ein Plebiszit bringt schließlich Georg II. zurück auf den Thron.

1946–1949 Konflikte zwischen den royalistischen Kräften und der kommunistischen »Nationalen Volksbefreiungsarmee« (ELAS) münden in einen Bürgerkrieg, der bis zur Kapitulation der ELAS im Oktober 1949 80000 Opfer fordert. Die ▸

◀

Royalisten unter Marschall Alexander Papagos gründen die Nationaldemokratische Griechische Liga und gewinnen im November 1952 nach Jahren instabiler Regierungen die Wahlen. Eine neue Verfassung garantiert zum ersten Mal das Wahlrecht für Frauen.

1955 Papagos stirbt. Die Griechische Liga wird unter Konstantinos Karamanlis, der bis 1963 an der Macht bleibt, zur Nationalradikalen Union umgewandelt.

1963 Die Oppositionspartei von Giorgios Papandreou, die Zentrumsunion, gewinnt die Wahlen und erreicht in einer weiteren Wahl im Februar 1964 die absolute Mehrheit.

1964 König Konstantin wird Nachfolger seines Vaters Paul.

1967 Militärputsch. Der König geht ins Exil. Oberst Giorgios Papadopoulos wird Premierminister.

1973 Ausrufung der Republik mit Papadopoulos als Präsidenten, der jedoch vom Militär gestürzt wird. Generalleutnant Ghizikis wird Präsident, Adamantios Androutsopoulos Premierminister.

1974 NATO-Austritt aus Protest gegen die türkische Besetzung Nordzyperns. Sturz des »Obristenregimes«. Konstantinos Karamanlis wird Premierminister, seine ND gewinnt die nachfolgenden Wahlen.

1975 Konstantinos Tsatsos wird Präsident.

1977 Wiederwahl der ND.

1980 Karamanlis wird Präsident, Georgios Rallis Premierminister. Wiedereintritt in die NATO.

1981 Wahlsieg der PASOK. Andreas Papandreou wird erster sozialistischer Premierminister. EG-Beitritt.

1985 Bestrebungen, die Macht des Präsidenten zu beschneiden. Karamanlis tritt zurück. Nachfolger wird Christos Sartzetakis. Öffnung der seit 1940 geschlossenen Grenze zu Albanien.

1985–1989 Krise wegen staatlicher Sparprogramme.

1988 Kabinett in Finanzskandal verwickelt. Rücktritt führender Minister.

1989 Verteidigungsabkommen mit den USA. Zerfall der Koalitionsregierung. Allparteienkoalition nach zwei unentschiedenen Wahlen.

1990 Zerfall der Koalitionsregierung, Wahlsieg der ND. Konstantinos Mitsotakis Premierminister, Karamanlis Präsident.

1990–1992 Streiks gegen Wirtschaftsreformen.

1992 Athen veranlasst die EU, die frühere jugoslawische Teilrepublik Makedonien vorerst nicht anzuerkennen.

1993 Wahlsieg der PASOK, Andreas Papandreou Premierminister.

1995 Kostas Stephanopoulos wird zum Präsidenten gewählt, Anerkennung Makedoniens.

1996 Rücktritt Andreas Papandreous als Premierminister. Ihm folgt Kostas Simitis.

1997–1998 Proteste gegen Sparmaßnahmen.

2000 April: Wahlsieg der PASOK unter Simitis.

2002 Einführung des Euro-Bargelds.

Griechischer Unabhängigkeitskampf (1821–30) Aufstand der Griechen gegen die türkische Oberherrschaft, ab 1825 mit Unterstützung von Großbritannien, Russland und später Frankreich. Nach der Zerstörung der türkischen Flotte 1827 und dem Frieden von Adrianopel 1829 erwirkten 1830 die Verbündeten die griechische Unabhängigkeit. *S. 352*

Griffith, D.W. (David Wark, 1875–1948) Richtungsweisender US-Filmemacher und Regisseur von *Birth of a Nation*.

Grijalva, Juan de (etwa 1480–1527) Spanischer Konquistador, nahm an der Eroberung Kubas 1508 teil. Bei der Erkundung Yucatáns 1518 erfuhr er als erster Europäer von der Existenz des Aztekenreichs. Später stand er in Mittelamerika im Dienst von Pedrarias Dávila.

GRÖNLAND Die größte Insel der Welt ist selbstverwaltetes Territorium Dänemarks. Sie wurde 989 von Erik dem Roten besiedelt und Heimat einer schnell wachsenden Wikingergesellschaft. Durch Klimaveränderung ab dem 14. Jahrhundert von der Außenwelt abgeschnitten, starben die Siedler entweder aus oder vermischten sich mit der lokalen Inuitbevölkerung.

CHRONOLOGIE

3000 v. Chr. Inuit besiedeln Grönland. Im späten 10. Jahrhundert gründen norwegische Wikinger im Süden Siedlungen.

1262 Grönland gelangt in norwegischen Besitz.

1380 Zusammen mit Norwegen wird Grönland Teil von Dänemark, bestätigt 1397 durch die Kalmarer Union.

16. Jahrhundert Europäische Walfänger in Grönland, einige lassen sich nieder und heiraten Inuitfrauen.

1953 Ein Referendum befürwortet grundlegende Änderungen in der dänischen Verfassung, u.a. die Abschaffung des Kolonialstatus Grönlands und seine Integration in das Königreich Dänemark.

1972 In einem nationalen Referendum über den Beitritt Dänemarks zur europäischen Gemeinschaft (EG) stimmen die Grönländer mit 71 zu 29 Prozent dagegen, müssen sich aber dem überwiegenden »Ja« Gesamtdänemarks beugen und treten am 1. Januar 1973 der EG bei.

1979 17. Januar: Mit 73 Prozent der Stimmen gegen 27 Stimmen die Wähler den Bedingungen der Autonomie zu. Lediglich Polizei und Militär bleiben unter dänischer Kontrolle. Die Selbstverwaltung tritt am 1. Mai in Kraft.

1979 Die sozialdemokratische Partei Siumut gewinnt die ersten Wahlen des neuen Parlaments, erster Premierminister wird Jonathan Motzfeldt.

1985 Grönland tritt aus der EG aus.

Groot Trek *siehe* Großer Treck

Groseilliers, Medart Chouart des Französicher Erforscher Nordamerikas (1659–1660).

Groß-Kolumbien (*auch* Gran Colombia, 1822–30) Staat, der die heutigen Nationen Ecuador, Kolumbien, Panama und Venezuela (vormals Vizekönigreich Neu-Granada) umfasste, entstand aus den Unabhängigkeitsbewegungen, die durch Simón Bolívar angeführt wurden. Die Abtrennung von Venezuela und der Tod Bolívars 1930 führten zum Zusammenbruch der Republik.

Groß-Simbabwe Ruinenstätte im südlichen Afrika, erbaut von den Shona vom 3. bis zum 15. Jahrhundert. Auch der Name eines Königreiches mit der Stadt als Zentrum, das zwischen dem 13. und 14. Jahrhundert in Blüte stand und um etwa 1450 an das Reich Monomotapa fiel. *S. 238*

Großbritannien Größte der Britischen Inseln, umfasst England, Schottland und

Wales. Der Begriff wird oft zur Bezeichnung des Vereinigten Königreichs England und Nordirland verwendet. Nach Jahrhunderten des Konflikts wurden englische und schottische Krone 1601 mit der Thronbesteigung Jakobs I. (Jakob VI. von Schottland) vereint. Wales war im 13. Jahrhundert von England vereinnahmt worden. Feindseligkeiten gegenüber England, sowohl in Wales als auch in Schottland, sind über die Jahre immer wieder aufgeflammt und bestehen auch heute noch unter Separatisten.

GROSSBRITANNIEN Das Vereinigte Königreich im Nordwesten Europas nimmt den größten Teil der Britischen Inseln ein. Es umfasst England, Schottland und Wales sowie Nordirland, das einen politischen Sonderstatus besitzt, und einige kleine Inseln. Eine Landgrenze besteht nur mit der Republik Irland. Vom europäischen Festland ist Großbritannien durch den Ärmelkanal und die Nordsee getrennt. Im Westen liegt der Atlantik. Der größte Teil der Bevölkerung lebt in Städten. Am dichtesten bevölkert ist der Südosten. Die naturbelassenste Region ist Schottland, wo heute weniger Menschen leben als im 18. Jahrhundert. 1973 trat Großbritannien der EG (heute EU) bei. Der EU-Binnenhandel ist ein bedeutender Wirtschaftsfaktor. Als ständiges Mitglied im Weltsicherheitsrat spielt das Land eine wichtige Rolle in der internationalen Politik.

Siehe auch Großbritannien, England, Schottland, Wales

CHRONOLOGIE

43 Britannien (Britannia) wird von den Römern erobert.

60 Der Aufstand von Boudicca, der Königin der Icener in Ostanglia, wird unterdrückt.

450 Mit dem Rückzug Roms beginnt die angelsächsische Eroberung Britanniens.

790 Beginn der Wikingerüberfälle.

871 Wikinger werden von König Alfred dem Großen von Wessex (reg. 871–899) besiegt.

1016 Der dänische König Knut I. regiert.

1066 Nach dem Sieg Wilhelm des Eroberers, des späteren Königs Wilhelm I. (reg. 1066–87), über König Harold II. (reg. 1053–66) in der Schlacht von Hastings erobern die Normannen das Land.

1189 Richard I. (»Löwenherz«) besteigt den Thron und verbringt über zehn Jahre im Ausland. Er kämpft als Kreuzritter um Jerusalem und wird bei einem Kampf in Frankreich getötet. Sein Bruder Johann I. folgt ihm auf dem Thron.

1215 Aufständische Barone zwingen König Johann I. die Magna Charta, die wichtigste englische Verfassungsurkunde, zu unterzeichnen.

1314 Robert the Bruce, König von Schottland (reg. 1306–29), kann in der Schlacht von Bannockburn die schottische Unabhängigkeit verteidigen.

1338 Beginn des Hundertjährigen Krieges zwischen England und Frankreich. Die englischen Könige beanspruchen den französischen Thron. Zwischen 1419 und 1450 beherrschen sie die Normandie, zwischen 1360 und 1450 die Gascogne und zwischen 1152 und 1453 Aquitanien. Zwar errang Heinrich V. (reg. 1413–22) bei Agincourt im Oktober 1415 einen bedeutenden Sieg, am Ende des Krieges 1453 blieb England jedoch nur Calais (bis 1558).

1348–1350 Der Schwarze Tod (die Pest) tötet in ganz Europa inklusive England zwischen einem Drittel bis zur Hälfte der Bevölkerung.

1381 Nach der Einführung einer einkommensunabhängigen Kopfsteuer bricht der von Bettelmönchen unterstützte englische Bauernkrieg aus.

1399 Richard II. wird beim Ausbruch des Rosenkriegs (bis 1485) zwischen dem Haus Lancaster (rote Rose) und dem Haus York (weiße Rose) von seinem Cousin Heinrich von Lancaster (Heinrich IV.) entthront und ermordet.

1485 König Richard III., der ebenfalls seine Verwandten beseitigen ließ, wird in Bosworth Field von Heinrich Tudor (Heinrich VII., reg. 1485–1509) ermordet.

1534 Nachdem der Papst seine Ehe mit Katharina von Aragonien nicht annullieren will, bricht König Heinrich VIII. mit Rom und der katholischen Kirche und macht sich selbst zum Oberhaupt der neuen anglikanischen Kirche.

1536 Mit dem Act of Union wird Wales offiziell Teil Großbritanniens und darf Abgeordnete ins Parlament entsenden.

1541 Nachdem Heinrich VIII. die Macht des irischen Adels teilweise gebrochen hat, macht er sich zum König von Irland, kann das Land aber nicht vollständig unterwerfen.

1553 Maria, die Tochter Katharinas von Aragonien und Heinrichs VIII., besteigt nach dem Tod Heinrichs VIII. und seines Sohnes Eduard VI. als Königin Maria I. den englischen Thron. Sie versucht England mit Gewalt wieder katholisch zu machen.

1558 Nach dem Tod von Maria I. besteigt ihre protestantische Halbschwester Elisabeth I. (reg. 1558–1603) den Thron. Nach drei entdeckten Verschwörungen, die Maria Stuart von Schottland auf den Thron bringen sollten, wird diese im Februar 1557 hingerichtet.

1588 Die englische Marine besiegt die feindliche Armada des spanischen Königs Philipp II. (reg. 1556–98).

1603 Nach Elisabeths Tod regiert der von ihr zum Nachfolger bestimmte Neffe, ein Sohn Maria Stuarts, Jakob I. (reg. 1603–25) von England, der in Schottland schon seit 1567 als Jakob VI. regiert. Damit werden die Kronen von England und Schottland geeint.

1642 Der Konflikt zwischen Krone und Parlament führt zum englischen Bürgerkrieg, in dem Royalisten (»Kavaliere«) und Parlamentsanhänger (»Rundköpfe«) gegeneinander kämpfen. In der Schlacht von Preston 1648 siegt die Armee des Puritaners Oliver Cromwell gegen Karl I.

1649 Cromwell lässt Karl I. im Januar hinrichten. Er erklärt England zum Commonwealth und schlägt in der Schlacht von Drogheda die katholische Opposition in Irland nieder. Ab 1653 regiert er als unumschränkter Lord Protector.

1660 Zwei Jahre nach Cromwells Tod wird König Karl II. aus dem Exil zurückgeholt.

1688 In der unblutigen, so genannten »glorious revolution« wird der wegen seiner Rekatholisierungspolitik umstrittene König Jakob II. zugunsten seiner Tochter Maria II. abgesetzt. Diese ist mit dem niederländischen Protestanten Wilhelm III. vermählt. Mit dem Erlass der Bill of Rights von 1689 wird die Macht des Parlaments gegenüber der Krone gestärkt; Katholiken werden von der Thronfolge ausgeschlossen.

1690 Ein von Jakob II. geführter katholischer Aufstand in Irland wird niedergeschlagen.

1707 Mit dem Act of Union wird aus der Personalunion England und Schottland der Staat Großbritannien. Das schottische ▶

◀

Parlament wird aufgelöst, allerdings behält Schottland sein Rechtssystem und die presbyterianische Kirche.

1745 Aufstand der schottischen Jakobiten (Unterstützer des Hauses Stuart) unter »Bonnie Prince Charlie«. Der Aufstand endet mit der blutigen schottischen Niederlage in der Schlacht von Culloden 1746.

1775–1783 Im amerikanischen Unabhängigkeitskrieg verliert Großbritannien seine nordamerikanischen Besitzungen.

1801 Realvereinigung Großbritanniens (England, Schottland und Wales) mit Irland zum Vereinigten Königreich von Großbritannien und Irland.

1832 Mit dem Great Reform Act darf die männliche Mittelschicht erstmals wählen. Mit den Reform Acts von 1867 und 1884 dürfen auch männliche Arbeiter wählen.

1846 Unter dem Innenminister Robert Peel werden die Getreidezölle von 1815 abgeschafft, ein Sieg der freien Unternehmer gegen die Grundbesitzer.

1877 Königin Victoria wird auf dem Zenit der britischen Weltmacht zur Kaiserin von Indien ausgerufen.

1906 Reformistisch-liberale Regierung.

1914 Beginn des Ersten Weltkriegs.

1918 Waffenstillstände zeigen Kriegsende an. 750 000 Tote allein in Großbritannien.

1921 Unabhängigkeit Irlands akzeptiert.

1926 Generalstreik.

1929 Weltweiter Zusammenbruch des Aktienmarktes. Hohe Arbeitslosigkeit.

1931 Großbritannien verlässt den Goldstandard und wertet das Pfund ab.

1936 Eduard VIII. dankt wegen seiner Heirat mit Wallis Simpson ab.

1938 Premierminister Neville Chamberlain trifft in München Hitler wegen der Sudetenkrise. Er bestreitet Kriegsgefahr.

1939 Deutschland überfällt Polen. Großbritannien erklärt Deutschland den Krieg. Beginn des Zweiten Weltkriegs.

1940 Winston Churchill wird Premierminister. Luftschlacht um England.

1944 6. Juni, D-Day: Alliierte Invasion in der Normandie.

1945 Ende des Zweiten Weltkriegs. 330 000 Briten starben. Labour-Regierung kommt mit sozialem Programm an die Macht.

1946 Verstaatlichung der Bank von England, der Eisenbahn-, Kohle- und der Versorgungsbetriebe.

1947 Indien wird unabhängig.

1948 Einführung eines staatlichen Gesundheitssystems.

1949 Gründungsmitglied der NATO.

1956 Sueskrise. Großbritannien interveniert in der Kanalzone, zieht sich jedoch auf Druck der USA zurück.

1961 De Gaulle weist Londons Antrag auf EWG-Mitgliedschaft zurück.

1968 Legalisierung von Abtreibung und Homosexualität.

1969 Britische Truppen in Nordirland.

1970 Konservative unter Edward Heath an der Macht.

1973 Beitritt zur EG. Ölkrise. Nach Streiks in Bergbau und Kraftwerken wird die Drei-Tage-Woche eingeführt.

1974 Labour-Regierung unter Harold Wilson gibt Streikforderungen nach.

1975 Margaret Thatcher wird Vorsitzende der Konservativen. EG-Mitgliedschaft in Referendum befürwortet.

1979–1997 Konservative Regierung.

1980 Proteste gegen Cruise Missiles. Wachsende Arbeitslosigkeit. Unruhen.

1981 Privatisierungsprogramm beginnt.

1982 Falklandkrieg zwischen Argentinien und Großbritannien.

1983 Steuersenkungen.

1986 Wertpapierhandel wird dereguliert.

1990 Beteiligung am Golfkrieg.

1992 Konservative gewinnen vierte Wahl.

1994 Tony Blair wird Labour-Vorsitzender.

1996 Krise im Gesundheitssystem: BSE wird mit Creutzfeldt-Jakob-Krankheit in Verbindung gebracht.

1997 Erdrutschartiger Wahlsieg für Labour unter Tony Blair. Diana, Prinzessin von Wales, stirbt bei einem Autounfall. Schottland und Wales stimmen in einem Referendum der Bildung eigener Regionalparlamente zu.

1998–1999 Per Referendum bestätigtes »Freitagsabkommen« über eine Friedenslösung in Nordirland scheitert an Waffenabgabe durch Konfliktparteien.

1999 Beteiligung am NATO-Luftkrieg gegen Jugoslawien anlässlich der Kosovo-Krise. Wahl zum Schottischen Parlament und zur Walisischen Versammlung. Regionale Exekutive in Nordirland.

2001 Maul- und Klauenseuche führt zu Notschlachtungen. Labour gewinnt zweite Wahlen mit klarer Mehrheit.

2003 Teilnahme am Irakkrieg der USA.

KÖNIGE UND KÖNIGINNEN VON ENGLAND (seit 924)

Englische Herrscher (nach dem Zusammenschluss Mercias mit dem Königreich Wessex 919)

924–939	Aethelstan
939–946	Edmund I.
946–955	Eadred (Edred)
955–959	Edwy (Edwin)
959–975	Edgar
975–978	Eduard der Märtyrer
978–1016	Aethelred (Ethelred), der Unberatene
1016	Edmund II. Ironside

Dänische Linie

1013–1014	Sven Gabelbart
1016–1035	Knut I., der Große
1035–1040	Harold I. Harefoot
1040–1042	Hardknut (Harthaknut)

Haus Wessex (wieder eingesetzt)

1042–1066	Eduard, der Bekenner
1066	Harold II. Godwinson

Die Normannen

1066–1087	Wilhelm I., der Eroberer
1087–1100	Wilhelm II. Rufus
1100–1135	Heinrich I. Beauclerc
1135–1154	Stephan von Blois
1141	Kaiserin Matilda

Haus Plantaganet (Angevinen)

1154–1189	Heinrich II., Kurzmantel
1189–1199	Richard I., Löwenherz
1199–1216	Johann I., ohne Land
1216–1272	Heinrich III.
1272–1307	Eduard I.
1307–1327	Eduard II.
1327–1377	Eduard III.
1377–1399	Richard II.

Haus Lancaster

1399–1413	Heinrich IV.
1413–1422	Heinrich V.
1422–1461	Heinrich VI.

Haus York

1461–1483	Eduard IV.
1483	Eduard V.
1483–1485	Richard III.

Haus Tudor

1485–1509	Heinrich VII.
1509–1547	Heinrich VIII.

1547–1553	Eduard VI.
1553	Lady Jane Grey (Gegenkönigin)
1553–1558	Maria I.
1558–1603	Elisabeth I.

Herrscher über Großbritannien und das Vereinigte Königreich

Haus Stuart

1603–1625	Jakob I. (Jakob VI. von Schottland)
1625–1649	Karl I.

Commonwealth

1653–1658	Oliver Cromwell (Lord Protector)
1658–1659	Richard Cromwell (Lord Protector)

Haus Stuart (wieder eingesetzt)

1660–1685	Karl II.
1685–1688	Jakob II. (Jakob VII. von Schottland)

Haus Stuart und Haus Oranien

1689–1702	Maria II. und Wilhelm III.

Haus Stuart

1702–1714	Anna

Haus Hannover

1714–1727	Georg I.
1727–1760	Georg II.
1760–1820	Georg III.
1820–1830	Georg IV.
1830–1837	Wilhelm IV.
1837–1901	Victoria

Haus Sachsen-Coburg-Gotha

1901–1910	Eduard VII.

Haus Windsor

1910–1936	Georg V.
1936	Eduard VIII.
1936–1952	Georg VI.
seit 1952	Elisabeth II.

BRITISCHE PREMIERMINISTER (seit 1721)

1721–1742	Sir Robert Walpole
1742–1743	Lord John Carteret
1743–1754	Henry Pelham
1754–1756	Herzog von Newcastle
1756–1757	Herzog von Devonshire (William Pitt der Ältere, Staatssekretär)
1757–1761	Herzog von Newcastle
1761–1763	Graf Bute
1763–1765	George Grenville
1765–1766	Marquis von Rockingham
1766–1770	Herzog von Grafton
1770–1782	Lord Frederick North
1782	Marquis von Rockingham
1782–1783	Graf Shelburne
1783	Herzog von Portland
1783–1801	William Pitt der Jüngere
1801–1804	Henry Addington
1804–1806	William Pitt der Jüngere
1806–1807	Lord William Grenville
1807–1809	Herzog von Portland
1809–1812	Spencer Perceval
1812–1827	Graf von Liverpool
1827	George Canning
1827–1828	Viscount Goderich
1828–1830	Herzog von Wellington
1830–1834	Graf Grey
1834	Viscount Melbourne
1834–1835	Sir Robert Peel
1835–1841	Viscount Melbourne
1841–1846	Sir Robert Peel
1846–1852	Lord John Russell
1852	Graf von Derby
1852–1855	Graf von Aberdeen
1855–1858	Viscount Palmerston
1858–1859	Graf von Derby
1859–1865	Viscount Palmerston
1865–1866	Lord John Russell
1866–1868	Graf von Derby
1868	Benjamin Disraeli
1868–1874	William E. Gladstone
1874–1880	Benjamin Disraeli
1880–1885	William E. Gladstone
1885–1886	Marquis von Salisbury
1886	William E. Gladstone
1886–1892	Marquis von Salisbury
1892–1894	William E. Gladstone
1894–1895	Graf von Rosebery
1895–1902	Marquis von Salisbury
1902–1905	Arthur J. Balfour
1905–1908	Sir Henry Campbell-Bannerman
1908–1916	Herbert H. Asquith
1916–1922	David Lloyd George
1922–1923	Bonar Law
1923–1924	Stanley Baldwin
1924	James Ramsay MacDonald
1924–1929	Stanley Baldwin
1929–1935	James Ramsay MacDonald
1935–1937	Stanley Baldwin
1937–1940	Neville Chamberlain
1940–1945	Winston S. Churchill
1945–1951	Clement R. Attlee
1951–1955	Winston S. Churchill
1955–1957	Anthony Eden
1957–1963	Harold Macmillan
1963–1964	Sir Alec Douglas-Home
1964–1970	Harold Wilson
1970–1974	Edward Heath
1974–1976	Harold Wilson
1976–1979	James Callaghan
1979–1990	Margaret Thatcher
1990–1997	John Major
seit 1997	Tony Blair

Großdeutsches Reich Bezeichnung der Nazis für Deutschland nach der Einnahme des Saarlandes, Österreichs, Böhmens und Mährens und des Memellands 1939, unterteilt in Gaue mit einem Gauleiter.

Große Depression (etwa 1929–34) Weltwirtschaftskrise, ausgelöst durch den Börsenkrach an der Wallstreet 1929. Das Bankwesen brach zusammen, USA forderte Zahlung der Auslandsschulden der Europäer. Weltweit folgten Arbeitslosigkeit und wirtschaftlicher Zusammenbruch.

Große Mauer (*auch* Chinesische Mauer) Bezeichnung für eine durch Nordchina verlaufende Schutzanlage, die von der Takla-Makan-Wüste bis zum Pazifik reicht. Sie wurde errichtet, um China vor den Einfällen der Xiongnu und anderer nord- und zentralasiatischer Völker zu schützen. Sie wurde als ein durchgängiges System zuerst in der Quin-Zeit (etwa 220) konzipiert, indem man frühere Wälle verband, und unter den Han weit nach Westen erweitert. In der Ming-Zeit erhielt sie mit dem Bau einer Mauer mit Wachtürmen in regelmäßigen Abständen ihre endgültige Form.

Große Nordische Expedition (1733–42) Russische Expedition, beauftragt durch Zar Peter den Großen unter Leitung von Vitus Bering zur Erforschung und Kartierung der sibirischen Küste und der Kurilen.

»Großen Drei, Die« Vertreter der drei Großmächte unter den Alliierten: Roosevelt (US), Churchill (GB), Stalin (UdSSR).

Großer Nordischer Krieg (1700–21) Langwieriger Konflikt zwischen Schweden und Russland um die Kontrolle des Baltikums. Nach anfänglichen schwedischen Erfolgen unter Karl XII. gelang es Peter dem Großen, Russland zur beherrschenden Kraft in der Region zu etablieren.

Großer Sprung nach vorn (1958) Versuch der Steigerung der Produktion durch fehlgeleitete Agrarreformen in China. Hungersnöte waren die Folge, es gab 30 Mio. Tote. 1961 wurde die Reform aufgegeben. *S. 428*

Großer Treck (*auch af.* Groot Trek) Auswanderungszüge von 12000 Buren aus der Kapkolonie in Südafrika zwischen 1835 und 1840 aus Protest gegen die britische Politik und auf der Suche nach neuem Weideland. *S. 357*

Großwildjäger (*hist.*) Steinzeitliche Jägerbevölkerung, die wahrscheinlich für die Ausrottung des Mammuts in Nordamerika verantwortlich ist. *S. 15*

Guadalcanal Insel der Salomonen im Pazifik. Während des Zweiten Weltkriegs Schauplatz von See- und Landschlachten (August 1942–Februar 1943) der Alliierten, die den Vormarsch der Japaner im Südwestpazifik aufhielten.

Guangala Küstenkultur des westlichen Südamerika um 250 v. Chr.

Guaraní Südamerikanisches Volk der Tupí-Sprachfamilie. Ursprünglich bewohnten die Guaraní das östliche Paraguay und angrenzende Gebiete in Brasilien und Argentinien. Im 14. und 15. Jahrhundert stießen die westlichen Guaraní zum Río de la Plata vor.

Guarmani, Carlo Italienischer Erforscher der arabischen Halbinsel im 19. Jahrhundert. Der unternehmungslustige Pferdehändler machte die weite Reise von Jerusalem ins Innere Arabiens, um dort Hengste für die französische Regierung und den italienischen König zu erwerben.

GUATEMALA Das größte und bevölkerungsreichste Land der mittel amerikanischen Landenge war die Heimat der antiken Maya-Kultur. Zwischen fruchtbaren Ebenen am Atlantik und Pazifik liegt das beherrschende zentrale Hochland. Das seit 1838 unabhängige Guatemala stand ab 1954 unter Militärherrschaft. Seit 1986 hat es wieder eine zivile Regierung. 90 Prozent der Bevölkerung leben unter halb der Armutsgrenze.

CHRONOLOGIE

1524 Die Spanier erreichen Guatemala, verleiben es 1526 dem Vizekönigtum Neuspanien ein, das die fünf »Provinzen« Mittelamerikas umfasst.

1821 Guatemala schließt sich dem unabhängigen Kaiserreich Mexiko an.

1823 Guatemala schließt sich mit El Salvador, Honduras, Nicaragua und Costa Rica zu unabhängigen »Vereinigten Staaten von Zentralamerika« (Zentralamerikanische Föderation) zusammen.

1838 Guatemala wird unabhängige Republik.

1944 General Jorge Ubico Castañeda, seit 1931 an der Macht, wird durch einen Volksaufstand gestürzt. Der liberale Reformer Juan José Arévalos gewinnt 1945 die nachfolgenden Wahlen.

1952 Jacobo Arbenz Guzmán, gewählt 1951, führt Land- und Sozialreformen durch.

1954 Putsch mithilfe der USA; Sturz der linken Regierung Guzmán.

1966–1984 Krieg gegen Aufständische, militärische »Befriedung« des Hochlandes.

1986–1993 Zivilregierung. Präsident Serrano muss nach gescheitertem »Eigenputsch« fliehen.

1996 Wahl von Präsident Arzú. Friedensabkommen mit URNG-Guerilla beendet nach 30 Jahren den Bürgerkrieg.

1998 Mord an dem Menschenrechtler Bischof Juan Gerardi.

1999 »Wahrheitskommission« klagt Armee wegen Menschenrechtsverletzungen an. Wahlsieg Portillos (FRG).

2002 UNO-Notprojekt wegen Hungersnot.

Guatemalakrieg *siehe* Mexikanisch-Amerikanischer Krieg

Guevara, Che (*v.N.* Ernesto Guevara Serna, 1928–67) Lateinamerikanischer Revolutionär (geb. in Argentinien), der mit Fidel Castro in der kubanischen Revolution kämpfte. *S. 429*

Güyük (1206–48) Enkel Dschingis Khans, regierte als Großkhan der Mongolen von 1246–48.

Guiana *siehe* Guyana

Guilford Courthouse ⚔ des amerikanischen Unabhängigkeitskrieges (5. März 1781). Unentschiedener Ausgang.

GUINEA Guinea liegt an der Westküste Afrikas. Das zentrale Hochland mit dichtem Wald und Savanne fällt nach Westen hin zu Küstenebenen und Sümpfen, nach Norden hin zur Halbwüste ab. Die 1984 errichtete Militärherrschaft endete 1995 mit einer umstrittenen Parlamentswahl.

CHRONOLOGIE

10.-15. Jahrhundert Die Gold produzierenden Länder des Gebietes Wangara werden zum Mittelpunkt des islamischen Reiches Mali.

17.-18. Jahrhundert Gründung eines islamischen Staates durch die Fulbe im Gebiet von Fouta-Djalon.

19. Jahrhundert Samory Touré festigt sein Reich der Malinke von Wasulu, das zum Symbol des Widerstandes gegen die französische Kolonisation wird. Von seiner Hauptstadt Bisandugu erobert Samory Kankan um 1870.

1881 Frankreich unterzeichnet einen Vertrag mit Fouta-Djalon.

1890 Krieg zwischen Truppen Samorys und den Franzosen. Samory bietet an, sein Reich Großbritannien zu überlassen.

1896 Franzosen marschieren in Fouta-Djalon ein.

1898 Franzosen besiegen Samory. Beginn der Kolonisation.

1947 Sekou Touré und andere gründen die Demokratische Partei Guineas (PDG).

1958 Guinea stimmt als einzige Kolonie gegen de Gaulles Angebot, in der Französischen Gemeinschaft zu bleiben, und wird dadurch sofort unabhängig, mit Sekou Touré als Präsident und der PDG als einziger legaler Partei.

1984 Sekou Touré stirbt. Militärputsch.

1993–1995 Umstrittene Wahlen.

1998 Wiederwahl Contés als Präsident.

2000 Rebellenangriffe von Sierra Leone und Liberia. Bürgerkrieg.

2002 Ende des Bürgerkriegs, Union der Länder Guinea, Sierra Leone und Liberia.

GUINEA-BISSAU Das frühere portugiesische Territorium an der Westküste Afrikas ist sehr arm. Es grenzt im Norden an Senegal, im Süden und Osten an Guinea. Vom Hochland mit Savannen im Norden abgesehen ist das Land flach. 1990 begann ein Demokratisierungsprozess, 1994 wurden Wahlen abgehalten. Auf einen Armeeaufstand 1998 folgte ein Jahr später ein Militärputsch, doch danach fanden Präsidenten- und Parlamentswahlen statt.

CHRONOLOGIE

1456 Portugiesische Seeleute treffen ein.
1616 Portugal errichtet Militärgarnison in Cacheu zur Kontrolle des Sklavenhandels.
1879 Kolonie Portugiesisch-Guinea mit Hauptstadt Boloma.
1936 Portugal erklärt die »Befriedung« des Gebiets.
1956 Amilcar Cabral gründet die Afrikanische Unabhängigkeitspartei für Guinea-Bissau und Kapverden (PAIGC).
1959 Streikende Hafenarbeiter in Bissau werden niedergemetzelt. PAIGC schlägt ihr Hauptquartier in Conakry, Guinea, auf.
1960 PAIGC besetzt große Gebiete des Landes.
1970 Söldner fallen mithilfe der Portugiesen in Conakry ein.
1973 A. Cabral wird in Conakry ermordet.
1973 PAIGC erklärt die Unabhängigkeit des Landes. Luis Cabral wird Vorsitzender des Staatsrats, ein Jahr später internationale Anerkennung, auch durch Portugal.
1974 Unabhängigkeit. PAIGC ergreift die Macht. Einparteienstaat.
1980 Militärputsch.
1990 Mehrparteiensystem.
1994 Wahlen mit mehreren Parteien.
1998 Armeeaufstand unter General Mane.
1999 Übergangsregierung. Armee reißt die Macht an sich. November: PRS siegt bei Wahl über PAIGC.
2000 Kumba Yalla wird Präsident. Mane stirbt bei gescheitertem Putsch.
2001 Minderheitsregierungen unter den Premierministern Ntchama (Januar), Imbali (März), Nhassé (Dezember).

Gulag Sowjetische Verwaltung der Gefängnisse und Arbeitslager. *S. 427*
Guomindang *siehe* Kuo-min-tang
Gupta-Dynastie (um 300–500) In diesem Zeitraum wurde Indien von fünf bedeutenden Monarchen regiert, zunächst von Pataliputra und anschließend von Ayodhya. Auf dem Höhepunkt ihrer Macht reichte der Einfluss der Gupta vom Punjab im Westen bis in den Norden Bengalens. Sie waren aufgeklärte und tolerante Herrscher, unter ihnen blühten Kunst und Kultur und sie pflegten weitläufige Handelsbeziehungen. Der Buddhismus war Staatsreligion, aber der wiedererwachende Hinduismus zog viele Anhänger an. Der Einfall der Hunnen im 5. und 6. Jahrhundert brachte dem Reich den politischen Zusammenbruch. *S. 94*
Gurjara-Pratihara (8.–11. Jahrhundert) Indische Dynastie aus Rajasthan, die von 836 an im Gebiet zwischen dem östlichen Punjab und dem nördlichen Bengalen ein Reich errichtete, das im 10. Jahrhundert in kleinere Königreiche zerfiel.
GUS *siehe* Gemeinschaft unabhängiger Staaten, Russland, UdSSR
Gustav Adolf *siehe* Gustav II.
Gustav II. (Gustav Adolf, 1594–1632) König von Schweden (reg. 1611–32). Gewann die baltischen Provinzen von Dänemark zurück und beendete die Kriege mit Russland (1617) und Polen (1629). Im Dreißigjährigen Krieg trat er für den Protestantismus ein und errang eine Reihe von Siegen auf Feldzügen in Deutschland. Während seiner Regierungszeit wurde Schweden zur stärksten Macht Europas. *S. 303*
Gutenberg, Johannes (*eigtl.* Johann Gensfleisch zur Laden, † 1468) Deutscher Handwerker und Erfinder des Buchdrucks mit beweglichen Lettern, der ohne größere Veränderungen bis ins 20. Jahrhundert verwendet wurde.

GUYANA Guyana liegt an der Nordostküste Südamerikas zwischen Venezuela, Brasilien und Suriname. Es ist zu drei Vierteln von dichtem Regenwald bedeckt, der aber durch die Holzgewinnung beängstigend schnell schrumpft. 1966 wurde Guyana von Großbritannien unabhängig. Stützen der Wirtschaft sind Zucker-, Bauxit-, Reis-, Gold- und Holzexporte. Die große Mehrheit der Bevölkerung lebt in der schmalen, teils dem Meer abgerungenen Küstenebene.

CHRONOLOGIE

1499 Alonso de Hojeda entdeckt die Küste Guayanas auf Kolumbus' dritter Fahrt.
1616 Eine niederländische Expedition unter Adrian Groenewegen errichtet eine Festung bei Kykoveral, 1624 treffen niederländische Siedler ein.
1648 Im Frieden von Münster erkennt Spanien Berbice und Essequibo, einschließlich Demerara, als niederländische Kolonien an.
1831 Das Gebiet wird unter dem Namen Britisch-Guyana britische Kolonie.
1953 Erste allgemeine Wahlen, Sieg der PPP (People's Progressive Party) unter Cheddi Jagan. Später Parlamentsauflösung durch die Briten.
1964 Koalitionsregierung unter Führung des PNC (People's National Congress).
1966 Unabhängigkeit von Großbritannien.
1973 Parlamentsboykott durch PPP, die dem PNC Wahlbetrug vorwirft.
1992 Faire Wahlen, Sieg der PPP, Jagan wird Präsident.
1997–1998 Jagan stirbt im Amt. PNC ficht den Wahlsieg seiner Witwe Janet an. Politische Krise.
1999 Caricom-vermitteltes Friedensabkommen. Janet Jagan tritt zurück.
2001 Erneute politische Gewalt.

Guzmán, Nuño de Spanischer Konquistador des 16. Jahrhunderts, der an der Eroberung Mexikos teilnahm.
Gyogi Japanischer buddhistischer Priester des 8. Jahrhunderts, der Karten der japanischen Provinzen zusammenstellte.

H

Haarlem ⚔ des niederländischen Freiheitskampfs (1572–73). Spanischer Sieg.
Habsburger Bedeutende europäische Dynastie. Von 1438 bis 1806 stellte sie bis auf eine Ausnahme alle Kaiser des Heiligen Römischen Reichs. Sie war unter Karl V., der Spanien in den Machtbereich der Habsburger brachte, auf dem Höhepunkt ihrer Macht und beherrschte ein Weltreich. Nach seinem Tod teilte sich das Geschlecht in eine

spanische Linie, die 1700 ausstarb, und in eine österreichische, die bis 1918 an der Macht war.

Konflikte zwischen Habsburg und dem Osmanischen Reich *S. 314*

siehe auch Karl V., Heiliges Römisches Reich, Österreich

Habyarimana, Juvénal (1937–94) Präsident von Ruanda (1973–94).

Hadjdj (*auch* Hadsch, Haj) Pilgerreise nach Mekka. Jeder erwachsene Muslim muss die Reise in die heilige Stadt in Saudiarabien wenigstens einmal im Leben gemacht haben. Ziel der Pilgerreise ist die Kaaba, der heilige Schrein des Islams im Zentrum der Großen Moschee, die den »schwarzen Stein« enthält.

Hadrian (*auch* Publius Aelius Hadrianus, 76–138) Römischer Kaiser (reg. 117–138.) Sicherung der Grenzen, dadurch gab es eine Periode des Friedens und Wohlstands. Hadrian unternahm ausgedehnte Reisen in seinem Reich, nicht nur als Soldat, sondern als Verwalter und Kunstkenner. Er beauftragte den Bau neuer Gebäude, vor allem in Athen und Rom, und den neuer Städte wie Aelia Capitolina, errichtet auf den Ruinen von Jerusalem.

Hadrianswall 117 km langer Wall, zwischen 122 und 128 von Kaiser Hadrian erbaut, um die nördlichen Grenzen des Römischen Reiches zu sichern. Er verläuft in Nordengland von Solway Firth bis zur Tynemündung. Er wies 16 Festungen, 80 kleine Kastelle *(Milecastles)*, eine Vielzahl von Signaltürmen und Gräben auf. Trotz mehrerer Angriffe hielt er bis etwa 400.

Hafsiden Berberische Dynastie im 13. bis 16. Jahrhundert in Ifriqiyah (Tunesien und östliches Algerien), gegründet um 1229 durch den almohadischen Statthalter Abu Zakriyya' Yahya.

Hagia Sophia (*türk.* Ayasofya) Die ursprünglich christliche Kirche in Konstantinopel (Istanbul) dient seit 1453 als Moschee. Bis auf die Minarette entstand sie in ihrer heutigen Form unter Kaiser Justinian I. 532–537.

Haile Selassie I. (1892–1975, reg. 1930–74) Kaiser von Äthiopien, vormals Prinz Ras Tafari. Während der italienischen Besetzung 1936–41 im Exil, führte er mithilfe der Briten die Rückeroberung an und begann mit der Modernisierung Äthiopiens. Durch die Revolution 1984 abgesetzt und unter Hausarrest gestellt, wo er starb. Er wird immer noch von bestimmten Gruppen verehrt, vor allem von den Rastafaris.

HAITI Haiti nimmt den Westteil der Karibikinsel Hispaniola ein. Die frühere spanische Kolonie wurde 1804 als erster Karibikstaat unabhängig und seither herrscht durchgehend politisches Chaos. Auch 1986, nach dem Sturz des Diktators Jean-Claude Duvalier, zog keine Demokratie ein. 1990 gab es zwar Wahlen, aber ab 1991 herrschte wieder das Militär, das 1994 nur durch US-Intervention gestürzt werden konnte.

CHRONOLOGIE

1492 Auf seiner ersten Fahrt nach Amerika trifft Kolumbus auf die Insel Hispaniola.

1697 Die französische Piratenkolonie Saint-Domingue wird im Frieden von Rijswick durch Spanien anerkannt und entwickelt sich bis 1789 zur reichen französischen Plantage mit 500 000 Sklaven.

1791 Mit einem Aufstand der Sklaven gegen die Franzosen unter dem Haitianer Toussaint l'Ouverture beginnt ein erbitterter 13-jähriger Bürgerkrieg. Französische, niederländische und englische Truppen stoßen auf heftigen Widerstand.

1804 Jean Jacques Dessalines (Jacques I.) erklärt die Unabhängigkeit und ruft sich zum Kaiser aus. Haiti ist der erste unabhängige schwarzamerikanische Staat.

1806 Mit Präsident Henri Christophe (später König Henri I.) spaltet sich der mehrheitlich von Schwarzen bewohnte Norden vom Süden ab, der als »Mulattenrepublik« von Präsident A..S. Pétion regiert wird.

1822–1844 Unter dem Präsident und Diktator Jean Pierre Boyer beherrscht Haiti auch den mehrheitlich von Spaniern bewohnten Teil der Insel Santo Domingo. Nach der Vertreibung des Diktators wird Santo Domingo unabhängig.

1915–1934 Besetzung durch die USA.

1957–1971 Terrordiktatur unter François »Papa Doc« Duvalier.

1971–1986 Herrschaft seines Sohnes Jean-Claude »Baby Doc«, der schließlich flieht.

1986–1988 Militärherrschaft.

1990 Wahlsieg Jean-Bertrand Aristides von der linken Lavalas-Partei, er geht nach dem Putsch von 1991 ins Exil.

1994–1995 US-Truppen setzen das Militär ab und Aristide wieder ein, Wahlen.

1997–1999 Politisches Patt.

2000 Wiederwahl von Aristides und der Lavalas-Koalition.

2002 Yvon Neptune wird Premierminister.

Haj *siehe* Hadjdj

Halley, Edmund (1656–1742) Englischer Astronom, der das Datum der Wiederkehr des nach ihm benannten Kometen korrekt berechnete. S. *172*

Hallstattkultur Name einer eisenzeitlichen Kultur in Europa um 800 v. Chr.

Hammurapi Babylonischer König (1790–1750 v. Chr.), bekannt für seine Gesetzestexte, die bis heute existieren. *S. 30*

Han-Dynastie Chinesische Herrscherdynastie, Nachfolger der Qin. Die Früheren oder Westlichen Han (206 v. Chr.–9 n. Chr.) mit ihrer Hauptstadt Xi'an vergrößerten den chinesischen Einfluss unter Kaiser Wudi (140–87 v. Chr.) erheblich. Die Späteren oder die Östlichen Han (25–220), bauten ihre Hauptstadt in Luoyang. Sie führten den Buddhismus ein und erweiterten ihr Gebiet bis nach Zentralasien. Ihr Reich brach schließlich unter dem Ansturm der Völker aus dem Norden zusammen. *S. 86*

Handel

Versorgung Roms *S. 53*

Europäischer Handel mit Asien *S. 312*

Hannibal (247–183 v. Chr.) Feldherr aus Karthago, der 218 das römische Italien überfiel, nachdem er seine Armee, inklusive Elefanten und Kavallerie, über die Alpen geführt hatte. Nach anfänglich erfolgreichen Feldzügen steckte er in Süditalien fest. Er wurde zurück nach Afrika gerufen und 202 bei Zama besiegt. Hannibal floh an den Hof des seleukidischen Königs Antiochos III. *S. 65*

Hanse Handelsvereinigung norddeutscher und baltischer Städte, die zwischen dem 13. und 15. Jahrhundert florierte. Wichtige Mitglieder der Hanse waren Lübeck, Köln, Danzig und Braunschweig. *S. 236*

Harald III., der Strenge (*auch* Harald Hardrade, 1015–66) König von Norwegen. Nachdem er als junger Mann geflohen war, kommandierte er die Warägergarde in Konstantinopel und gewann den Ruf eines gefürchteten

Kriegers. Zurück in Norwegen, teilte er sich das Königreich mit seinem Neffen, wurde aber 1048 Alleinherrscher. 1066 beanspruchte er den Thron von England, wurde jedoch von Harold Godwinson geschlagen und in der Schlacht von Stamford Bridge getötet.

Harappa-Kultur Erste städtische Kultur des indischen Subkontinents, entwickelte sich etwa 2500 v. Chr. im Industal. Wichtigste Städte waren Harappa und Mohenjo-Daro. Über 100 städtische Siedlungen sind bekannt, die meisten von ihnen größere Städte mit Bauten aus gebrannten Ziegelsteinen, über denen eine Zitadelle thronte, die religiöse Gebäude enthielt. Die Städte Harappas hatten ausgedehnte Handelsbeziehungen, die bis nach Mesopotamien reichten. Der Niedergang der Kultur um 2000 v. Chr. ist möglicherweise auf den Einfall der Arier, Klimaänderungen, die sich auf die Landwirtschaft auswirkten, oder Epidemien zurückzuführen.

Harding, Warren Gamaliel (1865–1923) 29. Präsident der USA (Republikaner, 1921–23). Bei seiner Wahl versprach er die Rückkehr zum normalen Leben nach dem Ersten Weltkrieg. Seine Regierung überwachte den Abschluss der Friedensverträge mit Deutschland, Österreich und Ungarn. Die Überführung durch seine Kabinettskollegen wegen schwerer Korruption 1923 hat vermutlich zu seinem Tod beigetragen.

Hargreaves, James (etwa 1720–78) Britischer Erfinder der nach seiner Tochter benannten Jenny-Spinnmaschine (»Spinning Jenny«, 1764), die erste echte Spinnmaschine mit mehreren Spindeln, eine der wichtigsten Erfindungen der industriellen Revolution.

Harold II. (*auch* Harold Godwinson, etwa 1022–66) Beanspruchte nach dem Tod Eduard des Bekenners 1066 den englischen Thron. Der normannische Herzog Wilhelm der Eroberer schlug ihn in der Schlacht von Hastings.

Harris, Richard T. Forscher des 19. Jahrhunderts, der die ersten Goldfunde in Alaska machte (1880).

Harrison, John (1693–1776) Britischer Uhrmacher, der eine Uhr herstellte, die genau und verlässlich genug war, Längengrade zu berechnen.

Harun ar-Rashid *siehe* ar-Rashid, Harun

Hastings ⚔ des normannischen Überfalls auf England (1066). Sieg des normannischen Herzogs Wilhelm der Eroberer über König Harold II. von England.

Hastings, Warren (1732–1818) Erster Generalgouverneur Indiens (1774–85). Er reformierte das Finanz- und Gerichtssystem, wurde wegen Korruption angeklagt und erst 1795 freigesprochen.

Hatschepsut (reg. 1472–58 v. Chr.) Weiblicher ägyptischer Pharao.

Hattin ⚔ der Kreuzzüge (1187). Sultan Saladin schlägt christliche Kreuzzugsstaaten.

Hawaii-Inseln Inselgruppe im zentralen Pazifik, um 400 von Polynesiern besiedelt. Die ersten europäischen Besucher kamen 1778 mit Kapitän Cook auf dessen dritter Fahrt. 1889 annektierten die USA die Insel, 1959 wurden sie als Bundesstaat in die Union aufgenommen.

Hawkins, Sir John (1532–95) Englischer Admiral, der auf drei Reisen in die Neue Welt (1562, 1564 und 1567) Piraterie gegen portugiesische Sklavenschiffe betrieb und die spanischen Kolonien zum Handel mit ihm zwang. 1573 wurde er Schatzmeister der englischen Flotte. 1588 diente er als Konteradmiral gegen die spanische Armada und wurde zum Ritter geschlagen. Er starb 1595 auf einer Expedition mit Sir Francis Drake vor der Küste Puerto Ricos.

Hebräer *siehe* Juden

Hedin, Sven Anders von (1865–1952) Schwedischer Forscher und Geograf kartografisch nicht erfasster Regionen in Zentralasien, Tibet und China.

Hedjra *siehe* Hidjra

Heian-Zeit (794–1185) Periode in der Geschichte Japans, die mit der Verlegung der Hauptstadt nach Heian-kyo beginnt.

HEILIGES RÖMISCHES REICH

Europäische Territorien unter der Herrschaft deutscher oder fränkischer Könige, die den Titel »Kaiser des Römischen Reichs« trugen; die Bezeichnung gehörte schon 800 zum Titel Karls des Großen. Nach ihm erreichte die Macht des Heiligen Römischen Reiches unter den Hohenstaufern im 12. und 13. Jahrhundert ihren Höhepunkt. Das Reich wurde 1806 von Napoleon aufgelöst. S. *187*, *S. 212*

Kaiser des Heiligen Römischen Reichs

800–814	Karl der Große
814–840	Ludwig I., der Fromme (gekrönt 816)
840–855	Lothar I.
855–875	Ludwig II. (in Italien)
875–877	Karl II., der Kahle (Westfranken)
877–887	Karl III., der Dicke (Ostfranken, gekrönt 881)
887–891	Interregnum während des Kriegs zwischen Guido von Spoleto und Berengar von Friuli
891–894	Guido
892–899	Lambert (Mitregent Guidos)
896–899	Arnulf (Rivale Lamberts, gekrönt vom Papst)
901–905	Ludwig III.
905–924	Berengar

Italienische Linie

924–926	Rudolf von Burgund
926–945	Hugo von der Provence
945–950	Lothar III.
952–962	Berengar

Deutsche Linie

911–918	Konrad I. (Franken), nie in Rom gekrönt
918–936	Heinrich I., der Vogler (Sachsen), nie in Rom gekrönt
936–973	Otto I., der Große, gekrönt 962
973–983	Otto II.
983–1002	Otto III., gekrönt 996
1002–1024	Heinrich II., der Heilige (Bayern), gekrönt 1014
1024–1039	Konrad II., der Salier (Franken), gekrönt 1027
1039–1056	Heinrich III., gekrönt 1046
1056–1106	Heinrich IV., gekrönt 1084
Rivalen Heinrichs IV.:	
1077–1080	Rudolf von Schwaben
1081–1093	Hermann von Luxemburg
1093–1101	Konrad von Franken
1106–1125	Heinrich V., gekrönt 1111
1125–1137	Lothar II. (Sachsen), gekrönt 1133

▶

1138–1152	Konrad III. (Schwaben), nie in Rom gekrönt
1152–1190	Friedrich II. Barbarossa, gekrönt 1155
1190–1197	Heinrich VI., gekrönt 1191
1198–1212	Otto IV. (Braunschweig), gekrönt 1209.
Rivalen Ottos IV.:	
1198–1208	Philipp II. von Schwaben, nie gekrönt
1212–1250	Friedrich II., gekrönt 1220
Rivalen:	
1246–1247	Heinrich Raspe, nie gekrönt
1247–1256	Willhelm von Holland, nie gekrönt
1250–1254	Konrad IV., nie gekrönt
1254–1273	Interregnum
Anwärter:	
1257–1273	Richard von Cornwall, nie gekrönt
1257–1272	Alfons X. von Kastilien, nie gekrönt
1273–1291	Rudolf I. (Habsburg), 1274 durch den Papst anerkannt, nie gekrönt
1292–1298	Adolf II. (Nassau), nie gekrönt
1298–1308	Albert I. (Habsburg), nie gekrönt
1308–1313	Heinrich VII. (Luxemburg), gekrönt 1312
1314–1347	Ludwig IV. (Bayern), gekrönt 1328.
Rivalen Ludwigs IV.:	
1325–1330	Friedrich von Habsburg, Mitregent
1347–1378	Karl IV. (Luxemburg), gekrönt 1355.
Rivalen Karls IV.:	
1347–1349	Günther v. Schwarzburg
1378–1400	Wenzel (Luxemburg), gekrönt 1376
1400–1410	Rupprecht (Pfalz) nie gekrönt
1410–1437	Siegmund (Luxemburg), gekrönt 1433
Rivalen Siegmunds:	
1410–1411	Jobst von Mähren
1438–1439	Albert II. (Habsburg), nie gekrönt
1440–1493	Friedrich III., letzter in Rom gekrönter Kaiser
1493–1519	Maximilian I., nie gekrönt
1519–1556	Karl V., letzter durch den Papst gekrönter Kaiser (in Bologna)
1558–1564	Ferdinand I.
1564–1576	Maximilian II.
1576–1612	Rudolf II.
1612–1619	Matthias
1619–1637	Ferdinand II.
1637–1657	Ferdinand III.
1658–1705	Leopold I.
1705–1711	Joseph I.
1711–1740	Karl VI.
1742–1745	Karl VII. (Bayern)
1745–1765	Franz I. (Lothringen)
1765–1790	Joseph II.
1790–1792	Leopold II.
1792–1806	Franz II.

Heinrich der Seefahrer (*gen.* Prinz Heinrich von Portugal, 1394–1460) Sohn Johanns I. von Portugal. Gründete 1416 an der Algarve eine Schule für Seeleute und finanzierte eine Reihe von Reisen zur Erforschung der afrikanischen Küste.

Heinrich I. (*gen.* der Vogler) König von Sachsen (reg. 876–936). Wahl zum deutschen König, formte das Reich zu einem funktionierenden Staat. Sein Sohn Otto verwirklichte Heinrichs Eroberungspläne.

Heinrich II. (972–1024) Bayerischer König des deutschen Reiches und Kaiser des Heiligen Römischen Reiches, 1146 heilig gesprochen. *S. 163*

Heinrich II. (1133–89) König von England (reg. 1154–89). Geboren in Frankreich. Erbte das Herzogtum Normandie von seiner Mutter und von seinem Vater die Grafschaft Anjou. Durch die Heirat mit Eleonore von Aquitanien gewann er Poitou und Guyenne. 1154 trat er die Nachfolge Stephans an und fügte damit England seinen Besitzungen hinzu. Er erweiterte die Gerichtsbarkeit der Krone, geriet aber mit Thomas Becket und später der eigenen Familie in Konflikt, als er den Einfluss der Kirche zu beschränken versuchte.

Heinrich II. (1519–59) König von Frankreich (reg. 1547–59). Aus seiner Ehe mit Katharina von Medici gingen drei zukünftige Könige Frankreichs hervor. Politisch stark beeinflusst durch seine Geliebten Diane de Poitiers und Anne de Montmorency. Schloss ein Bündnis mit Schottland und erklärte England den Krieg, der mit der Eroberung Calais' 1558 endete. Fortgesetzte Kriege gegen Kaiser Karl V. und Spanien.

Heinrich IV. (1050–1106) Deutscher Kaiser (Sohn Heinrichs III.), erbte 1056 die Königreiche Deutschland, Italien und Burgund, die von seiner Mutter regiert wurden. Sein Streit mit Papst Gregor VII. über die Investitur hatte 1075 seinen Kirchenbann zur Folge. Seine öffentliche Abbitte in Canossa 1077 hob den Bann auf. 1084 ernannte er Klemens III. zum Gegenpapst und ließ sich zum Kaiser krönen. Ständige Konflikte mit den deutschen Fürsten, auf deren Seite sich schließlich auch sein jüngerer Sohn Heinrich V. stellte, erzwangen 1105 seine Abdankung. *S. 174*

Heinrich V. (1387–1422) König von England (reg. 1413–22). Überfiel 1415 Frankreich und schlug die Franzosen bei Azincourt. Bis 1419 hatte er die Normandie erobert und sein Erbanspruch auf den französischen Thron wurde anerkannt.

Heinrich VIII. (1491–1547) König von England (reg. 1509–47). Die Weigerung des Papstes, die Ehe mit Katharina von Aragonien zu annullieren, weil sie keinen männlichen Erben hervorbrachte, führte zum Bruch mit der römisch-katholischen Kirche. Heinrich machte sich zum Oberhaupt der englischen Kirche, es folgte die Auflösung von Klöstern. 1536 richtete er seine zweite Frau Anna Boleyn wegen Untreue hin. Weitere Ehen mit Johanna Seymour (starb), Anna von Cleve (geschieden), Katharina (Catherine) Howard (enthauptet) und Katherina (Catherine) Parr (überlebte Heinrich). *S. 280*

Hengemonumente Zeremonialanlagen. Im Allgemeinen ein Kreis, der durch einen Erdwall mit einem oder mehreren Eingängen begrenzt wird. Ein innerer Graben trennt das innere und das äußere Geschehen symbolisch voneinander. Charakteristisch für Hengemonumente sind außerdem Steinpfeiler oder Menhire, deren Ausrichtung oft mit astronomischen Daten übereinstimmt.

Hennepin, Pater Louis (1640 – um 1701) Belgischer Forscher, segelte 1675 als Franziskanermissionar nach Kanada. Erforschte den Oberlauf des Mississippi mit dem Franzosen La Salle. Anders als in seinen Memoiren beschrieben entdeckte er die Mündung des Flusses nicht.

Hephthaliten *siehe* Hunnen

Herakleios (etwa 572–642) Byzantinischer Kaiser (ab 610). Er schlug die persischen Armeen, die das Reich bedrohten. Sein Sieg in der Tigrisebene 627 zwang die Perser zu Friedensangeboten. 629 stießen arabische Armeen nach Syrien vor und hatten 637 Syrien, Pälastina und Ägypten erobert. Herakleios trat dieser neuen Bedrohung nicht entgegen.

Herat Antike Stadt in Afghanistan, aufgrund ihrer Lage an der Handelsstraße zwischen der islamischen Welt und China häufig umkämpft. 1221 von Dschingis Khan geplündert.
Metallarbeiten aus Herat *S. 194*

Herbert, Sir Thomas (1602–82) Englischer Reisender und Autor. Schiffte sich 1627 auf eine Reise zum Kap, nach Madagaskar, Goa und Surat ein und bereiste große Teile Persiens. Seine Rückreise führte ihn nach Sri Lanka, an die Koromandelküste und nach St. Helena. Für seine Dienste im Bürgerkrieg erhielt er 1660 die Baronetswürde. Er schilderte seine Reisen, einschließlich einer Beschreibung der Ruinen von Persepolis, in seinem Buch *Description of the Persian Monarchy* (1634).

Herjolfsson, Bjarni Wikinger, der im 10. Jahrhundert als erster Europäer die Küste Amerikas sichtete. In isländischen Sagas wird berichtet, wie Herjolfsson 985 von Grönland aus vom Kurs abgetrieben wurde und im Westen Land sichtete. Etwa 15 Jahre später segelte Leif Eriksson nach Westen, um der Entdeckung Herjolfssons nachzugehen.

Herodes I., der Große (um 73–4 v. Chr.) Sein Vater diente unter Caesar in Ägypten und ernannte ihn zum Herrscher von Galiläa. 40 v. Chr. vertrieb Herodes die Parther aus Jerusalem und wurde romtreuer König von Judäa.

Herodot (um 484–420 v. Chr.) Griechischer Historiker, Schriftsteller und Geograf, der »Vater der Geschichtsschreibung«. Bereiste die antike Welt, berühmt ist seine Geschichte der Perserkriege.

Hethiterreich (Blüte 1450–1200 v. Chr.) Indoeuropäer, die, vermutlich vom Schwarzen Meer kommend, sich in Anatolien und Nordsyrien niederließen und die Hauptstadt Hattusa (*auch* Hattuscha, das heutige Bogazkale) gründeten. Die unentschiedene Schlacht bei Kadesch gegen die Ägypter (um 1285 v. Chr.) endete mit einem Friedensvertrag, aber das Reich brach um 1200 zusammen.

Hexenprozesse Höhepunkt in Europa und Nordamerika im 16. und 17. Jahrhundert. *S. 308*

Heyn, Piet (*eigtl.* Pieter Pieterzen Heyn, 1577–1629) Niederländischer Seekommandant. Schlug als Vizeadmiral der Westindischen Kompanie 1624 die Spanier bei San Salvador und 1626 vor Bahia. 1628 eroberte er die spanische Silberflotte und wurde dafür zum Admiral ernannt.

Hidalgo, Miguel y Costilla (1753–1811) Mexikanischer Priester, gefeiert als Initiator des mexikanischen Aufstandes gegen Spanien. Er führte ein Heer von 80 000 Mann an, das 1811 bei Mexiko City geschlagen wurde. Hidalgo wurde hingerichtet.

Hidjas Gebirgiges Plateau im westlichen Saudi-Arabien, das eine Fläche von etwa 388 500 km^2 bedeckt. Hier befinden sich die heiligen Städte des Islam: Mekka und Medina.

Hidjra (*auch* Hedjra) Mohammeds Auswanderung von Mekka nach Medina (622). Das Jahr der Hidjra ist der Beginn des muslimischen Kalenders.

Hieroglyphen (*griech.* »heilige Schriftzeichen«) Antikes Schriftsystem. Ursprünglich eine Bilderschrift, meist von rechts nach links geschrieben, die aus drei Arten von Informationen bestehen konnte: einem realen Gegenstand oder Ereignis, der Darstellung eines Konsonanten oder einer Konsonantenabfolge, oder der Erklärung eines ansonsten mehrdeutigen Symbols. Erste Nachweise von Hieroglyphen stammen von 3250 v. Chr. Sie waren bis ins 3. Jahrhundert n. Chr. in Gebrauch, vor allem in religiösen Schriften und Inschriften.

Hindenburglinie (*auch* Siegfriedstellung) Befestigte Verteidigungslinie der Deutschen im Ersten Weltkrieg an der Westfront (benannt nach Feldmarschall Hindenburg), an die sich die deutschen Soldaten 1917 zurückzogen und die bis 1918 nicht durchbrochen wurde.

Hinduismus Vorherrschende Religion in Indien, im Zentrum stehen die Bestimmung des Schicksals durch ein früheres Leben (Karma), die Wiedergeburt (Samsara) und das ethische Wertesystem (Dharma). Mit dem Hinduismus eng verknüpft ist das religiös-soziale Kasten-System. Die religiösen Übungen umfassen unterschiedliche Rituale, Meditationsübungen und Askese. Der Hinduismus ist so flexibel, dass innerhalb dieser Weltanschauung Formen des Polytheismus neben denen des Monotheismus existieren können, Tieropfer und die Ablehnung der Tötung jeglichen Lebens sich nicht ausschließen. Der Hinduismus hat keinen Stifter, sondern ist über eine Zeit von 4000 Jahren aus den religiösen Vorstellungen lokaler und zugewanderter Völker gewachsen. Die älteste heilige Schrift des Hinduismus ist der Veda. Daneben sind v.a. Mahbharata, Bhagavadgita, Puranas und verschiedene religiöse Gesetzbücher von großer Bedeutung.

Hippalus Griechischer Kaufmann des 1. Jahrhunderts, der als Erster die Regelmäßigkeit der Monsunwinde erkannte und sie für seine Reisen (14–37) durch das Rote Meer zum Indus nutzte.

Hipparch (*auch* Hipparchos, um 180–125 v. Chr.) Griechischer Astronom und Mathematiker, der als Erster mithilfe der Längen- und Breitengrade die Lage von Orten bestimmen konnte.

Hiroshima Japanische Stadt, auf die die USA im August 1945 die erste Atombombe abwarfen. *S. 417*

Hirtentum Herdenhaltung von Tieren wie Rindern, Schafen und Kamelen, normalerweise in Klimaten, die zu trocken, bergig oder kalt für den Ackerbau sind. Hirten sind zu unterschiedlichen Graden nomadisierend und können aus diesem Grund oft Fernhandel betreiben.

Hisbollah *siehe* Hizbollah

Hitler, Adolf (1889–1945) Deutscher Diktator. Nach dem Kriegsdienst in den Schützengräben des Ersten Weltkriegs agierte er in der Weimarer Republik für die Nationalsozialistische Deutsche Arbeiterpartei (NSDAP), die extrem nationalistisch, antikommunistisch und rassistisch orientiert war. 1933 wurde er Reichskanzler und baute mithilfe des Ermächtigungsgesetzes eine faschistische Diktatur auf. Er stellte die deutsche Wirtschaft auf eine Kriegsökonomie um und eroberte die deutschen Vorkriegsgebiete zurück. Er annektierte Österreich und besetzte die Tschechoslowakei. 1939 überfiel er Polen. Dies löste den Zweiten Weltkrieg aus. Sein Regime ist von der Massenvernichtung verschiedener Volksgruppen (Juden, Sinti und Roma) im In- und Ausland und politisch Andersdenkender geprägt. Nach dem Einmarsch sowjetischer Truppen 1945 in Berlin beging er Selbstmord. *S. 410*

Hizbollah (*auch* Hizbullah, Hisbollah, »Partei Gottes«) Größte der politischen Gruppen der Schiiten im Libanon. Vom Iran aus unterstützt, mit Entführungen westlicher Personen und Terroranschlägen zur Durchsetzung ihrer politischen Ziele in Verbindung gebracht. Ständige Konflikte mit israelischen Sicherheitskräften nach Israels Invasion des Libanons 1982.

Hizbullah *siehe* Hizbollah

Ho Chi Minh (1890–1969) Vietnamesischer Politiker, gründete 1930 die Kommunistische Partei Indochinas. Anführer der Vietminh-Guerilla. Nach dem Zweiten Weltkrieg bildete er eine Regierung in Hanoi. Gegen den französischen Versuch, sich die ehemaligen Kolonien wieder anzueignen, erklärte er 1945 die Unabhängigkeit Vietnams und führte den Widerstand an, der die französischen Truppen zum Rückzug aus dem Norden zwang. Als Präsident von Vietnam (1954) stellte er sich erfolgreich der amerikanischen Intervention in Vietnam in den 60er-Jahren entgegen. Nach dem Ende des Vietnamkriegs mit dem Fall von Saigon wurde die Stadt in Ho-Chi-Minh-Stadt umbenannt.

Hobkirk's Hill ⚔ im amerikanischen Unabhängigkeitskrieg (25. April 1781). Amerikanischer Sieg.

Hogarth, William (1697–1764) Englischer Maler und Kupferstecher, scharfsinniger Karikaturist seiner Zeitgenossen. *S. 324*

Hohenlinden ⚔ der Napoleonischen Kriege (2. Koalitionskrieg, 1800). Französischer Sieg zwingt Österreich zu Friedensverhandlungen.

Hohenstaufen (*auch* Staufer) Deutsches Fürstengeschlecht, beherrschte das Heilige Römische Reich von 1138 bis 1208 und von 1212 bis 1254. *S. 212*

Hohokam Indianerkultur der südwestlichen USA, erreichte ihren Höhepunkt im 11. Jahrhundert.

Hojo Japanische Familie von Kriegern und Herrschern, die Japan im 13. Jahrhundert beherrschte, vor allem während der mongolischen Invasionen 1274 und 1281.

Holländisch-Ostindien Bezeichnung für holländisches Kolonialgebiet in Südostasien vom 17. bis zum 20. Jahrhundert. *Siehe auch* Indonesien

Holländische Ostindienkompanie (*holl.* Vereenigde Oost-Indische Compagnie) Von den Holländern 1602 gegründete Handelskompanie zur Sicherung des Ostindienhandels. 1799 aufgelöst.

Hollywood Heimat der größten Filmstudios, Los Angeles, Kalifornien.
Die Stummfilm-Ära *S. 408*

Holocaust Bezeichnung für die Verfolgung und Ermordung der europäischen Juden durch Nazi-Deutschland, bei der sechs Millionen Menschen starben.

Homer (*auch gr.* Homeros) Griechischer Dichter des 9. Jahrhunderts v. Chr., ihm werden die frühesten griechischen Versdichtungen zugeschrieben, einschließlich der *Ilias* und der *Odyssee*. Sein Werk ist eine Verschriftlichung der mündlichen Dichtung des alten Griechenlands.

Homo Bezeichnung für Angehörige der Gattung, der auch der moderne Mensch zuzurechnen ist. Der früheste *Homo* ist der *Homo habilis*, der vor etwa 2,5 Mio. Jahren gelebt hat.

Homo erectus (»aufgerichteter Mensch«, vor etwa 1,7 Mio. bis 100 000 Jahren) Verschiedene Spezies in Asien und Afrika mit relativ großem Gehirn, langbeinigem Körperbau, Fähigkeit der Werkzeugherstellung und Veränderung der Umwelt. Erfand die Axt und beherrschte den Gebrauch des Feuers. *S. 10*

Homo habilis (»geschickter Mensch«, vor etwa 2,5 bis 1,6 Mio. Jahren) So genannt wegen seiner Fähigkeit der Herstellung von Steinwerkzeugen. *H. habilis* war der erste Angehörige der Gattung *Homo*, der eine Gehirnkapazität der Hälfte des modernen Menschen hatte, 50 % größer als jeder Australopithecus. *S. 10*

Homo sapiens sapiens (vor etwa 100 000 Jahren) Erscheint zum ersten Mal in Afrika. Der erste anatomisch moderne Mensch nutzte sein Geschick bei der Jagd, seine Anpassungsfähigkeit und seine innovativen Werkzeuge zur Besiedlung des gesamten Globus. Etwa 12 000 v. Chr. erreichten moderne Menschen die Südspitze Amerikas. Die Fähigkeit zu abstraktem Denken zeigt sich im Vorhandensein von Ritualen und an Felsmalereien, die 45 000 Jahre alt sind. *S. 10*

HONDURAS Das Land erstreckt sich über die mittelamerikanische Landenge und hat nur eine kurze Pazifikküste. An der langen Karibikseite liegt die fast unbewohnte Moskitoküste, das übrige Land ist gebirgig. Nach mehreren Militärregierungen hat Honduras seit 1984 eine zivile Regierung. 1998 wurde das Land durch den Hurrikan »Mitch« verwüstet, der mindestens 5600 Todesopfer forderte und Schäden in einer Höhe von rund 3 Mrd. US-Dollar anrichtete.

CHRONOLOGIE

1821 Honduras gehört bis 1821 zum Generalkapitanat Guatemala, wird als Teil von Mexiko (bis 1823) unabhängig von Spanien und anschließend als Teil der Zentralamerikanischen Konföderation (bis 1838).

1838 Unabhängigkeitserklärung.

1890er-Jahre Erste US-Bananenplantagen.

1932–1949 Diktatur von General Tiburcio Carías Andino von der PN (Partido Nacional)

1954–1957 Gewählter Präsident der PLH (Partido Liberal de Honduras), Villeda Morales, abgesetzt, wiedergewählt.

1963 Militärputsch.

1969 13 Tage dauernder »Fußballkrieg« mit El Salvador.

1980–1983 Wahlsieg der PLH, aber General Gustavo Alvarez hat die eigentliche Macht. Militärpräsenz der USA, Festnahme von Gewerkschaftern, Todesschwadronen.

1984 Rückkehr zur Demokratie.

1988 Vertreibung von 12 000 nicaraguanischen Contras nach Honduras.

1995 Militär weist Vorwurf der Menschenrechtsverletzungen zurück.

1998 Hurrikan »Mitch«.

1999 Erster ziviler Verteidigungsminister.

Hong Xiuquan (*auch* Hung Hsui-ch'üan, 1814–64) *siehe* Taipingaufstand

HONGKONG Insel vor der chinesischen Küste, seit 1842 zu Großbritannien gehörend, das weitere Gebiete auf dem Festland erwarb

(Kowloon-Halbinsel 1860, die »New Territories« 1898). 1997 wurde Hongkong an China zurückgegeben.

CHRONOLOGIE

1842 Großbritannien macht nach Sieg über China im Opiumkrieg 1839–42 Hongkong zur Kronkolonie (Vertrag von Nanking).

1860 Niederlagen im zweiten Opiumkrieg (1856–60) führen zur Übereignung Kowloons an Großbritannien (Pekinger Konvention).

1898 Nach weiteren Angriffen und Drohungen muss die Qing-Regierung den Vertrag unterzeichnen, mit dem Hongkong, Kowloon und die New Territories Großbritannien 99 Jahre zur Pacht überlassen werden.

1941–1945 Japanische Besetzung Hongkongs.

1949 Kommunistische Machtübernahme auf dem chinesischen Festland stoppt die Pläne der Briten, Hongkong größere Autonomie zu gewähren.

1967 Der Handel leidet unter Unruhen durch die Kulturrevolution in China.

1981 Kontroversen um das britische Nationalitätengesetz, das Hongkong-Chinesen die britische Staatsbürgerschaft garantiert, aber nicht die Wohnsitznahme in Großbritannien erlaubt.

1984 Die »Gemeinsame Erklärung zur Hongkongfrage« von Großbritannien und China wird nach zweijährigen Verhandlungen unterzeichnet. Sie garantiert chinesische Souveränität über Hongkong ab 1997, Kontrolle der Außen- und Verteidigungspolitik bei großer Autonomie in wirtschaftlichen Fragen und die Beibehaltung des sozialen und rechtlichen Systems, des Kapitalismus und der Redefreiheit.

1997 Rückgabe Hongkongs an China. Jetzt als »Sonderverwaltungsregion der Volksrepublik China« bezeichnet.

2003 Ausnahmezustand in Hongkong wegen Lungenkrankheit SARS legt Wirtschaft lahm.

Hoover, Herbert Clark (1874–1964) 31. Präsident der USA (Republikaner, 1929–33). Wurde bekannt durch seine erfolgreiche Organisation der Lebensmittelversorgung im Ersten Weltkrieg. Seine Präsidentschaft fiel mit dem Börsenkrach an der Wallstreet und der Depression zusammen. Obwohl er Gegenmaßnahmen ergriff, unterschätzte er die Situation und verlor gegen Herausforderer Franklin D. Roosevelt 1933 die Präsidentschaftswahl.

Hopewell-Kultur Kultur im Tal des Scioto River (im heutigen Ohio), zwischen etwa 500 v. Chr. und 400 n. Chr. Die Hopewell-Indianer besaßen eine komplexe Bestattungstradition und sind bekannt für ihre konischen Grabhügel, darunter der größte der USA, und geometrische Erdwallanlagen. Berühmt ist der 213 m lange Klapperschlangenhügel in Ohio. Bekannt ist Hopewell auch für seine Skulpturen, die häufig Tiere darstellen. *S. 88*

Hospitaliter *siehe* Johanniterorden

Hsia-Dynastie *siehe* Xia-Dynastie

Hsin-Dynastie *siehe* Xin-Dynastie

Hsiung-nu *siehe* Xiongnu

Hsüan-tsang *siehe* Xuanzang

Huari (um 500–800) Kultur der Anden bei Ayacucho in Peru. Kriegerische Expansion wurde durch den Bau von Fernstraßen mit Militärstützpunkten in regelmäßigen Abständen erleichtert. Die breite Masse der Bevölkerung entrichtete Arbeitsdienst, eine Form der Steuer.

Huayna Capac (reg. 1493–1525) Inka-Herrscher, der 1493 den Thron nach Erbfolgestreitigkeiten bestieg. Er dehnte das Reich nach Norden bis zum Fluss Ancasmayo aus, bevor er an einer Epidemie starb (die vielleicht von den Spaniern verbreitet wurde). Nach seinem Tod kam es erneut zu Thronstreitigkeiten, die bei der Ankunft der Spanier 1532 nicht beigelegt waren. Innerhalb von drei Jahren war das Inkareich vernichtet.

Hudson Bay Company Gegründet 1670, um das Land um die Hudsonbay in Besitz zu nehmen und Pelzhandel zu treiben. Sie kontrollierte den kanadischen Pelzhandel etwa 200 Jahre, bis sie ihre Konzession 1869 verlor. *S. 311*

Hudson, Henry (um 1565–1611) Englischer Seefahrer. Versuchte im Auftrag der Moskauer Kompanie die Nordwestpassage von Nordamerika nach Asien zu finden. Er segelte 1608 entlang der grönländischen Küste bis nach Spitzbergen.1609, finanziert durch die Holländische Ostindienkompanie, suchte er nach der Ostroute, änderte jedoch den Kurs und segelte nach Nordamerika, wo er die Chesapeake- und die Delawarebai erforschte. Auf seiner letzten Reise 1610 fand er im Norden die große Bucht, die seinen Namen trägt, und im Süden die Jamesbai.

Hügelfestungen Hoch gelegene befestigte Siedlungen, von Erdwällen oder Erd- und Steinmauern umgeben und durch ein komplexes Zugangssystem aus Gräben und Übergängen geschützt. Dienten im Westeuropa der Eisenzeit als Verteidigungsanlagen im Kriegsfall und auch als Fürstensitze. Bekannte Beispiele sind die keltische Heuneburg in Deutschland und das keltische Maiden Castle in England.

Hügelgrab (*auch* Tumulus, Kurgan) In der Jungsteinzeit und Bronzezeit wurde über Einzel- oder Gemeinschaftsgräbern ein Erdhügel errichtet. Diese Bestattungsform ist in Mitteleuropa und Zentral- und Südasien charakteristisch für das 3. und 2. Jahrtausend v.Chr. In den Hügelgräbern finden sich Grablegungen, Urnenbestattungen oder Brandbestattungen. Die Grabkammern sind aus Holz oder Stein (Megalithgräber), auch Baumsarggräber kommen vor. Am häufigsten sind runde Hügelgräber, es gibt jedoch auch ovale oder längliche Grundrisse.

Hülägü (um 1217–65) Mongolischer Führer. Gründer des Reichs der Ilchane im Iran (1258) nach der Plünderung Bagdads und der Einnahme des abbasidischen Kalifats. 1260 überfiel er Syrien. *S. 216*

Huerta, Victoriano (1854–1916) Mexikanischer Diktator. General der mexikanischen Armee und zu Beginn der Mexikanischen Revolution 1910 gegen Zapata und andere Aufständische mit dem liberalen Präsidenten Francisco Madero verbündet. 1913 stürzte er die Regierung Maderos und ging gegen politische Gegner vor. Als die USA ihre Unterstützung zurückzog, ging er ins Exil.

Hugenotten Ab Mitte des 16. Jahrhunderts in Frankreich Bezeichnung für französische Protestanten. Nach Unterdrückung und blutigen Bürgerkriegen (Hugenottenkriege, französische Religionskriege) mit dem Toleranzedikt von Versailles toleriert.

Humanismus 1) Bezeichnung für die Philosophie der Renaissance, die die Bedeutung der menschlichen Vernunft im Sinne der alten Griechen hervorhebt und die Autorität der traditionellen Kirchenlehren infrage stellt. *S. 273*
2) Im weiteren Sinne eine Weltanschauung, die den Menschen und die Menschlichkeit in den Mittelpunkt stellt.

Humboldt, Alexander von (1769–1859) Preußischer Naturforscher, der zwischen

1799 und 1804 eine bedeutende Reise nach Südamerika machte.

Hundertjähriger Krieg (1337–1453) Auseinandersetzung zwischen England und Frankreich im 14. und 15. Jahrhundert, die aus dem Anspruch Eduards III. auf den französischen Thron entstand. Bedeutende englische Siege bei Crécy (1346), Poitiers (1356) und Azincourt (1415) waren nur von kurzem Erfolg. 1455 hatte die englische Krone alle ihre Gebiete in Frankreich verloren, mit Ausnahme von Calais. *S. 234*

Hung Hsui-ch'üan *siehe* Hong Xiuquan

Hunnen Reitervölker der Steppen, die im 4. Jahrhundert nach Osten zogen. Die Schwarzen Hunnen unter Attila griffen im 5. Jahrhundert das Römische Reich an, sie wurden auf den Katalaunischen Feldern geschlagen (451). Danach fielen sie auseinander. Die Weißen Hunnen (Hephthaliten) überfielen die indischen Gupta (480) und das sassanidische Persien (484). *Siehe auch* Xiongnu *S. 96*

Hunyadi, János (um 1387–1456) Ungarischer Nationalheld, der die Türken oft besiegte, aber 1444 bei Warna geschlagen wurde. Reichsverweser Ungarns von 1446–52. Sein Sieg bei Belgrad (1456) verhinderte den türkischen Einmarsch für die nächsten 70 Jahre.

Huronen Nordamerikanisches Indianervolk vom Gebiet des St.-Lorenz-Stroms, das die französischen Expeditionen unter Cartier und Champlain (1543, 1603) freundlich aufnahm. Am Ende des 16. Jahrhunderts vertrieben die Irokesen viele Huronen westwärts nach Ontario, wo sie eine Konföderation mit anderen Stämmen gründeten. 1648–50 zerstörten irokesische Überfälle die Konföderation, viele Tausend Huronen starben.

Hurtado de Mendoza, Diego Spanischer Erforscher von Niederkalifornien (16. Jahrhundert).

Hus, Jan (*auch* Johannes Huß, um 1369–1415) Böhmischer Reformer. Predigten gegen die Privilegien des Klerus führten zu seiner Exkommunizierung (1411). 1413 veröffentlichte er sein Hauptwerk *De Ecclesia*. Wegen Häresie angeklagt und verurteilt. Seine Verbrennung löste die Hussitenkriege aus. *S. 255*

Husaniden Dynastie, die Tunesien von 1705 bis zur Gründung der tunesischen Republik 1957 beherrschte.

Husky Kodename für die Invasion der Alliierten in Sizilien im Juli 1943.

Huß, Johannes *siehe* Hus, Jan

Hussein, Saddam (geb. 1937) Irakischer Diktator. Trat 1957 der sozialistischen arabischen Baath-Partei bei. Er spielte eine führende Rolle in der Revolution von 1968, die die Zivilregierung absetzte und einen Revolutionären Kommandorat errichtete. 1979 wurde er Präsident des Iraks. Sein Angriff auf den Iran 1980 mündete in einen achtjährigen Zermürbungskrieg. 1990 überfiel er Kuwait. Obwohl der Irak den Krieg verlor, aus Kuwait abziehen musste und strenge Wirtschaftssanktionen von der UNO auferlegt bekam, blieb Saddam weiterhin an der Macht. Im zweiten Golfkrieg 2003 von einer Allianz aus Großbritannien und den USA (ohne UNO-Mandat) entmachtet. *Siehe* Iranisch-Irakischer-Krieg, Golfkrieg

Hussiten Anhänger des böhmischen religiösen Reformers Jan Hus.

Hutu (*auch* Bahutu, Wahutu) Bantubevölkerung von Ruanda und Burundi. Hutu-Extremisten waren verantwortlich für das grausame Massaker von 1994 an der Tutsibevölkerung in Ruanda.

Hyksos (*auch* Hyxos) »Hirtenkönige«, Gründer der 15. Dynastie in Ägypten etwa 1670 v. Chr., auf das Mittlere Reich folgend. Ursprünglich Nomaden aus Palästina, beherrschten sie Ober- und Teile Unterägyptens bis etwa 1550 v. Chr. Sie führten Pferd und Wagen ein, in anderen Bereichen scheinen sie die einheimische ägyptische Kultur übernommen zu haben.

I

I-ching *siehe* Yi-jing

I-Dynastie *siehe* Yi-Dynastie

Ibarro, Francisco de Spanischer Gouverneur der mexikanischen Provinz Nuevo Viscaya. 1563 Gründer der Stadt Durango, die er nach einer Stadt seiner Heimatprovinz in Spanien benannte.

Iberische Halbinsel *siehe* Spanien, Portugal

Ibn al-Mansur al-Abbasa *siehe* ar-Raschid, Harun

Ibn Battuta (*auch* Abu Abd Allah Mohammed, 1304–68) Arabischer Reisender und Schriftsteller. Er verließ Tanger 1325 und reiste entlang der Nordküste Afrikas nach Ägypten und dann nach Norden bis Damaskus. Nach einer Pilgerreise nach Mekka bereiste er Afrika und Westasien, dann entlang der Seidenstraße nach Delhi, von dort nach Sumatra und China.

Ibn Mohammed al-Mahdi *siehe* ar-Rashid, Harun

Ibn Saud *siehe* Saud, Abd al-Asis ibn

Ibn Tughluq, Mohammed *siehe* Tughluq

Ibn Tulun, Ahmed (reg. 868–883) Stiefsohn eines türkischen Feldherrn, dem Ägypten 868 als Lehen übergeben wurde. Sein Vater schickte ihn als Leutnant nach Ägypten. Zwischen 868 und 875 hatte er seine Macht beträchtlich gestärkt, eine neue Stadt außerhalb Kairos gegründet, ein großes Bauprogramm begonnen und 875 Tributzahlungen an Bagdad verweigert. 878 unterwarf Ibn Tulun die wichtigsten Städte Syriens, was zum Bruch mit dem Kalifen von Bagdad und der Gründung der Dynastie der Tuluniden führte *S. 144*

ICBM *siehe* Interkontinentalrakete

Idrisi *siehe* al-Idrisi, ash Sharif

Ieyasu *siehe* Tokugawa Ieyasu

Ife Yoruba-Kultur, die vom 11. bis 15. Jahrhundert in Südwestnigeria blühte. Bekannt für ihre schönen Terrakottafiguren und Bronzeköpfe. *S. 194*

Igbo-Ukwu Kleines Königreich im Waldland Südnigerias (8.–9. Jahrhundert). Grabbeigaben zeigen die Verbindung Igbo-Ukwus mit dem Fernhandelsnetz von Sahara und Sahel. Karneol aus dem Grab eines Würdenträgers könnte sogar aus Persien oder Indien stammen. Bronzegegenstände, vermutlich Grabbeigaben für einen Priester oder ein Oberhaupt, zeigen eine große Verfeinerung der Metallverarbeitung.

Ignatius von Loyola (1491–1556) Ordensgründer der Jesuiten spanischer Herkunft. *Siehe auch* Jesuiten

Ikonen Russische religiöse Bilder (v.a. des Mittelalters). *S. 254*

Ilchane (1256–1353) Mongolische Dynastie, begründet von Hülägü, der 1258 Persien überfiel und Bagdad eroberte. Bruch mit den mongolischen Herrschern Chinas, nachdem Ilchan Ghazan

(1255–1304) zum sunnitischen Islam übertrat. Konflikte zwischen Sunniten und Schiiten schwächten die Dynastie folgenschwer.

Illinois River Fluss in Nordamerika, 1673 von Jolliet und Marquette erforscht.

Imhotep (um 2600 v. Chr.) Ägyptischer Königsratgeber, Schriftsteller, Arzt und Hoher Priester des Sonnengottes in Heliopolis im Reich des Djoser (3. Dynastie). Als genialer Architekt der Stufenpyramide von Sakkara war er in der Lage, Bautechniken, die bisher nur bei Holzkonstruktionen angewandt wurden, auf Quadersteine zu übertragen. In griechischer Zeit wurde er als Gott verehrt.

Impressionismus Vorherrschende Kunstrichtung des späten 19. Jahrhunderts, vor allem in Frankreich. *S. 372*

»Indian Removal Act« (28. Mai 1830) Gesetz, das Land westlich des Mississippi den Indianern garantierte, die ihr Land im Osten und Südosten der USA durch weiße Siedler verloren hatten. Einige der nördlichen Stämme ließen sich friedlich umsiedeln, die meisten setzten der erzwungenen Umsiedlung von ihrem Land in den unbekannten Westen heftigen Widerstand entgegen.

Indianerkriege Bezeichnung für eine Reihe von Kriegen (1860–90) in den USA, die den indianischen Widerstand gegen die verheerende Gewalt des industriellen Fortschritts zerschlugen. *S. 374*

INDIEN Die Gebirgskette des Himalaja trennt den Subkontinent Indien vom restlichen Asien. Neben dem Himalaja sind an geografischen Besonderheiten die Ebenen des Indus und Ganges zwischen den Ausläufern des Himalaja und dem Vindhya-Gebirge sowie die Hochebene im Zentrum und Süden zu nennen. Das fruchtbare Land Indiens, ein Ergebnis der jährlichen Monsunregenfälle, hat viele fremde Invasoren angezogen. Viele von ihnen waren islamisch und kamen aus Zentralasien, von Mahmut von Ghazni im 10. Jahrhundert bis zu Babur, dem Gründer des Mogulreiches 1526. Zuletzt kamen die Briten, die im 19. Jahrhundert nach und nach ganz Indien beherrschten, bis zur Unabhängigkeit des Landes 1947.

Heute ist Indien das größte demokratische und nach China bevölkerungsreichste Land der Erde. Seit kurzem ist die Geburtenrate rückläufig, aber selbst bei dieser Rate werden wahrscheinlich schon 2030 in Indien mehr Menschen leben als in China. Nach Jahren des Protektionismus öffnet Indien seine Wirtschaft nun der Außenwelt. Man hofft, dass der freie Markt helfen wird bei der Lösung eines der Hauptprobleme des Landes, der Armut.

Kaiser Ashoka *S. 62*
Hinduismus *S. 149*
Sultanat von Delhi *S. 198*
Englische Ostindische Kompanie *S. 291*
Shah Jahan *S. 304*
Aurangseb *S. 313*
Britisch-Indien *S. 354*
Indischer Aufstand (1857–59) *S. 366*
Industrialisierung in Indien *S. 375*
Indische Unabhängigkeit *S. 409*

CHRONOLOGIE

2500 v. Chr. Beginn der Induskultur.

1500 v. Chr. Arische Invasoren zerstören die Induskultur und führen den Hinduismus ein. Entwicklung des Kastensystems der vedischen Religion.

320–185 v. Chr. Das Maurya-Reich eint fast ganz Indien, der Buddhismus wird Staatsreligion.

320 n. Chr. Gründung der Gupta-Dynastie, Beginn des »klassischen Zeitalters«.

500 Ankunft der Hunnen, Fall der Gupta.

674 Muslimische Eroberungen erreichen den Indus.

1192–1398 Errichtung des muslimischen Sultanats von Delhi im Zwischenstromland zwischen Indus und Ganges in Nordindien.

1526 Gründung des Mogulreiches, das seine Blüte mit der Regierungszeit Kaiser Akbars erreichte (1556–1605).

1707 Tod des Großmoguls Aurangseb und Beginn des Niedergangs des Mogulreiches.

1757 Britischer Militärsieg in Bengalen kündigt die Festigung der britischen Macht in Indien an.

1857 Indischer Aufstand oder »Sepoy-Meuterei«: Versuch des Widerstands gegen die britische Herrschaft.

1858 Formale Auflösung des Mogulreichs, Indien wird direkt der britischen Krone unterstellt.

1876 Königin Victoria wird zur Kaiserin von Indien erklärt.

1885 Bildung des indischen Nationalkongresses.

1919 Parlamentsgesetz führt die »Regierungsverantwortung« ein.

1920–1922 Mahatma Gandhis erste Kampagne des passiven Widerstands.

1935 »Government of India Act« gesteht den Provinzen Autonomie zu.

1936 Erste Wahlen nach der neuen Verfassung.

1942–1943 »Quit India«-Bewegung.

1947 August: Unabhängigkeit und Teilung in Indien und Pakistan. Jawarhalal Nehru wird erster Premierminister.

1948 Ermordung Mahatma Gandhis. Krieg mit Pakistan wegen Kaschmir. Indien wird Republik.

1951–1952 Kongresspartei gewinnt erste allgemeine Wahlen.

1957 Wiederwahl der Kongresspartei. Erste gewählte kommunistische Bundesstaatsregierung in Kerala.

1960 Bombay wird in die Staaten Gujarat und Maharashtra geteilt.

1962 Wiederwahl der Kongresspartei. Grenzkrieg mit China.

1964 Tod Nehrus. Lal Bahadur Shastri wird Premierminister.

1965 Zweiter Krieg mit Pakistan um Kaschmir.

1966 Tod Shastris. Indira Gandhi, Tochter Jawarhalal Nehrus, wird Premierministerin.

1969 Kongresspartei spaltet sich in zwei Gruppen, die größere unter der Führung Indira Gandhis.

1971 Indira Gandhis Kongresspartei gewinnt die Wahlen. Dritter Krieg mit Pakistan über Bangladesch.

1972 *Simla*-(Friedens)-Abkommen mit Pakistan.

1974 Erstmals unterirdische Atomtests.

1975–1977 Ausnahmezustand.

1977 Kongresspartei verliert Parlamentswahlen. Volkspartei (JD) übernimmt Macht im Bund.

1978 Offizielle Gründung der Kongresspartei »Congress-I« (Indian National Congress [Indira]).

1980 Indira Gandhis Kongresspartei gewinnt die Parlamentswahlen.

1984 Indische Truppen stürmen Sikh-Tempel in Amritsar. Sikh-Leibwächter ermorden Indira Gandhi, ihr Sohn Rajiv Gandhi wird Premierminister und Führer ▶

der Kongresspartei. Indiens schlimmste industrielle Katastrophe: Gasexplosion in der US-Produktionsanlage Union Carbide Corporation in Bhopal tötet 2000 Menschen.

1985 Friedensabkommen mit militanten Separatisten in Assam und Punjab.

1987 Einsatz indischer Friedenstruppen in Sri Lanka gegen »tamilische Tiger«.

1989 Allgemeine Wahlen, National Front bildet Minderheitsregierung mit Unterstützung der BJP. Kongresspartei in Bofors-Skandal verwickelt.

1990 Rückzug aus Sri Lanka. BJP-Führer Lal Advani verhaftet.

1991 Die Kongresspartei verlässt die Regierungskoalition. Rajiv Gandhi wird während einer Wahlkampagne ermordet. Narasimha Rao wird Premierminister einer Minderheitsregierung der Kongresspartei. Beginn der liberaleren Wirtschaftspolitik.

1992 Hindu-Extremisten zerstören die Babri-Masjid-Moschee von Ayodha. Vielerorts Ausbruch von Gewalttätigkeiten, 1200 Menschen sterben.

1993 Wiederaufleben hinduistisch-muslimischer Aufstände. Bombenexplosionen in Bombay (Mumbai). Grenztruppenabkommen mit China.

1994 Rupie voll konvertierbar. Schlappe für die Kongresspartei bei Wahlen. Zunehmende Vorwürfe der Korruption bei der Regierungspartei. Ausbruch von Lungenpest.

1995 Punjabs Erster Minister wird von Sikh-Extremisten ermordet.

1996 Bestechungsskandal löst politische Krise aus. Schlimmste Wahlniederlage der Kongresspartei. Nationalistische BJP verliert Vertrauensvotum, linksgerichtete Regierungskoalition United Front im Amt.

1997 Nachfolgeregierungen stürzen ohne Unterstützung der Kongresspartei.

1998 Allgemeine Wahlen, BJP unter Atal Bihari Vajpayee bildet eine Koalitionsregierung. Sonia Gandhi, Witwe von Rajiv Gandhi, wird Vorsitzende der Kongresspartei. Indien zündet Atombombe.

1999 Vajpayee reist nach Pakistan, um eine Buslinie zwischen Indien und Pakistan einzuweihen. Indien und Pakistan testen Atomraketen. Blutige Konfrontation im Kaschmirkonflikt. BJP kommt über Wahlen nach Misstrauensantrag erneut an die Macht.

2001 Ein Erdbeben in Gujarat fordert mehr als 25000 Todesopfer. BJP-Regierung ist in Bestechungsskandal um illegalen Waffenhandel verwickelt. Juli: Gespräche in Agra zwischen Vajpayee und Präsident Musharraf von Pakistan.

2002 Erneute Kaschmirkrise, als Indien Pakistan der direkten Beteiligung an Terrorangriffen kaschmirischer Separatisten beschuldigt.

Britische Generalgouverneure von Indien (1774–1858)

1774–1785	Warren Hastings
1785–1786	Sir John MacPherson (kommissarisch)
1786–1793	Lord Cornwallis (General Charles Mann Cornwallis, Marquis of Cornwallis)
1793–1798	Sir John Shore (Baron Teignmouth)
1798–1805	Lord Wellesley (Richard Colley Wellesley, Baron Wellesley; später Marquis Wellesley)
1805	Lord Cornwallis
1805–1807	Sir George Hilario Barlow (kommissarisch)
1807–1813	Lord Minto (Baron Gilbert Elliot-Murray-Kynynmound Minto)
1813–1823	Francis Rawdon-Hastings (Earl of Moira; später Marquis of Hastings)
1823	John Adam (kommissarisch)
1823–1828	Baron William Pitt Amherst (später Earl Amherst)
1828	William Butterworth Bayley (kommissarisch)
1828–1835	Lord Bentinck (William Henry Cavendish-Bentinck)
1835–1836	Sir Charles Theophilus Metcalfe (kommissarisch)
1836–1842	George Eden, Earl of Auckland
1842–1844	Edward Law, Earl of Ellenborough
1844	William W. Bird (kom.)
1844–1848	Henry Hardinge, Viscount Hardinge
1848–1856	James Andrew Broun Ramsay, Earl of Dalhousie
1856–1858	Charles John Canning, Viscount Canning

Britische Vizekönige von Indien (1858–1950)

1858–1862	Charles John Canning, Viscount Canning
1862–1863	James Bruce, Earl of Elgin
1863	Sir Robert Cornelius Napier (kommissarisch)
1863–1864	Sir William Thomas Denison (kommissarisch)
1864–1869	Sir John Laird Mair Lawrence
1869–1872	Richard Southwell Bourke, Earl of Mayo
1872	Sir John Strachey (kom.)
1872	Francis Napier, Baron of Ettrick (kommissarisch)
1872–1876	Thomas George Baring, Viscount Baring of Lee (Earl Northbrook)
1876–1880	Robert Bulwer-Lytton, Baron of Lytton
1880–1884	George Frederick Samuel Robinson, Marquis of Rippon
1884–1888	Frederick Hamilton-Temple-Blackwood, Earl of Dufferin
1888–1894	Henry Petty-Fitzmaurice, Marquis of Lansdowne
1894–1899	Victor Alexander Bruce, Earl of Elgin
1899–1905	George Nathaniel Curzon
1905–1910	Gilbert Elliot-Murray-Kynynmound, Earl of Minto
1910–1916	Charles Hardinge, Baron Hardinge of Penhurst
1916–1921	Frederic John Napier Thesiger, Baron Chelmsford
1921–1925	Rufus Daniel Isaacs, Baron Reading of Erleigh
1925–1926	Victor Alexander George Robert Bulwer-Lytton, Earl of Lytton
1926–1929	Edward Frederick Lindley Wood, Baron Irwin (Lord Halifax)
1929–1931	George Joachim Goschen, Viscount Goschen of Hawkhurst
1931–1936	George Freeman Freeman-Thomas, Earl of Willingdon
1936–1943	Victor Alexander John Hope, Marquis of Linlithgow
1943–1947	Archibald Percival Wavell, Viscount Wavell
1947	Louis Francis Mountbatten, Viscount Mountbatten of Birma Generalgouverneur (nach der Unabhängigkeit)
1947–1948	Louis Francis Mountbatten, Earl Mountbatten of Birma
1948–1950	Chakravarthi Rajagopalachari

Indische Präsidenten (ab 1950)

1950–1962	Rajendra Prasad
1962–1967	Sarvapalli Radhakrishnan
1967–1969	Zakir Husain
1969	V. V. Giri (kommissarisch)
1969	Mohammed Hidayatullah (kommissarisch)
1969–1974	V. V. Giri
1974–1977	Fakhruddin Ali Ahmed
1977	B. D. Jatti (kommissarisch)
1977–1982	N. Sonjiva Reddy
1982–1987	Zail Singh
1987–1992	R. Venkataraman
1992–1997	Shankar Dayal Sharma
1997–	K. R. Narayanan

Indische Premierminister (ab 1947)

1947–1964	Jawaharlal Nehru
1964	Gulzari Lal Nanda (interim)
1964–1966	Lal Bahadur Schastri
1966	Gulzari Lal Nanda (interim)
1966–1977	Indira Gandhi
1977–1979	Morarji Desai
1979–1980	Charan Singh
1980–1984	Indira Gandhi
1984–1989	Rajiv Gandhi
1989–1990	Vishwanath Pratap Singh
1990–1991	Chandra Shekar
1991–1996	P. V. Narasimha Rao
1996	Atal Bihari Vajpayee
1996–1997	H. D. Deve Gowda
1997–1998	Inder Kumar Gujral
1998–	Atal Bihari Vajpayee

Indienrat (*auch* Consejo de las Indias) Oberstes Regierungsorgan der spanischen Kolonien in Amerika (1524–1834), verantwortlich für alle Gesetze, mit denen die Kolonien im Namen des Königs regiert wurden.

Indisch-pakistanische Kriege 1948 brach zwischen Indien und Pakistan ein Krieg um das mehrheitlich muslimische Kaschmir aus, dessen hinduistischer Herrscher der Indischen Union beitrat. 1949 handelte die UNO einen Waffenstillstand aus, der Kaschmir zwar faktisch zwischen den beiden Ländern aufteilte, aber das Problem ungelöst ließ. Im August 1965 brach erneut Krieg aus, als die indische Armee pakistanische Truppen abwehrte und einen Gegenangriff startete. Durch sowjetische Vermittlung gab es einen weiteren Waffenstillstand. Kaschmir bleibt ein Streitpunkt zwischen Indien und Pakistan.

Indische Meuterei *siehe* Indischer Aufstand

Indischer Aufstand (*auch* indische Meuterei, 1857–59) Der Aufstand war das Ergebnis von Unzufriedenheit innerhalb der Armee der Ostindischen Kompanie und des Versuchs von Adligen und Landbesitzern, sich von der britischen Herrschaft zu befreien. Er begann mit der Einnahme Delhis durch die Aufständischen im Mai 1857. Bis September war die Stadt rückerobert. Das Massaker an britischen Evakuierten in Kanpur (27. Juni 1857) rief einen Sturm der Entrüstung hervor. Die britische Wiedereinnahme von Lucknow (22. März 1858) und ein Feldzug in Zentralindien (Februar–Juni 1858) beendeten den Aufstand, auch wenn er noch einige Monate weiterschwelte. 1858 wurde die Ostindische Kompanie aufgelöst und Indien direkt der britischen Krone unterstellt.

Indischer Nationalkongress (*auch* Kongresspartei) Partei, die 1885 gegründet wurde und sich unter Mahatma Gandhi zur Massenbewegung für die Unabhängigkeit entwickelte. 1930–32 löste Gandhi Massenkampagnen des zivilen Ungehorsams aus.

INDONESIEN

INDONESIEN Die Inseln Indonesiens, des weltgrößten Archipels, erstrecken sich über 5000 km von der Malaiischen Halbinsel ostwärts über den Pazifik bis nach Neuguinea. Sumatra, Java, Kalimantan, Irian Jaya und Sulawesi sind gebirgig, vulkanisch und dicht bewaldet. Vormals Niederländisch-Ostindien, wurde Indonesien 1949 unabhängig. Drei Jahrzehnte lang herrschte das Militär, bis nach dem Sturz des Suharto-Regimes 1998 langsam wieder »zivile Verhältnisse« einkehrten. In den Außengebieten kamen die gewaltsam unterdrückten Forderungen nach größerer Autonomie samt neuer Gewalt auf. Indonesische Milizen verwüsteten Osttimor 1999, nachdem es für die Unabhängigkeit gestimmt hatte.

Chronologie

1. Jahrhundert Erster Kontakt der Völker des indonesischen Archipels mit der hinduistisch-buddhistischen Kultur Indiens.

7. Jahrhundert Das buddhistische Reich Srivijaya aus Sumatra steigt zum ersten bekannten Staat in Indonesien auf und erobert Gebiete von Sumatra nach Malaysia und Südthailand.

12. Jahrhundert Der Islam hält Einzug in Indonesien.

1293 Dem Srivijaya-Reich folgt das in Java gegründete hinduistisch-buddhistische Reich Majapahit, das bis zur Mitte des 15. Jahrhunderts den Archipel beherrscht.

14. Jahrhundert Kleine islamische Fürstentümer entstehen entlang der Küsten.

16. Jahrhundert Der europäische Vorstoß beginnt mit der Kontrolle der Portugiesen über den Gewürznelkenhandel der Molukken.

1602 Gründung der niederländischen Vereinigten Ostindischen Kompanie, die ein Monopol über den regionalen Gewürzhandel errichtet.

1799 Die Konzession der Ostindischen Kompanie läuft aus; die niederländische Regierung übernimmt die Kontrolle über das Archipel.

1825–1830 »Javakriege«, erste erfolglose Aufstände der Einheimischen gegen die niederländische Herrschaft.

1830 Die Niederländer führen das berüchtigte »Kultursystem« ein, mit erzwungenem Anbau von Produkten für den Markt, das die indigene Landwirtschaft ernsthaft schädigt.

1901 Niederländer propagieren eine neue »ethnische Politik«, die der indigenen Bevölkerung ein Mindestmaß an Bildung und Selbstverwaltung zugesteht.

1910 Niederländer kontrollieren auch die Außeninseln – das gesamte Gebiet des heutigen Indonesien ist niederländisch.

1930er-Jahre Unterdrückung der Unabhängigkeitsbewegung.

1942–1945 Besetzung durch Japaner, Sukarno arbeitet mit ihnen zusammen und treibt gleichzeitig die Unabhängigkeit voran.

1945 Unabhängigkeitserklärung.

1945–1949 Guerillakrieg.

1949 Niederländer gewähren die Unabhängigkeit unter Sukarno.

1957–1959 Sukarno führt die autoritäre »gelenkte Demokratie« ein.

1962 Niederlande treten Irian Jaya ab.

1965 Allianz der kommunistischen PKI mit dem Militär beendet. Die Armee unter General Suharto verhindert einen Staats- ▸

◄

streich, eliminiert die verbotene PKI, es gibt bis zu 1 Mio. Tote.

1966 Sukarno übergibt die Macht an General Suharto.

1968 Suharto wird Präsident.

1975 Invasion in Osttimor, das 1976 zur 27. Provinz Indonesiens erklärt wird.

1984 Muslimischer Protest in Jakarta löst islamische Bewegung aus.

1989 Unruhen in Java und Sumbawa.

1991 Massaker indonesischer Truppen an Demonstranten für ein unabhängiges Osttimor.

1996 Demonstrationen in Jakarta.

1997 Wirtschaftliche Rezession. Smogalarm aufgrund von Waldbränden.

1998 Unruhen, Rücktritt Suhartos.

1999 Wahlsieg der Opposition unter der Führung Megawati Sukarnoputris. Ausgang des Referendums in Osttimor für die Unabhängigkeit löst brutalen Gegenschlag aus. UNO ernennt eine Übergangsregierung. Wahid wird zum Präsidenten gewählt, Megawati zur Vizepräsidentin ernannt.

2001 Amtsenthebung Wahids, Megawati tritt an seine Stelle.

2002 Beschluss einer Verfassungsreform.

Industrielle Revolution Der Übergang einer primär agrarischen zu einer industriellen Wirtschaft, der in Großbritannien um 1750 mit der bemerkenswerten Ausbreitung und größeren Effizienz der Schlüsselsektoren Textilproduktion und Bergbau begann. Im späten 18. Jahrhundert steigerten eine Reihe von Erfindungen und Innovationen, vor allem die Dampfmaschine, die Produktion und kleine Werkstätten wurden von großen Fabriken abgelöst. Die Industrialisierung sprang schnell auf Nordfrankreich, Belgien und das Ruhrgebiet mit seinen großen Kohlevorkommen über. Um 1890 waren die USA, dank reicher natürlicher Ressourcen, einer wachsenden Bevölkerung und technologischer Neuerungen, zur führenden Industrienation der Welt geworden. *S. 334, S. 351*

Inka-Reich (um 1470–1532) Reich, das etwa 1470 durch die militärische Eroberung der Nachbarvölker zum bedeutendsten Staat Südamerikas aufstieg, bis es 1532 in die Hände der spanischen Konquistadoren fiel. Die Inkagesellschaft war streng hierarchisch organisiert, mit dem Sapan Inka (= einziger Inka), dessen Abstammung direkt vom Sonnengott abgeleitet wurde, an der Spitze. Der Staat funktionierte durch die Verpflichtung der Bevölkerung, für Straßen- und Städtebau, Bergbau und Landwirtschaft Zwangsarbeit zu leisten. Es gab keine Schrift, die Verwaltung verwendete ein arithmetisches System. *S. 244, S. 268*

Innozenz III. (*fr.* Lothar Graf von Segni, 1160–1216) Papst (reg. 1198–1216), dessen Pontifikat den Aufstieg der päpstlichen Macht im Mittelalter sah, die lateinische Eroberung Konstantinopels (vierter Kreuzzug) sowie die Legitimierung der neuen Ordensbewegungen und der apostolischen Armut. *S. 206*

Interkontinentalrakete (ICBM) Land- oder unterwassergestütztes Waffenträgersystem, Anfang 1960 von den westlichen Alliierten während des Kalten Krieges entwickelt, ab 1970 vermehrt sowohl von den westlichen wie den östlichen Supermächten gebaut.

Internet Internationales Computernetzwerk, ursprünglich v.a. militärisch genutzt, dann um Universitäten und Bildungseinrichtungen zu vernetzen. Seit 1980 ein weltweites Informationssystem, das zunehmend im geschäftlichen und privaten Bereich als Kommunikationsmittel genutzt wird. *S. 451*

Inuit Eigenbezeichnung der Inupiaq sprechenden Bevölkerung Nordkanadas, deren Jäger- und Sammlerkultur vermutlich 30 000 Jahre alt ist.

Ipsos ⚔ (301 v. Chr.) zwischen den Nachfolgereichen Alexanders des Großen. Antigonos unterliegt Seleukos and Lysimachos.

IRAK Der Irak, das Land von Euphrat und Tigris, mit seinen reichen Ölvorkommen grenzt an den Iran, die Türkei, Syrien, Jordanien, Saudi-Arabien und Kuwait. Das Euphrattal ist fruchtbar, der Rest des Landes überwiegend Wüste und Gebirge. Der Irak war die Heimat der antiken babylonischen Kultur, die Hauptstadt Bagdad unter den abbasidischen Kalifen ab dem 8. Jahrhundert der Mittelpunkt der arabischen Welt. 1257 wurde die Stadt von Mongolen zerstört.

Der heutige Irak ist der Nachfolger des nach dem Ersten Weltkrieg zerfallenen Osmanischen Reiches. Zunächst unter britischem Mandat, wurde er 1932 ein unabhängiges Königreich. Nach dem Ende der Monarchie 1948 gab es Unruhen. Trotz der Niederlage im Golfkrieg 1991 blieb das repressive Regime (seit 1979) an der Macht. Sturz Saddam Husseins im zweiten Golfkrieg, der von den USA und Großbritannien geführt wurde.

Chronologie

539–538 v. Chr. Perser erobern Babylon.

334–327 v. Chr. Alexander der Große erobert Irak.

637 Arabische Muslime erobern Irak.

10.–11. Jahrhundert Bagdad fällt an die schiitischen Buwaihiden.

11. Jahrhundert Seldschukenherrschaft.

1534 Der osmanische Sultan Süleiman erobert Bagdad.

1914 Britische Truppen erobern Basra.

1917 Britische Truppen erobern Bagdad.

1920 Aufstand gegen britisches Mandat.

1921 Amir Feisal Ibn al-Husain besteigt den Thron als König von Bagdad.

1922 Vertrag mit den Briten, der diesen besondere Rechte im Austausch für die Schaffung eines Parlaments gewährt.

1930 Vertrag von Bagdad garantiert die Unabhängigkeit von Großbritannien.

1932 Der König erklärt die Unabhängigkeit des Iraks.

1948 Irakische Truppen werden in den arabisch-israelischen Krieg entsandt.

1958 König Feisal II. und der Kronzprinz werden bei einem Putsch ermordet, General Kassem wird Präsident.

1961 Beginn des Kurdenaufstands. Irak erklärt die Oberhoheit über Kuwait kurz vor dessen Unabhängigkeit.

1963 Kassem gestürzt. General Aref putscht sich an die Macht. Kuwaits Unabhängigkeit anerkannt.

1966 Auf Aref folgt sein Bruder Abd ar-Rahman.

1968 Die Baath-Partei unter Ahmad Hassan al-Bakr übernimmt die Macht.

1970 Revolutionärer Kommandorat stimmt kurdischer Autonomie zu.

1972 Verstaatlichung der westlich kontrollierten Iraq Petroleum Company.

1978 Irak und Syrien bilden wirtschaftliche und politische Union.

1979 Saddam Husain (Hussein) löst al-Bakr als Präsident ab.

1980 Beginn des Krieges mit dem Iran.
1982 Der Schiitenführer Mohammed Baqir al-Hakim, in Teheran im Exil, bildet den Obersten Rat der Islamischen Revolution des Iraks.
1988 Irak und Iran schließen Waffenstillstand. Irakischer Chemiewaffenangriff auf das Kurdendorf Halabja.
1990 Der britische Journalist Farzad Bazoft wird wegen Spionage gehängt. Irak und Iran nehmen ihre diplomatischen Beziehungen wieder auf.
1991 Erster Golfkrieg. Militärbündnis unter Führung der USA besiegt den Irak und befreit Kuwait und errichtet Schutzzone für vom Regime verfolgte Kurden im Nordirak. Irakisches Regime unterdrückt schiitischen Aufstand.
1992 Westmächte richten im Süden des Iraks Flugverbotszone ein.
1993 Versuche des Iraks, militärisches Gerät aus Kuwait zurückzuholen, lösen Luftangriffe des Westens aus.
1994 Kurdischer Bürgerkrieg zwischen KDP und PUK, die Teile des Nordiraks kontrollieren. Irak erkennt Grenzen Kuwaits an.
1995 Saddams Schwiegersohn Husain Kamil setzt sich nach Jordanien ab und wird bei seiner Rückkehr 1996 ermordet.
1996 Regierende Baath-Partei gewinnt die Wahlen zur Nationalversammlung. UNO überwacht begrenzten Verkauf irakischen Öls gegen Hilfsgüter.
1998–1999 UN-Waffeninspektoren wird die Einreise verweigert.
2002 November: Wiederaufnahme der Arbeit der Waffeninspektoren.
2003 März: USA und Großbritannien führen, unterstützt von irakischen Kurden, Krieg gegen Irak (ohne UNO-Mandat) und können im April Bagdad einnehmen und Militärregime entmachten.

IRAN Der Iran liegt inmitten einer politisch nicht eben ruhigen Weltregion: Im Norden grenzt er an frühere Sowjetrepubliken, Afghanistan und Pakistan sind die Nachbarn im Osten, Irak und Türkei im Westen. Im Süden liegen der Persische Golf und der Golf von Oman. Seit der Schah 1979 in einer von Ayatollah Khomeini angeführten Revolution abgesetzt wurde, ist der Iran die weltgrößte Theokratie und Zentrum des militanten schiitischen Islam. Seine aktive Unterstützung fundamentalistischer islamischer Bewegungen brachte Teheran angespannte Beziehungen zu Zentralasien, dem Mittleren Osten, nordafrikanischen Staaten, den USA und Westeuropa.

CHRONOLOGIE

533 v. Chr. Kyrus der Große vereint Meder und Perser zum ersten bedeutenden persischen Reich, das von der Achaimeniden-Dynastie beherrscht und 331 v. Chr von Alexander von Makedonien (Alexander der Große) erobert wird.
637–641 Das sassanidische Reich, gegründet 22, wird von muslimischen Arabern erobert und aufgeteilt.
1502 Gründung des safawidischen Reichs durch Ismail I. Persien erlangt die politische Einheit zurück.
1779 Aufstieg der Kadjar-Dynastie, die bis 1926 an der Macht ist.
1814 Vertrag von Teheran mit Großbritannien zum Schutz persischer Gebiete vor feindlichen Übergriffen.
1890 Erteilung des Tabakmonopols an einen Briten verursacht Massenstreiks und Unruhen.
1906 Forderungen nach Reformen führen zur Schaffung einer Verfassung und einem nationalen Parlament (Majlis).
1908 Gründung der englisch-persischen Ölgesellschaft.
1920 Aufkommen separatistischer Bewegungen in verschiedenen Teilen Persiens.
1921 Resa Khan, Anführer der Kosakenbrigade, übernimmt die Macht und schließt einen Vertrag mit Russland, das ebnet den Weg für den Abzug bolschewistischer Truppen.
1922 Die Regionen Gilan, Khurasan, Aserbaidschan und Kurdistan werden der Zentralgewalt unterstellt.
1926 Krönung Resa Khans zum Schah. Er begründet die pahlawidische Dynastie, setzt Reformen und Modernisierungen nach westlichem Vorbild in Gang und wird zunehmend von deutscher Unterstützung abhängig. 1935 ändert er den Landesnamen Persien in Iran um.
1941 Großbritannien und die Sowjetunion fallen im Iran ein. Der Schah muss zugunsten seines Sohnes Mohammed Resa abdanken.
1957 Gründung der SAVAK, der Geheimpolizei des Schahs zur Überwachung der Opposition.
1964 Ayatollah Khomeini muss wegen Kritik am weltlichen Staat ins Exil.
1971 Schah feiert den 2500. Jahrestag der persischen Monarchie.
1975 Abkommen mit Irak wegen Grenze am Schatt el-Arab.
1977 Khomeinis Sohn stirbt. Trauerzeit mit Anti-Schah-Demonstrationen.
1978 Aufstände und Streiks. Khomeini lässt sich in Paris nieder.
1979 Schah im Exil. Ayatollah Khomeini kehrt aus dem Exil aus Frankreich zurück, ruft die Islamische Republik aus. Studenten nehmen in der US-Botschaft 63 Geiseln.
1980 Schah stirbt im Exil. Beginn des achtjährigen Iran-Irak-Krieges.
1981 Freilassung der US-Geiseln. Wahl Ali Khameneis zum Präsidenten.
1985 Khamenei wiedergewählt.
1987 Bei Unruhen in Mekka werden etwa 275 iranische Pilger getötet.
1988 US-Kriegsschiff schießt iranisches Verkehrsflugzeug ab, 290 Opfer. Ende des Iran-Irak-Krieges.
1989 Khomeini gibt die *Fatwa* gegen Salman Rushdie bekannt, der wegen Gotteslästerung zum Tode verurteilt wird. Khomeini stirbt, Präsident Ali Khamenei wird oberster religiöser Führer, Hashemi Rafsanjani Präsident.
1990 Erdbeben im Nordiran fordert 45 000 Todesopfer.
1992 Majlis (Parlaments)-Wahlen.
1993 Wiederwahl Rafsanjanis.
1995 USA verhängen Sanktionen.
1996 Bei Wahlen unterliegt die »Vereinigung der kämpferischen Geistlichen« den liberaleren »Dienern des Aufbaus«.
1997 Erdbeben südlich von Mashad tötet 1 500 Menschen. Wahl Mohammed Khatamis zum Präsidenten.
1998 Khatami-Regierung distanziert sich von der *Fatwa* gegen Salman Rushdie.
1999 Erste landesweite Kommunalwahlen seit 1979. Präsident Khatami besucht Italien, wird als erster iranischer Führer seit 1979 von einer westlichen Regierung empfangen.
2000 Hoher Wahlsieg für Reformanhänger. Hartes Vorgehen gegen Reformzeitungen.
2001 Wiederwahl Khatamis mit 77 Prozent der Stimmen.

Iranisch-Irakischer Krieg (1980–88) Konflikt zwischen Iran und Irak, ausgelöst durch Gebietsstreitigkeiten und Iraks Befürchtung, der Iran werde Iraks schiitische Bevölkerung in der Folge der islamischen Revolution im Iran (1979) aufwiegeln. 1980 überfiel der Irak den Iran. Bis zum Kriegsende 1988 kostete der Krieg auf beiden Seiten eine halbe Million Menschen das Leben.

Irische Hungersnot (1845–51) Aufstände und Hungersnot in Irland, verursacht durch eine Missernte der Kartoffel, dem Grundnahrungsmittel. Schätzungsweise 1 Mio. Menschen starben. 1,5 Mio. wanderten nach Amerika und in andere Länder aus. *S. 360*

Irischer Freistaat 1921 trennte sich der katholische Süden vom protestantischen Norden und erhielt den Status eines Freistaats. 1937 wurde Irland unter dem Namen Eire ein souveräner Staat und 1949 als Republik Irland unabhängig.

IRLAND, REPUBLIK Die Insel Irland, von der die Republik Irland 85 % einnimmt, liegt im Atlantik vor der britischen Westküste. Flache Küstengebirge umgeben ein zentrales Becken mit Seen, Hügeln und Torfmooren. Ein jahrhundertelanger Kampf gegen den englischen Kolonialismus führt 1922 zur Bildung des irischen Freistaates und voller Souveränität 1932. Das »Karfreitags-Abkommen« von 1998, an dem auch Irland beteiligt ist, soll eine Lösung des Nordirland-Konfliktes bringen.

CHRONOLOGIE

Um 300 v. Chr. Gälisch sprechende Kelten wandern nach Irland ein.

432 Einführung des Christentums durch den Missionar St. Patrick (389–461), der zum Nationalheiligen wurde.

1014 In der Schlacht von Clontarf wird die Macht der Wikinger gebrochen. Kurze Vereinigung der fünf traditionellen irischen Königtümer Ulster, Leinster, Munster, Meath und Connaught.

1171 Während der Regierungszeit König Heinrichs II. (reg. 1154–89) erobern und unterwerfen Anglo-Normannen, mit Erlaubnis Papst Adrians (ein Engländer) Teile Irlands. Mit dem Vertrag von Windsor von 1175 erkennt der irische König den englischen König als Oberherrscher an.

1494 Unter »Poynings' law« gelten englische Gesetze wieder in Irland.

1541 Englands König Heinrich VIII. (reg. 1509–47) nimmt den Titel König von Irland an.

1559–1603 Der Versuch von Elisabeth I. (reg. 1558–1603), den Protestantismus einzuführen, löst eine Reihe erfolgloser Aufstände gegen die Engländer aus. (Ulster 1559–66 und 1593–1603, Munster 1569–72). Trotz Unterstützung durch das katholische Spanien werden sie niedergeschlagen. 1607 lassen sich 100 000 schottische Presbyterianer in Ulster im Nordosten nieder, wo Land von irischen Katholiken konfisziert wird.

1641 Den Bürgerkrieg in England ausnutzend erheben sich die Katholiken in Ulster gegen die englische Herrschaft, werden aber 1649 bei Drogheda von Oliver Cromwell (1599–1658) geschlagen.

1690 Irische Katholiken, die sich dem gestürzten englischen katholischen König Jakob II. (reg. 1685–88) angeschlossen haben, werden durch Truppen Wilhelms von Oranien (reg. 1688–1702) in der Schlacht am Boyne besiegt. Mit dem neuen Strafgesetz (gelockert 1782) verlieren Katholiken die Bürgerrechte.

1739–1741 Wahrscheinlich 300 000 Tote nach Kartoffelmissernte.

1801 Union Irlands mit Großbritannien. Abschaffung des irischen Parlaments nach weiteren Aufständen (Mai–Juli 1798 und Juli 1803), die unterdrückt werden. Irland wird in Westminster repräsentiert, aber erst 1829, nach Protesten von Daniel O'Connell (1775–1847), erhalten die Katholiken Sitze im Unterhaus.

1845–1851 Hungersnot. 1 Mio. Tote, mehr als 1 Mio. Auswanderer.

1916 Niederschlagung des Osteraufstandes in Dublin. Hinrichtung der Anführer durch Briten provoziert wachsende Unterstützung für die republikanische Sache.

1919–1921 Sinn Féin erklärt Unabhängigkeit Irlands. Krieg mit England.

1921 Anglo-irischer Vertrag teilt das Land. Sechs Grafschaften im Norden bleiben bei Großbritannien.

1922 Irischer Freistaat gegründet. Bürgerkrieg zwischen Gegnern und Befürwortern.

1932 Eamonn De Valera von der Partei Fianna Fail kommt an die Macht.

1937 Volle Souveränität als »Eire«.

1949 Eire wird zur Republik Irland und verlässt den britischen Commonwealth.

1973 Koalition aus Fine Gael/Labour Party gewinnt die Wahlen und beendet die 40-jährige Vorherrschaft Fianna Fails.

1990 Mary Robinson erste Präsidentin.

1995 Referendum für Ehescheidung.

1998 »Karfreitags-Abkommen« über Nordirland.

2001 Wähler lehnen Vertrag von Nizza zur EU-Erweiterung ab.

2002 Einführung des Euro-Bargeldes.

Irokesen Zusammenschluss im Jahr 1570 von fünf indianischen Nationen, den Mohawk, Oneida, Seneca, Onondaga und Cayuga zur irokesischen Liga. Später traten die Tuscorara bei. Die Irokesen waren vor allem im frühen Kolonialisierungsprozess Amerikas einflussreich, im Unabhängigkeitskrieg kämpften sie mit den Engländern gegen die Franzosen. Die Konföderation zerfiel nach dem Krieg, als die mit den Engländern verbündeten Cayuga, Seneca und Mohawk nach Kanada auswanderten.

Isabella von Kastilien (1451–1504) *siehe* Ferdinand II., der Katholische

Isandhlwana ⚔ der Zulukriege (1879). Schwere Niederlage der Briten.

Isfahan Antike Stadt des Iran, von Schah Abbas I. 1587 bei seiner Thronbesteigung zur Hauptstadt des safawidischen Persiens erhoben. *S. 303*

Isidor von Sevilla (um 570–636) Spanischer Historiker und Enzyklopädist, seit 600 Erzbischof von Sevilla. Er widmete sich der Aufzeichnung der griechischen und römischen Kultur und zeigte mit seinem Hauptwerk *Originum sive etymologiarum libri* (622–633) seine umfassende Bildung in den Künsten, der Theologie, Wissenschaften und Politik.

Islam Von Mohammed (etwa 570–632) gegründete Religion der Muslime, die den Glauben an einen einzigen Gott (Allah) lehrt, dessen Prophet Mohammed ist. Der Koran, die heilige Schrift des Islams, gilt als das Wort Gottes, das Mohammed durch den Engel Gabriel diktiert wurde. Judentum und Christentum gelten im Koran ebenfalls als, wenn auch verfälschte, Offenbarungsreligionen.

Die Verbreitung des Islam *S. 124, S. 130*
Abbasidisches Kalifat *S. 144*
Islamischer Handel *S. 213*
Islam in Afrika *S. 233*
Siehe auch einzelne muslimische Länder

ISLAND Das westlichste Land Europas hat eine strategisch wichtige Position im Nordatlantik südlich des Polarkreises. Seiner Lage auf dem Tiefseegraben, an dem die nordamerikanische und die europäische Kontinentalplatte auseinander driften, verdankt es 200 Vulkane sowie viele Geysire und Solfataren. Island, das früher dänisch war, wurde 1944 völlig unabhängig. Die meisten Siedlungen liegen an der Küste, wo die Häfen im Winter eisfrei bleiben.

CHRONOLOGIE

874 Island wird von norwegischen Wikingern besiedelt.

930 Gründung des Althing, des ältesten Parlaments der Welt.

12. – 13. Jahrhundert Die großen isländischen Sagas werden geschrieben.

1262 Island, bis dahin ein unabhängiger Staatenbund, erklärt seinen Beitritt zu Norwegen.

1380 Island kommt unter dänische Herrschaft, als sich die norwegische und dänische Krone vereinen. Der Bund wird mit der Kalmarer Union von 1397 bestätigt.

1662 Island akzeptiert die erbliche, absolutistische Monarchie Dänemarks.

1800 Das Althing, das unter der dänischen Monarchie bedeutungslos geworden ist, verschwindet ganz.

1814 Am Ende der Napoleonischen Kriege (in denen Dänemark sich mit Frankreich verbündete) kommt Island im Kieler Frieden zu Dänemark, Norwegen aber zu Schweden.

1843 Wiedereinsetzung des Althings als ratgebende Versammlung. Nachdem 1849 die konstitutionelle Monarchie in Dänemark eingeführt ist, wird die Forderung nach einer eigenen Verfassung für Island lauter.

1874 König Christian IX. verkündet eine Verfassung für Island, mit der die eingeschränkte Selbstverwaltung garantiert wird.

1915 Einführung des allgemeinen Wahlrechts.

1918 Island erhält durch die Unionsakte die innere Selbstverwaltung, Verteidigung und Außenpolitik bleiben unter dänischer Kontrolle.

1940–1945 Von Großbritannien und USA besetzt.

1944 Unabhängige Republik.

1949 Gründungsmitglied der NATO.

1951 Bau des US-Luftwaffenstützpunkts in Keflavík trotz starken Widerstands.

1972–1976 Ausdehnung der Fischereizone auf 50 Meilen, »Kabeljaukriege« mit Großbritannien.

1975 Fischereizone bei 200 Meilen.

1980 Vigdís Finnbogadóttir, erstes gewähltes weibliches Staatsoberhaupt der Welt.

1985 Atomwaffenfreie Zone.

1995–1999 Mitte-Rechts-Koalition unter David Oddsson, 1999 wiedergewählt.

2001 Beitritt zum Schengener Abkommen.

Ismail I. (um 1487–1524) Schah von Persien und Gründer der schiitischen Dynastie der Safawiden (1499). Ein verehrter Nationalheld und berühmter Krieger, der 1510 die Usbeken besiegte, die regelmäßig Khurasan überfielen. 1514 wurde er von den Truppen des türkischen Sultans Selim herausgefordert, der Täbris annektierte.

Isonzo ⚔ im Ersten Weltkrieg (1915–17) 12 Schlachten zwischen Österreich und Italien am Fluss Isonzo an der östlichen Front Italiens. In der letzten Schlacht im Oktober 1917 (*auch* Caporetto) wurden die Italiener nach schwerem österreichisch-deutschen Bombardement geschlagen.

ISRAEL Der mithilfe der USA und anderer Alliierter 1948 geschaffene Staat Israel grenzt an Ägypten, Jordanien, Syrien und Libanon. Das an Jordanien grenzende Tote Meer ist der tiefste Punkt der Erde. In Kriegen mit seinen arabischen Nachbarn hat Israel seine Grenzen erweitert. Die in den 90er-Jahren des 20. Jahrhunderts aufkeimende Hoffnung, ein »Land für Frieden«-Abkommen könne den Palästinenserkonflikt lösen, endete 2002 in einer Spirale der Gewalt. *S. 419*

CHRONOLOGIE

1897 Auf dem Basler Kongress formuliert Theodor Herzl das Ziel des Zionismus: »Schaffung einer öffentlich-rechtlich gesicherten Heimstätte für Juden in Palästina«.

1916 Im Sykes-Picot-Abkommen zwischen Großbritannien und Frankreich wird Palästina Großbritannien zugesprochen.

1917 Mit der Balfour-Deklaration sichert die britische Regierung die Schaffung einer jüdischen Heimstätte zu, unter der Bedingung, dass nichts die zivilen und religiösen Rechte der bestehenden nichtjüdischen Bevölkerung Palästinas einschränken werde.

1920 Großbritannien erhält das Völkerbundmandat für Palästina.

1921 Abd Allah ibn al-Husein wird Emir von Transjordanien.

1929 Gewalttätige Proteste und Zusammenstöße zwischen Arabern und Juden in Palästina.

1936 Sechsmonatiger Streik der arabischen Bevölkerung Palästinas. Massenaufstand.

1939 Britische Regierung plant für den zukünftigen unabhängigen Staat Palästina eine gemeinsame arabisch-jüdische Regierung, die die Interessen beider Bevölkerungsgruppen sichern soll.

1942 Auf dem Außerordentlichen Zionistischen Weltkongress in New York ruft David Ben Gurion, Leiter der »Jewish Agency Executive«, zur jüdischen Einwanderung nach Palästina und zur Errichtung eines jüdischen Staates auf.

1947 Die Vollversammlung der UNO legt einen Plan für Palästina vor, der das Land in sechs Gebiete teilt, die drei größeren sind den Juden zugedacht. Die Araber lehnen den Plan ab, es folgen Zusammenstöße, bei denen 1700 Menschen ums Leben kommen.

1948 Konflikte zwischen Arabern und Juden weiten sich zum Krieg aus. Errichtung einer provisorischen Regierung unter Ben Gurion. Nach Beendigung des britischen Mandats fliehen 400 000 Araber. Nachdem der Staat Israel offiziell ausgerufen ist, wird er sofort von den USA und der UdSSR anerkannt.

1949 Erste allgemeine Wahlen zum Einkammer-Parlament Knesset.

1956 Präsident Nasser von Ägypten verstaatlicht den Sueskanal.

1956 Israel fällt auf dem Sinai ein, britisch-französische Truppen in Port Said in Ägypten.

1957 Nach einem Abkommen ziehen israelische Truppen aus den im Sueskonflikt besetzten Gebieten ab.

1967 Sechs-Tage-Krieg: Israel besetzt Westjordanland, Gaza, Sinai und die Golanhöhen.

1973 Ägypten und Syrien greifen an: »Jom-Kippur-Krieg«.

▶

◄
1978 Camp-David-Abkommen.
1979 Formeller Friedensvertrag, Sinai wird 1982 an Ägypten zurückgegeben.
1982 Israel überfällt den Libanon.
1987 Palästinenser beginnen Intifada.
1993 Oslo-Abkommen.
1994 Palästinensische Autonomie in Gaza und Jericho.
1995 Premierminister Yitzhak Rabin ermordet, Nachfolger wird Peres.
1996 Palästinensische Wahlen. Benjamin Netanyahu (Likud) wird erster direkt gewählter Premierminister Israels.
1998 Israel verzögert US-Plan zur Wiederaufnahme des Friedensprozesses.
1999 Ehud Barak (Arbeitspartei) wird Premier. Neue Friedensverhandlungen mit Palästinensern und Syrien.
2000 Abzug der israelischen Truppen aus Südlibanon. Gewaltsame Zusammenstöße zwischen Israelis und Palästinensern.
2001 Wahl Ariel Scharons (Likud) zum Premier, Regierung der nationalen Einheit. Verschärfung des Konflikts und der Gewalt.
2002 Eskalation des Palästinenserkonflikts. Terroranschläge. Israel besetzt Städte im autonomen Gebiet.

Israelisch-Ägyptischer Friedensvertrag *siehe* Camp-David-Abkommen

Issos ⚔ (333 v. Chr.) Wichtige Schlacht der Eroberungszüge Alexanders des Großen nach Asien. Griechischer Sieg.

ITALIEN Die stiefelförmige italienische Halbinsel erstreckt sich 800 km nach Süden ins Mittelmeer. Im Norden bilden die Alpen eine natürliche Grenze. Zu Italien gehören auch Sizilien und Sardinien und einige kleinere Inseln. Der Süden ist Erdbebengebiet mit zwei berühmten Vulkanen: Vesuv und Ätna. In der Renaissance blühten rivalisierende Stadtstaaten; staatliche Einheit gab es nur in römischer Zeit und seit 1870. Die faschistische Herrschaft unter Mussolini ab 1922 endete mit der Niederlage im Zweiten Weltkrieg. Danach dominierten die Christdemokraten (DC) jahrzehntelang die kurzlebigen Regierungen, bis in den 1990er-Jahren Korruptionsskandale das eingefahrene Parteien- und Günstlingssystem erschütterten. Seither wechselt die Macht zwischen einer rechtsgerichteten Koalition und der Mitte-Links-Allianz »Olivenbaum«.

CHRONOLOGIE
753 v. Chr. Überliefertes Datum der Gründung Roms durch Romulus. Die Römer (oder Lateiner) sind nur eines der Völker Italiens. Andere sind die Etrusker in der Toskana, die Sabiner in Mittelitalien, die Griechen in ihren Kolonien im Süden und in Sizilien und die Gallier im Norden.
510 v. Chr. Rom wird Republik nach der Vertreibung des letzten Königs Tarquinius Superbus und erstarkt während der nächsten 200 Jahre durch Eroberung der Nachbarvölker.
272 v. Chr. Mit der Eroberung Tarents im Süden steht ganz Mittel- und Süditalien unter römischer Herrschaft.
264–146 v. Chr. Rom streitet mit Karthago um die Vorherrschaft im Mittelmeerraum. Karthago wird in den drei Punischen Kriegen geschlagen (264–241 v. Chr., 218–201 v. Chr. und 149–146 v. Chr.). Rom erobert Griechenland und fast den ganzen Mittelmeerraum.
12 v. Chr. Octavian, der 27 v. Chr. den Ehrennamen Augustus erhielt, festigt seine Machtstellung.
117–138 Während der Regierungszeit Kaiser Hadrians umfasst das Römische Reich die Iberische Halbinsel, Gallien (das heutige Frankreich), Britannien (das heutige England), Griechenland, ganz Mitteleuropa südlich von Rhein und Donau, Kleinasien, Syrien (einschließlich Palästina), Ägypten und Nordafrika.
313 Religionsfreiheit im ganzen Reich durch das Toleranzedikt. Das Christentum wird zur vorherrschenden Religion, Rom wird Papstsitz.
476 Fall des Römischen Reiches im Westen.
492 Italien fällt an die Ostgoten. Theoderich gründet das Königreich Italien mit Hauptstadt in Ravenna.
533–555 Der byzantinische Kaiser Justinian I. erobert Italien zurück.
568 Die germanischen Langobarden fallen in Italien ein. Die Byzantiner kontrollieren weiterhin Gebiete von Ravenna aus.
774 Die Franken unter Karl dem Großen erobern das Königreich Lombardei in Norditalien; 800 krönt der Papst Karl den Großen in Rom zum Kaiser.
962 Aufstieg des Heiligen Römischen Reiches mit der Krönung Ottos I. von Deutschland durch Papst Johannes XII. in Rom. Die nächsten drei Jahrhunderte sind gekennzeichnet durch die Machtkämpfe zwischen Papsttum und Reich, die sich in dem Konflikt zwischen Guelfen (päpstliche Partei) und Ghibellinen (kaiserliche Partei) spiegeln.
1030–1137 Die Normannen erobern Sizilien und Süditalien. Gründung des Königreichs Sizilien 1130, später bekannt als Neapel und »Königreich beider Sizilien«.
14. Jahrhundert Eine fehlende starke zentrale Autorität nach dem Abzug der deutschen Kaiser leistet der Zersplitterung Norditaliens in kleine, aber zunehmend mächtige Staaten Vorschub. Die Republiken Venedig, Florenz und Genua und das Herzogtum Mailand sind die bedeutendsten Handels- und Gewerbezentren Europas und wichtige Wegbereiter der Renaissance des 15. Jahrhunderts.
1494–1525 In einer Reihe von Kriegen streiten Frankreich und Spanien, jeweils unterstützt von italienischen Verbündeten, um die Vormachtstellung in Italien. Die Kriege enden mit der Niederlage Frankreichs. Die Stadtstaaten, die unter großen Zerstörungen zu leiden haben, verlieren an Einfluss, auch durch die Aufgabe der Landrouten in den Osten und die Öffnung neuer Seehandelswege über den Atlantik und um das Kap.
1700 Ende der spanischen Herrschaft in Italien. Nach Ende der spanischen Erbfolgekriege (1701–14) tritt Österreich an die Stelle Spaniens.
1796–1797 Französische Revolutionstruppen unter Napoleon Bonaparte erobern fast ganz Italien. Napoleon errichtet im Norden das Königreich Italien (1805). Nach der Niederlage Frankreichs stellt der Wiener Kongress (1814–15) die alte Ordnung wieder her.
1831 Giuseppe Mazzini gründet die Gruppe »Junges Italien« und wird einer der intellektuellen Väter des Risorgimento (»Wiedererstehen«), einer Bewegung für die Einheit und Unabhängigkeit Italiens.
1848 Sardinien-Piemont, der einzige unabhängige Staat Italiens, erhält eine Repräsentativverfassung, die in der Folge der Einigung in ganz Italien übernommen wird (bis 1946).
1848–1849 Aufstände gegen die österreichische Herrschaft im Norden und gegen

das Papsttum. Sie werden in der Schlacht von Novara durch österreichische Soldaten und von Papst Pius IX. herbeigerufene französische Truppen niedergeschlagen.
1859–1870 Unter der Führung von König Viktor Emanuel II. von Sardinien (im März 1861 zum König von Italien erklärt), seinem Ministerpräsidenten Camillo Cavour und den Truppen Giuseppe Garibaldis wird Italien geeint. Fast ganz Norditalien kommt mit Sardinien-Piemont nach dem Einigungskrieg gegen Österreich 1859 zusammen. Garibaldi erobert Sizilien und Neapel (1860–61), Venedig fällt nach kurzem Krieg 1866 an Österreich, italienische Truppen besetzen 1870 Rom, das zur Hauptstadt erklärt wird.
1882 Italien tritt mit Österreich-Ungarn und Deutschland dem Dreibund bei.
1889–1912 Als Teil der italienischen Kolonialpolitik erobert Italien Eritrea und Somalia, wird aber von Äthiopien (damals Abessinien) in der Schlacht von Adua 1896 geschlagen. Im Krieg gegen die Osmanen 1911–12 gewinnt Italien Libyen.
1915 Italien verlässt den Dreibund und tritt an der Seite der Alliierten in den Ersten Weltkrieg ein. In den Pariser Friedenskonferenzen (1919) erhält Italien Südtirol und Triest, muss aber seine Ansprüche auf die Adriaküste aufgeben.
1922 Der König beauftragt Benito Mussolini mit der Regierungsbildung.
1928 Faschistische Einparteienregierung.
1929 Lateranverträge mit dem Vatikan.
1936–1937 »Achse« mit Nazideutschland. Eroberung Abessiniens (Äthiopien).
1939 Annexion Albaniens.
1940 Italien tritt auf deutscher Seite in den Zweiten Weltkrieg ein.
1943 Invasion der Alliierten. Waffenstillstand mit den Alliierten, Mussolini wird interniert. Italien erklärt Deutschland den Krieg, aber Deutschland bekämpft weiterhin die Alliierten auf italienischem Boden.
1944 Heftiger Widerstand der Deutschen, vor allem bei Montecassino. Die Alliierten landen in Anzio und marschieren im Juni in Rom ein.
1945 Mussolini und seine Geliebte werden von italienischen Partisanen getötet.
1946 Referendum: Italien soll Republik werden.
1947 Friedensvertrag. Grenzregionen werden an Frankreich und Jugoslawien abgetreten, der Dodekanes an Griechenland. Aufgabe der Kolonien.
1948 Wahlen: Koalition unter Führung der DC (Democrazia Cristiana) mit De Gasperi.
1949 Gründungsmitglied der NATO.
1950 Abkommen mit den USA über US-Stützpunkte in Italien.
1951 Beitritt zur europäischen Montanunion.
1957 Gründungsmitglied der Europäischen Wirtschaftsgemeinschaft (EWG). Mit Mitteln der EWG und des Marshallplans verstärkt sich das Wirtschaftswachstum.
1964 DC-Regierung unter Aldo Moro bildet Koalition mit den Sozialisten (PSI).
1969 Gründung der linksextremen Terrorgruppe »Rote Brigaden«.
1972 Unterstützung für extreme Rechte erreicht höchsten Wert der Nachkriegszeit (9 %). Zunahme des Terrorismus von links und rechts.
1976 Höhepunkt der Unterstützung für Kommunistische Partei (PCI) mit 34 Prozent aufgrund von Enrico Berlinguers moderatem Eurokommunismus.
1978 Aldo Moro wird von »Roten Brigaden« entführt und ermordet.
1980 Rechtsextremistischer Bombenanschlag auf den Bahnhof von Bologna: 84 Tote, 200 Verletzte.
1983–1987 Mitte-Links-Koalition unter Bettino Craxi.
1991 Die reaktionäre Lega Nord attackiert Einwanderungspolitik und Hilfen für den Süden.
1992 Korruptionsskandal, Regierungsmitglieder werden angeklagt.
1994 Wahlen: DC bricht ein; Koalitionsregierung aus Silvio Berlusconis Forza Italia, Lega Nord und Neofaschisten.
1995–1996 Technokraten-Regierung packt Fragen von Haushalt, Pensionen, Medien und Regionen an.
1996 Mitte-Links-Bündnis »Olivenbaum« gewinnt die Wahl; Romano Prodi wird Premierminister.
1998 Italien erfüllt Kriterien für Euro-Mitgliedschaft ab 1999. Sturz der Prodi-Regierung, Massimo D'Alema Premierminister.
2000 Giuliano Amato Premierminister.
2001 Berlusconi gewinnt Wahl und bildet rechtsgerichtete Regierung mit Beteiligung der Nationalen Allianz und der Lega Nord.
2002 Einführung des Euro-Bargeldes.
2002 Schwere Erdbeben in Mittelitalien fordern 29 Todesopfer, darunter 26 Kinder.

Italienische Premierminister und Präsidenten (seit 1860)

Italienische Premierminister

1860–1861	Count Camillo Benso di Cavour
1861–1862	Baron Bettino Ricasoli
1862	Urbano Ratazzi
1862–1864	Marco Minghetti
1864–1866	General Alfonso La Marmora
1866–1867	Baron Bettino Ricasoli
1867	Urbano Ratazzi
1867–1869	Luigi Federico Menabrea
1869–1873	Domenico Lanza
1873–1876	Marco Minghetti
1876–1878	Agostino Depretis
1878	Benedetto Cairoli
1878–1879	Agostino Depretis
1879–1881	Benedetto Cairoli
1881–1887	Agostino Depretis
1887–1891	Francesco Crispi
1891–1892	Marquis di Rudini
1892–1893	Giovanni Giolitti
1893–1896	Francesco Crispi
1896–1898	Marquis di Rudini
1898–1900	General Luigi Pelloux
1900–1901	Giuseppe Saracco
1901–1903	Giuseppe Zanardelli
1903–1906	Giovanni Giolitti
1906	Baron Sidney Sonnino
1906–1909	Giovanni Giolitti
1909–1910	Baron Sidney Sonnino
1910–1911	Luigi Luzzatti
1911–1914	Giovanni Giolitti
1914–1916	Antonio Salandra
1916–1917	Paolo Boselli
1917–1919	Vittorio Orlando
1919–1920	Francesco Nitti
1920–1921	Giovanni Giolitti
1921–1922	Ivanoe Bonomi
1922	Luigi Facta
1922–1943	Benito Mussolini
1943–1944	Marshal Pietro Badoglio
1944–1945	Ivanoe Bonomi
1945	Ferruccio Parri
1945–1946	Alcide de Gasperi

(Italien ist seit 10. Juni 1946 eine Republik.)

Italienische Premierminister (seit 1946)

1946–1953	Alcide de Gasperi
1953–1954	Giuseppe Pella
1954	Amintore Fanfani
1954–1955	Mario Scelba
1955–1957	Antonio Segni

▶

1957–1958	Adone Zoli
1958–1959	Amintore Fanfani
1959	Antonio Segni
1960	Fernando Tambroni
1960–1963	Amintore Fanfani
1963	Giovanni Leone
1963–1968	Aldo Moro
1968	Giovanni Leone
1968–1970	Mariano Rumor
1970–1972	Emilio Colombo
1972–1973	Giulio Andreotti
1973–1974	Mariano Rumor
1974–1976	Aldo Moro
1976–1979	Giulio Andreotti
1979–1980	Francesco Cossiga
1980–1981	Arnaldo Forlani
1981–1982	Giovanni Spadolini
1982–1983	Amintore Fanfani
1983–1987	Bettino Craxi
1987	Amintore Fanfani
1987–1988	Giovanni Goria
1988–1989	Ciriaco De Mita
1989–1992	Giulio Andreotti
1992–1993	Giuliano Amato
1993–1995	Carlo Azeglio Ciampi
1994	Silvio Berlusconi
1995–1996	Lamberto Dini
1996–1998	Romano Prodi
1998–1999	Massimo D'Alema
1999–2001	Giuliano Amato
2001–	Silvio Berlusconi

Italienische Präsidenten

1946–1948	Enrico De Nicola (Interims-Staatsoberhaupt und Präsident der Republik)
1948–1955	Luigi Einaudi
1955–1962	Giovanni Gronchi
1964	Cesare Merzagora
1962–1964	Antonio Segni
1964–1971	Giuseppe Saragat
1971–1978	Giovanni Leone
1978	Amintore Fanfani
1978–1985	Alessandro Pertini
1985–1992	Francesco Cossiga
1992	Giovanni Spadolini
1992–1999	Oscar Luigi Scalfaro
1999	Nicola Mancino (kommissar.)
1999–	Carlo Azeglio Ciampi

Itzcoatl († 1440) Herrscher des Aztekenreiches (1427–40).

Iwan III. (*auch* Iwan Wassiljewitsch, *gen.* Iwan der Große, 1440–1505) Großfürst von Moskau (reg. 1462–1505), befreite die Stadt von den Tataren und erweiterte das großrussische Gebiet unter Führung Moskaus. Seit 1479 trug er den Titel »Herrscher von ganz Russland«.

Iwan IV. (*gen.* Iwan der Schreckliche, 1530–84) Erster Zar Russlands (reg. 1533–84). Er stärkte die russische Zentralgewalt, dehnte Russland nach Osten in nicht-slawische Gebiete aus und gab Russland 1549 die erste Nationalversammlung. In seinen späten Jahren psychisch labil, tötete er seinen eigenen Sohn und überzog die Bojaren mit einer Terrorherrschaft. *S. 283*

Iwojima ⚔ im Zweiten Weltkrieg (Februar–März 1945). Angriff der USA im Pazifik, um mit Okinawa eine Insel als Stützpunkt für die Bombardierung Japans zu sichern.

Iznik (*auch* Nicäa) Türkische Stadt, berühmt für ihre farbenfrohe Keramik aus der osmanischen Zeit. *S. 274*

J

Jackson, Andrew (*auch* »Old Hickory«, 1767–1845) 7. Präsident der USA (Demokrat, 1828–36). Kriegsheld des Britisch-Amerikanischen Kriegs von 1812. Unter ihm werden Gesetze zur Unterstützung weißer Siedler erlassen, die jeglichen Anspruch der indianischen Ureinwohner auf ihr Land zurückweisen (u.a. Georgia Compact, Removal Act).

Jacquerie Während des Hundertjährigen Krieges in Nordfrankreich stattfindender Bauernaufstand (1358).

Jäger und Sammler (*auch* Wildbeuter) Gesellschaften, deren Lebensgrundlage die Jagd auf Tiere und das Sammeln von Nahrung ist. Zu Beginn des Mesolithikums die Lebensweise der gesamten Weltbevölkerung, heute nur noch eines kleinen Prozentsatzes. Meistens obliegt den Frauen das Sammeln, den Männern die Jagd.

Jagiello (*lit.* Jogaila, um 1351–1434) Großfürst von Litauen (reg. 1377–1401), König von Polen (reg. 1386–1434), Begründer der polnischen Jagiellonendynastie (*auch* Jagellonendynastie, 1386–1572).

Jahan *siehe* Shah Jahan

Jahangir (reg. 1605–27) Großmogul und Sohn Akbars. Er verlegte die Hauptstadt nach Lahore. Seine persische Gemahlin Nur Jahan hatte großen Einfluss auf die Regierung. Eine Münze wurde nach ihr benannt. Unter Jahangirs Herrschaft konnten sich die Briten in Surat niederlassen und eine Gesandtschaft an den Hof des Großmoguls entsenden.

Jainismus Vermutlich nach dem 7. Jahrhundert v. Chr., parallel zum Buddhismus aus dem Hinduismus entstandene indische Religion. Im Zentrum steht die Erlösung des Menschen aus dem Kreislauf der Geburten mithilfe der Fünf Großen Gelübde (Schonung alles Lebendigen, Verbot von Lüge, Diebstahlsverbot, sexuelle Enthaltsamkeit und Besitzlosigkeit).

Jakobiner Angehörige des bekanntesten, 1789 gegründeten Klubs der Französischen Revolution, der im Dominikanerkloster Saint-Jacques (St. Jakob) tagte. Im Nationalkonvent, in dem die neue französische Verfassung verkündet wurde, kam es zu zunehmenden jakobinischen Machtkämpfen zwischen Girondisten und Radikaldemokraten. Unter Führung von Robespierre errichteten die Radikaldemokraten schließlich eine Schreckensherrschaft. *Siehe auch* Französische Revolution, Robespierre, Schreckensherrschaft

Jakobiten Anhänger des schottischen Königs Jakob II. und seiner Nachkommen.

Jakobiten Im 6. Jahrhundert in Syrien gegründete, monophysitische christliche Kirche in Syrien, im Irak und in Indien.

Jalta-Konferenz (4.–11. Februar 1945) Treffen der Führer der Alliierten des Zweiten Weltkriegs, Roosevelt, Churchill und Stalin. Ergebnis waren die Forderung nach bedingungsloser Kapitulation der Achsenmächte, die Vereinbarungen über die Aufteilung Deutschlands in vier Besatzungszonen und zur Gründung der Vereinten Nationen.

JAMAIKA Das Land wurde 1494 von Spanien und ab 1655 von Großbritannien beherrscht. Die einheimische Arawak-Bevölkerung wurde getötet. Die Insel liegt 145 km von Kuba entfernt in der Karibik. Jamaika wurde als einer der ersten

Karibikstaaten in der Nachkriegszeit unabhängig und ist bis heute einer der einflussreichsten politischen Faktoren in der Region. Jamaikas Einfluss auf die internationale Popmusikszene ist seit Jahrzehnten legendär, von Rocksteady und frühem Ska in den 50ern und 60ern des 20. Jahrhunderts bis zu Reggae und Dancehall heute.

CHRONOLOGIE

1494 Kolumbus erreicht auf seiner zweiten Reise Dry Harbour, heute Discovery Bay.
1509 Kolumbus' Sohn Diego Colón nimmt die Insel für Spanien in Besitz und ernennt Juan de Esquivel zum Gouverneur.
1655 Britische Truppen unter Admiral Penn landen auf Jamaika. Spanien kapituliert. Die Insel wird zum Seeräuberschlupfwinkel. In der mithilfe von Sklavenarbeit betriebenen Plantagenwirtschaft werden Zuckerrohr, Baumwolle und Fleisch produziert.
1660 Endgültige Vertreibung der Spanier.
1670 Britische Kolonialherrschaft wird im Vertrag von Madrid anerkannt.
1866 Jamaika wird britische Kronkolonie.
1942 Mit der Entdeckung und Förderung von Bauxit wird die Aluminiumindustrie zum Hauptwirtschaftszweig.
1957 Volle innere Selbstverwaltung.
1958–1961 Westindische Föderation.
1962 Unabhängigkeit unter der Jamaica Labour Party (JLP).
1972 Wahlsieg der PNP unter Manley. Gescheiterte Reformen; von Gewalt geprägte Demonstrationen und Aufstände.
1980 Unpopuläre Sparmaßnahmen des IWF führen zu Wahlsieg der JLP.
1991–1995 PNP erringt Wahlsieg; IWF-Programm fortgeführt.
1999 Gewalttätige Unruhen.
2002 PNP unter Patterson erringt in den Wahlen vom Oktober erneut die Mehrheit.

Jamestown ⚔ im amerikanischen Revolutionskrieg (6. Juli 1781). Britischer Sieg.

Jammu und Kaschmir Nordwestindischer Bundesstaat mit islamischer Bevölkerungsmehrheit. Seit der indischen Unabhängigkeit und der Teilung Indiens in einen mehrheitlich islamischen und einen mehrheitlich hinduistischen Teil 1947 von Pakistan und Indien beanspruchtes Gebiet. Pakistan erkennt Beitritt der Region zu Indien 1947 nicht an. Konflikt mündete zweimal in einen Krieg (1947–48, 1965) und dauert bis heute an.

Janapadas Reihe von Staaten bzw. kleinen Reichen, die von arischen Einwanderern im 1. Jahrtausend v. Chr. in Nordindien gegründet wurden.
Siehe auch Magadha

Janitscharen (*türk.* yeniceri, »neue Truppe«) 1330 gegründetes stehendes Heer des Osmanischen Reiches. Die Truppe bestand aus christlichen Jungen, die man in den Balkanprovinzen aushob, im islamischen Glauben unterwies und in das Heer eingliederte. Bis zum Jahr 1582 wurde die strenge Form der Rekrutierung allmählich gelockert. Die mit der Aufnahme in die Janitscharentruppe verbundenen Privilegien boten Anreiz genug für aufstrebende junge Männer des Osmanischen Reiches. 1591 zählten die Janitscharen 48 688 Männer. Die Janitscharen durften ursprünglich nicht heiraten und mussten sich lebenslang für den Kriegsdienst verpflichten. Erste dokumentierte Janitscharenaufstände fanden 1443 statt. Nach und nach entwickelten sich die Janitscharen zu einer eigenen Macht im Osmanischen Reich. 1826 wurde die Sondertruppe schließlich aufgelöst. *S.241*

JAPAN Das Land ist eine parlamentarische Monarchie mit einem Kaiser als zeremoniellem Staatsoberhaupt. Das aus vier Hauptinseln und über 3000 kleineren Inseln bestehende Japan liegt vor der Küste des ostasiatischen Festlands im Nordpazifik. Die Beziehungen zum Nachbar Russland (GUS) sind vom Territorialstreit um die im Norden liegenden Kurilen geprägt. Japan ist überwiegend gebirgig mit fruchtbaren Küstenebenen. Mehr als zwei Drittel des Landes sind bewaldet. Die Pazifikküste ist oft von Tsunamis (riesigen, durch Seebeben ausgelösten Flutwellen) betroffen. Die meisten Städte liegen am Meer; Tokio, Kawasaki und Yokohama bilden zusammen das bevölkerungsreichste und am stärksten industrialisierte Gebiet. Die ländlichste Hauptinsel ist Hokkaido. Die traditionell starke Wirtschaftsmacht Japan mit jährlichen Handelsüberschüssen von über 100 Mrd. US-$ und hohen Auslandsinvestitionen wurde seit den frühen 90er-Jahren durch eine Reihe von Krisen, Insolvenzen und Rezessionen erschüttert.

Japanische Grabfiguren *S. 114*
Buddhistisches Japan *S. 135*
Shogune und Militäradel *S. 159*
Mongoleninvasion *S. 222*
Feudales Japan *S. 290*
Japanischer Holzschnitt *S. 354*
Modernisierung (1891–1900) *S. 380*
Expansion vor dem Krieg *S. 407*
Wirtschaftlicher Aufstieg *S. 436*

CHRONOLOGIE

Um 350 Japan wird unter der Herrschaft des Yamato-Klans geeint.
538 Über China und Korea gelangt der Buddhismus nach Japan.
593 Shotoku-taishi wird von seiner Tante Kaiserin Suiko (aus dem Soga-Klan) zum Regenten berufen.
604 Shotoku-taishi erlässt die »Siebzehn-Artikel-Verfassung«, die dem Staat eine auf buddhistischer und konfuzianischer Ethik basierende Grundlage gibt.
645 Fujiwara no Kamatari ist am Staatsstreich gegen die Familie Soga beteiligt. Er baut Japan in der Folge weiter zu einem zentralistischen Staatsgebilde nach chinesischem Vorbild um.
794 Beginn der Heian-Zeit. Die kaiserliche Residenz wird nach Heian (Kyoto) verlegt, um den Einfluss des buddhistischen Klerus auf den Kaiser zu beschränken. Das Kaiserhaus verliert allmählich seine Macht an Beamtenregenten des Fujiwara-Klans.
1185 Erstarkung des Kriegeradels. Im Gempeikrieg siegt der Minamoto-Klan gegen den konkurrierenden Taira-Klan. Der Kaiser verliert die Macht. Es herrscht nun der aus dem Minamoto-Klan stammende Militärregent (Shogun) Minamoto no Yorimoto.
1192 Beginn des nach der Residenzstadt der Shogune benannten Kamakura-Shogunats.
1274 Erste Mongoleninvasion abgewehrt.
1281 Zweite Mongoleninvasion abgewehrt.
1339 Beginn des (nach einem Bezirk benannten) Muromachi-Shogunats (bis 1573). Die herrschende Familie Ashikaga wird von Daimyos (Lehnsfürsten) bekämpft, die sich auch untereinander be-

▶

kriegen: »Epoche der Krieg führenden Provinzen« (1467–1590).

1542–1543 Portugiesen erreichen Japan und führen die Muskete ein. Ihnen folgen christliche Missionare.

1573 Interregnum von Oda Nobunaga und Toyotomi Hideyoshi (bis 1603).

1592 Erste Invasion in Korea scheitert.

1597 Zweite Invasion in Korea scheitert.

1600 In der Schlacht von Sekigahara siegt Ieyasu gegen den Sohn von Toyotomi Hideyoshi, Hideyori. Danach schließt Japan sich gegen den Westen ab, die japanischen Christen werden verfolgt.

1603 Beginn des Tokugawa-Shogunats unter Tokugawa Ieyasu.

1637 Unter Tokugawa Iemitsu kommt es zu einer absoluten Abschottung des Landes und zur Verfolgung der der Illoyalität verdächtigten Christen und christlichen Lehnsfürsten. Kein Ausländer darf herein und kein Japaner heraus. Ausnahme sind die Holländer, die in begrenztem Rahmen und streng kontrolliert Handel treiben dürfen.

1853 Kommodore Matthew Perry erzwingt bei seinem zweiten Besuch in der Bucht von Tokio den 1854 unterzeichneten Vertrag von Kanagawa (Öffnung von zwei Häfen für den US-Handel).

1854 Es folgen Handelsverträge mit Großbritannien, Preußen und Frankreich.

1859 Die Öffnung für den internationalen Handel führt zu einer schweren innenpolitischen Krise, in deren Verlauf u.a. auch der gegen Tokugawa Yoshinobu eingesetzte Shogun ermordet wird.

1863 Europäische Kriegsschiffe beschießen Kagoshima.

1864 Europäische Kriegsschiffe beschießen Shimonoseki.

1868 Beginn der Meiji-Restauration; Sturz des Tokugawa-Shogunats und Wiederherstellung der kaiserlichen Macht.

1872 Modernisierung Japans nach westlichem Vorbild. Das traditionelle Militär wird dem Staat unterstellt.

1889 Die Verfassung orientiert sich an Deutschland unter Bismarck.

1894–1895 Der Krieg gegen China endet mit dem japanischen Sieg.

1904–1905 Krieg gegen Russland endet mit japanischem Sieg. Formosa (Taiwan) und Korea werden annektiert.

1914 Eintritt in den Ersten Weltkrieg auf der Seite der Alliierten.

1919 Auf der Friedenskonferenz von Versailles erhält Japan zusätzliches Gebiet im Pazifik.

1923 Bei einem Erdbeben in Yokohama sterben 140 000 Menschen.

1927 Beginn einer Epoche des radikalen Nationalismus. Die Idee einer »Zone gemeinsamen Wohlstands« in Südostasien unter japanischer Führung bedroht US-Interessen im Pazifik.

1931 Besetzung der chinesischen Mandschurei (Mandschukuo).

1937 Japan beginnt große China-Invasion.

1938 Alle politischen Parteien unter gemeinsamer Flagge; Herrschaft der Militaristen.

1939 Japanische Niederlage im nicht erklärten Grenzkrieg mit der Sowjetunion.

1940 Mit dem Fall Frankreichs in Europa besetzt Japan Französisch-Indochina.

1941 USA verhängen totales Handelsembargo – einschließlich Öl –, was Japans Militärmaschinerie bedroht. Japan antwortet mit Angriff auf die US-Flotte in Pearl Harbor und Invasion in Pazifikgebiete, die in Besitz der USA, der Niederlande und Großbritanniens sind.

1942 Japan verliert entscheidende Seeschlacht von Midway.

1945 Massive US-Bombenangriffe auf Japan gipfeln in Atombombenabwurf auf Hiroshima und Nagasaki. Sowjetunion erklärt Japan den Krieg. Kaiser Hirohito kapituliert und gibt göttlichen Status auf. Japan wird unter US-Militärregierung gestellt. General MacArthur wird oberster Befehlshaber der Alliierten in Japan.

1947 Japanische Verfassung nach US-Vorbild, aber mit Kaiser als zeremoniellem Staatsoberhaupt.

1950 Korea-Krieg. Aufträge der US-Streitkräfte führen zu raschem Wachstum der japanischen Wirtschaft.

1952 Mit dem Friedensvertrag von San Francisco erhält Japan seine Unabhängigkeit zurück. Industrielle Produktion steigt auf 15 % über dem Stand von 1936.

1955 Zusammenschluss konservativer Parteien zur LDP, die Japan die nächsten 38 Jahre regiert.

1964 Olympische Spiele in Tokio. Einweihung des Hochgeschwindigkeitszugs Shinkansen. Japan wird Vollmitglied in OECD.

1973 Ölkrise. Einbruch des Wirtschaftswachstums. Von Regierung gefördertes wirtschaftliches Umdenken führt zu Konzentration auf Hightech-Industrien.

1976 LDP von Lockheed-Bestechungsskandal erschüttert; bleibt in folgenden Wahlen zwar an der Macht, verliert jedoch erstmals absolute Mehrheit.

1979 Zweite Ölkrise. Wachstum weiter bei 6 % pro Jahr.

1980 LDP erringt in Wahlen erneut absolute Mehrheit.

1982 Honda gründet Autofabrik in USA.

1988 Japan wird größtes Entwicklungshilfegeberland und größter Auslandsinvestor.

1989 Kaiser Hirohito stirbt. Spendenskandal führt zu Rücktritt des Premierministers Noburo Takeshita. Sein Nachfolger Sosuke Uno muss wegen eines Sexskandals zurücktreten. Zusammenbruch der Tokioer Börse.

1991–1992 LDP wegen innerparteilicher Unterschiede, weiterer Finanzskandale und Wahlreform zerstritten.

1993 Reformisten in LDP gründen neue Partei. LDP verliert Macht in folgenden Wahlen. Morihiro Hosokawa wird Premierminister einer Koalition aus sieben Parteien.

1994 Rücktritt Hosokawas. Rückzug der SDPJ führt zum Zusammenbruch der Koalition. Neue Koalition aus drei Parteien mit LDP und SDPJ. Oppositionsparteien schließen sich zur Neuen Fortschrittspartei (Shinshinto) zusammen. Umfassende politische und soziale Reformen zur Ausrottung der »Geldpolitik«.

1995 Beim Erdbeben von Kobe sterben über 5000 Menschen.

1996 LDP-Minderheitsregierung nach Wahlen. Der Kupferhändler Yasuo Yamanaka wird zu acht Jahren Haft verurteilt, weil er bei seiner Tätigkeit für die Sumitomo Corporation Verluste in Höhe von 2,6 Mrd. US-$ gemacht hat.

1997 Schwere Rezession.

1998 Krise wegen Reform des Bankwesens und Finanzsystems.

2000 Premierminister Keizo Obuchi fällt ins Koma; Nachfolger wird Yoshiro Mori. Juni: LDP verliert absolute Mehrheit.

2001 LDP wählt Junichiro Koizumi vom rechten Flügel zum Premierminister; fünf Frauen ins Kabinett berufen. Außenministerin ist die populäre Makiko Tanaka.

2002 Entlassung von Makiko Tanaka. Neue Außenministerin ist Yoriko Kawaguchi.

Japanische Herrscher

Legendäre Tenno (Kaiser)

1 Jimmu

2 Suizei

3 Annei	
4 Itoku	
5 Kosho	
6 Koan	
7 Korei	
8 Kogen	
9 Kaika	
10 Sujin	
11 Suinin	
12 Keiko	
13 Seimu	
14 Chuai	

Belegte Kaiser und Kaiserinnen

Spätes 4.–5. Jahrhundert	
	Ojin
Frühes 5. Jahrhundert	
	Nintoku
	Richu
	Hansho (Hanzei)
Mitte des 5. Jahrhunderts	
	Ingyo
	Anko
Spätes 5. Jahrhundert	
	Yuryaku
	Seinei
	Kenso (Kenzo)
	Ninken
	Buretsu
Frühes 6. Jahrhundert	
	Keitai
	Ankan
	Senka
539–571	Kimmei
572–585	Bitatsu (Bidatsu)
585–587	Yomei
587–592	Sushun
593–628	Suiko (Kaiserin)
629–641	Jomei
642–645	Kogyoku (Kaiserin)
645–654	Kotoku
655–661	Saimei (Saimyo, Kaiserin)
668–671	Tenji (Tenchi)
671–672	Kobun
672–686	Temmu
690–697	Jito (Kaiserin)
697–707	Mommu
707–715	Gemmei (Gemmyo, Kaiserin)
715–724	Gensho (Kaiserin)
724–749	Shomu
749–758	Koken (Kaiserin)
758–764	Junnin
764–770	Shotoku (Kaiserin)
770–781	Konin
781–806	Kammu
806–809	Heijo (Heizei)
809–823	Saga
823–833	Junna
833–850	Nimmyo
850–858	Montoku
858–876	Seiwa
876–884	Yozei
884–887	Koko
887–897	Uda
897–930	Daigo
930–946	Suzaku
946–967	Murakami
967–969	Reizei
969–984	Enyu (En'yu)
984–986	Kazan
986–1011	Ichijo
1011–1016	Sanjo
1016–1036	Go-Ichijo
1036–1045	Go-Suzaku
1045–1068	Go-Reizei
1068–1072	Go-Sanjo
1072–1087	Shirakawa
1087–1107	Horikawa
1107–1123	Toba
1123–1141	Sutoku
1141–1155	Konoe
1155–1158	Go-Shirakawa
1158–1165	Nijo
1165–1168	Rokujo
1168–1180	Takakura
1180–1185	Antoku
1183–1198	Go-Toba
1198–1210	Tsuchimikado
1210–1221	Juntoku
1221	Chukyo
1221–1232	Go-Horikawa
1232–1242	Shijo
1242–1246	Go-Saga
1246–1259	Go-Fukakusa
1259–1274	Kameyama
1274–1287	Go-Uda
1288–1298	Fushimi
1298–1301	Go-Fushimi
1301–1308	Go-Nijo
1308–1318	Hanazono
1318–1339	Go-Daigo
1339–1368	Go-Murakami
1368–1383	Chokei
1383–1392	Go-Kameyama
1332–1333	Kogon (Nordlinie)
1337–1348	Komyo (Nordlinie)
1349–1351	Suko (Nordlinie)
1353–1371	Go-Kogon (Nordlinie)
1374–1382	Go-Enyu (Nordlinie)
1392–1412	Go-Komatsu
1414–1428	Shoko
1429–1464	Go-Hanazono
1465–1500	Go-Tsuchimikado
1521–1526	Go-Kashiwabara
1536–1557	Go-Nara
1560–1586	Ogimachi
1586–1611	Go-Yozei
1611–1629	Go-Mizuno-o
1629–1643	Meisho (Myojo, Kaiserin)
1643–1654	Go-Komyo
1656–1663	Gosai
1663–1687	Reigen
1687–1709	Higashiyama
1709–1735	Nakamikado
1735–1747	Sakuramachi
1747–1762	Momozono
1763–1770	Go-Sakuramachi (Kaiserin)
1771–1779	Go-Momozono
1780–1817	Kokaku
1817–1846	Ninko
1847–1866	Komei
1867–1912	Mutsuhito (Meiji)
1912–1926	Taisho
1926–1989	Hirohito
1989–	Akihito

Kamakura-Shogune

1192–1199	Minamoto no Yoritomo
1202–1203	Minamoto no Yoriie
1203–1219	Minamoto no Sanetomo
1226–1244	Kujo Yoritsune
1244–1252	Kujo Yoritsugu
1252–1266	Prinz Munetaka
1266–1289	Prinz Koreyasu
1289–1308	Prinz Hisaaki
1308–1333	Prinz Morikuni

Militärregenten (Shikken) des Kamakura-Shogunats

1203–1205	Hojo Tokimasa
1205–1224	Hojo Yoshitoki
1224–1242	Hojo Yasutoki
1242–1246	Hojo Tsunetoki
1246–1256	Hojo Tokiyori
1256–1264	Hojo Nagatoki
1264–1268	Hojo Masamura
1268–1284	Hojo Tokimune
1284–1301	Hojo Sadatoki
1301–1311	Hojo Morotoki
1311–1312	Hojo Munenobu
1312–1315	Hojo Hirotoki
1315	Hojo Mototoki
1316–1326	Hojo Takatoki
1326	Hojo Sadaaki
1327–1333	Hojo Moritoki

Ashikaga-Shogune

1338–1358	Takauji

1359–1368	Yoshiakira
1368–1394	Yoshimitsu
1395–1423	Yoshimochi
1423–1425	Yoshikazu
1429–1441	Yoshinori
1442–1443	Yoshikatsu
1449–1473	Yoshimasa
1474–1489	Yoshihisa
1490–1493	Yoshitane
1495–1508	Yoshizumi
1508–1521	Yoshitane
1522–1547	Yoshiharu
1547–1565	Yoshiteru
1568	Yoshihide
1568–1573	Yoshiaki
1568–1582	Oda Nobunaga
1582–1598	Toyotomi Hideyoshi

Tokugawa-Shogune

1603–1605	Ieyasu
1605–1623	Hidetada
1623–1651	Iemitsu
1651–1680	Ietsuna
1680–1709	Tsunayoshi
1709–1712	Ienobu
1713–1716	Ietsugu
1716–1745	Yoshimune
1745–1760	Ieshige
1760–1786	Ieharu
1787–1837	Ienari
1837–1853	Ieyoshi
1853–1858	Iesada
1858–1866	Iemochi
1867–1868	Yoshinobu (Keiki)

Premierminister

1885–1888	Ito Hirobumi
1888–1889	Kuroda Kiyotaka
1889–1891	Yamagata Aritomo
1891–1892	Matsukata Masayoshi
1892–1896	Ito Hirobumi
1896–1898	Matsukata Masayoshi
1898	Ito Hirobumi
1898	Okuma Shigenobu
1898–1900	Yamagata Aritomo
1900–1901	Ito Hirobumi
1901–1906	Katsura Taro
1906–1908	Saionji Kimmochi
1908–1911	Katsura Taro
1911–1912	Saionji Kimmochi
1912–1913	Katsura Taro
1913–1914	Yamamoto Gonnohyoe
1914–1916	Okuma Shigenobu
1916–1918	Terauchi Masatake
1918–1921	Hara Takashi
1921–1922	Takahashi Korekiyo
1922–1923	Kato Tomosaburo
1923–1924	Yamamoto Gonnohyoe
1924	Kiyoura Keigo
1924–1925	Kato Takaaki
1926–1927	Wakatsuki Reijiro
1927–1929	Tanaka Giichi
1929–1931	Hamaguchi Osachi (Yuko)
1931	Wakatsuki Reijiro
1931–1932	Inukai Tsuyoshi
1932–1934	Saito Makoto
1934–1936	Okada Keisuke
1936–1937	Hirota Koki
1937	Hayashi Senjuro
1937–1939	Konoe Fumimaro
1939	Hiranuma Kiichiro
1939–1940	Abe Nobuyuki
1940	Yonai Mitsumasa
1940–1941	Konoe Fumimaro
1941–1944	Tojo Hideki
1944–1945	Koiso Kuniaki
1945	Suzuki Kantaro
1945	Higashikuni Naruhiko
1945–1946	Shidehara Kijuro
1946–1947	Yoshida Shigeru
1947–1948	Katayama Tetsu
1948	Ashida Hitoshi
1948–1954	Yoshida Shigeru
1954–1956	Hatoyama Ichiro
1956–1957	Ishibashi Tanzan
1957–1960	Kishi (Sato) Nobusuke
1960–1964	Ikedo Hayato
1964–1972	Sato Eisaku
1972–1974	Tanaka Kakuei
1974–1976	Miki Takeo
1976–1978	Fukuda Takeo
1978–1980	Ohira Masayoshi
1980–1982	Suzuki Zenko
1982–1987	Nakasone Yasuhiro
1987–1989	Takeshita Noboru
1989	Uno Sosuke
1989–1991	Kaifu Toshiki
1991–1993	Miyazawa Kiichi
1993–1994	Hosokawa Morihiro
1994	Hata Tsutomu
1994–1996	Murayama Tomiichi
1996–1998	Hashimoto Ryutaro
1998–2000	Obuchi Keizo
2000–2001	Mori Yoshiro
2001–	Koizumi Junichiro

Jarrow-Marsch Protestmarsch arbeitsloser Werftarbeiter von Jarrow in Nordostengland nach London 1936. *S. 413*

Jayavarman II. (reg. 802–869) Begründer der Dynastie von Angkor, die das Khmer-Reich im Gebiet des heutigen Kambodscha beherrschte (9.–12. Jahrhundert). Er wurde als Gott verehrt. Seine Hauptstadt war Roulos; sein Großneffe Yashovarman begann um 900 mit dem Bau der ersten Tempelstadt Angkor (Yashodarapura).

Jazz Singer, The Erster Tonfilm (1927).

Jazz-Zeitalter Der Höhepunkt des Jazz in den USA in den 20er-Jahren des 20. Jahrhunderts. *S.400*

Jeanne d'Arc *siehe* Johanna von Orléans

Jefferson, Thomas (1743–1826) 3. Präsident der Vereinigten Staaten von Amerika (1801–09), Verfasser der Unabhängigkeitserklärung. Er setzte sich als Gouverneur Virginias für die Abschaffung sozialer Vorrechte und die Trennung von Kirche und Staat ein (1779–81). 1789 wurde er von George Washington zum Staatssekretär ernannt. Unter John Adams (1797–1801) wurde er Vizepräsident. War Präsident während des Krieges mit Tripolis und förderte die Siedlungsbewegung nach Westen, u.a. mit dem Kauf des französischen Louisiana (Louisiana Purchase, 1803) und durch die Expedition von Lewis und Clark.

Jelzin, Boris (geb. 1931) Erster Präsident der russischen Föderation nach dem Zusammenbruch der UdSSR. Kurz nach seiner Wahl 1991 konnte er den Staatsstreich hartgesottener Kommunisten durchkreuzen. Seine Amtszeit war gekennzeichnet von unstetem Verhalten, schwacher Gesundheit und Zusammenstößen mit dem Parlament. Er entließ vier Premierminister. 1999 trat er vom Präsidentenamt zurück.

JEMEN Jemen liegt im Süden der Arabischen Halbinsel und grenzt an Saudi-Arabien und Oman. Der Norden ist gebirgig, am Roten Meer entlang verläuft ein fruchtbarer Landstreifen, der Süden besteht größtenteils aus trockenen Bergen und Wüste. Ab dem 9. Jahrhundert herrschte die Saiditen-Dynastie, die 1517 von den Osmanen besiegt wurden. Diese wurden 1636 vom Imam der Saiditen vertrieben. Bis 1990 gab es im Norden die Arabische Republik Jemen mit wechselnden Militärregimes, im ärmeren Süden die Demokratische Volksrepublik Jemen, den einzigen marxistischen Staat der arabischen Welt. Nach der Vereinigung führte ein

Konflikt zwischen den beiden offiziell zusammenarbeitenden Führungseliten 1994 zu einem Bürgerkrieg, in dem die Marxisten verdrängt wurden.

CHRONOLOGIE

1839 Großbritannien besetzt Aden.
1918 Jemen wird unabhängig.
1937 Aden wird eine Kronkolonie, das Hinterland Protektorat.
1962 Militärputsch. Absetzung des Imams. Im Norden wird die Arabische Republik Jemen (ARJ) ausgerufen.
1962–1970 Im Norden Bürgerkrieg zwischen Royalisten und Republikanern.
1963 Aden und Protektorat bilden gemeinsam die Südarabische Föderation.
1967 Britische Truppen verlassen Aden.
1970 Südjemen wird in Demokratische Volksrepublik Jemen (DVJ) umbenannt. Im Norden siegen die Republikaner.
1971 Wahlen in der ARJ.
1972 Friedensabkommen beendet Krieg zwischen ARJ und DVJ.
1974 Militärputsch in der ARJ.
1978 Oberstleutnant Ali Saleh wird ARJ-Präsident. Putsch in der DVJ: Abdalfattah Ismail an der Macht.
1980 Ismail wird durch den gemäßigteren Ali Mohammed ersetzt.
1982 DVJ unterzeichnet Friedensvertrag mit Sultan von Oman.
1986 Putschversuch in DVJ löst Bürgerkrieg aus. Rebellen kontrollieren Aden. Neuer DVJ-Präsident trifft ARJ-Präsidenten.
1987 Beginn der Ölförderung in ARJ.
1988 ARJ: Wahlen zum Konsultativrat, muslimische Organisation gewinnt an Einfluss.
1989 Vereinigungsprozess beschleunigt sich. Neue Verfassung veröffentlicht.
1990 Mai: Offizielle Vereinigung unter dem Protest islamischer Gruppen, die die weltliche Verfassung ablehnen. Ali Saleh wird Präsident der Republik Jemen.
1991 Jemenitische Gastarbeiter werden von Saudi-Arabien wegen der Haltung des Jemen zum Einmarsch des Irak in Kuwait ausgewiesen.
1994 Separatisten im Süden werden im Bürgerkrieg besiegt.
1997 Bei allgemeinen Wahlen erhält Präsident Sahles GPC die absolute Mehrheit.
1998–1999 Gewalttätiger Grenzkonflikt mit Saudi-Arabien: Vier entführte Touristen werden getötet, drei Mitglieder der Islamic Army of Aden werden zum Tode verurteilt.
1999 Saleh wiedergewählt.
2000 Nach 66 Jahren Grenzstreitigkeiten einigen sich Jemen und Saudi-Arabien.
2001 Amtszeit des Präsidenten wird nach Referendum auf sieben Jahre verlängert.

Jena und Auerstädt ⚔ in den napoleonischen Kriegen (1806), endet mit französischem Sieg.

Jenkin's Ear, War of Seekrieg zwischen Großbritannien und Spanien (1739–42).

Jenkinson, Anthony († 1611) Englischer Kaufmann, der von Moskau die Wolga hinunterfuhr. Er gelangte über Astrachan und das Kaspische Meer bis nach Persien und nach Buchara.

Jermak, Timofejewitsch († 1585) Russischer Kosakenführer, dessen Feldzug gegen das Tatarenkhanat über den Ural (1581) zur ersten russischen Siedlung in Sibirien führte.

Jerusalem Hauptstadt des modernen Staates Israel. Die Stadt ist für Judentum, Christentum und Islam gleichermaßen heilig. Ihr Ursprung geht ins 4. Jahrtausend v. Chr. zurück. Man geht davon aus, dass König David Jerusalem um 1000 v. Chr. zu seiner Hauptstadt machte, es existieren jedoch keinerlei archäologische Fundstücke, die dies belegen.
Die Stadt erlebte unter der Herrschaft Herodes I., des Großen (um 73–4 v. Chr.), der den Tempel wiederaufbauen ließ, eine Blüte. Sie wurde jedoch von den Römern nach den jüdischen Aufständen von 66–70 und 132–135 zerstört, unter Hadrian komplett neu aufgebaut und in Aelia Capitolina umbenannt.
Mosaikkarte von Jerusalem (500) *S. 108*

Jesuiten Katholischer Orden, der 1534 von Ignatius von Loyola gegründet wurde, auch als Gesellschaft Jesu bekannt. In der Gegenreformation wichtigster Verteidiger des katholischen Glaubens. Die Jesuiten spezialisierten sich auf Bildung und Missionierung. Sie brachten den katholischen Glauben bis nach China und Japan. Ihre in Südamerika gegründeten Missionen bildeten innerhalb des spanischen Kolonialreiches ein quasi autonomes Gebiet. Die Jesuiten wurden schließlich so mächtig, dass sie in Portugal, Frankreich und Spanien verboten wurden. 1773 löste der Papst den Orden auf. In Russland und Preußen existierte er jedoch weiter. Die Aufhebung wurde 1814 rückgängig gemacht. *S. 279*
Jesuiten in Japan *S. 299*
Jesuiten in China *S. 327*

Jesus von Nazareth (*auch* Jesus Christus, um 4 v. Chr.–29 n. Chr.) Jesus wurde biblischen Quellen zufolge während der römischen Besetzung Israels zum Zentrum einer neuen Religion, des Christentums. Von seinen Anhängern wird er als Gottes Sohn bezeichnet. Nach dem Neuen Testament wurde er von den Römern als Rebell gegen die römische Herrschaft um das Jahr 29 gekreuzigt. Das griechische »Christos« bedeutet »der Gesalbte« und ist eine Übersetzung des hebräischen »Messias«.

Jiang Jieshi (*auch* Chiang Kai-shek, 1887–1975) Chinesischer General und Politiker. Führer der Kuomintang von 1926, Präsident der Republik von 1928–31. Bekämpfte die Kommunistische Partei Chinas, bis er 1949 von Maos Truppen besiegt wurde und sich nach Taiwan zurückzog.

Jiang Qing *siehe* Kulturrevolution

Jin (*auch* Chin, Tsin) Fürstentum im südlichen Shanxi von etwa 1000–376 v. Chr. (Zhou-Periode).

Jin-Dynastie (*auch* Chin-Dynastie, Tsin-Dynastie) 1) Chinesischer Name für die von tungusischen Dschurdschen begründete Dynastie, die von 1115 bis 1234 Nordchina regierte. 2) Chinesische Dynastie, die von 265 bis 420 herrschte (Westliche und Östliche Jin). 3) Von Türken begründete Dynastie, die von 936 bis 946 in Nordchina (Spätere Jin) herrschte.

Johann I. (*port.* João I., 1357–1433) König von Portugal (reg. 1385–1433). Begründer der Avis-Dynastie, siegte gegen Kastilien in der ⚔ von Aljubarotta (1385) und konnte damit Portugals Unabhängigkeit erhalten.

Johann I., ohne Land (*engl.* John Lackland, 1167–1216) König von England (reg. 1199–1216). Jüngster Sohn von Heinrich II. und Eleonore von Aquitanien. Seine Regierungszeit ist von missglückten Feldzügen und dem Verlust der englischen Besitzungen in Nordfrankreich im Kampf mit Philipp II. Augustus von Frankreich geprägt. Papst Innozenz III. erlässt wegen Konflikten mit der englischen Krone 1208 ein Interdikt. 1212 wird König Johann I. exkommuniziert. Von seinen Baronen wird er dazu gezwungen, in Runnymede die Magna Charta anzuerkennen. *S. 208*

Johann V. (*port.* João V., 1689–1750) König von Portugal (1707–1750). Unterstützt im Spanischen Erbfolgekrieg zwischen Habsburg und Frankreich Allianz aus Großbritannien, Österreich und den Niederlanden.

Johanna von Orléans (*auch* Jeanne d'Arc, die Jungfrau von Orléans, Heilige Johanna, um 1412–31). Französische Nationalheldin. Hörte Stimmen, die ihr befahlen Frankreich von den Engländern zu befreien. Führte die französische Armee in die Schlacht und befreite das belagerte Orléans (1429), wonach der Dauphin in Reims als König Karl VII. gekrönt werden konnte. Später verließ sie ihr Glück. Sie wurde von Burgund gefangen genommen und an die Engländer ausgeliefert, die sie der Ketzerei anklagten und auf dem Scheiterhaufen verbrannten. 1920 wurde sie von der katholischen Kirche heilig gesprochen. *S. 258*

Johanniterorden (*auch* Hospitaliter, Ritterlicher Orden St. Johannis vom Spital zu Jerusalem, seit 1530 Malteserorden) Militärischer religiöser Orden, im frühen 12. Jahrhundert nach dem ersten Kreuzzug in Jerusalem gegründet. Kümmerte sich hauptsächlich um die Pilger im Heiligen Land. 1310 nahmen die Johanniter Rhodos ein, wo sie 1522 von den Osmanen vertrieben wurden. Daraufhin erhielten sie von Kaiser Karl V. die Insel Malta als Lehen.

Johnson, Lyndon Baines (1908–73) 36. Präsident der USA (Demokrat, 1963–68). Wurde nach dem Mord an John F. Kennedy 1963 Präsident. Unter seiner Regierung wurden eine Reihe von Bürgerrechtsgesetzen zur Gleichberechtigung der Afroamerikaner durchgesetzt, wie etwa Civil Rights Act (1964) und Voting Rights Act (1965). Außerdem leitete er wirtschaftliche und soziale Reformen ein, die unter den Schlagworten »Große Gesellschaft« und »Kampf gegen die Armut« bekannt sind. Der Vietnamkrieg jedoch und die breiten Proteste gegen diesen schwächten seine politische Position.

Jolliet, Pater Louis (1645–1700) Erforschte Nordamerika. Der in Kanada geborene Jolliet entdeckte gemeinsam mit Jacques Marquette die Mississippiquelle. 1672–73 bereisten sie den Fluss auf 640 km Länge bis zum Golf von Mexiko.

Jolson, Al (*urspr.* Asa Yoelson, 1886–1950) Russischstämmiger amerikanischer Schauspieler und Sänger. Trat 1911 erstmals am Broadway auf. 1928 machte er als Schauspieler im ersten Tonfilm *(The Jazz Singer)* Filmgeschichte.

Jom-Kippur-Krieg Überraschungsangriff von Ägypten und Syrien am Jom Kippur (einem der höchsten jüdischen Festtage, am 6. Oktober 1973) auf Israel. Der Krieg endete nach drei Wochen, als Israel Syrien zurückgeschlagen, den Sueskanal überquert und die ägyptische Truppe eingekreist hatte. Nach einem durch die UNO vermittelten Waffenstillstand zog sich Israel aus Ägypten zurück, nach dem Vertrag von 1979 vom Sinai.

Jomon-Kultur Frühe japanische Kultur (um 7500–250 v. Chr.). Reiche Fischgründe, Wildreichtum und ausreichend Sammelfrüchte sicherten ihr Überleben. Die Angehörigen der Jomon-Kultur lebten im bevölkerungsreichen Osten Japans in festen Dörfern. Nachweise zu Ackerbau existieren nicht. Berühmt ist die Jomon-Keramik, die sich bis auf etwa 10 000 v. Chr. zurückdatieren lässt und damit zur ältesten Keramik weltweit gehört.

JORDANIEN Das an den Irak, Syrien, Israel und Saudi-Arabien grenzende Land weist nur 26 km Küste am Golf von Akaba auf. Offiziell gehört zwar auch das Westjordanland zu Jordanien, es wurde jedoch 1967 von Israel besetzt. Die Ansprüche an das Westjordanland hat Jordanien 1988 an die PLO abgetreten. Die Wirtschaft basiert in erster Linie auf dem Phosphatabbau und dem Tourismus zu bedeutenden historischen Stätten wie etwa Petra. Das früh von semitischen Völkern besiedelte Gebiet wurde unter römischer Zeit zur Provinz Roms, dann von den Ghassaniden beherrscht, ab dem 7. Jahrhundert islamisch und ab 1518 Provinz des Osmanischen Reiches bis zu dessen Zusammenbruch 1918.

CHRONOLOGIE

1918 König Feisal (auch Faisal), der eine führende Rolle in den arabischen Aufständen gegen die Osmanen spielte, ruft in Damaskus einen unabhängigen arabischen Staat aus.

1920 Im Friedensvertrag von Sèvres erhält Großbritannien die Macht über Palästina (Palästinamandat). König Feisal muss Damaskus verlassen.

1921 König Abd Allah ibn al-Husain wird zum Herrscher Transjordaniens ernannt.

1948 König Abd Allah ist König Palästinas. Gründung des Staates Israel.

1949 Der Westen (Cisjordanien) wird Teil Israels, Ostjordanien wird zum »Haschimitischen Königreich Jordanien«.

1953 Husain (Hussein) wird König.

1967 Israel besetzt die Westbank.

1970 Massive Maßnahmen gegen PLO in Jordanien.

1988 Jordanien überlässt PLO Ansprüche an das Westjordanland (Westbank).

1994 Friedensvertrag mit Israel.

1999 Tod König Husains (Husseins); Nachfolger wird König Abdullah II.

Juan Carlos I. (geb. 1938) König von Spanien (reg. seit 1975), Enkel von Alfonso XIII., der 1931 abdankte. Wurde 1960 von General Franco als rechtmäßiger Anwärter auf den spanischen Thron anerkannt. 1969 wurde er zum Nachfolger Francos bestimmt und nach dessen Tod 1975 zum König ausgerufen. Unter seiner Regierung fand bis 1978 der Übergangsprozess zur Demokratie statt. Es gelang ihm auch, den 1981 vom Militär geplanten Putsch zu vereiteln.

Juárez, García Benito (1806–72) Mexikanischer Politiker indianischer Herkunft (reg. 1861–72). Er war Justizminister unter der liberalen Regierung, die nach dem Konservativen Santa Anna an die Macht gelangte, und war hier an der Verabschiedung der liberalen Verfassung von 1857 beteiligt. Er wurde nach dem Bürgerkrieg gegen konservativ-klerikale Militärs auch von den USA als Präsident anerkannt und setzte eine Reihe von antiklerikalen Reformgesetzen durch. Seine Regierungszeit wurde von einem Überfall Frankreichs unterbrochen, das versuchte Erzherzog Maximilian von Österreich als mexikanischen Kaiser zu installieren. 1867 konnte Mexiko seine Unabhängigkeit nach einem Guerillakrieg wiedererlangen.

Juden Historisch: halbnomadische Stämme Vorderasiens, die sich als Nachfahren der zwölf Söhne des Stammvaters Abraham betrachten, der einen Bund mit dem Gott Jahwe geschlossen hat.

Judentum Älteste monotheistische Religion. Die beiden anderen historischen vorderasiatischen Buchreligionen, Islam und Christentum, betrachten das Judentum als Mutterreligion. Der Begriff »Jude«, der sich vom hebräischen Judäa ableiten lässt, bezeichnete im Lauf der Geschichte allmählich alle Menschen israelitischer Herkunft. Manchmal spricht man auch von Hebräern. Im Zentrum des Judentums steht der Glaube an einen einzigen, allmächtigen Gott. In der Thora (*auch* Tora) sind die Ge- und Verbote des religiösen Lebens geregelt. Sie umfasst im weiteren Sinne den Pentateuch (die fünf Bücher Mose), im engeren nur das so genannte Deuteronomium (das 5. Buch Mose). *S. 41*

Jüdische Diaspora Die jüdische Diaspora (»Zerstreuung«) wird traditionell für jüdische Gemeinden außerhalb des Heiligen Landes verwendet. Ursprünglich nur für die Juden gebraucht, die nach dem babylonischen Exil 586 v. Chr. und nach den jüdischen Aufständen gegen die römische Besetzung 66–74 und 132–135 außerhalb Israels lebten.

Jüdische Revolten Eine Reihe von Aufständen in Judäa gegen die römischen Besatzer. Die Niederschlagung des ersten Aufstands (66–74) durch Vespasian und seinen Sohn Titus führte zur legendären Niederlage der jüdischen Rebellen, die sich in der Festung Masada verschanzt hatten (73). Der zweite Aufstand wurde 132–135 von Simon Bar Cochba angeführt. Die Unterdrückung führte zur »Zerstreuung« (Diaspora) der Juden nach Südwestasien und ins Römische Reich.

Jüten Germanisches Volk in Jütland, das gemeinsam mit Angeln und Sachsen im 5. Jahrhundert in England siedelte.

Jütland See-⚔ (*auch* ⚔ am Skagerrak) im Ersten Weltkrieg (31. Mai 1916) zwischen britischer und deutscher Flotte mit unentschiedenem Ausgang.

Jugoslawien
Jugoslawienkrieg *S. 451*
Siehe auch Kroatien, Mazedonien, Slowenien, Serbien und Montenegro

Jugurtha (*lat.* Iugurtha, † 104 v. Chr.) König von Numidien (reg. 118–105 v. Chr.), versuchte erfolglos sein Königreich in Nordafrika im Jugurthinischen Krieg gegen die Römer zu verteidigen.

Julisch-claudische Dynastie (*auch* iulisch-claudische Dynastie) Beginnt mit der Adoption von Gaius Octavius (*auch* Oktavian, später Kaiser Augustus) durch Caesar. Augustus (reg. 31 v. Chr.–14 n. Chr.), dessen Regentschaft durch die Expansion des Reiches und die Wiederherstellung des Friedens (Pax Augustus) geprägt war, adoptierte wiederum den aus der sabinischen Familie der Claudier stammenden Tiberius (reg. 14–37), den fähigsten Kaiser dieser Dynastie. Dessen Nachfolger Caligula (37–41) ist v. a. wegen seiner Exzesse berühmt. Ihm folgte Claudius (41–54), der den Zugang zu römischen Bürgerrechten und zum Senat lockerte und die Verwaltung ausbaute. Claudius' Nachfolger Nero (54–68) machten vor allem seine Grausamkeiten, Morde und Christenverfolgungen bekannt.

Juneau, Joe Franzose, der im 19. Jahrhundert Alaska erforschte. Gründete die Stadt Juneau in Alaska, nachdem er das Glück hatte, 1880 auf Gold zu stoßen.

Jungtürken Das Versäumnis des osmanischen Sultans Abd ül-Hamid II., das Reich zu reformieren, führte 1908 zu einer Revolution der Jungtürken, einem Verband von Armeeoffizieren und Reformern. Bevor er 1909 abgesetzt wurde, war der Sultan gezwungen die von ihm abgesetzte Verfassung wieder einzusetzen. Die Jungtürken wurden danach die wichtigste politische Partei des Reiches. *Siehe auch* Atatürk

Jupiter (*griech.* Zeus) Mächtigster Gott des griechisch-römischen Pantheons.

Justinian I., der Große (483–565) Byzantinischer Kaiser (reg. 518–527). Kam bei Skopje (heutiges Makedonien) auf die Welt und wurde von seinem Onkel Justin I. adoptiert. Bekannt ist er v. a. wegen seiner Bearbeitung des römischen Rechts *Corpus Iuris Civilis* (534) und wegen seiner Bautätigkeiten – darunter die Hagia Sophia in Konstantinopel. Er versuchte mit verschiedenen Feldzügen gegen die Wandalen in Spanien und Nordafrika und gegen die Ostgoten in Italien, Ostrom und Westrom wieder zu einen, hatte jedoch keinen Erfolg. *S. 117*

K

K'ang-hsi *siehe* Kangxi
K'ung-fu-tzu *siehe* Konfuzius

Kabuki Form des japanischen Theaters mit Tanz und Gesang, das überlieferte Legenden thematisiert. Von der Tänzerin Izumo no Okuni um 1600 begründet, später nur für männliche Schauspieler zugelassen. *S. 315*

Kadesch ⚔ zwischen den Ägyptern und Hethitern (um 1285 v. Chr.). Erste schriftlich festgehaltene Schlacht der Weltgeschichte.

Kadphises I. (*auch* Kujala Kadphises) Herrscher der Kushan, der im 1. Jahrhundert politische Einigung zwischen den Yuezhi-Stämmen erreichte und über Nordindien, Afghanistan und Teile Zentralasiens herrschte.

Kairo Hauptstadt des heutigen Staates Ägypten, 969 von den Fatimiden nahe der früheren arabischen Siedlung Fustat gegründet. Die 970 gegründete Azhar-Universität ist eines der angesehensten Zentren für Koranstudien und islamisches Recht. *S. 144, S. 151*

Kalewa ⚔ im Zweiten Weltkrieg (Mai 1942). Bis hierher drangen die Japaner in Myanmar (Birma) vor.

Kalifat Der Kalif galt als Nachfolger des Propheten Mohammed und damit als höchste Autorität der islamischen Welt. Die frühesten Kalifate der Omaijaden-Dynastie (661–750) hatten ihr Zentrum in Medina und Damaskus. Unter der Abbasiden-Dynastie (756–1258) wurde die Hauptstadt in das neu erbaute (766) Bagdad verlegt. Im spanischen Cordoba konnte sich ein unabhängiges Omaijaden-Kalifat etablieren (756–1031). Die verschiedensten muslimischen Regionalmächte beanspruchten Kalifatsstatus, darunter auch die Fatimiden in Kairo. Der letzte Abbasiden-Kalif wurde 1258 von mongolischen Invasoren ermordet. Der Titel wurde im 19. Jahrhundert unter den Osmanen reaktiviert, im Rahmen der Umwandlung der Türkei in einen säkularen Staat jedoch abgeschafft (1924).

Kalmar, Union von (Juni 1397) Skandinavische Union, die die Königreiche Norwegen, Schweden und Dänemark bis 1523 unter eine einzige Monarchie stellte.

Kalmücken Buddhistisches mongolisches Volk in Zentralasien, das 1758–59 unter den Druck Chinas in der Qing-Dynastie geriet.

Kalter Krieg (um 1947–91) Zeit der ideologischen, politischen, wirtschaftlichen und militärischen Konfrontation zwischen den kommunistischen Staaten, angeführt von der Sowjetunion und China, und den westlichen Nationen mit freier Marktwirtschaft, die, wie die USA, Mitglied der NATO waren. Der Kalte Krieg endete mit dem Zerfall der Sowjetunion 1991. *S. 430*

Kambaluk (*auch* Khanbalyk, *später* Peking, Beijing) Kubilai Khans Hauptstadt, nachdem er Kaiser von China wurde.

KAMBODSCHA Das im Südosten auf der indochinesischen Halbinsel gelegene Land grenzt an Thailand, Laos und Vietnam. Auffälligstes geografisches Merkmal ist der Tônlé Sap oder Große See, der in den Mekong abfließt. Mehr als drei Viertel des Landes sind bewaldet, die Küste säumen Mangrovenwälder. Wichtigste Anbaupflanze ist der Reis. Das frühere französische Protektorat Kambodscha erlangte 1953 seine Unabhängigkeit als konstitutionelle Monarchie unter König Norodom Sihanouk. Nach zwei Jahrzehnten Bürgerkrieg und einer Invasion Vietnams führte eine Friedensmission der UNO zum Waffenstillstand und schließlich 1993 zu Wahlen. *S. 126*

CHRONOLOGIE

5.-6. Jahrhundert Gründung und Blüte des Reiches Funan, das rege Handelskontakte zu China und Indien hat.

6. Jahrhundert Chenla erobert Funan, aus dem vereinigten Funan-Chenla wird schließlich 598 das Khmer-Reich.

800 Das Reich Angkor wird vom Nachbarstaat, dem Königreich Srivijaya, eingenommen, der Hof nach Phnom Penh verlegt.

1863 Die Franzosen zwingen König Norodom den Protektoratsvertrag mit Frankreich zu unterzeichnen.

1887 Nach zwei Jahren Krieg wird Kambodscha Teil Französisch-Indochinas.

1946 Teil der Französischen Union.

1954 Unabhängigkeit.

1955 Abdankung Sihanouks zugunsten seines Vaters Norodom Suramarit. Prinz Sihanouk wird Ministerpräsident unter Volkssozialistischer Partei und nach dem Tod seines Vaters Staatspräsident unter Verzicht auf Königstitel.

1970 Rechtsputsch unter Führung von General Lon Nol entmachtet Sihanouk. Dieser geht nach Peking, um von dort aus mit seinen Anhängern und den Roten Khmer den Kampf gegen das Regime Lon Nols zu führen. Gründung der Königlichen Regierung der Nationalen Einheit Kambodschas (GRUNC).

1975 GRUNC-Truppen nehmen Phnom Penh ein. Prinz Sihanouk wird Staatsoberhaupt, Die Roten Khmer übernehmen die Macht. Etwa 1 Mio. Menschen sterben bei den radikalen Umgestaltungen des Staates und dem damit einhergehenden Terror.

1976 Umbenennung in Demokratisches Kampuchea. Wahlen. Sihanouk tritt zurück; GRUNC löst sich auf. Khieu Samphan wird Staatsoberhaupt, Pol Pot Premierminister.

1978 Dezember: Invasion Vietnams, unterstützt von kommunistischen Gegnern Pol Pots in Kambodscha.

1979 Vietnamesen nehmen Phnom Penh ein. Die Roten Khmer werden von der Revolutionären Volkspartei Kampucheas (KPRP) unter Pen Sovan ersetzt. Die Roten Khmer beginnen einen Guerillakrieg. Pol Pot wird in Abwesenheit wegen Völkermords verurteilt.

1982 Exilregierung unter Prinz Sihanouk, mit Beteiligung der Roten Khmer und der Nationalen Volksbefreiungsfront, wird von der UNO anerkannt.

1989 Rückzug vietnamesischer Truppen.

1990 UN-Sicherheitsrat billigt Friedensplan mit von der UNO überwachten Waffenstillstandsverhandlungen und Wahlen.

1991 Unterzeichnung des Pariser Friedensabkommens. Sihanouk wird erneut als Staatsoberhaupt eingesetzt.

1993 In den von der UNO überwachten Wahlen siegt die royalistische FUNCINPEC. Sihanouk nimmt den Titel »König« an.

1994 Die Roten Khmer verweigern sich dem Friedensprozess.

1995 Der ehemalige Finanzminister Sam Rainsy bildet Oppositionspartei.

1996 Führendes Mitglied der Roten Khmer, Ieng Sary, läuft über.

1997 Putsch des Premierministers Hun Sen gegen den königlichen Kopremierminister Prinz Ranariddh.

1998 April: Tod Pol Pots. Juni: Rote Khmer ergeben sich. Juli: Parlamentswahlen. November: Hun Sen führt Koalitionsregierung mit FUNCINPEC.

1999 Kambodscha tritt ASEAN bei.

2001 Gericht billigt Gerichtsverhandlung gegen Führer der Roten Khmer wegen Gräueltaten des Regimes.

2002 Februar: Bestätigung Hun Sens in Kommunalwahlen.

Kambyses II. (reg. 529–522 v. Chr.) Achaimeniden-König von Persien, Sohn Kyrus des Großen.

Kamehameha I. (1782–1819) König eines der vier Königreiche von Hawaii, der 1795 dank überlegener Schiffe und Feuerwaffen sowie mit Hilfe aus dem Ausland erfolgreich alle Inseln erobern konnte, mit Ausnahme von Kauai und Niihau. Er reorganisierte die Regierung und kurbelte die Industrie an, während er kulturellen Einflüssen aus dem Ausland trotzte. Er hielt an traditionellen religiösen Praktiken fest (die nach seinem Tod von seiner Lieblingskönigin Kaahumanu abgeschafft wurden). *S. 347*

Kamel Von den Römern um 100 v. Chr. in die Sahara eingeführtes Tier.

KAMERUN Das an der westafrikanischen Küste gelegene Land ist zu mehr als der Hälfte bewaldet. Im Süden überwiegen Regenwald, nördlich des Flusses Sanaga immergrüne Wälder und Savannen. Die meisten Städte liegen im Süden, allerdings ist das Gebiet um den Kamerunberg dicht bevölkert. 30 Jahre war Kamerun ein Ein-Parteien-Staat. Demokratische Wahlen brachten 1992 die frühere Staatspartei erneut an die Macht.

CHRONOLOGIE

11. Jahrhundert Expansion des Reiches Kanem-Bornu.

1472 Ankunft portugiesischer Entdecker.

16.–18. Jahrhundert Ausweitung des transatlantischen Sklavenhandels.

1884 Deutschland erklärt Kamerun zum Protektorat und beginnt mit dem Aufbau einer Infrastruktur.

1916 Februar: Französische und britische Truppen setzen deutschen Gouverneur ab.

1922 August: Völkerbund spricht Mandat über Kamerun Frankreich (vier Fünftel) und Großbritannien (ein Fünftel) zu.

1946 Bildung politischer Parteien.

1955 In einem Aufstand töten Franzosen 10 000 Kameruner.
1960 Französischer Sektor wird unabhängig.
1961 Der Süden des britischen Teils fällt an Kamerun, der Norden an Nigeria. Bundesstaat unter Präsident Ahidjo bis 1972.
1982 Ahidjo stirbt; Nachfolger ist Biya.
1983–1984 Putschversuch, viele Tote, 50 Verschwörer hingerichtet.
1990 Demonstrationen und Streiks; Einführung des Mehrparteiensystems.
1992 Allgemeine Wahlen; Sieg der RDPC.
1997 Bestätigung von RDPC und Präsident in umstrittenen Wahlen.
2000 Weltbank bewilligt trotz Umweltbedenken Finanzhilfen für Pipelineprojekt.
2003 Juni: RDPC und Biya erneut in Wahlen bestätigt.

Kamikaze (*japan.* »göttlicher Wind«) Ein Taifun, der den zweiten Invasionsversuch der Mongolen (1281) aufhielt; adaptiert als Name für japanische Kampfflieger, die sich in der Endphase des Zweiten Weltkriegs in Selbstmordangriffen opferten.

Kaminaljuyú (um 500 v. Chr.) Mittelamerikanische Kultur.

Kammergräber (*auch* Dolmen, Holzkammergrab, Ganggrab) Aus großen Felsblöcken errichtete Grabkammern der Megalithkultur, die mit Erde bedeckt wurden. Die oft für gemeinschaftliche Bestattungen genutzten Grabstätten bestehen aus einer Reihe von Kammern, die unterschiedliche Skelettteile beherbergen können. Sie wurden wahrscheinlich über mehrere Generationen genutzt. *S. 23*

Kampf um Afrika Gegen Ende des 19. Jahrhunderts kämpften die europäischen Mächte miteinander um die Macht in Afrika. *S. 343*

Kanaan Historische Bezeichnung für Palästina um 2000 v .Chr. Die Kanaaniter siedelten in dem Gebiet, das sich östlich des Mittelmeers bis zum Jordan und dem Roten Meer erstreckt. Nach der Flucht der Israeliten aus Ägypten im 13. Jahrhundert v. Chr. wurden sie an den Küstenstreifen abgedrängt. Von den Juden wurden sie wegen ihrer Religion (Verehrung lokaler Gottheiten, Opferrituale, heilige Prostitution) verurteilt. Von ihnen stammt die erste echte alphabetische Schrift.

KANADA Das zweitgrößte Land der Erde reicht vom Kap Columbia auf Ellesmere Island im Norden bis zum Eriesee im Süden und über sechs Zeitzonen von Neufundland bis zum Pazifik. Das Flachland um die Hudsonbai nimmt etwa 80 % der gesamten Landfläche ein, mit dem riesigen Kanadischen Schild und den Ebenen von Saskatchewan und Manitoba sowie den Rocky Mountains im Westen. Am dichtesten besiedelt sind die Gebiete um den Sankt-Lorenz-Strom und die Ebenen um die Großen Seen. 1999 erhielten die Inuit eine eigene selbstverwaltete Provinz im östlichen Teil der Northwest Territories mit etwa einem Viertel der kanadischen Landfläche. Die Beziehungen des französischsprachigen Québec zum Staat lösen immer wieder Verfassungsdebatten aus.

CHRONOLOGIE

10. und 11. Jahrhundert Wikinger erkunden die Ostküste Kanadas.
1497–1498 Giovanni Caboto erforscht Küste zwischen Labrador und Chesapeake Bay.
16. Jahrhundert Erforschung und Besiedlung Neufundlands und Québecs.
1608 Gründung der Stadt Québec.
1610 Henry Hudson entdeckt die später nach ihm benannte Hudsonbai.
1629 Englische Truppen besetzen die französische Stadt Québec.
1632 König Karl I. von England garantiert Frankreich die Kontrolle über Neufrankreich und Akadien.
1663 Neufrankreich wird französische Kronkolonie.
1713 Neufundland und das Festland von Akadien gehen im Frieden von Utrecht an Großbritannien.
1756–1763 Im Frieden von Paris, der den sowohl in Nordamerika als auch in Europa ausgefochtenen Siebenjährigen Krieg beendet, gehen alle französischen Besitzungen in Nordamerika an Großbritannien, außer Saint Pierre und Miquelon.
1758 Erste gewählte gesetzgebende Versammlung Nordamerikas in Halifax.
1754 Briten kämpfen gegen Franzosen und Indianer. Frankreich muss Großbritannien Siedlungen am Sankt-Lorenz-Strom und in Québec abtreten.
1774 Québec-Vertrag sichert Bevölkerung Religionsfreiheit und Recht auf französische Sprache und Kultur zu.
1775–1783 Amerikanischer Unabhängigkeitskrieg. Kanada wird Zufluchtsort für Anhänger der britischen Krone.
1867 Kanada wird unter dem British North America Act zum Bundesstaat.
1885 Transpazifische Eisenbahnlinie fertig.
1897 Beginn des Goldrauschs am Klondike.
1914–1918, 1939–1945 Kanada unterstützt in beiden Weltkriegen die Alliierten.
1931 Autonomie innerhalb des Commonwealth.
1949 Gründungsmitglied der NATO. Neufundland tritt Bundesstaat bei.
1968 Liberale Partei unter Pierre Trudeau an der Macht. Bildung der separatistischen Parti Québécois (PQ) .
1970–1980 Québecs Separationsbewegung wächst. Terroristische Anschläge.
1976 PQ gewinnt Wahlen in Québec.
1977 Französisch wird Amtssprache.
1980 Abtrennung Québecs in Referendum abgelehnt. Trudeau erneut Premierminister.
1982 Großbritannien tritt alle Machtbefugnisse im britischen Recht, die Kanada betreffen, ab.
1984 Rücktritt Trudeaus. PCP gewinnt Wahlen. Brian Mulroney wird Premierminister.
1987 Abkommen von Meech Lake.
1989 Freihandelsabkommen mit USA.
1992 Charlottetown-Abkommen zur Verfassungsreform in Referendum abgelehnt.
1993 Schwere Wahlniederlage der PCP, Aufstieg regionaler Parteien.
1994 PQ gewinnt erneut Wahlen in Québec. NAFTA tritt in Kraft.
1995 Knappe Ablehnung einer Autonomie Québecs in Referendum.
1995 Fischereistreit mit EU.
1997 Regionale Aspekte beherrschen Bundeswahl. Liberale wieder an der Macht.
1998 Knappe PQ-Mehrheit in Québec.
2000 November: Vorgezogene Wahlen, Liberale behalten die Macht.
2002 G-8-Gipfel in Kanada.

PREMIERMINISTER (SEIT 1867)

1867–1873	John Alexander MacDonald
1873–1878	Alexander Mackenzie
1878–1891	John Alexander MacDonald
1891–1892	John Joseph Caldwell Abbott
1892–1894	John Sparrow David Thompson

▶

1894–1896	Mackenzie Bowell
1896	Charles Tupper
1896–1911	Wilfrid Laurier
1911–1920	Robert Laird Borden
1920–1921	Arthur Meighen
1921–1926	William Lyon Mackenzie King
1926	Arthur Meighen
1926–1930	William Lyon Mackenzie King
1930–1935	Richard Bedford Bennett
1935–1948	William Lyon Mackenzie King
1948–1957	Louis Stephen Saint-Laurent
1957–1963	John George Diefenbaker
1963–1968	Lester Bowles Pearson
1968–1979	Pierre Elliott Trudeau
1979–1980	Charles Joseph (Joe) Clark
1980–1984	Pierre Elliott Trudeau
1984	John Napier Turner
1984–1993	Martin Brian Mulroney
1993	Kim Campbell
1993–	Jean Joseph Jacques Chrétien

Kangxi (*auch* K'ang-hsi, 1654–1722) Herrscher der von den Mandschu gegründeten Qing-Dynastie in China (Regierungszeit 1661–1722).

Kanishka (*auch* Kaniska, reg. um 78–96) Herrscher des Reiches der Kushan (oder Kushana) im südlichen Zentralasien, dessen Annahme des (Mahayana-) Buddhismus trug zur Verbreitung des Glaubens in Zentralasien und entlang der Seidenstraße bei.

Kanone Im 13. Jahrhundert, nach der Übernahme des Schießpulvers aus China, in Europa entwickelte Waffe, die im 14. Jahrhundert zunehmend im Belagerungskrieg eingesetzt wurde. *S. 229*

Kansas-Nebraska-Gesetz (1854) Das Kansas-Nebraska-Gesetz trennte die beiden US-Staaten; Nebraska kam zum Norden, Kansas zum Süden. Darüber hinaus sollten die Bewohner der beiden Staaten jeweils für ihren Staat über die Sklavenfrage abstimmen. Der Vertrag führte zur Gründung der Republikanischen Partei, um der Verbreitung der Sklaverei in neuen Gebieten entgegenzuwirken.

Kao Tsu *siehe* Gaozu

Kap der Guten Hoffnung Südlichster Punkt des afrikanischen Kontinents, 1488 durch den portugiesischen Seefahrer Bartolomeu Dias umsegelt. 1652 Gründung einer niederländischen Kolonie, 1795 von den Briten erobert.

KAP VERDE Die Kapverdischen Inseln vor der Küste Westfafrikas wurden 1975 von Portugal unabhängig. Sie sind großteils gebirgig und vulkanischen Ursprungs. Die flachen Inseln Sal, Boa Vista und Maio ermöglichen landwirtschaftlichen Anbau, trotz häufiger Dürren. Etwa 50 % der Bevölkerung leben in Santiago. Nach einer Zeit sozialistischer Einparteienherrschaft fanden 1991 erstmals freie Wahlen statt.

Chronologie

1455 Der im Dienst Portugals stehende italienische Seefahrer Antonio da Noli erwähnt erstmals Santiago und vier weitere Inseln.

1462 Portugiesische Seeleute beginnen die unbewohnten Inseln zu besiedeln. Vom afrikanischen Festland verschleppte Sklaven bearbeiten das Land.

1600–1760 Ribeira Grande (auf Santo Antão) wird ein wichtiger Umschlagplatz des transatlantischen Sklavenhandels von Westafrika in die Karibik, nach Kolumbien und später auch nach Brasilien.

1774 Praia wird Regierungssitz.

1869 Abschaffung der Sklaverei.

1956 Amilcar Cabral und Aristides Pereira gründen die Partido Africano da Independência de Guiné e Cabo Verde (PAIGC).

1961 Beginn des gemeinsamen Unabhängigkeitskampfes von Kap Verde und Guinea-Bissau.

1974 Guinea-Bissau wird unabhängig.

1975 Kap Verde wird unabhängig.

1981 Trennung von Guinea-Bissau.

1991 MPD gewinnt erste freie Wahlen.

2001 Sieg der PAICV (früher PAIGC).

Kapetinger (987–1328) Von Hugo Capet begründete Dynastie in Frankreich, die auf die Dynastie der Karoliner folgte. *Siehe auch* Frankreich

Kapitalismus Im 19. Jahrhundert entstandener Begriff für eine Wirtschafts- und Gesellschaftsordnung, in deren Mittelpunkt Gewinnmaximierung, Privateigentum von Produktionsmitteln und Steuerung durch den Markt stehen. *S. 393*

Kap-Kolonie Von der Holländischen Ostindienkompanie 1652 an der Südspitze Afrikas gegründete Siedlung. Holländische Siedler (die Vorfahren der Buren) ließen sich hier als Viehzüchter nieder. 1795 nahmen die Briten die Kolonie ein. Nach vorübergehender Rückgabe erhielt das Gebiet 1806 offiziell den Status einer Kronkolonie. Das 19. Jahrhundert ist von Konflikten zwischen Buren und Briten sowie den Kämpfen und dem Völkermord an Buschleuten und Hottentotten geprägt. Die Buren zogen großteils nach Norden und gründeten dort die Republiken Transvaal und Oranjefreistaat. Nach Gold- und Diamantenfunden verschärften sich die Konflikte und führten schließlich zum Burenkrieg. *S. 309, S. 373. Siehe auch* Südafrika, Burenkrieg

Kara-Kitai Moslemisches Reich in Zentralasien mit Blütezeit im 12. Jahrhundert. 1141 schlugen die Kara-Kitai die Seldschuken bei Samarkand.

Karavelle Leichtes, von den Portugiesen entwickeltes Segelschiff des 15.–17. Jahrhunderts.

Karl der Große (*auch lat.* Carolus Magnus, *frz.* Charlemagne, um 742–814) König der Franken und Kaiser des Heiligen Römischen Reiches. Sein Königreich umfasste Frankreich, einen Großteil Deutschlands, Norditalien. Er wurde an Weihnachten des Jahres 800 vom Papst zum Kaiser gekrönt. *S. 137*

Karl der Kühne (1433–77) Letzter regierender Herzog von Burgund (reg. 1467–77). Er befand sich im permanenten Kriegszustand mit Ludwig XI. von Frankreich und erreichte beinahe Burgunds Unabhängigkeit.

Karl I. (1600–49) König von England, Schottland und Irland (reg. 1625–49). Seine Ehe mit der Katholikin Henrietta Maria führte zu Unmut in der Bevölkerung. Er löste in den ersten vier Jahren seiner Regierung viermal das Parlament auf und regierte elf Jahre ohne Parlament, bis er wegen des Aufstands in Schottland dazu gezwungen war, es wieder einzuberufen. Der Konflikt mit dem Langen Parlament führte zum englischen Bürgerkrieg (1642–46). Karl I. wurde in der ⚔ von Naseby 1645 vom Parlamentsheer geschlagen. Er konnte flüchten, wurde jedoch gefasst und enthauptet. *S. 306*

Karl II. (1630–85) König von England (reg. 1660–85). Wurde 1658 nach Cromwells Tod auf den Thron gerufen.

Karl IV. (1316–78) Heiliger Römischer Kaiser (reg. 1347–78) und König von Böhmen (als Karl I.). *S. 237*

Karl V. (1500–58) Heiliger Römischer Kaiser. Er erbte, bevor er 20 Jahre alt war, vom Vater die Niederlande, von der Mutter Spanien und vom Großvater die deutschen Habsburgergebiete. 1520 wurde er zum Kaiser gewählt. Er musste sein Land gegen Frankreich und das Osmanische Reich verteidigen. In Deutschland kam es in seiner Regierungszeit zu Religionskriegen. 1555 dankte er ab. Den spanischen Teil und die Niederlande überließ er Philipp II., seinem Sohn, den österreichischen und den deutschen Teil seinem Bruder Ferdinand.

Karl VII. (1403–61) König von Frankreich (reg. 1422–61). Wurde gekrönt, als Jeanne d'Arc 1429 die Belagerung Orléans' aufhob. Bis 1453 hatte er die Engländer aus Frankreich vertrieben.

Karl VIII. (1470–98) König von Frankreich (reg. 1483–98), begann die Feldzüge gegen Italien, die bis ins 16. Jahrhundert andauerten.

Karl X. (1622–60) König von Schweden (reg. 1654–60). Fiel 1655 in Polen ein. Nach dem siegreichen Krieg gegen Dänemark (1657–58) hatte Schweden seine größte Ausdehnung erreicht.

Karl Martell (um 688–741) Hausmeier am Hof der Merowinger (reg. 719–741). Tatsächlich war er jedoch der inoffizielle König der Franken. Er besiegte 732 die Araber bei Poitiers. *S. 133*

Karlistenkriege (1834–49) Durch die Opposition der Anhänger des Thronanwärters Don Carlos (1788–1855) gegen das liberale Spanien ausgelöster Krieg, bei dem die Karlisten besiegt wurden.

Karlowitz, Friede von (26. Januar 1699) Beendete den Krieg (1683–99) zwischen dem Osmanischen Reich und der Heiligen Liga (Österreich, Polen, Venedig und Russland). Damit wurde der osmanische Einfluss in Ostmitteleuropa bedeutend verringert und Österreich zur vorherrschenden Macht.

Karolingerdynastie (751–987) Nach Karl dem Großen benannte fränkische Dynastie. Der erste Karolingerherrscher in Frankreich war der 751 gekrönte Pippin III., Vater Karls des Großen.

Karthago Von phönikischen Händlern wahrscheinlich 814 v. Chr. gegründete nordafrikanische Stadt mit einem günstig auf der Route zu den iberischen Zinn- und Silberminen gelegenen Naturhafen. Zwischen 550 v. Chr. und um 500 v. Chr. eroberten karthagische Truppen den größten Teil Ostsiziliens, besiegten die Phönikier und die Massalier vor der Küste Korsikas, unterwarfen Sardinien und die Balearen. In den Punischen Kriegen wurden sie vom Römischen Reich besiegt, die Stadt wurde zerstört (146 v. Chr.). *Siehe auch* Punische Kriege

Kartografie
Babylonische Karte *S. 48*
Weltkarte (1–500) *S. 79*
Mosaikkarte von Jerusalem *S. 108*
Katalanischer Weltatlas (um 1375) *S. 246*
Feldzug-Karten des Sezessionskriegs *S. 384*
U-Bahn-Plan *S. 420*
Satellitengestützte Karten *S. 457*
Siehe auch Forschung und Entdeckung

Kasachen Volk in Zentralasien; traditionell Hirtennomaden; Mitte des 19. Jahrhunderts ins Russische Reich eingegliedert, jetzt hauptsächlich in Kasachstan lebend.

KASACHSTAN Die zweitgrößte frühere Sowjetrepublik erstreckt sich fast 2000 km vom Kaspischen Meer bis zum Altai-Gebirge im Osten und 1300 km in Nord-Süd-Richtung. Sie grenzt im Norden an Russland und im Osten an China. 1991 hat Kasachstan als letzte Sowjetrepublik seine Unabhängigkeit erklärt. Bei den Wahlen von 1999 wurden der frühere Kommunist Nursultan Nasarbajew und seine Gefolgsleute wiedergewählt. Kasachstan verfügt über ein beträchtliches Wirtschaftspotenzial; viele westliche Unternehmen sind an der Nutzung seiner Bodenschätze interessiert.

CHRONOLOGIE

16. Jahrhundert Kiptschak und andere türkische, mongolische und iranische Gruppen spalten sich von der Goldenen Horde ab und wandern in das Gebiet, das heute als Kasachstan bekannt ist. Sie formen drei Nomadenstämme: Die Große Horde im Südosten, die Mittlere Horde im Norden und im Zentrum und die Kleine Horde im Nordwesten.

1846 Die Große Horde schließt sich dem Russischen Reich an.

1889 Russische Expansion nach Osten führt zu einem Gesetz, das bestimmte Gebiete für staatlich unterstützte Siedlungen vorsieht, die Teile des heutigen Kasachstan einschließen.

1916 Rebellion gegen die russische Herrschaft wird brutal unterdrückt.

1917 Russische Revolution führt in Kasachstan zum Bürgerkrieg zwischen Bolschewiki, Anti-Bolschewiki und kasachischen Nationalisten. Nach der Revolution von 1917 nimmt die russische Besiedlung zu und Kasachstan ist einer intensiven industriellen und landwirtschaftlichen Entwicklung unterworfen.

1918 Kasachische Nationalisten gründen eine autonome Republik.

1920 Unter bolschewikischer Kontrolle Gründung der Kirgisischen Autonomen Sozialistischen Sowjetrepublik (ASSR) in der Russischen Sozialistischen Föderativen Sowjetrepublik.

1925 Kirgisische ASSR in Kasachische ASSR umbenannt.

1936 Kasachstan wird als Kasachische SSR Bestandteil der UdSSR.

1930er-Jahre Stalins Zwangskollektivierung führt zu einer verstärkten russischen Ansiedlung und kostet schätzungsweise 1 Mio. Kasachen das Leben.

1941–1945 Massendeportationen u.a. von Deutschen, Juden und Krimtataren nach Kasachstan.

1950er-Jahre In Semipalatinsk wird ein Atomtestgelände gebaut; Ende des Testprogramms 1991 nach 500 Kernexplosionen.

1954–1960 Kremlchef Chruschtschows Politik, »unberührtes Land« für Getreideanbau zu nutzen, wird in Kasachstan radikal umgesetzt. Höhepunkt russischer Ansiedlung.

1986 Unruhen in Almaty, nachdem der Russe Gennadi Kolbin anstelle des Kasachen Dinmukhamed Kunyev zum Führer der Kasachischen Kommunistischen Partei (CPK) ernannt worden war.

1989 Kolbin wird durch den Kasachen und Vorsitzenden des Ministerrats Nursultan Nasarbajew ersetzt. Reformen im politischen System und der Verwaltung.

1990 CPK wird mit überwältigender Mehrheit in den Obersten Sowjet gewählt. Nasarbajew wird zum ersten Präsidenten Kasachstans ernannt. Kasachstan erklärt seine Souveränität.

1991 Kasachstan stimmt für Erhalt der UdSSR als Union souveräner Staaten. Seine Regierung erhält von der UdSSR die Kontrolle über die Unternehmen im Land. ▶

Nach Scheitern des Staatsstreichs in Moskau muss die CKP alle Aktivitäten in offiziellen Gremien einstellen und wird zur Sozialistischen Partei Kasachstans (SPK). Unabhängigkeitserklärung der Republik Kasachstan; Beitritt zur GUS.

1992 Opposition demonstriert gegen Dominanz reformierter Kommunisten im Obersten Sowjet, jetzt Oberster Kenges. Nationalistische Gruppen bilden Republikanische Partei Azat.

1993 Annahme einer neuen Verfassung. Einführung einer neuen Währung (Tenge).

1994 Nach erwiesenen Unregelmäßigkeiten werden die Parlamentswahlen annulliert.

1995 Neue Verfassung vergrößert die Macht des Präsidenten; Referendum verlängert Amtszeit von Nasarbajew bis 2000; Parlamentswahlen.

1998 Legislative billigt Verfassungsänderungen; Präsidentschaftswahlen müssen früher abgehalten werden.

1999 Nasarbajew wird für weitere sieben Jahre als Präsident wiedergewählt.

2002 Januar: Neuer Premierminister wird Imangali Tasmagambetow.

Kaschmir Region in Südasien an der Grenze zwischen Indien und Pakistan, seit der Teilung 1946 hart umkämpft. *Siehe auch* Jammu und Kaschmir.

Kasimir III. (*auch* Kasimir der Große, 1309–70) Polnischer Herrscher (1333–70). Er stärkte das polnische Königtum, reformierte die Verwaltung und das Rechtswesen und gründete die Universität von Krakau. 1386 heiratete seine Tochter den litauischen Großfürsten Jagiello, womit Polen und Litauen geeint wurden.

Kassandros (*auch* Cassander, Kassander, 358–297 v.Chr.) Herrscher Makedoniens nach dem Tod Alexanders des Großen.

Kassapa (447–495) Herrscher von Sigiriya auf Sri Lanka, der sich widerrechtlich die Macht aneignete und glaubte, er sei ein Gott-König. *S. 107*

Kastensystem Hierarchisches soziales System des Hinduismus. Die Menschen werden danach in vier Hauptkasten unterteilt (Priester, Krieger, Bauern/Handwerker und Knechte), die weder untereinander heiraten noch gemeinsam speisen dürfen. Außerhalb des Systems existieren die Parias, die im religiösen Sinn als völlig »unrein« gelten. Die Priesterkaste (Brahmanen) gilt auch als die im religiösen Sinne »reinste«.

Kastilienrat Eine der zentralen spanischen Institutionen des späten 15. Jahrhunderts mit legislativer und administrativer Funktion. Neben anderen Räten richtet die Krone einen Finanzrat (1480), einen Rat der Hermandad (»Brüderschaft der Städte«, 1476), einen Inquisitionsrat (1478) und einen Rat der Ritterschaft ein. Außerdem wird die Macht des regionalen Aragonrats beschnitten und 1524 ein Indienrat sowie ein Italienrat (1558) eingerichtet.

Katalanischer Weltatlas In Mallorca um 1375 verfasster Weltatlas. *S. 246*

Katalaunische Felder ⚔ (451). Römischer Sieg über den Hunnen Attila.

Katanga Provinz, die sich 1960 vom kurz zuvor unabhängig gewordenen Kongo abspaltet. Die UNO versuchte durch Vermittlung eine Versöhnung zu erreichen, doch ihre eigenen Truppen wurden in die Kämpfe verwickelt. Eine Übereinkunft wurde erst 1963 erreicht.

KATAR Katar ragt im Norden der Arabischen Halbinsel in den Golf, hat Landgrenzen mit Saudi-Arabien und den Vereinigten Arabischen Emiraten und eine Seegrenze mit Bahrain. Das Land besteht größtenteils aus flacher Halbwüste. Katar ist Gründungsmitglied der OPEC, große Öl- und Erdgasreserven machen es zu einem der reichsten Länder der Region. Das Land ist unter der auf das 18. Jahrhundert zurückgehenden Herrschaft der Al-Thani-Familie (verwandt mit der Familie Al-Chalifa in Bahrain) politisch stabil.

CHRONOLOGIE

1971 Unabhängigkeit von Großbritannien.

1972 Regierung Scheich Ahmed Chalifas.

1995 Scheich Hamad setzt seinen Vater ab.

1999 Allererste Wahlen (zum Gemeinderat).

Katharer (*auch* Albigenser, Patarener) Von Südfrankreich ausgehende religiöse Bewegung des 12. Jahrhunderts mit manichäischem Charakter. Im Zentrum steht die Auseinandersetzung zwischen dem Guten Gott (NT) und dem Bösen Gott (AT) und die Unterscheidung von »Perfekten«, die die religiöse Vollkommenheit erreicht haben, und einfachen Gläubigen. Damit war die Lehre für die christliche Kirche Ketzerei. Die Albigenserkriege (1210–26) vernichteten nicht nur die Anhänger dieser Bewegung, sie brachten gleichzeitig das südfranzösische Toulouse unter die Kontrolle der französischen Krone. *S. 189*

Katharina II. (*auch* Katharina die Große, 1729–96) Russische Kaiserin (reg. 1762–96). Die als deutsche Prinzessin geborene Katharina war eine intelligente, zu Beginn ihrer Regierungszeit dem Gedanken der Aufklärung verpflichtete Monarchin, die aus Rücksicht auf Adelsinteressen und angesichts von Aufständen ihren Reformkurs aufgab. Außenpolitisch erreichte sie die Ausdehnung des Reiches nach Osten und bis zum Schwarzen Meer und Gebietszuwächse aufgrund der polnischen Teilungen. Sie machte Russland zu einer Großmacht.

Kathedralen
Romanische Kathedralen *S. 166*
Gotische Kathedralen *S. 191*

Katholizismus *siehe* Römisch-katholische Kirche. *Siehe auch* Vatikan, Jesuiten, Papsttum, einzelne Päpste

Kay, John Erfinder des fliegenden Weberschiffchens bzw. Schnellschützen (1733).

Keilschrift Schriftsystem, entwickelt von den Sumerern am Ende des 4. Jahrtausends v.Chr. und in Südwestasien 3000 Jahre lang in Gebrauch. Ursprünglich bestand die Keilschrift aus Bildern, die sich zu abstrakten Symbolen für Worte, Silben und phonetische Einheiten entwickelten. Die früheste Keilschrift schrieb man von unten nach oben.

Kelten Durch eine gemeinsame Sprache und Kultur verbundene europäische Volksgruppe der Bronzezeit. Die frühesten keltischen Funde stammen aus Bayern und datieren auf das 13. Jahrhundert v.Chr. Die Kelten breiteten sich um 800 v.Chr. über ganz Europa aus. Sie plünderten 390 v.Chr. Rom und ein Jahrhundert später Delphi. Keltische Stämme siedelten in Kleinasien, Gallien, Italien, Galizien, Spanien und Britannien. Im 1. Jahrhundert v.Chr. wurden sie jedoch auf dem europäischen Festland von den Römern besiegt und von den Germanen nach Süden zurückgedrängt. U.a. in Wales, der Bretagne und Irland überlebten keltische Dialekte bis heute. *S. 69*

Kemal, Mustafa *siehe* Atatürk

KENIA Kenia erstreckt sich im Osten Afrikas über den Äquator. Durch die zentrale Hochebene zieht sich das Große Rift-Tal. Der Norden ist Wüste, im Südosten liegt ein fruchtbarer Küstenstreifen. Seit dem 10. Jahrhundert vermischten sich arabische Siedler mit der einheimischen Bevölkerung. Da die Kolonialmacht Großbritannien für Uganda einen Zugang zum Meer schaffen wollte, entstand 1895 in der Küstenregion das britische Protektorat Ostafrika. Nach der Unabhängigkeit von Großbritannien 1963 war Jomo Kenyatta die beherrschende politische Figur. Ihm folgte 1978 Präsident Daniel arap Moi, gegen dessen Politik Vorwürfe laut wurden, ethnische Spannungen geschürt zu haben. Die Wahlsiege seiner KANU 1992 und 1997 standen unter Manipulationsverdacht. Säulen der Wirtschaft sind Tourismus und Landwirtschaft, aber das hohe Bevölkerungswachstum ist ein großes Problem.

CHRONOLOGIE

1900–1918 Einwanderung weißer Siedler.
1920 Landesinneres wird britische Kolonie.
1930 Jomo Kenyatta geht nach Großbritannien und bleibt dort 14 Jahre.
1944 Bildung der Kenyan African Union (KAU); Kenyatta kehrt als ihr Vorsitzender zurück.
1952–1956 Von Kikuyu geführter Mau-Mau-Aufstand; Notstand; 1300 Tote.
1953 Verbot der KAU, Verhaftung Kenyattas.
1960 Ende des Notstands. Mboya und Odinga gründen die KANU.
1961 Freilassung Kenyattas; dieser wird Vorsitzender der KANU.
1963 Wahlsieg der KANU. Kenyatta wird Premierminister; Ausrufung der völligen Unabhängigkeit.
1964 Gründung der Republik Kenia mit Kenyatta als Präsident und Odinga als Vizepräsident.
1966 Odinga gründet die Kenya People's Union (KPU).
1969 KANU bei den Wahlen einzige Partei (ebenso 1974). Mboya wird ermordet. Unruhen. Verbot der KPU, Verhaftung Odingas.
1978 Kenyatta stirbt. Nachfolger wird Vizepräsident Daniel arap Moi.
1982 Kenia ist Einparteienstaat. Gescheiterter Putsch der Luftwaffe. Erneute Verhaftung Odingas.
1986 Wahlen. Wahlgeheimnis für den ersten Wahlgang abgeschafft; weitere Maßnahmen zur Stärkung von Mois Macht.
1988 Moi für dritte Amtszeit gewählt; weitet Kontrolle über die Justiz aus.
1990 Regierung ist in den Tod von Außenminister Ouko und Erzbischof Riot verwickelt. Odinga u. a. gründen FORD, die verboten wird.
1991 Verhaftung der FORD-Führer, Versuch der Unterdrückung prodemokratischer Demonstrationen. Geberländer frieren Hilfe ein. Moi verspricht Demokratisierung. Ethnisch motivierte Gewalt nimmt zu.
1992 Spaltung von FORD in Fraktionen unter Odinga und Ex-Minister Kenneth Matiba. Gegen schwache Opposition gewinnt Moi die Wahl.
1994 Odinga stirbt.
1997 Moi wird in umstrittener Wahl für weitere Amtszeit bestätigt.
1998 Bombenanschlag auf US-Botschaft in Nairobi: 230 Tote, Tausende Verletzte.
1999 Moi ernennt Richard Leakey zum Leiter der Antikorruptionskampagne.
2000 Schlimmste Dürre seit 1947.
2001 Rücktritt Leakeys. Dürrekatastrophe.
2002 Dezember: Neuer Staatspräsident ist Mwai Kibaki (Führer der Opposition).

Kennedy, Edmund (1818–48) Wurde auf den Kanalinseln geboren und wanderte 1840 nach New South Wales aus. Der Landvermesser schloss sich 1847 Sir Thomas Mitchells Expedition nach Zentral-Queensland an. 1848 leitete er eine Expedition entlang der Ostküste von Queensland bis nach Cape York. Bei der beschwerlichen Reise kamen alle Expeditionsteilnehmer um – Kennedy wurde von Aborigines getötet, als sein Versorgungsschiff schon in Sicht war.

Kennedy, John Fitzgerald (1917–63) 35. Präsident der USA (Demokrat, 1960–63). Diente während des Zweiten Weltkriegs in der US-Marine, wurde mit 43 Jahren jüngster Präsident der USA. Er verfolgte ein weit reichendes Programm zur Verbesserung der Bürgerrechte, der Sozialversicherung, der Krankenversorgung und des Bildungswesens. Außenpolitisch fallen in seine Amtszeit der gescheiterte Angriff auf die Schweinebucht in Kuba, die Teilung Europas, die Kubakrise, die die Welt an den Rand eines Atomkriegs brachte, und die anhaltende Verwicklung der USA in Vietnam. Er wurde am 22. November 1963 in Dallas (Texas) ermordet. *S. 429*

Kennesaw Mountain ⚔ im amerikanischen Bürgerkrieg (27. Juni 1864). Sieg der Konföderierten.

Keramik *siehe* Töpferei und Keramik

Khanbalyk (*auch* Kambaluk) *siehe* Peking

Khedive (*auch* Chedive) Titel, den der türkische Sultan 1867 seinem Vizekönig in Ägypten, Ismail, verlieh. Das persische Wort »Khedive« bedeutet Prinz oder Souverän. Der Titel wurde 1914 abgeschafft, als der Titel »Sultan« eingeführt wurde.

Khmer-Reich Im 12. und 13. Jahrhundert kontrollierte das Königreich der Khmer den Großteil Südostasiens von der prachtvollen Stadt Angkor in Südkambodscha aus. Obwohl Hinduismus die Staatsreligion war, wurden viele buddhistische Elemente damit verbunden, sichtbar an der prachtvollen Monumentalarchitektur Angkors, die ihren Zenit unter Jayavarman VII. (um 1200) erreichte.

Khomeini, Ayatollah Ruhollah (*auch* Chomeini) (1900–89) Iranischer religiöser und politischer Führer. Ein schiitischer Moslem, dessen harte Opposition gegen das pro-westliche Regime Schah Mohammed Resas ihn 1964 ins Exil führte. Nach einem Volksaufstand und dem Sturz des Schahs 1979 kehrte er in den Iran zurück und wurde zum religiösen Führer der islamischen Revolution ernannt. Islamisches Gesetz wurde wieder eingeführt und eine Rückkehr zu fundamentalistisch islamischen Traditionen erzwungen.

Kiew ⚔ im Zweiten Weltkrieg (September–November 1943). Sowjetische Kräfte siegen bei deutschem Gegenangriff in der Ukraine.

Kiewer Reich (*auch* Kiewer Rus) Reich, das 840 von Wikingern aus Schweden gegründet wurde, die entlang der Flüsse zwischen Ostsee und Schwarzem Meer Handel trieben. Kiew wurde eine florierende Hauptstadt; dank der Handelsbeziehungen mit Byzanz konnte sich das Christentum bis zum Ende des 10. Jahrhunderts etablieren. Wiederholte Einfälle der Nomaden aus dem Osten zerschlugen das Kiewer Reich seit Mitte des 11. Jahrhunderts in eine Reihe unabhängiger, Krieg führender Teilfürstentümer.

Höhlenkloster (1051) *S. 167*

Kilwa Kisiwani Insel vor der Küste des heutigen Tansania. Im 10. Jahrhundert gründeten dort Händler vom Golf ein wichtiges Handelszentrum. *S. 196*

Kimberley Südafrika, Gegend bedeutender Goldfunde 1867.

Kinderkreuzzug (1212) Mittelalterliche, umstrittene Quellen berichten, dass eine große Gruppe von Kindern aus Frankreich und Deutschland sich auf den Weg ins Heilige Land machte.

King's Mountain ⚔ im amerikanischen Revolutionskrieg (7. Oktober 1780). Sieg der Amerikaner.

King, Clarence (1842–1901) Amerikanischer Forscher und Geologe. Als Direktor beauftragt mit der US-amerikanischen geologischen Erforschung des 40. Breitengrads, begann er 1867 mit einer ausgedehnten Vermessung eines 160 km breiten Landstrichs von Cheyenne, Wyoming, bis zur östlichen Sierra Nevada.

King, Martin Luther (1929–68) US-amerikanischer schwarzer Bürgerrechtler. Martin Luther King war Baptistenpfarrer in Alabama und gründete 1957 die Southern Christian Leadership Conference, um Aktivitäten für die Rechte schwarzer Bürger in den gesamten Vereinigten Staaten zu organisieren. Er vertrat eine Politik des gewaltlosen und passiven Widerstandes, eine effektive Strategie, die zweifellos mit zum Zustandekommen des Civil Rights Act von 1969 geführt hat. Ihm wurden der Kennedy Peace Prize und der Friedensnobelpreis verliehen. 1969 wurde er in Memphis, Tennessee, von James Earl Ray ermordet. Der dritte Montag im Januar wird in den USA als Martin-Luther-King-Tag gefeiert. *S. 432*

King-Bewegung Maori-Bewegung in den späten 1850er-Jahren, die sich gegen den Verkauf von Land an europäische Siedler richtete und einen Maori-Staat forderte. Sie wurde von Häuptling »King« Te Wherowhero geführt.

Kingsley, Mary (1862–1900) Englische Reisende, die durch das westliche und äquatoriale Afrika reiste und als erste Europäerin das heutige Gabun erreichte.

Kino Hollywood: Stummfilmzeit *S. 408*

Kirche von England (*auch* Anglikanische Kirche) Bildet mit der Protestant Episcopal Church die Anglikanische Kirchengemeinschaft. Wurde von Heinrich VIII. 1534 gegründet. Mit der Suprematsakte wurde der König bzw. die Königin von England Oberhaupt der Anglikanischen Kirche, die den Papst nicht als Oberhaupt anerkennt. *Siehe auch* Canterbury

Kirchenstaat (*auch* Patrimonium Petri) Gebiet in Mittelitalien unter päpstlicher Herrschaft. Aus einer eher vagen Vorstellung des Mittelalters wurde politische Realität in der Renaissance unter Päpsten wie Alexander VI. und Julius II. Der Kirchenstaat fand sein Ende 1870, als Rom an das neu gegründete Königreich Italien fiel.

KIRGISISTAN Kirgisistan, ein kleiner, sehr gebirgiger Staat in Zentralasien, ist die ländlichste der früheren Sowjetrepubliken. Die Bevölkerung, die auf dem Land rascher wächst als in den Städten, hat erst spät ein Gefühl für die eigene Kultur und Nation entwickelt. Die gemäßigte Regierung schwankt zwischen nationalistischen Bestrebungen und dem Bemühen, sich mit der russischen Minderheit gut zu stellen, da diese eher eine marktorientierte Wirtschaft mittragen kann.

CHRONOLOGIE

8.–12. Jahrhundert Kirgisen besiedeln das Chu-Tal auf der Höhe der heutigen Hauptstadt Bischkek (in sowjetischer Zeit Frunze) und treiben dort Handel.

18. Jahrhundert Die Kirgisen entwickeln das Bewusstsein, ein eigenes Volk zu sein.

1855 Der Anführer des Nomadenstammes der Bugu, Borombei Bekmuratow, akzeptiert russische Vorherrschaft.

1860er-Jahre Das Russische Reich dehnt sich auf kirgisisches Gebiet aus.

1924 Eingliederung in die UdSSR.

1991 Unabhängigkeit von der UdSSR.

1995 Neue Verfassung.

2000 Parlaments- und Präsidentschaftswahlen; Akajew wiedergewählt.

2002 Mai: Premierminister wird Nikolai Tanajew.

KIRIBATI Seit 1979 sind die Gilbert-Inseln, die früher zu den Gilbert- und Ellice-Inseln gehörten, von Großbritannien unabhängig und tragen den Namen Kiribati (sprich: »Kir-ii-bahs«). Das Interesse Londons galt lediglich dem Abbau der Phosphatlager auf Banaba, die 1980 erschöpft waren. 1981 erhielt Kiribati von den Briten Schadensersatz für den jahrzehntelangen Phosphatabbau, die Kosten für den Rechtsstreit wurden nicht erstattet.

CHRONOLOGIE

1606 Der spanische Entdecker Quiros sichtet eine zu Kiribati gehörende Insel, die von Mikronesiern bewohnt ist.

1857 Einführung des Christentums.

1892 Die Briten gründen Protektorat Gilbert- und Ellice-Islands, Phosphatabbau.

1916 Die Inseln werden zur britischen Kolonie erklärt.

1942–1943 Gilbert-Inseln von Japan besetzt. Das Tarawa-Atoll ist Schauplatz eines heftigen Kampfes zwischen amerikanischen und japanischen Truppen.

1957 Britische Atomtests bei Kiritimati.

1979 Kiribati und Tuvalu werden unabhängig.

1981 Kiribati erhält von den Briten Schadensersatz für Phosphatabbau.

1986 Fischereiabkommen Kiribati–USA.

1994 NPP verliert Wahlen.

1998 Regierung von Teburoro Tito bei Wahlen bestätigt.

1999 Nationaler Dürrenotstand.

2001 Gipfeltreffen pazifischer Inselstaaten; Absichtserklärung zur Gründung einer Zoll- und Handelsunion unterzeichnet.

Kitan (*auch* Liao) Mongolisches Volk, das das Reich Liao in der Mandschurei gründete (907–1125).

Klassik, griechische (5.–3. Jahrhundert v. Chr.) Eine Zeit der Stadtstaaten, in der zahlreiche Stein- und Marmormonumente die Architektur prägten. Architektur, Kunst und Skulptur setzten zur Hochzeit die Standards für Schönheit und Ausgewogenheit der Proportionen in der bildenden Kunst für die folgenden 2500 Jahre. In diesem Zeitraum blühten auch Literatur, Philosophie und Wissenschaft.

Klaudios Ptolemaios *siehe* Ptolemäus

Kleinasien (*auch* Asia Minor, Anatolien) Römische Bezeichnung für den asiatischen Teil der heutigen Türkei.

Kleopatra Philopator *siehe* Kleopatra VII.

Kleopatra VII. (*auch* Kleopatra Philopator, 69–30 v. Chr.) Königin von Ägypten (reg. 51–30 v. Chr.) und letzte Regentin aus der Dynastie der Ptolemäer. Kleopatra regierte mit ihren Brüdern Ptolemäus XIII., Ptolemäus XIV. und später mit ihrem Sohn Kaisarion. Die Mazedonierin lernte als Einzige ihrer Dynastie Ägyptisch. Sie setzte ihren berühmten Charme und ihre Schönheit ein, um die Annexion Ägyptens durch Rom aufzuhalten. Sie gebar Kinder von zwei römischen Staatsmännern: Julius Caesar und Marcus Antonius. Letzterer verhalf ihr zu einem Großteil des alten ptolemäischen Reiches und verlieh Ländereien in Roms Ostprovinzen an ihre gemeinsamen Kinder. Diese Politik führte zur Niederlage gegen Octavian bei Aktium 31 v. Chr. Bald darauf begingen sie und Antonius Selbstmord.

Klerk, Frederik Willem de (geb. 1936) Südafrikanischer Politiker, der als Präsident von Südafrika (1989–94) die Apartheid beendete. Erhielt 1993 zusammen mit Nelson Mandela den Friedensnobelpreis für seine Bemühungen um eine Demokratie ohne Rassentrennung.

Klöster Wurden im frühen Mittelalter von Mönchen gegründet. *S. 147*
Siehe auch Zisterzienser; Benedikt, St.

Klondike Region in Kanada an der Grenze zu Alaska. Die Goldfunde dort führten zum Goldrausch von 1897/98.

Klonen Das erste aus einer Zelle eines erwachsenen Tieres geklonte Säugetier war das Schaf »Dolly«. *S. 452*

Knossos Bronzezeitliche Stadt auf Kreta, Mittelpunkt der minoischen Kultur. Berühmt ist v.a. das um 2000 v. Chr. erbaute prächtige Palastzentrum von Knossos. Die Stadt florierte etwa 1500 Jahre, obwohl der Palast einige Male zerstört wurde (einmal bei dem Ausbruch des Vulkans auf Thera) und trotz des Einfalls der Mykener um 1450. Knossos wurde letztendlich von den Römern 68–67 v. Chr. zerstört. *Siehe auch* Minoische Kultur

Knut (*auch* Knut der Große, Knud, *dän.* Knut den Mektige) Dänischer König von England (reg. 1016–35), Dänemark (als Knut II., reg. 1019–35) und von Norwegen (reg. 1028–35). Bedeutender Machtfaktor des 11. Jahrhunderts. *S. 163*

Kodomannos *siehe* Dareios III.

Köktürken (*auch* Blaue Türken, Himmlische Türken, Kök Turuck) Volk in Zentralasien, begründete das Köktürken-Reich (515–572).

König Philipp, Krieg mit (1675–76) Bewaffneter Konflikt zwischen englischen Kolonisten und den unter Häuptling (König) Philipp kämpfenden Indianern in Neuengland. Der Konflikt betraf die meisten Stämme New Englands, die Wapanoag und die Narragansett eingeschlossen, etwa 600 Siedler und 3000 Indianer starben. Die Indianer flohen darauf nach Norden und Westen.

Königsberg ⚔ im Zweiten Weltkrieg (Februar – April 1945). Lange Belagerung deutscher Truppen durch sowjetische.

Königsstraße Straße von Susa, der alten Hauptstadt Persiens, nach Sardis am Ägäischen Meer, im 16. Jahrhundert während der Zeit des Achaimenidenreiches erbaut.

Köse Dagh ⚔ (1243). Rumseldschuken von Mongolen besiegt.

Koguryo Nordkoreanische Dynastie, von den Tang 668 zerstört. *Siehe auch* Korea

Kokain Weißes, kristallines Alkaloid, das aus den Blättern des Kokastrauches, der in Afrika, Südostasien, Taiwan und im nördlichen Südamerika angebaut wird, gewonnen wird. Der Konsum dieser Droge nimmt zu.
Drogenhandel in den 1990ern *S. 452*

Kolonisierung
Europäische Kolonisierung 1466–1600 *S. 289*

KOLUMBIEN

Das im Nordwesten Südamerikas gelegene Kolumbien hat sowohl eine Karibik- als auch eine Pazifikküste. Der dicht bewaldete, dünn besiedelte Osten des Landes ist von der Küstenebene im Westen durch die Anden getrennt, die hier drei Gebirgszüge *(Cordilleras)* bilden. Zwischen der östlichen und den beiden westlichen Gebirgsketten liegt das dicht bevölkerte Magdalena-Flusstal. Die feuchtheißen, fruchtbaren Niederungen machen zwei Ernten im Jahr möglich. Viele Nutzpflanzen können das ganze Jahr über angebaut werden. Das seit 1957 demokratische Kolumbien ist für Kaffeeanbau, Smaragde, Gold und Drogenhandel bekannt.

Chronologie

1525 Spanien beginnt mit der Eroberung Kolumbiens, das zum wichtigsten Goldlieferanten wird.

1530er-Jahre Gonzalo Jimenez de Quesada erforscht auf der Suche nach Eldorado das heutige Kolumbien.

1718 Santa Fe de Bogotá wird Hauptstadt des 1717 gegründeten Vizekönigreichs Neugranada.

1813 Unabhängigkeitserklärung.

1819 Simón Bolívar besiegt die Spanier. Gründung der Republik Großkolumbien mit Venezuela, Ecuador und Panama.

1830 Nach Aufständen und Bürgerkriegen spalten sich Venezuela und Ecuador ab.

1849 Gründung der zentralistischen Konservativen und der föderalistischen Liberalen Partei.

1861–1886 Machtmonopol für die Liberale Partei.

1886–1930 Konservative Regierung.

1899–1903 Aufstand der Liberalen scheitert: 120 000 Tote.

1903 Abspaltung Panamas; wird von Kolumbien erst 1921 anerkannt.

1930 Beim ersten friedlichen Machtwechsel wird der liberale Präsident Olaya Herrera durch eine Koalition gewählt.

1946 Konservative übernehmen Regierung.

1948 Bürgerkrieg (Violencia) nach Erschießung des liberalen Bürgermeisters von Bogotá. Bis 1957 sterben 300 000 Menschen.

1953–1957 Militärdiktatur unter Rojas Pinilla.

1958 Konservative und Liberale einigen sich auf regelmäßigen Machtwechsel bis 1974. Andere Parteien werden verboten.

1965 Gründung linksgerichteter Guerillabewegungen: Nationale Befreiungsarmee und maoistische Volksbefreiungsarmee.

1966 Gründung der sowjetfreundlichen Guerillaorganisation FARC.

1968 Verfassungsreform. Trotz Zulassung neuer Parteien weiterhin Zweiparteiensystem. Zunahme der Guerillagruppen.

1984 Ermordung des Justizministers, der die Drogenbekämpfung durchsetzen will.

1985 Bomben der M-19-Guerillas im Justizministerium: 11 Richter und 90 weitere Personen sterben. Gründung der Union Patriótica (UP).

1986 Der Liberale Virgilio Barco Vargas gewinnt die Präsidentenwahl. UP gewinnt zehn Parlamentssitze. Rechtsgerichtete paramilitärische Gruppen beginnen Mordkampagne gegen UP-Politiker. Gewalttaten durch linksgerichtete Gruppen und Todesschwadronen der Drogenkartelle.

1989 Friedensvereinbarung zwischen M-19 und Regierung mit umfassender Amnestie. M-19 wird legale Partei.

▶

◀

1990 Wahlen. Präsidentschaftskandidaten von UP und PL werden ermordet. Der Liberale César Gaviria Trujillo siegt mit einem Antidrogenprogramm.

1991 Neue Verfassung: Scheidung wird legalisiert, Ausweisung kolumbianischer Staatsangehöriger verboten, Indigenen werden demokratische Rechte garantiert. Territorialprobleme werden jedoch nicht angesprochen.

1992–1993 Der Chef des Medellín-Kartells, Pablo Escobar, wird verhaftet, flieht und wird von der Polizei erschossen.

1995–1996 Präsident Ernesto Samper Pizano wird vom Vorwurf, er habe Wahlkampfgelder von Drogenkartellen erhalten, freigesprochen.

1998 Andres Pastrana Arango Präsident.

1999 Erdbeben: Tausende Tote.

2001 Mit US-Unterstützung Gift auf illegale Kokaplantagen. Die Zerstörung von Nahrungspflanzen löst Widerstand aus.

2002 Friedensgespräche scheitern, neue Militäroffensive. Alvaro Uribe Velez wird Präsident.

Kolumbus, Christoph (*auch it.* Cristóforo Colombo, um 1451–1506) Ferdinand und Isabella von Spanien finanzierten dem Seefahrer aus Genua 1492 die Expedition über den Atlantik Richtung China und Japan. Er sichtete Land (die Bahamas), nahm es in Besitz, segelte nach Kuba weiter und gründete auf Hispaniola eine Kolonie. Er machte drei weitere Reisen, die das Wissen der Europäer über die Karibik vergrößerten. Sein Gouverneursamt über die wachsende Kolonie versah er nicht sehr erfolgreich, 1500 wurde er in Ketten nach Spanien zurückgebracht. *S. 270*

Komintern (*auch* Kommunistische Internationale oder Dritte Internationale) Die 1919 in Moskau gegründete Komintern hatte die Weltrevolution für die weltweite Ausbreitung der Diktatur des Proletariats nach sowjetischem Vorbild zum Ziel. Sie löste sich 1943 auf.

Kommunikation Im 19. Jahrhundert konnte – dank der Erfindung von elektrischem Telegrafen und Telefon – erstmals ohne Zeitverlust über weite Entfernungen kommuniziert werden; Ende des 20. Jahrhunderts sogar kabellos. *S. 375*

Kommunismus Von Karl Marx (1818–83) und Friedrich Engels (1820–95) entwickelte politische und soziale Ideologie, nach der aller Besitz und alle Güter der Gemeinschaft gehören und je nach Bedarf verteilt werden. Lenin und Stalin in Russland sowie Mao Zedong in China griffen die Ideologie auf und gaben ihr eine eigene Richtung.

KOMOREN Die Republik der Komoreninseln liegt vor der ostafrikanischen Küste zwischen Mosambik und Madagaskar. Sie besteht aus drei großen und einigen kleineren Inseln. Die Mehrzahl der Einwohner sind Kleinbauern. 1975 wurden die Komoren, mit Ausnahme von Mayotte, von Frankreich unabhängig. Seitdem ist die arme Region von Instabilität geplagt: Es gab mehrere Putsche und Gegenputsche und wiederholte Versuche kleinerer Inseln, sich abzuspalten.

CHRONOLOGIE

1886 Komoren werden französisches Protektorat. Davor hatten sie enge Kultur- und Handelsbeziehungen zur arabischen Welt und zum ostafrikanischen Festland.

1947 Die Inseln erhalten den Status eines französischen Überseeterritoriums.

1961 Interne Selbstverwaltung.

1975 Unabhängigkeit.

1978 Söldner verhelfen Ahmed Abdallah erneut an die Macht.

1989 Abdallah wird ermordet.

1992 Chaotische erste Wahl.

1996 Mohammed Taki Abdoulkarim wird zum Präsidenten gewählt.

1997 Separatisten der Insel Anjouan besiegen Regierungstruppen.

1999 Machtübernahme Oberst Assoumanis. Zusammenstoß der Milizen auf Anjouan.

2000 Unterzeichnung der Erklärung von Fomboni durch Vertreter von Anjouan.

2001 Annahme einer neuen Verfassung.

2002 Assoumani zum Präsidenten gewählt.

Kompass
Erfindung des magnetischen Kompass *S. 220*

Konföderierte (Konföderierte Staaten von Amerika) Die elf Sklaven haltenden Südstaaten der USA, die sich 1860/61 von den Vereinigten Staaten abspalteten, was zum Bürgerkrieg führte. Die Staaten (Alabama, Arkansas, Florida, Georgia, Louisiana, Mississippi, North Carolina, South Carolina, Tennessee, Texas, Virginia) kehrten nach dem Sezessionskrieg und der Kapitulation der Konföderierten 1865 wieder in die Union zurück.

Konfuzius (*auch* K'ung-fu-tzu, Kongfuzi, 551–479 v. Chr.) Chinesischer Beamter und Philosoph, dessen Lehren und Schriften davon ausgehen, dass der Mensch an sich gut ist und nur die richtige Führung, Moral, Ethik und Erziehung benötigt. Seine Lehre beeinflusste das soziale und politische System Chinas. Trotz religiöser Züge handelt es sich um eine Philosophie, nicht um eine Religion.

Kongfuzi *siehe* Konfuzius

Kongo (14.–17. Jahrhundert) Königreich in Zentralafrika, das zunehmend unter portugiesischen Einfluss geriet. *S. 291*

KONGO, DEMOKRATISCHE REPUBLIK Die in Zentralafrika gelegene Demokratische Republik Kongo, von 1971 bis 1997 als Zaire bekannt, ist einer der größten Staaten Afrikas. Das Becken des Flusses Kongo mit seinen Regenwäldern nimmt 60 % des Landes ein. Die heutige Republik war das Gebiet mächtiger afrikanischer Königreiche – wie das Königreich Kongo – und ein Zentrum des Sklavenhandels. Der belgische König Leopold II. beanspruchte nach 1876 den größten Teil des Kongobeckens als persönlichen Besitz. Die Behandlung der Afrikaner im »Unabhängigen Kongostaat«, vor allem derjenigen, die Kautschuk sammeln mussten (der wegen des vielen Blutes, das bei seiner Herstellung geflossen war, »roter Kautschuk« hieß), führte zu einem internationalen Aufschrei. 1908 musste Leopold die Kolonie an den belgischen Staat übertragen. Nach der Unabhängigkeit 1960 brach ein Bürgerkrieg aus. Der korrupte General Mobutu regierte von 1965 bis zu seinem Sturz 1997 durch Rebellen unter Laurent-Désiré Kabila. 1998 versank das Land durch einen Aufstand erneut im Chaos. Joseph Kabila begann als Nachfolger seines Vaters 2001 eine neue Friedensinitiative. *Siehe auch* Zaire

CHRONOLOGIE

1885 Brutale Kolonisierung des Kongo als Privatbesitz König Leopolds II.

1908 Nach internationalen Protesten übernimmt Belgien die Kolonie.

1960 Unabhängigkeit als Republik Kongo. Abspaltung der Provinz Katanga (Shaba). Intervention der UNO.
1963 Ende der Katanga-Abspaltung.
1965 General Mobutu ergreift die Macht.
1970 Wahl Mobutus zum Präsidenten; seine MPR wird einzige zugelassene Partei.
1971 Umbenennung in Zaire.
1977–1978 Zwei Invasionen früherer Katanga-Separatisten werden abgewehrt.
1982 Oppositionsparteien gründen Union pour Démocratie et Progrés Social (UDPS).
1986–1990 Unruhen. Im Ausland Kritik an Menschenrechtsverletzungen.
1990 Belgien stellt seine Hilfe ein, nachdem prodemokratische Demonstranten von Sicherheitskräften getötet wurden. Mobutu kündigt Mehrparteiensystem an.
1991 Oppositionsführer Etienne Tshisekedi leitet kurzfristig eine von Mobutu gebildete »Krisenregierung«.
1992–1993 Rivalisierende Regierungen erheben Anspruch auf Rechtmäßigkeit.
1994 Gemeinsamer Hoher Rat für die Republik; Übergangsparlament wählt Kengo wa Dondo zum Premierminister.
1995 Regime bittet um internationale Hilfe zur Versorgung von 1 Mio. Flüchtlingen aus Ruanda.
1996 Im Osten Aufstand der Banyamulenge-Tutsi gegen die Zentralregierung, angezettelt von der Alliance des Forces Démocratiques pour la Libération du Congo (AFDL) und Laurent Kabilas Parti de la Revolution Populaire (PRP).
1997 Kabilas Truppen besetzen Süden und Westen. Kabila übernimmt die Macht, benennt das Land in Demokratische Republik Kongo um. Mobutu stirbt im Exil.
1998 Banyamulenge beginnen mit Gegnern Kabilas im Osten neuen Aufstand, den Ruanda und Uganda unterstützen. Mehrere südafrikanische Staaten leisten Kabila Militärhilfe.
2000 UNO beschließt Friedensmission, Beginn wird durch Kabila verzögert.
2001 Januar: Kabila wird ermordet; Nachfolger ist sein Sohn Joseph. Friedensgespräche und Truppenrückzug, die nur langsam vorangehen.

KONGO, REPUBLIK

KONGO, REPUBLIK Die Republik Kongo, die sich in Westafrika über den Äquator erstreckt, wurde 1960 von Frankreich unabhängig. Danach herrschte eine marxistisch-leninistische Einparteienregierung. Der Übergang zur Demokratie erfolgte 1991, wurde jedoch von Konflikten und einem Bürgerkrieg überschattet.

Chronologie

15.–18. Jahrhundert Im Gebiet der heutigen Republik Kongo liegen zwei Königreiche: Loango im Süden und Teke weiter landeinwärts. Die Waldgebiete im Norden werden von Binga (Pygmäen) bewohnt. Loango fällt unter die Oberhoheit des Kongo-Reiches, dessen Hauptstadt sich im heutigen Angola befindet. Portugiesische Händler haben als erste Europäer regelmäßigen Kontakt.
1875 Der französische Forscher Savorgnan de Brazza bereist die Region. Er vereinbart einen Vertrag mit Makoko, dem Häuptling der Teke, der ihm Anrecht auf das gesamte Bateke-Plateau verschafft.
1891 Frankreich gründet die Kolonie Kongo am Nordufer des Stanley Pool (heute Malebo Pool) am Kongo.
1910 Französisch-Kongo wird Teil von Französisch-Äquatorial-Afrika, dessen Hauptstadt Brazzaville am Stanley Pool liegt.
1926–1942 Unruhen in Verbindung mit der Widerstandsbewegung André Matswas.
1940 Der französische Gouverneur, General Félix Eboue, unterstützt de Gaulle und lehnt die Vichy-Regierung ab, die mit den Deutschen kollaboriert.
1944 De Gaulle hält die Konferenz von Brazzaville ab, um Frankreichs afrikanische Kolonien neu zu organisieren.
1956 Fulbert Youlou gründet die Union Démocratique de Défense des Intérêts Africains (UDDIA).
1958 Autonomer Staat innerhalb der Französisch-Afrikanischen Gemeinschaft.
1958 Ausrufung der Republik.
1959 Youlou wird zum Präsidenten gewählt.
1960 15. August: Volle Unabhängigkeit von Frankreich als Republik Kongo (auch Kongo-Brazzaville, zur Unterscheidung von Kongo-Kinshasa bzw. Belgisch-Kongo, das sich 1971 in Zaire umbenennt).
1964 Die marxistisch-leninistische Mouvement National de la Révolution (MNR) ist einzige zugelassene Partei.
1977 Nach der Ermordung Präsident Ngouabis wird Yhombi-Opango Staatschef.
1979 Denis Sassou-Nguesso wird Präsident.
1992 Pascal Lissouba gewählter Präsident.
1993 Parlamentswahl: Mehrheit für Lissoubas UPADS.
1997 Lissouba wird von Sassou-Nguesso gestürzt. Bürgerkrieg.
1999 Waffenstillstandsabkommen.
2002 Neue Verfassung verabschiedet. Sassou-Nguesso gewinnt Präsidentschaftswahlen.

Konquistadoren (Eroberer) Spanische Eroberer Amerikas – vor allem Mexiko und Peru – im 16. Jahrhundert. *Siehe auch* Namen der einzelnen Eroberer und Forschungsreisenden

Konrad III. (1093–1152) Erster deutscher König (reg. 1138–52) aus der Familie der Hohenstaufen.

Konstantin I. (Konstantin der Große, um 280–337) Römischer Kaiser (reg. 307–337). Konstantin schaltete verschiedene Rivalen und Mitkaiser aus und wurde 324 Alleinherrscher. Bemerkenswert ist seine Bekehrung zum Christentum und das Edikt von Mailand (313), das das Recht auf Religionsfreiheit garantiert. 330 machte er Konstantinopel zur neuen Hauptstadt. Dies hatte bedeutende Auswirkungen für die spätere Entwicklung des Römischen Reiches. *S. 93*

Konstantinopel (*auch* Byzantion, Byzanz, mod. Istanbul). Konstantin gründete die antike griechische Stadt neu um 324–330 als neue Hauptstadt seines Reiches. Bis 1453, als sie an die Osmanen fiel, war sie Hauptstadt des Byzantinischen Reiches. *S. 263*

Konzentrationslager (KZ) Die berüchtigten Lager, in denen Juden und andere Bevölkerungsgruppen von Nazis interniert und vernichtet wurden. Die Lager der Nazis waren Vernichtungslager. Bereits vor dem Zweiten Weltkrieg wurden in Südafrika im Burenkrieg (1899–1902) Lager errichtet, wo die Briten Frauen und Kinder internierten, um den Widerstand der Burenguerilla zu brechen, ohne sie vernichten zu wollen. *S. 416*

Kopten Mitglieder der koptischen Kirche, eines alten monophysitistischen Zweigs des Christentums. Bis zum 5. Jahrhundert hatte sie sich in Ägypten weit verbreitet. *S. 106*

Korallensee See-⚔ im Zweiten Weltkrieg (Mai 1942). US-Truppen gebieten dem japanischen Vormarsch Einhalt.

Koran Das heilige Buch des Islam. *S. 125*
Siehe auch Islam

Korea Bezeichnung für die Halbinsel in Ostasien, häufig chinesisch oder japanisch beeinflusst und kontrolliert; frühe Reiche sind Koguryo (um 150–668), Paeckche (um 250–663) und Silla (ab 313). Die Silla-Dynastie dauerte von 676 bis 935, die Koryo-Dynastie von 936 bis 1392. Auf sie folgte die Yi-Dynastie (1392–1910) mit ihrer Hauptstadt Hanjang. Von 1910 bis 1945 war Korea von Japan besetzt, 1948 wurde das Land in Nord- und Südkorea geteilt.
Yi-Königsgräber *S. 265*
Siehe auch Korea (Demokratische Volksrepublik), Korea (Republik), Koreakrieg

KOREA, DEMOKRATISCHE VOLKSREPUBLIK (Nordkorea)

Eine Demarkationslinie in Höhe des 38. Breitengrads trennt Nordkorea im Norden der Koreanischen Halbinsel und den von den USA beeinflussten Süden. Ein Großteil des Landes ist gebirgig; die Chaeryong- und Pjöngjang-Ebenen im Südwesten sind die fruchtbarsten Gegenden. Die seit 1948 unabhängige kommunistische Republik ist stark isoliert. Da der Wirtschaft das Kapital fehlt, benötigt das Land, in dem jetzt eine Hungersnot herrscht, großzügige internationale Hilfe.
Siehe auch Korea, Republik (Südkorea), Koreakrieg

Chronologie

1946 KWP (Korean Workers' Party) gegründet. Einer der Führer ist Kim Il Sung, der bei der Roten Armee ausgebildet wurde.
1948 Demokratische Volksrepublik Korea gegründet mit Kim Il Sung als Führer.
1950–1953 Koreakrieg. Kim Il Sung fällt in Südkorea ein mit dem Vorhaben, die Länder zu vereinigen. Nordkorea nimmt einen großen Teil des Südens ein, bevor die amerikanische Intervention es zurückdrängt.
1950er-Jahre Kim Il Sung beginnt mit Personenkult.
1991 UNO-Beitritt Nord- und Südkoreas.
1994 Kim Il Sung stirbt; wird vier Jahre später zum »Ewigen Präsidenten« ernannt. Sein Sohn wird sein Nachfolger, trägt aber nicht den Titel eines Präsidenten.
1996 Hungersnot nach ausgedehnten Überschwemmungen. Nordkoreanische Truppen dringen in entmilitarisierte Zone ein.
1997 Gefahr einer Hungersnot nimmt zu. Kim Jong Il wird Parteiführer.
1998 Nordkoreanisches Mini-U-Boot in südkoreanischen Gewässern aufgegriffen.
2000 Historischer Nord-Süd-Gipfel.
2003 Spannungen zwischen USA und Nordkorea wegen nordkoreanischem Atomprogramm.

KOREA, REPUBLIK (Südkorea)

Südkorea liegt in Ostasien auf der südlichen Hälfte der koreanischen Halbinsel. Über 80 % seines Terrains sind gebirgig, zwei Drittel bewaldet. Über 85 % der 3 Mio. südkoreanischen Bauern bauen Reis an, das wichtigste Agrarprodukt. Von 1910 bis 1945 war die gesamte Halbinsel von Japan annektiert. 1945 teilten die rivalisierenden US-amerikanischen und sowjetischen Truppen Korea in Südkorea und den kommunistischen Norden. Beide Staaten reden zwar über die Wiedervereinigung, doch die Feindseligkeiten aus dem Koreakrieg (1950–53) bilden nach wie vor ein großes Hindernis.

Chronologie

676 Die Koreanische Halbinsel ist unter dem Silla-Reich vereinigt.
936 Auflösung des Silla-Reiches in Krieg führende Kleinkönigreiche. Ein Soldat aus einem dieser Königreiche wird König. Er einigt Korea und nennt es Koryo.
1392 Yi Songgye, General unter der zunehmend bankrotten Koryo-Herrschaft, führt eine Revolte, um den König abzusetzen, und begründet Koreas stabilste und bekannteste Dynastie, die Yi-Dynastie.
1644 Nach der Eroberung Chinas fallen die Mandschu in Korea ein; Korea wird Vasallenstaat Chinas unter der Qing-Dynastie.
1894–1895 Beginn des Chinesisch-Japanischen Krieges. Japan besiegt Chinesen in Korea.
1904–1905 Russisch-Japanischer Krieg. Japan erobert Korea.
1910 Japan annektiert Korea.
1919 Proteste für mehr Unabhängigkeit werden gewaltsam unterdrückt.
1945 Einmarsch von US- und UdSSR-Truppen. Korea wird am 38. Breitengrad geteilt. USA regieren de facto im Süden.
1948 Gründung der Republik Südkorea. Syngman Rhee wird Präsident an der Spitze eines zunehmend autoritären Regimes.
1950 Feindseligkeiten um die Macht in einem vereinten Korea. Einmarsch des Nordens löst Koreakrieg aus. USA unterstützen mit UN-Zustimmung den Süden, China inoffiziell den Norden.
1951 Stellungskrieg am 38. Breitengrad.
1953 Waffenstillstand; Waffenstillstandslinie nahe am 38. Breitengrad.
1960 Syngman Rhee tritt angesichts einer Volksrevolte zurück.
1961 Militärputsch. Autoritäre Junta unter Führung von Park Chung Hee.
1963 Ruf nach ziviler Regierung. Park wird als Präsident wiedergewählt (auch 1967 und 1971). Starke Produktion und Exporte bilden Motor für ein massives Entwicklungsprogramm der Wirtschaft.
1965 Beziehungen zu Japan wieder aufgenommen.
1966 45 000 Mann in Südvietnam eingesetzt.
1972 Kriegsrecht unterdrückt politische Opposition. Neue Verfassung gibt dem Präsidenten größere Macht.
1979 Park ermordet. Putsch unter General Chun Doo Hwan, Chef des Geheimdienstes. Oppositionsführer Kim Young Sam wird aus dem Parlament ausgeschlossen.
1980 Chun wird Präsident. Kim Dae Jung und andere Oppositionsführer inhaftiert.
1986 Beginn des Autoexports.
1987 Gründung einer demokratischen Bewegung. Roh Tae Woo, Chuns gewählter Nachfolger, wird Präsident.
1988 Beginn der Sechsten Republik, die auf der Basis einer parlamentarischen Demokratie steht. Einschränkungen für Auslandsreisen aufgehoben.
1991 Südkorea tritt der UNO bei.
1992 Diplomatische Beziehungen zu China. Kim Young Sam wird Präsident.
1996 Chun wird angeklagt, 1979/80 den Sturz der Zivilregierung organisiert zu haben, und zum Tode verurteilt; Roh erhält eine lange Gefängnisstrafe. Beide Urteile werden aufgehoben.
1997 Gewaltsame Proteste gegen neue Arbeitsgesetze. Regierung stürzt wegen Stahl-Skandal. Wirtschaftskrise.

1998 Kim Dae Jung wird Präsident.
2000 Historischer Nord-Süd-Gipfel in Pjöngjang. Lee Han Dong wird Premier.
2003 Präsident: Roh Moo Hyun; Premier: Goh Kun. Südkorea vermittelt in Konflikt zwischen USA und Nordkorea.

Koreakrieg (1950–53) Konflikt zwischen den neu gegründeten (1948) Staaten Nord- und Südkorea, entzündet sich am Einmarsch des kommunistischen Nordens nach Südkorea, Beteiligung von chinesischen, US-amerikanischen und UN-Truppen. *S. 426*

Korinth Die 146 v. Chr. von den Römern zerstörte griechische Stadt wurde unter römischer Herrschaft wiederaufgebaut.

Korrespondenzkomitees In den 13 britischen Kolonien in Amerika gewählte Ausschüsse, die die Sache der Kolonien vertreten sollten. Das erste Komitee wurde von Samuel Adams im November 1772 in Boston ins Leben gerufen.

Koryo Königreich im mittelalterlichen Korea, gegründet 935.

Kosaken Bewohner des nördlichen Hinterlandes von Schwarzem und Kaspischem Meer. Traditionell unabhängig, erhielten sie von der russischen Regierung Sonderrechte im Austausch gegen Militärdienste.

Kosovo Ehemalige Provinz Jugoslawiens in Serbien-Montenegro; seit 1999 unter UN-Verwaltung. *S. 453*

Krak des Chevaliers Kreuzfahrerburg im heutigen Syrien. *S. 186*

Kreolen Bezeichnung für die Nachkommen der europäischen Einwanderer in Lateinamerika und der Karibik.

Kreolsprachen Sprachen, die aus der Vermischung von europäischen und Sprachen der Kolonien, vor allem in Afrika, entstanden.

Kreta Mittelmeerinsel, Wiege der minoischen Kultur, die um 2000 v. Chr. entstand. Die Insel stand unter griechischer, römischer, byzantinischer und arabischer Herrschaft, bevor sie im 13. Jahrhundert an Venedig fiel. Die Osmanen vertrieben 1669 die Venezianer von Kreta, das seit 1913 zu Griechenland gehört.

Kreuzzüge Kriegszüge abendländischer Christen zur Rückeroberung des Heiligen Landes von den Muslimen. Der Erfolg des ersten Kreuzzugs 1099 führte zur Gründung des Königreichs Jerusalem und anderer »lateinischer« (d.h. nichtgriechischer) Staaten. Nachfolgende Kreuzzüge zur Verteidigung der eroberten Gebiete oder Rückeroberung von den Muslimen waren weniger erfolgreich. Auch andere Kriegszüge in Europa, vor allem in Spanien und im Baltikum, wurden als Kreuzzüge bezeichnet.
Erster Kreuzzug *S. 179*
Kreuzfahrerstaaten *S. 185*
Die Kreuzzüge (1050–1350) *S. 195*
Der vierte Kreuzzug *S. 206*
Die Kreuzzüge Ludwigs IX. *S. 215*

Krim Halbinsel an der Nordküste des Schwarzen Meeres, früher Vasallenstaat der Osmanen, 1783 von Russland erobert.

Krimkrieg (1853–56) Krieg Frankreichs, Großbritanniens und der Türkei gegen Russland, ausgelöst durch dessen Anspruch, alle orthodoxen Christen im Osmanischen Reich unter seinen Schutz zu stellen, und den russischen Ambitionen am Schwarzen Meer, durch die England und Frankreich den Landweg nach Indien bedroht sahen. Nach Schlachten auf der Krim und langer Belagerung Sewastopols zog Russland seine Armee von der Krim zurück. Der nachfolgende Pariser Frieden beschnitt den russischen Einfluss im Südosten Europas. *S. 365*

Kristallnacht (9. November 1938) Staatlich organisierte Angriffe der Nazis gegen Juden und jüdischen Besitz in Deutschland und Österreich. *Siehe auch* Deutschland

Kristallpalast Erbaut für die Große Ausstellung in London 1851. *S. 364*

KROATIEN Im Norden und Westen von Slowenien, Ungarn, Serbien und Montenegro begrenzt und seinerseits Bosnien-Herzegowina umschließend, umfasst das Land die Regionen Istrien, Dalmatien und Slawonien. Die Adriaküste ist Zentrum von Tourismus und Schifffahrt. Als das frühere Jugoslawien zerbrach, verteidigte Kroatien sein Territorium. 1995 wurden die Serben aus mehreren Enklaven vertrieben. Ostslowenien kam 1998 zu Kroatien.

CHRONOLOGIE

640 Kroaten besiegen die Awaren, die nach dem Niedergang des Römischen Reiches das Gebiet des heutigen Kroatien kontrolliert hatten. Gründung eines Fürstentums Kroatien im 9. Jahrhundert, Kroaten akzeptieren die Franken als Oberherren.
925 Fürst Tomislav erhält den Titel König von Kroatien, der vom Papst anerkannt wird. Waffenstillstand in den Konflikten mit Byzanz und den Venezianern und Eroberung Dalmatiens.
1060 Die Kroaten bekehren sich offiziell zum römischen Katholizismus auf dem Konzil von Split, das Slawisch als Kirchensprache (die Sprache der orthodoxen Kirche) verbietet.
1089 Die Ermordung von König Demetrius Zvonimir führt zu Aufruhr, seine Witwe, die Schwester des Königs von Ungarn, ruft diesen ins Land. Kroatien wird von Ungarn erobert und vereint sich 1102 mit ihm unter Bewahrung eines gewissen Maßes an Autonomie.
1526 Die Türken schlagen die Ungarn bei Mohács und besetzen den größten Teil Kroatiens. 1527 wählt der kroatische Adel Ferdinand von Österreich zum König. Kroatien ist nun zwischen Österreich-Ungarn und dem Osmanischen Reich geteilt.
1699 Im Frieden von Karlowitz nach der fehlgeschlagenen Belagerung Wiens 1683 muss das Osmanische Reich Kroatien an Österreich-Ungarn abtreten. Zuwanderung von Serben, die serbische Enklaven in Kroatien bilden.
1809 Napoleon erobert die von Österreich verwalteten Gebiete und bildet daraus illyrische Provinzen (entlang der französischen Linien), dies bestärkt ein kroatisches Nationalgefühl. Ab 1813 herrscht wieder Österreich-Ungarn.
1843 Mitten im aufkommenden kroatischen Nationalismus macht Ungarn in Kroatien das Ungarische zur Amtssprache. 1847 erklärt das kroatische Parlament Kroatisch zur Amtssprache. Kroatische Truppen helfen 1848 bei der Niederschlagung eines Aufstands im von Österreich beherrschten Ungarn, 1849 wird Kroatien Kronland Österreichs.
1867 Kroatien wird abermals autonomes Land unter ungarischer Herrschaft, als Österreich und Ungarn die slawischen Gebiete nach der Niederlage gegen Preußen teilen. 1868 erkennt Ungarn (gemäß der Vereinbarung aus dem 12. Jahrhundert) die Existenz einer kroatischen Nation mit eigener Amtssprache, eigenem Parlament und eigener Regierung an, die jedoch Ungarn untergeordnet bleibt.

◄

1875 Ein Aufstand gegen die türkische Herrschaft greift von Herzegowina auf Bosnien über und breitet sich bis nach Kroatien aus. Hier gibt es Bestrebungen, Bosnien in Kroatien einzugliedern, gegen Ungarn gerichtete Aufstände (1883) und eine zunehmend antiserbische Stimmung.

1912 Dezember: Nach fast einem Jahrzehnt nationaler Unruhen und dem Aufkommen einer serbokroatischen Mehrheitskoalition für eine jugoslawische Einigung (die 1906 in Kroatien die Macht übernimmt) setzt die ungarische Regierung die kroatische Verfassung aus und errichtet eine Diktatur.

1914 Ausbruch des Ersten Weltkriegs. Auslöser war die Ermordung des österreichischen Thronfolgers, Erzherzog Franz Ferdinand, am 28. Juni in der bosnischen Hauptstadt Sarajevo. Österreich-Ungarn geht scharf gegen den kroatischen Nationalismus vor. Eine Gruppe Londoner Exilkroaten wirkt bei der Bildung des Jugoslawien-Komitees mit und fordert weiterhin die Union mit Serbien.

1918 29. Oktober: Der kroatische Reichstag erklärt angesichts der drohenden Niederlage der Mittelmächte seine Unabhängigkeit von Ungarn und bittet um die Hilfe der serbischen Armee. Am 1. Dezember proklamiert der serbische Prinz Alexander das Königreich der Serben, Kroaten und Slowenen.

1920 Wahlen zur verfassunggebenden Versammlung führen zu einer zentralistischen Regierung, geführt von dem Serben Nikola Pasic. Die 1921 verabschiedete Verfassung wird gegen den Widerstand der kroatischen Parlamentarier angenommen.

1929 Um den serbischen, kroatischen und slowenischen Nationalismus zu beenden, errichtet Alexander eine Diktatur und benennt das Land in Jugoslawien um. Er wird 1934 von einem mazedonischen Extremisten ermordet. Jugoslawien, regiert von Stellvertretern des Kindkönigs Peter, wird vom erstarkenden Nazi-Deutschland und sowjetischen Feindseligkeiten bedroht.

1941 Einmarsch der Deutschen, nachdem die jugoslawische Regierung, die ein Abkommen mit den Achsenmächten unterzeichnet hatte, gestürzt worden war. Aufteilung des Landes. Kroatien wird von Paveliç, einem Schützling Mussolinis, regiert und annektiert Bosnien-Herzegowina. Kroatische Faschisten (Ustascha) beteiligen sich an der Vernichtung orthodoxer Serben, der Juden sowie Sinti und Roma. Rivalisierende Partisanengruppen bilden den Widerstand: serbische royalistische Cetnici und kommunistische Partisanen unter Josip Broz Tito, Führer der Kommunistischen Partei Jugoslawiens, der 1943 eine provisorische Regierung bildet.

1945 Titos provisorische Regierung schafft die Monarchie ab und ruft die Föderative Volksrepublik Jugoslawien aus.

1963 Das aus zwei Kammern bestehende Parlament setzt eine neue Verfassung ein, die den jugoslawischen Republiken Souveränität einräumt. Die Beziehungen der Republiken im föderalen Staat sind die »zwischen zwei gleichen und unabhängigen sowie sozial und politisch verbundenen Gemeinschaften«.

1971 Ein Studentenstreik an der Universität von Zagreb läutet eine nationaldemokratische Massenbewegung ein, die jedoch unterdrückt wird. Vier prominente Kommunisten, darunter der Parteivorsitzende Dabcevic-Kucar, treten vom Amt zurück.

1972 26. Januar: Kroatische separatistische Terroristen sprengen eine jugoslawische DC-9 und töten 28 Menschen. Am gleichen Tag wird auch ein Schnellzug gesprengt.

1972 Dabcevic-Kucar und drei Kollegen werden vom Bund der Kommunisten Kroatiens ausgeschlossen. Sie werden für die Infiltration der Partei mit nationalistischen Kräften verantwortlich gemacht. Am 26. Juli marschieren 19 bewaffnete kroatische Separatisten (Ustascha) in Jugoslawien ein. Beim Kampf mit jugoslawischen Sicherheitskräften sterben 17 von ihnen. Ustascha-Terroristen entführen im September eine schwedische DC-9.

1980 4. Mai: Tito stirbt. Er wird durch eine gemeinschaftliche Führung von Regierung und Partei ersetzt. Bemühungen, die jugoslawische Wirtschaft zu beleben, scheitern.

1987 Von Kroatien ausgehender Arbeiteraufstand.

1988 Dezember: Die Regierung stürzt, als ihre Haushaltsvorschläge im Parlament angefochten werden. Den Forderungen von Kroatien und Slowenien nach größerer Autonomie der Republiken stellen sich die serbischen Hardliner entgegen, die einen stark zentralisierten Staat wollen.

1990 Im Zuge der Demokratisierungsbewegung in der kommunistischen Welt stimmen die Kommunisten Jugoslawiens dafür, ihre Rolle als Staatspartei abzuschaffen. Die kommunistischen Parteien der einzelnen Republiken wollen jedoch unterschiedliche Mittel zur Reformierung einsetzen.

1990 Die von Franjo Tudjman geführte HDZ gewinnt die Parlamentswahlen in Kroatien. Nationalistische Parteien gewinnen auch die Wahlen in Slowenien, Mazedonien und Bosnien-Herzegowina; lediglich in Serbien und Montenegro bleiben Kommunisten an der Macht.

1991 Serbien und seine Verbündeten verweigern die – normalerweise automatische – Wahl des Vizepräsidenten von Kroatien, Stjepan Mesiç, zum Bundespräsidenten. 29. Mai: Kroatien erklärt seine Unabhängigkeit.

1992 Tudjman wird Präsident. Beteiligung am Bosnienkrieg.

1995 Rückeroberung der Krajina und Westslawoniens..

1997 Tudjman wiedergewählt.

1998 Ostslawonien wieder eingegliedert.

1999 Tudjman stirbt.

2000 Wahlsieg für Mitte-Links.

2003 Beitrittsantrag für EU-Mitgliedschaft.

Ktesiphon Antike Stadt am Tigris, Hauptstadt des sassanidischen Persien nach dem Sieg über die Parther 226.

KUBA Auf der größten Insel der Karibik liegen landwirtschaftlich genutzte Niederungen zwischen drei Gebirgszügen. Auf dem fruchtbaren Boden gedeihen Zuckerrohr, Reis und Kaffee. Der Zuckerexport leidet unter mangelnden Investitionen, geringen Erträgen und schwankenden Weltmarktpreisen. Die frühere spanische Kolonie Kuba ist der einzige kommunistische Staat der Karibik. Seit dem Zusammenbruch der Sowjetunion gilt Kuba für die USA als weniger bedrohlich. Ganz anders war es 1962, als die Stationierung sowjetischer Raketen auf der Insel die beiden Supermächte an den Rand des Krieges brachte. Machthaber ist heute noch der altgediente Präsident Fidel Castro.

CHRONOLOGIE

1492 Ankunft der ersten Europäer mit Christoph Kolumbus, sie nehmen die Insel für Spanien in Besitz.

1511 Spanier besiedeln und kolonisieren Kuba, die einheimische Bevölkerung wird ausgerottet.
1762 Die Briten erobern Havanna und geben es ein Jahr später im Pariser Frieden im Tausch gegen Florida zurück an Spanien. Kuba gelangt durch die Sklavenwirtschaft und den Zugang zu nordamerikanischen Märkten zu Reichtum. Eine starke spanische Garnison verhindert Unabhängigkeitsbestrebungen.
1868 Großer Aufstand gegen die Spanier, Beginn eines zehnjährigen Guerillakrieges.
1868 Ende des Sklavenhandels.
1868–1878 Unabhängigkeitskrieg gegen Spanien.
1895 Zweiter Unabhängigkeitskrieg. Tausende sterben in spanischen Gefangenenlagern.
1898 Zur Wahrung ihrer finanziellen Interessen unterstützen die USA kubanische Rebellen und erklären Spanien den Krieg.
1899 Eroberung Kubas durch die USA. Übergangs-Militärregierung.
1901 USA erhalten Recht zu Interventionen und zur Errichtung von Militärstützpunkten, u.a. in Guantánamo.
1902 Tomás Estrada Palma erster Präsident Kubas. Die USA ziehen sich zurück, intervenieren aber 1906–09 und 1919–24.
1909 Wirtschaftswachstum unter dem liberalen Präsidenten José Miguel Goméz. US-Investitionen in Tourismus, Glücksspiel und Zucker.
1925–1933 Diktatur unter General Gerardo Machado.
1933 Revolution nach jahrelangem Guerillakrieg. Militärdiktatur unter Fulgencio Batista.
1955 Fidel Castro wird nach zweijähriger Haft ins Exil geschickt.
1956–1958 Rückkehr Castros. Guerillakrieg in der Sierra Maestra.
1959 Batista flieht. Castro wird Machthaber, sein Bruder Raúl Stellvertreter. An dritter Stelle: Che Guevara. Umfassende Verstaatlichung nach sowjetischem Vorbild.
1961 USA brechen Beziehungen ab. US-gestützte Invasion kubanischer Castro-Gegner in der Schweinebucht scheitert. Kuba erklärt sich als marxistisch-leninistisch.
1962 Blockade durch die USA. Stationierung sowjetischer Raketen auf Kuba führt zu gefährlichen Spannungen zwischen USA und Sowjetunion. Nur der Befehl Chruschtschows zum Abzug der Waffen verhindert einen Krieg.
1965 Che Guevara tritt zurück. Einparteiensystem offiziell eingeführt.
1972 Beitritt zum kommunistischen Wirtschaftsblock COMECON (RGW).
1976 Sozialistische Verfassung. Entsendung von Truppen nach Angola (bis 1991).
1977 Kubanische Truppen in Äthiopien.
1980 125 000 Kubaner fliehen in die USA.
1982 Verschärfung der US-Sanktionen, Verbot von Flügen und Reisen nach Kuba.
1983 US-Invasion in Grenada. Kuba an Zusammenstößen mit US-Truppen beteiligt.
1984 Kurzlebiges Abkommen mit USA über Auswanderung und Rückführung der Geflohenen.
1986 Ablehnung von *Glasnost*.
1988 Zum zweiten Mal weist die UNO Anschuldigungen der USA gegen Kuba wegen Menschenrechtsverletzungen zurück. Aufnahme diplomatischer Beziehungen mit der EU.
1991 Handelsabkommen mit der UdSSR läuft aus. Lebensmittelrationierung.
1992–1993 Verschärfung der US-Blockade, Abzug letzter ehemaliger sowjetischer Militärs.
1994–1995 Wirtschaftsreformen.
1996 Helms-Burton Act in den USA verschärft Sanktionen.
1998 Besuch von Papst Johannes Paul II.
1999 Prozess gegen Dissidenten.
2001 Hurrikan Michelle.
2002 US-Gefangene aus Afghanistan in Guantánamo Bay.

Ku Klux Klan Rechtsextreme Organisation, die im Süden der USA nach dem Bürgerkrieg gegründet wurde, um gegen die der schwarzen Bevölkerung neu verliehenen Rechte vorzugehen. Obwohl der ursprüngliche Klan 1871 geächtet wurde, tauchte gegen 1915 eine Nachfolgeorganisation auf. Sie führte Terror- und Mordanschläge gegen Schwarze und andere Minderheiten wie Juden, Katholiken und Immigranten durch.

Kubilai Khan (*auch* Kublai Khan, 1215–94) Großkhan der Mongolen seit 1260. Gründer der Yuan-Dynastie, die China einigte, und erster fremder Herrscher, der je ein geeintes China regierte.

Kulturrevolution (*gen.* »Große Proletarische Kulturrevolution«) Bewegung zur Durchsetzung der Werte des chinesischen Kommunismus, 1966 von Mao Zedong in Gang gesetzt. In blutigen Terrorkampagnen im ganzen Land griffen Studentengruppen, die »Roten Garden«, Revisionisten, Intellektuelle und politisch nicht konforme Personen an. Tausende wurden hingerichtet, darunter auch viele ehemalige Mitstreiter Maos. Als Mao die Kontrolle über die Roten Garden verlor, löste er sie 1968 auf. Nach dem offiziellen Ende der Kulturrevolution 1969 führte zunächst Lin Bao mit einem misslungenen Putschversuch und dann die »Viererbande« unter Maos Ehefrau Jiang Quing die radikale Parteiideologie fort, bis zu Maos Tod 1976. *S. 435*

Kunst und Architektur
Ägyptische Architektur *S. 32*
Griechische Kunst *S. 43*
Römische Architektur *S. 95*
Buchmalerei *S. 129*
Romanische Architektur *S. 166*
Gotische Architektur *S. 191, S. 209*
Giotto di Bondone *S. 227*
Maurische Architektur *S. 240*
Donatello *S. 252*
Renaissancearchitektur *S. 252*
Russische Ikonen *S. 255*
Masaccio *S. 256*
Dom, Florenz *S. 259*
Sandro Botticelli *S. 262*
Renaissance *S. 272*
Michelangelo *S. 272*
Leonardo da Vinci *S. 273*
Rokoko *S. 331*
Japanische Holzschnitte *S. 354*
Impressionisten *S. 372*

Kuo-min-tang (*auch* Guomindang, *chin.* Nationale Volkspartei) Chinesische Partei, die China von 1928 bis zum Sieg der Kommunisten 1949 regierte.

Kupferzeit Zeitraum der europäischen Geschichte – 5. und 4. Jahrtausend v. Chr. – zwischen Steinzeit und Bronzezeit. Viele Gesellschaften begannen Metall zu bearbeiten, erst durch Hämmern, dann durch Schmelzen. Die hauptsächlich aus Kupfer und Gold hergestellten Objekte waren eher zur Zierde als zum praktischen Gebrauch gedacht.

Kurden Vorderasiatisches Volk mit einer iranischen Sprache, mehrheitlich sunnitische Muslime. Die 9–10 Mio. Kurden leben v.a. im Grenzgebirge zwischen Türkei, Iran, Irak und Syrien. In der Türkei nach jahrelanger politischer und kultureller Verfolgung mittlerweile Anerkennung der kurdischen Sprache und Kultur. Im Irak v.a. aufgrund der Unabhängigkeitsbestrebungen verfolgt. Während des Iranisch-Irakischen Kriegs wurden Kurden im nordirakischen Halabja 1988 Opfer eines Giftgasangriffes seitens des irakischen Regimes. Irakische Kurden sind ein wichtiger politischer Faktor bei Planungen für den Nachkriegsirak (2003).

Kurland (*auch* Kurland-Kessel) ⚔ des Zweiten Weltkriegs zwischen Deutschen und Russen (Februar–Mai 1945) um die Kontrolle über das Baltikum.

Kursk ⚔ im Zweiten Weltkrieg (Juli–August 1943). Größte Panzerschlacht der Geschichte; russischer Sieg.

Kurupedium ⚔ (281 v. Chr.) Lysimachos von Seleukos besiegt.

Kusch Nubisches Königreich, gegründet um 900 v. Chr., das im 8. Jahrhundert v. Chr. über fast ganz Ägypten herrschte.

Kushana-Reich (*auch* Kushan-Reich) Im 1. Jahrhundert von der Kushana-Dynastie gegründetes Reich im südlichen Zentralasien mit der Hauptstadt Peshawar. Rasche Ausdehnung des Reiches über den Hindukusch und ganz Nordindien. Der Kushana-Herrscher Kanishka I. (reg. um 78–96) nahm den Buddhismus an und förderte dessen Ausbreitung entlang der Seidenstraße nach China.

Kutusow, Michail Illarionowitsch (1745–1813) Russischer Feldmarschall. Oberbefehlshaber der russischen Truppen, die Napoleon in der Schlacht bei Borodino (1812) schlugen.

KUWAIT Das im Vergleich zu seinen Nachbarn Irak und Saudi-Arabien winzige Kuwait liegt am Persischen Golf. Die riesigen Öl- und Gasfelder unter der flachen Landschaft gehören zu den ergiebigsten der Welt. Kuwait führt seine Unabhängigkeit bis auf das Jahr 1710 zurück, war aber vom Ende des 18. Jahrhunderts bis 1961 britisches Protektorat. Die Regierung leugnet jegliche historische Verbindung zum Irak. 1990 besetzte der Irak das Land und erklärte es zu seiner 19. Provinz; eine von der UNO autorisierte, von den USA geführte Allianz eroberte Kuwait 1991 zurück.

Chronologie

750–1258 Das abbasidische Kalifat von Bagdad beherrscht Kuwait.

1258–1546 Kuwait ist unter mongolischer Herrschaft.

1546–1918 Die Osmanen regieren Kuwait.

1756 Die Sabbah-Dynastie wird gegründet.

1899 Scheich Mubarak der Große, Herrscher von Kuwait, gesteht Großbritannien die Kontrolle über Außenpolitik zu.

1934 Scheich Achmed al-Jabir bewilligt US-amerikanischer Gulf Oil Corporation und anglo-persischer Oil Company (später Kuwait Oil Company genannt) Konzession.

1961 Unabhängigkeit. Irak erhebt Ansprüche auf Kuwait.

1976 Emir hebt Nationalversammlung auf.

1990 Einmarsch des Irak.

1991 Befreiung nach dem Golfkrieg.

1992 Wahl der Nationalversammlung.

1999 Wahlen; Islamisten und Liberale gewinnen die meisten Sitze.

2003 Kuwait unterstützt US-Politik gegen den Irak.

Kynoskephalai ⚔ (197 v. Chr.). Römischer Sieg über die Griechen.

Kyoto Historische japanische Hauptstadt (794).

Kyrillos, St. (826–869) Christlicher Missionar, eigentlich Konstantinos, der mit seinem Bruder Methodios (825–884) den orthodoxen Glauben von Konstantinopel zu den Slawen nach Mähren brachte. Kyrillos entwickelte ein auf griechischen Buchstaben basierendes Alphabet, mit dem er die Bibel in die slawischen Sprachen übersetzte. Eine spätere Fassung des kyrillischen Alphabets wird heute von Russen und Bulgaren verwendet. *S. 143*

Kyros II. (*gen.* Kyros der Große, um 580/590–529 v. Chr.) Kyros gründete das altpersische Reich der Achaimeniden, indem er die Meder, Lyder und Babylonier besiegte. Sein Reich erstreckte sich vom Mittelmeer bis zum Hindukusch. Er galt als aufgeklärter und toleranter Herrscher, der die Religionen versöhnte.

L

La Pérouse, J.F. Galaup de *siehe* Pérouse, Jean François Galaup de la

La Salle, René-Robert Cavelier Sieur de (1643–87) Französischer Nordamerika-Forscher. Er erkundete zwischen 1679 und 1681 die Großen Seen, bereiste den Mississippi und erreichte 1682 die Mündung. Er beanspruchte das Mississippital für Frankreich und nannte das Gebiet Louisiana.

Lalibela Wichtiges christliches Wallfahrtszentrum in Nordäthiopien. Berühmt für seine Felskirchen aus dem 12. Jahrhundert *S. 198*

Lander, Richard (1804–34) Britischer Westafrikaforscher, der den Verlauf des unteren Niger bis zum Delta erkundete.

Lange Marsch, der (Oktober 1934 – Oktober 1935) Von Mao Zedong angeführter Rückzug kommunistischer Truppen im chinesischen Bürgerkrieg von den Stützpunkten in Südchina in den Nordwesten.

Langobarden Germanischer Stamm, der sich im 5. Jahrhundert an der Donau niederließ. 568 fielen die Langobarden in Norditalien ein, überrannten die heutige Lombardei und gründeten im Süden zwei Herzogtümer, Benevent und Spoleto. 774 wurden die Langobarden von Karl dem Großen besiegt. *S. 118, S. 134* *Siehe auch* Lombarden

LAOS Laos ist ein Binnenstaat, der an Vietnam, Kambodscha, Thailand, Birma und China grenzt. Hauptverkehrsader ist der Mekong. Ende des 19. Jahrhunderts brachte Frankreich die drei Königreiche Champassak, Luang Prabang und Vientiane unter seine Herrschaft. Auf die Unabhängigkeit von Frankreich 1953 folgten zwei Jahrzehnte Bürgerkrieg sowie schwere Bombardierung durch US-Truppen im Vietnamkrieg. Seit 1975 ist die kommunistische Laotische Revolutionäre Volkspartei (LRVP) an der Macht. 1986 begann die Regierung marktwirtschaftliche Reformen einzuführen. Ab den 1990er-Jahren wurde die Macht jüngeren Parteimitgliedern übertragen.

Chronologie

1893 Durch französisch-siamesischen Vertrag erlangt Frankreich Herrschaft über gesamtes Gebiet östlich des Mekong.

1899 Gründung eines vereinigten Laos unter den Franzosen.

1941 Japan entreißt französischer Vichy-Regierung Herrschaft in Indochina.

1946 Frankreich übernimmt wieder Macht.
1950 Bildung der Patriotischen Front Laos (LPF) gegen französische Herrschaft. Wird durch neu gegründete Kommunistische Volkspartei (LPP) unterstützt.
1953 Unabhängigkeit in Form einer konstitutionellen Monarchie, unterstützt durch Frankreich und die USA.
1963 Pathet Lao, bewaffneter rechter Flügel der LPF, beginnt Kampf gegen Royalisten.
1964 USA bombardieren nordvietnamesische Stellungen in Laos.
1973 Nach dem Rückzug der US-Truppen aus Indochina bilden die Laotische Revolutionäre Volkspartei (LRVP, früher LPF) und die Royalisten eine Koalition.
1975 Die LRVP übernimmt die Macht, schafft die Monarchie ab und proklamiert die Demokratische Volksrepublik Laos. Ministerpräsident Kaysone Phomvihane beginnt mit »sozialistischer Umgestaltung« der Wirtschaft.
1977 Unterzeichnung eines Freundschafts- und Kooperationsvertrags mit Vietnam zur gegenseitigen Sicherheit. Abkühlung der Beziehungen zu China.
1978 Volksunruhen. Ehemaliger König und Kronprinz werden gefangen genommen und sterben in Haft. Fast 50 000 Laoten fliehen nach Thailand.
1979 Gemäßigtere Wirtschaftspolitik; sozialistische Reformen verlangsamen sich.
1986 Vierter Parteikongress führt marktwirtschaftliche Reformen ein.
1988 Kurzer Grenzkrieg mit Thailand. Wiederaufnahme diplomatischer Beziehungen zu China.
1989 Landesweite Wahlen. Kandidaten müssen durch LRVP bestätigt werden. Annäherung an Thailand.
1990 Konteroffensiven gegen rechte, v.a. aus Hmong bestehende Guerilla-Stützpunkte. Auflösung landwirtschaftlicher Produktionsgemeinschaften und Staatsbetriebe. Inhaftierung dreier ehemaliger Funktionäre wegen Förderung eines demokratischen Mehrparteiensystems.
1991 Ausrufung einer Verfassung, die Nationalversammlung vorsieht, Führungsrolle der LRVP bestätigt und Recht auf Privatbesitz festschreibt. Kaysone tritt als Ministerpräsident zurück und übernimmt Amt des Staatspräsidenten. Neuer Ministerpräsident: Khamtay Siphandone.
1992 Tod von Staatspräsident Kaysone. Khamtay wird Vorsitzender der LRVP.
1994 Eröffnung der Mekong-Brücke zwischen Thailand und Laos; erste direkte Straßenverbindung zwischen beiden Ländern.
1997 Laos tritt der ASEAN bei.
1998 Khamtay wird Staatspräsident.
1999 Oktober: Studentendemonstrationen in Vientiane für mehr politische Freiheit.
2001 Premierminister Sisavat Keobounphan tritt wegen Misswirtschaft zurück.
2002 Parlamentswahlen.

Laotse *siehe* Laozi

Laozi (*auch* Lao-tzu, Laotse) Chinesischer Philosoph aus dem 6. Jahrhundert v. Chr. Sein Werk gilt als Grundlage des Taoismus und eines seiner Hauptwerke, des *Dao-de-jing*, das ca. 300 Jahre nach Laozis Tod zusammengestellt wurde. Das *Dao-de-jing* lehrt Unabhängigkeit, Einfachheit und Respekt gegenüber der Natur und den Vorfahren.

Lapita Austronesisch sprechendes Volk, Vorfahren der heutigen Polynesier. Anhand des Stils ihrer Tonwaren lassen sich ihre Wanderungen im Westpazifik belegen. Überreste von Keramiken wurden im Bismarck-Archipel, auf den Fidschi-Inseln, auf Samoa und in Neukaledonien gefunden. Alle Funde stammen aus dem 1. Jahrtausend v. Chr. *S. 31*

Lascaux Berühmte Höhlenmalereien in Südfrankreich, um 17 000 v. Chr.

Lashio ⚔ Schlacht im Zweiten Weltkrieg (April 1942). Japan besetzt Birma.

Latiner Bewohner Latiums, eines Gebiets in Mittelitalien, das im 4. Jahrhundert v. Chr. von Rom annektiert wurde. Die lateinische Sprache wurde von den Römern im gesamten Reich verbreitet.

Latinerbund Bündnis kleiner Stadtstaaten im 5. Jahrhundert v. Chr. Wurde durch Vormachtstellung Roms allmählich überflüssig, daher 338 offiziell aufgelöst.

Latinische Kolonie Kolonie des alten Rom in Italien. Im Gegensatz zur vollen römischen Staatsbürgerschaft hatten die Einwohner nur eingeschränkte Rechte.

Lausanne, Friede von (1922–23) Friedensvertrag zwischen Alliierten des Ersten Weltkriegs und Türkei. Regelt die Probleme, die durch Vertrag von Sèvres entstanden waren, den neue türkische Regierung unter Atatürk abgelehnt hatte. Türkei erhält Ostthrakien zurück. *Siehe auch* Sèvres, Friedensvertrag von

Lawrence, Thomas Edward (*alias* »Lawrence von Arabien«, 1888–1935) Britischer Wissenschaftler, Soldat und Schriftsteller, der sich 1916 dem Araberaufstand unter Emir Faisal gegen die Türken anschloss und sich 1918 an der Eroberung von Damaskus beteiligte. Bei der Pariser Friedenskonferenz fungierte er als Berater Faisals; zog sich später aus der Politik zurück. Sein Bericht über den Araberaufstand (1926) ist ein Klassiker der englischen Literatur.

Le Maire, Jakob († 1616) Holländischer Seefahrer und Entdecker. Führte mit Willem Schouten 1615–16 eine Expedition um Kap Hoorn und über den Pazifik durch. Die Expedition sollte den Seeweg nach Ostindien finden, um das Gewürzmonopol der Holländischen Ostindienkompanie zu brechen. Le Maire starb auf der Rückfahrt im Indischen Ozean.

Lechfeld ⚔ (955). Sieg Ottos I. über die Ungarn.

Leeres Viertel *siehe* Rub al-Chali (Rub al-Khali)

Legnano ⚔ (1176). Friedrich I. Barbarossa unterliegt dem Lombardenbund.

Leibeigene Klasse von Bauern ohne Besitz und ohne Reisefreiheit, demjenigen verpflichtet, auf dessen Land sie arbeiten und dem sie einen Teil der von ihnen erwirtschafteten Güter abtreten müssen.

Leichhardt, Ludwig (1813–48) Erforschte das Innere des australischen Kontinents; er und seine Begleiter verschwanden 1848 bei der Durchquerung Australiens von Ost nach West spurlos.

Leipzig ⚔ der napoleonischen Kriege (14.–16. Oktober 1813). Sieg der Alliierten über Napoleon, der jedoch mit dem Rest seiner Armee entkommen kann.

Lenin, Wladimir Iljitsch (*urspr.* Uljanow, 1870–1924) Russischer Revolutionsführer, Architekt der bolschewistischen Revolution. Nach der Abdankung von Zar Nikolaus II. im Oktober 1917 stürzten Lenins Bolschewiki die provisorische Regierung, um die »Diktatur des Proletariats« einzuführen. *S. 398*

Leningrad (*hist. und mod.* St. Petersburg, *zeitw.* Petrograd, 1914–23) Stadt und Hafen im Westen Russlands; gegründet von Peter dem Großen.

Leningrad ⚔ im Zweiten Weltkrieg. Belagerung der sowjetischen Stadt durch die Deutschen 1941–43.

Leo I., Papst (*auch* Hl. Leo, Leo der Große, † 461, reg. 440–461) Bat 452 persönlich den Hunnenkönig Attila, nicht gegen Rom zu ziehen.

Leo III., Papst (reg. 795–816) Leo appellierte an Karl den Großen, ihm den päpstlichen Stuhl zu sichern; im Gegenzug machte er ihn zum Kaiser des Heiligen Römischen Reichs, womit er die das Mittelalter prägende gegenseitige Abhängigkeit und Rivalität zwischen Päpsten und Kaisern einleitete.

Leopold II. (1835–1909) Zweiter belgischer König (reg. 1865–1909), treibende Kraft hinter der Schaffung des »Unabhängigen Kongostaats«, der nach und nach zu seinem Privatunternehmen wurde. Mit brutalen Methoden wurden die Einheimischen zur Kautschukernte gezwungen. 1908 übergab Leopold den Kongo an den belgischen Staat, der ihn als Kolonie verwaltete.

Lepanto ⚔ (1571). Entscheidendes Seegefecht, bei dem die Heilige Liga unter venezianischer Führung die Osmanische Flotte vernichtete. *S. 287*

Lepenski Vir Wichtige vorgeschichtliche Siedlungsstätte in Europa, um 6000 v. Chr.

Léry, Chaussegros de Französischer Nordamerika-Forscher im 18. Jahrhundert. Als Oberingenieur Kanadas führte er 1729 die Untersuchung und Vermessung des oberen Ohio-Flusses durch.

LESOTHO Der bergige, völlig von der Republik Südafrika umgebene Binnenstaat ist wirtschaftlich von seinem großen Nachbarn abhängig, profitiert aber zunehmend vom Energieexport aus dem kürzlich fertig gestellten »Highlands Water Project«. Die Wahlen von 1993 beendeten eine mehrjährige Militärherrschaft; als 1998 schwere Unruhen ausbrachen, mussten jedoch südafrikanische Truppen eingreifen.

CHRONOLOGIE

1868 König Moshoeshoe I., der Anfang des 19. Jahrhunderts diverse Sotho-Gruppen vereinigt hatte, muss fruchtbare Gebiete an die Buren abtreten. Einrichtung eines britischen Protektorats. Nach Phase der Verwaltung durch die Kap-Kolonie 1871–83 übernehmen Briten wieder direkte Verantwortung. Zwar bleiben gemäß Prinzip der indirekten Herrschaft die Landesfürsten im Amt; wirtschaftlicher Fortschritt wird jedoch vernachlässigt, so dass in großem Maßstab Arbeitskräfte nach Südafrika abwandern. Während der gesamten Commonwealth-Zeit lehnen die einheimischen Führer den Anschluss an die Republik Südafrika vehement ab.

1884 Lesotho wird als Basutoland britische Kronkolonie.

1966 Unabhängigkeit (als »Königreich Lesotho«).

1986 Militärputsch.

1990 König Moshoeshoe II. geht ins Exil. Sein Sohn wird als Letsie III. inthronisiert.

1993 Freie Wahlen.

1994 Rückkehr Moshoeshoes II.

1996 Nach dem Tod Moshoeshoes besteigt Letsie III. wieder den Thron.

1998 Der neue LCD (Lesotho Congress for Democracy) gewinnt Parlamentswahlen. Nach gescheitertem Staatsstreich interveniert Südafrika und versöhnt Parteien und König.

2000 Verschiebung der Wahlen.

2002 Parlamentswahlen bestätigen die Regierungspartei.

Lesseps, Ferdinand, Vicomte de (1805–94) Französischer Diplomat und Ingenieur. Begann 1854 Planungen für Sueskanal, dessen Bau er bis zur Eröffnung 1869 beaufsichtigte. 1881 begannen nach seinen Entwürfen Arbeiten am Panama-Kanal, die jedoch 1888 abgebrochen und erst 1914 fertig gestellt wurden. *Siehe auch* Sueskanal

LETTLAND Lettland liegt zwischen Estland und Litauen an der Ostsee. Im Osten grenzt es an Russland und Weißrussland. Das Land ist fast völlig eben. Die Letten wurden im 13. Jahrhundert vom Ritterorden der Schwertbrüder unterworfen und christianisiert. Bis ins 20. Jahrhundert wurde ihr Land immer von den mächtigeren Nachbarn regiert. Eine kurze Phase der Unabhängigkeit nach dem Ersten Weltkrieg endete bereits 1940. 1991 erkennt Moskau Lettlands Unabhängigkeit an. In der Wirtschaft dominieren Verteidigungsindustrie und Landwirtschaft. Die Letten stellen nur etwas über 50 % der Bevölkerung.

CHRONOLOGIE

1237 Schwertbrüder und Deutschordensritter verbünden sich, nachdem das Gebiet des heutigen Lettland von den Deutschen unterworfen wurde.

1558 Unter Iwan dem Schrecklichen erklärt Russland wegen des Zugangs zur Ostsee dem Livländischen Orden den Krieg und erobert 20 livländische Festungen.

1561 Russland, Polen und Schweden streiten sich weiter um das Gebiet.

1609 Der Russe Wassilij Schujskij überlässt Livland den Schweden; im Gegenzug erhält er Truppen während der russischen »Zeit der Wirren«.

1700 Im Nordischen Krieg gegen Russland greift Schweden Livland an. Durch den Frieden von Nystadt erhält Russland 1721 Livland und Estland.

1772 Bei der ersten Teilung Polens fällt der polnische Teil des heutigen Lettland an Russland. Im Zuge der dritten Teilung Polens erwirbt Russland auch Kurland.

1917 Lettland widersetzt sich der Oktoberrevolution und erklärt seine Unabhängigkeit.

1918–1920 Invasion der Bolschewiki und Deutschen.

1920 Sowjetregierung akzeptiert Unabhängigkeit.

1940 Lettland wird der Sowjetunion einverleibt.

1990 Volksfront gewinnt Wahlen und verkündet Unabhängigkeit.

1991 Anerkennung der Unabhängigkeit durch Sowjetunion.

1995 Koalition unter Führung der TP (Volkspartei).

1998 Wahlen. Koalition unter Führung der Partei Lettischer Weg.

1999 Vaira Vike-Freiberga Staatspräsidentin. Andris Skele (Volkspartei) erneut Regierungschef.

2000 Skele tritt zurück, wird durch Andris Berzins (Lettischer Weg) abgelöst.

2002 Parlamentswahlen, Vier-Parteien-Koalition. NATO-Beitrittsverhandlungen.

2003 EU-Beitrittsland für 2004.

Leuchtender Pfad (*auch* Sendero Luminoso) 1970 gegründete revolutionäre Bewegung, die im Namen des Maoismus Guerillataktiken und Terrorismus einsetzte. *S. 437*

Levante Ehemalige Bezeichnung für die ans östliche Mittelmeer grenzenden Länder von Ägypten bis zur Türkei; galt später v.a. für Libanon und Syrien.

Lewis, Meriwether (1774–1809) Amerikanischer Entdecker. Führte 1803–06 mit Clark eine berühmte, von Präsident Jefferson finanzierte Expedition durch, um die beim Kauf von Louisiana erworbenen Gebiete zu erkunden und einen Landweg zum Pazifik zu finden.

Lexington ⚔ im amerikanischen Unabhängigkeitskrieg (19. April 1775). Sieg der Briten.

Leyte See-⚔ im Zweiten Weltkrieg (Oktober 1944). Wichtiger Sieg der USA über Japan, der Invasion auf den Philippinen ermöglichte.

Lhasa-Konvention (*auch* Anglo-Tibetan Convention, 6. September 1904) Nach britischem Einmarsch in Tibet; legt u.a. fest: keine territorialen oder politischen Zugeständnisse an ausländische Macht, Öffnung für Handel sowie Festlegung der tibetischen Grenzen entsprechend der Sikkim-Konvention (1890, 1893).

Li Tzu-ch'eng *siehe* Li Zicheng

Li Zicheng (*auch* Li Tzu-ch'eng, um 1605–45) Chinesischer Rebellenführer, dessen Einmarsch in Peking 1644 zum Selbstmord des letzten Ming-Kaisers führte.

Liao *siehe* Kitan

Liao-Reich Großer Staat in der Mandschurei, der Mongolei und in Nordostchina, der im frühen 10. Jahrhundert vom Nomadenvolk der Kitan gegründet wurde. Das Reich existierte zeitgleich mit der chinesischen Song-Dynastie, der es ab 1005 Tribut zahlte. Das Reich fiel 1125 an das Volk der Dschurdschen, das die nordchinesische Jin-Dynastie gründete.

LIBANON Der Libanon liegt zwischen den mächtigen Nachbarn Syrien und Israel. Der Küstenstreifen ist fruchtbar, das Hinterland bergig. Traditionell wurde das Land immer von Maroniten (Christen) regiert, obwohl sie eine Minderheit darstellen. 1975 brach ein Bürgerkrieg zwischen muslimischen und christlichen Gruppen aus, der zum Zusammenbruch des Staates zu führen drohte. Durch Vermittlung Saudi-Arabiens konnte 1989 ein Friedensabkommen geschlossen werden; die politische Lage stabilisierte sich und der Wiederaufbau begann.

CHRONOLOGIE

10. Jahrhundert Muslimische Sekten dringen ins Libanongebirge vor, ein bisher vorwiegend christliches Gebiet.

1516-1517 Osmanen erobern Libanon.

1608 Fachr ad-Din II. gründet mit Unterstützung des Großherzogtums Toskana ein eigenes Reich.

1632 Sultan Murad IV. übernimmt Macht im Libanon.

1860 Konflikte zwischen Drusen und Maroniten führen zu Massakern auf beiden Seiten.

1920 September: Frankreich schafft den Staat »Grand Liban«, der Tripolis, Tyros und Beirut umfasst.

1941 Das »Freie Frankreich« erklärt Libanon zum freien, unabhängigen Staat; völlige Autonomie erfolgt 1946.

1958 Anlässlich politischer Krise wegen libanesischer Außenpolitik gegenüber der Vereinigten Arabischen Republik bittet Staatspräsident Chamoun um Unterstützung durch US-Truppen.

1975 Ausbruch des Bürgerkriegs.

1982 Einmarsch der Israelis.

1989 Friedensplan von Taif beendet Bürgerkrieg.

1992 Erste Wahlen seit 20 Jahren. Rafik al-Hariri wird Ministerpräsident.

1996 Bei israelischen Angriffen sterben über 100 Zivilisten eines UN-Stützpunkts in Qana.

1998 Émile Lahoud wird Staatspräsident.

2000 Rückzug der israelischen Streitkräfte. Parlamentswahlen: dritte Regierungszeit Hariris.

LIBERIA Liberia wurde 1847 von ehemaligen Sklaven aus den USA gegründet. Die Republik erholt sich allmählich von den chaotischen Zuständen während des Bürgerkriegs 1990–96. Die Atlantikküste des in Äquatornähe gelegenen westafrikanischen Landes ist von Lagunen und Mangrovensümpfen geprägt. Dahinter erhebt sich ein Grasland, das bescheidene Landwirtschaft ermöglicht (nur 1 % des Landes eignet sich als Ackerland). Liberia besitzt die weltgrößte Billigflaggen-Handelsflotte.

CHRONOLOGIE

1822 Die American Colonization Society beginnt mit der Ansiedlung freigelassener Sklaven an der Küste.

1847 Ausrufung der unabhängigen Republik.

1890er-Jahre Angesichts britischer und französischer kolonialer Expansionspolitik verteidigt die Regierung die Grenzen.

1944 William Tubman wird Präsident. Führt später Wahlrecht für Grundbesitzer ein.

1971 William Tolbert wird Präsident.

1980 Militärputsch. Samuel Doe ermordet Präsidenten Tolbert.

1990 Ausbruch eines Bürgerkriegs. Einsatz einer von Nigeria und Ghana unterstützten Friedenstruppe.

1991 Doe wird ermordet.

1996 Zweites Friedensabkommen.

1997 Charles Taylor gewählter Präsident.

1999 Abzug der ECOMOG-Friedenstruppe.

2001 Schließung der Grenzen zu Guinea und Sierra Leone. Eskalierende Konflikte mit Rebellen.

2002 Ausrufung des Ausnahmezustands.

LIBYEN Libyen liegt zwischen Ägypten und Algerien an der afrikanischen Mittelmeerküste. Im Süden grenzt es an Tschad und Niger. Abgesehen von dem Küstenstreifen und Bergen im Süden besteht das Land aus Wüste oder Halbwüste. Seine strategisch günstige Lage in Nordafrika und seine reichhaltigen Öl- und Gasvorkommen machen es zu einem wichtigen Handelspartner für Europa. Libyen wird seit vielen Jahren wegen seiner Beziehungen zu Terrorgruppen vom Westen sanktioniert; die UN-Sanktionen wurden 1999 aufgehoben, als Libyen die zwei mutmaßlichen Täter des Lockerbie-Anschlags von 1998 auslieferte.

CHRONOLOGIE

um 700 v.Chr. Phönizische Kaufleute gründen Siedlungen in Tripolitanien ▶

(Nordwesten). Die im Nordosten gelegene Cyrenaika wird von Griechen besiedelt.

1. Jahrhundert v.Chr. Der Küstenstreifen fällt an Rom, dessen Einfluss sich allmählich ins Hinterland bis zum Fessan erstreckt.

642 Arabische Invasion beendet byzantinische Herrschaft.

1158 Almohaden aus Marokko bringen Tripolitanien für die nächsten 350 Jahre unter ihre Kontrolle. Cyrenaika gerät unter ägyptische Herrschaft.

1510 Der spanische König Ferdinand erobert Tripolis.

1551 Sinan Pascha erobert Tripolis zurück, begründet damit osmanische Oberhoheit. Türkische Paschas regieren von Tripolis aus.

1711 Achmed Karamanli tötet Pascha Ottoman. Amt des Statthalters von Tripolis wird Erbrecht der Karamanli-Dynastie.

1835 Wegen Erbfolgedisput unter den Karamanli werden osmanische Truppen nach Tripolis geschickt. Karamanli-Herrscher wird abgesetzt. Gründung der Senussi, einer militanten muslimischen Sekte.

1911 Italien greift Tripolis und weitere libysche Häfen an.

1912 Das Osmanische Reich tritt im Vertrag von Ouchy Libyen an Italien ab.

1914 Immer wieder Angriffe der Senussi-Rebellen im Süden, obwohl die italienische Oberhoheit weitgehend etabliert ist.

1932 Italien bestätigt durch Zerschlagung der für Autonomie kämpfenden Senussi-Truppen seine Herrschaft. Einwanderung italienischer Kolonisten.

1945 Britische Truppen nehmen Tripolis ein und richten Militärverwaltung ein.

1951 Ausrufung des Tripolitanien, die Cyrenaika und den Fessan umfassenden Vereinigten Königreichs Libyen unter König Idris as-Senussi.

1969 Militärputsch des Revolutionären Kommandorats unter Oberst Gaddhafi. König Idris wird abgesetzt.

1970 Ausweisung amerikanischer und britischer Truppen. Eigentum von Italienern und Juden wird beschlagnahmt, das Vermögen westlicher Erdölgesellschaften bis 1973 komplett verstaatlicht.

1973 Libyen schließt erfolgloses Bündnis mit Ägypten. Gaddhafi proklamiert »Völkische Revolution« und besetzt Aouzou-Streifen in Tschad.

1974 Bündnis mit Tunesien.

1977 Neuer offizieller Name »Große Sozialistische Libysch-Arabische Volksrepublik«.

1979 Mitglieder des »Revolutionären Kommandorats« werden durch gewählte Beamte ersetzt. Gaddhafi tritt zurück, bleibt jedoch »Revolutionsführer«.

1981 USA schießen zwei libysche Flugzeuge in der Großen Syrte ab.

1984 Vor libyscher Botschaft in London wird eine britische Polizistin erschossen. Das Vereinigte Königreich bricht diplomatische Beziehungen zu Libyen ab (bis 1999). Libyen unterzeichnet in Oujda Unionsvertrag mit Marokko.

1985 Libyen weist 30 000 ausländische Arbeiter aus. Tunesien bricht diplomatische Beziehungen ab.

1986 Zahlreiche Opfer bei US-Luftangriffen auf Libyen; Amtssitz Gaddhafis wird zerstört.

1988 Auflösung von Militär und Polizei. Pan-Am-Maschine explodiert über Lockerbie (Schottland). Libyen wird der Mittäterschaft angeklagt.

1989 Gründung der Arabischen Maghreb-Union (mit Algerien, Marokko, Mauretanien und Tunesien). Libyen und Tschad stellen Feuer im Aouzou-Streifen ein.

1990 Libyen weist von Abu Abbas geführte palästinensische Terroristen aus.

1991 Eröffnung des ersten Abschnitts des »Fluss von Menschenhand«-Projekts.

1992–1993 UN-Sanktionen aufgrund der Weigerung Libyens, die Lockerbie-Verdächtigen auszuliefern. Verschärfung der Sanktionen.

1994 Erstmals seit 1969 dürfen religiöse Führer Verordnungen (Fetwas) erlassen.

1996 US-Gesetzgeber stellt ausländische Investitionen in libysche Energiewirtschaft unter Strafe.

1999 Mutmaßliche Lockerbie-Attentäter werden niederländischem Gericht überstellt; Prozess erfolgt unter schottischer Rechtsprechung. USA lockern Sanktionen.

2000 Gaddhafi verkündet Pläne zur Bildung eines afrikanischen Staatenbundes.

2001 Urteil im Lockerbie-Prozess: ein Täter wird trotz anscheinend unzureichender Beweise verurteilt, der andere freigesprochen. Weitere Lockerung der Sanktionen.

LIECHTENSTEIN Das in den Alpen zwischen Österreich und der Schweiz gelegene Fürstentum weist zwei bei Kleinstaaten seltene Eigenschaften auf: florierendes Bankwesen sowie vielseitige Industrie. Es ist eng mit der Schweiz verbunden, die für Auslandsbeziehungen und Verteidigung zuständig ist. Infolge seiner Bankgeheimnis-Gesetze und niedrigen Steuern ist Liechtenstein Sitz vieler ausländischer Treuhandgesellschaften, Banken und Versicherungen.

Chronologie

1342 Graf Hartmann von Montfort erhält die Feste Vaduz; 1396 wird Vaduz, immer noch im Besitz der Montforts, zum Lehen des Heiligen Römischen Reiches.

1416 Der letzte Graf von Montfort vermacht Vaduz dem Baron von Brandis aus Emmental, der 1434 auch die Herrschaft Schellenberg nördlich von Vaduz erwirbt.

1712 Während Schellenberg schon 1699 an das Geschlecht der Liechtenstein geht, wird Vaduz erst 1712 von Fürst Johann (Hans) Adam Andreas von Liechtenstein erworben. 1719 erhebt Kaiser Karl VI. Vaduz und Schellenberg zum Reichsfürstentum Liechtenstein.

1806 Liechtenstein erklärt am 12. Juli seine völlige Souveränität, die es am 6. August mit Auflösung des Heiligen Römischen Reiches erhält. Der Rheinbund, eine auf Betreiben Napoleons gebildete Allianz deutscher Fürsten, zerfällt bereits 1813 wieder, so dass Liechtenstein 1815 dem Deutschen Bund beitritt (bis zu dessen Auflösung 1866).

1852 Zollvertrag mit Österreich; österreichische Währung wird offizielles Zahlungsmittel (bis zur Auflösung der Österreichisch-Ungarischen Monarchie 1918).

1866 Mit der Auflösung des Deutschen Bundes erlangt Liechtenstein offiziell Selbständigkeit.

1868 Liechtensteins stehendes Heer wird abgeschafft.

1921 Oktober: Beschluss einer Verfassung, die die gemeinsame Regierung durch einen exekutivberechtigten Erbfürsten (Frauen sind nicht erbfolgeberechtigt) und den Landtag festschreibt.

1924 Zollvertrag mit der Schweiz.

1990 Mitglied der Vereinten Nationen.

1995 Beitritt zum EWR.

1997 Ende der seit 1938 regierenden Koalition aus Vaterländischer Union (VU)

und Fortschrittlicher Bürgerpartei (FBP). Mario Frick führt VU-Regierung.
2001 FBP erhält Mehrheit bei Wahlen. Otmar Hasler wird Regierungschef.

Liegnitz ⚔ (1241). Sieg der Mongolen über polnische Armee.
Lima Hauptstadt von Peru; 1535 von Pizarro gegründet.
Limes Verteidigungslinie der Römer zum Schutz der Reichsgrenzen. Teils ein zusammenhängender Wall (Nordbritannien, Abschnitte der germanischen Grenze), teils eine Reihe einzelner Festungen (Syrien).
Limited War Doctrine Politik des begrenzten militärischen Eingreifens und der regionalen Eindämmung, die im Koreakrieg von den westlichen Alliierten entwickelt wurde, um Ausufern der Konfrontationen des Kalten Kriegs zu internationalem Konflikt zu verhindern.
Lincoln, Abraham (1809–65) 16. Präsident der Vereinigten Staaten (Republikaner, 1861–65). Die Gründung der Republikanischen Partei 1856 gegen den Ausbau der Sklaverei in den Vereinigten Staaten verhalf dem Rechtsanwalt Abraham Lincoln, der seit 1846 Abgeordneter im Kongress war, zu landesweiter Bekanntheit. 1860 erhielt er bei den Präsidentschaftswahlen die Mehrheit; es gelang ihm jedoch nicht, den Abfall der Südstaaten von der Union sowie den daraus resultierenden Sezessionskrieg zwischen Union und Konföderierten zu verhindern. Hauptziel des Krieges war für ihn der Erhalt der Union (formuliert u.a. in der Gettysburg Address von 1863). Seine Proklamation zur Sklavenbefreiung aus demselben Jahr führte zur Sklavenbefreiung in den Südstaaten. Lincoln wurde 1865 wiedergewählt, aber kaum einen Monat nach seiner Antrittsrede ermordet. *S. 368*

LITAUEN Der nordosteuropäische Staat liegt zwischen Lettland und Polen an der Ostsee; er grenzt außerdem an Weißrussland und Russland (Gebiet Kaliningrad). Das meist flache Land hat viele Seen, Moore und Sümpfe. Litauen, inzwischen eine parlamentarische Demokratie, erlangte 1991 die Unabhängigkeit von der ehemaligen UdSSR. 1993 zog Russland schließlich die letzten Truppen ab. Hauptzweige der Wirtschaft sind Industrie und Landwirtschaft.

Chronologie
1322 Großfürst Gedimin vollendet die 1295 von seinem Bruder Witen begonnene Vereinigung der litauischen Stämme, macht Vilnius (dt. Wilna) zur Hauptstadt und erobert Gebiete des heutigen Weißrussland. Sein Sohn Algirdas dehnt Litauen bis zur heutigen Ukraine aus.
1386 Union mit Polen durch Heirat des litauischen Großfürsten Jagiello mit Königin Hedwig von Polen. Die Jagiellonen-Könige herrschten im 15. Jahrhundert von der Ostsee bis zum Schwarzen Meer.
1569 Lubliner Union verbindet Litauen und Polen durch gemeinsamen Reichstag und gemeinsame Hauptstadt Warschau.
1795 Im Zuge der drei Teilungen Polens geht Litauen an Russland. 1831 und 1863 Aufstände von Polen und Litauern gegen russische Machthaber.
1915 Deutsche Besatzung.
1918 Proklamation der Unabhängigkeit.
1926 Militärputsch. Einparteiensystem.
1940 Annektierung durch Sowjetunion.
1941–1944 Besetzung durch Nationalsozialisten.
1945 Erneute Eingliederung in die Sowjetunion.
1991 Völlige Unabhängigkeit.
1992 Erste Mehrparteienwahlen.
1993 Abzug der letzten russischen Truppen.
1996 Ministerpräsident muss wegen Bankenskandal zurücktreten. Bei den Parlamentswahlen siegt die konservative Heimatunion (LK).
1998 Valdas Adamkus Staatspräsident.
2000 Kurze Mitte-Links-Koalition.
2001 Der ehemalige Staatspräsident Brazauskas wird Ministerpräsident.
2002 Beitrittsmitglied der EU für 2004.

Literatur
Römische Literatur *S. 83*
Romantik *S. 346*
Roman des 19. Jahrhunderts *S. 356*
Literatur des 20. Jahrhunderts *S. 444*
Little Bighorn ⚔ (1876). Amerikanische Truppen unter General Custer von Sioux und Cheyenne geschlagen.
Livingstone, David (1813–73) Schottischer Missionar, der während seiner drei Afrikaaufenthalte zwischen 1841 und 1873 Forschungsreisen im Süden des Kontinents unternahm. Erreichte als erster Europäer 1849 den Ngamisee und *sah* 1855 die Victoriafälle. Entsetzt über die Behandlung der afrikanischen Sklaven widmete er sich der Bekämpfung des Sklavenhandels, wobei er immer wieder mit den Buren und Portugiesen aneinander geriet. Galt von 1866 bis 1871 als verschollen, bis Henry Morton Stanley, der von einer New Yorker Zeitung auf die Suche geschickt worden war, ihn aufspürte.
Livländischer Orden *siehe* Schwertbrüderorden
Lodi ⚔ bei Napoleons Italienfeldzug (1896). Sieg der Franzosen.
Lodi, Friede von (1454) Beendete Kriege zwischen Mailand, Venedig, Florenz und dem Kirchenstaat.
Lodz ⚔ im Ersten Weltkrieg (11.–25. November 1914).
Lollarden Religiöse Reformer im England des 14.–15. Jahrhunderts. Kritisierten Korruption der Kirche und betonten biblische Schriften.
Lombardenbund 1167 geschlossene Allianz oberitalienischer Städte gegen Friedrich I. Barbarossa.
London Hauptstadt des Vereinigten Königreichs. Wurde erst im 14. Jahrhundert offizielle Hauptstadt Englands, wuchs dann aber schnell, trotz einiger Rückschläge wie der Großen Pest von 1665 und dem Großen Feuer von 1666. Wurde nach dem Feuer mit vielen schönen Kirchen wieder aufgebaut, u.a. von Sir Christopher Wren. Blütezeit im 19. Jahrhundert als Zentrum des Britischen Empire. *S. 371*
Großes Feuer von London *S. 311*
St. Paul's Cathedral *S. 321*
Long Island ⚔ im amerikanischen Unabhängigkeitskrieg (27. August 1776). Sieg der Briten.
Long, Stephen H., Major (1784–1864) Ingenieur und Forscher der US-Armee. Leitete Expeditionen am Missouri (1819–20), Platte und South Platte River in den Rocky Mountains sowie nach Süden zum Red River (1821). Erstellte Landkarte, in der das Gebiet als »Große Amerikanische Wüste« bezeichnet wird. Erforschte später den 49. Breitengrad.
Longshan-Kultur (*auch* Lung-shan-Kultur) Um 3000–1700 v. Chr. Benannt nach

Longshan (Drachenberg) in der nordostchinesischen Provinz Shandong. Die neolithische Kultur entwickelte sich in der Bronzezeit im Hwangho-Tal aus der Yangshao-Kultur. Charakteristisch sind polierte Steinwerkzeuge sowie auf Scheiben gedrehte schwarze Keramiken.

López de Cárdenas, Garcia Spanischer Entdecker im 16. Jahrhundert; Mitglied von Coronados Expedition von Mexiko nach Norden (1540–42).

Lothar I. (795–855) Nach Teilung des Karolingerreiches durch den Vertrag von Verdun (843) Herrscher des mittelfränkischen Reiches Lotharingia (*mod. dt.* Lothringen, *frz.* Lorraine). *S. 141*

Louis Napoléon *siehe* Napoleon III.

Louis Philippe (*dt.* Ludwig Philipp, 1773–1850) König von Frankreich (reg. 1830–48). Der Sohn des Herzogs von Orléans unterstützte wie sein als Philippe Égalité bekannter Vater zunächst die Revolution; nach Ludwigs Flucht aus Frankreich wurde der Vater 1793 hingerichtet. Nach der Juli-Revolution von 1830 bot man Ludwig Philipp die Krone an; während der 48er-Revolution dankte er ab und starb im englischen Exil.

Louisiana Purchase Kauf des französischen Gebietes Louisiana (ca. 2 144 520 km²) durch Thomas Jefferson, das 1803 den USA angefügt wurde und ihre Fläche mehr als verdoppelte. Große Teile von Louisiana wurden 1805–06 von Lewis und Clarke erforscht.

Lucius Tarquinius Priscus *siehe* Tarquinius I.

Lucius Tarquinius Superbus *siehe* Tarquinius II.

Ludditenaufstände Proteste englischer Textilarbeiter v.a. in den Midlands, die wegen der Einführung von Maschinen um ihre Arbeitsplätze fürchteten. Die ersten Unruhen, die mit der Zerstörung zahlloser Maschinen einhergingen, ereigneten sich 1811.

Ludwig I. (*auch* Ludwig der Fromme, 778–840) Frankenkönig, Sohn Karls des Großen. Ludwig, der 813 von seinem Vater gekrönt wurde, versuchte vergeblich das Karolingerreich zusammenzuhalten; das Ende seiner Herrschaft prägten Kämpfe mit seinen vier Söhnen.

Ludwig I. (*auch* Ludwig der Große, 1326–82) König von Ungarn. Mischte sich als Mitglied der Anjou-Dynastie, die im 13. Jahrhundert die Könige von Neapel stellte, immer wieder in neapolitanische Politik ein. Außerdem führte er drei Kriege mit Venedig um die Vorherrschaft an der dalmatinischen Küste. 1370 erbte er die polnische Krone.

Ludwig VII. (1120–80) König von Frankreich. Ließ sich 1152 von Eleonore von Aquitanien scheiden, die dann Heinrich von Anjou heiratete, der 1154 als Heinrich II. König von England wurde. Dadurch wurde die Position der französischen Krone geschwächt, da weite Teile Frankreichs an England fielen. 1147–49 führte Ludwig einen Kreuzzug ins Heilige Land.

Ludwig IX. (*auch* Ludwig der Heilige, 1214–70) König von Frankreich. War berühmt für seine Frömmigkeit und wurde 1297 heilig gesprochen. Der begeisterte Kreuzritter leitete zwei Kreuzzüge; beim ersten wurde er 1248 in Ägypten gefangen genommen und wieder freigekauft, beim zweiten starb er 1270 während der Belagerung von Tunis.

Ludwig XIV. (*auch* »der Sonnenkönig«, 1638–1715) König von Frankreich (reg. 1643 [1661]–1715). Ludwig schuf eine absolutistische Monarchie und war für 50 Jahre der mächtigste Herrscher Europas. Sein Ehrgeiz, Europa unter französische Oberhoheit zu bringen, führte jedoch zu zahlreichen Kriegen, v.a. mit Spanien, Holland und England. Der Plan einer Union zwischen Frankreich und Spanien führte zum Spanischen Erbfolgekrieg (1701–14), der Frankreich in den Bankrott trieb. Unter Ludwig blühten die französischen Künste auf, versinnbildlicht im Schloss von Versailles. *S. 310*

Ludwig XVI. (1754–93) König von Frankreich. Musste 1788 aus finanziellen Gründen die Generalstände (die zuletzt 1614 getagt hatten) einberufen, die sich dann zur Nationalversammlung erklärten, was die Französische Revolution herbeiführte. Ludwig wurde quasi Gefangener des eigenen Staates; nach einem gescheiterten Fluchtversuch 1791 wurde er 1792 verurteilt und 1793 wegen Landesverrats durch die Guillotine hingerichtet.

Ludwig, Daniel Keith (1897–1992) Amerikanischer Unternehmer, der im Tal des Rio Jari in Brasilien ein Milliarden-Dollar-Projekt startete; 1982 gab er das teure Projekt auf, dem große Gebiete tropischen Regenwalds zum Opfer gefallen waren.

Luftschlacht um England (*eng.* Air Battle of Britain) ⚔ im Zweiten Weltkrieg (Juli–Oktober 1940). In der Luftschlacht um England kämpfen die Briten gegen die deutsche Luftwaffe um die Lufthoheit über den Ärmelkanal und Südengland. Sie können schließlich die deutschen Bombenangriffe auf England stoppen und die deutsche Invasion vereiteln.

Luther, Martin (1483–1546) Deutscher Gelehrter und Geistlicher, dessen Kritik gewisser Kirchenpraktiken zur Reformation führte. Seine erste Auseinandersetzung mit den katholischen Autoritäten erfolgte 1517, nachdem er in seinen *95 Thesen* den Ablasshandel angeprangert sowie Papst und Klerus die Berechtigung zur Sündenvergebung abgesprochen hatte. Er löste eine Bewegung aus, die die religiösen Denkweisen revolutionierte und für heftige soziale und politische Umwälzungen in Nordeuropa sorgte. *S. 274*

LUXEMBURG Luxemburg grenzt an Deutschland, Frankreich und Belgien und besitzt das höchste Pro-Kopf-Einkommen in der EU. Der zu den Ardennen gehörende Norden ist hügelig und bewaldet. Früher basierte der Wohlstand auf Stahl; heute gilt Luxemburg als Steuerparadies und Zentrum des Bankwesens; es ist der Sitz wichtiger EU-Einrichtungen.

CHRONOLOGIE

406–407 Eine Invasion germanischer Stämme beendet die römische Besatzung. Das Gebiet um Luxemburg wird Teil des Fränkischen Reichs.

963 Luxemburg wird eigenständige Grafschaft des Heiligen Römischen Reichs und 1354 Herzogtum.

1308–1437 Das Haus Luxemburg stellt vier Kaiser des Heiligen Römischen Reichs.

1443 Luxemburg fällt an Burgund in den Niederlanden.

1482 Mit den anderen burgundischen Gebieten geht Luxemburg an die Habsburger über. Als Teil der südlichen Niederlande wird es 1555–1713 von den spanischen Habsburgern regiert.

1713 Mit dem Frieden von Utrecht fallen die südlichen Niederlande wieder an die österreichische Linie der Habsburger.

1795 Französische Truppen bringen Luxemburg in ihre Gewalt; die Grafschaft wird von Frankreich annektiert.

1815 Im Zuge der Neuordnung Europas durch den Wiener Kongress wird Luxemburg selbständiges Großherzogtum und deutscher Bundesstaat; Souverän ist jedoch der König der Niederlande. 1842 tritt Luxemburg dem Deutschen Zollverein bei.
1831 Die wallonische Westhälfte des Großherzogtums unterstützt die belgischen Forderungen nach Unabhängigkeit von den Niederlanden. Luxemburg wird geteilt; die Westhälfte wird zur belgischen Provinz Luxemburg und heißt auch heute noch so.
1839 Der Londoner Vertrag bekräftigt Luxemburgs Unabhängigkeit.
1867 Der Londoner Vertrag legt die immer währende Neutralität Luxemburgs fest; eine preußische Garnison wird abgezogen und Wilhelm III., König der Niederlande, gezwungen das Großherzogtum zu behalten (nachdem Gerüchte, er wolle es an Frankreich verkaufen, die so genannte »Luxemburg-Krise« ausgelöst hatten und ein neuer Krieg zwischen Frankreich und Preußen drohte).
1890 Ende der Personalunion mit den Niederlanden.
1921 Wirtschaftsunion mit Belgien. Ende der Beziehungen zu Deutschland.
1940–1944 Deutsche Besatzung.
1948 Die im BENELUX-Vertrag (1944) geschaffene Zollunion tritt in Kraft.
1957 Unterzeichnung des EWG-Vertrags von Rom als eines der sechs Gründungsmitglieder.
1995 Premierminister Jacques Santer wird EU-Kommissionspräsident.
1999 Einführung des Euro. Santer tritt unter Korruptionsvorwürfen zurück. Stimmenverluste der Sozialisten bei den Parlamentswahlen.
2000 Großherzog Jean dankt zugunsten seines Sohnes Henri ab.

Luxemburg, Haus Mächtige Dynastie im späten Mittelalter, die auch Könige von Ungarn und vier Kaiser stellte, darunter Karl IV.

Luxor *siehe* Theben

Lydenburg-Skulpturen Frühe Beispiele aus Transvaal für die Eisenverarbeitung in Südafrika; um 500. *S. 115*

Lysimachos (360–281 v. Chr.) Heerführer Alexanders des Großen. Wurde nach dessen Tod 323 Herrscher von Thrakien. Während der Kriege zwischen Alexanders Nachfolgern vergrößerte er seine Gebiete, fiel aber im Kampf gegen seinen ehemaligen Verbündeten Seleukos.

M

Maastricht, Vertrag von (*auch* EU-Vertrag, Dezember 1991) Internationales Abkommen der EG-Staaten im niederländischen Maastricht. Gründung der Europäischen Union (EU), der jeder Bürger eines Mitgliedsstaates angehört. Grundlage für ein zentrales Bankwesen und die Durchführung einer gemeinsamen Außen- und Sicherheitspolitik.

Macau Portugiesische Kolonie in China seit 1557. Ging 1999 an China zurück.

MacKenzie, Colin (um 1753–1821) Offizier der Armee der Ostindischen Kompanie, deren Gebiet er so präzise kartografierte, dass er 1819 zum Surveyor General (Leiter der Vermessungsbehörde) von Indien ernannt wurde.

Mackenzie, Sir Alexander (um 1755–1820) Entdeckungsreisender und Händler. Drang 1789 im Auftrag der Northwestern Company bis zum Großen Sklavensee und entlang des (späteren) Mackenzie bis zum Nordpolarmeer vor. Erreichte bei seiner nächsten Expedition 1792 vom Athabascasee aus schließlich den Pazifik und hatte damit als erster Weißer Nordamerika nördlich von Mexiko durchquert.

MADAGASKAR Die viertgrößte Insel der Erde liegt im Indischen Ozean. Durch ihre isolierte Lage birgt sie viele einzigartige Pflanzen und Tiere. Nach Osten fällt das gebirgige Hochland steil über bewaldete Felsen zur Küste ab; nach Westen geht es allmählich in fruchtbare Ebenen über. Madagaskar wurde 1960 von Frankreich unabhängig und nach 18 Jahren radikalen Sozialismus unter Didier Ratsiraka ein demokratischer Mehrparteienstaat. Es ist stark vom Internationalen Währungsfonds (IWF) abhängig, versucht jedoch seine auf Landwirtschaft basierende Wirtschaft zu sanieren.

CHRONOLOGIE

5. Jahrhundert Erste Siedler aus Indonesien und Afrika.
1506 Erste portugiesische Seefahrer.
1883–1885 Erster französisch-madagassischer Krieg. Einrichtung eines französischen Protektorats.
1895 Franzosen marschieren in Antananarivo ein und besetzen die Stadt.
1896 Madagaskar wird französische Kolonie. Abschaffung der Merina-Monarchie.
1898–1904 Ein Aufstand gegen die Franzosen wird gewaltsam niedergeschlagen.
1947–1948 Bei Aufständen werden Tausende von den französischen Truppen getötet.
1960 Unabhängigkeit von Frankreich.
1975 Der radikale Sozialist Didier Ratsiraka übernimmt die Macht.
1990 Reformen für eine pluralistische Demokratie.
1991 Koalition der Oppositionsbewegung (CFV) unter Albert Zafy. Generalstreiks gegen das Regime.
1992 Ende der Militärregierung.
1993 Freie Wahlen. Zafys CFV siegt über Ratsirakas Koalition (MEM).
1996 Amtsenthebung Zafys.
1997 Ratsiraka wird Staatspräsident.
1998 Annahme einer neuen Verfassung.
2001 Wahlen von Parlament, Senat und Provinzgouverneuren.

Madero, Francisco Indalecio (1873–1913) Mexikanischer Revolutionär und Politiker. 1908 wurde Madero Oppositionsführer gegen den Diktator Porfirio Díaz. Nach Inhaftierung durch Díaz floh er in die USA und führte von dort einen Militärputsch durch, bei dem er Ciudad Juárez einnahm und im Mai 1911 zu seiner Hauptstadt machte. Als Präsident plante er liberale Reformen, wurde aber zunehmend mit Aufständen für Landreformen konfrontiert. Bei einer Militärrevolte Victoriano Huertas wurde er im Februar 1913 ermordet.

Mafia (*auch* Cosa Nostra) Internationale kriminelle Organisation, die ursprünglich aus Sizilien stammt und im 13. Jahrhundert entstand. In den USA wurde die Mafia eine der treibenden Kräfte bei der

Entwicklung des organisierten Verbrechens, v.a. während der Prohibition.

Magadha Eines der 16 indischen Großreiche, die seit 600 v. Chr. die Ganges-Ebene beherrschten. Allmählich gingen alle anderen Reiche in Magadha auf, dessen Hauptstadt Pataliputra (Patna) die lukrativen Handelsrouten am Ganges kontrollierte. Magadha wurde unter Candragupta Maurya (reg. ab 327) Mittelpunkt des ersten indischen Großreichs, des Maurya-Reichs. Viele Ereignisse im Leben Gautama Buddhas fanden in Magadha statt, das später Zentrum der Gupta-Dynastie wurde.

Magalhães, Fernão de *siehe* Magellan, Ferdinand

Magellan, Ferdinand (Fernão de Magalhães, um 1480–1521) Portugiesischer Seefahrer, der im Auftrag der spanischen Krone seine berühmteste Reise unternahm: 1519 brach er mit fünf Schiffen auf, um eine Westroute nach Ostindien zu finden – mit Erfolg. 1520 segelte er durch die später nach ihm benannte Magellanstraße und den Pazifik zu den Philippinen, wo er in einem regionalen Streit getötet wurde. Eines seiner Schiffe kehrte unter Kapitän Juan Sebastián Elcano nach Spanien zurück und schloss so die erste Erdumsegelung ab. *S. 277*

Magna Charta Herrschaftsvertrag von 1215, in dem König Johann I. von England nach langjähriger Rebellion und Anarchie seinen Kronvasallen Feudalprivilegien zugestehen musste. *S. 208*

Magnesia ⚔ (190 v. Chr.). Sieg der Römer über Seleukidenkönig Antiochos III.

Magyaren (*auch* Madjaren) Steppenvolk, Vorfahren der heutigen Ungarn, die im späten 9. Jahrhundert ins heutige Ungarn einwanderten und zunächst durch ihre Raubzüge die westeuropäischen Völker in Angst versetzten. Nach ihrer Niederlage durch Otto I. bei Lechfeld (955) wurden die Magyaren sesshafter. Im 11. Jahrhundert wurde Ungarn ein christliches Königreich.

Mahabharata Sanskritepos, mit dem *Ramayana* um 400 v. Chr. verfasst. Erzählt von zwei verwandten Gruppen, den Kaurava und Pandava, die in Nordwestindien um die Vorherrschaft kämpfen. Es handelt sich vermutlich um den Bericht einer Expansion des Maurya-Reiches. *S. 58*

Mahavira (um 540–468 v. Chr.) Indischer Religionsstifter. Jaina aus der Gegend von Patna, der elf Schüler unterrichtete und der 24. Tirthankara (»Furtenmacher«) des Jainismus wurde.

Mahayana-Buddhismus (*Sanskrit* »Großes Fahrzeug«) Ab dem 1. Jahrhundert entwickelte Schulrichtung des Buddhismus, die sich von Nordwestindien nach China, Korea, Japan und Tibet ausbreitete. Konzentriert sich auf das Ideal des Bodhisattva, der erst ins Nirwana eingeht, wenn auch alle anderen erleuchtet worden sind. Das Mahayana betrachtet den historischen Buddha als temporäre Manifestation des ewigen Wesens des Buddha. *Siehe auch* Buddhismus

Mahmud von Ghazni (971–1030) Herrscher eines Reiches, das sich über Afghanistan, Nordostpersien und Nordwestindien ausdehnte (reg. 997–1030). Der Sohn eines türkischen Statthalters in Khorasan und Vasallen der Samaniden war berüchtigt für die Raubzüge, die er im Norden Indiens führte. Die Ghasnawiden-Dynastie blieb bis ins späte 12. Jahrhundert an der Macht und wurde dann von den Ghoriden gestürzt.

Mailand, Toleranzedikt von (*auch* Mailänder Religionsedikt) (Februar 313) Übereinkommen zwischen den römischen Kaisern Konstantin I. und Licinius, das die Tolerierung der Christen im Römischen Reich festschrieb.

Majapahit Indonesisches Großreich in Ostjava (Ende 13.–16. Jahrhundert) Obwohl Majapahit vermutlich nur Java und die umliegenden kleinen Inseln direkt beherrschte, kontrollierten seine mächtigen Flotten während der Blütezeit im 14. Jahrhundert den Seehandel in einem sehr viel größeren Gebiet, das auch die Gewürzinseln umfasste.

Majuba Hill ⚔ (1881) im ersten Burenkrieg.

Makedonien Antikes Königreich in Nordgriechenland (5. Jahrhundert–167 v.Chr.). War unter Philipp II. (reg. 359–336 v.Chr.) führende Großmacht in Griechenland und unter dessen Sohn Alexander dem Großen (reg. 336–323 v.Chr.) Kern eines riesigen Reiches, das bis nach Indien reichte.

MALAWI Der südostafrikanische Binnenstaat liegt am Great Rift Valley. Ein Fünftel des Landes ist vom Malawisee (Njassasee) bedeckt, Afrikas drittgrößter Wasserfläche. Nach intensivem Wirken schottischer Missionare kam Malawi als Njassaland 1891 unter britische Oberherrschaft. 1953 bildete Njassaland die Zentralafrikanische Föderation mit Rhodesien; 1964 wurde es unabhängig. In den 1980er-Jahren nahm Malawi zahllose mosambikanische Flüchtlinge auf, was die labile Wirtschaft sehr belastete. Nach drei Jahrzehnten Einparteienherrschaft unter Hastings Banda führte Malawi 1994 die Demokratie ein. Im Juni 1999 wurde Präsident Bakili Muluzi wiedergewählt.

CHRONOLOGIE

1891 Malawi wird als Njassaland britische Kolonie.

1953 Zentralafrikanische Föderation mit Rhodesien.

1964 Unabhängigkeit unter Hastings Banda.

1966 Einparteienstaat.

1992 Aufstände gegen Regierung. Vereinigung illegaler prodemokratischer Gruppen.

1993 Referendum: Mehrparteiensystem.

1994 Muluzis UDF gewinnt Wahlen.

1999 Wiederwahl Muluzis zum Präsidenten.

2001 Großer Schaden durch Überschwemmungen.

MALAYSIA Malaysia umfasst den Südteil der Malaiischen Halbinsel (Westmalaysia) sowie Sarawak und Sabah im Norden der Insel Borneo (Ostmalaysia), erstreckt sich also über 2000 km. Es grenzt an Thailand, Indonesien und die Enklaven Singapur und Brunei. Auf der Malaiischen Halbinsel trennt eine Gebirgskette die fruchtbaren Ebenen im Westen von dem Küstenstreifen im Osten. Sarawak und Sabah besitzen sumpfige Küstenebenen, die an der Grenze zu Indonesien in Berge übergehen. Das aus elf Staaten bestehende ehemalige britische Protektorat Malaya wurde 1957 unabhängig. 1963 wurde die Föderation Malaysia gegründet, die Singapur, Sarawak und Sabah umfasste. Die Hightech-Stadt Putrajaya im Süden von Kuala Lumpur soll ab 2005 Regierungssitz werden.

Malaysischer Gummi *S. 378*

CHRONOLOGIE

1965 Singapur verlässt Föderation, die jetzt nur noch 13 Staaten zählt.

1970 Spannungen zwischen Malaien und Chinesen führen zum Rücktritt von Ministerpräsident Tunki Abdul Rahman. Sein Nachfolger Tun Abdul Razak bildet 1974 Allparteienkoalition »Nationale Front« (BN).

1976–1978 Guerilla-Angriffe der verbotenen Kommunistischen Partei von Malaysia (CPM) von Südthailand aus.

1976 Tod Tun Abdul Razaks. Nachfolger wird sein Vize.

1977 Unruhen in Kelantan nach Ausweisung des Landesvorsitzenden aus der Pan-Malaiischen Islamischen Partei (PAS). Ausrufung des Notstands. Ausschluss der PAS aus der BN.

1978 Wahlen festigen Macht der BN. Starke Stimmenverluste der PAS. Regierung lehnt Pläne für chinesische Universität ab.

1978–1989 Vietnamesische Flüchtlinge erhalten unbefristetes Asyl.

1981 Mahathir bin Mohammed wird Ministerpräsident.

1982 BN erhält größere Mehrheit bei Parlamentswahlen.

1985 Bei Landesparlamentswahlen in Sabah unterliegt BN der PBS.

1986 PBS tritt BN bei. Streit zwischen Mahathir und Vize Dakuk Musa führt zu Neuwahlen. Sieg der BN.

1987 Prozesslose Inhaftierung von 106 Politikern aller Parteien, angeblichen Sympathisanten Chinas. Medienzensur.

1989 Unzufriedene UMNO-Mitglieder treten PAS bei. Einführung der Personenkontrolle bei vietnamesischen Flüchtlingen. CPM unterzeichnet Friedensabkommen mit Regierungen von Malaysia und Thailand.

1990 Landesweite Wahlen. BN kommt mit Stimmenverlusten an die Macht zurück.

1993 Sultane verlieren Privilegien, u.a. Immunität.

1995 Bei 9. landesweiten Wahlen siegt BN mit überwältigender Mehrheit.

1997 Schwere Finanzkrise beendet Jahrzehnt spektakulären Wirtschaftswachstums.

1998–1999 Vizepremier Anwar Ibrahim wird aus dem Amt entlassen und gründet Reformbewegung (Reformasi). Wegen Korruption und Sodomie zu erst 6-, dann 15-jähriger Haftstrafe verurteilt. Ehefrau Wan Azizah gründet Nationale Gerechtigkeitspartei und führt Demokratiekampagne fort. Bei Novemberwahlen 1999 erleidet UMNO Stimmenverluste.

2002 Premierminister Mahathir kündigt für Oktober 2003 seinen Rücktritt an.

MALEDIVEN

MALEDIVEN Inselgruppe im Indischen Ozean südwestlich von Indien, bestehend aus 1190 kleinen Koralleninseln (200 davon bewohnt), die selten mehr als 1,8 m ü.M. aufragen und von schützenden Riffen umgeben sind. In den letzten Jahren vermehrter Tourismus, dabei Trennung von Ferien- und bewohnten Inseln. 1998 wird Präsident Maumoon Abdul Gayoom, der schon drei Anschläge überlebt hat, zum vierten Mal wiedergewählt.

CHRONOLOGIE

1155 Nach einer Legende wird der maledivische König von einem muslimischen Wanderheiligen zum Islam bekehrt.

1558–1573 Besatzung durch die Portugiesen, die schließlich von Bidu Mohammed Takurufan al Alam vertrieben werden, dem Gründer einer neuen Dynastie und Held der maledivischen Geschichte.

1887 Britisches Protektorat nach Phase inoffizieller britischer Herrschaft seit der Eroberung Ceylons 1796.

1932 Erste schriftliche Verfassung.

1965 Unabhängigkeit als Sultanat.

1968 Umwandlung in Republik. Erster Präsident wird Ibrahim Nasir.

1978 Gayoom wird Präsident.

1994 Ämterwahlen.

1998 Neue Verfassung. Gayoom zum vierten Mal wiedergewählt.

MALI

MALI Binnenstaat in Westafrika. Das meist flache Land umfasst fast unbewohnte Saharagebiete im Norden und dichter besiedelte Feuchtsavannen im Süden. Der Niger versorgt die Mitte und den Südwesten mit Wasser. Mali wurde 1960 von Frankreich unabhängig. 1992 und 1997 gab es bei demokratischen Mehrparteienwahlen unter der neuen Verfassung Vorwürfe des Wahlbetrugs.

CHRONOLOGIE

8.–11. Jahrhundert Reich Gana.

11.–16. Jahrhundert Songhai-Reich in den östlichen Gebieten.

12.–15. Jahrhundert Mali-Reich in den westlichen Gebieten.

18. Jahrhundert Blüte des Reiches Segou.

19. Jahrhundert Djihad der Fulbe und Tukulor aus Osten und Westen.

1881–1895 Kolonisierung durch Frankreich (als Sudan).

1898 Franzosen erobern Samory Tourés Mandingoland.

1960 Unabhängigkeit.

1968 Putsch durch Moussa Traoré.

1990 Prodemokratische Demonstrationen.

1991 Sturz und Verhaftung Traorés.

1992 Freie Präsidentschaftswahlen.

1997 Umstrittene Wiederwahl von Präsident Konaré und der ADEMA-Partei.

1999 Todesurteil Traorés in lebenslange Haft umgewandelt.

2002 Touré gewählter Präsident.

Mali-Reich Westafrikanischer Staat, im 13. und 14. Jahrhundert auf dem Höhepunkt seiner Macht. Um 1235 von Sundiata gegründet (seit ca. 200 Jahren hatte schon ein kleines Reich existiert). Erlebte seine Blüte unter dem sagenhaft reichen Mansa Musa (reg. 1312–37). Nach der Eroberung durch das benachbarte Songhai 1546 ging das Reich um 1660 endgültig unter.

Malinke Westafrikanisches Volk, Gründer des alten Reiches Mali, bekannt als reisende Händler.

MALTA

MALTA Die Maltesischen Inseln liegen strategisch günstig zwischen Europa und Nordafrika. Das immer wieder von anderen Kolonialmächten besetzte Malta wurde 1964 von den Briten unabhängig. Die Inseln sind meist flach und haben felsige Küsten; nur Malta, Gozo und Comino sind bewohnt. Haupteinkommensquelle ist der Fremdenverkehr (jährlich dreimal so viele Touristen wie Einwohner).

CHRONOLOGIE

870 Sarazenen erobern das zuvor von Phöniziern, Karthagern, Griechen und Römern beherrschte Malta.

1090 Der normannische Graf von Sizilien erobert Malta.
1282 Spanische Herrschaft.
1530 Der habsburgische Kaiser gibt Malta als Lehen an den Johanniterorden.
1800 Nach zweijähriger Herrschaft und Vertreibung der Ordensritter durch Napoleon übernehmen die Briten die Macht, die 1814 beim Wiener Kongress durch den Vertrag von Paris bestätigt wird.
1921 Malta erhält beschränkte innere Selbstverwaltung, die jedoch in den 1930er-Jahren zweimal ausgesetzt wird.
1929 Wachsende Spannungen zwischen dem Vereinigten Königreich, der Katholischen Kirche und dem Italien Mussolinis, der Anspruch auf Malta erhebt.
1939–1945 Anhaltende Angriffe der Achsenmächte während des Zweiten Weltkriegs.
1942 Malta erhält für seinen hartnäckigen Widerstand von den Briten das Georgskreuz.
1947 Volle innere Autonomie.
1964 Unabhängiges Mitglied des Commonwealth.
1971 MLP-Regierung unter Dom Mintoff.
1987–1996 Edward Fenech Adami (NP) Premierminister.
1998 Nach kurzer MLP-Regierung kommt bei vorgezogenen Neuwahlen der den EU-Beitritt fordernde Fenech Adami wieder an die Macht.
2003 EU-Beitrittsland für 2004.

Malteser *siehe* Johanniterorden

Mamelucken Sklaven in vielen islamischen Staaten des Mittelalters, oft als Soldaten eingesetzt; meist türkischer Herkunft und berühmt für Mut und Geschicklichkeit. Mamelucken stiegen oft in sehr einflussreiche Positionen auf. Ab 1250 regierten sie in Ägypten, bis das Land 1517 von den Osmanen erobert wurde. *S. 219*

Mandela, Nelson Rolihlahla (geb. 1918) Südafrikanischer Politiker, wurde nach 28-jähriger Haft (1962–90) 1994 erster schwarzer Präsident Südafrikas.

Mandschu-Dynastie *siehe* Qing-Dynastie

Mandschurei Gebiet in Nordostchina. Die Mandschu-Armee stürzte 1644 die Ming-Dynastie und gründete die Qing-Dynastie, die China bis 1911 regierte. 1918–20 war die Mandschurei von Japan besetzt.

Manichäismus Dualistisch-gnostische Religion, im 3. Jahrhundert in Persien von Mani gegründet, der die Botschaften von Zarathustra, Jesus und Buddha in einem universellen Glauben zu verbinden suchte. Von den Christen oft als häretisch betrachtet.

Manila-Galeone Ab dem 16. Jahrhundert schickten die Spanier jedes Jahr eine Galeone voller Silber von Acapulco nach Manila auf den Philippinen, um Seide und andere Luxusartikel aus China zu bezahlen, die in derselben Galeone zurück nach Mexiko und schließlich nach Spanien gebracht wurden.

Mansa Musa Herrscher des Reiches Mali (reg. 1312–37), das v.a. durch die Kontrolle des westafrikanischen Goldhandels unter Musa seine Blüte erlebte. Bei seiner Pilgerfahrt nach Mekka 1324 demonstrierte er den Reichtum seines Landes. *S. 230*

Mansura ⚔ der Kreuzzüge (1250). Niederlage des Kreuzritterheers Ludwigs IX. beim Einmarsch in Ägypten.

Mantzikert ⚔ (1071). Entscheidender Sieg der Seldschuken über Byzanz, der zum Untergang des Byzantinischen Reiches in Kleinasien führte.

Mao Tse-tung *siehe* Mao Zedong

Mao Zedong (*auch* Mao Tse-tung, 1893–1976) Chinesischer Kommunistenführer, Vorsitzender der Volksrepublik China (1949).

Maori Von den Polynesiern abstammende Ureinwohner Neuseelands (Aotearoa), das sie um 700 v. Chr. erreichten. Neuseeland wurde als eine der letzten pazifischen Inselgruppen besiedelt.

Maratha-Konföderation Hindustaat in den Westghats, von Sivaji gegründet. Mogulkaiser Aurangseb hielt zu seinen Lebzeiten die vorrückenden Marathen unter Kontrolle, aber nach seinem Tod 1707 brachte die Konföderation fast ganz Indien unter ihre Herrschaft. 1761 griffen die Marathen eindringende Afghanen an und wurden bei der ⚔ von Panipat geschlagen. Trotzdem stellte die militärische Macht der Marathen ein beträchtliches Hindernis für die Briten dar. Die drei britischen Maratha-Kriege zwischen 1775 und 1818 führten schließlich zur Niederlage der Marathen.

Marathon ⚔ (490 v. Chr.). Sieg der Athener über die Perser.

Marcel, Étienne Französischer Rebell. Vorsteher der Kaufmannschaft von Paris, der 1356 für kurze Zeit die Stadt verwaltete. *S. 236*

Marchand, Jean-Baptiste (1863–1934) Französischer Soldat und Entdecker, der 1898 Faschoda im Sudan besetzte.

Marco Polo *siehe* Polo, Marco

Marconi, Guglielmo (1874–1937) Italienischer Arzt und Erfinder der drahtlosen Telegrafie.

Marcos, Ferdinand (1917–89) Von den USA unterstützter Präsident der Philippinen (reg. 1965–86), dem Unterdrückung, Korruption und Betrug vorgeworfen wurden. Starb nach einer Wahlniederlage im Exil auf Hawaii.

Marcus Antonius *siehe* Mark Anton

Marcus Ulpius Traianus *siehe* Trajan

Mari Das antike Mari war im 3. und 2. Jahrtausend v. Chr. die wichtigste Stadt am mittleren Euphrat, bevor es 1759 v. Chr. von den Babyloniern zerstört wurde. Seine Bedeutung als Mittelpunkt eines Handelsnetzes, das ganz Nordwestmesopotamien umspannte, zeigt sich an 20 000 Keilschrifttafeln, die dort gefunden wurden.

Marianen ⚔ im Zweiten Weltkrieg (Juni–August 1944). Schauplatz etlicher größerer US-Angriffe im Rahmen der »Island-Hopping«-Kampagne im Zentralpazifik.

Marie Antoinette (1755–93) Königin von Frankreich. Die Tochter Maria Theresias von Österreich heiratete 1770 den zukünftigen Ludwig XVI. von Frankreich. Als Österreicherin war sie bei den Franzosen nicht sehr beliebt. Während der Revolution sank ihr Ansehen weiter; 1793 wurde sie verurteilt und hingerichtet.

Marienburg (*poln.* Malbork) Ab 1309 Sitz der Hochmeister des Deutschen Ordens. Ging 1457 an Polen und 1792 an Preußen. Gehört seit 1945 zum heutigen Polen.

Marignano ⚔ (1515). Sieg Franz I. von Frankreich über die Schweizer.

Marin, Luis Spanischer Kolonisator Mexikos im 16. Jahrhundert.

Marius, Gaius (157–86 v. Chr.) Äußerst ehrgeiziger römischer Feldherr und Politiker, der dank seines militärischen Könnens, das er u.a. bei der Unterwerfung des rebellischen Königs Jugurtha von Numidien bewies, in den Adel einheiratete und in hohe Positionen aufstieg. Er wurde siebenmal Konsul und reformierte die Armee, indem er durch Rekrutierung

Besitzloser ein Berufsheer aufbaute, dessen Legionen er als Erster in Kohorten und Zenturien unterteilte.

Mark Anton (*auch* Marcus Antonius, 83–30 v. Chr.) Treuer Anhänger und Verwandter Julius Caesars. Übernahm 44 v. Chr. nach Caesars Tod fast die absolute Herrschaft in Rom, was zu Machtkämpfen mit Caesars Erben Octavianus führte. Während der Umgestaltung der Regierung der Ostprovinzen lernte er Kleopatra kennen, die ihm mehrere Kinder gebar. Als er große Teile der römischen Ostprovinzen unter seinen Kindern verteilte und den Sohn von Kleopatra und Julius Caesar statt Octavianus zum Erben erklärte, zog Octavianus mit den Römer gegen Mark Anton. Er wurde 31 v. Chr. bei Actium geschlagen und beging kurz darauf Selbstmord.

Market Garden, Operation *siehe* Arnheim

Marne ⚔ im Ersten Weltkrieg (Juli 1918). Die zweite Schlacht an der Marne beendete die deutsche Großoffensive von 1918 an der Westfront.

MAROKKO Marokko liegt zwar in Nordafrika, ist aber an seinem nördlichsten Punkt nur 12 km vom europäischen Festland entfernt (an der Straße von Gibraltar). Im Norden herrscht mediterranes Klima, während der Süden auch Wüsten umfasst. Hauptprobleme des Landes sind die internationale Bedrohung durch militanten Islamismus sowie die ungelöste Frage der Westsahara, einer ehemaligen spanischen Kolonie, die 1875 von Marokko besetzt wurde. Hauptwirtschaftszweige sind Tourismus, Phosphatbergbau und Landwirtschaft.

CHRONOLOGIE

6. Jahrhundert v. Chr. Das ursprünglich von Berbern bewohnte Gebiet entlang der nordafrikanischen Küste bis Lixus (heute Larache) war zuerst von Phöniziern kolonisiert worden. Im 6. Jahrhundert v. Chr. kontrollierten ihre Nachfahren, die Karthager, die meisten Handelshäfen von Leptis Magna (im heutigen Libyen) bis Lixus und Mogador (heute Essaouira) in Marokko.

264–146 v. Chr. Die Punischen Kriege der Römer gegen die Karthager (im heutigen Tunesien) führten 146 v. Chr. zur Plünderung Karthagos und zur Ausdehnung des Römischen Reiches entlang der nordafrikanischen Küste.

429 n. Chr. Wandalen erobern Gebiet von Tanger bis Karthago.

8. Jahrhundert Idris I. islamisiert die Region und begründet Herrschaft der Idrisiden (bis 920).

1062 Sultan Jusuf Ibn Taschfin ist der bedeutendste Herrscher der Dynastie der Almorawiden. Später herrscht er auch über das muslimische Spanien.

1147 Die Almohaden lösen die Almorawiden ab; werden ihrerseits im 13. Jahrhundert von den Zenaten aus der Sahara besiegt.

Mitte 17. Jahrhundert Gründung der Alawiden-Dynastie, nachdem Moulay Raschid Marokko von den Sadiern erobert hat. Nach seinem Tod 1672 fällt das Land in Wirren; erst 1677 kann sein Sohn Moulay Ismail wieder die Macht übernehmen. Eine 150 000 Mann starke Sklavenarmee erobert alle spanischen Küstenenklaven außer Ceuta und Melilla zurück. Moulay Ismail errichtet neuen Palast und Regierungssitz in Meknès.

1904 Frankreich und Spanien beschließen in Geheimabkommen Teilung Marokkos.

1906 Bei der Algeciras-Konferenz versprechen Frankreich und Spanien die Unabhängigkeit Marokkos zu respektieren, erhalten jedoch das Recht zur polizeilichen Überwachung der Häfen.

1911 Zweite Marokkokrise. Deutschland schickt Kanonenboot »Panther« zur marokkanischen Hafenstadt Agadir (»Panthersprung nach Agadir«), um angesichts französischer Expansion deutsche Ansprüche zu verteidigen; muss aber Frankreichs Rechte in Marokko anerkennen, erhält dafür kleine Gebiete des französischen Kongo.

1912 Sultan Abd ul-Hafiz unterzeichnet im Vertrag von Fès Einrichtung eines französischen Protektorats.

1927 Mohammed Ibn Youssef wird Sultan von Marokko.

1953 Franzosen erzwingen Abdankung des Sultans, weil er Unabhängigkeit unterstützt.

1955 Sultan kehrt aus dem Exil in Madagaskar zurück, um Unabhängigkeitsabkommen mit Frankreich zu schließen.

1956 Frankreich erkennt Unabhängigkeit Marokkos unter Sultan an. Marokko tritt den UN bei. Spanien gibt die Kontrolle über die meisten seiner Gebiete ab.

1957 Sultan wird als Mohammed V. König.

1961 Hasan II. löst seinen Vater ab.

1967 Marokko unterstützt im Sechstagekrieg Interessen der Araber gegen Israel.

1969 Spanien gibt Ifni an Marokko zurück.

1975 Der Internationale Gerichtshof gesteht Westsahara-Bewohnern Selbstbestimmungsrecht zu. König Hasan befiehlt Truppen Einnahme des Hauptorts der Sahara.

1976 Aufteilung von Westsahara zwischen Mauretanien und Marokko.

1979 Mauretanien verzichtet auf seinen Teil, der an Marokko übergeht.

1984 König Hasan unterzeichnet mit dem libyschen General Gaddhafi Oujda-Abkommen; erster Schritt zu einer Maghreb-Union. Nach Kritik an seiner Rolle in der Westsahara tritt Marokko aus der OAU aus.

1986 Marokko hebt Oujda-Abkommen auf.

1987 Verteidigungswall um Westsahara.

1989 Die Maghreb-Union (Union des Arabischen Maghreb) schafft eine Freihandelszone, die Marokko, Algerien, Tunesien, Libyen und Mauretanien umfasst.

1990 Marokko verurteilt Invasion Iraks in Kuwait.

1991 Marokko akzeptiert UN-Plan für Volksabstimmung in der Westsahara.

1992 Neue Verfassung verleiht der Mehrheitspartei im Parlament das Recht zur Ernennung der Regierung.

1993 Erste Parlamentswahlen seit neun Jahren. Keine Partei erhält regierungsfähige Mehrheit, daher ernennt König Hasan unabhängige Regierung.

1994 König Hasan ersetzt den alten Ministerpräsidenten Karim Lamrani durch Abdellatif Filali.

1995 Nach 28 Jahren Exil kehrt der islamistische Oppositionsführer Mohammed Basri nach Marokko zurück.

1998 Einzug der Sozialisten in die Regierung mit Abderrahman Youssoufi als Premierminister.

1999 Tod König Hasans. Krönung seines Sohnes als Mohammed VI., der Liberalisierungsprogramm ankündigt.

2000–2001 UN-Plan für Westsahara scheitert; Sonderbeauftragter der UN schlägt zehnjährige Versuchsphase als Teil Marokkos vor.

Marquette, Pater Jacques (1637–75) Französischer Jesuit und Missionar, der 1673 Louis Jolliet den Mississippi abwärts bis 640 km vor der Mündung begleitete.

MARSHALLINSELN Die Marshallinseln umfassen 34 weit verstreute Atolle im westlichen Pazifik. Nach der Entdeckung durch die Spanier 1529 wurden die Marshallinseln 1885 deutsches Protektorat. Zu Beginn des Zweiten Weltkriegs ergriff zunächst Japan die Macht, bevor die Inseln 1945 als UN-Treuhandgebiet an die USA gingen. 1986 erhielten die Inseln im Rahmen einer freien Assoziierung mit den USA Selbstverwaltung, 1990 wurde der Treuhandvertrag aufgehoben. Die Marshallinseln sind wirtschaftlich weitgehend auf US-Unterstützung und Einkünfte aus dem US-Militärstützpunkt auf Kwajalein angewiesen.

CHRONOLOGIE

1946 USA beginnen mit Kernwaffenversuchen.
1947 Einrichtung des UN-Treuhandgebiets.
1961 Kwajalein wird Raketenstützpunkt der US-Armee.
1979 Verfassung durch Referendum anerkannt. Regierungsbildung.
1986 Assoziierungsvertrag mit den USA tritt in Kraft.
1990 UNO heben Treuhandvertrag auf.
1997 Nach dem Tod von Amala Kabua wird sein Cousin Imata Kabua zum Präsidenten gewählt.
2000 Nach Wahlsieg der Opposition wird Kessal Note Präsident.

Marshallplan (April 1948–Dezember 1951) Von den USA getragenes Wirtschaftsförderungsprogramm für 17 europäische Staaten, um Stabilität als Grundlage für Demokratie zu erreichen. *S. 418*

Martínez de Irala, Domingo (um 1512–56) In den 1540er- und 1550er-Jahren Kommandeur der spanischen Kolonie Asunción in Paraguay. Erforschte den Gran Chaco und durchquerte den Kontinent bis nach Peru.

Marx, Karl (1818–83) Philosoph, Historiker; Verfasser von *Das Kapital*, dessen Ideen die Grundlage des modernen Kommunismus bildeten. *S. 362*

Masaccio (*eigentl.* Tommaso Guidi, 1401–28) Florentinischer Maler der Frührenaissance. Berücksichtigte als einer der ersten europäischen Künstler die Gesetze der Perspektive. *S. 256*

Masada Massenselbstmord jüdischer Zeloten nach dem Scheitern eines Aufstands gegen die römischen Besatzer (74). *S. 83*

Massachusetts Bay Englische Kolonie an der Ostküste der USA, gegründet 1630.

Massalia (*lat.* Massilia, *mod.* Marseille) Griechische Kolonie in Südfrankreich, im 3. und 2. Jahrhundert v. Chr. politisch und wirtschaftlich sehr einflussreich. Ging allmählich im Römischen Reich auf.

Massinissa (um 240–148 v. Chr.) Herrscher des nordafrikanischen Königreichs Numidien, der Rom bei der Eroberung karthagischer Gebiete unterstützte.

Mataram Sultanat in Java, gegründet im 16. Jahrhundert. Im Zuge der Expansion im 17. Jahrhundert wiederholt in Konflikt mit der Holländischen Ostindien-kompanie.

Matthias Hunyadi *siehe* Matthias I. Corvinus

Matthias I. Corvinus (*eigentl. ungar.* Mátyás Hunyadi, 1443–90) König von Ungarn (reg. 1458–90). Unter seiner Regierung führte Ungarn fast ständig Krieg gegen Böhmen und die Türkei. 1477 marschierten seine Armeen in Österreich ein und belagerten und eroberten Wien. Förderer von Bildung und Wissenschaft; Gründer der Corvina (Bibliotheca Corviniana) in Buda.

Mauren Bezeichnung für die islamischen Eroberer der Iberischen Halbinsel im 8. Jahrhundert.
Maurische Architektur *S. 240*

MAURETANIEN Die nordwestafrikanische Republik ist Mitglied in der OAU (*dt.* Organisation für Afrikanische Einheit) und der Arabischen Liga. Sie gehörte früher zum islamischen Almorawiden-Reich und wurde 1814 französische Kolonie. Seit 1964 ist das Land stark arabisch orientiert. Heute bestimmen die Mauren den politischen Alltag und dominieren über eine schwarze Minderheit. Die Sahara bedeckt zwei Drittel des Landes; fruchtbar ist nur das Überschwemmungsgebiet des Senegal im Süden und Südwesten.

CHRONOLOGIE

1960 Unabhängigkeit. Einparteienstaat.
1972 Frieden mit der Frente Polisario im Krieg um Westsahara.
1984 Unblutiger Militärputsch durch Maaouya Taya.
1992 Erste Mehrparteienwahlen.
1997 Wiederwahl Tayas zum Präsidenten.
2000 Wahlreform, u.a. Medienzugang für alle Parteien.
2001 Neuwahl der Nationalversammlung unter Beteiligung der Oppositionsparteien. Wahlsieg der Partei des Präsidenten Taya.
2002 Verbot der Oppositionspartei.

Mauri Berbervolk; Bewohner der römischen Provinz Mauretania.

MAURITIUS Inselstaat im Indischen Ozean östlich von Madagaskar. Die namengebende Hauptinsel ist vulkanischen Ursprungs und von Korallenriffen umgeben. Der Staat umfasst Mauritius, Rodriguez, die Agalega- und die Cargados-Carajos-Inseln (500 km im Norden). Mauritius wurde im 17. Jahrhundert von den Niederländern kolonisiert und regiert; dann kamen Franzosen (1710–1810) und Briten. Durch die jüngste Diversifizierung der Industrie und den Ausbau des Fremdenverkehrs ist Mauritius wirtschaftlich sehr erfolgreich.

CHRONOLOGIE

1959 Erste allgemeine Wahlen.
1968 Unabhängigkeit. Unruhen zwischen Kreolen und Muslimen.
1982–1995 Sir Anerood Jugnauth Premierminister; gründet die MSM.
1992 Mauritius wird Republik.
1995 Wahlsieg von PTr-MMM.
2000 Wiederwahl Jugnauths zum Premierminister.
2002 Februar: Rücktritt von Präsident Cassam Uteem und seines Nachfolgers Angidi Chettiar; Karl Auguste Offmann wird vom Parlament zum neuen Staatspräsidenten gewählt.

Maurya-Dynastie (*auch* Maurja-Dynastie, 321–180 v. Chr.) Dynastie im antiken Indien, die als erste ganz Indien unter ihre Herrschaft brachte. Wurde 321

v. Chr. von Candragupta Maurya gegründet und von Sohn Bindusara und Enkel Ashoka vergrößert. Der Einfluss der Dynastie schwand unter Ashokas Nachfolgern und endete um 180 v. Chr. *S. 53*

Mawson, Sir Douglas (1882–1958) Australischer Entdecker und Geologe. Begleitete Shackleton 1907–09 zur Antarktis und erreichte den magnetischen Südpol. Leitete 1911–14 die australische Antarktis-Expedition sowie 1929–31 eine britisch-australisch-neuseeländische Antarktis-Expedition.

Maya Volk und wichtigste Kultur in Mittelamerika (250–900) im Gebiet des heutigen Südmexiko, Guatemala, Nordbelize und Westhonduras. Die Maya waren hoch begabte Astronomen, die einen Sonnenkalender sowie eine Hieroglyphenschrift entwickelten und Zeremonialbauten errichteten. Eine Elite aus Priestern und Fürsten regierte die bäuerliche Bevölkerung von politischen Zentren aus, die von weiten Plätzen, großen Palästen und Pyramidentempeln geprägt sind.

Maya-Kalender *S. 120*
Mayatempel in Edzná *S. 145*

MAZEDONIEN (*auch* Makedonien)

Die ehemalige jugoslawische Republik Mazedonien ist ein Binnenstaat in Südosteuropa. Trotz eines Abkommens von 1995 befürchtet Griechenland, Mazedonien könnte sich mit dem Norden Griechenlands – der ebenfalls Mazedonien heißt – zu einem »Großmazedonien« verbinden. 2001 entstand aus einer militanten Bewegung extremistischer Albaner ein gewalttätiger Konflikt, der die Existenz der regierenden Vielvölker-Koalition bedrohte.

Chronologie

4. Jahrhundert v. Chr. Der erste mazedonische Staat umfasst das Gebiet des heutigen Nordgriechenland, Südalbanien, Bulgarien und des ehemaligen Jugoslawien. Unter Philipp II. von Mazedonien und seinem Sohn Alexander dem Großen dehnte sich Mazedonien bis nach Kleinasien und zum Mittleren Osten aus, zerfiel jedoch nach Alexanders Tod und wurde 146 v. Chr. römische Provinz.

5. Jahrhundert Slawische Besatzung.

9. Jahrhundert Nach 200 Jahren Kampf mit Byzanz wird das Gebiet Teil des ersten bulgarischen Reiches.

963 Nach dem Untergang des bulgarischen Reiches wird Mazedonien unter Schischman I. unabhängig, erlebt eine kurze Phase der Expansion und fällt an Byzanz.

1380 Mazedonien, dessen Bevölkerung aus Slawen, Griechen und Albanern besteht, wird von den Türken besetzt, unter deren Herrschaft der Anteil der christlichen Bevölkerung durch Auswanderung zurückgeht. 1766 bzw. 1777 Abschaffung des serbischen und bulgarischen Patriarchats.

1893 Der Sieg Russlands über die Türkei und die daraus folgende Unabhängigkeit Bulgariens führt dazu, dass Bulgaren, Serben sowie Griechen noch vor seiner Befreiung von den Türken Anspruch auf Mazedonien erheben. Gründung der geheimen »Inneren Mazedonischen Revolutionären Organisation« (VMRO), die »Mazedonien den Mazedoniern« sowie eine Balkan-Föderation verlangt.

1895 Vorbereitung der Eingliederung Mazedoniens in Bulgarien. Griechenland schickt Guerilla-Truppen nach Mazedonien und provoziert 1897 einen Krieg mit der Türkei, unterliegt jedoch. Bulgarien und Serbien schicken ebenfalls Guerilla-Kämpfer.

1903 August: Bulgarische Rebellen lösen in Mazedonien einen Aufstand aus, der zehn Tage dauert und gewaltsam niedergeschlagen wird. Über 1700 unbeteiligte mazedonische Slawen werden von den Türken erschossen. Tausende fliehen nach Bulgarien.

1912 Oktober: Als von der Türkei versprochene Reformen in Mazedonien ausbleiben, greifen Bulgarien, Serbien und Griechenland die Türkei an und besiegen sie. Die Sieger sind über die Verteilung der eroberten Gebiete uneinig; die daraus resultierenden Balkankriege führen zur Aufteilung Mazedoniens: Griechenland erhält die Südhälfte, Bulgarien Pirin-Mazedonien; der Rest geht an Serbien.

1915 Bulgarien tritt an der Seite der Mittelmächte in den Ersten Weltkrieg ein und besetzt ganz Serbisch-Mazedonien. In den Nachkriegsverhandlungen von 1919 fällt der Strumica-Distrikt an das neu gebildete Jugoslawien; das Pirin-Gebiet bleibt bulgarisch.

1924 Die Veröffentlichung eines VMRO-Manifests für ein autonomes Mazedonien in einer kommunistischen Balkan-Föderation führt zu einer Welle von Ermordungen oppositioneller Föderalisten durch die VMRO und zu Repressalien seitens der Regierung. 1934 zerschlägt eine neue jugoslawische Regierung die VMRO.

1941 Nach dem Sturz der jugoslawischen Regierung, die einen Pakt mit den Achsenmächten geschlossen hatte, marschieren die Deutschen in Jugoslawien ein. Das Land wird aufgeteilt und große Teile Mazedoniens – mit Ausnahme albanischer Gebiete, die an Italien fallen – werden von Bulgarien besetzt. Im Juli 1943 beschließen die kommunistischen Führer Bulgariens und Griechenlands, dass Mazedonien nach dem Krieg ein unabhängiger Staat in einer sozialistischen Balkan-Föderation werden soll. Gleichzeitig beginnt der Partisanenführer Josip Broz Tito mit der Organisation einer mazedonischen Befreiungsbewegung.

1944 Tito gründet die Republik und stärkt damit die mazedonische Identität.

1945 Einführung einer standardisierten mazedonischen Sprache.

1989–1990 Mehrparteienwahl.

1991 Unabhängigkeit erklärt. Anerkennung durch EU von Griechen verzögert.

1995 Vereinbarung mit Griechenland.

1998–1999 Wahlsieg einer Koalition aus rechtsgerichteter IMRO und DPMNE.

1999 Unruhen wegen Kosovokrise.

2001 Friedensvertrag nach NATO-Intervention.

2002 Parlamentswahlen. Neue Regierung unter Branko Crvenkovski.

Meder Antikes Volk, das im Südwesten des Kaspischen Meeres lebte. Erlebte seine Blütezeit im 7. Jahrhundert v. Chr., als es mit den Babyloniern Assyrien eroberte und seine Herrschaft im Westen bis nach Zentralanatolien, im Osten über fast ganz Persien ausdehnte. Das Mederreich wurde Mitte des 6. Jahrhunderts v. Chr. von den Persern erobert.

Medina Ab 622 Mohammeds Hauptstadt.

Megalithe (*griech.* megas lithos: großer Stein) Prähistorische Bauten aus massiven, grob behauenen Steinblöcken, die in der Jungsteinzeit ab 5000 v. Chr. in ganz Europa entstanden und oft als

Grabstätten dienten. Sie ähneln zwar megalithischen Monumenten in Südindien, Tibet und Südostasien, sind aber nicht mit ihnen verwandt. *S. 23*

Megiddo ⚔ im Ersten Weltkrieg (18.–23. September 1918). Letzte Schlacht der Palästina-Kampagne, in der Briten und Commonwealth-Truppen die Türkei besiegten. Letzter Einsatz schwerer Kavallerie in der Geschichte der Kriegführung.

Mehmed *siehe* Mohammed

Meiji (*jap.* »erleuchtete Herrschaft«) Regierungsdevise. Mit der Restauration des Meiji-Kaisers in Japan (1868) endeten zwei Jahrzehnte des Isolationismus unter dem Shogunat Tokugawa; es begann eine Zeit politischer und wirtschaftlicher Reformen.

Mekka Hauptstadt der Region Hijas im Westen Saudi-Arabiens. Ist als Geburtsstadt des Propheten Mohammed heiligste Stadt und wichtigste Pilgerstätte des Islam. *Siehe auch* Hadjdj

Melaka Wichtiges Handelszentrum auf der Malaiischen Halbinsel, gegründet um 1400. Nach Kontakten mit Händlern aus Mittel- und Südasien bekehrten sich die Einwohner zum Islam. Melaka war seit 1510 unter portugiesischer, seit 1641 unter niederländischer und seit dem 19. Jahrhundert unter britischer Herrschaft.

Melanesien Einer von drei geografischen Abschnitten des Pazifiks neben Mikronesien und Polynesien. Melanesien umfasst Neuguinea, Neukaledonien, die Salomoninseln und Vanuatu.

Memphis Hauptstadt des antiken Ägypten, gegründet um 3100 v. Chr.

Memphis ⚔ im amerikanischen Bürgerkrieg (5. Juni 1862). Sieg der Union.

Mencius *siehe* Mengzi

Mendaña, Álvaro de (um 1542–95) Spanischer Pazifikforscher. Bei seiner ersten Pazifikreise entdeckte Mendaña 1568 die Salomonen. 1595 wollte er dorthin zurückkehren und eine Kolonie gründen, fand die Inseln aber nicht mehr. Er starb auf Santa Cruz.

Menéndez de Avilés, Pedro Spanischer Konquistador des 16. Jahrhunderts. Erforschte Teile Nordamerikas und gründete 1526 San Agustín in Florida.

Menes *siehe* Narmer

Meneses, Jorge de Portugiesischer Ostindienfahrer des 16. Jahrhunderts. Sichtete 1526 Neuguinea.

Mengzi (*auch* Meng-tzu, *lat.* Mencius, um 371–289 v. Chr.) Chinesischer Philosoph, der die Lehren des Konfuzius verbreitete. Gründete eine Schule und wanderte 20 Jahre lang durch China auf der Suche nach einem Herrscher, der die konfuzianischen Ideale umsetzen könnte. Glaubte, dass der Mensch von Natur aus gut sei, aber nur unter geeigneten Bedingungen moralisch wachse.

Meni *siehe* Narmer

Mercator, Gerhard (*urspr.* Gerhard Kremer, 1512–94) Kartograf aus Flandern. Entwickelte die Mercator-Projektion und gab als Erster einen Kartensammelband unter der Bezeichnung »Atlas« heraus.

Meriniden Berberdynastie in Marokko (13.–15. Jahrhundert).

Meroë Seit dem 6. Jahrhundert v. Chr. Hauptstadt des nubischen Reiches Kusch.

Merowinger (um 448–751) Königsgeschlecht der salischen Franken; erste Dynastie der Frankenkönige von Gallien; benannt nach Merowech, dem Großvater Chlodwigs I.

Mesa Verde Größere Anasazi-Siedlung aus dem 11. Jahrhundert im Südwesten der USA. *S. 178*

Mesolithikum (*wörtl.* »Mittelsteinzeit«) Bezeichnet die Übergangszeit zwischen Paläolithikum (Altsteinzeit) und Neolithikum (Jungsteinzeit) in Westeuropa. Das Mesolithikum umfasst etwa fünf Jahrtausende, vom Ende der letzten Eiszeit um 10 000 v. Chr. bis zur Entstehung des Ackerbaus um 5000 v. Chr. In dieser Übergangsphase passten sich die eiszeitlichen Jäger allmählich den Veränderungen des Klimas, der Landschaft und der Ressourcen an. Typische archäologische Fundstücke sind behauene Steinwerkzeuge, v.a. Mikrolithe, sehr kleine Feuersteinartefakte, die mit einem Schaft versehen wurden. Sie wurden neben Werkzeugen aus Knochen, Horn und Holz von den Jägern und Sammlern eingesetzt, die etwa zeitgleich mit den neolithischen Bauernstämmen weiter östlich lebten. *S. 13*

Mesopotamien (*auch* Zweistromland) Gebiet zwischen Euphrat und Tigris, wörtl. »Land zwischen den Flüssen«. Das untere Mesopotamien erstreckte sich von Bagdad bis zum Persischen Golf; hier entstand im 4. Jahrtausend v. Chr. die erste Hochkultur der Welt. Das obere Mesopotamien reichte von Bagdad bis an die Berge Ostanatoliens. *S. 30*

Metallurgie Wissenschaft der Metallgewinnung aus Erzen, der Metallreinigung und -veredelung (v.a. zu Legierungen) sowie der Metallverarbeitung.
S. 21, S. 27
Siehe auch Bronze, Kupfer, Gold, Silber

Metauro (Fluss) ⚔ in den Punischen Kriegen (207 v. Chr.). Sieg der Römer.

Metternich, Clemens Fürst von (1773–1859) Österreichischer Staatsmann. Er wurde 1809 österreichischer Außenminister und trug wesentlich zum Fall Napoleons bei. Er war der Vorsitzende des Wiener Kongresses 1814–15 und danach treibende Kraft in der europäischen Politik, bis er durch die Wiener Revolution von 1848 aus dem Amt gedrängt wurde.

Mexikanisch-Amerikanischer Krieg (*span.* Guerra de 1847, Guerra de Estados Unidos, April 1846–Februar 1848) War das Ergebnis der amerikanischen Annektion von Texas 1845 und des anschließenden Streits über die Ausdehnung von Texas. Eine Reihe von Land- und Seeschlachten führte zu einem Sieg der USA und die militärische Phase des Krieges endete mit dem Fall von Mexiko-Stadt. Durch den Vertrag von Guadalupe Hidalgo erhielten die USA für 15 Mio. Dollar das Gebiet der zukünftigen Staaten New Mexico, Utah, Nevada, Arizona, Kalifornien, Texas sowie den Westen Colorados.

Mexikanische Revolution (1910–20) Die Revolution, die 1910 mit einem Aufstand gegen Diktator Porfirio Díaz und die festzementierten Interessen von Landbesitzern und Industriellen begann, verwickelte zahllose Splittergruppen in einen langwierigen Konflikt, der schließlich zur Gründung der konstitutionellen Republik Mexiko führte. *S. 395*
Siehe auch Victoriano Huerta, Francisco Madero, Francisco Villa, Emiliano Zapata

Mexikanischer Bürgerkrieg (1858–67) Brach 1858 zwischen Konservativen und Liberalen aus. Der Liberalenführer Benito Juárez (ab 1861 Präsident) siegte dank Auslandsdarlehen über die Konservativen. 1961 marschierten die Gläubigerstaaten Frankreich, Spanien und die Briten in Mexiko ein, um die Rückzahlung zu erzwingen; 1863 besetzten die Franzosen Mexiko-Stadt und ernannten Erzherzog Maximilian von Österreich zum Kaiser von Mexiko. 1867 wurde Maximilian von Juárez' Truppen vertrieben und Juárez wieder zum Präsidenten gewählt (1867–72).

MEXIKO Mexiko, das zunehmend als Teil Nord- statt Mittelamerikas betrachtet wird, liegt an der Südspitze des Kontinents zwischen dem Golf von Mexiko und dem Pazifik. Die Küstenebenen steigen zu einem kargen Hochplateau an, auf dem an der Stelle der Aztekenhauptstadt Tenochtitlán heute Mexiko-Stadt liegt, eines der weltgrößten Ballungszentren. Mexiko, wegen seiner Silbervorkommen von den Spaniern kolonisiert, wurde 1836 unabhängig. Im revolutionären Bürgerkrieg (1910–20), der 250000 Todesopfer forderte, wurden viele Strukturen des modernen Mexiko angelegt. 1994 trat Mexiko der Nordamerikanischen Freihandelszone (NAFTA) bei.

Chronologie

1519–1521 Hernán Cortés landet in Mexiko und erobert das Aztekenreich unter Moctezuma II.

1522 Cortés wird zum Statthalter von Neuspanien ernannt.

1535 Gründung des Vizekönigreichs Neuspanien. Spanier entdecken große Silbervorkommen bei Zacatecas, durch die Mexiko eine wichtige Rolle im spanischen Kolonialreich spielt.

1808 Sturz des Vizekönigs von Spanien. Das Gebiet bleibt bis 1821 in den Händen der Royalisten (Anhänger des von Napoleon abgesetzten Ferdinand VII. von Spanien).

1810 Aufstand unter Priester Miguel Hidalgo gegen die Spanier scheitert.

1821 Agustín de Itúrbide lässt sich als Augustin I. zum Kaiser ausrufen.

1822 Erringung der Unabhängigkeit.

1823 Texas öffnet sich Einwanderern aus den USA.

1829 Scheitern einer spanischen Militäraktion, um Macht zurückzuerlangen.

1836 USA erkennen als erstes Land Mexikos Unabhängigkeit an. Spanien schließt sich an. Texas erklärt Unabhängigkeit von Mexiko.

1846-1848 Krieg gegen die USA.

1848 Verlust des heutigen New Mexico, Arizona, Nevada, Kalifornien und eines Teils von Colorado.

1857–1860 Bürgerkrieg. Sieg der antiklerikalen Liberalen.

1862 Frankreich, Großbritannien und Spanien intervenieren.

1863 Französische Truppen nehmen Mexiko-Stadt ein. Erzherzog Maximilian von Österreich wird als Kaiser von Mexiko eingesetzt.

1867 Benito Juárez erobert Mexiko zurück. Maximilian wird erschossen.

1876 Staatsstreich durch Porfirio Díaz (Präsident). Wirtschaftlicher Aufschwung; Bau des Eisenbahnnetzes.

1901 Erste Erdölgewinnung.

1910–1920 Ausbruch des Bürgerkriegs, ausgelöst durch internationale Ausbeutung mexikanischer Bodenschätze und Landreformforderungen. 250000 Todesopfer.

1911 Francisco Madero stürzt Díaz. Guerillakrieg im Norden. Emiliano Zapata führt Bauernaufstände im Süden.

1913 Madero wird ermordet.

1917 Neue Verfassung beschränkt Macht der Kirche und schreibt nationales Verfügungsrecht über Bodenschätze fest.

1926–1929 Aufstand der Cristeros, militanter katholischer Priester.

1929 Gründung der Nationalrevolutionären Partei (später PRI).

1934 General Cárdenas wird Präsident. Beschleunigung der Bodenreform, Bildung landwirtschaftlicher Genossenschaften, Verstaatlichung der Eisenbahn, Enteignung US-amerikanischer und britischer Erdölgesellschaften.

1940er-Jahre Kriegseinsatz der USA fördert mexikanische Wirtschaft (Rohstofflieferungen).

1970 Bevölkerungswachstum erreicht 3 % pro Jahr.

1982 Mexiko kann Auslandsschulden (800 Mrd. Dollar) nicht zurückzahlen. Der IWF besteht auf Wirtschaftsreformen.

1984 Regierung verstößt durch Erleichterung von Auslandsinvestitionen gegen Verfassung.

1985 Erdbeben in Mexiko-Stadt. Offiziell 7000 Todesopfer. Wirtschaftlicher Schaden auf 425 Mio. Dollar geschätzt.

1988 Carlos Salinas de Gortari wird Präsident.

1990 Beginn eines Privatisierungsprogramms.

1994–1995 Aufstand der indianischen Befreiungsarmee EZLN im südmexikanischen Staat Chiapas wird von Militär gewaltsam niedergeschlagen. Mexiko tritt NAFTA bei. Ermordung des PRI-Präsidentschaftskandidaten Luis Colosio. Wahl seines Nachfolgers Ernesto Zedillo zum Präsidenten. Wirtschaftskrise.

1997 Kongresswahlen markieren Wendepunkt: Ende des Machtmonopols der PRI.

1999 Sparbudget und umstrittene Maßnahmen zur Rettung des Bankwesens mit Unterstützung der PRI beschlossen.

2000 Juli: PAN-Kandidat Vicente Fox Quesada gewinnt Präsidentschaftswahlen. PRI verliert erstmals seit 70 Jahren absolute Mehrheit. Dezember: Amtsantritt Quesadas.

2001 EZLN-Guerillas und -Anhänger fordern mit 16-tägigem Autokorso von Chiapas nach Mexiko-Stadt Gesetz über Rechte und Kultur der Indigenen.

Mexikanische Präsidenten (ab 1884)

1884–1911	Porfirio Díaz (2. Mal)
1911	Francisco Léon de la Barra (interim)
1911–1913	Francisco Ignacio Madero
1913	Pedro Lascuráin (interim)
1913–1914	Victoriano Huerta (interim)
1914	Francisco S. Carbajal (interim)
1914	Venustiano Carranza
1914	Antonio I. Villarreal González
1914–1915	Eulalio Martin Gutiérrez Ortiz (interim)
1915	Roque González Garza
1915	Francisco Lagos Chazáro
1915–1920	Venustiano Carranza
1920	Adolfo de la Huerta (interim)
1920–1924	Alvaro Obregón
1924–1928	Plutarco Elías Calles
1928–1930	Emilio Portes Gil (interim)
1930–1932	Pascual Ortíz Rubio
1932–1934	Abelardo Luján Rodríguez (interim)
1934–1940	Lázaro Cárdenas
1940–1946	Manuel Avila Camacho
1946–1952	Miguel Alemán Valdés
1952–1958	Adolfo Ruíz Cortines
1958–1964	Adolfo López Mateos
1964–1970	Gustavo Díaz Ordaz Balanos
1970–1976	Luis Echeverría Alvarez
1976–1982	José López Portillo y Pacheca
1982–1988	Miguel de la Madrid Hurtado
1988–1994	Carlos Salinas de Gortari
1994–2000	Ernesto Zedillo Ponce de León
2000–	Vincente Fox Quesada

Mfecane (*auch* Difaqane, »Zerschmettern«) Kriege des südafrikanischen Zulu-Militärreichs unter Chaka in der ersten Hälfte des 19. Jahrhunderts; lösten Zerstörung und Völkerwanderungen aus.

Michael IX. Palaiologos (um 1277–1320) Ab 1295 byzantinischer Mitregent neben seinem Vater Andronikos II.; konnte trotz seiner Kämpfe gegen die Türken und seines Widerstands gegen die Invasionen katalanischer Söldner den Untergang des Reiches nicht aufhalten.

Michelangelo (Michelangelo Buonarroti, 1475–1564) Florentinischer Maler, Bildhauer, Architekt und Dichter; einer der größten Renaissance-Künstler. *S. 272*

Microsoft US-Computersoftware-Firma, gegründet 1975. Geriet in den 1990er-Jahren aufgrund ihrer marktbeherrschenden Stellung in Konflikt mit den amerikanischen Kartellgesetzen. *S. 453*

Middelburg ⚔ im Aufstand der Niederlande gegen Spanien (1574). Sieg der Niederlande.

Middendorff, Alexander von Russischer Asienforscher und Zoologe des 19. Jahrhunderts.

Midway See-⚔ im Zweiten Weltkrieg (Juni 1942). Sieg der US-Truppen über Japan im Mittleren Pazifik. Wendepunkt im Pazifikkrieg.

Mikrolithe (*griech.* mikros lithos: kleiner Stein) Artefakte, die in Afrika vor ca. 30 000 Jahren und in Europa einige Zeit nach dem Höhepunkt der letzten Eiszeit vor ca. 16 000 Jahren entstanden. Kleine Feuersteine wurden mit Knochen- oder Holzgriffen zu Werkzeugen zusammengesetzt, die dem umfangreichen Nahrungsmittelangebot der Nacheiszeit angepasst waren.

Mikronesien Mit winzigen Archipelen übersätes Gebiet im Westpazifik, das die Marianen und die Marshallinseln umfasst. Die Völker Mikronesiens hatten häufiger Kontakt zum ostasiatischen Festland und sind daher weit vielfältigeren Ursprungs als die Polynesier im Osten.
Stabkarte *S. 134*

MIKRONESIEN Die Föderierten Staaten von Mikronesien (FMS) im Westpazifik, zu denen alle Karolineninseln außer Palau gehören, bestehen aus den vier Inselgruppenstaaten Pohnpei, Kosrae, Chuuk und Yap. Die Karolinen wurden 1526 von den Spaniern entdeckt, 1886 offiziell kolonisiert und 1898 ans Deutsche Reich verkauft. 1914 kamen die Inseln unter japanische Herrschaft und dienten im Zweiten Weltkrieg als wichtiger Stützpunkt. Ab 1947 wurden sie von den USA als UN-Treuhandgebiet verwaltet. 1986 trat ein Assoziationsabkommen mit den USA in Kraft, das Mikronesien innere Souveränität zugestand. Die Treuhandschaft wurde 1990 offiziell aufgehoben; die Inseln erhalten jedoch immer noch erhebliche Unterstützung von den USA.

CHRONOLOGIE

1947 UN-Treuhandgebiet unter US-Verwaltung.
1979 Unabhängigkeit.
1986 Freie Assoziation mit den USA.
1990 Aufhebung der Treuhandschaft.
1991 UN-Beitritt.
1995 Wiederwahl von Präsident Bailey Olter.
1997 Bailey wegen Schlaganfall amtsunfähig. Offizieller Nachfolger ist Jacob Nena.
1999 Leo Falcam wird Präsident.
2003 Parlamentswahlen.

Milne Bay ⚔ im Zweiten Weltkrieg (August 1942). Niederlage der japanischen Landungstruppen im Südosten von Neuguinea.

Milošević, Slobodan (geb. 1941) Serbischer Politiker. Verfolgte als Generalsekretär des Bunds der Kommunisten (ab 1987) und als Staatspräsident (1989–97) eine extrem serbisch-nationalistische Politik, die zum Auseinanderbrechen Jugoslawiens führte. *Siehe auch* Serbien und Montenegro

Milvische Brücke ⚔ (312). Konstantin der Große besiegte bei Rom seinen Rivalen Maxentius und wurde dadurch Herr über die Westhälfte des Römischen Reiches. Er schrieb seinen Sieg einer Vision des Kreuzes zu, die er am Vorabend der Schlacht hatte.

Minamoto no Yoritomo (1147–99) Begründer des Kamakura-Shogunats in Japan. Besiegte die Taira.

Minas Gerais Brasilianischer Bundesstaat, dessen reiche Goldvorkommen (1695 entdeckt) im 18. Jahrhundert die portugiesische Wirtschaft stützten.

Mines Act (1842) Britisches Gesetz, das den Untertageeinsatz von Frauen und Kindern verbot.

Ming-Dynastie (1368–1644) Herrscherdynastie in China, gegründet von Zhu Yuanzhang. Vertrieb die Mongolen. Wurde schließlich 1644 von den Mandschu gestürzt. *S. 245*

Ming-Loyalismus (1674–83) Aufstand gegen die Herrschaft der Qing in China, von diesen niedergeschlagen.

Ming-Reich *siehe* Ming-Dynastie

Minoische Kultur Die nach König Minos von Kreta benannten Minoer schufen die erste europäische Hochkultur (um 2000 v. Chr.). Hauptstädte waren Knossos und Phaistos. Die Minoer unterhielten intensive Handelsbeziehungen zu Ägypten; durch die Kontrolle der Seewege erlebten sie um 2200–1450 v. Chr. eine Blütezeit. Archäologische Funde belegen ihre Geschicklichkeit in der Kunst, Metall- und Schmuckverarbeitung. Eine frühe minoische Bilderschrift (um 1880 v. Chr.) wurde von der noch unentzifferten Linearschrift A und der frühgriechischen Linearschrift B abgelöst. *S. 31*

Minos Erster kretischer König, der Legende nach der Sohn von Zeus und Europa, Ehemann von Pasiphae. Herrschte von seinem Palast in Knossos (erbaut um 2000 v. Chr.) aus über ein mächtiges Reich von Seefahrern. Nach ihm wurde die minoische Kultur benannt.

Minsk ⚔ im Zweiten Weltkrieg (Juni–August 1943). Deutsche Truppen werden in Weißrussland von Sowjets eingekesselt.

MIRV *siehe* Multiple Independently Targeted Warhead Re-entry Vehicle

Mississippikultur (um 800–1500) Indianische Kultur in den Flusstälern der heutigen US-Staaten Mississippi, Alabama, Georgia, Arkansas, Missouri, Kentucky, Illinois, Indiana und Ohio. Streusiedlungen gab es auch in Wisconsin und Minnesota sowie auf den Great Plains. Charakteristikum der bäuerlichen Siedlungen waren ovale Erdhügel oder -wälle.

Missouri-Kompromiss (1820) Ermöglichte 1828 die Zulassung Missouris als 24. US-Bundesstaat. Ein Streit über das Recht der Regierung, die Sklaverei in neuen Bundesstaaten einzuschränken, war noch ungeklärt, als im Dezember 1819 der Staat Maine Zulassung beantragte. Ein vom Senat verabschiedetes

Gesetz ermöglichte Maine den Beitritt als Freistaat und Missouri (1828) den Beitritt als Sklavenstaat; in den übrigen Gebieten des Louisiana Purchase wurde nördlich einer bestimmten Linie (36°30' nördlicher Breite) Sklavenhaltung verboten.

Mitanni Indopersisches Volk, dessen Reich im nördlichen Mesopotamien lag, sich aber in seiner Blütezeit (um 1500–1360 v. Chr.) vom Zagrosgebirge bis zum Mittelmeer erstreckte. Die Hauptstadt Waschukkanni lag vermutlich am Khabur.

Mitchell, Thomas (1792–1855) Schottischer Soldat und Australienforscher. Als Surveyor General von New South Wales (ab 1827) leitete er mehrere wichtige Expeditionen ins Landesinnere.

Mithraskult Verehrung von Mithras (*iran.* Mithra), dem indoiranischen Gott des Rechts und der Gerechtigkeit. Verbreitete sich als Mysterienkult um den Erlösergott Mithras im Römischen Reich. Wurde im 4. Jahrhundert durch das Christentum verdrängt.

Mithridates II. (*eigentl.* Mithradates, † 88 v. Chr.) Durch die Rückeroberung der Ostprovinzen, die unter der Herrschaft seines Vaters verloren gegangen waren, wurde Mithridates einer der erfolgreichsten Partherkönige. Er schloss 82 v. Chr. den ersten Vertrag zwischen Parthien und Rom.

Mittelalterliches Europa
Ritter *S. 183*
Messen *S. 225*
Chroniken *S. 253*

Mittelmächte Bündnis im Ersten Weltkrieg (Deutschland, Österreich-Ungarn, Türkei und Bulgarien).

Mittlerer Osten *siehe* einzelne Länder
Konflikt im Mittleren Osten *S. 454*

Mittleres Reich Abschnitt der altägyptischen Geschichte (um 2050–1750 v. Chr.), in dem das Land bis nach Palästina ausgedehnt und die nubische Grenze befestigt wurde.

Mobile Bay ⚔ im amerikanischen Bürgerkrieg (5. August 1864). Sieg der Union.

Mobutu Sese-Seko (*eigentl.* Joseph Désiré Mobutu) (1930–97) Präsident von Zaire. Mobutu wurde 1965 durch einen Militärputsch Präsident und blieb trotz der eklatanten Korruption seines Regimes mehr als 30 Jahre lang an der Macht. Er wurde schließlich 1997 gestürzt, als er sich zwecks medizinischer Behandlung in Europa aufhielt, und kehrte nicht mehr nach Zaire zurück.

Moche-Kultur (*auch* Mochica-Kultur) Früheste größere Zivilisation an der Nordküste Perus (um 200 v. Chr.–550 n. Chr.) Bekannt für die mit prächtigen Wandmalereien verzierten Ziegeldoppelpyramiden von Sonne und Mond, Huaca del Sol und Huaca de la Luna. Die Mochica bauten auch weitläufige Bewässerungsanlagen, befestigten ihre Kultstätten und stellten kunstvolle Metallarbeiten (Gusseisen, Legierungen, Goldbearbeitung) her. *S. 80*

Moctezuma I. (1440–68) Aztekenherrscher.

Moctezuma II. (*auch* Montezuma II. Xocoyotzin, 1466–1520) Neunter Herrscher des Aztekenreichs (reg. 1502–20). Wurde während der spanischen Eroberung Mexikos durch Hernán Cortés und seine Konquistadoren abgesetzt und gefangen genommen.

Möngke († 1259) Mongolenführer, Großenkel Dschingis Khans; wurde 1251 zum Großkhan gewählt. Unter Möngkes Herrschaft begann eine Zeit des Friedens, in der Reisen und Handel durch ganz Zentralasien möglich wurden.

Mogollon-Kultur Indianerkultur im Südwesten der USA von ca. 600–1300. Die Mogollo bauten Pueblos, deren Stil sich durch die Jahrhunderte ebenso änderte wie der Stil ihrer Keramiken.

MOGULREICH (1526–1857) Babur, ein afghanischer Muslim, besiegte 1525 bei Panipat den Sultan von Delhi und legte damit den Grundstein des Mogulreiches, das bis 1739 Indien beherrschen sollte. Seine Blütezeit erlebte das Reich unter Akbar, der es von Bengalen bis Sind und Gujarat sowie von Kaschmir bis an die Godavari ausdehnte. Ab den 1670er-Jahren wurden die Moguln durch Kämpfe mit den Marathen, einer neuen Hindumacht, geschwächt und der Verfall des Reiches begann. 1739 fiel Nadir Schah von Persien in Indien ein und eroberte Delhi; seitdem waren die Moguln nur noch Marionettenkaiser. *S. 282*

MOGUL-DYNASTIE (1526–1858)

1526–1530	Babur
1530–1540	Humayun
1556–1605	Akbar
1605–1627	Jahangir
1627–1628	Dawar Baksh
1628–1658	Shah Jahan
1658–1707	Aurangseb (Alamgir I.)
1707–1712	Bahadur Shah I.
1712–1713	Jahandar Muizzuddin Shah
1713–1719	Farrukh-siyar
1719	Shamsuddin Rafi-ud-Darajat
1719	Shah Jahan II. (Rafi-ud-Dawlah)
1719	Nikusiyar Muhammed
1719–1748	Muhammed Shah
1748–1754	Ahmad Bahadur Shah
1754–1759	Azizuddin Alamgir II.
1759	Shah Jahan III.
1759–1788	Shah Alam II.
1788	Bedar Bakht
1806–1837	Muinuddin Akbar II.
1837–1857	Bahadur Shah II.

Mohács ⚔ (1526). Die Türken unter Suleiman II. vernichteten die ungarische Armee Ludwigs II. und zogen bis vor die Tore Wiens.

Mohammed (*auch* Muhammad, *eigentl.* Abu l-Kasim, um 570–632) Stifter des Islam aus Mekka (Saudi-Arabien). Erhielt 610 in einer Vision durch den Engel Gabriel Offenbarungen von Gott. Diese Mitteilungen, im Koran (*arab.* »Lesung«) schriftlich niedergelegt, werden als heiliges Buch des Islam verehrt. 622 zog Mohammed mit seinen Anhängern nach Medina; diese Wanderung (Hidjra) markiert den Anfang des islamischen Kalenders. Als religiöser Führer eroberte Mohammed 630 Mekka, zerstörte die heidnischen Idole und vereinte große Teile Arabiens. Seine Nachfolge trat sein Schwiegervater Abu Bakr an, der der erste Kalif wurde.

Mohammed Abu Abd Allah *siehe* Ibn Battuta

Mohammed Ali (*arab.* Muhammad Ali, um 1769–1849) Osmanischer Statthalter von Ägypten (1805–48), der Ägypten zur Hauptmacht im östlichen Mittelmeerraum machte. Wurde 1801 als Kommandant einer türkischen Armee nach Ägypten geschickt, um Napoleon zu vertreiben. Nach vielen erfolgreichen Kampagnen wandte er sich schließlich gegen die Osmanen und besiegte sie 1839 in Kleinasien; eine Intervention Europas verhinderte jedoch den Sturz des Sultans. *S. 348*

Mohammed II. »der Eroberer« (1432–81) Osmanischer Sultan (reg. 1451–81). Eroberte 1453 Konstantinopel (Istanbul) und trieb die rasche Ausdehnung des Reiches bis nach Griechenland, den Balkan und Ungarn voran.

Mohammed III. Sultan von Marokko (reg. 1757–90), der Verwaltungsreformen einführte und nach einem langen Embargo wieder Handel mit Europa trieb.

Mohammed VI. (1861–1926) Osmanischer Sultan (reg. 1918–22). Versuchte vergeblich die türkischen Nationalisten unter Mustafa Kemal (Atatürk) zu unterdrücken; das Sultanat wurde abgeschafft und Mohammed ging ins Exil.

Mohammed von Ghazni *siehe* Mahmud von Ghazni

Mohammed von Ghor († 1202, reg. 1173–1202) Der Herrscher des türkischen Sultanats Afghanistan besiegte 1191 die Rajputen Nordindiens. 1206 begründete sein General Qutb-ud-din Aibak die Ghoriden-Dynastie, die erste türkisch-afghanische Dynastie in Delhi, über die er als Sultan herrschte.

Mohenjo-Daro Größte Stadt der Harappa-Kultur, die um 2500–1500 v. Chr. im Industal blühte. *S. 28*

MOLDAWIEN (*dt. Kurzform auch* Moldau, *urspr.* Bessarabien) Das weite, wellige Steppenland ist der kleinste und dichtestbevölkerte Staat der ehemaligen Sowjetrepubliken. Es gehörte ursprünglich zu Rumänien, wurde aber 1940 in die Sowjetunion eingegliedert. Bei der Unabhängigkeit 1991 erwartete man eine Wiedervereinigung mit Rumänien; ein Volksentscheid von 1994 stimmte jedoch dagegen. Die Bevölkerung arbeitet großteils in der Landwirtschaft.

CHRONOLOGIE

7. Jahrhundert v. Chr. Griechische Kolonie an der moldawischen Schwarzmeerküste.
2. Jahrhundert n. Chr. Teil des Königreiches von Dakien.
6. Jahrhundert Einwanderung von Slawen.
1362 Bogdan I. gründet das unabhängige Fürstentum Moldau.
1456 Das Fürstentum unterwirft sich den Osmanen.
1475 Stephan III., der Große, besiegt die Osmanen, unterliegt ihnen jedoch 1484, so dass sein Sohn Bogdan III. ab 1513 der Türkei Tribut zahlen muss. Am Ende des 16. Jahrhunderts steht Bessarabien (Ostmoldawien) unter türkischer Oberhoheit. (Westmoldawien fällt schließlich an Rumänien.)
1812 Russland annektiert Bessarabien. Trotz des relativ liberalen Regimes befürchten viele Moldawier die Einführung der Leibeigenschaft und fliehen.
1917 Ein nach der Februarrevolution gebildetes nationales Moldau-Komitee fordert Autonomie, Landreformen und die Legalisierung der rumänischen Sprache. Bessarabien erklärt sich zur autonomen Teilrepublik der UdSSR. Kämpfe zwischen russischen Revolutionstruppen und den Moldawiern, die Rumänien um Unterstützung bitten. Rumänische Truppen vertreiben im Januar 1918 die Russen.
1918 Bessarabien vereinigt sich mit Rumänien.
1924 UdSSR gründet eine Moldawische ASSR.
1940 Das von Rumänien abgetretene Bessarabien wird mit der Moldawischen ASSR vereinigt.
1941–1945 Moldawien wieder unter rumänischer Besatzung.
1944 Rückeroberung durch die Rote Armee.
1990 Souveränität innerhalb der UdSSR.
1991 Unabhängigkeit als Republik Moldawien.
1993–1994 Mehrheit der Bevölkerung stimmt bei Referendum gegen Vereinigung mit Rumänien. Beitritt Moldawiens zur GUS.
1996 P. Lucinschi wird Präsident.
1998 Wiederaufleben der Kommunistischen Partei bei Parlamentswahlen.
2001 Erneuter Wahlgewinn der KP. Woronin wird Staatspräsident.

Moldova *siehe* Moldawien

Molukken Die sagenhaften Gewürzinseln Ostindiens. Die Portugiesen gründeten ein Handelszentrum in Ternate, von wo aus wertvolle Gewürze wie Nelken und Muskat nach Portugal gebracht wurden. Im 17. Jahrhundert wurden die Portugiesen von den Niederländern vertrieben.

MONACO Kleine Enklave an der französischen Côte d'Azur. Erlebte tief greifende Veränderungen, als Charles III., nach dem Monte Carlo benannt ist, 1863 das Spielkasino eröffnete. Heute ist Monaco ein florierendes Finanz- und Dienstleistungszentrum sowie beliebtes Touristenziel. Durch die Heirat Fürst Rainiers mit dem Filmstar Grace Kelly und die geschickte Lenkung der Wirtschaft wurde Monaco allmählich zu einem Zentrum des internationalen Jetset. 1962 wurde die absolutistische Monarchie von einer neuen, demokratischen Verfassung abgelöst.

CHRONOLOGIE

1191 Die antike Hafenstadt Monaco wird von dem römischen Kaiser Heinrich VI. an die Republik Genua abgetreten. Bau einer Festung.
1297 Die alte genuesische Adelsfamilie Grimaldi ernennt sich nach Niederschlagung eines lokalen Aufstandes zu den Erbfürsten Monacos.
1641 Französisches Protektorat.
1793 Während der Französischen Revolution wird Monaco vorübergehend annektiert; Verhaftung der Grimaldis.
1814 Mit dem Vertrag von Paris kommen die Grimaldis wieder an die Macht; ein Jahr später wird Monaco jedoch Protektorat des Königreichs Sardinien.
1861 Unabhängigkeit unter französischer Schutzherrschaft.
1911 Albert I. gibt Monaco eine Verfassung.
1949 Regierungsantritt Rainiers III.
1962 Neue Verfassung; Ende der absoluten Macht des Fürsten.
1963 Erste demokratische Legislativwahlen.
1982 Fürstin Gracia Patricia stirbt bei einem Autounfall.
2000 Vorwürfe Frankreichs wegen Geldwäsche.

MONGOLEI Der von Russland und China umgebene Binnenstaat steigt vom Trockengebiet der Gobi zu gebirgigen Hochsteppen an. Die Mongolen, nomadisierende Stämme, wurden 1206 durch Dschingis Khan vereint. Im 17. Jahrhundert übernahmen die chinesischen Mandschu-Kaiser die Macht; die Mongolei blieb bis 1911 chinesisch. 1924 wurde die Mongolei als kommunistische Volksrepublik von China unabhängig; 1936 schloss sie sich offiziell der UdSSR an. Die 1990 erfolgte Abwendung vom Kommunismus zog schwer wiegende ökonomische Probleme und großflächige Armut nach sich. Vor allem die extremen Winter von 1999 bis 2001 ruinierten die nomadisierende Viehwirtschaft.

CHRONOLOGIE

1919 Wiederbesetzung durch China.

1924 Unabhängiger kommunistischer Staat.

1989–1990 Proteste der Demokratiebewegung; Wahlniederlage der Kommunisten.

1992 MRVP (frühere Kommunistische Partei) kommt wieder an die Macht.

1996 Koalition der Demokratischen Union gewinnt Parlamentswahlen.

1997 MRVP-Kandidat N. Bagabandi wird Präsident.

1999–2001 Extrem trockene und kalte Winter.

2000 Überwältigender Wahlsieg der MRVP.

2001 Wiederwahl von Staatspräsident Bagabandi.

Mongolen Nomadisches Steppenvolk aus Zentralasien. Ihre Eroberungszüge ab dem 13. Jahrhundert stellten die letzten Angriffe von Nomadenarmeen auf die sesshaften Völker Westasiens dar. Unter der Führung Dschingis Khans (1206–27) eroberten sie Nordchina und weite Teile Zentralasiens und kamen bei einzelnen Raubzügen sogar bis zur Krim. Unter seinen Nachkommen drangen mongolische Truppen in Europa bis nach Polen und an die Adria vor; außerdem eroberten sie große Gebiete Russlands, die Länder des Kalifen und schließlich sogar ganz China, wo Kubilai-Khan als erster Kaiser der Yüan-Dynastie regierte. Zwei Invasionen in Japan (1274, 1281) sowie eine Expedition nach Java (1293) scheiterten. Um 1300 zerfiel das Großreich in vier Teilreiche: das der Goldenen Horde, das der Dschagatai, das der Ilkhane sowie die Mongolei mit China.

Dschingis Khan *S. 209*
Mongolische Invasionen *S. 216*
Hülägü Khan *S. 216*
Mongolische Kriegstaktiken *S. 217*
Belagerung von Huzhou *S. 217*
Mongolischer Friede *S. 221*
Mongolische Invasion in Japan *S. 222*
Timurs Eroberungen *S. 239*

Monmouth Court House ⚔ im amerikanischen Unabhängigkeitskrieg (28. Juni 1778). Unentschiedener Ausgang.

Monomotapa-Reich (*auch* Mwenemutapa, Monomatapa) Südafrikanisches Königreich vom 15. bis 18. Jahrhundert, in dem um 1450 Groß-Simbabwe aufging.

Monsun Windsystem, das je nach Jahreszeit für die Änderung der herrschenden Windrichtung sorgt. Hauptsächlich im Indischen Ozean, Pazifik und vor der westafrikanischen Küste. Die Bezeichnung wird auch für die Regenzeit in weiten Teilen Süd- und Ostasiens sowie in Ost- und Westafrika verwendet.

Montcalm, Louis Joseph, Marquis de (1712–59) Befehlshaber der französischen Truppen in Kanada im Siebenjährigen Krieg. Wurde bei der Verteidigung Quebecs tödlich verwundet.

Monte Albán Zentrum der vorkolumbianischen Kultur der Zapoteken im heutigen Mexiko (um 500 v. Chr). Beherrschte bis ca. 600 die drei Täler des Oaxaca. *S. 120*

Monte Cassino *siehe* Cassino

Montezuma *siehe* Moctezuma I.

Montezuma Xocoyotzin *siehe* Moctezuma II.

Montgomery In Montgomery im US-Bundesstaat Alabama fand 1955 der von Gegnern der Rassentrennung (u.a. M. L. King) organisierte »Montgomery Bus Boycott« statt.

Montmirail ⚔ (11. Februar 1814). Napoleon verteidigt Frankreich. Sieg der Franzosen.

Montreal Größte Stadt Quebecs, zweitwichtigstes Wirtschaftszentrum Kanadas nach Toronto. Wurde 1760 von den Briten erobert.

Morgan, Sir Henry (um 1635–88) Walisischer Freibeuter auf den Westindischen Inseln, der v.a. spanische Schiffe und Gebiete erbeutete; eroberte u.a. Panama (1671). Wurde zur Beruhigung der Spanier verhaftet und nach London gebracht, kehrte aber in die Karibik zurück und wurde ein reicher Plantagenbesitzer.

Morgenländisches Schisma Bezeichnung für die 1054 stattfindende Kirchenspaltung zwischen der östlichen orthodoxen und der römisch-katholischen Kirche. *S. 171*

Moritz von Nassau (1604–79) Reichsfürst zu Nassau-Siegen und erfolgreicher Generalgouverneur der niederländischen Kolonie in Nordostbrasilien (1636–44). Kehrte anschließend nach Europa zurück und amtierte als Statthalter des Großen Kurfürsten von Brandenburg.

Morse, Samuel (1791–1872) Amerikanischer Maler und Erfinder, der einen Code aus Punkten und Strichen für den Telegrafen erfand.

MOSAMBIK Mosambik liegt an der Küste Südostafrikas und wird vom Sambesi in zwei Hälften geteilt. Im Süden liegen trockene Savannen. In den fruchtbareren Provinzen des Deltagebiets im Norden um Tete lebt der größte Teil der multiethnischen Bevölkerung. Nach der Unabhängigkeit von Portugal 1975 wurde Mosambik von Bürgerkriegen zwischen der (damals marxistischen) FRELIMO-Regierung und der von Südafrika unterstützten Resistência Nacional Moçambicana (RENAMO) geschüttelt. Der Konflikt wurde schließlich 1992 durch UN-Vermittlung beendet.

CHRONOLOGIE

1498 Auf Vasco da Gamas Ankunft auf der Insel Mosambik folgt 50 Jahre später die Gründung der ersten portugiesischen Handelsstadt Quelimane, die ein Zentrum des Sklavenhandels wird.

1684 Das Monomotapa-Königreich verbündet sich mit Portugal. In den 1690er-Jahren erobert Changamire, ein Herrscher des Urozwi-Reichs, Monomotapa und drängt die Portugiesen in den Süden des Sambesi zurück. Nachdem die Portugiesen auch die Nordhälfte des Landes wieder unter ihre Kontrolle gebracht haben, ernennen sie 1752 einen Kolonialgouverneur. Vom späten 17. bis zum 19. Jahrhundert spielt Sklavenhandel eine wichtige Rolle in der mosambikanischen Wirtschaft. Nach seinem Ende im späten 19. Jahrhundert führen die Portugiesen ein System der Zwangsarbeit ein.

1951 Mosambik wird portugiesische Überseeprovinz, nachdem die portugiesische Regierung in den Jahren vor dem Zweiten Weltkrieg auch die bisher von privaten Gesellschaften verwalteten mosambikanischen Gebiete unter ihre Herrschaft bringt. Lissabon entwirft umfangreiche Besiedlungspläne.

▶

1964 FRELIMO beginnt mit Kampf um Unabhängigkeit.
1975 Unabhängigkeit. FRELIMO-Führer Samora Machel wird Staatspräsident.
1976 Rhodesier gründen in Mosambik antimarxistische Widerstandsbewegung RENAMO.
1976–1980 Mosambik schließt Grenze zu Rhodesien und unterstützt simbabwische Freiheitskämpfer. Vergeltungsmaßnahmen der RENAMO.
1977 FRELIMO konstituiert sich als marxistisch-leninistische Partei.
1980 Südafrika unterstützt RENAMO.
1989 FRELIMO gibt Marxismus-Leninismus als Staatsideologie auf.
1990 Neue Verfassung: Mehrparteiensystem und Marktwirtschaft.
1992 Friedensabkommen mit RENAMO.
1994 FRELIMO gewinnt bei freien Wahlen.
2000–2001 Verheerende Überschwemmungen.

Moskau Die Hauptstadt von Russland (früher der UdSSR) wurde im 14. Jahrhundert Fürstentum und Hauptsitz des orthodoxen Metropoliten. Moskau erlangte die Vorherrschaft über die anderen russischen Fürstentümer, zuerst durch seine Allianz mit den mongolischen Herrschern der Goldenen Horde und dann als Anführer des Kampfes gegen sie. Trotz der Verlegung des Hofs nach Sankt Petersburg behielt Moskau seine Bedeutung und wurde 1918 unter den Sowjets wieder Hauptstadt.
Kreml *S. 267*

Moskau Von den Großfürsten von Moskau im 13. Jahrhundert gebildeter Staat, der trotz seiner isolierten Lage durch die Annektion von Nowgorod und die Befreiung von den Mongolen (1480) immer mächtiger wurde. Bis 1556 hatte Moskau das Khanat von Astrachan annektiert und beherrschte die Wolga bis zum Kaspischen Meer. 1571 wurde Moskau von Krimtataren geplündert.

Moskau ⚔ im Zweiten Weltkrieg (Dezember 1941). Sowjet-Truppen stoppen Vormarsch der Deutschen nach Osten (»Unternehmen Barbarossa«).

Moslem *siehe* Muslim

Moslemliga *siehe* Muslimliga

Moundbuilder Bezeichnung für indianische Mississippikulturen im Osten Nordamerikas.

MRV *siehe* Multiple Re-entry Vehicle

Msiri Afrikanischer Herrscher des Msiri-Reichs der Nyamwezi; trieb regen Handel und beherrschte um 1870 die gesamte Region Katanga in Zentralafrika.

Mudjahedin (*auch* Mudschaheddin, Mudjaheddin) Muslimische Glaubenskämpfer, die im afghanischen Bürgerkrieg (ab 1973) mit Unterstützung Pakistans den Widerstand gegen die Sowjetregierung (1979–89) anführten. 1989 bildeten sie eine Exilregierung und übernahmen 1992 die Macht in Kabul, wurden aber 1996 von den Taliban vertrieben.

Mudschaheddin *siehe* Mudjahedin

Münzen
Die ersten Münzen *S. 46*
Münze des Kaisers Honorius *S. 100*

Mughul-Dynastie *siehe* Mogulreich

Muhammad Ali *siehe* Mohammed Ali

Muisca (*auch* Chibcha) Volk aus dem Hochland um Bogotá. Von hier stammt die Legende von El Dorado, die spanische Konquistadoren faszinierte.

Multiple Independently Targeted Warhead Re-entry Vehicle (MIRV) Von den USA in den späten 1960er-Jahren entwickelte Interkontinentalrakete mit mehrfachen, einzeln lenkbaren Sprengkörpern, die die nukleare Schlagkraft der USA im Kalten Krieg erheblich steigerte.

Multiple Re-entry Vehicle (MRV) Von den USA in den frühen 1960er-Jahren entwickelte Interkontinentalrakete mit Mehrfachsprengkörpern.

Mumifizierung Konservierung menschlicher und tierischer Körper. Nach der Entnahme der inneren Organe wird der Körper einbalsamiert und in Stoffstreifen gewickelt. Mumifizierung steht in Zusammenhang mit dem Glauben an ein Leben nach dem Tod; wurde u.a. im antiken Ägypten praktiziert. *S. 40*

Mungo, Lake Stätte der ersten bekannten Kremationen in Australien (zwischen 50 000 und 30 000 v. Chr.).

Murad I. (um 1326–89) Dritter Sultan der Osmanen, der das Reich durch die Annektion von Bulgarien und eines Großteils von Serbien bis auf den Balkan ausdehnte. Fiel in der Schlacht gegen die Serben auf dem Amselfeld.

Murasaki Shikibu († um 1014) Japanische Dichterin, Verfasserin der *Geschichte vom Prinzen Genji*. *S. 161*

Muret ⚔ in den Albigenserkriegen (1213). König Peter II. von Aragonien wird von Kreuzfahrerheer getötet.

Murfreesboro (*auch* Stones River) ⚔ im amerikanischen Bürgerkrieg (31. Dezember 1862–2. Januar 1863). Sieg der Union.

Muschelhaufen Aus Muschelschalen und Schneckenhäusern bestehende Siedlungsreste, die über Jahre hinweg angehäuft wurden. Sie zeigen auf, welche Rolle Nahrung aus dem Meer bei den prähistorischen Menschen spielte.

Muscovy Company Gesellschaft, die 1555 von dem Seefahrer Sebastiano Caboto und Londoner Kaufleuten gegründet wurde, um Handel mit Russland zu treiben; hatte das anglo-russische Handelsmonopol und förderte zahllose Arktis-Expeditionen.

Musketenkriege (*engl.* Musket Wars) Kriege zwischen Maori-Stämmen in den 1820er-Jahren, nachdem europäische Feuerwaffen in Neuseeland eingeführt worden waren.

Muslim (*auch* Moslem) Anhänger des Islam. *Siehe* Islam

Muslimliga Wurde 1906 in Folge der Konflikte gegründet, die durch die Teilung der Provinz Bengalen (1905) entstanden. Forderte zunächst separate Wählerschaften für muslimische Minderheiten in mehrheitlich hinduistischen Gebieten und in den 1940er-Jahren einen separaten Muslimstaat. Die Bildung Pakistans 1947 erfolgte unter dem Druck der Muslimliga.

Mussolini, Benito (1883–1945) Italienischer Diktator (1925–43). Mussolini, der im Ersten Weltkrieg den Kriegseintritt Italiens gefordert und daher aus der Sozialistischen Partei ausgewiesen wurde, gründete nach dem Krieg die Bewegung »Fasci di Combattimento«. Unterstützt von Schwarzhemden marschierte er 1922 auf Rom, worauf König Viktor Emanuel III. ihn zum Ministerpräsidenten ernannte. 1925 erklärte sich Mussolini zum Duce (Führer) und errichtete in kürzester Zeit ein totalitäres Regime in Italien. 1935 marschierte er in Äthiopien ein, um die Grundlage für ein italienisches Reich im Mittelmeerraum zu schaffen, und begründete 1936 mit Hitler die Achse Berlin-Rom. 1940 erklärte er den Alliierten den Krieg. Durch seine Abhängigkeit von Hitler verlor er immer mehr an Unterstützung und wurde schließlich 1945 abgesetzt und exekutiert. *S. 401*

Mustafa Kemal Pascha *siehe* Atatürk

Mutually Assured Destruction (MAD) Von US-Außenminister John Foster Dulles (1953–59) geprägter Begriff, der das Rüstungspatt im Kalten Krieg zwischen USA und UdSSR bezeichnet.

Mwenemutapa *siehe* Monomotapa-Reich

MYANMAR Das früher als Birma bekannte Land liegt in Südostasien an der Ostküste des Golfs von Bengalen und der Andamensee. Der Norden ist bergig. Den größten Teil des Landes nimmt das früher waldreiche, fruchtbare Irawadibecken ein. 1948 endete die britische Kolonialherrschaft. Der Unabhängigkeit folgten schon bald politische Unterdrückung und ethnische Konflikte. 1990 errang die National League for Democracy (NLD) einen Wahlsieg, wurde jedoch vom Militär am Regierungsantritt gehindert. Zu den interessantesten natürlichen Ressourcen gehören der Fischreichtum und der Teakholzbestand. Wichtigster Wirtschaftszweig ist die Landwirtschaft.

Siehe auch Birma

CHRONOLOGIE

11. Jahrhundert Birma wird unter König Anarutha (1044–77), dem Begründer der Pagan-Dynastie, erstmals geeint.

1287 Mongolischer Einfall unter Kubilai Khan beendet Pagan-Dynastie.

1530–1540 Birma wird unter König Tabinshweti, dem Begründer der Taungu-Dynastie, erneut geeint.

18. Jahrhundert Birma versucht, auf dem Höhepunkt seiner Macht, Teile Indiens und Thailands zu erobern.

1824–1885 Birma kämpft in drei Kriegen gegen den Versuch der Briten, das Land zu kolonialisieren, und verliert.

1886 Birma wird Provinz Britisch-Indiens.

1930–1931 Wirtschaftliche Depression führt zu Unruhen (Saya-San-Aufstand).

1937 Trennung von Indien.

1942 Japanische Invasion.

1945 Alliierte können mithilfe der Antifaschistischen Liga (AFPFL) unter Führung von Aung San Birma zurückerobern.

1947 Großbritannien stimmt Unabhängigkeit Birmas zu. Aung San gewinnt die Wahlen, wird jedoch ermordet.

1948 Unabhängigkeit unter Premierminister U Nu, der eine sozialistische Politik verfolgt. Aufstände ethnischer Minderheiten, die einen eigenen Staat fordern (vor allem Karen).

1958 Spaltung der regierenden AFPFL. Beginn des Freiheitskampfes der Shan-Staaten im Norden des Landes.

1960 U Nus Gruppe gewinnt die Wahl.

1961 Beginn der Kachin-Rebellion.

1962 Putsch General Ne Wins. Politik der »Neuen Ordnung« und des »Buddhistischen Sozialismus« verstärken internationale Isolation. Bergbau und andere Industrien verstaatlicht, freier Handel verboten.

1964 Birma Socialist Program Party wird zur einzig zugelassenen Partei erklärt.

1976 Soziale Unruhen. Versuchter Militärputsch. Volksbefreiungsgruppen ethnischer Minderheiten kontrollieren etwa 40 % des Landes.

1982 Ausschluss aller Nicht-Einheimischen aus öffentlichen Ämtern.

1988 Tausende sterben bei Studentenprotesten. Ne Win tritt zurück. Kriegsrecht. Aung San Suu Kyi, Tochter von Aung San, und andere gründen NLD. Militär unter General Saw Maung putscht. State Law and Order Restoration Council (SLORC) übernimmt die Macht. Die Widerstandsgruppen der ethnischen Minderheiten gründen Democratic Alliance of Birma.

1989 Militär inhaftiert NLD-Führer. Offizielle Umbenennung des Landes in Union von Myanmar.

1990 Wahlen werden erlaubt. Erdrutschartiger Sieg der NLD. SLORC bleibt jedoch an der Macht. Weitere NLD-Führer verhaftet.

1991 Aung San Suu Kyi erhält den Friedensnobelpreis.

1992 General Than Shwe übernimmt Vorsitz der SLORC.

1995 Aung San Suu Kyi aus Hausarrest entlassen.

1996 Demonstrationen gegen Myanmars Aufnahme in die ASEAN.

1997 SLORC umbenannt in State Peace and Development Council (SPDC). USA verhängen Sanktionen und Investitionsverbot.

1998 NLD setzt Frist für Parlamentseinberufung; Junta weigert sich.

1999 Aung San Suu Kyi weist Bedingungen der SPDC für ihre Reise zu ihrem todkranken Ehemann zurück.

2000 Beginn der Verhandlungen zwischen Junta und NLD. Nach erneutem Hausarrest für Aung San Suu Kyi werden Gespräche fortgeführt.

2002 Hausarrest von Aung San Suu Kyi aufgehoben, viele inhaftierte Mitglieder des NLD freigelassen. Ex-Diktator Ne Win und Tochter wegen Putschplänen unter Hausarrest gestellt, der Schwiegersohn und drei Enkel zum Tode verurteilt.

Mykale ⚔ (479 v. Chr.). Sieg der Griechen über die persische Flotte vor der Küste von Kleinasien.

Mykenische Kultur Die nach ihrer Hauptstadt Mykene benannte griechische Kultur der Bronzezeit beherrschte von 1580–1120 v. Chr. das griechische Festland. Die Mykener eroberten vermutlich um 1450 v. Chr. Knossos auf Kreta und trieben Handel mit Kleinasien, Zypern und Syrien. Ihre Plünderung von Troja um 1200 v. Chr. wurde später in Homers *Ilias* zum Mythos. Archäologische Funde weisen auf Kunstfertigkeit und großen Reichtum hin. Von Palästen in Mykene, Tiryns und Pylos aus herrschte ein starkes Königsgeschlecht mit einer Kriegerklasse und weit reichenden Handelsbeziehungen. Die Zerstörung oder Aufgabe der Paläste war vermutlich eher die Folge innerer Unruhen als externer Eroberung.

N

Naddod Norwegischer Seefahrer, der um 870 Island erreichte.

NAFTA *siehe* North American Free Trade Agreement

Nagasaki Japanische Stadt, auf die die USA 1945 die zweite Atombombe warfen.

Nahostkonflikt (*auch* israelisch-arabische Kriege, 1948–49, 1956, 1967, 1973, 1982) Reihe von bewaffneten Konflikten, beginnend mit dem Palästinakrieg 1948, zwischen Israel und verschiedenen arabischen Staaten sowie der Palästinensischen Befreiungsorganisation (PLO) um die Gründung, Berechtigung und Expansion eines jüdischen Staates auf von Arabern beanspruchtem Gebiet. *Siehe auch*

Jom-Kippur-Krieg, Sechstagekrieg, Sueskrise

Nain Singh Indischer Landvermesser des 19. Jahrhunderts, der zur Vermessung Tibets im britischen Auftrag in Verkleidung durch Tibet reiste.

NAMIBIA Die Namibwüste bildet einen trockenen Küstenstreifen des im südwestlichen Afrika gelegenen Landes. Namibia wurde nach jahrelangem Guerillakrieg 1990 von Südafrika unabhängig. Auch nach dem Ende der Apartheid stützt sich die Wirtschaft Namibias auf die hochqualifizierte weiße Minderheit. Dies ist die Folge der ehemals schlechten Bildungschancen für die schwarze Bevölkerung. Namibia ist Afrikas viertgrößter Förderer von Grubenerz.

CHRONOLOGIE

1890 Ein englisch-deutsches Übereinkommen sichert die deutsche Kontrolle über Südwestafrika und die vier Jahre zuvor erfolgte britische Annektierung der Walfischbai für die Kap-Kolonie. Die deutschen Siedler beanspruchen das beste Land für sich und vertreiben die indigenen Völker. Ein Aufstand der Herero 1904 wird grausam niedergeschlagen: etwa 80 000 Herero werden innerhalb eines Jahres im offenen Völkermord getötet.

1915 Deutsche Truppen kapitulieren vor südafrikanischen Streitkräften. Es folgen fünf Jahre der militärischen Besetzung. 1920 überträgt der Völkerbund Südafrika das Mandat des Gebietes »als Teil der Union von Südafrika«. Südafrika wird auch damit betraut, für das »materielle und ideelle Wohlergehen und den sozialen Fortschritt seiner Einwohner« zu sorgen und das Gebiet auf eine Selbstverwaltung vorzubereiten. Südafrika übernimmt die Einrichtung von Reservaten für die indigene Bevölkerung und führt sie weiter fort; bis 1939 werden 17 Reservate eingerichtet.

1946 Die UNO weist ein Begehren Südafrikas zurück, Südwestafrika in das eigene Territorium aufzunehmen. Südafrika argumentiert, dass das Mandatssystem mit der Auflösung der Liga erloschen sei, und weigert sich einer Treuhänderschaftsvereinbarung zuzustimmen.1949 weigert sich Südafrika der UN weitere jährliche Berichte über die Verwaltung des Gebietes vorzulegen und überträgt Weißen die Vertretung dieser Gebiete im südafrikanischen Parlament. Fünf Jahre später überträgt Südafrika die Verwaltung »interner Angelegenheiten« in Südwestafrika an die Unionsregierung.

1950 Der Internationale Gerichtshof verfügt, dass Südafrika kein Recht hat, den internationalen Status des Gebietes zu ändern. Zwei weitere Verfügungen, 1955 und 1956, heben das Recht der UNO hervor, die Verwaltung zu überwachen.

1960 Die South West African People's Organization (SWAPO) wird unter der Führung von Sam Nujoma und Herman Toivo ya Toivo gegründet. Ausgangspunkt war die bereits früher gegründete Ovamboland People's Organization. Die SWAPO hat jedoch weitreichendere Ziele und nationale Reichweite. Sie will alle Einwohner Namibias gegen die südafrikanische Regierung mobilisieren. Von 1963 an werden Versammlungen der SWAPO verboten, obwohl sie selbst legal bleibt.

1966 Einführung der Apartheidsgesetze. SWAPO beginnt den bewaffneten Kampf.

1968 Umbenennung in Namibia.

1973 UN erkennt SWAPO an.

1990 Unabhängigkeit.

1994 Südafrika gibt Walfischbai auf.

1999 Präsident Sam Nujoma wird für seine dritte Amtszeit gewählt.

Nanjing (*auch* Nanking) Hauptstadt der Chinesen, die in Nordchina vor der mongolischen Invasion im 13. Jahrhundert herrschten. Sie war 1368 auch kurz chinesische Hauptstadt der Ming. Der Vertrag von Nanjing beendete den Opiumkrieg und öffnete China dem Außenhandel.

Nanjing, Vertrag von *siehe* Opiumkrieg

Nansen, Fridtjof (1861–1930) Norwegischer Wissenschaftler, Forscher und Staatsmann. Überquerte 1888 Grönlands Inlandeis zu Fuß. Fuhr mit der *Fram* von 1893 bis 1896 in der Arktis, dann ging er von Bord, um sich am Wettrennen zum Nordpol zu beteiligen. 1918 wurde er Delegat des Völkerbundes. 1923 wurde er mit dem Friedensnobelpreis ausgezeichnet, vor allem für seinen Einsatz für Flüchtlinge aus der Sowjetunion.

Nantes, Edikt von (1598) Von Heinrich IV. von Frankreich erlassenes Edikt, das den protestantischen Hugenotten erlaubte ihre Religion auszuüben. Es wurde 1685 von Ludwig XIV. widerrufen, daraufhin flohen viele Protestanten u.a. in deutsche Staaten, in die Schweiz, die Niederlande und nach Großbritannien.

Napoleon I., Bonaparte (1769–1821) Militär, politischer Führer und Kaiser von Frankreich (1804–15). Nach erfolgreichen Italienfeldzügen (1796–1797) und dem Einmarsch in Ägypten (1798) gelang es ihm 1799, Erster Konsul Frankreichs zu werden. Er besiegte die wechselnden europäischen Koalitionen, die während der folgenden Dekade gegen ihn kämpften. Den Wendepunkt markieren der verlorene Krieg auf der Pyrenäenhalbinsel und der verlustreiche Russlandfeldzug (1812). Nach der Niederlage (1813) gegen Wellington dankte er 1814 ab und ging ins Exil. Er floh aus dem Exil und regierte noch einmal während der »Hundert Tage«. Bei Waterloo wurde er 1815 vernichtend geschlagen und nach St. Helena verbannt. Der von ihm erlassene Code Napoléon bildet noch heute die Grundlage des französischen Rechts. *S. 344*

Napoleon III. (*auch* Charles Louis Napoléon Bonaparte, 1808–73) Neffe Napoleons I., er wurde Präsident der 2. Republik (1848) und zum Kaiser von Frankreich gewählt (1852–71). Unter ihm führte Frankreich den Krimkrieg (1853–56) und den Deutsch-Französischen Krieg (1870–71), der mit der Niederlage Frankreichs und dem britischen Exil Napoleons endete. *Siehe auch* Krimkrieg, Deutsch-Französischer Krieg

Nara-Zeit (710–784) Zeitraum der japanischen Geschichte, der mit der Gründung der Hauptstadt Heijo-kyo (westlich der heutigen Stadt Nara) beginnt.

Narbonne (Narbo Martius) 462–719 Königsresidenz der Westgoten.

Narmer (*früher identifiziert mit* Menes, Meni) Erster Pharao der Frühzeit Ägyptens (Höhepunkt seiner Macht war um 2925 v. Chr.). Narmer vereinte die befestigten Städte Ober- und Unterägyptens zu einem Staat. Ihm wird die Gründung der Hauptstadt Memphis bei Kairo zugeschrieben. Dem Historiker Manetho aus dem 3. Jahrhundert v. Chr. zufolge regierte Narmer 62 Jahre lang und wurde von einem Flusspferd getötet.

Narváez, Panfilo de (um 1478–1528) Spanischer Eroberer. Nahm an der Eroberung Kubas und Cortés' Eroberung

Mexikos teil. Er wurde 1526 mit der Eroberung Floridas beauftragt. Die Reise dauerte zehn Monate und kostete zahlreiche Menschenleben, Narváez selbst starb an der texanischen Küste. Überlebende seiner Mannschaft vervollständigten jedoch die Karte dieser Küste.

NASA *siehe* National Aeronautics and Space Administration

Nashville ⚔ im amerikanischen Bürgerkrieg (1864). Sieg der Union.

National Aeronautics and Space Administration (NASA) 1958 gegründete zivile nationale Luft- und Raumfahrtbehörde der USA.

National Recovery Administration (NRA) Nationale Aufbaubehörde der USA, die als Teil des Aufbauprogramms (»New Deal«) von Roosevelt eingesetzt wurde. Das Nationale Gesetz zum Industrieaufschwung (NIRA) schuf industrieübergreifende Regelwerke, um den Handel fairer zu machen und die Arbeitslosigkeit zu senken. Mindestlohn und maximale Arbeitszeit wurden festgeschrieben. Einige Gesetze wurden vom Obersten Gerichtshof für verfassungswidrig erklärt, zahlreiche Verbesserungen gingen jedoch in die folgende Gesetzgebung ein.

Nationalismus Bestreben eines Volkes nach Unabhängigkeit und starker Abgrenzung aufgrund kultureller, ethnischer und sprachlicher Eigenheiten. Im Europa des 19. Jahrhunderts war er die Triebfeder zur Bildung von Nationalstaaten wie in Italien, Deutschland und auf dem Balkan. *S. 370*

Nationalsozialismus Nach dem Ersten Weltkrieg in Deutschland aufgekommene extrem nationalistische, imperialistische, rassistische (insbesondere antisemitische) Ideologie, die im Zentrum der Aktivitäten von Adolf Hitlers Nationalsozialistischer Partei stand. Hitlers Ernennung zum Reichskanzler 1933 leitete den Prozess der nationalsozialistischen Machtergreifung ein, mit dem sich Deutschland in eine faschistische Diktatur verwandelte. Die Angriffe auf Nachbarländer führten zum Zweiten Weltkrieg.
Aufstieg der Nazis. *S. 410*

Nationalsozialistische Deutsche Arbeiterpartei (NSDAP, *auch* Nationalsozialistische Partei) *siehe* Nationalsozialismus

NATO *siehe* North Atlantic Treaty Organization (Nordatlantikpakt)

Natufien Spätsteinzeitliche Kultur Palästinas, nach dem Fundort Wadi an-Natuf benannt. Von 13000 v. Chr. an ernteten die Völker der Levante Wildgetreide und benutzten Mahlsteine, um die Körner aufzuschließen. Sie waren die Vorläufer der ersten Bauern.

NAURU Nauru, die kleinste Republik der Welt, liegt im Pazifischen Ozean, 4000 km nordöstlich von Australien. Großbritannien, Australien und Neuseeland haben die Phosphatvorkommen der früheren britischen Kolonie abgebaut. Nach der Unabhängigkeit 1968 gehörten die Nauruer durch die Phosphatindustrie zu den reichsten Menschen der Welt. Misswirtschaft und das absehbare Ende der Phosphatreserven brachten jedoch finanziellen Ruin und machten Wirtschaftsreformen erforderlich.

Chronologie

1888 Nauru von Deutschland annektiert.
1914 Nauru wird im Ersten Weltkrieg von australischen Streitkräften eingenommen.
1920 Ein Mandat des Völkerbundes stellt Nauru unter Verwaltung von Australien, Neuseeland und Großbritannien unter Führung Australiens.
1942 Japaner besetzen Nauru (bis September 1945). Mehr als 1000 Inselbewohner werden nach Chuuk (früher Truk), Mikronesien, deportiert, wo 500 von ihnen sterben.
1947 Australien, Neuseeland, Großbritannien verwalten Nauru unter UN-Mandat.
1968 Unabhängigkeit.
1970 Phosphatabbau in Eigenregie.
1992 Australien sagt Entschädigung für Phosphatabbau zu.
1999 Nauru wird Mitglied der UN.

Navas de Tolosa, Las ⚔ zwischen Mauren und Spaniern (1212). Niederlage der Almohaden.

Navigation Navigationsmittel standen europäischen Reisenden ab dem 15. und 16. Jahrhundert zur Verfügung. *S. 270*

Nazca-Kultur Küstenkultur im Süden Perus, Blütezeit etwa 350 v. Chr. bis 500. Die Nazca hinterließen bemerkenswerte figurative Keramiken. Ihr berühmtestes Vermächtnis sind jedoch die »Nazca-Linien«, große abstrakte und figurative Muster im Boden der peruanischen Wüste, die am besten aus großer Höhe zu sehen sind. *S. 67*

Neandertaler (vor etwa 120000–35000 Jahren) Ein eigener Zweig der Homo-sapiens-Gruppe, nach dem Neandertal in Deutschland benannt, wo die ersten Schädel gefunden wurden. Die Neandertaler lebten in Europa und Vorderasien. Kennzeichnend sind ein kräftiger, schwerer Knochenbau, vorspringende Backenknochen, breite Nase und große Zähne. Ihr Gehirn war mindestens so groß wie das des modernen Menschen. Sie stellten Werkzeuge her und bestatteten ihre Toten. Kultur und Sozialstruktur weisen viele Charakteristika des modernen Menschen auf. Es wird jedoch eher angenommen, dass sie ausgestorben sind und sich nicht mit den modernen Menschen vermischt haben. *S. 10*

Nearchos († 312 v. Chr.) Flottenbefehlshaber Alexanders des Großen. 325 v. Chr. erhielt er den Befehl, entlang der Küste von der Mündung des Indus westwärts bis zur Mündung des Euphrat zu segeln. Seine Fahrt eröffnete griechischen Händlern eine Handelsroute nach Indien.

Nebukadnezar II. (um 630–562 v. Chr.) Berühmter babylonischer König und Begründer des neuen babylonischen Reiches (reg. 605–562 v. Chr.). Seine Regierungszeit war die Blütezeit der babylonischen Kultur mit ihren großartigen Bauten wie den Hängenden Gärten, eines der sieben Weltwunder der Antike. Er führte die Armee seines Vaters zum Sieg über die Ägypter bei Karkemisch und führte die Juden nach der Einnahme Jerusalems 586 v. Chr. ins babylonische Exil.

Needham, James († 1673) Nordamerikanischer Forscher des 17. Jahrhunderts.

Nehru, Jawaharlal (*auch* Pandit Nehru, 1889–1964) Erster Premierminister im unabhängigen Indien (reg. 1947–64). Kämpfte mit Gandhi und war mit Unterbrechungen von 1920 bis 1954 Präsident der Partei Indian National Congress.

Nelson, Horatio Lord (1758–1805) Britischer Admiral. Beim Ausbruch des Krieges mit Frankreich 1793 gelang ihm eine Reihe brillanter und entscheidender Siege am Nil (1798) und bei Kopenhagen (1801). Sein Sieg über die vereinte spanisch-französische Flotte bei Trafalgar (1805) rettete England vor dem Einmarsch Napoleons. In dieser Schlacht wurde er tödlich verwundet.

Neolithikum (Jungsteinzeit) Die letzte Periode der Steinzeit. In diesem Zeitraum der Menschheitsgeschichte wurden Tiere und Pflanzen domestiziert, Töpferwaren sowie geschliffene und polierte Steinwerkzeuge hergestellt.

NEPAL Nepal liegt zwischen Indien und China im südlichen Himalaja. Bis 1990 wurde das Land als absolute Monarchie regiert. Ab dann wurden die politischen Verhältnisse immer turbulenter. Die landwirtschaftlich geprägte Wirtschaft ist abhängig vom rechtzeitigen Einsetzen des Monsuns. Entwicklungschancen werden, trotz der Nachteile riesiger Staudämme, im Bau von Wasserkraftwerken gesehen. Rucksacktouristen, die eine wichtige Einnahmequelle bilden, verursachen ebenfalls Umweltprobleme.

CHRONOLOGIE

1769 Gründung des nepalesischen Staates durch König Prithvi Narayan Shah, nach seiner Eroberung dreier in nepalesischen Tälern gelegener Königreiche.

1775 Tod von König Prithvi Narayan Shah.

1816–1923 Errichtung eines britischen Protektorats.

1959 Erste parlamentarische Verfassung.

1960 Verfassung ausgesetzt.

1962–1990 Parteiloses System.

1972 Birendra wird König.

1991 NCP gewinnt die Wahlen.

1994 Erste kommunistische Regierung.

1995–1998 Abfolge schwacher Koalitionsregierungen.

1999 Wahlsieg der NCP. Maoistische Aufstände in ländlichen Gebieten.

2001 Juni: Birendra und seine Familie werden bei einer Palastrevolte erschossen. Gyanendra wird gekrönt. November: Ausrufung des Ausnahmezustands.

2002 Auflösung des Parlaments durch König Gyanendra, Bildung eines Rumpfkabinetts.

Nero (37–68) Römischer Kaiser, von Claudius im Jahr 50 adoptiert. Letzter Regent Roms (reg. 54–68) aus der Familie von Augustus Caesar. Palastintrigen und Morde (wie der an seiner Mutter) steigerten sich bei ihm bis zum Wahnsinn. Als sich die Provinzgouverneure gemeinsam gegen ihn erhoben, beging er Selbstmord.

Nertschinsk, Vertrag von (1689) Friedensvereinbarung zwischen Russland und China, nach der sich die Russen aus dem Amurbecken zurückziehen. Erster Vertrag Chinas mit europäischer Macht.

Nestorianer Anhänger der Lehre des Nestorius, dessen christliche Lehren, die vom Konzil von Ephesus (431) und Chalkedon (451) verurteilt wurden, auf der Trennung von göttlichem Logos und der Menschnatur Jesu beruhen. Heute Angehörige der syrisch-orthodoxen Kirche.

Neu-Amsterdam Von Niederländern auf der Insel Manhattan um 1620 gegründete Hauptstadt der Kolonie Neu-Niederlande. Sie wurde von den Engländern erobert und 1664 in New York umbenannt. *Siehe auch* New York

Neu-Holland 1630 in Brasilien gegründete Kolonie der Niederlande, dazu Recife und weitere Niederlassungen der Portugiesen erobert; bestand bis 1654.

Neuassyrisches Reich *siehe* Assyrien

Neuengland Region der USA, umfasst die Staaten Massachusetts, Maine, New Hampshire, Vermont, Rhode Island und Connecticut. Sie wurde von John Smith um 1614 erforscht und von den englischen Puritanern, unter ihnen die Pilgerväter, besiedelt.

Neuer Staat *siehe* Estado Novo

Neues Reich (um 1550–1050 v. Chr.) Epoche der ägyptischen Geschichte. In dieser Zeit befindet sich Ägypten mit seiner starken Zentralregierung auf dem Höhepunkt der Macht; geprägt durch die Kunstwerke in Echnatons Regierungszeit.

Neufrankreich Name der französischen Kolonien in Nordamerika im 17. Jahrhundert. *S. 299*

Neufundland Die Wikinger erreichten um 1000 die Insel vor der Ostküste Kanadas. John Cabot hat sie vermutlich 1497 wiederentdeckt, obwohl die Stelle, an der er an Land ging, nicht bekannt ist.

Neugranada 1717 gegründetes spanisches Vizekönigreich, umfasst Kolumbien, Venezuela, Ecuador und Panama; 1739 endgültig Vizekönigreich.

Neuguinea Neuguinea, zweitgrößte Insel der Welt, wurde vor mindestens 50 000 Jahren von Papua-Völkern besiedelt. Sowohl der lange Zeitraum als auch das gebirgige Terrain führten zu einer Vielfalt an Sprachen und Dialekten wie sonst nirgends auf der Welt. Bevor 1825 die Niederlande den Westteil der Insel beanspruchten, hatten Europäer kaum Kontakt. *Siehe auch* Papua-Neuguinea

NEUSEELAND Das 1600 km südöstlich von Australien im Südpazifik gelegene Land besteht aus der Nord- und der Südinsel sowie einigen kleineren Inseln. Die Südinsel ist gebirgiger, die Nordinsel, auf der der Hauptteil der Bevölkerung lebt, hat heiße Quellen und Geysire. Die von der National und der Labour Party dominierte Politik ist traditionell liberal und auf Gleichheit bedacht. Seit 1984 durchgeführte radikale und oft unpopuläre Reformen, die die Diversifizierung beschleunigen und Neuseelands Position unter den Ländern am Rande des Pazifiks stärken, führten zum Wirtschaftswachstum. *S. 347*

CHRONOLOGIE

Um 700 Die Maori, ein polynesisches Volk, besiedeln von Ostpolynesien aus Neuseeland.

1642 Der niederländische Seefahrer Abel Tasman sichtet die Westküste der Südinsel.

1769 Erster der drei Besuche Kapitän James Cooks auf Neuseeland.

1840 Mit der Unterzeichnung des Vertrages von Waitangi durch einen britischen Beamten und einen Führer einiger Maori-Stämme sichert sich Großbritannien die Oberhoheit. Die New Zealand Company bringt Siedler aus Großbritannien nach Port Nicholson (heute Wellington).

1852 Das britische Parlament verabschiedet eine Verfassung, die in Neuseeland ein Repräsentantenhaus und eine gesetzgebende Versammlung errichtet.

1860 Als britische Truppen Maoris von Land vertreiben wollen, das angeblich der Krone gehört, beginnt der Taranaki-Krieg.

1863 Landstreitigkeiten über Waikato führen zum Krieg zwischen Maoris und britischen Truppen. Die Kolonialregierung beschlagnahmt schließlich das Land.

1867 Im Repräsentantenhaus werden vier Sitze für Maoris eingerichtet.

1890 Wahl einer liberalen Regierung, John Ballance ist Premierminister.

1893 Frauenwahlrecht.

1894 Die liberale Regierung unter Führung von Richard J. Seddon verabschiedet Gesetze, die auf die Vermittlung der Interessen von Industrie und Arbeitern abzielen und bessere Arbeitsbedingungen schaffen.

1907 Neuseeland wird Dominion, ab 1926 kann es sich selbst verwalten.
1947 Volle Unabhängigkeit.
1962 Westsamoa (heute Samoa) wird unabhängig.
1965 Cookinseln erhalten Selbstverwaltung.
1975 Konservative NP gewinnt Wahlen. Wirtschaftssparprogramm wird umgesetzt.
1976 Einwanderung um 80 % verringert.
1984 Wahlsieg der LP; David Lange wird Premierminister. Maoris erhalten die Landspitze beim Hafen von Auckland zurück.
1985 Neuseeland verbietet Schiffen mit Atomwaffen den Zugang. Französische Agenten versenken Greenpeace-Schiff *Rainbow Warrior* im Hafen von Auckland.
1986 USA setzen militärische Verpflichtungen des ANZUS-Vertrags aus.
1987 LP gewinnt Wahlen. Umsetzung des umstrittenen Privatisierungsplans. Atomwaffenverbot gesetzlich festgelegt.
1989 Kabinett gespalten. Lange tritt zurück. Nachfolger ist Geoffrey Palmer.
1990 Palmer tritt zurück. Wahlsieg der NP über die LP. James Bolger Premierminister.
1992 Maoris erhalten Fischereirechte für die Südinsel. Mehrheit bei Referendum für eine Wahlreform.
1993 Nach acht Jahren dockt erstmals ein französisches Kriegsschiff an. NP erringt bei Wahlen einen Sitz Mehrheit. Per Referendum wird Verhältniswahlrecht eingeführt.
1994 Wieder US-Kontakte auf höchster Ebene. Zusage der USA, keine Schiffe mit Atomwaffen in Neuseelands Häfen zu senden. Maoris lehnen Regierungsangebot von 1 Mrd. NZ-$ für ihre Landansprüche ab.
1995 Feiern zum Waitangi-Tag nach Maori-Protesten abgesagt. Die Krone entschuldigt sich bei Maoris und unterzeichnet Wakato Raupatu Claims Act. Flottenbesuche Großbritanniens wieder aufgenommen.
1996 NP bildet Koalition, um die gesetzgebende Mehrheit zu behalten. Erste allgemeine Wahlen nach dem neuen Verhältniswahlrecht.
1997 NP bildet Koalition mit New Zealand First Party (NZFP). Bolger tritt zurück. Jenny Shipley wird erste Premierministerin.
1998 Shipley entlässt NZFP-Vorsitzenden Winston Peters als stellvertretenden Premierminister und bildet Minderheitsregierung, als die Koalition sich spaltet. Waitangi-Tribunal ordnet an, dass die Regierung den Maoris 6,1 Mio NZ-$ für das beschlagnahmte Land zu zahlen hat.
1999/2002 Die von Helen Clark geführte LP gewinnt die allgemeinen Wahlen.

Neuspanien (*span.* Virreinato de Nueva España) 1535 zur Herrschaft des eroberten Landes nördlich der Landenge von Panama und der Region des heutigen Niederkalifornien gegründetes spanisches Vizekönigreich.

New Deal Unter Franklin D. Roosevelt durchgeführte Reformen, die ab 1933 den USA aus der Wirtschaftskrise helfen sollten. *S. 411*
Siehe auch Roosevelt

New York Von den Engländern 1664 eroberte niederländische Handelsstation. Im 18. Jahrhundert wurde New York rasch größer und war kurzzeitig die erste US-Hauptstadt nach dem Unabhängigkeitskrieg. Die bevölkerungsreichste Stadt der USA wurde wichtigster Hafen und führendes Handelszentrum.
Slums von New York City *S. 383*
Siehe auch Neu-Amsterdam

Newbery, John Englischer Reisender und Händler des 16. Jahrhunderts. Reiste 1581–83 nach Hormus, um die wirtschaftlichen Möglichkeiten zu erkunden. Erster Engländer, der den Euphrat hinuntersegelte und Hormus, Schiras und Isfahan besuchte; kehrte auf dem Landweg durch Persien zurück.

Newcomen, Thomas (1663–1729) Erfinder der Dampfmaschine. *S. 321*

Newski, Alexander (um 1220–63) Fürst von Nowgorod. Dank seiner Siege über die Schweden am Newa-Fluss 1240 und über die Deutschordensritter 1242 am Peipussee einer der größten russischen Helden. *S. 215*

Newton, Sir Isaac (1642–1727) Englischer Mathematiker und Physiker. Seine Arbeiten über Differential- und Integralrechnung, Bewegungsgesetze, Schwerkraft und Licht machten ihn zum gefeiertsten Wissenschaftler seiner Zeit.

Nez-Percé-Krieg (1877) Krieg zwischen den Nez Percé (nordamerikanischer Indianerstamm) und der US-Armee. Auslöser waren die geplante drastische Verkleinerung der Nez-Percé-Reservation 1863, nachdem auf diesem Land Gold gefunden worden war, sowie die Raubzüge europäischer Siedler. Unter Führung des Häuptlings Joseph kämpften 250 Nez Percé über fünf Monate gegen US-Truppen. Sie wurden schließlich besiegt und nach Oklahoma umgesiedelt.

Nguni Bantuvölker der östlichen Kapregion. Sie hatten mehrere kriegerische Auseinandersetzungen mit europäischen Siedlern; 1779 mit den Niederländern.

Nguyen Anh *siehe* Gia Long

Nian-Aufstand (*auch* Nien, 1853–68) Chinesischer Bauernaufstand in der Mitte des 19. Jahrhunderts.

Nicäa, Konzil von Das erste ökumenische Konzil wurde von Kaiser Konstantin 325 einberufen.

NICARAGUA

NICARAGUA Das im Westen vom Pazifik und im Osten vom Karibischen Meer begrenzte Nicaragua liegt im Zentrum Mittelamerikas. Nach mehr als 40 Jahren Diktatur führte die sandinistische Revolution 1978 zu einem elfjährigen Bürgerkrieg, der die Wirtschaft fast völlig zerstörte. 1990 verloren die Sandinisten unerwartet die Wahl; seither sind rechtsgerichtete Parteien an der Macht. Trotz Parteispaltung bleiben die Sandinisten die wichtigste linke Oppositionsgruppe.

CHRONOLOGIE

1544 Nicaragua wird dem Generalkapitanat Guatemala zugeschlagen.
1821 Nicaragua wird von Spanien unabhängig und schließt sich der Zentralamerikanischen Föderation an.
1838 Nach einer Periode der Einverleibung durch Mexiko wird Nicaragua Republik.
1858 Walker, ein amerikanischer Abenteurer, lässt sich zum Präsidenten ausrufen; er will hier einen Sklavenstaat gründen.
1905 Altamirano-Harrison-Vertrag zwischen Großbritannien und Nicaragua regelt die Oberhoheit Nicaraguas über die Atlantikküste; bis 1894 britisches Protektorat.
1909 US-Marinetruppen landen in Bluefields und bringen Juan Estrada an die Macht. Dieser unterzeichnet Verträge, die Nicaragua quasi unter US-Verwaltung stellen. Die US-Marine interveniert in Nicaragua erneut 1912–25 und 1926–33.
1936 Machtergreifung Anastasio Somozas, nachdem die Nationalgarde Präsident Sacasa zum Rücktritt gezwungen hat; darauf folgt 44-jährige Diktatur seiner Familie.
1956 September: Nach der Ermordung Somozas gelangt sein Sohn Luis an die ▶

Macht, auf den 1967 sein zweiter Sohn Anastasio folgt.
1962 Gründung der Sandinistischen Front der Nationalen Befreiung (FSLN).
1974 Die Offensive der FSLN gegen die Somoza-Regierung gewinnt an Stärke und gipfelt 1978 im Bürgerkrieg.
1978–1990 FSLN beendet 44-jährige Diktatur Somozas, Bürgerkrieg zwischen FSLN und Contras.
1998 Verwüstungen durch Hurrikan *Mitch.*
2001 Bolaños Geyer wird zum Präsidenten gewählt.

Nicaraguanischer Bürgerkrieg (1978–89) Nach 40-jähriger Diktatur begann, angeführt von den linksgerichteten Sandinisten, die auf die Unterstützung der Landbevölkerung zählen konnten, ein elf Jahre dauernder Bürgerkrieg. In dieser Zeit erhielten die rechtsgerichteten Contras von den USA verdeckte Unterstützung. Obwohl die Sandinisten die ersten freien Wahlen 1990 verloren, blieben sie eine starke Macht im Land.

Nichtangriffspakt, deutsch-sowjetischer Im August 1939 unterzeichneter Vertrag zwischen Deutschland und der Sowjetunion, nach dem Deutschland Polen ohne sowjetische Einmischung angreifen konnte. Die UdSSR nahm sich dann den Osten Polens, offiziell, um die Minderheiten zu schützen. Wegbereiter für den Ausbruch des Zweiten Weltkriegs.

Niebuhr, Carsten (1733–1815) Deutscher Forschungsreisender. Er nahm 1761 an einer internationalen wissenschaftlichen Expedition zur Erforschung der Arabischen Halbinsel teil, die vom König von Dänemark finanziert wurde. Niebuhr war der einzige Überlebende. Seine systematischen Aufzeichnungen der Expedition (Karten und Zeichnungen) wurden 1772 und 1774 veröffentlicht.

NIEDERLANDE Die Niederlande liegen am Delta von vier großen Flüssen in Nordwesteuropa. Die wenigen Hügel im Osten und Süden des Landes fallen zur Küstenebene hin ab, die im Norden und Westen an die Nordsee grenzt. Da 27 % der Küste unter dem Meeresspiegel liegen, schützt ein System aus Dünen, Deichen und Kanälen das Land. Nachdem Spanien 1648 ihre Unabhängigkeit anerkannt hatte, waren die Niederlande eine der ersten konföderierten Republiken der Welt. Ihre sehr erfolgreiche Wirtschaft hat eine lange Handelstradition; Rotterdam ist der weltgrößte Hafen.

Chronologie

6. Jahrhundert Nach dem Rückzug der Römer sichern sich drei germanische Völker die Macht: Franken im Süden, Friesen im Norden und Sachsen im Osten.
768–814 Während der Herrschaft Karls des Großen erobern die Franken die gesamten Niederlande. Nach seinem Tod wird die Region Teil des mittelfränkischen Königreiches, später Teil des ostfränkischen Königreiches und darauf Teil des Heiligen Römischen Reiches.
11. Jahrhundert Der Niedergang der Zentralmacht führt zum Zerfall der Feudalstrukturen und der Bildung autonomer Staaten. Die Grafschaft Holland im Westen wird zur führenden Macht in der Region.
1433 Holland wird durch Erbfolge Besitz von Burgund und 1482 Teil des Habsburgerreiches.
1515–1555 Während der Regierungszeit Karls V. werden alle autonomen Gebiete Besitzungen der Habsburger. Auf diese Weise sind die Niederlande erstmals geeint. Bei Karls Abdankung gelangen sie unter spanisch-habsburgische Regentschaft.
1567 Widerstand gegen Philipp II. von Spanien, zum Teil angeheizt durch das Aufkommen des Protestantismus, führt zu einem Volksaufstand unter Führung Wilhelms I. von Oranien (der Schweiger), Teilen des Adels und der mächtigen Händler.
1581 Die sieben nördlichen Provinzen erklären formell ihre Unabhängigkeit von Spanien und bilden die Republik der Vereinigten Niederlande.
1609 Spanien erkennt die niederländische Unabhängigkeit an. Zu diesem Zeitpunkt ist die niederländische Republik bereits eine der weltwichtigsten Handelsmächte.
1648 Der Westfälische Friede bestätigt die Unabhängigkeit und beendet den so genannten Achtzigjährigen Krieg.
1713 Mit dem Vertrag von Utrecht, mit dem der spanische Erbfolgekrieg endet, endet auch die Beteiligung der Niederlande an den europäischen Machtkämpfen.
1795 Französische Truppen fallen in die Niederlande ein; örtliche Gruppen rufen die Batavische Republik aus.
1806 Holland wird unter Ludwig (Louis Bonaparte) wieder Königreich, jedoch vier Jahre später von Frankreich annektiert.
1813 Vertreibung der Franzosen nach 18-jähriger Herrschaft; Niederlande werden konstitutionelle Monarchie.
1815 Kongress von Wien. Bildung des Vereinigten Königreichs der Niederlande zusammen mit Belgien und Luxemburg.
1839 Anerkennung der 1830 erfolgten Abspaltung Belgiens.
1848 Neue Verfassung – Minister sind dem Parlament verantwortlich.
1897–1901 Weit reichende Sozialgesetze verabschiedet. Bildung starker Gewerkschaften.
1898 Wilhelmina wird Königin. Ende der Union mit Luxemburg, wo das salische Gesetz nur männliche Thronfolger zulässt.
1914–1918 Im Ersten Weltkrieg wird die Neutralität der Niederlande respektiert.
1922 Volles Wahlrecht für Frauen.
1940 Niederlande im Zweiten Weltkrieg neutral, trotzdem deutsche Invasion.
1942 Japan besetzt Niederländisch-Ostindien.
1944–1945 »Hungerwinter« in den von Deutschen besetzten Westprovinzen.
1945 Befreiung. Gründung des Internationalen Gerichtshofs in Den Haag.
1946–1958 PvdA führt die Mitte-Links-Koalition. Marshallplan-Hilfe der USA beschleunigt den Wiederaufbau.
1948 Juliana wird Königin.
1949 NATO-Beitritt. Fast alle ostindischen Kolonien als Indonesien unabhängig.
1957 Gründungsmitglied der EWG.
1960 Wirtschaftsgemeinschaft mit Belgien und Luxemburg tritt in Kraft.
1973 PvdA gelangt nach 15 Jahren in der Opposition an die Macht. Mitte-Links-Koalition.
1977–1981 CDA/VVD-Koalition.
1980 CDA-Allianz »konfessioneller« Parteien bildet eine einzige Partei. Beatrix wird Königin.
1982 PvdA verhindert Stationierung von US-Mittelstreckenraketen. CDA/VVD-Mitte-Rechts-Koalition unter Ruud Lubbers.
1989 VVD weigert sich 20-jährige Finanzierung des Nationalen Umweltplans (NEP) mitzutragen. Wahlen. Lubbers bildet CDA/PvdA-Mitte-Links-Koalition.
1990 Umweltplan eingeführt.

1992 Bordellgenehmigungen rechtskräftig.
1994 Wahlen. Wim Kok (PvdA) führt die Koalition von VVD und D66.
1999 Niederlande führen mit zehn weiteren EU-Staaten den Euro ein.
2001 Sterbehilfe und Homosexuellenehe werden legalisiert.

Niederländischer Freiheitskampf Aufstände der holländischen Provinzen gegen die spanisch-habsburgische Herrschaft (1565–1648). Die sieben nördlichen Provinzen machten sich schon 1581 selbstständig. *S. 284*
Siehe auch Niederlande

Nieuwpoort ⚔ beim holländischen Aufstand (1600). Sieg über Spanien.

NIGER

Der westafrikanische Binnenstaat Niger ist über den gleichnamigen Fluss mit dem Meer verbunden. Der Norden, die Gegend um das Aïr-Gebirge und vor allem der weite, unbesiedelte Nordosten gehören zur Sahara. Bis 1992 war Niger ein Einparteienstaat mit Militärregime. Dann ließ eine neue Verfassung mehrere Parteien zu. Der zaghafte Demokratisierungsprozess wurde jedoch 1996 und 1999 durch Militärputsche unterbrochen.

Chronologie

11. – 16. Jahrhundert Blütezeit des Songhay-Reiches.
14. Jahrhundert Agadès wird wichtiges Zentrum des Transsaharahandels.
19. Jahrhundert Erste Kontakte zu europäischen Eroberern, Frankreich richtet um 1890 einen Militärposten in Niamey ein.
1916–1917 Tuareg besetzen Agadès und kontrollieren das Aïr-Gebirge.
Um 1950 Entwicklung zweier politischer Bewegungen: die radikale Sawaba Party von Djibo Bakary und die konservative Niger Progressive Party (PPN) von Hamani Diori. Die Sawaba wird 1959, ein Jahr vor der Unabhängigkeit und bevor Diori Präsident wird, verboten.
1960 Unabhängigkeit.
1968 Franzosen eröffnen Uranminen.
1973 Dürre; 60 % des Viehs sterben.
1974 Militärputsch. General Kountché verbietet politische Parteien.
1984 Erneute Dürre; der Niger trocknet aus. Ende des Uranbooms.
1987 Kountché stirbt. General Ali Saibou unterstützt den Übergang zur Demokratie.
1990–1995 Tuareg-Aufstand.
1992 Verfassung: Mehrparteiensystem.
1993 Demokratische Wahlen.
1996 Militärputsch. Inszenierte Wahlen.
1999 Neue Verfassung. General Mainassara wird ermordet. In Mehrparteienwahlen siegt Mamadou Tandja.
2001 Jagdverbot zum Schutz wild lebender Tiere.

NIGERIA

Der bevölkerungsreichste Staat Afrikas erlangte seine Unabhängigkeit von Großbritannien 1960. Nigeria grenzt an Benin, Niger, Tschad und Kamerun. Die Landschaft ist geprägt von tropischem Regenwald und Sümpfen im Süden und Savannen im Norden. Seit 1966 herrschten meist Militärregimes. Nach zahlreichen Rückschlägen gelang 1999 die Rückkehr zur Zivilregierung mit der Wahl Olusegun Obasanjos zum Präsidenten. Der Ex-General war schon 1976–79 Staatsoberhaupt. Nigeria ist viertgrößter Ölproduzent der OPEC, erlebte aber seit dem Ölboom der 70er-Jahre einen Rückgang des Lebensstandards.

Chronologie

15. Jahrhundert Der Kontakt zu den Europäern beginnt mit der Landung der Portugiesen. Unter Führung Großbritanniens entwickelt sich der Sklavenhandel so weit, dass im 18. Jahrhundert jährlich 15000 Sklaven von der Bucht von Benin aus verschifft werden und weitere 15000 von der Bucht von Biafra aus.
1861 Die Briten besetzen Lagos: Beginn der Kolonisierung. Das Interesse der Briten hat sich nun vom Sklavenhandel hin zum Export von Rohstoffen verlagert.
1885 Der Royal Niger Company wird offiziell die Verwaltung der britischen Gebiete an den Flüssen Niger und Benue übertragen. Britische Truppen zwingen örtliche Herrscher zur Unterwerfung.
1897 Gründung der West Africa Frontier Force (WAFF); die Unterjochung des Nordens beginnt.
1898 Der Auftrag der Royal Niger Company wird widerrufen.
1900 Gründung des britischen Protektorats Nordnigeria.
1906 Lagos wird in das Protektorat Südnigeria eingegliedert.
1914 Die Protektorate Nord- und Südnigeria werden zur Kolonie Nigeria zusammengelegt.
1960 Unabhängigkeit. Nigeria wird Bundesstaat.
1961 Nördlicher Teil des britisch verwalteten UN-Treuhandgebiets Kamerun wird in den Norden Nigerias eingegliedert.
1966 Erster Militärputsch unter Führung von Generalmajor Ironsi. Gegenputsch durch Offiziere aus dem Norden. Ironsi wird ermordet. Massaker an Tausenden Ibo im Norden. General Gowon kontrolliert den Norden und Westen.
1967–1970 Bürgerkrieg. Oberstleutnant Ojukwu fordert Abspaltung des ölreichen Ostens unter dem Namen Biafra. Mehr als 1 Mio. Menschen sterben, bevor die Separatisten besiegt werden.
1970 General Gowon Staatschef.
1975 Gowon abgesetzt. Brigadegeneral Mohammed an der Macht.
1976 Murtala Mohammed bei erfolglosem Putsch ermordet. Nachfolger wird General Olusegun Obasanjo.
1978 Zulassung politischer Parteien; diese dürfen jedoch nur nationale, aber keine Stammesinteressen vertreten.
1979 Alhaji Shehu Shagari und die National Party of Nigeria (NPN) gewinnen die Wahlen; Rückkehr zur Zivilregierung.
1983 Militärputsch. Generalmajor Mohammed Buhari leitet einen obersten Militärrat.
1985 Unblutiger Putsch unter Generalmajor Ibrahim Babangida, der die Rückkehr zur Demokratie verspricht.
1993 Annullierung der Wahlen; Babangida tritt zurück; Militär setzt Übergangsregierung ein, die sich im November auflöst. Machtübernahme durch das Militär unter General Sani Abacha.
1994 Moshood Abiola wird verhaftet, die Opposition ist empört.
1995 Aufhebung des Parteienverbots. Militärgericht verurteilt früheren Staatschef General Olusegun Obasanjo und 39 andere wegen Putschabsichten. Hinrichtung Ken Saro-Wiwas und acht ▶

◀ weiterer Ogoni-Aktivisten; EU-Sanktionen, Aussetzung der Commonwealth-Mitgliedschaft.
1998 Abacha und Abiola sterben; Abachas Nachfolger verkündet Zeitplan für Wiederherstellung der Zivilregierung bis 1999.
1999 Olusegun Obasanjo gewinnt Wahlen: Gouverneure der Bundesstaaten, Präsident, Parlament. Wiederherstellung der Commonwealth-Mitgliedschaft, Sanktionsende.
2000 Eskalation der ethnischen Spannungen gefährdet die nationale Einheit.
2001 März: Bauchi ist der zehnte Bundesstaat, der die Scharia einführt.

Niño, Andreas Spanischer Forscher des 16. Jahrhunderts, reiste in Mittelamerika.

Nintoku Japanischer Kaiser des 15. Jahrhunderts.
Nintoku-Grab *S. 105*

Nixon, Richard Milhous (1913–94) 37. Präsident der USA (Republikaner, 1969–74). Gelangte als Mitglied des HUAC (House Committee on Un-American Activities) auf die politische Bühne; ermittelte im Fall Alger Hiss. Er war 1952–59 Vizepräsident unter Dwight D. Eisenhower, verlor 1960 jedoch die Präsidentschaftswahlen gegen John F. Kennedy. 1968 wurde er schließlich zum Präsidenten gewählt und 1972 knapp in seinem Amt bestätigt. In seine Amtszeit fällt der Einmarsch in Kambodscha 1970, das Ende des Vietnamkriegs, der Beginn der Abrüstungsverhandlungen mit der Sowjetunion und die Wiederaufnahme der Beziehungen zu China. Seine Verwicklung in die Watergate-Affäre führte 1974 zu seinem Rücktritt. Der folgende Präsident Gerald Ford rehabilitierte Nixon.

Njassaland *siehe* Malawi

Njinga Königin des Ndongo-Königreiches in Südwestafrika (reg. 1624–63). Leistete der versuchten portugiesischen Expansion Widerstand.

Nkrumah, Kwame (1909–72) Ghanaischer Politiker, der die Unabhängigkeitsbestrebungen der Goldküste von Großbritannien führte und Präsident der neuen Nation Ghana wurde. Von der Unabhängigkeit 1957 bis zu seinem Sturz durch Putsch 1966 Staatsoberhaupt.

Nobile, Umberto (1885–1978) Italienischer Luftfahrtingenieur. Überflog 1926 mit Amundsen und 14 anderen den Nordpol in seinem lenkbaren Luftschiff. Eine zweite Expedition endete desaströs.

Nördliche Chou *siehe* Nördliche Zhou

Nördliche Song *siehe* Song-Dynastie

Nördliche Wei *siehe* Toba-Wei

Nördliche Zhou (*auch* Nördliche Chou) Dynastie in Nordchina (557–581). Besiegte die Nördlichen Qi.

Noh-Theater Form des klassischen japanischen Theaters, aufgeführt von Darstellern in Masken. *S. 230*

Nok-Kultur Kultur der Eisenzeit um 500–200 v. Chr. am Zusammenfluss von Niger und Benue in Nigeria. Sie schufen die frühesten Eisenarbeiten südlich der Sahara und einzigartige Terrakottafigurinen. *S. 54*

Nordenskiöld, Adolf Erik Freiherr von (1832–1901) Schwedischer Forscher und Wissenschaftler. Unternahm verschiedene Expeditionen nach Spitzbergen. 1870 leitete er eine Forschungsreise zum Inlandeis Grönlands. 1878–79 Durchquerung der Nordostpassage.

Nordfeldzug (1926–28) Versuch der Kuomin-tang, der Nationalen Volkspartei, China unter Jiang Jieshi zu einen.

Nordkorea *siehe* Korea, Demokratische Volksrepublik

Nordmann *siehe* Wikinger

Nordostpassage Seeweg zwischen Atlantik und Pazifik entlang der europäischen und asiatischen Nordküste, erst im 20. Jahrhundert vollständig befahren.

Nordvietnam *siehe* Vietnam

Noriega, General Manuel Antonio Morena (geb. 1934) Politiker und General, als Chef der Nationalgarde und eigentlicher Machthaber Panamas (1982–89) von den USA bis 1987 unterstützt. 1988 wurde er in Miami wegen Rauschgifthandels, Erpressung sowie Beteiligung an der Ermordung panamaischer Oppositioneller angeklagt. Nach der amerikanischen Invasion in Panama 1989 stellte er sich den amerikanischen Truppen.

Normandie Historisches Gebiet in Nordfrankreich, normannisches Lehen 911.

Normandie, Landung in der (*auch* D-Day, Operation Overlord) ⚔ im Zweiten Weltkrieg (Juni–Juli 1944). In der Normandie begann im Zweiten Weltkrieg die Landung der Alliierten in Europa. Es war die größte amphibische Operation der Geschichte.

Normannen Bezeichnung für Wikinger, im engeren Sinne für diejenigen, die sich, vor allem aus Dänemark kommend, unter ihrem Anführer Rollo im frühen 10. Jahrhundert in Nordfrankreich niederließen. Der Begriff leitet sich von Nordmann ab. Die Normannen wurden in Nordfrankreich zu Franzosen, blieben jedoch Eroberer: England (1066), Süditalien und Sizilien (1091). *S. 173*

North American Free Trade Agreement Die Nordamerikanische Freihandelszone (NAFTA). Zwischen USA, Kanada und Mexiko vereinbartes, zehn Jahre geltendes Freihandelsabkommen. Gründung 1994. *Siehe auch* USA, Kanada

North Atlantic Treaty Organization (NATO). Der von den USA geführte Nordatlantikpakt wurde 1949 von den alliierten Westmächten zur Friedenssicherung gegründet. NATO-Truppen werden teilweise zur Friedenssicherung in Krisengebieten eingesetzt. NATO-Einsätze fanden u.a. im Rahmen des ersten Golfkriegs 1991 und des Jugoslawienkonflikts 1999 statt.

NORWEGEN Das Land liegt im Westen Skandinaviens. Die norwegische Westküste weist zahlreiche Fjorde und Inseln auf. Große Erdöl- und Erdgasvorkommen brachten dem Land Wohlstand. Gro Harlem Brundtland, Norwegens erste Premierministerin, übernahm später eine Führungsposition bei der UNO. Trotz einer in ganz Europa spürbaren Rezession Anfang der 90er-Jahre konnte die 1993 auf 6 % angestiegene Arbeitslosigkeit eingedämmt werden. Der Verfassung entsprechend muss die Regierung sich um Maßnahmen kümmern, die jeden einen Arbeitsplatz finden lassen.
Christen in Norwegen *S. 189*

CHRONOLOGIE

Frühes 9. Jahrhundert Norweger schließen sich anderen Wikingergruppen an, die in mehreren Wellen bis zum 11. Jahrhundert mit ihren Booten das restliche Europa überfallen und teilweise erobern. Sie besiedeln außerdem Island und Grönland und landen in Nordamerika.
Um 900 Harald I. Schönhaar eint die kleinen Königreiche, die sich über das Gebiet des heutigen Norwegen erstrecken, und ruft sich zum König der Norweger aus.
Frühes 11. Jahrhundert Christentum wird vorherrschende Religion.

1397 Unter der Kalmarer Union (bis 1814) wird Margarete I. Königin von Dänemark und Norwegen.
1536 Norwegen wird zur Provinz Dänemarks erklärt, darf aber einige traditionelle politische und rechtliche Institutionen beibehalten. Evangelisch-lutherische Kirche wird Staatskirche.
1814 Im Kieler Frieden wird Dänemark zum Verzicht auf Norwegen gezwungen. Norwegen wird Teil der schwedischen Krone. Im Versuch, selbständig zu werden, beschließt das Kabinett (Storting) eine neue Verfassung; Grundlage ist die Gewaltenteilung zwischen den Kammern Odelsting und Lagting. Christian Friedrich von Dänemark (Christian VIII.) wird zum König gewählt. Die von ihm geführte Erhebung gegen Schweden endet am 14. August mit einem Waffenstillstand. Am 4. November wird Karl XIII. von Schweden zum König von Norwegen gewählt und erkennt die Verfassung an. Ihm folgt kurz darauf Karl XIV. Johann, der in Südfrankreich als Jean-Baptiste Bernadotte geboren und 1804 zum französischen Marschall ernannt wurde.
1905 Aufgrund zunehmender Spannungen mit Schweden ruft das Storting zu einer Volksabstimmung auf, in der sich eine überwältigende Mehrheit für die Unabhängigkeit ausspricht; Schweden stimmt zu und Karl von Dänemark wird als Håkon VII. zum König von Norwegen gewählt.
1935 DnA bildet Regierung.
1940–1945 Deutsche Besetzung. Marionettenregierung unter Vidkun Quisling.
1945 DnA erneut an der Macht.
1949 Gründungsmitglied der NATO.
1957 König Håkon stirbt. Ihm folgt sein Sohn Olaf V. auf den Thron.
1960 Mitglied der EFTA.
1962 Antrag zum Beitritt zur Europäischen Wirtschaftsgemeinschaft (EWG) abgelehnt.
1965 Wahlniederlage der DnA. SP-Koalition unter Per Borten gewinnt Wahlen.
1967 Zweiter Antrag auf EWG-Mitgliedschaft.
1971 Premierminister Per Borten tritt nach Bekanntwerden von geheimen Verhandlungen um EWG-Beitritt zurück. DnA-Regierung unter Trygve Bratteli.
1972 EWG-Mitgliedschaft in Referendum mit dreiprozentiger Mehrheit abgelehnt. Bratteli tritt zurück. Lars Korvald wird Premierminister einer Koalition der Mitte.
1973 Bratteli erneut Premierminister.
1976 Odvar Nordli löst Bratteli ab.
1981 Rücktritt Nordlis wegen schwerer Krankheit. Gro Harlem Brundtland wird erste Premierministerin. Wahlen bringen Norwegens erste Konservative Partei (H) nach 53 Jahren wieder an die Regierung. Kare Willoch wird Premierminister.
1983 Konservative bilden Koalition mit SP und KFP.
1985 In Wahlen wird Willochs Koalition bestätigt. Norwegen stimmt Aussetzung des kommerziellen Walfangs zu.
1986 100 000 demonstrieren für bessere Arbeitsbedingungen. Brundtland bildet DnA-Minderheitsregierung. Währung um 12 % abgewertet.
1989 Rücktritt Brundtlands. Koalition zwischen Konservativen und KFP. Sowjetunion stimmt nach dem Beschuss von sowjetischen Atom-U-Booten vor norwegischer Küste einem Informationsaustausch zu.
1990 H-KFP-Koalition zerbricht wegen Meinungsverschiedenheiten zu EU. Brundtland mit DnA an der Macht.
1991 Olaf V. stirbt; sein Sohn Harald V. folgt ihm auf den Thron.
1994 Europäischer Wirtschaftsraum. Ablehnung der EU-Mitgliedschaft in Referendum.
1996 Brundtland tritt zurück; Nachfolger ist Thorbjørn Jagland (ebenfalls DnA).
1997 DnA verliert Wahlen; Kjell Magne Bondevik bildet Mitte-Rechts-Koalition.
2000 Jens Stoltenberg (DnA) wird Premierminister in einer Dreier-Koalition.
2001 Wahlsieg der Konservativen.
2002 Norwegen übernimmt Vorsitz im Nordischen Ministerrat.

Nowgorod Mächtiger russischer Stadtstaat ab 1136, als die Stadt von Kiew unabhängig wurde. Der Legende nach wurde Rurik der Wikinger von der ansässigen Bevölkerung im Jahr 862 gebeten die Regierung zu übernehmen, er begründete die erste russische Dynastie.

NRA *siehe* National Recovery Administration

Nubien Diesen Namen erhielt das Gebiet, das vom ersten Nilkatarakt nach Süden bis zum Sudan reicht, von den Ägyptern. Hauptstadt war zunächst Napata, dann Meroë. Im 2. Jahrtausend v. Chr. standen die Nubier unter ägyptischer Herrschaft. Ihrerseits regierten sie Ägypten im 1. Jahrtausend und machten Napata kurzzeitig zum Zentrum der antiken Welt. Die 25. ägyptische Dynastie, 751–668 v. Chr., kam aus Kusch, sie hinterließ 300 Pyramiden. Im 5. Jahrhundert wurde Nubien christianisiert und die der heiligen Anne gewidmete Kathedrale in Faras gebaut.
Fresko der Kathedrale *S. 131*

Nürnberger Prozesse Gerichtsverfahren vor dem Internationalen Militärgerichtshof gegen angeklagte NS-Straftäter.

Numidien Römische Provinz nördlich der Sahara, das Küstengebiet des heutigen Algerien. Um 210 v. Chr. schloss sich der numidische König Massinissa mit Rom gegen Karthago zusammen. Sein Großneffe Jugurtha (reg. 113–104 v. Chr.) unterlag in einem Krieg gegen Rom und starb in Gefangenschaft.

Nur ad-Din († 1174) Der islamische Herrscher führte den Widerstand gegen die Kreuzfahrerstaaten von Syrien aus. Er sandte seinen General Saladin nach Ägypten und stürzte das dortige Fatimidenkalifat 1169. *S. 192*

Nyerere, Julius (1922–99) Erster Staatspräsident des unabhängigen Tanganjika (1961) und erster Staatspräsident des neuen Staates Tansania (1964). Er war auch die treibende Kraft hinter der Organisation für afrikanische Einheit (OAU).

O

O'Higgins, Bernardo (1776–1842) Chilenischer Freiheitskämpfer. Der Sohn eines in Irland geborenen Soldaten wurde Führer der seit 1810 bestehenden Unabhängigkeitsbewegung. Als er 1814 geschlagen und aus Chile vertrieben wurde, erhielt er Unterstützung von der erst kürzlich unabhängig gewordenen Republik Río de la Plata und gewann mit José de San Martín den entscheidenden Kampf bei Chacabuco 1817. Er wurde der erste Präsident Chiles, seine autoritäre Herrschaft erregte jedoch Unwillen und er wurde 1823 zur Abdankung gezwungen. Er starb im Exil in Peru.

Oaxaca Region im südlichen Mexiko, wo einige der frühesten Kulturen Mittelamerikas, wie z.B. die Zapoteken, siedelten.

Obeid-Kultur (*auch* Ubaid-, Tell-Obeid-, Tall-Ubaid-Kultur) Nach der Fundstelle Tell Obeid in Südmesopotamien benannte Kultur. Die ersten protosumerischen Siedler ließen sich hier zwischen 4500 und 4000 v. Chr. nieder. Sie entwickelten Bewässerungsanlagen, produzierten Keramik und begannen Handel zu treiben. Die Obeid-Kultur gilt als Vorläufer der sumerischen Kultur.

Ocampo, Sebastián de Spanischer Eroberer des 16. Jahrhunderts. Leitete die Expedition nach Kuba.

Octavian *siehe* Augustus Caesar

Oda Nobunaga (1534–82) Japanischer Feldherr, der die Einigung Japans begann (reg. 1568–82).

Oddas Kapelle Die kleine angelsächsische Kapelle wird von Odda, Earl von Hwicce, während der Regierungszeit Eduards des Bekenners erbaut. Sie ist Oddas Halbbruder Elfric gewidmet.
S. 171

Odoaker Germanischer Heerführer, der 476 den letzten weströmischen Kaiser Romulus Augustus absetzte und selbst Regent in Italien wurde. Er wurde 493 nach der Belagerung Ravennas vom Ostgotenkönig Theoderich erschlagen.

Ögädäi (*auch* Ogodai, † 1241) Mongolischer Herrscher, Sohn von Dschingis Khan, der 1229 zum Großkhan gewählt wurde. Er führte erfolgreiche Feldzüge gegen den Charism-Schah und die Jin des nördlichen China.

Ögedei *siehe* Ögädäi

ÖSTERREICH Das in der Mitte Europas liegende Land wird im Westen von den Alpen beherrscht. Den Norden und Osten bilden fruchtbare Ebenen. Ab 1273 beherrschen die Habsbuger Österreich, ab 1867 die österreichisch-ungarische Doppelmonarchie. Mit der Niederlage im Ersten Weltkrieg kommt es zum Zusammenbruch der Donaumonarchie. Die Republik Österreich wird gegründet. 1934 putschen Austrofaschisten erfolglos, 1938 erfolgt der gewaltsame »Anschluss« an Hitlerdeutschland. Mit dem Abzug der Besatzungstruppen nach dem Sieg der Alliierten wird das Land 1955 ein neutraler, unabhängiger Staat. Es weist u.a. eine hoch entwickelte Hightech-Branche auf. Auch im Dienstleistungssektor, v.a. im Tourismus, wird viel Geld erwirtschaftet. Das Land ist seit 1995 Mitgliedsstaat der EU und unter den ersten EU-Ländern, die 2002 den Euro einführen.
Siehe auch Habsburgerreich

CHRONOLOGIE

14 v. Chr. Der südlich der Donau liegende Teil Österreichs wird Teil des Römischen Reichs.

790 Das Gebiet wird die östliche Grenzprovinz (Ostmark) des Frankenreiches und später Teil des Heiligen Römischen Reiches unter Karl dem Großen.

976 Otto I. begründet die Babenbergdynastie, die 270 Jahre herrscht. Die Provinz wird Markgrafschaft (Grenzmark).

1282 Der österreichische Herzogstitel wird von Herzog Rudolf von Habsburg zum Erbtitel erklärt. Rudolf I. ruft sich 1273 zum König der Deutschen und zum Kaiser des Heiligen Römischen Reiches aus.

1519–1555 Unter Karl V. (1500–58) erreicht das Habsburgerreich seinen Höhepunkt. Es reicht nun von Amerika über die Niederlande bis nach Böhmen (1526) und bildet ein christliches Bollwerk gegen das Osmanische Reich.

1648 Mit der Unterzeichnung des Westfälischen Friedens endet der Dreißigjährige Krieg, ein gesamteuropäischer Konflikt, der zum Teil aus konfessionellen Gründen, zum Teil aus rein machtpolitischen Gründen ausgetragen wird. Nach unterschiedlichen Allianzen, darunter die zwischen dem protestantischen Schweden und dem katholischen Frankreich gegen Habsburg, wird der Friedensvertrag unterzeichnet. Damit endet das Heilige Römische Reich deutscher Nation. Deutsche Staaten erhalten ihre Unabhängigkeit.

1713 Der Frieden von Utrecht beendet den Spanischen Erbfolgekrieg (1702–13). Die Spanischen Niederlande gehen an Habsburg über, obwohl ein französischer Bourbone König von Spanien wird.

1748 Der Frieden von Aix-la-Chapelle beendet den Österreichischen Erbfolgekrieg, der 1740 nach dem Tod von Karl VI., dem letzten männlichen Thronfolger Habsburgs, ausbricht. Dessen Tochter Maria Theresia wird österreichische Kaiserin. Schlesien fällt an die Preußen.

1772–1797 Polnische Teilungen. 1772 erhält Österreich in der ersten, mit dem Vertrag von St. Petersburg erzwungenen Gebietsabtretung Galizien und Lodomerien. In der zweiten Teilung werden nur Preußen und Russland berücksichtigt, in der dritten erhält Österreich 1795 zusätzlich »Westgalizien« mit Krakau. Das Ende des polnischen Staates *(Finis Poloniae)* wird im Vertrag von 1797 besiegelt.

1805 Österreich und Russland werden von Napoleons Truppen in der Schlacht von Austerlitz geschlagen. Gründung des aus separatistischen deutschen Staaten bestehenden Rheinbunds unter Napoleon. Der österreichische Kaiser Franz I. ruft sich zum Kaiser des Heiligen Römischen Reiches aus, muss diesen Titel jedoch nach weiteren napoleonischen Siegen abtreten. Nach Napoleons Niederlage versammeln sich die Herrscher Europas in Wien, um im Wiener Kongress (1814–15) Europa neu aufzuteilen. Österreich erhält dabei Gebiete in Norditalien und wird Sprecher des Deutschen Bundes. Den Vorsitz des Wiener Kongresses führt der österreichische Außenminister Fürst Metternich.

1848 Aufstände führen zur Abschaffung der Leibeigenschaft. Rücktritt Metternichs. Kaiser Ferdinand I. dankt ab, sein Neffe Franz Joseph I. ist Kaiser (reg. 1848–1916).

1867 Ein Jahr nach dem deutschen Krieg zwischen Preußen und Österreich sowie einem ungarischen Aufstand wird in einem Ausgleich mit Ungarn die Doppelmonarchie Österreich-Ungarn (*auch* Donaumonarchie) begründet.

1908 Österreich annektiert Bosnien-Herzegowina. Dieser Schritt führt zur bosnischen Krise und schließlich zur Zunahme internationaler Spannungen.

1914 Das Attentat auf den österreichischen Thronfolger Erzherzog Franz Ferdinand durch einen extremistischen Serben ist der Auftakt zum Ersten Weltkrieg. Die Invasion Österreich-Ungarns in Serbien wird erst erfolgreich, als Deutschland Österreich im folgenden Jahr unterstützt.

1918 Zum Ende des Ersten Weltkriegs dankt Kaiser Karl ab. Die Donaumonarchie zerfällt in Nationalstaaten. In Österreich wird die Republik ausgerufen.

1919 Im von Österreich und den Alliierten unterzeichneten Vertrag von St. Germain

macht Österreich der Tschechoslowakei, Ungarn, Italien, Polen, Rumänien und Jugoslawien territoriale Zugeständnisse.
1933 Der christdemokratische Kanzler Engelbert Dollfuß löst das Parlament auf.
1934 Dollfuß beginnt mit der Inhaftierung von Demokraten, Kommunisten und Nationalsozialisten. Putschversuch der Nazis. Dollfuß wird im Juli von einem österreichischen Nazi ermordet. Dollfuß' Nachfolger wird Kurt von Schuschnigg.
1938 Anschluss – Österreich wird von Hitler zum Teil des Deutschen Reiches gemacht.
1945 Besetzung Österreichs durch sowjetische, britische, US-amerikanische und französische Truppen. Wahlen bringen ÖVP-SPÖ-Koalition an die Regierung.
1950 In Österreich kommt es unter Führung der Kommunisten zu großen Streiks, die in Auseinandersetzungen mit rechten Milizen münden. Bürgerkriegssituation kann jedoch aufgelöst werden. Der Marshallplan führt zur Erholung der österreichischen Wirtschaft.
1955 Österreich wird ein neutraler Staat.
1971 SPÖ-Regierung unter Bundeskanzler Bruno Kreisky beherrscht zwölf Jahre lang österreichische Politik.
1983 Sozialisten und FPÖ bilden eine Koalitionsregierung unter Fred Sinowatz.
1986 Der wegen Verdachts möglicher Kriegsverbrechen umstrittene Kurt Waldheim, ein ehemaliger Generalsekretär der UNO, wird zum Präsidenten gewählt. Franz Vranitzky löst Sinowatz als Bundeskanzler ab. Der Nationalist Jörg Haider wird FPÖ-Vorsitzender, woraufhin die SPÖ die Koalition mit der FPÖ aufkündigt. Wahlen führen zu einem Patt. Rückkehr zur großen Koalition unter SPÖ und ÖVP.
1990 ÖVP verliert in Parlamentswahlen 17 Sitze.
1992 Thomas Klestil (ÖVP) zum Bundespräsidenten gewählt. Wahlen bestätigen den Wechsel traditioneller ÖVP-Wähler zur FPÖ.
1995 Beitritt zur EU. Koalitionsstreit über Staatshaushalt führt zu Neuwahlen. SPÖ und ÖVP verzeichnen Stimmgewinne. Anfang 1996 erneut große Koalition.
1997 Vranitzky tritt zurück, neuer Kanzler ist Viktor Klima.
1998 Wiederwahl Klestils als Präsident.
1999 Haiders FPÖ erhält bei Regionalwahl in Kärnten 40 % der Stimmen und zieht bei nationalen Wahlen im Oktober mit ÖVP gleich. SPÖ bleibt die stärkste Partei.
2000 ÖVP akzeptiert FPÖ als Koalitionspartner mit Wolfgang Schüssel als Kanzler.
2002 Koalition von ÖVP und FPÖ zerbricht, wird jedoch im Februar 2003 erneuert.

Österreichischer Erbfolgekrieg (1740–48) Nachdem Maria Theresia den österreichischen Thron bestiegen hatte, eroberte Friedrich II. von Preußen Schlesien. Frankreich stellte sich an die Seite Preußens, während England eine Allianz mit Österreich einging. In Italien sah sich Österreich einer bourbonischen Allianz aus Frankreich und Spanien gegenüber. Die Konflikte infolge des Erbfolgekriegs betrafen Schlesien, Österreich, die Österreichischen Niederlande, Süddeutschland, Italien, Indien und Nordamerika. Mit dem Kriegsende war Schlesien schließlich offiziell Teil Preußens.

Östliche Han *siehe* Han-Dynastie

Östliche Zhou *siehe* Zhou-Dynastie

Offa (reg. 757–796) König von Mercia, das während seiner Regentschaft das mächtigste angelsächsische Königreich wurde.

Offa's Dyke Der von Offa von Mercia um 785 errichtete Erdwall zum Schutz der angelsächsischen Gebiete gegen Wales.

Oiraten Nomadenvolk, das von den westlichen Mongolengruppen abstammt, die im 17. Jahrhundert westwärts zur Wolga zogen.

Okinawa ⚔ im Zweiten Weltkrieg (März – Juni 1945). Hauptangriffspunkt der US-Marine in der Schlussphase des Pazifikkrieges, war Stützpunkt für die strategischen Bombenangriffe auf Japan.

Olid, Cristóbal de Spanischer Eroberer des frühen 16. Jahrhunderts, leitete eine Expedition von Mexiko nach Honduras.

Oligarchie (*griech.* Herrschaft der wenigen) In den antiken griechischen Stadtstaaten lag die Macht in den Händen weniger männlicher Bürger.

Olmeken Volk, das die erste mesoamerikanische indianische Hochkultur an der mexikanischen Golfküste schuf, Blütezeit zwischen 1200 und 800 v. Chr. Die Olmeken beeinflussten den Aufstieg und die Entwicklung der Nachfolgekulturen in Mesoamerika. Sie bauten die ersten Zeremonialstätten mit monumentalen Skulpturen und Tempeln und schufen einen 260-tägigen Kalender. *S. 33*

Olustee ⚔ im amerikanischen Bürgerkrieg (20. Februar 1864). Sieg der Union.

Olymp (*griech.* Olympos) Gebirge in Griechenland. In der Antike Wohnsitz der griechischen Götter.

Olympia Zeus und Hera geweihte antike griechische Kultstätte. 776 v. Chr. wurden hier die ersten Olympischen Spiele abgehalten. *S. 45*

Olympische Spiele 1896 wurde die Tradition, alle vier Jahre einen sportlichen Wettstreit auszuführen, nach dem Vorbild der antiken griechischen Olympiade in Athen wiederbelebt.

Omagua Aufgrund der Kolonisierung ausgestorbenes Volk der oberen Amazonasregion.

Omaijaden-Kalifat 661 begründete muslimische Kalifendynastie. 750 von den Abbasiden abgesetzt. Ein Zweig der Omaijaden herrschte allerdings von 756 bis 1031 im maurischen Spanien. *Siehe auch* Kalifat

OMAN Mit Grenzen zum Jemen, den Vereinigten Arabischen Emiraten und Saudi-Arabien hat Oman eine strategisch günstige Lage am Zugang zum Persischen Golf. Am dichtesten ist die Nordküste und die südliche Salalah-Ebene besiedelt. Ölexporte verhalfen Oman unter einem patriarchalischen Sultan, der in den 70er-Jahren einen marxistischen Aufstand niederschlug, zu bescheidenem Wohlstand.

CHRONOLOGIE
8. Jahrhundert Der Stamm von Al-Azd errichtet ein unabhängiges Imamat.
1507 Portugal übernimmt die Kontrolle von Oman.
1650 Imam Nasir Ibn Murshid aus der Jarubiden-Dynastie vertreibt die Portugiesen.
1730 Oman erobert portugiesische Niederlassungen an der Ostküste Afrikas.
1749 Ahmed Ibn Said wird zum Imam gewählt und gründet die Said-Dynastie.
1932 Sultan bin Taimur regiert.
1970 Sultan Qabus bin Said entreißt seinem Vater die Macht.
1975 Dhofar-Revolte unterdrückt.
1991 Konsultativrat eingesetzt.
1993 Uneingeschränkte Ölproduktion.
▶

◄
2000 Erstmals Wahl der Mitglieder des Konsultativrats.
2002 Teilweise Neubildung des Kabinetts.

Oñate, Juan de (um 1550–1630) Spanischer Eroberer. Leitete die Expedition zur Kolonialisierung New Mexicos 1598 und gründete Siedlungen nördlich des Rio Grande. War 1605–08 Gouverneur des heutigen New Mexico.
Onin-Krieg (1467–77) Japanischer Bürgerkrieg.
OPEC *siehe* Organisation der Erdöl exportierenden Länder
Oper
Zeitalter der großen Opern *S. 361*
Operation Market Garden *siehe* Arnheim
Operation Overlord *siehe* Normandie, Landung in der
Opiumkriege Britisch-chinesische Kriege (1839–42, 1850–60) aufgrund der chinesischen Versuche, den Gewinn bringenden britischen Opiumhandel in Süd- und Ostchina zu begrenzen. Die britische Flotte griff verschiedene chinesische Häfen an oder blockierte sie (Guangzhou, Xiamen, Fuzhou, Ningbo, Tientsin, Schanghai), wodurch China gezwungen war den Friedensvertrag von Nanjing (Nanking) zu unterzeichnen (1842). *S. 359*
Oranje-Freistaat Ehemalige Burenrepublik (gegründet 1854), heute Provinz Südafrikas.
Orbigny, Alcide Charles Victor d' (1802–57) Französischer Paläontologe, der acht Jahre (1826–34) Südamerika bereiste und ein neunbändiges Werk dieser Reise sowie die erste detaillierte Karte des südamerikanischen Kontinents herausbrachte. Er war ein Anhänger der Katastrophentheorie.
Orellana, Francisco de (um 1490–1546) Spanischer Eroberer. Orellana nahm an der von Gonzalo Pizzaro, Bruder von Francisco, geleiteten Expedition zu den östlichen Ausläufern der Anden teil. Er und seine Gefährten wurden von der Gruppe getrennt und befuhren den Amazonas vom Quellgebiet bis zur Mündung.
Organisation der Erdöl exportierenden Länder (OPEC) Internationale Organisation zur Koordination der Erdölpolitik und Regulierung der Preise. Sie wurde 1960 von Irak, Iran, Kuwait, Saudi-Arabien und Venezuela gegründet, weitere Mitglieder kamen hinzu.
Organisation für Afrikanische Einheit (OAU) 1963 von unabhängigen afrikanischen Staaten gegründete Organisation, die den Kontinent Afrika stärken und gegen Einflüsse von außen weniger anfällig machen sollte.
Oriskany ⚔ im amerikanischen Unabhängigkeitskrieg (6. August 1777).
Orléans, Belagerung von (1429) Wendepunkt im Hundertjährigen Krieg. Die Stadt war unter englischer Belagerung und wurde durch die Jungfrau von Orléans (Jeanne d'Arc) befreit.
Oromo Volk in Ostafrika, das im 16. und 17. Jahrhundert in großer Zahl nordwärts nach Äthiopien einwanderte.
Orozco, Francisco Spanischer Forscher, bereiste im 16. Jahrhundert Nordamerika.
Orozco, Pascual (1882–1915) Mexikanischer Revolutionsführer.
Ortelius, Abraham (1527–98) Flämischer Kartograf und Verleger, brachte 1570 den ersten »modernen« Atlas heraus, das *Theatrum Orbis Terrarum. S. 292*
Osei Tutu († 1712) Gründer und erster Regent des Ashanti-Reiches.
Osman dan Fodio (*auch* Usman dan Fodio, 1754–1817) Philosoph und revolutionärer Reformer aus dem Reich der Fulbe, der in einem Djihad zwischen 1804 und 1808 die Stadtstaaten der Hausa eroberte und im heutigen Nigeria das Kalifat von Sokoto begründete.
Osman I. Ghasi (etwa 1258–1324) Begründer der Dynastie osmanischer Sultane, die in der Region Nordwestanatolien an der Grenze zum Byzantinischen Reich große Macht erlangten. *Siehe auch* Osmanisches Reich

OSMANISCHES REICH Ausgangspunkt der Gründung des Reiches in Anatolien 1299 waren türkische Völker, die Bursa 1326 zu ihrer Hauptstadt machten. Es breitete sich rasch nach Europa aus und reichte im 16. Jahrhundert vom Persischen Golf bis Marokko im Süden und von der Krim bis vor die Tore Wiens im Norden. Nach der vergeblichen Belagerung Wiens 1683 begann der Abstieg des Reiches. Es verlor nach und nach Bereiche in Südosteuropa und endete mit der Niederlage der Türkei im Ersten Weltkrieg.
Eroberung Konstantinopels *S. 263*
Osmanen in Europa *S. 314*
Ende des Osmanischen Reiches *S. 393*
Siehe auch Türkei, Osman I. Ghasi, Süleiman I.

CHRONOLOGIE
1071 Muslimische Seldschuken schlagen Byzanz bei der Schlacht von Mantzikert und errichten 1098 ein Sultanat.
Um 1300 Gründung der osmanischen Dynastie durch Osman I.
1396 Unter Sultan Bajasid I. Herrschaft über fast ganz Anatolien.
1402 Bei der Schlacht von Ankara wird Bajasid von Timur geschlagen.
1453 Türkische Streitkräfte unter Mohammed II. erobern Konstantinopel zurück. Es wird Hauptstadt des Reiches und in Istanbul umbenannt.
1451–1520 Unter den Sultanen Mohammed II., Bajasid II. und Selim I. dehnt sich das Osmanische Reich bis in den Balkan, zur Krim und nach Vorderasien aus.
1520–1561 Unter Süleiman I., dem Prächtigen, hat das Reich seine Blütezeit. Er erobert die Ostküste des Schwarzen Meeres und die griechischen Inseln und unternimmt 1529 einen Angriff auf Wien.
1571 Die Vernichtung der osmanischen Flotte bei Lepanto markiert den Beginn des Niedergangs des Reiches.
1699 Mit dem Friedensvertrag von Karlowitz verlieren die Osmanen Ungarn und weitere osteuropäische Länder an Habsburg.
1774 Mit dem Friedensvertrag von Kütschük Kainardschi fällt die Krim und weiteres Land an Russland.
1812–1898 Das Reich zerfällt und wird zum »Kranken Mann am Bosporus«. Es verliert 1812 Bessarabien, 1817 Serbien, 1829 Griechenland, 1830 Algerien, 1878 Bosnien, Bulgarien und Zypern (auf dem Berliner Kongress), 1881 Tunesien und 1898 Kreta.
1894–1896 Niederschlagung eines nationalistischen Aufstands in Armenien.
1908 Die radikalen nationalistischen Jungtürken zwingen den Sultan, die Verfassung von 1876 wieder einzusetzen.
1911–1913 In den beiden Balkankriegen gehen fast alle europäischen Besitzungen verloren.
1914–1918 Eintritt in den Ersten Weltkrieg auf der Seite der Mittelmächte.
1915 Türkische Streitkräfte metzeln etwa 1500000 Armenier nieder.

1919 Griechische Truppen besetzen Izmir (Smyrna); Mustafa Kemal »Atatürk« beruft die erste Nationalversammlung ein (Juli).
1920 Unter Atatürk bildet sich eine provisorische Regierung; der Sultan unterzeichnet den Friedensvertrag von Sèvres (August), wonach Izmir an Griechenland fällt, alle türkisch-arabischen Gebiete abgetreten werden und sowohl ein unabhängiges Armenien im östlichen Anatolien als auch ein unabhängiges Kurdistan im Osten entstehen. Die provisorische Regierung erkennt den Vertrag nicht an.
1922 Atatürks Truppen vertreiben die Griechen aus Izmir und siegen über Armenien. Im Oktober wird der Sultan abgesetzt und das Sultanat abgeschafft.

Osmanische Sultane

Um 1300–1324	Osman I.
1324–1360	Orhan
1360–1389	Murad I.
1389–1402	Yildirim Bajasid I. (der Blitz)
1402–1421	Mohammed I. (Mehmed)
1421–1444	Murad II. (1. Reg.zeit)
1444–1446	Mohammed II. (Mehmed, der Eroberer, 1. Reg.zeit)
1446–1451	Murad II. (2. Reg.zeit)
1451–1481	Mohammed II. (Mehmed, der Eroberer, 2. Reg.zeit)
1481–1512	Bajasid II.
1512–1520	Selim I. (der Grausame)
1520–1566	Süleiman I. (der Prächtige)
1566–1574	Selim II.
1574–1595	Murad III.
1595–1603	Mohammed III. (Mehmed)
1603–1617	Ahmed I.
1617–1618	Mustafa I.
1618–1622	Osman II.
1622–1623	Mustafa I. (wiedereingesetzt)
1623–1640	Murad IV.
1640–1648	Ibrahim I.
1648–1687	Mohammed IV. (Mehmed)
1687–1691	Süleiman II.
1691–1695	Ahmed II.
1695–1703	Mustafa II.
1703–1730	Ahmed III.
1730–1754	Mahmud I.
1754–1757	Osman III.
1757–1774	Mustafa III.
1774–1789	Abd ül-Hamid I.
1789–1807	Selim III.
1807–1808	Mustafa IV.
1808–1839	Mahmud II.
1839–1861	Abd ül-Medjid I.
1861–1876	Abd ül-Asis
1876	Murad V.
1876–1909	Abd ül-Hamid II.
1909–1918	Mohammed V. (Mehmed)
1918–1922	Mohammed VI. (Mehmed)
1922–1924	Abd ül-Medjid II. (Kalif)

Ostasien Geografischer Begriff, der in der Regel China, die Mongolei, die Mandschurei, Korea, Japan und die vorgelagerten Inseln umfasst.

Ostblock (*auch* kommunistischer Block) Allgemeiner geopolitischer Ausdruck für alle kommunistischen europäischen und asiatischen Staaten nach dem Zweiten Weltkrieg unter der Führung von UdSSR und China, die sich militärisch und wirtschaftlich verbanden. Die sowjetische Hegemonie wurde durch COMECON (1949, Rat für gegenseitige Wirtschaftshilfe) und Warschauer Pakt (1955, militärisches und politisches Bündnis) gefestigt. Die Organisationen lösten sich nach dem Zerfall der Sowjetunion (1989–90) auf.
Zusammenbruch des Kommunismus *S. 448*
Siehe auch Warschauer Pakt

Ostdeutschland Als geografische Bezeichnung ursprünglich für Deutschland östlich der Elbe gebraucht, meint als politische Bezeichnung im engeren Sinn die Deutsche Demokratische Republik (DDR), den Teil Deutschlands, der nach dem Zweiten Weltkrieg unter sowjetischem Einfluss stand (1949–89).
Siehe auch Deutschland

Osterinsel (*auch* Rapa Nui) Pazifikinsel, die von den Polynesiern um 300 besiedelt wurde. Bekannt sind v.a. die riesigen geheimnisvollen Steinfiguren, die aus Lavagestein gemeißelten Moais.
S. 226

Ostfront Allgemeine Bezeichnung für den Kriegsschauplatz im Osten Europas während der beiden Weltkriege.

Ostgoten (*auch* Ostrogothen) Der östliche Stamm der Goten ließ sich 453 nach dem Tod Attilas unter römischer Oberhoheit in Pannonien nieder. Unter ihrem König Theoderich dem Großen eroberten sie 493 Italien und begründeten ein bis 553 bestehendes Königreich. *Siehe auch* Goten

Ostindien Alte Bezeichnung für Vorder- und Hinterindien und die südostasiatische Inselwelt.

Ostindische Kompanien Englische Ostindische Kompanie, Holländische Ostindienkompanie, Französische Ostindische Kompanie

Ostpakistan *siehe* Bangladesch

OSTTIMOR

OSTTIMOR Dieser neue Staat erstreckt sich über die Osthälfte der Insel. Eine schmale Küstenlinie geht in bewaldetes Hochland über. Das Land, das ab 1520 von den Portugiesen kolonisiert und nach dem Rückzug Portugals 1975 von Indonesien besetzt wurde, erlangte in einem von Unruhen begleiteten Prozess 2002 die Unabhängigkeit.

Chronologie

13.–15. Jahrhundert Das javanische Majapahit-Reich weitet seine Herrschaft über die indonesische Inselwelt, inklusive Timor, aus.
1520 Ankunft portugiesischer Kolonisatoren auf Timor.
1613 Holländische Siedler erlangen immer größere Kontrolle über die Insel und beanspruchen den Westteil. Damit ist das Schicksal Westtimors mit dem von den Niederlanden beherrschten Indonesien verknüpft.
1860 Ein Vertrag regelt die Beziehungen zwischen den beiden Kolonialmächten Holland und Portugal. Allerdings werden erst 1914 die endgültigen Grenzen festgelegt.
1942–1945 Japaner besetzen Timor im Zweiten Weltkrieg.
1974 Mit der portugiesischen »Nelkenrevolution« endet das portugiesische Kolonialreich, Portugal zieht sich aus Osttimor zurück.
1975 In dem entstandenen Machtvakuum kämpfen drei Gruppen um die zukünftige politische Ausrichtung: die gemäßigte Demokratische Union von Timor (União Democrática de Timor, UDT), die die Unabhängigkeit fordert, die pro-indonesische Demokratische Volksassoziation von Timor (Associação Popular Democrática Timorense, APODETI) und die Revolutionäre Front für die Unabhängigkeit Osttimors (Frente Revolucionária de Timor-Leste Independente, FRETILIN), die die Unabhängigkeit erklärt. Nach einem Wahlsieg der FRETILIN putscht die UDT und löst damit einen Bürgerkrieg aus. Gleichzeitig annektiert Indonesien das Gebiet, woraufhin die Niederlande die diplomatischen Beziehungen zu Indonesien abbrechen.

1976 Der UN-Sicherheitsrat fordert Indonesien auf, sofort alle Truppen aus Osttimor abzuziehen.
1976 Der indonesische Präsident Suharto unterzeichnet eine Erklärung, die Osttimor zur 27. Provinz Indonesiens macht.
1986 Nach jahrelangem Widerstand gegen die indonesische Besatzung unter Führung der FRETILIN beschließen FRETILIN und UDT auf militärischer und politischer Ebene zusammenzuarbeiten.
1988 Vorsichtige Öffnung Osttimors nach 13 Jahren indonesischer Besetzung.
1991 Indonesien stimmt dem Besuch einer portugiesischen Delegation nach Osttimor zu, nachdem Kritik an Menschenrechtsverletzungen zunimmt. Der Besuch wird jedoch von Indonesien widerrufen, nachdem bekannt wird, dass ein australischer Journalist mit der Delegation reisen sollte.
1991 Massaker von Dili. Indonesische Truppen eröffnen Feuer auf Trauergäste bei einer Beerdigung und töten dabei rund 50 Menschen. Australien unterstützt Indonesien, da beide Staaten ein Interesse an der gemeinsamen Ausbeutung der reichen Ölvorkommen in der Timorsee haben.
1992 José Alexandre Gusmão (»Xanana«), Führer der FRETILIN, wird in der Nähe Dilis gefangen genommen.
1993 »Xanana« Gusmão wird zu lebenslanger Haft verurteilt.
1994 Indonesisches Militär verhandelt mit Gusmão über UN-Referendum zu Osttimor.
1998 Der indonesische Präsident Suharto unterzeichnet Erlaubnis zur Durchführung eines Referendums.
1999 Osttimoresen dürfen über die Zukunft ihres Landes abstimmen. Im Vorfeld der Wahlen eskaliert die Gewalt seitens pro-indonesischer Milizen. Trotzdem spricht sich die Mehrheit der Bevölkerung für die Unabhängigkeit aus. Im September übernehmen UN-Friedenstruppen die Sicherung der öffentlichen Ordnung.
2002 Im Mai wird Osttimor unabhängig. »Xanana« Gusmão wird zum Präsidenten gewählt.

Otto I. (*auch* Otto der Große, 912–973) Er wurde 936 zum deutschen König gewählt und 962 zum Kaiser des Heiligen Römischen Reiches gekrönt. Besiegte 955 auf dem Lechfeld die Ungarn. Durch ihn wurde Deutschland zur bedeutendsten politischen Macht in Westeuropa.

Otto II. (955–983) König und Kaiser des Heiligen Römischen Reiches. Mitkaiser seines Vaters Otto I. seit 967. *S. 152*

Ottokar II. (1230–78) König von Böhmen, der die böhmische Herrschaft fast bis zur Adria ausdehnte. Er wurde bei der Schlacht auf dem Marchfeld von Rudolf von Habsburg besiegt.

Ottonen (*auch* Liudolfinger) Altsächsisches Adelsgeschlecht, nach Otto I. benannt, der im 10. Jahrhundert Kaiser des Heiligen Römischen Reiches war.

Oudney, Walter († 1824) Britischer Marineoffizier und Forscher. Er begleitete Denham und Clapperton bei der Durchquerung der Sahara von Tripolis zum Tschadsee und starb auf der Reise.

Oxford, Belagerung von (1646) Wendepunkt im englischen Bürgerkrieg. *S. 306*

Oyo Um 1000 gegründeter westafrikanischer Stadtstaat der Yoruba. Beherrschte um 1747 das Nigerdelta und im 18. Jahrhundert die Region zwischen Volta und Niger. Profitierte von Geschäften mit europäischen Sklavenhändlern.

Ozeanien Geografischer Begriff für die Inseln des Pazifiks zwischen nördlichem Wendekreis und 50° südlicher Breite, umfasst manchmal auch Australien und Neuseeland.

P

Pachacutec (*auch* Yupanqui) Inka-Herrscher (1438–71), unter dem sich das Inka-Reich vom Kerngebiet um Cuzco auf die Andenregion bis in den Norden nach Quito ausdehnte.

Padrão Wappenpfeiler portugiesischer Seeleute entlang der afrikanischen Küste während des 14.–15. Jahrhunderts.

Paekche Altes Königreich der koreanischen Halbinsel, dessen Blüte vom 3. bis 7. Jahrhundert reichte. *Siehe auch* Korea

Päpste *siehe* Vatikan

Páez, José Antonio (1790–1873) Revolutionär und erster Präsident Venezuelas. Kämpfte mit Simón Bolívar gegen die Spanier. Führte 1829 die Bewegung zur Abspaltung Venezuelas von Großkolumbien an und kontrollierte das neue Land von seiner Wahl im Jahr 1831 bis zu seinem erzwungenen Exil 1846. Kehrte zurück als Diktator (1861–63) und starb im Exil in New York.

Pagan (um 1050–1287) Birmanisches Reich mit Hauptstadt in der vor allem buddhistischen Tempelstadt Pagan (gegründet 847) am Ufer des Irawadi-Flusses, aus dem der erste birmesische Staat hervorging. 1287 von mongolischen Invasoren geplündert. *S. 170*

Pala Indische Dynastie des späten 8. Jahrhunderts (Herrschaft in Nordostindien) mit Verbindungen zum Buddhismus und Tibet.

PAKISTAN Ehemals Teil von Britisch-Indien, 1947 als Antwort auf die Forderung nach einem unabhängigen und beherrschenden indischen Muslimenstaat gegründet. Ostpakistan, das heutige Bangladesch, ursprünglich Teil des Staates, spaltete sich 1971 ab. Ost- und Südpakistan, die Überflutungsebenen des Indus, sind sehr fruchtbar und liefern Baumwolle, die Grundlage der wichtigen Textilindustrie.
Siehe auch Indien, Bangladesch

CHRONOLOGIE

8.–16. Jahrhundert Islamische Reiche breiten sich nach Nordwest- und Nordostindien aus. Der Punjab und Sindh gehen 1857 endgültig an die Briten über.
1906 Gründung der Muslimliga.
1947 Abspaltung von Indien. Mohammed Ali Jinnah, erster Militärherrscher Pakistans, teilt 1600 km indisches Gebiet in Ost- und Westpakistan, was zur Abwanderung von Millionen von Menschen führt.
1948 Erster Kaschmir-Krieg.
1949 Neue Awami-Liga (AL) fordert Autonomie Ost-Pakistans.
1956 Pakistan wird per Verfassung zur islamischen Republik.
1958 Kriegsrecht. Späterer Präsident General Mohammed Ayub Khan übernimmt Regierung.
1965 Zweiter Kaschmir-Krieg.
1970 Nach Rücktritt Ayub Khans führt General Agha Yahya Khan die Regierung. Erste direkte Wahlen, westpakistanische Parteien erkennen den Sieg der AL nicht an. Krieg mit Indien um Ostpakistan.

1971 Ostpakistan spaltet sich als Bangladesch ab. PPP-Führer Bhutto wird Pakistans Präsident.
1972 Friedensvertrag mit Indien (Simla).
1973 Islamischer Sozialismus von Premierminister Zulfikar Ali Bhutto.
1977 Allgemeine Wahlen. Unruhen wegen angeblichen Wahlbetrugs. Militärputsch General Zia ul-Haqs.
1979 Hinrichtung Bhuttos.
1986 Bhuttos Tochter Benazir kehrt aus Exil zurück; wird Vorsitzende der PPP.
1988 Zia stirbt bei Flugzeugabsturz. Benazir Bhutto gewinnt Wahl.
1990 Ethnische Unruhen in Sindh. Benazir Bhutto wird abgesetzt, Nawaz Sharif wird Premier.
1991 Die Scharia wird ins Gesetzbuch aufgenommen.
1992 Gewalt zwischen Sindhis und Mohajir in Sindh eskaliert.
1993 Wahl nach Rücktritt von Präsident und Premierminister, Benazir Bhutto erneut an der Macht.
1996 Präsident setzt Benazir Bhutto ab.
1997 Erdrutschsieg für PML, Nawaz Sharif wird Premierminister. Abschaffung des Rechts des Präsidenten, Premierminister abzusetzen.
1998 Atomversuche.
1999–2000 Militärputsch. Nawaz Sharif wird des Verrats bezichtigt, Exil in Saudi-Arabien.
2001 Nationalversammlung abgeschafft, General Musharraf ruft sich zum Präsidenten aus. Gespräche zwischen Musharraf und Indiens Vajpayee.
2002 Zafarullah Khan Jamali wird Premierminister.

Paläolithikum Prähistorische Periode (Altsteinzeit) von um 850000 v. Chr. (Frühes Paläolithikum), als die ersten Hominiden Europa erreichten, über das Mittelpaläolithikum (um 200000 v. Chr.) bis zum Spätpaläolithikum (um 35000–10000 v. Chr.). Das europäische Spätpaläolithikum ist die Zeit komplexer Sozialstruktur, temporärer Siedlungsplätze, technischer Neuerungen und die Blütezeit der Felskunst und Schnitzerei.

PALÄSTINA Ursprünglich von den Philistern bewohntes Land. Die Römer übernahmen den Namen für eine ihrer Provinzen im Mittleren Osten und die Briten benutzten ihn für ihr nach dem Zweiten Weltkrieg erhaltenes Mandatsgebiet. Heute ist ein palästinensischer Staat der nicht erfüllte Traum der arabischen Bevölkerung in Israels besetzten Gebieten.
Siehe auch Israel

CHRONOLOGIE

7. Jahrhundert Arabische Eroberung Palästinas.
16. Jahrhundert Palästina unter osmanischer Herrschaft.
1916 Mit dem Sykes-Picot-Abkommen fällt das Gebiet unter die Oberhoheit Großbritanniens.
1917 Palästina wird dem als »nationale Heimstätte der Juden« vorgesehenen Gebiet zugeschlagen.
1920 Das syrische Parlament ruft Feisal zum König von Syrien und Palästina aus.
1920 Das Palästina-Mandat wird in San Remo Großbritannien zugesprochen.
1948 Rückzug der britischen Truppen und Gründung des Staates Israel. Niederlage arabischer Armeen in den palästinensischen Gebieten, Flucht der arabischen Bevölkerung.
1964 Gründung der Palästinensischen Befreiungsorganisation (PLO) und der Befreiungsarmee (PLA) in Jerusalem.
1967 Israel besetzt alle Gebiete westlich des Jordans.
1975 Zusammenstöße palästinensischer Guerillas mit christlichen Milizen markiert Beginn der palästinensischen Beteiligung am libanesischen Bürgerkrieg.
1982 Israelische Truppen im Libanon, um PLO zu vertreiben.
1987 Aufstände und Demonstrationen führen zu Zusammenstößen zwischen israelischem Militär und palästinensischen Jugendlichen in Gaza und der West Bank, Beginn der Intifada.
1988 Die Palästinensische Nationalversammlung ruft den unabhängigen Staat Palästina mit Jerusalem als Hauptstadt aus.
1993 Nach Geheimgesprächen in Norwegen zwischen Israel und der PLO wird eine Grundsatzerklärung bekannt gegeben, in der beide Seiten der Selbstverwaltung des Gazastreifens und einer begrenzten Autonomie der West Bank zustimmen.
1993 Israelisch-palästinensische Grundsatzerklärung wird in Washington unterzeichnet.
2000 Beginn der zweiten Intifada.

Palästinensische Befreiungsorganisation (PLO) Von Yassir Arafat geleitete Organisation zum Kampf um die Wiedererlangung palästinensischer Gebiete. Seit 1974 für die arabischen Staaten die »einzige legitime Vertretung des palästinensischen Volkes«. 1993 formelle Anerkennung beider Staaten in Vertrag mit Israel. Vorsitzender Yassir Arafat. *Siehe auch* Israel, Arafat, Yassir

PALAU Zur Republik Palau (*auch* Belau genannt) im Westpazifik gehören mehr als 300 Inseln im Karolinen-Archipel, von denen nur neun bewohnt sind. Die Karolinen-Inseln wurden nacheinander von Spanien, Deutschland und Japan kolonisiert, bevor sie 1945 Teil des von den USA verwalteten Treuhandgebiets der pazifischen Inseln wurden. Palau wurde 1994 unabhängig in freiem Zusammenschluss mit den USA, auf deren Hilfe das Land stark angewiesen ist.

CHRONOLOGIE

1947 Einrichtung des UN-Treuhandgebiets Pazifische Inseln.
1982 Palau unterzeichnet Zusammenschluss mit den USA.
1993 Abkommen anerkannt.
1994 Palau erhält innere Autonomie in freiem Assoziierungspakt mit den USA.
2001 Tommy Remengesau wird Präsident.

Pale, the Erstmals im 14. Jahrhundert erwähnter Begriff für die irische Region um Dublin unter direkter englischer Herrschaft.
Palenque Maya-Stadt (um 300). *S. 128*
Palgrave, William Gifford (1826–88) Britischer Jesuit, Forscher. Als Spion Napoleons III. von Frankreich durchquerte er als erster Europäer 1862–63 die Arabische Halbinsel von West nach Ost.
Palliser, John, Leutnant Irischer Kanadaforscher des 19. Jahrhunderts, Leiter

einer großen Expedition in den Prärien und Rocky Mountains.

PANAMA Panama ist das südlichste der sieben Länder, die auf der Landenge, die Nord- und Südamerika verbindet, liegen. Die Regenwälder des südöstlichen Darién gehören zu den letzten Wildnisregionen Amerikas. Seit der US-Invasion 1989 waren gewählte Regierungen an der Macht. Die traditionelle wirtschaftliche Stärke Panamas ist der Finanzsektor. Die USA gaben die Kontrolle über den Panamakanal am 31. Dezember 1999 an Panama zurück.

CHRONOLOGIE

1513 Vasco Núñez de Balboa erblickt den Pazifik von Panama, das dank seiner Lage zwischen den zwei Ozeanen bis zum Ende des 19. Jahrhunderts ein geopolitisch bedeutsames Handelszentrum wird.

1717 Als Provinz Kolumbiens geht Panama vom Vizekönigreich von Peru an das Vizekönigreich von Granada über.

1821 Unabhängigkeit von Spanien: Panama wird Teil Großkolumbiens.

1830 Zerfall von Großkolumbien: Panama bleibt bei Kolumbien.

1903 Mit Unterstützung der USA revoltiert Panama gegen Kolumbien und erklärt seine Unabhängigkeit. USA erhalten Rechte über einen Korridor zwischen Atlantik und Pazifik.

1914 Fertigstellung des Panamakanals.

1968 Machtergreifung des Generals Omar Torrijos Herrera durch Putsch.

1977 Torrijos und US-Präsident Carter unterzeichnen neue Panamakanal-Verträge, die die Kontrolle des Kanals an Panama übertragen.

1979 Inkrafttreten der Verträge zur Beendigung der US-Kontrolle über den Panamakanal.

1987 Ausrufung des Notstands nach Protesten gegen die Regierung wegen angeblichen Wahlbetrugs 1984 durch General Manuel Noriega, der Macht hinter der zivilen Regierung.

1989 Drei Tage nach der Präsidentschaftswahl annulliert Noriega die Ergebnisse.

1989 Noriega übernimmt formell die Macht mit weit gefassten Befugnissen.

1989 USA setzen den Wahlsieger von 1989, Guillermo Endara Galimany, als Staatsoberhaupt ein und marschieren mit 23 000 Soldaten ein, um Noriega unter Beschuldigung von Drogengeschäften abzusetzen.

1990 Noriega ergibt sich und wird in den USA wegen Drogenvergehens vor Gericht gestellt.

Panamakanal Schiffbarer Kanal durch die Landenge von Panama (64,85 km breit), der Atlantik und Pazifik verbindet. 1903 wurde von Panama ein Gebietsstreifen den USA zugesprochen, die mit dem Bau des Kanals 1904 begannen. Am 15. August 1915 wurde er für den Verkehr geöffnet. 1959 wurde er tiefer und breiter ausgebaut.

Panda Zulukönig (reg. 1840–72).

Panipat ⚔ (20. April 1526). Sieg des Mogul-Herrschers Babur gegen die Truppen des afghanischen Lodi-Sultanats. Durch Baburs Einsatz der Artillerie wurde der Sultan vernichtend geschlagen und das ganze Gangestal ging an das Mogul-Reich über. *S. 276*

Pannonien Römische Provinz im Gebiet des heutigen Ungarn und Jugoslawien.

Paoli ⚔ des amerikanischen Revolutionskrieges (1777). Britischer Sieg.

Papier Chinesische Erfindung (105).

Papsttum *siehe* Römisch-katholische Kirche, Kirchenstaat, Vatikan

PAPUA-NEUGUINEA Das linguistisch vielfältigste Staatsgebiet der Welt (ungefähr 750 verschiedene Sprachen), Papua-Neuguinea (PNG), wurde 1975 von Australien unabhängig. Der Staat umfasst den Ostteil von Neuguinea, der zweitgrößten Insel der Welt, und weitere Inselgruppen. Ein großer Teil des Landes ist noch abgeschieden und die Landbevölkerung lebt auf ursprüngliche Weise.

CHRONOLOGIE

1526 Der portugiesische Entdecker Jorge de Meneses landet an der Nordwestküste von Neuguinea.

1884 Britannien erhebt Anspruch auf die Südostküste Neuguineas und auf die östlichen Inseln, Deutschland beansprucht die Nordostküste und benachbarte Inseln.

1904 Australien übernimmt das britische Gebiet, seit 1906 Papua.

1914 Deutscher Teil von Australien besetzt.

1942–1945 Japanische Besatzung.

1964 Schaffung des Parlaments.

1971 Name: Papua-Neuguinea.

1975 Unabhängigkeit unter Michael Somare, Führer seit 1972.

1988 Guerillafeldzug der Revolutionären Bougainville-Armee.

1997 El Niño verursacht schwere Dürre und Tsunamis. Sir Julius Chan verzichtet als Premierminister auf Einsatz westlicher Söldner in Bougainville.

2000 Autonomie für Bougainville bei Loloata-Abkommen.

2001 PDM erhält parlamentarische Mehrheit. Friedensabkommen mit Bougainville nach dreijährigem Waffenstillstand ratifiziert.

Paracas-Kultur Bekannt für ihre verzierte prähistorische Keramik und bunten Stoffe. Zentrum liegt auf einer kargen peruanischen Halbinsel. Von ungefähr 600–100 v.Chr. datierte Artefakte aus Mumiengräbern. *S. 55*

PARAGUAY Spanischer Besitz in Südamerika bis 1811, ohne Zugang zum Meer. 1938 bekam Paraguay große Gebiete von Bolivien dazu. Bis zum Sturz 1989 von General Alfredo Stroessner, Südamerikas ältestem Diktator, gab es Perioden von Anarchie und Militärherrschaft. Der Paraguay-Fluss teilt die von 90 % der Bevölkerung besiedelten östlichen Berge und fruchtbaren Ebenen vom fast unbewohnten Chaco im Westen. Paraguays Wirtschaft basiert weitgehend auf Landwirtschaft.

CHRONOLOGIE

1537 Auf der Suche nach Silber am Paraná gründen die Spanier ein Fort in Asunción, der späteren Hauptstadt der Provinz La Plata.

1767 Die seit 1588 bei den Indianern missionierenden Jesuiten werden des Landes verwiesen.

1811 Absetzung der spanischen Verwaltung. Das von der Außenwelt abgeschnittene Land wird daraufhin 50 Jahre lang von Diktatoren regiert und kann ohne Irritationen durch unruhige Nachbarstaaten zur Wirtschaftsmacht aufsteigen.
1864–1870 Verliert Krieg des Dreibundes gegen Argentinien, Brasilien und Uruguay.
1928–1935 Zwei territoriale Chaco-Kriege gegen Bolivien.
1938 Festlegung der Grenze zu Bolivien, Landgewinne für Paraguay.
1954–1989 Militärdiktatur von General Alfredo Stroessner.
1993 Erstmals demokratische Wahlen.
1996 Putschversuch General Lino Oviedos.
1998–1999 Präsident Raúl Cubas tritt nach Ermordung des Vizepräsidenten zurück und verlässt wie auch Oviedo das Land.
2000 Weiterer Putschversuch Oviedos scheitert.

Parhae *siehe* Pohai-Reich

Paris Hauptstadt Frankreichs, nach dem Parisii-Stamm benannt. Die Römer nannten die Stadt Lutetia Parisiorum. Vom kleinen, von Caesar eroberten Fischerort wuchs sie zu einer großen Stadt heran, die zu einer der Hauptstädte von Clovis und anderen französischen Merowingerkönigen wurde. Unter den Kapetingern (987–1328) wurde sie zur festen Hauptstadt und mit der Gründung der Sorbonne zum wichtigsten Zentrum theologischer Lehre in Europa.

Parisiensis, Matthäus (um 1200–59) Benediktinermönch und Chronist. Erschuf die allgemein als beste Chronik des 13. Jahrhunderts bekannte *Chronica Majora*.

Park, Mungo (1771–1806) Schottischer Entdecker und Autor der *Reisen ins innerste Afrika*. Er arbeitete als Sanitätsoffizier für die Ostindienkompanie, bevor er zwei von der Afrikanischen Gesellschaft unterstützte Expeditionen am Niger unternahm (1795–96, 1805–06).

Parry, Sir William Edward (1790–1855) Britischer Seefahrer und Entdecker. Reiste im Interesse der Königlichen Marine in die Arktis, um Wale vor einer Überjagung zu schützen. Durchfuhr auf vier Expeditionen zwischen 1818 und 1827 mehr als die Hälfte der Nordostpassage und versuchte den Nordpol zu Fuß von Spitzbergen aus zu erreichen.

Parthenon Größter Tempel Athens auf dem Gipfel der Akropolis, ersetzte einen Athene-Tempel, der 480 v. Chr. von den Persern zerstört worden war. Wurde während der Regierungszeit von Perikles ganz aus Marmor erbaut und mit einem bemerkenswerten Fries versehen, der teilweise im Britischen Museum zu sehen ist (Parthenonfries). Er wurde 432 v. Chr. endgültig fertig gestellt. *S. 56*

Parther Iranische Nomaden, die um 240 v. Chr. gegen die seleukidische Herrschaft revoltierten und schließlich seit 140 v. Chr. Kleinasien und Persien beherrschten. 53 v. Chr. schlugen sie die Römer in der Schlacht von Carrhae, 40 v. Chr. nahmen sie Jerusalem ein. Die Parther wurden 216 von den Römern angegriffen und von den Sassaniden im Jahr 224 vernichtet. *S. 68*

Pasteur, Louis (1822–95) Französischer Chemiker, berühmt wegen seiner Entdeckung, dass Mikroorganismen durch »Pasteurisierung« abgetötet werden können. *S. 379*

Patna ⚔ (1759). Von den Briten zurückgeschlagener Angriff des Mogul-Kronprinzen.

Paulistas Gesetzlose Abenteurer in São Paulo im 17. und 18. Jahrhundert, die im brasilianischen Dschungel auf Jagd nach indianischen Sklaven gingen. Im 17. Jahrhundert gerieten sie in Konflikt mit den Jesuiten aus Paraguay.

Paulus Jüdischer Konvertit, führender Missionar und Theologe der frühen christlichen Kirche, weite Reisen nach Griechenland und Kleinasien. Starb wahrscheinlich zwischen 62 und 68 in Rom den Märtyrertod.

Pavia ⚔ in Norditalien (1525). Franz I. von Frankreich besiegt und von Kaiser Karl V. gefangen genommen. *S. 276*

Pazifik-Pakt *siehe* Anzus-Pakt

Pazifikkrieg (1937–45) Allgemeiner Begriff für den Zweiten Weltkrieg im Pazifik.

Pazifische Randgebiete Geopolitischer Ausdruck für die Länder Ostasiens, Australasiens und Amerikas mit Pazifikküsten, in Zusammenhang mit transpazifischen Handelsabkommen und dem Wirtschaftsboom der Region Ende des 20. Jahrhunderts.
Siehe auch Tigerstaaten

Pearl Harbor (1941) Japanischer Luftangriff auf US-Marinestützpunkt auf Hawaii, Kriegseintritt der USA.

Peary, Robert Edwin (1856–1920) Amerikanischer Arktisforscher. Angeblich erster Mensch am Nordpol (April 1909).

Peipussee ⚔ (1142). Russen besiegen Deutschordensritter.

Peking (*auch* Beijing) Hauptstadt von China. An ihrer Stelle standen unterschiedliche Städte, u.a. die Hauptstadt von Dschingis Khan, Khanbalyk. *S. 257*

Peloponnesischer Krieg (431–404 v. Chr.) Eine Reihe von See- und Landschlachten zwischen Athen und Sparta. Wurde hervorgerufen durch Athens Großmachtpolitik und konnte nur durch Parteinahme der Perser für Sparta beendet werden. Führte zum Untergang Athens.

Pelzhandel In Nordamerika im 17. Jahrhundert. *S. 311*

Pequot-Krieg (1637) Indianeraufstand gegen Europäer in Neuengland (Nordamerika).

Pergamon (*auch* Pergamos) Antike Stadt in Kleinasien. Hauptstadt eines hellenistischen Königreiches, Blütezeit im 2. Jahrhundert v. Chr. König Attalos III. vermachte sein Reich den Römern und starb 133 v. Chr. *S. 66*

Perikles (um 495–429 v. Chr.) Athenischer General, ungekrönter König während Athens goldenem Zeitalter (reg. 443–429). Er war politisch radikal und führte die vollständige Demokratie ein. Seine Feindschaft gegenüber Sparta führte zum Ausbruch des Peloponnesischen Krieges. *S. 56*

Periplus maris erythraei Griechisches Seefahrtshandbuch des 1. Jahrhunderts.

Perón, Eva (*auch* Evita, 1919–52) Von vielen Argentiniern verehrte Frau des Präsidenten Juan Perón. *S. 418*

Perón, Juan Domingo (1895–1974) Armeeoberst und Präsident Argentiniens (1946–55, 1973–74), Gründer und Führer der Peronisten-Bewegung.

Pérouse, Jean François Galaup de la (1741–88) Französischer Pazifikforscher mit dem bis dahin weitesten Vorstoß in den Pazifik auf einer von König Ludwig XVI. finanzierten Reise 1785–88, die ihr Ziel, die Entdeckung der Nordwestpassage, nicht erreichte. Zuletzt wurde er mit seinen beiden Schiffen, die vor Vanikoro bei den Santa-Cruz-Inseln untergingen, im März 1788 von Mitgliedern der Ersten Flotte in der Botany Bay gesehen.

Perry, Matthew (1794–1858) US-Marineoffizier, der mit einer militärischen Expedition 1853–54 Japan zwang seine

Isolation aufzugeben und sich dem freien Handel und diplomatischen Beziehungen mit der Welt zu öffnen.

Perryville ⚔ des amerikanischen Bürgerkriegs (8. Oktober 1862). Sieg der Union.

Persepolis Hauptstadt des achaimenidischen Persien, Gründung Darius' I.

Persien *siehe* Achaimenidenreich, Iran, Parther, Safawiden, Sassaniden, Seleukiden

Persische Königsstraße *siehe* Königsstraße

PERU Das seit 1824 von Spanien unabhängige Peru liegt knapp südlich des Äquators an der südamerikanischen Pazifikküste und erstreckt sich von einem trockenen Küstenstreifen bis zu den Anden, im Süden beherrscht von Vulkanen. Etwa die Hälfte der Bevölkerung lebt in Bergregionen. Perus Südgrenze zu Bolivien läuft durch den Titicacasee, höchstgelegener schiffbarer See der Welt. Nach einem kurzen Grenzkrieg 1995 mit dem nördlichen Nachbarn Ecuador wird der Streit 1998 beigelegt.

Chronologie

1528 Francisco Pizarro segelt entlang der Küste bis zur heutigen Grenze von Peru und Ecuador.

1532 Landung Pizarros und Gefangennahme des Inkaherrschers Atahualpa, Massaker an Indios in Cajamarca. Atahualpa wird 1533 hingerichtet, die Goldschätze in Cuzco geplündert.

1544 Gründung des Vizekönigreichs Peru.

1780–1781 Indioaufstand unter Tupac Amaru II.

1821 Ausrufung der Unabhängigkeit in Lima durch argentinischen Befreier José de San Martín, der zuvor Chile befreit hatte.

1824 Endgültige Niederlage Spaniens bei Junín und Ayacucho durch die Befreier Venezuelas und Kolumbiens, Simón Bolívar und General Sucre.

1836–1839 Kurzlebige Föderation zwischen Peru und Kolumbien.

1866 Krieg Peru gegen Spanien.

1879–1884 Salpeterkrieg. Chile besiegt Peru und Bolivien. Peru verliert Gebiete im Süden.

1908 Beginn der Diktatur von Augusto Bernardino Leguía.

1924 Dr. Victor Raúl Haya de la Torre gründet nationalistische APRA im Exil in Mexiko.

1930 Sturz Leguías. APRA erste politische Partei in Peru.

1931–1945 Verbot der APRA.

1939–1945 USA-freundliche Zivilregierung.

1948 Machtübernahme des Generals Odría, APRA wieder verboten.

1956 Zivilregierung wieder eingesetzt.

1962–1963 Zwei Militärputsche.

1963 Wahl von Fernando Belaúnde Terry. Landreform, aber Militäreinsätze gegen kommunistisch beeinflusste Unruhen.

1968 Militärjunta übernimmt die Macht und versucht die Armut zu verringern, führt weit reichende Verstaatlichungen durch.

1975–1978 Neue rechte Junta.

1980 Wiederwahl Belaúndes. Bewaffneter Kampf des maoistischen Sendero Luminoso (Leuchtender Pfad).

1981–1998 Grenzkrieg mit Ecuador um Cordillera del Cóndor, seit 1942 zu Peru gehörig. Ecuador will Zugang zum Amazonas.

1982 Zunehmend Tote und »Verschwundene« mit Eingreifen der Armee gegen Guerillas und Drogenhandel.

1985 Wahlsieg für linken APRA-Flügel unter Alan Garcia Perez.

1987 Staatsbankrott Perus. Von Schriftsteller Mario Vargas Llosa geführte Bewegung verhindert Verstaatlichung der Banken.

1990 Über 3000 politische Morde. Unabhängiger Alberto Fujimori mit Antikorruptionsprogramm zum Präsidenten gewählt, strenger Sparkurs.

1992–1995 Selbstputsch und Wiederwahl Fujimoris. Neue Verfassung.

1996–1997 Linke Tupac-Amaru-Guerillas nehmen vier Monate lang Hunderte von Geiseln im Haus des japanischen Botschafters.

2000 November: Fujimori tritt trotz gewonnener dritter Amtszeit während Korruptionsskandals zurück; sucht Zuflucht in Japan.

2001 Alejandro Toledo siegt gegen Garcia bei neuen Präsidentschaftswahlen.

Peruzzi Um 1275 mächtige Bankiersfamilie aus Florenz mit Verbindungen in ganz Europa. Bankrott Mitte des 14. Jahrhunderts, nachdem Eduard III. von England seine hohen Schulden nicht bezahlen konnte.

Pest Viele tödliche Krankheiten wurden in der Menschheitsgeschichte »Pest« genannt, im Wortsinn steht Pest jedoch für die Beulenpest. Bekannt sind die Pestepidemien zur Zeit Justinians (542) und der Schwarze Tod (1347). *Siehe auch* Schwarzer Tod

Peter (Pedro) I. (*auch* Peter IV., König von Portugal, 1798–1834) Kaiser von Brasilien (reg. 1822–31). Als Brasilien und Portugal sich 1822 trennten, blieb Peter, Sohn des Königs Johann VI., als erster Kaiser in Brasilien. Sein Vater starb 1826 in Portugal, Peter wurde Nachfolger, verzichtete zugunsten seiner Tochter. 1831 kehrte Peter nach Portugal zurück, um gegen seinen Bruder Michael (Miguel) zu kämpfen, der Anspruch auf den Thron erhob.

Peter der Große (Peter I., 1672–1725) Russischer Zar. Thronfolge 1682, volle Regierungsübernahme 1689. Er trieb nach einer ausgedehnten Europareise (1697–1708) die Verwestlichung Russlands voran, erbaute St. Petersburg als neue Hauptstadt (1703). Regierungs- und Militärreform, Gründung der russischen Marine. Führte Kriege mit dem Osmanischen Reich, Persien und Schweden, das er im 2. Nordischen Krieg besiegte (1700–21), wodurch Russland einen sicheren Zugang zur baltischen Küste hatte. *S. 316*

Petersburg, Belagerung von ⚔ des amerikanischen Bürgerkriegs. Sieg der Union.

Petra Hauptstadt der Nabatäer, 4. Jahrhundert v. Chr. – 2. Jahrhundert. Kam zu seinem Reichtum durch die Lage an der Karawanenstraße von Südarabien, besonders während der Blütezeit des Weihrauchhandels. Von den Römern 106 annektiert. Überreste der Stadt sind ins rötliche Gestein der Umgebung gehauene Tempel und Gräber, von Burckhardt als bedeutende Stätte wiederentdeckt (1812). *S. 70*

Petroglyphe Prähistorische Felszeichnung, häufig als erstes Beispiel für Schrift herangezogen.

Petrograd *siehe* Sankt Petersburg

Peutingertafel Kopie einer römischen Karte (1265) mit Straßen und Routen des Römischen Reiches. Die Karte verkleinert stark die Nord-Süd-Entfernungen und konzentriert sich auf West-Ost-Routen.

Pharaonenzeit, ägyptische Während des Neuen Reiches ab etwa 1500 v. Chr. wurde Ägypten von Pharaonen oder Gottkönigen mit großer religiöser, militärischer und ziviler Macht regiert, als Stellvertreter des Gottes Osiris auf Erden, Mittler zwischen ihren sterblichen Untertanen und den Göttern. Unter ihrer Regierung wuchs Ägyptens Macht und Territorium stark an. Die Ägypter selbst gebrauchten die Bezeichnung erst ab 950 v. Chr.

Pharos Leuchtturm von Alexandria, eines der sieben Weltwunder der Antike. *S. 63*

Phidias (*auch* Pheidias, um 490–430 v. Chr.) Als bedeutendster Bildhauer Griechenlands von Perikles beauftragt, Athens Hauptwerke auszuführen, und schließlich Leiter öffentlicher Bauvorhaben. Sein Vermächtnis umfasst die Gold- und Elfenbeinarbeiten des Parthenon. Flucht aus Athen nach der Anklage, das Gold seiner Zeusstatue in Olympia gestohlen zu haben.

Philby, Harry St. John (1885–1960) Englischer Forscher und Arabist. 1932 Durchquerung der Rub al-Chali (»Leeres Viertel«) von Arabien. *Siehe auch* Rub al-Chali

Philipp II. (um 382–336 v. Chr.) König von Makedonien seit 359 v. Chr., baute eine hervorragende Armee auf und gewann die Kontrolle über die griechische Armee nach der ⚔ von Chaeronea (338 v. Chr.). Er plante einen Feldzug, um die Expansion des Persischen Reiches rückgängig zu machen, wurde aber vorher in Aegae ermordet. Vater Alexanders des Großen.

Philipp II. (*auch* Philipp Augustus, *frz.* Philippe Auguste, 1165–1223) Großer französischer Kapetinger-König (reg. 1179–1223). Gewann schrittweise Territorien von den Königen von England zurück und dehnte das königliche Gebiet auf Flandern und Languedoc aus. Wichtiger Unterstützer des dritten Kreuzzugs ins Heilige Land 1191.

Philipp II. (1527–98) König von Spanien (reg. 1556–98) und als Philip I. König von Portugal (1580–98), setzte sich für die Gegenreformation ein. Blütezeit des spanischen Reiches unter seiner Regierung trotz erfolgloser Bekämpfung des niederländischen Aufstands (1566–1609) und Verlust der Armada bei Invasionsversuch in England 1588.

PHILIPPINEN Im Westpazifik gelegener, zweitgrößter Archipel der Welt nach Indonesien, mit 7107 Inseln, 4600 davon mit Namen, 1000 bewohnt. Drei Haupt-Inselgruppen: Luzon, die Visayas sowie die Mindanao- und Sulu-Inseln. Die Lage im pazifischen Feuerring ist verantwortlich für häufige Erdbeben und Vulkanaktivitäten. Das Wirtschaftswachstum der 90er-Jahre des 20. Jahrhunderts übertraf bis zur »Asienkrise« 1997–98 den Bevölkerungszuwachs, Bemühungen um eine stabile Demokratie wurden jedoch von einer hohen Korruptionsrate gefährdet und führten zum Sturz Präsident Estradas 2001.

Chronologie

1521 Spanische Expedition, geleitet vom portugiesischen Entdecker Ferdinand Magellan, landet auf den Philippinen. Er selbst wird später dort getötet.
1565 Miguel López de Legazpi gründet eine erste spanische Siedlung.
1571 Manila wird von Spaniern erbeutet und besetzt.
1892 Katipunan-Bewegung (»Söhne des Volkes«) wird unter der Führung von Andres Bonifacio gegründet.
1896 Katipunan beginnt die philippinische Revolution. Der Schriftsteller José Rizal wird von den Spaniern hingerichtet.
1897 Hinrichtung Bonifacios nach Urteil eines von seinem Rivalen Emilio Aguinaldo einberufenen Kriegsgerichts, der später ins Exil nach Hongkong geschickt wird.
1898 Spanisch-Amerikanischer Krieg: US-Truppen zerstören spanische Flotte, Philippinen fallen an die USA.
1901 Gefangennahme des aus dem Exil zurückgekehrten Aguinaldo. Zuerst Verbündeter der USA, kämpft er später gegen die Besatzungsmächte.
1935 Schnell niedergeschlagener Aufstand der Sakdalistas (einer Bewegung zur Bekämpfung ungleicher Landverteilung und übertriebener Steuern).
1935 Gründung des philippinischen Commonwealth mit Präsident Manuel Quezón als Vorbereitung der völligen Unabhängigkeit.
1941 Einmarsch japanischer Truppen auf den Philippinen.
1942 Gründung der Hukbalahap, einer sozialistisch-kommunistischen Bauernbewegung, die gegen die Japaner kämpft. Nach dem Krieg versuchen USA und Philippinen die Bewegung zu unterdrücken, die heftig gegen die Landbesitzer opponiert.
1944 Landung von US-Streitkräften.
1946 Die von den USA unabhängige Philippinische Republik wird ausgerufen. Manuel A. Roxas ist ihr erster Präsident.
1965 Ferdinand Marcos ist Präsident.
1969–1972 Wiederwahl Marcos', Vorwurf des Amtsmissbrauchs.
1972 Kriegsrecht, Verhaftung von Oppositionsführern, Abschaffung der Nationalversammlung, Pressezensur.
1977 Todesurteil für Benigno Aquino, Ex-Führer der liberalen Partei. Kritik zwingt Marcos zum Aufschub der Hinrichtung.
1978 Wahlsieg von Marcos' Partei KBL. Er wird zum Präsidenten und Premierminister ernannt.
1980 Reiseerlaubnis für Aquino zur medizinischen Behandlung in den USA.
1981 Ende des Kriegsrechts. Wiederwahl Marcos' durch Referendum.
1983 Aquino bei Rückkehr erschossen. Verdacht der Militärverschwörung.
1986 USA erzwingen Wahlen mit umstrittenem Ergebnis. Armeeaufstände unter General Fidel Ramos und öffentliche Proteste verhelfen Aquinos Witwe Corazon zur Macht. Marcos im US-Exil.
1987 Neue Verfassung. Sieg der Aquino-Koalition bei Kongresswahlen.
1988 Marcos und seine Frau Imelda stehen unter Anklage massiven Betrugs.
1989 Tod Marcos' in USA.
1990 Imelda Marcos von Betrugsverdacht freigesprochen. 1600 Tote bei Erdbeben in Baguio.
1991 Ausbruch des Vulkans Pinatubo. USA verlassen Clark Air Base.
1992 Wahlsieg von General Fidel Ramos. Die USA ziehen sich von Subic Bay Basis zurück.
1996 Friedensabkommen mit muslimischen MNLF-Separatisten.
1998 Joseph Estrada ist Präsident.
1999 Erste Hinrichtung seit 22 Jahren.
2000 Todesstrafe abgeschafft.
2001 Estrada durch Volk gestürzt. Gloria Macapagal Arroyo Präsidentin. Muslim-MILF schließt sich Friedensprozess an.

Philister Antikes Volk der südöstlichen Mittelmeerküste; ursprünglich Seefahrer, die sich im 12. Jahrhundert v. Chr. in Palästina ansiedelten. Sie gewannen die Kontrolle über die Land- und Seerouten und waren bis zur Niederlage König Davids über lange Zeit Feinde der Israeliten.

Phönizier (*auch* Phöniker) Nachfahren der Kanaanäer, beherrschten den Küstenstreifen des östlichen Mittelmeers am Ende des 2. Jahrtausends v. Chr. Diese Region war der Ausgangspunkt für ihre Expansion im ganzen Mittelmeerraum, bei der sie Handelsposten im westlichen Mittelmeer und in Nordafrika einrichteten. Die Phönizier sind bekannt für die Entwicklung einer der ersten, nur aus Konsonanten bestehenden Schriften.

Phryger Ursprung in Europa, um 1200 v. Chr., besetzten das Zentralplateau und den westlichen Rand Kleinasiens und erreichten ihre größte Ausdehnung am Beginn des 1. Jahrtausends v. Chr. Ihre Macht schwand im 6. Jahrhundert v. Chr. mit dem Auftauchen der Lyder.

Pije (reg. um 740–713 v. Chr.) König im alten Nubien (Kusch). Unterwarf Oberägypten um 721 v. Chr., besiegte Tefnachte von Unterägypten und kehrte 718 nach Nubien zurück.

Pike, Leutnant Zebulon Montgomery (1779–1813) US-Soldat und Forscher. Expedition zur Erforschung der Mississippi-Quellen 1805–06. Reise auf dem Arkansas zu den Rocky Mountains mit dem Versuch, den Pikes Peak zu besteigen (1806–07). Seine Gruppe wurde von den Spaniern gefangen, später jedoch freigelassen.

Pikten Gruppe von Stämmen in frühchristlicher Zeit in Nordschottland, bekannt durch ihre gnadenlosen Überfälle. Engere Beziehungen der Piktenkönige zu den Schotten im Südwesten im 9. Jahrhundert führten zur Gründung des Königreichs Schottland im Mittelalter.

Piktografie Stilisierte Umrisszeichnungen, auf denen früheste Schriftformen beruhen. Älteste Beispiele stammen aus Ägypten von 3250 v. Chr., aber sie sind in der ganzen Welt verbreitet; eher Gegenstände als linguistische Elemente darstellend, überschreiten sie konventionelle Sprachgrenzen. *Siehe auch* Hieroglyphen.

Pinochet, General Augusto Ugarte (geb. 1915) Führer der chilenischen Militärjunta, die die marxistische Regierung Allendes am 11. September 1973 gestürzt hatte. Danach Vorsitzender der Militärregierung Chiles (1974–90).

Pinzón, Vicente Yáñez (belegt um 1492–1509) Spanischer Seefahrer, der mit Kolumbus segelte. Entdeckte Amazonas-Mündung (1500). Wurde Gouverneur von Puerto Rico. Erforschte auch die Küsten von Honduras und Venezuela mit Juan Díaz de Solís (1508–09).

Pioniere Erschließung des amerikanischen Westens. *S. 374*

Pippin (*auch* Pippin der Jüngere, *frz.* Pépin le Bref, um 714–768) Französischer König. Hausmeier des letzten fränkischen Merowingerkönigs Childerich III. Zwang Childerich abzudanken, wurde im Palast gekrönt und begründete das Karolingergeschlecht. 753 eroberte er für den Papst Ravenna von den Lombarden.

Pisa Mächtige Seerepublik vom 10. bis 13. Jahrhundert, rivalisierte mit Genua und Venedig um Transportgewerbe im Mittelmeerraum. Wetteiferte mit Genua um die Kontrolle der Insel Korsika. Erlitt schwere Niederlage durch Genua bei der Schlacht von Meloria (1248). Pisas Dom ist ein wunderbares Beispiel für romanische Architektur. *S. 172*

Pizarro, Francisco (um 1475–1541) Spanischer Konquistador. Erste Reise in die Neue Welt 1502, Teilnahme an verschiedenen Expeditionen in der Karibik, bevor er seine Aufmerksamkeit auf Peru richtete. 1531 verließ er Panama mit 185 Männern und 27 Pferden. Durch Ausnutzung eines Bürgerkriegs unter den Inkas und dem verräterischen Mord an ihrem Führer Atahualpa unterwarf er das Inkareich und raubte große Mengen Goldschmuck, der zum Transport nach Spanien eingeschmolzen wurde. Die ersten Jahre der Kolonie waren geprägt von Rivalität unter den Eroberern und Pizarro wurde von Unterstützern seines Leutnants Diego de Almagro 1541 getötet. *S. 278*

Plantage System des gewerblichen Anbaus von Feldfrüchten wie Gummi und Baumwolle in den europäischen Kolonien. Methode war oft von Sklavenarbeit abhängig.

Plantagenets *siehe* Angevinen-Dynastie

Plassey ⚔ des anglo-französischen Kriegs in Indien (1757). Niederlage einer großen indischen Armee unter Kommando des Nabob von Bengalen durch britische Truppen unter Robert Clive beim Dorf Plassey am Hooghly-Fluss. *S. 328*

Plataä ⚔ der persischen Kriege (480 v. Chr.). Niederlage der Perser gegen die Griechen.

Platon (um 427–347 v. Chr.) Adliger aus Athen, Schüler des Philosophen Sokrates. Er unternahm weite Reisen, bevor er seine eigene Philosophenschule in Athen gründete. Seine 35 Dialoge, an denen oft die Figur des Sokrates beteiligt ist, erklären Moralvorstellungen und entwickeln Platons eigene Lehren und Selbstkritik. Platon unterschied zwischen der Sinneserfahrung von flüchtigen und endlichen Dingen und den zeitlosen, universellen Formen, die er die wahren Dinge des Wissens nannte. Seine Ideen beeinflussten die Römer und prägten christliche Theologie und westliche Philosophie. *S. 59*

PLO *siehe* Palästinensische Befreiungsorganisation

Pogrom Organisiertes Massaker, Ausschreitungen. Ursprünglich für den Mord an russischen Juden im späten 19. und frühen 20. Jahrhundert.

Pohai-Reich (*auch* Parhae) Mandschu-Reich, 696 gegründet von Koguryo-Flüchtlingen. 926 zerstört von Kitanen.

Pol Pot (*eigtl.* Saloth Sar, 1926–98) Kambodschanischer Kommunistenführer. Er führte die pro-chinesische Rote-Khmer-Guerilla seit den 1960er-Jahren und verlor seine Macht 1975. Versuchte mit Gewalt einen autarken sozialistischen Staat zu schaffen, dabei starben über 2 Mio. Menschen, ein Fünftel der Bevölkerung. 1979 von den Vietnamesen gestürzt, blieb er während einer neuen Guerilla-Kampagne Mitglied der Roten Khmer. *S. 445*

POLEN Im Herzen Europas gelegen, erstreckt sich Polen von den Tiefebenen der baltischen Küste bis zur Tatra an der südlichen Grenze zu Tschechien und der Slowakei. Seit dem Zusammenbruch des Kommunismus erlebte Polen weit reichende soziale, wirtschaftliche und politische Veränderungen. Die Entscheidung für eine wirtschaftliche »Schocktherapie« Anfang der 90er-Jahre, um die Marktwirtschaft in Gang zu bringen, brachte schnelles Wachstum. EU-Beitrittsland für 2004 und bereits NATO-Mitglied.

CHRONOLOGIE

966 König Mieszko, Vereiniger dreier slawischer Stämme und Begründer der Piasten, tritt zum Christentum über.

1386 Polen und Litauen werden vereinigt durch die Heirat Königin Hedwigs von Polen mit Großfürst Jagiellos von Litauen. Der Landbesitz der Jagiellonen-Könige ist auf dem Höhepunkt ihrer Macht im 15. Jahrhundert der größte in Europa, vom Baltikum bis zum Schwarzen Meer.

1572 Sigismund II. August, der Letzte des Jagiellonen-Geschlechts, stirbt nach Vollendung der Union von Lublin 1569, die den gemeinsamen Staat von Polen und Litauen stärkte. Hauptstädte Krakau und Vilnius wurden 1596 durch Warschau als einzige Hauptstadt ersetzt.

1764 Stanislaus II. August Poniatowski auf dem polnischen Thron durch die russische Zarin Katharina II. nach fast zwei Jahrhunderten Krieg (mit Unterbrechungen) zwischen Polen und seinen Nachbarn, Russland, Schweden und dem Osmanenreich.

1772 Die erste Aufteilung Polens zwischen Preußen, Österreich und Russland im Vertrag von St. Petersburg.

1791 Stanislaus setzt eine neue, liberale Verfassung durch, die die traditionellen Rechte des Adels einschränkt. Der Adel ruft Russland um Hilfe.

1793 Zweite Teilung Polens: Der Vertrag von Grodno teilt weitere Gebiete zwischen Russland und Preußen auf.

1795 Österreich, Preußen und Russland verhandeln über die dritte Teilung Polens trotz eines kurzen Aufstands im Jahr davor. 1797 wird nach der Abdankung von Stanislaus August 1795 die Auflösung Polens (*Finis Poloniae*) bekannt gegeben.

1807–1813 Vertrag von Tilsit zwischen Napoleon und Zar Alexander I., Polen teilweise im Großherzogtum Warschau der Napoleonischen Kriege als französischer Vasallenstaat wiedererrichtet.

1815 Vertrag von Wien gesteht Russland Großteil des Großherzogtums einschließlich Warschau zu.

1830 Aufstand in Warschau, nach französischer und belgischer Revolution.

1831 Zar Nikolaus I. wird vom polnischen Parlament abgesetzt, Gründung einer nationalen Regierung. Russische Truppen nehmen Warschau ein, Polen gerät unter direkte russische Herrschaft.

1846 Österreich annektiert Krakau, das mit Vertrag von Wien zur Republik mit eingeschränkter Selbstverwaltung geworden war. Krakau wird Zentrum polnischer Nationalbestrebungen.

1863 Aufstand gegen russische Herrschaft mit Hilfe Preußens niedergeschlagen. Ende der liberalen Reformen von 1861 bis 1862.

1918 Wiederherstellung des polnischen Staates.

1921 Demokratische Verfassung.

1926–1935 Militärputsch durch Pilsudski. Neun Jahre autoritäre Herrschaft.

1939 Einmarsch Deutschlands, Teilung Polens mit Russland.

1941 Erste Konzentrationslager auf polnischem Boden.

1944 Aufstand in Warschau.

1945 Konferenzen von Potsdam und Jalta legen heutige Grenzen und politische Allianz mit Russland fest.

1947 Kommunisten kommen mit manipulierten Wahlen an die Macht.

1970 Hunderte von Toten bei Streiks und Unruhen in Ostsee-Hafenstädten wegen steigender Preise.

1979 Kardinal Karol Wojtyla von Krakau wird unter dem Namen Johannes Paul II. Papst.

1980 Streiks zwingen Regierung mit der Gewerkschaft »Solidarität« zu verhandeln. Das Abkommen von Danzig garantiert Streikrecht und freie Gewerkschaften.

1981 General Wojciech Jaruzelski wird Premierminister.

1981–1983 Kriegsrecht. »Solidarität« (Solidarnosc-Bewegung) geht in den Untergrund. Viele ihrer Führer, darunter auch Lech Walesa, werden verhaftet.

1983 Walesa bekommt Friedensnobelpreis.

1986 Amnestie für politische Gefangene.

1987 Referendum lehnt Sparkurs der Regierung ab.

1988 Erneut Arbeiterunruhen.

1989 Regierende Partei führt Gespräche mit der wieder legalen »Solidarität«. Teilweise freie Wahlen. Gründung der ersten nicht kommunistischen Regierung nach dem Krieg.

1990 Beginn von Wirtschaftsreformen. Walesa Präsident.

1991 Freie Wahlen führen zur Zersplitterung des Parlaments.

1992 Russische Truppen ziehen ab.

1993 Wahlen. Reformkommunisten stehen Koalitionsregierung vor.

1994 Große Privatisierungswelle.

1995 Führer der Reformkommunisten, Aleksander Kwasniewski wird Präsident.

1996 Geschichtsträchtige Danziger Werft bankrott und geschlossen.

1997 Parlament nimmt neue postkommunistische Verfassung an. Wahlen mit Umschwenken der ehemaligen Kommunisten zur AWS-Koalition. EU stimmt Beitrittsverhandlungen zu.

1999 NATO-Beitritt.

2000 Minderheitsregierung der AWS.

2003 EU beschließt Beitritt von Polen 2004.

Polis Griechischer Stadtstaat. Athen gilt als charakteristisch für die klassische Antike.

Polo, Marco (1254–1324) Kaufmann und Reisender aus Venedig. 1271 begleitete er seinen Vater Nicolò und seinen Onkel Maffeo auf ihrer zweiten Reise zum Hof des Kubilai Khan, dem Mongolenherrscher in China. Er blieb fast 17 Jahre im Dienst des Khan und reiste ausgiebig in China, bevor er 1295 nach Venedig zurückkehrte. Sein Reisebericht ist seither ein Bestseller, obwohl viele am Wahrheitsgehalt zweifelten. *S. 221*

Polynesier Volk im Pazifik mit starker genetischer und sprachlicher Ähnlichkeit zu den Völkern der Philippinen, Zentral- und Ost-Indonesiens. Frühe Lapita-Siedler (anhand der Keramik bestimmt) breiteten sich von den östlichen Inseln Südostasiens bis Tonga und Samoa aus. Die polynesische Kultur hat ihre Wurzeln in der Fidschi-Samoa-Region um 1000 v. Chr. Ab 200 v. Chr. besiedelten Polynesier alle Inseln des Pazifiks und erreichten um 700 Neuseeland. Häuptlingsgesellschaften entwickelten sich in der Region ab 1200.

Pombal, Marquês de (1699–1782) Portugiesischer Minister unter König Joseph I. Erlangte Respekt für die Effizienz und Schnelligkeit seines Wiederaufbaus von Lissabon nach dem schrecklichen Erdbeben 1755. Verantwortlich für die Vertreibung der Jesuiten aus Portugal und seinen Kolonien (1759). *S. 327*

Pompeius der Große (Gnaeus Pompeius Magnus, 106–48 v. Chr.) Römischer General und Rivale Julius Caesars. Von Caesar in der ⚔ von Pharsalus (48 v. Chr.) besiegt. *S. 71*

Pompeji Von Ausbruch des Vesuvs 79 zerstörte Stadt bei Neapel. *S. 82*

Ponce de León, Juan (1460–1521) Spanischer Entdecker und Gouverneur Floridas 1513. Rückzug nach Kuba, da er seine neuen Untertanen nicht unterwerfen konnte.

Pontos Königreich Kleinasiens. Erreichte seine größte Ausdehnung unter Mithridates VI. Eupator (reg. 120–63 v. Chr.), häufige Schlachten mit den expandierenden Römern.

Port Hudson ⚔ des amerikanischen Bürgerkriegs (1863). Unentschieden.

Portolan-Karte Eine Art Seekarte, die um 1300–1500 hauptsächlich in England und Spanien hergestellt wurde. Mehrere Kompasslinien von einem Mittelpunkt ausgehend in Richtung des Windes oder der Kompassstriche. In erster Linie von Seefahrern benutzt, um den Weg von Hafen zu Hafen zu finden.

PORTUGAL Portugal mit seiner langen Atlantikküste liegt im Westen der Iberischen Halbinsel. Der Fluss Tajo teilt den bergigeren Norden vom niedriger gelegenen welligen Süden. 1974 beseitigte ein unblutiger Militärputsch eine lang währende konservative Diktatur. 1975 wurde eine konstituierende Versammlung gewählt, das Militär zog sich aus der Politik zurück und Portugal begann mit einem Programm der wirtschaftlichen Modernisierung, begleitet von sozialem Wandel. Die Mitgliedschaft in der EU unterstützte diesen Prozess.

CHRONOLOGIE

2. Jahrhundert v. Chr. Portugal wird Teil des Römerreichs. Nach dessen Niedergang fällt das heutige Portugal an die Westgoten und später an die Mauren.

1139 Alfons Heinrich erklärt sich zum König von Portugal, ehemals Land des Königreichs León und Kastilien.

1147 Lissabon fällt an christliche Truppen.

1249 Alfons III. vertreibt die letzten Mauren aus der Algarve.

1418 Prinz Heinrich der Seefahrer, Sohn Johanns I., wird Regent der Algarve. Rüstet mehrere Forschungsreisen in den Atlantik und nach Süden entlang der afrikanischen Küste aus.

1494 Gemäß des Vertrags von Tordesillas teilt Papst Alexander VI. die »Neue Welt« unter Portugal und Spanien auf.

1497–1499 Vasco da Gama reist ums Kap der Guten Hoffnung nach Indien.

1500 Pedro Álvares Cabral entdeckt auf Indien-Reise zufällig Brasilien.

1580 Philipp II. von Spanien marschiert in Portugal ein.

1580–1640 Portugal vereinigt mit Spanien.

1598–1663 Verlust vieler Übersee-Gebiete an die Niederlande.

1640–1668 Krieg mit Spanien. Neue Unabhängigkeit nach Aufstand unter dem Herzog von Bragança.

1755 Erdbeben zerstört Lissabon.

1793 In der Koalition gegen revolutionäres Frankreich.

1807 Einmarsch Frankreichs; königliche Familie flieht nach Brasilien.

1808 Einmarsch der Briten unter Wellington, Beginn des Unabhängigkeitskriegs.

1820 Liberale Revolution.

1822 Rückkehr König Johanns VI.; akzeptiert erste Verfassung. Sein Sohn Peter I. ruft Brasiliens Unabhängigkeit aus.

1834 Rückkehr Peters I. (Pedro), um Bürgerkrieg zu beenden, setzt Tochter als Königin Maria II. ein.

1875–1876 Gründung der Parteien der Republikaner und Sozialisten.

1890 Plan zur Landverbindung zwischen Kolonien Angola und Mosambik von den Briten vereitelt.

1891 Republikaner-Aufstand in Porto.

1908 Ermordung König Karls I. und seines Thronerben.

1910 Absetzung Emanuels II. und Ausrufung der Republik. Trennung von Kirche und Staat.

1916 Anschluss an Alliierte im Ersten Weltkrieg.

1917–1918 Sidónio Pais führt neue Republik.

1926 Armee stürzt Republik.

1928 António Salazar wird Finanzminister der Regierung. Deutliches Wirtschaftswachstum.

1932 Salazar wird Premierminister.

1933 Ausrufung der Verfassung des »Neuen Staates«, die rechtsgerichtete Diktatur einsetzt.

1936–1939 Salazar hilft Franco im Spanischen Bürgerkrieg.

1939–1945 Neutral im Zweiten Weltkrieg, Briten dürfen jedoch Stützpunkte auf den Azoren nutzen.

1949 NATO-Gründungsmitglied.

1955 UN-Mitglied.

1961 Indien annektiert Goa. Ausbruch von Guerillakriegen in Angola, Mosambik, Guinea.

1970 Tod Salazars, arbeitsunfähig seit 1968. Nachfolger: Marcelo Caetano.

1971 Liberalisierungsversuche Caetanos.

1974 Nelkenrevolution – linke Bewegung der Streitkräfte stürzt Caetano in unblutiger Revolution.

1974–1975 Portugiesische Besitzungen in Afrika werden unabhängig. Ungefähr 750 000 Portugiesen kehren nach Portugal zurück.

1975 Kommunisten-Regierung durch Gemäßigte und PS verhindert.

1975–1976 Indonesien übernimmt früher portugiesisches Osttimor.

1976 General Antonio Eanes zum Präsidenten gewählt. Einführung einer neuen Verfassung. Soares Premierminister.

1978 Periode einer parteilosen technokratischen Regierung.

1980 Mitte-Rechts gewinnt Wahlen. Wiederwahl von General Eanes.

1982 Formale Wiedereinsetzung der Zivilregierung.

1983 Soares wird Übergangs-Premierminister, PS stärkste Partei.

1985 Anibal Cavaco Silva wird Premierminister, PSD-Minderheitsregierung.

1986 Soares Präsident. Portugal tritt EU bei, die wichtige Infrastruktur- und Bauprojekte finanziert.

1987 Absolute Parlaments-Mehrheit für Cavaco Silva.

1991 Wiederwahl von Soares als Präsident.

1995 Wahlsieg für die PS; António Guterres wird Premierminister.

1996 Früherer PS-Führer Jorge Sampaio wird gewählter Präsident.

1999 Portugal gehört zu den ersten elf Euro-Ländern. Allgemeine Wahlen stärken die Position der PS. Im Dezember wird Macau an China zurückgegeben.

2001 Guterres (PS) tritt nach Wahlniederlage der PS zurück.

2002 Koalitionsregierung aus PSD und CDS-PP unter Führung von Barroso (PSD).

Potosí Von den Spaniern 1545 entdeckte Silbermine in den Anden im heutigen Bolivien. War 50 Jahre lang die reichste Silberquelle der Welt und wuchs zur größten Stadt des amerikanischen Kontinents heran. *S. 281*

Potsdam, Konferenz von (17. Juli – 2. August 1945) Konferenz der Alliierten des Zweiten Weltkriegs in Potsdam bei Berlin. An der Beratung über Inhalt und Ablauf des Friedensabkommens nahmen US-Präsident Harry Truman, der britische Premier Winston Churchill oder Clement Attlee, der während der Konferenz Premierminister wurde, und der Premier der Sowjets Josef Stalin teil. Die Hauptinteressen der drei Mächte waren die sofortige Verwaltung des besiegten Deutschland, die Festlegung der Grenzen zu Polen, die Besetzung Österreichs, die Rolle der Sowjetunion in Osteuropa, die Festlegung von Reparationszahlungen und die weitere Verfolgung des Kriegs gegen Japan.

Prag ⚔ des Zweiten Weltkriegs (Mai 1945). Endgültige Niederlage der deutschen Truppen gegen die Sowjetarmee.

Prag, Fensterstürze von Prag war Zeuge zweier historischer Fensterstürze. Beim ersten (1419) wurden Magistraten des Königs aus dem Fenster des Rathauses geworfen, was den Hussitenkrieg auslöste. Der zweite (1618), bei dem Repräsentanten des Kaisers aus den Fenstern des königlichen Palastes geworfen wurden, markierte den Beginn des Dreißigjährigen Krieges.

Prager Frühling Tschechoslowakische Reformen, von den Sowjets verhindert (1968). *Siehe auch* Dubček, Alexander

Prambanan Gruppe prächtiger Hindutempel des 9. Jahrhunderts auf Java. *S. 146*

Preußen Baltische Region, von den Deutschordensrittern 1283 erobert. Die ursprünglich ansässigen Prußen sprachen eine baltische Sprache, das Gebiet wurde schnell mit Deutschsprachigen besiedelt. Mit dem Ende des Deutschen Ordens im 15. Jahrhundert kam Preußen unter polnische Herrschaft, dann im 17. Jahrhundert an die Kurfürsten von Brandenburg. 1701 wurde Preußen Königreich und übertraf schließlich die Macht der Habsburger. 1871 Krönung König Wilhelms I. von Preußen zum deutschen Kaiser. *Siehe auch* Deutschland, Brandenburg, Deutsch-Französischer Krieg.

Prevesa ⚔ (1538). Osmanen besiegen venezianische und spanisch-päpstliche Flotte.

Princeton ⚔ des amerikanischen Unabhängigkeitskriegs (1777). Britischer Sieg.

Prohibitionszeit Verbot in den USA von 1919 bis 1933, Alkohol herzustellen oder zu verkaufen, wurde als 18. Zusatz der Verfassung angefügt, 1919 weiter verschärft (Volstead Act) und 1933 durch den 33. Verfassungszusatz widerrufen. *S. 399*

Proklamation zur Sklavenbefreiung (*engl.* Emancipation Proclamation) Am 22. September 1863 unterzeichnete der US-Präsident Abraham Lincoln eine Erklärung, nach der alle Menschen unabhängig von ihrer Hautfarbe »ein Recht auf Leben, Freiheit und Anspruch auf Glück« haben. Der Sezessionskrieg wurde damit gleichzeitig zu einem Krieg gegen die Sklaverei.

Protestantismus Form des Christentums nach den Grundsätzen Martin Luthers und seiner Anhänger nach Abspaltung von der römisch-katholischen Kirche 1529. Ablehnung der Autorität des Papstes und Berufung auf die Bibel (in einer volksnahen Übersetzung) als Quelle der spirituellen Autorität. *Siehe auch* Reformation

Prschewalskij, Nikolaj Michailowitsch (1839–88) Russischer Soldat und Erforscher Zentralasiens. Sammelte eine große Zahl botanischer und zoologischer Arten, darunter die nach ihm benannte *Equus przewalskii*, die zuletzt entdeckte Wildpferdrasse.

Ptolemäer-Dynastie Dynastie makedonischer Könige, gegründet von Ptolemäus I., General Alexanders des Großen. Aufstieg zu Herrschern von Ägypten und der hellenistischen Seemacht der Ägäis und des östlichen Mittelmeers nach Alexanders Tod 232 v. Chr.

Ptolemäus (*gr.* Klaudios Ptolemaios, um 90–168) Griechischer Astronom und Geograf in Alexandria. Autor der *Geographia*, betrachtete die Erde als Mittelpunkt des Weltalls.

Ptolemäus I. (*auch* Ptolemaios Soter [»Retter«], um 366–283 v. Chr.) Ein General Alexanders des Großen, der Ägypten nach dem Zusammenbruch des makedonischen Reiches nach Alexanders Tod regierte. 304 nahm er den Königstitel an und gründete die Ptolemäer-Dynastie. Als fähiger Militär und Politiker sicherte er Palästina, Zypern und Teile Kleinasiens.

Ptolemäus V. (reg. 205-180 v. Chr.). König der Ptolemäer-Dynastie, unter dessen Herrschaft Ägypten ganz Palästina und ägyptischen Besitz in Kleinasien verlor. Friedensschluss durch Heirat mit Kleopatra, Tochter von Antiochos III. von Syrien.

Publius Cornelius Scipio *siehe* Scipio Africanus

Pueblo Von der Anasazi-Kultur (*siehe* Anasazi-Kultur) abstammende amerikanische Indianer in New Mexico und Arizona. Der Begriff bezeichnet auch die von ihnen gebauten Siedlungen.

Pueblo Bonito Bedeutende Pueblosiedlung im Chaco Canyon. *S. 148*

PUERTO RICO US-Territorium seit deren Einmarsch 1898, östlichste Insel der Großen Antillen in der Karibik. Die Bevölkerungsdichte, am höchsten um San Juan, ist vergleichbar der der Niederlande und höher als in jedem US-Staat. Das tropische Klima zieht zunehmend Touristen an, 80 Prozent aus den USA, Hotels und Freizeiteinrichtungen wurden ausgebaut. 1952 wurde die Zugehörigkeit zum amerikanischen Commonwealth garantiert, vier Jahre nach einem erfolglosen Aufstand für die Unabhängigkeit. Die Bevölkerung besitzt US-Staatsbürgerschaft, aber nur beschränkte Selbstverwaltung. Drei Plebiszite 1967, 1993 und 1998 ergaben, dass die Inselbewohner eher für den Commonwealth stimmten als für die Zugehörigkeit zu den USA oder die Unabhängigkeit.

CHRONOLOGIE

15. Jahrhundert Entdeckung durch Kolumbus, Kolonisierung durch Spanien.

1812–1840 Die Spanier unterdrücken den Kampf um eine Verwaltungsreform.

1868 Erfolglose Ausrufung der Unabhängigkeit nach bewaffnetem Aufstand gegen die Kolonialherrschaft.

1897 Verhandlungen mit Spanien um begrenzte Autonomie.

1898 Landung von US-Truppen im Spanisch-Amerikanischen Krieg; das Land fällt an die USA und bekommt eine Schlüsselrolle in deren globaler Strategie.

1917 Einwohner bekommen US-Staatsbürgerschaft.

1947 Begrenzte Selbstverwaltung.

1948 Luis Marín erster gewählter Gouverneur, seine Vorgänger waren von den USA ernannt worden.

▶

◄

1952 Puerto Rico wird die Assoziation mit den USA garantiert.

1967 Volksabstimmung über die Beziehungen zu den USA ergibt 60 % der Stimmen für Fortsetzung des autonomen Staatenbundes.

1968 Wahlsieg der für eigenen Staat votierenden Neue Fortschritts-Partei (PNP) unter Carlos Romero Barcelo.

1972 Die Demokratische Volkspartei (PPD), die die Beibehaltung des Commonwealth vertritt, gewinnt die Kontrolle über beide Kammern der Legislative.

1991 Volksabstimmung über die zukünftigen Beziehungen zu den USA ergeben eine Mehrheit für eine engere Integration.

1992 Wahlsieg für Pedro Rossello bei den Gouverneurswahlen, seine PNP (die sich eher für die US-Zugehörigkeit als für den Commonwealth ausspricht) gewinnt auch die Parlamentswahlen.

1993 Nicht-bindendes Referendum ergibt knappes Ergebnis zugunsten des Verbleibs im Staatenbund.

2001 Rossello wird von Gegnerin eines eigenen Staats, Sila Calderón, abgelöst, erste Gouverneurin Puerto Ricos.

Punische Kriege Drei Kriege zwischen Rom und Karthago um die Vorherrschaft im westlichen Mittelmeer. Im ersten Krieg (264–241 v. Chr.) baute Rom eine mit der Karthagos vergleichbare Flotte auf, konnte aber Karthago nicht erobern. Im zweiten (218–201 v. Chr.) konnte Rom Hannibals Einmarsch in Italien zurückschlagen und Karthago einen demütigenden Friedensvertrag aufzwingen. Der dritte (149–146 v. Chr.) endete in der kompletten Zerstörung Karthagos. *S. 65*

Puranas Enzyklopädisches Werk der heiligen Hindu-Texte, die Schöpfung und Frühgeschichte der Menschheit beschreiben, mit vielen geografischen Informationen. Stehen in Verbindung mit der Ausbreitung der arischen Stämme und der Herausbildung von Königreichen und Republiken im 1. Jahrtausend v. Chr.

Pydna ⚔ (168 v. Chr.). Rom besiegt Griechenland.

Pyramide Nicht nur Ägypter, mit der unvergleichlichen Pyramide von Giseh von etwa 2540 v. Chr., sondern auch mittel- und südamerikanische Kulturen bauten Pyramiden. *S. 22*

Pytheas von Massalia (geb. um 300 v. Chr.) Griechischer Seefahrer und Geograf. Möglicherweise Fahrt um Küste von Britannien und Nordeuropa. Einer der ersten, die Breitengrade zur Positionsbestimmung benutzten.

Pythische Spiele Panhellenische Veranstaltung alle vier Jahre im Apollo-Heiligtum in Delphi. Der Name Pythios, der »Pythontöter« bedeutet, war der dortige Name Apollos.

Q

Qi-Dynastie (*auch* Ch'i) Eine südliche (reg. 479–502) und eine nördliche (reg. 550–577) Dynastie in China.

Qin Shih Huangdi (*auch* Ch'in Shih Huang-ti, König Zheng) Erster Kaiser der Qin-Dynastie (reg. 221–210 v. Chr.), nahm den Titel Shih Huangdi (»Erster Göttlich Erhabener«) an. Er einigte China mittels radikaler politischer Reformen, ließ Straßen und Kanäle bauen sowie die Chinesische Mauer. Heute erinnert man sich hauptsächlich wegen der zahlreichen, mit ihm begrabenen Terrakottasoldaten an ihn.
Siehe auch Qin-Dynastie

Qin-Dynastie (*auch* Ch'in) Dynastie Chinas (221–206 v. Chr.), gegründet von König Zheng. Später selbst ernannter erster Kaiser (Qin Shih Huangdi, 259–210, reg. 221–210), der von Xianyang aus regierte, China ab 230 einigte, mit Gebietsreformen, zentraler Verwaltung, Bau der ersten Chinesischen Mauer, Verbot von Büchern und Einführung allgemeiner Gewichte und Maße.

Qin-Reich *siehe* Qin-Dynastie

Qing-Dynastie (*auch* Ch'ing, Mandschu-Dynastie, 1644–1911) Von den Mandschu gegründete Dynastie.
Im 19. Jahrhundert war China das volkreichste Kaiserreich der Welt und herrschte über große Teile Asiens, mit Korea, Indochina, Siam (Thailand), Birma und Nepal als tributpflichtigen Staaten.

Qing-Reich *siehe* Qing-Dynastie

Quebec ⚔ des Siebenjährigen Kriegs in Nordamerika (1759). Britischer Sieg über Frankreich und Kontrolle über weite Teile Nordamerikas.

Quetzalcoatl Schlangengott sowohl der Tolteken- als auch der Azteken-Kultur. Symbol von Tod und Auferstehung, auch bekannt als Patron der Priester, Erfinder von Schrift und Kalender.

Quexos, Pedro de Spanischer Erforscher Nordamerikas (1521).

Quirós, Pedro Fernandez de (um 1560–1614). Spanischer Pazifik-Forscher. Nachdem er an mehreren Pazifiküberquerungen teilgenommen hatte, verwirklichte er 1605 den Plan, eine eigene Expedition auszurüsten, um das mythische »Große Südland« zu finden. Er entdeckte eine Reihe kleiner Inseln wie Espiritu Santo, die Hauptinsel Vanuatus, die er als Ostküste der Terra Australis Incognita bezeichnete.

Qutb-ud-Din Aibak General Mohammeds von Ghor und Gründer des Sultanats Delhi (1206).

R

Ra Sonnengott, einer der wichtigsten Götter des alten Ägypten. Frühe ägyptische Könige führten ihre Abstammung auf Ra zurück. Ra hat mehrere Erscheinungsformen, die gebräuchlichsten sind der Falke und der Löwe.

Radio Zunehmende Hörerschaft im frühen 20. Jahrhundert. *S. 400*

Radisson, Pierre-Esprit (um 1636–1710) Pelzhändler und Forscher, errichtete Fort Nelson in der Hudsonbai (sein Schwager Grosseilliers hatte kurz zuvor Fort Rupert gegründet). Ihren Aktivitäten ist die Gründung der Hudson's Bay Company 1670 zu verdanken.

Raffles, Sir Thomas Stamford Gründer Singapurs. In seiner Eigenschaft als Gouverneur von Bengkulu (Hauptstützpunkt der Ostindiengesellschaft in Sumatra) überzeugte er den Sultan von Johor, ihm die unbewohnte Insel zu überlassen. Sie wurde 1826 Kronkolonie der Straits Settlements. *S. 351*

Railroad Act (1866) US-Gesetz, das Eisenbahngesellschaften erlaubte sich Indianerland im Westen anzueignen.

Rajaraja der Große (reg. 985–1014) Cola-König, der Herrschaft der Cola über Dekhan, Ceylon und die Malaiische Halbinsel ausdehnte. Zum Todeszeitpunkt war er der wichtigste Herrscher Südindiens.

Rajendra I. (reg. 1014–44) König der südindischen Cola-Dynastie. Unter seiner Herrschaft übernahm die Flotte die Kontrolle über die östliche Seeroute zwischen Arabien und China und eroberte Ceylon (1018). Er regierte in Tanjore.

Rajputen Volk von Rajasthan, Nordindien. 1191 vom Afghanenführer Mohammed von Ghor besiegt.

Raleigh, Sir Walter (um 1554–1618) Englischer Abenteurer. Stand in der Gunst Elisabeths I. und benannte die von ihm 1584 auf Roanoke Island gegründete Kolonie Virginia nach der »jungfräulichen Königin«. Er wurde unter Jakob I. gefangen gesetzt, 1616 freigelassen und nach Guayana auf die Suche nach El Dorado geschickt. Die Fahrt endete in einer Katastrophe, bei seiner Rückkehr wurde er hingerichtet.

Ramayana Auf zahlreichen Legenden um die Abenteuer Ramas beruhendes klassisches Sanskritepos Indiens, vermutlich aus dem 3. Jahrhundert v. Chr. In seiner bekanntesten Form niedergeschrieben vom Dichter Tulsidas (1532–1623).

Ramesse III. *siehe* Ramses III.

Ramses III. (*auch* Ramesse, reg. um 1184–1153 v. Chr.) Zweiter König der 20. Dynastie Ägyptens. Krieg gegen die Philister und die Seevölker.

Rapa Nui *siehe* Osterinsel

Rashtrakuta Mächtiges Königreich, 753 im nördlichen Dekhan gegründet. Auf dem Höhepunkt reichte seine Macht vom südlichen Gujarat bis Tanjore.

Rat für gegenseitige Wirtschaftshilfe (RGW, *auch* COMECON) Wirtschaftsorganisation kommunistischer Staaten, gegründet 1949 unter Führung der Sowjetunion. *Siehe auch* Ostblock

Ravenna Hauptstadt Italiens unter Ostgoten und Byzantinern. 752 von Langobarden eingenommen, die kurz danach von den Franken vertrieben wurden.

Reagan, Ronald Wilson (geb. 1911) 40. Präsident der Vereinigten Staaten (Republikaner, 1981–89). Ehemaliger Schauspieler, als Vorsitzender der Filmschauspielerinnung bemühte er sich, kommunistische Einflüsse aus der Filmindustrie zu verbannen. Gouverneur von Kalifornien 1967–74. 1980 Erdrutschsieg bei den Präsidentschaftswahlen. Während seiner Amtszeit erhöhte er die Militärausgaben, verringerte die Steuern und kürzte die Staatsausgaben. Einführung des umstrittenen SDI (Strategische Verteidigungsinitiative) und Ratifizierung des INF-Vertrags mit der Sowjetunion zur Begrenzung der Mittelstreckenraketen. Seine Amtszeit wurde überschattet von Enthüllungen über Einnahmen aus Waffengeschäften mit dem Iran zur Unterstützung der Contrarebellen gegen die sandinistische Regierung in Nicaragua.

Reconquista Rückeroberung des muslimischen Spanien durch Christen vom 11. bis 15. Jahrhundert.

Red River, Krieg am (1874–75) Aufstand der Stämme der Arapaho, Cheyenne, Comanchen, Kiowa und Kataka in Reservaten in Oklahoma und Texas gegen weiße Siedler in der Region. Die US-Truppen unter General William Sherman wurden zu 14 Schlachten im Red-River-Tal herausgefordert, bevor die Indianer sich endgültig ergaben.

Reducciones Jesuitische Grenzsiedlungen im spanischen Südamerika.

Reformation Religiöser Umbruch im 16. Jahrhundert in der römisch-katholischen Kirche, unter Martin Luther und Johannes Calvin mit langfristigen politischen, wirtschaftlichen und sozialen Auswirkungen, führte zum Grund-satzprogramm der Gründung des Protestantismus. *S. 275*
Siehe auch Luther, Martin; Calvin, Johannes; Gegenreformation

Regenwald Zerstörung der Regenwälder der Erde im späten 20. Jahrhundert.

Regillus, See ⚔ (496 v. Chr.). Sieg der Römer über eine Allianz der latinischen Städte. Die Schlacht besiegelte die Vorherrschaft Roms über die benachbarten Städte.

Reich der Groß-Seldschuken *siehe* Seldschuken

Rekatholisierung *siehe* Gegenreformation

Rekkeswind Westgotenherrscher des 7. Jahrhunderts in Spanien. Seine Krone ist ein herausragendes Beispiel westgotischer Kunst. *S. 127*

Rekonstruktion (1865–77) Zeit nach dem amerikanischen Bürgerkrieg, in der die Südstaaten unter föderaler Regierung und sozialer Gesetzgebung waren, die neue Rechte für die Schwarzen einschlossen. Die zurückgekehrte republikanische Regierung gab die Macht weißen Führern zurück, die erneut die Rassentrennung einführten.

Religiöse Orden Neue religiöse Orden der Gegenreformation. *S. 279*
Siehe auch Jesuiten.

Remojadas Frühe mexikanische Kultur (um 600–900)

Renaissance (um 1300–1550) Periode kultureller, ökonomischer und politischer Blütezeit im mittelalterlichen Europa, charakterisiert durch die Wiederentdeckung des klassischen Altertums, was, beginnend in Italien, seinen Ausdruck fand in der Ausbreitung humanistischer Studien und Schriften und in einer Erneuerung in Architektur, Malerei, Bildhauerei und der Kunst im Allgemeinen. *S. 272*

Rennell, James (1742–1830) Britischer Marineoffizier, der 1764 Landvermesser in Bengalen wurde. Auf ihn geht die erste authentische Karte des indischen Subkontinents zurück, die *Survey of India*.

Republikanische Partei Eine der beiden großen Parteien der USA. 1854 gegründet zur Unterstützung der Politik gegen die Sklaverei (vor dem Bürgerkrieg). Abraham Lincoln war ihr erster Präsident. Heute steht sie rechts von den Demokraten und vertritt beschränkte Macht des Staates und eine interventionistische Außenpolitik.

Reunionen (Wiedervereinigungen) Von Frankreich während der Regierung Ludwigs XIV. besetzte Länder, die von einem speziellen Gericht, der »Chambre des Réunions«, verwaltet wurden. Wichtige Anschlussgebiete waren Luxemburg (1679) und Straßburg (1684). Die meisten Gebiete wurden im Vertrag von Rijswijk (1697) zurückgegeben.

Revolutionen, Jahr der (1848) Jahr, in dem die seit dem Kongress von Wien 1815 in Europa existierende politische Ordnung in Italien, Deutschland, Mitteleuropa und Frankreich in Frage gestellt wurde. *S. 362*

Rhodes, Cecil (1853–1902) Geldgeber, Staatsmann und Gründer des britischen Südafrika. Premierminister der Kap-Kolonie (1890–96) und Gründer der Diamantminengesellschaft De Beers Consolidated Mines Limited (1888). *S. 377*

Rhodesien Britische Kolonie, benannt nach Cecil Rhodes. Südrhodesien war eine selbst verwaltete Kolonie seit 1922, Nordrhodesien dagegen britisches Protektorat. Beide gehörten zusammen mit Njassaland der Föderation Rhodesien und Njassaland an. Nordrhodesien wurde 1963 als Sambia unabhängig, Südrhodesien weigerte sich jedoch, der schwarzen Mehrheit die Macht zu überlassen, und verabschiedete die UDI (Einseitige Unabhängigkeitserklärung). Minderheitsregierung dauerte bis 1980, als das Land Simbabwe wurde. *Siehe auch* Simbabwe, Sambia

Ricci, Matteo (1552–1610) Italienischer Jesuit, Missionar und Kartograf. Schloss sich 1582 Jesuitenmission in Macau an, brachte die Mission in chinesische Gebiete, um sich schließlich 1601 in Peking niederzulassen. Seine Karten brachten der westlichen Welt einmalige Informationen über China.

Richard I. von England (*auch* Richard Löwenherz, *franz.* Richard Cœur de Lion, 1157–99) Herzog von Aquitanien seit 1168, von Poitiers seit 1172, König von England, Herzog der Normandie und Graf von Anjou (reg. 1189–99). Seine Tapferkeit beim dritten Kreuzzug (1189–92) machte ihn zu seiner Zeit berühmt.

Richard II. (1367–1400) König von England (reg. 1377–99). Sohn Eduards, des Schwarzen Prinzen. 1399 von seinem Cousin Heinrich von Lancaster, später Heinrich IV., abgesetzt. Möglicherweise ermordet.

Richelieu, Kardinal (Armand Jean du Plessis, 1585–1642) Minister Ludwigs XIII. Ihre Zusammenarbeit machte Frankreich zu einer führenden Macht Europas.

Riel-Aufstände (1869, 1885) Aufstände der Métis (Halbblutnachfahren von Cree und französischen Pelzhändlern) und indianischer Verbündeter gegen Einfälle europäischer Siedler in ihr Land.

Rigveda, Großes Um 900 v. Chr. vollendetes literarisches Denkmal der arischen Siedler des Punjab. Die Sammlung heiliger Hymnen zeichnet die religiöse Entwicklung des arischen Indien nach und die Arier als Krieger mit Streitwagen, die nach und nach sesshaft wurden; sie ist reich an geografischen Hinweisen.

Rio de Janeiro Ersetzte 1763 Bahia als brasilianische Hauptstadt, 1960 wiederum durch Brasília ersetzt. *Siehe auch* Brasilien

Río de la Plata 1776 errichtetes spanisches Vizekönigreich. *Siehe auch* Argentinien

Robert I. Bruce (1274–1329) König von Schottland (reg. 1306–29). 1306 im Widerstand zu König Eduard I. von England gekrönt. Entscheidender Sieg über die Engländer in Bannockburn (1314). Anerkennung der schottischen Unabhängigkeit und Roberts Recht auf den Thron durch England (1328).

Robert II. Kurzhose (um 1054–1134) Herzog der Normandie (reg. 1087–1106). Ältester Sohn Wilhelms I. von England. Erbte die Normandie beim Tod seines Vaters, sein Bruder Wilhelm hingegen den Thron von England. Er nahm am ersten Kreuzzug teil (1096–1100).

Robespierre, Maximilien François Marie-Isidore de (1758–94) Französischer Revolutions- und Jakobinerführer, Schlüsselrolle beim Sturz der gemäßigten Girondisten. Mitglied des Wohlfahrtsausschusses, der die Schreckensherrschaft etablierte (1793–94). Wurde gestürzt und hingerichtet. *Siehe auch* Französische Revolution, Jakobiner, Schreckensherrschaft

Rock 'n' Roll Moderne Musik der 50er- und 60er-Jahre des 20. Jahrhunderts. *S. 432*

Römisch-katholische Kirche Der größte und mächtigste Zweig der christlichen Kirche, geleitet von den Verkündigungen des Papstes in Rom. Das einst ausgedehnte Territorium des Papstes schrumpfte auf die Vatikanstadt zusammen, eine winzige ummauerte Enklave mitten in Rom, aber noch immer unabhängig. Die Kirche erklärt die ununterbrochene apostolische Nachfolge von St. Peter, der vermutlich zu Zeiten Neros den Märtyrertod fand, bis heute. *Siehe auch* Vatikanstadt, Kirchenstaat

RÖMISCHES REICH Das größte jemals in Europa errichtete Reich. Es erstreckte sich von Nordbritannien bis Ägypten. Nach seinem Höhepunkt im 2. Jahrhundert wurde es immer schwieriger zu regieren und 395 zerfiel es in zwei Teile. Das Ende des westlichen Reiches kam 476 nach mehreren Wellen germanischer Invasion, aber Ostrom (Byzanz) mit der Hauptstadt Konstantinopel hielt sich bis 1453.

Frühes Rom *S. 44*
Römerstraßen *S. 61*
Römische Aufstände *S. 69*
Römische Eroberungen (250–50 v. Chr.) *S. 70*
Luxus in Rom *S. 72*
Römische Vermessungstechnik *S. 74*
Römische Literatur *S. 83*
Römische Eroberungen (50 v. Chr. –117) *S. 84*
Römischer Einfluss *S. 88*
Römische Kaiser *S. 89*
Das kaiserliche Rom *S. 93*
Römische Bauten *S. 95*
Siehe auch Rom, Byzantinisches Reich

RÖMISCHE KAISER

27 v.–14 n. Chr.	Augustus (Gaius Julius Caesar Octavianus)
14–37	Tiberius (Tiberius Claudius Nero Caesar)
37–41	Caligula (Gaius Claudius Nero Caesar Germanicus)
41–54	Claudius (Tiberius Claudius Nero Caesar Drusus)
54–68	Nero (Lucius Domitius Ahenobarbus Claudius Drusus)
68–69	Galba (Servius Sulpicius Galba)
69	Otho (Marcus Salvius Otho)
69	Vitellius (Aulus Vitellius Germanicus)
69–79	Vespasian (Titus Flavius Vespasianus)
79–81	Titus (Titus Flavius Vespasianus)
81–96	Domitian (Titus Flavius Domitianus)
96–98	Nerva (Marcus Cocceius Nerva)
98–117	Trajan (Marcus Ulpius Nerva Traianus)
117–138	Hadrian (Publius Aelius Traianus Hadrianus)
138–161	Antoninus Pius (Titus Aurelius Fulvius Boionius Arrius Antoninus Pius)
161(147)–180	Mark Aurel (Marcus Annius Aurelius Verus)
161–169	Lucius Aurelius Verus (Lucius Ceionius Commodus Verus)

180(172)–192	Commodus (Lucius Aelius Marcus Aurelius Antoninus Commodus)
193	Pertinax (Publius Helvius Pertinax)
193	Didius Iulianus (Marcus Didius Salvius Julianus Severus)
193–211	Septimius Severus (Lucius Septimius Severus)
211(198)–217	Caracalla (Marcus Aurelius Antoninus Bassianus Caracallus)
211–212	Geta (Publius Septimius Geta)
217–218	Macrinus (Marcus Opellius Severus Macrinus)
218–222	Heliogabal (Marcus Varius Avitus Bassianus Aurelius Antoninus Heliogabalus)
222–235	Severus Alexander (Marcus Alexianus Bassianus Aurelius Severus Alexander)
235–238	Maximus (Gaius Julius Verus Maximinus Thrax)
237–238	Gordian I. (Marcus Antonius Gordianus)
238	Gordian II.
238	Pupienus (Marcus Clodius Pupienus Maximus)
238	Balbinus (Decimus Caelius Balbinus)
238–244	Gordian III. (Marcus Antonius Gordianus)
244–249	Philippus Arabus (Marcus Julius Philippus »Arabus«)
249–251	Decius (Gaius Messius Quintus Traianus Decius)
251–253	Gallus (Gaius Vibius Trebonianus Gallus)
253	Aemilianus (Marcus Julius Aemilius Aemilianus)
253–260	Valerian (Gaius Publius Licinius Valerianus)
253–268	Gallienus (Publius Licinius Egnatius Gallienus)
268–270	Claudius II. (Marcus Aurelius Claudius Gothicus)
270–275	Aurelian (Lucius Domitius Aurelianus)
275–276	Tacitus (Marcus Claudius Tacitus)
276–282	Probus (Marcus Aurelius Probus)
281–283	Carus (Marcus Aurelius Carus)
284–305	Diokletian (Gaius Aurelius Valerius Diocles Jovius)
286–305	Maximian (Marcus Aurelius Valerius Maximianus Herculius)
305(293)–306	Constantius I. (Flavius Valerius Constantius Chlorus)
305(293)–311	Galerius (Gaius Galerius Valerius Maximianus)
306–307	Severus II. (Flavius Valerius Severus)
306–312	Maxentius (Marcus Aurelius Valerius Maxentius)
311(307)–324	Licinius (Gaius Flavius Valerius Licinianus Licinius)
311(306)–337	Konstantin I. der Große (Flavius Valerius Constantinus)
337–340	Konstantin II. (Flavius Valerius Claudius Constantinus)
337–361	Konstantius II. (Flavius Valerius Julius Constantius)
337–350	Konstans (Flavius Valerius Julius Constans)
361–363	Julian Apostata (Flavius Claudius Julianus)
363–364	Jovianus (Flavius Jovianus)
364–375	Valentinian I. (Flavius Valentinianus, Westrom)
364–378	Valens (Ostrom)
375(367)–383	Gratian (Flavius Gratianus Augustus, Westrom)
375–392	Valentinian II. (Flavius Valentinianus, Westrom)
379–395	Theodosius I. der Große (Flavius Theodosius, Ostrom und nach 392 Westrom)
383–388	Magnus Maximus (Magnus Clemens Maximus)
392–394	Eugenius
395(383)–408	Arcadius (Ostrom)
395(393)–423	Honorius (Flavius Honorius, Westrom)
408(402)–450	Theodosius II. (Ostrom)
425–454	Valentinian III. (Flavius Placidius Valentinianus, Westrom)
450–457	Markian (Marcianus, Ostrom)
455	Petronius Macimus (Flavius Ancius Petronius Maximus, Westrom)
455–457	Avitus (Flavius Maecilius Eparchus Avitus, Westrom)
457–461	Majorian (Julius Valerius Maioranus, Westrom)
457–474	Leo I. (Leo Thrax, Magnus, Ostrom)
461–465	Severus (Libius Severianus Severus, Westrom)
467–472	Anthemius (Procopius Anthemius, Westrom)
472	Olybrius (Anicius Olybrius, Westrom)
473–474	Glycerius (Westrom)
473–475	Julius Nepos (Westrom)
473–474	Leo II. (Ostrom)
474–491	Zeno (Ostrom)
475–476	Romulus Augustus (Flavius Momyllus Romulus Augustus, Westrom)

Roerich, Nicolaj (1874–1947) Russischer Reisender und Maler in Zentralasien.

Roger II. von Sizilien (1095–1154, reg. 1101–54) Erster Normannenkönig Siziliens mit einem der prächtigsten Höfe Europas, an dem sich christliche und arabische Gelehrte trafen. Gab das *Roger-Buch*, eine mittelalterliche Kartensammlung, in Auftrag. *S. 186*

Roggeveen, Jacob (1659–1729) Holländischer Forscher. Auf seiner Reise über den Pazifik 1722 entdeckte er als erster Europäer einige Inseln, darunter die Osterinsel und Samoa.

Rojen, Willebrord Snel van *siehe* Snellius

Rokoko Architekturstil des 18. Jahrhunderts: leichte, spielerische Ausprägung des Barock. *S. 331*

Rom Ursprünglich ein kleiner Stadtstaat, der durch geschickte Militärführung und Einsatz von Verträgen und Allianzen zuerst die italienische Halbinsel und im 1. Jahrhundert v. Chr. den ganzen Mittelmeerraum eroberte. Nachlassen der Bedeutung der Stadt Rom ab dem 4. Jahrhundert. Vom 7. Jahrhundert an wieder zunehmendes Prestige durch den Sitz des Papstes und der römisch-katholischen Kirche. Vom Papst regiert, bis es 1871 Hauptstadt des vereinigten Königreichs Italien wurde. *Siehe auch* Römisches Reich

Rom, Vertrag von *siehe* Europäische Union

Romantik Kunstbewegung des späten 18. und frühen 19. Jahrhunderts. *S. 346*

Romulus Augustus Römischer Kaiser (476).

Roosevelt, Franklin Delano (*auch* FDR, 1882–1945) 32. Präsident der USA (Demokrat, 1932–45). Wurde 1932 auf dem Höhepunkt der Jahre der großen

Depression Präsident. Er erließ sofort eine Reihe von Reformen zur Beseitigung der Wirtschaftskrise, bekannt als »New Deal«; diese umfassten das Ende der Goldwährung, Preissubventionen in der Landwirtschaft, Arbeitsbeschaffungsprogramme, um Arbeitslose mit Arbeit zu versorgen, und ein neues Sozialgesetz. Durch seine »Volksnähe« und enorme Popularität wurde er als Ausnahmefall für vier Amtszeiten gewählt. Trotz anfänglicher Weigerung, sich in europäische Konflikte einzumischen, brach er beim Ausbruch des Zweiten Weltkriegs mit der Neutralität, um die Allianz zu unterstützen. Der endgültige Kriegseintritt der USA erfolgte nach der Bombardierung in Pearl Harbor 1941.

Roosevelt, Theodore (Teddy, 1858–1919) 26. Präsident der USA. Befehlshaber der »Rough Riders« im Spanisch-Amerikanischen Krieg (1898), kehrte als Gouverneur von 1898 bis 1900 nach New York zurück und wurde gleich zum Vizepräsidenten gewählt. Nach der Ermordung William McKinleys wurde er Präsident. Er initiierte den Bau des Panamakanals, stärkte die US-Marine und gewann 1906 den Friedensnobelpreis für seinen Beitrag zum Ende des Russisch-Japanischen Krieges. Er bildete eine »fortschrittliche« Bewegung innerhalb der Republikaner, verlor jedoch 1910 die Wahlen mit diesem fortschrittlichen Programm.

Rosas, Juan Manuel de (1793–1877) Argentinischer Diktator. Obwohl sein offizieller Titel nur Gouverneur der Provinz von Buenos Aires war, regierte er Argentinien von 1829 bis 1852. Er verdankte seine Stellung seiner loyalen Gaucho-Armee und Eroberungskriegen gegen Feuerlandindianer.

Rosebloom, Johannes Nordamerikaforscher des 17. Jahrhunderts. Von Gouverneur Thomas Dongan beauftragt neue Pelzhandelsrouten zu finden. Nach dreimonatiger Reise erreichte er 1685 Michilimackinac zwischen Huron- und Michigansee.

Rosenberg, Ethel und Julius (1915–53, 1918–53) Amerikanische Kommunisten und Mitglieder eines transatlantischen Agentenrings. Wegen Verrats von Atomgeheimnissen an die Sowjets als erste US-Bürger aufgrund von Spionage hingerichtet.

Rosenkrieg (1452–85) Blutiger Bürgerkrieg zwischen zwei Adelshäusern – York und Lancaster – um den englischen Thron. Der letzte König des Hauses York, Richard III., wurde 1485 besiegt und in Bosworth Field getötet. *S. 265*

Rosette, Stein von Basaltplatte mit Inschriften der Priester des Ptolemäus V. von Ägypten in Hieroglyphen, demotisch und griechisch. 1799 bei der Stadt Rosette in Ägypten gefunden, heute im Britischen Museum in London. Schlüssel zum Verständnis ägyptischer Hieroglyphen. *S. 66*

Ross, Sir James Clark (1800–62) Britischer Marineoffizier und Polarforscher. Begleitete Edward Parry und seinen Onkel John Ross auf Arktisexpeditionen. 1839–43 leitete er die erste große Marineexpedition in die Antarktis. Entdeckte das Rossmeer, das Ross-Schelfeis, die Rossinsel und Victorialand.

»Rote Gefahr« Name für die Angst vor kommunistischer Unterwanderung, die in den 40er-Jahren in den USA um sich griff und zu Gesetzen wie dem Federal Employee Loyalty Program führte und Senator Joseph McCarthys Liste der Regierungsangestellten, die er der Sympathien mit der Sowjetunion verdächtigte. Die Vorwürfe führten zu einem Anstieg von Verfolgungen (McCarthy-Hexenjagd) der des Kommunismus Verdächtigen und viele, v.a. in Regierung, Schulen, Universitäten und Medien, konnten aufgrund der Verdächtigungen nicht mehr arbeiten.

Rote Khmer Marxistische Partei in Kambodscha, geführt von Pol Pot, organisiert als Opposition zur Regierung von Lon Nol, 1970–75. 1975 stürzte sie die Regierung und setzte ein Terrorregime ein, das zum Tod von über zwei Millionen Kambodschanern führte. Sie wurde 1979 nach dem Einmarsch der Vietnamesen gestürzt.

Rousseau, Jean-Jacques (1712–78) Französischer Philosoph und Schriftsteller. Glaubte an das Gute im Menschen und dass die Gesellschaft Ungleichheit und Not hervorbringe. Sein Werk *Der Gesellschaftsvertrag* (1762) beeinflusste die Ideen der Französischen Revolution.

RUANDA Das Binnenland liegt knapp südlich des Äquators im östlichen Zentralafrika. Seit der Unabhängigkeit 1962 bestimmen ethnische Spannungen die Politik. Nach dem gewaltsamen Tod des Präsidenten 1994 kam es zu furchtbaren Gräueltaten an der Volksgruppe der Tutsi. Ein Rückkehr- und Integrationsprozess der Vertriebenen wurde durch den Rückhalt, den die Verursacher des Genozids in den Flüchtlingslagern der angrenzenden Länder fanden, erschwert. *S. 450*

CHRONOLOGIE

11. Jahrhundert Ankunft der Hutu.
15. Jahrhundert Hamitische Tutsi kommen als viehzüchtende Herren.
1899 Traditionelles Königreich geht auf in Deutsch-Ostafrika.
1919 Mit Völkerbundsmandat übernimmt Belgien Ruanda von Deutschland.
1952 Unter UN-Treuhand beginnt Belgien Veränderungen zu Demokratie und Unabhängigkeit.
1959 Nach dem unaufgeklärten Tod König Mutaras III. ergreift ein Tutsi-Klan die Macht und versucht die Hutu-Führer zu beseitigen. Blutige Rebellion der Hutu. Belgien führt die Demokratie ein, die es den Hutu ermöglicht, die Minderheit der Tutsi-Herrenklasse zu stürzen.
1960 Die Hutu gewinnen Kommunalwahlen; Joseph Habyarimana wird Präsident und Gregoire Kayibanda Premierminister.
1961 Referendum für republikanische Verfassung nach Unabhängigkeit.
1962 Unabhängigkeit. Hutu-Regierung.
60er-Jahre Tutsi-Revolte; Massaker durch Hutu; Tausende Tutsi im Exil.
1973 Putsch durch General Habyarimana.
1994 Unfalltod Habyarimanas. Extremistische Hutu-Regierung entfesselt Völkermord, Regierung von FPR unter Tutsi-Führung abgesetzt. Hutu-Flüchtlingswelle.
1995 Kriegsverbrechertribunal.
1997 Zwangsrückführung der Flüchtlinge.
2000 Prominente Hutu geben Amt auf.
2001 Begrenzter Truppenrückzug aus Demokratischer Republik Kongo (früher Zaire) beginnt.

Ruanruan (*auch* Awaren) Nomadisches Steppenvolk, aus der Mongolei von den Köktürken (Orchontürken, *auch* Blaue oder Himmlische Türken) im 4. Jahrhundert nach Westen vertrieben, kamen im 6. Jahrhundert nach Europa. *Siehe auch* Awaren

Rub al-Chali (*auch* »Leeres Viertel«) Ungefähr 777 000 km^2 großes Gebiet wasserloser Wüste auf der südlichen Arabischen Halbinsel.

Rudolf I. (1218–91) Graf von Habsburg und Heiliger Römischer Kaiser. Als erster Habsburger Kaiser sicherte Rudolf Österreich als Mittelpunkt des Habsburger Besitzes durch Sieg über Ottokar II. von Böhmen.

Rüstungswettlauf Begriff für die technische Aufrüstung und das Horten von Massenvernichtungswaffen durch den Westen und den Ostblock während des Kalten Krieges.

Ruhrgebiet Zentrum der deutschen Stahlindustrie im 19. und 20. Jahrhundert. *S. 373*

Ruíz de Montoya, Pater António Jesuit und Missionar in Südamerika im 17. Jahrhundert.

Rukh (1377–1447) Mongolischer Schah, Sohn Timurs.

Rum Anatolisches Seldschukensultanat im 12. und 13. Jahrhundert mit Hauptstadt in Konya (Iconium). Der Name leitet sich von Rom ab, da das Land vom Byzantinischen Reich (Ostrom) erobert worden war.

RUMÄNIEN Rumänien liegt an der Schwarzmeerküste und wird im Süden von der Donau begrenzt. Die Karpaten verlaufen bogenförmig um das Hochplateau von Transsilvanien durch das Land. Lange von den osmanischen, russischen und Habsburger Reichen beherrscht, wird Rumänien 1878 unabhängiges Königreich, nach dem Zweiten Weltkrieg wird es kommunistische Volksrepublik, seit 1965 unter Nicolae Ceaucescu. Ein Putsch 1989 führte zu seiner Hinrichtung und zu einer begrenzten Demokratie unter Ion Iliescu. Nach der Wahlniederlage 1996 wurde er im Jahr 2000 erneut ins Amt eingesetzt.

Chronologie

106 Römischer Kaiser Trajan erobert das heutige Rumänien und errichtet die Provinz Dakien. Römische Herrschaft bis 272. Die romanische Sprachherkunft und der Landesname sind Überreste des römischen Einflusses.

7.–11. Jahrhundert Erst Invasionen der Slawen, später der Magyaren, die Transsilvanien besiedelten.

11.–15. Jahrhundert Ungarn erobert Transsilvanien. Im 13. und 14. Jahrhundert entstehen unabhängige rumänische Fürstentümer in der Wallachei und Moldawien, nach Eroberung durch das Osmanische Reich wird die Wallachei 1396 tributpflichtig, Moldawien 1456, Transsilvanien 1526.

1699 Mit dem Frieden von Karlowitz bekommen Habsburger die Kontrolle über Transsilvanien. Wallachei und Moldawien bleiben Vasallen der Türken.

1848 Forderungen rumänischer Provinzen nach Unabhängigkeit werden von den Autoritäten des Reichs niedergeschlagen.

1858 Pariser Konvention nach dem Krimkrieg erkennt mit zunehmendem Einheits- und Unabhängigkeitsbestreben Rumäniens Wallachei und Moldawien als unabhängig innerhalb des Osmanischen Reiches an.

1859 Vereinigung von Moldawien und Wallachei bildet Basis für späteres Rumänien.

1878 Unabhängigkeit, doch Verlust von Bessarabien an Russland.

1916–1918 Im Ersten Weltkrieg auf Seite der Alliierten. Gebietsgewinne bei Kriegsende, u.a. Transsilvanien von Ungarn.

1924 Ausschluss der Kommunisten aus der Politik. Faschistische »Eiserne Garde«.

1938 Monarchistische Autokratie König Karls II.

1940 Gebiet geht an Sowjetunion, Bulgarien und Ungarn. Putsch der Eisernen Garde. König dankt zugunsten seines Sohnes ab. Dreimächtepakt mit Deutschland. Kriegseintritt auf Seite der Achsenmächte, um Bessarabien zurückzugewinnen.

1944 Seitenwechsel, als Sowjettruppen die Grenze erreichen.

1945 Sowjetgestütztes Regime. Rumänische Kommunistische Partei spielt immer wichtigere Rolle.

1946 Bekommt Transsilvanien zurück, Bessarabien und größere Reparationen gehen an Sowjetunion. Kommunistisch geführte nationaldemokratische Front gewinnt umstrittene Wahlen.

1947 Abdankung König Michaels.

1948–1953 Einführung der zentralen Planwirtschaft.

1953 Zionismus-Anklage gegen Führer der Jüdischen Gemeinschaft.

1958 Rückzug der Sowjets.

1964 Premierminister Gheorghiu-Dej erklärt nationale Souveränität. Will gemeinsames Planen aller kommunistischen Länder, um Sowjet-Kontrolle zu beschränken.

1965 Ceaucescu wird nach dem Tod von Gheorghiu-Dej Parteisekretär.

1968–1980 Ceaucescu verurteilt sowjetischen Einmarsch in Tschechoslowakei; hofiert USA und EG.

1982 Versprechen, Auslandsschulden zu begleichen.

1989 Demonstrationen, viele Tote durch Militär. Streitkräfte bilden mit der Opposition in der Front der Nationalen Rettung (FSN) die Regierung, Ion Iliescu Präsident. Ceaucescu nach Schnellgericht erschossen.

1990 Wahlsieg der FSN. Freilassung politischer Gefangener, später erneute Verhaftungen.

1991 Neue Verfassung mit Reformen zur Marktwirtschaft.

1992 Zweite freie Wahlen. FSN zersplittert. Nicolae Vacaroiu bildet Minderheitsregierung.

1994 Generalstreik für schnellere Wirtschaftsreformen.

1996 Aussöhnungsvertrag mit Ungarn. Wahlsieg für Mitte-Rechts, Bruch mit kommunistischer Vergangenheit; Emil Constantinescu Präsident.

1997 Vertrag zur Anerkennung der ukrainischen Hoheit über 1919–40 von Rumänien regiertes Gebiet.

1998 Koalitionsstreit, Rücktritt von Premierminister Victor Ciorbea.

2000 Dezember: Wahlsieg für Ion Iliescu und PDSR.

Rurik der Wikinger (reg. um 862–879) Sagenumwobener schwedischer Herrscher der Handelsstadt Nowgorod, als Gründer des russischen Staates angesehen (nach »Rus«, *finnisch für* Schwede).

Russisch-Japanischer Krieg (1904–05) Territorialkrieg zwischen Japan und Russland, der mit japanischem Sieg über die Baltische Flotte in der Koreastraße endete.

Russische Revolution (1917) 1917 fanden zwei Revolutionen statt: Die erste, Anfang März, war eine bürgerliche Revolution mit der Abdankung Zar Nikolaus II. Die zweite (die Oktoberrevolution, nach dem westlichen Kalender Anfang

November) war ein Putsch der Bolschewiki unter Lenin. Nach Übernahme des Winterpalais in Petrograd errichteten sie schnell Stützpunkte in Städten des europäischen Russland. Bolschewiki traten in Friedensverhandlungen mit Deutschland ein und zogen sich aus dem Ersten Weltkrieg zurück, da das alte russische Reich in einem chaotischen Bürgerkrieg versank. *S. 398*

RUSSLAND (Russische Föderation) Mit einem Territorium von 17 Mio. km² ist Russland der größte Staat der Welt, fast doppelt so groß wie die USA oder China. Vom Atlantik und Pazifik an den Nord- und Ostküsten begrenzt, besitzt Russland auch Landgrenzen mit 13 Staaten. Der heutige Staat hat seine Ursprünge im Aufstieg Moskaus unter Iwan IV. im 16. Jahrhundert, der die Tataren besiegte, benachbarte Fürstentümer vereinte und sich selbst zum Zar ausrief. Russland festigte im 17. Jahrhundert (v.a. unter Peter dem Großen) seine Macht in Osteuropa, breitete sich über den Ural hinaus aus und beherrschte im 18. Jahrhundert Nord- und Zentralasien. Die Zarenherrschaft wurde 1917 durch die bolschewistische (kommunistische) Revolution beendet. Mit der formellen Auflösung der UdSSR 1991 wurde Russland ein unabhängiger souveräner Staat. Innerhalb der GUS behält es seine traditionell beherrschende Rolle in Zentralasien und Eurasien. Russen machen 82 Prozent der Bevölkerung aus, aber es gibt etwa 150 kleinere ethnische Gruppen, viele mit eigenen nationalen Territorien innerhalb der russischen Grenzen. Regionalismus und Separatismus sind politische Hauptthemen. Die Lage wird erschwert durch reiche Vorkommen an Bodenschätzen wie Öl, Gas, Gold und Diamanten. *Siehe auch* UdSSR

CHRONOLOGIE

862 Rurik der Wikinger schafft Ordnung unter den streitenden Slawenstämmen in Nowgorod. Der Sage nach wurde er aufgefordert sie zu regieren. Waräger (schwedische Wikinger) benutzen den Dnjepr für den Handel mit Konstantinopel.

882 Ruriks Nachfolger Oleg besetzt Kiew. Weitere Nachkommen Ruriks, einschließlich Olga, die 955 in Konstantinopel getauft wird, einigen die Staaten Kiew und Nowgorod.

988 Taufe Prinz Wladimirs, Enkel Olgas. Bekehrt die Gebiete Kiews (Rus) zum östlich-orthodoxen Christentum. Heiratet Anna, die Schwester des byzantinischen Kaisers Basileios II.

1240 Mongolen (Tataren) erobern Rus und herrschen fast 250 Jahre. Das auf Kiew zentrierte Gemeinwesen von Rus hatte sich nach seiner goldenen Zeit unter Prinz Jaroslaw dem Weisen in zerstrittene Fürstentümer einer Dynastie aufgespalten.

1328 Der Khan gibt dem Moskauer Prinzen Iwan Kalita das Recht des höheren Ranges über die anderen russischen Prinzen, Moskau wird zum mächtigsten russischen Fürstentum. 1326 verlegt der seit dem Fall Kiews in Wladimir residierende russische Metropolit seinen Sitz nach Moskau.

1453 Konstantinopel, Zentrum des östlichen Christentums, fällt an die Türken. Moskau wird zum »dritten Rom« in der Nachfolge Konstantinopels, zur Betonung dessen heiratet Iwan III. von Moskau die Nichte des letzten byzantinischen Kaisers, nennt sich Zar (Verfälschung des lateinischen Caesar). Vereinigung der russischen Fürstentümer, als Nowgorod 1471 an Moskau fällt.

1480 Iwan zahlt den Tataren keinen Tribut mehr.

1533 Inthronisation Iwan Grosnyjs (Iwan IV. »der Schreckliche«), Enkel Iwans III., im Alter von drei Jahren. Tatsächliche Regierung des ersten zum Zar gekrönten Herrschers beginnt 1547. Erobert das Khanat von Kazan 1552 und Astrachan 1554. Zweite Hälfte seiner Regentschaft gekennzeichnet von der Unterdrückung der Bojaren (Adlige), viele Hinrichtungen wegen Verrats.

1598 Boris Godunow, Schwiegersohn Fjodors I., Iwans Sohn, wird zum Zar gewählt. Mit seinem Tod 1605 beginnt die »Zeit der Wirren«, eine turbulente Zeitspanne ohne Thronerben, mit Erhebungen aufgrund sozialer Unzufriedenheit und Krieg in Russland, angeheizt durch schwedische und polnische Aggression.

1613 Michael Romanow, Erster der bis 1917 regierenden Dynastie, wird nach der Vertreibung der Polen aus Moskau zum Zaren gewählt. Nachfolger wird 1645 sein Sohn Aleksej.

1689 Peter I. (Peter der Große) wird Zar nach einer Zeit der Palastrevolutionen und Nachfolgekämpfe. Er führt teilweise gewaltsam westliche Kultur, Bräuche, Bildung, Wirtschaft und Regierungsform in Russland ein. 1703 gründet er St. Petersburg, ab 1712 russische Hauptstadt. Ein Krieg mit Schweden veranlasst Peter, Russlands erste Marine und moderne Armee zu gründen. 1725 stirbt er, nach der Hinrichtung seines Sohnes und der Einführung des Rechts, den Thron nach eigenem Gutdünken weiterzugeben. Die nächsten Regenten bis 1801 werden durch Palastrevolutionen ein- und wieder abgesetzt.

1762 Deutschstämmige Katharina II. (Katharina die Große) wird Kaiserin nach einer von ihr geführten Palastrevolution gegen Ehemann Peter III. Sie erweitert das russische Territorium auf Kosten Polens und der Türkei. Die anfänglich im russischen Staat willkommenen Ideen der Aufklärung wurden mit der Französischen Revolution 1789 eingeschränkt. Katharina stirbt 1796.

1773 Vom Donkosaken Jemeljan Pugatschow geführter Aufstand gegen Ungerechtigkeiten des russischen Feudalsystems, Kontrolle über weite Teile des östlichen Russland nach der Bedrohung Moskaus, Niederlage 1774.

1812 Einmarsch Napoleons in Russland, innerhalb von drei Monaten in Moskau, Zerstörung der Stadt durch Feuer in der gleichen Nacht. Alexander I., Katharinas Enkel, Zar seit dem Mord an seinem Vater Paul I., kapituliert nicht. Von der Versorgung abgeschnittene Franzosen im russischen Winter, verfolgt von der russischen Armee, zum Rückzug gezwungen.

1814 Alexander I. führt russische, österreichische und preußische Armeen nach Paris. Neueinteilung Europas durch den Wiener Kongress, Russland wird zu einer Hauptmacht in europäischen Fragen. Antiautokratische Ideen verbreiten sich unter den jungen Adligen während der Militäraktionen im Westen.

1825 Bei Alexanders unerwartetem Tod initiieren junge Offiziere eine Revolte für die Abschaffung der Leibeigenschaft und für Verfassungsänderungen, u.a. für eine konstitutionelle Monarchie. Der Aufstand wird unterdrückt und der neue Zar Nikolaus I., Bruder Alexanders, regiert für die nächsten 30 Jahre mit reaktionärer

Politik, mit Militarismus und Bürokratie, was ihm den Beinamen »Polizist Europas« einbringt.

1848 Revolutionen in Europa veranlassen Nikolaus, Zensur und Beschränkungen der akademischen Freiheit in Russlands relativ jungen Universitäten und das Verbot von Auslandsreisen einzuführen.

1854–1855 Demütigende Niederlage im Krimkrieg gegen die Türkei, Frankreich und die Briten. Nikolaus stirbt im März 1855, sein Sohn Alexander II. wird Nachfolger.

1860 Auftreten von russischen Revolutionsbewegungen wie den einflussreichen Narodniki (Volkstümler), die als Intellektuelle »das Volk« mit ihrem verwirklichten Kleinbauernsozialismus in ihren gemeinschaftlich organisierten Haushalten begeistern wollen. Doch der 1874–77 fehlgeschlagene Kreuzzug der Volkstümler um die Herzen der Kleinbauern führt einige von ihnen zum Radikalismus.

1861 Alexander erklärt die Befreiung der Leibeigenen und beginnt mit Reformen der Lokalregierungen (Einführung des Semstwo oder Landschaftsvertretung), der Justiz und finanziellen Institutionen, bleibt dabei jedoch innerhalb des Rahmens der Autokratie.

1881 Alexander II. wird von der radikalen Gruppe Narodnaja Wolja (Volkswille), eines Ablegers der Volkstümlerbewegung, ermordet. Zeit der Reaktion, Russifizierung und Militärorthodoxie unter Alexander III. Erste Pogrome gegen jüdische Gemeinden.

1894 Letzter russischer Zar Nikolaus II. In den 90er-Jahren wächst Russlands Industrie durchschnittlich um 8 % im Jahr, mit einer bedeutenden und stark konzentrierten Arbeiterklasse ohne adäquate soziale Infrastruktur. Der Marxismus gewinnt unter den Intellektuellen und Radikalen eine starke Anziehungskraft.

1904–1905 Russland erleidet Niederlage im Krieg gegen Japan.

1905 Revolution.

1909–1914 Schnelles Wirtschaftswachstum.

1914 Im Ersten Weltkrieg gegen Deutschland.

1917 Februarrevolution; Abdankung Nikolaus' II.; Oktoberrevolution; Machtübernahme der Bolschewiken unter Lenin.

1918 Erschießung der Zarenfamilie.

1918–1920 Bürgerkrieg.

1922 Gründung der UdSSR.

1924 Nach dem Tod Lenins gewinnt Stalin den Führungsstreit.

1928 Erster Fünfjahresplan: Zwangsindustrialisierung und -kollektivierung.

1929 Verbannung Trotzkis.

1936–1938 Schauprozesse und Kampagnen gegen Oppositionelle. Verbannung von Millionen in Gulags nach Sibirien und andere Orte. Weit verbreitete Säuberungen.

1939 Hitler-Stalin-Pakt: UdSSR bekommt baltische Staaten, Ostpolen und Bessarabien.

1941 Stalin nicht vorbereitet auf Angriff und Vorrücken der Deutschen.

1943 Sowjet-Sieg im Februar in Stalingrad stoppt Deutsche, Deutschland kapituliert nach Belagerung.

1944–1945 Sowjetoffensive auf dem Balkan.

1945 Niederlage Deutschlands. Ost- und Südosteuropa sowjetische Einflusszonen durch Verträge von Jalta und Potsdam.

1947 Beginn des Kalten Krieges, Stalin verteidigt Land gegen westlich-kapitalistischen Einfluss.

1953 Tod Stalins.

1956 Unterdrückung des ungarischen Aufstands. Cruschtschows »Geheimrede« gegen Stalin und Parteitag.

1957 Cruschtschow festigt seine Macht. Sputnik-Start.

1961 Jurij Gagarin erster Mensch im All.

1962 Kubakrise.

1964 Putsch gegen Cruschtschow, ersetzt von Leonid Breschnew.

1975 Helsinki-Schlussakte legt die Grenzen Europas fest. Sowjets anerkennen die Zuständigkeit der internationalen Gemeinschaft für die Menschenrechte.

1979 Invasion in Afghanistan, neue Verschärfung des Kalten Kriegs.

1982 Tod Breschnews.

1985 Gorbatschow an der Macht. Perestroika, »Umgestaltung«, beginnt. Erster von drei Gipfeln der USA und UdSSR, enden in Abrüstungsverträgen. Nationale Konflikte.

1988 Unternehmensgesetz gibt den Unternehmen mehr Macht. Inflation und Wirtschaftskrise.

1990 Gorbatschow wird Sowjet-Präsident. Erste teilweise freie Parlamentswahlen.

1991 Boris Jelzin Präsident von Russland. Jelzin und Moskau widerstehen kommunistischem Putsch. Gorbatschow verdrängt. Ende der UdSSR und Errichtung der GUS.

1992 Wirtschaftliche Schocktherapie.

1993 Jelzin löst den Obersten Sowjet und mit Hilfe der Streitkräfte das Parlament auf. Konservative Duma (Parlament) durch Wahlen erneut eingesetzt.

1994 Russische Militäroffensive gegen Tschetschenien.

1995 Wahlsieg der Kommunisten.

1996 Wiederwahl Jelzins gegen starke kommunistische Herausforderer. Herzbehandlung Jelzins. Friedensabkommen in Tschetschenien.

1998 Rubelabwertung nach wirtschaftlichen Turbulenzen, ernste Rezession und Inflation.

1998–1999 Politische Krise. Rasche Abfolge von Premierministern.

1999 Parlamentswahlen im Dezember, Rücktritt Jelzins, Premierminister Putin wird Präsident.

1999–2000 Terroristische Gewalt islamischer Separatisten in Dagestan und Tschetschenien. Militärische Offensive gegen Tschetschenien, Hauptstadt Grozny fällt an Russland.

2000 Putin gewinnt Präsidentschaftswahlen, festigt Macht. Angriff auf »Oligarchen« der Wirtschaft, Besserung der wirtschaftlichen Verhältnisse. Atom-U-Boot *Kursk* sinkt in der Barentssee mit Verlust der gesamten Besatzung.

2001 Parteizusammenschluss macht Putins Einheitspartei zur größten Gruppe im Parlament. Russisch-chinesischer Freundschaftsvertrag.

2002 Einigung mit USA über nukleare Abrüstung. Russland und NATO richten einen gemeinsamen Rat zur Bekämpfung des Terrorismus ein.

Russische Zaren und Kaiserinnen (seit 1325)

1325–1340	Iwan I. (Geldbeutel)
1340–1353	Semjon (Simeon) der Stolze
1353–1359	Iwan II. der Schöne
1359–1389	Dmitrij Donskoj
1389–1425	Wassilij I.
1425–1462	Wassilij II.

Haus Rurik

1462–1505	Iwan III. der Große
1505–1533	Wassilij III.
1533–1584	Iwan IV. der Schreckliche
1584–1598	Fjodor I.

◀

Haus Godunow

1598–1605	Boris Godunow
1605	Fjodor II.

Usurpatoren

1605–1606	Falscher Dmitrij
1606–1610	Wassilij IV.

Interregnum

1610–1612	Wladislaw

Haus Romanow

1613–1645	Michael (Michael III.) Fjodorowitsch
1645–1676	Aleksej Michajlowitsch
1676–1682	Fjodor III.
1682–1725	Peter I., der Große (Mitregent Iwan V., 1682–89)
1725–1727	Katharina I.
1727–1730	Peter II.
1730–1740	Anna Iwanowna
1740–1741	Iwan VI.; Anna Leopoldowna (Regentschaft)
1741–1761	Elisabeth (Jelisaweta) Petrowna
1761–1762	Peter III.
1762–1796	Katharina II., die Große
1796–1801	Paul I.
1801–1825	Alexander I.
1825–1855	Nikolaus (Nikolaj) I.
1855–1881	Alexander II.
1881–1894	Alexander III.
1894–1917	Nikolaus (Nikolaj) II.

RUSSISCHE PRÄSIDENTEN

Vorsitzende des Zentralexekutivkomitees des Gesamtrussischen Sowjet

1917	Lev Borissowitsch Kamenew
1917–1919	Jakow Michajlowitsch Swerdlow
1919	Michail Fjodorowitsch Wladimirskij
1919–1938	Michail Iwanowitsch Kalinin

Vorsitzende des Zentralexekutivkomitees der Sozialistischen Sowjetrepubliken

1922–1938	Michail Iwanowitsch Kalinin

Vorsitzende des Präsidiums des Obersten Sowjet

1938–1946	Michail Iwanowitsch Kalinin
1946–1953	Nikolaus Michajlowitsch Schwernik
1953–1960	Kliment Jefremowitsch Woroschilow
1960–1964	Leonid Iljitsch Breschnew
1964–1965	Anastas Iwanowitsch Mikojan
1965–1977	Nikolaj Wiktorowitsch Podgornyj
1977–1982	Leonid Iljitsch Breschnew
1982–1983	Wassilij Wasilijewitsch Kuznetsow
1983–1984	Jurij Wladimirowitsch Andropow
1984	Wassilij Wasilijewitsch Kuznetsow
1984–1985	Konstantin Ustinowitsch Tschernenko
1985	Wassilij Wasilijewitsch Kuznetsow
1985–1988	Andrej Andrejewitsch Gromyko
1988–1989	Michail Sergejewitsch Gorbatschow

Vorsitzende des Obersten Sowjet

1989–1990	Michail Sergejewitsch Gorbatschow

Präsidenten der UdSSR

1990–1991	Michail Sergejewitsch Gorbatschow

Präsidenten der Russischen Republik

1991–1999	Boris Nikolajewitsch Jelzin
1999–	Wladimir Wladimirowitsch Putin

S

Sachsen Germanischer Stamm, der beim Zerfall des Römischen Reiches mit einer Reihe von Feldzügen um die Nordsee begann. Ein Teil der Sachsen ließ sich im 5. Jahrhundert in England nieder.

Sadat, Mohammed Anwar as- (1918–81) Präsident Ägyptens 1970–81. Initiierte 1973 einen Angriff auf Israel. Unterzeichnete mit Israel 1979 das Camp-David-Abkommen. Er wurde 1981 von islamischen Fundamentalisten ermordet.

Sadlier, George Britischer Offizier und Forscher im 19. Jahrhundert. Eine diplomatische Mission zu den ägyptischen Streitkräften, die gegen die Wahhabiten vorgingen, ließ ihn als ersten Europäer die Arabische Halbinsel von Ost nach West durchqueren.

Safawiden Unter Schah Ismail I. um 1500 gegründete Dynastie. Er einte das iranische Hochland und führte es vom sunnitischen zum schiitischen Islam. Die Safawiden geboten der Ausdehnung des Osmanischen Reiches nach Osten Einhalt.

Sagwe-Dynastie (1137–1270) Herrscherdynastie in Äthiopien, deren Interregnum in der salomonischen Linie durch Zerfall und den Wegzug aus der alten Hauptstadt Aksum markiert wird.

Saitische Dynastie Die 26. Dynastie in der Spätzeit Ägyptens (664–525 v. Chr.). Pharao Psammetich I. erlangte die Unabhängigkeit von den sich zurückziehenden nubischen Kuschiten. Er gewann das Vertrauen der anderen Fürsten und es gelang ihm, das Land mit friedlichen Mitteln zu einigen und zu materiellem und kulturellem Wohlstand zu führen.

Saladin (1138–93) Der kurdische sunnitische Muslim Saladin war General der Armee von Nur ad-Din und siegte in Aleppo, Hittim und Akko über die europäischen Kreuzfahrer. 1187 vertrieb er sie aus Jerusalem. Er wurde Herrscher in Ägypten und begründete die Aijubiden-Dynastie (1174). Er baute den Felsendom von Jerusalem wieder auf. *S. 197*

Salamis ⚔ im griechisch-persischen Krieg (480 v. Chr.). Sieg der Griechen.

Salomo (*auch* Salomon, um 1015–977 v. Chr.) König von Israel und zweiter Sohn von David und Bathseba. In Salomos Regierungszeit erreichte das Königreich seine größte Ausdehnung, es entstanden prächtige Tempel und Paläste. Zahlreichen Berichten (Bibel, Koran) über die Zeit seiner Herrschaft zufolge wurde er als mit göttlicher Weisheit gesegnet betrachtet.

SALOMONEN Im Archipel der Salomonen liegen mehrere Hundert Inseln über 645 000 km² verstreut. Die meisten Menschen leben auf den sechs größten Inseln: Guadalcanal,

Malaita, New Georgia, Makira, Santa Isabel und Choiseul. Die Inseln wurden bereits ab 1000 v. Chr. besiedelt. 1568 kamen die Spanier, 1893 wurde eine britische Kolonie eingerichtet. Zwischen 1998 und 2000 richtete ein ethnischer Konflikt rivalisierender Insulaner Verheerungen an. Die meisten Salomoneninseln sind Korallenriffe. Nur 1 % des Landes ist kultivierbar.

CHRONOLOGIE

1900 Großbritannien erhält die nördlichen Salomonen von Deutschland.
1942–1943 Japanische Besatzung.
1978 Unabhängigkeit von Großbritannien.
1983 Aufnahme diplomatischer Beziehungen zu Taiwan.
1998–2000 Bürgerkriegsähnliche Konflikte.
2000 Unterzeichnung eines Friedensabkommens.
2001 Parlamentswahlen. Neuer Premier ist Kemakeza.

Salpeterkrieg (*auch* Pazifischer Krieg, 1879–83) Krieg zwischen Chile, Peru und Bolivien um die wertvollen Salpetervorkommen in der Atacama Wüste. Wesentliche Gebietsgewinne für Chile von Bolivien und Peru. Bolivien verlor für immer seinen Zugang zur Pazifikküste.
SALT *siehe* Strategic Arms Limitation Treaty
Salvador *siehe* Bahia
Samaniden (874–1005) Persische muslimische Dynastie.
Samarra Von al-Mutassim um 836 gegründeter Kalifensitz. *S. 140*

SAMBIA Das im Herzen des südlichen Afrika gelegene Sambia, ein Land der Hochebenen, wird im Süden vom Sambesi begrenzt. Sein wirtschaftliches Schicksal hängt an der Kupferindustrie. Die sinkenden Kupferpreise Ende der 70er-Jahre und schlechtere Abbaumöglichkeiten der verbliebenen Vorkommen führten zu einem wirtschaftlichen Einbruch. Die von Kenneth Kaunda geführte United National Independence Party (UNIP) übernahm mit der Unabhängigkeit Sambias 1964 die Macht. 1991 gab es einen friedlichen Übergang vom Einparteiensystem zur Demokratie.

CHRONOLOGIE

1972 UNIP Einparteienregierung.
1982–1991 Einsparungsprogramme und Korruption: Ruf nach Demokratie.
1991 MMD-Regierung gewählt. Frederick Chiluba gewinnt gegen Kaunda.
1996 Umstrittene Wahlen bringen Chiluba und MMD an die Macht.
2001 Präsidentschafts-, Parlaments- und Lokalwahlen. Levy Mwanawasas wird zum Gewinner der Präsidentschaftswahlen erklärt.
2002 Missernten machen internationale Nahrungsmittelhilfe erforderlich.

Samniten Volk im mittleren südlichen Italien, mächtigster der Stämme, die sich der römischen Expansion in Italien im 4. und 3. Jahrhundert v. Chr. entgegenstellten. Nach drei Kriegen (der letzte endete 290 v. Chr.) waren sie geschlagen.

SAMOA Samoa liegt mitten im Südpazifik, 2400 km nördlich von Neuseeland. Vier seiner neun Vulkaninseln sind bewohnt – Apolima, Manono, Savaii (die größte) und Upolu (auf der 72 % der Bevölkerung leben). Regenwälder bedecken die Berge, an der Küste ziehen sich Gemüsegärten und Kokosnussplantagen entlang. Etwa 1000 v. Chr. besiedelten Polynesier Samoa. Rivalitäten des Westens nach 1830 führten 1899 zur Teilung der Inseln in ein deutsches West- und amerikanisches Ostsamoa. Wegen hoher Arbeitslosigkeit und geringer Löhne ist Samoa eines der am wenigsten entwickelten Länder der Erde.

CHRONOLOGIE

1914 Neuseeland besetzt Westsamoa.
1962 Westsamoa wird erste unabhängige polynesische Nation.
1990 Zyklon Ofa macht 10 000 Menschen obdachlos.
1991 HRPP behält nach der ersten Wahl mit allgemeinem Stimmrecht für Erwachsene die Macht.
1996 und 2001 HRPP bleibt nach Wahlen an der Regierung.
1997 Landesname wird von Westsamoa in Samoa geändert.

Samurai Bewaffnetes Begleitpersonal des Adels, später die Kriegerkaste. *S. 180*
San Francisco, Friedensvertrag von (1951) Vertrag zwischen Japan und den meisten seiner Gegner im Zweiten Weltkrieg, durch den Japan seine Unabhängigkeit wiedererlangte.
San Ildefonso, Vertrag von (1777) Vertrag zwischen Spanien und Portugal, in dem die Grenzen ihrer jeweiligen Kolonien in Südamerika, besonders in der Region Uruguay, geregelt werden.

SAN MARINO Das am Abhang des Monte Titano in den italienischen Appenninen gelegene kleine San Marino ist die älteste Republik der Welt. Der im 4. Jahrhundert gegründete Stadtstaat schloss sich nicht dem zwischen 1860 und 1871 entstehenden Italien an und ist bis heute unabhängig. San Marino ist in neun Castelli (Distrikte) gegliedert. Ein Drittel der Bewohner lebt im Norden in der Kleinstadt Serravalle. Die Einnahmen San Marinos stammen aus Landwirtschaft, Tourismus und ein wenig Industrie. Die meisten Angelegenheiten regelt Italien.

CHRONOLOGIE

1862 Freundschaftsvertrag mit Italien.
1914–1918 San Marino kämpft im Ersten Weltkrieg auf Seiten Italiens.
1940 Unterstützung der Achsenmächte, Kriegserklärung an die Alliierten.
1943 Kurz vor der Kapitulation Italiens erklärt sich San Marino für neutral.
1960 Wahlrecht für Frauen.
1978 Koalition zwischen Kommunistischer Partei (PCS) und PSS – einzige kommunistisch geführte Regierung Westeuropas.
1986 Finanzskandale führen zur Bildung einer PDCS/PCS-Regierung.
1988 Beitritt zum Europarat.
1990 PCS benennt sich in PPDS um.
1992 UN-Beitritt. Nach dem Zusammenbruch des Kommunismus in Europa wird die PDCS/PPDS-Allianz durch eine PDCS/PSS-Koalition abgelöst.
2002 Einführung des Euro.

San Martín, José de (1778–1850) Argentinischer General und Freiheitskämpfer für Chile und Peru (von spanischer Herrschaft). Trat als »Protektor« von Peru nach Streitigkeiten mit Simón Bolívar 1822 zurück. Starb in Frankreich im Exil.

Sandinist Mitglied der Sandinistischen Front der Nationalen Befreiung (FSLN), die 1962 in Nicaragua ursprünglich als antiamerikanische linksgerichtete Guerillaorganisation gegründet wurde. Auf die Guerillakämpfe folgte ein Bürgerkrieg und 1979 der Sturz von Somoza.

Sandoval, Gonzalo de Spanischer Erforscher von Nordamerika (1521).

Sankt Petersburg (*auch* Petrograd, Leningrad) Von Peter I., dem Großen, 1703 gegründete Stadt.

Sansibar Insel vor der Ostküste Afrikas, die 1890 unter britisches Protektorat kam und 1963 als Sultanat in die Unabhängigkeit entlassen wurde. Im Jahr darauf bildete es gemeinsam mit Tanganjika Tansania. *Siehe auch* Tansania

Santiago de Compostela Stadt in Nordwestspanien. Ihre Kathedrale beherbergt die Gebeine des heiligen Jakobus. Sie wurde im Mittelalter ein wichtiger Wallfahrtsort. *S. 188*

São Jorge da Mina *siehe* Elmina

SÃO TOMÉ UND PRÍNCIPE Die Republik mit den Hauptinseln São Tomé und Príncipe sowie den umgebenden kleinen Inseln liegt vor der Westküste Afrikas. Vor der Unabhängigkeit waren die Inseln portugiesische Kolonie. 1975 übernahm nach der Unabhängigkeit von Portugal ein marxistisches Einparteienregime die Macht. Bei einem 1990 durchgeführten Referendum sprachen sich etwa 72 % der Wähler für die Einführung der Demokratie aus. Das wichtigste Ziel São Tomés sind bessere Beziehungen zu Portugal, der EU und den USA.

CHRONOLOGIE

1972–1973 Streiks der Plantagenarbeiter.
1975 Unabhängigkeit als marxistischer Einparteienstaat; Plantagen verstaatlicht.
1978 Misslungener Putsch.
1990 Demokratische Verfassung.
1991–2000 Miguel Trovoada Präsident in zwei Amtszeiten.
1995 Príncipe erhält Autonomiestatus.
2001 De Menezes wird Präsident.
2002 Entlassung der Regierung durch den Staatspräsidenten, Bildung neuer Regierung der »nationalen Einheit«.

Sarajevo Hauptstadt von Bosnien und Herzegowina. Hier wurde Erzherzog Franz Ferdinand 1914 ermordet.

Saratoga ⚔ im Unabhängigkeitskrieg (17. Oktober 1777). Sieg der Amerikaner.

Sarazenen Name der Griechen und Römer für Araber, im Mittelalter für alle Muslime verwendet.

Sargon von Akkad (reg. um 2334–2279 v. Chr.) Herrscher der Region Akkad in Zentralmesopotamien, der um 2350 v. Chr. die Stadt Akkad gründete. Er eroberte die im Süden liegenden sumerischen Stadtstaaten und dehnte seinen Herrschaftsbereich bis nach Syrien und das östliche Kleinasien aus. Trotz Aufständen gegen Ende seiner 56-jährigen Herrschaft sicherten seine Eroberungen die akkadische Vormachtstellung für die nächsten 100 Jahre. Akkadisch blieb in Mesopotamien die wichtigste gesprochene und geschriebene Sprache.

Sassaniden (*auch* Sasaniden) Von Ardaschir I. (reg. 208–241) um 224 begründete persische Herrscherdynastie. Auf dem Höhepunkt der Dynastie im 6. Jahrhundert unter Chosrau I. erstreckte sich das Sassaniden-Reich vom römischen Anatolien im Westen bis nach Taxila (heute Pakistan) im Osten. Der Ausdehnung nach Westen wurde durch den byzantinischen Kaiser Herakleios um 628 Einhalt geboten. 637 fiel die sassanidische Hauptstadt Ktesiphon und mit ihr das Reich an muslimische Araber. *S. 91, S. 100*

Satavahanas Dynastie in Zentralindien, vom 1. Jahrhundert v. Chr. bis etwa 250 n. Chr. Auf sie folgt die Dynastie der Vakatakas.

Satrapie Provinz unter den Achaimeniden und Alexander dem Großen.

Saud, Abd al-Asis ibn (*auch* Ibn Saud, 1880–1953) Gründer des Königreiches Saudi-Arabien. Sein in Riad geborener Vater war der jüngste Sohn des Sultans von Nedjd. Nach den Bürgerkriegen (1875–91) zwischen den Nachfolgern des Sultans eroberte Ibn Saud Riad zurück und wurde 1901 zum Herrscher von Nedjd. Er legte den Grundstein eines gemeinsamen arabischen Nationalstaates, mit der Landwirtschaft als Wirtschaftsgrundlage und der Scharia (islamisches Recht) als Rechtsordnung. Ab 1918 begann Ibn Saud sein Reich auszudehnen und hatte 1926 das Königreich Hidjas sowie Mekka erobert.

SAUDI-ARABIEN Saudi-Arabien nimmt mit einer Fläche von der Größe Europas fast die gesamte Arabische Halbinsel ein. Über 95 % des Landes sind Wüste. Der trockenste Teil, das »Leere Viertel« oder die Wüste Rub al-Chali, liegt im Südosten. Saudi-Arabien besitzt die weltgrößten Öl- und Gasvorkommen sowie bedeutende Raffinerien und petrochemische Anlagen. Medina und Mekka, die heiligsten Städte des Islam, werden jedes Jahr von über 2 Mio. Muslimen auf ihrer Pilgerfahrt (Hadsch) besucht. Seit 1932 stellt die Familie al-Saud die Könige und absoluten Herrscher Saudi-Arabiens.

CHRONOLOGIE

1932 Vereinigung Saudi-Arabiens unter König Abd al-Asis (Ibn Saud).
1937 Bei Riad werden Ölvorkommen entdeckt.
1939 Feierlicher Beginn der Ölförderung bei Dhahran.
1953 König Saud folgt seinem Vater Abd al-Asis nach dessen Tod auf den Thron.
1964 König Saud dankt zu Gunsten seines Bruders Feisal ab.
1967 Saudi-Arabien verbündet sich mit Jordanien und Irak im Sechstagekrieg gegen Israel.
1973 Ölembargo gegen westliche Länder, die Israel unterstützen.
1975 König Feisal wird von einem geistesgestörten Neffen ermordet, sein Bruder Chalid wird Thronfolger.
1979 Fundamentalisten erobern unter Juhaiman Ibn Seif al-Otaibi die große Moschee in Mekka und verkünden am ersten Tag des islamischen Jahres 1400 einen *Mahdi* (Messias).
1981 Bildung des Golf-Kooperationsrats (GCC) mit Sekretariat in Riad.
1982 König Fahd besteigt nach dem Tod seines Bruders Chalid den Thron, verspricht Beratende Versammlung einzurichten.

1986 Eröffnung des König-Fahd-Damms nach Bahrain. Scheich Yamani wird als Ölminister entlassen.
1987 Abbruch der diplomatischen Beziehungen zum Iran nach Aufständen mit Beteiligung islamischer Fundamentalisten in Mekka während des Hadsch mit 402 Toten.
1989 Saudi-Arabien unterzeichnet Nichtangriffspakt mit Irak und vermittelt politische Einigung im libanesischen Bürgerkrieg.
1990 Nach der Invasion des Irak sucht die Königsfamilie von Kuwait Zuflucht in Taif.
1990–1991 Truppen aus den USA, Großbritannien, Frankreich, Ägypten und Syrien sammeln sich in Saudi-Arabien für die Operation »Wüstensturm«. Öffentliche Hinrichtungen werden gestoppt.
1991 Iraker besetzen Grenzstadt Al Khafji, werden jedoch von Truppen aus Saudi-Arabien, den USA und Katar geschlagen.
1993 König Fahd ernennt 60-köpfigen Konsultativrat (*Madschlis al-Schura*).
1996 König Fahd überlässt Amtsgeschäfte kurzzeitig Kronprinz Abdullah. 19 US-Bürger sterben beim Bombenanschlag auf US-Militäranlage in Dharan.
1997, 2001 Erweiterung des Konsultativrats auf 90, dann auf 120 Mitglieder.

Savannah ⚔ im amerikanischen Unabhängigkeitskrieg (29. Dezember 1778).
Savorgnan de Brazza, Pierre *siehe* Brazza, Pierre Savorgnan de
Schah Nadir (1688–1747) Der ehemals türkische Banditenführer eroberte 1736 den Thron der Safawiden von Persien und begann sogleich mit Angriffen gegen die Nachbarstaaten. 1739 griff er Delhi, die Hauptstadt des Mogul-Reiches an, erschlug ihre Einwohner und stahl den Diamanten Kohinoor. Der skrupellose Herrscher wurde vermutlich von seinen eigenen Truppen ermordet.
Schaibaniden *siehe* Usbekistan
Schapur I. (um 242–272) Sohn von Ardaschir, der das Sassaniden-Reich begründete. Schapur errang zahlreiche Siege über die Römer, darunter den von Edessa 260, und schloss die Eroberung Kushanas ab.
Schapur II. (309–379) Von Geburt an König von Persien. Er führte Feldzüge gegen die Römer und nahm ihnen fünf Provinzen ab (363). Er errichtete die persische Herrschaft über Armenien.
Scharia Religiös begründetes Recht des Islam. Grundlage ist der Koran, die Sunna (Worte und Taten Mohammeds) sowie die im 8. und 9. Jahrhundert von muslimischen Rechtsgelehrten niedergelegten Normen. Es beschreibt im Detail die islamische Lebensordnung und den Weg, der gottgefällig ist und in den Himmel führt. *Siehe auch* Islam
Schia *siehe* Schiiten
Schiiten Die Schiiten stellen die kleinere Hauptgruppe der Muslime. Sie unterscheiden sich von den Sunniten in ihren Formen der religiösen Praxis und darin, wen sie als rechtmäßigen Nachfolger des Propheten Mohammed ansehen. Die Schiiten sind Anhänger der Schia (Partei) des 4. Kalifen Ali Ibn Abi Talib. *Siehe auch* Sunna
Schnurkeramik Tonwaren der späten Jungsteinzeit, die im ungebrannten Zustand mit einem Schnurabdruck verziert wurden.
Schomburgk, Sir Robert Hermann (1804–65) Preußischer Forschungsreisender im britischen Auftrag. Wurde von der Royal Geographical Society mit einer Expedition nach Guyana (1831–35) betraut, um die umstrittene Grenze mit Venezuela und Brasilien festzustellen (»Schomburgklinie«).

SCHOTTLAND Heute ist Schottland ein Landesteil von Großbritannien, bis 1603 war es jedoch ein unabhängiges Königreich.
Siehe auch Großbritannien

Könige und Königinnen (843–1603)

Das Haus Alba 843–943

843–858	Kenneth Mac Alpin
858–862	Donald I.
863–877	Konstantin I.
877–878	Aed (Aodh)
878–889	Eochaid (Eocha) und Giric (Ciric)
889–900	Donald II.
900–943	Konstantin II.

Das Haus Dunkeld 943–1058

943–954	Malcolm I.
954–962	Indulf
962–967	Dubh
967–971	Culen (Cuilean)
971–995	Kenneth II.
995–997	Konstantin III.
997–1005	Kenneth III.
1005–1034	Malcolm II.
1034–1040	Duncan I.
1040–1057	Macbeth
1057–1058	Lulach von Moray

Das Haus Canmore 1058–1290

1058–1093	Malcolm III. Canmore
1093–1094	Donald III. Bane
1094	Duncan II.
1094–1097	Donald III. Bane (wiedereingesetzt) und Edmund
1097–1107	Edgar
1107–1124	Alexander I.
1124–1153	David I.
1153–1165	Malcolm IV.
1165–1214	Wilhelm I., der Löwe
1214–1249	Alexander II.
1249–1286	Alexander III., der Friedfertige
1286–1290	Margarete von Norwegen

Das Haus Balliol 1292–1296

1292–1296	John de Balliol

Das Haus Bruce 1306–1371

1306–1329	Robert I. Bruce
1329–1371	David II.

Das Haus Stuart 1371–1603

1371–1390	Robert II.
1390–1406	Robert III.
1406–1437	Jakob I.
1437–1460	Jakob II.
1460–1488	Jakob III.
1488–1513	Jakob IV.
1513–1542	Jakob V.
1542–1567	Maria Stuart
1567–1603	Jakob VI. (Jakob I. von England nach der Vereinigung der schottischen und englischen Krone)

Schouten, Willem (um 1567–1625) Niederländischer Seefahrer. Umsegelte 1616 die Welt und umrundete Kap Hoorn, das er nach seiner Heimatstadt Hoorn in Holland benannte.
Schreckensherrschaft (1793–94) Endphase der Französischen Revolution, in der der Wohlfahrtsausschuss unter Führung Robespierres alle politischen Gegner der Jakobiner und der Revolution gna-

denlos verfolgen ließ. Etwa 40 000 wurden hingerichtet. *Siehe auch* Französische Revolution, Jakobiner, Robespierre

Schrift Ursprung der Schrift und des Alphabets. *S. 23*

Schutzstaffel (SS) Als Sonderformation der NSDAP 1925 gegründet. Ab 1929 unter Heinrich Himmler zum Sicherheitskommando entwickelt. Die Waffen-SS operierte an der Front, andere Gruppen der SS waren mit der Gestapo und der Verwaltung der KZs verflochten. Vom internationalen Militärgerichtshof in Nürnberg wurde die SS zur verbrecherischen Organisation erklärt.

Schwarzer Prinz *siehe* Eduard, Prince of Wales

Schwarzer Tod Volkstümliche Bezeichnung für die Pest, die sich im 14. Jahrhundert über Asien und Europa ausbreitete und in Europa mehr als ein Drittel der Bevölkerung sterben ließ. *S. 235* *Siehe auch* Pest

SCHWEDEN Das auf der skandinavischen Halbinsel gelegene Land westlich von Norwegen ist dicht bewaldet mit zahlreichen Seen. Der Norden befindet sich innerhalb des Polarkreises, der Süden ist vorwiegend fruchtbar und kultiviert. Schweden hat das weltweit umfassendste Sozialsystem und gehört zu den stärksten Befürwortern der Gleichstellung von Frauen. Die wirtschaftliche Stärke basiert auf Hightech-Firmen wie Ericsson und Autoherstellern wie Volvo und Saab. Das Land trat im Januar 1995 der EU bei.

Das schwedische Reich (1600–1800) *S. 297*

Chronologie

7. Jahrhundert Die Svear (*lat.* Sviones), nach denen Schweden benannt ist, dehnen ihr Reich nach Süden aus.

Frühes 9. Jahrhundert Svear und Gauten (»Goten«) schließen sich anderen Wikingergruppen bei ihren Raub- und Eroberungszügen, v.a. in Europa, an, die bis zum 11. Jahrhundert andauern.

Spätes 12. Jahrhundert Schweden wird christlich. Erik IX. (reg. 1150–60) und seine Nachfolger machen Gotland zu einem Teil des Reiches, das sich mittlerweile über fast ganz Schweden erstreckt.

1319–1365 Unter Magnus II. herrscht Schweden über Finnland und Norwegen.

1397 In der Zeit der Kalmarer Union werden Schweden und Dänemark in Personalunion von Königin Margarete I. von Dänemark regiert.

1523 Als Ergebnis der ab 1434 zunehmenden Spannungen zwischen Schweden und Dänemark wählt der Adel den schwedischen Gustav Wasa zum König und verlässt damit endgültig die Kalmarer Union.

1527 Der lutherische Protestantismus wird zur Staatsreligion.

1563–1570 Schweden verteidigt im so genannten Dreikronenkrieg seine Selbstständigkeit gegen Dänemark, die Hansestadt Lübeck und Polen.

1611 Schweden nimmt unter Gustav II. Adolf am Dreißigjährigen Krieg (ab 1611) teil und wird zu einem bedeutenden europäischen Machtfaktor. 1632 wird Gustav II. Adolf in der Schlacht von Lützen tödlich verwundet.

1632 Seine sechsjährige Tochter Christine (Kristina) besteigt den Thron, die Regierungsgeschäfte der minderjährigen Königin nimmt der Kanzler Oxenstierna wahr. In ihrer Regierungszeit erweist sie sich als Mäzenin der Künste und Wissenschaften. Am schwedischen Hof treffen sich zu dieser Zeit einige der interessantesten Philosophen dieser Zeit. Nach ihrem heimlichen Übertritt zum Katholizismus dankt Christine 1654 ab († 1689).

1660 Der Frieden von Kopenhagen bestätigt die Besitzungen des Königreichs Schweden, darunter Finnland, Estland, Ingermanland, Livland und Pommern und einige deutsche Gebiete.

1679 In der Zeit der Reduktion unter König Karl XI. (reg. 1660–97) wird die Macht des Adels eingeschränkt. Der König etabliert mithilfe des Parlaments (Riksdag) eine absolute Monarchie.

1721 Der Frieden von Nystad beendet den Großen Nordischen Krieg (1700–21). Schweden verliert seine Rolle als Großmacht und muss seine baltischen Besitzungen an Russland abtreten.

1723 Die Reichsstände setzen nach dem Tod Karls XII. eine Verfassung durch, die die Krone dem Parlament unterstellt.

1771 Gustav III. (reg. 1771–92) stellt den Absolutismus wieder her.

1809 Schweden muss Finnland an Russland abtreten; Verfassungsreform macht Schweden zur konstitutionellen Monarchie.

1814–1815 Im Wiener Kongress muss Schweden Gebiete an Russland und Dänemark abtreten. Es beginnt eine lange Friedensperiode.

1865–1866 Riksdag wird zu einem Zweikammernparlament.

1905 Norwegen wird von Schweden unabhängig.

1911 Erste liberale Regierung.

1914 Regierungsrücktritt wegen Verteidigungspolitik.

1914–1918 Schweden bleibt im Ersten Weltkrieg neutral, unterstützt jedoch Deutschland. Blockade der Alliierten.

1917 Nahrungsmittelmangel. Konservative Regierung stürzt. Nils Edén bildet neues liberales Kabinett, das Exporte nach Deutschland begrenzt.

1919 Allgemeines Wahlrecht.

1921 Völkerbund spricht Finnland die Ålandinseln zu.

1932 Schwere Rezession. Sozialdemokratische Regierung unter Per Albin Hansson.

1939–1945 Schweden bleibt im Zweiten Weltkrieg neutral. Deutsche Truppen erhalten jedoch Durchmarschrecht.

1945–1976 Die Sozialdemokraten bleiben stärkste Kraft unter Tage Erlander. Schweden entwickelt sich zu einem der wohlhabendsten und sozial fortschrittlichsten Staaten der Welt.

1950 Gustav VI. Adolf wird König.

1953 Beitritt zum Nordischen Rat.

1959 Gründungsmitglied der EFTA.

1969 Olof Palme wird Premierminister.

1973 Karl XVI. Gusta wird König.

1975 Wichtige Verfassungsreform. Einkammerparlament mit dreijähriger Amtszeit. König nimmt nur noch repräsentative Aufgaben wahr.

1976 Liberal-konservative Regierung unter Thorbjörn Fälldin.

1978 Rücktritt Fälldins wegen Uneinigkeit in Fragen zur Atomenergienutzung. Ola Ullsten wird Premierminister.

1979 Fälldin wird erneut Premierminister.

1982 Wahlen. SAP bildet Minderheitsregierung. Palme erneut Premierminister.

1986 Palme wird ermordet. Stellvertreter Ingvar Carlsson wird Premierminister.

1990 Carlsson führt moderate Sparmaßnahmen ein, Regierungsausgaben werden gekürzt, Steuern erhöht.

1991 Schweden stellt Antrag auf EU-Mitgliedschaft. SAP bleibt nach Wahlen stärkste Partei, kann jedoch keine Regierung bilden. Carlsson tritt zurück. Carl Bildt, Parteiführer der Gemäßigten (MS), bildet konservativ-liberale Koalition. Schwere Rezession.
1992 Die Sparmaßnahmen können die Inflation verringern, SAP verweigert weiteren Ausgabekürzungen die Zustimmung.
1994 Bedingungen für EU-Beitritt festgelegt. SAP gewinnt Wahlen. Referendum ergibt Zustimmung für EU-Beitritt.
1995 EU-Beitritt.
1996 Rücktritt Carlssons; Nachfolger wird Göran Persson.
1998 Persson bleibt im Amt, obwohl SAP Wahlen verliert: Minderheitsregierung.
2002 Stimmengewinne für SAP, aber keine absolute Mehrheit.

SCHWEIZ Geografisch liegt die Schweiz mitten in Westeuropa, im politischen Sinn liegt sie außerhalb. In ihrer hochalpinen Landschaft entspringen die vier größten Fluss-Systeme Europas: Po, Rhein, Rhone und Inn (die in die Donau fließt). 1291 gründeten die drei Kantone Unterwalden, Schwyz und Uri die Eidgenossenschaft. Zusammen mit anderen Kantonen gelang es ihnen 1499, die Unabhängigkeit vom Habsburgerreich zu erlangen. Die Schweiz gehört zu den reichsten Ländern der Erde, u.a. deshalb, weil sie seit 1815 bei allen Kriegen strikte Neutralität wahrte. Die letzte und größte Herausforderung an die Schweizer Neutralität war die europäische Einigung. Die Schweiz gehört bislang nicht zur EU.

CHRONOLOGIE
1648 Der Westfälische Friede beendet den Dreißigjährigen Krieg (an dem sich die Schweiz nicht aktiv beteiligte), die Unabhängigkeit der Schweiz wird anerkannt.
1798 Französische Invasion.
1815 Nach Napoleons Niederlage bestätigt der Wiener Kongress die Unabhängigkeit und Neutralität der Schweiz. Genf, Neuenburg (Neuchâtel) und das Wallis treten der Eidgenossenschaft bei.
1848 Neue Verfassung: Zentralregierung erhält mehr Macht, die Eigenständigkeit der Kantone wird jedoch garantiert.
1863 Henri Dunant gründet in Genf das Rote Kreuz.
1874 Referendum als wichtiges Entscheidungsinstrument eingeführt.
1914–1918 Humanitäres Engagement im Ersten Weltkrieg.
1919 Verhältniswahlrecht sichert zukünftige politische Stabilität.
1920 Beitritt zum Völkerbund.
1939–1945 Neutralität gewahrt. 1945 Ablehnung des UN-Beitritts.
1959 Gründungsmitglied der EFTA. Vierparteienkoalition kommt an die Macht.
1967 Rechte Gruppen verbuchen Stimmenzuwachs und fordern Einschränkung des Gastarbeiterzuzugs.
1971 Einführung des Frauenwahlrechts.
1984 Parlament beschließt UN-Aufnahmeantrag. Elisabeth Kopp wird Justizministerin.
1986 UN-Beitritt per Referendum abgelehnt. Zuwanderungsbeschränkungen.
1988 Kopp tritt wegen Vorwurf des Geheimnisverrats zurück.
1990 Kopp wird freigesprochen. Es wird bekannt, dass Geheimdossiers über 200 000 Bürger existieren. Gewalttätige Proteste. Änderung der Sicherheitsgesetze. Frauenwahlrecht in Appenzell-Innerrhoden.
1991 Zunehmende Anschläge auf Asylbewerberunterkünfte.
1992 Beitritt zu IWF und Weltbank. EWR-Beitritt per Referendum abgelehnt.
1994 Neue Gesetze gegen Rassismus, Drogenhandel und illegale Einwanderung.
1998 Banken zahlen 1,25 Mrd. US-$ an Holocaust-Opfer, deren Gelder auf Schweizer Banken lagen.
1999 Ruth Dreifuss ist Bundespräsidentin.
2000 Enge Handelsbeziehungen zur EU per Referendum gebilligt.
2001 EU-Beitritt erneut durch Referendum abgelehnt.
2002 UN-Beitritt durch Referendum beschlossen.

Schwertbrüderorden (*auch* Livländischer Orden) Kreuzritterorden, der im frühen 13. Jahrhundert Livland im Baltikum eroberte. Nachdem sie 1236 von Litauen besiegt wurden, verbündeten sie sich mit den Deutschordensrittern, die ihre Aufgaben übernahmen.

Scipio Africanus (*auch* Publius Cornelius Scipio, 236–183 v. Chr.) Römischer Feldherr. Seine Feldzüge auf der Iberischen Halbinsel gegen die Karthager (210–206 v. Chr.) waren der Schlüssel zum Sieg der Römer im 2. Punischen Krieg. 204 segelte er zum Angriff der Kartharger nach Nordafrika. Hannibal, der größte Feldherr Karthagos, wurde von Italien zurückgerufen, um der Bedrohung entgegenzutreten. Er wurde jedoch von Scipio 202 bei Zama besiegt. Bei seiner triumphalen Rückkehr nach Rom erhielt Scipio den ehrenvollen Beinamen Africanus.

Scopes' »Affen-Prozess« (10.–21. Juli 1925) Prozess gegen John T. Scopes, Lehrer in Dayton, der den Schülern Darwins Evolutionstheorie vermittelte. Nach dem Gesetz des Staates Tennessee durfte nichts gelehrt werden, was nicht der biblischen Schöpfungsgeschichte entsprach.

Scott, Robert Falcon (1868–1912) Britischer Marineoffizier und Polarforscher. Er leitete 1900 die Antarktisexpedition mit Edmund Wilson und Ernest Shackleton. 1910 leitete er eine zweite Expedition, auf der er den Südpol am 17. Januar 1912 erreichte, einen Monat nach dem Norweger Roald Amundsen. Beim Rückweg kam er mit seinen Begleitern ums Leben. *S. 391*

SDI *siehe* Strategic Defense Initiative

Sechstagekrieg (5.–10. Juni 1967) Arabisch-israelischer Krieg, nachdem Ägypten den Golf von Akaba für israelische Schiffe geschlossen hatte. Israel schlug die vereinten Truppen von Ägypten, Jordanien und Syrien und besetzte den Gazastreifen, die Sinaihalbinsel, Jerusalem, die West Bank und die Golanhöhen. *S. 434*

Sechzehn Staaten, Zeit der Von 304 bis 439 wurde Nordchina in wechselnder Folge von Herrschern aus China, Xiongnu und Tibet beherrscht.

Seidenstraßen Durch Zentralasien verlaufende Handelsstraßen, die Südwestasien und den Mittelmeerraum mit China verbinden (mit Merw [heute Mary] in Baktrien und Xi'an oder Luoyang in China als Endpunkten). Sie entwickelten sich während der Han-Zeit (ab etwa 110 v. Chr.). Die Routen verliefen je nach Jahreszeit (Sommer oder Winter) nördlich oder südlich der Takla-Makan-Wüste und die Reisenden waren auf die zentralasiatischen Völker angewiesen. Auf den Straßen wurden nicht nur Waren, sondern auch Ideen transportiert. Buddhismus und Islam breiteten sich an ihnen entlang aus. *S. 87*

Sekigahara ⚔ (1600). Nach dem Sieg von Ieyasu beginnt das Tokugawa-Shogunat, das die rivalisierenden Klans unter seiner Herrschaft vereint.

Seldschuken Türkisches Nomadenvolk aus Zentralasien nördlich vom Oxus (Amudarja), das sich im 11. Jahrhundert nach Süden ausbreitete. 1055 zogen die Seldschuken in Bagdad ein, eroberten Armenien, vertrieben die Byzantiner nach der Schlacht von Mantzikert (1071) aus Kleinasien und eroberten Syrien und Palästina von den Fatimiden. Zu Beginn des 12. Jahrhunderts hatten sie alle Gebiete des ehemaligen Abbasiden-Reiches vereint. Sie erlitten jedoch 1243 gegen die Mongolen am Köse Dagh eine Niederlage. *S. 174, S. 176*

Seleukiden Dynastie makedonischer Könige, gegründet vom General Alexanders des Großen, Seleukos. Regierte nach dem Tod Alexanders 323–129 v. Chr. in Babylonien (Syrien und Persien). Danach fiel das Reich an die Parther und die Römer. Unter Antiochos III. (242–187 v. Chr.) erstreckte sich das Seleukidenreich von Baktrien im Osten bis nach Ägypten und Griechenland.

Seleukos I. (um 358–281 v. Chr.) Feldherr Alexanders des Großen. Herrschte nach dessen Tod 323 v. Chr. in Babylonien. Begründer einer Dynastie und eines Reiches. *Siehe auch* Seleukiden

Selim I. (1470–1520) Osmanischer Sultan (reg. 1512–20). Ermordete die Nachfolger des safawidischen Schah Ismail I. und besetzte Täbris. 1516–17 unterwarf er die Mamelucken in Ägypten und Syrien. Bei seinem Tod herrschten die Osmanen in Jerusalem, Mekka und Medina.

Selim II. (1524–74) Osmanischer Sultan (reg. 1566–74). Unterlag bei ⚔ von Lepanto (1571) Don Juan de Austria.

Seminolen Nordamerikanischer Indianerstamm, ursprünglich aus Florida und dem Süden der USA, unter dem auch entflohene schwarze Sklaven lebten. Wehrten sich in mehreren Gefechten von 1816 bis 1858 gegen das Vordringen weißer Siedler und Umsiedlung.

Semiten Sprachwissenschaftlicher Begriff für Mitglieder der semitischen Sprachfamilie (arabisch, hebräisch und amharisch), der durch seinen Missbrauch in den Rassentheorien diskreditiert ist.

SENEGAL

Die Hauptstadt Senegals, Dakar, liegt an der westlichen Spitze Afrikas. Das überwiegend flache Land wird im Norden von offener Savanne und Halbwüste, im Süden von dichterer Savanne geprägt. Senegal wurde 1890 von Frankreich kolonisiert. Nach der Unabhängigkeit von Frankreich 1960 regierte bis 1981 Präsident Léopold Senghor. Ihm folgte sein Premierminister Abdou Diouf, der das Präsidentenamt bis zu seiner Wahlniederlage im März 2000 innehatte.

Chronologie

1960 Unabhängigkeit unter Senghor.
1966–1976 Einparteienstaat.
1981 Volle Wiederherstellung des Mehrparteiensystems.
2000 Abdoulaye Wade gewinnt erstmals Präsidentschaftswahlen gegen die PS.
2001 Neue Verfassung gebilligt.
2002 Bei Kommunalwahlen werden erstmals zwei »grüne« Bürgermeister gewählt.

Sengi (*auch* Imad ad-Din Sengi, 1084–1146). Seldschuken-Herrscher von Mosul (1126), gründete um Aleppo herum einen unabhängigen Staat. Seine Eroberung Edessas von den Franken (1144) führte zum zweiten Kreuzzug. Er wurde von Verbündeten ermordet, da er für die Eroberung von Damaskus eintrat. Auf ihn folgte sein Sohn Nur ad-Din (1144).

September, 11. Datum der Anschläge von Terroristen des Al-Kaida-Netzwerks im Jahr 2001 auf New York und Washington. *S. 455*

Septimius Severus (*auch* Lucius Septimius Severus, 146–211) Römischer Kaiser (reg. 193–211). Er wurde von seinen Truppen zum Kaiser ausgerufen und begründete die Severische Dynastie. Er führte einen militärischen Regierungsstil ein, setzte die Prätorianergarde ab – deren Unterstützung wichtig war, um hohe Ämter zu erlangen – und ersetzte sie durch eigene Männer. Er starb in Eburacum (heute York, England).

SERBIEN UND MONTENEGRO

Das ehemalige Jugoslawien besteht aus Serbien und Montenegro, zwei der einst sechs Republiken des Jugoslawien vor 1991. Während die sozialistische Föderation zerfiel, heizte Slobodan Milošević die nationalistischen Gefühle der Serben an. Sein Regime wurde wegen des Bosnienkrieges (1992–95) und des Genozids in der mehrheitlich albanischen Provinz Kosovo international verurteilt. Die Bombardierung durch die NATO 1999 zwang ihn zum Rückzug. Zwei Jahre später wurde Milošević an das Kriegsverbrechertribunal in Den Haag überstellt. 2002 nahm das Land den Namen Bundesrepublik Serbien und Montenegro an.

Chronologie

168 v.Chr. Die Römer unterwerfen die illyrischen, thrakischen und keltischen Stämme, die im Gebiet des heutigen Jugoslawien seit etwa 2000 v. Chr. siedeln. Um 9 n. Chr. wird das Gebiet in Dalmatien und Mösien geteilt. Nach dem Abstieg des Weströmischen Reiches im 4. Jahrhundert wird das Gebiet abwechselnd von Ostrom (Byzanz), Hunnen und Bulgaren sowie den Awaren beherrscht, die Slawen als ihre Vasallen in die Region bringen.
626 Byzanz siegt über die Awaren.
879 Kroaten im Norden und Westen spalten sich vom Byzantinischen Reich ab und schließen sich dem katholischen Rom an. Auf Veranlassung Roms erfolgt jedoch 1089 eine Invasion der Ungarn. Die orthodoxen Serben im Süden und Westen werden zu Beginn des 10. Jahrhunderts Teil des bulgarischen Reiches, gewinnen jedoch später unter Fürst Stefan Vojislav an Autonomie.
1101 Nach dem Tod von König Konstantin Bodin kommt es zum Bürgerkrieg.
1165 Die Nemanja-Dynastie errichtet ein serbisches Reich, das bis zum Tod von König Stephan Dusan 1355 besteht.
1389 Die Schlacht auf dem Amselfeld ist das Ende der serbischen Unabhängigkeit. Fürst Lazar I. Hrebeljanoviç wird von den Osmanen besiegt.
1463 Die Osmanen unterwerfen das gesamte serbische Reich bis auf das unter Iwan IV. unabhängige Montenegro. Eine 1516 angenommene Verfassung stellt Montenegro unter die Oberlehnsherrlichkeit des Osmanischen Reiches.
1699 Nachdem die Einnahme Wiens misslungen ist, wird das Osmanische Reich

durch den Vertrag von Karlowitz dazu gezwungen, Kroatien und fast ganz Nordserbien an Österreich-Ungarn abzutreten. Die Türkei erobert Serbien 1739 zurück.

1804 Andauernde Aufstände, geführt von Karageorg, gegen die türkische Herrschaft werden 1813 niedergeschlagen.

1830 Der Frieden von Adrianopel, der den Russisch-Türkischen Krieg beendet, erklärt Serbien für autonom. Milos Obrenovic, Führer der Erhebung von 1815, wird zum erblichen Fürsten gewählt und versucht das serbische Gebiet auszudehnen. 1839 muss er abdanken. Auf eine Zeit der inneren Machtkämpfe folgt 1842 ein Putsch, der Alexander, den Sohn Karageorgs, an die Macht bringt.

1858 Alexander wird wieder abgesetzt und Milos zurückgerufen. Auf ihn folgt sein Sohn Michael, der versucht die Regierung zu modernisieren. Er wird 1868 ermordet.

1876 Serbien und Montenegro erklären zur Unterstützung der bosnischen Aufstände der Türkei den Krieg. Kriegserklärung Russlands 1877. Nach der Niederlage der Türkei wird Serbien nach dem Vorfrieden von San Stefano unabhängiges Fürstentum. Bosnien-Herzegowina wird von Österreich besetzt, Mazedonien bleibt (nach dem Berliner Kongress 1878) unter türkischer Herrschaft und Montenegro wird unabhängig. Bulgarien verliert Gebiete an Serbien und Montenegro. Es folgen innere und internationale Konflikte.

1903 Juni: Der serbische König Alexander und seine Frau Draga werden von Offizieren im Palast von Belgrad ermordet. Seine Regierungszeit und die seines Vaters, König Milan, waren von Parteigeist und Korruption geprägt.

1908 Oktober: Österreich-Ungarn annektiert mit stillschweigendem russischen Einverständnis Bosnien. Der Protest der Serben ist ohne russische Unterstützung wirkungslos. Die Annexion wird im April 1909 von den Großmächten anerkannt.

1912 Der Erste Balkankrieg beginnt, nachdem Griechenland und Montenegro der Türkei den Krieg erklären. Die Türkei wird vom Balkanbund – Serbien, Bulgarien, Griechenland und Montenegro – besiegt. Montenegro und Serbien vergrößern nach dem Frieden von Bukarest ihr Gebiet. Zentral- und Südmakedonien fällt von Bulgarien an Serbien.

1914 Auslöser des Ersten Weltkriegs ist die Ermordung des österreichischen Thronfolgers Franz Ferdinand in Sarajevo durch den serbischen Revolutionär Gavrilo Princip. Ein österreichisches Ultimatum, das die Souveränität Serbiens betrifft, wird zurückgewiesen. Österreich erklärt Serbien den Krieg, dieser weitet sich über Europa aus.

1918 Unter dem serbischen Prinz Alexander vereinen sich nach der Niederlage der Mittelmächte Serbien, Montenegro und Slowenien zum Königreich der Serben, Kroaten und Slowenen. Alexander wird im August 1921 König.

1920 Wahlen zur verfassunggebenden Versammlung führen zu einer zentralistischen Regierung, geführt von dem Serben Nikola Pasic. Die 1921 verabschiedete Verfassung wird gegen den Widerstand der kroatischen Parlamentarier angenommen.

1929 Um den serbischen, kroatischen und slowenischen Nationalismus zu beenden, errichtet Alexander eine Diktatur und benennt das Land in Jugoslawien um. Seine Regierung verstärkt jedoch nur die Dominanz der Serben, Bürokratie und Repressionen durch die Polizei.

1934 Alexander in Frankreich ermordet. Jugoslawien, regiert von Stellvertretern des Kindkönigs Peter, wird vom erstarkenden Nazi-Deutschland und sowjetischen Feindseligkeiten bedroht.

1941 Einmarsch der Deutschen, nachdem Jugoslawien dem Dreimächtepakt beigetreten, die Regierung jedoch gestürzt worden war. Aufteilung des Landes. Rivalisierende Partisanengruppen: die serbischen royalistischen Cetnici und die kommunistischen Partisanen unter Tito, Führer der Kommunistischen Partei Jugoslawiens.

1942 Die Kommunisten setzen einen Antifaschistischen Volksbefreiungsrat ein, der 1943 eine provisorische Regierung bildet, und übernehmen nach der Niederlage der Nazis die Macht.

1945 Die provisorische Regierung (mit Tito als Premierminister) schafft die Monarchie ab und ruft die Föderative Volksrepublik Jugoslawien aus. Beginn der Verstaatlichung von Industrie, Transportwesen, Banken und Landwirtschaft. Die mehrheitlich albanische Region Kosovo erhält den Status einer autonomen Region innerhalb Serbiens.

1948 Nach dem Vorwurf des Kominform des »Abweichlertums« auf Titos Weigerung hin, zu einem Satelliten Moskaus zu werden, löst Tito Jugoslawien aus dem Sowjetblock. Wegen einer Wirtschaftsblockade der Sowjetunion wendet sich Tito um Hilfe an die USA und Westeuropa.

1963 Das aus zwei Kammern bestehende Parlament setzt eine neue Verfassung ein, die den jugoslawischen Republiken Souveränität einräumt. Die Beziehungen der Republiken im föderalen Staat sind die »zwischen zwei gleichen und unabhängigen sowie sozial und politisch verbundenen Gemeinschaften«.

1972 Kroatische Terroristen sprengen ein jugoslawisches Flugzeug und töten 28 Menschen. Am gleichen Tag wird auch ein Schnellzug in die Luft gesprengt. Am 26. Juli marschieren 19 bewaffnete kroatische Separatisten (Ustascha) in Jugoslawien ein. Beim Kampf mit jugoslawischen Sicherheitskräften sterben 17 von ihnen. Ustascha-Terroristen entführen im September eine schwedische DC-9.

1988 Die Regierung stürzt, als ihre Haushaltsvorschläge im Parlament angefochten werden. Den Forderungen von Kroatien und Slowenien nach größerer Autonomie der Republiken stellen sich die serbischen Hardliner entgegen, die einen stark zentralisierten Staat wollen.

1990 Freie Wahlen in Slowenien. Wahlsieg für die Mitte-Rechts-Koalition DEMOS. Die nationalistische Kroatisch-Demokratische Union gewinnt am 6. und 7. Mai die freien Wahlen in Kroatien. Der Serbe B. Jovic wird für ein Jahr Bundespräsident.

1990 Referendum in Serbien setzt Verfassungsänderungen in Kraft, die die Autonomie des Kosovo beschneiden. Auf die Unabhängigkeitserklärung des Kosovo und die Einsetzung einer eigenen Verfassung folgen Unruhen.

1990 Wahlen in Makedonien und später in Bosnien-Herzegowina führen zum Sieg der Nationalparteien. In Serbien und Montenegro gelangen die Kommunisten wieder an die Macht.

1991 Kroatien und Slowenien proklamieren ihre Unabhängigkeit. Es kommt zu Kämpfen zwischen der jugoslawischen Bundesarmee und Sloweniern. Die EG vermittelt einen Waffenstillstand.

1991 Kampfhandlungen in Kroatien zwischen Serben, unterstützt von der jugosla- ▶

wischen Bundesarmee, und kroatischem Militär. Die Kämpfe werden durch kurze Waffenstillstände unterbrochen.
1991 Makedonien erklärt Unabhängigkeit.
1991 Ein Rumpf-Staatspräsidium aus Serbien (mit seinen autonomen Provinzen Kosovo und Vojwodina) und Montenegro ergreift die Macht. Die jugoslawische Marine blockiert sieben kroatische Häfen.
1992 Nach einem Referendum erklärt Bosnien-Herzegowina seine Unabhängigkeit. Beginn von Kämpfen in der gesamten Republik, Serben belagern Sarajevo. Berichte über Gräueltaten der serbischen Streitkräfte, u.a. »ethnische Säuberungen«, die Massendeportation von Zivilisten.
1992 Eine neue Bundesrepublik Jugoslawien, Serbien (mit Kosovo und Vojwodina) und Montenegro wird gebildet. Bei den am 24. Mai in Kosovo abgehaltenen Wahlen, die von der serbischen Regierung für illegal erklärt werden, gewinnt die Demokratische Liga Kosovo. Deren Führer Ibrahim Rugova wird zum Präsidenten gewählt und erklärt die Unabhängigkeit. Das Parlament Serbiens und Montenegros wählt am 15. Juni Dobrica Cosic zum Präsidenten.
1992 Friedenskonferenz in London: Ein 13 Punkte umfassendes Programm soll den Bürgerkrieg beenden. Alle Delegationen des ehemaligen Jugoslawien stimmen dem Friedensplan zu, die Kämpfe in Bosnien gehen jedoch weiter.
1992 Die Generalversammlung der UNO schließt Restjugoslawien aus. USA fordern Kriegsverbrechertribunale wegen der Anschuldigungen von Mord, Folter von Gefangenen, Angriffen auf Zivilpersonen und »ethnischen Säuberungen«. Die Anschuldigungen werden hauptsächlich gegen serbische Streitkräfte erhoben.
1992 Geheime Abstimmung der UNO zur Einsetzung eines Kriegsverbrechertribunals.
1992 Die Führungsrolle Slobodan Miloševičs wird durch seine Wiederwahl zum serbischen Präsidenten festgeschrieben. Seine Sozialistische Partei Serbiens (SPS) und die faschistische Serbische Radikale Partei (SRS) stärken ihre Positionen im serbischen Legislativrat und im direkt gewählten Unterhaus des Parlaments. Gleichzeitig stattfindende Wahlen in Montenegro bestätigen die Mandate der regierenden ehemaligen Kommunisten.
1995 Miloševič unterzeichnet den Friedensvertrag mit Bosnien.
1996 Formale Aufhebung der UNO-Sanktionen.
1997 Kommunalwahlen. Proteste, bis die Wahl der Opposition anerkannt wird. Miloševič wird Bundespräsident Jugoslawiens.
1998 Konflikt im Kosovo eskaliert.
1999 März: Verhandlungen scheitern; »ethnische Säuberungen« führen zur Massenflucht. NATO-Luftangriffe. Juni: Serbische Streitkräfte und Polizei werden aus Kosovo abgezogen. Eintreffen der internationalen Friedenstruppe KFOR im Kosovo.
2000 Miloševič unterliegt in der ersten Runde der Präsidentenwahl. Oktober: Massenproteste gegen Miloševič verhelfen dem Oppositionskandidaten Vojislav Kostunica an die Macht. Dezember: Neuwahlen zum Parlament, Sieg der demokratischen Oppostion.
2001 April: Verhaftung Miloševičs. Juni: Miloševič an den Internationalen Strafgerichtshof in Den Haag überstellt.
2002 Offizielle Namensänderung in Bundesrepublik Serbien und Montenegro.

Serpa Pinto, Alexandre (1846–1900) Portugiesischer Entdecker und Kolonialverwalter. Er durchquerte Süd- und Zentralafrika und kartografierte das Landesinnere. 1887 wurde er Generalkonsul von Sansibar und 1889 Generalgouverneur von Mosambik.

Serrão, Francisco († um 1516) Portugiesischer Reisender, begleitete Abreu auf seiner Expedition nach Südostasien, wurde von Piraten gefangen genommen und nach Ternate gebracht – der erste Portugiese auf den Gewürzinseln.

Sèvres, Friedensvertrag von (1920) Vertrag zwischen Alliierten und der Türkei. Danach musste die Türkei alle Gebiete bis auf ein Kernland abtreten. Syrien wurde französisches Mandat, Großbritannien erhielt die Schutzherrschaft über Irak, Palästina und Transjordanien. Der Vertrag wurde von Atatürk nicht anerkannt. Die Grenzen der Türkei wurden im Vertrag von Lausanne (1923) neu festgelegt. *Siehe auch* Atatürk; Lausanne, Friede von

Seward's Folly *siehe* Alaska-Handel

SEYCHELLEN Die 115 Inseln der Seychellen im Indischen Ozean beherbergen eine einzigartige Flora und Fauna mit Riesenschildkröten und dem größten Samen der Welt, der Seychellennuss. Die frühere britische Kolonie, die dann 16 Jahre Einparteienstaat war, wurde 1993 zur Demokratie. Die Wirtschaft stützt sich auf den Tourismus.

Chronologie

1741 Die Inseln werden von Frankreich erforscht, das sie später in Besitz nimmt.
1770 Erste Siedler kommen, um die reichen Ressourcen an Schildkröten und Holz zu nutzen; sie führen die Sklaverei ein.
1814 Im Vertrag von Paris wird die Herrschaft über die Inseln von Frankreich auf Großbritannien übertragen.
1872 Ein Verwaltungsbeamter wird auf die Seychellen berufen, die bisher von Mauritius aus verwaltet wurden.
1903 Seychellen werden Kronkolonie.
1952 Bildung politischer Parteien unter F. A. René (für Unabhängigkeit) und J. Mancham (für Herrschaft Großbritanniens).
1965 Großbritannien gibt die Inseln Desroches, Aldabra und Farquhar ab, die bis 1976 an die USA verpachtet werden.
1976 Unabhängigkeit: Mancham wird Präsident, René Premierminister.
1977 Putsch durch René.
1979 Sozialistischer Einparteienstaat.
1979–1987 Mehrere Putschversuche.
1992 Exilpolitiker kehren zurück.
1993 Demokratische Wahlen.
2001 René gewinnt die vorgezogenen Präsidentschaftswahlen.
2003 Parlamentswahl.

Sezessionskrieg Amerikanischer Bürgerkrieg (1861–65) zwischen den Nordstaaten der USA und elf aus der Union ausgetretenen Südstaaten (Konföderierte).

Shackleton, Sir Ernest Henry (1874–1922) Britischer Offizier der Handelsmarine und Antarktisforscher. Er nahm 1901–04 an der Expedition von Scott teil. Von 1907 bis 1909 erforschte er auf der *Nimrod* die Antarktis und näherte sich dem Pol bis auf 150 km. 1914–17 fuhr er mit der *Endurance* in die Weddellsee, das Schiff zerbrach jedoch im Eis.

Shah Jahan (*auch* Schah Dschahan, 1592–1666) Der Mogul-Kaiser (reg. 1627–58), ein Enkel Akbars, war das Oberhaupt des Mogulreiches zu seiner Blütezeit. Er gründete die Stadt Delhi und baute in Agra ein Grabmal für seine Lieblingsfrau Mumtaz-Mahal, den Taj Mahal. Der dritte seiner vier Söhne, Aurangseb, erklärte sich – noch zu Lebzeiten seines Vaters – selbst zum Kaiser. *S. 304*

Shaka *siehe* Chaka

Shakespeare, William (1564–1616) Englischer Dramatiker und Dichter. Seine Stücke beeinflussten die englische Literatur maßgeblich. *S. 298*

Shang-Dynastie (16.–11. Jahrhundert v. Chr.) Die erste, durch archäologische und dokumentarische Nachweise gesicherte chinesische Dynastie. In der Königsresidenz Anyang wurden zahlreiche Orakelknochen gefunden, in die die frühesten bekannten Schriftzeichen geritzt waren. Die Herrschaft der Shang dehnte sich von der nordchinesischen Ebene bis zum Hwangho-Tal aus. Dort entwickelte sich eine komplexe Landwirtschaft und Bronzekunst. Die spätere Zeit der Dynastie wird Yin genannt, diese wurde von der Zhou-Dynastie abgelöst. *S. 41*

Shangdu (*auch* Xanadu) Sommerpalast Kubilai Khans.

Sherley, Sir Robert (um 1581–1628) Reiste mit seinem Bruder Anthony 1598 durch Syrien und Persien bis zur persischen Hauptstadt Isfahan. Beide Brüder wurden vom persischen Herrscher Schah Abbas I. (der Große) als Gesandte nach Europa geschickt.

Sherman, William Tecumseh (1820–91) Soldat der Union im Sezessionskrieg. Nach der ersten Schlacht wurde er zum General ernannt. Auf seinem »Marsch zum See« (1864) schlug er die Konföderierten vernichtend. 1869 erhielt er den Oberbefehl über die Armee.

Shiloh ⚔ im Sezessionskrieg, Tennessee (6.–7. April 1862). Sieg der Union.

Shinto Älteste Religion Japans. Ihr Kennzeichen sind Ahnenverehrung, Verehrung von Naturgottheiten und der Glaube an die Göttlichkeit des Kaisers. *S. 164*

Shiva Hindugottheit, die gegensätzliche Aspekte verkörpert: Zerstörung und Wiederherstellung, Rache und Güte, Askese und Sinnlichkeit.

Shogun Japanischer Heerführer oder Warlord. Die Shogune waren vor der Meijireform (1868) die tatsächlichen Herrscher.

Shogun Titel japanischer Militärregenten (1185–1867). *S. 218*

Siam *siehe* Thailand

Siddhartha Gautama *siehe* Buddha

Sieben-Tage ⚔ im Sezessionskrieg (25. Juni–1. Juli 1862). Konföderierte siegen.

Siebenjähriger Krieg (1756–63) Krieg von Preußen und Großbritannien gegen Russland, Österreich und Frankreich. Einerseits ging es zwischen Großbritannien und Frankreich um die Vormachtstellung auf See und als Kolonialmacht, gleichzeitig versuchte Österreich das 1748 verlorene Schlesien zurückzuerobern. Preußen behielt Schlesien, in den Überseegebieten (Nordamerika, Karibik und Indien) besiegten die Briten die Franzosen.

Siegfriedstellung *siehe* Hindenburglinie

SIERRA LEONE Der westafrikanische Staat Sierra Leone wurde 1787 von Großbritannien für freigelassene afrikanische Sklaven gegründet. Das Gelände steigt von der Küstenebene zu den Bergen im Nordosten an. 1996 kam trotz blutiger Unruhen eine demokratische Regierung ins Amt. Kurz darauf versank Sierra Leone im Bürgerkrieg. Das 1999 vereinbarte Friedensabkommen hielt nur kurz. Anfang 2002 wurde der Bürgerkrieg offiziell für beendet erklärt.

CHRONOLOGIE

12.–14. Jahrhundert Das Land erfährt mehrere Siedlungswellen.

15. Jahrhundert Erste Kontakte mit portugiesischen Seefahrern.

1787 Großbritannien verwaltet die Küstenkolonie um Freetown, in der sich freigelassene Sklaven ansiedeln.

1896 Das Land wird britisches Protektorat.

1961 Unabhängigkeit.

1978 Einparteienstaat.

1991 Beginn des RUF-Aufstandes.

1996 Wiedereinsetzung der Zivilregierung nach dem Militärputsch von 1992; Kabbah wird Präsident.

1998 Kabbah nach Putsch von 1997 wieder eingesetzt; Kämpfe dauern an.

1999 Abkommen über Machtteilung.

2000 November: Waffenstillstand nach erneuten Kämpfen.

2002 Beendigung des Bürgerkriegs. Parlaments- und Präsidentschaftswahlen: Wahlsieg für Kabbah und seine SLPP.

Sigiriya Von Kassapa (447–495) erbaute Palastfestung in Sri Lanka. Oberhalb der uneinnehmbaren Felsenburg lag der Königspalast, andere Wohnhäuser und Höfe lagen weiter unten. Den Palast erreichte man nur über einen Fußpfad, der eng an der Felswand entlanglief. *S. 107*

Sikh-Kriege 1845 marschierte eine 60 000 Mann starke Armee in britischem Gebiet ein. Es wurden vier Feldschlachten ausgetragen, bei denen die Sikhs über den Sutlej zurückgedrängt wurden. Sie ergaben sich den Briten. Diese annektierten das Gebiet zwischen den Flüssen Sutlej und Ravi. 1848 erhoben sich die Sikhs. Nach erheblichen Verlusten bei Chillianwalla besiegten die Briten die Armee der Sikhs in Gujarat und annektierten den Punjab.

Sikhismus Von Nanak (1469–1539) gegründete indische Religionsgemeinschaft, deren Glaube eine Synthese von Hinduismus und Islam ist. Im 18. und 19. Jahrhundert wurden die Sikhs im Punjab, vor allem unter Ranjit Singh, zu einer militanten Bewegung. Sie stellten sich den Engländern entgegen und wurden in den anglo-afghanischen Kriegen von ihnen besiegt.

Silla Altes koreanisches Reich, das ab 676 die gesamte koreanische Halbinsel beherrschte. *S. 127*
Siehe auch Korea

SIMBABWE Zwischen Südafrika, Botsuana, Sambia und Mosambik liegt Simbabwe. Das Hochland durchqueren Flüsse, die in den Karibasee und den Sambesi münden. Der Sambesi bildet das aufsehenerregendste Naturwunder Simbabwes, die Victoriafälle. Die frühere britische Kolonie Südrhodesien wurde 1980 unabhängig; vorausgegangen waren Kämpfe zwischen der weißen Minderheit, die vom damaligen Premierminister Ian Smith geführt wurde, und der schwarzen Mehrheit, die von Robert Mugabe sowie ▶

der Patriotic Front (PF) Joshua Nkomos geführt wurde. *Siehe auch* Groß-Simbabwe, Rhodesien

CHRONOLOGIE

1953 Die britische Kolonie Südrhodesien wurde zusammen mit Nordrhodesien (heute Sambia) und Njassaland (heute Malawi) Teil der Föderation Rhodesien und Njassaland.

1961 Joshua Nkomo gründet die ZAPU.

1962 Verbot der ZAPU. Wahlsieg der separatistischen Rhodesian Front (RF).

1963 Afrikanische Nationalisten in Nordrhodesien und Njassaland fordern die Auflösung der Föderation. Rev. Sithole und Robert Mugabe gründen die ZANU als Ableger der ZAPU.

1964 Der neue Premierminister Ian Smith weist britische Forderungen nach Mehrheitsherrschaft zurück. Verbot der ZANU.

1965 Wiederwahl der RF. Ausrufung des Notstands (bis 1990). Smith erklärt einseitig die Unabhängigkeit. Britische Wirtschaftssanktionen. ANC, ZANU und ZAPU beginnen einen Guerillakrieg.

1974 RF-Regierung stimmt Waffenstillstand mit afrikanischen Nationalisten zu.

1976 ZANU und ZAPU vereinigen sich zur Patriotic Front (PF).

1979 Nach vier Jahren Einigung auf neue Verfassung.

1980 Unabhängigkeit als Simbabwe. Nach gewalttätigem Wahlkampf wird Mugabe Premierminister. Beziehungen zu Südafrika werden schlechter.

1983–1984 Unruhen in Matabeleland, dem Machtzentrum von ZAPU-PF.

1985 Wahlsieg der ZANU-PF, die einen Einparteienstaat fordert. Zahlreiche ZAPU-PF-Mitglieder werden verhaftet.

1987 Verbot der ZAPU-PF. Reservierung der Parlamentssitze für Weiße wird aufgehoben. Abkommen zwischen ZANU-PF und ZAPU-PF. Mugabe ist gewählter Präsident.

1990 ZANU-PF gewinnt die Wahlen, Mugabe erneut zum Präsidenten gewählt.

1998 Landesweite Streiks, Studentenunruhen und Gerüchte über Militärputsch.

1999 Tod des Vizepräsidenten Nkomo, Opposition bildet die MDC.

2000 Referendum über neue Verfassung: Regierung unterliegt. Enteignung weißer Farmer durch Landbesetzer. Juni: MDC schneidet bei allgemeinen Wahlen gut ab. ZANU-PF wird Wahlmanipulation vorgeworfen.

2002 Mugabe (ZANU-PF) gewinnt Präsidentschaftswahlen gegen Tsvangirai (MDC), internationale Wahlbeobachter sind nicht zugelassen. April: Ausrufung des Notstands wegen drohender Hungerkatastrophe.

Sinai, Halbinsel Im Sechstagekrieg von Israel eingenommen (1967).

Singapur ⚔ im Zweiten Weltkrieg (Februar 1942). Japaner besiegen Briten.

SINGAPUR Der Inselstaat Singapur, der über einen Damm mit der Malaiischen Halbinsel verbunden ist, war vom 14. bis zum 18. Jahrhundert weitgehend unbewohnt. 1819 erkannte der Beauftragte der Britischen Ostindischen Kompanie, Sir Stamford Raffles, die strategisch günstige Position der Insel an den Handelsrouten und errichtete Singapur als Handelszentrum. Heute ist Singapur einer der größten Umschlaghäfen Asiens.

CHRONOLOGIE

1819 Sir Stamford Raffles, Beauftragter der Britischen Ostindischen Kompanie, erhält vom malaiischen Sultan von Riau-Johor und dem lokalen Häuptling die Erlaubnis, eine Handelsstation zu errichten.

1824 Singapur wird auf Dauer an die Ostindische Kompanie abgetreten.

1826 Singapur wird mit seinen beiden Nachbarn Malakka (Malaiische Halbinsel) und Penang zum Straits Settlement zusammengelegt.

1867 Straits Settlements werden britische Kronkolonie.

1869 Mit der Eröffnung des Sueskanals liegt Singapur inmitten der neuen Handelsroute zwischen Europa und Ostasien.

1942 Februar: Singapur fällt bei einem Angriff der Japaner.

1945 September: Nach der Niederlage Japans kehren die Briten zurück.

1946 Die Straits Settlements werden aufgelöst, Singapur wird Kronkolonie.

1954 Unter der Führung von Lee Kuan Yew bildet sich die People's Action Party (PAP).

1959 PAP wird Regierungspartei.

1965 Unabhängigkeit.

1990 Lee Kuan Yew tritt als Premierminister zurück.

1993 Ong Teng Cheong erster direkt gewählter Staatspräsident.

1999 S. R. Nathan wird Präsident.

2001 Parlamentswahlen: PAP erhält 82 von 84 Sitzen.

Sinkiang (*auch* Xiankiang) *siehe* Dsungarei

Sioux (*auch* Dakota) Nordamerikanisches Indianervolk der oberen Mississippi- und der Missouri-Ebene. Die Sioux – ein kriegerisches Nomadenvolk, dessen Nahrungsgrundlage die Büffeljagd war – setzten den Versuchen, sie von ihrem Land zu vertreiben, heftigen Widerstand entgegen. Bei der ⚔ am Little Bighorn schlugen sie unter Führung von Sitting Bull und Crazy Horse die Armee von General Custer. Die Sioux gehörten zu den letzten Indianern, die in Reservationen gezwungen wurden. Sie gaben ihren Widerstand nach der ⚔ am Wounded Knee auf, wo mehr als 200 Sioux getötet wurden.

Sitting Bull (*auch* Tatanka Yotanka, um 1834–90) Häuptling der Teton-Dakota (Sioux). Er leistete der Vertreibung der Indianer von ihrem Land entschiedenen Widerstand. Er führte die erfolgreiche ⚔ gegen Custer am Little Bighorn (1881), wurde jedoch später dazu gezwungen, in der Sioux-Reservation Standing Rock zu leben.

Sivaji (1627–80) Der charismatische Gründer des Marathen-Königreichs operierte von seiner schwer befestigten Basis in den Westghats aus. Mit einer sehr mobilen Armee bewaffneter Reiter ging er schonungslos gegen die Mogul-Truppen vor. Das von ihm geschaffene Reich schwächte schließlich die Macht der Moguln.

Sixtus IV. (*früher* Francesco della Rovere, 1414–84) Ab 1471 Papst (Franziskaner). Er erbaute die Sixtinische Kapelle und förderte die Künste, das Papsttum verlor jedoch an moralischer Autorität.

Sizilianische Vesper (1282) Volksaufstand in Sizilien gegen die Herrschaft Karls I. von Anjou. Die Krone von Sizilien ging dann an Peter III. von Aragonien.

Sizilien Die größte Insel des Mittelmeers liegt vor der Südspitze Italiens. Ihre Lage macht sie seit jeher für Eroberer und Kolonisten begehrenswert. Griechen,

Karthager, Römer, Araber und Normannen hinterließen ihre Spuren in der Kultur der Insel, die sich von der des Festlandes Italien unterscheidet.

Sklaverei
Atlantischer Sklavenhandel *S. 322*
Sklaverei in Amerika *S. 322*

Skylax Griechischer Geograf aus Karyanda. Reiste im 6. Jahrhundert v. Chr. bis zum Industal und segelte auf dem Rückweg enlang der persischen und arabischen Küste zum Roten Meer.

Skythen Indo-europäische Nomadenstämme der russischen Steppe, die im 8. Jahrhundert v. Chr. die Gegend nördlich des Schwarzen Meers besiedelten. Sie trieben Handel mit den Griechen und wurden von den Medern verdrängt.

Slawen Größte ethnische Gruppe Europas, deren Sprache sich von der indoeuropäischen Sprachfamilie ableitet. Historisch geteilt in Westslawen (Polen, Tschechen, Slowaken und Wenden), Südslawen (Slowenen, Serben, Kroaten, Montenegriner, Mazedonier, Bosnier und Bulgaren) und die größte Gruppe der Ostslawen (Russen, Weißrussen und Ukrainer).

SLOWAKEI Die Slowakei grenzt an die Tschechische Republik, Österreich, Polen, Ungarn und die Ukraine. Die Ebenen im Süden bilden einen Kontrast zu den Karpaten entlang der polnischen Grenze. 1918 vereinten sich die ehemaligen Teile Österreich-Ungarns – Slowakei, Böhmen und Mähren – zur Tschechoslowakischen Republik. Seit 1993 ist dieser weniger entwickelte Teil der früheren Tschechoslowakei eine unabhängige Demokratie. Der Aufbau der vorhandenen Schwerindustrie ist schwierig.

CHRONOLOGIE

1939–1945 Slowakischer Staat unter dem nazifreundlichen Jozef Tiso.
1945 Bildung der Tschechoslowakei.
1947 Kommunisten ergreifen die Macht.
1968 Der »Prager Frühling« endet mit der Invasion des Warschauer Paktes.
1989 »Sanfte Revolution«.
1990 Freie Mehrparteienwahlen.
1993 1. Januar: Slowakische und Tschechische Republik gegründet.
1994 Wahlsieg der HZDS.
1998 Breit angelegte Koalition gewinnt allgemeine Wahlen.
1999 Rudolf Schuster wird Präsident.
2000 EU-Beitrittsverhandlungen.
2002 Konservativ-liberale Parteien gewinnen die Parlamentswahl.
2003 EU-Beitrittsland für 2004.

SLOWENIEN Das am Nordostende der Adria gelegene kleine Alpenland kontrolliert einige Haupttransitwege Europas. Slowenien wurde 1991 ohne die Gewalt, die den Zusammenbruch Jugoslawiens begleitete, unabhängig. Das im Vergleich mit ehemaligen kommunistischen europäischen Staaten wirtschaftlich gut dastehende Slowenien ist EU-Beitrittsland für 2004.

CHRONOLOGIE

34 v. Chr. Der römische Feldherr Gaius Octavius (später Kaiser Augustus) gründet an der Stelle von Ljubljana eine Stadt.
451 Das Gebiet wird von den Hunnen verwüstet.
900 Die Ungarn nehmen Ljubljana ein; die Stadt geht im 12. Jahrhundert an die Herzöge von Kärnten.
1277 Herrschaft der Habsburger. Noch unter österreichischer Regierung wird Ljubljana Zentrum einer slowenischen Nationalbewegung.
1809 Napoleon erobert die von Österreich verwalteten Gebiete und bildet daraus illyrische Provinzen (entlang der französischen Linien). Ljubljana wird Regierungssitz. Neben weiteren Reformen wird die Leibeigenschaft abgeschafft und die Bauern erhalten das von ihnen bewirtschaftete Land als Eigentum. Ab 1813 herrscht wieder Österreich-Ungarn.
1867 Nach der Niederlage gegen Preußen reorganisiert Österreich-Ungarn die slawischen Völker unter seiner Kontrolle. Die Slowenen werden an Österreich angegliedert.
1855 Slowenische Nationalisten entwickeln eine Kooperationsbewegung, um das Nationalbewusstsein auf dem Land zu stärken. Sie stellen Kredite und andere Hilfen bereit, um die Slowenen von germanischen Institutionen unabhängig zu machen. 1883 wird eine kooperative Föderation gebildet, eine zweite wird 1895 zum Wirtschaftsflügel der Slowenischen Volkspartei.
1918 1. Dezember: Nach der Niederlage der Mittelmächte vereint der serbische Prinz Alexander Serbien, Montenegro und Slowenien zum Königreich der Serben, Kroaten und Slowenen. Alexander wird im August 1921 König.
1920 Wahlen zur verfassunggebenden Versammlung führen zu einer zentralistischen Regierung. 1921 wird gegen den Widerstand kroatischer Parlamentarier eine Verfassung verabschiedet.
1929 Um den serbischen, kroatischen und slowenischen Nationalismus zu beenden, errichtet Alexander eine Diktatur und benennt das Land in Jugoslawien um. Seine Regierung verstärkt jedoch nur die Dominanz der Serben, Bürokratie und Repressionen durch die Polizei. Alexander wird 1934 in Frankreich ermordet.
1949 Tito bricht mit Moskau.
1989 Parlament bestätigt das Recht zur Abspaltung und beschließt Abhaltung freier Wahlen.
1990 Kontrolle über Armee. Referendum billigt Abspaltung.
1991 Unabhängigkeitserklärung.
1992 Erste Mehrparteienwahlen. Milan Kucan wird Präsident, Janez Drnovsek Premierminister.
1993 Aufnahme in IWF und IBRD.
1998 EU-Beitrittsverhandlungen.
2000 Drnovsek wird abgelöst; kehrt nach Wahlen ins Amt zurück.
2002 Janez Drnovsek wird Staatspräsident.
2003 EU-Beitrittsland für 2004.

Sluis ⚔ im niederländischen Aufstand (1604). Sieg der Niederländer über Spanien.

Smith, John (um 1580–1631) Britischer Soldat, Kolonist und Forscher in Nordamerika. Reiste 1605 nach Virginia, um einen Wasserweg zum Pazifik zu finden. 1608 wurde er zum Leiter der Kolonie Virginia gewählt.

Smoot-Hawley-Zoll (17. Juni 1930) Nach dem Börsenkrach an der Wall Street (1929) erlassener Schutzzoll auf US-Importe. Der Zollsatz wurde von 26 % auf durchschnittlich 50 % erhöht, was zu einem ernsten Einbruch des internationalen Handels führte.

Snellius (*eigtl.* Willebrord Snel van Rojen, 1580–1626) Niederländischer Mathematiker, der das Gesetz der Brechung entdeckte (Snelliussches Brechungsgesetz). Er trug auch zur Entwicklung der Triangulation in der Vermessungstechnik bei.

Sokoto, Kalifat von 1820 in Westafrika von Osman dan Fodio gegründetes Reich.

SOMALIA Das am Horn von Afrika gelegene Somalia entstand 1960 aus Italienisch- und Britisch-Somaliland. Außer im fruchtbareren Süden ist das Land sehr trocken. Ein jahrelanger Bürgerkrieg führte zum Zusammenbruch der Zentralregierung. Militärische Interventionen der USA und der UN zur Bewältigung einer Flüchtlingskrise scheiterten; es kam zu einer Hungersnot.

Chronologie

1880er-Jahre Das Land wird britische und italienische Kolonie.
1960 Vereinigung und Unabhängigkeit.
1964–1987 Konflikt mit Äthiopien wegen des Ogaden-Gebiets.
1969 General Siad Barre übernimmt die Macht.
1991 Siad Barre wird gestürzt. Bürgerkrieg und Chaos. Hungersnot. Somaliland erklärt die Abspaltung.
1992 Vergebliche US-Intervention.
1995 UN-Truppen werden abgezogen.
1997 Abkommen mit 26 Clangruppen.
2000 Nationale Versöhnungskonferenz setzt Regierung ein; Warlords verweigern die Anerkennung.
2001 Gründung eines Versöhnungs- und Aufbaurats wird von Clanführern aus dem Süden unterstützt.

Somme ⚔ im Ersten Weltkrieg (Juli–November 1916). Schlacht an der Westfront, bei der Großbritannien, Frankreich und Deutschland hohe Verluste erlitten. Mehr als 1 Mio. Menschen starben.

Sonderwirtschaftszone In Süd- und Ostchina nach 1978 eingerichtete Zonen (Peking, Schanghai, Xiamen, Shantou, Shenzhen, Guangzhou und seit 1997 Hongkong) zur Förderung ausländischer Investitionen und zur Entwicklung der chinesischen Wirtschaft.

Song Taizu Gründer der Song-Dynastie (reg. 960–976). *S. 150*

Song-Dynastie (*auch* Sung, 960–1279) Chinesische Dynastie. Teilt sich in die Nördlichen Song (960–1126), die von den Jin vernichtet wurden, und die Südlichen Song (1127–1279), die von der Yuan-Dynastie überrannt wurden. *S. 161, S. 176*

Songgye, Yi *siehe* Choson-Dynastie

Songhai Im 15. und 16. Jahrhundert bestehendes westafrikanisches Reich.

Soter *siehe* Ptolemäus I.

Soto, Hernando de (um 1499–1542) Spanischer Konquistador und Forscher. Kämpfte in Panama und Nicaragua, bevor er sich der Eroberung Perus anschloss. 1535 erhielt er von Spanien den Auftrag, Florida zu erobern. Er und seine Leute erreichten im Mai 1539 Tampa Bay und waren danach für drei Jahre verschollen.

Sowjetunion *siehe* Union der Sozialistischen Sowjetrepubliken

Späte Han-Dynastie *siehe* Han-Dynastie

SPANIEN Das Land erstreckt sich über den größten Teil der Iberischen Halbinsel in Südwesteuropa und hat eine Küste am Mittelmeer und eine am Atlantik. Beherrschend ist die zentrale Hochebene. Nach den Römern finden wir hier einige kleine christliche Königreiche, die im Mittelalter großteils von den muslimischen Mauren vereinnahmt werden. Mit dem Ende der Reconquista wurde Spanien unter der Herrschaft von Isabella von Kastilien und Léon und Ferdinand von Aragonien 1469 zum wichtigsten europäischen Machtfaktor und zum größten Königreich der Welt. Das 17. Jahrhundert ist jedoch vom beginnenden Niedergang geprägt. 1830 verliert Spanien seine amerikanischen Kolonien. Ab dem 19. Jahrhundert finden fortwährende Kämpfe zwischen fortschrittlichen und reaktionären Kräften statt, die schließlich im Spanischen Bürgerkrieg der 30er-Jahre des 20. Jahrhunderts gipfeln. Der Rechte General Franco siegte dank der Hilfe deutscher Truppen und machte Spanien zu einer Diktatur. Nach seinem Tod 1975 gelang unter der Führung von König Juan Carlos I. ein rascher Übergang zur Demokratie. Seit dem EU-Beitritt 1986 wächst der Einfluss der Regionen. Von 1983 bis 1995 regierte ein Mitte-Links-Bündnis, seit 1996 ist die konservative Partido Popular stärkste politische Kraft.

Chronologie

2. Jahrhundert v. Chr. Die Römer erobern Spanien und vertreiben die Karthager.
419 Westgotisches Königreich.
587 König Rekkared I. bekehrt sich zum Christentum.
711 Die Mauren besiegen die Westgoten.
962 Beginn der Reconquista, der Rückeroberung Spaniens durch Christen.
1212 Die Mauren werden bis nach Granada zurückgedrängt.
1469 Das Königreich wird mit der Heirat von Isabella von Kastilien und Léon und Ferdinand von Aragonien geeint.
1478 Die kirchliche Inquisition wird in Spanien zu einer staatlichen Institution ausgebaut. Sie verfolgt v.a. Marranen (zwangsgetaufte Juden), Morrisken (zwangsgetaufte Mauren) und Protestanten. Sie wird erst 1834 aufgelöst.
1492 Spanische Truppen vertreiben die Mauren aus Granada. Christoph Kolumbus erreicht die »Neue Welt«.
1516–1555 Der Kaiser des Heiligen Römischen Reiches Karl V. von Habsburg wird König Karl I. von Spanien. 1555 werden mit der Thronbesteigung Philipps II. das habsburgische Österreich und die spanische Krone wieder getrennt.
1580 Portugal wird annektiert.
1618–1648 Im Dreißigjährigen Krieg verliert Spanien Portugal und die Niederlande. Beginn des Niedergangs.
1702–1713 Der Spanische Erbfolgekrieg endet mit dem Frieden von Utrecht, in dem Spanien weitere große Teile seines Herrschaftsgebiets verliert. Der Thron geht an die Bourbonendynastie.
1808–1813 Die Invasion Napoleons und die Thronbesteigung seines Bruders führt zum spanischen Unabhängigkeitskrieg.
1810–1830 Spanien verliert den Großteil seiner amerikanischen Kolonien.
1868–1886 Thronfolgestreitigkeiten führen zu den Karlistenkriegen.
1873–1874 Kurzzeitig wird die Republik ausgerufen.
1874 Wiederherstellung der konstitutionellen Monarchie unter König Alfons XII.
1881 Zulassung von Gewerkschaften.
1885 Tod Alfons' XII.
1898 Nach der Niederlage im Spanisch-Amerikanischen Krieg gegen die USA verliert Spanien Kuba, Puerto Rico und die Philippinen.

1914–1918 Spanien bleibt im Ersten Weltkrieg neutral.
1921 Spanische Armee wird von Berbern aus Marokko vertrieben.
1923 General Primo de Rivera putscht mit Duldung von Alfons XIII. Militärdiktatur.
1930 Primo de Rivera wird vom König auf Druck der Öffentlichkeit entlassen.
1931 Ausrufung der Zweiten Republik. Alfons XIII. flieht ins Exil.
1933 Mitte-Rechts-Koalition gewinnt die Wahlen.
1934 Die Armee schlägt den Aufstand in Asturien nieder. Fehlgeschlagener Versuch zur Gründung eines katalanischen Staates.
1936 Die Volksfront gewinnt die Wahlen. Ein Bündnis aus rechten Militärs kämpft unter General Franco gegen die Republik.
1939 Franco gewinnt u.a. mithilfe deutscher Unterstützung den Bürgerkrieg, in dem etwa 500 000 Menschen sterben.
1940 Franco trifft Hitler, tritt aber nicht in den Zweiten Weltkrieg ein.
1946 UNO verurteilt Franco-Diktatur.
1948 Spanien wird vom Marshallplan ausgeschlossen.
1950 UNO hebt Beschluss von 1948 auf.
1953 Konkordat mit dem Vatikan. Spanien genehmigt US-Militärstützpunkte.
1955 UNO-Beitritt.
1959 Stabilitätsplan bildet die Basis für das Wirtschaftswachstum in den 60er-Jahren.
1962 Die Regierung Franco beantragt die EWG-Mitgliedschaft.
1969 General Franco bestimmt Juan Carlos, den Enkel Alfons' XIII., zum Nachfolger.
1970 Unterzeichnung des Handelsabkommens mit der EWG.
1973 Baskische Separatisten ermorden den Premierminister Carrero Blanco; sein Nachfolger wird Arias Navarro.
1975 Franco stirbt. Juan Carlos I. wird zum König ausgerufen.
1976 Der König ernennt Adolfo Suárez zum Premierminister.
1977 Die ersten demokratischen Wahlen seit 1936 gewinnt Suárez' Union des Demokratischen Zentrums.
1978 Neue Verfassung erklärt Spanien zur konstitutionellen Monarchie.
1981 Leopoldo Calvo Sotelo wird Suárez' Nachfolger. Der König schlägt einen Militärputsch nieder. NATO-Beitritt.
1982 Erdrutschartiger Wahlsieg für Felipe González' Sozialistische Arbeiterpartei (PSOE).
1986 Beitritt zur EU. González gewinnt Referendum über Verbleib in der NATO.
1992 Olympische Spiele in Barcelona, Expo '92 in Sevilla.
1996 PSOE verliert Wahlen; José María Aznar von der Partido Popular (PP) wird Premierminister.
1998 Ehemaliger sozialistischer Minister wegen Beteiligung an baskischen Terroraktionen verurteilt.
1999 Dezember: ETA kündigt Waffenstillstand.
2000 Aznar und PP gewinnen Wahlen.
2002 Euro-Bargeld wird eingeführt.

Spanische Herrscher (seit 1300)

Kastilien und Léon

1295–1312	Ferdinand IV.
1312–1350	Alfons XI.
1350–1366	Peter I. (Pedro)
1366–1367	Heinrich II. (Enrique)
1367–1369	Peter I. (2. Reg.zeit)
1369–1379	Heinrich II. (2. Reg.zeit)
1379–1390	Johann I. (Juan)
1390–1406	Heinrich III. (Enrique)
1406–1454	Johann II. (Juan)
1454–1474	Heinrich IV. (Enrique)
1474–1504	Isabella I. und Ferdinand V.
1504–1506	Johanna und Philipp I.
1506–1516	Ferdinand V.

Aragonien (Aragón)

1291–1327	Jakob II. (Jaime)
1327–1336	Alfons IV.
1336–1387	Peter IV. (Pedro)
1387–1395	Johann I. (Juan)
1395–1412	Martin I.
1412–1416	Ferdinand I. (Fernando)
1416–1458	Alfons V.
1458–1479	Johann II. (Juan)
1479–1516	Ferdinand II. und Isabella I.

Haus Habsburg

1516–1556	Karl I. (Carlos)
1556–1598	Philipp II. (Felipe)
1598–1621	Philipp III. (Felipe)
1621–1665	Philipp IV. (Felipe)
1665–1700	Karl II. (Carlos)

Haus Bourbon

1700–1724	Philipp V.
1724	Louis I. (Luis)
1724–1746	Philipp V. (wieder eingesetzt)
1746–1759	Ferdinand VI.
1759–1788	Karl III. (Carlos)
1788–1808	Karl IV. (Carlos)
1808	Ferdinand VII. (Fernando)

Haus Bonaparte

1808–1813	Joseph (José) Bonaparte

Haus Bourbon

1814–1833	Ferdinand VII. (2. Reg.zeit)
1833–1868	Isabella II.
1869–1870	Francisco Semano y Dominguez (Regent)

Haus Savoyen

1870–1873	Amadeus

1873–1874 Erste Republik

Haus Bourbon

1874–1885	Alfons XII.
1886–1931	Alfons XIII.

1931–1939 Zweite Republik

Franco-Regime

1939–1975	Francisco Franco Bahamonde (Diktator)

Haus Bourbon (wieder eingesetzt)

1975–	Juan Carlos I.

Spanisch-Amerikanischer Krieg (1898) Die Unterstützung des kubanischen Unabhängigkeitsaufstandes führt zum Spanisch-Amerikanischen Krieg. Im Fernen Osten schlägt die Asien-Flotte unter Admiral Dewey die spanische Flotte vor den Philippinen. Die spanische Garnison in Santiago de Cuba muss sich nach 14-tägigem Kampf ergeben. Mit dem Pariser Frieden vom 10. Dezember 1898 tritt Spanien Kuba, die Philippinen, Puerto Rico und Guam an die USA ab.

Spanischer Bürgerkrieg (1936–39) Der Kampf der rechten Militärs gegen die gewählte Volksfront-Regierung mündete in einen Bürgerkrieg, den das vom faschistischen Deutschland und Italien unterstützte konservativ-faschistische Bündnis unter Franco gewinnt. Die republikanische Volksfront wurde von Freiwilligenbrigaden (60 000 Freiwillige) aus unterschiedlichen Nationen, darunter Frankreich und die USA, und von der Sowjetunion unterstützt. Ab Ende 1936 wurde aus dem Bürgerkrieg ein Zermürbungskrieg; die Republikaner mussten sich im März 1939 ergeben. Man vermutet, dass es im Spanischen Bürgerkrieg etwa 500000 Opfer gab. *S. 413*

Spanischer Erbfolgekrieg (1701–14) Nach dem Tod Karls II. sollte Philipp V., der Enkel Ludwigs XIV. von Frankreich, sein Nachfolger werden. 1701 kam es, unterstützt von England und den Niederlanden, zur Invasion Leopolds von Österreich in Oberitalien. Portugal, Savoyen und das Heilige Römische Reich schlossen sich dem Krieg gegen Frankreich an. Im Frieden von Utrecht (1714) konnte Philipp Spanien behalten, musste aber die Spanischen Niederlande und die oberitalienischen Gebiete an Österreich und Savoyen abtreten.

Spanischer Unabhängigkeitskrieg (1808–14) Schlacht zwischen Frankreich und Bündnis von Großbritannien, Spanien und Portugal auf der Iberischen Halbinsel während der Napoleonischen Kriege. Guerillakrieg nach Napoleons Einmarsch in Portugal (1807) und Einsetzung seines Bruders Joseph auf den spanischen Thron. Einmischung Großbritanniens endete mit Rückzug. Abzug der französischen Truppen nach Russland, Einmarsch des Herzogs von Wellington in Spanien, Sieg in entscheidender Schlacht von Vitoria 1813.

Sparta Einer der führenden griechischen Stadtstaaten. Als Antwort auf regionale Aufstände verwandelte sich Sparta in einen militaristischen, nach innen gewandten Staat im Gegensatz zum weltoffenen Athen. *S. 57*

Speke, John Hanning (1827–94) Britischer Soldat und Afrikaforscher. Begleitete Richard Burton 1854 nach Somaliland. Drei Jahre danach war er im Auftrag der Royal Geographical Society auf der Suche nach den großen afrikanischen Seen. Der allein reisende Speke gelangte bis zum Quellfluss des Nils, eine spätere Reise mit James Grant 1860 bestätigte seine Entdeckung.

Spion Kop ⚔ im zweiten Burenkrieg (1900). Burischer Sieg über Briten.

Spotsylvania Court House ⚔ im amerikanischen Sezessionskrieg (8.–19. Mai 1864). Pattsituation.

Sputnik Erster Satellit im All, von der UdSSR im Oktober 1957 in die Erdumlaufbahn gebracht.

SRI LANKA Das durch die Palkstraße von Indien getrennte Sri Lanka besteht aus der Hauptinsel und ein paar kleineren vorgelagerten Koralleninseln im Nordwesten. Die Hauptinsel wird vom zerklüfteten Hochland im Zentrum dominiert. Die fruchtbaren Ebenen im Norden sind von Flüssen durchzogen und werden im Südwesten vom Fluss Mahaweli begrenzt. Die Politik ist vom lang anhaltenden Konflikt um die Unabhängigkeitsbewegung der Tamilen geprägt.

CHRONOLOGIE

993 Rajaraja I. erobert Ceylon und macht das ehemals unabhängige Königreich zu einem Teil des indischen Cola-Reiches.
1505 Die Portugiesen erreichen Ceylon.
1658–1796 Holländische Kolonialherrschaft.
1802 Ceylon wird britische Kronkolonie. Das Inselinnere bleibt jedoch unabhängiges singhalesisches Königreich. Mit dem Vertrag von Kandy ist auch dieses Gebiet unter britischer Oberhoheit.
1931 Die von der Donoughmore Commission vorbereitete Verfassungsreform schafft die Grundlagen für die innere Selbstverwaltung der Insel und das allgemeine Wahlrecht.
1948 Am 4. Februar wird Ceylon unabhängig.
1948 Den tamilischen Plantagenarbeitern werden die Bürgerrechte und damit die Wahlrechte aberkannt.
1956 SLFP gewinnt die Wahlen und macht Singhalesisch zur Landessprache.
1960 Sirimavo Bandaranaike wird nach der Ermordung ihres Ehemannes Präsidentin.
1972 Umbenennung in Sri Lanka.
1983 Tamilische Tiger beginnen Guerillakrieg.
1993 Präsident Premadasa ermordet.
1994 Die links orientierte PA ist Wahlsieger; Chandrika Kumaratunga wird Präsident.
1995–1996 Friedensgespräche scheitern; Bürgerkrieg flammt erneut auf.
1999 Kumaratunga überlebt Attentatsversuch und wird wiedergewählt.
2000 Sirimavo Bandaranaike stirbt. Präsidentin wird ihre Tochter Chandrika Kumaratunga.
2001–2003 Friedensbemühungen zwischen Tamilen und Regierung immer wieder blockiert; u.a. Konflikte zwischen muslimischer Minderheit und Tamilen.

Srivijaya In Westindonesien im 7. Jahrhundert entstandenes Großreich. Hauptstadt war Palembang in Südsumatra. Das Reich kontrollierte sieben Jahrhunderte lang den lukrativen Seehandel durch die Straße von Malacca und die Sundastraße sowie über den Isthmus von Kra.

SS *siehe* Schutzstaffel

ST. KITTS UND NEVIS Die ehemalige britische Kolonie, eines der beliebtesten Touristenziele der Karibik, liegt im inneren Bogen der Inseln über dem Winde. St. Kitts ist vulkanischen Ursprungs. Der Mount Liamuiga, ein erloschener Vulkan mit einem 227 m tiefen Krater, ist die höchste Erhebung der Insel. Das durch einen 3 km breiten Kanal von St. Kitts getrennte Nevis ist grüner, aber weniger gut erschlossen. Ab 1783 war St. Kitts und Nevis britische Kolonie und wurde 1983 unabhängig. Im 18. Jahrhundert erhielt Nevis wegen seiner heißen und kalten Quellen den Namen »Spa der Karibik«.

CHRONOLOGIE

1932 Gründung der für die Unabhängigkeit eintretenden St. Kitts-Nevis-Anguilla Labour Partei.
1967 Interne Selbstverwaltung.
1980 Offizielle Abspaltung Anguillas von St. Kitts und Nevis.
1983 Unabhängigkeit.
1995 Wahlsieg der oppositionellen SKLP.
1998 Referendum: knappe Ablehnung der Abspaltung von Nevis.

ST. LUCIA St. Lucia ist eine der schönsten Inseln der Windward-Gruppe der Antillen. Die Deux Pitons, Zwillingsgipfel südlich von Soufrière, gehören zu den großen Naturdenkmälern der Karibik. Die Insel war von Franzosen und Briten umkämpft und gehörte abwechselnd zu Frankreich und Großbritannien, bis sie 1814 endgültig in britischen Besitz gelangte. Der französische Einfluss macht sich im Patois und der örtlichen Küche bemerkbar. Haupteinnahmequelle der Mehrparteiendemokratie sind Bananenexport und Tourismus, dessen Anziehungspunkte bilden die herrlichen Strände und die vielfältige Tierwelt der Regenwälder.

CHRONOLOGIE

1958 Beitritt zur Westindischen Föderation.
1964 Ende des Zuckeranbaus.
1979 Unabhängigkeit; Beitritt zum Commonwealth.
1990 Gründung einer Körperschaft mit Dominica, Grenada und St. Vincent, um über die Bildung der Föderation der Windward-Inseln zu beraten.
1997 Die bisher regierende UWP erhält bei Parlamentswahlen nur noch einen Sitz.
2000 Auf der schwarzen Liste der OECD für Steuerparadiese.

ST. VINCENT UND DIE GRENADINEN Die zu den reizvollsten Orten der Kleinen Antillen gehörenden Inseln sind als Tummelplatz des internationalen Jetsets bekannt. Tourismus und Bananen bilden die Säulen der Wirtschaft, St. Vincent ist der größte Pfeilwurzproduzent der Welt. Auf der Vulkaninsel St. Vincent befindet sich der noch aktive Vulkan La Soufrière, der 1979 zum letzten Mal ausbrach. Die Grenadinen sind flache, meist kahle Korallenriffe.

CHRONOLOGIE

1951 Allgemeines Wahlrecht.
1969 Interne Selbstverwaltung.
1972 Premier James Mitchell schafft ein Machtgleichgewicht zwischen People's Political Party (PPP) und der St. Vincent Labour Party (SVLP).
1974 PPP-SVLP-Koalition.
1979 Vollständige Unabhängigkeit. Ausbruch des Vulkans La Soufrière.
1984 Erster von vier Wahlsiegen der von Mitchell 1975 gegründeten NDP.
2000 Mitchell tritt als Premier zurück.
2001 Erdrutschsieg für ULP. Ralph Gonsalves wird Premierminister.

Stadtstaat Ein einzelnes urbanes Zentrum mit Hinterland. Historische Stadtstaaten wie die der Griechen oder die des präkolumbischen Amerika waren selbstständige politische Einheiten, teilten jedoch kulturelle Gemeinsamkeiten wie Sprache und Religion mit ihren Nachbarn.

Städte Entstehung der ersten Städte. *S. 21*

Stalin, Josef (*v.N.* Jossif Wissarionowitsch Stalin, *georg.* Jossif Wissarionowitsch Dschugaschwili, 1879–1953) Generalsekretär der Kommunistischen Partei der Sowjetunion (1922–53) und Staatschef (1941–53). Während seiner Diktatur wurde die Sowjetunion zu einer Weltmacht. *S. 412*

Stalingrad ⚔ im Zweiten Weltkrieg (September 1942–Februar 1943), in der die sowjetischen Truppen die deutsche Vormarschbewegung nach einer lang anhaltenden Belagerung Stalingrads aufhalten können.

Stamford Bridge ⚔ um den Thron von England (25. September 1066). Harold siegt über seinen Bruder Tostig und Harald Hardrada von Norwegen.

Standard Oil of California (*auch* Chevron Corporation, ESSO) Das Erdölunternehmen begann 1933 in Saudi-Arabien Öl und Gas zu fördern.

Stanley, Henry Morton (*eigtl.* John Rowlands, 1841–1904) Britisch-amerikanischer Erforscher Zentralafrikas und Journalist. Seine Suche nach dem verschollenen schottischen Missionar und Forscher David Livingstone im Kongo machten ihn berühmt. Für seine Bemühungen um die Erforschung Afrikas wurde er 1899 zum Ritter geschlagen.

Star Wars *siehe* Strategic Defense Initiative

START *siehe* Strategic Arms Reduction Talks

Stauferdynastie *siehe* Hohenstaufen

Staunton ⚔ im Sezessionskrieg (8.–9. Juni 1862). Sieg der Konföderierten.

Stefansson, Vilhjalmur (1879–1962) Erforscher der kanadischen Arktis. Von 1906 bis 1912 erforschte er die Kultur der arktischen Inuit. Von 1913 bis 1918 erkundete er die riesigen Arktisgebiete von Kanada und Alaska.

Steigbügel Chinesische Erfindung um 350. *S. 97*

Steinzeit Aus der Steinzeit stammen erste Nachweise prähistorischer menschlicher Existenz in Form von Waffen und Werkzeugen aus Stein. Sie wird in die Perioden Altsteinzeit (Paläolithikum), Mittelsteinzeit (Mesolithikum) und Jungsteinzeit (Neolithikum) unterteilt. *S. 13*

Stempelakte (*engl.* Stamp Act, 1765) Britisches Gesetz, mit dessen Hilfe die Verteidigungskosten für die Kolonien durch die Erhebung einer Steuer auf alle Druckwerke gedeckt werden sollten. In den Kolonien rief das Gesetz Proteste hervor. Man boykottierte sowohl die betreffenden Steuermarken als auch britische Waren insgesamt mit dem Hinweis, dass freie Engländer oder deren Vertreter jeder Besteuerung zustimmen müssten. Das Gesetz wurde schnell zurückgenommen, allerdings behielt sich das britische Parlament im Declaratory Act das Recht der Gesetzgebung für die Kolonien vor.

Stephan I. (der Heilige, 977–1038) König von Ungarn. Er gründete das ungarische Königreich nach westeuropäischem Vorbild und förderte die Etablierung des römischen Christentums. 1083 wurde er heilig gesprochen.

Stephan IV. Dušan Uroš (um 1308–55) Serbischer Zar. Konnte durch verschiedene Feldzüge ein großserbisches Reich schaffen. *S. 237*

Stephenson, Robert (1803–59) Englischer Ingenieur, Sohn von George Stephenson (1781–1848). Sie arbeiteten zusammen an den Eisenbahnlinien von Stockton nach Darlington (1825) und von Liverpool nach Manchester (1829), für die sie die berühmte Dampflokomotive *Rocket* bauten.

Steppennomaden Bezeichnung für Reiternomaden der eurasischen Steppe, die sich zwischen dem 8. Jahrhundert v. Chr. und dem 2. Jahrhundert n. Chr. in dem Gebiet von der Südukraine bis zur Mandschurei bewegten. Teilweise undifferenziert alle als Skythen bezeichnet. *S. 57, S. 90*
Siehe auch Hunnen, Kasachen, Xiongnu

Stilicho, Flavius (365–408, reg. 394–408) Römischer General halbwandalischer Herkunft, der als Regent des unmündigen Kaisers Honorius herrschte.

Stockton-Darlington-Eisenbahn Erster Personenzug der Geschichte (1825).

Stoizismus Nach dem Versammlungsort, der Stoa Phoikile, benannte philosophische Schule, die von Zenon von Kition in Athen begründet wurde und zwischen 300 v.Chr. und 180 n.Chr. in Griechenland und in Rom viele Anhänger hatte. Im Mittelpunkt steht die Annahme, dass die Vernunft das alles regelnde Prinzip der Natur sei. Ideal ist danach ein Leben in Harmonie mit der Natur und vor allem in Gleichmut angesichts der Unwägbarkeiten des Lebens.

Stonehenge Prähistorischer Steinkreis der Megalithkultur in Salisbury, England, an dem ursprünglich zwei konzentrische Kreise aus großen Steinen zwei Reihen von kleineren Steinen umschlossen. Möglicherweise wurde Stonehenge zu Beginn um 3000 v. Chr. als Holzanlage erbaut. Der Steinkreis wurde um 2000 v. Chr. errichtet. Herkunft und Zweck sind noch nicht eindeutig geklärt, aber vermutlich steht die ganze Anlage in Zusammenhang mit Opferritualen und der Beobachtung der Gestirne. In der Mittsommernacht liegt der Strahl der aufgehenden Sonne auf der Achse von Stonehenge. *S. 25*

Strabo (um 64 v. Chr.–23 n. Chr.) Römischer Historiker und Geograf. Er bereiste Griechenland und Ägypten, um Material für sein *Geschichtswerk* (47 Bände) zu sammeln, das verloren ging. Seine *Geographica* (17 Bände) blieb jedoch nahezu intakt erhalten und ist eine der wichtigsten historischen Quellen für die Geschichte Europas, Asiens und Afrikas.

Strategic Arms Limitation Treaty (SALT) SALT I (unterzeichnet 1972) war das Ergebnis der 1969 begonnenen Verhandlungen zwischen der USA und der UdSSR um die Reduzierung ihrer Atomwaffenbestände; SALT II (unterzeichnet 1979) wurde von den USA angesichts der Afghanistankrise Mitte der 80er-Jahre nicht ratifiziert.

Strategic Arms Reduction Talks (START) 1982 begonnene Gespräche zur Abrüstung; sie dienten als Fortsetzung von SALT. Der START-I-Vertrag wird 1991 unterzeichnet, der START-II-Vertrag 1993. Von den USA wird START II 1996 ratifiziert, von Russland 2000.

Strategic Defense Initiative (SDI, *auch* Star-Wars-Programm) Auf Satellitenbasis beruhendes Verteidigungssystem, mit dessen Entwicklung die USA Mitte der 80er-Jahre als Antwort auf den erhöhten Militärhaushalt der UdSSR begannen.

Stuart, John McDougall (1815–66) Englischer Forscher. Durchquerte 1861–62 Australien von Süd nach Nord und gelangte dabei bis an den Indischen Ozean, östlich von Darwin.

Sturt, Charles (1795–1869) Britischer Soldat und Forscher. Erforschte das Innere Australiens. Er vollendete 1830 die Kartografierung des Murray-Darling-Flusssystems. Auf seiner Expedition von 1844 bis 1846 suchte er vergeblich das von ihm vermutete Binnenmeer.

Suaheli (*auch ar.* Sawahili für »Küstenbewohner«) Bezeichnung für die Bantu-Gruppen an der ostafrikanischen Küste und deren Sprache, das Suaheli. Die arabischen Fremdwörter verweisen auf die jahrhundertelangen Handelskontakte zwischen der ostafrikanischen Küste und arabischen Händlern.

Sucre, Antonio José de (1790–1830) Kämpfte mit Simón Bolívar, dem General der südamerikanischen Befreiungsarmee in Kolumbien, Ecuador, Peru und Bolivien.

SUDAM (*port.* Superintendência para o Desenvolvimento de Amazônia, *dt.* Behörde für die Entwicklung des Amazonasgebiets) Umstrittene und mittlerweile aufgelöste, 1953 gegründete brasilianische Behörde, die mit staatlichen Finanzierungen und Steueranreizen die Entwicklung des Amazonasgebiets fördern sollte. Zur Auflösung führten 2001 u.a. Vorwürfe wegen Unterstützung von Betrieben mit Sklavenhaltung.

SUDAN Der an das Rote Meer grenzende Staat ist das größte Land Afrikas. Der Norden ist vor allem von Wüsten geprägt, die Mitte von Grasland und Sümpfen, der Süden von üppiger tropischer Vegetation. Die Spannungen zwischen dem arabisch-islamisch dominierten Norden und dem mehrheitlich schwarzafrikanisch-christlich geprägten Süden führten seit der Unabhängigkeit von Großbritannien und Ägypten 1956 zu zwei Bürgerkriegen. 1989 setzte das putschende Militär ein islamisch-fundamentalistisches Regime ein.

CHRONOLOGIE

Um 1580–1050 v. Chr. In Ägypten dehnt das Neue Reich seine Grenzen nach Süden bis Nubien aus. Einer Schwächung der ägyptischen Macht im 11. Jahrhundert folgt die Gründung des Königreichs Kusch weiter im Süden, das zwischen 770 und 716 v. Chr. Ägypten erobert.

641 Muslimische Araber erobern das Gebiet des heutigen Sudan. Die damals gebräuchliche arabische Bezeichnung »Bilad es-Sudan« (Land der Schwarzen) meinte den ganzen südlich der Sahara liegenden Gürtel, der heute Sahel genannt wird.

1821 Der Nordsudan wird vom Vizekönig von Ägypten, Mohammed Ali, erobert. Durch den Sklavenhandel wird der Süden großteils entvölkert.

1874–1880 Ägypten muss im Sudan einen britischen Gouverneur einsetzen.

1881 Mohammed Ahmed al-Mahdi erklärt der ägyptischen Regierung den heiligen Krieg (Mahdi-Aufstand).

1882 Britische Invasion in Ägypten.

1885 Die Truppen des Mahdi nehmen Khartum ein.

1898 Eine ägyptische Armee unter Führung von Lord Kitchener schlägt die Mahdisten. Anglo-ägyptisches Kondominium.

1954 Selbstverwaltung.

1955 Mit dem Aufstand im Süden beginnt ein 17-jähriger Bürgerkrieg der SPLA.

1956 Unabhängigkeit als Republik.

1958–1964 Militärdiktatur.

1965 Revolution und Wahlen.

1969 Putsch unter Jaafar Nimeiri.

1972 Süden erhält begrenzte Autonomie.

1973 Sudanesische Sozialistische Union ist die einzige Partei.

1983 Erneutes Aufflammen des Aufstandes im Süden. Einführung des islamischen Rechts, der Scharia.

1984 Verheerende Dürre.

1986 Militärputsch.

1989 General Omar al-Bashir übernimmt die Macht.

1991 Scharia-Strafrecht wird eingeführt.

1999 Luftangriffe gegen Dörfer im Süden.

2000 Al-Bashir löst den fundamentalistischen al-Turabi als Führer der NC ab.

2002 Waffenstillstandsabkommen zwischen SPLA und Regierung in Khartum.

Sübedei (*auch* Sübütai, Subutai) Einer der besten Feldherrn Dschingis Khans. Er führte den Einfall in Russland 1222.

Sueben *siehe* Sweben

SÜDAFRIKA Das an Bodenschätzen reiche Land besteht aus einem zentralen Hochplateau, das im Süden und Osten durch die Drakens-Berge begrenzt wird. Nach acht Jahrzehnten Herrschaft durch die weiße Minderheit, die 1948 die Rassentrennung einführte, konnten auch die Farbigen und Schwarzen in Südafrika erstmals 1994 an demokratischen Wahlen teilnehmen. Das Umdenken in der südafrikanischen Politik begann jedoch schon 1990 mit der Zulassung von schwarzen Freiheitsbewegungen und dem Abbau der Apartheid. Der Afrikanische Nationalkongress (ANC) unter Nelson Mandela und dessen Nachfolger Thabo Mbeki ist heute die führende politische Partei. *S. 382, S. 443*

Chronologie

15. Jahrhundert Aus dem Norden kommende afrikanische Völker siedeln in Transvaal, Natal und dem Ost-Kap.

1652 Die Holländische Ostindienkompanie richtet bei der Tafelbucht eine Versorgungsstation ein, die erste europäische Siedlung. Europäische »Buren« bzw. »Afrikaander« dringen auf ihrer Suche nach Weideland ins Landesinnere ein, wo sie auf afrikanische Völker der San und Xhosa treffen, was bewaffnete Konflikte auslöst.

18. Jahrhundert 1779 bricht zwischen Buren und Xhosa der so genannte Kaffernkrieg um Weide- und Ackerland aus, der 100 Jahre dauert und mit dem Sieg der Weißen endet. Außerdem kommt es zu Spannungen zwischen den wechselnden Regierungen der Kapkolonie und den Siedlern, die sich durch die britische Besetzung der Kapkolonie 1795 verschärfen. Zwischen 1803 und 1806 regieren wieder die Niederländer, 1806 ist die Kapkolonie endgültig britisch. Es folgen britische Siedler.

1834 Zwischen 1834 und 1838 dringt ein Burentreck (»der Große Treck«) auf der Suche nach Weideland und auf der Flucht vor der britischen Vorherrschaft weiter ins Landesinnere vor und kämpft dabei gegen afrikanische Völker wie die Zulu. Die Buren gründen die Republiken Transvaal, Natal und Oranje-Freistaat.

1850–1860 Nachdem Natal und (kurzfristig auch) der Oranje-Freistaat britisch besetzt sind, erkennen die Briten die Unabhängigkeit Transvaals und des Oranje-Freistaats an. Natal bleibt unter britischer Herrschaft und wird von britischen Kolonisten besiedelt.

1872 Drei Jahre nach der Entdeckung der ersten Diamantenvorkommen annektieren die Briten das Gebiet. Auch Transvaal, wo große Goldvorkommen entdeckt wurden, wurde zwischen 1877 und 1881 von den Briten annektiert. Die Ausbeutung der Gold- und Diamantenvorkommen führten im späten 19. Jahrhundert zu einem Wirtschaftsboom und zur Entstehung des südafrikanischen Wanderarbeiter-Systems, bei dem schwarzafrikanische Arbeiter für einen befristeten Zeitraum an ihre Arbeitsstelle in einer Mine oder einem Industriebetrieb migrieren.

1880–1881 Im ersten Burenkrieg besiegen die Buren die Briten 1881 bei Majuba Hill. Kurz zuvor, 1879, gelang es den Briten, die Zulu zu besiegen, nachdem sie in der Schlacht von Isandlwana 1879 größere Verluste unter den Offizieren erlitten hatten als in der Schlacht von Waterloo.

1896 Der von Cecil Rhodes inszenierte Aufstand in Transvaal scheitert, u.a. weil die von den Buren als »Uitlander« bezeichneten Briten sich nicht alle gegen die Buren erheben wollten. Januar: Der »Jameson Raid«, ein bewaffneter britischer Überfall unter Leander Jameson auf die Buren zur Unterstützung der Uitlanders, missglückt, die britischen Truppen werden von den Buren gefangen genommen.

1899–1902 Der zweite von Paul Krüger geführte Burenkrieg beginnt im Oktober 1899 mit Überfällen auf die britisch beherrschte Provinz Natal und die Kapkolonie. Nach anfänglichen burischen Siegen nehmen die Briten im Juni 1900 die Burenhauptstadt Pretoria ein. Mit dem Frieden von Vereeniging von 1902 werden Transvaal und Oranje-Freistaat britisch.

1910 Gründung der Union Südafrika mit dem Status einer Dominion. Die Weißen festigen ihr Machtmonopol.

1912 Gründung des ANC.

1934 Unabhängigkeit.

1948 Die burische National Party (NP) kommt an die Macht; Einführung der Apartheid.

1958–1966 Hendrik Verwoerd wird Premierminister. Einführung der »Großen Apartheid«.

1959 Gründung des Pan African Congress (PAC).

1960 Massaker von Sharpeville. Verbot von ANC und PAC.

1961 Südafrika wird Republik und tritt aus dem Commonwealth aus.

1964 Nelson Mandela (ANC) wird inhaftiert.

1976 Beim Aufstand schwarzafrikanischer Studenten in Soweto sterben Hunderte.

1978 Pieter Willem Botha wird Präsident.

1984 Neue Verfassung gewährt indischer Minderheit und Farbigen Mitspracherechte. Wachsender schwarzer Widerstand.

1985 Notstand wird ausgerufen. Internationale Sanktionen.

1989 Frederik Willem de Klerk wird Präsident. Wahlen zeigen Widerstand konservativer Weißer gegen Veränderung.

1990 De Klerk legalisiert ANC und PAC und lässt Nelson Mandela frei.

1990–1993 Schrittweise Aufhebung internationaler Sanktionen.

1991 Der Convention for a Democratic South Africa (CODESA) nimmt seine Arbeit auf.

1992 De Klerk gewinnt unter Weißen durchgeführte Volksabstimmung.

1993 Mandela und De Klerk erhalten den Friedensnobelpreis.

1994 Die ersten allgemeinen Wahlen gewinnt der ANC; Mandela wird Präsident.

1996 Wahrheitskommission nimmt ihre Arbeit auf.

1997 Neue Verfassung tritt in Kraft.

1998 Der Bericht der Wahrheitskommission verurteilt Apartheidverbrechen der Weißen und Exzesse des ANC.

1999 Wahlsieg des ANC. Thabo Mbeki wird Präsident.

2000 Democratic Alliance (DA) erringt in Kommunalwahlen fast 25 % der Stimmen.

2002 Auf südafrikanische Initiative wird am 9. Juli 2002 die Afrikanische Union gegründet, die die OAU ablöst.

Südafrikanische Premierminister (seit 1908)

1910–1919	Louis Botha
1919–1924	Jan Christiaan Smuts
1924–1939	James Barry Munnik Hertzog
1939–1948	Jan Christiaan Smuts
1948–1954	Daniël François Malan
1954–1958	Johannes Gerhardus Strijdom

▶

1958–1966	Hendrik Frensch Verwoerd
1966–1978	Balthazar Johannes Vorster
1978–1984	Pieter Willem Botha

SÜDAFRIKANISCHE PRÄSIDENTEN (SEIT 1961)

1961–1967	Charles Roberts Swarts
1967–1968	Theophilus E. Dönges
1968–1975	Jacobus Johannes Fouché
1975	Johannes de Klerk (stellvertretend)
1975–1978	Nicolaas Johannes Diederichs
1978	Marais Viljoen (stellvertretend)
1978–1979	Balthazar Johannes Vorster
1979–1984	Marais Viljoen
1984–1989	Pieter Willem Botha
1989	J. Christian Heunis (stellvertretend)
1989–1994	Frederik Willem de Klerk
1994–1999	Nelson Rolihlahla Mandela
seit 1999	Thabo Mvuyelwa Mbeki

Südamerika Der Kontinent wurde vor mindestens 12 000 Jahren von Völkern besiedelt, die aus Nordamerika kamen. Danach war der Kontinent für lange Zeit relativ isoliert. Im Amazonasgebiet und in den Anden entwickelten sich komplexere Kulturen, von denen einige später Handelskontakte zu Mittelamerika hatten. Nach 200 gelangte in Peru die Kultur der Moche zur Blüte, ab 600 kommt es hier zu ersten Reichsbildungen. Die ersten Spanier in Peru treffen hier im 16. Jahrhundert auf das hoch entwickelte Reich der Inka. Mit der Verbreitung von gefährlichen Krankheitserregern aus der Alten Welt, wie Pocken, durch Spanier und Portugiesen kommt es zu Epidemien mit vielen Todesfällen. In Brasilien werden statt der indianischen Bevölkerung bald aus Afrika verschleppte Sklaven auf den Plantagen eingesetzt.
Südamerikanische Unabhängigkeit *S. 353*
Siehe auch Chavín-Kultur, Huari, Inka-Reich, Moche-Kultur, Nazca-Kultur, Tiahuanaco *und einzelne Staaten*

Südliche Song *siehe* Song-Dynastie

Südöstlicher Zeremonialkomplex Auf Beziehungen zu Mexiko verweisende Kultur im Südosten Nordamerikas im 12. bis 14. Jahrhundert. *S. 241*

Süleiman I. (*auch* Süleiman der Prächtige, um 1495–1566) Der Sohn von Selim I. wurde 1520 Sultan des Osmanischen Reiches, das unter ihm seine größte Ausdehnung und eine Zeit der Festigung erfuhr. 1521 nahmen die Osmanen Belgrad ein und 1526 besiegten sie in der Schlacht von Mohacs die Ungarn. Süleiman gilt als weiser Gesetzgeber und Förderer von Kunst und Architektur.

Sueskanal 170 km langer schiffbarer Kanal, der das Mittelmeer mit dem Roten Meer verbindet. Der von Ferdinand de Lesseps erbaute Kanal wurde 1869 eröffnet und gehörte bald zu den am meisten genutzten Wasserstraßen der Welt. 1875 kaufte Großbritannien den ägyptischen Aktienanteil für 4 Mio. Pfund. 1956 verstaatlichte Ägypten den Kanal, was zur Sueskrise führte. *S. 371*

Sueskrise (1956) Nach der Verstaatlichung des Sueskanals ausgebrochener militärischer Konflikt zwischen Ägypten auf der einen und Großbritannien, Frankreich und Israel auf der anderen Seite. Während Israel in den Sinai einmarschierte, besetzten die französischen und britischen Truppen die Kanalzone. Auf Druck der USA zogen sich alle Truppen zurück. An ihre Stelle trat eine UNO-Friedenstruppe.

Sugar Act (*dt.* Zuckergesetz, 1764) Ein britisches Gesetz, nach dem auf die Einfuhr von Zucker und Melasse aus der französischen oder niederländischen Karibik in die englischen Kolonien Steuern erhoben wurden. Mit dieser Steuer sollten u.a. die Kosten für die Truppenstationierung gedeckt werden.

Sui-Dynastie (581–618) Chinesische Dynastie, die China 589 nach drei unruhigen Jahrhunderten, die dem Zusammenbruch der Han-Dynastie folgten, einte. Auf sie folgte 618 die Tang-Dynastie.

Sukarno, Ahmed (*auch* Bung Karno, 1902–70) Indonesischer Staatsmann. Gründete 1927 die Indonesische Nationalpartei. Im August 1945 erklärt er Indonesien für unabhängig. Nach vier Jahren Guerillakrieg gegen die niederländische Kolonialregierung wird Indonesiens Unabhängigkeit unter Präsident Sukarno von den Niederlanden anerkannt. 1959 weitete er seine Macht aus, 1965 wird er bei einem Putschversuch schrittweise entmachtet.

Sukhothai Mittelalterliches Königreich in Thailand. *S. 214*

Sulla (Lucius Cornelius Sulla Felix, 138–78 v. Chr.) Römischer General und Diktator. *S. 71*

Sumer Bezeichnung des südlichen Teils des alten Mesopotamien (Mittel- und Südbabylonien). In Sumer entwickelte sich ab etwa 3000 v. Chr. die erste orientalische Hochkultur. Die Sumerer bauten die ersten Städte und waren an der Entwicklung der Keilschrift beteiligt.

Sun Yat-sen *siehe* Sun Zhongshan

Sun Zhongshan (*auch* Sun Yat-sen, 1866–1925) Wurde nach der chinesischen Revolution gegen die Qing-Dynastie (1911) chinesischer Staatspräsident, ging jedoch nach einer gescheiterten zweiten Revolution ins Exil, wo er die Chinesische Revolutionspartei (später Kuo-min-tang) gründete. Sein Nachfolger wurde Chiang Kai-shek. *S. 395*

Sundiata († 1255) Begründer des westafrikanischen Königreiches Mali.

Sung-Dynastie *siehe* Song-Dynastie

Sunna (*ar.* »überkommene Handlungsweise«) Alle vom Propheten Mohammed überlieferten Aussagen und Hinweise zum Verhalten. Ein Sunni ist ein Muslim, der diesem Kodex folgt. Der Begriff Sunniten bezeichnet auch die muslimische Mehrheit im Gegensatz zur schiitischen Minderheit. *Siehe auch* Islam, Mohammed, Schiiten

Sunni *siehe* Sunna

Sunni Ali (reg. 1464–92) Herrscher der Songhai in Westafrika. Unter ihm expandierte das Reich. Er schuf ein stehendes Heer und eine Flussmarine und er reformierte die Verwaltung.

SURINAME Das an der Nordküste Südamerikas gelegene Land grenzt an Guayana, Französisch-Guayana und Brasilien. Im Landesinneren befindet sich mit Regenwald bedecktes Hochland; die Bevölkerung lebt vor allem in Küstennähe. Nach dem englisch-holländischen Vertrag von 1667 war das Land niederländische Kolonie, im Austausch erhielten die Engländer New Amsterdam (New York). 1975 wurde Suriname unabhängig. Die Niederlande sind immer noch wichtigster Geldgeber und Heimat von einem Drittel der Surinamer. 1991 wurde nach etwa elf Jahren Militärdiktatur die Demokratie wiederhergestellt.

CHRONOLOGIE

1975 Unabhängigkeit.
1980 Putsch. Herrschaft von Oberstleutnant Desi Bouterse.
1982 Hinrichtung von Oppositionellen. Stopp holländischer Wirtschaftshilfe.
1986–1992 Rebellenkrieg der *Bosnegers*.
1988–1991 Wahlen, Putsch und Neuwahlen.
1992 Bouterse tritt als Armeechef zurück.
1998–1999 Präsident Wijdenbosch weigert sich Bouterse wegen Drogendelikten an die Niederlande auszuliefern.
2000 Wahlsieg für oppositionelle NF.

Suryavarman II. Herrscher des Khmer-Reiches (reg. um 1113–50).

Susa Historische persische Stadt, Sommerresidenz der herrschenden Achaimeniden. Von Susa bis Sardes (Sardis) an der ägäischen Küste verlief die Königsstraße.

Sutter's Mill Ostkalifornischer Ort, an dem 1848 der Goldrausch begann.

Sutton Hoo Grabhügel angelsächsischer Könige in Ostengland. *S. 122*

Swahili *siehe* Suaheli

SWASILAND Das kleine südafrikanische Königreich Swasiland grenzt auf drei Seiten an Südafrika und im Osten an Mosambik. Es besteht hauptsächlich aus Hochebenen und Gebirge. Der Tradition in dem von einem starken Königshaus beherrschten Land steht die Forderung nach einer modernen Demokratie gegenüber. 1903 wurde Swasiland britisches Protektorat. Der 1986 gekrönte König Mswati III. hat zwar das Wahlverfahren geändert, Parteien sind jedoch noch nicht zugelassen.

CHRONOLOGIE

1968 Unabhängigkeit.
1973 König verbietet politische Aktivitäten und setzt Verfassung außer Kraft.
1978 Neue Verfassung bestätigt die Kontrolle des Königs über Exekutive und Legislative.
1982 König Sobhuza stirbt. Regentschaft der Königinmutter während Prinz Makhosetives Minderjährigkeit.
1986 Krönung des 18-jährigen Makhosetive als König Mswati III.
1992 Begrenzte Wahlrechtsreform; Parteien bleiben verboten.
1993 Wahlen nach neuem System.
1996 Kommission überprüft politisches System.
1998 Geringe Wahlbeteiligung.
2000 Massenproteste für die Demokratie.
2003 Oppositionelle Gruppen fordern weiterhin demokratische Reformen.

Sweben (*auch* Sueben, Suebi, Suevi) Römische Bezeichnung für die Gruppe germanischer Völker, die in der Zeit der Völkerwanderung nach Süddeutschland und bis nach Gallien vordrangen. Eine Gruppe kam dabei bis zur Iberischen Halbinsel und gründete in Nordportugal und Galicien ein Königreich (406).

Swift, Jonathan (1667–1745) Irisch-englischer Schriftsteller (Satiriker) und Geistlicher. Dekan der St. Patrick's Cathedral in Dublin und Autor von *Gullivers Reisen*. *S. 323*

SYRIEN Syrien grenzt an den Libanon, Israel, Jordanien, Irak und die Türkei. Viele Syrer betrachten ihr Land als künstliches Gebilde der von 1920 bis zur Unabhängigkeit bestehenden französischen Mandatsherrschaft. Sie identifizieren sich mehr mit einem Großsyrien, das auch den Libanon, Jordanien und Palästina umfasst. Seit der Unabhängigkeit sind Syriens Auslandsbeziehungen turbulent. Im Innern sorgte Präsident Hafis al-Assads autoritäres Baath-Regime für eine gewisse Stabilität.

CHRONOLOGIE

634 Muslimische Truppen erobern Syrien und besiegen die Byzantiner.
997 Nordsyrien fällt an Byzanz, im Süden herrscht die ägyptische Fatimiden-Dynastie.
1098 Der erste Kreuzzug erobert Antiochia.
1303–1516 Mameluckenherrschaft.
1516 Syrien unter osmanischer Herrschaft.
1963 Militärjunta aus der Baath-Partei ergreift die Macht. Generalmajor Hafis al-Assad wird Präsident.
1966 Assad durch Militärputsch abgesetzt, den radikale Mitglieder der Baath-Partei unterstützen.
1967 Israelische Armee überrennt syrische Stellungen beim See Genezareth, erobert die Golanhöhen und besetzt Quneitra. Syrien boykottiert den arabischen Gipfel und lehnt Kompromiss mit Israel ab.
1970 Hafis al-Assad kommt mit einem »Korrekturschritt« an die Macht.
1971 Assad wird für sieben Jahre zum Präsidenten gewählt.
1973 Volksentscheid billigt neue Verfassung, bestätigt Baath-Partei als führende Kraft. Krieg mit Ägypten gegen Israel. Vorübergehend weitere Gebietsverluste an Israel.
1976 Mit einem Friedensmandat der Arabischen Liga schlägt Syrien im Libanon die Kämpfe nieder.
1977 Nach dem Besuch des ägyptischen Präsidenten Sadat in Jerusalem werden Beziehungen zu Ägypten abgebrochen.
1978 Unterzeichnung einer Nationalcharta zur Union mit dem Irak. Assad tritt zweite Amtszeit an.
1980 Mitgliedschaft in Muslimbruderschaft wird Kapitalverbrechen. Freundschaftsvertrag mit der UdSSR.
1981 Israel annektiert die Golanhöhen. Charta mit Irak scheitert.
1982 Aufstand islamischer Extremisten in Hama niedergeschlagen; Tausende Tote. Israel marschiert im Libanon ein, zerstört syrische Raketen im Bekatal.
1985 Wiederwahl Präsident Assads. USA vermuten Beteiligung Syriens an Bombenanschlägen in Rom und Wien.
1986 Syrien wird bezichtigt an Bombenanschlag auf israelisches Flugzeug in London beteiligt gewesen zu sein. EU-Sanktionen (außer Griechenland).
1989 Wiederaufnahme diplomatischer Beziehungen zu Ägypten.
1991 Truppen nehmen an Operation Wüstensturm teil. Syrien, Ägypten, Saudi-Arabien, Kuwait, V.A.E., Katar, Bahrain und Oman unterzeichnen Damaskus-Erklärung (Hilfs- und Verteidigungspakt).
1992, 1999 Assad als Präsident bestätigt.
2000 Premierminister Mahmoud az-Zoubi wird nach 13 Jahren im Amt zum Rücktritt gezwungen; er begeht kurz darauf Selbst-

◀ mord. Hafis al-Assad stirbt. Nachfolger ist sein Sohn Baschar.

T

TADSCHIKISTAN Das an den Westhängen des Pamir-Gebirges gelegene Tadschikistan ist nach Sprache und Traditionen eher dem Iran verwandt als dem westlichen Nachbarn Usbekistan. Im 19. Jahrhundert war es eine Ansammlung teils unabhängiger Fürstentümer, einige unter russischer Kontrolle, andere unter der des Emirats von Buchara. Erst als andere Sowjetrepubliken Ende 1991 ihre Unabhängigkeit erklärten, entschloss sich auch Tadschikistan zu diesem Schritt. Kurz darauf aufflackernde Kämpfe zwischen kommunistischen Regierungstruppen und islamistischen Rebellen halten sich nach einem labilen Friedensabkommen von 1997 in Grenzen.

Chronologie

1925 Sowjets übernehmen die Macht.
1940 Kyrillische Schrift eingeführt.
1989 Tadschikisch wird Amtssprache.
1991 Unabhängigkeit von Moskau.
1994, 1999 Imomali Rachmanow wird zum Präsidenten gewählt.
1995 Parlamentswahlen. Einführung der tadschikischen Währung.
1997–1998 Friedensvertrag mit Rebellen.
2000 VDPT von Rachmanow gewinnt die Parlamentswahlen.

Tahiti *siehe* Französisch-Polynesien
Taikareform Soziale und politische Reform in Japan, Beginn 645.
Taiping-Aufstand (1850–64) Großer religiös und politisch motivierter Aufstand mit christlichem Gedankengut während der späten Qing-Dynastie, angeführt von Hong Xiuquan. Hong rief einen eigenen theokratischen Staat in Südchina aus: Taiping, das »Himmlische Reich des Allgemeinen Friedens«, und verdammte die Qing als teuflische Unterdrücker. Um 1855 hatte die Bewegung eine große Anhängerschaft, ihre Truppen marschierten nach Wuhang und Nanking in den Norden und errichteten dort eine Regierung (wobei sie 40 000 Gegner abschlachteten). Die Einnahme Shanghais schlug fehl, schließlich wurde der Aufstand bei großen Verlusten niedergeschlagen. *S. 364*
Taira Japanische Kriegerfamilie, im 12. Jahrhundert auf dem Höhepunkt.

TAIWAN Die Insel Taiwan, früher Formosa genannt, liegt südöstlich des chinesischen Festlandes. Ein von Norden nach Süden verlaufender Gebirgszug nimmt zwei Drittel der Insel ein. Die Ebenen sind sehr fruchtbar und dicht bevölkert, es wird hauptsächlich Reis angebaut. 1949 stürzten die chinesischen Kommunisten die Kuo-min-tang (KMT)-Regierung Chiang Kai-sheks, der sich nach Taiwan zurückzog und 1950 die Republik China auf Taiwan ausrief. Die De-facto-Militärregierung wird seit 1986 demokratischer und die Vorherrschaft der KMT durch ihre Niederlage bei den Präsidentschaftswahlen 2000 erschüttert. China sieht Taiwan nach wie vor als abtrünnige Provinz an und nur wenige Länder erkennen Taiwan als selbstständigen Staat an.

Chronologie

1590 Portugiesen erreichen die Insel und nennen sie Formosa (Schöne).
1641 Niederländer übernehmen Kontrolle.
1683 Mandschu nehmen die Insel ein, die Teil von Qing-China wird.
1895 Nach dem chinesisch-japanischen Krieg fällt die Insel an Japan.
1945 Nach dem Ersten Weltkrieg geht Taiwan an China zurück.
1949 Chiang Kai-shek und seine Armee werden von Kommunisten auf dem Festland besiegt, ziehen sich nach Taiwan zurück. Er errichtet die »Republik China auf Taiwan«.
1971 Die Volksrepublik China nimmt Taiwans Sitz in der UNO und im UN-Sicherheitsrat ein.
1973 Die KMT-Regierung in Taipeh lehnt das Angebot Pekings zu Geheimgesprächen über die Wiedervereinigung Chinas ab.
1975 Präsident Chiang Kai-shek stirbt. Sein Sohn General Chiang Ching-kuo wird Führer der KMT, Yen Chia-kan Präsident.
1978 Chiang Ching-kuo gewählter Präsident.
1979 USA bricht die Beziehungen zu Taiwan ab und erkennt die Volksrepublik China formal an.
1984 Wiederwahl Chiangs.
1986 Politische Reformen: KMT lässt Mehrparteiendemokratie zu, beendet den Kriegszustand und erlaubt zum ersten Mal seit 38 Jahren Besuche auf das chinesische Festland. 1988 dürfen erstmals Chinesen vom Festland nach Taiwan.
1988 Lee Teng-hui Präsident.
1990 KMT beendet formal den Kriegszustand mit der Volksrepublik China.
1991 Vorschlag der DPP zur Verfassung von Taiwan von KMT und Peking abgelehnt. Wiederwahl der KMT mit großer Mehrheit.
1995–1996 Parlamentswahlen, KMT muss Verluste hinnehmen.
1996 Lee Teng-hui gewinnt die ersten direkten Präsidentschaftswahlen.
1998 KMT sichert die absolute Mehrheit bei Parlamentswahlen.
1999 Chinesische Drohungen angesichts eines »separaten Staates« Taiwan. September: Tausende sterben bei Erdbeben.
2000 März: Chen Shui-bian von der DPP gewinnt Präsidentschaftswahlen, Machtverlust der KMT.

Taizu *siehe* Zhu Yuanzhang
Talas ⚔ (751) zwischen siegreichen Arabern (Muslimen) und Armeen der Tang in Zentralasien.
Taliban Radikalislamische, sunnitische Miliz, die in Afghanistan im Gefolge des Krieges 1979–89 entstand. Sie übernahm 1995 die völlige Kontrolle über die Hauptstadt Kabul und den Süden des Landes. Das Taliban-Regime wurde durch eine von den USA und Großbritannien angeführten Offensive 2001/2002 vertrieben.
Tamerlan *siehe* Timur
Tamilische Tiger Guerillakämpfer, die große Teile des Nordostens Sri Lankas

kontrollieren und einen unabhängigen Staat fordern (Eelam).

Tang-Dynastie (618–907) Chinesische Herrscherdynastie, die China nach einer langen instabilen Periode einte. Das Tang-Reich mit einer Bevölkerung von 60 Mio. reichte bis nach Zentralasien und unterhielt rege Handelsbeziehungen über See und über Land mit dem Westen. *S. 123, S. 130*

Tanganjika *siehe* Tansania

Tanguten Volk der südlichen Mongolei, errichten 1038 einen Staat (Xixia) im nordwestlichen China.

Tannenberg ⚔ des Ersten Weltkriegs (26.–30. August 1914). Deutscher Sieg über Russland, das fast seine ganze Armee verlor. Der frühe russische Angriff auf Ostpreußen bedeutete, dass Deutschland dringend benötigte Truppen vom Angriff auf Frankreich abziehen musste.

TANSANIA Tansania liegt zwischen Kenia und Mosambik an der ostafrikanischen Küste. Es entstand durch Vereinigung Tanganjikas mit Sansibar und anderen Inseln und wird geprägt von Küstenniederungen, einem vulkanischen Hochland und dem großen Rift-Tal. Hier liegt der Kilimandscharo, Afrikas höchster Berg. Die Insel Sansibar spielte seit jeher eine wichtige Rolle im arabischen Ostafrikahandel, vor allem mit Sklaven und Elfenbein. 1841 verlegte der Sultan des Oman seine Hauptstadt hierher. 1884 wurde das Festland zur deutschen Kolonie Tanganjika, das Sultanat Sansibar kam 1890 unter britisches Protektorat. Nach dem Ersten Weltkrieg verlor Deutschland Tanganjika, das als Teil von Britisch-Ostafrika britisches Mandatsgebiet wurde. Tanganjika gewann 1961, Sansibar 1963 die Unabhängigkeit; beide Staaten vereinten sich 1964 zu Tansania. Von 1962 bis 1985 regierte der Sozialist Julius Nyerere. Seine Revolutionspartei CCM gewann 1995 und 2000 auch freie Wahlen.

CHRONOLOGIE

1918 Tanganjika unter britischem Mandat.
1961 Tanganjika wird unabhängig.
1962 Nyerere wird Präsident.
1963 Sansibar wird unabhängig.
1964 Sansibar und Tansania vereinigen sich zu Tansania.
1985 Lockerung der sozialistischen Politik unter Präsident Mwinyi.
1992 Zulassung politischer Parteien.
1995 Freie Wahlen. Benjamin Mkapa wird Präsident.
1999 Tod Nyereres.
2000 Mkapa wird wiedergewählt.
2001 Zunehmende Unruhen unter Separatisten auf Sansibar.

Tapajós Königreich um Santarém in Brasilien, beherrschte die Region im 16. und 17. Jahrhundert, forderte von den umliegenden Völkern Tributzahlungen und Arbeitskräfte.

Taprobane *siehe* Sri Lanka

Tarquinius I. Lucius Tarquinius Priscus, (reg. 616–578 v. Chr.). Erster etruskischer König Roms.

Tarquinius II. Lucius Tarquinius Superbus (reg. 534–509 v. Chr.). Tyrannischer etruskischer Beherrscher Roms, der Überlieferung nach der Siebte und Letzte seiner Linie, dessen Vertreibung aus Rom 509 v. Chr. als Beginn der römischen Republik angesehen wird.

Tasman, Abel Janszoon (etwa 1603–59) Niederländischer Entdecker, Angestellter der Ostindischen Kompanie. Auf zwei Reisen erforschte er Neuholland (Australien). Auf der ersten (1642–43) schaffte er es von Mauritius aus, das australische Festland zu verfehlen, landete aber auf der später nach ihm benannten Insel, die er Van-Diemens-Land nach dem Gouverneur von Batavia nannte. Außerdem sichtete er Neuseeland und Fidschi. Das Ziel seiner zweiten, weniger erfolgreichen Fahrt war, zu entscheiden, ob Neuguinea und Australien getrennt oder Teile derselben Landmasse seien. Diese Frage konnte er nicht beantworten.

Tasmanien Insel vor der südöstlichen Küste Australiens, zuerst gesichtet von dem niederländischen Seefahrer Abel Tasman, der sie für einen Teil des australischen Festlandes hielt. Die Briten nahmen sie im 19. Jahrhundert in Besitz und errichteten hier eine Strafkolonie. Sie rotteten die einheimische Aborigine-Bevölkerung bis zu Beginn des 20. Jahrhunderts fast vollständig aus.

Tatanka Yotanka *siehe* Sitting Bull

Tavernier, Jean Baptiste (1605–89) Französischer Orientreisender.

Teheran Hauptstadt des heutigen Iran.

Teheran, Konferenz von (November 1943–Januar 1944) Treffen, auf dem die Alliierten Roosevelt, Churchill und Stalin die anglo-amerikanische Invasion Frankreichs und den russischen Angriff auf den Osten Deutschlands koordinierten.

Tell, Wilhelm Legendäre Figur des Unabhängigkeitskampfes der Schweiz gegen die Habsburger im Mittelalter. *S. 228*

Templer (*auch* Tempelherren, Tempelritter) Militärischer religiöser Orden, um 1118 gegründet, um die Pilgerwege nach Jerusalem zu schützen. Im 12. und 13. Jahrhundert kämpften die Templer in allen großen Feldzügen gegen den Islam. Sie erwarben Grundbesitz im ganzen christlichen Europa. Ihr Reichtum und Einfluss machte sie verdächtig. 1307 klagte Philipp IV. sie der Häresie und anderer Verbrechen an, 1312 wurde der Orden verboten.

Temüdschin *siehe* Dschingis Khan

Tenochtitlán Prächtige Hauptstadt der Azteken, erbaut 1325 auf einer Insel im Texcocosee. Die Stadt fiel 1521 in die Hände des spanischen Konquistadors Hernán Cortés. *S. 277*

Tenzin Gyatso *siehe* Dalai Lama

Teotihuacán Das bedeutendste religiöse und wirtschaftliche Zentrum Mittelamerikas in der ersten Hälfte des 1. Jahrtausends, 750 durch ein Feuer zerstört.

Tetrarchie (*wörtl.* »Viererregierung«) Bezeichnung für das System der Herrschaft zweier Kaiser (Augusti) zusammen mit zwei Caesaren, das von Diokletian im späten 3. Jahrhundert eingeführt wurde.

Texas-Aufstand (1835–36) Ursprünglich gehörte Texas zu Mexiko, erklärte 1836 seine Unabhängigkeit und war kurzzeitig eine Republik. 1845 wurde es als 28. Staat in die USA aufgenommen.

Textilien Textilindustrie im Flandern des 12. Jahrhunderts. *S. 184*

THAILAND (*fr.* Siam) Thailand liegt in Südostasien zwischen Indischem und Pazifischem Ozean. Der Norden, die Westgrenze zu Myanmar und der lange Isthmus von Kra sind gebirgig. Die zentrale Ebene, wo die meisten Menschen leben, ist die fruchtbarste, das flache Plateau im Nordosten dagegen die ärmste Region. Das Königreich Siam entstand im 13. Jahrhundert. Im späten 17. Jahrhundert war seine damalige Hauptstadt Ayutthaya die größte Stadt Südostasiens. 1782 wurden die heutige Chakri-Dynastie und die neue Hauptstadt Bangkok gegründet. Seit 1932 ist Thailand eine konstitutionelle Monarchie mit wechselnden Militär- und Zivilregierungen. Wegen der raschen Industrialisierung platzt Bangkok aus allen Nähten und die natürlichen Ressourcen schwinden bedrohlich.

Buddhismus in Thailand *S. 122*
Expansion im 15. Jahrhundert *S. 264*

CHRONOLOGIE

1855 König Mongut unterschreibt Bowring-Handelsvertrag mit den Briten – Thailand wurde nie von Europäern kolonisiert.
1868–1910 König Chulalongkorn führt westliche Kultur in Thailand ein.
1907 Thailand tritt das heutige Kambodscha an Frankreich ab.
1925 Die absolute Herrschaft König Prajadhipoks beginnt.
1932 Unblutiger Militär- und Zivilputsch. Konstitutionelle Monarchie.
1933 Militär übernimmt Kontrolle.
1941 Invasion durch Japan, Kollaboration der Regierung.
1944 Japanfreundlicher Premier und Militärdiktator der Vorkriegszeit Phibun abgewählt.
1945 König Ananda aus Exil zurück.
1946 Ermordung Anandas. König Bhumibol besteigt den Thron.
1947 Militärputsch. Phibun zurück.
1957 Militärputsch. Verfassung abgeschafft.
1965 Thailand stellt USA Stützpunkte für Vietnamkrieg zur Verfügung.
1969 Neue Verfassung sieht gewähltes Parlament vor.
1971 Armee hebt Verfassung auf.
1973–1976 Studentenunruhen führen zu demokratischer Regierung.
1976 Machtübernahme des Militärs.
1980–1988 General Prem Tinsulanond wird Premier. Teilweise wieder demokratische Verhältnisse.
1988 Wahlen. General Chatichai Choonhaven, Führer der rechten PTC, wird zum Premier ernannt.
1991 Militärputsch, Zivilist Anand Panyarachun wird geschäftsführender Premier.
1992 Wahlen. General Suchinda wird zum Premier ernannt. Demonstrationen. König erzwingt Rücktritt Suchindas, setzt Anand ein; die Moderaten gewinnen neue Wahlen.
1995 PCT gewinnt allgemeine Wahlen.
1996 Vorgezogene Wahlen; Chaovalit Yongchaiyuth (NAP) wird Premier.
1997 Finanz- und Wirtschaftskrise; Chaovalit-Regierung stürzt. Chuan Leekpai (DP) wird Premierminister.
2001 Wahlsieg der TRT unter Thaksin Shinawatra.

Theben (*heute* Luxor und Karnak) Eine der Hauptstädte im alten Ägypten, gewann unter der 11. Dynastie (2134–2040 v. Chr.) an Bedeutung. Hier liegt auch das Tal der Könige.

Theoderich (um 445–526) Ostgotischer König von Italien. Theoderich fiel 489 in Italien ein, besiegte Odoaker und nahm 492 Ravenna ein, das er zu seiner Hauptstadt machte. Er erhielt die römische Kultur. *S. 117*

Theodosius I. (*gen.* Theodosius der Große, um 346–395, reg. 379–395) Römischer Kaiser. Zum Herrscher über das Oströmische Reich nach dem Tod Valens' ernannt und Verwalter des Weströmischen Reiches nach dem Tod Maximus' 388. Er führte 380 das Christentum als offizielle römische Religion ein. Nach seinem Tod wurde das Reich endgültig zweigeteilt.

Theravada-Buddhismus Letzte noch bestehende der 18 Schulen des frühen Buddhismus (Shravakayana, Sanskrit für »Fahrzeug der Schüler«), heute noch in Sri Lanka und Südostasien verbreitet. *Siehe auch* Buddhismus

Thermopylen ⚔ bei den (480 v. Chr.). Griechische Niederlage gegen Perserkönig Xerxes I.

Thesiger, Wilfred (geb. 1910) Britischer Soldat, Reisender und Schriftsteller. Erforschte Äthiopien und den Sudan 1946–47 und 1947–49 und durchquerte zweimal die Rub al-Chali (»Leeres Viertel«) von Arabien. Seine Erlebnisse hielt er in seinem Reisebericht *Arabian Sands* (1959) fest.

Thomas, Bertram (1892–1950) Britischer Offizier im Dienst des Sultan von Muskat und Oman, durchquerte als erster Europäer die Rub al-Chali (»Leeres Viertel«) im Süden Arabiens.

Thulekultur Prähistorische Inuitkultur der kanadischen Arktis und Grönlands. Um etwa 1000 verbreitete sie sich nach Westen und beeinflusste die gesamte Region.

Thutmosis III. (reg. etwa 1479–1425 v. Chr.) Ägyptischer Pharao der 18. Dynastie und ein bedeutender Herrscher. Er erweiterte das ägyptische Territorium und baute viele Tempel sowie die Obelisken »Nadeln der Kleopatra«, von denen einer sich seit 1878 in London befindet, der andere seit 1880 in New York.

Tiahuanaco Zentrum einer Andenkultur zwischen 500 und 1000, die außergewöhnliche Steinarchitektur hervorbrachte und ein Landverteilungssystem besaß, um die Bevölkerung zu ernähren. *S. 121*

Tiananmen-Platz-Massaker (1989) Demonstrationen für Demokratie in Peking im Mai und Juni, die von der Armee brutal niedergeschlagen wurden. Es gab zwischen 400 und 800 Tote. *S. 449*

Tibet Nation im Himalaya, vereint durch die Einführung des Buddhismus im 7. Jahrhundert, ab 1720 unter der Kontrolle der chinesischen Qing-Dynastie und bis zum 19. Jahrhundert für ausländische Besucher geschlossen. Nach dem Zusammenbruch des chinesischen Kaiserreiches 1911 Selbstständigkeit mit dem 13. Dalai Lama als politischem und religiösen Oberhaupt. 1950 fiel das kommunistische China ein, der Dalai Lama musste nach einem 1959 niedergeschlagenen Aufstand ins Exil gehen. 1965 erhielt Tibet den Status einer autonomen Region in der VR China. 1987 kam es erneut zu Unruhen.
Siehe auch China

Tibetischer Buddhismus Buddhistische Schule, ab dem 8. Jahrhundert in Tibet entwickelt, die auf klösterlichem Leben basiert. Religiöses Oberhaupt und Oberhaupt des tibetischen Staates ist der Dalai Lama, die Inkarnation Buddhas.
Siehe auch Buddhismus, Dalai Lama

Tigerstaaten Bezeichnung für Staaten in Südostasien wie Singapur, Indonesien und Malaysia, die in den 1980er-Jahren durch ihre Exportindustrie einen enormen wirtschaftlichen Aufschwung erlebten.

Timbuktu Zentrum des Salzhandels der Sahara. Kamelkarawanen verbanden Afrika südlich der Sahara mit Nordafrika. *S. 259*

Timur (*gen.* Timur der Lahme, *auch* Tamerlan, 1336–1405) Mongolischer Eroberer, der im 14. Jahrhundert von seiner Hauptstadt Samarkand aus große Feldzüge gegen die Perser, die Goldene Horde, das Sultanat Delhi, die Mamelucken und die Osmanen führte. *S. 239, S. 244*

Tippu Tip (1837–1905) Arabischer Händler, der in den 1860er-Jahren einen auf Elfenbeinhandel basierenden Staat in Zentralafrika errichtete.

Tito, Marschall (*eigtl.* Josip Broz, 1892–1980) Jugoslawischer Staatspräsident. Tito führte mit kommunistischen Partisanen einen erfolgreichen Guerillakrieg gegen die deutsche Besatzungsmacht im Zweiten Weltkrieg. 1945 wurde er Staatsoberhaupt der kommunistischen Regierung, lehnte aber Einflussnahme der Sowjetunion ab. 1948 wandte er sich von Stalin ab und machte Jugoslawien zum blockfreien Staat, der Beziehungen mit dem Westen unterhielt. 1953 wurde er erster gewählter Staatspräsident und blieb bis zu seinem Tod im Amt.

Titus Flavius Sabinus Vespasianus *siehe* Vespasian

Tlaxcalteken Mexikanisches Volk, das sich mit dem spanischen Konquistador Cortés gegen die Azteken verbündete (1519–21).

Toba-Wei (*auch* Nördliche Wei) Nordchinesische Herrscherdynastie (380–524), vereinte 386 den Norden Chinas.

Tocharer (*auch* Yuezhi, Yüeh-chih) Stämme im Süden Zentralasiens, die sich unter den Kushana (um 60) vereinten.

Töpferei und Keramik
- Erfindung der Töpferei *S. 15*
- Song-Keramik *S. 161*
- Ming-Porzellan *S. 245*
- Transport chinesischen Porzellans *S. 266*
- Iznik-Töpferei *S. 274*
- Chinesische Keramik *S. 312*
- Meissener Porzellan *S. 319*

TOGO Togo liegt in Westafrika als schmaler Streifen zwischen Ghana und Benin. Ein zentrales Waldgebiet wird im Norden und Süden von Savannen eingerahmt. Togoland, ab 1894 deutsche Kolonie, wurde 1922 zwischen Frankreich und Großbritannien aufgeteilt. Der Präsident, General Gnassingbé Eyadéma, regiert das Land bereits seit 1967.

CHRONOLOGIE

1960 Französischer Teil wird als Togo unabhängig (britischer Teil zu Ghana).
1967 Eyadéma kommt an die Macht.
1991–1992 Generalstreik; Repression.
1993 Eyadéma zum Präsidenten gewählt.
1998 Umstrittener Wahlsieg Eyadémas.

Tokugawa Ieyasu (1543–1616) Shogun (reg. 1603–05), gewann 1600 die ⚔ von Sekigahara. Gründer des Tokugawa-Shogunats.

Tokugawa-Shogunat (1603–1868) Dynastie, gegründet von Tokugawa Ieyasu. Shogune und Militärherrscher Japans.

Tolteken Dominierende Kultur in Zentralmexiko von 900 bis 1200. Gründeten um 968 die Stadt Tula (*auch* Tikal) und zerstörten Teotihuacán. Die späten Jahre des Reiches waren gekennzeichnet durch Hungersnöte und Trockenheit und der Zersplitterung der Stadtstaaten. *S. 160*

TONGA Das nordöstlich von Neuseeland im Südpazifik gelegene Tonga ist ein Archipel von 170 Inseln, die aus drei größeren Gruppen bestehen: Vava'u, Ha'apai und Tongatapu. Die östlichen Inseln sind generell flach und fruchtbar, die westlichen dagegen bergig und vulkanischen Ursprungs.
Ursprünglich von den Polynesiern entdeckt und besiedelt, wurde Tonga im 17. Jahrhundert von den Niederländern und im 18. Jahrhundert von dem Briten James Cook besucht. In der zweiten Hälfte des 19. Jahrhunderts vereinten sich die Inseln nach einem Bürgerkrieg unter der Herrschaft von König George Tupoe I. zu einem Staat. Die Wirtschaft basiert auf der Landwirtschaft, besonders auf der Produktion von Kokosnüssen, Maniok und Passionsfrüchten. Der König bestimmt die Politik.

CHRONOLOGIE

1875 Erste Verfassung.
1900 Deutsche Ambitionen in der Region; Freundschafts- und Sicherheitsvertrag mit Großbritannien.
1918–1965 Regierungszeit von Königin Salote Tupou III.
1958 Freundschaftsvertrag mit Großbritannien: größere Autonomie.
1965 König Taufa'ahau Tupou IV. folgt seiner Mutter auf den Thron.
1970 Volle Unabhängigkeit im Rahmen des britischen Commonwealth.
1988 Vertrag unterzeichnet, der es US-Schiffen mit Atomwaffen erlaubt, Tongas Gewässer zu durchfahren.
1999 Bei allgemeinen Wahlen schneiden die demokratischen Kandidaten für die neun per Direktwahl zu erwerbenden Mandate gut ab.
2000 Der König ernennt seinen dritten Sohn zum Premierminister.

Tonghak-Aufstand (1894) Religiös-nationalistischer Aufstand in Korea, Mitauslöser des chinesisch-japanischen Krieges.

Topkapi Palast des osmanischen Sultans in Konstantinopel. *S. 262*

Tordesillas, Vertrag von Päpstlicher Erlass von 1494, der die neu entdeckten Gebiete der Welt zwischen Spanien und Portugal aufteilte.

Torres, Luis Vaez de Spanischer Seefahrer, nahm an der Quirós-Expedition von 1605 bis 1607 teil und fand sich 1606 auf der Pazifikinsel Espiritu Santo wieder, getrennt vom Leiter der Expedition und als Kommandant zweier Schiffe. Er segelte westwärts zwischen Australien und Neuguinea durch die Meeresstraße, die heute seinen Namen trägt. Die Torresstraße erschien jedoch vor dem 18. Jahrhundert auf keiner Karte, da seine Beobachtungen fast 100 Jahre lang unveröffentlicht blieben.

Totonaken Volk in Mexiko, das sich während der Eroberung des Aztekenreiches durch Cortés (1519–21) mit den spanischen Konquistadoren verbündete.

Toussaint l'Ouverture, François Dominique (1743–1803) Anführer der Unabhängigkeitsbewegung Haitis. Ein ehemaliger Sklave, trat Toussaint mit der Beteiligung am Sklavenaufstand in der französischen Kolonie Saint-Domingue 1791 hervor. Danach schloss er sich der französischen Revolutionsregierung an und wurde Oberbefehlshaber der französischen Streitkräfte auf der Insel, doch der an die Macht gekommene Napoleon wollte den Sklavenaufstand niederschlagen. Toussaint überfiel die spanische Kolonie Santo Domingo, wurde von französischen Truppen besiegt und gefangen genommen und starb in Frankreich im Gefängnis. *S. 345*

Townshend-Gesetze (1767) Von Großbritannien erlassene Gesetze, die die koloniale Autorität der Briten in Amerika sichern sollten, indem das Kolonialparlament aufgelöst und Zölle auf die Importe der Kolonie erhoben wurden. Die Gesetze wurden in Amerika abgelehnt und zum größten Teil im März 1770, nach dem Boston-Massaker, aufgehoben. In der Folge kam es zum amerikanischen Unabhängigkeitskrieg.

Toyotomi Hideyoshi (1536–98, reg. 1585–98) Einte Japan im 16. Jahrhundert. *S. 289*

Trafalgar ⚔ der napoleonischen Kriege (18. Juni 1815). Sieg der britischen Flotte unter Nelson über die vereinte spanische und französische Flotte. *S. 345*

Trailok (1448–88) König von Siam. *S. 264*

Trajan (*auch* Marcus Ulpius Traianus) (53–117) Römischer Kaiser aus Spanien, der von Kaiser Nerva adoptiert wurde und seinerseits seinen Nachfolger Hadrian adoptierte, der Beginn einer Reihe von Adoptivkaisern in Rom. Trajans Regierungszeit (98–117) sah die größte Ausdehnung des Römischen Reiches. Seine erfolgreichen Feldzüge nach Dakien sind auf der Trajanssäule in Rom verewigt, die er 113 errichten ließ. Seine Siege über die Parther waren weniger bedeutend, viele seiner Eroberungen wurden nach seinem Tod aufgegeben.
Trajanssäule *S. 85*

Transamazônica 5470 km lange Fernstraße von der atlantischen Hafenstadt Recife in Brasilien bis Cruzeiro an der peruanischen Grenze.

Transjordanien *siehe* Jordanien

Transport
Transportwesen im alten Ägypten und Mesopotamien *S. 19*
Revolution der Transportmittel (spätes 19. und frühes 20. Jahrhundert) *S. 392*
Massentourismus *S. 437*
Siehe auch Eisenbahnen

Transsibirische Eisenbahn Wichtige 9198 km lange Eisenbahnlinie durch Russland von Moskau bis Wladiwostok, gebaut zwischen 1891 und 1917.

Trasimenischer See (*auch lat.* Lacus Trasimenus) ⚔ der Punischen Kriege (217 v. Chr.). Sieg Hannibals und der Armee Karthagos über die Römer.

Trebia ⚔ der Punischen Kriege (218 v. Chr.). Sieg Karthagos.

Trenton ⚔ des amerikanischen Unabhängigkeitskriegs (25. Dezember 1776). Amerikanischer Sieg.

Trident Langstreckenatomrakete, in den 1980er-Jahren von den USA entwickelt.

Trienter Konzil (*auch* Tridentinum) 19. ökumenisches Konzil der römisch-katholischen Kirche (1545–63), das eine wesentliche Rolle in der Erneuerung der katholischen Kirche spielte und deren Position gegenüber der Reformation festlegte.

TRINIDAD UND TOBAGO Die beiden Inseln sind die südlichsten der Westindischen Inseln. Sie liegen nur 15 km vor der Küste Venezuelas. Großbritannien eroberte Trinidad 1797 von Spanien und Tobago 1802 von Frankreich. Beide wurden 1888 vereinigt. Gemeinsam wurden sie 1962 von Großbritannien unabhängig und Tobago erhielt 1987 innere Autonomie. Die großartigen Gebirge und Sümpfe beherbergen eine reiche tropische Pflanzen- und Tierwelt. Der Pitch Lake auf Trinidad bildet das größte natürliche Asphaltvorkommen der Welt.

CHRONOLOGIE

1956 Eric Williams gründet PNM; Wahlsieg mit Unterstützung der Schwarzen. Asiaten wählen Opposition.
1958–1961 Mitglied der Westindischen Föderation.
1962 Unabhängigkeit.
1970 Demonstrationen von Schwarzen.
1980 Tobago erhält eigenes Parlament und 1987 innere Autonomie.
1990–1991 Premier als Geisel von Fundamentalisten, PNM kehrt an die Macht zurück.
1995 Basdeo Panday (UNC) erster asiatischstämmiger Premierminister.
1998–1999 Rückzug aus Menschenrechtskommissionen wegen Fragen der Todesstrafe.
2002 Wahlsieg der PNM.

Tripelallianz-Krieg (1864–70) 1864 wegen Grenzstreitigkeiten geführter Krieg Paraguays mit Brasilien, in dem ein Bündnis von Argentinien, Brasilien und Uruguay 1865 in Paraguay einmarschiert. Die fünf Jahre dauernden Auseinandersetzungen endeten mit der völligen Niederlage der paraguayischen Streitkräfte. Die Bevölkerung wurde wegen des Krieges und durch Epidemien von 1337439 auf weniger als 250000 reduziert.

Tripelentente Übereinkunft vom 27. September 1940 zwischen Italien, Deutschland und Japan zur gegenseitigen Unterstützung im Falle einer Ausweitung des Zweiten Weltkriegs in den Fernen Osten.

Truman, Harry S. (1884–1972) 33. Präsident der USA (Demokrat, 1945–52). Geboren in Missouri, von 1922 bis 1934 als Richter angestellt, danach in den Senat gewählt. 1944 wurde er Vizepräsident, nach Roosevelts Tod 1945 Präsident und 1948 überraschend wiedergewählt. Wichtige Handlungen seiner Präsidentschaft waren der Befehl zum Abwurf der Atombomben auf Japan, der Marshallplan, die Truman-Doktrin, die Berliner Luftbrücke (1948–49), die Gründung der NATO (1949), der Einsatz von U-Booten gegen Südkorea, der Aufbau des CIA und das Wirtschaftsreformprogramm »Fair Deal«.

Truman-Doktrin (12. März 1947) Außenpolitisches Programm des US-Präsidenten Harry S. Truman (1945–52), das angeblich vom Kommunismus bedrohten Völkern und Nationen Wirtschaftshilfen garantierte.

TSCHAD Das Binnenland in Nordafrika weist seit der Unabhängigkeit von Frankreich 1960 eine sehr bewegte Geschichte auf. Auf einen Militärputsch 1975 folgten Phasen des Bürgerkrieges, an dem auch französische und libysche Truppen beteiligt waren. Nach einem erneuten Putsch 1990 kam es unter einer Übergangsregierung zu einer Demokratisierung. Das Mehrparteiensystem ist in der neuen Verfassung verankert. Die Entdeckung großer Ölvorkommen könnte die Wirtschaft des Tschad komplett verändern. Die Bevölkerung lebt vor allem im tropischen, von Baumwollanbau geprägten Süden des Landes.

Chronologie

9. Jahrhundert Gründung des Reiches Kanem-Bornu im Norden des heutigen Tschad. Am Ende des 11. Jahrhunderts sind die Herrscher zum Islam konvertiert.

16.–17. Jahrhundert Das Bagirmi- und das Wadai-Reich beherrschen das Gebiet.

1878 Rabah Zobeir beginnt vom Sudan aus den Tschad zu erobern. Er herrscht in den nächsten 20 Jahren über den mächtigsten Staat der Region.

1900 Die Franzosen besiegen Rabah bei Kusseri und machen den Tschad zu einem Teil des französischen Kolonialgebiets.

1958 Autonome Republik innerhalb der Französischen Gemeinschaft.

1959 Wahlsieg für François (später Ngarta) Tombalbaye; er wird Premierminister.

1960 Unabhängigkeit. Einparteienstaat.

1973 Libyen besetzt den Aozou-Streifen.

1975 General Félix Malloum putscht.

1979–1982 Bürgerkrieg zwischen islamischem Norden und christlich-animistischem Süden, später auch zwischen Gruppen im Norden.

1980 Goukouni Oueddei an der Macht.

1982 Hissène Habré (Nordtschad) besiegt Oueddei (ebenfalls Nordtschad).

1990 Idriss Déby besiegt Habré, dieser flieht in den Senegal.

1994 Libyen gibt Aozou-Streifen zurück.

1996 Waffenstillstand; neue Verfassung.

1997 Débys MPS ist stärkste Partei im neuen Parlament.

1999 Aufstand im Norden.

2001 Anhaltende schwere Kämpfe; Wiederwahl Débys.

2002 Premierminister wird Haroun Kabadi.

Tschagatai *siehe* Dschagatai
Tschaka *siehe* Chaka

TSCHECHISCHE REPUBLIK Die in Mitteleuropa gelegene Tschechische Republik umfasst die Regionen Böhmen und Mähren. Fast das gesamte 20. Jahrhundert gehörte sie zur Tschechoslowakei. 1989 beendete die »sanfte Revolution« vier Jahrzehnte kommunistischer Herrschaft. 1990 folgten freie Wahlen. 1993 lösten die Tschechische Republik und die Slowakei ihre Föderation auf und wurden zwei unabhängige Staaten.

Chronologie

962 Die Krönung von Otto I. markiert den Beginn des Heiligen Römischen Reiches, das von Böhmen mitgegründet wurde.

973 Das Bistum Prag entsteht. Im frühen 13. Jahrhundert wird Böhmen unter Ottokar I. einziges Königreich im Heiligen Römischen Reich.

1222 Ottokar I. annektiert das polnische Mähren.

1310 Johann von Luxemburg (Johann der Blinde) wird zum König von Böhmen gewählt. Er heiratet Elisabeth, die Schwester von Wenzel III.

1344 Vier Jahre vor der Gründung der Karls-Universität wird Prag Erzbistum. Prag ist nach Konstantinopel und Paris die wichtigste Stadt Europas.

1346 Der tschechische König Karl (Sohn Johanns von Luxemburg) wird als Karl IV. Kaiser des Heiligen Römischen Reiches. Böhmen erfährt seine Glanzzeit.

1415 Der tschechische Priester und Gelehrte Jan Hus führt eine religiöse Reformationsbewegung und vertritt nationale Ideen, er wird auf dem Scheiterhaufen verbrannt. Auf die Exekution folgen fast 20 Jahre Bürgerkrieg.

1419 Anhänger von Jan Hus befreien gefangene Hussiten und werfen im ersten Prager Fenstersturz katholische Stadträte aus dem Rathausfenster.

1526 Böhmen kommt unter die Herrschaft der österreichischen Habsburger.

1618 Die zunehmenden Spannungen zwischen Katholiken und Protestanten führen zu einem weiteren Fenstersturz und in der Folge zum Dreißigjährigen Krieg.

1620 Protestantische Adlige werden von den Habsburgern bei der Schlacht am Weißen Berg bei Prag besiegt.

1740 Preußen marschiert in Schlesien ein, das seit dem 14. Jahrhundert zu Böhmen gehört. Der Vertrag von Dresden (1745) sichert die Herrschaft Preußens über Schlesien mit Ausnahme eines kleinen Teils im Osten (Österreichisch-Schlesien).

1781 Unter König Joseph II. (Habsburger) wird ein Toleranzedikt zu Gunsten von Protestanten und Juden erlassen. Die Leibeigenschaft wird abgeschafft, nicht jedoch das Feudalsystem. Deutsch wird per Dekret einzige Amtssprache in Böhmen und Mähren.

1848 Der tschechische Nationalist Frantisek Palacky und die tschechische Führung lehnen die Teilnahme an der verfassunggebenden Nationalversammlung des Deutschen Bundes (zu dem Böhmen gehört) ab, im Gegensatz zu den Deutschen in Böhmen und Mähren, die Teil eines vereinten Deutschlands sein wollen. In Wien wird ein konstituierender Reichstag mit frei wählbaren Abgeordneten einberufen.

1918 Der demokratische Staat Tschechoslowakei entsteht. Er umfasst die tschechischen Länder Böhmen und Mähren und die Slowakei. Tomas Masaryk wird Präsident.

1938 Nach einem Treffen von Hitler und dem britischen Premierminister Chamberlain in München wird das Sudetenland ins Deutsche Reich eingegliedert.

1939 Hitler annektiert die restliche Tschechoslowakei und errichtet das deutsche »Protektorat Böhmen und Mähren«. Der Reichstag (die gesetzgebende Versammlung) von Pressburg (Bratislava) erklärt die Slowakei unter dem »Schutz« des deutschen Reiches und der Führung von Major Jozef Tiso für unabhängig.

1942 Die Ermordung des Reichsprotektors Reinhard Heydrich führt zu Repressalien und der Ermordung der gesamten männlichen Bevölkerung von Lidice.

1945 Edvard Benes, der Vorkriegspräsident, der in London eine Exilregierung aufrechterhalten hatte, vereinbart mit dem Exil-Kommunisten Klement Gottwald in Moskau die Bildung einer aus mehreren Parteien bestehenden Nationalen Front.

1946 Bei Parlamentswahlen erhalten die Kommunisten 38 % der Stimmen. Ihr Parteiführer Gottwald wird gebeten einer Koalitionsregierung aller Parteien vorzustehen.

1948 Präsident Benes vereidigt ein neues, von Kommunisten dominiertes Kabinett unter Gottwald. Das übernimmt im »Prager Putsch« die Macht, nachdem Einschüchterungen durch die Kommunistische Partei (KPC) die Nichtkommunisten dazu brachten, von der Koalitionsregierung zurückzutreten.

1948 Die Sozialdemokratische Partei wird der KPC eingegliedert.

1948 Eine neue Verfassung erklärt die Tschechoslowakei zur Volksdemokratie.
1950 Beginn politischer Schauprozesse. Es folgen Säuberungsaktionen und Hinrichtungen von Parteimitgliedern und Beamten.
1968 Der »Prager Frühling« beginnt mit dem Amtsantritt des neuen Parteichefs Alexander Dubček. Im April führt er weit reichende politische Reformen und Wirtschaftsliberalisierungsmaßnahmen ein. Der »Prager Frühling« endet mit der Invasion durch Truppen des Warschauer Pakts.
1989 »Sanfte Revolution«.
1990 Wahlen: Václav Havel wird Präsident.
1993 Teilung der Tschechoslowakei in Tschechische Republik und Slowakei.
1998 Beginn der EU-Beitrittsverhandlungen.
1999 NATO-Mitgliedschaft.
2002 Parlamentswahlen, Sozialdemokraten gewinnen.
2003 EU-Beitrittsland für 2004.

Tsybikov, Gombozhab (1873–1930) Russischer Tibetreisender und Gelehrter.

TÜRKEI Zur Türkei, überwiegend in Westasien gelegen, gehört auch das europäische Ostthrakien. Damit hat sie die Kontrolle über den von Istanbul, der größten türkischen Stadt, flankierten Zugang zum Schwarzen Meer, den Bosporus. Die meisten Türken leben in der Westhälfte des Landes. Der Osten und Südosten des anatolischen Hochlandes sind kurdische Gebiete. Durch ihre strategische Lage hat die Türkei großen Einfluss in der Region und im Nahen und Mittleren Osten. Viele türkische Städte sind von Erdbeben bedroht, 1999 wurde Izmit durch ein Beben verwüstet. Nach dem Ende des Osmanischen Reiches und der Niederlage der Türkei im Ersten Weltkrieg setzte der Offizier Mustafa Kemal Pascha (Atatürk) 1922 den regierenden Sultan ab und rief 1923 die Republik aus.
Siehe auch Osmanisches Reich, Atatürk, Erster Weltkrieg

CHRONOLOGIE
1924 Religionsgerichte abgeschafft.
1928 Islam nicht mehr Staatsreligion.
1934 Frauenwahlrecht.
1938 Tod von Präsident Atatürk. Nachfolger wird Ismet Inonu.
1945 Türkei erklärt Hitler-Deutschland den Krieg. UN-Beitritt.
1952 Europarat- und NATO-Beitritt.
1960 Staatsstreich der Armee gegen regierende Demokratische Partei. Auflösung der Nationalversammlung.
1961 Neue Verfassung.
1963 Assoziierungsabkommen mit EWG.
1974 Invasion in Nordzypern.
1980 Militärputsch; Kriegsrecht.
1982 Neue Verfassung.
1983 Turgut Özals ANAP (Mutterlandspartei) siegt bei allgemeinen Wahlen.
1984 Türkei erkennt »Unabhängige Türkische Republik Nordzypern« an. Kurdische Separatisten der PKK beginnen Guerillakrieg im Südosten.
1987 Antrag auf Beitritt zur Europäischen Gemeinschaft.
1990 Von der Türkei starten US-geführte Luftangriffe gegen den Irak.
1991 Wahlsieg der DYP (Partei des Rechten Weges), Demirel Premierminister.
1993 Wahl Demirels zum Präsidenten. Tansu Çiller führt DYP und Regierungskoalition.
1995 Größere Offensive gegen Kurden. Pro-islamische RP gewinnt Wahlen, aber Mitte-Rechts-Koalition DYP-ANAP regiert. Zollunion mit der EU.
1996–1997 RP (Wohlfahrtspartei)-Führer Necmettin Erbakan führt erste pro-islamische Regierung seit 1923.
1997 Mesut Yilmaz führt ANAP-Minderheitsregierung.
1998 RP verboten, viele Anhänger treten der Tugendpartei (FP) bei. Yilmaz tritt wegen Korruptionsvorwürfen zurück und wird durch Bulent Ecevit von der DSP (Demokratische Partei der Linken) ersetzt.
1999 DSP gewinnt bei Wahlen die meisten Sitze; Ecevit führt rechtskonservative Koalition. Todesurteil gegen Kurdenführer Abdullah Öcalan. 14 000 Tote bei Erdbeben in Izmit.
2000 Nationalversammlung verweigert Wiederwahl Demirels. Präsident wird Ahmet Necdet Sezer.
2001 Akute Finanzkrise. Hungerstreiks in Hochsicherheitsgefängnissen. Juni: Verbot der Tugendpartei.
2002 In der Verfassung werden Demokratie und Menschenrechte gestärkt. November: Neuwahlen nach Regierungskrise im Juni, die konservative AKP, die auch von islamisch eingestellten Wählern unterstützt wird, gewinnt die absolute Mehrheit.

Türken Allgemeine Bezeichnung der nomadischen Völker Zentralasiens, die im 11. Jahrhundert die Steppen beherrschten.

Tughluq Dynastie des Sultanats von Delhi unter Mohammed ibn Tughluq (1325–51). Unter seiner Regierung erreichte das Sultanat seine größte Ausdehnung; es umfasste 23 Provinzen und alle südlichen Königreiche. Aber eine unzureichende Verwaltung, hohe Steuern und ein unglücklicher Versuch, die Hauptstadt nach Dawlatabad zu verlegen, beschleunigten den Fall des Sultanats, das 1398 in viele verfeindete Königreiche zerfiel.

Tukulor Westafrikanisches Volk, das im 19. Jahrhundert ein muslimisches Großreich vom Senegal bis Timbuktu errichtete.

Tula Hauptstadt der Tolteken, etwa 900 von Topiltzin gegründet. *S. 160*

TUNESIEN Das kleinste Land Nordafrikas liegt zwischen Libyen und Algerien. Der dicht bevölkerte, fruchtbare und gebirgige Norden hat eine lange Mittelmeerküste, der Süden ist vor allem Wüste. Von der Unabhängigkeit 1956 bis zu einem unblutigen Putsch 1987 führte Habib Bourguiba ein autoritäres Regime. Unter seinem Nachfolger Ben Ali setzte eine zögernde Demokratisierung ein, die aber durch islamische Fundamentalisten bedroht wird. 1995 bei der ersten Mittelmeerkonferenz wurden Tunesiens Bindungen an die EU, den wichtigsten Handelspartner, verstärkt. Industrie und Tourismus wachsen nach wie vor.

CHRONOLOGIE
1100 v. Chr. Phönikische Händler errichten einen Hafen in Utica und erobern die Küstenregion von den berberischen Bewohnern.
814 v. Chr. Die phönikische Königin Dido gründet der Sage nach Karthago, die Stadt mit dem fruchtbarsten Hinterland in ganz

Nordwestafrika. Bis zum 6. Jahrhundert hat Karthago eine Einwohnerschaft von 400000 und kontrolliert fast alle Handelshäfen von Leptis (Tripolitanien, heute Nordwestlibyen) bis Lixus sowie Mogador (heute Essaouira) in Marokko.
264 v. Chr. Beginn des Ersten Punischen Krieges, ein lang andauernder römischer Feldzug gegen Karthago, der in der Plünderung Karthagos 146 v.Chr. gipfelt.
439 Römische Besetzung wird durch die Wandalen beendet.
534 Byzantinische Herrschaft über das nun so genannte Ifrikija, die bis zum 7. Jahrhundert andauert, als Araber aus dem Osten den Islam in das Gebiet einführen. Ihre wachsende Stärke als Seemacht erlaubt den Arabern die Einnahme Karthagos und die Gründung einer neuen arabischen Stadt in Tunis.
1230 Gründung der Hafsiden-Dynastie, die über ein Gebiet von Tripolitanien über Ifrikija bis Ostalgerien herrscht. Tunis wird Hauptstadt und bedeutendes Handelszentrum.
1574 Tunesien wird Provinz des Osmanischen Reiches, das durch von Konstantinopel ernannte Paschas und Deis verwaltet wird. Im frühen 18. Jahrhundert gewinnen die lokalen Machthaber an Autonomie und etablieren einen erblichen Paschatitel, den Bei.
1883 Vertrag von La Marsa: Tunesien wird französisches Protektorat, der Bei von Tunis bleibt Monarch.
1900 Franzosen und Italiener wandern ein.
1920 Gründung der Destour-Partei; Forderung nach Selbstbestimmung.
1935 Habib Bourguiba gründet Neo-Destour-Partei.
1943 Wiederherstellung der französischen Herrschaft.
1955 Innere Selbstverwaltung. Bourguiba kehrt aus dem Exil zurück.
1956 Unabhängigkeit. Bourguiba wird zum Premierminister gewählt. Frauen erhalten mehr Rechte. Einführung der Familienplanung.
1957 Absetzung des Bei. Tunesien wird Republik, Bourguiba erster Präsident.
1964 Neo-Destour einzige zugelassene Partei. Umbenennung in Parti Socialiste Destourien (PSD). Gemäßigt sozialistisches Wirtschaftsprogramm.
1969 Kollektivierung der Landwirtschaft (seit 1964) wird aufgegeben.
1974 Bourguiba von der Nationalversammlung zum Präsidenten auf Lebenszeit gewählt.
1974–1976 Hunderte Verhaftungen mutmaßlicher Anhänger »illegaler Organisationen«.
1978 Gewerkschaftsbewegung UGTT ruft 24-stündigen Generalstreik aus; über 50 Tote bei Unruhen. Führung der UGTT wird durch PSD-Parteigänger ausgetauscht.
1981 Wahlen. Opposition wirft Regierung Wahlbetrug vor.
1984 Unruhen nach Preiserhöhungen für Lebensmittel.
1986 Zine el-Abidine Ben Ali wird Innenminister. Todesurteile für vier islamische Fundamentalisten.
1987 Verhaftung des Fundamentalistenführers Rachid Ghannouchi. Ben Ali wird Premierminister und übernimmt das Präsidentenamt, nachdem Bourguiba von den Ärzten für senil erklärt wird. Umbenennung der PSD in RCD.
1988 Freilassung der meisten politischen Gefangenen. Verfassungsreform: Mehrparteiensystem, Abschaffung der Präsidentschaft auf Lebenszeit. Zulassung von zwei Oppositionsparteien.
1989 Wahlen: Alle Sitze für RCD, Ben Ali bleibt Präsident. Fundamentalisten erhalten 13 % der Stimmen.
1990 Tunesien unterstützt den Irak im Golfkrieg.
1991 Misslungener Putschversuch, angeblich durch Al-Nahda; über 500 Verhaftungen.
1993 Parteien einigen sich auf Wahlrechtsreform.
1994 Präsidenten- und Parlamentswahl. Ben Ali, einziger Kandidat, wird wiedergewählt. Alle Sitze für RCD; Opposition erhält 19 reservierte Sitze.
1996 Mohammed Moada, Führer der oppositionellen MDS, wegen Kontakten zu ausländischen Agenten verhaftet.
1999 Wahlsieg von Ben Ali und RCD.
2002 Anschlag auf Synagoge in Djerba fordert 19 Todesopfer.

Tunis ⚔ des Zweiten Weltkriegs (April–Mai 1943). Entscheidend für die Kapitulation des deutschen Afrikakorps und die Eroberung Nordafrikas durch die Alliierten.

Tupac Amaru Alter Inkaname, den ein bolivianischer Revolutionsführer gegen die spanische Herrschaft 1780 annahm. *S. 335*

Tupac Yuapanqui (reg. 1471–93) Inkaherrscher, der das Reichsgebiet weit in den Süden, bis ins heutige Zentralchile, ausdehnte und den letzten Widerstand gegen die Inkaherrschaft in Südperu ausmerzte.

Tupamaros (*auch sp.* Movimiento de Liberación Nacional) Um 1963 gegründete linke Guerillaorganisation in Uruguay.

TURKMENISTAN Früher die ärmste sowjetische Republik, ist Turkmenistan heute besser an die Unabhängigkeit angepasst als die meisten GUS-Staaten, weil es den Marktwert seiner riesigen Erdgasvorkommen nutzt. Das überwiegend sunnitische Gebiet gehört zum ehemaligen Turkestan, dem letzten Teil Zentralasiens, der im zaristischen Russland aufging. Das Leben wird noch stark von Stammesbeziehungen bestimmt. Es gibt kaum Telefone und andere Kommunikationsmittel.

Chronologie

13. Jahrhundert Dschingis Khan erobert das Gebiet.
17.–19. Jahrhundert Das von turkmenischen Stämmen bewohnte Gebiet wird von Persien, Chiwa, Buchara und Afghanistan umkämpft.
1881 Russische Truppen erobern unter General Skobelew den turkmenischen Stützpunkt Geok-Tepe trotz heftiger Gegenwehr und töten mehr als 14000 Menschen. Die Russen gründen Aschchabat in der Achal-Teke-Oase, das zunächst ein Militärstützpunkt und später ein Handelszentrum ist.
1884 Russland erobert die Oasenstadt Mari. Die Invasion der Russen erreicht 1900 die Grenzen Afghanistans und Persiens und zwingt viele Turkmenen zur Flucht nach Persien.
1918 Februar: Nach der russischen Oktoberrevolution Gründung der Autonomen Sozialistischen Republik Turkmenistan unter sowjetischer Autorität.
1924 Gründung der Sowjetrepublik Turkmenistan.
1991 Unabhängigkeit von der UdSSR. Nijasow wird Präsident.

▶

◄

1994 Frühere Kommunisten gewinnen erste Wahlen.
1999 Parlament verlängert Nijasows Amtszeit auf unbestimmte Zeit.
2000 Abschaffung der Todesstrafe.

Tuscorarakrieg (1711) Krieg zwischen den Tuscorara-Indianern von North Carolina und europäischen Siedlern, den die Tuscorara verloren. Sie zogen daraufhin nach Norden, schlossen sich als sechste Nation der Irokesischen Liga an und siedelten sich im Staat New York und im Südosten Kanadas an.

Tut-ench-Amun (reg. 1333–1323 v. Chr.) Ägyptischer Pharao der 18. Dynastie. Bekannt vor allem durch sein unversehrt gebliebenes, reich ausgestattetes Grab, 1922 von Howard Carter entdeckt. Tut-ench-Amun war Nachfolger und Schwiegersohn des Monotheisten Echnaton und setzte das von seinem Vorgänger abgeschaffte Götterpantheon wieder ein. Anders als Echnaton ließ er allerdings die Anhänger der Vorgängerreligion nicht verfolgen, sondern legte seinen ursprünglichen Namen Tut-ench-Aton, der der Verehrung des Sonnengestirns galt, ab. Seine Hauptstadt verlegte er von Amarna nach Memphis.

Tutsi (*auch* Batutsi, Tussi, Watusi) Ethnische Gruppe in Ruanda und Burundi, 1994 Opfer eines schrecklichen Massakers.

TUVALU Als einer der kleinsten Staaten der Welt liegt Tuvalu mitten im Pazifik, 1050 km nördlich von Fidschi. Die Kette aus neun Korallenatollen hat eine Landfläche von nur 26 km^2. Die einstigen Ellice-Inseln waren bis zwei Jahre vor ihrer Unabhängigkeit 1978 als britische Kolonie mit den Gilbert-Inseln assoziiert. Die meisten Tuvaluer leben von Landwirtschaft und Fischfang.

CHRONOLOGIE

Vor etwa 2000 Jahren Besiedlung durch Polynesier von Tonga und Samoa.
1974 Bewohner billigen Trennung von Gilbert-Inseln.
1978 Unabhängigkeit als Tuvalu.
1987 Tuvalu-Treuhandfonds eingerichtet.
1996–1998 Bikenibeu Paeniu Premier.
2000 UN-Beitritt als 189. Mitglied. Plötzlicher Tod von Premierminister Ionatana.

Tyler, Wat Anführer des englischen Bauernaufstandes von 1381. *S. 242*

Tz'u-hsi *siehe* Cixi, Kaiserin

U

U-Boot (*auch* Unterseeboot) Im Ersten und im Zweiten Weltkrieg setzte Deutschland U-Boote ein.

UdSSR *siehe* Sowjetunion

UGANDA Das ostafrikanische, von Gebirgen und Hochebenen geprägte Land besitzt über Kenia und Tansania einen Zugang zum Meer. Die um 1500 sich entwickelnden kleinen Königreiche standen ab 1893 bis zur Unabhängigkeit 1962 unter britischem Protektorat. Seitdem ist das Land von ethnischen Konflikten zerrissen. Erst 1986 kehrte unter Präsident Museveni eine Phase des relativen Friedens ein.

CHRONOLOGIE

1894 Die Briten erklären das Königreich Buganda zum britischen Protektorat. Bunyoro, Toro, Ankole und Busoga folgen 1896.
1953 Der Kabaka (König) von Buganda, Mutesa II., wird bis 1955 ins Exil nach Großbritannien geschickt, weil er mit Anhängern die Unabhängigkeit seines Landes fordert.
1962 Mutesa II. wird Staatspräsident, Milton Obote (UPC) Premierminister.
1966 König Mutesa II. muss ins Exil.
1967 Neue Verfassung tritt in Kraft. Milton Obote wird Staatspräsident.
1971–1986 Ethnische Konflikte und Wirtschaftszusammenbruch unter Idi Amin und Milton Obote.
1986 Museveni wird Präsident.
1996 Museveni gewinnt die erste Präsidentenwahl.
2000 Parteienloses System wird durch Referendum bestätigt.
2002 Beginn der Offensive gegen die christlich-fundamentalistische Lord's Resistance Army (LRA) in Norduganda.

Uiguren (*auch* Uighuren) Zentralasiatisches Turkvolk. Beherrschte ab Mitte des 8. Jahrhunderts die nördliche Mongolei. Größte muslimische Minderheit in China.

UKRAINE Die Ukraine grenzt an sieben Staaten sowie im Süden an das Schwarze und das Asowsche Meer. 1918 wurde ein unabhängiger ukrainischer Staat gegründet, der jedoch noch im gleichen Jahr von sowjetischen Truppen im Osten und von polnischen im Westen eingenommen wurde. Der westliche Teil wird im Zweiten Weltkrieg der Sowjetrepublik Ukraine zugeschlagen. 1991 wurde das Land wieder unabhängig. Im Westen des Landes dominiert eine ukrainisch sprechende national orientierte Bevölkerung, im Osten eine große russische Minderheit.

CHRONOLOGIE

7. Jahrhundert Aufeinander folgend siedeln hier Skythen, Griechen und Sarmaten.
um 1450 Krimtataren gründen Khanat.
1569 Mit Lubliner Union kommt Ukraine großteils an Polen.
1648 Selbstständiger ukrainischer Staat unter Schutz des Zaren von Russland.
1918 Nach dem Zusammenbruch des Zarenreiches und Österreich-Ungarns ist die Ukraine unabhängig. Im Vertrag von Brest-Litowsk erkennen die Mittelmächte die Unabhängigkeit an.
1919 Invasion der Roten Armee. Proklamation der Ukrainischen Sozialistischen Sowjetrepublik.
1920 Invasion Polens; Westukraine polnisch besetzt.
1922 Gründung der UdSSR; Ukrainische SSR ist Gründungsmitglied.
1922–1930 Der Unterdrückung der ukrainischen Kultur folgt nun eine Ukrainisierungsphase.
1932–1933 Stopp der Ukrainisierung. Unter Stalins Terrorherrschaft kommt es wie im Rest der Sowjetunion zu Zwangskollek-

tivierung, Hungersnot und Deportationen. 7 Mio. Menschen sterben.
1939 Nach dem deutschen Einmarsch in Polen annektiert Russland den polnischen Osten und damit auch die polnisch besetzte Westukraine.
1941 Deutschland greift die UdSSR an. Bis 1945 sterben 7,5 Mio. Ukrainer.
1942 Antisemitisch orientierte nationalistische Bewegung kämpft gegen deutsche Besatzer und Sowjettruppen.
1954 Die Krim wird Teil der Ukrainischen SSR.
1972 Sowjetunion inhaftiert viele Intellektuelle und Dissidenten. Wladimir Shcherbitsky, ein Anhänger Breschnews, führt statt des moderaten Reformers Petr Shelest die Kommunistische Partei der Ukraine (KPU).
1986 Schwerster Atomunfall der Geschichte im Atomreaktor von Tschernobyl.
1989 Erster großer Bergarbeiterstreik in Donbass. Der Gorbatschow-Anhänger Wolodimir Iwaschko ist Vorsitzender der KPU.
1990 Parlament erklärt Souveränität der Ukraine. Krawtschuk wird Nachfolger Iwaschkos.
1991 Nachdem eine Mehrheit von 90 % der Bevölkerung in einem Volksentscheid dafür stimmt, wird die Ukraine ein selbstständiger Staat. Die KPU wird verboten. Die Krim erklärt sich zur Autonomen Republik innerhalb der Ukrainischen SSR.
1993 Mit großen Geldsummen wird ein großer Bergarbeiterstreik in Donbass beigelegt. Erhöhung des Haushaltsdefizits und Hyperinflation. Neugründung der KPU beim Donez-Kongress.
1994 Auf der Krim wird Juri Meschkow zum Präsidenten gewählt. Leonid Kutschma besiegt Krawtschuk und wird erster demokratisch gewählter Präsident der Ukraine.
1996 Griwna wird nationale Währung. Neue Verfassung tritt in Kraft.
1997 Freundschaftsvertrag mit Russland. Vertrag zur Schwarzmeerflotte.
1998 Zehn-Jahres-Kooperationsvertrag mit Russland. KPU erhält Mehrheit in Wahlen.
1999 Kutschma wird wiedergewählt. Opposition spricht von Betrug. Kutschma ernennt reformwillige Regierung.
2000 Tschernobyl wird abgeschaltet.
2001 Kutschma wird mit Journalistenmorden in Verbindung gebracht. Absetzung des reformwilligen Premiers.
2002 In Parlamentswahl vom 31. März gewinnt Oppositionsbündnis die Mehrheit.

Ulloa, Francisco de († um 1540) Spanischer Entdecker, der im Auftrag von Hernán Cortés den Golf von Kalifornien erforschte und nachweisen konnte, dass Baja California eine Halbinsel ist.

Ultra Codename für das alliierte Projekt zur Entschlüsselung deutscher Enigma-Texte im Zweiten Weltkrieg.

Umar Ibn Said Tal (*auch* Al-Hajj Umar Ibn Said Tal, um 1797–1864) Westafrikanischer Tukulor-Herrscher. Gründer des muslimischen, zwischen dem Oberlauf des Senegal und dem Niger gelegenen Tukulor-Reiches (1863).

Unabhängigkeitserklärung Von den Kongressabgeordneten der 13 ursprünglichen US-amerikanischen Staaten am 4. Juli 1776 unterschriebenes Dokument, das die Unabhängigkeit von Großbritannien erklärt.

UNGARN Das im Herzen Mitteleuropas gelegene Land grenzt an sieben Staaten. Es gab Zeiten seit ihrer Ankunft in Europa im 9. Jahrhundert, in denen Ungarn wesentlich größere Gebiete besaß, aber das Land hatte bei der Verteilung der Habsburgergebiete nach dem Ersten Weltkrieg das Nachsehen. Ungarn war von jeher ein kosmopolitisches Land. In seiner kommunistischen Ära (bis 1989) ging es ihm besser als den anderen Ostblockländern. Durch wirtschaftliche und politische Reformen ist es näher an die EU gerückt, der es in der ersten Phase der Osterweiterung beitreten wird. Inzwischen ist Ungarn auch NATO-Mitglied. In der Außenpolitik wird besonders aufmerksam verfolgt, wie man in den Nachbarländern mit der jeweiligen ungarischen Minderheit umgeht.

Chronologie

4.–6. Jahrhundert Das mittlere Donautal wird nacheinander von Hunnen und Awaren besiedelt, die später von Karl dem Großen besiegt werden.
9. Jahrhundert Die Magyaren, ein finno-ugrisches Volk, aus einem Gebiet hinter dem Ural kommend, erobern die Region.
904 Der legendäre Fürst Árpád, Anführer der Magyaren, gründet eine Dynastie, die bis 1301 bestehen bleibt.
1001 15. August (nicht 25. Dezember 1000, wie allgemein angenommen): Stephan I., der Heilige, der die Magyaren vereint und christianisiert, wird zum ersten König Ungarns gekrönt und regiert bis 1038.
1458–1490 Die Regierungszeit von Matthias Hunyadi (oder Corvinus, nach dem Raben im Familienwappen) ist das goldene Zeitalter der ungarischen Geschichte. Abbau von Gold, Silber und Kupfer macht Ungarn zu einem der reichsten Länder Europas. Der Einfluss der italienischen Renaissance löst eine kulturelle Blüte aus, in der die Universität von Buda und die Corvinusbibliothek gegründet werden.
1514 Die Türken ziehen Vorteile aus einem Bauernaufstand und beherrschen Zentralungarn (einschließlich Buda ab 1529), während der Westen des Landes sich dem Österreicher Ferdinand von Habsburg unterwirft. Transsylvanien im Osten wird bis 1540 von dem gewählten Johann Zápolya regiert. Es gibt Spannungen zwischen dem katholischen »königlichen« Ungarn und Transsylvanien, in dem durch den Reichstag von Tonda (1558) die Religionsfreiheit für Katholiken und Lutheraner garantiert wird. Sie brechen insbesondere im Dreißigjährigen Krieg auf (1618–48).
1699 Der Vertrag von Karlowitz bestätigt die Vertreibung der Türken, die von den Österreichern und Verbündeten nach der erfolglosen Belagerung Wiens 1683 immer weiter zurückgeschlagen wurden, sowie die Vereinigung Ungarns unter den Habsburgern.
1703 In Transsylvanien führt Franz II. Rákóczi den Aufstand gegen Österreich an, der niedergeschlagen wird. 1711 wird im Frieden von Sathmar die österreichische Herrschaft bestätigt.
1780 Die Reformversuche Kaiser Josephs II. (reg. bis 1790), einschließlich der Abschaffung der Leibeigenschaft, werden von der ungarischen Aristokratie abgelehnt. Die ungarische Sprache wird offiziell anerkannt und löst 1792 das Latein als Schul- und 1844 als Amtssprache ab. Ungarische Literatur und Wissenschaften tragen zur Blüte der Romantik in Europa und zu einem wachsenden nationalen Selbstbewusstsein bei.

1848 Im Gefolge der Revolutionen in Europa ist Kaiser Ferdinand gezwungen Reformen durchzuführen. Nationalistische Unzufriedenheiten lösen einen Bürgerkrieg aus.
1849 Der neue König, Franz Joseph, wird abgesetzt und Lajos Kossuth, einer der Revolutionsführer, zum Reichsverweser ernannt. Österreich ruft Russland zu Hilfe. Etwa 200000 russische Soldaten schlagen die Revolte nieder, Kossuth flieht aus dem Land.
1861 Der ungarische Reichstag verlangt die Gleichstellung von Österreich und Ungarn.
1867 Nach der Niederlage der Österreicher gegen Preußen 1866 wird die Doppelmonarchie Österreich-Ungarn geschaffen. Erster Premierminister Ungarns wird Graf Gyula Andrássy.
1914 Österreich-Ungarn tritt nach der Ermordung des Thronfolgers Franz Ferdinand in Sarajevo den Mittelmächten bei.
1918 Die Ungarische Republik löst den Staat Österreich-Ungarn ab.
1919 Béla Kún führt kurzzeitig eine kommunistische Räteregierung ein. Rumänien interveniert militärisch und übergibt 1920 Admiral Horthy die Macht.
1938–1941 Ungarn erhält für die Unterstützung Deutschlands tschechische, jugoslawische und rumänische Gebiete.
1941 Hitlers Angriff auf die Sowjetunion zieht Ungarn auf die Seite der Achsenmächte in den Zweiten Weltkrieg.
1944 Deutsche Invasion. Deportation von Juden und Roma in Vernichtungslager. Einmarsch der Roten Armee im Oktober, Horthy muss zurücktreten.
1945 Befreiung durch die Rote Armee. Die Sowjetunion setzt eine provisorische Regierung ein. Ministerpräsident Ferenc Nagy führt Landreformen durch.
1947 Kommunisten werden stärkste Partei bei den zweiten Nachkriegswahlen.
1949 Neue Verfassung und formale Bildung einer Volksrepublik.
1950–1951 Staats- und KP-Chef Mátyás Rákosi kollektiviert die Landwirtschaft und industrialisiert die Wirtschaft.
1953 Imre Nagy, Rákosis Rivale, wird Premier und verringert den politischen Terror.
1955 Rákosi setzt Nagy ab.
1956 Rákosi abgesetzt. Aus Studentendemonstrationen, die den Abzug der sowjetischen Truppen und Nagys Rückkehr fordern, wird ein Volksaufstand. Nagy wird zum Premierminister und János Kádár zum Ersten Sekretär ernannt. Nagy kündigt an, Ungarn werde den Warschauer Pakt verlassen. Drei Tage später unterdrücken sowjetische Truppen gewaltsam die Proteste: 25000 Tote. Kádár wird Premier.
1958 Nagy wird hingerichtet.
1968 Kádár führt marktwirtschaftliche Elemente in die sozialistische Wirtschaft ein.
1986 Polizei unterdrückt das Gedenken an den Aufstand 1956. Demokratische Opposition fordert den Rücktritt Kádárs.
1987 Parteireformer gründen Demokratisches Forum (MDF).
1988 Kádár abgesetzt. Proteste zwingen zur Aufgabe des Plans für den Bau des Nagymaros-Staudamms an der Donau.
1989 Ende des Einparteienstaats, unabhängige Parteien werden zugelassen. Posthume Rehabilitierung von Imre Nagy. Gespräche am runden Tisch zwischen USAP und Opposition.
1990 József Antalls MDF gewinnt klar die Wahlen. Árpád Göncz wird Präsident.
1991 Auflösung des Warschauer Pakts. Sowjettruppen ziehen aus Ungarn ab.
1994 Ungarn beteiligt sich am NATO-Programm »Partnership for Peace«. Ehemalige kommunistische MSzP (Sozialistische Partei) gewinnt allgemeine Wahlen. Sparprogramm löst Proteste aus.
1998 EU-Beitrittsverhandlungen eröffnet. Wahlen, Viktor Orbán (Fidesz-MPP) bildet eine Koalition rechts der Mitte.
1999 NATO-Beitritt. Luftraum freigegeben zur Bombardierung Jugoslawiens.
2000 Mádl löst Göncz als Präsident ab.
2002 Parlamentswahlen, Koalition der siegreichen MSzP mit der SZDSZ unter Ministerpräsident Medgyessy.

Ungarischer Volksaufstand (1956) Massenproteste forderten den Abzug sowjetischer Truppen. Nach seiner Wiedereinsetzung als Ministerpräsident kündigte Imre Nagy die Mitgliedschaft im Warschauer Pakt. Sowjetische Truppen marschierten ein und schlugen den Aufstand nieder, 25000 Menschen wurden getötet. Nach einem Schauprozess richtete man Nagy 1958 hin.

Union der Sozialistischen Sowjetrepubliken (UdSSR, *auch* Sowjetunion) 1922 von der russischen, der ukrainischen, der weißrussischen und der transkaukasischen Sowjetrepublik gegründeter Staatenbund auf der Basis des Marxismus. Entgegen dem ursprünglich in der Oktoberrevolution (1917) verkündeten Recht der Völker auf Selbstbestimmung entwickelte sich die Sowjetunion v.a. unter Stalin immer mehr zu einem zentralistischen, äußerst repressiven Regime. Im Zweiten Weltkrieg gelang es ihr, weitere Gebiete einzubinden. Nach dem Krieg war die UdSSR ein Machtfaktor, den die Alliierten nicht ignorieren konnten. Sie beherrschte bis zum Ende des Kalten Krieges 1989 nahezu ganz Osteuropa. Ab Mitte der 80er-Jahre bewirkten jedoch die Reformbemühungen Gorbatschows, die unter den Stichworten *glasnost* (*dt.* Öffentlichkeit) und *perestroika* (*dt.* Umbau) bekannt sind, mehr Demokratie im Innern und eine Öffnung nach außen. 1990 fand die erste teilweise freie Wahl des Parlaments statt, 1991 löste sich die Sowjetunion auf, Nachfolgerin wurde die GUS, eine lockere Gemeinschaft unabhängiger Staaten. *Siehe auch* Russland

UNITA (União Nacional para a Independência Total de Angola) Die als angolanische Befreiungsbewegung gegen die Kolonialherrschaft gegründete UNITA kämpfte im Bürgerkrieg (1975–2002) gegen die regierende MPLA (Movimento Popular de Libertação de Angola).

UNO (*engl.* United Nations Organization) 1945 mit dem Ziel gegündet, den Weltfrieden und die friedlichen Beziehungen der Staaten untereinander zu sichern. Zur UNO gehören u.a. der Weltsicherheitsrat, der Wirtschafts- und Sozialrat und der Internationale Gerichtshof. Neben der Generalversammlung, bei der alle Mitgliedsstaaten eine Stimme haben, gibt es die ständigen Mitglieder (China, Russland, Frankreich, Großbritannien und die USA) und die für zwei Jahre gewählten Mitglieder des Sicherheitsrates.

Upanishaden Abhandlungen in Prosa und Versform, die zusammen mit den *Veden* den zentralen Text der heiligen Schriften der Hindus bilden. Sie entstanden zwischen 800 v.Chr. und 300 n.Chr.

Ur Alte Stadt in Sumer, bereits 2500 v.Chr. wichtiges Handelszentrum. Sie fiel 2340 v.Chr. an Sargon von Akkad. Um 2100 v.Chr. begründete Urnammu eine neue sumerische Dynastie.

Urartu Königreich in Ostanatolien um den Vansee (um 1270–612 v. Chr.), häufig Angriffen assyrischer Könige und Einfällen der Skythen und Meder ausgesetzt.

Urban II. (um 1035–99, reg. 1088–99) Papst, der viel von einer Kirche frei von staatlicher Einmischung hielt. Er predigte 1095 für den ersten Kreuzzug.

Urnammu Begründer der 3. sumerischen Dynastie, machte Ur um 2150 v. Chr. zur Hauptstadt des neusumerischen Reiches. Er erbaute die Zikkurat von Nippur, um seine Stellung als irdischer Vertreter Enlils zu bekräftigen.

Urozwi-Reich Südafrikanisches Reich (um 1684–frühes 19. Jahrhundert).

URUGUAY Uruguay liegt im Südosten Südamerikas. Die Hauptstadt Montevideo, ein Atlantikhafen, liegt am Río de la Plata gegenüber der argentinischen Hauptstadt Buenos Aires. Spanier kolonisierten als Erste das Gebiet nördlich des Río de la Plata. 1680 gründete auch Portugal bei Colonia del Sacramento eine Kolonie. Damit begann eine 150 Jahre dauernde Rivalität. Uruguay wurde 1828 unabhängig. Mit einem Militärputsch 1973 endeten Jahrzehnte liberaler Regierungen. Danach folgte eine zwölfjährige Diktatur, während der 400 000 Menschen emigrierten. Die meisten sind inzwischen zurückgekehrt. Fast das gesamte Tiefland dient der Viehzucht, v. a. von Rindern und Schafen. Uruguay ist zweitgrößter Wollexporteur der Welt. Tourismus und Bankwesen bringen beträchtliche Deviseneinnahmen.

CHRONOLOGIE

1726 Spanier gründen Montevideo. Bis zum Ende des Jahrhunderts ist das ganze Land in große Rinderfarmen aufgeteilt.

1808 Montevideo erklärt die Unabhängigkeit von Buenos Aires.

1811 Der patriotische Rinderzüchter und Militärführer José Gervasio Artigas wehrt einen Angriff der Brasilianer ab.

1812–1820 Krieg gegen brasilianische und argentinische Invasoren. Brasilien nimmt Montevideo ein.

1827 General Lavalleja besiegt Brasilien mithilfe Argentiniens.

1828 Großbritannien sichert die Unabhängigkeit Uruguays, da es sich wirtschaftliche Vorteile von einem Pufferstaat zwischen Argentinien und Brasilien verspricht.

1836 Beginn umfangreicher Einwanderung aus Europa.

1838–1865 Bürgerkrieg zwischen »Weißen« (später Konservative Partei) und »Roten« (später Liberale).

1865–1870 Teilnahme am Krieg der Dreierallianz gegen Paraguay unter dem »roten« Präsidenten General Venancio Flores.

1872 Frieden unter Militärherrschaft. »Weiße« dominieren auf dem Land, »Rote« in den Städten.

1890er-Jahre Gewalttätige Streiks eingewanderter Gewerkschafter gegen Großgrundbesitzer.

1903–1907 Der »Rote« Reformer José Batlle y Ordoñez wird Präsident.

1911–1915 Zweite Amtszeit Batlles. Er schafft den einzigen Wohlfahrtsstaat Lateinamerikas mit Pensionen, Sozialversicherung, kostenlosem Schul- und Gesundheitswesen sowie Verstaatlichungen, Trennung von Kirche und Staat und Abschaffung der Todesstrafe.

1933 Militärputsch. Ausschluss der Oppositionsgruppen aus der Politik.

1939–1945 Neutral im Zweiten Weltkrieg.

1942 Präsident Alfredo Baldomir entlässt die Regierung und versucht eine Volksvertretung wiederherzustellen.

1951 Neue Verfassung: Neunköpfiger Rat ersetzt den Präsidenten. Zehn Jahre Wohlstand bis zum Verfall der Weltmarktpreise für Agrarprodukte. Rückgang der Investitionen aus dem Ausland.

1958 Nach 93 Jahren erster Wahlsieg für die »Weißen«.

1962 Gründung der Tupamaro-Stadtguerilla, die bis 1973 aktiv ist.

1966 Wiederherstellung des Präsidentenamtes. »Rote« wieder an der Macht.

1967 Jorge Pacheco wird Präsident. Er versucht die Opposition durch Anti-Inflationspolitik zu schwächen.

1973 Militärputsch. Den Versprechungen neuer ausländischer Investitionen stehen die Abschaffung bürgerlicher Freiheiten und brutale Unterdrückung der Linken gegenüber. 400 000 Bürger wandern aus.

1984–1985 Rücktritt der Militärs. Wahlen. Julio Sanguinetti (»Rote«) wird Präsident.

1986 Amnestie für Verantwortliche der Menschenrechtsverletzungen.

1989 Referendum für Amnestie im Interesse der Stabilität. Wahlsieg für H. Lacalle und die »Weißen«.

1994–1995 Wiederwahl Sanguinettis, bildet Koalitionsregierung.

1999 Jorge Batlle (»Rote«) gewinnt die Präsidentenwahl.

2000 Koalitionsregierung »Roter« und »Weißer«.

2002 Austritt der »Weißen« aus der Regierungskoalition.

Uruk Mesopotamischer Stadtstaat (um 3500 v. Chr.).

USA *siehe* Vereinigte Staaten von Amerika

Usbekisches Reich *siehe* Charism

USBEKISTAN Usbekistan teilt sich mit seinem nördlichen Nachbarn Kasachstan die Küste des Aralsees. Es grenzt an fünf Länder, darunter im Süden Afghanistan. Die am stärksten besiedelte Zentralasiatische Republik mit den alten Städten Samarkand, Buchara Khiwa und Taschkent besitzt beträchtliche Naturschätze. Der islamische Fundamentalismus konnte sich im Land nicht ausbreiten.

CHRONOLOGIE

6. Jahrhundert v. Chr. Kyros II., der Große, der Begründer des Persischen Reiches, erobert Zentralasien.

4. Jahrhundert v. Chr. Alexander der Große erobert Zentralasien.

6. Jahrhundert Die Türken herrschen in Zentralasien, werden jedoch im 7. und 8. Jahrhundert von Arabern vertrieben und kehren im 10. Jahrhundert zurück.

14. Jahrhundert Buchara und Samarkand entwickeln sich zu wichtigen Zentren islamischer Kultur.

1500 Die Schaibaniden regieren von Buchara und Samarkand aus bis 1599 ein unruhiges Reich.

1876 Die Khanate Kokand und Buchara werden von Russland annektiert.

1916 Ein bewaffneter Aufstand gegen die russische Herrschaft in Samarkand wird niedergeschlagen.

1917 Die russische Revolution führt zur Forderung eines unabhängigen Buchara. Sowjetherrschaft in Taschkent beginnt.

◀
1918 Turkestanische Autonome Sozialistische Sowjetrepublik (ASSR) ausgerufen, zu der auch das heutige Usbekistan gehört.
1923–1941 Sprache wechselt mehrfach: vom arabischen zum lateinischen Alphabet; dann basierend auf iranisiertem Taschkent und schließlich durch das Kyrillische ersetzt.
1924 Ende des Widerstands der Basmachi-Rebellen gegen die Sowjetherrschaft. Gründung der Usbekischen SSR (bis 1929 mit Tadschikischer ASSR).
1925 Anti-Islam-Kampagne: Verbot von Schulen und Schließung von Moscheen.
1936 Karakalpakische ASSR (früher Teil der Russischen Sozialistischen Föderativen Sowjetrepublik) geht in Usbekischer SSR auf.
1937 Stalins »Säuberungen« treffen die usbekische kommunistische Führung.
1941–1945 Industrieller Aufschwung.
1959 Scharaf Raschidow wird erster Sekretär der Kommunistischen Partei Usbekistans (KPUs) und bleibt es bis 1983.
1982–1983 Jurij Andropow wird Führer in Moskau. Durch seine Antikorruptionskampagne bildet sich eine neue Generation zentralasiatischer Funktionäre.
1989 Bildung der ersten nichtkommunistischen politischen Bewegung, der Birlik (»Einheit«). Auf eine Kampagne von Birlik hin wird Usbekisch Amtssprache.
1990 Islam Karimow wird Präsident des neuen Obersten Sowjets Usbekistans. Bei Kämpfen zwischen Volksgruppen im Ferganatal werden 320 Menschen getötet.
1991 Unabhängigkeitserklärung. Republik Usbekistan ist fortan der offizielle Name. Usbekistan unterzeichnet einen Vertrag über eine Wirtschaftsgemeinschaft mit sieben anderen ehemaligen Sowjetrepubliken. November: Aus der KPUs wird die Volksdemokratische Partei (CDP) mit Karimow an der Spitze. Dezember: Karimow wird als Präsident bestätigt. Usbekistan tritt der GUS bei.
1992 Preisfreigabe führt zu Studentenunruhen in Taschkent. Neue Verfassung nach westlichen Demokratievorstellungen. Verbot religiöser Parteien. September: Usbekistan entsendet Truppen nach Tadschikistan, um Gewalttätigkeiten zu stoppen und die Grenzkontrollen zu verstärken.
1993 Zunehmende Schikanen gegen die oppositionellen politischen Parteien Erk und Birlik.
1994 Einführung einer neuen Währung, des Sum, der ab Oktober einziges gesetzliches Zahlungsmittel ist.
1995 Karimows CDP gewinnt die Parlamentswahlen. Referendum verlängert Karimows Amtszeit bis 2000. Utkir Sultanow ersetzt Abdulashim Mutalow als Premierminister.
1999 Bombenanschläge islamischer Terroristen führen zu hartem Vorgehen und der Verhaftung Hunderter Oppositioneller. Parlamentswahlen.
2000 Karimow wiedergewählt.
2001 Stationierung von US-Truppen im Afghanistankrieg.
2002 Referendum verlängert die Amtszeit des Präsidenten von fünf auf sieben Jahre. Einführung einer zweiten Parlamentskammer, Verfassungsänderung.

Usman dan Fodio *siehe* Osman dan Fodio

Utrecht, Union von (1579) Anti-spanische Allianz (hauptsächlich) der Nordprovinzen während des Aufstands der Niederlande (1565–1609). Ihre Unabhängigkeit wurde von Spanien 1609 anerkannt und 1648 im Westfälischen Frieden bestätigt.

V

Valdivia, Pedro de (1497–1554) Spanischer Konquistador, der die Atacamawüste durchquerte (1540), Santiago de Chile gründete (1541) und dann eine Reihe von Expeditionen nach Süden von Peru nach Chile führte (1548–53). Diese waren erfolgreich, bis er auf die kriegerischen Araukaner traf und im Kampf mit ihnen getötet wurde.

Valens (um 328–378) Oströmischer Kaiser (reg. 364–378), von seinem Bruder Valentinian zum Mitregenten ernannt. Fiel bei der Niederlage gegen die Westgoten in der Schlacht von Adrianopel.

Valerian (um 190–260) Römischer Kaiser (reg. 253–260), führte Feldzüge gegen Goten und Perser. Er wurde von den Persern bei Edessa besiegt (259) und starb in Gefangenschaft.

Valois Dynastie, die von 1328 bis 1589 den französischen Thron innehatte.

Vandivash ⚔ des Siebenjährigen Kriegs in Indien (1760). Briten besiegen Franzosen.

VANUATU Der Archipel, der sich über 1300 km im Südpazifik erstreckt, liegt 1000 km westlich von Fidschi. Von den 82 Inseln, die gebirgig und vulkanischen Ursprungs sind, haben nur zwölf eine nennenswerte Größe; Espiritu Santo und Malekula sind die größten. Die ehemaligen Neuen Hebriden, von Frankreich und Großbritannien ab 1906 gemeinsam verwaltet, wurden 1980 unabhängig. Vanuatu ist demokratisch, wenn auch politisch instabil.

CHRONOLOGIE
Vor etwa 6000 Jahren Besiedlung von Neuguinea aus.
1606 Entdeckung durch Portugiesen.
1774 Erforschung durch James Cook, er nennt die Inselgruppe »Neue Hebriden«.
1914–1980 Britisch-französische Kondominalverwaltung.
1975 Erste allgemeine Wahlen.
1980 Unabhängigkeit, Walter Lini wird erster Ministerpräsident.
1999 Flutwelle verursacht große Schäden.
2001 Premierminister Sope wird durch Misstrauensvotum abgesetzt.
2002 Parlamentswahlen, Premierminister Edward Natapei wird bestätigt.

Vargas, Getúlio Dornelles (1883–1954) Brasilianischer Präsident (1930–45, 1951–54), trug durch soziale und ökonomische Reformen zur Modernisierung des Landes bei. Ab 1937 regierte er den von ihm so genannten »Neuen Staat« diktatorisch.

Varthema, Ludovico di (etwa 1468–1517) Italienischer Abenteurer, der den Mittleren Osten und Asien bereiste und als Muslim verkleidet als erster Christ nach Mekka pilgerte.

VATIKANSTADT Der Vatikan ist der Sitz der römisch-katholischen Kirche und des Papstes. Der Vatikanpalast liegt hinter dem über dem

Petrusgrab errichteten Petersdom. 324 baute Konstantin hier eine Basilika, die in der Renaissance abgerissen wurde, um Platz zu schaffen für den neuen Petersdom, an dessen Ausgestaltung bedeutende Künstler wie Berninini und Michelangelo beteiligt waren. Der Vatikan ist seit 1417, als die Päpste nach 39-jähriger Kirchenspaltung aus Avignon zurückkehrten, Papstsitz. Vatikanstadt ist der kleinste Staat der Welt und besteht aus dem ummauerten Gebiet der Vatikanstadt, zehn weiteren Gebäuden in Rom und der Sommerresidenz des Papstes in Castelgandolfo südlich von Rom.

Chronologie

1870 Italien annektiert den mittelitalienischen Kirchenstaat.
1929 Lateranvertrag: Italien erkennt den Vatikan als Staat an.
1978 Kardinal Karol Wojtyla wird Papst.
1981/1982 Attentate auf den Papst.
1984 Trennung von Katholizismus und Staat in Italien.
1985 Neuauflage des Katholischen Katechismus von 1566.
1994–1995 Erneute Ablehnung von Abtreibung und Verhütung auf UNO-Konferenzen in Kairo und Peking.
1998 Erklärung des Bedauerns über die Untätigkeit der katholischen Kirche während des Holocausts.
2000 Jubiläumsjahr. Papst bittet um Verzeihung für kirchliche Gewalt und Unterdrückung der letzten 2000 Jahre.
2001 Johannes Paul II. betritt als erster Papst eine Moschee.

Päpste

(Namen mit einem † bezeichnen heilig gesprochene Päpste. Namen von Gegenpäpsten sind kursiv geschrieben.)

Um 42–67	† Peter
Um 67–79	† Linus
Um 79–90	† Anaklet I.
Um 90–99	† Klemens I.
Um 99–107	† Evaristus
Um 107–116	† Alexander I.
Um 116–125	† Sixtus I.
Um 125–136	† Telesphorus
Um 136–140	† Hyginus
Um 140–154	† Pius I.
Um 154–165	† Anicetus
165–174	† Soter
174–189	† Eleutherus
189–198	† Viktor I.
198–217	† Zephyrinus
222–230	† Calixtus I.
217–222	† Urban I.
230–235	† Pontianus
235–236	† Anteros
236–250	† Fabianus
251–253	† Cornelius
251–258	*Novatian*
253–254	† Lucius I.
254–257	† Stephan I.
257–258	† Sixtus II.
259–268	† Dionysius
269–274	† Felix I.
275–283	† Eutychianus
283–296	† Cajus
296–304	† Marcellinus
308–309	† Marcellus I.
309 (310)	† Eusebius
311–314	† Miltiades
314–335	† Silvester I.
336	† Markus
337–352	† Julius I.
352–366	† Liberius
355–365	*Felix II.*
366–384	Damasus I.
366–367	*Ursinus*
384–398	† Siricius
398–401	† Anastasius I.
402–417	† Innozenz I.
417–418	† Zosimus
418–422	† Bonifatius I.
418–419	*Eulalius*
422–432	† Cölestin I.
432–440	† Sixtus III.
440–461	† Leo I.
461–468	† Hilarus
468–483	† Simplicius
483–492	† Felix II. (III.)
492–496	† Gelasius I.
496–498	† Anastasius II.
498–514	† Symmachus
498–505	*Laurentius*
514–523	† Hormisdas
523–526	† Johannes I.
526–530	† Felix III. (IV.)
530–532	Bonifatius II.
530	*Dioskur*
533–535	Johannes II.
535–536	† Agapet I.
536–?538	† Silverius
?538–555	Vigilius
556–561	Pelagius I.
561–574	Johannes III.
575–579	Benedikt I.
579–590	Pelagius II.
590–604	† Gregor I.
604–606	Sabinianus
607	Bonifatius III.
608–615	† Bonifatius IV.
615–618	† Deusdedit
619–625	Bonifatius V.
625–638	Honorius I.
638–640	Severinus
640–642	Johannes IV.
642–649	Theodor I.
649–655	† Martin I.
655–657	† Eugen I.
657–672	† Vitalian
672–676	Adeodatus
676–678	Donus
678–681	† Agatho
682–683	† Leo II.
684–685	† Benedikt II.
685–686	Johannes V.
686–687	Konon
687	*Theodor II.*
687–692	*Paschalis I.*
687–701	† Sergius I.
701–705	Johannes VI.
705–707	Johannes VII.
708	Sisinnius
708–715	Konstantin I.
715–731	† Gregor II.
731–741	† Gregor III.
741–752	† Zacharias
752	Stephan (II.)
752–757	Stephan II. (III.)
757–767	† Paul I.
767–768	*Konstantin II.*
768	*Philippus*
768–772	Stephan III. (IV.)
772–795	Hadrian I.
795–816	† Leo III.
816–817	Stephan IV. (V.)
817–824	† Paschalis I.
824–827	Eugen II.
827	Valentin
827–844	Gregor IV.
844	*Johannes VIII.*
844–847	Sergius II.
847–855	† Leo IV.
855–858	Benedikt III.
855	*Anastasius III.*
858–867	† Nikolaus I.
867–872	Hadrian II.
872–882	Johannes VIII.

882–884	Marinus II.
884–885	Hadrian III.
885–891	Stephan V. (VI.)
891–896	Formosus
896	Bonifatius VI.
896–897	Stephan VI. (VII.)
897	Romanus
897	Theodor II.
898–900	Johannes IX.
900–903	Benedikt IV.
903	Leo V.
903–904	*Christophorus*
904–911	Sergius III.
911–913	Anastasius III. (IV.)
913–914	Lando
914–928	Johannes X.
928	Leo VI.
928–931	Stephan VII. (VIII.)
931–936	Johannes XI.
936–939	Leo VII.
939–942	Stephan VIII. (IX.)
942–946	Marinus III.
946–955	Agapet II.
955–963	Johannes XII.
963–965	Leo VIII.
965	*Benedikt V.*
965–972	Johannes XIII.
973–974	Benedikt VI.
974	*Bonifatius VII.*
974–983	Benedikt VII.
983–984	Johannes XIV
985–996	Johannes XV.
996–999	Gregor V.
997–998	*Johannes XVI.*
999–1003	Silvester II.
1003	Johannes XVII.
1003–1009	Johannes XVIII.
1009–1012	Sergius IV.
1012–1024	Benedikt VIII.
1012	*Gregor VI.*
1024–1032	Johannes XIX.
1032–1045	Benedikt IX.
1045	*Silvester III.*
1045–1046	Gregor VI.
1046–1047	Klemens II.
1047–1048	*Benedikt IX.*
1048	Damasus II.
1049–1054	† Leo IX.
1055–1057	Viktor II.
1057–1058	Stephan IX. (X.)
1058–1059	*Benedikt X.*
1059–1061	Nikolaus II.
1061–1073	Alexander II.
1061–1064	*Honorius II.*
1073–1085	† Gregory VII.
1084–1100	*Klemens III.*

1087	Viktor III.
1088–1099	Urban II.
1099–1118	Paschalis II.
1100–1102	*Theoderich*
1102	*Albert*
1105–1111	*Silvester IV.*
1118–1119	Gelasius II.
1118–1121	*Gregor VIII.*
1119–1124	Calixtus II.
1124–1130	Honorius II.
1124	*Cölestin II.*
1130–1143	Innozenz II.
1130–1138	*Anaklet II.*
1138	*Viktor IV.*
1143–1144	Cölestin II.
1144–1145	Lucius II.
1145–1153	Eugen III.
1153–1154	Anastasius IV.
1154–1159	Hadrian IV.
1159–1181	Alexander III.
1159–1164	*Viktor IV.*
1164–1168	*Paschalis III.*
1168–1178	*Calixtus III.*
1179–1180	*Innozenz III.*
1181–1185	Lucius III.
1185–1187	Urban III.
1187	Gregor VIII.
1187–1191	Klemens III.
1191–1198	Cölestin III.
1198–1216	Innozenz III.
1216–1227	Honorius III.
1227–1241	Gregor IX.
1241	Cölestin IV.
1243–1254	Innozenz IV.
1254–1261	Alexander IV.
1261–1264	Urban IV.
1265–1268	Klemens IV.
1271–1276	† Gregor X.
1276	Innozenz V.
1276	Hadrian V.
1276–1277	Johannes XXI.
1277–1280	Nikolaus III.
1281–1285	Martin IV.
1285–1287	Honorius IV.
1288–1292	Nikolaus IV.
1294	† Cölestin V.
1294–1303	Bonifatius VIII.
1303–1304	Benedikt IX.
1305–1314	Klemens V.
1316–1334	Johannes XXII.
1328–1330	Nikolaus V.
1334–1342	Benedikt XII.
1342–1352	Klemens VI.
1352–1362	Innozenz VI.
1362–1370	Urban V.
1370–1378	Gregor XI.

Kirchenspaltung (1378–1415)	
1378–1389	Urban VI.
1378–1394	*Klemens VII.*
1389–1404	Bonifatius IX.
1394–1424	*Benedikt XIII.*
1404–1406	Innozenz VII.
1406–1415	Gregor XII.
1409–1410	Alexander V.
1410–1415	Johannes XXIII.
1417–1431	Martin V.
1424–1429	*Klemens VIII.*
1424	*Benedikt XIV.*
1431–1447	Eugen IV.
1439–1449	*Felix V.*
1447–1455	Nikolaus V.
1455–1458	Calixtus III.
1458–1464	Pius II.
1464–1471	Paul II.
1471–1484	Sixtus IV.
1484–1492	Innozenz VIII.
1492–1503	Alexander VI.
1503	Pius III.
1503–1513	Julius II.
1513–1521	Leo X.
1522–1523	Hadrian VI.
1523–1534	Klemens VII.
1534–1549	Paul III.
1550–1555	Julius III.
1555	Marcellus II.
1555–1559	Paul IV.
1559–1565	Pius IV.
1566–1572	† Pius V.
1572–1585	Gregor XIII.
1585–1590	Sixtus V.
1590	Urban VII.
1590–1591	Gregor XIV.
1591	Innozenz IX.
1592–1605	Klemens VIII.
1605	Leo XI.
1605–1621	Paul V.
1621–1623	Gregor XV.
1623–1644	Urban VIII.
1644–1655	Innozenz X.
1655–1667	Alexander VII.
1667–1669	Klemens IX.
1670–1676	Klemens X.
1676–1689	Innozenz XI.
1689–1691	Alexander VIII.
1691–1700	Innozenz XII.
1700–1721	Klemens XI.
1721–1724	Innozenz XIII.
1724–1730	Benedikt XIII.
1730–1740	Klemens XII.
1740–1758	Benedikt XIV.
1758–1769	Klemens XIII.
1769–1774	Klemens XIV.

1775–1799	Pius VI.
1800–1823	Pius VII.
1823–1829	Leo XII.
1829–1830	Pius VIII.
1831–1846	Gregor XVI.
1846–1878	Pius IX.
1878–1903	Leo XIII.
1903–1914	Pius X.
1914–1922	Benedikt XV.
1922–1939	Pius XI.
1939–1958	Pius XII.
1958–1963	Johannes XXIII.
1963–1978	Paul VI.
1978	Johannes Paul I.
1978–	Johannes Paul II.

Vauban, Sébastien le Prestre de (1633–1707) Französischer Festungsbaumeister, der Festungsbau und -krieg maßgeblich beeinflusste.

Veda Religiöse Literatur des Hinduismus, die ältesten Verse und Hymnen stammen von 1800 v. Chr.

Veji Etruskische Stadt, 396 v. Chr. von den Römern erobert.

Velasquez, Diego Spanischer Erforscher Nordamerikas des 16. Jahrhunderts.

Venedig *siehe* Venezianische Republik

Venezianische Republik (*auch* Republik von San Marco) Durch Handel mit dem Osten sehr reich gewordener italienischer Stadtstaat des Mittelalters. 1204 eroberten die Venezianer Konstantinopel und errichteten eine Reihe lateinischer Staaten an Stelle des Byzantinischen Reiches. *S. 205*

VENEZUELA Venezuela liegt an der Nordküste Südamerikas. Den Abfluss der riesigen zentralen Hochebene bildet der Orinoco, der Südwesten wird durch das Bergland von Guyana beherrscht. Venezuela war bis 1811 spanische Kolonie und wurde später als stabilste südamerikanische Demokratie gepriesen. In jüngster Zeit wecken Unruhen aber neue Befürchtungen. Obwohl das Land über eines der größten Ölvorkommen außerhalb Vorderasiens verfügt, leben viele Bewohner in Slums.

CHRONOLOGIE

1498–1500 Kolumbus segelt auf seiner dritten Fahrt die Küste Venezuelas entlang.

1777 Venezuela wird Generalkapitanat innerhalb des Vizekönigreichs Neugranada.

1806–1821 Befreiungskrieg, angeführt von Simón Bolívar. 25 % der Bevölkerung Venezuelas sterben.

1811 Formale Unabhängigkeitserklärung unter einer republikanischen Verfassung, 1812 fällt das Land erneut unter spanische Herrschaft.

1813 Bolívar bildet in Caracas eine Regierung. Im darauf folgenden Jahr wird er von den Spaniern vertrieben.

1816 Bolívar kehrt mit einem Expeditionskorps aus dem Exil zurück und errichtet seine Hauptstadt in Angostura (heute Ciudad Bolívar).

1819 In Angostura schließen sich Venezuela, Neugranada (Panama und Kolumbien) und Ecuador zu Groß-Kolumbien zusammen.

1821 Schlacht von Carabobo. Endgültiges Ende der spanischen Herrschaft, Unabhängigkeit im Rahmen von Groß-Kolumbien.

1830 Zerfall von Groß-Kolumbien. In Venezuela herrscht José Antonio Páez; größten Einfluss haben die Kaffeeplantagenbesitzer.

1870 Guzmán Blanco kommt an die Macht. Eisenbahnbau.

1908 Diktatur unter General Juan Vicente. Ausbau der Ölindustrie.

1935 Gómez abgesetzt. Zunehmende Beteiligung der Bevölkerung an der Politik.

1945 Militärputsch. Rómulo Betancourt an der Spitze einer zivilmilitärischen Junta.

1948 Wahlsieg der AD (Acción Democrática) mit dem Schriftsteller Rómulo Gallegos als Präsidentschaftskandidat. Militärputsch. Regierungsbildung unter Marcos Pérez Jiménez, unterstützt von USA und Armee.

1958 Generalstreik. Militärputsch unter Admiral Larrázabal. Freie Wahlen. Betancourt, gerade aus dem Exil zurück, gewinnt Präsidentenwahl für AD. Antikommunistischer Feldzug. Staatliche Sozialprogramme.

1960 Die »Bewegung der Revolutionären Linken« (MIR) trennt sich von der AD und geht in die Opposition.

1961 Gründungsmitglied der OPEC.

1962 Kommunistische Guerillas versuchen Revolution nach kubanischem Vorbild, werden aber in der Bevölkerung nicht unterstützt.

1963 Erster demokratischer Machtwechsel: Raúl Leoni (AD) wird Präsident. Fortsetzung der Guerillabekämpfung.

1966 Gescheiterter Putschversuch durch Anhänger des früheren Präsidenten Pérez Jiménez.

1969 Rafael Caldera Rodríguez (COPEI) wird Präsident und setzt Leonis Politik fort.

1973 Verstaatlichung von Öl- und Stahlindustrie. Weltölkrise. Venezolanische Währung gegenüber dem Dollar auf Höchststand.

1978 Wahlsieg für Luis Herrera Campíns (COPEI). Katastrophale Wirtschaftsprogramme.

1983 Wahlsieg für AD unter Jaime Lusinchi. Sinkende Ölpreise führen zu Unruhen und Sozialabbau.

1988–1989 Wahlsieg für Carlos Andrés Pérez (AD). Aufstand in Caracas wegen Lebensmittelpreisen: 1 500 Tote.

1993–1995 Absetzung von Andrés Pérez nach Korruptionsvorwürfen. Wiederwahl von Caldera Rodríguez. Neue Unruhen.

1998–1999 Wahlsieg der Koalition Patriotische Front unter Hugo Chávez über die Koalition der COPEI. Chavez beginnt Reformen.

1999 Umstrittene verfassunggebende Versammlung gewählt, eine neue Verfassung wird verabschiedet und per Referendum angenommen. Tausende werden Opfer von Flut und Erdrutschen.

2000 Präsidentenwahl. Chávez wird im Amt bestätigt. Konstituierung des neuen Parlaments.

2002 Putsch gegen Chavez schlägt fehl.

Venusstatuetten Stilisierte weibliche Figuren mit stark betonten Brüsten und Gesäßrundungen. Die ältesten in Europa und Russland gefundenen datieren auf etwa 35000 v.Chr. Sie stellen möglicherweise Muttergottheiten dar oder wurden in Fruchtbarkeitskulten verwendet.

Veracruz Landungsplatz von Cortés in Mexiko (1519).

Verbreitung der Arten Verbreitung der Lebewesen über die Erde. Während der europäischen Entdeckungsreisen und Kolonialisierungen kam es zu einem Austausch von Pflanzen und Tieren zwischen Alter und Neuer Welt. *S. 278*

Verdun ⚔ im Ersten Weltkrieg (1916). Französische Truppen schlagen einen deutschen Zermürbungsangriff auf die Stadt Verdun in Frankreich zurück.

Verdun, Vertrag von (843) Vertrag, der das Fränkische Reich unter die drei Söhne Ludwig des Frommen aufteilte:

Karl der Kahle erhielt Frankreich, Ludwig der Deutsche die Gebiete östlich des Rheins, Kaiser Lothar das Land zwischen diesen beiden Königreichen und Norditalien.

Vereenigde Oost-Indische Compagnie *siehe* Holländische Ostindienkompanie

Vereeniging, Frieden von (31. Mai 1902) In Pretoria unterzeichneter Vertrag, der den Burenkrieg beendete, nach einer Einverständniserklärung zwischen Buren und Briten in Vereeniging. Transvaal und der Oranje-Freistaat fielen unter britische Militärverwaltung.

VEREINIGTE ARABISCHE EMIRATE

VEREINIGTE ARABISCHE EMIRATE Die sieben vereinigten arabischen Emirate (V.A.E.), der einzige Bundesstaat der arabischen Welt, grenzen an Oman, Saudi-Arabien und Katar und haben eine umstrittene Seegrenze mit dem Iran. Das Land besteht überwiegend aus Wüsten, vereinzelt von Oasen belebt. Die Städte weisen dank aufwändiger Bewässerungstechniken üppige Grünanlagen auf. Das Gebiet wurde früher von Osmanen und Portugiesen beherrscht, ab dem 19. Jahrhundert von den Briten. Der Wohlstand beruhte traditionell auf dem Perlenhandel, heute v.a. auf dem Öl- und Gasexport.

CHRONOLOGIE

1959 Bedeutende Erdölfunde.

1971 Großbritannien zieht sich als Schutzmacht zurück; Bildung der V.A.E.

1991 V.A.E. stellen westlicher Allianz nach irakischer Invasion Stützpunkte zur Verfügung.

2003 Zollunion innerhalb des Golfkooperationsrates.

Vereinigte Niederlande Staatenbund der sieben niederländischen Provinzen, die sich 1581 von Spanien unabhängig erklärten. *Siehe auch* Niederlande

VEREINIGTE STAATEN VON AMERIKA (USA)

VEREINIGTE STAATEN VON AMERIKA (USA) Das viertgrößte Land der Welt, die USA, ist weder überbevölkert (wie China) noch unterliegt es klimatischen Extremen (wie Russland und Kanada). Die Hauptlandfläche wird von Kanada und Mexiko begrenzt und umfasst 48 der 50 Bundesstaaten. Die beiden übrigen, Alaska an der Nordwestspitze Amerikas und Hawaii im Pazifik, kamen 1959 dazu. Grundlage der USA ist nicht die ethnische Identität, sondern ein Nationalgefühl, das auf den Idealen der Demokratie und Freiheit ihrer Gründerväter basiert – bis heute wichtige Prüfsteine im politischen und im wirtschaftlichen Sinn. Seit dem Zusammenbruch der Sowjetunion sind die USA einzige Supermacht.

CHRONOLOGIE

1565–1626 Nach der Entdeckung der Karibik durch Kolumbus 1492 gründeten spanische und englische Siedler Niederlassungen in St. Augustine (Florida) und Jamestown (Virginia). Niederländische Siedler gründeten die Kolonie Neu-Niederlande im heutigen Albany und New York.

1665 Nach dem zweiten englisch-niederländischen Seekrieg fielen die Neu-Niederlande an die englische Krone. Die Kolonie und die Stadt Neu-Amsterdam wurden in New York umbenannt.

1756–1763 Der Siebenjährige Krieg, der auch in Nordamerika ausgetragen wurde, endete mit dem Pariser Frieden: Die Briten erhielten Kanada und den Teil Louisianas östlich des Mississippi von den Franzosen. Spanien übergab Florida an die Briten.

1773 Bürger von Massachusetts entern drei Schiffe im Hafen von Boston und werfen die Ladung über Bord – als Protest gegen die Einführung der Teesteuer. Dies geht als »Boston Tea Party« in die Geschichte ein.

1775–1783 Amerikanischer Unabhängigkeitskrieg. Streitkräfte der 13 rebellierenden Kolonien besiegen unter George Washington die britische Armee.

1776 Thomas Jefferson schreibt die Unabhängigkeitserklärung.

1783 Der Frieden von Paris erkennt die Unabhängigkeit der Vereinigten Staaten an. Florida geht wieder an Spanien.

1787 Ein in Philadelphia gehaltener Verfassungskonvent überarbeitet die ursprünglich 1777 vereinbarten Articles of Confederation und schafft eine neue Verfassung für die 13 Staaten.

1787–1790 Die neue Verfassung wird von allen 13 Staaten ratifiziert. Offiziell ist sie mit der Ratifizierung durch zwei Drittel der Staaten am 21. Juni 1788 angenommen.

1789 Februar: George Washington wird zum ersten Präsidenten gewählt. Der erste Kongress tritt in New York City, dem gewählten Regierungssitz, zusammen. September: Einrichtung des Obersten Bundesgerichts (Supreme Court).

1791 Zehn Zusatzartikel zur Verfassung (Bill of Rights) garantieren Redefreiheit, Versammlungsfreiheit und weitere Rechte.

1803 Abschluss des Louisiana Purchase: Frankreich verkauft Land vom Golf von Mexiko bis zur kanadischen Grenze an die USA.

1812–1814 Der Krieg mit Großbritannien (1812) vertreibt die Briten nicht aus Kanada.

1819 Spanien verkauft Florida an die USA.

1820 Der Missouri-Kompromiss erlaubt in Missouri die Sklaverei, jedoch nicht in den Gebieten westlich des Missouri und nördlich 36°30'.

1823 Die Monroe-Doktrin erklärt die Oberhoheit der USA in der westlichen Hemisphäre und warnt die europäischen Mächte vor Kolonisationsversuchen in Süd- und Nordamerika.

1828 Die Demokratisch-Republikanische Partei wird mit Andrew Jackson als Präsident zur Demokratischen Partei.

1836 Texas erklärt seine Unabhängigkeit von Mexiko; die texanische Armee besiegt die mexikanische bei San Jacinto.

1845 Texas wird den USA beigefügt.

1846–1848 Im Mexikanisch-Amerikanischen Krieg wird Mexiko von den USA besiegt: Texas, Kalifornien und New Mexico fallen an die USA.

1853 Abschluss des Gadsden Purchase: Die USA erwerben Teile Südmexikos und Arizona.

1854 Die Republikanische Partei bildet sich, um der Ausweitung der Sklaverei entgegenzutreten.

1860 Abraham Lincoln wird als erster Präsident der Republikaner gewählt. South Carolina spaltet sich als erster Staat wegen der Frage der Sklaverei von der Union ab.

1861–1865 Bürgerkrieg (Sezessionskrieg). Der Konflikt beginnt, als sich elf Staaten als Konföderierte Staaten von Amerika von den USA lösen. Die Konföderierten ergeben sich schließlich am 9. April 1865 – nach der Einnahme von Charleston und Richmond – bei Appomattox. Im selben Monat wird

Abraham Lincoln ermordet. Der 13. Verfassungszusatz schafft die Sklaverei ab.
1867 Russland verkauft Alaska an die USA.
1890 Das Massaker am Wounded Knee, South Dakota, ist der letzte große Zusammenstoß zwischen Indianern und US-Streitkräften.
1896 Der Supreme Court entscheidet, dass Rassentrennung verfassungskonform ist, wenn Schwarzen gleichwertige Einrichtungen geboten werden wie Weißen (als »getrennt, aber gleich« bzw. »separate but equal« bezeichnete Doktrin).
1898 Nach dem Spanisch-Amerikanischen Krieg gewinnen die USA Guam, die Philippinen, Puerto Rico und Kuba.
1917 Eintritt in den Ersten Weltkrieg.
1929 Kurssturz an der New Yorker Börse; Wirtschaftsdepression.
1941 Japanischer Angriff auf Pearl Harbor; Eintritt der USA in den Zweiten Weltkrieg.
1950–1953 Koreakrieg.
1954 Oberster Gerichtshof erklärt Rassentrennung in Schulen für nicht verfassungskonform. Farbige beginnen Kampagne des zivilen Ungehorsams.
1959 Alaska und Hawaii werden Bundesstaaten.
1961 John F. Kennedy wird Präsident, verspricht Südvietnam Hilfe. Invasion in der Schweinebucht auf Kuba scheitert.
1962 Sowjetische Raketenbasen auf Kuba; Nuklearkrieg abgewendet.
1963 November: Kennedy wird ermordet. Lyndon Baines Johnson wird Präsident.
1964 Stärkeres Vietnam-Engagement. Civil Rights Act stellt Farbige gesetzlich gleich.
1968 Martin Luther King wird ermordet.
1969 Der Republikaner Richard Nixon wird Präsident. Widerstand gegen Vietnamkrieg nimmt zu.
1972 Nixon wiedergewählt, historischer Besuch in China.
1973 Rückzug der Truppen aus Vietnam; 58 000 Soldaten starben.
1974 August: Nixon tritt nach »Watergate-Skandal« um den Einbruch ins Hauptquartier der Demokraten zurück. Gerald Ford wird Präsident.
1976 Demokrat Jimmy Carter ist Präsident.
1978 Von USA vermitteltes »Camp-David-Abkommen« zwischen Ägypten und Israel.
1979 US-Bürger in Teheran, Iran, als Geiseln genommen.
1980 Ronald Reagan (Republikaner) wird Präsident und betreibt streng antikommunistische Außenpolitik.
1983 Invasion in Grenada.
1985 Luftschläge gegen Libyen. Beziehungen zur UdSSR verbessern sich; erstes von drei Gipfeltreffen.
1986 Iran-Contra-Affäre.
1987 Vorläufiges Abrüstungsabkommen von USA und UdSSR unterzeichnet.
1988 Vizepräsident George Bush Senior gewinnt die Präsidentenwahl.
1989 USA stürzen General Noriega in Panama, verhaften ihn wegen Drogendelikten.
1991 Januar–Februar: Golfkrieg gegen den Irak. USA und UdSSR unterzeichnen START-Abrüstungsabkommen.
1992 Aufstände von Farbigen in Los Angeles und anderen Städten. Bush und Jelzin beschließen weitere Abrüstung. Demokrat Bill Clinton gewinnt Präsidentenwahl.
1994 Gesundheitsreform scheitert im Kongress. Ermittlungen wegen »Whitewater-Skandal« um Clintons Finanzgeschäfte in Arkansas. Vorwürfe gegen Clinton wegen sexueller Belästigung. Kongresswahlen: republikanische Mehrheit in beiden Häusern.
1995 Bombenanschlag in Oklahoma City durch Timothy McVeigh: 168 Tote. Etatstreit zwischen Clinton und dem Kongress.
1996 Clinton wiedergewählt.
1997 Madeleine Albright Außenministerin.
1998 Sonderermittlung wegen Clintons Beziehung zu einer Praktikantin. August: Bombenanschläge auf US-Botschaften in Kenia und Tansania. Vergeltungsschläge gegen Sudan und Afghanistan. Dezember: Luftschläge gegen Irak.
1999 Februar: Amtsenthebungsverfahren gegen Clinton endet mit Freispruch im Senat. März–Juni: NATO greift in Kosovo-Konflikt ein, Bombardierung Jugoslawiens.
2000 November–Dezember: Al Gore unterliegt bei Wahlen knapp George W. Bush.
2001 Januar: Amtsantritt von Präsident Bush. September: Beim bisher schlimmsten Terroranschlag werden Tausende im World Trade Center und im Pentagon getötet. NATO stellt Bündnisfall fest; Beginn der Militärschläge gegen Afghanistan.
2003 Militärschlag gegen den Irak.

Präsidenten der Vereinigten Staaten

1789–1797	George Washington
1797–1801	John Adams
1801–1809	Thomas Jefferson
1809–1817	James Madison
1817–1825	James Monroe
1825–1829	John Quincy Adams
1829–1837	Andrew Jackson
1837–1841	Martin Van Buren
1841	William Henry Harrison
1841–1845	John Tyler
1845–1849	James Knox Polk
1849–1850	Zachary Taylor
1850–1853	Millard Fillmore
1853–1857	Franklin Pierce
1857–1861	James Buchanan
1861–1865	Abraham Lincoln
1865–1869	Andrew Johnson
1869–1877	Ulysses Simpson Grant
1877–1881	Rutherford Birchard Hayes
1881	James Abram Garfield
1881–1885	Chester Alan Arthur
1885–1889	Grover Cleveland
1889–1893	Benjamin Harrison
1893–1897	Grover Cleveland
1897–1901	William McKinley
1901–1909	Theodore Roosevelt
1909–1913	William Howard Taft
1913–1921	Woodrow Wilson
1921–1923	Warren Gamaliel Harding
1923–1929	John Calvin Coolidge
1929–1933	Herbert Clark Hoover
1933–1945	Franklin Delano Roosevelt
1945–1953	Harry S. Truman
1953–1961	Dwight D. Eisenhower
1961–1963	John Fitzgerald Kennedy
1963–1969	Lyndon Baines Johnson
1969–1974	Richard Milhous Nixon
1974–1977	Gerald Rudolph Ford
1977–1981	James (Jimmy) Earl Carter
1981–1989	Ronald Reagan
1989–1993	George Herbert Walker Bush
1993–2001	William (Bill) Jefferson Clinton
2001–	George Walker Bush, Jr.

Vereinte Nationen *siehe* UNO

Vermessung Indiens Mit der Ernennung von James Rennell zum Vermessungsinspektor Bengalens begann die systematische Vermessung Indiens durch die Briten. Bedeutende Vermessungsarbeiten führten in Indien auch Colin Mackenzie und William Lambton durch sowie ab 1823 George Everest.

Verrazano, Giovanni da (um 1480–1527) Italienischer Seefahrer und Entdecker. Fuhr im Auftrag Franz I. von Frankreich 1524 nach Nordamerika und erforschte die Küste von Cape Fear bis Cape Breton, bereiste später Brasilien und die Westindischen Inseln.

Versailler Vertrag (28. Juni 1919) Friedensvertrag zwischen den Deutschen und den Alliierten am Ende des Ersten Weltkriegs. Deutschland verlor Gebiete an Belgien, Dänemark, Polen und Japan; das Rheinland wurde zur entmilitarisierten Zone, Danzig »Freie Stadt« unter der Kontrolle des neu gegründeten Völkerbundes. Zusätzlich wurden Deutschland hohe Reparationszahlungen auferlegt. *Siehe auch* Dawes-Plan, Völkerbund

Vesconte, Pietro Italienischer Kartograf, Zeichner von Portolankarten (1311–27), von denen seine *Carta Nautica* (1311) das älteste bekannte Beispiel und seine *Mappa Mundi* die berühmteste ist.

Vespasian (*lat.* Titus Flavius Sabinus Vespasianus, 9–79) Römischer Kaiser (69–79), Begründer der flavianischen Dynastie. Der Bürgerkrieg nach Neros Sturz wurde durch die Erhebung Vespasians zum Kaiser beendet. Er stabilisierte die Finanzen Roms, stellte die Disziplin in der Armee wieder her und begann ausgedehnte Bauvorhaben, u.a. den Bau des Kolosseums in Rom.

Vespucci, Amerigo (1451–1512) Italienischer Seefahrer im Dienste Spaniens, nach dem der amerikanische Kontinent benannt wurde. Er rüstete mindestens eine der Fahrten des Kolumbus aus. Nach der Entdeckung und Erforschung der Amazonasmündung segelte er die Küste bis in den Süden zum Río de la Plata entlang und entwickelte ein System der Berechnung der Längengrade. Er erkannte Südamerika als einen von Asien getrennten Kontinent.

Vesuv Vulkan in Süditalien, dessen Ausbruch (79) Pompeji zerstörte. *S. 82*

Vichy Unbesetztes Gebiet im Süden Frankreichs, verwaltet durch eine französische Regierung, die von 1940 bis 1942 mit Deutschland zusammenarbeitete.

Vicksburg ⚔ des amerikanischen Sezessionskriegs (19. Mai – 4. Juli 1863). Sieg der Unionstruppen.

Victoria (1819–1901) Königin von Großbritannien und Irland (reg. 1837–1901) und Kaiserin von Indien (ab 1876), Nachfolgerin ihres Onkels Wilhelm IV., verheiratet (1840) mit Prinz Albert von Sachsen-Coburg-Gotha (1819–61). Ihre lange Regierungszeit war gekennzeichnet durch eine rege britische Außenpolitik, vor allem der Expansion des britischen Empires, die Entwicklung Großbritanniens zu einer industriellen und militärischen Weltmacht und das Festhalten an konservativen Werten.

Viele, Arnout (1640–etwa 1704) Niederländischer Entdecker und Übersetzer in Nordamerika. Leitete von 1692 bis 1694 eine Expedition nördlich der Großen Seen nach Kanada und dann zum Ohio bis ins heutige Indiana.

Viererbande *siehe* Kulturrevolution

VIETNAM (*auch* Annam, Dai Viet)

An der Ostküste der indochinesischen Halbinsel gelegen, besteht Vietnam zu mehr als der Hälfte aus einer stark bewaldeten Gebirgskette, dem Annamitischen Hochland. Die meisten Einwohner und die größten Anbaugebiete findet man entlang des Roten Flusses und des Mekong. Vietnam wurde nach dem Zweiten Weltkrieg geteilt und erst 1975 wieder vereint, als die Kommunisten den Vietnamkrieg gewannen. Im Einparteienstaat Vietnam regiert jetzt die kommunistische Partei. Sie verfolgt seit 1986 eine liberale Wirtschaftspolitik, die als *doi moi* (Erneuerung) bezeichnet wird.

Chronologie

968 Nach fast 1000-jähriger chinesischer Herrschaft wird Vietnam zum Reich von Annam (Dai Co Viet) vereinigt.
1516 Portugiesen erreichen als erste Europäer Vietnam.
1867 Der Süden Vietnams (Cochinchina) wird französische Kolonie, 16 Jahre später auch die Mitte und der Norden (Annam und Tongking).
1920 Quoc ngu, lateinische Transkription der vietnamesischen Sprache, ersetzt die chinesische Schrift.
1930 Ho Chi Minh gründet die kommunistische Partei Indochinas.
1940 Japanische Invasion.
1941 Unabhängigkeitsbewegung der Vietminh im chinesischen Exil gegründet.
1945 Vietminh erobern Saigon und Hanoi. Gründung der Republik mit Ho Chi Minh als Präsident.
1946 Erster Indochinakrieg mit Frankreich.
1954 Sieg über Franzosen bei Dien Bien Phu: Teilung, UdSSR unterstützt den Norden, USA bewaffnet den Süden.
1960 Gegner des Diem-Regimes im Süden vereinen sich zum Vietcong.
1961 USA senden Militärberater.
1964 US-Kongress billigt Krieg.
1965 General Nguyen Van Thieu übernimmt Militärregierung im Süden. Ankunft der ersten US-Kampftruppen.
1965–1968 Operation »Rolling Thunder« – Bombardierung des Nordens durch USA.
1967 Antikriegsdemonstrationen in den USA und anderswo.
1968 *Tet*-(Neujahrs)-Offensive: Infiltrierte Truppen greifen 105 Städte im Süden an. Starke Verluste des Vietcong. Friedensgespräche. USA reduzieren die Bombardierung und beginnen Truppenrückzug.
1969 Tod Ho Chi Minhs. Nachfolger Le Duan. Krieg verstärkt sich trotz Friedensgesprächen.
1970 USA beginnen geheime Angriffe auf Laos und Kambodscha, neue Massenbombardierung im Norden.
1972 Elftägige Weihnachtskampagne: Stärkste US-Bombardierung des Krieges.
1973 Trotz Pariser Friedensabkommen gehen die Kämpfe weiter.
1975 Saigon fällt an die vereinten Truppen des Nordens und der Provisorischen Revolutionären (Vietcong-) Regierung des Südens. 1 Mio. Flüchtlinge.
1976 Vereintes Vietnam wird Sozialistische Republik Vietnam. Saigon in Ho-Chi-Minh-Stadt umbenannt.
1978 Einmarsch in Kambodscha, um das Terrorregime Pol Pots auszuschalten (bis Januar 1979).
1979 Neuntagekrieg mit China. »Boatpeople«-Krise. Vietnam billigt auf UNO-Konferenz legale Ausreise, aber der Exodus geht weiter.
1986 Tod von Le Duan. Nguyen Van Linh, neuer Generalsekretär der Kommunistischen Partei, beginnt mit liberaler Wirtschaftspolitik *doi moi* (Erneuerung).
1987 Kämpfe in Thailand, als Vietnam kambodschanische Widerstandskämpfer über die Grenze verfolgt.
1989 Truppen verlassen Kambodscha.
1991 Antikommunistische Meinungsäußerung wird zum Verbrechen erklärt.
1992 Geänderte Verfassung ermöglicht ausländische Investitionen, die führende

Rolle der Kommunistischen Partei bleibt unangetastet.
1995 Beziehungen USA–Vietnam normalisiert, Beitritt zum ASEAN.
1996 8. kommunistischer Parteikongress.
1997 Parlamentswahlen, Tran Duc Luong wird Präsident, Phan Van Khai Premierminister.
1998 Asiatische Wirtschaftskrise dämpft Wirtschaftsaufschwung.
1999 Grenzvertrag mit China.
2000 Besuch von US-Präsident Clinton.
2001 Besuch des russischen Präsidenten Putin. 9. Parteikongress. Nong Duc Manh wird Generalsekretär.

Vietnamkrieg Der erste und zweite Indochinakrieg (1946–54) endete mit einer französischen Niederlage bei Dien Bien Phu und der Teilung Vietnams entlang des 17. Breitengrades. Konflikte zwischen Norden und Süden ab 1950 wurden von der UdSSR bzw. den USA unterstützt. Die USA schickten 1962 Militärberater nach Südvietnam und griffen ab 1965 aktiv mit einer Reihe von Bombardierungen auf Nordvietnam militärisch ein. 1973 wurden die Pariser Friedensverträge unterzeichnet, US-Truppen zogen sich zurück, aber die Kämpfe hielten an. Nach dem Fall von Saigon an Nordvietnam 1975 wurden die Amerikaner evakuiert, 1976 wurde Vietnam als Sozialistische Republik Vietnam wieder vereint. *S. 434*

Vijayanagara Mächtiges hinduistisches Königreich des Krishnatals (1345–1570). Beherrschte zwischen dem 14. und 16. Jahrhundert den gesamten Süden Indiens. Hauptstadt war die glanzvolle Stadt Vijayanagara (heutiges Hampi). 1565 verbündeten sich die muslimischen Sultanate des Dekhans (die Nachfolger des Bahmani-Reiches) gegen den hinduistischen Raja von Vijayanagara, der in der Schlacht von Talikota besiegt und getötet wurde. Damit endete die hinduistische Herrschaft im Süden. *S. 238*

Viktor Emanuel II. (1820–78, reg. 1861–78) Erster König des vereinten Italien.

Vilgerdarson, Flóki Wikinger, dessen erzwungenes Winterlager in den von Eis eingeschlossenen westlichen Buchten Islands im 9. Jahrhundert die Wikingerkolonisierung in Gang brachte. Er prägte den Namen Island.

Villa, Francisco (Pancho) (*eigtl.* Doroteo Arango, 1877–1923) Mexikanischer Revolutionär, ursprünglich mit Venustiano Carranza gegen die Diktatur Victoriano Huertas verbündet, dann gemeinsam mit Zapata von Carranza 1915 in einem Konflikt über das Militär besiegt. Er zog sich nach Nordmexiko zurück und setzte seine Aktivitäten auch gegen Städte im Süden der USA fort, was zur Intervention der USA führte.

Vinci, Leonardo da (1452–1519) Italienischer Maler, Bildhauer und Ingenieur, einer der Hauptfiguren der Renaissance, von Franz I. nach Frankreich eingeladen. Seine Notizbücher zeigen eine bemerkenswerte Bandbreite an Interessen *S. 273*

Virginia Staat der USA. Erste ständige Siedlung der Engländer in Amerika 1607 in Jamestown.

Virginia Capes ⚔ des amerikanischen Unabhängigkeitskriegs (5. September 1781). Französischer Sieg.

Vishnu Hindugott, besonders von den Vaishnavas als höchster Gott verehrt. Vishnu erschien in neun Inkarnationen (einschließlich Buddhas) zur Errettung der Menschen vom Bösen. Seine zehnte und letzte Inkarnation wird noch erwartet. *S. 149*

Vittorio Veneto ⚔ des Ersten Weltkriegs (Oktober 1918). Letzte Schlacht an der italienischen Front, Sieg der Italiener gegen die Österreicher, dem im November 1918 der Waffenstillstand folgte.

Vizcaíno, Sebastián Spanischer Seefahrer, der ab 1586 regelmäßig auf den mit wertvollen Gütern beladenen »Manila-Galeonen« segelte. Expedition im frühen 17. Jahrhundert an die Küste Nordamerikas, wo er den Hafen Monterey fand. Später wurde er beauftragt, die Inseln Rica de Oro und Rica de Plata im Nordpazifik zu suchen und diplomatische Beziehungen mit Japan aufzunehmen.

Völkerbund Nach dem Ersten Weltkrieg auf Pariser Friedenskonferenz (1919) von alliierten Siegermächten gegründet, um künftige Konflikte durch Abrüstung, internationale Zusammenarbeit und Diplomatie zu vermeiden. Von Anfang an litt der Völkerbund unter der Weigerung des amerikanischen Kongresses, den Vertrag von Versailles zu ratifizieren; in den 1930er-Jahren erwies er sich als unfähig die Expansionspolitik Deutschlands, Japans und Italiens zu stoppen. 1946 wurde der Völkerbund von den Vereinten Nationen (UN) abgelöst. *S. 389*

Völkerwanderung Bezeichnung für die Züge der Völker im 5. Jahrhundert in Europa. Wandalen, Alanen und Sweben überquerten den Rhein ins römische Reich, zogen dann weiter über Gallien nach Iberien, die Wandalen später bis nach Nordafrika.

Volksbewegung zur Befreiung Angolas (MPLA) 1956 gegründete politische Partei Angolas, während des Bürgerkriegs (1975–91) von Kuba und der Sowjetunion unterstützt.

Volksfront Internationale Vereinigung sozialistischer, kommunistischer und anderer linker Mitglieder, die in den 30er-Jahren des 20. Jahrhunderts eine Rolle spielten, besonders in Spanien, als sie von 1936 bis 1939 regierten und während des Spanischen Bürgerkriegs gegen die Faschisten General Francos kämpften.

Volstead Act (28. Oktober 1919) Gesetz zur Durchsetzung des 18. Verfassungszusatzes, der die Herstellung und den Verkauf von Alkohol in den USA verbot.

Voltaire (*eigtl.* François Marie Arouet, 1694–1778) Französischer Philosoph und Schriftsteller, dessen erklärter Glaube an politische, soziale und religiöse Freiheit ihn zur Galionsfigur der Aufklärung des 18. Jahrhunderts machte. Hauptwerke u.a. *Philosophische Briefe* (1734) und die satirische Erzählung *Candide* (1759).

Voortrekker *siehe* Buren

Vouillé ⚔ (517). Westgotische Niederlage gegen Chlodwig I.

Vulgata Lateinische Bibelübersetzung (404). *S. 101*

W

Wahhabiten Anhänger von Mohammed ibn Abd al-Wahhab (1703–92), Begründer der Lehre eines orthodoxen Islams. Unterstützt durch die Familie Saud wurde die Glaubensrichtung im 18. Jahrhundert auf der ganzen Arabischen Halbinsel verbreitet. Die Saudis mussten ab 1818 die Macht an die Familie Raschid abgeben. Erst 1902 kehrte Abd al-Asis ibn Saud aus Kuwait zurück und baute das moderne Königreich Saudi-Arabien auf, dessen Staatsreligion die Lehre der Wahhabiten ist. *Siehe auch* Saud, Abd al-Asis ibn

Wahlrechtsgesetz (1965) »Voting Rights Act«, Gesetz in den USA gegen die Rassendiskriminierung bei Wahlen.

Waitangi, Vertrag von (6. Februar 1840) Vertrag, der den Briten die Annektion Neuseelands ermöglichte. Die Maori erkannten die britische Souveränität im Austausch für das Anrecht auf Landbesitz an, das nur an Agenten der Krone veräußert werden durfte. Dem ersten Vertrag in Waitangi folgten weitere, insgesamt unterschrieben 500 Führer der Maori. Die missverständliche Übersetzung des englischen Vertragstextes ins Maori ließ diese im Glauben, sie würden ihre Autorität über das Land und seine Bewohner behalten. *S. 359*

Waldenser Christliche Laienbruderschaft, gegründet um 1170 von Peter Waldes (um 1140–1217), folgte der Lehre von Armut und einfachem Leben. Waldes kritisierte den Klerus und wurde 1184 durch das Konzil von Verona exkommuniziert, seine Anhänger wurden während des Albigenser-Kreuzzugs (1209) und in späteren Jahrhunderten verfolgt.

Waldseemüller, Martin (1470–1521) Kartograf aus Lothringen, der die Bezeichnung »Amerika« nach dem italienischen Entdecker Amerigo Vespucci für seine Weltkarte von 1507 prägte. Er veröffentlichte 1513 eine Ausgabe der *Geographia* von Ptolemäus.

Wales Teil von Großbritannien, setzte im Mittelalter der englischen Herrschaft heftigen Widerstand entgegen. Auch nach der normannischen Eroberung Englands blieb das Verhältnis gespannt. Eduard I. eroberte ganz Wales und verlieh 1301 seinem Sohn Eduard II. den Titel *Prince of Wales*. *S. 220*
Siehe auch Großbritannien

Wall Street Crash (1929) Börsenkrach in New York, der eine Panik auf den Finanzmärkten verursachte und damit zur Weltwirtschaftskrise der 1930er-Jahre beitrug.

Wallace, Alfred Russel (1823–1913) Britischer Naturforscher, der den Amazonas (1848–52) und den Malaiischen Archipel (1854–62) bereiste. Seine Theorien hatten großen Einfluss auf Charles Darwin. Nach ihm wurde die Wallace-Linie benannt, die Flora und Fauna westlich und östlich des Archipels trennt.

Wallace, William (etwa 1270–1305) Schottischer Nationalheld, der den lang anhaltenden Widerstand gegen die englische Herrschaft anführte.

Wandalen Germanisches Volk, das in die Angelegenheiten des späten Römischen Reichs involviert war. Die Wandalen wanderten von Gallien (406) über Spanien (429) nach Nordafrika, wo sie Karthago eroberten (439) und ein Reich gründeten, das bis zur Einnahme durch die Byzantiner 534 bestand. Durch die Plünderung Roms 455 für ihre Zerstörungswut bekannt. *S. 105*

Wang Mang *siehe* Xin-Dynastie

Wang Yangming (*auch* Wang Yang-ming, 1472–1529) Chinesischer neokonfuzianischer Philosoph, der die Auffassung vertrat, die konfuzianische Ethik der Moral und des aufrechten Lebens sei angeboren und mittels Meditation und Selbsterkenntnis zugänglich, nicht durch das Studium der klassischen Texte und Traditionen. Seine Lehren werden oft mit denen des Buddhismus verglichen.

Waräger Schwedische Wikinger, berühmt für ihre Fahrten auf den russischen Flüssen. In Konstantinopel wurden sie von den byzantinischen Kaisern als Elitetruppe angestellt. *Siehe auch* Wikinger

Warburton, Peter (1813–89) In England geborener Erforscher Australiens. 1853 eingewandert, erforschte er von Adelaide aus nach Norden die Simpsonwüste und Südqueensland. 1872 reiste er von Alice Springs nach Westen durch die Große Sandwüste zur Westküste.

Warschauer Pakt (*auch* Warschauer Vertragsorganisation) Militärisches und politisches Bündnis im Kalten Krieg, gegründet 1955 unter Führung der Sowjetunion, schloss Polen, die DDR, Tschechoslowakei, Ungarn, Rumänien, Bulgarien und bis 1968 Albanien ein.

Warschauer Vertragsorganisation *siehe* Warschauer Pakt

Wasa Schwedische und polnische Dynastie, gegründet von Gustav Eriksson Wasa, Regent von Schweden ab 1521, König (Gustav I.) ab 1523. Die Linie behielt den Thron bis 1818.

Washington, George (1732–99) Erster Präsident der USA (1789–97). Washington wurde in Virginia geboren und kämpfte im Siebenjährigen Krieg mit Auszeichnung auf der Seite der Briten gegen die Franzosen (1754–61). Er vertrat 1774 und 1775 Virginia im Abgeordnetenhaus und im Kontinentalkongress. Bei Kriegsausbruch zwischen Großbritannien und den amerikanischen Kolonisten wurde er zum Oberbefehlshaber der Revolutionsarmee ernannt. Er errang wichtige Siege in den Schlachten von Trenton und Princeton und in der entscheidenden Schlacht von Yorktown 1781, die den Revolutionskrieg so gut wie beendete. Ab 1783 beteiligte sich Washington an der Erarbeitung einer Verfassung für die neue Nation, unter der 1789 die erste Regierung mit Washington als Präsidenten zusammentrat. 1797 setzte er sich, angesichts des Streits im Kabinett zwischen den Parteien der *Democratic-Republicans* von T. Jefferson und den *Federalists* von A. Hamilton, nach seiner zweiten Amtszeit zur Ruhe.

Washingtoner Flottenabkommen (1922) Nachdem Japan durch den Versailler Vertrag Gebiete im Pazifik zugestanden worden waren, sollte dieses Abkommen das Gleichgewicht der Seemächte in der Region garantieren, wobei die westlichen Mächte sich die Vorherrschaft sicherten.

Wassiljewitsch, Iwan *siehe* Iwan IV.

Watergate (*auch* Watergate-Affäre) Skandal, ausgelöst durch die Beteiligung von Mitarbeitern des republikanischen US-Präsidenten Richard Nixon an Einbrüchen in Bürogebäude (Watergate-Appartements) der Demokratischen Partei zur Anbringung von Abhörgeräten während des Präsidentenwahlkampfs im Juni 1972. Die im Fernsehen übertragene Anhörung im Senatsausschuss bewies die Beteiligung und Vertuschungsversuche des Weißen Hauses. Dies führte zu Ermittlungen durch einen Untersuchungsausschuss, zur Freigabe und Veröffentlichung geheimer Tonbänder und zum Vertrauensverlust in die Nixon-Administration. Drei enge Mitarbeiter Nixons wurden verurteilt und gegen ihn selbst ein Amtsenthebungsverfahren eingeleitet, das zu seinem Rücktritt am 9. August 1974 führte. Nixon wurde von seinem Nachfolger Gerald F. Ford rehabilitiert.

Waterloo ⚔ der napoleonischen Kriege (18. Juni 1815). Vernichtende Niederlage des napoleonischen Heeres.

Watt, James (1736–1819) Schottischer Erfinder, dessen verbesserte Dampfmaschine (1765) wesentlich zur industriellen Revolution in Großbritannien beitrug.

Weddell, James (1787–1834) Englischer Seefahrer, der bis in die große antarktische Bucht vordrang (1823), begrenzt durch die antarktische Halbinsel, Coatsland und das Filcher-Ronne-Schelfeis. Nach ihm Weddellmeer benannt.

Weiße Hunnen (*auch* Hephthaliten) *siehe* Hunnen

Weißer Berg ⚔ des Dreißigjährigen Kriegs (1620). Kaiserliche Truppen schlagen Böhmen.

WEISSRUSSLAND Weißrussland grenzt im Nordwesten an Litauen und Lettland, im Süden an die Ukraine, im Westen an Polen und im Osten an Russland. Das im Zweiten Weltkrieg verwüstete Land, das neben der Landwirtschaft kaum Einnahmequellen hat, löste sich 1991 nur widerwillig von Moskau. Präsident Lukaschenko unterhält enge Verbindungen zu Russland. Die Katastrophe im Atomreaktor von Tschernobyl in der Ukraine 1986 hatte weit reichende, lang anhaltende Folgen für die Gesundheit der Bürger und die Umwelt.

CHRONOLOGIE

1101 Das bis dahin zum Staat von Kiew gehörende Gebiet wird unabhängiges Fürstentum.

1324 Das Gebiet wird Teil des Großfürstentums von Litauen. Minsk wird wichtiges Handels- und Kulturzentrum.

1386 Großfürstentum Litauen schließt sich Polen an. Weißrussland wird Teil des polnisch-litauischen Reiches und nimmt am Krieg gegen die Deutschordensritter, die Russen, die Tataren und die Osmanen teil.

1772–1795 Bei der Teilung Polens wird die Region Russland eingegliedert. Minsk wird von Napoleon zerstört.

1835 Ein Dekret Nikolaus' I. erlaubt Juden in Minsk zu leben.

1863 Ein polnischer Aufstand gegen die russische Herrschaft findet in Weißrussland Widerhall, den Aufstand führt hier Kastus Kalinowski. Er wird 1864 hingerichtet. Der Niederwerfung des Aufstandes folgen zunehmende Repressionen.

1882 Geburt des weißrussischen Schriftstellers Janka Kupala. In diesem Jahrzehnt blühen weißrussische Literatur und Selbstbewusstsein wieder auf.

1905 Januar: Die russische Revolution von 1905 führt zum Wiedererstarken der Nationalbewegung. Die revolutionäre Hromada-Partei fordert die Autonomie Weißrusslands, findet jedoch wenig Unterstützung.

1918 Staatsstreich: Bolschewiki rufen unabhängige weißrussische Sozialistische Sowjetrepublik (BSSR) aus.

1919 Invasion durch Polen.

1920 Rote Armee erobert Minsk zurück. Der Osten Weißrusslands wird wieder Sozialistische Sowjetrepublik.

1921 Vertrag von Riga – der Westen Weißrusslands fällt an Polen.

1922 BSSR bildet zusammen mit Russland die UdSSR.

1929 Stalin betreibt die Kollektivierung der Landwirtschaft.

1939 Der Westen Weißrusslands kommt wieder zur UdSSR, als die Rote Armee in Polen einmarschiert.

1941–1944 Besetzung durch Deutschland im Zweiten Weltkrieg.

1945 Mit Ukraine und UdSSR Gründungsmitglied der UN.

1965 K. T. Mazurau, Führer der Kommunistischen Partei Weißrusslands (PKB), wird erster stellvertretender Vorsitzender der Sowjetregierung.

1986 Radioaktiver Niederschlag nach Tschernobyl-Unfall auf 70 % des Landes.

1988 Beweise für Massenhinrichtungen (über 300 000) durch sowjetische Truppen zwischen 1937 und 1941 bei Minsk. Öffentlicher Skandal führt zur Bildung der nationalistischen Weißrussischen Populären Front (BPF). PKB-Funktionäre lassen eine Demonstration niederschlagen.

1989 Weißrussisch wird Amtssprache.

1990 PKB verhindert die Teilnahme der BPF an den Wahlen zum Obersten Sowjet. BPF-Mitglieder bilden mit anderen Oppositionsgruppen den Weißrussischen Demokratischen Block (BDB); dieser gewinnt 25 % der Sitze. Die PKB beugt sich dem Druck der Opposition und erklärt die staatliche Souveränität der BSSR.

1991 83 % stimmen in einem Referendum für den Verbleib in der UdSSR. April: Streiks gegen die PKB und ihre Wirtschaftspolitik. August: Unabhängigkeitserklärung, offizieller Landesname lautet Republik Weißrussland. Stanislaw Schuschkjewitsch wird zum Vorsitzenden des Obersten Sowjets gewählt. Dezember: Weißrussland, Russland und Ukraine gründen die GUS.

1992 Oberster Sowjet verkündet, dass sowjetische Kernwaffen bis 1999 abgezogen sein müssen. USA versprechen Hilfe.

1993 Parlament ratifiziert START- und Atomwaffensperrverträge.

1994 Neue Präsidialverfassung angenommen; Aleksandr Lukaschenko erringt Wahlsieg über konservativen Premierminister Wiacheslaw Kebitsch. Zustimmung zur Währungsunion (erneuter Beitritt zur Rubelzone) mit Russland.

1995 Wahl des ersten vollkommen unabhängigen postsowjetischen Parlaments.

1996 Unionsvertrag mit Russland. Referendum bestätigt Verfassungsänderungen und stärkt Lukaschenkos Macht.

1997 Weißrussland und Russland ratifizieren Unionsvertrag und Charta.

1998 Westliche Botschafter werden zeitweilig abgezogen.

1999–2001 Weitere Schritte zur Union mit Russland.

2000–2001 Umstrittene Parlaments- und Präsidentschaftswahlen. Unterdrückung politischer PKB-Gegner.

2002 Öffnung des Landes für russische Investoren.

Wellenmusterkeramik Früheste afrikanische Keramik (etwa 7000 v. Chr.), hergestellt von Jägern und Fischern der südlichen Sahara aus dem Gebiet zwischen Mali und dem Niltal. Das Dekor aus parallelen Wellenlinien wurde mit einer Fischgräte in den feuchten Ton eingebracht oder mit einer Holz- bzw. Knochenspitze.

Wellington, Arthur Wellesley, Herzog von (1769–1852) Britischer General und Politiker, von 1828 bis 1830 Premierminister. Feldzüge in Indien, dann vertrieb er als Truppenkommandant auf der Pyrenäenhalbinsel (1808–14) die Franzosen aus Portugal und Spanien. Nach Napoleons Flucht von Elba schlug er die Franzosen bei Waterloo.

Wells, Uhr von (um 1386) Mittelalterliche mechanische Uhr, heute im Londoner Wissenschaftsmuseum. *S. 242*

Weltwirtschaftskrise *siehe* Große Depression

Werkzeuge Technologie des frühen Menschen *S. 10*

Westdeutschland (*auch* Bundesrepublik Deutschland, BRD) Gegründet 1949 in der früheren Besatzungszone der Westmächte (bis zur Wiedervereinigung am 3. Oktober 1990). NATO-Mitglied seit 1955, Gründungsmitglied der EWG.

Westen, der Geopolitischer Begriff, vor allem im Kalten Krieg, der die Staaten mit freier Marktwirtschaft und des NATO-Bündnisses bezeichnet.

Westfälischer Frieden (1648) Zusammenfassende Bezeichnung für elf Verträge von 1643 bis 1648 zwischen den Habsburgern und ihren Gegnern, beendete den Dreißigjährigen Krieg. Ergebnis war Religionsfreiheit, Landeshoheit der Reichsstände und die volle Souveränität der Vereinigten Niederlande und der Schweiz.

Westfront Schauplatz des Ersten Weltkriegs im Westen, vor allem in Nordfrankreich und Südbelgien.

Westgoten Ursprünglich der Name der Goten, die Mösien im späten 4. Jahrhundert besiedelten. Unter Alarich überfielen sie den Balkan, dann Italien, wo sie 410 Rom plünderten. Nach einem Abkommen mit den Römern siedelten sie im Südwesten von Frankreich und erweiterten ihr Reich südlich bis nach Spanien hinein. Von den Franken weiter nach Süden getrieben machten sie Toledo zu ihrer Hauptstadt und kontrollierten bis zum muslimischen Einfall 711 fast die gesamte Iberische Halbinsel. *S. 118*
Siehe auch Goten

Westjordanland Gebiet am Westufer des Jordans, von Israel im Sechstagekrieg besetzt. Durch das Osloer Abkommen die Region, die für einen autonomen Palästinenserstaat vorgesehen ist.

Westliche Han *siehe* Han-Dynastie

Westliche Jin Chinesische Herrscher-Dynastie (265–304), stürzte die Wei-Dynastie und einte China kurzzeitig.

Westliche Zhou *siehe* Zhou-Dynastie

Westsamoa *siehe* Samoa

Wettlauf ins All Im Kalten Krieg stattfindender Wettbewerb zwischen der UdSSR und den USA, in dem es darum ging, als Erster im Weltraum und auf dem Mond zu sein. Die UdSSR konnte durch die erfolgreiche *Sputnik-1*-Mission 1957 einen Vorsprung gewinnen. *S. 433*

Wheeler, George Montague (1842–1905) Amerikanischer Armeeoffizier, vermaß für das Militär 1869 ein Gebiet östlich der Sierras. Danach gründete er ein eigenes Landvermessungsbüro (*The United States Geographical Surveys West of the One-Hundredth Meridian*) und vermaß große Gebiete im Westen.

Whitby, Synode von (664) Kirchenkonzil, auf dem sich die Kirche von England den römisch-katholischen Riten und Lehren und nicht den keltischen anschloss.

White Plains ⚔ des amerikanischen Unabhängigkeitskriegs (28. Oktober 1776). Britischer Sieg.

Whitney, Eli (1765–1825) Amerikanischer Erfinder, dessen Entwicklung der Baumwoll-Entkernungsmaschine (»Cotton Gin«) 1793 die Baumwollindustrie des Südens und die Sklavenarbeit wieder effizient machte. Seine Erfindung wurde nie patentiert und oft kopiert. Später produzierte er Feuerwaffen an einem Vorläufer des Fließbands.

Wien Stadt an der Donau, Hauptstadt des heutigen Österreich. Bis 1918 Sitz der Habsburgerkaiser. 1529 und 1683 wehrte sie eine osmanische Belagerung ab. Im 18. Jahrhundert entwickelte sich Wien schnell zu einer der schönsten Städte Europas, in der Kunst und Musik blühten.
Belagerung von Wien (1529) *S. 276*

Wien ⚔ des Zweiten Weltkriegs (April 1945). Sowjetischer Sieg über die letzte deutsche Stellung in Österreich.

Wiener Kongress (1814–15) Internationale Friedensverhandlungen für Europa nach dem Sieg über Napoleon. Maßgeblich beteiligt waren Österreich, Großbritannien, Preußen und Russland. Hauptanliegen war die Wiedereinsetzung legitimer Herrscher. *S. 348*

Wikinger (*auch* Rus, Normannen, Waräger) Bezeichnung für skandinavische Seefahrer und Krieger des 8.–12. Jahrhunderts. Norwegische, dänische und schwedische Räuber, Händler und Siedler, gingen auf Expeditionen, die sie bis ins Kaspische Meer und nach Nordamerika brachten. Sie kolonisierten Island und Grönland, beherrschten die Normandie und unter Knut England.
S. 138, S. 139, S. 149, S. 150

Wilderness, The ⚔ des amerikanischen Bürgerkriegs (1864). Unentschiedener Ausgang.

Wilhelm I. (*gen.* Wilhelm der Eroberer, um 1028–87) Herzog der Normandie (1035) und erster normannischer König von England (reg. 1066–87). 1066 überfiel er England und beendete mit dem Sieg über Harold Godwinson in der Schlacht von Hastings (1066) die Herrschaft der Angelsachsen. Sein Sieg und der Anspruch auf den englischen Thron sind auf dem Bayeux-Teppich dargestellt. Wilhelm führte religiöse, politische und soziale Reformen durch und einte England. Außerdem gab er die erste systematische Verzeichnung der englischen Landbesitzverhältnisse in Auftrag, das *Domesday Book* (1085), das die Grundlage für das englische Feudalsystem bildete. *S. 173*

Wilhelm I. (1797–1888) König von Preußen (reg. 1861–88) und erster deutscher Kaiser (1871–88). Er stand unter dem Einfluss von Reichskanzler Bismarck, dessen Politik das Deutsche Reich herbeiführte. *S. 370*

Wilhelm I. von Oranien (*gen.* Wilhelm von Nassau; Wilhelm, der Schweiger 1533–84) Staatsmann, der durch seinen Widerstand gegen die spanische Herrschaft (1565–1609) die Unabhängigkeit der Niederlande einleitete.

Wilhelm II. (1859–1941) Deutscher Kaiser und König von Preußen (reg. 1888–1918). Er entließ Bismarck (1890) und versuchte wenig erfolgreich, die Politik des Reiches selbst zu leiten (»Persönliches Regiment«). Nach dem Ende des Ersten Weltkriegs musste er abdanken.

Wilhelm der Eroberer *siehe* Wilhelm I.

Wilhelm von Rubruk (um 1215–95) Franziskanermönch, reiste von 1253 bis 1255 im Auftrag von Ludwig IX. von Frankreich und Papst Innozenz IV. zu den Mongolen. Die Beschreibung der Reisen und der Begegnung mit Großkhan Möngke gehören zu den bekanntesten Reisetagebüchern des Mittelalters.

Wilhelm, Herzog der Normandie *siehe* Wilhelm I.

Wilkes, Charles (1798–1877) Amerikanischer Erforscher der Antarktis. Als Leiter der amerikanischen Expedition in den Südpazifik (1838–42) vermaß er den Teil der Antarktis, der nach ihm benannt wurde (Wilkesland). Vor dem Kriegsgericht wegen Grausamkeit, diente er im amerikanischen Bürgerkrieg und setzte sich als Konteradmiral zur Ruhe.

Willoughby, Sir Hugh († 1554) Britischer Armeeoffizier und Entdecker, Leiter einer von Londoner Kaufleuten ausgesandten Expedition zur Suche nach der Nordostpassage. Von den drei Schiffen der Flotte erreichte das unter dem Kommando von Richard Chancellor das Weiße Meer, die anderen beiden erlitten Schiffbruch.

Wills, William (1834–61) Englischer Erforscher Australiens, der Robert Burke auf seiner Durchquerung des Kontinents von Süden nach Norden begleitete. Sie verhungerten auf der Rückreise im Basislager bei Copper Creek. *Siehe auch* Burke, Robert O'Hara

Wilson, (Thomas) Woodrow (1856–1924) 28. Präsident der USA (Demokrat, 1912–21). Unter Wilsons Regierung wurde das Frauenwahlrecht in der Verfassung verankert, zusammen mit dem Verbot des Alkoholverkaufs. Wilson führte die USA 1917 in den Ersten Weltkrieg und intervenierte nach Angriffen Pancho Villas auf nordamerikanische Städte in die mexikanische Revolution. Mit seinen »Vierzehn Punkten« für einen Frieden erreichte er im November 1918 den Waffenstillstand. Er trat für den Völkerbund ein und litt gesundheitlich, als der Senat den Beitritt und die Ratifizierung des Versailler Vertrags ablehnte.

Wilson's Creek ⚔ des amerikanischen Bürgerkriegs (10. August 1861). Sieg der Konföderierten.

Windmühlen Um 1200 in Europa eingeführt. *S. 213*

Wissenschaft und Technik
1500–1630 *S. 300*
1831–1870 *S. 358*
Optische Instrumente *S. 310*

Witwatersrand Goldfunde (1886).

Wladimir I. (956–1015) Großfürst von Kiew, konvertierte zum Christentum und wird als Vater der russischen orthodoxen Kirche angesehen. *S. 152*

Wolfe, General James (1727–59) Englischer General, der im Siebenjährigen Krieg in Nordamerika Truppen gegen die Franzosen befehligte. Er war entscheidend an der Einnahme von Louisburg 1758 beteiligt, fiel in der ⚔ von Quebec 1759, die mit einem britischen Sieg endete.

Woodward, Dr. Henry († etwa 1686) Erforscher Nordamerikas im 17. Jahrhundert.

World Trade Organization (WTO, Welthandelsorganisation) Organisation zur Regulierung und Liberalisierung des Welthandels, 1995 als Nachfolgeorganisation der 1947 gegründeten GATT (General Agreement on Tariffs and Trade, Allgemeines Zoll- und Handelsabkommen) ins Leben gerufen. 104 Länder waren Gründungsmitglieder. Die WTO wacht über die Einhaltung der GATT-Abkommen und trifft neue Handelsabkommen.

World Wide Web Internationales Computernetzwerk, das eine breite Plattform für Speicherung, Abruf und Austausch von Informationen bietet. *S. 451*

Wounded Knee (1890) Massaker der US-Armee an mehr als 200 Sioux im letzten großen Zusammenstoß zwischen Indianern und US-Armee.

Wrangel, Baron Ferdinand von (1797–1870) Russischer Admiral und Erforscher der sibirischen Arktisküste.

WTO *siehe* World Trade Organization

Wudi (*auch* Wu-ti, 156–87 v. Chr.) Einflussreichster Herrscher der Han-Dynastie (reg. 140–87 v. Chr.), dessen Feldzüge in Süd- und Südwestchina und gegen die Xiongnu den chinesischen Machtbereich ausdehnten. Er führte den Konfuzianismus als Staatsreligion ein und stärkte die zentrale Verwaltung.

Würzburger Dom Romanische Kathedrale, erbaut im 11. und 12. Jahrhundert. *S. 166*

Wüstensturm (1991) Feldzug der Alliierten gegen irakische Streitkräfte, der den Golfkrieg beendete. *Siehe auch* Golfkrieg

X

Xanadu *siehe* Shangdu

Xenophon (ca. 431–350 v. Chr.) Griechischer Geschichtsschreiber, Schriftsteller und Anhänger Sokrates'. Er kämpfte zusammen mit 10 000 griechischen Söldnern im Feldzug des persischen Prinzen Kyros 401 v. Chr. gegen dessen Bruder, den König von Persien. Nach Kyros' Tod 1500 km von zu Hause entfernt führte Xenophon die Griechen sicher ans Schwarze Meer und den Hellespont.

Xerxes I. (519–465 v. Chr.) Sohn Dareios' I. Achaimenidischer König von Persien (reg. 486–465 v. Chr.). Sein Invasionsversuch 480 v. Chr. in Griechenland schlug fehl.

Xhosa (*auch* Kosa) Bantuvolk in Südafrika, bewohnen das Homeland Transkei.

Xi'an (*auch* Chang'an) Hauptstadt Chinas unter den Tang (618–904) und lange Zeit die größte Stadt der Welt.

Xia-Dynastie (*auch* Hsia, ca. 2000–1800 v. Chr.) Älteste (vor-)chinesische Herrscherdynastie, Vorgänger der Shang.

Xin-Dynastie (*auch* Hsin-Dynastie) Herrscherdynastie in China (9–23) unter Kaiser Wang Mang (frühere Han-Dynastie, reg. 1–8). Führte größere Reformen ein, u.a. Steuern, Leihwesen, Verstaatlichung, Regierungsmonopol auf die Hauptindustriezweige (Salz, Münzprägung, Eisen, Wein) während des kurzen Interregnums vor Antritt der späteren Han-Dynastie.

Xiongnu (*auch* Hsiung-nu) Chinesischer Name für ostasiatisches Steppenvolk, das Zentralasien vom 3. Jahrhundert v. Chr. bis ins 4. Jahrhundert n. Chr. dominierte und Chinas Nordgrenzen beständig be-drohte (Chinesische Mauer). Eine Offensi-ve der früheren Han-Dynastie (55 v. Chr.) sprengte das Volk auseinander. Nach dem Untergang der Han-Dynastie instal-lierten Xiongnu-Generäle dynastische Kö-nigtümer in Nordchina. Galten früher als Stammväter der Hunnen.

Xixia-Reich (*auch* Hsi-hsia) *Siehe* Tanguten

Xuanzang (*auch* Hsüan-tsang, 602–664) Chinesischer Pilger, sammelte auf seiner 16 Jahre dauernden Reise durch die Gobi-, die Takla-Makan-Wüste, durch Baktrien, Punjab und die Gangesebene originale buddhistische Texte. Die Sammlung und seine geografischen Erkenntnisse wurden auf Weisung des Kaisers veröffentlicht.

Z

Zapoteken Präkolumbianisches mesoamerikanisches Volk im südlichen Mexiko zwischen 300 v.Chr. und 300 n.Chr. Ihr Zentrum war in Monte Albán. Von ihnen stammen die ersten Hieroglypheninschriften Amerikas. *S. 54*

ZENTRALAFRIKANISCHE REPUBLIK Das Binnenland am Westrand der Sahelzone ist ein überwiegend flaches Hügelland. Der Ubangi bildet im Süden die Grenze zur Demokratischen Republik Kongo (früher Zaire). Der größte Teil der Bevölkerung lebt im mit Regenwald bedeckten Süden des Landes. Der Schreckensherrschaft von Kaiser Bokassa 1965–79 folgte eine Militärdiktatur. 1993 wurde die Demokratie wiederhergestellt.

CHRONOLOGIE

18. bis frühes 19. Jahrhundert Zahlreiche Überfälle von Sklavenhändlern aus dem Tschad und dem Sudan.
1889 Franzosen gründen Bangui.
1905 Mai: Gründung der französischen Kolonie Haut-Oubangui (Ubangi-Schari).
1910 Teil Französisch-Äquatorialafrikas.
1946 Französisches Überseeterritorium.
1949 Der Freiheitskämpfer und katholische Priester Barthélemy Boganda gründet die Mouvement d'Evolution Sociale de l'Afrique Noire (MESAN).
1958 Innere Selbstverwaltung unter Boganda als Premierminister.
1960 13. August: Unabhängigkeit unter Präsident David Dacko. Einparteienstaat.
1965 Putsch durch Jean-Bédel Bokassa.
1976 Bokassa lässt sich zum Kaiser des Zentralafrikanischen Kaiserreichs krönen.
1979 Sturz durch Dacko mit Unterstützung Frankreichs.
1981 Kolingba stürzt Dacko.
1996 Armeeaufstand; Regierung der nationalen Einheit.
2001 Putschversuch.
2003 Staatspräsident: François Bozizé; Premierminister: Abel Goumba

Zheng He (*auch* Cheng Ho, 1371–1435) Chinesischer Admiral und Abgesandter des Kaisers Chengzu. Expeditionen nach Südostasien, Indien und Afrika. *S. 253*

Zhou Enlai (*auch* Chou En-lai, 1898–1976) Chinesischer Staatsmann, Gründungsmitglied der KP (chinesische Kommunistische Partei) und Gefolgsmann Mao Zedongs. War nach dem Sieg der Kommunisten im Bürgerkrieg (1949) bis zu seinem Tod Ministerpräsident und auch Außenminister.

Zisterzienser 1098 in Frankreich gegründeter römisch-katholischer Orden, der seinen Namen nach dem Gründungsort, dem Kloster Cîteaux, erhielt. Die Ordensgründer unter Robert de Molesmes waren eine Gruppe Benediktinermönche, die das Klosterleben streng nach den Regeln des heiligen Bernhard ausrichten wollten. *S. 181*

Zollverein Zusammenschluss deutscher Einzelstaaten 1834 unter Führung Preußens. Ein wichtiger Schritt auf dem Weg zur deutschen Einigung.

Zweite Republik (1848–52) Republikanische Regierung Frankreichs nach Flucht und Abdankung von König Louis Philippe (1848); bis zum Zweiten Kaiserreich (1852).

Zweiter Weltkrieg (1939–45) Weltweiter Konflikt, ausgelöst durch die territorialen Expansionsbestrebungen und aggressive rassistische Politik Deutschlands, Italiens und Japans (die Achsenmächte), denen die Alliierten, bestehend aus Großbritannien, dem Commonwealth, Truppen der besetzten Länder, der UdSSR und den USA (ab 1941), gegenüberstanden. Massenmobilisierung der Bevölkerung und der Industrie, die Einbeziehung fast aller Länder der Welt, die Kriegsführung an Land, auf See und in der Luft, Partisanenkämpfe, neue Kriegstechnik und der Einfluss des Krieges auf die Zivilbevölkerung charakterisieren diesen »totalen Krieg«. Kriegsentscheidend war das Bestehen der Alliierten auf bedingungsloser Kapitulation und der Abwurf von Atombomben auf Japan durch die USA. Die Folgen des Krieges waren die Zerstörung und Teilung Europas, die Besetzung Japans und der Aufstieg von UdSSR und USA als verfeindete Supermächte im Kalten Krieg. *S. 414*

ZYPERN Die Insel mit ihrem höchsten Berg, dem Olymp, liegt südlich der Türkei im östlichen Mittelmeer. Zypern wurde 1974 nach einer türkischen Invasion politisch geteilt: Im Süden liegt die griechisch-zyprische Republik Zypern, im Norden die nur von der Türkei anerkannte Türkische Republik Nordzypern (TRNC).

CHRONOLOGIE

4. Jahrhundert v. Chr. Alexander der Große erobert die Insel.
58 v. Chr. Zypern wird römisch und Ende des 4. Jahrhunderts Teil des Byzantinischen Reiches.
1191 Richard Löwenherz erobert die Insel und überlässt sie 1192 Guido von Lusignan als Lehen. Zypern wird Kreuzfahrerstaat.
1489 Venezianer annektieren die Insel.
1570 Osmanen erobern Zypern. Beginn einer 300 Jahre andauernden Oberhoheit muslimischer Türken.
1878 Großbritannien besetzt Zypern nach einem Abkommen des Berliner Kongresses. Die Türkei behält im Gegenzug die Oberhoheit und Hilfe gegen russische Bedrohung.
1915 Großbritannien annektiert Zypern, als die Türkei auf Seiten der Mittelmächte in den Ersten Weltkrieg eintritt.
1923 Griechenland und Türkei erkennen die britische Oberhoheit im Frieden von Lausanne an.
1925 Zypern wird britische Kronkolonie.
1931 Forderungen der griechischen Zyprer nach Vereinigung (*Enosis*) mit Griechenland führen zum Aufstand, aber Großbritannien behält bis nach dem Zweiten Weltkrieg die Oberhoheit.
1950 Erzbischof Makarios III. wird Führer der griechischen Zyprer.
1955 Die Untergrundorganisation der griechischen Zyprer »Nationale Organisation der zypriotischen Kämpfer« (EOKA) beginnt einen Guerillakrieg.
1959 Februar: Im Abkommen der Londoner Zypernkonferenz wird die Unabhängigkeit für Zypern unter Griechenland und der Türkei vereinbart. Griechenland, Türkei und Großbritannien fungieren als Schutzmächte, zwei britische Militärstützpunkte werden beibehalten. Im Dezember 1959 wird Makarios zum Präsidenten gewählt.
1960 Unabhängigkeit von Großbritannien.
1963 Türkische Zyprer verlassen das Parlament.
1974 Präsident Makarios wird von griechischer Militärjunta abgesetzt. Türkischer Einmarsch und Teilung der Insel.
1983 Einseitige Ausrufung der TRNC (International nicht anerkannter türkischer Teil).
1998 Beginn von Verhandlungen über EU-Beitritt.
2001 Beginn von Verhandlungen über eine Beendigung der Teilung.

BILDNACHWEIS

Der Verlag dankt folgenden Personen und Organisationen für die Erlaubnis zum Abdruck ihres Bildmaterials:

Abkürzungen:
l = links, m = Mitte, r = rechts, o = oben, u = unten

9 **Natural History Museum, London**: u; 10 **The Natural History Museum, London**: ml, mr, o;
13 **Professor Joseph E. Schwartzberg**; 14 **Museum of London**;
15 **American Museum of Natural History**: o; **Simon Kaner**: Kokugakuin University Archaeological Museum u; 18 © **The British Museum**; 19 © **The British Museum**;
20 © **Michael Holford**: Ankara Museum o; 21 **AKG London**: Erich Lessing;
23 © **The British Museum** o; 25 **John Woodcock**; 26 © **The British Museum**;
27 **The Art Archive**: National Museum, Kopenhagen;
28 © **The British Museum**: o; **Robert Harding Picture Library**: Karachi Museum, Pakistan m;
29 **Museum of London**; 30 © **Michael Holford**: Musée du Louvre, Paris u;
31 **Ancient Art & Architecture Collection**: Ronald Sheridan o; **The University Of Auckland**: Department of Anthropology/ausgegraben von Prof. R.C. Green u;
33 **Werner Forman Archive**: N. J. Saunders; 34 **Werner Forman Archive**;
37f. **AKG London**: Erich Lessing;
38 **AKG London**: Erich Lessing m; **Werner Forman Archive**: The British Museum o;
39 **Bridgeman Art Library, London/New York**: The British Museum om; **The Art Archive**: Historical Museum of Armenia, Erewan or;
40 © **The British Museum**: (AES 48971 - 2);
41 **AKG London**: The Israel Museum, Jerusalem o; **The Art Archive**: The British Museum u;
42 **The Art Archive**: The British Museum/Dagli Orti (A) o; **South American Pictures**: Kathy Jarvis u;
43 **Bridgeman Art Library, London/New York**: National Archaeological Museum, Athen, Griechenland; 44 **AKG London**: o; **The Art Archive**: Museo di Villa Giulia, Rom/Dagli Orti (A) u;
45 **AKG London**: o; **Ohio Historical Society**: u;
46 © **The British Museum** o; © **Michael Holford**: The British Museum u;
47 **The Art Archive**: Dagli Orti (A);
48 **Heritage Image Partnership**: The British Museum (ANE, 92687);
51-52 **TAP Service Archaeological Receipts Fund Hellenic Republic Ministry of Culture**;
52 **Eye Ubiquitous**: Nick Bonetti o; 53 **AKG London**: ul; **The Art Archive**: ur;
54 **Werner Forman Archive**: Mit Genehmigung der Entwistle Gallery, London u; **INAH**: o;
55 **Werner Forman Archive**: David Bernstein Fine Art, New York;
56 **Ancient Art & Architecture Collection**: Ronald Sheridan o;
57 **Ancient Art & Architecture Collection**: Ronald Sheridan u;
The Art Archive: Eremitage, St. Petersburg o;
58 **Bridgeman Art Library, London/New York**: Oriental Museum, Durham University, GB;
59 **The Art Archive**: Museo Nazionale Romano, Rom/Dagli Orti (A) u; **Bridgeman Art Library, London/New York**: Museo Archeologico Nazionale, Neapel, Italien o;
60 **Ancient Art & Architecture Collection**: Ronald Sheridan o; **Robert Harding Picture Library**: Archaeological Museum, Istanbul u; 61 **Corbis**: Archivo Iconografico, S.A. u;
62 **Hutchison Library**: Jenny Pate; 64 **The Art Archive**: Dagli Orti;
66 **AKG London**: Erich Lessing u; **The British Museum**: o;
67 **Ancient Art & Architecture Collection**: Mike Andrews o; **Royal Museum of Scotland**: u;
68 **Bridgeman Art Library, London/New York**: Louvre, Paris, Frankreich o; **Novosti (London)**: u;
69 **Werner Forman Archive**: The British Museum o; 70 **Alistair Duncan** o;
71 **Bridgeman Art Library, London/New York**: Louvre, Frankreich u; © **The British Museum**: (CM Sicily BMC 21) t; 72 © **The British Museum**: (GR); 73 **Corbis**: Bettmann;
74 **Scala Group S.p.A.**: Museo della Civiltà Romana, Rom;
77f. **The Art Archive**: Musée du Louvre Paris/Dagli Orti;
78 **Robert Harding Picture Library**: o; **Réunion des Musées Nationaux Agence Photographique**: Musée des Arts Asiatiques-Guimet, Paris/Richard Lambert ur;
79 **INAH**: u; 80 **Royal Museum of Scotland**; 81 **AKG London**: o;
83 **Corbis**: Richard T. Nowitz o; 84 **Ancient Art & Architecture Collection**: Ronald Sheridan o;
85 **Bridgeman Art Library, London/New York**: o; **Scala Group S.p.A.**: Victoria and Albert Museum u;
86 **AKG London**: Erich Lessing u; **Ancient Art & Architecture Collection**: o;
87 **Scala Group S.p.A.**: Museo Kabul; 88 © **The British Museum**: u; **Werner Forman Archive**: Ohio State Museum o; 90 **Bridgeman Art Library, London/New York**: Bonhams, London o; **Ashmolean Museum**: u; 91 **Bibliothèque Nationale de France, Paris**: u; **Kyoto National Museum**: o;
92 **Werner Forman Archive**: Privatsammlung, New York o; **INAH**: u;
93 **Capitoline Museums**: u; 94 **Scala Group S.p.A.**; 95 **The Art Archive**: Dagli Orti u;
96 **AKG London**: National Museum, Budapest/Erich Lessing u;
97 **Robert Harding Picture Library**: Chinese Exhibition; 98 **Werner Forman Archive**;
99 **The Art Archive**: Archaeological Museum Syrakus/Dagli Orti;
100 **Bridgeman Art Library, London/New York**: Privatsammlung u; © **The British Museum**: o;
101 **Sonia Halliday Photographs**: Laura Lushington;
103 **Bridgeman Art Library, London/New York**: Biblioteca Medicea-Laurenziana, Florenz, Italien o; Huntington Library and Art Gallery, San Marino, California u; 104 **Corbis**: Dean Conger;
105 © **Michael Holford**: The British Museum u; **Network Photographers Ltd.**: George Gerster o;
106 **Ancient Art & Architecture Collection**: Ronald Sheridan u; **Bridgeman Art Library, London/New York**: Sant' Apollinare Nuovo, Ravenna, Italy o;
107 **The Art Archive**: Dagli Orti (A); 108 **Sonia Halliday Photographs**;
111f. **Eye Ubiquitous**: Kevin Nicol; 112 **AKG London**: Erich Lessing m;
113 **Peter Crawford**: mr; **Werner Forman Archive**: Statens Historiska Museum, Stockholm ol;
114 **The Art Archive**; 115 **South African Museum Iziko Museums of Cape Town**: Herschel Mair;
116 **Werner Forman Archive**: u; 117 **Ancient Art & Architecture Collection**: Ronald Sheridan o; **Bridgeman Art Library, London/New York**: San Vitale, Ravenna u;
118 **Ancient Art & Architecture Collection**: Ronald Sheridan o; **Heritage Image Partnership**: © The British Museum u; 119 **Alan Williams**;
120 **James Davis Travel Photography**: u; **Werner Forman Archive**: National Musuem of Anthropology, Mexico o; 121 **Royal Museum of Scotland**: u; **The Art Archive**: Dagli Orti o;
122 © **The British Museum**: (OA 1963.10-16.1) u; © **Michael Holford**: The British Museum o; 123 **Royal Museum of Scotland**; 124 **The Art Archive**: Topkapi Museum Istanbul/Dagli Orti u; 125 **Bibliothèque Nationale de France, Paris**: o; **Werner Forman Archive**: Mrs Bashir Mohamed Collection u; 126 **Museum Rietberg Zürich**: Wettstein & Kauf;
127 **The Art Archive**: Archaeological Museum, Madrid o; **Heritage Image Partnership**: The British Museum u; 128 **Werner Forman Archive**: National Museum of Anthropology u;
129 **AKG London**: British Library o; **Ashmolean Museum**: u;
130 **British Library**: (Add. 25900 f.121v) o; **David Gower**: u; 131 **Corbis**: Paul Almasy u, o;
132 **AKG London**: British Library u; **Bridgeman Art Library, London/New York**: National Museum of Ireland o; 133 **The Art Archive**: Bibliothèque Nationale Paris;
134 **Heritage Image Partnership**: © The British Museum o; **Scala Group S.p.A.**: u;
135 **Corbis**: Paul A. Berry; 136 **Werner Forman Archive**; 137 **Bridgeman Art Library, London/New York**: British Library u; Musée Goya, Castres/Giraudon o;
138 **University Museum of Cultural Heritage – Universität Oslo, Norwegen**: u;
Viking Ship Museum, Norwegen: o;
139 **University Museum of Cultural Heritage – Universität Oslo, Norwegen**: Ove Holst o;
140 **The Art Archive**: Dagli Orti; 141 **The Art Archive**: British Library;
142 **Bridgeman Art Library, London/New York**: British Library; 143 **Corbis**: Gianni Dagli o;
145 **Ancient Art & Architecture Collection**: Ronald Sheridan u; **Corbis**: Macduff Everton o;
146 **Werner Forman Archive**; 148 **Corbis**: David Muench;
149 **AKG London**: Irmgard Wagner u; 150 **Danish National Museum**: u; **Collection of the National Palace Museum, Taiwan, Republik China**: o; 151 **Corbis**: Angelo Hornak o;
152 **Bridgeman Art Library, London/New York**: Musée Conde, Chantilly o; **Novosti (London)**: u;
154 **Bodleian Library, University of Oxford**: (Ms. Marsh 144 P.167);
157f. **Bridgeman Art Library, London/New York**: British Library;
158 **Werner Forman Archive**: Beijing Museum, Peking m;
159 **AKG London**: National Museum, Tokio mr; **The Art Archive**: Dagli Orti m;
160 **Bridgeman Art Library, London/New York**: o; **INAH**: u;
161 **The Art Archive**: Private Collection Paris/Dagli Orti o; **Corbis**: Asian Art & Archaeology, Inc. u;
162 **Ancient Art & Architecture Collection**: Chantal Boulanger u; **Ashmolean Museum**: o;
163 **AKG London**: Erich Lessing u; © **The British Museum**: (CM 1915-5-7-1201) o;
164 **Robert Harding Picture Library**: Nigel Blythe;
165 **Werner Forman Archive**: Biblioteca Nazionale, Venedig u; **Gables Travels**: o;
166 **Corbis**: Adam Woolfitt; 167 **AKG London**: u; **Werner Forman Archive**: David Berstein Fine Art, New York o; 169 **Corbis**: Michael S. Lewis o; **Dean and Chapter of Westminster**: u;
170 **Ancient Art & Architecture Collection**: Crisp o; **Bibliothèque Nationale de France, Paris**: (Ms. Grec. 74, folio 143) u; 171 **Biblioteca Nacional, Madrid**: o; **RJL Smith, Much Wenlock, Shropshire**: u; 172 **AKG London**: Erich Lessing o; **The Art Archive**: Dagli Orti u;
173 **Ancient Art & Architecture Collection**: Ronald Sheridan;
174 **AKG London**: o; **Werner Forman Archive**: Biblioteca Nacional, Madrid u;
175 **AKG London**: Erich Lessing; 176 **Ancient Art & Architecture Collection**: o; **Robert Harding Picture Library**: u; 177 **Public Record Office**;
178 **Ancient Art & Architecture Collection**: Ronald Sheridan u; **Werner Forman Archive**: o;
179 **Bridgeman Art Library, London/New York**: Bibliothèque Nationale, France;
180 **The Art Archive**; 181 **AKG London**: b; **Ancient Art & Architecture Collection**: Cheryl Hogue o;
182 **Universitätsbibliothek Gent**: (Ms.92 Folio 241r); 183 **The Art Archive**: British Library;
184 **Bridgeman Art Library, London/New York**: Bibliothèque Nationale de France, Paris o;
Institut Amatller D'art Hispànic (Arxiu MAS): u;
185 **The Art Archive**: Uppsala University Library, Schweden/Dagli Orti;
186 **AKG London**: Erich Lessing u; **Robert Harding Picture Library**: o;
187 **Berlin, Staatsbibliothek zu Berlin – Preußischer Kulturbesitz – Handschriftenabteilung**: (Ms. 92, fol. 241r); 188 **Bridgeman Art Library, London/New York**: Cathedral of St. James, Santiago de Compostela, Spanien; 189 **Werner Forman Archive**: u; 190 **The Art Archive**: Dagli Orti o;
191 **Sonia Halliday Photographs**: b; 192 **AKG London**: British Library; 193 **AKG London**;
194 **Werner Forman Archive**: The British Museum u; **Heritage Image Partnership**: The British Museum o; 196 © **The British Museum**: u; **Werner Forman Archive**: o; 197 **AKG London**;
198 **AKG London**: Jean-Louis Nou u; **Werner Forman Archive**: o;
199 **Bridgeman Art Library, London/New York**: Museo del Oro, Lima, Peru;
200 **Bodleian Library, University of Oxford**: (Ms Pococke 375, fols 3v-4r);
203f. **Bridgeman Art Library, London/New York**: British Library;
204 **Bridgeman Art Library, London/New York**: Bibliothèque Nationale de France, Paris m;
205 **Sonia Halliday Photographs**: Topkapi Palace Museum, Istanbul (Ms. 3109) ol; **Robert Harding Picture Library**: mr; 206 **AKG London**: San Benedetto Monastery, Subiaco (Sacro Speco) u;
Photo Josse: Bibliothèque de l'Arsenal, Paris o; 207 **The Art Archive**: Musée du Louvre Paris/Dagli Orti (A); 208 **Bridgeman Art Library, London/New York**: Dept. of the Environment, London, GB;
209 **Bridgeman Art Library, London/New York**: British Library u;
210 **AKG London**: u; **Mary Evans Picture Library**: o; 211 **Musée Marmottan**: u;
212 **AKG London**; 213 **Sonia Halliday Photographs**: o; **Hulton Archive/Getty Images**: u;
215 **Bridgeman Art Library, London/New York**: Château Roux, Frankreich u;
Hulton Archive/Getty Images: o; 216 © **The British Museum**: (OA 1920-9-17.0130) o;
217 **Bridgeman Art Library, London/New York**: Victoria & Albert Museum, London u;
Werner Forman Archive: Gulistan Imperial Library, Teheran o;
218 **Ancient Art & Architecture Collection**: Ronald Sheridan;
219 **AKG London**: Bibliothèque Nationale de France, Paris (Add. 18866, fol.140) o;
220 **National Maritime Museum, London**: u;
221 **Bridgeman Art Library, London/New York**: Bibliothèque Nationale, Paris, Frankreich o;
222 **Ancient Art & Architecture Collection**;
223 **Bridgeman Art Library, London/New York**: Corpus Christi College, Oxford, GB;
224 **Collection of the National Palace Museum, Taiwan, Republik China**;
225 **Bridgeman Art Library, London/New York**: Bibliothèque Nationale, Paris;
226 **AKG London**: o; **Bridgeman Art Library, London/New York**: u;
227 **Bridgeman Art Library, London/New York**; 228 **Bridgeman Art Library, London/New York**: National Library of Scotland o; **Mary Evans Picture Library**: u;
229 **Bridgeman Art Library, London/New York**: British Library;
230 **Bridgeman Art Library, London/New York**: The British Museum o;
231 **Bodleian Library**; 233 **Eye Ubiquitous**: Thelma Sanders u;
234 **Bridgeman Art Library, London/New York**: Bibliothèque Nationale, Paris u;
235 **The Art Archive**: Biblioteca Nazionale Marciana Venedig/Dagli Orti u;
236 **AKG London**: o; **Bridgeman Art Library, London/New York**: Staatsarchiv, Hamburg u;
237 **AKG London**: u; **Serbian Unity Congress (www.serbianunity.net)**: o;
238 **Robert Aberman**: o; **Robert Harding Picture Library**: u;
239 **Collection of the National Palace Museum, Taiwan, Republik China**: u;
240 **Werner Forman Archive**; 241 **Ancient Art & Architecture Collection**: Ronald Sheridan u;
Werner Forman Archive: National Museum of the American Indian, New York o;
242 **Bridgeman Art Library, London/New York**: British Library o; **Heritage Image Partnership**:

Science Museum, London u; 243 **Bridgeman Art Library, London/New York**: Privatsammlung; 244 **The Art Archive**: Victoria & Albert Museum, London o; **Werner Forman Archive**: Barbara Heller/Nick Saunders u; 245 © **The British Museum**;
246 **Bridgeman Art Library, London/New York**: The British Museum;
249f. **AKG London**: Erich Lessing; 250 **Werner Forman Archive**: u; **Sonia Halliday Photographs**: Topkapi Palace Museum, Istanbul o; 251 **AKG London;**
252 **Bridgeman Art Library, London/New York**: Bargello, Florenz, Italien o;
253 **Bridgeman Art Library, London/New York**: British Library; 254 **AKG London**;
255 **Bridgeman Art Library, London/New York**: Tretyakov Gallery, Moskau o; **Corbis**: Archivo Iconografico, S.A. u; 256 **AKG London**: Erich Lessing;
257 **Bridgeman Art Library, London/New York**: British Library o; **James Davis Travel Photography**: u; 258 **Bridgeman Art Library, London/New York**: Archives Nationales, Paris, Frankreich;
259 **Corbis**: Roger Antrobus u; **The Art Archive**: Musée des Arts Africains et Océaniens/Dagli Orti o;
260 **AKG London**;
261 **Bridgeman Art Library, London/New York**: Biblioteca Nazionale Centrale, Florenz, Italien;
262 **AKG London**: Erich Lessing o; **Corbis**: Michael Nicholson u; 263 **AKG London**: Visioars;
264 **Robert Harding Picture Library**; 265 **Robert Harding Picture Library**: Sybil Sassoon;
266 **The Art Archive**: Topkapi Museum Istanbul/Dagli Orti; 267 **AKG London;**
268 **Bridgeman Art Library, London/New York**: o; The British Museum u;
269 **AKG London**; 270 **Bridgeman Art Library, London/New York**: Bibliothèque Nationale de France u; Privatsammlung o; 271 **Bridgeman Art Library, London/New York**: British Library u;
272 **Bridgeman Art Library, London/New York**: Vatican Museum and Galleries, Vatikanstadt, Italien o; 273 **Bridgeman Art Library, London/New York**: Privatsammlung o; **Musée du Louvre**: u;
274 **Bridgeman Art Library, London/New York**: Bristol City Museum and Art Gallery, GB o; **Ashmolean Museum**: u; 276 **Bridgeman Art Library, London/New York**: British Library o; Nationalmuseum, Stockholm, Schweden u; 277 **AKG London**: o; **The Art Archive**: u;
278 **AKG London**: u; **Institut Amatller D'art Hispànic (Arxiu MAS)**: o;
279 **Bridgeman Art Library, London/New York**: Musée de Sibiu, Rumänien/Giraudon u; **Ashmolean Museum**: o; 280 **AKG London**: o;
281 **The Art Archive**: Science Academy Lisbon/Dagli Orti u; **Robert Harding Picture Library**: Cartes et Plans, Bibliothèque Nationale de France, Paris o;
282 **Bridgeman Art Library, London/New York**: Privatsammlung;
283 **Bridgeman Art Library, London/New York**: The British Museum o; Nationalmuseet, Kopenhagen, Dänemark u; 284 **Bridgeman Art Library, London/New York**: Walker Art Gallery, Liverpool, GB u; 285 **The Art Archive**: Maritime Museum Stockholm, Schweden/Dagli Orti (A) o;
Peter Newark's Pictures: u; 286 **Bridgeman Art Library, London/New York**: Lauros-Giraudon;
287 **AKG London**: o; **Wallace Collection**: u; 288 **The Art Archive**: u; **Louvre, Paris, France**: o;
289 **Bridgeman Art Library, London/New York**: Privatsammlung u;
290 **Bridgeman Art Library, London/New York**: British Library o; **Eye Ubiquitous**: Adina Tovy Amsel u; 291 **AKG London**: o; 292 **British Library**;
295f. **Bridgeman Art Library, London/New York**: Victoria & Albert Museum, London, GB; 296 **Bridgeman Art Library, London/New York**: Archives Charmet, Bibliothèque de l'Arsenal, Paris o; **National Maritime Museum, London**: m;
297 **Bridgeman Art Library, London/New York**: Trinity College, Cambridge;
299 **The Art Archive**: Navy Historical Service Vincennes, Frankreich/Dagli Orti o; **Werner Forman Archive**: H M De Young Memorial Museum, San Francisco, USA u;
300 **Bridgeman Art Library, London/New York**: Private Collection u;
301 **AKG London**: o; **Netherlands Maritime Museum, Amsterdam**: u;
302 **AKG London**: u; **Wallace Collection**: o; 303 **Bridgeman Art Library, London/New York**: Madrasa-yi Madar-i Shah, Isfahan, Iran u; Privatsammlung o;
304 **Bridgeman Art Library, London/New York**: Metropolitan Museum of Art, New York, USA;
305 **Bridgeman Art Library, London/New York**: Privatsammlung u; **Eye Ubiquitous**: Julia Bayne o;
306 **Bridgeman Art Library, London/New York**: Privatsammlung u; **Wallace Collection**: o;
307 **The Art Archive**: Privatsammlung o; **Bridgeman Art Library, London/New York**: Grosjean Collection, Paris, Frankreich u; 308 **Mary Evans Picture Library**: o; **Williamson Collection**: u;
309 **Fotomas Index**: o; 310 **Bridgeman Art Library, London/New York**: Giraudon/Chateau de Versailles, Frankreich o; Royal Society, London u; 311 **Heritage Image Partnership**: Museum of London u; **Peter Newark's Pictures**: o; 312 **British Library**: (Harl. 4379, f. 83v) u; **Mary Evans Picture Library**: o; 313 **Bridgeman Art Library, London/New York**: Bibliothèque Nationale, Frankreich; 314 **AKG London**: Erich Lessing; 315 **Bridgeman Art Library, London/New York**: The British Museum; 316 **Bridgeman Art Library, London/New York**: Eremitage, St. Petersburg;
317 **AKG London**: o; **Bridgeman Art Library, London/New York**: Royal Geographical Society u;
318 **The Art Archive**: Eileen Tweedy o;
319 **AKG London**: o; **Bridgeman Art Library, London/New York**: Maidstone Museum and Art Gallery u; 320 **Bildarchiv Preußischer Kulturbesitz**: Berlin;
321 **Bridgeman Art Library, London/New York**: Privatsammlung o;
323 **Heritage Image Partnership**: British Library u; 324 **AKG London**: o; **Ancient Art & Architecture Collection**: Ronald Sheridan u; 325 **Bridgeman Art Library, London/New York**: Privatsammlung; 326 **Bridgeman Art Library, London/New York**: Stapleton Collection o;
327 **Bridgeman Art Library, London/New York**: Joseph & Earle Vanderar o;
328 **National Army Museum**: Mit Genehmigung des Direktors o; **Peter Newark's Pictures**: u;
329 **Bildarchiv Preußischer Kulturbesitz**: Kunstbibliothek Preußischer Kulturbesitz, Berlin;
330 **Peter Newark's Pictures**; 331 **The Art Archive**: British Library u;
332 **Peter Newark's Pictures**; 333 **Bridgeman Art Library, London/New York**: Mitchell Library, State Library of New South Wales u; **Peter Newark's Pictures**: o; 334 **Science Museum**: o;
335 **The Art Archive**: American Museum of Art Cuzco/Mireille Vautier o; **Bridgeman Art Library, London/New York**: Royal Geographical Society, London u; 336 **AKG London**;
337 **Bridgeman Art Library, London/New York**: Musée Carnavalet, Paris o;
338 **National Maritime Museum, London**; 341f. **AKG London;**
342 **Peter Newark's Pictures**: u, o; 343 **Bridgeman Art Library, London/New York**: The British Museum, London; 344 **Bridgeman Art Library, London/New York**: Louvre, Paris, Frankreich o; **National Army Museum**: u; 345 **The Art Archive**: Eileen Tweedy u; **Mary Evans Picture Library**: o;
346 **AKG London;** 347 **The Art Archive**: British Library u; **Robert Harding Picture Library**: Adina Tovy o; 348 **AKG London**: o; **The Art Archive**: Eileen Tweedy u; 349 **AKG London;**
350 **Bridgeman Art Library, London/New York**: Stapleton Collection;
351 **The Art Archive**: Eileen Tweedy u; 352 **Public Record Office**: o;
353 **The Art Archive**: Museo Historico Nacional Buenos Aires/Dagli Orti;
354 **AKG London**: u; **Bridgeman Art Library, London/New York**: Victoria & Albert Museum, London o; 355 **AKG London**; 356 **Mary Evans Picture Library**: u;
357 **Bridgeman Art Library, London/New York**: Taylor Gallery, London o; **Peter Newark's Pictures**: u;
358 **Hulton Archive/Getty Images**: Louis Jacques Daguerre u;
359 **Bridgeman Art Library, London/New York**: Alexander Turnbull Library, National Library of New Zealand, Te Puna Mātauranga o Aotearoa u; **National Maritime Museum, London**: o;
360 **Bridgeman Art Library, London/New York**: Privatsammlung u; **Peter Newark's Pictures**: o;
361 **Mary Evans Picture Library**: u; 362 **AKG London**: u; **Mary Evans Picture Library**: o;
363 **Peter Newark's Pictures**: u; 364 **The Art Archive**: School of Oriental & African Studies/Eileen Tweedy o; **Bridgeman Art Library, London/New York**: Guildhall Library, Corporation of London u;
365 **Peter Newark's Pictures;**
366 **The Art Archive**: Museo del Risorgimento Brescia/Dagli Orti u; **Mary Evans Picture Library**: o;
367 **Bridgeman Art Library, London/New York**: British Library, London o;
368 **Mary Evans Picture Library**: o; **Peter Newark's Pictures**: u;
369 **TRH Pictures**: USNA u; 370 **AKG London**; 371 **Mary Evans Picture Library**: u, o;
372 **Bridgeman Art Library, London/New York**: Courtauld Gallery, London o;
373 **AKG London**: u, o; 374 **Corbis**: Bettmann o; **Museum of Mankind**: u;
375 **Mary Evans Picture Library**: u; **Peter Newark's Pictures**: o;
376 **Royal Geographical Society**: o; **Hulton Archive/Getty Images**: u;
377 **Mary Evans Picture Library**: o; **Library of Congress, Washington, D.C.**: u;
378 **Mary Evans Picture Library**: u; **Musée Gauguin, Tahiti**: o;
379 **The Art Archive**: Musée d'Orsay Paris/Dagli Orti; 380 **Werner Forman Archive**: C.D. Wertheim Collection; 381 **Katz/FSP**: Roger Viollet o; **Pitt Rivers Museum**: u;
382 **The Art Archive**: Eileen Tweedy; 383 **Corbis**: Hulton-Deutsch Collection o; **Mary Evans Picture Library**: u; 384 **William L. Clements Library, The University of Michigan**;
387f. **Imperial War Museum;** 388 **David King Collection**: o;
389 **Corbis**: Bettmann/Underwood m; **Hulton Archive/Getty Images**: ur;
390 **AKG London**: u; **Corbis**: o; 391 **Corbis**: Bettmann u; 392 **Corbis**: Hulton-Deutsch Collection u;
393 **Mary Evans Picture Library**: o; **Peter Newark's Pictures**: u;
394 **Hulton Archive/Getty Images**: o; 395 **Hulton Archive/Getty Images**: o; **Peter Newark's Pictures**: u; 396 **Corbis**: ml; Bettmann or; 397 **Hulton Archive/Getty Images**: ul, ur; **Imperial War Museum**: Reeve Photography o; 398 **Hulton Archive/Getty Images**: o;
399 **The Art Archive**: Domenica del Corriere/Dagli Orti (A);
400 **Advertising Archives**: o; **Corbis**: Bettmann u; 401 **Corbis**: u; **Hulton Archive/Getty Images**: o;
402 **National Motor Museum, Beaulieu**; 405f. **Peter Newark's Pictures**;
406 **AKG London**: m; 407 **Hulton Archive/Getty Images**: ol; **Peter Newark's Pictures**: ur;
408 **David King Collection**: u; 409 **Hulton Archive/Getty Images**: o;
410 **Michael Butler Collection**: u; **Mary Evans Picture Library**: o; 411 **Corbis**: o;
412 **Hulton Archive/Getty Images;** 413 **AKG London**: u; **Hulton Archive/Getty Images**: o;
414 **Peter Newark's Pictures**: ul, ur; 415 **Corbis**: mr; Bettmann o; 416 **Corbis**: Hulton-Deutsch Collection u; **Rex Features**: o; 417 **Corbis**: UPI/Bettmann u; **Hulton Archive/Getty Images**: o;
418 **Corbis**: Bettmann u; **Hulton Archive/Getty Images**: o; 419 **Hulton Archive/Getty Images**: o;
420 **London Transport Museum**; 423f. **Peter Newark's Pictures;**
424 **Advertising Archives**: m; 425 **AKG London**: Tony Vaccaro u; **Corbis**: Hulton-Deutsch Collection o; 426 **Hulton Archive/Getty Images**: o; 427 **David King Collection**: u; **Science Photo Library**: Dr. Tim Evans o; 428 **David King Collection**: u; **Popperfoto**: o;
429 **Hulton Archive/Getty Images**: u; **Popperfoto**: o;
430 **Rex Features**: Sipa Press /East News ml; **Topham Picturepoint**: © 2002 AP mr;
431 **Corbis**: Bettmann mr; Dean Conger ul;
432 **Katz/FSP**: Getty Hulton Liaison o; 433 **Peter Newark's Pictures**: o;
434 **Hulton Archive/Getty Images**: u; **Rex Features**: Tim Page o;
435 **Hulton Archive/Getty Images;** 436 **Rex Features**: Ben Simmons;
437 **Austin Brown/Aviation Picture Library**: The Boeing Company o; **Corbis Sygma**: A. Balaguer u; 438 **Getty Images;** 441f. **Corbis**: Barry Lewis; 442 **Katz/FSP**: Diffidenti o;
443 **Corbis**: Philippe Wojazer/Reuter m; **Rex Features**: Christiana Laruffa o;
445 **Rex Features**: Mark Brewer u; SIPA-Press o; 446 **Panos Pictures**: Michael Harvey;
447 **Rex Features**: Andre Camara o; **Katz/FSP**: Gamma u; 448 **Panos Pictures**: David Dahmen u; **Rex Features**: Jacques Witt o; 449 **Magnum**: Stuart Franklin o; **Panos Pictures**: Penny Tweedie u;
450 **Peter Newark's Pictures**: u; **Panos Pictures**: Betty Press o; 451 **Panos Pictures**: Chris Stowers u; **Katz/FSP**: Noel Quidu o; 452 **Rex Features**: James Fraser u; Sipa o;
453 **Corbis**: Ethan Miller u; **Rex Features**: Vladimir Sichov/Sipa Press o;
454 **Katz/FSP**: Wendy Sue Lamm/Gamma o; Anticoli Livio u;
455 **Network Photographers Ltd.**: SABA/Thomas Franklin;
457 **Science Photo Library**: CNES, 1986 Distribution Spot Image;

UMSCHLAG: *Vorn, 1. Reihe von links nach rechts:* **DK Picture Library; AKG London**: Erich Lessing; **Werner Forman Archive**: Mit Genehmigung der Entwistle Gallery, London; **AKG London**.
Vorn, 2. Reihe von links nach rechts: **Bridgeman Art Library, London/New York**: Privatsammlung; **Ashmolean Museum; Werner Forman Archive**: National Museum of Anthropology, Mexiko; **Robert Harding Picture Library**: Bildagentur Schuster/Krauskopf; **Bridgeman Art Library, London/New York**: Privatsammlung.
Vorn, 3. Reihe von links nach rechts: **Bridgeman Art Library, London/New York**: Privatsammlung; **Bridgeman Art Library, London/New York**: Archives Charmet, Bibliothèque de l'Arsenal, Paris; **Public Record Office; The Art Archive**: National Archives Washington DC; **Mary Evans Picture Library**.
Vorn, 4. Reihe von links nach rechts: **Rex Features; NASA; Rex Features**: Tim Page; **Popperfoto**: Ulli Michel/Reuters; **Network Photographers Ltd.**: SABA/Thomas Franklin.
Hinten, von links nach rechts: **Bridgeman Art Library, London/New York**: Privatsammlung; **Ashmolean Museum; Werner Forman Archive**: National Museum of Anthropology, Mexiko; **Robert Harding Picture Library**: Bildagentur Schuster/Krauskopf; **Bridgeman Art Library, London/New York**: Privatsammlung.
Rücken: **Werner Forman Archive**: Mit Genehmigung der Entwistle Gallery, London.
Hintere Umschlagklappe: **Ashmolean Museum**.

Alle anderen Abbildungen © Dorling Kindersley; nähere Informationen in englischer Sprache unter: www.dkimages.com

DANK DES AUTORS
Die folgenden Mitglieder des Lehrpersonals der Colgate University in Hamilton, New York, haben Teile des Originalmanuskriptes im Hinblick auf ihre jeweiligen Spezialgebiete durchgesehen.

Dr. Harold Stone: Ägypten, Rom und Großbritannien, Dr. Philippe Uninsky: Frankreich, Dr. Padma Kaimal: Indien, Dr. Andy Rotter: Vereinigte Staaten, Dr. Luis Martinez-Fernandez: Lateinamerika, Dr. Kira Stevens: Russland/Sowjetunion, Dr. Tia Kolbaba: Byzantinisches Reich, Dr. Po-shek-Fu: China